固原年鉴

2011

固原市地方志办公室 编

甘肃文化出版社

图书在版编目(CIP)数据

固原年鉴. 2011/固原市地方志编纂委员会办公室编. --兰州:甘肃文化出版社, 2011.11
ISBN 978-7-80714-747-3

Ⅰ. ①固… Ⅱ. ①固… Ⅲ. ①固原市—2011—年鉴
Ⅳ. ①Z524.33

中国版本图书馆CIP数据核字(2011)第223729号

固原年鉴 2011

固原市地方志办公室 编

责任编辑/周乾隆 韩凤娜
装帧设计/丁晓娟 苏 巍

出版发行/甘肃文化出版社
地 址/兰州市城关区曹家巷1号
邮政编码/730030
电 话/0931-8454870
网 址/www.gswenhua.cn
经 销/新华书店
印 刷/宁夏电通信息产业有限公司
厂 址/宁夏银川市亲水南大街纬十八路西

开 本/880mm×1230mm 16开
字 数/1253千
印 张/47
版 次/2011年11月第1版
印 次/2011年11月第1次
印 数/1-1000册
书 号/ISBN 978-7-80714-747-3
定 价/238.00元

《固原年鉴 2011》编辑委员会

编辑说明

一、《固原年鉴 2011》是由固原市人民政府主办、固原市地方志办公室承办、固原市年鉴编辑部编辑的公开出版物，是具有政府年度公报性质的地方资料性工具书。年鉴全面、系统、翔实地记载了 2010 年度固原市行政辖区内政治、经济、文化、社会等领域的成就。

二、本年鉴以邓小平理论、“三个代表”重要思想、科学发展观为指导，以构建和谐固原、书香固原为宗旨，以促进固原政治稳定、经济发展、社会进步、文化繁荣为目的，具有较强的“资治、存史、教化、宣传”作用，是社会各界人士认识固原的重要窗口，是宣传固原的重要载体。

三、本年鉴主要反映固原 2010 年各项事业发展状况、重大事件和最新成就，记述内容时限为 2010 年 1 月 1 日至 2010 年 12 月 31 日。

四、本年鉴采用分类编辑法，以类目、分目、条目组成框架结构的主体部分。全书条目统一采取用黑体字加【 】表示。

五、本年鉴设图片记事、特载、专载、专记、大事记、固原综述、组织机构与负责人名录、党委群团、人大工作、政府工作、政协工作、纪检监察、民主党派、政法、军事、经济管理、农业与农村经济、工业、非公有制经济、城建环保、交通运输、邮政电讯、商业贸易、旅游、财政金融、民族宗教、教育、科学技术、人物、法规文献等 41 个部类，260 个分目，1964 个条目。

六、本年鉴所刊载的资料主要由固原市直各部门（单位）、县（区）以及驻固的中央、自治区部门（单位）、驻固部队和企业等有关单位提供。刊载资料、所用数据均经各供稿单位领导审阅，部分内容摘自《固原日报》等报刊，资料编辑按照年鉴编辑体例和要求进行了修改。

七、本年鉴表述形式有专文、条目、大事记、表格、图片等，涉及固原市国民经济和社会发展的数据，以《固原市 2010 年国民经济和社会发展统计公报》为准。

八、本年鉴严格执行出版物汉字使用管理、法定计量单位、出版物数字用法、标点符号用法，力求规范。

九、本年鉴编写工作，得到固原市各部门、各单位和驻固单位以及有关人士的大力支持，在此深表谢意。

序

○中共固原市委书记 市人大主任 李文章

固原是宁夏的南大门和半壁河山，是世界针灸医学家皇甫谧和我国大书法家梁鹄的故里，是毛泽东率领中国工农红军长征翻越的最后一座大山和留下著名词章《清平乐·六盘山》的地方。这里历史悠久，古迹、古文物较多，延年不息，人杰地灵。这里有编修志书的光荣传统，宋朝修过《安定郡图经》，金代修过《德顺州志》，元朝修过《开城府志》，开了整个宁夏修志之先河，后来明、清两代都修过《固原州志》，上世纪90年代初编修出版了《固原地区志》，2009年编修出版了《固原市志》，2010年固原市各县(区)亦续修志书，率先在全区完成了第二轮修志和第一部史话，受到自治区和国家的表彰奖励，标志着新时期新修地方志工作又走在了全区前列。

《地方志条例》规定，修志完成的县以上地方志机构，要编修地方综合年鉴。《固原年鉴》做到一年一鉴，已连续编修6年，值得庆贺。年鉴可将一年来的主要工作较为集中的反映出来，为新的一年可持续发展提供真实可靠的依据。它强调的是信息的科学性、真实性和实用性，提供的是信息服务、知识服务和资料服务。《固原年鉴2011》就要出版面世了，这部年鉴，统揽全局，包罗百科，信息密集，知识丰厚，设特载、图片记事、专载、大事记、固原综述等41个部类。2010年是"十一五"收尾和"十二五"开局之年，承前启后，活动多，大事多，亮点多，年鉴对这一年全市各行各业所做的工作、取得的成就作了基本的鉴定和记载，横排竖写，资料翔实，是市委、政府向社会发布的重要文献和公报式大型工具书，是固原经济建设、政治建设、社会建设、文化建设和生态文明建设的一种重要载体。具有较好的"资治、存史、教化和宣传"作用。

这是快速发展的年代。时代的节奏需要年鉴，年鉴要显现时代气息，增强时代性。人们需要捕捉正在发展变化的信息，以便制定对策，跟上形势；也需要凝固后的，稳定、全面、系统、准确的信息，以便更理性地认识客观事物，研究它的规律，制定中长期的发展战略。《固原年鉴2011》突出了年度特色和改革开放的主旋律，在"新"字上做文章，常编常新，改变了年鉴那种时代气息不浓的状况。通过大协作、大生产的办法，加快了编辑进度，缩短了出版周期，提高了时效性。在较短的时间内汇总大量的资料，经去粗取精、去伪存真的提炼，奉献给读者，为读者查询资料开辟了捷径。在传播各种文化科学知识和时代信息，积累人类文明成果，提高公民思想文化素质方面发挥着积极作用。今后要更加注重理论创新和科技创新，贴近群众，关注民生，坚持解放生产力和发展生产力，集中反映改革开放新气象，经济和社会发展新变化，山区建设新面貌，在蓬勃发展的事业中续写新方志，编修新年鉴。

这是科学发展的年代。人们不断把未曾认识的东西变为可以认识和已经认识的东西。技术革新、科学发明和社会建设日新月异，要求年鉴高瞻远瞩，坚持科学发展观。努力改变科技含量不足的状况，既要正视发展中的困难和问题，又要挖掘优势和潜力，把年鉴修成大众喜爱的社会科学读物。《固原年鉴 2011》坚持年鉴编修基本规范，在尊重史实的基础上不断改进编修方法，编修者用自己的双手把一条条史料收集起来，把活动、事件、灾异、人物业绩、工作成就，经过反复核实，编纂成书，凝聚成历史，造福社会，留传后世，为执政提供决策的依据，这是非常重要和有意义的事情。尊重历史，就是为科学发展做出了贡献。

这是不断创新的年代。要求年鉴在深度上做文章，深入挖掘厚重的历史积淀，深化市情的认识再认识，深度解读经济社会的时代嬗变，深刻反映春韵澎湃的民众思潮。在实用上下工夫，要把工作的出发点定位于服务大众。《固原年鉴 2011》坚持不断创新，改变雷同的思维定势，提供大众喜闻乐见的信息。例如，突出百姓关注的政治、经济、社会、文化等新、特、大、要事；选编人们关注的热点、焦点问题；登载政府部门亲民、惠民的方针、政策；收录的地情资料和统计数据翔实；具有地方特色和专业特点的专栏、条目可为各行各业的发展目标提供重要线索；横向比较材料和典型性资料又可以提供经验教训。在西部大开发中，《固原年鉴 2011》不仅是“内引外联”的窗口，也是对外交流的“桥梁”和“纽带”。

这是激情干事的年代。年鉴要歌颂真、善、美，要用志书的形式将为民谋利益者的业绩和经验，变得鲜活起来，架构它们应有的价值观和荣辱观，激励人们干事创业。年鉴要坚持公平与正义，岁岁年年涌现出的先进人物和优秀分子是我们身边学习的楷模，他们有人在平凡的岗位上，默默无闻，奉献了青春，有人甚至献出了年轻的生命，他们的一生或许没有更多的得到什么，但在《固原年鉴 2011》中，这些人的事迹不应被遗忘，他们的英名不应被湮没，他们的精神是山区建设的宝贵资源。《固原年鉴 2011》始终坚持服务于社会主义核心价值体系，通过“立言”和“教化”，对传统习惯、民风习俗进行着升华，为社会创造先进的文化氛围，努力把固原深厚的文化资源转化为干事创业的优势和精神动力。

这是火红锦绣的年代。年鉴要用正确的价值取向引导人们坚持“发展这个第一要务”，激励全社会充分发挥自身优势，抢抓机遇谋发展，为春和景明的盛世鼓与呼；要突出年鉴经济功能的内涵，紧跟形势，顺应潮流，围绕中心，服务大局，为改革开放的伟大事业赞与歌。年鉴的功能在于存史、资政，是服务于市场经济的信息产品，是传播信息的重要载体。在创新经济发展环境，促进可持续发展方面，今后要进一步引导人们大力弘扬“不到长城非好汉”的六盘山精神，坚决破除旧观念，以思想大解放，树立新形象，促进固原经济社会又好又快发展。

是为序

2011 年 6 月

图片纪事

1月1日，个体户杨军胜在市区南河滩新市场内出售水果蔬菜。经集中改造过的原南河滩露天市场，建成封闭式市场，从根本上解决了南河滩露天市场周围“脏乱差”的问题。

1月13日，原州区财政局组织农业技术专家在彭堡镇闫堡现代设施园艺示范区、中河乡万亩马铃薯种薯繁育示范基地，开展整村推进农业综合开发项目实用技术培训活动。

1月18日，固原市二届人大三次会议隆重开幕。

1月20日，市场年货供应丰富充足，人们纷纷开始购买年货和新春对联、灯笼、中国结等传统节日用品，准备过年。

1月22日，固原市春运道路交通安全工作启动仪式在新汽车站举行，决定2010年春运从1月22日开始提前10天启动，至3月10日结束，共计50天。同时，对春运道路交通安全工作进行全面部署。

1月下旬，固原消防支队组织6个检查小组，实行分片包队制度，深入各县区开展“利剑除患”专项行动，突击夜查公众聚集娱乐场所消防安全。行动第一天检查单位（场所）28家，发现隐患16处，当场整改14处，下发《责令限期改正通知书》2份。

位于泾源县大湾乡瓦亭村的萧关旧址，也称驿藏关，是汉唐以来雄踞西北地区的重要关隘之一，有“铁瓦亭”之称。2008 年 4 月，固原市委、政府决定保护开发萧关景区。2010 年 1 月，萧关遗址文化园一期工程已经完工。

1 月 29 日晚，尚都国际之约 2010 年新春联欢晚会在固原体育馆举行，郑智化、央金兰泽等一批著名艺人齐聚固原，5000 名观众观看了演出。

2 月 6 日，由台湾冠帝集团股份有限公司投资在固原市原州区的马铃薯精深加工建设项目，首条日产五吨水晶粉生产线已于近日建成并投入试生产，这是在固原市落户的第一家台资项目。

2 月 7 日，固原市公安局交警支队民警在市区憩园广场对收缴的 280 幅假牌、120 本假证进行集中销毁。

年内航拍的固原城区新貌。

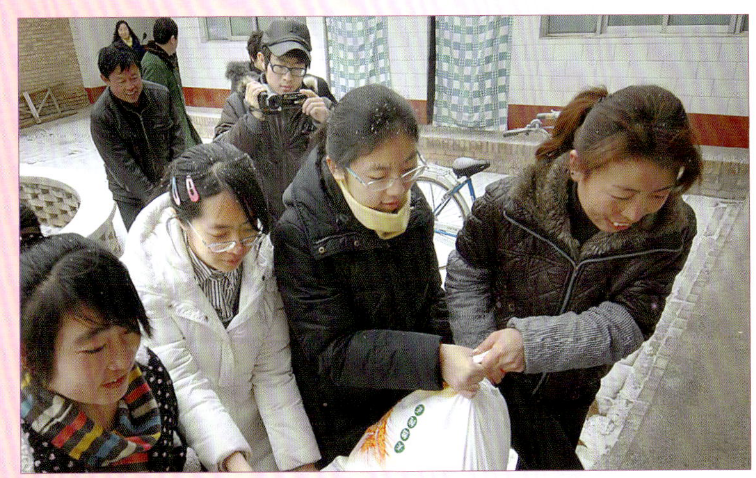

2月下旬，任语阳(右二)和北京中加学校学生刘依依(左二)用积攒的零花钱买来面粉捐赠给贫困生。

2月26日，市民在固原市人力资源和社会保障局营业大厅办理养老保险业务。为认真贯彻执行《自治区人民政府关于解决企业职工基本养老保险历史遗留问题的意见精神》，固原市人力资源和社会保障局在营业大厅增设了政策咨询等服务窗口，方便了前来办理保险的市民。截止2010年2月26日，已有2000余人办理了保险业务。

3月1日，隆德县沙塘镇马河村村民罗凡翻(左一)向村民讲解育苗知识。罗凡翻2005年开始种植大棚蔬菜，2009年经营日光温室7栋，收入6万余元。为了带动村民致富，她于2009年3月成立绿叶蔬菜种植合作社，引领村民共同致富。

3月2日，在第一百个“三八”国际妇女节到来之际，固原市区妇联、团委、工会等单位工作人员走上街头宣传有关保护妇女儿童权益的政策，庆祝“三八”国际妇女节。

3月5日，团市委组织开展“倡导文明新风，共建和谐家园”青年志愿者在行动主题活动，近3000名青年志愿者走上街头清扫卫生死角。

3月5日，经过3年的建设，宁夏王洼煤业公司二矿已建设成一座安全高效、和谐文明的现代化矿井。

3月17日，全国组织系统深入推进“讲党性、重品行、作表率”活动视频会议结束后，固原市委组织部召开全体干部职工会议，结合传达学习本次视频会议精神，市委常委、组织部长马金元同志就全市组工干部如何加强党性修养，深入推进“讲党性、重品行、做表率”活动提出了“五抓”新要求。

3月20日，位于固原市隆德县城西侧的全国农村饮水安全示范县博物馆正在进行室内装修。博物馆总建筑面积为一千三百平方米，馆内设八个展厅，陈列各类实物和史料、影像、照片，集中反映隆德人民认识水、改造水，为水而求索的历史。

3月22日上午，固原市委、政府在长城梁举行春季义务植树启动仪式，副市长李守银主持会议，副书记董玲作了动员讲话，市委书记刘小河宣布长城梁生态农业科技示范园工程启动。该工程任务1600亩，涉及108个单位4000多人，人均整地0.5亩。

3 月 24 日，美术工作者在民俗村文化墙面作画。走进隆德县六盘山（杨家店）民俗文化村，文明和谐新风扑面而来，一面面内容丰富、设计新颖、反映新农村建设的文化墙吸引了众人眼球。文化墙通过漫画、农民画、剪纸等农民喜闻乐见的艺术作品，向人们宣传政策法规、新农村建设、婚育新风等健康向上的新风尚。

3 月 26 日，固原市西吉县计划发展旱作节水覆膜保墒面积 30 万亩，种植马铃薯 14.5 万亩、地膜玉米 13 万亩、示范膜侧小麦 0.5 万亩、蔬菜 2 万亩。截至 3 月，已完成秋覆膜 19.2 万亩，其中建设旱作节水农业示范区 9 个共 10 万亩。

3月下旬，原州区脱毒马铃薯种薯繁育中心从北京农科院和石家庄农科院引进中联红、冀张薯8号基础苗进行培育。截止2010年3月，马铃薯原原种繁育按生产计划有序进行，现已定植组培苗501万株，220.8万株组培苗待定植，预计全年可生产原原种2500万粒。

西吉的劳务大军整装待发。

3 月份，隆德县绿鲜果蔬有限责任公司投资建设的神林辛坪千亩花卉果蔬示范园区，占地 1480 亩，总投资 2600 万元。园区采用智能温室、日光温室、大拱棚和露地种植相结合的模式，种植香水百合、非洲菊等 12 个品种，销往兰州、深圳等地，成为隆德县发展特色优势产业的排头兵。

4 月 1 日是第 19 个税收宣传月活动的第一天，市国税局组织全局税务干部走上街头向广大市民和纳税人宣传税法知识。2010 年税收宣传月的主题是“税收·发展·民生”。通过税收宣传月活动旨在推动全社会学税法、懂税法、守税法，形成良好的税收法治环境，让公民依法诚信纳税，聚财为国。

4 月 2 日，固原市彭阳县组织干部、群众及部分学校师生到任山河烈士陵园扫墓，缅怀先烈丰功伟绩，教育引导广大干部群众及青少年牢固树立社会主义荣辱观，进一步加强全民国防教育和爱国主义教育。

4月2日，西吉县葫芦河县城过境段生态环境综合整治二期工地现场机器轰鸣，工程正在加紧建设中。2010年，西吉县计划投资3000多万元，把葫芦河县城过境段生态环境综合整治向东延伸2.4公里。4月底完成绿化，7月底完成滨河路建设，9月底完成景观设施建设。

4月5日，固原市泾源县康兴旅游产品开发有限公司总经理兼工艺师杨和在精心雕琢水秀石盆景“莽山高流”。

4月5日，固原市泾源县六盘山镇和尚铺村农民在阅览室内享受阅读的乐趣。截至4月，和尚铺村已建成活动室、图书阅览室、卫生室和文化广场等基础设施，购置各类图书3000余册、娱乐器材30余件，丰富了农民群众的文化体育生活。

4月14日，福银高速固原段开城梁处（由北向南方向）等候通行的车辆排起了长龙。13日至14日，受雨雪影响，造成300余辆车滞留，交警、路政等部门昼夜奋战疏导交通。

4月15日9时40分，固原市派出由21名医护人员组成的医疗救治小分队紧急赶赴青海玉树地震灾区，参与抗震救灾工作并对地震致伤致残者进行及时救治。

4月18日，固原市2010年新区建设大会战暨重点项目正式启动，市领导刘小河、白尚成、邓向贵、董玲、黄雅杭、陈凤龙、马金元、姜文奎等出席启动仪式并为固原一中迁建工程培土奠基。大会战集中启动48项重点项目，涉及交通水利基础设施、能源资源开发、城市建设、社会事业、民生、商业开发六大领域，工程总投资近80亿元。

4月20日，武警宁夏总队抗旱分队返回银川驻地，圆满结束了在固原市为期20天的抗旱救灾任务。

4月22日至23日，自治区主席王正伟（右二）重点就固原旅游产业的发展来固原市深入调研。

位于市区人民街的蔬菜果品市场暨“工字号”创业一条街上，群众摩肩接踵，逛街购物。该创业街由市总工会牵头建设，共设立220个摊点，向附近小商贩和下岗困难职工免费提供，有效促进困难职工创业、再就业工作。

4月23日，位于固原市泾源县小南川六盘山生态博物馆内的动物标本。

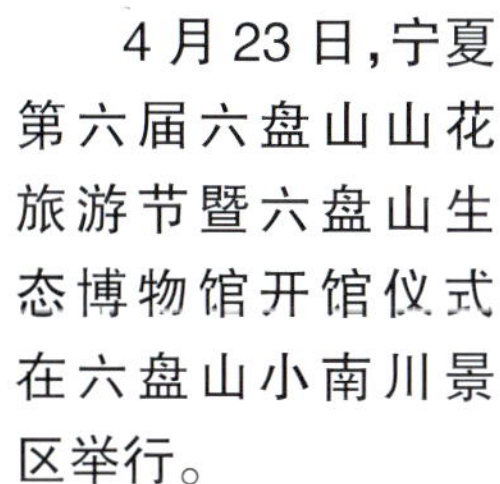

4月23日，宁夏第六届六盘山山花旅游节暨六盘山生态博物馆开馆仪式在六盘山小南川景区举行。

4月28日，由市委宣传部、共青团固原市委联合举办的纪念“五四”运动91周年“联通杯”青年健身舞大赛在固原体育馆激情上演。同日，固原市2010年文化艺术展演活动也正式启动，西海固文学研讨会、第二届“花儿漫六盘”电视大奖赛等全市文化艺术十大展演项目将相继展开。

4月29日，村民周雷正在认真地剪纸。“改造一处旧庄店，落成一处新农村”呈现出的是隆德县城关镇杨家店村的新变化，目前杨店村抓住文化长廊和农民创业十里长街的建设契机，发展起了农家小院，主打经营餐饮住宿农家乐、农产品和刺绣、剪纸文化产品等，既发展了特色餐饮和文化旅游产品经营，又增加了农民收入。

原州区清河镇沙窝小学一年级学生吃到了免费鸡蛋。

泾源县新建的宁夏六盘山活畜交易市场。

5 月 31 日，全区散居孤儿最低养育津贴发放启动仪式在西吉县举行。

6 月 2 日晚，固原体育馆灯光璀璨，座无虚席，“王洼煤业”杯央视《曲苑杂坛》走进固原大型综艺晚会在这里上演，精彩的演出让山城干部群众享受了一台精美的文化盛宴。

6 月 18 日，艳阳下的陡坡村层林尽染。近年来，彭阳县白阳镇陡坡村大修梯田，种树种草，退耕还林面积达到 4746.5 亩，改变了昔日的荒山秃岭状况。

6月24日，中央电视台电视剧制作中心资深导演金韬带领即将开拍的电视连续剧《给水团》剧组一行，来到西吉县新营乡石岘村宁夏军区给水团驻地选择拍摄场景。

6月26日，固原六盘山首航仪式现场。

6月27日，兰州军区某给水工程团战士在换钻头。近年来，兰州军区某给水工程团克服困难，解决山区群众吃水和灌溉问题，从2010年4月份开始，已为西吉县缺水群众打井3眼。

固原原州区南城拐子县内生态移民项目自2008年启动实施以来，全区上下把生态移民工程作为从根本上解决贫困问题的治本之策、经济社会发展的重点工程、深入贯彻落实科学发展观的重大举措来抓，做了大量扎实有效的工作，使生态移民工程取得了明显成效。

图为彭阳县城茹河畔居民居住区。彭阳县从改善人居环境、建设宁南山区宜居县城出发，以“近水、亲绿、宜人”为目标，继续加快园林绿化建设，实现人与自然和谐共处，促进城市可持续发展。

坐落在彭阳县古城镇的皇甫谧文化广场。

泾源县在新农村建设中，按照统一规划、统一施工、统一标准、统一标志的要求，使农村面貌发生了可喜的变化。图为泾源县香水镇城关村新貌。

7月1日，固原市直机关在体育馆举行庆祝建党89周年歌咏大会。

7月13日，在原州区彭堡镇姚磨村，八十栋中型拱棚种植区内蔬菜翠绿油亮，长势良好。

7 月 19 日，在第二届中国（宁夏）文艺旅博会综合展固原展厅，来自海内外的众多游人被“红绿六盘文化固原”的动人风情和独特魅力所深深吸引。

7 月 17 日，西吉县马莲乡农民在万亩马铃薯种薯繁育基地为马铃薯壅土。基地辐射巴都沟、陆家沟、马莲等六个村。

7月26日，固原市妇幼保健院暨闽宁妇幼保健培训中心落成。

7月28日9时，随着一声清脆的发令枪响，固原市机关干部职工、武警战士一个个像离弦之箭向六盘山主峰——米缸山顶峰冲去。

7月，彭阳县茹河大桥配套建设路灯、人行道硬化工程全面完成。

7月30日晚，全区财政系统第十届职工体育运动会在固原体育馆隆重开幕，运动员精神饱满地步入会场。

7月，固原市原州区阳光体育活动深入开展。

7月，原州区头营镇马园的日光温室进入规模化生产。

8月3日，参加完全区财政系统第十届职工体育运动会的运动员、教练员、裁判员在六盘山红军长征纪念馆举行爱国主义教育主题活动。

8月6日上午，全国群众登山健身大会暨首届宁夏六盘山登山节健身组比赛在隆德县杨家店民俗广场举行，来自全国各地的1268名运动员齐聚这里。比赛从位于六盘山西麓的隆德县杨家店出发，最终抵达六盘山红军长征纪念馆广场，全程约7公里。

8月9日，固原市城管局组织部分退休老干部、小学生对市区中心路部分墙面各种小广告进行清理，进一步净化了市容市貌。

8 月 9 日，固原市西吉县农民将清洗后的芹菜装车。截至 7 月中旬，西吉县 1720 亩拱棚西芹已全部出售，总产量 5300 吨，实现产值 630 万元，农户每亩收入 5000 元以上。

8 月 12 日，六盘山红军长征纪念馆游客络绎不绝。2010 年上半年，全市各旅游景区共接待游客 55 万人次，实现旅游社会总收入 1.2 亿元，与去年同期相比分别增长 21%和 19.6%。

8 月 18 日，区市领导张毅（左二）、王正伟（右二）、于革胜（右三）、刘小河（右一）由隆德县委书记李鸿儒（左一）、县长米超（左三）陪同观摩花卉基地。

8 月 19 日，自治区党委书记张毅（左二）、自治区主席王正伟（左一）等区市领导在泾源县香水镇园子村了解农民生产生活情况。

“不但有了廉租房，还有了新工作。”8 月 24 日，住在新区廉租小区 1 号楼 7 单元的伤残退伍军人宋忠明说：“前些年还住在东郊清河厂的废弃楼里，采光差不说，动不动就停水，一下雨，屋内漏得比外面大。”自从固原市建起廉租房后，他优先选择了一套 45 平方米住房，还被安排到小区物业公司上班，一个月 1000 多元的收入，让三口之家有了生活保障。

8月19日，自治区党委书记张毅（右四）、自治区主席王正伟（左三）等领导在彭阳县检查指导工作。

8月23日，福建省泉州市丰泽区资助原州区家庭困难大学生“金秋助学”基金发放仪式在原州区进行。丰泽区与原州区是对口协作县区，从2005年开始实施“金秋助学”捐资助学工程以来，累计筹资50万元，资助大学生250名。

8月27日，彭阳县孟塬乡双树村村民王军在给梅花鹿添草。王军养鹿70头，每年依靠销售鹿茸、鹿肉等收益上万元，成为村里的致富能人。

固原市四县一区1小时能上高速，便利快捷。福银高速公路固原段北起中卫市海原县李旺镇，南至泾源县什字镇，全长126公里，在深入实施西部大开发战略中，成为地方经济发展的交通大动脉。

8月30日晚，由市委宣传部、市文化体育广播电视局主办，五县区委宣传部、文化局、宁夏师院艺术系协办的固原市第二届“花儿漫六盘”电视大奖赛在市剧院落下帷幕，来自各县区近60名选手参加了决赛，其中20个节目分别获奖。

长城梁生态农业科技示范园项目是固原市委、政府确定的2010年经济社会建设的15件大事之一。项目总规划面积1.5万亩，建设生态景观林7000亩、经济林基地1500亩、林业科技示范园500亩、林业育苗基地2200亩、现代农业科技园3800亩，计划总投资1.56亿元。目前，长城梁生态农业科技示范园项目已经完成一半建设任务，绿化造林7000余亩，栽植各类绿化苗木130余万株。

福银高速马饮河大桥。

固原小流域治理一角。

隆德冷凉型花卉成为新的经济增长极。

固原市生态建设一角。

8月，彭阳县党群一体共建设施农业高新技术示范园。

8月，全市县域经济观摩团在原州区中河乡万亩马铃薯种薯繁育基地观摩。

8月，西吉县吉强镇袁河村村民在分拣清洗过的胡萝卜。2010年，西吉县胡萝卜种植面积达1万余亩，占蔬菜种植面积的25%，预计总产量4.5万吨，已成为继马铃薯产业之后极具潜力的地方特色优势产业。

8 月，竣工的固原新区和谐广场。

8 月初，解放军上海长海医院对口援助原州区医院的专家进驻该医院上班后，闻讯赶来就诊的患者络绎不绝，每天挂号处排起了“长龙”。截至 8 月，专家已接诊患者 125 人，手术 18 人。

市委书记刘小河（左三）在原州区东坊清真大寺与穆斯林群众亲切座谈。

王洛宾文化园落成典礼

9月1日上午，泾源县在六盘山脚下的和尚铺村隆重举行王洛宾文化园开园仪式，区市领导杨春光、刘小河等参加文化园揭幕剪彩仪式。

9月4日，全国人大常委会原副委员长盛华仁在西吉县马莲乡视察工作。

9月7日，市长白尚成（左一）在西吉县看望慰问穆斯林群众。

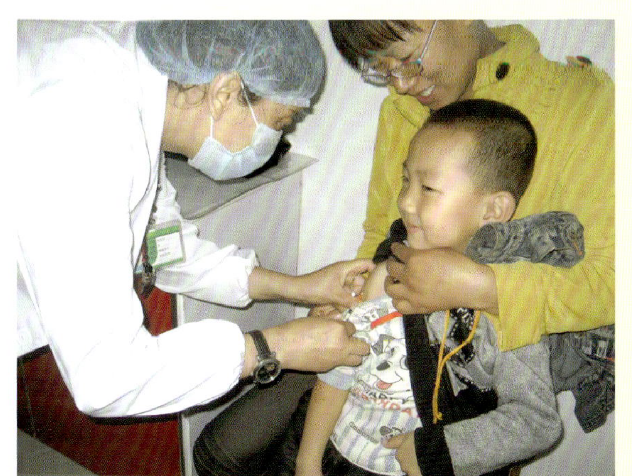

9月11日，医生在市区和平门社区为适龄儿童接种麻疹疫苗。9月11日至18日是全区统一集中为适龄儿童免费接种麻疹疫苗时间，固原市将为9.4万余名适龄儿童免费接种。

9月20日，原州区张易镇黎套小学和毛套小学师生从心底发出了阵阵欢笑声，他们收到了来自中科院数量经济与技术经济研究员林燕平博士(右一)带来的中秋月饼。黎套小学学生每人收到了一本崭新的新华字典，教学工作突出的老师每人收到了一条崭新的厚棉被。

9月24日上午，固原市与俄罗斯加里宁格勒市就发展友好城市关系进行座谈，宾主双方在亲切友好的气氛中，就加强两市间的交流与合作进行了广泛、深入的探讨。市长白尚成，市人大副主任姬永昌，加里宁格勒市副议长亚历山大·佩提科夫等一同出席了座谈会。

9月28日，在东岳山下的孔子文化纪念馆，固原市社会各界人士齐聚一堂，通过向孔子铜像敬献花篮、诵读国学经典等方式，纪念至圣先师孔子诞辰2561周年。

9月28日一大早，西吉县兴隆镇农民陈志明老人在固原市区新时代广场摆开自己制作的几十块展板，宣传党的民族宗教政策和民族团结先进事迹。陈志明老人几十年如一日，义务宣传禁毒、交通安全、计划生育、民族团结等方面的法律法规和有关政策，受到了各级部门的表彰奖励。

9月29日，隆德县1.2万名干部群众在沙塘镇和平村参加秋冬季农田水利基本建设。2010年以来，隆德县实施了农村饮水安全、灌区节水改造、小流域综合治理、梯田建设等工程，使偏远地区3.1万农村人口告别了吃水困难和饮水不安全的历史，新增和改善农田灌溉面积1.5万亩，治理水土流失15.1平方公里，新修梯田1.7万亩，农业综合能力不断提高，农民生产生活条件得到改善。

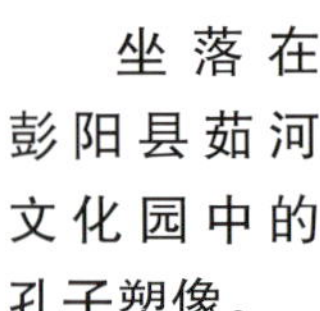

坐落在彭阳县茹河文化园中的孔子塑像。

9月30日，市区街头到处呈现出一片喜庆祥和的节日氛围。诸多商家纷纷将鲜艳的国旗挂上店门，庆祝建国61周年。

已建成使用的正祥国际饭店。

美丽如画的梯田。

市人民医院新建门诊大楼经过一年多的建设，已全面完工，从8月份开始供群众就医。

9月，映衬在青山绿水之中的宋家巷新居。

9月的彭阳美景。

固原市方志办与彭阳县方志办联合在彭阳人民广场举行捐书活动。

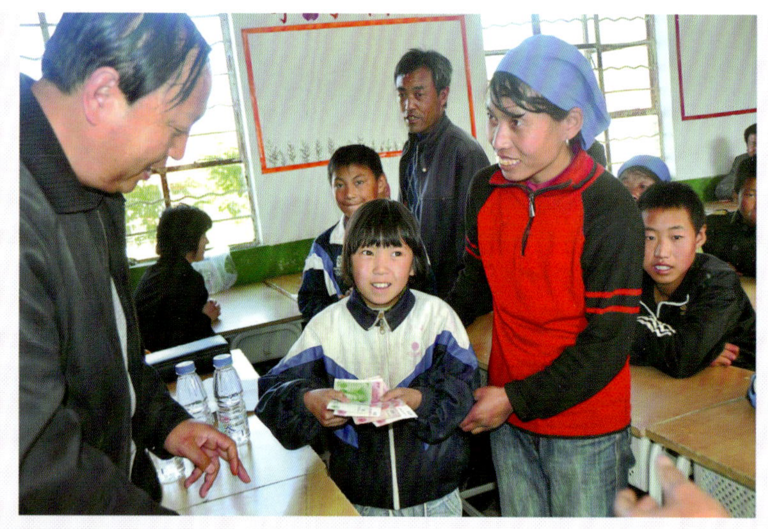

10月9日，原州区官厅乡中心小学残疾学生在家长陪同下接受原州区残联提供的扶残助学资金。当日，官厅乡29名残疾小学生每人领到350元扶残助学资金。

彭阳县城阳乡刘河村村民和学生在村文化室学习电脑操作。截止2010年10月，彭阳县共建立12个文化示范村、29个农民文化中心户、11个流动图书室、21个“共享工程”服务点，分别配置了电脑、投影仪、图书、电视机等。

10月11日，由自治区纪委、监察厅、文化厅联合主办的廉政文化大篷车全区巡回演出在彭阳县怡园广场举行。

10 月 12 日，丝丝寒意袭人，原州区炭山乡古湾小学却沉浸在温暖的爱意中。在古湾村进行“三同”锻炼的深圳市委党校中青班 20 名学员为古湾小学学生送上了一份来自千里之外的爱心。当天，参加“三同”锻炼的干部与深圳市教育督导团一同，为古湾小学捐赠现金、电脑、打印机、相机、图书、学习用具等 8 万余元。

坐落在固原市经济技术开发区的伊正回药有限责任公司。

原州区马铃薯繁育中心承担固原市马铃薯原原种的繁育任务，2010 年，该中心投资扩建示范基地 300 亩，并扩建育苗棚 2 万平方米，马铃薯原原种由原来年繁育 500 万粒增加到 2500 万粒。

10 月 14 日固原市首届农民工职业技能大赛决赛开幕，固原市人力资源和社会保障局局长张志鹏宣读比赛规则。

10 月 19 日，原州区隆重举行“树新风、革陋习、争做文明市民”倡议活动暨人民广场竣工仪式。人民广场的正式启用不仅为广大市民提供了一个锻炼休闲娱乐的理想场所，也为进一步提升固原城市品位、打造宁南山区中心城市新形象写下了浓墨重彩的一笔。

10 月 20 日，彭阳县志办举行《彭阳史志》评审会议。

即将竣工的固原中医医院。

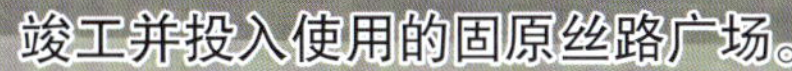

竣工并投入使用的固原丝路广场。

仲夏时节，西吉县城花香怡人，绿树成荫，城市环境大为改观。2010年以来，西吉县继续加大县城建设力度，抓好县城绿化、道路等基础设施建设，进一步打造舒适整洁的人居环境。

彭阳县的生态文明公路。

位于固原新区即将投入使用的廉租住房。

11 月 3 日，普查员在市区东海园区住户家中开展人口普查工作。第六次全国人口普查工作启动以来，固原市有 7453 名普查员和普查指导员参与这项工作。

11 月 11 日，原州区头营镇马园村大学生村官张浩伟为当地农民讲解农产品网上销售知识。2010 年，原州区有 9 名大学生村官先后进村开展工作，他们充分利用掌握的知识，为新农村建设积极发挥才智。

长城梁生态农业科技园项目是固原市 2009 年经济社会建设 12 件大事之一，2010 年 15 件大事之一，把长城梁打造成集休闲观光、长城旅游、城市景观、生态农业示范为一体的园区。项目区为沿秦长城遗址走向的狭长区域，直线长 7.2 公里，总面积为 1.5 万亩，其中坡耕地 8100 亩、荒坡荒沟 6900 亩，概算总投资 1.56 亿元。项目于 2009 年开始实施，到 2010 年 11 月共搬迁农户 248 户，新建道路 34.5 公里、1.5 万立方米和 1500 立方米蓄水池两座。

11 月 12 日上午，市委、政府在市人民会堂召开了深入实施西部大开发战略大学习活动总结大会。会议由董玲副书记主持，发改委等单位作了发言交流，刘小河书记作了重要讲话。

11 月 15 日，六盘山热电厂集控室技术人员正在监测 1 号机组设备运行参数。继 1 号机组投入生产运营之后，2 号机组也进入整套启动阶段，计划在 11 月底完成 168 小时满负荷试运行后正式投产运营，实现年内 2 个机组全部投产的目标。

11 月 15 日，市中级人民法院民一庭法官向农民工发放被拖欠的工资。

11 月 22 日，固原市城镇居民踊跃交纳基本医疗保险。2010 年 7 月，固原市出台《固原市城镇职工医疗保险生育保险城乡统筹实施方案》以来，医保部门周密准备，精心部署，登记核定参保居民。

11 月 21 日，天鹅群在彭阳县店洼水库库区嬉戏觅食。天鹅是一种冬候鸟，喜欢群栖在湖泊和沼泽地带，主要以水生植物为食。2010 年秋天首次发现天鹅在彭阳境内歇脚。

11 月 30 日，原州区工会职工维权中心工作人员在录入职工维权信息。2010 年 1 至 10 月，维权中心为农民工依法维权 46 件，讨回工资 108 万元，救助城乡困难职工 426 人，发放救助金 14 万元，提供就业岗位 660 个，指导就业 546 人。

12 月 10 日晚，固原 160 名入伍新兵踏上了光荣的军旅征程。

12 月 17 日，在云南昆明举行的全国方志系统第二届年鉴评奖工作总结会议上，固原市方志办编辑出版的《固原年鉴》获奖。

目录

特载

专载

专记

组织机构与负责人名录

固原综述

大事记

县(区)工作

党委　群团

人大工作

政府工作

政协工作

纪检监察

民主党派

司法 公安

军　事

经济管理

农业与农村经济

工 业

非公有制经济

城建环保

交通运输

邮政电讯

商业贸易

民族宗教

社会事业

地方文化

人 物

表彰奖励

文献法规

调研报告

热点论坛

特　载

中共中央政治局常委　全国人大常委会委员长吴邦国在固原调研纪实

9月10日—14日，中共中央政治局常委、全国人大常委会委员长吴邦国在宁夏调研，从“苦瘠甲天下”的中南部干旱山区，到素有“塞上江南”美誉的北部黄河灌区，行程1000多公里，足迹贯穿宁夏南北、横跨黄河两岸，深入工矿企业、大中学校、田间地头、农户家中，亲切看望企业职工、学校师生和农民朋友，共商宁夏发展大计。

吴邦国强调，要充分认识加快转变经济发展方式的重要性、艰巨性和紧迫性，把思想和行动切实统一到中央对形势的分析判断和对工作的总体部署上来，紧紧抓住深入实施西部大开发战略的重要机遇，结合实际创造性地开展工作，走出一条符合宁夏实际、富有特色的兴区富民之路。“让中南部贫困地区群众生活一天天好起来”。

宁夏中南部地区干旱缺水，自然条件恶劣，是全国扶贫攻坚的重点地区之一。吴邦国十分挂念贫困山区群众的生产生活，到宁夏调研的第一站就选在固原。一下飞机，他立即驱车数十公里，沿着崎岖的山路，来到原州区开城镇海沟村。这里居住着251户回族群众，由于山高坡陡、水土流失严重，全村人畜饮水困难尚未解决，年人均纯收入只有2700多元。吴邦国走进村民马进仓家，与一家人坐在坑上拉家常。从吃水从哪里来、孩子在哪里上学，到庄稼收成怎样、外出务工做什么，吴邦国问得十分仔细。听说委员长到来，村民们都围拢上来，吴邦国走上前去，同乡亲们亲切握手，祝贺开斋节快乐。他说：“由于自然和历史的原因，大家现在生活还比较困难。党和政府会想办法解决大家的问题，相信通过上下共同努力，乡亲们一定能够过上幸福美好的生活！”

近年来，宁夏的全国人大代表在充分调查研究的基础上，围绕解决水的问题提出了不少建议，包括解决宁夏中南部地区饮水安全问题、发展干旱带高效节水补灌农业、建设马铃薯种薯基地、组织实施生态移民搬迁等。全国人大常委会从充分发挥代表作用、着力保障和改善民生的高度，对这些建议进行重点督办，国务院有关部门高度重视、认真办理，地方政府积极配合、共同努力，代表反映强烈、群众最为关心的问题正在逐步解决，取得了阶段性成果。

吴邦国强调，改善宁夏中南部地区生态环境和基本生存条件，既是一项长期的战略任务，又是一项紧迫的民生工程。他要求有关方面继续采取切实有效措施，争取用3年左右时间基本解决中南部地区城乡居民饮水安全问题，积极推动中南部地区生态移民搬迁安置，让中南部地区各族群众的生活一天天好起来。

吴邦国还专程瞻仰了六盘山红军长征纪念馆，并到自治区人大机关看望了干部职工。（邹声文）

中共中央政治局常委　中央政法委书记周永康在固原考察工作纪行

9月7日—8日，中共中央政治局常委、中央政法委书记周永康在自治区党委书记张毅，自治区主席王正伟，自治区党委副书记于革胜，自治区党委常委、政法委书记、公安厅厅长苏德良和市领导刘小河、白尚成的陪同下，在原州区、泾源县考察工作。

周永康强调，要抓住深入实施西部大开发战略机遇，加快改善民族地区群众生活，不断夯实社会和谐稳定根基，努力实现跨越式发展和长治久安。

周永康十分关心困难地区群众生活。原州区团结村是一个统一规划、设计、建设的生态移民村，共安置地质灾害危险点和偏远山区困难群众503户。周永康走进村民马勇家里，向他了解住进新房花费了多少、享受退耕还林政策补助有多少、一年收入有多少，并一一察看牛圈、沼气灶和自来水。看到村民的生活有了很大改善，周永康十分高兴。社会和谐安宁事关群众根本利益。

周永康先后来到泾源县六盘山镇派出所、原州区靖朔门社区，详细了解化解矛盾纠纷、创新社会管理等情况，并亲切慰问基层干部群众和政法干警。

所到之处，周永康特别关心困难群众、外来务工人员的就业和生活，特别关心矛盾纠纷能不能及时解决、群众有没有安全感，反复强调维护社会稳定关键是要解决好民生问题，从源头上预防和化解社会矛盾。在固原考察工作期间，周永康在区市领导的陪同下，专程参观了六盘山红军长征纪念馆，深切缅怀革命先烈。

（潘江 马建平 魏莹 崔一波 李慧 马玉 王倩）

固原市召开领导干部大会传达学习胡锦涛来宁考察重要讲话精神

3月25日，市委、政府召开全市领导干部大会，传达学习中共中央总书记、国家主席、中央军委主席胡锦涛在宁夏考察工作时的重要讲话和自治区党委常委扩大)会议精神，安排部署的贯彻落实工作,市委书记刘小河主持会议并讲话。

3月21日—23日，胡锦涛同志在中共中央书记处书记、中央办公厅主任令计划，中共中央书记处书记、中央政策研究室主任王沪宁等陪同下，先后到银川、吴忠、石嘴山等地，就深入推进西部大开发、加快转变经济发展方式、保障和改善民生、加强和改进党的建设等进行了实地调查研究，考察了银川小任果业有限公司、银川塞上阳光牧场、盐池县花马池镇南苑移民新村、宁夏林业研究所、东方集团有限公司、黄河标准化堤防吴忠利通区段、星海湖生态湿地保护区、永宁县胜利乡园林村给水工程团打井施工点，并亲切接见了自治区民族宗教界人士代表、民族工作者代表和民族团结进步模范代表，慰问了困难群众。这是总书记到中央工作15年来，第四次考察宁夏。2007年4月11日—14日，胡锦涛总书记来宁夏考察工作，并且在固原住了两个晚上，调研了一天，考察了彭阳县阳洼小流域综合治理，并深入白阳镇陡坡村同村干部、卫生保健员和村民广泛交谈，了解农村生产、生活情况和村党支部"四联双定双评"开展情况；总书记还来到回族群众聚居的原州区中河乡中河村，走访了回族群众的衣食住行、看病上学等情况，还瞻仰了六盘山红军长征纪念馆。这充分体现了党中央和胡锦涛总书记对宁夏发展的高度重视和对宁夏回汉各族人民的亲切关怀，给我们带来了巨大的精神鼓舞和奋斗动力。3月23日上午，在听取自治区党委、政府工作汇报后，胡锦涛总书记发表了重要讲话。

刘小河指出，总书记的重要讲话，高瞻远瞩、思想深刻、内涵丰富、语重心长，具有很强的战略性、理论性、针对性和指导性，是深入实施西部大开发战略，加快经济发展方式转变，进一步做好自治区各项工作的纲领和指针。他要求，各级各部门一定要按照自治区党委和陈建国书记的要求，把学习贯彻胡锦涛总书记的重要讲话作为当前的首要政治任务，加强领导，精心组织，采取党委党组、中心组学习、专题学习会、干部大会等多种形式，迅速将总书记的重要讲话精神传达到广大党员和各级干部群众，把总书记对民族贫困地区的深情关怀传递给全市回汉各族人民，掀起学习宣传贯彻的高潮。各级宣传部门和新闻单位要加大宣传力度，营造学习贯彻胡锦涛总书记重要讲话精神的浓厚舆论氛围。

刘小河强调,我们一定要抢抓国家继续深入推进西部大开发战略的历史机遇,认真总结固原实施西部大开发战略十年的历程,积极学习借鉴西部各地的成功经验,紧紧围绕西部大开发第二个十年规划和国家、自治区“十二五”规划编制,紧紧围绕固原发展战略转型,精心编制好固原市“十二五”规划和固原市产业发展规划,绘制好今后的发展蓝图。总书记的重要讲话,对固原实施新一轮西部大开发战略指明了方向,表明了政策导向和着力点,自治区党委提出要力争在“十二五”期间再上几个重大的标志性工程,全市干部群众一定要积极响应中央和自治区的号召,准确把握国家和自治区深入推进西部大开发的政策导向,找准结合点和切入点,超前谋划,及早动手,积极主动向国家和自治区争取一批关系固原长远发展的好项目、大项目,争取更多的项目列入国家、自治区“十二五”规划和国家西部大开发第二个十年规划,力争在“十二五”和西部大开发新的十年多干几件打基础、利长远、惠民生的重点工程,真正把政策优势转化为现实生产力,为固原跨越发展提供强大的支撑。

刘小河强调,学习贯彻总书记的重要讲话,一定要着眼长远,立足当前,突出重点,创新突破,切实做好以下工作。一要切实做好“促转型、调结构、转方式”的大文章,二要切实加强基础设施建设,三要切实加强生态环境建设,四要切实保障和改善民生,五要切实做好民族宗教和维护稳定工作,六要切实加强和改进党的建设。 (王建保)

固原召开全市领导干部大会传达李克强来宁夏考察时的重要讲话精神

3月2日,固原市召开领导干部大会,传达学习中共中央政治局常委、国务院副总理李克强来宁夏考察时的重要讲话精神,研究贯彻落实意见。市委书记刘小河主持会议并讲话。

2月25日—27日,李克强来宁夏考察工作,就进一步加快宁夏经济社会发展,深入推进西部大开发战略进行调查研究。27日上午,李克强在银川听取了自治区党委、政府工作汇报,并发表了重要讲话。

刘小河指出,李克强同志的重要讲话高屋建瓴,思想深刻,对我们深入贯彻落实科学发展观,加快经济发展方式转变,奋力推进经济社会跨越式发展具有十分重要的指导意义。各县区、各部门(单位)要把学习贯彻李克强同志的重要讲话精神作为当前一项重要的政治任务,加强领导,精心组织,采取党委(党组)中心组学习、专题学习会、干部大会等多种形式,迅速传达到全市广大党员和各级干部群众中,把学习贯彻李克强同志的重要讲话与深入贯彻落实党的十七届四中全会精神和国务院《关于进一步促进宁夏经济社会发展的若干意见》相结合,与学习贯彻胡锦涛、温家宝等中央领导同志在省部级主要领导干部专题研讨班上的重要讲话和即将召开的全国“两会”精神相结合,与各地各部门实际相结合,与做好当前各项工作相结合,掀起学习宣传贯彻的热潮。

刘小河强调,李克强同志的重要讲话,非常符合宁夏和固原的实际,具有很强的指导性、针对性和实践性。全市党员干部一定要紧密结合固原实际,创造性地把李克强同志的重要讲话精神贯彻落实到各项工作中,抢抓西部大开发第二个十年规划的机遇,精心编制好“十二五”规划和固原市产业发展规划,抓紧筹备好第四次固原工作会议,在新的起点上做好推动发展战略转型和加快经济发展方式转变文章,做好改善民生和促进社会和谐的工作,全力推进全市经济社会又好又快发展。 (王建保)

张毅强调抓住生态移民契机使固原摆脱贫困走向富裕

2011年1月18日下午,自治区党委书记、人大主任张毅在参加固原市代表团审议政府工作报

告时指出，要认真贯彻落实自治区党委十届十一次全体会议的重大决策部署，紧紧抓住生态移民攻坚战的重大机遇，坚定信心、务实苦干、攻克难点、做出亮点，使固原摆脱贫困走向富裕。

在听取了刘小河、周金柱等九位代表的发言后，张毅对各位代表对王正伟主席所作的政府工作报告、去年的工作和“十一五”时期取得成就的评价表示赞同。他说，宁夏确实在经济社会等方面取得了长足发展，人民生活有了明显改善，尤其是固原也和全区一样取得了很大成绩，经济发展了，社会稳定了，民生改善了。张毅通过各位代表向固原人民和固原干部为宁夏经济社会发展作出的贡献表示感谢。

张毅指出，这次会议是“十二五”的开局之年召开的一次重要会议，会议的一个重要议题就是要研究审议批准“十二五”规划和政府工作报告、人大常委会工作报告、法检两院工作报告。张毅说，宁夏要和全国同步实现小康社会，关键看“十二五”怎么做。

自治区党委十届十一次全体会议已经对“十二五”规划提出了具体建议，王正伟主席在政府工作报告中已经作了阐述，在经济社会发展等方方面面作了科学规划。在诸多内容当中，改善民生里面的一大亮点一大难点就是全区35万人民群众的生态移民问题。张毅强调，要举全区之力，利用五年时间集中财力办大事，把生态移民这件民生工程干漂亮，把西海固地区的穷根彻底拔掉。

张毅强调，固原生态移民人数占到全区一半以上，固原承担着重大责任，要扎实细致、积极稳妥、公开公平公正，在自觉自愿的基础上，把实施生态移民攻坚这件实事切实办好办实。要通过不懈努力把难点攻克，把亮点做亮。同时要抓住生态移民这个契机，使固原摆脱贫困走上富裕的道路。固原贫困条件差，困难人口多，搬走23万人给了固原重整山河、整村建镇的大机遇，也是拉动内需的一个大举措，要经过五年的奋斗，使固原发生大的变化。

张毅最后强调，固原是个贫困艰苦的地方，但也是个有特点、有内涵的地方，挖掘好了是个大有希望的地方。要把历史和红色、绿色资源进行整合，和邻近省市进行衔接，打响固原旅游品牌。

（马茂荣）

王正伟强调抢抓机遇真抓实干推动固原经济大发展

2011年1月19日上午自治区主席王正伟参加固原市代表团审议政府工作报告时指出，要正确审视当前工作，振奋精神、抢抓机遇、真抓实干，经过全区上下同心协力，用三到五年时间使固原发展上台阶，推动经济大发展。

在听取了白尚成等六位代表的发言后，王正伟对2010年以来固原市的工作成绩给予了充分肯定。

王正伟指出，近年来，固原市委、政府工作思路越来越清晰，干部群众的干劲越来越大，工作成效越来越明显。通过数据看，今年GDP和固定资产投资都突破了“双百亿”目标，取得这样的成就不容易。他说，这几年，固原的支柱产业规模越来越大、效益越来越好。尤其今年马铃薯的效益非常好，老百姓从中受益不少。设施农业发展方面实现了蔬菜、花卉从无到有，群众从不接受到接受，从不干到愿意干，从被动到主动。现在老百姓已经尝到了甜头，只要市委、政府把看准的事情坚持不懈干下去，效益会越来越好。

王正伟指出，近几年，固原城市基础设施建设有了明显改善，有了雏形，有了框架，有了一个良好的基础。但与城市化的要求还有一定差距，表现在城市功能还不完善，功能配套还不齐全，还需要进一步完善。民生事业明显改善，但还要抢抓机遇，真抓实干，在城市化、工业化、服务业、生态建设等方面下工夫，在宁南区域中心城市和五县区城市建设上有作为，推动山城经济大发展。要积极争取国家把固原列为陕甘宁区域中心城市、六盘山区集中连片扶贫开发攻坚和新一轮西部大开发的历史机遇，理清工作思路，尽快编制规划，争取项目支持，集中连片解决贫困问题和一些重大民生问题。

在谈到“十二五”期间固原如何发展时，王正伟指出，一要在城市化上实现新突破；二要在做强工业上实现新突破；三要在做精生态农业上实现新突破；四要在提升服务业上实现新突破；五要在改善民生和社会事业上实现新突破。（马茂荣）

刘小河强调抢抓机遇 缩小差距实现跨越

自治区十届人大五次会议召开期间，市委书记、市人大主任刘小河在参加固原市代表团审议自治区主席王正伟所作的政府工作报告时指出，要结合贯彻会议精神，落实好政府工作报告提出的部署和要求，进一步大力弘扬“不到长城非好汉”的六盘山精神，解放思想，振奋精神，转变作风，切实把自治区党委、政府对固原的大力支持转化为具体的工作思路和措施，奋力开创固原“十二五”科学发展、跨越发展新局面。

刘小河说，政府工作报告突出了科学发展这个主题和加快转变经济发展方式这条主线，思路明晰、重点突出、措施得力，具有很强的科学性、指导性和实践性，充分体现了科学发展观的要求、执政为民的理念和开拓创新的精神，反映了全区各族人民加快发展、推进跨越的共同愿望，符合宁夏的实际，是一个开拓创新、求真务实，振奋人心、催人奋进的好报告，必将在新的历史起点上引领和推动全区经济社会各项事业实现新的发展、新的跨越。

刘小河说，从2003年开始，自治区连续召开了四次固原工作会议，专题研究固原发展大计，特别是2010年5月召开的第四次固原工作会议，充分肯定了固原市提出的发展战略转型思路及“一五五”工程，首次出台了《关于促进固原经济社会加快发展的若干意见》，给全市各族人民以极大的精神鼓舞和奋斗动力。在自治区党委、政府的坚强领导下，在自治区各厅局和社会各方面的大力支持下，固原市全面完成了2010年及“十一五”规划各项目标任务，为“十二五”更好更快发展打下了坚实基础。

刘小河指出，在看到成绩的同时，应该清醒地看到，经济欠发达、发展不充分、自我发展能力弱、全社会发展活力不够仍是固原最大的市情，与全国、全区同步实现全面建设小康社会目标的任务还非常艰巨。“十二五”时期是最关键的五年，是固原抢抓机遇、缩小差距的关键时期，必须抓住这一战略机遇期，创造优势、实现跨越，从八个方面做好工作。一是以盐化工和煤电一体化为龙头，加快推进工业化。二是加快发展现代生态农业，推进社会主义新农村建设。三是大力发展现代服务业，提升第三产业发展水平。四是以生态移民为契机，举全市之力打好扶贫攻坚战。五是建设宁南区域中心城市，加快城镇化进程。六是强化基础设施建设，提升发展保障能力。七是加快生态环境建设，争创西部地区生态建设样板区。八是大力发展社会事业，切实保障和改善民生。

刘小河强调，2011年是实施“十二五”规划的开局之年，是推进发展战略转型的关键一年。固原要着力抓好事关全市经济社会发展的14件大事和改善民生的28件实事，做好“五篇文章”，确保实现“十二五”良好开局。一要做好“转型”的文章，增强发展内生动力。二要做好“移民”的文章，加速推进扶贫开发。三要做好“城镇”的文章，推进城乡统筹发展。

四要做好“基础”的文章，提升发展保障能力。五要做好“民生”的文章，促进社会和谐。

刘小河强调，要圆满完成今年各项目标任务，一要坚持不懈地推进思想大解放。二要抓好项目建设和招商引资工作。三要进一步弘扬和实践“不到长城非好汉”的六盘山精神，在全市进一步掀起抢抓机遇、攻坚克难、大干快上、创新突破的热潮。

（马茂荣）

白尚成强调振奋精神 推动固原跨越发展

自治区十届人大五次会议召开期间，市长白尚成在参加固原市代表团审议政府工作报告时指出，要在自治区党委、政府的坚强领导下，深入贯彻落实科学发展观，大力弘扬“不到长城非好汉”的六盘山精神，团结一心，振奋精神，锐意进取，乘势前进，努力开创全市经济社会科学发展、跨越发展的新局面。

白尚成说，政府工作报告有深度、有思想、站位高、内容实、亮点多、思路清、措施硬，鼓舞人心、催人奋进。报告字里行间流淌着“小省区也能办大事、落后地区也能争第一”的豪迈气概，无论讲到工业、农业，还是社会、民生，有不少都在全国叫得响。

2010 年的工作，是新世纪以来增速最快的一年。

“十一五”时期面对严峻的考验，办成了一系列大事，办妥了一系列难事，办好了一系列喜事。报告字里行间顺应了宁夏人民过上好日子的新期盼和新要求，无论是“十一五”还是去年一年，老百姓得到了更多实惠，政府为老百姓谋到了更多福利，有效缓解了上学难、看病难、养老难、饮水难、居住难一系列事关群众生活和切身利益的事情。报告字里行间展现着一个敢于担当、勇于负责、充满社会力量、能为宁夏人民带来盼头和希望、大有作为的政府。

白尚成说，作为一名人大代表，为全区经济社会取得的成就感到自豪和骄傲，感到固原责任重大，任重道远。这么多年，在自治区党委、政府的大力支持和高度重视下，固原有了长足发展，全市围绕加快实现以农业为主导向以工业为主导、多产业发展并举转变的总体要求和“一五五”工作思路，全力抓好事关经济社会发展的 15 件大事和改善民生的 25 件实事，圆满完成了各项目标任务及“十一五”规划目标。

白尚成指出，固原作为民族地区、革命老区、国家集中连片特殊扶贫地区，要和全区、全国一道实现全面建设小康社会的目标，就需要有“跳起来摘桃子”的精神。他说，十七届五中全会一个鲜明的特征就是把改善和保障民生摆到了全党的重要位置，固原底子薄、基础差，自治区非常关心支持对贫困地区群众生活的改善，在项目、资金、土地使用、节能减排和信贷方面实行差别性政策。

白尚成指出，要认真贯彻落实自治区党委十届十一次全会精神、自治区人代会精神和市委二届九次全体会议精神，不断提高各级干部推动科学发展能力、维护社会稳定能力和解决民生突出问题能力，自觉担当起推动固原科学发展、跨越发展的历史使命。他说，“十二五”是固原发展关键的五年，对固原来讲，没有大的变化、大的作为，就会影响全区和全国一道实现全面建设小康社会目标。2011 年要着力抓好事关全市经济社会发展的 14 件大事和改善民生的 28 件实事，重点做好八个方面的工作。

一是加快建设盐化工循环经济扶贫示范区，提升工业化水平。

二是加快特色优势产业发展，提升生态农业质量和效益。

三是加快宁南区域中心城市建设，提升城镇带动辐射能力。

四是加快发展旅游商贸物流业，提升第三产业发展层次。

五是加快基础设施和生态环境建设，提升可持续发展能力。

六是加快发展社会事业，提升市民综合素质。

七是加快构建社会保障体系，提升城乡居民生活质量。

八是加快转变政府职能，提升行政效能和执行力。

（马茂荣）

专 载

固原市2010年国民经济和社会发展统计公报

固原市统计局

（2011年3月30日）

2010年，市委、政府认真贯彻落实自治区经济工作会议和第四次固原工作会议精神，大力弘扬“不到长城非好汉”的六盘山精神，按照“加快以农业为主导向以工业为主导、多产业发展并举转变”的经济发展战略，狠抓重大项目建设，积极培育和壮大特色优势产业，以盐化工基地为平台，加快推进工业化进程，努力实现经济增长方式的根本转变，着力改善民生，优化经济发展环境，确保了全市经济平稳较快发展。

一、综合

据初步核算，全市实现地区生产总值104.03亿元，剔除物价因素，实际比上年增长9.6%。其中：第一产业完成增加值30.09亿元，增长10.5%；第二产业完成增加值21.87亿元，增长11.8%；第三产业完成增加值52.07亿元，增长8.4%。三次产业占地区生产总值的比重分别为28.9%、21%、50.1%，与上年相比，第一产业比重上升1.4个百分点，第二产业比重下降1.8个百分点，第三产业比重上升0.4个百分点。人均地区生产总值6874元，比上年增长16.7%。

图1:2006—2010年生产总值(亿元)

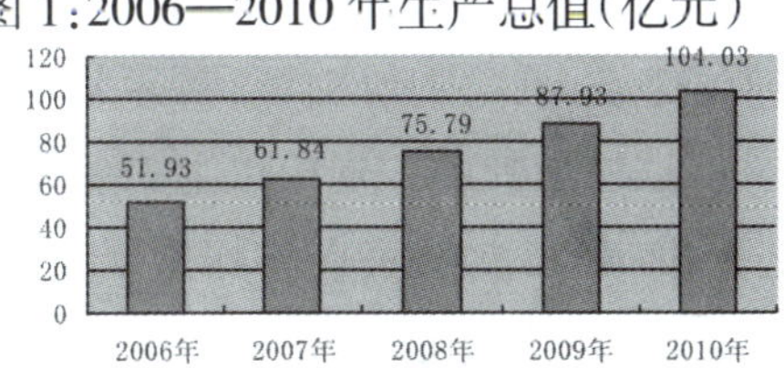

图2:2010年生产总值结构

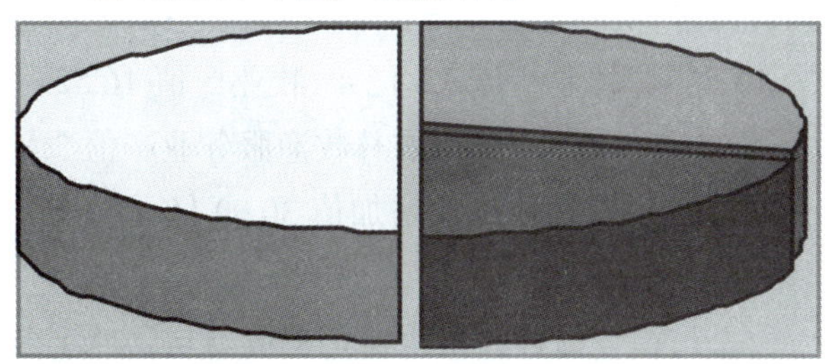

全市居民消费价格比上年上涨5%，其中食品价格上涨9.7%；固定资产投资价格上涨4.2%；建筑安装工程价格上涨5.3%；土地交易价格上涨12.4%；房屋租赁和物业管理价格上涨4.9%；房屋销售价格上涨13.7%；工业品出厂价格上涨7.1%；原材料、燃料、动力价格上涨8.7%；农业生产资料价格上涨5.8%。

2010年全市居民消费价格指数

指　标	以上年价格为100
居民消费价格总指数	105.0
食品	109.7
烟酒及用品	100.9
衣着	103.0
家庭设备用品及维修服务	102.2
医疗保健和个人用品	103.9
交通和通讯	98.5
娱乐教育文化用品及服务	103.7
居住	104.3

年末全市全社会从业人员77.83万人，第一产业从业人员38.18万人，第二产业从业人员18.34万人，第三产业从业人员21.31万人。其中：全部职工人数5.56万人，私营个体从业人员9.47万人，乡村从业人员62.8万人。城镇登记失业率为4.2%。

全市城镇单位从业人员年平均劳动报酬34199元，其中在岗职工年平均工资35970元。

全市共完成劳务输出30.52万人，其中有组织输出25.79万人。农民人均劳务纯收入1531.8元，比上年增长19.7%。

二、农业

全年实现农林牧渔业总产值62.15亿元，剔除物价因素，实际比上年增长10.8%，其中：农业产值39.13亿元，林业产值3.3亿元，牧业产值16.52亿元，渔业产值0.01亿元，农林牧渔服务业产值3.18亿元。实现农林牧渔业增加值30.09亿元，增长10.4%。

全市粮食播种面积达到418.35万亩，比上年增加1.3万亩，增长0.3%。其中：夏粮面积为152.13万亩，增加8.05万亩，增长5.6%；秋粮面积为266.22万亩，减少6.75万亩，下降2.5%。全市粮食总产量74.58万吨，比上年增长15.5%。其中：夏粮产量20.73万吨，增长26.5%；秋粮产量53.85万吨，增长11.7%。

2010年主要农产品种植面积、产量及其增长速度

品 种	面积（万亩）	增长（%）	产量（万吨）	增长（%）
农作物播种面积	587.78	-0.4	-	-
粮食	418.35	0.3	74.58	15.5
夏粮	152.13	5.6	20.73	26.5
小麦	118.25	7.4	18.46	29.1
秋粮	266.22	-2.5	53.85	11.7
玉米	63.55	10.0	23.27	24.4
马铃薯	188.53	-4.8	29.87	4.0
油料	53.05	-1.9	5.95	14.5
中药材	3.57	-15.2	0.65	6.9
蔬菜	32.02	10.8	94.69	35.6
青饲料和牧草	78.72	-6.3	29.10	26.6

图3：2006—2010年粮食产量（万吨）

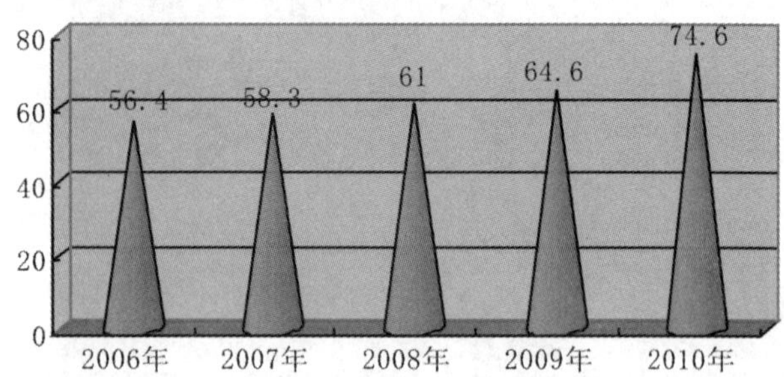

全市牛、羊、猪存栏分别为36.56万头、62.84万只、17.55万头，分别比上年增长1.8%、减少3.6%和6.5%；出栏牛、羊、猪分别为22.44万头、75.86万只、24.66万头，分别增长3.2%、6.3%、8.4%；肉类总产量达到6.97万吨，增长6.2%。其中：牛肉产量3.24万吨，增长4.3%；羊肉产量1.28万吨，增长4.3%；猪肉产量1.82万吨，增长6.5%。

当年全市人工造林面积24.32万亩，其中退耕造林面积21.49万亩，年末实有封山育林面积达到58.3万亩，四旁（零星）植树733.03万株，全年育苗面积19.56万亩。全年木材采伐48立方米。

全市水库养殖面积6915亩，水产品产量135吨。

全市年末拥有农业机械总动力153.9万千瓦，比上年增长7.9%，其中：柴油发动机动力121.93万千瓦，增长6.7%，电动机动力28.74万千瓦，增长6.6%。拥有大中小型拖拉机3.19万台，拖拉机配套农具4.3万台，排灌动力机械1.29万台，农用运输车6.1万辆，机电井0.66万眼。农业机械耕作面积334.94万亩，机播面积208.55万亩，机械收获面积137.66万亩。农用化肥施用量17.72万吨，农用塑料薄膜使用量515.35万公斤。

三、工业和建筑业

全市完成工业总产值36.98亿元，实现工业增加值11.01亿元，剔除物价因素，实际分别比上年增长8.5%、8.3%。其中：规模以上工业完成产值15.28亿元，增长15.2%，实现增加值4.55亿元，增长14.6%；规模以下工业完成产值21.7亿元，增长

4.3%，实现增加值6.46亿元，增长4%。规模以上工业中，轻工业完成产值6.67亿元，增长47%；重工业完成产值8.61亿元，增长24.1%。按经济类型分，国有工业完成产值4.72亿元，增长27.1%；股份合作工业完成产值1.58亿元，增长4.8%；股份制工业完成产值8.62亿元，增长42.7%；其他工业完成产值0.36亿元，增长71.1%。

全市31家规模以上工业企业中，亏损企业8家，亏损面为25.8%，亏损额772.8万元，比上年增亏91.9%，完成主营业务收入13.55亿元，增长29.2%，实现利税3.14亿元，增长4.2%，其中：利润总额2.51亿元，增长6.8%，税金总额0.63亿元，减少5.2%。

工业主要产品产量中，原煤产量124.9万吨，比上年减少10.9%；白酒产量168.9万升，增长6.8%；水泥产量85.92万吨，增长25.9%；小麦粉产量4.25万吨，增长51.8%；磷肥产量1.18万吨，减少39.2%；鲜冷藏冻肉0.63万吨，增长34.6%；纱产量177吨，增长50%。

全市具有资质等级的建筑业企业43个，实现建筑业总产值14.99亿元，比上年增长38.9%。全员劳动生产率达到11.99万元/人。房屋建筑施工面积74万平方米，增长23.3%，房屋建筑竣工面积24.3万平方米，减少19%。

四、固定资产投资和招商引资

全市完成全社会固定资产投资112.3亿元，比上年增长30.6%。其中：完成厅局及农户投资31.57亿元，增长28.4%，占完成总投资的28.1%；完成地方项目投资80.73亿元，增长31.5%，占完成总投资的71.9%。地方项目投资中，第一产业完成投资6.3亿元，增长60.3%，占地方项目投资的7.8%；第二产业完成投资27.05亿元，增长18.6%，占地方项目投资的33.5%，其中完成工业投资26.5亿元，增长18.2%；第三产业完成投资47.38亿元，增长36.6%，占地方项目投资的58.7%，其中房地产开发完成投资9.39亿元，增长34.5%。

图4:2006—2010年全社会固定资产投资(亿元)

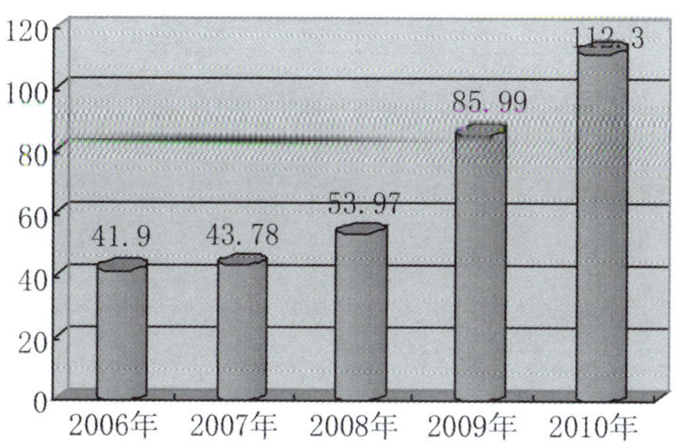

全市地方投资施工项目个数475个，增加38个，增长8.7%，其中本年新开工项目398个，增加17个，增长4.5%，占地方投资施工项目个数的83.8%；本年施工房屋面积211万平方米，增长44.5%，其中住宅面积78万平方米，增长33.3%；本年竣工房屋面积116万平方米，增长30.3%，其中住宅面积60万平方米，增长5.3%。

全市共完成和正在实施的招商引资项目112个，实际到位资金29.35亿元，其中：特色农业项目31个，到位资金6.7亿元；制造业项目12个，到位资金2.45亿元；能源化工项目5个，到位资金7.02亿元；旅游服务业项目25个，到位资金6.16亿元；基础设施建设项目24个，到位资金3.12亿元；房地产项目15个，到位资金3.9亿元。

五、国内贸易

全年实现社会消费品零售总额32.45亿元，比上年增长17.7%。从城乡销售看：市区实现零售额7.29亿元，增长26%；县城零售额11.95亿元，增长12.7%；农村零售额13.21亿元，增长18%。从经济类型看：国有经济实现零售额1.56亿元，增长31.9%；集体经济零售额0.69亿元，增长18.4%；私营经济零售额5.89亿元，增长12.4%；个体经济零售额20.33亿元，增长15.6%；股份制经济零售额3.98亿元，增长33.6%。分行业看，批发业零售贸易业实现零售额25.97亿元，增长18.2%；住宿餐饮业零售额6.48亿元，增长15.6%。

图 5:2006—2010 年社会消费品零售总额(亿元)

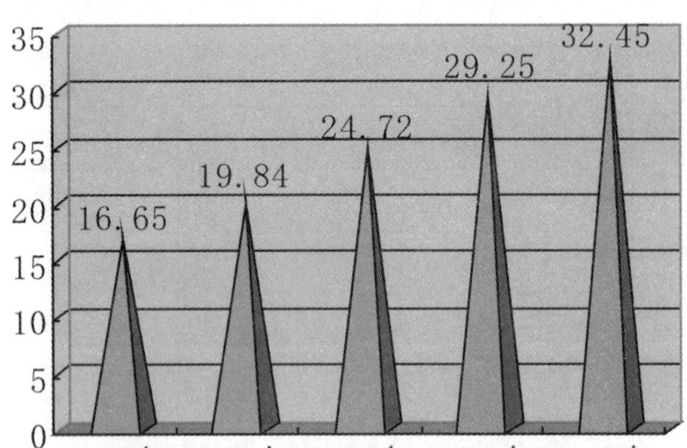

年末个体工商户达到 3.25 万户,从业人员 6.25 万人,注册资金 15.35 亿元,实现营业收入 24.38 亿元;私营企业达到 2630 个,从业人员 3.23 万人,注册资金 44.1 亿元,实现营业收入 28.71 亿元。

六、交通、邮电和旅游

全市境内通车公路里程达到 6439 公里。其中:国道 364 公里,省道 342 公里,县道 582 公里,乡道 1898 公里,村道 3253 公里。年末民用车辆拥有量达到 17.23 万辆,其中:载客汽车 2.86 万辆,载货汽车 1.53 万辆,其他汽车 2.98 万辆,摩托车 7.11 万辆,拖拉机 2.59 万辆,挂车 0.16 万辆。全市营运车辆达 2.63 万辆,非营运车辆达 14.6 万辆。全年完成公路货运量 2732 万吨,比上年增长 5.2%,货物周转量达到 91.27 亿吨公里,增长 5.6%;完成公路客运量 2280 万人,增长 7.7%,客运周转量达到 14.56 亿人公里,增长 4.1%。全年铁路共发送旅客量 45.6 万人,比上年减少 0.3 万人,下降 0.7%;发送货物量 38.5 万吨,比上年增加 7.3 万吨,增长 23.4%,货物到达量 48.5 万吨,比上年增加 4.7 万吨,增长 10.7%。

全年完成邮电业务总收入 4.16 亿元,比上年增长 14.7%,拥有固定电话 13.47 万部,移动电话 61 万部,固定电话上网用户达 3.02 万户,全市电话普及率 49 部 / 百人。

全市共有旅游景点 9 个,拥有 4A 级旅游景点 2 个,拥有 3A 级旅游景点 3 个。全市有 10 个注册旅行社,注册导游 30 人。全年共接待国内游客 152 万人次,接待海外游客 759 人次;实现国内旅游总收入 5.8 亿元,国内游客人均花费 382 元,实现旅游外汇收入 22.5 万美元。

七、财政、金融和保险

全年实现地方财政收入 16.09 亿元,比上年增长 150.2%,其中:一般预算收入 5.26 亿元,增长 49%;地方财政总支出 89.35 亿元,增长 38.6%,其中一般预算支出 78.66 亿元,增长 31.1%。

图 6:2006—2009 年地方财政收支(亿元)

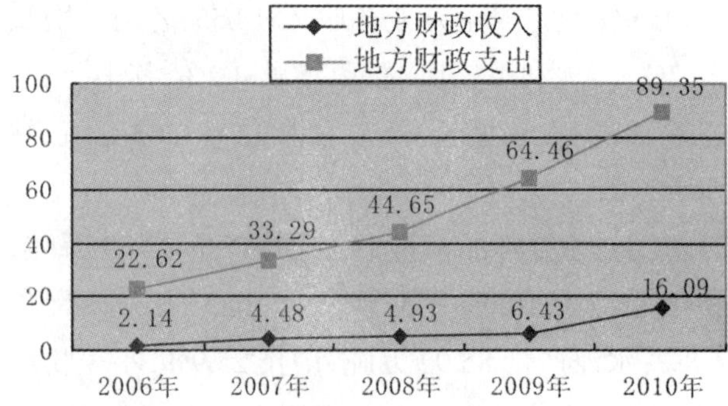

全市金融机构各项存款余额 148.57 亿元,比上年增长 28.6%,其中城乡居民储蓄存款余额 74.12 亿元,增长 26.1%;各项贷款余额 83.65 亿元,增长 37.5%。

全市各类保险保费收入 2.36 亿元,比上年增长 6.3%;各类保险赔款给付支出 1.41 亿元,增长 1.4%,各类保险赔付率为 59.7%。

八、科技、教育、文化和卫生

全年共组织实施各类科技项目 88 项,其中:国家项目 8 项,自治区项目 48 项,市级项目 21 项,县(区)项目 11 项。全年争取到各类科技项目资金 1.76 亿元。

全市普通高等院校 1 所,招生 1570 人,在校生 5860 人,毕业生 1647 人。普通中学 85 所,招生 3.49 万人,在校生 10.64 万人,毕业生 2.91 万人。职业中学 5 所,招生 0.81 万人,在校生 1.72 万人,毕业生 0.4 万人。小学 941 所,招生 2.52 万人,在校生 17.27 万人,毕业生 2.69 万人。特殊教育学校 1 所,在校生 396 人。幼儿园 63 所,在园幼儿 2.09 万人。学龄儿童入学率 99.67%。

年末全市共有艺术表演团体4个，文化馆6个，文化站62个，公共图书馆5个，文物保护管理机构8个。全年组织各种文艺活动次数426次。藏书总量58.22万册。体育场馆6个，专职教练员28人，全年举办各种运动会248次，中小学体育达标人数22.78万人，达标率98%。广播电台(站)5个，电视台(站)5个，广播电视覆盖率均达到98%。

全市卫生机构265个，实有床位3487张。卫生技术人员3775人，其中：医生1860人，护士1072人。孕产妇死亡率32.44/10万，新生儿死亡率9.73‰，传染病发病率367.79/10万，农村卫生厕所普及率44.54%。

九、城市建设、环境保护和安全生产

全市城镇化率达到30.85%，比上年提高1.9个百分点。城市建成区面积34.62平方公里，人均拥有城市道路面积19.06平方米，供水总量550.5万立方米，人均日生活用水量44.98升，集中供热面积225万平方米，液化石油气供给总量1472吨。建成区绿化覆盖率28.63%。人均公园绿地面积8.52平方米。全市公交车线路达到43条，有公交运营车辆139辆,出租车运营车辆3276辆。

2010年全市水质较上年有所提升。城市空气质量优良天数336天，占全年总天数的92%。区域噪声平均值53.9分贝，交通干线噪声平均值67.1分贝。

全市共发生生产安全事故301起，死亡70人，受伤189人，直接经济损失125.25万元，与去年相比事故起数、死亡人数、受伤人数分别下降7.38%、4.11%、17.11%，直接经济损失上升18.53%。其中：道路交通事故发生163起，死亡68人，受伤189人，直接经济损失51.16万元；火灾事故发生136起，直接经济损失53.49万元；工矿商贸事故发生2起，死亡2人，直接经济损失20.6万元。亿元GDP生产安全事故死亡率为0.67，比自治区下达的控制指标低0.05；工矿商贸从业人员10万人生产安全事故死亡率为1.33，比自治区下达的控制指标低0.22；道路交通万车死亡率为3.16，比自治区下达的控制指标低0.05；煤矿百万吨死亡率为0。

十、人口、人民生活和社会保障

年末全市总户数为42.82万户，户籍总人口152.53万人，其中：男78.65万人，女73.88万人，农业人口129.74万人，非农业人口22.79万人，回族人口69.88万人，占总人口的45.8%。

全市城镇居民人均实现可支配收入13043.9元，比上年增长10.6%；人均生活消费支出8839.5元，增长11.8%；城镇居民恩格尔系数为33.7%，比上年下降0.4个百分点。农民人均纯收入达到3477.2元，增长17.4%。其中：农民人均劳务收入1531.8元，增长19.7%，占农民人均纯收入的44.1%；农民人均牧业纯收入410.7元，增长7.1%，占农民人均纯收入的11.8%；农民人均生活消费支出3085.5元，增长20.4%；农村居民恩格尔系数为48.4%，比上年高4.6个百分点。

图7:2006—2010年城镇居民人均可支配收入和农民人均纯收入(元)

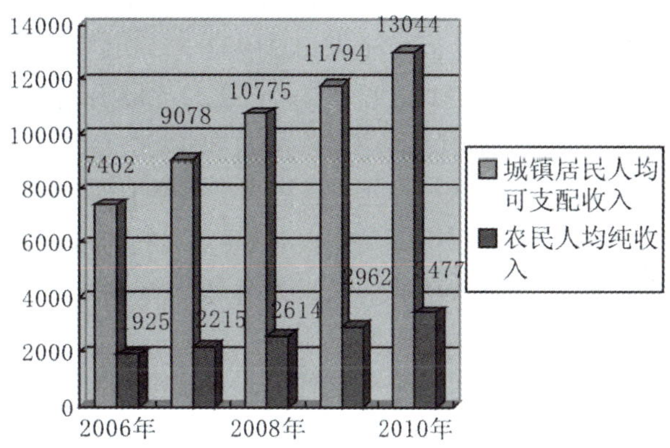

全市基本养老保险参保人数4.59万人，失业保险参保人数3.86万人，医疗保险参保人数16.07万人，工伤保险参保人数4.44万人，生育保险参保人数3.89万人。全市享受城市低保人数4.7万人，发放低保资金7471.6万元；享受农村低保人数13.9万人，发放低保资金1.03亿元。年末全市住房公积金实缴人数达45381人，覆盖面达到94.72%，住房公积金缴存总额12.1亿元，累计发放住房公积金个人贷款7.2亿元。

注：生产总值及一、二、三产业增加值为初步统

计数，正式数据以《年鉴》为准。生产总值及一、二、三产业增加值、农业总产值、工业总产值、增加值的增长速度按可比价格计算，其余均按现价计算。

固原市2010年第六次全国人口普查主要数据公报[①]

根据《全国人口普查条例》和国务院的决定，我国以2010年11月1日零时为标准时点进行了第六次全国人口普查[②]。在自治区政府和地方各级人民政府的统一领导下，在全体普查对象的支持配合下，通过广大普查工作人员的艰苦努力，圆满完成了人口普查任务。现将快速汇总的主要数据公布如下：

一、全市常住人口全市常住人口[③]为1228156人，同第五次全国人口普查2000年11月1日零时的1287738人相比，十年共减少59582人，下降4.63%。年平均下降0.47%。

二、人口自然变动2009年11月1日至2010年10月31日全市出生人口21937人，出生率为17.68‰；死亡人口7297人，死亡率为5.88‰，自然增加14640人，自然增长率[④]为11.80‰。

三、家庭户人口全市常住人口中共有家庭户[⑤]316898户，家庭户人口为1186848人，平均每个家庭户的人口为3.75人，比2000年第五次全国人口普查的4.50人减少0.75人。

四、性别构成全市常住人口中，男性人口为619331人，占50.43%；女性人口为608825人，占49.57%。总人口性别比（以女性为100，男性对女性的比例）由2000年第五次全国人口普查的104.33下降为101.73。

五、年龄构成全市常住人口中，0～14岁人口为329351人，占26.82%；15～64岁人口为816083人，占66.45%；65岁及以上人口为82722人，占6.73%。同2000年第五次全国人口普查相比，0～14岁人口的比重下降7.04个百分点，15～64岁人口的比重上升4.59个百分点，65岁及以上人口的比重上升2.45个百分点。

六、民族构成全市的人口中，汉族人口为682558人，占55.58%；各少数民族人口为545598人，占44.42%，其中回族人口为545072人，占44.38%。同2000年第五次全国人口普查相比，汉族人口减少54576人，下降7.40%；各少数民族人口减少5006人，下降0.91%，其中回族人口减少4786人，下降0.87%。

七、各种受教育程度人口全市常住人口中，具有大学（指大专以上）程度的人口为59668人；具有高中（含中专）程度的人口为105699人；具有初中程度的人口为301198人；具有小学程度的人口为486733人（以上各种受教育程度的人包括各类学校的毕业生、肄业生和在校生）。

同2000年第五次全国人口普查相比，每10万人中具有大学程度的由1448人上升为4858人；具有高中程度的由6478人上升为8606人；具有初中程度的由16234人上升为24524人；具有小学程度的由37734人上升为39631人。

全市常住人口中，文盲人口（15岁及以上不识字的人）为144137人，同2000年第五次全国人口普查相比，文盲人口减少95670人，文盲率[⑥]由18.62%下降为11.74%，下降6.88个百分点。

八、人口地区分布

地区	人口数	比重[⑦]	自然增长率	密度[⑧]（人/平方公里）
固原市	1228156	100	11.80	91
原州区	411854	33.53	12.22	117
西吉县	354321	28.85	15.27	89
隆德县	160754	13.09	5.60	127
泾源县	101026	8.23	12.21	70
彭阳县	200201	16.30	9.68	62

固原市统计局固原市第六次全国人口普查领导小组办公室

2011年5月24日

注：

①本公报中数据均为初步汇总数。

②普查登记的对象是指普查标准时点在中华人民共和国境内的自然人以及在中华人民共和国境外但未定居的中国公民，不包括在中华人民共和国境内短期停留的境外人员。

③全市常住人口，是普查登记的2010年11月1日零时的常住人口。常住人口包括，居住在本乡镇街道、户口在本乡镇街道或户口待定的人；居住在本乡镇街道、离开户口所在的乡镇街道半年以上的人；户口在本乡镇街道、外出不满半年或在境外工作学习的人。

④自然增长率是指2009年11月1日至2010年10月31日人口自然增加数出生人数减死亡人数与该时期内平均人数或期中人数之比。

⑤家庭户是指以家庭成员关系为主、居住一处共同生活的人组成的户。

⑥文盲率是指全市常住人口中15岁及以上不识字人口占全市合计常住人口的比重。

⑦比重为各县（区）的人口占全市合计的比重。

⑧计算人口密度使用的面积来源于《2010年宁夏统计年鉴》，宁夏回族自治区统计局、国家统计局宁夏调查总队编，中国统计出版社出版。

专　记

固原市第六次全国人口普查反映出“六大趋势”

1.常住人口减少，劳务输出是主因。2010年11月1日零时，全市常住人口为1228156人，占全区常住人口的19.49%，较“五普”减少59582人，下降4.63%，年均下降0.47%，比全国增速低1.04个百分点，比全区低1.63个百分点，自然增长率由10年前的14.83‰下降到11.80‰。一方面说明群众的生育观念在转变，计划生育工作成效显著；更重要的是以农业人口为主的劳动力向外输出明显增加，外出半年以上人口27万人，其中流向自治区以外的10.7万人，流向自治区以内其他市的16.3万人，外出人口中75%以上都是务工经商人员和随迁家属，反映出近年来把劳务输出作为发展本地经济、增加农民收入的一个产业和品牌来抓，坚持统筹城乡就业再就业和劳务输出工作，统筹城乡劳动力资源，统筹城乡劳动力市场等一系列政策措施得到有效落实。

2.男女性别比下降，出生人口性别比偏高。全市常住人口中，男性人口为619331人，占50.43%；女性人口为608825人，占49.57%。总人口性别比（以女性为100，男性对女性的比例，合理区间值为90~105）由“五普”的104.33下降为101.73。在常住人口中，全市出生人口性别比明显偏高，为114.38，较“五普”高6.43个百分点，由于外出人口的性别比为128.76，明显高于本市户籍人口性别比106.92，这样就拉低了本市常住人口的性别比。

3.老龄化趋势明显，老年抚养比提高。全市常住人口中，0~14岁人口为329351人，占26.82%；15~64岁人口为816083人，占66.45%；65岁及以上人口为82722人，占6.73%。0~14岁人口比重较“五普”下降7.04个百分点，15~64岁人口比重上升4.59个百分点，65岁及以上人口比重上升2.45个百分点。全市人口社会总抚养比为50.50%，较“五普”下降11.15个百分点。其中，少儿抚养比为40.36%，下降14.37个百分点，老年人口抚养比为10.14%，上升3.22个百分点。这表明进一步巩固和完善养老保险制度，发展医疗卫生事业，改善为老服务设施等是各级政府和全社会所面临的一项重大任务。

4.汉族人口比重下降，回族人口比重上升。全市常住人口中，汉族人口为682558人，占55.58%；各少数民族人口为545598人，占44.42%，其中回族人口为545072人，占44.38%。同2000年第五次全国人口普查相比，汉族人口减少54576人，下降7.40%；各少数民族人口减少5006人，下降0.91%，其中回族人口减少4786人，下降0.87%。回族人口比重较“五普”提高了1.68个百分点。这主要是因为实行对汉族和回族有区别的计划生育政策所致。

5.家庭结构简单，规模缩小。全市常住人口中共有家庭户316898户，家庭户人口为1186848人，平均每个家庭户的人口为3.75人，较“五普”的4.50人减少0.75人。家庭户规模继续缩小，几代人或一家多人同住的家庭不断减少，反映了人民生活质量得到进一步提高和对住房的需求。

6.人口文化素质不断提高，文盲率下降。全市常住人口中,具有大学(指大专以上)程度的人口为59668人;具有高中(含中专)程度的人口为105699人;具有初中程度的人口为301198人;具有小学程度的人口为486733人(以上各种受教育程度的人包括各类学校的毕业生、肄业生和在校生)。同“五普”相比,每10万人中具有大学程度的由1448人上升为4858人;具有高中程度的由6478人上升为8606人;具有初中程度的由16234人上升为24524人;具有小学程度的由37734人上升为39631人。

全市常住人口中,文盲人口(15岁及以上不识字的人)为144137人,文盲人口较“五普”减少95670人,文盲率由“五普”的18.62%下降为11.74%,下降6.88个百分点。这些变化显示人口文化素质不断提高,充分反映固原普及九年制义务教育取得了丰硕的成果。 (般茂勇)

固原市经济六大亮点

亮点之一 经济总量又有新提升,GDP突破100亿元。2010年,全市GDP总量突破100亿元,达到104.03亿元,比上年增长9.6%。

亮点之二 经济发展活力增强,固定资产投资突破100亿元。2010年固定资产投资突破100亿元,达到112.3亿元,比上年增长30.6%。重点项目带动效果明显,500万元以上重大项目占施工项目个数达到58.4%。

亮点之三 经济发展成效明显,地方财政收入突破10亿元。全面完成地方财政收入突破10亿元,达到16.09亿元,比上年增长150.2%,其中完成一般预算收入5.26亿元,增长49%,增幅在五市中排名第一。

亮点之四 农业经济快速发展,增幅居全区之首。全市实现农业增加值30.09亿元,比上年增长10.5%,增长幅度居全区五市之首。粮食生产获得丰收,总产量达到74.58万吨,创历史新高。实施农业扩大,全市新建设施农业面积6.23万亩,实施农业面积累计达到21.97万亩。

亮点之五 市场消费持续活跃,消费品零售额快速增长。

全市实现社会消费需求品零售总额32.45亿元,比上年增长17.7%。

亮点之六 城乡居民收入稳步增长,增幅均居全区之首。2010年,全市城镇居民人均可支配收入突破13000元,达到13043.9元,比上年增长10.6%,增幅列全区第一位。农民人均纯收入突破3000元,达到3477.19亿元,比上年增长17.4%,增幅列全区第一位。

2010年固原十大新闻

一、新区建设大会战暨全市重点项目启动。4月18日,固原市2010年新区建设大会战暨重点项目正式启动。大会战集中启动48项重点项目,涉及交通水利、能源资源开发、城市建设、社会事业、民生、商业开发六大领域,工程总投资近80亿元,2010年计划投资42亿元。这是深入开展“项目建设和招商引资年”活动的重要举措,对于加快经济发展方式转变、加快城镇化进程、推动全市经济社会又好又快发展具有重要意义。

二、启动首届“全民读书月”活动并将每年5月5日确定为“全民读书日”。5月5日,启动以“阅读、思考、进步”为主题的首届“全民读书月”活动。“全民读书月”活动是推进学习型党组织建设、建设“书香固原”的重要举措。为激发全市人民“爱读书、读好书、善读书”的热情,将每年5月确定为“全民读书月”,5月5日确定为“全民读书日”。

三、自治区党委、政府召开第四次固原工作会议并出台《关于促进固原经济社会加快发展的若干意见》。5月10日,自治区党委、政府召开第四次固原工作会议。会议总结了前三次自治区固原工作会议以来取得的成绩，分析在新的历史起点上如何推动固原实现新发展、新跨越。自治区党委、政府据此出台《关于促进固原经济社会加快发展的若干意见》。《意见》共分8大部分27条，提出要加快提升工业发展水平，大力推进现代生态农业建设和扶贫开发，加快发展综合交通运输体系和现代服务业，加快推进城镇化进程，切实加强水资源开发利用和生态环境保护，努力促进社会事业全面发展，形成加快固原发展的合力。

四、固原盐化工循环经济扶贫示范区开工建设。5月10日，固原盐化工循环经济扶贫示范区开工建设。工程总投资208亿元，分两期建设。固原盐化工循环经济扶贫示范区是自治区党委、政府统筹山川协调发展、助推固原在新的起点上实现新发展、新跨越的战略性工程，也是提升固原工业化水平、实现经济发展战略转型的"一号工程"。

五、固原六盘山机场正式通航。6月26日，固原六盘山机场正式通航，150万固原人民多年企盼的"飞天"梦圆。这标志着固原集宝中铁路、银武高速公路、国道、省道和航空为一体的立体交通网络正式形成，为改善发展环境、加快对外开放步伐创造了有利条件。

六、全国群众登山健身大会暨首届宁夏六盘山登山节在固原举行。8月5日—6日，2010年全国群众登山健身大会暨首届宁夏六盘山登山节在固原举行。来自辽宁、江西、浙江、山东、江苏、河南、新疆等18个省、市、自治区的1600余名登山运动员、体育爱好者参加比赛，这是固原首次举办全国性体育赛事。活动的成功举办，很好地宣传了固原，扩大了对外知名度，对推介红色旅游品牌、促进固原旅游业发展具有积极的作用。

七、人民广场竣工启用。10月19日，在固原体育场旧址改造建设的人民广场正式启用。作为2010年全市经济社会发展15件大事之一，人民广场建设体现了市委、政府顺应民心、尊重民意、关注民生的执政理念。人民广场的竣工启用，不仅为广大市民提供了一个锻炼休闲娱乐的理想场所，也为进一步提升固原城市品位、打造宁南山区区域中心城市新形象写下了浓墨重彩的一笔。

八、六盘山热电厂投产运行。六盘山2×330兆瓦热电联产工程是自治区"十一五"重点建设项目之一，项目总投资27.6亿元，1号、2号机组分别于11月13日、11月30日正式投产。双机投产后，年发电36亿千瓦时，实现产值近10亿元，利税过亿元。六盘山热电厂采用空冷发电技术，取用固原市中水作为生产冷却用水，采用烟气脱硫、低氮燃烧等先进技术，较水冷机组年节水700万立方米，节能、环保效益十分显著，并形成1200万平方米供暖能力。作为宁夏首个扶贫电厂，六盘山热电厂的建成投产填补了宁夏南部没有电源点的空白，有利于拉动当地经济发展，加快贫困地区脱贫致富步伐。

九、市委二届九次全体会议审议通过《中共固原市委员会关于制定国民经济和社会发展第十二个五年规划的建议》，提出奋力推进经济发展战略转型，大力实施"155"工程。12月20日—21日召开的市委二届九次全体会议审议通过了《中共固原市委员会关于制定国民经济和社会发展第十二个五年规划的建议》。"十二五"期间，将奋力推进经济发展战略转型，以转变经济发展方式为主线，全力实施"155"工程，实现经济社会各项事业的大发展、快发展。

十、大力弘扬"不到长城非好汉"的六盘山精神，实现"两个突破百亿元"目标。2010年，市委、政府团结带领全市干部群众，大力弘扬"不到长城非好汉"的六盘山精神，扎实推进经济建设、政治建设、文化建设、社会建设以及生态文明建设和党的建设，保持了经济平稳较快发展。预计全市实现地区生产总值104亿元，全社会固定资产投资112亿元，实现"两个突破百亿元"目标。

2010年固原市经济社会发展15件大事和改善民生25件实事

一、2010年全市经济社会发展15件大事

1. 固原盐化工循环经济扶贫示范区基础设施建设工程

任务指标：园区一期规划建设总面积10平方公里、建设道路12公里、供水管网7.85公里、排水管网7.85公里、供电线路及绿化工程。概算投资4亿元，当年计划投资1.5亿元。

完成情况：论证确定了盐化工循环经济扶贫示范区选址，示范区控制面积20平方公里，其中起步项目区10平方公里。由上海化工设计院编制完成了扶贫示范区总体规划，并经自治区发改委正式批复。围绕总体规划的航空影响评价、环境影响评价、工程地质勘探等11个支持性评价已全部完成，符合示范区建设要求。示范区项目开发主体为国电英力特公司，英力特公司第一批拟实施的8个项目可研报告已全部完成，评审批复后将转入设计阶段。完成示范区起步区征地15950亩(合10.63平方公里)，完成主干道12.5公里路基及道路绿化等工程，实际完成投资1.1亿元。

2.王洼煤业公司银洞沟煤矿工程

任务指标：开工建设银洞沟煤矿年产300万吨原煤项目。计划投资10亿元，当年完成投资2亿元。

完成情况：项目概算总投资审定为13.7亿元，2010年6月正式开工建设，井巷工程三条井筒总计完成1300米掘进任务，完成投资2亿元。

3.固原一中迁建工程

任务指标：校舍总建筑面积6.75万平方米，计划投资1.8亿元。完成主体工程建设。

完成情况：固原一中迁建工程规划建筑面积67500平方米，规划新建教学楼6栋，学生宿舍楼5栋，综合实验楼、科技行政楼、风雨操场、学生食堂各1栋，标准运动场地1座，建设规模为90个教学班，建成后可容纳高中学生4500人。该项目由同济大学建筑设计研究院设计，宁夏第四建筑工程公司、宁夏建工集团等4家企业中标承建，2010年3月正式开工建设，截止2010年12月底，主体工程全部完成。

4.固原市城乡困难群众住房工程

任务指标：全市开工新建廉租住房22.4万平方米4480套，其中固原市区建设7.5万平方米1500套；完成农村危房危窑改造8000户。概算投资3.8亿元。

完成情况：

(1)廉租住房：2010年全市共开工建设廉租住房24.9万平方米5070套，完成投资2.3亿元，其中市区开工建设10万平方米2000套，完成投资6307万元。

(2)农村危房改造工程：2010年自治区下达指标调整为7650户，计划总投资约4.59亿元，已全面完成任务。

5.市区道路工程

任务指标：增加新老区连接通道，建设古雁路1700米；延伸中山街南北段3800米。概算投资1.38亿元。

完成情况：

(1)古雁路：东起西环路，西至古雁西路，全长1700米，目前已竣工通车，完成投资6228.8万元。

(2)中山南北街延伸段：南街延伸段从二中门口通至银平公路，道路全长1200米，因拆迁进度和六盘山热电厂供热管网建设滞后，目前已完成主路面工程，考虑到冬季施工质量无法保证，路面铺设尚未进行，完成投资1484万元；北街延伸段从市疾控中心门口向北通至新区明堡路，全长2800米，目前已竣工通车，完成投资4115万元。

6.宋家巷民族特色商业居住区二期工程

任务指标：开工建设25万平方米具有民族特色商业居住区。概算投资5.5亿元。

完成情况：目前拆迁工作已基本完成，实现开工建设25万平方米，完成投资3.5亿元。

7.长城梁生态农业科技示范园工程。

任务指标：开工建设15000亩长城梁农业科技示范园。主要建设内容为：现代农业科技示范园3800亩、旱作节水农业1000亩、经济林1000亩、林业育苗基地1700亩、林业科技示范园500亩、生

态景观林7000亩。概算投资1.63亿元。

完成情况：全面完成3800亩现代农业科技示范园、1000亩旱作节水农业、1000亩经济林、1700亩林业育苗基地、500亩林业科技示范园和7000亩生态景观林建设，栽植各类苗木176万株，实施土地整治4890亩，整修带子田66万平方米，新修道路34.5公里，新建大型蓄水池两座，铺设输水、配水管道90多公里，即将建成13栋日光温室（面积8000平方米）、2栋连栋温室（面积3800平方米）。引进企业积极开展了马铃薯种薯繁育及高产高效栽培示范、农作物新品种引进试验示范及展示、优质牧草规范化种植示范等。项目概算总投资1.63亿元，目前已完成投资1.025亿元。

8.宁夏中南部城乡饮水安全工程

任务指标：新建秦家沟水库，改建大马庄水库，截引工程7处，引水管道77.65公里，隧洞14座长19.26公里，其他建筑物186座，概算总投资22.3亿元。2010年建设秦家沟水库，完成投资8400万元。

完成情况：《宁夏（中南部）固原地区城乡饮水安全水源工程项目建议书》通过水利部审查和国家发改委专家组评估，工程建设评估意见为：新建秦家沟水库，改造大马庄水库、建截引工程10处，铺设引水管线77.89公里，建隧洞11座（长26.8公里），其他建筑物160座，工程静态总投资15.2亿元，引水总量3982万立方米，解决112万人饮水安全问题。目前，秦家沟水库建设进展顺利，163米泄洪洞全面贯通，坝址清基、坝肩帷幕灌浆全部完工，完成进场道路2.97公里，完成土石方13.4万立方米、混凝土浇筑1427立方米，钢筋制安110吨，完成投资8500多万元。大马庄水库移民调查和安置方案基本完成，完成了年度计划任务。

9.村村通公路工程

任务指标：新建农村公路1000公里。概算投资4.5亿元。

完成情况：全市共新建农村公路1120公里，其中：行政村通沥青水泥路86条880公里，建设园区道路、流域道路等砂砾公路240公里，已全部完工。

10.马铃薯三级良种繁育体系工程

任务指标：建设四县一区马铃薯三级良种繁育体系。生产原原种6000万粒。建立种薯繁育基地13.78万亩，其中：原种繁育基地7800亩，一级种薯基地13万亩，生产优质种薯15万吨。计划投资3200万元。

完成情况：三级脱毒种薯繁育推广体系初步形成，建立脱毒种薯繁育基地14.45万亩（原种基地9500亩、一级种基地13.5万亩），完成原原种生产6249万粒，生产优质种薯21.4万吨。

11.固原市图书馆工程

任务指标：开工建设1万平方米市图书馆，年底基本建成。概算投资4000万元。

完成情况：该工程总用地面积32亩，建设地点位于固原一中新址，拟建钢筋混凝土框架结构三层，总面积为10130平方米，总投资4229万元，目前已完成主体工程和内外粉刷工程等。

12.老城区旧体育场改造工程

任务指标：将旧体育场改造为休闲娱乐广场，主要建设内容为：服务设施建设、景观建设、场地硬化、绿化、健身器械购置。计划投资5000万元。

完成情况：该工程于2010年5月开工建设，10月19日建成投入使用。项目共实施拆迁8000多平方米，实际完成工程投资3300多万元，新建人民广场占地60亩，硬质铺地面积2.3万多平方米，绿化面积1.6万平方米，配套灯光照明、雕塑、文化墙、健身器材等设施。

13.须弥山景区基础设施建设工程

任务指标：全面完成须弥山博物馆布展，2万平方米香水海广场，500米游步道、栈道，1500平方米游客服务中心等重点工程并投入使用，把须弥山景区打造成为宁夏继沙湖、沙坡头之后的又一王牌景区。计划投资6500万元。

完成情况：须弥山博物馆主体工程和外装修工程已全面完成；香水海广场、游客服务中心及连接香水海广场与须弥山博物馆的游步道、栈道工程已基本竣工；景区绿化工程基本完成；须弥山博物馆布展基本完成，实际完成投资6000万元。

14.重点景区主干道绿化工程

任务指标：建设完成六条通往景区主要道路的绿化工程，即三营出口至须弥山景区15公里、西吉县城至火石寨景区18公里、泾源县城至森林公园景区16公里、泾源县城至野荷谷景区10公里、隆德县城至杨家店民俗村7公里、高速公路青石嘴出口至古城黄甫谧文化园20公里，公路两侧统一栽植20~50米宽的乔灌木绿化带。计划投资3200万元。

完成情况：建成景区主干道宽幅绿化带68公里，幅宽20~50米，实际完成投资2530万元，完成计划任务的80%，其中：原州区完成三营出口至须弥山景区道路绿化15公里，泾源县完成县城至森林公园景区16公里和县城至野荷谷景区道路绿化10公里，隆德县完成县城至杨家店民俗村道路绿化7公里，彭阳县完成高速公路青石嘴出口至古城黄甫谧文化园道路绿化任务，西吉县县城至火石寨景区因道路拓宽改造不能进行绿化(计划在年内进行了调整)。

15.建设劳务产业基地工程

任务指标：在巩固提升现有劳务基地的基础上，新培育劳务基地50个；组建5家具有一定规模和实力的龙头专业劳务公司，培育劳务中介组织60个、劳务经纪人100人；集中开展2次岗位技能“大练兵、大比武”活动，培训务工人员16000人，重点打造建筑安装、电焊电工、机械修理、家政保安、清真餐饮等劳务品牌；加强劳务管理、维权服务、市场拓展和信息搜集工作。

完成情况：累计培育建立转移就业基地819个，其中当年新培育基地64个。全市建立转移就业示范乡镇6个，示范村6个，新组建专业化劳务集团化公司5家，培育带领500人以上劳务中介组织6家，培育带领100人以上劳务经纪人92人，带领30人以上劳务经纪人539人，通过劳务中介组织和劳务经纪人组织转移就业17.19万人，市场化率达70%。深入开展农民工职业技能“大练兵、大比武”活动，成功举办全市首届农民工职业技能大赛，培训务工人员14841人，完成职业技能鉴定10829人。

二、2010年改善民生25件实事

1.实施12处安全饮水工程(原州区2处、西吉3处、隆德2处、彭阳3处、泾源2处)。解决12万人安全饮水问题。

完成情况：目前已完成安全饮水工程16处，完成计划投资5566.73万元，解决15.11万人的饮水安全问题，占农村总人口的11.46%，全市饮水安全人口达到80.89%。

2.开工建设固原市彭堡水源地地下水库工程。

完成情况：工程由地下防渗墙、冬至河水库背坡加培、高矿化水引导、工程监测和供水五部分组成，防渗墙总长4196米，防渗总面积15.06万平方米，工程总投资13951万元，工程建成后年供水总量1166万立方米。现累计完成前期“三通一平”、工程永久征地68.18亩、临时征地83亩，地下连续墙导流墙工程1988米已全部完成，地下连续防渗墙已完成过半，完成投资4840万元。

3.完成生态移民2000人。

完成情况：目前已完成原州区南城拐子三期和西吉沙沟陶堡生态移民工程，共搬迁安置移民925户4267人。

4.新增设施农业5.1万亩，完成以秋覆膜为主的旱作农业80万亩。

完成情况：新增设施农业6.3万亩(其中日光温室1.6万亩、大中拱棚4.7万亩)，累计完成设施农业22万亩（其中日光温室4.4万亩、大中拱棚17.6万亩）。完成以覆膜保墒为主的旱作节水农业95.3万亩，完成80万亩建设任务的119%，在马铃薯、玉米种植上发挥了重要的保墒抗旱作用，增产效果明显。

5. 推进教育公平，新增普通高中招生人数2000人，并向农村初级学校切块50%普通高中招生计划。

完成情况：全面实行优质高中向农村初级中学切块50%的招生政策。2010年全市普通高中招生10089名，占毕业人数的55.15%，比2009年提高了

13.57%。尽管如此，但由于2006年西吉县小学五年制改六年制后，2010初中毕业生减少7300多人，因此实际普通高中招生人数较2009年有所减少。

6. 实施好固原市100所中小学校舍安全工程建设项目。

完成情况：2010年全区第一批校安工程建设共下达固原市中小学校舍重建面积17.92万平方米，涉及136所学校(包括固原一中迁建工程)；加固面积11.13万平方米，涉及142所学校，共安排投资3.06亿元。全市校安工程重建项目主体均已完工，加固工程均已竣工投入使用。

7.资助贫困家庭高中学生3000名，每年每人给予700元生活补助，帮助完成高中学业。

完成情况：按照在校高中生每人每年700元的生活补助标准，市直学校3000名贫困家庭学生每年共需210万元。资助对象已全部落实，目前资金到位167.22万元，剩余资金正在积极争取之中，将陆续到位。

8.实施“希望工程、圆梦大学”行动，救助贫困大学新生200名。

完成情况：在积极争取自治区团委、自治区青少年发展基金会支持的同时，通过积极努力，得到了有关企事业单位的大力支持。全市各级共青团组织已筹措和争取助学资金290万元，资助贫困大学新生890余名。

9.实施“春蕾计划”，新建春蕾小学1所。

完成情况：通过福建挂职干部的牵线搭桥，争取福建厦门象兴集团爱心捐款25万元，在隆德县观庄乡倪套村建设倪套象兴春蕾小学1所，并为该校捐赠电脑30台。争取项目资金13.7万元，资助“蓝天春蕾”女大学生36名。在隆德、彭阳留守儿童示范学校建立2个亲情互动、爱心书屋；对102户贫困家庭、54户纯女户进行慰问。

10.在原州区、隆德县、泾源县的5个乡镇6个行政村24个自然村建设“母亲水窖”170眼。

完成情况：2010年争取“母亲水窖”项目资金91.05万元，分别在原州区开城镇上青石村、隆德县陈靳乡小陈靳村、城关镇丨里村、神林乡短岔村、温堡乡吕梁村建农村饮水安全工程6处、泉水改造工程2处，解决4个乡镇21个自然村917户4392人的饮水安全问题；在泾源六盘山镇二个行政村建“母亲水窖”170眼，解决170户贫困家庭的饮水困难。

11.积极争取建设乡镇综合文化站5个；配套固原市影剧院舞台设备(舞台灯光、音响设备等)，完善服务功能；为全市农民送戏下乡130场次，免费放电影1万场次。

完成情况：2010年建设完成乡镇综合文化站5个，其中：隆德县3个(城关镇、官庄、张程)，原州区1个(炭山乡)，泾源县1个(香水镇)。安排资金40万元实施固原剧院舞台、灯光设备改造，现已投入使用。完成送戏下乡130多场次，完成农村数字电影免费放映12592场。

12. 全市实现人人享有基本医疗卫生服务逐步均等化，以打包服务的方式向农民提供公共卫生服务和基本医疗服务、向城镇居民提供公共卫生服务。

完成情况：结合实际实施人人享有基本医疗卫生服务，调整方案，全面推进，实行打包服务，分为基本公共卫生服务包和基本医疗服务包。基本公共卫生服务包是在保障基层医疗卫生机构人员全额工资预算的基础上，由国家、自治区、县(区)财政按每个服务对象15元筹资基本公共卫生服务经费，由乡镇卫生院、城市社区卫生服务机构、村卫生室向辖区居民提供9类33项基本公共卫生服务；基本医疗服务包是从新农合资金中按参合农民人均每年划拨40元(2009年30元)，由村卫生室按成本为参合农民提供50种(2009年30种)“基本疾病”诊疗和121(2009年74种)种“基本药物”服务，并实行“一户一证、方便看病、合理用药、每次一元”。全年基本医疗服务共为1612292人次核销医药费用2252.15万元，参合农民就诊率137.71%，次均处方费用10.15元，资金使用率51.20%，累计为4160117人次核销医药费用4621.24万元，资金使用率57.81%。人人享有基本医疗卫生服务项目的实施,有效缓解了群众“看病难、看病贵”问题。

13.实施法律援助民生工程,办理律师法律援助诉讼案件200件以上,全市办理各类法律援助案件1200件以上,切实为困难群众和弱势群体提供优质高效的法律服务。

完成情况:2010年全市共办理各类法律援助案件1205件,占全年任务的100.4%。其中律师承办诉讼案件568件,结案251件,占全年任务的125.5%;办理中央彩票公益金项目案件424件。共为1243名受援人挽回经济损失约750万元。

14.实施残疾人就业培训计划,培训盲人保健按摩师、残疾人刺绣、电焊工、计算机和足部按摩师120名;完成农村残疾人实用技术培训1000人。

完成情况:完成残疾人职业技能培训173人,农村实用技术培训1457人。

15.实施康复服务计划,完成白内障复明手术100例,精神病救助300人,贫困聋儿抢救性救助10人。

完成情况:完成白内障复明手术筛查450例,完成精神病患者救助760名,争取项目资金22.2万元,完成贫困聋儿抢救性救助15名。

16.适度提高全市城乡老年人生活保障水平,将80岁以上的8924名生活困难的老年人全部纳入城乡低保范围,发放高龄津贴。

完成情况:为80岁以上的10515名生活困难的老年人全部发放高龄津贴,完成下达任务8924的117.8%。发放标准实行分类分档发放:年龄在80~89周岁的城市低收入老年人每人每月170元,农村低收入老年人每人每月50元;年龄在90~99周岁的城市低收入老年人每人每月220元,农村低收入老年人每人每月65元;年龄在100周岁以上的城市低收入老年人每人每月300元。

17.全市职工医疗保险统一实行“6+2”的缴费标准,并实行市级统筹。

完成情况:全市职工医疗保险已全部实行“6+2”缴费标准,并实行市级统筹。医疗保险参保人数163781人,完成目标任务156000人的103%。

18.实行职工医疗、生育保险市级统筹,城镇居民参保率达到90%以上。

完成情况:实行市级统一缴费基数、统一征收标准、统一待遇水平、统一基金管理、统一结算办法、统一信息系统、统一经办流程、统一管理制度的总体目标将与全市“一卡通”结算服务工作同步实现。全市职工医疗保险统筹标准均实行了“6+2”,待遇支付政策全市统一,解决了同地区医疗保险待遇不平衡的问题。实行了职工医疗、生育保险市级统筹,城镇居民参保率达到90%以上。

19.积极争取自治区专项资金,将全市符合条件的51706户117771名农村低保对象和15805户41674名城市低保对象全部纳入城乡低保,实行分类施保,应保尽保。

完成情况:严格按照“三级审批、三榜公示”和“公开、公平、公正”的原则确定低保对象,把最困难的城乡群众纳入低保范围,并根据其家庭收入水平、劳动能力、健康状况等因素,在补差标准上实施分类施保,对重度残疾人、危重病人、年老体弱者、丧失劳动能力者适当提高低保标准。将6.9万户、13.9万名农村低保对象纳入保障范围,完成下达任务的131.5%的117.8%;对1.8万户4.7万名城市低保对象全部纳入保障范围,完成下达任务的113.9%和112.8%,使城乡困难群众的基本生活得到有效保障。

20.积极争取扶持小额担保贷款1000户,使2000人实现创业和就业。

完成情况:全市财政累计投入小额担保基金1067万元,小额贷款担保基金规模达到3155万元,成立创业小额贷款担保机构6家,新发放担保贷款1881笔7720万元,兑现微利项目贴息资金31.4万元,扶持自主创业和带动就业2680人,使其实现了稳定就业和创业。

21.建设瑞丰一级综合农产品批发市场交易大棚、保鲜库、冷藏库、废弃物处理中心、信息系统、道

路硬化及上下水、供电等配套设施，完善市场服务功能。

完成情况：该项目计划总投资5200万元，2010年7月20日动工建设，目前完成投资3264万元，占总投资的62.77%。已完成硬化场地2000余平米、前排营业场地5000多平方米、气调库4栋、果蔬交易大棚8栋，共计16000平方米，其余工程2011年上半年全部完成。

22.建设开发区中小企业创业园，为创业者提供创业平台。

完成情况：已完成科技创业服务大楼1.1万平方米，标准厂房3万平方米，地基处理3万平方米以及道路、路灯、供排水和供电等工程，完成投资8000万元。

23. 新建农村客运招呼站70个，方便群众出行。

完成情况：2010年全市争取建设农村招呼站83个，已全部完工。

24.完成全市13个村庄的环境综合整治任务。

完成情况：按照全市农村环境综合整治会议精神和《农村环境综合整治工作目标责任书》要求，将农村环境综合整治目标任务分解下达各县区。2010年，各县（区）已全部完成了13个村庄环境综合整治任务，建成农村垃圾填埋场5座，垃圾中转站1座，垃圾池102个，垃圾箱334个，垃圾车27个，污水处理站3座，铺设污水管12916米，保护农村集中式饮用水源地4处。

25.完善城市基础服务设施。新建垃圾中转站5处，建筑垃圾填埋场1处；新建公厕5座，改建公厕5座；配置垃圾桶300个，果皮箱700个；新安装路灯300盏以上，逐步推进节能路灯改造；开工建设市区天然气管网和六盘山电厂配套供热管网。

完成情况：新建垃圾中转站6座、建筑垃圾填埋场1处；新建公厕16座；配置垃圾桶300个、果皮箱770个；新安装路灯526盏，改造路灯276盏。六盘山热电厂配套供热主管网即将建成并网，市区天然气管网建设已完成初步设计和设备招标等各项前期工作，启动了场站建设。

自治区第四次固原工作会议

5月10日，自治区第四次固原工作会议隆重召开，会议总结了前三次自治区固原工作会议以来取得的成绩，分析在新的历史起点上如何推动固原实现新发展、新跨越。

自治区领导陈建国、王正伟、项宗西、于革胜、蔡国英、马瑞文、郝林海、赵小平、屈冬玉出席会议，市领导刘小河、白尚成、邓向贵、董玲、黄雅杭、丁卫东、张宗莒、高贵武、陈凤龙、马金元、周庆华、姜文奎及自治区各厅局负责人、各县区负责人参加会议。自治区党委书记陈建国作重要讲话，自治区主席王正伟主持会议。

2003年以来，自治区连续召开三次固原工作会议，专题研究固原发展的战略重点，加大政策倾斜和资金投入力度。三次固原工作会议以来，全市地区生产总值、地方财政一般预算收入、全社会固定资产投资、城镇居民人均可支配收入和农民人均纯收入分别年均增长12.3%、18.8%、30.3%、12%和15.1%，尤其是自治区第三次固原工作会议以来，自治区采取了固原重点建设项目大会战、资源整装勘查、基础设施建设、发展设施农业等特色优势产业、民生计划等重大战略举措，累计实施项目118个，总投资141.3亿元，使固原经济社会发展迈上了一个新的台阶。2009年，十项主要经济指标中，地区生产总值、地方财政一般预算收入、全社会固定资产投资等八项指标增速跃居全区第一。

陈建国指出，要认清固原发展的地位和今后的发展思路。一要充分肯定成绩。二要在充分肯定成绩的同时，还应该看到差距和不足。三要进一步增强信心。新的起点就要用崭新的思想观念、崭新的工作作风来推动发展方式的转变，大力借助改革创新，只有这样才能开创固原发展的新局面。要用新的认识、新的举措、新的理念、新的思路来推动固原发展。

陈建国强调，在一个新的起点上要加快固原发展，既要充分发挥市场的主导作用，更要发挥各级党委、政府的引导、组织和服务作用。在新的起点上实现跨越式发展，必须进一步解放思想，更新观念，大力推动改革创新，大力弘扬“不到长城非好汉”的六盘山精神，努力创新适合固原发展的政策、体制和社会舆论环境。要创造好的发展环境首先要干部带头，解放思想，更新观念，做创新环境的示范者、带头人。要树立高标准、高水平、严要求的工作作风，只有这样才能不断开创各项工作的新局面，推动固原跨越式发展。陈建国强调，加快固原发展是促进全区发展的重大任务，也是全面实现建设小康社会总体目标的重大任务，必须努力形成加快固原发展的强大合力。全区各部门要从历史的高度，增强大局意识，切实把思想统一到自治区党委、政府关于加快固原发展的决策部署上来。切实加强协调配合，确保各项政策、目标落到实处。陈建国要求，固原起点低、水平低，在下一步发展当中一定要把握重点、突出重点，咬定青山不放松，推出一两个特色产业，并进一步集中力量做大做强，要坚持高标准严要求，把真正脱贫的产业做大做强，在全国大市场激烈的竞争中取得良好的效益，带动地方经济实现又好又快发展。

王正伟指出，要坚定信心，善于大干。大干快上，跨越式发展是后发地区追赶超越的必由之路。要以大气魄来推动大发展，在思想上放心、放胆，在工作上放手、放开，进一步解放思想，把抢抓机遇优化环境作为转变发展方式的切入点，把发展产业培育企业作为调整经济结构的突破口，把抓项目造平台作为夯实发展的总抓手，在推动工业化、农业化、城市化方面都有一个大发展；要彰显决心，乐于苦干。埋头苦干是固原发展的成功经验也是宝贵的财富。固原底子薄、基础差、发展滞后，要实现追赶发展，要“紧”字当头，“干”字为先，精神上要绷紧，时间上要抓紧，落实上要赶紧，做到目标早明确，任务早部署，措施早落实，环环相扣层层递进，分秒必争，紧张有序地将各项工作推向深入；要上下同心，长于实干。固原的历史地位，区位条件和资源禀赋等独特性决定了在全区跨越式发展中的至关重要性。要善于发掘优势，多干一些富民安民的大事。坚持深入基层深入群众，察实情干实事求实效。问计于民，问策于民，问政于民。不搞花拳绣腿，不搞表面文章。在实干中体现领导职能，在实干中体现职责，在实干中服务科学发展；要专注用心，精于巧干。苦干是精神，巧干是方法，有精神无方法，苦而无功，有精神无方法难成大业。只有将精神和方法结合起来，苦干和巧干相统一，才能够攻坚克难。各级领导干部要将更多的精力用在抓经济和社会发展上。

陈建国、王正伟等自治区领导在市领导刘小河、白尚成等陪同下，和与会代表一同观摩了固原新区建设大会战进展情况、原州区马铃薯繁育中心、长城梁生态农业科技示范园及六盘山机场建设情况。自治区发改委、经济和信息化委、水利厅、农牧厅、扶贫办、宁夏发电集团公司作了会议发言。

（王建保 马建平 魏莹 潘江）

杨春光调研打响泾水文化品牌

4月26日～27日，自治区党委常委、宣传部部长杨春光在泾源县调研时指出，要进一步创新文化发展理念，充分挖掘历史文化内涵，全力打响泾水文化品牌，切实将文化优势转化为经济优势，推动旅游等相关产业科学发展。市委常委、宣传部部长周庆华陪同调研。

2009年以来，泾源县充分挖掘历史文化内涵，兴建王洛宾文化园，挖掘整理出龙文化、民间民俗文化、红色旅游文化和神话传说等多个方面的泾水文化品牌，发掘民间刺绣、剪纸等艺人，培训妇女500多人次，使民间民俗文化得到了进一步发扬和传承。泾源县还积极开展文化招商，注册成立的宁夏泾水文化传播有限公司以挖掘和保护泾水文化、开发旅游产品为宗旨，利用陇东十几家DM传媒网络对泾源文化旅游业进行有效宣传，开发了“泾源十大神话传说”精品剪纸系列精装礼品套册，泾源山水风光麦秆画系列产品，泾源民间刺绣、香包、皮影等系列文化产品。杨春光在详细了解了该公司的产品开发、经营和销售等情况后指出，要加快推进文化产业改革，用现代企业制度和理念经营文化产业，鼓励文艺团体采用市场化运作方式，放手引进民间资本和社会力量共同参与，切实推动社会主义文化大发展大繁荣。

在调研了泾河路文明示范一条街道德模范宣传标志后，杨春光叮嘱当地负责人，对英雄模范人物的宣传要扩面，形成声势，使他们的事迹家喻户晓，人人皆知，要将宣传标志建设成精品，使事迹明了自然，群众易看易懂，真正形成社会和群众效益，让广大人民群众身边的“草根”典型事迹和典型人物多起来。（王建保）

自治区有关部门召开《固原盐化工循环经济扶贫示范区总体规划》评审会

3月4日，由自治区发改委牵头，国电英力特能源化工集团股份有限公司承办的《固原盐化工循环经济扶贫示范区总体规划》（以下简称《总体规划》）评审会在银川召开。经过区内外知名专家和自治区有关部门严谨细致审查，会议通过了《总体规划》的评审，并就《总体规划》进一步完善达成一致意见。这意味着以农业为主导型经济发展战略的固原市，将首次撑起大工业“船桨”，唱响工业经济大戏。

自治区党委常委、自治区副主席齐同生，自治区发改委、经信委、国电英力特能源化工集团股份有限公司以及自治区相关厅局部门负责人出席会议。市领导董玲、范宏明以及我市有关部门负责人参加会议。

2008年以来，自治区地矿部门在固原市原州区硝口至上店子30平方公里范围内发现岩盐资源，初步探明储量22亿吨以上，加之固原有储量丰富的煤炭、石灰石资源，建设固原盐化工循环经济扶贫示范区具有较大优势。基于此，区、市党委、政府高度重视，决定充分利用矿产资源优势，调整产业结构，加快固原经济发展。随后，自治区经信委、固原市政府、国电英力特公司委托上海工程化学设计院有限公司按照循环经济及“减量法、资源化和再利用”的理念编制了《总体规划》。

根据规划，示范区将以岩盐矿资源开发、煤炭资源开发、石灰岩资源开发为先导，以煤炭初级加工、热电联产为基础，构筑“氯碱化工”和“煤炭初级加工”主体产品框架，最大限度延伸产业链，提高产品附加值。项目由国电英力特集团分两期投资建设，预计总投资约196.4亿元。

齐同生指出，没有固原的发展，就没有宁夏的跨越式发展，利用固原现有岩盐、煤炭、石灰岩等资源，发展盐化工及相关产业，是固原摆脱贫困、缩小差距、实现跨越式发展的希望所在。因此，要从宁夏经济社会发展的战略全局来看固原发展，从促进固原经济结构战略转型来看盐化工产业的发展。希望参加评审会的专家畅所欲言，认真提出修改意见，有关部门要做好水资源等制约产业发展的相关调研工作，使《总体规划》更加符合固原实际，更加符合盐化工产业健康发展的需要，使示范区早日开工建设。

评审会上，市委副书记董玲向自治区党委、政府，有关厅局，国电英力特公司以及评审专家给予固原盐化工产业发展的高度重视和倾情支持表示感谢。她说，盐化工产业是固原市经济社会发展千载难逢的机遇，固原市委、政府及有关部门将积极创造条件，加快工作进度，一定把固原盐化工循环经济扶贫示范区建成一个精品工程、民生工程、示范工程。（潘江）

2007以来国家 自治区扶持固原发展的项目

【项目】 2007年以来，国家和自治区继续加大对固原市发展的支持，安排了一批重大项目，极大地推动了固原经济社会的发展。截至2009年上半年(根据各县发改委统计),国家、自治区共支持固原项目140项(包括综合性项目21项),总投资65.4亿元,其中中央补助(包括以工代赈)19.43亿元,自治区补助(包括预算内拨款、财政专项等)3.57亿元,银行贷款26.82亿元,地方自筹(含企业自筹)15.57亿元。涉及农林水牧、工业、交通、城市建设、社会事业、商贸市场等几个方面。其中:安排农林水牧项目33项,投资13.04亿元,主要有退耕还林草、三北防护林四期、天然林资源保护、大六盘水源涵养林、农村沼气、病险水库除险加固、农村饮水安全、东部饮水、固西饮水、东山坡引水二期、水土保持、基本农田等;工业项目3项,投资19.4亿元,主要有王洼二矿、王洼煤矿安全改造、六盘山热电厂等;交通项目15项,投资21.96亿元,主要有六盘山支线机场、同沿高速(固原至沿川段)、国道马成河至硝口段、葫芦河大桥、农村公路等;城市建设项目20项,投资3亿元,主要有固原市污水处理厂配套管网、城市供水管网改造、四县垃圾无害化处理工程、固原中水回用、清水河河道治理、廉租住房、四县集污和污水处理项目等;社会事业项目50项,投资10.3亿元,主要有宁夏师范学院新校区一期、回中迁建、县(区)医院、乡镇卫生院、固原体育馆、乡镇文化站、固原市中医院、须弥山基础设施建设、丝绸之路宁夏段保护工程等;商贸市场项目4项,投资0.38亿元,主要有瑞丰工贸公司农产品加工配送中心扩建(二期)、原州区马铃薯市场建设等;其他项目13项,投资0.32亿元,主要有隆德县看守所、固原市治安拘留所、基层派出所、法庭、村级组织活动场所等。

【项目建设进展】 2007年—2009年6月底,在这些项目中,已建成投入使用的项目有47项,重大项目有:东山坡引水二期、西吉县西部重点供水、苋麻河水库除险加固改造、葫芦河大桥、泾源隆德垃圾无害化处理场、清水河治理、回中迁建、泾源县医院、固原体育馆等。已开工建设的项目93项,重大项目有:固扩11泵站以后人畜饮水及高效节水灌溉、固西引水、原州区东部重点供水、王洼二矿、六盘山热电厂、固原六盘山支线机场、国道马成河至硝口段、固原中水回用、固原市城市集污管网改扩建、市医院门诊综合大楼、市中医院迁建、须弥山基础设施建设等项目。共完成投资38.39亿元,其中中央补助13.25亿元,自治区补助3.11亿元,银行贷款15.69亿元,地方自筹6.33亿元。

【在建的盐化工基地】 2008年以来,在国土资源厅和地矿局的艰辛努力下,固原市岩盐、煤炭、石灰岩等矿产资源勘探力度不断加大,在原州区硝口——上店30平方公里范围内,探明岩盐资源储量22亿吨以上,远景储量在100亿吨以上。同时在王洼、炭山一带煤炭勘察预测储量114.72亿吨,查明储量15.65亿吨,而且是优质的动力煤和化工用煤。这为固原市发展工业特别是盐化工及相关产业创造了条件。一年来,在市委、政府的坚强领导下,在自治区相关厅局的大力支持下,通过领导小组各成员单位的积极努力,盐化工示范区规划建设前期各项工作进展顺利,并取得了阶段性成果。

规划的固原盐化工循环经济扶贫示范区位于固原市原州区头营镇南屯村,示范区地理坐标东经106° 02′ ~106° 13′,北纬35° 52′ ~36° 20′之间,该示范区总规划面积约为30平方公里,起步区规划面积约10平方公里。距离银川340公里,距离固原市区约19公里。根据固原盐化工循环经济扶贫示范区拟实施的规划项目,将示范区内划分为5个区域。

项目原则分二期建设: 一期为2011年—2013年,二期为2014年—2016年。

一期项目首先要开工的是2×25MW的热电站、煤焦化135万吨/年、轻质碳酸钙20万吨/年、电石38万吨/年、烧碱30万吨/年、水泥50万吨/年、PVC 15万吨/年、纯碱50万吨/年、真空制盐95万吨/年、ADC发泡剂5万吨/年、硫化钠3万吨/年等13个项目,19个产品,另外还需建设与生产装置有关的公用工程项目,还需建设与园区有关的一些必要的辅助设施。

二期项目是在一期的基础上规模化，增加产业链，提高附加值，主要项目是：2×330MW热电站、煤焦化135万吨/年、电石48.5万吨/年、烧碱20万吨/年、水泥50万吨/年、PVC 15万吨/年、草酸3万吨/年、纯碱50万吨/年、真空制盐85万吨/年、甲酸钠7万吨/年、氯乙酸5万吨/年、MDI 8万吨/年、TDI 8万吨/年、硅酸钠10万吨/年等装置，新增装置6个，新增产品7个，以形成园区最终规划项目19个，产品26个。规划起步区二期新增项目用地约280万平方米。

固原市基础设施建设综述

山变绿，水变清，城市变亮，发展环境变优，群众变富……细数固原发展变化，给人影响最深刻的是速度快、亮点多。2003年3月，当自治区第一次固原工作会议奏响聚力支持山区发展的号角后，此后每隔两年一次的固原工作会议从未间断。2007年6月，自治区第三次固原工作会议召开时，自治区党委、政府和各厅局再次对固原的发展倾力支持，作出计划投资130亿元实施78个重点项目的重大承诺。时至今日，这些涉及农林水牧、工业、交通、城建、商贸等多个领域的重点项目已经全部开始实施，实际总投资115.44亿元。此外又增加项目40个，增加投资12.28亿元。重点项目的实施，增强了固原发展的后劲，让固原这块古老的土地焕发出勃勃生机。

固原干旱，固原缺水，这一自然因素一直是制约当地经济社会发展最大阻力。在破阻前行的道路上，自治区党委、政府在解决固原缺水问题上给予了高度关注和支持，通过实施东山坡引水二期工程、农村饮水安全工程、原州区东部供水工程、固原市库井灌区节水配套改造工程、西吉县西部供水工程、西固引水工程、固扩11泵站以后人畜饮水及高效节水灌溉工程等一批引水、保水、节水、净水项目，解决了70.1万人饮水安全和12.3万人饮水困难问题，新增灌溉面积20.94万亩，恢复改善灌溉面积9.5万亩，有效破解了水不足的难题，提高了固原经济社会发展的保障能力。

地处银川、兰州、西安三个省（区）会城市交汇处的固原，自古以来就是一个交通枢纽城市。自治区党委、政府从打造区域性交通枢纽城市的战略布局出发，在项目上给予倾斜，通过实施农村公路建设、同沿高速公路等项目，公路建设取得历史性突破，增强了城市带动功能，促进农业产业化发展，改善群众通行条件和生产、生活条件。2010年固原市公路总里程达到6202公里，其中高速公路82公里、二级公路339公里、三级公路1328公里、四级公路3621公里、等外公路832公里，62个乡镇全部通了油路，891个村全部通了公路，实现了四县一区一小时上高速、乡乡通油路、村通公路三大目标，四纵三横主骨架公路和辐射县、乡、村的公路网络已初具规模，形成了方便、快捷的出行路网。谈起出行环境的变化，群众赞不绝口。原州区彭堡镇姚磨村在2009年通了沥青水泥路，村支书姚选说，原来的村道全是土路和沙砾路，群众出行不方便，每年雨季，大型车辆进不来，种的蔬菜运不出去，让许多菜农吃了亏。如今，路通了，赚钱的路也广了，再也不用为蔬菜运输而发愁。村民罗军感慨道："出门就是水泥路、柏油路，干啥都方便。原来一出门是土路，晴天一身土雨天一身泥，现在下地回来是不带泥不沾土。"而更令人欣喜的是，六盘山机场4C级支线机场通航在即，打通了空中通道，构筑起立体式的交通网络。

俗话说无工不富，可工业一直是固原产业格局中的一个"软肋"。如何让工业"强筋壮骨"，首选煤炭资源开发，重点对王洼老矿区矿井通风、提升、防火等系统改造，新建王洼二矿，原煤年产量增加150万吨。依托煤炭资源开发，2009年动工新建六盘山热电厂，总投资27.6亿元。该项目的实施，除对全区南部电网提供支撑外，还将形成1200万平方米供暖能力，对于拉动固原经济发展更具重大意义。通过实施六盘山药业有限公司年产1000万瓶

糖浆生产线技改项目、宁夏隆昊肉业有限公司产品生产线技改项目、固原长城淀粉有限公司年产5000吨水晶粉丝加工项目、固原雪洋粮油有限公司年加工1.5万吨胡麻籽项目,使得特色优势产业的发展规模、层次逐步上升,呈现出以工促农的良好发展态势。

围绕打造宁南区域中心城市这一目标,固原城市建设项目更是遍地开花。通过实施污水处理厂配套管网工程、医疗垃圾处置工程、城市供水管网改造工程、清水河河道治理工程、中水回用工程、廉租住房建设工程、农副产品综合批发市场改扩建项目等,城市基础设施进一步完善。

如今,走入固原市区,道路宽阔,楼房林立,商贸繁荣,人流涌动,一派欣欣向荣的景象,向宁南区域中心城市这一目标迈进的步伐也渐行渐快。除此之外,各县区也加快了城市化进程,变化之快、变化之大令人惊叹。（马建平）

王洛宾文化园举行隆重开园仪式

初秋的泾源,万木葱茏,秋风送爽。9月1日上午,泾源县在六盘山脚下的和尚铺村隆重举行王洛宾文化园开园仪式。自治区党委常委、宣传部部长杨春光,市委书记刘小河,王洛宾的儿子、王洛宾研究会会长王海成以及自治区文化厅、新闻出版局、自治区党委讲师团、共产党人杂志社、自治区旅游局主要负责人出席开园仪式。

泾源县县长马志宏主持开园仪式,县委书记桂福田致辞。王洛宾文化园在区、市党委、政府的关怀及自治区党委宣传部、发改委、文化厅等厅局的大力支持和关心下,经过历时半年紧张建设,已于8月初开始向社会开放。它的建成,是对西部"花儿"文化的传承,也是对我国现代民歌发展历史的挖掘,充分展示了"花儿"的魅力,彰显了泾源深厚的民俗文化资源,提升了旅游吸引力,同时也提高了泾源知名度,对于扩大对外开放,加快推进文化旅游产业升级,实现自治区党委、政府提出的"两山一河"发展战略具有十分重要的意义。

仪式上,市委常委、宣传部部长周庆华向王洛宾的儿子王海成颁发了聘请王海成为王洛宾文化园荣誉园长的聘书。王海成称赞宁夏对传承王洛宾创作的西部民歌作出了积极贡献。他说:"我的父亲王洛宾就是让六盘山的'花儿'留住了他,让他一生在西北致力于搜集整理和创作属于他的西部民歌。"礼炮声中,自治区党委常委、宣传部部长杨春光和市委书记刘小河等领导为文化园开幕剪彩,杨春光、刘小河为王洛宾文化园雕塑揭幕,杨春光宣布王洛宾文化园开园。杨春光、刘小河等参观了王洛宾文化园展厅和五朵梅客栈。杨春光还向文化园和王海成赠送了由他编写的文化丛书。

开园仪式上,由泾源县文化旅游广播电视局主办的"花儿"联唱和"花儿"歌舞剧吸引了当地群众和过路游人驻足观看。据了解,参加当日活动的还有甘肃省文联、甘肃省民间文艺家协会、宁夏各媒体、甘肃平凉日报社、平凉电视台等以及六盘山林业局、各县区委宣传部、文化旅游广播电视局负责人、全市及周边县区"花儿"歌手、书画家、建设单位负责人等。下午,杨春光一行来到彭阳县皇甫谧文化广场、茹河生态文化园进行调研。他指出,要把文化和旅游结合起来,很好地保护文化遗迹,把文化旅游产业做大做强,推进文化旅游大发展。

（胡晓琳）

固原市水利工程建设

2010年,全市52座小型病险水库除险加固工程全部完成,完成投资2.34亿元。2011年对剩余37座小型病险水库除险加固工程完成报批工作争取开工建设,并全面完成年度建设任务。实施小流域科技示范项目、农发三期水土保持综合治理项目、陕甘宁坡改梯项目和水保骨干坝除险加固项目,完成治理水土流失面积200平方公里。

从2010年7月中旬起到年底,彭堡地下水库工程开工建设完成地下连续导流墙1969米、地下连续防渗墙989.4米，完成投资4848万元。2011年建设连续防渗墙4196米，实施冬至河水库背坡加培、高矿化水导引、工程监测5大建设任务，完成投资13951万元。

2010年9月，固原地区城乡饮水安全水源工程项目建议书通过水利部审查，国家发改委委托专家组对建议书进行了评估，新建秦家沟水库，改造大马庄水库、建截引工程10处，铺设引水管线77.89公里，建隧洞11座长26.8公里，建筑物160座，总投资15.2亿元。2010年争取批复开工建设固原盐化工循环经济扶贫示范园区供水工程已经通过4103万立方米用水总量的审查意见。

六盘山生态博物馆

六盘山是一个神奇而富有魅力的地方。六盘山生态博物馆会让您放开视野，体验它的神奇与魅力。自然资源和自然环境是人类赖以生存的基础。森林是生态系统的主体，是自然界物质和能量交换的重要枢纽，它直接关系到人类的生存环境、生态平衡、经济发展和社会文明。人类社会发展进程中对自然资源的不合理利用导致了资源枯竭，环境恶化和生态失调，已严重威胁着人类的生存。因此，保护自然资源和生态环境，已成为建设生态文明，构建人与自然和谐的一项重大课题。博物馆序厅的展板从全市的地质地貌、水系、气候、土壤、植被、植物、动物七个方面介绍了六盘山的基本概况。

最吸引游客眼球的是序厅中央长6米、宽4米，比例为1:10000的椭圆形六盘山国家级自然保护区全貌沙盘模型。沙盘模型摆放在一个四周用玻璃铺设的基座上，玻璃下宛如丘陵的地貌与山盘上蜿蜒曲折的绿色六盘山地形地貌交相辉映，寓意着六盘山是黄土高原上的一颗“绿色明珠”。沙盘上的山系、水系、公路、铁路、城镇、旅游景点乃至保护区的各个保护站(林场)，都能和电子触摸屏及投影仪有机结合，文字、图片、影像解说三位一体；序厅、动物厅、植物厅、昆虫厅所展出的标本和文字说明尽收其中，能够让人对六盘山国家级自然保护区进行全方位认识和了解。同时，还有“大六盘生态经济圈”所涉及的原州区和西吉、隆德、彭阳、泾源及中卫市海原县的基本情况简介，以及对固原市旅游景点、旅游管理部门、旅游企业、旅游线路和旅游交通、餐饮、住宿的介绍。如果时间充裕的话，可以在这里全面了解固原的吃、住、行、游、购、娱等各个方面的情况。

六盘山丰富多样的种质资源，是大自然留给人类的宝贵财富，有“西北种质资源基因库”“绿色明珠”“天然植物园”之称。植物厅的布展采用了场景复制和植物、木材标本及文字图板相结合的方式。展览从距今7000—9000年前的新石器时代开始，展出的出土距今7000多年前的云杉古木证实，六盘山的古代森林以优势种云杉与冷杉、落叶松组成的寒温性针叶林带分布于海拔较高处，在山体下部分布以辽东栎及其他树种组成的落叶阔叶林，或松类林、连香树混生于沟谷阴湿之地的落叶阔叶林中，形成葱郁繁茂的森林区。由于人类活动和地质灾害等多方面的原因，六盘山森林资源逐渐消退，成为新中国建立初期的“现代次生植被”。植物厅通过追溯“六盘山古代森林”“现代次生植被”“国家重点保护植物及特有植物”“药用植物”“资源植物”五个部分的知识图板和场景复制，用大量的植物、木材、药材标本结合现代电子手段展示了六盘山丰富多样的植物资源。在这里，您还可以认识六盘山所特有的植物“六盘山棘豆”“四化早熟禾”“紫穗鹅冠草”和众多国家重点保护植物、药用植物，了解更多的植物学知识。

动物是森林生态系统的重要组成部分，通过它们在食物链和食物网中的作用，对这一生态系统的自然生态平衡、物质循环和能量转化起着不可缺少的作用。六盘山区动物区系的历史可追溯到第三纪早期。距今6500万年—180万年前的渐新世，六盘山区就生活有多种巨犀，中新世出现了无角犀、同心铲齿象、三棱齿象等动物群体；到了500万年—180万年前的上新世，六盘山区气候温暖、潮湿，水草茂盛，出现了与南方动物群相似的三趾马动物群；更新世早期，三趾马动物群南迁或灭绝，六盘山区出现了以狐、狼、羚羊、马鹿等为主的北方森林草原动物群，动物群已渐接近现代区系。

动物厅展出了更新世晚期六盘山区气候进一步变冷以后出现的喜寒动物披毛犀的骨架和三趾马的头骨、齿骨化石，为游客了解六盘山动物历史提供了依据。展厅通过鱼类、爬行动物、两栖动物、鸟类、兽类、食肉动物六个部分的图板介绍和春、夏、秋、冬与六盘山的地理隔离等复制场景展示了六盘山4种爬行动物、5种两栖动物、158种鸟类和41种兽类，国家一级保护动物金钱豹、金雕标本和古代三趾马头骨化石为镇馆之宝。动物厅的多媒体触摸屏将进一步带您走进动物世界，去聆听它们的合唱、了解它们的生活习性。

如同其他动物一样，昆虫区系受所在地区环境因素影响，不尽相同。六盘山昆虫区系是昆虫与自然环境相适应，并经长期演化的结果。昆虫厅通过"昆虫的起源""昆虫的形态""昆虫的分类"展示了生活在六盘山以华北区种类为优势的900多种资源和昆虫标本。以"固原"命名的白垩纪时期"优美固原蜓"化石图片，您走到跟前它会扇动翅膀、摇动头部的蜻蜓；四肢呈爬行状、摇头晃脑的巨型瓢虫，您走进去水会动、鱼会游走、花会开、蝴蝶会飞的参与性游乐活动和昆虫内容丰富的电子触摸屏，会把您带进一个多彩的昆虫世界。（王周）

闽宁帮扶协作13年成果备忘

1996年5月31日，国务院部署经济发达的13个省市对口帮扶经济欠发达的10个省区，确定了福建省对口帮扶宁夏回族自治区。其中福建省帮扶的重点则是宁夏最贫困的地区——固原市。

从1996年—2009年，闽宁协作已经走过13个春秋。13年来，福建和宁夏南部山区虽然远隔千里，但是两地建立起来的友情之花却盛开不败。13年来，闽宁协作不断创新和完善对口扶贫协作机制，从单纯的政府援助到多层次、宽领域、全方位合作的跨越式发展，创造了东西扶贫协作的全新模式。现在，"闽宁模式"已经是一个响亮的名词，被誉为东西扶贫协作的典范。13年来，福建省选派了6批51名党政干部赴固原挂职锻炼。这一批又一批的干部，耐得住寂寞，把扶持贫困地区发展当成义不容辞的责任，他们带过来的是东部的经验，带回去的是西部的精神。13年来，发生在闽宁大地上的点滴故事，汇聚成涓涓细流，流淌进闽宁人的心田，织起了跨越时空的友情丝带。

基础投入：改写山区生产生活条件固原市作为宁夏南部贫困地区，以"苦甲天下"而备受外界关注。多少年来，这方土地上的人们和贫困斗争的脚步一刻也不曾停歇。闽宁扶贫则从改善山区群众生产、生活条件的长远生计开始，从完善基础设施入手，集中政府以及社会各界的财力、物力、人力，对基础设施建设加大投资，在发展地方经济、改善群众生产生活条件上重点突破。据统计，13年来，固原市利用帮扶资金建设98个闽宁温饱示范村，改造危房危窑，整治村容村貌，建设稳定增收项目。建成高标准基本农田15.3万亩，修建公路71.2公里，打井窖1.05万眼，从根本上解决了群众住房难、出行难、吃水难、发展难的问题。原州区三营镇团结村是利用闽宁帮扶资金，整合生态移民、危房改造、环境整治等项目资金建成的移民新村。从河川乡店河村搬来的海清芳是移民搬迁项目的受益者，谈起新生活他有说不完的话语："以前吃水都用驴驮，现在不仅吃水方便，出行也方便。孩子出去打工，我和老伴种大棚蔬菜，生活没有问题。"可以说，闽宁帮扶资金的大量注入，改写了山区群众生产生活条件，让山区群众有了更强的发展信心。

培育产业：变输血扶贫为造血扶贫授之以鱼，不如授之以渔。要想改变贫困地区的面貌，根本途径在于培育自我发展能力。闽宁帮扶协作从单纯的"输血式扶贫"到"造血式扶贫"转变，在农业产业开发上做文章，不断拓宽协作领域，给固原带来了新的发展动力。闽宁协作13年来，先后利用帮扶资金支持7.3万户农民发展特色种植22.5万亩，支持2.6万户农户发展舍饲养殖牛羊2.89万头(只)，扶持8000户农民开展菌草生产，建桑园2000多亩，推广施用旱地宝25万亩，建成马铃薯种植、中药材加工、种草养畜、种桑养蚕、经果林等一批具有一定规模的特色种植业、养殖业基地，为农民稳步脱贫致富打下了坚实的基础。福建农林大学菌草研究所分11批派出182名技术人员到固原传授菌草技术，现在优质的双孢菇被源源不断地空运到北京、上海、深圳等全国各大城市，菇农户均收入达6000元以上。

关注民生：干的是起长远作用的事，“多干直接关系人民群众切身利益的事，多干起长远作用的事。”这是福建省省长黄小晶的指示，也是闽宁协作帮扶的一个重点。多年来，闽宁协作从科教、卫生等方面加大帮扶力度，改善了固原的民生状况，推进了固原社会事业进步。先后利用帮扶资金建成农民科技文化活动中心78处，为109个乡村农民科技文化及党员活动中心配置电教设备，组织培训村干部、农民13万人次。建成固原市职业培训中心和固原市闽宁群众艺术中心，改扩建卫生院(室)127所，改扩建学校84所，帮扶贫困学生2.4万名，资助贫困大学生300名。其中厦门市重点援建的教育扶贫协作项目固原市特教中心扩建工程完工后，能满足500名残疾儿童入学需求，成为宁南规模最大、功能最齐全、师资最强的特教中心。固原市妇幼保健院迁建项目是闽宁协作扶持的重点民生工程，投入使用后将大大改善妇女儿童的就医条件。

智力支持：福建省先后派出318名骨干教师在固支教，58名青年医疗志愿者前来服务，96名农技人员开展技术服务。闽宁协作干的是起长远作用的事，为固原市教育、文化、卫生等社会事业的繁荣发展作出了突出贡献。

招商引资：变单向援助为共同参与，紧紧依托经贸合作平台，通过招商引资，变政府为主的单向援助为各类市场主体共同参与。截止2010年底，福建省已有23家企业在固原投资办厂，涉及房地产、中药材开发、淀粉加工、化肥生产、机械制造、食用菌生产、蔬菜加工等多个领域，协议合作投资5.29亿元，实际投资1亿元，吸引群众就业近3万人，为固原的经济发展增添了活力。西吉县与福建华林蔬菜有限公司签约投资2亿元的蔬菜生产加工项目，则见证了闽商对这块贫困土地的关爱之情。“我选择西吉，不是这里的条件有多优越，也不是图赚多少钱，是西吉县各级领导强烈的招商、亲商意识以及发展地方经济的决心感动了我，他们的真诚让我无法离开。我是苦出身，也想为这里的群众脱贫致富做点事。”公司董事长林水英说。本着“优势互补、互惠互利、长期合作、共同发展”的原则，通过各种渠道的牵线搭桥，闽商开始进驻固原这块正待开发的土地，为两地之间的经贸交流和协作续写发展新篇章。

劳务输出：走出大山见世面学技术。1997年3月中旬，西吉县93名女孩告别父母，踏上了福建务工之路，成为山区第一批走出山门的女青年，开辟了闽宁劳务合作这条新路。两地劳动部门通过相互考察和座谈，提高了劳务输出针对性和准确性，变单一的工作服务为全程服务。输出地开展输出前适应性培训，输入地开展输入后岗前技能培训，切实提高了劳务人员的就业技能和素质。2010年，固原已有2.5万劳务大军进入福建，就业面涉及电子制造、制鞋、建筑、保安等多个工种，每年的劳务收入达3.15亿元。对于这些来自偏远山区的务工人员，福建省各级劳动部门和用工单位的关照也是无微不至，根据回族劳务人员多的特殊情况，专门为他们建清真餐厅，方便了他们的生活，使他们出得去、留得下、稳得住、有钱挣。而山里人吃苦耐劳的精神也赢得了用工单位的赞誉，有许多人通过自己的奋斗成长为企业的管理人员。劳务输出让山里的年轻人开阔了眼界，增长了见识，学到了技能，转变了观念，挣到了票子。同时也拓宽了固原这个贫困地区的就业渠道，缓解了城乡就业压力，加快了山区群众脱贫致富步伐，促进了闽宁双方社会经济的共同发展。

互派干部：不断提升闽宁协作层次。闽宁协作的另一个亮点就是互派干部交流学习，提升了协作水平。13 年来，福建省先后有福州、厦门、莆田、泉州、漳州等 15 个市、县、区对口帮扶固原市四县一区，共有 51 名干部到固原挂职。援宁干部遵照福建省委、政府"为同一个事业，尽同一种责任，树同一个形象"的嘱托，扎实工作、吃苦敬业、无私奉献，为贫困地区干部群众树立了榜样。他们积极宣传自己在固原工作的真实体验，宣传贫困地区干部群众的艰苦奋斗精神；他们将固原的社情民意、帮扶重点与福建积极沟通，招商引资、组织劳务输出，从企业、社会争取到大量帮扶资金；他们监督扶贫资金的管理使用，确保项目惠及贫困群众。"以求最佳、求一流的态度开展工作"，福建人爱拼敢赢的进取精神在这些挂职干部身上有着充分体现。每当福建挂职干部离任返闽时，山区的群众自发为他们披红戴花，敲锣打鼓，依依惜别。回汉一家亲，闽宁一家亲！2009 年 1 月 19 日，福建援宁干部集体荣获"感动宁夏·2008 年度人物"集体奖。13 年来，固原市选派 97 名县、乡级干部到福建挂职，选派 1000 多名党政干部、企业管理干部、妇女干部、专业技术人员到福建接受培训。固原到福建挂职和培训的干部开阔了眼界，转变了观念，学到了经验，增长了才干，回到原岗位后，工作效率有了明显提高。（马建平）

人民广场建成

人民广场（固原体育场改造工程）是市、区两级党委、政府确定的 2010 年重点建设项目之一，是美化人文环境、为市民办实事的一项重要举措，备受社会各界广泛关注。市政府将此项工作交由原州区实施，原州区委、政府高度重视，责成原州区交通建设局承担拆迁改造工作。通过对体育场规划改造建设，为市民提供娱乐、休闲、健身的好场所，不仅使城市的品位得到进一步提升，也让市民享受到经济发展带来的成果。同时对打造宁南山区中心城市形象具有十分重要的意义。

在 2009 年，健身广场的规划建设事宜就提上日程，2010 年 5 月，经过缜密筹划，投资 3000 万元的广场建设开始动工。在此之前，原州区邀请了北京华脉设计院、宁夏建筑设计院及长安大学工程设计院三家专业的设计单位对广场进行总体规划，通过方案论证，最后由长安大学工程设计研究院对广场进行深度设计。方案经过多次专家论证、召开市民座谈会、张贴征求意见等形式反复论证修改，最终经市长办公会通过。

广场位于固原市区中心路、文化街、中山街和人民街交汇处。占地约 60 亩，按照人文、协调、美观、实用的原则，将广场与周边地形、环境紧密联系，把健身休闲与文化娱乐有机结合起来。根据人群的特点，对健身广场区域也进行了详细的规划，除南北入口和中心广场外，广场四周分别设置了亭、廊架休息区、阅读区、健身广场区、秦腔区、老人活动区、儿童活动区。并在各个休息区中设有带坐椅的树池，以方便人们的功能需求。为了满足篮球爱好者需求，还特意在广场西侧设置了两个篮球场。为了建设一流的健身场所，这两个篮球场也按照标准场地建设，配有塑胶地面。为了方便市民锻炼休闲，广场东北角和西南角还建有公共厕所，很好地兼顾了市民需要。内部设施包括灯光照明、雕塑、文化墙、给排水及环卫等，广场内安装健身器材等设施供广大市民健身之用。4 万平方米的休闲健身广场，除了划分不同活动功能区外，还有环绕整个广场的 T 型跑道，供市民晨练。南入口以绿化及石材铺装将入口分隔，绿化种植云杉，使入口更加突出。

集会广场面积约 7000 平方米，以芝麻灰花岗岩将其分隔开来，广场最外是以红色樱花红铺装为主，并围绕着广场及周边小广场，形成一个晨练跑道。东边是 20 米宽、30 米长的喷泉，为整个广场增添活力。东边是以芝麻灰花岗岩及珍珠花花岗岩铺贴大面积铺装，可作为健身及羽毛球场地的使用。集会广场中心舞台地形抬高60厘米，设置五级台阶，既丰富立面景观效果又方便市民观赏舞台演出。舞台西面是太极区，方便人们早上锻炼。

广场砰石铺地面积为3万多平方米。绿化面积为1.6万平方米，广场东北侧安排管理用房及公共厕所，以便广场内的综合管理及居民的需求。人民广场的建成，成为市区一道亮丽的风景。

人民广场的建设，赢得了市民的广泛赞誉和喜爱。市民杨立衡说："人民广场的建设顺民心，合民意，体现出以人为本的理念，人民广场是休闲广场，也是人文广场，是真正的民生工程，老百姓永远记在心上。"市民郭文东说："新建成的人民广场让人赏心悦目，在老城区，我们又多了一个健身休闲的地方，特别有利于群众文体活动的开展。人民广场是我们这个城市文明的象征，希望有关方面做好管理工作，也希望市民做文明市民，共同来爱护我们的广场。"是的，人民广场的建设，更好地体现了以自然为本、以人为本的现代理念，突出了人民性和时代性。

整个广场的绿化景观力求完整、统一，突出现代城市广场景观简洁、明快的特点。规划布局以完整开阔的草坪为主，穿插流畅连贯的花带等，乔木、灌木、草坪层层过渡，高低错落。使城市广场与市区大型建筑协调起来。夜晚，从"自然轴"两侧看去，整个广场在廊柱灯、草坪灯的点缀下，芳草如茵，熠熠生辉。人民广场的建成，为市民公共活动提供了一种开放空间，其陈设和布局，都是在最大化满足市民需求的条件下产生的，它已经回到广场产生最初的本意，成为老百姓日常最基本的活动场所之一，代表了广场这个特有产物的本位文化。希望社会各界、广大市民携起手来，共同建设、爱护我们的广场，我们的城市，我们的家园。

市委常委会审定《固原市产业发展规划》

市委书记刘小河2月26日主持召开市委常委会议，审定《固原市产业发展规划》；研究召开全市人口和计划生育工作会议、全市农业农村工作会议、全市信访工作暨表彰大会有关事宜；听取自治区团委十届四次全体（扩大）会议精神和团市委工作汇报以及自治区妇联九届七次执委会议精神和市妇联工作汇报，研究贯彻意见；审定《固原市"机关党的建设年活动"实施方案》。

经过西安朝华管理学院和我市各个方面的共同努力，《固原市产业发展规划》编制工作进展顺利，目前形成的这个《规划》几易其稿，反复论证修改，趋于成熟和完善，市政府常务会议已作了专题研究。《规划》提出了我市从2010—2020年这一时期的战略目标、发展思路、产业结构、功能布局、阶段任务与近期重点工作，提出了固原走工业化道路和以工业为主导、多产业发展并举转变的发展战略，符合我市实际和发展战略转型的新要求，对全市广大干部群众进一步深化市情认识、理清发展思路、明确发展目标、增强发展信心具有十分重要的参考价值。会上，常委们和列席人员对《规划》的编制给予了肯定和赞同，并从不同角度和层面就《规划》的修改和完善提出了意见和建议。

刘小河在听取了大家的发言后指出，对《规划》的讨论有利于深化对市情的认识，坚定发展的信心。他说，应当看到由于历史和自然的原因，固原与周边地区还存在一定的差距，不寻求一个好的发展路子，这种差距还会越拉越大。因此，要实现固原的科学发展，必须要进一步研究发展战略，描绘发展蓝图，在顺应当地自然规律的前提下，寻求一条科学发展的道路。刘小河强调，当前，要按照市委二届八次全体（扩大）会议和市"两会"精神，围绕全市发展战略转型，结合"十二五"规划编制，把近期发展与长远发展结合起来，统筹规划考虑，集中抓好盐化工及煤电一体化、特色农业及农副产品深加工、物流及服务业、旅游、劳务"五大产业"，建好盐化工循环经济扶贫示范基地、六盘山生态农业示范基地、西兰银交汇中心物流集散基地、六盘山红色旅游和生态旅游及文化休闲避暑度假基地、劳务输出基地“五大基地”，力争到“十二五”末取得重大进展。从长远来讲，我们要围绕六盘山地区发展中药材的优势，大力发展中药材产业，加快建设宁南中药材及生化工基地，将发展重点由“五大产业”、“五大基地”调整为“一核心六产业六基地”，在新的起点上力促全市经济社会跨越式发展。

刘小河要求，市有关部门要积极与西安朝华管理学院联系对接，《规划》修改要和国家、自治区的“十二五”规划衔接，要和自治区重点扶持发展的产业政策衔接，要符合固原发展阶段的特征和实际。要按照市委常委会提出的意见，结合固原市“十二五”规划的编制，认真进行修改，使《规划》更加切合实际，更加成熟完善，更加具有操作性和可行性，成为推动经济社会又好又快发展和发展战略转型的重要指导文件。（王建保）

固原市机关效能建设获奖“金点子”汇总

要节约纸张，办公用纸可以两面打印，可以利用网络传递文件，领导可以先在网络上批阅公文，要探索无纸化办公。

行政监察机关要肩负起组织协调和监督检查的职能。要建立便于来自社会各个方面监督和参与的规章制度。要根据不同时期党委、政府的工作重点确定具体的效能监察项目，严格落实责任追究。

提高队伍素质。干部素质是机关效能建设的关键。能不能把党的路线、方针、政策卓有成效落到实处，机关能不能高效的运转，拥有高素质的干部队伍是决定性的因素。要加强职业道德建设与业务培训，切实提高机关干部的思想道德素质和业务工作能力。广大机关干部要增强事业心和责任心，加强理论学习，加强党性修养，顾全大局，敬业奉献，团结协作，努力克服办事拖拉、工作推诿、纪律涣散、政令不畅等问题，进一步形成心齐、气顺、劲足、实干的良好氛围。

造就适应发展要求的高素质干部队伍。广大干部是效能建设的主体，不断提高主体的思想政治业务素质是加强效能建设的前提和基础。当前个别干部存在工作积极性不高、作风不扎实、服务态度差，思想理论水平、工作能力与岗位要求不相适应等问题，其实质是世界观、人生观的问题没有解决好。所以，效能建设要把干部的世界观、人生观的教育摆在首位，以思想政治建设为基础、能力建设为重点，把提高干部队伍素质作为一项战略任务来抓，增强干部履行职责的本领、服务发展的本领、依法行政的本领、做好群众工作的本领。

要加强教育，要求机关工作人员在行。有的机关干部看似工作在岗，也在状态，可就是办事效率不高，很难办好事、办成事，所以办事也很难让人满意，有时甚至办错了事，所谓“人情有加，效率低下”，这就是心有余而力不足，工作不在行的体现。其实，一个人从事某项工作，刚上手时并不一定都在行，总有一个不断熟悉、提高的过程，有一个循序渐进的过程，最终“修成正果”，成为某一岗位上的“行家里手”。很多情况下，工作不在行，甚至不懂装懂，根子就在于主观不努力，忽视学习，缺乏钻研精神。为此，要加强机关干部的思想道德教育，教育干部牢固树立“有作为才有地位”的思想，不断增强机关工作人员的“公仆”意识，积极开展“求高效、优服务、树形象”活动，进一步提升服务水平、责任意识和办事效能，更好地为泾源县经济建设服务。

在全市建立效能“110”投诉预警机制，明确市、县效能投诉“110”的权限和管辖，协调处理各种投诉。

为节约行政成本，降低能源消耗，节电节水节油，遵循勤俭办一切事业的原则，建议进一步压缩各种会议和文件，特别是要限制滥发各种简报信息，减少简报“满天飞”的弊端。

市委、政府设立独立的“机关效能投诉监督室”，公布投诉电话，受理全面投诉事宜。

加强公车管理。建议行政中心各部门工作人员统一乘坐通勤车，要坚持领导带头，除应急车辆外，尽量减少不必要的出车，减少燃油支出。

创新形式，畅通效能投诉工作渠道。隆德县各级效能投诉机构都在醒目的位置设立了效能投诉箱，公示投诉电话、投诉地址，投诉件受理范围，方便群众投诉，投诉机构还拓宽投诉渠道，群众可以通过手机短信、电话、信函、上访等形式进行投诉。

电话投诉。各部门(单位)都在投诉箱上公布本部门和县效能投诉中心投诉电话号码，各投诉机构实行24小时值班，群众可随时打电话投诉。

短信投诉，县效能办把县、乡效能投诉机构负责人的手机号码通过县电视台向社会公示，群众可通过发短信投诉。

直接投诉。各投诉机构接访实行“三定三公开”制度，即定时间、定地点、定人员，向群众公开接访时间、地点和人员，公开办理结果和群众满意度。

大力精简文件和各类材料，进一步压缩文件数量和字数，杜绝以文件落实文件，以材料落实工作的不良风气，少些形式主义，跳出文件和材料堆，腾出足够的时间去做业务工作。

每天安排半小时让干部职工从事户外运动。

限制文件、制度的层层转发。效能建设的目的是为了推进工作，更好的服务群众，高效快捷的发挥自身的工作职能，但是把效能建设都落实在文件、制度、会议、记录当中，往往容易流于形式，反而让部门(单位)把太多的精力都投入到这项工作，效率不能得到提高，还影响了本职工作。一些文件、制度不应该层层转发，分别制订，应由效能监督部门统一制订印发，成为统一的管理依据，让各部门(单位)有章可循，就可以大大降低行政成本。

检查备案制度：市级以下各行政执法部门、经济管理部门及其派出的基层站所，依法对企业和工商经营户实施检查时，除突发事件外，必须向上一级行政领导机关或派出机关备案，明确其检查的内容、时间、人员、对象。未报备的检查，一律视为乱检查。

建议：采取网络技术管理措施，从根本上杜绝上网打游戏、聊天等违反工作纪律的现象。由市效能办出台有关规定，市信息中心采取技术手段，通过服务器设置游戏、QQ视频屏蔽软件，从根本上解决上网聊天、打游戏等屡禁不止的行为。

建议：充分运用考评结果，提高效能建设质量。具体要奖罚分明，做到“三个挂钩”：一是与干部管理使用挂钩，对认真执行效能建设规定，并取得明显成效的，要进行表彰奖励；对不按要求实施效能建设的，要及时通报批评，造成不良后果的，予以严肃处理。二是与优先评选挂钩，把机关效能建设的成效作为评先选优的重要条件之一，对责任范围内发生违反效能建设规定或存在问题的，坚决取消其评选各类先进集体和先进个人的资格，已经获得先进荣誉的单位或个人予以取消。三是与经济奖罚挂钩，对效能建设落实好、成效大的，应当给予一定物质奖励。

减少各种“虚事实做”的评比考核，加大基层基础建设“实事做实”的考核力度，切实从根本上提高效能。

严格控制机关车辆更换，杜绝“小车大马力”高耗能车辆进入机关，把有限的资金投入到建设事业最需要的方面，从机关做起，从我做起，做节能减排的模范。

逐步改变各类责任书和考核检查重复的现象。对各类考核检查能合并的合并，能简化的简化，减少各级机关疲于应付的现象，把考核检查的重点放在落实重点业务工作任务上。

应尽快建设“固原效能建设网”，栏目可设快报信息、领导论坛、群众呼声等。

创建节约型机关，降低行政成本。随着办公条件的不断改善，机关单位工作人员几乎人手一台电脑，极大地方便了工作，提高了工作效率，而与之相对应的确是能源消耗特别是电能消耗的增加，在这种情况下，有效加强机关内部管理，有利于节约能源，降低行政成本，建议制定统一的管理制度，下班之前关掉电源(特别是中午许多单位电脑不切断电源)，电脑等设备如工作需要，尽量减少开机率，降低能源消耗；提倡无纸化办公，公文初稿起草后，向领导先提供电子文稿，指导修改完善后，再出纸质稿件供领导签发存档，起草文件提倡简洁明了，尽量发短文，切忌见文必转，尽量减少发问范围，可发可不发的坚决不发。

规范市政务大厅工作。所有具有行政审批权的部门都要进入政务大厅主动开展综合办证服务，实行审批、办证、收费“三位一体”，提供“一站式”服务。采取切实措施确保入驻我市的项目和审批办理授权到位，实行外来客商投资项目报批代理制，凡新办外资项目和内资项目分别由市商务局或承办部门代理。

如何创建节约型机关，降低行政成本？1.加强教育。教育广大干部职工继续发扬艰苦奋斗的作风，保持勤俭节约的优良传统。2.规定标准，将各种公务接待制订出具体的接待标准，用制度的形式固定下来，不得超标准接待。3.实行政府统一接待。隆德县政府成立外事接待办，负责全县的统一接待，变分散接待为集中接待，降低行政成本。4.将各种办公经费与办公人员的利益结合起来。对公务用车、办公耗材定数定额拨付。超额自负，若盈余则为自己的补贴。

坚持依法行政，规范办事规则，做到每件事情、每个环节都有章可寻，有法(规)可依。加强对执法人员的监督，防治和纠正以言代法、以权压法、徇私枉法等现象的发生，从源头上制止腐败，对违法乱纪的行为要依据有关规定，坚决予以追究，严肃处理。

建立社会对政府效能评估的有效机制，把群众意见畅通无阻的反映上来。有专设的机构或者委托社会中介进行整理分类初步分析。对重大的或普遍存在的问题由各方面专家进行专题研究提出建议。建立定期公布制，让民众能了解政府对这项工作的力度与进度。实行奖励评审制度，鼓励民众积极如实反映问题，提出建议。

加大电子政务建设，积极推行政务公开。这是提高窗口单位机关效能的重要条件，要建立技术支撑平台，推行电子政务，实行网上审批的上下联动、信息互享，并在网上公布审批程序和审批所需的格式文本，构建新型的公开、透明、快捷办事平台。要积极推行政务公开，对项目审批、审照、批钱批物以及执法处罚等群众关心、社会关注的问题，进一步公开办事程序、办事标准、办事结果，并在工作质量、服务态度、办事时效等方面做出承诺，不断增加透明度。

机关效能建设向纵深发展需要进一步与贯彻《行政许可法》相衔接。政府官员必须按照行政许可法办事，不单是态度好不好、效率高不高的问题，而是其是否违法的问题，就是“有权必有责，用权受监督，侵权要赔偿”。因此贯彻《行政许可法》，打造效能政府，不能在细节末枝上作应景文章，既要解决态度问题，又要解决效率问题，还要解决依法办事的问题。

机关效能建设向纵深发展需要进一步强化监督机制。各单位设立了投诉中心，公布了监督电话和信箱，还要聘请长期固定的监督员，这些都是撬动机关效能的有效手段。机关效能建设，既要建立起一个他律和社会监督的机制，让群众来监督，让社会来监督，让媒体来监督，让组织来监督。还要加强自律和内部监督，该表扬的表扬，该批评的批评，该处罚的处罚，该奖励的奖励。只有这样，机关效能才能有不懈的动力和旺盛的生机。

整合服务窗口，建立便捷高效政务服务平台。便捷的服务渠道，是群众所需和机关效能的具体体现，要解决部门分散和职能交叉的问题，除在机构职能上进行理顺外，还应在运行机制上进行改进，对于面向社会公众服务，或属于多个部门审批的事项，应将业务经办窗口集中在一个大型办公场所，真正发挥政务大厅功能，实行多个窗口流水作业，并在实践工作中不断探索理顺职能，建立运行机制，即可方便群众提高办事效率，又能为今后推行行政机构改革和运行体制积累经验。

自治区文化建设先进县固原市申报名单及简介

按照自治区党委办公厅、人民政府办公厅关于印发《宁夏文化建设先进县(市、区)评选办法(试行)、宁夏历史文化名乡(镇)名村评选办法(试行)的通知》、自治区党委宣传部《关于开展评选自治区第一批文化建设先进县(市、区)和宁夏历史文化名乡(镇)名村评选工作的通知》等文件精神，固原市精心组织开展了此项活动，在历时一年的创建活动中，共申报了4个宁夏回族自治区文化建设先进县，10个宁夏文化名乡(镇)和23个宁夏历史文化名村。

【原州区】 原州区地处宁夏南部，六盘山东麓，是固原市委、市政府所在地。境内海拔1450至2500米，总面积2755.5平方公里，辖6镇5乡1个办事处。193个行政村，1149个自然村，17个社区居委会，总人口43.5万人，其中农业人口占81%，回族人口占46%。

原州历史悠久，文化源远流长，地处中原农业区与边疆草原区过渡地带，为历代兵家必争之地，素有“西塞之口”“关中屏障”之称。文化遗存丰富，文物古迹众多。有“高平第一城”之称的固原古城，被誉为“宁夏敦煌”的须弥山石窟，战国秦长城，国家一级博物馆——固原博物馆，北周出土的鎏金银壶，世界仅存。各个时代的历史文化遗存近400处，各级文物保护单位18处。其中，国家级文物保护单位3处。2002年被自治区人民政府命名为全区文化工作先进县；2005年被文化部、国家文物局授予全国文物工作先进县；2009年被文化部授予全国民间文化(社火)艺术之乡。

【西吉县】 西吉县地处宁夏南部，六盘山西麓，总面积3144平方公里，辖3镇16乡，306个行政村，4个居委会。总人口48.8万人，其中回族27.1万人，是宁夏人口第一大县和少数民族聚居县。

西吉历史悠久，文化灿烂。早在新石器时代就有人类繁衍生息，曾是古丝绸之路的必经之地，人文传承深远，历史遗迹众多，古城寨星罗棋布，秦长城横亘东西，汉代古墓群保存完整。西吉美丽又贫瘠，月亮山绵延起伏，葫芦河逶迤秀丽，国家级地震堰塞湖遗址——党家岔堰碧波粼粼、燕飞鱼跃，国家地质公园、森林公园——火石寨丹霞地貌更是奇特壮观。肃穆典雅、风韵独特的回教陵园和清真寺构筑了浓郁的伊斯兰文化。一代伟人毛泽东夜宿单家集，中国工农红军胜利会师将台堡，完成举世闻名的二万五千里长征，江泽民同志为“中国工农红军长征将台堡会师纪念碑”亲笔题词，享有“华夏钱币收藏第一县”的美誉。

【隆德县】 隆德县辖3镇10乡1个街道办事处，总人口18万，其中回族人口1.8万，占总人口的10%。受中原文化涵盖，隆德书法、绘画、剪纸、泥塑、篆刻、马社火等民间民俗文化艺术底蕴深厚，源远流长，有“书画之乡”美誉，荣获“全国文化先进县”“中国民间绘画画乡”“中国书法之乡”称号。

隆德是一个传统文化大县。一是历史悠久。早在新石器时代先民即在这里繁衍生息定居并留有遗迹。自宋建军设置已有千余年历史。二是文物古迹众多。全县有各级文物保护单位21个，其中自治区级文物保护单位3个，县级文物保护单位18个。三是民间艺术源远流长。

《杨氏家族泥塑》《隆德高台马社火》两个项目被列为全国第二批非物质文化遗产保护项目；《隆德民间绘画艺术》《隆德刺绣艺术》《隆德“六盘山九龙莲花池”祭祀民俗》《隆德民间祭山》《隆德苏氏民间社火脸谱》等10个项目先后进入自治区级非物质文化遗产保护名录；泥塑艺人杨栖鹤、杨佳年父子入选首批“中国民间文化杰出传承人”；城关镇七里店村、杨河乡串河村被确定为国家级非物质文化保护试点基地；隆德被自治区非物质文化遗产保护工程领导小组确定为“国家级非物质文化遗产代表作名录项目传承保护点(宁夏)”；县文广局被授予“宁夏非物质文化遗产保护工作先进集体”荣誉称号，2009年6月，又被文化部授予“非物质文化遗产保护工作先进集体”。四是民间工艺绚丽璀璨。方言、民族民间文学、人工刺绣、剪纸、泥塑、民间绘画、书法、民间祭祀等手工艺品地方特色浓郁，多次获国家级、省级比赛奖。彭阳县彭阳县土地总面积2528.65平方公里，辖3镇9乡156个行政村，总人口 25.62 万人。彭阳历史悠久,文化源远流长,人文荟萃,文物蕴藏丰富。世界针灸鼻祖皇甫谧为彭阳历史名人。1935 年 10 月,红军长征翻越六盘山,毛泽东营宿县内小岔沟、乔家渠,写下了壮丽诗篇《清平乐·六盘山》,从此播下革命火种。1949 年 8 月,中国人民解放军在彭阳任山河打响了解放宁夏"第一仗",拉开了解放宁夏的序幕。

近年来,以争创全国文化先进县为抓手,以打造彭阳特色的"生态文化、东山文化、皇甫谧文化、红色文化、成果文化"五大文化品牌为亮点,坚持文艺为人民服务、为社会主义服务的方向和"百花齐放,百家争鸣"的方针,夯基础,抓硬件,促软件,动员全县社会各界力量,采取灵活多样的方式,开展丰富多彩的群众文化活动,探索出了一条适应市场经济新形势、独具彭阳特色的文化建设新路子。

宁夏历史文化名乡(镇)固原市申报名单及简介

【原州区开城镇】 开城镇位于原州区城郊,距市区 4 公里。开城镇境内历史文物古迹众多,现存有古建筑 7 处,国家级重点文物保护单位 1 处,省级重点文物保护单位 3 处。境内红军长征青石嘴战斗纪念碑,是反映中国革命的历史遗迹。二十里铺拱北、开城安西王府遗址、隋唐墓地等古建筑,是开城镇悠久历史文化的见证。另外,还有别致的非物质文化遗产。这些充分展示了浓厚的传统文化积淀和独特的人文景观风貌。

【原州区三营镇】 三营镇地处原州区以北 38 公里处,与海原县黑城镇、西吉县沙沟乡接壤,宝中铁路、银武高速公路和银平公路纵贯南北。该镇是宁南山区最大的商贸重镇,是西北地区最大的农副产品集散地之一。三营镇境内名胜古迹众多,现存有古建筑 6 处,省级重点文物保护单位 2 处。须弥山石窟为国家级重点文物保护单位。

【西吉县将台乡】 将台乡位于县城东南 27 公里葫芦河、马莲河的交汇处。1936 年 10 月 22 日,中国工农红军一、二方面军在此会师,现建中国工农红军长征会师纪念碑,江泽民题写碑名。将台乡境内古文化遗址 20 多处,现在列为国家级文物保护单位 2 处,区级文物保护单位 1 处,县级文物保护单位 2 处,占全县文物保护单位三分之一。

1996 年在红军会师原址(将台古堡)修建中国工农红军将台堡会师纪念碑,修复古堡、魁星楼等。保护面积 20000 平方米,历史建筑面积 5000 平方米。

【西吉县火石寨乡】 火石寨乡位于西吉北部,为国家地质(森林)公园,公园内有古迹 10 多处,是西吉县乃至固原市文化遗址丰富且最为集中的乡镇。从公元四世纪(北魏时期)至公元十四世纪(明成化年间),经历 1000 多年的开凿建设和孕育,文化遗址遍布崇山峻岭之中,悬崖峭壁之上。扫竹岭、石寺山、天然大石城、龙潭寺、禅佛寺、黑窑拱北等主要遗址规模宏大。历史上佛教、道教、伊斯兰教曾一度盛行。近年来,西吉县为发展旅游产业,对千年的文化遗址进行了修复和开发建设,现在初具规模,为国家级 AAA 级旅游景区。

【隆德县城关镇】 隆德县城关镇位于六盘山西麓,是隆德县城的所在地。2009 年,隆德县在该村实施了六盘人家(杨家店)民俗文化村配套基础设施建设工程。目前,已完成沿河游步道的整修,民间文化广场、停车场、游步道、河道和六盘人家庭院周边的植树绿化工作。民间文化广场东北两边的石砌挡土墙、花坛、景观小桥、河道景观坝和污水处理系统也已建成。现在正在进行民间文化广场的地面铺装和民间文化广场文化景观的制作。随着建设的不断完善,六盘人家(杨家店)民俗文化村将成为隆德县文化旅游业的一张靓丽名片。

【隆德县好水乡】 好水乡距县城 8 公里,面积

72.4平方公里。好水乡有历史上著名的宋夏好水川之战的古战场。好水这块土地，不仅承受了历史的巨大悲痛，更见证了中国工农红军一往无前的坚强和雄壮。

20世纪30年代，中国工农红军长征途经好水，毛主席经此登上了六盘山，开创了中国革命的新局面。鉴于好水川战役对宋战略的影响及红军经过好水川对中国革命的巨大影响，特申报好水乡为宁夏历史文化名乡。

【泾源县六盘山镇】 六盘山镇为秦汉时所设置的乌氏县治地。瓦亭之名始见于两汉之际，唐朝时在此设驿藏关，宋代构筑寨城，清代末仍有大规模的建筑。瓦亭在古代被称为铁瓦亭，地处三关口北，瞰三关口，西旁六盘山为度陇咽喉，重峰拱卫，依山傍水，北高南低。境内的萧关是古代著名雄关，北靠泾源县瓦亭长峡，南临三关要塞，六盘山横亘西侧，处于泾河与清水河分水岭，泾水蜿蜒东去，翠峰环绕，深谷险阻，易守难攻，是关中通往塞外的重要军事屏障，地理位置十分重要。

【泾源县泾河源镇】 泾河源镇地处六盘山腹地，也是泾河的发源地，境内山势雄伟挺拔，森林茂密，生物多样，泉溪瀑布众多，气候凉爽宜人，人文历史足迹荟萃，优美的自然景观和浓郁的回乡风情使其成为黄土高原上的一颗“绿色明珠”，是宁夏著名的旅游胜地。境内的凉殿峡遗址是自治区级文物保护单位。据史料记载，元太祖成吉思汗西征围困西夏时，于1227年闰5月避暑崩殂于此。元世祖忽必烈在1258年南征云南时，屯兵六盘山，也在这里避暑。如今这里还留有当时建筑物的基石，残壁断石、桥墩和喂马的石槽。

【彭阳县古城镇】 古城镇坐落于彭阳县境西部，为彭阳县的“西大门”，距县城17公里。该镇先后在秦、汉、元、明等设朝那、广安、东山等洲，县治长达1000多年，是典型的贸易古镇、民族老镇和历史名镇。这里沿袭了数百年来“回回人”的原生风貌。古城镇境内历史古迹众多且保存较为完好，列入区级文物保护的有无量山石窟、朝那古城遗址、任山河古战场遗址、任山河烈士陵园、红军长征毛泽东旧居等；另外，皇甫谧故里远近闻名，挂马沟林海绵延千里，回族居家、风俗等人文景观独特。

【彭阳县城阳乡】 城阳乡地处彭阳县东南，茹河下游。城阳乡民风纯朴敦厚，文化底蕴深厚，素有“东山文化之乡”的美誉。境内的战国秦长城遗址绵延数十里，虽历经千年仍巍然屹立，现已确立为国家级文物保护单位。城阳村境内的北宋平安寨古城堡历史遗址保存完好。

长城乔渠毛泽东夜宿旧址在乡党委、政府的积极努力下，争取老区项目建设资金80多万元，修葺一新。这些为城阳乡发展文化旅游产业提供了宝贵的财富。

宁夏历史文化名村
固原市申报名单及简介

【原州区开城镇二十里铺村】 位于开城镇以南，距市区10公里，属郊区村，福银高速公路、银平公路、中宝铁路均贯穿该村。坐落于二十里铺村的拱北，系伊斯兰教嘎德忍耶(九彩坪)门宦重要拱北之一。拱北始建于元朝，历史悠久。相传元朝时期，今伊朗德黑兰人来固原传教，信教群众称“西来上人”，修静室在坐静修持，归真安息此地，遂有五原山二十里铺拱北。

【原州区清河镇十里村】 位于固原市区北部4公里处，区域面积8平方公里。全村辖4个自然村，390户1907人，其中回族123人，占6%。耕地面积3702亩，主导产业以蔬菜种植、淀粉加工、运输为主。交通便利，名胜古迹众多，民风淳朴。北十里村古城址始建于战国秦汉时期，是明代固原州广宁苑管辖的四营马房之一，称临洮营。

【原州区清河镇明庄村】 位于固原市区西面，地处城乡接合部清水河平原，地理位置优越。区域面积4.3平方公里，全村辖4个自然村，389户1566人，属回族聚居村。明庄村历史悠久，现存有著名的战国秦长城遗址，为国家级重点文物保护单位。据史料记载，秦、汉王朝与雄踞蒙古草原的匈奴长期对峙，时有战争。秦惠文王时，拔义渠二十五城；秦昭王时，攻灭义渠，"于是秦有陇西、北地、上郡，筑长城以拒胡"。

【原州区三营镇羊圈堡村】 位于三营镇政府西北部，距镇政府20公里，四面环山，依著名的须弥山而居，与海原县郑旗乡相邻。村内古迹历史悠久。距该村2.5公里的石门峡风景秀丽，峰峦叠嶂，怪石嶙峋。石门峡水（今寺口子水）和潘西公路由西向东绕石门关城北墙下而过。这里曾是丝绸之路东段北道的重要通道，唐代原州七关之一。

【原州区三营镇黄铎堡村】 位于三营镇西北部，地处潘西公路和须弥山公路的交会处，距镇政府10公里，是典型的干旱片带。黄铎堡古城，又名石门堡，建于宋1095年，有外城和内城之分，呈"回"字结构，面积56万平方米，外城占地840亩，内城占地65亩，内外城均有护城河环绕。内城面积4万平方米，当地群众俗称紫禁城。清代，因驻在城内的一名高级将领名叫黄铎而得名。1988年被列为自治区级文物保护单位。

【西吉县兴隆镇单家集村】 是回族聚居村。单南清真寺建于光绪三十四年，取名为陕义堂。1936年10月毛泽东率领中国工农红军长征途经并住宿单家集，在北厢房与回族老人交谈。该寺和北厢房、水井等已历经百年，保存完好。1993年，该村穆斯林在毛泽东100周年诞辰之际，捐资修建了纪念碑，2006年又投资扩建民族团结广场，并对当年毛泽东住宿过的农家小院进行了修复。该村古建筑保护面积9500平方米，历史建筑面积2300平方米。

【西吉县将台乡明台村】 位于西吉县将台乡政府所在地。境内有战国秦长城、古汉城、将台堡等文化遗址3处，其中秦长城、将台堡为国家级文物保护单位，古汉城遗址为县级文物保护单位。1936年10月22日，中国工农红军一、二方面军在将台堡会师，1996年，在将台堡修建"中国工农红军长征将台堡会师纪念碑"，江泽民亲笔题写了碑名。明台村传统文化浓厚，建有戏楼、庙宇等，民俗文化活动丰富多彩。

【西吉县将台乡火家集村】 位于葫芦河、滥泥河交汇处，在历史上是著名的羊牧隆城。羊牧隆城建于北宋天禧元年（1017），南北长约2000米，东南宽约1200米，占地约320亩。庆历三年（1043）改为隆德寨，隶属德顺军，为北宋泾源路第十将城。金皇统二年（1142），将隆德寨升为隆德县，是西吉境内历史上最早的县治机构，后因隆德县迁址于六盘山下，此城渐渐颓废。火家集村有浓厚的传统文化氛围，该村有社火队、戏班子、皮影戏，建有舞台、庙宇，每年节令期间活动纷繁，婚丧嫁娶、民间祭祀无处不渗透着中原农耕文化。

【西吉县硝河乡硝河村】 硝河城始建于明代，距今已有600多年。硝河城曾是"领五堡共计九百四十余户"的繁华城池，有景致凤台秀声、苓楼清幽（清真寺）、清波环带等多处，该城址为区级文物保护单位。硝河城清真寺，始建于明洪武年间（公元1369年），是宁夏最早的清真寺之一，毁于1920年海原大城震，后多次修复，现为西吉境内历史最长、规模较大的清真寺。

【西吉县火石寨乡石山村】 位于国家地质（森林）公园腹地。村境内有大石城、禅窑寺、龙潭寺、黑窑拱北等文化遗址和景点，是全县发展文化旅游产业重点村组，具有得天独厚的外部环境和深厚的文化底蕴。建有占地180平方米的村文化室，图书藏量1300册。文化中心户4个，40岁以上民间艺人

28位，区级非物质文化遗产刺绣、剪纸、砖雕、石雕、口弦等在该村都有传承人。

【隆德县风岭乡李家沟】 是隆德县最早的地下党组织活动的地方，为中国人民的解放事业作出过重要贡献。李家沟处在山大沟深、交通极为不便的地方，党组织正是利用这个偏僻的山村，不容易引起敌人注意的有利条件，在抗日战争后期，就派人到这里进行活动，开展了党的地下工作，是中国共产党在隆德县境内最早的活动地。

【隆德县奠安乡新旧街村】 是隆德县奠安乡政府所在地，面积22.17平方公里，属黄土丘陵沟壑区。新旧街村曾名邸店堡，历史上同制胜关共扼陇山东西孔道，是货站通衢。清石峰堡回民起义，曾以此为据点。景家林庄曾出土"寿圣寺碑"，刻有陕西省平凉府龙德县通话曹务里邸店镇景家庄"寿圣寺"及"明弘治捌年"字样。这里遗存丰富，历史悠久，遗存就其空间分布有其独特的价值。

【隆德县奠安乡梁堡村】 距奠安乡4.5公里，面积6.24平方公里，为黄土丘陵沟壑区。耕地面积1560亩，水浇地580亩。该村有明代建筑——世德堂，距今已有400年历史，属当地刘氏家族所有。门厅深2.4米，宽2.2米，抬梁式梁架，用圆柱，屋面盖小青瓦，瓦口施勾头滴水，清水脊，脊上刻有莲花窗。门额镶有"世德堂"牌匾，长1.65米，宽0.7米，写有"岁在乙卯浦月上浣之吉 表弟薛梦麟赠"字样。主人收藏有大量古物，初步推断为行医世家。

【隆德县城关镇杨家店民俗文化村】 位于六盘山西麓，是隆德县的东入口。这里依山傍水、绿树掩映、流水潺潺、民风淳朴。历史上，秦皇汉武、唐王宋将、成吉思汗、林则徐、左宗棠等众多历史人物的足迹曾遍及这里。1935年10月7日，毛主席率领中国工农红军第一方面军长征时由此登上了六盘山。六盘人家民俗文化村正是依托该地厚重的历史、优美的环境、便捷的交通、淳朴的民风而建，融合了"自然风光、民间民俗、历史传统、红色革命"四种文化，是自治区首批十个"三星级农家乐"旅游景点之一。

【彭阳县城阳乡长城村】 位于彭阳县城阳乡政府以北5公里处，是城阳乡养殖示范村。近年来，长城村认真实施茹河二期项目工程，平整土地；依靠长城塬引水灌溉，加大农业结构调整力度，发展菌草、设施经果林等特色产业；以蔺塬、赵岭居民点为依托，推行社区管理模式；目前，一个经济发展、管理民主、设施完善、服务功能健全的新农村社区正在形成。该村境内有绵延数十里的战国秦长城遗址和毛泽东夜宿旧址，为长城村的发展增添了无尽的人文力量。

【彭阳县古城镇古城村】 古城村即是传说中的朝那古城，是宁夏最早的县级建制之一，历史悠久，文化源远流长，先后为秦、汉、元、明等设朝那、广安、东山等洲，县治长达1000多年。该村孕育了皇甫家族的数代英才，皇甫规文韬武略、高风亮节，尤其皇甫谧，是我国历史上一位杰出的文学家、诗人、历史学家、思想家、教育家和针灸医学家，他历经26年完成的《针灸甲乙经》，奠定了"世界针灸鼻祖"地位，成为一名享誉全球的世界级历史文化名人。

【彭阳县古城镇任河村】 位于彭阳县西部、彭清公路、309国道穿境而过。近年来，围绕任山河烈士陵园兴起的红色旅游、民俗风情及农家乐旅游正在悄然崛起，带动了以第三产业为主的服务业发展。2008年人均纯收入近2860元，高于全县平均水平近200元。2006年被确定为区级新农村建设示范村，2007年被县委命名为"红旗村"，2008年被市委、市政府评为"敬老模范村"。

【彭阳县冯庄乡小湾村】 历史悠久，著名的璎珞宝塔就坐落于该村牛湾组，是宁夏南部山区现存的唯一有确凿纪年的明代古塔，有较高的历史、科学、艺术价值，它为研究明代儒、释、道三教在我国西北地区的融合渗透极其演变情况，提供了珍贵的实物资料。远近闻名的“七个山”就坐落在该村境内，由于山形奇特，状似馒头，独自成形而又呈“一”字形、等距离排列，钟毓奇秀，每年吸引着四面八方的游客前来观光旅游。

皇甫谧文化广场在古城镇落成

2010年2月10日，在新春佳节即将到来之际，彭阳县皇甫谧文化广场在皇甫谧故里古城镇正式落成，自治区党委常委、宣传部部长杨春光，市委书记、市人大主任刘小河出席典礼并为雕像揭像。

皇甫谧生于东汉时期的安定郡朝那县(今天的彭阳县古城镇)，是我国历史上著名的文学家、史学家、教育家和针灸医学家，是彭阳历史上最负盛名、影响最大的文化名人。为追念先贤、传承中华历史文化，发展旅游产业，在区、市领导和文化旅游部门的关心支持和大力帮助下，彭阳县在古城镇规划建设了皇甫谧文化广场。新落成的皇甫谧雕像是该文化广场的标志性建筑，由石阶、碑座、雕像三部分组成，通高15.09米，是迄今为止区内最高的历史文化名人石像，它的建成对于增加彭阳县文化底蕴，加快旅游产业发展，推动经济社会科学发展具有极其重要的作用。

杨春光在讲话中说，盛世修志，盛世建碑立传纪念历史文化名人，在社会主义文化大发展大繁荣、提高文化软实力及自治区党委提出“小省区也要办大文化”的今天，修建皇甫谧文化广场和雕像具有非常重要的意义。杨春光指出，今年是“十一五”规划的最后一年，也是为“十二五”规划奠定基础的关键之年，各项改革发展的任务非常艰巨。

在全面建设小康社会的过程当中，在实现自治区党委提出跨越式发展目标的重大历史阶段当中，我们纪念历史名人，弘扬历史文化同样都具有非常重要的意义。他希望借皇甫谧文化广场和雕像的修建，进一步拉动当地的人流物流和商流，提升当地形象，为彭阳的发展、固原的发展和宁夏的发展凝聚力量。

刘小河在讲话中说，近年来，彭阳县积极挖掘皇甫谧文化，在世界“针灸鼻祖”皇甫谧故里建成了皇甫谧文化广场，为全市精神文明建设注入了活力。他希望彭阳县各级党政组织和广大干部群众以皇甫谧文化广场落成为契机，缅怀皇甫谧对中国医学发展作出的巨大贡献，积极实施文化精品战略，全力打造皇甫谧文化品牌，不断丰富“彭阳精神”内涵，进一步提升文化品位，努力建设“宁夏东山文化之乡”，以此带动彭阳经济社会繁荣发展。

自治区党委宣传部副部长张克洪、尤艳茹，自治区文化厅厅长杨玉经及市委副书记董玲、副市长陈莉萍等出席典礼。（王建保）

南部山区集雨补灌项目

宁夏农科院和彭阳县科技局在彭阳县草庙乡庙壕村实施南部山区集雨补灌抗旱减灾农业生产配套技术集成旱作节水示范项目成效明显，推动当地现代农业、节水农业和生态农业的发展，帮助当地农民依靠科技稳步增收。

南部山区集雨补灌抗旱减灾农业生产配套技术集成旱作节水示范项目是自治区“5183”农业科技工程中30个高标准科技示范项目之一。以主动调整种植业结构和培育特色避灾农业为重点，通过开展新品种引进筛选、覆膜补灌、残膜保墒、全膜沟覆沟种田间集雨等多学科、多专业的联合攻关和技术集成与示范，建立综合配套技术整装示范基地，创建适应宁南山区气候特点的现代旱作高效节水农业生产技术体系和发展模式，提高抗旱减灾增收能力，试验推广解决年均降水量350～450毫米旱作集雨补灌区域高效农业发展关键技术，为发展旱作高效节水农业持续健康快速发展提供科技支撑。

项目提出“压冬小麦、压胡麻、压豌豆，扩马铃薯、扩玉米、扩油葵”的旱地种植业结构调整模式，确定与旱覆膜相配套的玉米品种、油葵品种及玉米残膜保墒免耕种植马铃薯和油葵等茬口安排，实现一膜两用目标。引进长城799、辽单565、金穗8号、天葵503、KWS204、黑美人等玉米、油葵、马铃薯抗旱新品种16个，建立玉米旱覆膜（全膜沟覆沟播）抗旱保墒配套技术示范田2160亩，玉米、油葵和马铃薯新品种示范田350亩，油葵残膜保墒免耕种植示范田52亩，玉米补灌示范田310亩，马铃薯残膜免耕抗旱保苗试验示范55亩。建成集水涝池1个、集雨场2600平方米、集雨窖8个，培训农民3000人次。

（孙有亮 赵强）

固原市林业生态建设综述

2010年全市林业用地面积达到668万亩，森林覆盖率由2002年的12.8%提高到现在的17.6%，比全区平均森林覆盖率高出9.3个百分点；全市新增城市绿化面积8.1万亩，建成了固原市区“五山两河”和各县区城市森林景观公园绿地；全市林业产业初具规模，产值达到了2.57亿元；初步建立起了“以山脉为骨架，以流域为单元”的乔、灌、草复合搭配的生态体系。

2007年6月，自治区党委、政府召开第三次固原工作会议，确立了固原生态立市的战略目标。在自治区有关厅局的大力支持下，退耕还林工程、大六盘生态经济圈建设、天然林保护工程、“三北”防护林工程、绿色通道工程和城乡大环境绿化工程六大林业生态工程得以顺利实施。在这当中，全市广大干部群众发扬“不到长城非好汉”的六盘山精神，锲而不舍、艰苦创业，完成了大六盘生态经济圈建设营造林40万亩，天然林保护封山育林7.3万亩，“三北”防护林工程5万亩，县乡村道路绿化1660公里。通过重点工程实施和各项保护生态成果政策措施的落实，加快了林业生态建设的发展步伐，生态环境明显改善。

生态环境实现“整体遏制，局部好转”，林草植被大面积恢复，有效减轻了水土流失，水土流失严重的局面得到有效遏制，初步实现了水不下山、泥不出沟的治理目标。风沙天气明显减少、强度明显减弱。林地的不断扩大为野生动物的栖息和繁衍提供了良好的场所，野生动物种群和数量明显增多。全市生态环境建设由“整体恶化、局部治理”实现了“整体遏制，局部好转”的根本性转变。

促进农民收入快速增长。自2003年到2008年的5年间，全市完成退耕还林338万亩，占退耕还林总任务的73%，全市退耕还林累计完成466万亩，实现了经济发展与生态建设良性互动。农民人均纯收入由2002年的1178元增长到2008年的2614元。其一，退耕还林工程使全市17.8万农户98万群众受益，占农业人口的78%，2003年以来，累计兑现粮款折合现金20.6亿元，农业人口人均直接受益退耕粮款补助1594元。其二，退耕还林使大量劳动力从土地中解放出来，仅2008年全市共向外省市转移剩余劳动力16.4万人，通过劳务输出，不仅赚了票子、换了脑子，还开创出了致富的路子。

退耕还林后续产业发展壮大。全市林业产值由2002年的1.23亿元增加到2008年的2.57亿元，林业总产值翻了一番。在实施退耕还林工程中，坚持生态优先，大力培育“两杏”、枸杞、中药材、针叶树育苗等退耕还林后续产业，这一产业从无到有，从小到大，初具规模，经济林面积达到了110万亩，建立起原州区无公害枸杞基地8万亩、彭阳县山杏、优质杏面积80万亩、隆德县林药间作面积10万亩，泾源县针叶树育苗面积14万亩，西吉县杞柳、柠条编织等产业初具规模。

城乡环境面貌显著改善。随着城乡大环境绿化工程步伐加快，固原城市绿化建设以长城梁生态农业综合示范园项目为龙头，不断加大各县城区美化绿化工程建设和各重点旅游景区道路宽幅绿化，实现了一次栽植、一次达标、一次成景的目标。

（潘江）

固原四大支柱产业发展综述

从2003年到2010年，固原市坚持以科学发展观为指导，从固原实际出发，大力培育“草畜、马铃薯、劳务、旅游”四大支柱产业，经过各方面的努力，各项重点工作取得了突破性进展，四大支柱产业在增加农民收入、促进县域经济发展方面更是发挥了重要作用。经过几年的发展，全市巩固提升了以原州区为中心的生态型冷凉蔬菜和枸杞生产基地、以西吉县为中心的马铃薯和西芹生产基地、以隆德县为中心的中药材和瘦肉型猪生产基地、以泾源县为中心的肉牛和苗木生产基地、以彭阳县为中心的辣椒和经果林生产基地，着力培育“一县一品”产业带，各县区的特色优势明显。此外，还在特色优势产业提质扩量增效上做文章：草畜产业坚持抓点带面、扩张总量，全市肉牛饲养量达到 71 万头，同比增长 11%，建设示范村 100 个、示范园区 5 个。马铃薯产业坚持稳定面积、优化品质、主攻单产、提升效益，种植马铃薯 221.1 万亩，总产 184.4 万吨；加快脱毒种薯三级繁育体系建设和四个种薯繁育中心的机制创新，原州区引进企业建立种薯繁育基地。全市生产原原种 3400 万粒、种薯扩繁 6.28 万亩。在产业提质扩量的同时，力求农业产业化经营取得突破，西吉县引进福建华林、原州区引进天启薯业和六盘山薯业、隆德县引进玉龙花卉和静宁方圆等龙头企业，并通过土地租赁流转自建基地，实现了“标准化生产、集约化种植、市场化经营”的农业产业化经营的新突破。

劳务产业是固原农民的“铁杆庄稼”。2010 年，西吉县兴隆镇农民马占仓实现了他人生的一次飞跃，在大胆地走出去之后，他由过去的“跑山娃”变成了一名技术高超的工人，更令他没有想到的是，通过带领村里其他人外出务工，有越来越多曾经和他经历相似的人开始拥有一技之长，逐步摆脱贫困走上了富裕之路。在 2007 年自治区第三次固原工作会议上，自治区党委、政府针对固原发展劳务产业提出“要提高劳务输出人员的技能和素质，提高他们的收入，提高劳务产业的层次，提高劳动力转移的组织化程度。力争使每个农户常年稳定输出一个劳动力，使劳务产业成为抗旱灾、保增收、促稳定的‘朝阳产业’。”正是在这样的方针指引下，马占仓和他的乡亲们每年务工收入都在四五千元。从 2007 年开始，每年输出都在 20 万人以上，年创收 10 亿元以上。同时通过技能培训，使越来越多的农民开始掌握建筑安装、电工电焊、机械修理等一技之长，相继巩固和拓展了福建、长三角、珠三角、环渤海湾、宁东等劳务基地，2010 年“五一”全市接待游客 4 万多人次，实现旅游收入 59.3 万元，实现了历史性突破，这无疑是对多年来致力于发展旅游产业的最大褒奖和肯定。须弥山博物馆已完成主体工程，这是继六盘山红军长征纪念馆之后又一重大旅游项目。同时，正在完成旅游总体规划和六盘山国家森林公园、须弥山旅游景区、火石寨国家地质（森林）公园、二十里铺回族民俗风情园、萧关遗址等景区详规，已完成了六盘山生态博物馆布展和萧关遗址文化园一期工程，开工建设了王洛宾文化园和皇甫谧文化园，成功举办了六届六盘山山花旅游节等活动。

（王建保）

固原市百村肉牛养殖示范工程

固原市以“百村肉牛养殖示范工程”为抓手，积极整合项目资金，加强基础设施建设和重点技术推广，全市 100 个养牛示范村基础设施建立进一步完善，数量规模进一步扩大，养殖技术进一步规范，示范带动作用进一步增强。据国家统计局固原调查队调查结果表明，2010 年一季度固原市四县一区农民牧业人均纯收入 210.7 元，比上年同期增加 21 元，增长 11.4%。

从 2004 年初实施百村肉牛养殖示范工程以来，推动草畜产业取得了巨大成效。2009 年全市建设肉牛科技示范村 100 个，其中建设市级肉牛科技示范村 55 个，在原州、西吉、泾源、彭阳四县区建设县级肉牛科技示范点 4 个，在原州、泾源、彭阳建设饲草配送中心 3 个。此外还建设千头以上肉牛养殖场 1 个、百头以上肉牛养殖场（园区）17 个，推进全市畜牧业生产健康平稳发展。据了解，去年全市牛饲养量71万头，同比增长14%；羊饲养量130万头，同比增长2%；家禽饲养量390万只，同比增长8%。肉类总产量67450吨，禽蛋产量10340吨，牛奶产量3000吨。

2010年，全市要建设肉牛养殖科技示范村100个，其中自治区级示范村60个，市级示范村40个，每村存栏牛500头以上。更新补种多年生牧草50万亩，留床面积稳定在300万亩以上，种植一年生禾草100万亩、青贮玉米5万亩，新建三贮一化池5万立方米。在原州区彭堡镇建立市级肉牛科技示范园区1个，养殖规模达到300头，每县（区）新建肉牛养殖科技示范园区1个，年出栏达到200头以上，示范推广肉牛养殖综合配套技术，基本建立良种繁育保护、饲草饲料生产、动物疫病防控、畜产品质量安全、草原生态保护五大体系，重大动物疫病防治继续保持“双百”目标，全市肉牛饲养量达到78万头，农民人均草畜产业纯收入达到500元。

（王元明）

固原市重点建设项目综述

2009年3月23日，固原重点建设项目暨六盘山热电厂2×330MW工程启动仪式隆重举行。标志着惠及固原人民的能源、水利、交通、环保、旅游等17个重点项目建设大会战全面展开。工程总投资近108亿元，无论是规模还是投资，均为固原历史之最。

能源方面投资27.6亿元，开工建设固原迄今为止投资规模最大的工业项目—六盘山2×330MW热电联产项目。水利项目投资4.7亿元，开工建设固海十一泵站以上人畜饮水及高效节水灌溉项目、病险水库除险加固工程，启动原州区彭堡水源地地下水库和石家坪水库项目。交通项目方面投资73.3亿元，开工建设同（心）沿（川子）高速公路什字至沿川子段，309国道马成河至哨口段。启动东山坡至毛家沟高速公路、原州区至王洼公路。环保项目投资1.5亿元，开工建设固原市中水回用项目，西吉、隆德、彭阳、泾源县城等污水处理工程。

旅游方面投资8600万元，开工建设须弥山旅游基础设施工程、丝绸之路宁夏段保护性基础设施工程。

2010年4月18日，新区建设大会战暨重点项目建设正式启动，各县区也于同日举行了重大项目建设启动仪式。大会战集中启动48项重点项目，涉及交通水利基础设施、能源资源开发、城市建设、社会事业、民生、商业开发六大领域，工程总投资近80亿元。其中基础设施方面开工建设农村公路、渝河流域治理、风岭灌区改造、联财小城镇建设4个项目，总投资5亿元。能源开发方面开工建设固原盐化工循环经济扶贫示范区、银洞沟年产300万吨原煤、华电西吉月亮山风电一期、经济开发区年产一亿块蒸压环保成型砖、年产500辆挂车生产线5个项目，总投资24亿元。城市建设方面开工建设古雁路、中山南北街道路、北新街延伸道路、街头广场、天然气利用、六盘山热电厂配套城市供热管网、西吉迎宾大道、隆德120MW热源厂、彭阳3#供热点等23个项目，总投资39亿元。社会事业方面开工建设固原一中迁建、广电大厦、应急指挥中心、泾源县人民医院综合楼、彭阳四中、隆德三小等7个项目，总投资4.6亿元。民生方面开工建设固原市廉租住房、农民康居工程2个项目，总投资2.5亿元。商业开发方面开工建设固原市一级农副产品批发市场、泾源荣盛家园小区、隆德方圆养殖二期等7个项目，总投资3.2亿元。

六盘山热电厂建设累计完成工程投资17.04亿元，工程进度顺利，1#机组将于6月30日并网发电，2#机组将于8月30日并网发电。厂外城市供热热力网工程已完成设计招标和初步设计评审工作，计划6月上旬开工建设，今年供暖前主管网及固原新区新建换热站投入运行。

宁夏西吉月亮山风电一期49.5MW工程开工建设，工程勘察设计、监理、升压站设计招标工作已完成，升压站厂平工作已基本完成。

计划年底投产发电。该项目建成后,每年可向电网提供电能 1.03 亿度。

投资 14.83 亿元原州区至王洼铁路项目。

目前已经完成招标、铁路项目全线定测、固原北站勘察定界等项工作。该项目对于解决王洼矿区煤炭外运、六盘山热电厂用煤以及促进固原市经济社会发展都有着重要的经济和社会意义。

银洞沟煤矿年产 300 万吨技改扩建项目全面展开。已完成投资 4252 万元,其中项目前期费用投资 3061 万元,土建工程投资 16 万元,设备安装投资 1175 万元。

除此之外,涉及交通水利基础设施、城市建设、社会事业、民生、商业开发等领域的重点工程建设也在如火如荼地展开。

加快实现以农业为主导向以工业为主导、多产业发展并举转变战略转型。这是 2010 年市委、政府发出最响亮的声音,这一思路是强市富民之路,也是加快发展、缩小差距、彻底改变贫穷落后面貌、全面建设小康社会的希望之路、必由之路。从近两年实施的重点建设项目看到,固原的发展适逢其时,固原的发展潜力巨大。 (马建平)

固原工业十年

2000 年 7 月,由固原龙泉电力责任公司在彭阳县投资兴建的"倍锶情"矿泉水厂正式投产。

2004 年 3 月,宁夏第一家中药饮片生产企业宁夏明德中药饮片有限公司在固原建成投产。

2004 年 8 月,宁夏佳立生物科技有限公司在西吉注册成立,生产的马铃薯淀粉畅销全国并出口德国等地。

2005 年 8 月,固原市第一家节能环保建筑材料 EPS 聚苯乙烯生产线正式投产。

2006 年 6 月,固原市第一口油井经过井下作业试采出石油。

2010 年 5 月,固原盐化工循环经济扶贫示范区、银洞沟煤矿年产 300 万吨技改扩建和西吉月亮山风电厂一期工程同时启动建设。

2010 年 6 月,年生产能力 150 万吨的王洼煤矿二矿出煤。

2010 年 7 月,六盘山热电厂 1 号机组并网发电,结束了固原没有电厂的历史。

西部大开发十年来,固原工业经历了经济体制改革带来的阵痛后涅槃重生,完成了从传统的小作坊工业到现代工业的转变。

国有企业面对体制改革的不适应,小作坊工业面对市场的无可奈何,曾经红红火火的固原工业,在市场经济初期一度低迷。

1956 年,固原油面厂正式投产,拉来了固原国营工业建设的序幕。随后,在国家"大炼钢铁、大办工业"的政策支持下,和尚铺炼钢厂、三关口建材厂、炭山银洞子煤矿、固原拖配厂、油面厂、印刷厂、棉纺厂、木器厂、肉联厂、水泥厂等国营工业雨后春笋般兴起。1984 年 10 月以后,固原工业企业经历了分批整顿,开始逐步推行厂长负责制,国家所有、集体承包、照章纳税、自负盈亏的企业管理模式,极大地刺激了经营者的积极性和主观能动性,成为固原工业发展的黄金时期。在 30 年左右的时间里,固原初步形成了采矿冶炼、建材、粮油食品加工、畜牧产品加工、机械制造修理、加工制造业六大工业体系。

1994 年,工业企业在所有制上彻底放开,体制上彻底放权,机制上彻底搞活,公有制向多种所有制形式转化。当时的固原工业大多是小作坊式企业,由于缺乏市场竞争力,在改革的阵痛中,皮革厂、棉毛纺织厂、鞋帽厂、亚麻厂、家具厂等一批批曾在固原经济发展中举足轻重的企业相继关停并转,有的甚至退出历史舞台。

一度低迷的固原工业,期待中小企业抱团取暖,规模以上企业走产业集群化发展之路。

国营工业千枝竞秀,民营工业异军突起,新世纪固原工业从阵痛中突围。

新世纪以来,国家实施西部大开发战略,加大对西部贫困地区的帮扶力度,沐浴着党的政策的阳光,我市初步确定了"整合资源促进转化,做强龙头搭建平台，内联外引做大产业”的工业总体发展思路。通过争取资金扶持、政策倾斜、全方位服务等措施，全力培育马铃薯淀粉、草畜加工、建材等支柱产业和以回药为主的中药材加工业、酿酒为主的食品加工业、小杂粮加工业等潜力产业为补充，推进工业领域生产要素的积聚，实现了工业从小作坊加工转变为产业集群的突破。

随着马铃薯种植面积的不断扩大，马铃薯淀粉加工业于上世纪90年代应运而生，产业形成之初年生产量只有8347吨。到1994年，以“三粉”加工为主要形式的家庭作坊式“粉坊”形成并得到长足发展。原州区开城镇羊坊村、马饮河村，西吉县兴隆镇西冶村、单明村，隆德县杨河乡杨河村等村成为淀粉加工专业村。一些国有马铃薯加工企业也相继建成，西吉“傻傻”集团和隆德“四波”淀粉公司率先引进了荷兰先进的马铃薯淀粉整套加工设备和工艺技术，“傻傻”集团成为当时全国最大的精淀粉厂。在生产实践中，一些规模以上骨干企业相继完成了淀粉漂白、脉冲气流干燥、低压高速离心法全旋流淀粉洗涤工艺技术改造，降低水耗，节约运行成本，提高了马铃薯淀粉的产量和质量。一些作坊式个体加工户也通过技术改造，实现了流水线作业。2005年，通过资金、技术、人才、设备引进，我市将固原六盘雪淀粉公司与中国农科院马铃薯中心进行整体优化组合，组建成立了宁夏西海固国联马铃薯产业有限责任公司。至此，初步形成了以国联公司、傻傻集团、六盘山公司、四波公司为重点的龙头企业，以其他民营企业为补充，集生产、加工、销售为一体的产业化格局。

以水泥、砖瓦为主的建材业在我市起步较早，西部大开发战略实施以来，建材行业依靠投资发展较快。2000年，固原地区六盘山水泥厂更名为六盘山水泥责任有限公司，经过多次技改扩能，目前年生产量已达到60万吨，是建厂初期的18.75倍。

草畜加工业是我市近年来探索出的新的工业行业。2000年，各级党委、政府抓住西部大开发的战略机遇，采取有力措施，有计划、分步骤实施退耕还林(草)，改善生态环境的同时大力发展草畜加工业，全年生产各类草产品5965吨。2007年，依托300万亩优质苜蓿草基地，草加工业得到了较快发展，彭阳荣发草业、茂盛草业等加工企业，年设计加工能力均为15万吨以上，全市共生产各类草产品7.5万吨，是2000年的12.5倍。同时，以泾河食品公司、西吉单家集牛羊产业公司为代表的畜产品加工企业也迅速发展，2009年全市肉类总产量达到65638吨。

上世纪90年代初期，原固原地委出台《发展个体、私营经济的措施》，放宽领域、降低门槛、简化手续，鼓励区内外投资者在固原投资办厂。于是，短短的几年间，民营工业异军突起，形成了以农副产品加工为主的小作坊工业群。2000年以来，我市将壮大民营经济作为振兴全市经济的突破口，认真落实各项优惠政策，从减轻企业负担入手，进一步提高服务质量，优惠投资环境，在用好西部大开发和自治区切块扶持资金的同时，积极创造激活民间资本的条件，促进民营工业发展壮大。同时，围绕草畜、马铃薯、中药材等特色优势产业，积极寻求与国内外大企业、大集团和科研院所的技术合作，引进培育了一批加工能力强、辐射带动面大的企业，利用其在品牌、技术、资金、营销方面的优势，做大基地、扩大规模、拓展市场，提升农产品加工增值水平和综合效益，改造提升农副产品加工业。通过政策扶持，佳立生物、隆昊肉类、单家集清真牛羊肉、明德中药、六盘山药业、天隆生物科技和彭阳荣发草业等一批龙头民营骨干企业迅速成长，为固原工业发展注入了活力。

唤醒沉睡的资源，走出“富饶的贫困”，随着岩盐、石油、煤炭、石灰岩、石英砂等地质矿产资源探明储量急剧增加，固原工业开始焕发出勃勃生机。过去，由于勘探水平、装备等客观条件限制和主观上对资源认识的局限性，很多人对固原发展工业表示怀疑。近几年来，在西部大开发的浪潮中，国家和自治区加大资金和技术帮扶，一个个喜讯瞬时传遍固原大地：固原市岩盐探明储量22亿吨，比照预测远景储量100亿吨，排在全国前十位；煤炭资源探明储量13.2亿吨，远景储量120亿吨；石油资源远景储量4.92亿吨；石灰岩探明储量3.1亿吨；白云岩探明储量2.4亿吨；石膏探明储量17亿吨；石英砂探明储量20亿吨。自然资源条件前景看好、交通通讯条件日益完善、社会经济条件不断好转、宏观政策坚强有力，为固原发展工业创造了难得的历史机遇。2009年8月25日，市委书记刘小河在接受新华社记者采访时提出，固原要将资源优势转化为经济优势，唤醒沉睡的资源，走出“富饶的贫困”。市委、政府审时度势，提出以岩盐、煤炭、油气、石灰岩等资源为依托，做大做强盐化工、煤电联产及新能源等优势特色工业，加速资源开发转化，构建工业主导型经济新格局的发展思路。于2009年3月开工建设的六盘山热电厂，是自治区“十一五”期间的重点工程建设项目之一，也是宁夏首个扶贫电厂。电厂1号机组已于7月并网发电，2号机组也将于8月建成投产，项目建成后年发电36亿千瓦时，实现产值近10亿元，利税过亿元。本着集约化集群化发展的思路，六盘山热电厂与王洼煤矿技改项目一体化同步建设，可以将一次能源就地转化。项目投产后，年需燃煤约180万吨，而王洼煤矿目前年产能力已达到270万吨，完全可以满足工业用煤。同时，六盘山热电厂投产后将形成1200万平方米的供暖能力，不仅可以满足市区供热需求，还可以解决固原现有小锅炉众多、布局分散、能源消耗大、效率低下、污染严重的局面，有效改善城市环境。

2009年，宁夏地矿部门在原州区勘查发现大量岩盐资源。为促进集中连片贫困地区加快发展，依托新探明的岩盐等资源，宁夏给予一揽子优惠政策，扶持固原发展以盐化工为主的工业。自治区政府出台《关于促进固原经济社会加快发展的若干意见》提出，通过发展以盐化工为主的工业提升固原市的工业化水平，到2015年形成工业主导的经济格局。这是宁夏首次为固原市出台促进社会经济加快发展的文件。按照这项规范性文件的设计，固原将建成固原盐化工循环经济扶贫示范区，从今年开始，自治区政府连续3年每年安排4000万元，用于盐化工循环经济扶贫示范区基础设施建设。

在六盘山热电厂、盐化工循环经济扶贫示范区、王洼煤矿等重点工业施工现场，一家家企业机声隆隆，一条条流水线紧张繁忙，挖掘机、推土机等大型工程车穿梭往来，只争朝夕赶工期。强攻工业的战场上，一场场攻坚战役在冲锋，一曲曲战地新歌在奏响，固原工业短腿的历史在这繁忙中一笔笔被改写。2009年，固原开工建设重点工业项目和技改项目36个，累计完成投资15亿元，实现工业增加值11.6亿元。全市工业总产值达到32.12亿元，是2000年7.66亿元的4.19倍；规模以上工业总产值达到11.42亿元，是2001年2.09亿元的5.46倍。

十年磨剑漫长艰辛，十年成就辉煌喜人。过去的十年，在西部大开发的号角中，固原工业走出低迷，走向新生；今后的十年，固原工业也必将在西部大开发阳光的沐浴下，迎来新的辉煌。

（固原市政研室主任：张骞）

固原市创先争优活动纪实

如百舸争流，各县区党委凭借自身优势，建立各类示范基地，为县域经济发展培育实用人才、提供技术和资金扶持；像春风化雨，广大农村以党支部为依托，普遍成立了专业合作社、协会、功能党小组，使群众得到了“心贴心、零距离”的特色服务；似群星灿烂，众多优秀党员干部争做发展先锋，为推动固原经济发展战略转型注入了新的强大动力：1～5月份，全市财政收入6.16亿元，同比增长229.6%，地区生产总值23.5亿元，同比增长11.3%，解决了一大批群众普遍关心的上学、就医、住房、出行等民生问题，全市重大项目、重点工程建设如火如荼，经济社会呈现出蓬勃的发展态势……紧扣发展战略转型，确定主题在党的基层组织和党员中深入开展创建先进基层党组织、争做优秀共产党员的创先争优活动,是深入学习实践科学发展观活动结束之后中央部署的又一重大活动。

按照中央和自治区党委的统一安排部署,紧紧围绕固原发展战略转型大局,认真谋划,扎实推进,深入开展创先争优活动。如何确定好活动主题?如何加快推进以农业为主导向以工业为主导、多产业发展并举战略转变,培育壮大特色优势产业,加快城市化进程,构建生态安全屏障,扩大基本公共服务覆盖面,统筹经济、政治、社会、文化和生态发展,与全国、全区人民同步迈入小康社会?这是活动的关键。

对此,市委坚持把创先争优活动放在推动全市经济社会发展的大局中统筹部署,以全面贯彻落实自治区第四次固原工作会议精神为契机,按照陈建国书记在新的起点上谋划新发展实现新跨越,以“以崭新的思想观念、崭新的工作作风推动发展方式转变,大力推动改革创新”的要求,进一步深化对市情的再认识、再分析,把加快发展作为创先争优的最大实践,以启动实施“一五五”工程(把原州区建成全市产业聚集的“核心区”,培育盐化工及煤电一体化、以草畜和马铃薯为主的特色农业及农副产品深加工、物流及服务业、旅游业、劳务产业“五大产业”,建设盐化工循环经济扶贫示范基地、六盘山生态农业示范基地、西兰银交汇中心物流集散基地、六盘山红色旅游和生态旅游及文化休闲避暑度假基地、劳务输出基地“五大基地”)为总抓手,按照推动科学发展、促进社会和谐、服务人民群众、加强基层组织的总体要求,鲜明地提出了“践行六盘山精神,争做发展先锋,推动发展转型”活动主题。

“活动主题更加注重思想解放,更加注重民生改善,更加注重社会和谐,统筹推进经济、政治、文化、社会、生态文明建设和党的建设,奋力缩小差距,”采访中,市委组织部干事这样形容:“活动把基层党组织和党员的劲头凝聚到创业上,把工夫下在干事上,把智慧集中到战略转型上,使创先争优的目标着眼于发展、措施服务于发展。”打铁还需自身硬,加强基层干部队伍建设一直是创先争优活动的关键环节,也是首要任务。为强化党员党性意识和忠诚意识教育,市委坚持理论大讲堂和干部读书月制度,制订了《关于进一步从严管理干部的实施意见》,坚持高标准、严要求,强化时间观念、进度观念、效率观念,健全各项工作“限时完成、倒时安排、定时检查、超时惩处”的推进机制,加大治懒治庸和问责力度,促使党员干部始终保持创先争优、奋发有为的精神状态。“这次创先争优活动,对我们的触动真的很大,得过且过、拖沓散漫不但自己会落后,还会拖集体后腿。”泾源县一位党员干部感慨地说。

突出实践特色,“创”有目标“争”有榜样。活动就要突出实践特色,市委以“基层党建创品牌、共产党员争优秀、人民群众得实惠”为目标,把正在实施的各类党建载体融入创先争优活动中,分类制订各行业、各领域基层党组织和不同群体党员具体争创要求,统筹推进。各县区把创先争优与提升县区域党建品牌结合起来,形成县域特色鲜明,具有明显示范带动效应的党建工作品牌。

细胞式学习法是原州区不断创新学习思路的一个方法。原州区以区委中心组学习为龙头、以领导干部学习为重点,组织开展县、科级干部理论大讲堂活动和百场万人理论下基层大宣讲活动,讲法律、讲执行力,不断扩大理论宣讲的影响力和辐射力。使机关工作人员的综合素质、工作作风得到提升,这是原州区创建“城乡联动双诺整推”党建品牌、构建城乡统筹党建工作格局的一个缩影。

西吉县以基层党建工作1+N品牌为抓手,围绕年内打造出50个以上基层党建1+N模式的先进典型为目标,形成乡乡有特色,村村有载体,使1+N党建工作品牌更加切合实际,更加富有成效。推出单家集、大滩、二府营等一批在全市、乃至全区都叫得响的西吉党建“先锋品牌”。

彭阳县结合县情实际,紧扣“科学发展、富民强县”主题,确立了以健全农村党员“双带”发展机制,构建城乡统筹的基层党建新格局的活动载体。各级党组织结合不同行业、不同系统、不同领域的党员实际,分门别类确定贴近实际的具体争创主题和载体,进一步把先进基层党组织和优秀共产党员的要求具体化,激发了创先争优的内在动力。

隆德县以"坚持解放思想、发展特色优势产业、建设富裕新农村"为实践载体,创新活动方式,拓展党小组功能,进一步深化党群共富活动,积极培育发展球(宿)根花卉、高效设施水果和六盘山优质道地中药材"两新一优"特色产业,着力抓好设施农业、优质道地中药材(蚕豆)、草畜、马铃薯种薯繁育"四大产业带"建设,全面推广"四议两公开"工作法,充分发挥党组织在新农村建设中的领导核心作用,不断增强党员带头致富、带领群众共同致富的本领。

泾源县把创先争优活动纳入年终基层党组织建设考核内容,把创先争优活动与重点工作责任制、限时制相结合,与目标考核制、工作承诺制、责任追究制、末位淘汰制相结合,厉行"实、细、快"的工作作风,厉行"一线工作法",厉行敢于负责、吃苦耐劳、只争朝夕的工作态度,进一步完善了高起点定位、高质量运作的工作运行机制、责任机制和激励机制,盯住不落实的事、查处不落实的人,对不干事、不落实、不作为、乱作为的干部进行严格追究问责,推动了各项工作的全面提速。

街道社区党组织把创先争优与"星级社区"创建活动结合起来,认真落实"三有一化",多方筹措资金新建社区活动阵地9个。

机关党组织把创先争优与"机关党的建设年"活动结合起来,在规范、活跃和提升上下工夫,实施创新亮点示范工程,以"树新风、促效能、创业绩"为重点,培育了30个有说服力、示范性强的典型,构建起全市机关党建工作示范体系。

学校党组织把创先争优与推进教育改革、搞好教书育人、加强师德师风建设和平安校园建设结合起来,着力提高教育教学和管理水平。

非公有制经济和社会组织党组织把创先争优与扩大党的工作覆盖面、促进行业发展结合起来,开展"双创双争四满意"活动,初步形成了"发展、监管、党建"三位一体工作格局。

在主题实践活动全面开展的基础上,各级基层党组织紧紧把握创先争优这个根本要求,解放思想、锐意改革、开拓创新,勇于实践,政治素质、思想意识、工作作风和工作能力有了质的改变,涌现了一大批先进单位和个人。

按照"五个好""五带头"要求,广泛开展党员示范岗、"业务之星""季度之星"等选树活动,评选表彰一批先进基层党组织和优秀共产党员,用身边的先进典型教育人、感召人、鼓舞人,激励党员争当岗位标兵、争做行家里手、争创一流业绩,在全县营造一种学有榜样、赶有目标的良好氛围。

创先争优解民忧,上下齐动谱华章。创先争优活动的开展,调动了基层党组织和党员的积极性创造性,在农村,在机关,在企事业单位,很快涌现了一批带头建功立业的共产党员,他们在各条战线、各个岗位上大显身手,尽显党员的先进本色。

一方有难,八方支援。4月14日,青海玉树地震牵动着固原人民的心,也是对固原市创先争优主题实践活动的一次有力检验。固原医疗卫生、防疫救援队第一时间赶赴玉树,克服高原反应、生活条件不适等困难,积极开展救援工作,谱写了一曲曲爱的赞歌……灾区共产党员不计报酬、克服困难的精神不仅感动了玉树灾区的同胞,也感染了同行的队员,先后有1名队员递交了入党申请书,1名队员加入中国共产党。

围绕"基层党建创品牌、共产党员争优秀、人民群众得实惠",把农村党员干部现代远程教育作为新时期加强基层党组织建设的重要手段和有效载体。隆德县城关镇红崖村任志勇通过远程教育网收看到有关中药材种植技术后,承包村民土地300多亩发展中草药,年收入20余万元,为村里解决剩余劳动力近百人,推动了乡村经济发展。他是这样形容远程教育的:"老师就在身边,不怕技术不传,只要手按鼠标,难题马上解答。"现如今,远程教育网络已成为广大农民群众增收致富的好帮手。

原州区头营镇杨郎村是南部山区企业第一村和首个亿元村,特色种养业、非公有制经济蓬勃发展……谈起这翻天覆地的变化,村民们无不自豪地说:“我们有一个值得信赖的好支部书记!”这个村支书的名字叫曹辉。自担任杨郎村党支部书记以来,曹辉努力寻找适合本村发展的路子。在原有铸茁、酿酒产业蓬勃发展的基础上,寻求企业二次创业的路子,建成占地 260 亩、饲养奶牛 3000 头的高标准奶牛养殖示范区,并与宁夏新华百货夏进乳业集团建立了供求关系,成为夏进在南部山区唯一的奶源基地。就是凭着迎难而上、开拓进取、顽强拼搏和共产党员永不言输的精神和斗志,硬是把杨郎村发展成为一个远近闻名亿元村。如今的杨郎村已建立起“支部 + 协会 + 农户”的产业化运作格局,2009 年,杨郎农民人均纯收入达到了 3452 元。

典型引路树榜样,再接再厉写忠诚。从活动一开始就注重典型引路,市委就充分发挥先进典型的示范带动作用,激发广大基层党组织和党员积极投身经济发展战略转型的实践中。确定每名市级党员领导干部都联系 1 ~ 2 个重点建设项目、民生工程,努力把联系项目建成亮点工程和示范工程。同时,筛选了原州区头营镇杨郎村等 100 个先进基层党组织和童玉梅等 500 名优秀党员树立典型,确立了一批标杆,使先进的标准进一步具体化,让优秀成为身边人、身边事,看得见、摸得着,让广大党员真正感到学有榜样、赶有目标。

隆德县神林乡辛坪村在开展的创先争优活动中,通过公开承诺、开展评议、选树典型和评选表彰等方式,进一步明确、细化工作思路,准确把握信息,积极开展一些贴近实际、群众乐于接受、引领产业发展、农民增收快的实践活动,以千亩花卉果蔬示范园区为依托,采取“公司 + 基地 + 农户 + 产业工人”等形式,以“公司建基地、基地带农户、农户种产品、产品进车间、冷库连市场”的模式,积极探索将农民转化为产业工人的有效途径,2009 年全村农民人均纯收入达到 3200 元,2010 年人均纯收入突破 5000 元。

回族女干部童玉梅从 1986 年承包 6 亩地种植落叶松起步,不断扩大种植规模,如今苗圃已增加到 93 亩,仅种草种树累计创造价值约 200 多万元。去年注册成立了泾源县第一家以种植销售、生态绿化为主的私营企业—泾源县六盘山园林有限公司,建立起了“支部 + 协会”的运营模式。在她的带领下,使香水镇下寺村贫困户全部脱贫。村民笑着称,“童玉梅引了路,我们要接着走好致富路。”为全过程、多渠道广泛吸引群众参与,在开展创先争优活动中,市委建立了党代表任期制和联系群众制度,推行普通党员群众旁听各级党组织会议等制度,形成创先争优的强大合力。在固原电视台、《固原日报》、固原党建网上设立时代先锋、每周一星、党旗飘飘等专题专栏和主题网页,集中对全市先进基层党组织和优秀共产党员进行宣传报道,营造了比学赶超的浓厚氛围。

“通过选树典型,在各领域各行业培育了一批标兵,基层党组织和党员创新创业热情充分激发,高效率、快节奏、重落实的氛围更加浓厚,‘白加黑’‘五加二’成为工作常态,凝聚了加快发展的强大合力,在重点工程项目建设、新农村建设、生态建设、基层党建等各方面的工作都形成了良好发展的态势。”市委组织部一位负责人这样说。不错,创先争优活动的开展,激发了干事创业的工作热情,如今,创先争优已作为推动全市发展的经常性动力,引导基层党组织和党员在完成重点任务、破解发展难题上创先进、争优秀。在重点难点工作中,党员干部干给群众看,带着群众干,做到了全市中心工作在哪里,党员就参与到哪里、服务到哪里,有力推动了全市经济社会发展。盐化工循环经济扶贫示范区、银洞沟煤矿技改扩建项目、西吉月亮山风电厂等一批重点工程已启动建设,六盘山机场正式运营,六盘山热电联产项目进展顺利。

凝心聚力谋发展,高举旗帜谱新篇。在鲜红的党旗引领下,固原将随着党建工作的不断创新与实践,谱写出更加恢弘的科学发展组歌。

东山坡引水工程

许多时候,人们会感到跋涉的过程比最终要追求的目标更值得珍重。

干旱缺水是制约固原发展的最重要因素，解决水资源短缺和提高利用效率，成为固原经济社会发展过程中必须要解决的战略性课题。东山坡引水工程的立项建设，无疑为固原人圆发展之梦添翼。然而，东山坡引水工程走过的是一条充满曲折和艰辛的路子，从酝酿、立项、开工建设，每一个重要环节无不倾注着水利人的心血。

企盼西海固缺水的历史历历在目，从1950年至1978年近30年中，西海固发生大旱5年，春旱17年，夏旱和秋旱7年、春夏连旱17年、夏秋连旱5年，“十年九旱，三年两头旱”让这片土地上生存的农民端着碗，看着天，盼着水。

20世纪70年代，连续3年大旱，河溪断流，泉井干涸，禾草不生，人禽争水，农民背井离乡，半壁河山的固原已经拖住了宁夏前进的步伐。

随着固原的发展，城市缺水问题越来越突出，用上水，安全用水，成为几代固原人的期盼，人们在这片干渴焦灼的土地上做着企盼水的梦想。

“子规夜半犹啼血，不信东风唤不回”，为此，几代水利人，忧虑民生多艰。冒盛夏酷暑，斗风雨朝夕，跋山涉水，堪踏线路，寻找水源，挑灯夜战，定方案，绘蓝图……孕育“水利是农业的命脉”，水是一切生命的源泉，只要有了水，一切都会发展起来。

上世纪70年代，在兴修水利，解决人畜饮水，发展农业生产的大背景下，固原水利人雄心勃勃地提出了“引泾济清工程”，即把水资源较为丰富的泾河水，通过截引的方式，穿山越沟引到清水河，解决固原中、北部群众生活用水和生产用水。

以吴尚贤、尚通古为首的区、市水利专家在考察后，提出了工程方案，当时由于泾河水流经甘肃、宁夏两省区，甘肃不同意宁夏引泾河水，至此方案搁浅。1976年，自治区水利厅提出先建固海扬水工程，后考虑“引泾济清工程”。

1983年，当时固原行署将这一工程再次向自治区水利厅申报，水利厅安排资金，由自治区水利勘测设计院进行勘测设计，有关专家制订了高线、低线两个引水方案。决定将工程更名为“六盘山引水工程”。1986年，固海扬黄灌溉工程结束，又遇到陕甘宁三省区的“盐环定”扬水工程开工，“六盘山引水工程”又推后。随后又提出“走直线打长洞”从地下打洞的引水方案，但由于宁夏扶贫扬黄灌溉工程（“1236工程”）开工，东山坡引水工程经过20年论证后第三次搁浅。

1992年，自治区党委、政府高度重视，十分关心固原的经济发展，在“六盘山引水工程”方案的基础上，决定建设规模较小的东山坡引水工程，解决城市供水问题。自治区发改委批复了“东山坡引水工程项目建议书”，这个魂牵梦绕的工程如一个难产的婴儿，孕育了30年，终于要在这块饥渴的土地上诞生了。

圆梦东山坡引水工程项目办公室的档案夹里，收录着工程从项目申报、立项到开工建设的档案资料，跨度30年。再回头翻阅时，流淌出各级党委、政府对这片土地及人民的涓涓关爱之情。1998年9月2日～4日，时任自治区副主席周生贤来固实地察看了基础设施建设后，针对存在水利工程老化失修严重，隐患不断增加；城市供水困难，质量较差这些问题，专门主持召开了现场办公会议，专题研究解决东山坡引水工程前期工作的问题。

等待太久的固原人抓住了国家实施西部大开发的历史机遇，加大前期工作力度，在突出人畜饮水，兼顾灌溉，科学论证，为积极争取项目和快速发展打下了基础。

1998年12月3日，时任自治区主席的马启智主持召开了自治区政府常务会议，研究了自治区计委提出的《关于固原东山坡引水工程有关问题的请示》，就认真做好前期准备工作，搞好规划论证，为决策提供科学依据提出了具体要求。

1999年1月22日，时任自治区党委书记的毛如柏主持召开了自治区党委第3次常委会议，研究确定了固原东山坡引水工程立项建设事项。

2000年8月29日，自治区政府专题研究，决定先期开工建设水库水源地，标志着东山坡引水工程经过30年的论证，进入了实施阶段。

2000年8月29日，盼望已久的东山坡引水工程在原州区开城镇贺家湾举行开工奠基仪式，水笑山欢，万民开颜，人们奔走相告，传递着要圆水梦的信息。

如果说每日车水马龙的银平公路是固原的动脉，它穿越和驰骋的是这座城市的繁华与喧嚣。那么与公路走向基本一致的东山坡引水工程就是这座城市的命脉，它流淌和承载着这座城市的生命与梦想。

"项目规划引水量按2010年最大供水量2000万立方米考虑。解决固原城市16万人的供水，满足10亿元工业产值的城市供水，水源工程包括引水干渠和调节水库，引水干渠起于泾源县六盘山镇东山坡村白银沟，取水高程1996米，经和尚铺、大湾、青石嘴，至开城贺家湾直入水库，渠线全长27.85公里，主要建筑物有隧洞8座、渡槽8座、倒虹9座。工程批复概算总投资9959万元。施工总工期3年"。这份可行性研究报告批复资料显示了东引工程建设的规模、内容、资金、效益。然而，对于工程的建设者而言，实际工作比撰写报告要艰难和复杂得多。工程预算：9959万元为什么是9959万元？作为我市"十一五"开局年的重点水利工程项目，一亿元无论从字面上还是实质上都不为过。采访中得知，引泾济清刚开始报的是国家项目，但因为跨省份，一直得不到批复，自治区决定作为区内项目来实施，但自治区有权批复的项目，资金批复权限在一亿元以下，所以重新做规划，将数字压在了亿元以内。这份良苦用心最终成事。这串数字显示的是自上而下想方设法干成事的决心和向缺水永久告别的信心。工期：6年为什么是6年？东山坡引水工程是一个复杂的系统工程，水源分散，引水干渠穿行于六盘山东麓的土石丘陵区，沿线地形地质比较复杂，施工过程中遇到了黄土湿陷、岩层风化层较厚等不良工程地质和因涌水流沙而产生的塌方等一系列未考虑到的重大技术问题。2005年5月8日，在进口正常掘进的情况下，隧洞出口223米处出现底部涌水，涌水量达11-12t/h，造成隧洞两侧塌方流沙深度达2米，隧洞顶部塌陷1.3米左右，最大塌方面积达13.3平方米，并造成洞底部塌陷达深4米的洞穴。5月至7月两月平均进尺不足16米。

隧洞进口从7月21日在669米处出现流沙，且掌子面及洞顶软弱层不断塌落，造成支护的导管随软弱层滑落，已无法再进行施工，申请停工。8月2日，进口出现大面积流沙，造成塌方堵塞全部工作面，水量达17t/h，流沙淤积洞内长达200多米，隧洞669米全部有积水，水深在1.5米。9月2日，隧洞掌子面流沙还在继续涌出，塌方面积在逐渐扩大。这些描述只是资料记载的一部分。据悉，在工程进行中，变更远比这些大，困难也更多。但是，历史告诉我们，困难再大，也大不过固原几代水利人要圆引水梦的决心。他们一锹一锹清理隧洞里4000多立方米的淤泥；他们面对3个月的辛苦和被塌陷的泥沙肆虐；他们顶风沙、冒严寒、战酷暑，昼夜施工，攻克了诸如泥质砂岩凿洞、里沟滑坡体上建渠道、多泥沙河流截引取水多项技术等难题。13支施工队，累计投入劳动力15万多人，用时6年，终于确保了东山坡引水工程的试水运行。他们是固原的英雄，他们是历史的见证人。2001年11月22日，贺家湾水库建成。2006年8月26日，全长1158米牛营隧洞贯通，标志一期工程建设任务基本完成。2006年11月23日，贺家湾水库下闸蓄水。2006年12月22日，向固原市区试供水。截至2009年8月，已累计向固原市区供水700多万立方米，极大地缓解了市区缺水状况。这一串串数字为后人定格的是一幅幅攻坚克难、战天斗地的场面，见证了水利人献身、负责、求实的精神。

固原农村十年变迁

"土房泥屋烂院院，鸡鸭羊牛烂圈圈"这是过去固原农村的真实写照。而今，从六盘山下到葫芦河畔，展现在我们眼前的是一幅亮丽的画卷：机耕农田顺山势连绵不断、一排排红砖彩瓦的农村新住宅映衬在山下,村村都有宽阔平坦的水泥路、统一规划的村级医疗卫生室、村级文化站……山区农村面貌焕然一新。

据有关部门统计，自从西部大开发战略实施10年来,全市农村道路建设完成2860公里;新修高标准基本农田84.4万亩;东山坡引水、原州区东部引水、固西引水等水利工程建成投入使用;完成农村危房危窑改造49742户，累计达到5.2万户;完成311个整村推进村扶贫开发任务,全市有145个村设立了贫困村村级发展互助基金。

整村推进加快新农村建设步伐。2001年,按照《中国农村扶贫开发纲要》的要求,固原市组织实施了“千村扶贫开发工程”。2005年,按照国务院扶贫办的部署，固原市分3批对重点村进行整村推进。在整村推进工作中,固原市按照“减少贫困、增加收入、缩小差距、促进发展、构建和谐”的总体目标和新农村建设的总体要求,围绕“四通”“十有”建设目标，加大项目整合和捆绑力度，采取各种措施对445个村实行整村推进。据了解,固原市近年来给每个村至少投入100万元进行阶段性扶贫开发。泾源县黄花乡红土村、庙湾村位于泾平、泾什公路两侧,由于群众思想保守,加之农业基础设施薄弱,严重制约了当地群众的经济发展。2009年,泾源县将这两个村列为整村推进新农村建设重点村。随后,来自政府的帮扶力量增强,人力、物力、资金投入加大,各种力量的参与使新农村建设“立体式”推进。通过培育主导产业,转变帮扶理念和方式,培养造血功能,昔日破旧的房屋不见了,亮丽的新农村豁然出现在村民眼前。如今的红土村、庙湾村危房改造了、庭院改造了、村道铺油了、村庄绿化了、农民收入提高了,新农村建设步伐逐步加快。

危房危窑改造解决农民后顾之忧。2005年以来，自治区投入固原市危房改造补助资金2.98亿元,群众自筹7.64亿元,改造45042户危房危窑,新建成砖瓦房13.51万间、270.25万平方米,20.67万名农村群众受益。2010年年初,隆德县神林乡辛坪村村民辛统岐和其他100多户村民一起热热闹闹地搬进新居。“家里的土坯房住了几辈人,自己根本盖不起新房。”58岁的辛统岐高兴地告诉记者:“盖新房花了57000元,自己只掏了30000元,这在以前是根本不敢想的事情。”

隆德县城关镇七里村开始改造危房，群众有意见不愿意搬迁,后来村里的党员积极讲解危房改造的意义,并积极带头盖起新房。农村党员何收成率先对房屋进行了改造。何收成说:“按照统一的规划,盖成的新房不仅保暖而且舒适，村民一看都高兴得很,开始争着抢着报名改造危房。”现在的七里新村蓝色屋脊、红色砖瓦的新房格外亮眼,房前屋后养花栽树,整个村子既干净、又整洁。七里村支书牛国平告诉记者,在危房危窑改造过程中，农户家里都建起了圈舍、沼气池,自来水管道已经配备齐备,现在百姓的住房得到很大改善,下一步要发展生产,提升新农村的综合竞争力,让七里村的经济实力逐步壮大起来。

新农村里新生活,农民踏上富裕路。固原市在新农村建设过程中,统一规划、统一修建,形成了一批以发展乡村旅游业、乡土文化产业、暖棚养殖业等产业为主的村庄，让广大农民群众既住有所居,又增加经济收入。泾源县泾河源镇冶家村村民冶三成依托景区资源，借助新农村建设办起农家乐,不仅自己发了家而且带动附近群众致富。

冶三成介绍说,自己2007年3月正式营业,这两年经营情况一年比一年好,到今年年底估计能收入10万元,现在家里各式家用电器一应俱全,自己还买了私家车。如今,冶三成房前屋后种植的大白菜、萝卜、土豆,以及养殖的土鸡、羊,都成为了餐桌上一道道可口的农家菜。在冶三成的带动下,附近村民近百人加入到经营农家乐的队伍中。

“安得广厦千万间,大庇天下寒士俱欢颜。”这是心系天下的杜甫当年的愿望。如今,固原山区的困难群众不仅住进了舒适的房子，还因地制宜,发展多种产业,过上了舒心的日子。

民生工程成为促进新农村和谐发展的主旋律。固原市把改善农村民生,加快发展农村公益事业和社会事业、加强农村基础设施建设摆在重要位置,全面加强农村水、电、路、通信等基础设施建设,民生卫工程已经成为全市共促和谐发展的主旋律。

农村医疗卫生事业长足发展。2000年以来，建设标准化村级卫生室工作在全面开展。全市乡镇卫生院达到79家，每个村原则上定点一个村卫生室为基本医疗服务点，人口超过2000人或服务半径超过2.5公里可定2个村卫生室，标准化卫生室已遍布农村，村村有了合格的卫生室，村卫生室建设覆盖率达100%。

生态环境明显改善。六盘山百万亩水源涵养林建设，完成荒山造林20.9万亩、天然林保护工程新增7.1万亩、公路两侧绿色长廊245公里。完成退耕还林补植补造167.7万亩。进一步落实封山禁牧责任制，全市建设生态示范乡10个、生态示范村100个。完成水保骨干坝20座、中小型淤地坝30座，治理小流域28条，完成水土流失治理面积391.4平方公里。

农村基础设施建设不断夯实。2009年，全市新修旱作基本农田19.3万亩，新增节水灌溉面积3.17万亩，改善灌溉面积6.54万亩。东山坡引水工程投入运行，原州区东部引水主体工程、固西引水工程建成试通水，秦家沟水库开工建设，37座病险水库除险加固工程基本完成。建设新农村示范村30个，完成"一池三改"沼气池1.4万座，推广太阳灶2.25万台。

交通建设快速发展。309国道马成河至硝口段改造进展顺利，309国道固原市区至西吉一级公路、101省道市区段改造正在如期进行，通过开展农村道路建设攻坚战，新修通村沥青水泥路1040公里。

随着一个个"硬件"的改善，固原农村经济发展的后劲越来越足，和谐、富裕的新农村发展空间不断拓展，城乡经济社会发展一体化的新格局正在逐步形成。

（潘 江）

固原改革开放以来的发展历程巡礼

固原有着悠久的开发史，大概从清初以来逐渐由以牧业为主转变为以农业为主。新中国成立后，社会安定、医疗条件改善，人口迅速增长，农业生产空前发展。但是这带来了一个严峻的问题，由于过分强调了农业生产，片面追求粮食产量，使全域产业结构单一，贫困化和生态问题于上世纪70年代初同时出现，即人口——粮食——土地——生态的恶性循环危机出现，这场危机的全面爆发始于1972年—1976年的连年大旱。记者在一篇文章中作过这样的评述："固原的农业在几十年的时间里就仿佛一个严重缺乏营养的巨人，四肢萎缩、形消骨立，却腆着一个浮水的大肚皮。"上世纪80年代初，以土地承包经营为主的农村改革启动了，固原从此走上艰苦卓绝的解决温饱历程。从上世纪80年代初至1999年固原宣布基本解决温饱问题，持续了整整20年的时间。回顾这段波澜壮阔的历史，让人心潮澎湃。

1980年春，固原县在当时政策尚不明确的情况下，率先在张易公社试行包产到户。至1981年底，固原地区99.8%的生产队实行包产到户。同时，另一个重大历史机遇出现：中央财经领导小组决定将固原地区列入"三西"贫困地区，国家每年给一定数量的定补，力争用10年时间实现"基本解决温饱，初步改变面貌"的目标。在国家作出这一重大决策的1982年，固原地区的农民人均收入只有44元，人均有粮食不到160公斤，有70%多的农户不能维持基本的温饱。正是这10年求温饱的历史取得了很大的成绩，使固原地区的绝对贫困面迅速从70%多下降到10%左右，有接近20万人口通过吊庄移民搬迁出自然环境恶劣的山沟。对照当时世界上若干国家减贫速度，最快的印度尼西亚平均每年减贫2.4%，固原却创造了每年减贫6%的奇迹。这10年时间，固原的国民生产总值从1亿元左右迅速提升到5亿元，第一产业也从70年代的占比高达70%降至50%左右；随着商品经济迅速发展，第三产业一路蓬勃，从70年代占地区生产总值不及20%迅速上升至30%多。这说明固原经济商品率提高较快。

首个反贫困十年目标，具体分为，“三年停止破坏”、“五年解决温饱”、“两年巩固提高”三个阶段。“三年停止破坏”主要针对几十年来的垦殖经济对生态环境的重度破坏而实施的保护和恢复政策，建设方针是“种草种树，发展畜牧，改造山河”。这次壮阔的实践，拉开了固原实施富民与富山工程相结合的序幕；“五年解决温饱”阶段提出的具体目标是，实现年农民人均收入300元和农民有粮300公斤，虽因1987年出现持续5年大旱，目标没有完全实现，但农业基础条件得到很大改善，特别是群众的商品经济观念明显增强；“两年巩固提高”阶段是指在巩固已有成绩的基础上，将扶贫工作的重心转向贫困片带，积极扩大扶贫成果。回顾10年的反贫困实践，有这样几点基本认识：一是固原大规模破坏植被的现象基本停止，为生态环境改善创造了基本条件。二是农村商品经济开始起步发展，特别是开始出现了以种养加工为主的农业产业结构，劳务输出转移了大量剩余劳动力，移民搬迁有效解决了一方水土养活不了一方人的问题。三是扶贫发展实践教育了干部群众，使我们开始从悲观失望的精神状态中挣脱出来，奋发进取、脱贫致富、过上美好生活的信心大大增加。

这段历史也有许多值得汲取的教训。比如，存在部分政策不连续、部分目标要求不切实际和脱贫致富视野狭窄等问题。就拿种草种树而言，政策坚持不够，没有配套的补偿机制和权属改革跟进，在群众迫切解决温饱问题的短期盲目行为中，使刚刚获得的生态建设成果付之东流。特别是没有及时跳出就农业搞脱贫致富的垦殖经济窠臼，没有能够为固原未来经济的发展创造更多机会、提供充分必要的探索。如，乡镇企业的发展没有拓展开。总之，历史的人只能办历史的事。这10年，固原拉开了全面脱贫致富的序幕。

在固原，弄懂“吃饱了不饿”的道理并不那么轻松！上世纪80年代末、90年代初的干旱和严重的通胀给之前还满面春风的固原经济带来了霜冷般的影响。1990年至1995年6年间，固原的农业经济有3年出现了幅度很大的负增长：1992年为负28.5%，1994年为负12.1%，1995年为负19.5%；同期，固原的国民生产总值年均增速只有4.4%，这个增速是按当时价格计算的，如果扣除物价通胀因素，实际情况应当是负增长。与此同时，财税体制改革也给贫困地区带来了新的冲击。

进入20世纪90年代，中国经济开始向社会主义市场经济转型，农村的社会变迁由此增加了一个新维度：市场经济。在这个新维度中，发展较慢的中西部地区在前进的道路上则因缺乏资金、资源和发展机会而步履艰难。在经济发达地区，农业经济占国民生产总值一般已经降至15%左右，农业收入已经成为农民的兼业。而在固原，整个90年代，农业经济占GDP的分量仍高达40%以上，“一头沉”的局面尚未有大的改变。固原反贫困的第二个十年，依然是一场备历艰辛的负重拼搏史。

但危机又催生了新的亮点，固原农业经济开始盯着特色商品的目标发展，开始讲求效益。

这十年，农业经济整体呈现如下特点：一是科技兴农活力显现。打井窖、覆地膜、推广良种、引种客地作物。如玉米、烟叶、药材、果类蔬菜、桑蚕等，固原出现了设施农业（温棚种植）；二是特色优势显现。马铃薯、玉米、油料、牧草、秋杂粮、药材等种植面积扩大，部分出现了产业化发展势头。如西吉县的马铃薯种植与加工，彭阳县的果品种植加工，还有隆德县的中药材等；三是畜牧业开始复苏发展，种草养畜、舍饲养殖，牛、猪、羊、鸡的养殖规模扩大。到“九五”末，固原农业经济内部结构得到较大调整，逐步培养起自己的一些比较优势。虽然，整体还存在着许多亟待进一步发展解决的问题，但绝大多数群众的温饱问题已经解决。

“八五”期间固原的改革步子迈得比较大，开展了“南部放开”战略，深刻进行了工商企业的改造和改制，国有和集体工商企业的“买、并、送”和干部“学做经济”给思想观念守旧的固原社会带来了前所未有的震荡。回头看，诚然这次改革依然有许多值得汲取的经验教训，但它给固原带来了一次深刻的思想转变。这场变革同时孵化固原的民营经济和第三产业。1990年固原的二、三产业分别只占固原国民生产总值的15%和30%左右，至1999年，二、三产业的占比分别提升至18%和45%。特别值得指出的是，农村剩余劳动力于90年代后期开始大量走出农村，1990年及此前，全年外出务工农民总人次不到10万，至1999年这个数字迅速增加到接近40万人次，2000年固原的劳务总收入达到4.5亿元。这为其后固原劳务成为支柱产业之一奠定了基础。

固原在抓经济发展的同时，计划生育工作也得到了普遍加强。整个90年代固原的人口出生率、自然增长率都较此前有大幅度下降。人口出生率、自增率分别比70年代降低了12.77和10.41个百分点，比80年代降低了3.5和3.55个百分点。如果按70年代固原育龄妇女的生育水平测算，这十年固原至少少生了27万多人。这十年也是固原教育较快发展的时期，义教工程、闽宁对口帮扶、希望工程、春蕾计划等，全地区的教育事业费支出由1990年的6.3千万元迅速增长到2.3亿元，固原初步建立起门类齐全、覆盖城乡的现代教育体系。在波澜壮阔的固原扶贫攻坚实践中，伴随文化教育的发展，西海固文学的种子发芽了，他们像这块土地上的迎春花，以耀眼的光彩报道了这块土地即将迎来的发展春讯。

1999年，全地区农业总产值从1990年的5.2亿迅速提升为19.6亿，农民人均纯收入首次突破了1000元关口。固原郑重宣布，历经二十年艰苦卓绝的奋斗，全地区基本实现了基本解决温饱的目标。这是一个具有划时代意义的时刻，这标志着固原进入一个新的发展时期。次年，西部大开发战略隆重启动。

回顾新世纪首个十年，固原的发展令人快慰。这十年是固原真正的嬗变期。

这十年有许多重要历史事件值得固原人民永远铭记：首轮西部大开发战略实施，自治区连续召开了四次固原工作会议，固原顺利实现了撤地设市，固原有了高速公路、有了飞机场、有了热电厂，固原开始建设盐化工基地，固原城市面积迅速扩张……正是这些嬗变使固原这块古老的土地上涌动着发展的热浪，洋溢着生机和希望。如果将此前固原的发展历程和未来固原的宏伟蓝图拼起来看，最大的变量的确是聚合到一个点上了，这个聚合点便是从“四大支柱产业”演绎为“155工程”。扼要地说，从“4”到“5”不单是数量的增长，不单是思路的出新，而是信心的增强，是战略的转变，它将是固原发展史上具有革命性意义的嬗变，支撑这一变革的力量是这十年的发展成就。

从经济总量的变化看，十年来，全市的地区生产总值一路“过五关斩六将”，连破20亿元、30亿元、40亿元、50亿元、60亿元、70亿元和80亿元7道大关，2009年已接近90亿元。2010年，经济增速仍处高位，固原有望在年底实现地区生产总值突破100亿元大关，人均生产总值实现1000美元。这些都预示着固原发展又将出现新拐点。

固原经济出现如此良好发展态势的原因有如下几个方面：一是投资拉动效应明显。投资是撬动贫困地区经济快速发展的最有力杠杆。“十一五”以来，固原在国家和自治区的支持下，成功实现了项目带动战略，投资额快速增长。2009年全市投资总额达86亿元，比2002年的6倍还多；二是产业结构调整实现了新突破，固原的三产比例为27:23:50，虽然这个比例还很不协调，还处在羸弱发展期，但较之“九五”末期的“一头沉”，即一产比例高达40%以上而言，已不可同日而语。尤其是第三产业的膨化发展，充分说明城市经济正在兴盛；三是农业经济的市场化率大幅提高。粮食生产在正常年景基本实现自给的同时，形成了商品率较高乃至部分形成了产业化初期的特色农业经济，如马铃薯、草畜、果蔬等。以马铃薯为例，目前种植面积超过200万亩，产量接近200万吨，已经初具规模；四是工业带动能力明显增强，2009年全市工业增加值接近11亿元，比2000年翻了2.5番多。特别是民营企业异军突起，农产品加工企业发展后劲十足。

从经济发展的质量看，十年来，全市的经济发展活力显著增强，经济成分日益多元，封闭的内源经济格局正在打破，开放发展、合作共赢、民众创业、创新求富的思想意识日渐浓厚。许多人还记忆犹新，当劳务经济被首次确立为固原的四大支柱产业之一时，从干部到群众表示理解赞同的并不那么多。今天，当那些“早起的鸟儿”已经能够筑巢孵化自己的“企业小鸟”时，我们思想的死结也被打开了。2009 年，全市的劳务产业已经占到农民人均纯收入的 40%多，人均收入超过了 1000 元，也就是说仅劳务收入一项就占全市 GDP 的 15%左右。当然，它带给群众生产生活观念转变的价值更是无法去估算的。旅游产业也是增长最快的，可以说是从无到有，发展潜力正在释放。特别需要指出的是，固原认真落实了国家退耕还林草政策，初步告别了自清初迄今 300 余年的垦殖性小农经济，实现了生态环境整体得以修养恢复的目标，通过一系列的林草权益改革，成功破解了“公地悲剧”的持续演绎。诚然，固原在许多发展指标方面，仍呈现出与全区、全国的平均发展水平进一步拉大的趋势，但这不是否定巨大发展成果的理由。我们认为，固原只要一旦真正从垦殖型小农经济的恶性循环中走出来，那么，发展的路子必然是越走越宽广！“十二五”是固原实现跨越发展的重要时期，如果我们抓住一切有利机遇，经济总量可能会在短时期内出现迅速增长，经济结构和产业内部结构、城乡面貌、基础设施建设和人民生活水平都将出现一个大提升大跃进。但需要特别注意的是，必须提高对社会建设的认识，及时化解社会风险。道理很简单，贫困落后地区必须经历一个膨化发展期，一般而言，膨化发展进程中最严重的问题是弱势群体利益被市场这只看不见的手层层剥夺，而贫困地区的政府因财政手段的乏力而无法有效调控。　　（马天堂）

固原农业由传统向现代化迈进

在“十一五”规划收尾之年，回顾全市农业发展五年之变，草畜产业、马铃薯产业、设施农业和特色优势产业强力发展，农业生产经营的专业化、标准化、规模化、集约化程度越来越高，市场竞争力日渐强劲，农业农村经济步入历史上最好的发展时期，实现了由传统农业向现代生态农业的转变，发展初具雏形。

种植业结构调整步伐加快。五年来，通过加大种植结构调整优化力度，压夏增秋，扩大地膜玉米和经济作物面积，稳定马铃薯面积，实现了种植业结构逐步趋于合理，土地产出值大幅提高。2010 年，全市完成农作物播种面积 626.6 万亩，粮经饲比例为 66∶18∶16，粮食总产预计达到 8.6 亿公斤，比“十五”末增长了 42.38%，预计农民人均农业纯收入达到 1000 元以上，比“十五”末增长了 81.06%。

支柱产业增效增收效果显著。草畜、马铃薯两大支柱产业的产业化水平全面提升，成为稳定促进农业增效、农民增收的品牌产业。草畜产业形成了“园区养殖、规模经营、科学管理、规范饲养”的发展模式，马铃薯三级种薯繁育体系建设初见成效，脱毒化、专业化、区域化、机械化进程进一步加快。今年，预计农民人均畜牧业纯收入达到 500 元，比“十五”末增长了 166.5%；预计马铃薯产业提供农民人均纯收入达到 480 元，比“十五”末增长了 172.7%。

设施及旱作节水农业实现新跨越。2007 年至今，设施及旱作节水农业的发展完成了从小到大、从弱到强的发展历程，全市累计完成设施农业 22 万亩，形成了原州区冷凉蔬菜，西吉县西芹、胡萝卜，隆德县早熟马铃薯、花卉，彭阳县辣椒等规模化生产基地和农产品品牌。设施类型呈现多样化，设施农产品实现了多领域扩展，冬菜北上、夏菜南下的流通格局基本形成，成为农民增收的新途径。

特色优势产业呈现新亮点。立足区位优势，建基地、抓园区、创品牌，特色产业的优势得到彰显，全市特色作物种植面积达到 174.8 万亩，其中油料 65.8 万亩、冷凉瓜菜 33 万亩、小杂粮 51 万亩、中药材 11 万亩、种苗 14 万亩，特色优势产业提供农民人均纯收入 240 元，增收效果明显。

农业是根基。“十二五”规划实施在即，固原农业发展又有了新目标：重点培育河谷川道区设施农业产业带、丘陵山区生态农业产业带，形成草畜、马铃薯、设施蔬菜（林果）三大主导产业和中药材、油料、种苗、小杂粮、优质瘦肉型猪、朝那鸡、花卉六大特色种养业。 （马建平）

固原市第三产业

“十一五”规划收官之际，盘点五年全市发展历程，有一组数字令人鼓舞，43.71 亿元！这是 2009 年固原第三产业增加值，比“十五”末增加 20.29 亿元，增长 86.6%，年平均增长达到 13.9%，“十一五”期间全市第三产业发展迎来一片艳阳天。

第三产业是地方经济发展的重要组成部分。“十一五”规划实施以来，制定优惠政策，鼓励和支持第三产业发展，全市服务业得到了快速发展，整体水平有了很大提高，对经济社会发展的促进作用不断增强。商贸流通、住宿餐饮、交通运输等传统服务业进一步发展壮大，三个行业的增加值分别是“十五”末的 1.8 倍、3.4 倍和 1.7 倍；房地产、旅游休闲、金融保险、信息传媒及通讯网络等现代服务业呈现出强劲的发展势头，成为带动服务业发展的新型产业，年均增长 18%、18%、21%和 22%。

现代物流、文化娱乐、培训等产业也有了较快发展。培育形成了红宝酒店、天豹固原客运分公司、金城房地产开发公司等一批服务业发展的龙头企业。

回望“十一五”，固原第三产业发展呈现四个特点：一是第三产业对地方经济发展贡献较大。2009 年，第三产业创造的增加值占全市 GDP 比重达 49.7%，对全市经济增长的贡献率提高到 44.9%。二是第三产业内部结构逐步优化。传统行业交通运输、商贸流通、餐饮业发展较快，是支撑第三产业发展的主要力量。市场主体多元化，国有、集体、民营、个体、股份制等多种经济形式共同发展，民营商业占主导地位。以现代流通方式为特征的物流配送、仓储式经营、连锁超市、便民店等引领消费时尚。新兴产业如计算机应用、租赁和商务服务、娱乐、信息咨询等服务行业呈迅速扩大趋势。电信、移动、联通、铁通四大主体电信运营企业发展壮大，电信市场竞争日趋激烈，电信服务水平有了较大提高。三是第三产业是税收的主要来源。2009 年，全市完成税收总收入 4.82 亿元，其中第三产业的税收占税收总收入的 51.7%。四是吸纳劳动力作用进一步增强。2009 年，全社会从业人员共 76.86 万人，其中第三产业就业人数占从业人员总数一半以上。第三产业以其规模大、行业多、领域宽、开发潜力大等特点而成为吸纳劳动力就业的主要渠道。

展望“十二五”，固原第三产业将大力发展以商贸流通、仓储运输和餐饮业为主的传统服务业；以金融、科技、信息和中介为主的新兴现代服务业；以文化旅游、房地产、社区服务业为主的具有发展潜力的产业。调整提高以教育、文化、卫生、体育和公共事业为主的社会服务业，建立完善的现代服务业体系。 （马蕊）

固原市“一五五”工程的内涵要求

“一五五”工程内涵见本《年鉴》中“文献法规”部分中的《固原市国民经济和社会发展第十二个五年规划纲要》附件 10。

“一五五”工程是固原“十二五”时期最重大发展目标任务，全面认识和准确把握这一重大目标任务的内涵要求，对我们坚定不移完成这些目标任务至关重要。这里扼要做如下探讨分析。

一是突出强调了发展工业经济目标。工业和工业化历来被视为经济发展的同义词。工业化过程大大提高劳动生产率，使人均国民收入成倍增长；工业化使人们不再满足于基本的生活需求，开始享受丰富多彩的高层次物质和文化需求，为经济发展创造了巨大的市场需求；工业化改造传统社会产业结构，是推动产业结构高级化的必然过程；工业化加快了城镇化进程，工业化城镇化又容纳和吸引农业劳动力的大量转移，直接造就了第三产业的繁荣发展；工业化还是改变人们工作、生活方式和文化观念、精神面貌的最大刺激力量。毫无疑问,固原经济要发展社会要进步,不适时地发展培育工业经济不行。当前固原突出发展工业经济的一些条件已经初步具备,物质财富的积累和农业保障能力的提升,煤炭、岩盐、油气等资源的已探明有可观储量,便利的交通通信网络的正在形成,国家、自治区的政策和资金支持力度更大,发达地区向西部转移工业的趋势明显,等等。

二是突出强调了发展特色优势产业目标。“一五五”工程所提出的五大产业都是具有相对资源优势的产业,特别是以草畜、马铃薯为主的特色农业及农产品深加工,已经呈现出市场前景越来越看好、带动增收效益越来越明显、生产经营规模迅速扩大、干部群众思想认识统一和加工企业积极跟进的大好局面,只要持续努力数年,这一产业就会滚大;劳务产业的特色优势主要表现在:一是固原人口红利期要比全国、全区延续时间至少15年,劳动力人口基数大,人力资源优势明显。二是固原农村人口的收入水平与全国、全区的发展差距持续拉大,群众对土地的依附信念明显下降。三是劳务产业发展形势一年比一年好,政府培育支持力度一年比一年大,劳务基地建设一年比一年多;物流及服务产业虽然依赖性较强,但随着固原所处的区位优势的重要性日益突显、具有相对优势的资源性工业经济的发展和城镇化发展的加快推进,这一产业及旅游产业的成长速度特别快。

三是突出强调了基地建设目标。“一五五”工程在强调发展壮大产业的同时,突出了基地建设这一“母机”。产业聚集核心区是相对于分散的工业经济发展方式而言的,其实就是基地,是工业经济、物流和服务业等产业的成长摇篮。如果我们强调分散的工业化,必然就会面临多方面的约束,如资源和经济条件不允许、外部经济和治理成本上升以及对环境破坏的加剧等,当然主要是遵循了发展的极化效应和聚集经济原则;在农业产业化的培育发展中,重视基地建设意义更长远。农业产业化过程必须经历从分散经营到规模经营、从自然标准到商品标准的过程,这个过程需要通过土地的流转、劳动效率的提升、劳动力成本的降低来完成,核心是土地等生产资料的重新配置。因此,农业产业基地不仅是规模效益扩张问题,更是生产经营方式的大转变问题;培育壮大第三产业基地,核心是城镇化,即要大力推进城镇化,加快基础设施建设,构筑三产发展平台。 (唐天)

固原市扶贫开发

飘带般的乡村公路绵延不断,覆膜在太阳的照耀下闪着银光,民居宽敞明亮,农民喜气洋洋……固原乡村大地呈现出前所未有的勃勃生机。“十一五”期间,整村推进、劳动力转移、产业化扶贫等一项项扶贫开发新举措点燃了固原人民脱贫致富的梦想与激情。

“十一五”期间,全市上下决战贫困交出了一份漂亮的成绩单。2010年,全市农民人均纯收入达到3370元,是2005年的1.97倍;全市贫困人口由2005年的23万人减少到2009年的4.58万人,贫困面由15.47%下降到6.48%。并于2007年提前3年实现了贫困人口人均纯收入达到2000元的目标、全市“十一五”扶贫开发规划确定人均纯收入达到2300元的目标。五年来,农民生活质量得到极大改善。大力开展整村推进,增强贫困人口的可持续发展能力。分三批对全市475个贫困村实施整村推进扶贫开发,整合各类扶贫资金10.06亿元,平均每村投入211.8万元。新增旱作基本农田33.4万亩,贫困村人均基本农田面积达到2.5亩以上。

部分重点贫困村用上了自来水,解决了农村43.2万人的安全饮水问题。贫困村实现了村村通公路,部分通油路,农户通电率达到100%,广播电视综合覆盖率达到95%以上。

五年来,农民收入大幅提高。投入7600万元在全市337个村开展了贫困村村级发展互助资金试点工作,参与入股农户27800户,入股资金3040万元,使互助资金总量达到1.06亿元,扶持发展养殖户1.8万多户，种植户1.3万多户，小作坊加工户5000多户，按每户使用互助资金3000元计算，户均年增收450元以上。

五年来，劳动力素质明显提高。通过开展农村中长期劳动力转移技能培训，提高劳动者的技能水平和就业能力。先后投入资金1960万元，对13650名农村初、高中毕业生进行技能培训，培训就业率达到90%以上。2010年，全市实现就业转移30.5万人，实现劳务收入20亿元。

五年来，固原市扶贫开发工作得到了社会力量的大力支持。开展定点扶贫、对口协作等社会扶贫，形成了扶贫开发工作的强大合力。“十一五”期间，先后有600多个帮扶工作组帮扶固原市五县区，共投入帮扶资金2.18亿元，为改变固原市贫困地区面貌发挥了积极作用。

五年来，贫困村农业产业发展势头强劲。“十一五”期间，开展扶贫到户贷款和企业项目贷款等信贷扶贫，争取扶贫到户贷款贴息资金760万元，为5万多户贫困户投放贴息贷款1.52亿元，帮助发展特色种植业、养殖业和农产品加工业。同时，争取企业项目贷款贴息资金433.5万元，扶持20家龙头企业贷款1.3亿多元，扩大了企业生产规模，带动了贫困乡村发展比较优势产业，促进了贫困农户增产增收。

“十二五”期间，固原市将抢抓新一轮西部大开发重大历史机遇，打好“扶贫牌”，每年争取落实各类扶贫专项及涉农扶贫资金3.5亿元以上，力争贫困人口年均纯收入增加15%以上，到2015年，全市贫困人口每年减少15%以上。　（马丽惠）

固原市非物质文化遗产保护

自2005年国家实施非物质文化遗产保护工程以来，固原市认真学习贯彻国家非物质文化遗产保护工作的政策、法规和上级有关指示精神，切实贯彻“保护为主、抢救第一、合理利用、传承发展”的指导方针，坚持全面性、代表性和真实性的普查工作原则，扎实开展了非物质文化遗产保护和普查工作。固原市是自治区实施此项工程的重点市，为了作好这项工作，市人民政府于2006年下发了《关于加强非物质文化遗产保护工作的意见》（固政发[2006]36号），对保护工程做好政策指导，各县（区）相应制定了保护工作实施方案；市上成立了以分管副市长为组长的非物质文化遗产保护工作领导小组，在市文体局设办公室；各县（区）也成立了组织机构。在此基础上，市文体局实施了一系列措施，在对全市民间文化艺术现状进行细致调查的基础上，确定把隆德县作为实施该项工程的试点县进行抓点指导，以带动全市非物质文化艺术保护工作全面开展。经过全市广大文化工作者的共同努力和辛勤劳动，固原市有2个项目被评为国家级第二批非物质文化遗产保护项目，有11个项目被评为自治区级首批非物质文化遗产保护项目，占全区首批公布33个非物质文化遗产保护项目的三分之一。尤其在日前落下帷幕的中国非物质文化遗产传统技艺大展上，宁夏唯一的国家级非遗保护项目——隆德杨氏泥塑载誉归来，近20件作品被国家非物质文化遗产保护中心和中国艺术研究院收藏，作为宁夏非遗的代表作品永久陈列。

固原市共印制普查登记表3万余份，对近50个乡镇进行了普查。通过普查，整理出民间文学类作品记录稿635篇、录音带47盘、照片214张、传承人161人，民间音乐类作品记录稿224件、录音带5盘、录像带9盒、照片111张、传承人45人，民间舞蹈类作品记录稿24篇、录像带4盘照片91张、传承人44人，传统戏剧存世剧目记录文本144个、剧照585幅、录像带13盘、传承人781人，传统曲艺类存世曲目记录文本165个、剧照89幅、录像带3盘，传统体育、游艺与竞技类传统项目作品8件、录像带6盘、照片100张、文字记录描述稿7篇、传承人9人，传统团体5个，民间美术类作品311件、相关文献40篇、照片数量292张、传承人140人，传统手工技艺类记录文本14篇，录像带1、照片116张、传承人29人、传承团体3个，民俗类文字描述记录稿61份、照片295份、光盘9盘、传承团体7个,传统医药类文字表述记录2份、照片10张、传承人4个;征集服饰、建筑构件、生活用具、乐谱、剧本、手稿等珍贵实物资料2581件。

西吉县先后对马莲、将台、田坪等6个乡镇16个村70多户人家进行了重点普查,申报了"社火脸谱"、"春倌词"、"民间刺绣"、"回族口弦""回族劝力歌"五项自治区级非物质文化遗产,其中"回族口弦"被确立为自治区级首批非物质文化遗产保护项目;普查申报了24位60岁以上的濒危民间艺术传承人;完成自治区民研所交办的1982年—2007年西吉"民间舞蹈"、"民间戏曲"、"民间民歌"等3项12个普查任务;完成省级非物质文化遗产4个、县级目录15个、征集服饰12件、建筑构建10个、生产用具5个、工艺品60个;筹备出版《西吉春倌词》《西吉民间谚语》《西吉花儿汇编》《西吉民间故事精选》《西吉戏剧脸谱》《西吉非物质文化遗产系列丛书》10本(现已经完成5本书稿)。

隆德县先后完成了全县13各乡镇3979户农家重点普查工作,确定了城关镇七里店村、杨河乡串河村2个国家级非物质文化保护试点基地;遴选申报了《隆德农民画艺术》《隆德雕塑艺术》《隆德刺绣艺术》等8个自治区级非物质文化遗产代表项目,占首批公示的33个自治区级非物质文化遗产代表作品目录推荐项目近四分之一;《隆德高台马社火》等4个项目被推荐申报全国第二批非物质文化遗产保护项目;编辑出版了《隆德农民书画作品集》《隆德剪纸艺术——张炜剪纸》等专集。2007年10月,在隆德沙塘镇清泉村和和平村举办了全区非物质文化遗产普查演示,完成了普查项目38个、撰写普查报告38份,完成录音带18盒、光盘9盘、录像带16盒,拍摄照片1268张,筛选重点项目20个、重点传承人15个。2007年11月至今,又对观庄、杨河、张程、奠安、山河5个乡4560户农户进行了拉网式普查,遴选出苏氏民间社火脸谱、隆德回族婚礼服饰2个准备申报国家级非物质文化遗产保护项目,民间民俗"祭山"、生产传统习俗"烧造"2个准备申报自治区级非物质文化遗产保护项目,打台戏、中医、武术等11个县级非物质文化遗产保护项目。

彭阳县印制普查表格3000余份,对全县12个乡镇进行了全面普查,整理出了10大类19个子项目;申报自治区级非物质文化遗产保护项目1项(草编)。

泾源县制定了《泾源县非物质文化遗产保护工程规划方案》,将保护工程时间定为17年,分普查和抢救、全面开展和重点保护、补充完善和健全机制3个阶段进行。抽调8名专业骨干对全县7个乡镇进行了传承保护点和内存文化示范点普查和摸底工作,确立了花儿传承保护点1个、民间器乐传承保护点1个、踏脚传承保护点1个,申报自治区级非物质文化遗产保护传承人1名。2004年国家文化部批准泾源县回族踏脚舞为全国少数民族民间文化保护工程第二批试点项目,2008年踏脚舞又被列为自治区级非物质文化遗产保护项目。从2007年11月开始,泾源县实施了踏脚进校园活动,在泾源一中、职业中学、香水镇园子小学建立了3个示范点,由县文化馆和县体育中学派专业人员进校园对学生进行专业培训。对泾源县山花儿和民间器乐进行了普查建档,确立了传承人和保护点,举办了4期培训班和2次表演活动;组织传承人制作民间器乐,目前已经完成了口弦、泥哇呜、杏核哨、米拉杆、牛角号、桦树皮鼓、木梆子等的制作,制作的这些器乐已被银川市曲艺团等单位收藏。

原州区对全区11个乡镇进行了全面普查,普查范围涉及10大类24项,征集到民族花儿16首、民间剪纸500张。其中民间手工艺传承人代表之一的清河镇高红村朱小平的烧造技艺和传统体育类传承人城关镇居民贾治邦的武术护膝捶项目属首次发现,并登记建档,准备申报为项目传承人;现已申报自治区级非物质文化遗产项目回族花儿传承人1名。

固原市第一批自治区非物质文化遗产代表作名单

项目名称	项目单位	传承人
回族口弦	西吉县	李凤莲
回族踏脚	泾源县	马荣堂
民间草编	彭阳县	吴丽霞
民间刺绣	隆德县	冯琴花
民间剪纸	隆德县	张 伟
民间砖雕	隆德县	魏世祥
民间绘画	隆德县	靳守恭
民间篆刻	隆德县	张喆生
杨氏泥塑	隆德县	杨栖鹤
高台马社火	隆德县	党国智
六盘山九龙莲花池	隆德县	陈连科

固原市第二批非物质文化遗产项目名录

项目名称	项目保护地	代表传承人
一、民间音乐		
彭阳鼓乐	彭阳县	韩 柄
回族民间花儿	泾源县	马占昌
二、游艺体育竞技		
赵氏武术	隆德县	赵世荣
三、传统医药		
李征针灸	原州区	李 征
四、民间舞蹈		
民间社火	西吉县	吉强镇

固原市级第一批非物质文化遗产传承人名单

项目名称	项目单位	传承人
一、民间音乐		
回族民间花儿	原州区	吕秀峰
二、民间手工技艺		
纸织画	彭阳县	雷红霞
魏氏砖雕	隆德县	卜文俊
三、民间美术		
剪纸	西吉县	张淑芳
剪纸	泾源县	于淑琴

固原在历史上的独特之处

固原是宁夏的南大门和半壁河山，是祖国畜牧业鼻祖乌氏倮的桑梓，是世界针灸医学家皇甫谧和大书法家梁鹄的故里，是毛泽东率领中国工农红军翻越的最后一座大山和留下著名的《清平乐·六盘山》的地方。

固原地理位置特殊，历史久远，古迹、古文物较多，无论古代还是近代，在许多方面都有独特的地方。

固原燃烧着古老文明的火花。这里历史悠久，文化积淀厚重，早在原始社会，先祖们就在这块土地上狩猎农耕，繁衍生息，创造人类文明。以六盘山脉（古称陇山）为中心的诸河谷地带，古人类活动足迹较多，新石器时代文化密集，原州区、西吉、隆德、彭阳等地广泛分布着公元前2500年—前2200年的“马家窑文化”、“齐家文化”，使这里成为中国远古文化发源地之一。

固原孕育着古老的神话和传说。黄帝巡视天下，“西至于崆峒，登鸡头山”，“问道于广成子”、魏征梦斩泾河老龙、柳毅传书救龙女、济公修行延龄寺、曼苏尔、白云寺、须弥山，使这块土地发出熠熠灵光。这里孕育着美丽的传说。六盘山灵湫多，海子多，是出龙的地方，朝那湫、灵湫、西海子、北海子，孕育着伏羲、女娲的传说，使六盘山文化圈成为人类史前文化的重要组成部分。须弥山泉、卧龙山、九龙山、胭脂女沐浴胭脂河、穆桂英飞荡秋天架等传说，被一代又一代的人们讲述着，传播着，为这块土地披上了神秘的色彩。

固原较早地从地方史走向了世界史。地方志的扩大就是地方史，人类是从地方史走向世界史的。固原较早地从地方史走向了世界史。乌氏县、朝那县、古萧关、皇甫谧、梁氏家族、安西王府、六盘山、西海固等，把固原带入了世界史。

固原有宁夏最早的省级行政建制。固原市建制最早可追溯到周宣王时期，距今应有2800年之久。汉武帝在今天固原市原州区设立高平县和安定郡沿袭秦制，郡制相当于后来的省级或准省级行政建制，固原作为郡城，至今已有2128年的历史。

固原曾经是历史上数得上的发达地区。在古代特别是北周时期，固原经济、文化、军事地位达到了一个很高的水平，是除了扬州、长安、成都、洛阳等地之外数得上的发达地区。原州区、西吉县、彭阳等县都有比较好的汉墓，说明这里比较富裕。

固原是历史上的知名海关。这里自古是中原的屏藩，是通往西域乃至中亚的“咽喉”，“得关中者得天下”，“关中”就是秦汉时期东部的函谷关、南部的武关、西部的大散关、北部的箫关，这四关所环卫中的渭河平原“八百里秦川”。萧关是四关之中最要害的一关，是秦汉设置的特大军事要塞，素有“军门为天下第一”之称，是古丝绸之路的要冲，是古代中央政权的第一国门（海关），明朝统治者把“古原州”改为“固原”，其用意是要“固若金汤”。历代王朝把经营固原作为国家安全的大事来对待，在武治方面不忘修长城，在文治方面不忘修方志。

固原是历史上陕甘宁及宁夏的政治经济文化区域中心。从固原的历史考察，有三个时期固原一直处于陕甘宁的政治文化中心位置，一是秦汉、二是唐宋、三是元明时期。蒙元时代（1271年以后），第一位皇帝忽必烈的儿子忙哥刺被封为安西王，他在六盘山下修建王宫和王府，开成从此身价倍增，在当时被视为“上路”、“上都”，具有今天直辖市的特殊地位。特别是在明成化十年（1474年），设立三边总制府（控制延绥、宁夏、甘肃三边，相当于总督府），至明末共140余年间，有60余人任总督、总制。可见当时固原州的重要地位。到清同治十三年（公元1874年），设立了固原直隶州（直辖）。

固原演绎着悲壮的历史。对固原最精练的概括和美誉是“古萧关”、“长城要塞”、“关中屏障”。秦昭襄王修筑长城，汉武帝六巡萧关，西晋时匈奴首领赫连勃勃高平创业，唐太宗亲临瓦亭观看牧马，西夏王大战好水川，明代石城之战，“天骄”成吉思汗催马扬鞭于六盘山，忙哥刺在开城建造“安西王府”，人民解放军任山河之战，他们为这块土地注入了悲壮与活力。毛泽东的《清平乐·六盘山》，赋予了这块土地气势磅礴的新意。宋朝修筑的城塞，明清不断开拓的牧场，红军经过的六盘山、单家集、将台堡，给这块土地披上了神奇而庄严的色彩。2005年新落成的六盘山红军长征纪念馆耸立云端，为这里的人文精神扬起了又一叶风帆。

固原是一个团结互助的多民族地区。历史上主要有西戎、匈奴、羌、鲜卑、氐、羯、吐蕃、党项、女真、蒙古、回、汉等民族，这些民族的形成也与古代固原的“四通交驰”、“北连朔方，南襟陇蜀”、“丝绸之路”、“茶马互市”的繁荣离不开。开发建设、讨伐征战需要公路，而公路又打开了商业往来、社会交往的动脉。从宋、金，到清代对公路的修建，便捷了固原与外地的交往，也招揽了不同民族来到这里。民国时西（安）兰（州）公路的修筑，使固原真正成为交通的枢纽。从有史可证的周人早期开发算起，数千年的风风雨雨浇铸成现在这种民族间相互交融、相互依存的关系，理解与沟通代替了矛盾。民国以来固原以回、汉民族为主，新中国成立后，各民族生死与共，彼此潜移默化，团结互助，已成为一个和谐向上的整体。

固原是一个人文荟萃的集散地。历代文人墨客、戍边将士和政治家都曾光顾此地，面对“鬼方”作诗吟赋，抒发情怀，展示苦难，剖解人生，留下了大量脍炙人口的诗文，犹如朵朵浪花，让人们走进一个个熟悉而又陌生的世界。从《诗经》“薄伐猃狁，至于大原”，《春秋公羊传》“上平曰原”的“西部情怀”，到隋炀帝、皇甫规、皇甫镛、李白、林则徐对西海固的鼓与呼，从班彪的《北征赋》、岑参的《八月萧关道》、王维的《使至塞上》、王昌龄的《塞上曲》、李东东的《固原词》，到“西海固作家群”，这些地域特点鲜明，雄厚又柔美，豪放又婉约，绚丽斑斓、多彩多姿的诗文，为这块土地增添了古朴浑厚、清越苍茫的乐章。

固原是出精神的地方。悠悠泾河水，巍巍六盘山，战国秦长城，见证着这里的城池与人民前赴后继，生生不息的历程。单一农业耕作使人民越来越穷，但这里的人民并没有被困难所压倒，他们在与严酷的生存条件的斗争中，磨炼出了坚韧、豁达、乐观、朴实、真诚的性格；在与命运的顽强斗争中，坚守着自己“厚道自信”、“勤劳质朴”的精神世界；在丰富的历史文化积淀与现代文明的撞击中，涌现出了王振举、吴志胜、丁晓莲、海正生、王天旭、路小固等令人起敬的先进人物，他们的精神和荣辱观也是山区的优势之所在，是这里建设的宝贵资源。这里有“六盘山精神”、“彭阳精神”和彭阳全国党建联系点，特别是总结提炼出了不到长城非好汉的“六盘山精神”内涵：“团结奋进、自强不息、百折不挠、勇攀高峰”，形成了凝心聚力促发展、激情干事创新业的浓厚氛围。

固原有世界第一流的文物。在固原诸多文物中，鎏金银壶，在中国它独一无二，世界唯一。另一件是玻璃碗，全亚洲完好的就这一件，另一个地方出土的只是碎片。在固原出土的史家墓地中，有众多的罗马金币、萨珊银币和彩绘陶俑，整个中国境内出土的罗马金币共有 56 枚。

固原传承着厚重的文化。秦惠文王以乌氏戎族设置乌氏县，开创了固原的建置之始，汉置安定军，北魏置高平镇，北周改原州，唐为原州，宋、金设镇戎军，元设开城路，延续 2300 年未断；明景元年置固原州，至今 500 余年。“丝绸之路”开通后，来往的使节，“相望于道”，从事贸易的“胡商贩客，日款于塞下”。使东、西物质得以在这里交流，推进了人类文明的进程，也产生了不同于别处的道教、佛教为载体的文化艺术的广泛渗透和传播，明清以后，又是伊斯兰教主要聚居地区，其精神与文化影响着西北的音乐、舞蹈、美术、文学、饮食、服饰等各个方面；中原王朝在派重兵驻守固原，参与当地政治、军事以及屯垦、畜牧的同时，也参与了开凿石窟、修建园林、创办书院等文化建设，促进了固原的文明发展。

宁夏历史上的第一个“比封君”在固原。这里的风流人物乌氏倮，在秦始皇时，以售畜而购得不同花色品种的奇货，献给戎王，戎王回偿以价值十倍的牛马，其畜牧数量多得以山谷计量，秦始皇待之以“比封君”，“与列臣朝请”，在《史记·货殖列传》中，乌氏倮侪身范蠡、子贡等人其间，使乌氏县在战国时期因乌氏倮其人而载入史册，文明古今。

中国历史上的文化名人在固原。魏晋时期著名医学家、史学家、文学家皇甫谧著有《帝王世纪》《高氏传》《逸士传》《列女传》，声名大起，西晋初年著名诗人左思，构思十年写就《三都赋》，初不为重视，皇甫谧为之作序，乃竞相传抄，一时形成“洛阳纸贵”。他著的《针灸甲乙经》，奠我国针灸医学之基础，南北朝时传入日本、朝鲜，唐中叶，传入西欧诸国，至今仍为世界针灸学经典，颇受世界针灸医学界尊崇，使固原市的朝那县曾成为二个省、四个市、十个县相争的热点。

中国历史上的大书法家在固原。梁鹄，安定乌氏人，少年时就爱好书法，拜师宜官为老师，因为擅长书写八分而闻名，被举荐为孝廉，也被汉灵帝召在鸿都门下任侍郎升任选部郎。汉灵帝很看重梁鹄。魏武帝曹操也非常喜爱梁鹄的书法。常将他的条幅用钉钉在墙上，或悬挂帐中。曹操认为梁鹄的书法胜过他的老师师宜官。当时，邯郸淳也学得王次仲的八分书法。邯郸淳擅长写小字，梁鹄擅长写大字。邯郸淳运笔不如梁鹄有气势。

固原在宁夏的第一还有：宁夏最长的公路隧道是六盘山隧道。全国第一个区域性农业扶贫开发工程是涉及宁夏固原的“三西”扶贫建设工程。宁夏最大的水土保持项目是黄河水土保持茹河流域生态工程。宁夏的第一台电视机、第一辆自行车在固原生产。宁夏首家市级数字报是《固原日报·数字版》。宁夏最早的民盟成员是固原的孙寿名。宁夏南极科考第一人是固原的李富虎。

固原开了宁夏修志的先河。宁夏历史千斤重，固原要占 600 斤。宁夏历史是从固原开始的。固原在宋朝修过《安定郡图经》，金代修过《德顺州志》，元朝修过《开城府志》，开了整个宁夏修志的先河，后来明、清两代都修过《固原州志》，上世纪 90 年代初修了《固原地区志》，2009 年出版的《固原市志》是第七部，在固原的历史长河中，共修了 7 部志书，从有史可证的早期周人开发算起，在 3000 年中，固原平均200年修1部志书。清道光二年编修的《隆德县志》在宁夏已失传,但却被美国国会图书馆收藏着。固原市、县(区)地方志机构自1985年成立,25年来,共出版志书12部,地情书67种,整理旧志书7部,指导部门志、乡镇志55部,出版年鉴27部,发表史志类文章篇560多编,有10志书、年鉴在自治区和全国获奖。近年来,先后出版面世《固原市志》《固原历史纪要》《隆德县志》《西吉县志》《原州区志》《泾源县志》《彭阳县志》,率先在全区完成市、县(区)第二轮修志,走在全区最前列,自治区地方志编委会在全区首次发简报,以《固原市地方志工作走在全区前列》为标题,号召全区修志机构向固原市志办学习。启动编修了宁夏第一部史话《固原史话》,出版发行后成为全区第一个范本,目录被转发全区修志单位参考、学习。启动编修了《固原年鉴》,6年来没有中断。先后获得全国方志系统先进集体、国务院先进集体、自治区人民政府先进集体,连续五年获自治区修志先进集体。曾经取得过全市考核第一名、第五名、第六名、第七名和2009年第四名的好成绩,在全区修志系统绝无仅有。

固原是一个著名的欠发达地区。这里从宋代的农田水利建设、屯田实边,到后来对原始林业的开发、乱垦乱伐,从农牧兼营到"以粮为纲",政策的演变,人口增加,森林、草地被农田取代,生态环境恶化,降雨减少,河道断流,自然灾害频繁发生。人们力图解一道极其复杂的方程,却完全忽略了主要的因式,人们依赖大自然生存,但又不自觉地破坏了大自然,原先拟想的完美蓝图被曲扭成奇形怪状的讽刺画。近年来,通过科学发展,治穷治愚、治山治水,人民生活水平得到提高。

固原曾经是西部最好的生态屏障。历史上的固原曾经是森林茂密、草场辽阔、田野肥沃,清水河能行船。史书称为"沃野千里,谷稼殷积,水草丰美,土宜产畜,牛马衔尾,群羊塞道"。《山海经》说六盘山"其木多棕",棕是亚热带植物,有高原"绿岛"之称;六盘山下的朝那湫,是当时黄土高原上著名的湖泊。明、清《固原州志》和各县(区)旧志中记载了这里有大量的谷、果、花、菜、木,禽、兽,动物和鸟类。从远古的"作结绳而为网以佃以渔","养牧以庖厨",到后来周人的"务耕种,行地宜",从战国"乌氏倮畜牧",到唐代全国最大的军马场,元、明是军屯、民屯基地,大六盘区域依然是松涛滚滚,林海莽莽,碧水悠悠。近年来,固原渐显青山绿水,从生态恶化严重地区向生态环境优美地区转变。

固原有独特的矿产资源优势。独特的地质构造形成了固原地区矿产资源的多样性和富集性,煤炭探明储量30亿吨,远景储量在110亿吨以上,在宁夏仅次于宁东;岩盐探明储量26亿吨,远景储量100亿吨以上;石油探明储量2396万吨,远景储量5亿吨,开采量达到15万吨/年;已探明3.1亿吨石灰岩、2.9亿吨芒硝、1.7亿吨石膏、16亿吨石英砂,等等。这些资源都集中在以市区为中心的80公里范围内,资源开发的配套组合优势明显,发展工业潜力巨大。

固原有深厚的文化旅游优势。固原拥有红色革命圣地、自然生态风光、石窟、地质公园、历史文化遗迹、民俗文化"六大旅游景区"和150多个景点,有3个AAAA级景区,有中国十大石窟之一的须弥山石窟、有秦代皇家祭祀的朝那湫、有三军会师的将台堡,等等,许多旅游资源在全国都具有垄断性,加之固原地处黄土高原,气候冷凉,更是一个天然的避暑胜地。固原是中华文明的发祥地之一,中原农耕文化与北方游牧文化相融汇,形成了"红色六盘、萧关古道、丝路古城、花儿家乡"四大文化名片,开发文化旅游产业潜力巨大。

固原有很好的地理区位优势。史书记载,固原"左控五原,右带兰会,黄河绕北,崆峒阻南""踞八郡之肩背,绾三镇之要膂"。地处西安(340公里)、兰州(335公里)、银川(330公里)三城中心地带,是全国179个公路交通枢纽之一,也是自治区"十二五"规划确定的九大物流基地之一。六盘山机场正式通航,中宝铁路、福银高速公路、312和309国道、101和203省道贯通全境,形成了立体式交通网络。这为我们发展外向型经济奠定了基础。固原处在四大国家级经济区的衔接点，北有呼包银经济区、宁夏沿黄经济区，西有兰西格经济区，东南有关天经济区，在四大经济区融合发展中，固原有条件成为重要支撑点和发展极。

固原是人力资源大市。全市总人口152万人，农业人口129万人，非农业人口22万人，2010年末全社会从业人员77万人。辩证地分析人口构成，人口多是我们发展的瓶颈，反过来，固原是全区劳务产业第一大市，每年输出劳务近30万人，这些人大多在发达省区从事多个行业技术工种，一方面，通过务工增加了收入，积累了财富；另一方面，通过务工转变了观念、锻炼了技能、提高了素质，为我们推进工业化、城镇化、农业产业化储备了人力资源。只要我们因势利导，就可以实现由人口包袱向人力资源大市、人力资本转变。

固原有特殊的土地资源优势。全市总面积1.05万平方公里，有耕地502万亩，可供开发建设的土地资源潜力大，土地流转、规模经营、提升产业的后劲足。固原的土质相对较好，河谷川道残塬区有耕地175万亩，通过实施库井灌区改造，可发展灌溉面积100万亩以上，是高效节水农业发展最具潜力的地区。

固原有独特的气候环境优势。固原地区海拔高，气候冷凉，昼夜温差大，有利于农作物营养成分的形成和累积，尤其是冬长寒冷、夏短凉爽的气候条件有利于发展反季节冷凉蔬菜。大气、土壤、水源和环境良好，是绿色有机农产品的最佳生产基地。全市马铃薯种植面积达到200万亩，占宁夏马铃薯总面积的50%，肉牛饲养量达到78万头，设施农业累计达到22万亩，枸杞、中药材、苗木、花卉、经果林特色优势十分明显，是全区重要的生产基地，也为我们大力发展农产品精深加工业奠定了基础。同时，六盘山区是生物多样性丰富的地区，种质资源优势明显，森林覆盖率达到17.6%。六盘山区具有太阳能光伏发电、风能发电的有利条件。空气质量好，固原二级以上天气有337天，银川335天，石嘴山市321天。

固原对国家的两个政策性贡献。原国务院副秘书长陈进玉，在宁夏工作期间，通过查看固原地方志，提出了两个对固原对宁夏，乃至对全国有过创举性的政策贡献：一个是封山禁牧工程，一个是少生快富工程。

固原是党中央牵挂的地方。前后共有30多位党和国家领导人来固原考察工作，在党中央的关怀和大力支持下，经过60多年的发展历程，固原社会经济得到很大发展，人民生活水平得到很大提高，但发展进程仍很缓慢，与全国整体发展水平存在很大差距。2007年到2008年，先后有胡锦涛总书记、温家宝总理、习近平副主席来宁夏固原市视察指导工作，在自治区会议上强调着力推进这里的科学发展。2008年8月20日，温总理主持国务院第23次常务会研究宁夏工作，形成《进一步促进宁夏经济社会发展的若干意见》，其中就有对固原科学发展的意见。这些工作，体现着党和国家对固原的关注与情怀，是对固原广大干部群众的巨大鼓舞和鞭策，是激励我们早日摆脱贫困落后面貌的宝贵精神财富、强大精神动力和行动指南。由此开启了固原探索科学发展、建设美好家园的新进程。几年来，固原各族人民牢记中央叮嘱，开动脑筋，转变观念，艰苦奋斗，治穷治愚、治山治水，防灾减灾，科学布局，取得了初步成效。

（马平恩）

田坪乡旱作节水农业成媒体热点

2010年以来，西吉县田坪乡在大力发展旱作节水农业和提高农民收入等方面成绩突出，成为新华网、人民网、宁夏新闻网等众多媒体聚焦的热点。

田坪乡结合实际，因地制宜，按照“大手笔规划、大规模实施”和“抓大点，建亮点，提效益”的总体思路，坚持集中连片建设的原则，打造田坪乡旱作节水农业产业带，完成春覆膜6850亩，秋覆膜32583.7亩，建设了4个万亩旱作节水农业示范区，被确定为“全区旱作节水农业示范区”，形成了马铃薯、玉米、蔬菜、果林和种养等多元化现代农业产业结构。新建的田坪新村展现了新农村建设的风貌。2010年4月~12月,新华网、人民网、宁夏新闻网、《固原日报》等多家媒体对田坪乡发展变化作了宣传报道。

（许星 李旺）

泾源县两亿元建成农村公路枢纽

"十一五"期间,泾源县大规模开展农村公路建设攻坚战,共完成农村公路建设投资2亿元,先后修建沥青水泥公路352.4公里,沙砾公路104.2公里,全县110个村有96个村通上了沥青水泥路,彻底改善了沿线群众的出行条件。农村公路建设成果让广大农民群众亲身感受到了党和政府的亲切关怀和改革开放带来的丰硕成果。修的是公路,树的是丰碑,连接的是民心,受益的是群众。泾源县农村公路"三纵四横"和城市道路"四纵八横"骨架已形成,整体通行能力大幅提高,有力促进了县域经济发展和旅游县城建设的步伐。农民群众告别了"晴天一身土,雨天一身泥"的历史,修通农村公路,拉近了农村与市场的距离,农业运输成本降低,提高了农业综合效益。同时,使单一的以粮食生产为主的农业结构向多元化结构转化,形成了一大批以市场为导向的旅游、苗木、草畜、农家乐、花卉等农业产业示范园区。促进了草畜产业发展,交通部门为全县6个养牛园区修路17.6公里,为25个养牛重点村修路85公里,肉牛养殖户运草、运肥、拉运肉牛方便了。推进了苗木产业发展,按照"川台地、沿公路、靠城镇、连景区"的发展布局,为全县7个苗木园区修建农村公路55公里,打通了特色苗木销售产供销运的"绿色致富通道"。带动了旅游产业发展,先后建成县城至荷花苑、景观水道、北环路、卧龙山、老龙潭和胭脂峡景区道路共48.6公里,还利用优越的生态旅游资源,修建了集休闲、度假、娱乐、观光为一体的冶家村、大庄村、园子村、黄花村农家乐公路20公里,为开发旅游资源构建了完善的交通网络。壮大了劳务产业发展,农村公路的快速发展,吸收和消化了大量的农村剩余劳动力参与农村公路建设,到城乡务工和居住,推进了城镇化建设进程。

全县通车里程达558.4公里,县境内福银高速公路横穿县域西北,312国道纵贯东西,101省道南北相通,国道、省道、县道、乡道、村道"五级联网"的交通枢纽已建成,特别是农村公路建设对地方经济的带动和促进作用成为县域经济社会发展的一大亮点。

（胡晓琳）

固原市计划生育工作越来越好

2010年,固原市计划生育工作围绕"抓重点、攻难点,强基础、树亮点,求突破、上水平"的工作目标,全市人口出生率为17.24‰,自然增长率为11.81‰,均低于任务指标0.23个千分点,出生政策符合率为83.2%,高出任务指标0.95个百分点。

市县区严格少生快富扩面试点工作程序,坚持监管甲、乙双方履行合同义务,并将扩面试点乡镇由2009年的4个增加到33个,推动了少生快富工程的顺利实施。2010年共实施少生快富工程项目户5144例,工程实施例数占全区总数的67%,兑现奖励资金1752.7万元。市县区齐动员、全民齐参与,启动了全员人口宏观管理信息化建设,对全市总人口和育龄妇女基本信息进行核查、比对、登记、校验和录入,完成信息录入148.6万人,信息完整率、覆盖率分别达到92.81%和99.42%,均位居全区第一,基本上形成了网络纵向联动。按照宣传阵地立体化、宣传载体特色化、宣传品设置人性化的"三化"目标,开展了形式多样、寓教于乐的宣教活动,宣传知识普及率达95%以上。计生部门积极争取各级支持,新建县级服务站1所、乡级服务站7所,完成了全市县站和85%的乡站新建改建任务。为63个乡镇、街道办事处更换了计划生育流动服务车。转化后进乡镇10个,转化率100%。创建四星级乡镇6个、五星级乡镇3个。

（张东亮 罗江东）

组织机构与负责人名录

中共固原市委员会

书　记　刘小河
副书记　白尚成（回）
董　玲（女）
常　委　黄雅杭
丁卫东（回）(7月离）
张宗苎(7月离）
陈永共(7月任）
高贵武
周金柱(7月任）
陈凤龙
马金元(回）
周庆华
田宝成(9月离）
宋晓国(9月任）
秘书长　袁秉和

固原市第二届人民代表大会常务委员会

主　任　刘小河
副主任　姜文奎
杨志明（回）
拜志俊（回）
刘维俊
姬永昌(回）
王固平
罗京玺
马玉芳(女、回）
秘书长　朱培忠

固原市人民政府

市　长　白尚成(回）
副市长　黄雅杭
张宗苎(7月离）
陈永共(7月任）
范宏明
田治富(回）
李守银
陈莉萍
马　吉(回）
刘　佳
秘书长　黄金库

中国人民政治协商会议固原市第二届委员会

党组书记 主席　邓向贵(回）
党组副书记　杜放军
副 主 席　杨振兴(回）
宋广禄(回）
伍文贵(回）
姚启世
刘乐伟
罗永红

黄湘宁(女)
王明亮

秘 书 长　高清山(1月离)
宋　强(1月任)

中共固原市纪律检查委员会 固原市监察局

市委常委 纪委书记　高贵武
副 书 记 监察局长　杨廷财(7月离)
杨彦文(7月任)
副 书 记　赵宗文
马正学(9月任)
纪委常委 监察局副局长　罗占东
(兼执法监察室主任)
纪委常委　王泽稷
王　升(9月离)
黄选存
吴　勤
马永宝(9月任)
市监察局副局长　班连贵(回)
研究教育室主任　张志东(9月任)
纠纷办主任　曹红洲
执法监察室主任　董生刚
纪检监察室主任(暂缺)

固原市中级人民法院

党组书记 院　长　黄金柱
党组成员 副院长　田志海
何宏勤
李永花
党组成员 政治部主任　王胜利
党组成员 纪检组长　李永红
党组成员 刑一庭庭长　田风贵

固原市人民检察院

党组书记 检 察 长　李学军
党组成员 副检察长　胡秀德(回)
党组成员 副检察长　马继森(回)
党组成员 副检察长　谭晓云
党组成员 纪检组组长　高振光
党组成员 政治部主任　卜玉琴(女,4月离)
杨秀鸿(女,4月任)
党组成员 办公室主任　海凌峰(回)

市委工作部门

中共固原市委办公室

秘 书 长　袁秉和
副秘书长　张　骞
马学明
宽明亮
武维东
田正江
董永强
李建平
办公室主任　袁秉和
办公室副主任　靳华斌
督查室主任　武维东
保密办(局)主任　袁秉和
副 主 任　张　晓
机要局局长　韩建国
对台办主任　田正江

中共固原市委组织部

市委常委 组织部长　马金元(回)
副部长(正处级)　张立君(9月任)
副部长 老干部局局长　张明安
副部长　樊大学
李　聪

中共固原市委宣传部

市委常委 宣传部部长 周庆华
副部长 固原日报社总编 武兴华
副部长 文明办主任 王志贤
副部长 郭晓东(11月任)

中共固原市委统战部

部长 王明亮
副部长 杨彦贵(回)
司继平
谢龙
剡小平(回)

中共固原市委政法委员会

书记 综治委主任 陈凤龙
副书记 李守银
副书记 秘书长 综治办主任 张文远
“610”办专职副主任 李德荣
秘书长 丁志刚

中共固原市委政策研究室

市委副秘书长 政研室主任 张骞
政研室副主任 张嵩(5月离)
李世贵(10月任)
惠国生

固原市机构编制委员会办公室

主任 张亚民
副主任 周宝林

中共固原市委直属机关工作委员会

书记 赫程(回)
副书记 纪检组长 纪工委书记 王少明

固原市委直属事业单位

中共固原市委党校 固原市行政学院

常务副校长 市行政学院院长 王宏祺(5月离)
马吉福(回、5月任)
副校长 市行政学院副院长 魏晓东(回)
陈生明
马志彪
工会主席 杨乔夫
校委委员 办公室主任 黄玉红
校委委员 副处级班主任 虎存清

固原日报社

总编辑 武兴华
副总编辑 古原(回)
刘东
张天星

固原市委党史研究室

主任 马文清(回)
副主任 牛君琦

党委部门管理机构

中共固原市委老干部局

局长 张明安
副局长 柯具廉(女、回族)
张永祯(7月离)
徐寅(7月任)

固原市信访局

局长 马学明
副局长 薛凤梅(女)
张永祯(5月任)

固原市档案局

市委副秘书长 局馆长 宽明亮
副局馆长 杜亮(女)

中共固原市委讲师团

团　长　　吴志烈（5 月离）
马六一（5 月任）
马天峡（回）（1 月任）
副团长　　海明贵（回）

固原市人大常委会工作部门

固原市人大办公室及工作委员会

秘 书 长　　朱培忠
副秘书长　　王志忠
办公室副主任　　郭　隗
财经委主任　　夏敏莉（女、5 月离）
王宏祺（5 月任）
财经委副主任　　秦文学（回）
农环委主任　　李富荣
农环委副主任　　叶佩清
科教文卫主任　　杨正武
科教文卫副主任　　马均伊（回）
法制委主任　　杨文昌（回）
法制委副主任　　周世民

固原市政府组成部门及直属部门

固原市政府办公室

秘 书 长 办公室主任　　黄金库
副秘书长　　杨西吉
副秘书长　　孙　勇
（固原市国家安全局局长）
王晓明（女）
韩志忠
王成明
黄华强（7 月离）
赵华宁
马凤贤
（回、2009 年 11 月任）
冯铮峰（7 月任）
副 主 任　　王　伦
副 主 任　　张　佐

固原市财政局

党组书记 局长　　开永安（5 月离）
呼延俊杰（5 月任）
党组书记 副局长　　张宏伟
任远景
魏志刚
党组成员 纪检组长　　赵新林
安希平

固原市发展和改革委员会

主　任　　李　朴
副主任　　陈彦杰
柳应彪
刘建军
赵延军
纪检组长　　景文奇（9 月任）

固原市司法局

局　长　　虎慨恒
副局长　　马守虎（回）
李　海

固原市公安局

党 委 书 记 局长　　陈凤龙
党委副书记政委　　马彦秀（回）
党委委员副局长　　申耀全（9 月离）
杨万斌
邓全福
蒲怀礼
杨国金（9 月离）
陈　刚（9 月任）
王　勇（9 月离）
党委委员纪委书记　　张　会
党委委员 政治部主任　　魏进德（9 月离）
祁应祖（9 月任）

固原市商务局

党组书记 局　长　　杨大素(回)
党组成员 副局长　　高　鹏
　　　　　　　　　　赵德强

固原市工业和信息化局

党组书记 局　长　　张汉斌
党组成员 副局长　　席玉鑫
　　　　　　　　　　陶永国
　　　　　　　　　　岳　华

固原市安全生产监督管理局

书　记 局　长　　杨　勇(回)
党组成员 副局长　　高满堂
　　　　　　　　　　郭春明
副书记 副局长　　张志忠(5 月任)

固原市国土资源局

党组书记 局　长　　石　新
党组成员 副局长　　计发东
　　　　　　　　　　马全忠(回)
党组成员纪检组长　　曹广安
副调研员　　倪　红(女、6 月任)

固原市审计局

党组书记 局　长　　范　霞(女)
党组成员 副局长　　李国安
　　　　　　　　　　孟光军

固原市统计局

党组书记　　吴秉银(9 月任)
党组书记 局　长　　周万佩(回、7 月离)
局　长　　王政权(11 月任)
党组成员 副局长　　杨志林(回、3 月离)
　　　　　　　　　　刘继强(3 月任)

固原市水务局

党组书记 局　长　　海清银(6 月离)
　　　　　　　　　　张　鹏(回、6 月任)
党组成员 副局长　　张志利
党组成员 副局长　　龚国栋
副局长　　李喜生(2 月任)

固原市农牧局

局　长　　云生元
书　记、副局长　　王耀臣
副局长　　梁建国
　　　　　　　　　　杨生智(3 月任)
　　　　　　　　　　李国帅(4 月任)
纪检组长　　杨永成

固原市林业局

党组成员 局　长　　杨自平(1 月任)
党组成员 副局长　　喇万仓(回)
　　　　　　　　　　王　宏
　　　　　　　　　　李江宁(5 月任)

固原市六盘山国营林业局

党委书记 局　长　　杨志荣(2 月任)
党委副书记 纪委书记 工会主席　　崔燕林
党委委员 副局长　　秦中河(回)
　　　　　　　　　　余治家
　　　　　　　　　　张炳乾
　　　　　　　　　　于华学(回)
　　　　　　　　　　于文有(回、3 月任)

固原市建设局

党组书记 局　长　　成世杰
党组成员 副局长　　吴玉章
　　　　　　　　　　刘泰保
　　　　　　　　　　朱连续(2 月任)
纪检组长　　马成福(回)

固原市城市管理局

党组书记　局　长　赵具才
党组成员　副局长　景文奇(9月离)
张彩虹
丁汉福(回)
刘志安(9月任)

固原市环境保护局

局　长　张汉俭
副局长　马进才(回)
李进德(回、1月任)

固原市交通局

党组书记 局　长　呼延俊杰(5月离)
李志达(5月任)
副 局 长　马宝福(回)
魏 克 全
祁德才
郭晓东(11月离)

固原市交通运输管理处

处　　长　魏克全
党组书记　张久芳
副 处 长　杨振华
晁建邦

固原市招商局

局长党组书记　任立新(回)
副局长　孟会林

固原市供销社

主　任　张银仓

固原市盐业管理局

书记局长 （经理）　王志顺
副 局 长　副书记　陈正坤
马润峰(回)
副经理　肖秀梅(女)

六盘山旅游管委会　固原市旅游局

主　任　白尚成(回)
副主任　袁治安
办公室主任(固原市旅游局)　张宗信
办公室副主任(固原市旅游局副局长)　王乔松
固原市旅游局副局长　李永明(2月任)

固原市教育局

局　长　宁少敏(7月离)
局　长 书　记　邓彦芳(女,7月任)
副局长　郑淑琴(女)
廖志强(10月退)
张　毅
张翔宇(10月任)
纪检组长　张　凯

固原市科学技术协会

主　席　吴会军(5月离)
杨廷才(5月任)
副主席　刘大民
李荣善

固原市科技局

党组书记 局　长　马烈虎(回)
党组成员 副局长　李　林
张富平

固原市经济开发区管委会

党 工 委 书 记 管委会主任　赵万华
党工委副书记 管委会副主任　高文斌
党工委副书记 纪工委书记　欧阳秉文(6月免)
任万江(6月任)
党工委副书记 开发区公安分局局长　张大勇
党 工 委 委 员 管委会副主任委员　谢耀谦

固原市地震局

党支部书记 局　长　　乔守俊
党支部成员 副局长　　党韩生

固原市农业科学研究所

党委书记 所　长　　郭志乾
副书记 纪检书记 工会主席　王克祥
党委委员 副所长　　张建兴
李永平
马志科(回)
副所长　　王克雄

固原市文化体育广播电视局

党组书记 局长　　马吉福(回、5月离)
吴会军(5月任)
党组副书记 副局长　　张志忠(5月离)
副局长　　郭延明
郝俊峰
杨银梅(女、3月离)
杜红雁(女、3月任)
广播电视台 台长　　马　宁(9月任)

固原市卫生局

局　长　　童全成
党委书记　　惠亚明
副局长　　胡秉平
杨百慧(回、9月任)

固原市民族宗教局

局　长　　杨彦贵(回)
副局长　　买铁军(回)
肖志明
马旺玺(回)

固原市民政局

局　长　　马　莲(女、回)
副局长　　尹聚仁
祁　强(1月任)

老龄办主任　　李延宏

固原市人力资源和社会保障局

党组书记 局长　　张志鹏
副局长　　方怀武
马福德(回)
廖传海
纪检组长　　马耀发(回)

固原市人口与计划生育局

局　长　　虎玉赟(女)
副局长　　李培广(1月离)
冀　忠
郑厚强(1月任)

固原市扶贫开发办公室

主　任　　杨志林(回)
副主任　　单荣富(回)

固原市住房公积金管理中心

党组书记 主任　　马一平(女、回)
党组成员 副主任　　张有仓

固原市政府办公室所属单位

固原市地方志办公室

主　任　　马平恩(回)
副主任　　王浪涛
纪检组长　　马耀发

固原市接待办办公室

主　任　　王成明

机关事务管理局

局　长　　徐　寅(7月离)
贾立权(7月任)

行政服务中心

主　　任　　　杨西吉

信息中心

主　　任　　　邵春霞(女)

人民会堂管理服务中心

主　　任　　　赵志明

固原市政协办公室及各专门委员会

秘 书 长 办公室主任　　高清山(1月离)
　　宋　强(1月任)
副秘书长 办公室副主任　　夏玉忠
　　马有芳(回)
提案专门委员会主任　　马志金(回)
经济专门委员会主任　　咸福仁(回)
副 主 任　　杨冬青
人资环专门委员会主任　　杨文彪(回)
副 主 任　　李维龙(10月离)
　　张玉智(10月任)
教科文卫体专门委员会主任 郭生有
副 主 任　　石旭炜
社会与法制专委会副主任　　王　斌
民族宗教与港澳台侨联络委员会副主任
　　何学义(回)
学习与文史资料专委会副主任兼办公室副主任
　　马忠学(回)

民主党派

民盟固原市委员会

主 任 委 员　　陈莉萍(兼职、7月离)
　　刘　佳(7月任)
副主任委员　　袁希俊(兼职)
　　吉海云(专职)
秘　书　长　　吉海云

民进固原市委员会

主任委员秘书长　　高云海
副 主 任 委 员　　李富泉

九三学社固原市委员会

主任委员秘书长　　张　爱(11月离)
　　杨世宏
副主委　　何晓林(11月离)
　　朱进国(11月任)
　　祁国海(11月任)

群众团体

固原市总工会

党 组 书 记 主　席　　马玉芳(女、回)
党组副书记 副主席　　陈胜远
党 组 成 员 副主席　　张玉智(10月离)
　　杨知林(3月任)
经审委主任　　李维龙(10月任)

中国共产主义青年团固原市委员会

书　记 党组书记　　宋新宇(9月离)
副书记 党组成员　　王少波
副书记 党组成员　　马秀梅(女、回)

固原市妇女联合会

党组书记 主　席　　马晓琳(女、回)
党组成员 副主席　　张亚萍(女)
　　马　英(女、回,1月任)

固原市文学艺术界联合会

主　　席　　尹文博
副 主 席　　唐宏雄
　　杨凤军

固原市残疾人联合会

理 事 长　　马晓华(女、回)
副理事长　　王　结

固原市伊斯兰教协会

会　长　　吴清芳(回)
副会长　　马崇礼(回)
　　　　　兰凤岐(回)
　　　　　单志效(回)
　　　　　鲜碧玉(回)
　　　　　马生礼(回)
　　　　　马世恩(回)
　　　　　咸志明(回)
　　　　　马天仁(回)
　　　　　马　怀(回)
　　　　　高进元(回)
　　　　　马继伯(回)
　　　　　兰广峰(回)
专职副会长　马旺玺(回)
　　　　　臧　斌(回)
名誉会长　马廷秀(回)
　　　　　马明春(回)
　　　　　马　定(回)
　　　　　马德真(回)
　　　　　沙德清(回)
秘书长　　罗福林(回)

固原市工商业联合会

党组书记 副主席　司继平
党组成员 副主席　文俊林
　　　　　李志福(回)

固原市红十字协会

秘书长　　马　丽(女,回)

驻　军

固原军分区

司令员　　田宝成(9月离)
　　　　　马焰山(9月任)
政　委　　宋晓国
副司令员　王玉河
参谋长　　陶国生
政治部主任　瞿宏俊
后勤部长　霍良斌

武警八六七二部队

部队长　　张立华　上校
政治委员　任　军　上校
副部队长　乔凤华　少校
副部队长　吕海军　中校(3月离)
　　　　　张　宝　少校(3月任)
副政治委员　蒋浙成　中校(3月转业)
　　　　　崔　杰　中校(3月任)
参谋长　　王昌斌　少校
政治处主任　张海军　中校
后勤处处长　杨　建　少校

中国人民武装警察部队固原支队

支队长　　雷忠兴
政治委员　魏强华
副支队长　万　坤
副政治委员　马林生
参谋长　　马金平
政治处主任　王建斌
后勤处处长　鲁承友

固原市公安消防支队

支队长　　王国恩(12月离)
　　　　　吉海滨(12月任)
政治委员　安春晖
副支队长　徐想存
　　　　　韩治锋
司令部参谋长　史学峰
政治处主任　武秀宏
后勤处处长　龚宏权
防火处处长　杨　静

任　浩(7月任)

学校　医院

宁夏师范学院

党委书记　谢建勇
院　　长　薛亚平
党委副书记　宋玉琳(4月离)
　李　静(4月任)
副 院 长　马应虎(回)
　李龙锦
　钟正平
纪委书记　周运生

固原民族职业技术学院

院　　长　任元兴
书　　记　王烈松
副 书 记　孙剑锋(回)
副 院 长　严忠诚
　任　清
工会主席　赵晓云(女)

固原市第一中学

党委书记　赵国栋
党委副书记 校　　长　薛吉强
党委副书记 纪检书记　胡兴元
副 校 长　张翔宇(9月离)
　杨维东
　马树田
　韩映顺
工会主席　韩　宏

固原市第二中学

校　　长　张文学
书　　记　张李仁
副 书 记　黄志刚
副 校 长　马国清(回)
　张天翔(7月任)

固原市回民中学

书　　记 校长　晁广斌
副 校 长　李有民(回)
　马金成(回)
　郭新仁
副 书 记　汤效震
工会主席　马庭军(回)

固原市民族师范附属小学

书　　记　丁　晖(回)
校　　长　张凤朝(回)
副 校 长　李彩霞(女)
　王和德

固原市幼儿园

党支部书记 园长　陈小琴(女)
副 园 长　杨建菊(女)
　张晓萍(女)

固原市特殊教育中心(实验小学)

校　　长　计发银
副 校 长　樊正安
　马　秀(女、回)
　余　蓉(女)

自治区第二人民医院(固原市人民医院)

党委书记　马国政
院　　长　胡　杰
党委副书记(纪检书记)　李治和
副 院 长　李　珺
副 院 长　张建钢
工会主席　马世琴(女)

固原市中医医院

党委书记 院长　卢锦忠

副 院 长　　王玉贵
　　谢灵冬(女、7月任)

固原市妇幼保健院

院　　长　　杨玉琴(女)
副 院 长　　余小燕(女、回族)
　　吴继荣(女)
　　惠　芳(女)

固原市康泰医院

法人代表　　朱克安
院　　长　　朱　锋

副 院 长　　安　明
　　王海荣
　　赵克平

固原市协和医院

总 经 理　　王国章
经　　理　　李集榕
院　　长　　肖兆祥
副 院 长　　和德乾(兼办公室主任)

固原市六盘山医院

院　　长　　白凯成
党支部书记 副院长　　刘自仁
工会主席　　李克勤

固原市乾祯医院

院　　长　　李　征
副 院 长　　巩志龙(业务)
副 院 长　　董勤璧(后勤)

中央　自治区驻固单位

固原市国税局

党组书记 局　长　　贺满国
党组成员 副局长　　魏　宁(回)
　　王世军
　　王金桥
纪检组长　　王　宏
总经济师　　王书敏
总会计师　　孟　宾

固原市工商局

党组书记 局　长　　马惠琴(女、回)
党组成员 副局长　　杨生德(回)
党组成员 副局长　　宣进明
　　王一平
党组成员 纪检组长　　袁伟勤

固原市质量技术监督局

党组书记 局　长　　罗　斌
党组成员 副局长　　罗正银
　　杨学金
党组成员 纪检组长　　王海才

国家统计局固原调查队

党组书记 队　长　　王克清
党组成员 副队长　　武占川
　　崔存良
纪检组长　　李荣智

固原市供电局

党委书记　　马丰华
局　　长　　彭建宁
副 局 长　　樊学仁
　　蒙金有
　　盛立宁
工会主席　　王　军
纪委书记　　李君忠
总工程师　　黄富才
总会计师　　陆立新

固原车务段

段　　长　　靳潘钧
党委书记　　蔡元军
党委副书记 纪委书记　　马金虎
工会主席　　辛　江
副 段 长　　刘　钢
副 段 长　　罗禄存
段长助理　　王　军
段长助理　　张　磊

固原市粮食局

局　　长　　马文全(回,7月离)
　　穆占友(代局长)
总支书记　　赵军奎

宁夏固原国家粮食储备库

支部书记　　陆发国
主　　任　　张建学(回)
副 主 任　　蒽立华
　　董　重
　　李德宝(3月任)

宁夏公路管理局固原公路分局

党委副书记、纪委书记　　马虎林(回,代局长)
副 局 长　　祁朝晖
　　陈　亮

固原市烟草专卖局(公司)

党组书记 局长(经理)　　马　斌(回,4月离)
副 局 长 副经理　　邹振军(代局长)
　　丁少梅
纪检组长 副局长　　马志俊
副 经 理　　马福明(回)
局长(经理)助理　　张骋程(2009.08任)

中石油宁夏固原销售分公司

书记兼副经理　　马学林(回)
副 书 记 经　理　　陈利平
副 书 记 副经理　　何彦亮
财务总监　　武治国
副 经 理 安全总监　　景全军
副 经 理　　宋宁波
　　牛铁军
　　杨志刚
　　伏世宽

宁夏固原博物馆

书　　记 馆长　　韩　彬
副 馆 长　　程云霞(女)
　　王泽华(6月任)

固原市气象局

党组书记 局　　长　　胡建忠
党组成员 副 局 长　　杜　鑫
党组成员 副 局 长　　陈海波
党组成员 纪检组长　　杨志莲

宁夏水文水资源勘测局固原分局

书　　记 局　　长　　田志贵
副 局 长　　李成良
　　柴继戢

中国银行业监督管理委员会固原银监分局

党委书记 局　　长　　张尚柏
监管调研员　　祁　峰
党委委员 副 局 长　　王　钧
党委委员 纪委书记　　李占宏
党委委员 副 局 长　　赵巍德

中国人民银行固原市中心支行

党委书记 行　　长　　杜瑞平
党委委员 副 行 长　　李尚武
党委委员 副 行 长　　王　浩
　　康启华(12月任)
党委委员 纪委书记　　吕仁君
党委委员 工会主任　　张永立

助理调研员　　苏　刚

中国农业银行固原分行

党委书记　行　长　麦　海
纪委书记　副行长　余文举
工会主席　副行长　周吉宁(回)
副行长　有夏平
李云峰(回,12月任)

中国工商银行固原支行

党委书记　行　长　邹　珍
党委委员　副行长　邵忠宁
党委委员　纪委书记　刘全忠
行长助理　李　文

中国建设银行固原市分行

行　长　田新民
副行长　杨立成
张志锋
张　伟
风险主管　李耀东

中国农业发展银行固原市分行

行　长　何永涛(1月离)
副行长　夏　明(1月任)
吴治国
王庆林(1月任)

宁夏银行

支部书记　行长　柳成彬
副行长　周鸣华
行长助理　景继锋

固原市农村信用合作联社

党委书记　理事长　穆军胜
党委委员　主　任　杨海成(回,2009年8月)
党委委员　副主任　雍宁川(满)
副主任　白义军(回)
曹永国
监事长　马旭东

中国人民财产保险股份有限公司固原分公司

党委书记　总经理　杜金鱼
党委委员　副总经理　崔应海
郭海成
纪委书记　吴玉宝
总经理助理　刘　敏

中国人寿保险股份有限公司固原分公司

党委书记　总经理　张广平(2月离)
李　伟(2月任)
党委委员　副总经理　李宏学

固原市邮政局

局　长　陶伟群
副局长　王国俊
柳　娟(女)
工会主席　杨宝锋

中国电信股份有限公司固原分公司

总经理　王　忠
副总经理　马京生(回)
黄贵强
高金奎(5月任)

中国移动宁夏公司固原分公司

总支书记　总经理　黄正平
副总经理　吴林春
副总经理　组织委员　罗丽远(女)

中国联通联合公司固原市分公司

总经理　魏克瑞
副总经理　蒽　爱

企　　业

固原市供水排水总公司

总支部书记 总经理　王克银
副书记　罗鹏
副总经理　倪万户
　罗鹏
　秦有才
总工程师　张永旺

固原市物资总公司

支部书记　田俊珍(回)
总经理　刘斌
副总经理　田俊珍(回)
　胡学礼

王洼煤业有限公司

一矿

党委书记　李志杰
总经理 矿长　张志荣
副总经理　赵克俭
　杨贵祥
　刘介儒
　王强
纪委书记 工会主席　潘生鹤
总会计师　朱广利
副总经理 总工程师　程学智

二矿

总支书记 矿长　高飞鹏
副矿长 总工程师　岳太刚
副矿长　鲁军
　张进忠
　谢君武

银洞沟煤矿

总支书记 矿长　王彦林
副矿长　张秉义
　张旭升
总会计师　张宏吉
总工程师　高吉民

金马客运有限责任公司

党支部书记　惠治文
支部成员成员　陶文强
　聂成学
总经理　李立刚
经理　晋耀斌

固原市腾达客运有限责任公司

董事长 总经理　杨志贵(回)
财务经理 书记　栾瑞东

宁夏天豹固原汽车运输有限责任公司

党委书记　李志学
董事长 总经理　雷达
董事 副总经理　万建国
　李光平
　刘克强
执行监事 工会主席　周继武

县(区)

原州区

书记　王文宇(1月离)
　吴万俊(回,1月任)
副书记 区长　张戈(1月任)
副书记 常委　景清海
常委 副区长　李志菊(女、回)
常委 纪委书记　郭兆虎
常委 副区长　上官蓝波(7月离)
　陈伟群(7月任)
常委 宣传部长　李鹏霄
常委 政法委书记　公安分局局长 刘世生
常委 副区长　李占科

常　委 组织部长　马银轩
常　委 人武部部长　孙久富(5月离)
马金峡(5月任)
常　委 统战部长　何　锟(回)
人大主任　陈兴源
人大副主任　王占川
马登芳(女)
杨志平
马国明(回)
副区长　叶宏伟
冶三奎(回、9月离)
师淑莲(女)
康建宁
林顺豪
杨生俊(9月任)
政协主席　马彦明(回)
政协副主席　马良志(回)
张　雪(女)
毛启媛(女)
冯赵绪

西吉县

书　记　丁卫东(回、7月离)
周金柱(7月任)
副书记 县长　黄继红
常　委 副书记　吴秉银(9月离)
陈宇青(9月任)
常　委 统战部部长　海连鹏(回)
常　委 纪委书记　李世明
常　委 政法委书记　公安局长 杨国金(9月离)
陈　刚(9月任)
常　委 副县长　周文贵
常　委 副县长　李俊国(回)
常　委 组织部部长　马爱英(女、回族)
常　委 宣传部部长　李亚军(6月离)
张怀文(6月任)
人武部部长　赵正云(11月离)
任升虎(11月任)
人大主任　马正文(回)
人大副主任　马天英(回,女)
王学明
田树森
陈有功
副县长　田俊秀(女、回)
虎久强
海　国(回)
杨鹏岗(1月任)
马仲尧(回)
米　广(9月任)
政协主席　黄如林
政协副主席　马存礼(回)
赵怀琮
郭满福(回)
张笑菊(女)

隆德县

县委书记　李鸿儒
县　长　米　超
常　委 副书记　田育林
常　委 副县长　房正纶
何永吉(9月离)
宋新宇(9月任)
邓祥云(7月离)
詹和忠(7月任)
李学军(3月离)
常　委 武装部长　李学山
常　委 纪委书记　马文霞(女、回、11月离)
王　升(11月任)
常　委 公安局长　樊建华
常　委 宣传部长　王　勇
常　委 统战部长　马国栋(回)
常　委 组织部长　安　祯
人大主任　刘八水
人大副主任　何凤英(女)

	喇玉虎(回)
	吕震坤
	刘　玲(女)
副 县 长	柳发荣
	韩轶伟(12月离)
	孙向前(12月任)
	陶文科
	杨银梅(1月任)
政协主席	马如斌(回)
政协副主席	马国强
	程义晖
	张玉桂(女)
秘 书 长	闫国柱

泾源县

书　　记	桂福田
县　　长 副书记	马志宏(回)
副 书 记	王世明(回)
	蔡炳渠(7月离)
	颜复兴(7月任)
常　　委 副县长	马正学(回,9月离))
	李国才
	许正清(9月任)
常　　委 宣传部长	吴建平(回)
常　　委 公安局长	王　勇(6月离)
	杨佐义(12月任)
常　　委 统战部长	李光明(回)
常　　委 人武部部长	曹效贤
常　　委 纪检委书记	杨晓静(女、回)
常　　委 组织部长	虎正中(回)
人大主任	赫文堂(回)
人大副主任	禹炳礼(回)
	洪俊君(回)
	孙阿娜(女)
	李银辉
副县长	马保相(回)
	田元文(女)
	高建军(回)
县长助理	陈晓东
	王光华
政协主席	马寿康(回)
政协副主席	杨世明(回)
	禹红霞(回,女)
	于　勇(回)
党组成员	杨万升

彭阳县

书　　记	张佑昌
副 书 记 县　长	张隽华
副 书 记	张立君(9月离)
	杨耀峰(9月任)
常　　委 副县长	何永吉(9月任)
	杨耀峰(10月离)
	吴　璞
	曾果生(7月离)
	何金水(7月任)
常　　委 人武部部长	李才富
常　　委 宣传部长	李志坚
常　　委 纪检委书记	王　萍
常　　委 统战部长	许正清(9月离)
	冶三奎(9月任)
常　　委 组织部长	王旭东
常　　委 政法委书记 公安局长	王兆林
人大主任	杨　忠
人大副主任	郭富国
	曹　芳(女)
	杨志杰(回)
	李　廷
副 县 长	杨立慧
	米　广(9月离)
	李佐田(9月任)
	马志强
	林　栋
	陈爱棋(7月离)
	吴凌真(7月任)
	王　秉(10月离)
政协主席	邓万儒
政协副主席	马志忠(回)
	张志禄
	刘彩琴(女)

固原综述

固原概貌

【地理位置】 固原市位于宁夏回族自治区南部的六盘山地区。东部、南部分别与甘肃省庆阳市、平凉市为邻，西部与甘肃省白银市相连，北部与本区中卫市、吴忠市接壤。地域范围在北纬35°14′～36°38′，东经105°20′～106°58′之间。总面积10540平方公里，固原市区面积45平方公里。处于西安、兰州、银川三省府城市所构成的三角地带中心，是中国西部前景极佳的待开发地区。拥有中央给予的优惠政策和地方制定的一系列投资优惠政策。

【建制沿革】 在彭阳县发现距今2.7万年—3.2万年的旧石器时代古人类活动遗址。到新石器时代，已有农业为主的氏族部落。战国时期，本地属秦国版图。最早的行政建置始于秦惠文王时期(公元前337～前311年)的乌氏县(今原州区南)，后又增设朝那县(今彭阳县古城镇)。西汉武帝元鼎三年(公元前114年)析北地郡置安定郡，郡治高平县(今原州区)，共辖21县，属今本地的有高平、朝那、乌氏3县和月氏道(今隆德县境)。东汉仍仿西汉建置。西晋新置都卢县。在东晋时有高平、朝那、乌氏、都卢4县。南北朝时，本地先后为北魏、西魏、北周属地。北魏太延二年(436年)置高平镇，正光五年(524年)改高平镇置原州，并置高平郡和县，治所高平。原州领高平、长城2郡，高平、里亭、黄石、白池4县。北周置原州总管府，仍领2郡4县。隋大业三年(607年)废原州暨总管府，置平凉郡，领平高(高平改)、百泉、默亭、他楼4县。唐武德元年(618年)废平凉郡复置原州，贞观五年(631年)复置原州中都督府，到天宝元年(742年)又改为平凉郡。广德年间(763～764年)没于吐蕃。宋朝属本地的有镇戎军(今原州区)、怀德军(今原州区黄铎堡乡)、德顺军(今隆德县)、西安州(今海原县西安乡)。金升军为州，改镇戎军为镇戎州，德顺军为德顺州，废怀德军和西安州。元朝设有开成路、开成州、广安州。明置固原卫和固原州。清代设有固原州、隆德县、海城县和化平川直隶厅。辛亥革命后，将固原州改为固原县，海城县改为海原县，化平川直隶厅改为化平县。1936年红军西征部队到达固原，在固原县东北部设固北县，隶陕甘宁省，此后不久即撤，回归固原县。1942年新置西吉县。中华人民共和国成立后，将化平县改为泾源县。1953年11月1日甘肃省西海固回族自治区成立，辖西吉、海原、固原3县。1955年11月改称固原回族自治州。1958年10月宁夏回族自治区成立，撤销固原回族自治州，成立固原地区行政公署，辖固原、海原、西吉、隆德、泾源5县。1983年从固原县析置彭阳县。2002年7月，改固原地区行政公署为固原市，固原县改称原州区，辖海原县、西吉县、隆德县、泾源县、彭阳县和原州区。2004年6月海原县划归中卫市。现固原市辖4县1区。

【地形地貌】 固原市位于祖国黄土高原的西北边缘，境内以六盘山为南北脊柱，将全市分为东西两壁，呈南高北低之势。海拔大部分在1500～2200米之间。由于受河水切割、冲击，形成丘陵起伏，沟壑纵横，梁峁交错，山多川少，塬、梁、峁、壕交错的地理特征。属黄土丘陵沟壑区。主要山脉有六盘山呈南北走向，主峰美高山（米缸山）海拔2942米，为全市最大、最高山脉。月亮山海拔2633米，云雾山海拔2148米。有六盘山高山丘陵区，葫芦河西部黄土梁、峁丘陵地区，葫芦河东部黄土梁状丘陵地区，茹河流域黄土梁、塬丘陵地区，清水河中上游洪积—冲积平原区，清水河中游西侧黄土丘陵、盆、埫区，清水河中游东侧黄土丘陵山地区等类型。

【水系河流】 主要水系有泾河、清水河、葫芦河、祖厉河、颉河、乃河、红河、茹河等，年径流量约7.3亿立方米。

【地质土壤】 固原市在地层上处于华北地层和祁连地层区内，两区以龙首—六盘深断裂为界。华北地层区的次级单元为陕甘宁盆缘分区，彭阳县和泾源县、原州区的部分地区位于该分区的平凉小区内。其余大部分地区位于河西走廊—六盘山分区的六盘山小区和北祁连分区的靖远—西吉小区内。平凉小区内地层分布特点是：下元古界、寒武系、奥陶系、石炭系至侏罗系均很发育，但因黄土大面积掩盖，仅零星见于残山或沟谷中；下白垩统广泛分布，厚度较大；新生界较发育，遍布全市。六盘山小区地层发育极不完全，缺失古生界、三叠系、侏罗系、上白垩统和古新统。下元古界零星分布。早白垩世接受了巨厚的河湖相碎屑岩沉积，砂岩中具铜矿化。靖远—西吉小区出露最老地层为下元古界，古生界只有中—下泥盆统；新生界分布最广，缺失古新统。大部分地区为第四系黄土覆盖，构成黄土丘陵。由于地质构造的不同，加之经历了畜牧业—农牧业—旱作农业的不同发展阶段和自然条件的影响，形成土壤类型不一，但主要土壤可划为三类：⑴黑垆土。这是主要土壤类型，占总面积的66.4%，分布于山地以外的广大地区，即气候上的半湿润和半干旱区。⑵山地土。分布占总面积的33.6%，包括山地草甸土、山地棕壤土和山地灰褐土三个层次。它们自上而下地分布在六盘山、月亮山等高山地区。

【自然资源】 ⑴土地资源：全市总面积10540平方公里，内有耕地335221公顷。⑵水资源：地表水主要以清水河、泾河、葫芦河、祖厉河几大河流为主，年平均径流量7.28亿立方米。地下水总储量约3.24亿立方米，其中有0.8亿立方米因埋藏太深或矿化度高于5克/升而难以开采利用，真正能开发利用的有2.44亿立方米。⑶野生植物和名贵珍稀动物有：六盘山自然保护区经济价值较高的植物蕨菜、沙棘、发菜和国家重点保护的黄芪、桃儿七和北方少见的窝儿七、暴马丁香等。珍贵的树种有云杉、油松、华山松和水曲柳等。野生药材植物有530种，临床使用的有贝母、刺五加、三七、党参和当归数十种。林区还栖息着国家一类保护动物金钱豹，三类保护动物林麝、金雕、红腹锦鸡。六盘山区昆虫极为丰富，其优势类群有尺蛾、夜蛾、天蛾、常蛾、十二羽蛾、长角蛾、天蚕蛾和流萤等。波水蜡蛾在北京农业大学仅有雌雄各一只标本，而在六盘山区却极为常见。褐纹十二羽蛾仅存于六盘山，国内其他地方尚无记录。⑷矿产资源：境内金属矿藏稀少，而非金属矿藏资源较丰富。

【矿产资源】 已探明的矿产中煤产地5处，总储量9.30亿吨；硫铁矿1处，储量5.9万吨；铜矿5处，储量893万吨；磷矿1处，储量13.9万吨；石英砂矿4处，总储量16亿吨；石膏矿10处，总储量30亿吨；石灰石矿4处，储量1.3亿吨；陶土储量133万吨；芒硝储量200万吨；白云岩储量5900万吨；黄金矿石储量10万吨；油气资源4.92亿吨，盐矿核心区硝口30平方公里范围内初步探明储量17亿吨以上，属国家大型盐矿，远景预测储量达到100亿吨以上，具有埋藏浅、厚度大、品位较高、易开采等特点。花岗岩、闪长石、陶土等也有相当储量。

【气候特征】 境内气候属暖带半干旱区。由于地处内陆，地势高拔，又受欧亚大陆及青藏高原气团控制，形成冬季漫长寒冷，春季气温多变，夏季短暂凉爽，秋季降温迅速，春季雨量偏少，灾害性天气多等气候特征。年平均气温 6.27℃,年均降水 493.5 毫米,多东南风,风速在 2.1 ~ 6.2 米 / 秒之间,平均无霜期 152 天。1.气候分区。根据热量分布和干湿情况的差异,可以分成 3 类不同的气候类型。北部干旱区,夏热冬寒,早凉晚冷中午热,气温变化幅度大,光热资源较丰裕,但降水少,干旱多,有“十年九旱,三年两头旱”的说法。年平均气温 6℃ ~ 7℃,七月平均气温 20℃ ~ 22℃,极端最高温度达 36℃,一月平均气温 -10℃ ~ -8℃,极端最低气温可达 -34℃。年日照时数 2600 ~ 3000 小时。平均无霜期 120 ~ 150 天。年平均雨量 250 ~ 400 毫米,个别地区不足 250 毫米,降水集中在 7、8、9 三个月,占全年雨量的 62%。中部半干旱区,主要包括原州区的中部、彭阳县全部、隆德县西部和西吉县的大部。这一区域光热资源比北部少,降水比北部多。年平均气温 5℃ ~ 7℃。无霜期 110 ~ 145 天。年日照时数 2300 ~ 2600 小时,全年降水量 400 ~ 600 毫米。7、8、9 三个月的降水量占全年的 60%以上。降水较少,尤其春夏雨量不足。“三年一小旱,五年一大旱”,夏秋两季降水强度大,甚至出现洪灾。南部半湿润区,也叫阴湿地区,包括泾源全县、隆德县东部、原州区西南部、西吉县东北部。海拔高,位置偏东南,气温低,热量少,无霜期较短,降水量大。春寒、夏干、秋涝。年平均气温 5℃ ~ 6℃,六盘山山地仅 1℃。无霜期 100 ~ 130 天,个别地方不足 100 天。全年降水量 600 ~ 800 毫米,全年雨天 110 天左右。2.日照。年日照时数 2254.9 ~ 2963.1 小时,由北向南递减,原州区全年日照时数 2716.6 小时,泾源县 2242.0 小时。年日照百分率 50% ~ 61%,年太阳总辐射 4900 ~ 5700 兆焦耳 / 平方米,由南向北递增,北部每年的太阳辐射量级为 140 千卡 / 平方厘米,越向南太阳辐射量越少,每向南推移 10 公里,年辐射量约减少 1.2 千卡 / 平方厘米。年生理辐射为 61.05 ~ 67.78 千卡 / 平方厘米。除高山地区外,大多数地方光能资源丰富。在时间分布上,春夏季多,秋冬季少,五六月份达到最高值,十一月份出现最低值。在地理分布上,北多南少,最多的是原州区北端,最少的是隆德县。3.气温。1957 年—2005 年,年均气温 6.27℃,年平均最高气温 34.6(1976 年)年平均最低气温 -28.1(1975 年),气温由南向北递增,温差较大,六盘山区 4℃ ~ 6℃,黄土丘陵区 6℃ ~ 7℃;一月平均气温零下 6.9℃ ~ 9.2℃。七月份平均气温 16.9℃ ~ 21℃,年平均气温 5.3℃ ~ 7.3℃,绝对最高气温 38.5℃(原州区北端),绝对最低气温 -32.0℃(西吉),年平均气温日较差 10.8℃ ~ 12.8℃,气温平均年较差 24.2℃ ~ 27.0℃,年际变化不大,一般在 ± 0.26℃ ~ ± 0.39℃之间。热量资源≥0℃的积温 2582.3℃ ~ 3098.3℃,≥5℃的积温 2403.8℃ ~ 2889.6℃,≥10℃的积温 1925.0℃ ~ 2392.3℃,≥15℃的积温 768.7℃ ~ 1452.1℃。4、气温变化趋势。自 20 世纪 50 年代到 1967 年全市平均气温呈下降趋势。尔后又在波动中回升,1998 年温度最高。以后略有下降。南北变化一致。近十年(1993 年—2002 年)的平均气温比 50 年代(1951 年—1960 年)的平均气温上升了 0.4℃ ~ 0.6℃,原州区升温较高。全市气温的变化有 3 年、10 年、22 年周期。50 年代至 70 年代春季呈下降趋势,80 年代以后存在着较明显的上升趋势,90 年代后期,升温更加明显。50 年代至 70 年代前期夏季呈下降趋势。与春季不同的是,夏季是从 70 年代中期就开始在波动中上升。90 年代后期,则与春季相同。50 年代至 1967 年秋季呈下降趋势。与春、夏季不同的是,1967 年之后在波动中上升。冬季整体为上升趋势,与秋季相同。各季平均气温的变化幅度为冬、夏大,春、秋小。从近几十年变化看,全市冬、夏升温最明显,春季次之,秋季不明显。气温升高,是全球普遍现象。导致这种情况发生有两种原因:因废气排放造成的温室效应引起;正常的大气气候活动规律引起。温室效应会造成气温的持续上升,大气活动规律则是造成气温反复波动的直接原因。根据相关科学研究成果及固原市气温变化情况,预计未来气温的变化总体上是在波动中上升。具体为:未来 5 年内气温呈上升趋势;未来 5 ~ 10 年呈下降趋势;由于受温室效应和气候周期共同作用,在未来 20

年内，可能出现比1998年还要高的高温年，同时可能出现比90年代更低的低温年。2010年气候特点是气温偏高，日照充足，大部地区降水属正常，气象灾害发生频繁。春季降水偏多，气温偏高，日照适宜，有利于作物出苗以及冬小麦返青生长。汛期天气复杂，局地突发性强对流天气频繁发生，使农业生产蒙受了较大损失。秋季雨水相对较多，各地土壤底墒有所增加。进入冬季后，全市降雪天气较多，有利于冬小麦顺利越冬。

【降水与蒸发】 年均降水绝对值493.5毫米。1957年—2005年，年降雨最多1964年766.4毫米，最少1972年290.5毫米。降水量由南向北递减。年降水量在500毫米以下的地区占80%，南部的泾源县年平均降水量620毫米，中部的原州区年平均降水量435毫米，大部分属半干旱地区。受地形影响，降雨不匀变幅大，时空分布不均，60%~70%雨水集中在7~9月，占全年降水量的50%以上，冬季降水量一般占全年降水量的2%。俗有“春寒、夏旱、秋雨多，大雨下在七八月”之说。全市年降水量自1951年—2002年基本呈下降趋势。20世纪60年代比50年代上升了80毫米，70年代比60年代下降了70毫米，80年代略有上升，90年代又呈下降趋势，比80年代少40毫米，特别在90年代末期，有加速下降趋势。在四季降水量变化中，春季和夏季降水量五十年来呈波动变化趋势，变化幅度不大。但是进入90年代以来，春、夏季降水量有加速下降的趋势，春季降水量表现得更为明显，90年代下降速度率为平均每年2毫米，1995年春季降水为1951年以来的最低值，2000年为次低值年。整个90年代出现两个低值，说明进入90年代以来，全市春季已进入一个明显的干旱少雨时段。秋季降水量，1951年—2000年呈明显的下降趋势，下降速率为平均每十年3.1毫米，50年代秋季平均降水量为63毫米；60年代为82毫米，较50年代上升了19毫米；70年代为69毫米，比60年代下降了13毫米；80年代为57毫米，下降了12毫米；90年代为46毫米，下降了11毫米。秋季降水量除60年代为上升趋势外，其他均呈下降趋势。冬季降水量略呈上升趋势，上升速率为平均每十年0.5毫米。

【风】 本地多西北风和北风，年平均风速在2.1~6.2米/秒之间。“热生风，冷生雨。”全市西北靠近沙漠，易生成风暴、沙暴。冬春季大，秋季小，风向以西北风为主，受山脉走向及地形影响，随山地海拔高度升高风速增大，到山顶部受其气流影响，阻力减少而风速更大。年均大风日数为28.6天，最多出现在3~4月，最大风速29.0米/秒。气压一般在793~829百帕。年生理辐射为61.05~67.78千卡/厘米。风能资源D为241瓦/平方米，T为7394小时，E为1789千瓦时/平方米(D为全年有效风能密度，T为有效风速[3~20米/秒]累计时数，E为全年平均有效风能)。本地属风能资源中常地区。

【霜】 无霜期127~160天，平均无霜期152天，白霜期140天，绝对无霜期仅84天。最早初霜日9月13日(1959年)，最晚终霜日5月1日(1993年)，最晚初霜日10月15日(1973年)，最早终霜日4月9日(2000年)。

【云】 1957年—2005年，多云间晴年均87天，阴天96天，阴雨天31天。总云量平均6.2，底云量平均2.8。

【灾害性天气】 2010年影响全市的气象灾害主要有寒潮、霜冻、大风、冰雹、暴雨，使农业生产遭受了严重损失。4月13日—14日受冷空气过境影响，全市出现持续低温降雪天气，12日清晨最低气温达-6.9℃~-3.1℃；13日—14日大部地区普降中到大雪，部分地区达暴雪，各县(区)降水量在3.8mm~17.6mm之间，最大积雪厚度为4~11cm。此次降雪虽对增加农田土壤墒情十分有利，但降温、降雪天气对果木花卉、设施农业造成不利影响，另外道路结冰使交通出行不便。从各县(区)农业部门调查了解:这次降雪对设施农业生产造成了严重损失。隆德:设施农业受灾面积达658亩,其中:日光温室392亩196幢,大中拱棚266亩,预计造成经济损失达284万元。已种植拱棚早熟马铃薯,地上部分不同程度受到冻害,对其生长和产量有一定影响,将推迟上市时间。彭阳:降雪导致果树果花脱落、牧草萎蔫干枯、蔬菜苗冻坏;降雪和积雪对设施大棚有影响。受灾作物有豆类、胡麻幼苗、冬小麦、莜麦等。胡麻、豆类初露地面幼芽受冻干枯;冬小麦、莜麦叶尖受冻呈黑褐色,对后期生长和产量有所影响。5月18日,受冷空气影响,全市大部地区出现了霜冻天气。最低气温为-3.2℃~0.3℃,地面最低温度为-3.1℃~-0.4℃。从各地农业部门霜冻后调查了解,原州区:中部地区霜冻较轻,玉米受冻,下部叶片受冻变黑,上部叶片叶尖受冻;南部地区霜冻较重,玉米叶片全部受冻变黑,呈水浸状,西红柿、黄瓜、辣椒全部受冻,成灾面积为8377.4公顷,其中:玉米6000公顷,胡麻1920公顷,葵花300公顷,蔬菜133.3公顷。西吉:玉米受冻7800公顷,胡麻受冻12786.7公顷,蔬菜受冻1886.7公顷,直接经济损失630多万元。彭阳:受灾作物有玉米、胡麻、冬小麦、莜麦、蔬菜苗等,其中玉米受灾较为严重。霜冻灾害影响后的玉米幼苗80%左右失水萎蔫变褐,受灾面积11333.3公顷。泾源:霜冻灾害造成刚出土的玉米、马铃薯、胡麻及豆类幼苗萎蔫枯黄,受冻较重的幼苗全部枯死,同时还使部分发苗早的苗木受冻,个别树苗新长出的嫩枝被冻伤,给苗木栽植户造成了一定的经济损失。全县农作物受灾面积3036.1公顷,成灾面积2064.5公顷,绝产面积1427.7公顷。4月24日夜间至27日,受强冷空气过境影响,全市大部地区出现大风扬沙天气,并伴有0.0mm~3.7mm降水和降温天气过程。原州区、彭阳瞬时最大风速分别达到20.0米/秒和17.8米/秒,据农业部门不完全统计,原州区:大风造成56栋大中型拱棚倒塌,534栋受损。泾源:大风致使大部分秋覆膜及早春覆膜受灾,给春耕生产农户造成了严重损失。此次受灾面积涉及7个乡镇,共有7260亩旱作农业受灾,地膜损失达87.12万元,直接经济损失共计116.16万元,此次遭遇大风袭击,地膜几乎全部被毁。西吉:43座棚膜严重受损,大拱棚受损36座;小拱棚76座棚膜严重受损;秋覆膜;62公顷地膜被风吹走。隆德:大风造成拱棚55.1公顷,秋覆膜42.7公顷受灾。彭阳:受大风影响受损大棚1013栋,造成直接经济损失为160万元。6月21日,泾源县出现冰雹天气,泾河源镇、兴盛乡共10个村委会957户4134人受灾。其中农作物受灾面积397.7公顷,绝产185.1公顷,苗木受灾28公顷,农业直接经济损失49.7万元。7月22日—26日,受高原低值系统影响,全市大部地区出现大到暴雨天气,各县(区)过程累积降水量达29.6mm~204.6mm。此次降水过程,全市有17个乡镇累计降雨量超过100mm,其中暴雨中心区彭阳县新集、古城累计降雨量分别达到204.6mm和203.0mm,固原市区累计降水量75.8mm,隆德县降水相对较小,只出现大雨天气,降水量为29.6mm~53.2mm。此次降水过程对秋作物生长发育、库窖蓄水较为有利,但由于降水强度大,部分乡镇出现洪涝,农田被淹,胡麻等作物倒伏现象比较严重。同时强降水天气对小麦收割影响较大,部分尚未收割的小麦受灾,已收获的小麦晾晒困难。从民政部门了解到,此次降水共造成西吉县、彭阳县11.18万人受灾,受灾农作物面积2.63万亩,其中成灾面积2.47万亩、绝收面积0.8万亩、水毁农田225亩;两县共倒塌民房249户502间,损坏房屋864间。直接经济损失2270万元,其中农业损失1260万元、基础设施损失180万元、公益设施损失295万元、群众家庭财产损失535万元。8月7日,原州区三营镇出现短时雷阵雨天气,降雨量31.1mm,因暴雨造成个别民房进水倒塌,无人员伤亡。9月3日,受局地强对流天气影响,彭阳县城出现大暴雨,1小时降雨量达73.5mm;彭阳新集乡1小时降雨量达20.9mm。从当地农业部门了解,此次暴雨受灾面积253.3公顷,成灾面积133.3公顷,绝产100公顷,倒塌房屋12间,直接经济损失180万元。

【公共气象服务】 对全年出现的17次干旱、冰雹、暴雨、寒潮、大风、霜冻、大雾等重要天气过程均提前做出了准确预报，并及时向社会各界进行了服务。共发布灾害性天气预警信号64次，其中，暴雨15次，寒潮4次，大风6次，冰雹11次，霜冻10次，大雾13次，道路结冰5次。特别是对7月22日—26日全市出现历史罕见的大到暴雨天气过程，由于预报准确，服务及时，未造成人员伤亡，市政府致函区气象局建议表彰。先后为自治区盐化工基地项目、六盘山机场试航首飞、自治区第四次固原工作会议、各级领导视察固原、高考、中考以及元旦、春节、国庆、六盘山登山节等重大社会活动和节日提供了准确及时的气象保障和预报服务。

【人工影响天气】 全年高炮火箭防雹作业255点次，消耗人雨弹6116发。开展火箭增雨(增雪)作业118点次，共发射火箭弹584枚，累计作业面积8.5万平方公里，增加降水约2.6亿吨，每吨水按0.2元计算，火箭增雨产生经济效益达5200万元，平均增雨率约为15.8%，并参加自治区人影办统一组织的北部干旱带集中增雨作业2次。

【旅游资源】 悠久的历史使固原有着积淀深厚的古文化，有颇具特点的自然景观和人文景观。南端是六盘山国家级自然保护区和森林公园。老龙潭、二龙河、鬼门关、凉殿峡、野荷谷、白云山六大景区的70多个景点上奇特的高山峡谷地貌、流泉瀑布和特有的植物资源在群峰环抱中大放异彩。中部是以固原博物馆为中心的固原古城、战国秦长城、安西王府遗址等构成的文化旅游区。北部以中国十大石窟之一的须弥山石窟为中心，有火石寨丹霞地貌构成的云台山、石城、扫帚林及红军长征途中毛泽东参观过的单南清真寺、红军长征会师的将台堡，震湖和地震遗迹。概括地说，可归纳为生态环境游、高原风光窑洞游、峡谷探险游、荷叶溪水赏花游、民族色彩节日游、长征路上重走游(或六盘古道游)、历史文物寻古游、六盘山消夏避暑游、石窟壁画游、回乡村寨情趣游。

【民族】 固原，自古以来就是一个民族杂居地区，是西北民族聚合交往的重要地域。先后有戎、羌、匈奴、敕勒、突厥、吐蕃、鲜卑、党项、女真、鞑靼等民族在此生息繁衍，与汉民族融汇交流，共同创造本地悠久历史。元、明之际，又为回族孕育发展的摇篮之一，回汉民族长期杂居。新中国成立后，经过民主改革和社会主义改造，在中国共产党民族政策的指引下，结成社会主义的团结友爱、互助合作、和谐共处的新型民族关系，共同进步，共同繁荣。2010年，全市人口中，回族636909人，占总人口的42.84%。宁夏是全国回族最多的省，固原又是宁夏回族主要聚居地之一。中国传统的道教、佛教、伊斯兰教、基督教，先后传入本地，源远流长。佛、道、基督教文化影响汉族生活习俗，伊斯兰教文化融入回族生活习俗，各民族的文化积淀交汇成颇具特色的地方文化。各民族文化在交流融汇中发展，形成丰富多彩的社会生活。人民物质生活和文化生活水平不断提高；受社会主义思想风尚的影响，传统美德充分发扬，时代新风蔚然成长，整个社会生活在随时代前进而发展变化。

【人口】 据最新考古发现，固原在旧石器时期即有人类在这块土地上活动。新石器时期人类繁衍兴盛，发展较快。夏商周至春秋战国时，戎族迁居。汉代以降，漠北少数民族来到本地居住。隋唐至元明，境内成为军屯、监牧之地，大片土地沦为屯田、牧地。明嘉靖二十年（1542年），固原州约有人口52921人(不含驻军)。清代，人口锐增。尤其在同治年间(1862年—1874年)，陕甘起义军中的回民被大量安置到本地。1928年，总人口227548；1945年，总人口333212人，其中回族155914人，占总人口的46.79%；1949年，总人口412204人，其中回族149681人，占总人口的36.33%。新中国成立后，社会安定，制度优越，人口迅猛增长，到1990年，总人口已达到1316834人，其中回族547024人，占总人口的41.54%；2005年，总人口1486822人，其中回族636909人，占总人口的42.84%。人口的过快增长,超越了本地自然与经济的承受能力。20世纪80年代初,实行计划生育。1990年,出生率22.84‰,死亡率4.48‰,自然增长率18.36‰;2005年,出生率18.97‰,死亡率4.99‰,自然增长率13.98‰。继续控制人口增长,提高人口素质,为当务之急。2010年全市户籍总人口152.53万人,其中,农业人口129.74万人,回族人口69.88万人,占总人口的45.8%。实施"少生快富"工程5031例,创建"少生快富"示范户584户。全市人口出生率17.24‰,人口自然增长率11.81‰,计划生育率达到83.2%。2010年人口,见本《年鉴》特载第12页《固原市2010年第六次全国人口普查主要数据公报》。

经济与社会发展

【主要经济指标】 2010年实现地区生产总值104.03亿元,同比增长9.6%;全社会固定资产投资112.3亿元,增长30.6%;实现地方财政一般预算收入5.26亿元,增长49%;实现社会消费品零售总额32.45亿元,同比增长17.7%;城镇居民人均可支配收入13043.9元,增长10.6%;农民人均纯收入3477.2元,增长17.4%;城镇化率达到30.85%,比上年提高1.9个百分点,城镇登记失业率控制在4.2%以内。万元GDP综合能耗1.8594吨标准煤,比上年下降1.61%。化学需氧量和二氧化硫排放量分别控制在1万吨和0.98万吨以内。

【农业与农村经济】 2010年,完成农业增加值30.09亿元,同比增长10.4%。粮食总产量74.58万吨,创历史新高。特色优势产业发展壮大,建成肉牛示范村105个,肉牛饲养量达到78万头,"泾源黄牛"通过地理标志认证。马铃薯种植面积188.53万亩,总产29.87万吨,三级脱毒种薯繁育推广体系初步形成,建立脱毒种薯繁育基地14.45万亩,生产原原种6249万粒;"西吉马铃薯"荣获中国驰名商标。新增设施农业6.3万亩,累计达到22万亩;完成以覆膜保墒为主的旱作节水农业95.3万亩。原州蔬菜、西吉西芹、隆德花卉、泾源苗木、彭阳辣椒等新的特色产业正在形成。建立健全土地流转机制,积极推广西吉"华林模式",引进总投资5000万元以上农业产业化龙头企业9家,"六盘山"牌农产品商标荣获自治区著名商标。

【工业经济】 2010年,完成工业增加值11.01亿元,同比增长8.3%。固原盐化工循环经济扶贫示范区启动建设,投资1.1亿元完成示范区总体规划、选址和10平方公里土地征用、主干道12.5公里路基及道路绿化。固原经济开发区中小企业科技创业园建成投入使用。六盘山热电厂2×330兆瓦机组并网发电,王洼二矿年产150万吨原煤项目建成试生产。新打油井30口,生产原油13.5万吨。全年生产原煤124.9万吨、水泥85.92万吨,能源工业迈出具有里程碑意义的一步。实施"项目建设和招商引资年"活动,引进资金29.27亿元,同比增长88.2%。

【第三产业】 2010年,完成第三产业增加值52.07亿元,同比增长8.4%。商贸流通、住宿餐饮、交通运输等传统服务业明显提升;中介服务、信息传媒等现代服务业迅速发展;银行保险等金融业快速增长,2010年,各项存款余额149亿元,贷款余额84亿元,城乡市场不断繁荣,社会消费品零售总额达到32.45亿元,同比增长17.7%。六盘山红色旅游、生态旅游和文化休闲避暑度假基地建设加速推进。建成须弥山博物馆、香水海文化广场及游客服务中心并完成博物馆布展,王洛宾文化园、萧关遗址文化园、六盘山生态博物馆、六盘山隆德博物馆建成运营,六盘山国家森林公园游客中心开工建设。完成原州区三营至须弥山等6条景区主干道宽幅绿化带68公里。举办宁夏第六届六盘山山花旅游节等系列活动,开发了以"六盘人家"为品牌的文化旅游小商品,全市共接待游客152万人次,实现旅游社会总收入5.8亿元。

【扶贫开发】 加强闽宁对口扶贫协作,做好定点帮扶、整村推进和社会扶贫工作。2010年,共整合各类资金4.08亿元,完成第三批164个整村推进扶贫开发年度任务。争取互助资金3345万元,改善了149个贫困村的生产生活条件,全市贫困人口减少5.1万人。

【区域中心城市建设】 2010年,市区总人口达到20.88万人,建成区面积达到34.62平方公里。集中力量实施新区建设大会战,行政办公、学校医院、星级酒店、房产商贸、市政设施等25个项目相继开工,总投资45亿元,年内完成投资16亿元,报业新闻中心建成启用,固原一中、市公安技侦大楼等项目建设进展顺利。道路、供排水、电力通信、供热等路网、管网铺设基本完成,城市框架基本形成,为建设一个现代化新区奠定了坚实基础。开辟了连接新区与老城新通道;新铺设供热管网21公里,新增集中供热面积60万平方米,集中供热普及率达62%以上;新建5处街头景观休闲广场;完成原固原体育场改造和宋家巷民族特色商业居住区改造二期工程。开展"城市管理年"活动,城乡面貌明显改观。实施主要街区亮化美化工程,完成机场路等18条道路路灯安装;建成大原广场、古雁岭生态公园等一批重点城市园林项目,新增城市绿地4818亩,人均公共绿地面积8.52平方米,绿化覆盖率达到28.6%;全市城镇化率达到30.85%。

【劳务经济与全民创业】 举办全市首届农民工职业技能大赛,完成职业技能培训14841人、职业技能鉴定10829人。新建转移就业基地64个,累计达到819个。组建劳务集团公司5家、劳务中介组织6家。组织农村劳动力转移就业"三个万人"输出大行动,全年转移就业30.5万人,实现劳务收入20亿元,转移就业人员人均创收6553元。劳务人均纯收入占农民人均纯收入的44.4%。原州区、西吉县、彭阳县被命名为全国农村劳动力转移就业工作示范县(区)。新建创业园区和孵化基地10个,累计达到29个;创办小企业505个,累计达到1448个;培养小老板1105人,累计达到2136人;创造新岗位5262个,累计达到13890个;累计开展创业能力培训3946人;成立创业小额贷款担保机构6家,发放担保贷款1.37亿元。

【基础设施建设】 2010年,六盘山机场建成通航,309国道彭阳过境段、马成河至硝口段建成通车,福银高速六盘山镇至沿川子段建设进展顺利,原州区至王洼铁路运煤专线、银洞沟煤矿年产300万吨技改扩建、华电西吉月亮山风电厂一期49.5兆瓦等重点项目开工建设。新建农村水泥和沥青公路1120公里;西气东输二线工程固原段建设进展顺利,农村能源建设积极推进;开工建设秦家沟水库、彭堡水源地地下水库。兴修旱作基本农田65.3万亩,新增节水灌溉面积12.6万亩;完成东山坡引水、原州区东部安全饮水、固西引水等一批重大水利设施建设项目和62座病险水库除险加固、50处农村安全饮水工程,抗旱减灾能力进一步提高。

【生态建设与环境保护】 2010年,完成长城梁生态农业科技示范园二期工程、原州区须弥山河道综合治理、西吉县城北山绿化、隆德县六盘山珍稀植物园、泾源县瓦亭荒山绿化、彭阳县城南北山绿化等6个3000亩以上集中连片绿化点;开展退耕还林补植补造,2002年度41.8万亩通过国家核查验收;完成水土流失治理面积498平方公里;创建生态示范乡(镇)6个、示范村57个。全市森林覆盖率达到17.6%。狠抓封山禁牧,培育壮大苗木、林果、枸杞、中药材等后续产业。加大环境保护,四县污水处理厂相继建成,马铃薯淀粉废水治理技术研发成功并推广应用,主要河流水质明显好转。

【精神文明与民主法制建设】 开展精神文明创建活动,基层民主建设得到巩固,国防动员和双拥共建工作不断加强。继续开展矛盾纠纷排查调处和领导干部"大接访"活动,有效化解了一批矛盾纠纷和信访积案。加强社会治安综合治理，推进新一轮"平安固原"建设，严厉打击各类犯罪，营造良好的社会环境。贯彻党的民族宗教政策，开展民族团结进步、和谐宗教活动场所创建活动，依法加强宗教事务管理，妥善处理宗教内部矛盾，保持宗教领域和谐稳定。落实安全生产责任制，集中开展各类安全隐患排查整治。加强食品药品安全监管力度，维护群众切身利益。完善应急管理制度，开展了地震、消防等应急救援演练，应对突发公共事件能力不断提高。

【社会事业】 开展教育强县（区）创建和基本普及高中阶段教育工作，原州区、隆德县、彭阳县通过自治区教育强县（区）验收。落实"三免一补"、困难学生资助、营养早餐等教育普惠政策。编制完成《固原市地方课程教材》初稿。实施中小学校舍安全改造工程，校舍面积达到162万平方米，办学条件明显改善，有效缓解了"大班额、大通铺"问题。全市适龄儿童入学率、初中阶段毛入学率、高中阶段毛升学率分别达到99.7%、106.4%和85.1%。推进科技创新，科技特派员创业行动，建成科技示范园区6个。科技对国民经济增长的贡献率达到39%。编制完成了《固原市中长期人才发展规划纲要（2010—2020年）》。实施精品文化工程和县（区）特色文化工程，举办了六盘山精神暨西海固文学艺术研讨会，出版发行了《六盘山文化丛书》《六盘山民间故事》等刊物，编排了《王洛宾的花儿情》等优秀剧目。组织了"花儿漫六盘"电视大奖赛等文艺展演，非物质文化遗产和文物保护成效显著。成功举办2010年全国群众健身大会暨首届六盘山登山节，全民健身活动蓬勃开展。广播电视覆盖率达到98%，农村8套以上广播电视节目入户率达到93.3%。落实药品"三统一"政策，提前实现国家基本药物制度全覆盖。市人民医院门诊住院综合楼、市妇幼保健院迁建、隆德县医院迁建、彭阳县中医院住院部建成使用，市中医院、西吉县医院迁建工程进展顺利。城镇居民医疗保险、新农合参合率分别达到95.2%和93.3%，群众"看病难、看病贵"问题得到有效缓解。社会保障体系建设步伐加快，率先在全区建立市区失地农民最低生活保障制度；实现了职工医疗、生育保险市级统筹，推进统筹城乡居民医疗保险试点，全面启动实施了新农保试点；解决社会基本养老保险、医疗保险历史遗留问题。全市纳入城乡低保18.6万人，实施医疗救助27.34万人次，为城乡10515名80岁以上生活困难老人发放了高龄津贴，为全市69301户农村低保户和18351户城市低保户分别发放30元和50元"两节"慰问金。以基本养老、医疗、失业、工伤和生育保险为主要内容的社会保障体系基本建立。城乡居民衣食住行条件大为改善。住房公积金制度覆盖面进一步扩大，归集总额达到12.01亿元，贷款总额达到6.88亿元；全市累计完成廉租住房等保障性住房53.26万平方米，实施危房危窑改造5.7万户。城乡居民各项储蓄存款余额达74亿元。

大事记

1 月

5日，市委举办新年第一场全市领导干部理论大讲堂，邀请宁夏党校信息网络中心王娟副教授，就中央和自治区经济工作会议精神作全面分析和解读。

11日，市委副书记董玲主持召开马铃薯产业发展座谈会，研究贯彻自治区党委副书记于革胜2009年12月22日在自治区商务厅《宁夏商务参阅》第32期"荷兰马铃薯产业化实践对发展固原地区马铃薯产业的启示及建议"上的批示。副市长马吉出席会议。

是日，市人大副主任、市总工会主席马玉芳主持召开固原市第一届劳模评审领导小组会议，就评选工作进行安排部署。在市第一届模范集体、劳动模范和先进工作者暨推选2010年自治区先进集体和劳动模范、先进工作者活动中，全市拟命名模范集体8个，劳动模范和先进工作者50名。在市级劳模中，将推选自治区级模范集体1个，劳动模范、先进工作者23名。

是日，宁夏恒菲工贸有限公司董事长、固原黄金珠宝城总经理林国荣被评为2009年中国优秀民营企业家，是全市唯一获此殊荣的企业家。

12日，市委副书记董玲、副市长马吉带领市委政研室、市农牧局等部门负责人深入原州区调研农业农村工作。要求把原州区打造成现代生态农业示范区。

17~20日，政协固原市第二届委员会第三次会议在市人民会堂召开。市委书记、市人大常委会主任刘小河在大会开幕式上作重要讲话，市政协主席邓向贵向大会作工作报告。大会应到政协委员280名，实到252名。大会审议通过了《政协固原市第二届委员会第三次会议政治决议》《政协固原市第二届委员会第三次会议关于常务委员会工作报告的决议》《政协固原市提案委员会关于政协二届三次会议提案审查情况的报告》。会议号召，全市各级政协组织、政协各参加单位和广大政协委员，要更加紧密地团结在以胡锦涛同志为总书记的中共中央周围，高举中国特色社会主义伟大旗帜，深入贯彻落实科学发展观，在中共固原市委的坚强领导下，在市政府及社会各界的大力支持下，大力弘扬"不到长城非好汉"的六盘山精神，紧紧围绕市委二届八次全体(扩大)会议提出的奋斗目标和市委、政府中心工作，服务大局，切实履行职能，以更加振奋的精神、更加务实的作风、更加高效的工作，为奋力推进固原跨越式发展作出新的贡献。

18~20日，固原市第二届人民代表大会第三次会议在固原市人民会堂召开。大会应到代表298人，实到276人。市委书记、市人大常委会主任刘小河主持会议，市长白尚成作政府工作报告. 大会通过了关于市政府工作报告的决议、市2009年国民经济和社会发展计划执行情况与2010年国民经济和社会发展计划的决议、2009年全市及市本级财政预算执行情况与2010年全市及市本级财政预算的决议、市人大常委会工作报告的决议、市中级人民法院工作报告的决议、市人民检察院工作报告的决议、关于代表议案的决定。会议号召，在自治区党委、政府和市委的坚强领导下，高举中国特色社会主义伟大旗帜，认真学习实践科学发展观，大力弘扬“不到长城非好汉”的六盘山精神，团结和带领全市人民，振奋精神，抢抓机遇，开拓进取，扎实工作，为开创固原市经济社会又好又快发展新局面而努力奋斗。

21 日，自治区党委副书记于革胜，自治区党委常委、统战部部长马金虎等带领的自治区考核组，对固原市 2009 年度落实党风廉政建设责任制情况进行考核。市委书记刘小河、市长白尚成分别代表市委、政府领导班子汇报推进惩防体系建设和落实党风廉政建设责任制及个人履行职责、执行廉洁自律规定情况，市委、政府班子其他成员提交书面述职报告并参加民主测评。考核组现场对市四大班子领导干部进行民主测评，查阅了工作资料，并到原州区进行延伸考核。

24～25 日，在春节来临之际，市委书记刘小河，市长白尚成，市政协主席邓向贵，市委常委、副市长黄雅杭，市委常委、纪委书记高贵武分别带领慰问组分赴各县区，对部分农村困难群众、优抚对象、特困党员、困难企业职工、劳模、离退休干部、农村敬老院老人、驻固部队官兵、困难党员、特困残疾人和春节期间值班单位进行了亲切慰问，把党和政府的关怀与温暖送到了他们身边。

26 日，《固原日报》报道，隆德县近日荣获“全区政法工作先进县第一名”和“全区公众安全感满意度第一名”。

27 日，全市宣传思想文化工作会议召开。会议命名表彰了 29 个市级文明单位、文明村镇和文明机关。市领导周庆华、拜志俊、陈莉萍、罗永红参加会议并为受表彰单位、村镇和机关授牌。

是日，市委书记、市学习实践活动领导小组组长刘小河主持召开市学习实践活动领导小组第七次会议，学习贯彻中央、自治区有关会议精神，听取各县区学习实践活动工作汇报，对搞好第三批学习实践活动“回头看”乃至整个学习实践活动总结工作进行安排部署。市领导丁卫东、高贵武、马金元、周庆华及市学习实践活动领导小组成员单位负责人、县区委书记等参加会议。

同日，市委书记刘小河主持召开全市党(工)委书记抓党建工作述职会议。在听取了各县区党委书记及部分市委直属基层党(工)委书记的述职报告后，刘小河要求，全市各级党组织要认真贯彻落实去年 12 月自治区党委、政府贯彻落实十七届四中全会精神的 7 个方面 108 项具体任务，以全市党建工作科学化水平的提高开创后发快进的新局面。

28 日，《固原日报》报道，市政府决定，从 2010 年 1 月 1 日起，全市城镇职工医疗保险统筹方式统一为“6+2”模式；基本医疗保险最高支付限额由原来的 2.5 万元提高至 3 万元，大额医疗保险最高支付限额由 12 万元提高到 15 万元，两项共可报销支付 18 万元。同时，在大额医疗保险的基础上，建立了大额医疗救助制度。

29 日，《固原日报》报道，原州区三营镇鸦儿沟村回族农民何万成。2 月 9 日凌晨 2 时，在吐鲁番通往乌鲁木齐的高速公路上救了遭遇车祸的四个维族姑娘，获救的四位维吾尔族姑娘是乌鲁木齐市收费站的员工，她们是阿衣古丽、阿依努尔、优丽吐子、古丽皮亚。该报点评：这位普通的固原回族农民，在千里之外的陌路，在戈壁深夜里，在二月寒风中，胸无杂念、义无反顾地挽救了四位维吾尔族同胞的生命。事后，他深缄其口、不事声张，直到千里来信、市委书记批示，才被“侦破”！这是高尚的品德，这是凡人的义举，这是人性的光彩。这既是对宝贵生命的珍爱、道德情操的彰显，这又是对民族团结的维护，这更是时代精神的火炬。他是我们这块土地上众多道德模范中的一位，他们的美德让人感知了世间的温暖。

30 日，市纪委召开二届七次全体会议。会议总结 2009 年全市党风廉政建设和反腐败工作，部署 2010 年工作。市领导刘小河、白尚成、邓向贵、黄雅杭、丁卫东、高贵武、周庆华、田宝成、姜文奎、田治富、李守银、马吉以及市中级人民法院、市人民检察院、六盘山旅游管委会有关领导出席会议。会议由市委常委、副市长黄雅杭主持。市委书记刘小河作重要讲话。会议号召全市各级党政组织和广大党员干部要认真贯彻落实科学发展观，大力弘扬“不到长城非好汉”的六盘山精神，以更加坚定的信心、更加坚决的态度、更加有力的措施、更加扎实的工作，坚定不移地把党风廉政建设和反腐败工作推向前进，力促全市经济社会科学发展、和谐发展、跨越发展。

是月，据《宁夏日报》报道，自治区国土资源厅和地矿局在固原市原州区彭堡镇陈家磨村打出第一眼优质淡水井。该井勘探深度206米，成井深度180米，含水层厚度累计63米，每天出水量2000立方米，地下水溶解性总固体含量每升0.675克，含氟量每升0.86毫克，完全符合地下水质量Ⅲ类标准，能满足当地一万人的生活饮用水需求。这口井的成功出水实现了中南部严重缺水地区勘查找水重大突破，标志着中南部找水项目进入了实质性的实施阶段，为固原盐化工基地的开发建设提供了生活用水保障。

是月，全市税收收入11022万元，同比增长69.06%，增收4502万元，为年度计划5.28亿元的20.88%，月收入首次过亿元，创历史新高，实现了首月“开门红”。

2　月

7日，自治区领导项宗西、齐同生、冯炯华、姚爱兴来到本市，深入社区、乡村、企业及福利机构，看望慰问困难党员、城乡困难群众、优抚对象、劳动模范，为他们送去了党和政府的关怀以及新春的祝福。

8日，市委书记、市人大主任刘小河主持召开全市领导干部大会，传达学习自治区党委书记陈建国、自治区主席王正伟参加固原代表团审议时的重要讲话和自治区十届人大三次会议、政协宁夏九届三次会议精神，并就学习贯彻好“两会”精神以及抓好当前几项工作提出要求。

9日，《固原市产业发展规划》研讨会召开。市领导刘小河、白尚成、邓向贵等在职厅级领导干部参加研讨会。研讨会由市委副书记董玲主持，西安朝华管理科学研究院院长单元庄从产业转型升级的背景需求与现实产业基础，固原战略定位、目标，产业发展规划实施路径三个方面进行了讲解与说明。《固原市产业发展规划》提出固原以能源化工为“增长极”，通过实施“166”工程，经过“十一五”到“十三五”的艰苦努力，实现固原农业主导型经济向工业主导型经济的转型升级，农业社会向工业社会战略转换。规划提出建设以重化工业与现代服务业为主体，特色农业、轻型加工业资源与装备制造业、现代服务业协调发展的新型工业体系。明确了固原市到2020年一个时期的战略目标、发展思路、产业结构、功能布局、阶段任务与近期重点工作。

是日，市委召开公开选拔领导干部任职集体谈话会，对27名公开选拔的领导干部进行任职前集体谈话，市纪委有关负责人对新任职干部廉洁自律、勤政廉政提出了严格具体的要求，新任职干部代表作了表态发言。市委常委、组织部部长马金元出席谈话会并讲话。这次公开选拔，全市共有1060名干部报名参选。通过报名、资格审查、笔试、面试、组织考察和公示等环节，经市委、市委组织部分别研究决定，马央等10名干部分别担任公开选拔的10个副处级领导职务，张明等17名干部分别担任公开选拔的17个市直单位科级领导职务。

10日，在新春佳节即将到来之际，彭阳县皇甫谧文化广场在皇甫谧故里古城镇正式落成，自治区党委常委、宣传部部长杨春光，市委书记、市人大主任刘小河出席典礼并为雕像揭像。皇甫谧生于东汉时期的安定郡朝那县(今天的彭阳县古城镇)，是中国历史上著名的文学家、史学家、教育家和针灸医学家，是彭阳历史上最负盛名、影响最大的文化名人。为追念先贤、传承中华历史文化，发展旅游产业，在区、市领导和文化旅游部门的关心支持和大力帮助下，彭阳县在古城镇规划建设了皇甫谧文化广场。新落成的皇甫谧雕像是该文化广场的标志性建筑，由石阶、碑座、雕像三部分组成，通高15.09米，是迄今为止区内最高的历史文化名人石像，它的建成对于增加彭阳县文化底蕴,加快旅游产业发展,推动经济社会科学发展具有极其重要的作用。

11日,市委、政府2010年春节团拜会在固原宾馆举行,全市各界人士欢聚一堂,辞旧迎新,共话发展,共迎虎年新春。

26日,市委宣传部发出《关于开展全民读书活动倡议书》。向全市干部职工、广大群众发出倡议:开展全民读书活动,以读书学习提升工作效率,以读书学习提高发展能力,以读书学习丰富人生智慧!

是月,由固原市委组织部编辑的固原市党建工作系列丛书《六盘山下党旗红》一套3卷,由宁夏人民出版社出版发行,并陆续发放到全市各级党组织及党务工作者手中。编辑出版基层党建工作系列丛书,在固原组织工作史上尚属首次。该系列丛书分《制度篇》《实践篇》《先锋篇》三卷。

是月,《固原日报》报道:隆德县岚凤酒厂生产的"南凤牌"白酒、美隆饮料有限责任公司生产的"美隆牌"沙棘饮料入围"宁夏名牌"。

3 月

2日,全市领导干部大会召开,传达学习中共中央政治局常委、国务院副总理李克强来宁夏考察时的重要讲话精神,研究贯彻落实意见。市委书记刘小河主持会议并讲话。(相关链接:2月25日—27日,李克强来宁夏考察工作,就进一步加快宁夏经济社会发展,深入推进西部大开发战略进行调查研究)。

3日,全区春风行动暨固原市万人转移就业启动大会在市区体育场举行,标志着全区春风行动和固原市万人转移就业活动拉开帷幕。市领导刘小河、拜志俊、罗永红及自治区人力资源和社会保障厅、总工会、就业与创业服务局等厅局负责人出席启动大会。

4日,由自治区发改委牵头,国电英力特能源化工集团股份有限公司承办的《固原盐化工循环经济扶贫示范区总体规划》评审会在银川召开。经过区内外知名专家和自治区有关部门严谨细致审查,会议通过了《总体规划》的评审,并就《总体规划》进一步完善达成一致意见。自治区党委常委、副主席齐同生,自治区发改委、经信委、国电英力特能源化工集团股份有限公司以及自治区相关厅局负责人出席会议。市领导董玲、范宏明以及市有关部门负责人参加会议。(相关链接:2008年以来,自治区地矿部门在固原市原州区硝口至上店子30平方公里范围内发现岩盐资源,初步探明储量22亿吨以上,加之固原有储量丰富的煤炭、石灰石资源,建设固原盐化工循环经济扶贫示范区具有较大优势。基于此,区、市党委、政府高度重视,决定充分利用矿产资源优势,调整产业结构,加快固原经济发展。随后,自治区经信委、固原市政府、国电英力特公司委托上海工程化学设计院有限公司按照循环经济及"减量法、资源化和再利用"的理念编制了《总体规划》。根据规划,示范区将以岩盐矿资源开发、煤炭资源开发、石灰岩资源开发为先导,以煤炭初级加工、热电联产为基础,构筑"氯碱化工"和"煤炭初级加工"主体产品框架,最大限度延伸产业链,提高产品附加值。项目由国电英力特集团分两期投资建设,预计总投资约196.4亿元)。

是日,全市组织工作会议召开,会议回顾总结2009年组织工作,研究部署2010年组织工作。市委常委、组织部部长马金元出席会议并讲话。

5日,全市深入学习实践科学发展观活动总结大会召开。会议全面总结全市第二批、第三批学习实践活动的经验做法,对进一步巩固扩大学习实践活动成果,建立健全学习实践长效机制,推进科学发展、跨越式发展进行部署。市领导刘小河、邓向贵、董玲、黄雅杭、丁卫东、高贵武、陈凤龙、马金元、周庆华、姜文奎出席。市委书记、市学习实践活动领导小组组长刘小河讲话,自治区第二巡回检查组组长李文录讲话。按照中央和自治区党委的统一部署,固原市第二批学习实践活动从2009年3月开始到8月底基本结束,第三批学习实践活动从

2009年9月开始到2010年2月底基本结束，每批历时半年，先后有1379个单位、2416个党组织、54438名党员参加了活动。整个活动中，各单位共查找梳理出各类问题16973个，目前已解决12571个，其中解决影响科学发展方面的4768个、党性党风党纪方面的1457个、涉及群众切身利益方面的5548个、基层组织建设方面的798个，正在继续整改落实的问题4402个，帮助群众办实事好事8118件，废止规章制度1006项，修订3543项，新建2491项。

11日晚，全市领导干部理论大讲堂暨提升心理调适能力专题讲座举办，邀请宁夏党校经济管理学副教授马荣芳对提升领导干部心理调适能力进行专题辅导。市领导刘小河、邓向贵、董玲等在职厅级领导参加了专题讲座。

12日，全市农村工作会议召开。会议总结了2009年全市农业农村工作，安排部署了2010年工作。会上，对2009年工作成绩突出的县区和产业发展带头人、优秀农业技术推广人员、农民合作经济组织、农民经纪人给予表彰奖励，并与各县区签订目标管理考核责任书。市领导刘小河、邓向贵、董玲、马金元、姜文奎、拜志俊、马吉、刘乐伟出席会议。

是日，全市发展劳务产业暨全民创业工作会议召开。会议总结2009年工作，安排部署2010年工作，并对2009年全市发展劳务产业和全民创业先进集体和个人进行了表彰奖励。市领导刘小河、邓向贵、董玲、黄雅杭、马金元、姜文奎、拜志俊、李守银、罗永红出席会议。自治区人力资源和社会保障厅副厅长武平应邀到会并讲话。

16日，市委、政府召开全市领导干部大会，传达学习全国“两会”精神，安排部署全市学习贯彻工作。市委书记、市人大主任刘小河主持会议并讲话。会上，全国人大代表、市长白尚成和市政协主席邓向贵分别传达了十一届全国人大三次会议精神和全国政协十一届三次会议精神。

是日，全市信访工作暨表彰会议召开。会议总结了2007年以来全市信访工作成效和经验，分析了信访工作面临的形势，安排部署了今后一个时期的信访工作。会上，对在信访工作中成绩突出的先进集体和个人进行了表彰奖励，并与各县区签订了2010年信访工作目标责任书。市领导刘小河、董玲、陈风龙、姬永昌、李守银、姚启世出席会议。

19日，市委研究制订了《中共固原市委员会贯彻〈中国共产党全国代表大会和地方各级代表大会代表任期制暂行条例〉的实施办法（试行）》及六项配套制度，全面推行党代表任期制，对党代表的义务、权利、职责、活动方式及履行职责的保障措施作出明确规定。《办法》明确党代表在党代表大会召开期间主要有审议权、表决权、提案权、选举权和被选举权。在大会闭会期间主要有知情权、提议权、建议权、监督权、视察权、质询权、民主推荐和民主评议权以及受代表大会或者党的委员会委托的其他权利和职责。

22日，全市春季造林绿化暨长城梁生态农业科技示范园项目启动仪式举行，来自机关单位、部队、学校的4000多人参加春季义务植树活动。市领导刘小河、白尚成、董玲、黄雅杭、张宗莺、高贵武、马金元、周庆华、姜文奎及固原军分区、武警固原市支队领导，各县区党委、政府主要领导、分管领导参加了启动仪式。长城梁生态农业科技园建设项目是2010年市委、政府确定的经济社会建设15件大事之一。通过实施农户搬迁、土地整理、道路工程、引水工程、造林绿化及农业科技园区建设，形成由生态景观林6500亩、经济林基地1500亩、高科技生态示范园500亩、林业育苗中心2200亩、纪念林500亩，生态农业科技示范园3800亩组成的生态农业科技园。项目概算总投资1.56亿元。

22～23日，水利部调研组来到固原市就宁夏中南部（固原地区）城乡饮水安全水源工程项目进行调研，并召开座谈会。市长白尚成出席调研座谈会，市委副书记董玲，市委常委、西吉县委书记丁卫东，副市长李守银陪同调研。

25日，市委、政府召开全市领导干部大会，传达学习中共中央总书记、国家主席、中央军委主席胡锦涛在宁夏考察工作时的重要讲话和自治区党委常委(扩大)会议精神,安排部署贯彻落实工作。市委书记刘小河主持会议并讲话。(相关链接:3月21日至23日,胡锦涛总书记在中共中央书记处书记、中央办公厅主任令计划,中共中央书记处书记、中央政策研究室主任王沪宁等陪同下,先后到宁夏银川、吴忠、石嘴山等地,就深入推进西部大开发、加快转变经济发展方式、保障和改善民生、加强和改进党的建设等进行了实地调查研究,这是总书记到中央工作15年来第四次考察宁夏)。

是日,自治区人大视察组来固原市视察设施及旱作节水农业发展情况。自治区人大副主任何学清带领视察组深入原州区头营镇马园设施农业园区、彭堡镇石碑村万亩秋季全膜覆盖示范区,西吉县西滩乡万亩秋季全膜覆盖示范区以及将台乡西坪千亩拱棚示范园区,通过实地考察,对设施及旱作节水农业发展、建设等情况进行视察。市领导丁卫东、拜志俊、李守银陪同调研。2009年,全市完成新建设施农业面积5.86万亩,全市设施农业累计建设面积15.9万亩,保留面积10.3万亩。建成1000亩以上的示范园区8个,500亩以上的示范园区27个。全年设施农业总产量达到30万吨,总产值5.4亿元,净产值3亿元,提供农民人均纯收入235元。全市共完成秋覆膜面积59.8万亩,2010年春播期间计划完成早春覆膜28万亩,使全市以覆膜保墒和节水灌溉技术为主的旱作节水农业面积达到80万亩以上。

26日,全市目标管理考核工作会议召开。会议兑现2009年度全市目标管理考核结果;兑现奖励县区、市直部门(单位)招商引资工作经费,表彰2009年度招商引资工作先进县区和先进单位;表彰2009年度金融工作先进单位;签订2010年度目标管理考核任务书。市领导刘小河、白尚成、邓向贵、董玲、黄雅杭、丁卫东、高贵武、马金元、周庆华、姜文奎等出席会议。

是日,全市人口和计划生育工作会议召开。会议总结了2009年度人口和计划生育工作,兑现了目标管理责任制奖励,表彰奖励了先进单位和先进个人,安排部署了2010年工作。市领导刘小河、白尚成、邓向贵、董玲、丁卫东、姜文奎、马玉芳、陈莉萍、黄湘宁出席会议。自治区人口计生委主任吴海鹰应邀出席会议。

27日,市委书记刘小河、市长白尚成调研重点项目建设情况。盐化工循环经济扶贫示范区建设是固原的“一号工程”,刘小河、白尚成详细察看了盐化工循环经济扶贫示范区东西线道路规划建设情况,就道路的线路设计和绿化提出了具体要求。长城梁生态农业科技园建设项目是2010年市委、政府确定的经济社会建设的十五件大事之一,当天,刘小河、白尚成实地察看了长城梁二期蓄水池建设和植树造林情况,刘小河、白尚成叮嘱有关部门负责人,关系全市发展的大事一定要紧盯不放,要干就要把它干好,不能搞半拉子工程。固原一中新校区是固原有史以来政府直接实施、投资额度最大的建设项目,目前工程已经开工建设。刘小河、白尚成来到建设工地,详细了解拆迁、工程进展情况。刘小河、白尚成要求,工程建设一定要盯着干,在保证质量的前提下加快建设进度,一定要把这座百年名校建设好。

27～28日,国务院发展研究中心宏观经济研究部副部长孟春带领陕甘宁革命老区振兴规划编制调研组来固,就规划编制工作进行实地调研。调研组一行对隆德县大六盘生态经济圈外围生态移民情况、六盘山红军长征纪念馆、彭阳县阳洼小流域和退耕还林项目等7个点进行实地调研,并深入部分乡镇调研旱作农业发展和农村安全饮水等工作。

28～31日,自治区党委书记陈建国来固原市调研工作。陈建国在自治区领导蔡国英、郝林海和市领导刘小河、白尚成、董玲、黄雅杭、陈凤龙及自治区有关厅局负责人陪同下,先后在原州、西吉、隆德、泾源、彭阳五县区,就如何抢抓新一轮西部大开发的历史机遇,大力进行产业结构调整、加快转变经济发展方式,做好第四次固原工作会议准备工作进行实地调研。

31日，武警宁夏总队赴固原抗旱救灾活动启动仪式在固原体育场举行。武警宁夏总队副政委孟祥春、后勤部副部长李彦林，市领导刘小河、白尚成、黄雅杭、王固平、李守银、黄湘宁出席启动仪式。去冬今春以来，固原市降水普遍偏少、持续干旱，部分乡镇出现了人畜饮水困难，引起了武警宁夏总队党委的高度关注。武警宁夏总队组建了一支由40多名武警官兵、15辆抗旱车组成的抗旱救灾分队赴西吉、隆德两县开展抗旱救灾活动。

3月下旬，《宁夏日报》报道，彭阳县实施退耕还林之后，生态环境得到改善，农民通过资金扶持，在林地和山地间发展朝那生态鸡规模化养殖，养殖规模由2006年的30万只增加到目前的130万只，养殖户达到2.32万户，产值达到4900万元，为农民直接创收2580万元。彭阳县还成功注册了“朝那鸡”品牌，成立“朝那鸡”产业协会，产品销往陕甘宁各地，让生态鸡产业步入良性发展的快车道。近年来，泾源县依托本地资源，采用公司+农户的运作方式，以育苗中心为龙头，推动苗木产业快速发展，全县育苗面积达到14.4万亩。一年销售苗木6700万株，创收5540万元，农民人均收入近500元。泾源县还成立了4家苗木协会，培育发展了20多家苗木经纪公司，实现了苗木经营的规模化发展，苗木走俏西北五省。

△《固原日报》报道，日前，隆德县在距县城20多公里外的黄草沟发现新的水源地。经测量，黄草沟水源地每年可引水近500万吨，可解决县城及沿线农村10万多人饮水困难。黄草沟位于六盘山西麓，属葫芦河一级支流。8年前，这里还是村民住宅区，生态恶劣，村民靠天吃饭，大面积开荒种地导致水土流失严重。退耕还林还草后，黄草沟被划入六盘山生态圈并保护起来，并于2002年—2004年，将生活在这里的上百户居民整体搬迁至中卫市中宁县长山头农场。生态移民搬迁后，黄草沟自然植被开始恢复，隆德县投入人力物力加大黄草沟植树造林生态建设。经过多年不懈努力，现在的黄草沟林茂草丰，流域面积逐年增加，沟壑中流水也多了起来。更重要的是，在上游居民全部生态移民后，溪水清澈没有污染。经水利部门测算，黄草沟流域面积超过40平方公里，流域多年平均径流总量704万吨，年引水量493万吨，可解决10万多人饮水困难。

△《固原日报》报道，为适应固原城市发展，市政府于2009年7月批准设立北塬、南关、新区三个街道办事处，将原来的中山街道办事处区划和职能重新进行划分（重新划分后，撤销中山街道办事处），原中山街道办事处辖区的社区居委会由15个调整为23个。2010年3月，原州区南关、北塬、新区三个街道办事处相继挂牌成立。

△《固原日报》报道，从2010年1月1日起，市区规划区范围内限时禁止使用实心黏土砖。

4　月

1日，全市领导干部大会召开，传达学习自治区党委书记陈建国来固原市调研指导工作时的重要讲话精神，安排部署贯彻落实工作。市委书记刘小河主持大会并讲话。市长白尚成传达了陈建国在本市调研时的讲话精神；市委副书记董玲传达了自治区党委常委、秘书长蔡国英，副主席郝林海的讲话精神及有关厅局负责人的发言。

2日，市委书记刘小河主持召开市委常委会议，审定市委组织部提交的《固原市领导干部谈心谈话暂行办法（试行）》《关于进一步从严管理干部的实施意见》和《规范部门（单位）党组党委工作职责的若干规定（试行）》以及由市人才领导小组提交的《固原市农村实用人才评价管理暂行办法》《关于加强农村实用人才队伍建设和农村人力资源开发的实施意见》和《关于加强技能人才工作的实施意见》。

是日，全市政法综治工作会议召开。会议通报了2009年度社会治安综合治理和平安创建目标管理考核情况，安排部署了今后一个时期的工作，签订了2010年度政法综治工作目标管理责任书。市领导陈凤龙、杨志明、李守银、黄湘宁，市中级法院院长黄金柱、市检察院检察长李学军出席会议。

6日，市委、人大、政府、政协领导班子成员，固原军分区、市中级法院、市检察院主要负责人，市直各部门(单位)和党组织关系在固的中央、区属驻固单位主要负责人在固原分会场集中收听收看了中央召开的全党深入学习实践科学发展观活动总结大会实况，聆听了胡锦涛等中央领导同志的重要讲话以及自治区党委书记陈建国对全区学习贯彻中央学习实践活动总结大会精神的要求。市委书记刘小河指出，学习贯彻全党学习实践活动总结大会精神，重点是学习贯彻胡锦涛总书记的重要讲话。各县区、各部门(单位)要把学习贯彻全党学习实践活动总结大会精神作为一项重要政治任务，采取多种形式，迅速进行传达，集中组织学习，深刻领会实质。学习贯彻中，要与继续深入学习贯彻胡锦涛来宁夏考察时的重要讲话精神结合起来，与学习贯彻全国“两会”精神结合起来，与学习贯彻陈建国来固调研时的讲话精神结合起来，切实把思想统一到中央和自治区党委的部署要求上来，转化为做好2010年各项工作、开创科学发展新局面的强大动力和自觉行动。

7日，固原市全面展开市直各有关单位养老保险费清欠工作。市直机关事业单位、国有企业及私营企业历年至2009年欠缴的126万余元养老保险金将陆续于4月15日前、2010年年底前全部清缴完毕。年初，市审计部门对全市历年至2009年养老保险（市本级及原州区）进行审计时发现，截至2009年年底，市直单位基本养老保险累计欠缴人数285人，欠费126万余元。其中，机关事业单位累计欠费85万余元，国有企业累计欠费21万余元，私营企业欠费19万余元。

4月上旬，《固原日报》报道，固原市、原州区两级文明办联手将市区政府街打造为英雄模范人物事迹一条街，260位英雄模范人物事迹亮相街头。这些英雄模范人物是本市获得“60位新中国成立以来感动宁夏人物”和“100位为宁夏建设作出突出贡献的英雄模范人物”称号的模范人物、固原市首届十大道德模范、原州区首届十大道德模范及原州区获得自治区级、市级美德少年称号的100余位道德模范人物的先进事迹制作成牌匾悬挂在市区政府街两旁，旨在用身边的事教育和感召身边的人，引领社会各界崇尚模范、关注模范、争当模范。

△《固原日报》报道，为增加产品市场竞争力，提高销售收入，固原市决定实施商标品牌战略，并出台相关奖励政策，填补固原市在全国市场中无驰名商标的空白。

△《固原日报》报道，老龙潭瀑布消失30年后美景重现。2010年，泾源县16个旅游景点免费向全县群众开放。

10~11日，由自治区科协、教育厅、科技厅、环境保护厅共同主办，宁夏青少年科技活动中心和固原市科协承办的第25届宁夏青少年科技创新大赛在固原市举行。自治区科协党组书记、主席李锦平，副主席刘国民，科技厅副厅长郭建川，市领导高贵武、刘维俊、李守银、姚启世出席并参观青少年科技创新作品项目展示。来自全区5个市的近60余名中小学师生参加了比赛。在为期两天的第25届宁夏青少年科技创新大赛中，共评选出自治区级科技创新竞赛项目40项、科技实践活动15项、科技辅导员创新项目11项、少儿科幻画30幅、优秀组织奖5项。固原市共有21件作品获奖。

11日，“全国百城世博旅游宣传推广周”宁夏站活动在市区新时代广场巡展，来自全区20多家主要景区和旅行社积极参与，宣传世博旅游产品和宁夏旅游资源。

14~16日，自治区党委副书记于革胜就生态农业建设、教育教学情况、大学生就业创业等问题深入固原市4县1区进行调研。市领导刘小河、白尚成、董玲、李守银陪同调研。

15日，中科院研究员樊杰应邀来固，就西部限制开发区“十二五”发展思路、固原加快经济发展方式转变总体战略布局作专题报告。董玲、黄雅杭、张宗芎、周庆华等市在职厅级领导干部参加了报告会。市委常委、宣传部部长周庆华主持报告会。樊杰研究员现任中国科学院可持续发展研究中心主任、地理科学与资源研究所城市与区域发展研究中心主任,是国家主体功能区规划编制专家委员会首席专家,国家"十一五"规划专家委员会委员。

15日9时40分,固原市派出由21名医护人员组成的医疗救治小分队紧急赶赴青海玉树地震灾区,参与抗震救灾工作并对地震致伤致残者进行及时救治。这支医疗救治小分队由经验丰富的内科、外科、儿科、骨科、急诊科副主任医师和主管护士组成。是从市人民医院、原州区人民医院、西吉县人民医院、彭阳县人民医院连夜紧急抽调组建的,医疗救治小分队同时配备了4辆救护车及必要的急救药品和设备。

16日,固原市红十字会发出向玉树地震灾区募捐的呼吁,鼓动社会各界发扬中华民族"一方有难,八方支援"的传统美德,积极捐款捐物,参与到紧急救助当中来,为灾区民众奉献爱心。

17日,自治区副主席齐同生带领国土资源厅、水利厅、经信委、地矿局等部门负责人和宁夏发电集团、国电英力特公司、水务投资公司相关人员组成调研组,对固原盐化工循环经济扶贫示范区规划建设情况进行调研。市领导刘小河、白尚成、董玲、范宏明陪同调研。

是日,市文明办和市公安局联合举行了全市"文明交通行动计划"活动启动仪式。"文明交通行动计划"是中央文明办和公安部2010年部署开展为期3年的一项重要活动。按照计划,固原市各有关部门将通过努力,使公民交通出行的法制意识、安全意识、文明意识明显增强,交通执法更加规范,交通管理更加科学,交通秩序明显改善,交通事故明显下降,广大交通参与者文明交通习惯逐步形成,基本建立文明交通长效机制。

18日,固原市2010年新区建设大会战暨重点项目启动仪式举行(5县区也于同日举行了重大项目启动仪式)。大会战集中启动48项重点项目,涉及交通水利基础设施、能源资源开发、城市建设、社会事业、民生、商业开发六大领域,工程总投资近80亿元,2010年计划投资42亿元。市领导刘小河、白尚成、邓向贵、董玲、黄雅杭、陈凤龙、马金元、姜文奎等出席启动仪式并为固原一中迁建工程培土奠基。

是日,市委组织部建立并实施了新闻发言人制度。

19日,固原市干部职工向玉树地震灾区捐款仪式在市行政中心广场举行。市领导刘小河、白尚成、邓向贵、董玲、黄雅杭、高贵武、马金元、周庆华、姜文奎及市四大机关党员领导干部和其他党员干部职工一起向玉树地震灾区捐款。其捐助标准为:原则上厅级干部每人600元,处级干部每人300元,科级干部每人100元,其他干部职工每人50元。市委、政府同时号召全市各级党政机关、人民团体、企事业单位、私营企业及其他民间社会组织、各界人士积极向地震灾区捐助。

19～21日,国家土地督察西安局专员段怡春等在自治区国土资源厅厅长刘卉,市领导白尚成、黄雅杭的陪同下,对本市2009年以来土地供应情况、2010年第一季度农用地转用和土地征用审批以及保障性住房用地供应等情况进行审核督察。并于4月21日召开督察意见反馈会。

21日,固原市第一届模范集体和劳动模范先进工作者表彰大会在市人民会堂隆重举行。市委书记、市人大常委会主任刘小河出席会议并讲话,市委副书记、市长白尚成主持,自治区总工会党组副书记、常务副主席杨钊讲话。市领导邓向贵、董玲、丁卫东、高贵武、陈凤龙、马金元、周庆华、姜文奎、马玉芳、李守银、王明亮出席会议。此次会议是固原市首届大规模、高规格的劳模表彰大会。大会向受表彰的8个模范集体和49名劳动模范、先进工作者代表颁发了奖章和荣誉证书,向模范集体代表颁发了奖牌。模范集体和劳动模范、先进工作者代表作了发言并向全市劳动者发出了倡议。

同日,全市基层党组织和党员深入开展创先争优活动部署会议召开，市领导刘小河、马金元、周庆华出席会议，市委书记、市人大常委会主任刘小河在会上作重要讲话，各县区党委副书记、组织部长、宣传部长，市直部门（单位）党组织负责人，中央区属驻固单位负责人参加会议。

22～23日，自治区主席王正伟在市领导刘小河、白尚成、董玲、黄雅杭、张宗莒及自治区有关厅局负责人的陪同下，就深入转变经济发展方式，如何做大、做强支柱产业，并重点就固原旅游产业的发展进行深入调研。王正伟说，总结几十年的经验教训，产业扶贫才是造血的扶贫，形不成产业，最终没有发展后劲，也不可能持续发展。固原产业发展要做大基地、做强龙头、做优市场，要以观念的大转变带动产业的大发展、农民收入的大提高。

23日，第六届宁夏六盘山山花旅游节暨六盘山生态博物馆开馆仪式在六盘山国家森林公园隆重举行。自治区主席王正伟出席开幕式并为六盘山生态博物馆揭牌开馆。市委书记刘小河致词，自治区旅游局局长李春阳讲话。六盘山山花节是由宁夏回族自治区、固原市人民政府共同举办的大型旅游节庆活动。本次山花节从4月23日开始到5月31日结束，较前几届时间跨度更大。山花节期间，六盘山生态博物馆、萧关遗址文化园、隆德县博物馆和六盘人家民俗文化村等旅游区将为六盘山旅游增加新的亮点。在山花节开幕当日揭牌的六盘山生态博物馆建成于2009年，建筑面积2780平方米，由序厅、植物厅、动物厅、昆虫厅和成就厅五部组成。馆中主要成列有788种高等植物的实物标本321套、215种脊椎动物标本、900多种资源和昆虫标本。

23～24日，自治区主席助理屈冬玉带领调研组先后来到原州区、西吉县和隆德县，深入各地设施农业示范点、一级种薯基地、设施果树等示范基地，实地了解设施农业的品种、品质和效益等情况。市领导丁卫东、陈莉萍陪同调研。

24日，固原市召开固原体育场改造方案征求意见座谈会，就长安大学工程设计研究院设计的固原体育场规划两套方案，征求各位专家、人大代表、政协委员和市民代表的意见。据了解，改建的固原体育场总造价5000万元，占地面积4万平方米，将于2010年5月份开工，力争年底完工。体育场有老年人活动场地、儿童活动场地、太极区、秦腔区、健身广场、篮球、羽毛球场地、T型硬质石材铺装的跑道等多功能区，将成为固原市民的主要健身、休闲、娱乐场所。

是日，固原市派出一支由11名专业人员组成的卫生防疫队，赶赴青海玉树地震灾区投身一线抗震救灾及卫生防疫工作。

24～25日，固原市出现大风扬沙天气。据市气象局监测数据显示，从24日夜晚起，固原市出现大风扬沙天气，顺时风速达到每秒20米，能见度不足50米，全市平均气温下降3℃～6℃。

24日夜间到27日晚，受新疆东移冷空气影响，固原市出现大风霜冻天气，瞬间最大风力达9级，气温下降6℃～8℃，并伴有扬沙天气。由于这次大风沙尘强度大、持续时间长、低温明显，致使各县区农作物不同程度受损。特别是导致全市设施农业损毁严重。

26日，全区农村危房改造暨城乡环境综合整治动员大会在原州区头营镇杨郎村举行。自治区副主席李锐出席大会，并宣布2010年全区农村危房改造暨城乡环境综合整治工作正式启动。市领导白尚成、黄雅杭参加了动员大会。农村危窑危房改造工程是自治区实施的30件民生实事之一，今年将改造危窑危房3万户，建设“塞上农民新居”新村20个，综合整治旧村200个，建设特色小城镇10个。城乡环境综合整治工作与“塞上农民新居”建设、农村危窑危房改造和小城镇建设同步进行，将于5月全面启动，9月全部完成并组织检查验收。

是日，全国农村饮水安全示范县暨六盘山隆德博物馆正式开馆。自治区党委常委、宣传部部长杨春光为博物馆揭牌并讲话，市委书记刘小河，市委常委、副市长张宗莒，市委常委、宣传部部长周庆华出席开馆仪式并为《隆德民间艺术》发行揭彩。六盘山隆德博物馆总建筑面积2400平方米，总投资约320万元，其作为一方水土的历史记忆，是集展览、收藏、陈列、研究、交流和教育于一体的地方性综合博物馆。博物馆以水为主线，充分展示历史隆德、红色隆德、文化隆德、水利隆德、生态隆德、和谐隆德等7个主题内容，以实物展示为主，辅以图片、文献、模型、沙盘以及现代数码技术，展示了一幅幅珍贵的历史画面，全面诠释了团结奋进、自强不息、勇攀高峰的六盘山精神和创业作风。

26～27日，自治区党委常委、宣传部部长杨春光来固原市调研文化工作。他在隆德县六盘人家文化广场、泾源县王洛宾文化园和固原博物馆调研时指出，固原市要大力宣传和弘扬“不到长城非好汉”的六盘山精神，大力实施文化精品工程，加大文化精品创作力度，矢志不渝地打造文化固原品牌。市领导刘小河、董玲、周庆华、李守银陪同调研。

28日，固原市2010年文化艺术展演活动正式启动，西海固文学研讨会、第二届“花儿漫六盘”电视大奖赛等全市文化艺术十大展演项目也将相继展开。

是日，固原市应急救援支队成立暨揭牌授旗仪式举行。市领导陈凤龙、李守银出席揭牌授旗仪式。成立固原市应急救援支队是为了加强全市综合性应急救援队伍建设，提高全市综合应急救援能力，有效防范和应对各类突发事件。支队除承担消防工作外，还承担综合性应急救援任务，包括地震等自然灾害、建筑施工事故、道路交通事故、空难等生产安全事故，恐怖袭击、群众遇险等社会安全的抢险救援任务，协助有关专业队做好水旱灾害、气象灾害、地质灾害、森林草原火灾、生物灾害、矿山事故、危险化学品事故、水上事故、环境污染和突发公共卫生事件的抢险救援工作。

是日，固原市召开“五五”普法检查验收工作动员会议，安排部署全市“五五”普法检查验收准备工作。市长、市依法治市领导小组组长白尚成出席会议并作了动员讲话。

29日，固原市首批184户低收入住房困难家庭告别“蜗居”入住廉租房。市领导刘小河、白尚成、黄雅杭、姬永昌、黄湘宁出席入住仪式。2008年，市委、政府在新区规划建设占地120亩的保障性住房项目，计划到2011年市区建成廉租住房4000套、20万平方米。基本使市区现有低收入住房困难家庭中80%以上的都能住上廉租房。2009年年底，已建成684套、3.3万平方米，回购改建221套、1.03万平方米。

是日，宁夏医科大学附属医院与市人民医院举行医疗技术合作签字仪式，正式建立合作关系。

30日，《固原日报》报道，固原市共为青海玉树地震灾区捐款109.18万元。其中，市红十字会累计收到捐款37.36万元，市民政局共收到捐款71.82万元。

5　月

3日，固原市组织各县区、各部门收听收看全国、自治区综治维稳工作电视电话会议，并根据会议精神，对全市加强综治维稳工作特别是校园及周边安全稳定工作作出了安排部署。市领导刘小河、周庆华、杨志明、田治富在固原分会场参加收听收看。全国、自治区电视电话会议结束后，固原市迅速对此项工作进行了安排部署。市委书记刘小河要求，各县区、各部门要切实把思想和行动统一到中央、自治区的决策部署上来。要突出重点，强化措施，全面加强校园及周边地区安全工作。要进一步加强领导，落实责任，确保综合治理和维护稳定工作落到实处，确保全市校园环境安全、稳定、和谐。

4日，为进一步落实中央和自治区的要求，切实加强校园及周边地区安全工作，市领导刘小河、董玲、黄雅杭、马金元、周庆华、马玉芳、杨志明、田治富、陈莉萍、罗永红带领市教育、政法、卫生等部门负责人，深入原州、西吉、隆德、泾源、彭阳5县区的中小学和幼儿园，实地检查和了解各学校和幼儿园门卫管理、安全制度、安全教育、技防设施和校园周边综合治理情况，研究解决存在的薄弱环节，确保校园安全。

5日，固原市以“阅读、思考、进步”为主题的首届“全民读书月”活动在市区新时代购物中心广场启动。刘小河、邓向贵、董玲、黄雅杭、张宗苎、姜文奎等市领导出席启动仪式。为激发全市人民“爱读书、读好书、善读书”的热情，固原市将每年5月确定为“全民读书月”，5月5日确定为“全市读书日”。“全民读书月”活动是建设“书香固原”、推进学习型党组织建设的一个重要举措。目的在于通过读书培养具有科学发展理念、科学执政能力的领导班子，培养富有创新精神、掌握先进技术的领导干部和专业人才队伍，培养勤劳智慧、积极实践的人民群众。通过全民参与，在机关、学校、企业、家庭中大力提倡工作学习化、学习工作化、生活学习化，打造学习型组织，建设学习型团队。

是日，全市领导干部理论大讲堂举行，邀请宁夏著名作家郭文斌作专题讲座。市领导刘小河、邓向贵、董玲等参加讲座，市委常委、宣传部部长周庆华主持。郭文斌是固原成长起来的著名作家、鲁迅文学奖获得者，他凭着对这片热土的忠诚，对文学事业的挚爱，撰写和发表作品近300万字。郭文斌在当天的报告中，用文学艺术特有的形式，以作家特有的气质、审美要求和表达方式，阐释了“安详”与“幸福”的深刻内涵。

6日，市委书记刘小河，市委常委、组织部部长马金元，市直有关干部管理部门(单位)负责人，原州区委主要领导及有关部门负责人，在固原分会场收看了中纪委、中组部联合召开的贯彻实施四项监督制度、进一步提高选人用人公信度视频会议实况，聆听了李源潮等中央领导同志的重要讲话。同时，听取了自治区党委常委、组织部部长徐松南等领导对全区学习贯彻中纪委、中组部视频会议精神的部署要求。随后，市委书记刘小河对全市的学习贯彻工作作出了安排部署，提出了明确要求。刘小河指出，各县区、各部门(单位)要把思想统一到中央和自治区党委的部署要求上来，切实增强学习贯彻四项监督制度的自觉性和坚定性。在四项监督制度的贯彻执行上要下功夫、动真格、见实效，真正做到有章必依、执行必严、违规必究，用铁的纪律保证四项监督制度“落地生根”。

10日，自治区第四次固原工作会议在固原市隆重召开，会议总结了前三次自治区固原工作会议以来取得的成绩，分析在新的历史起点上如何推动固原实现新发展、新跨越。自治区领导陈建国、王正伟、项宗西、于革胜、蔡国英、马瑞文、郝林海、赵小平、屈冬玉出席会议，市领导刘小河、白尚成、邓向贵、董玲、黄雅杭、丁卫东、张宗苎、高贵武、陈凤龙、马金元、周庆华、姜文奎及自治区各厅局负责人、各县区负责人参加会议。自治区党委书记陈建国作重要讲话，自治区主席王正伟主持会议。(相关链接：2003年以来，自治区连续召开三次固原工作会议，专题研究固原发展的战略重点，加大政策倾斜和资金投入力度。三次固原工作会议以来，全市地区生产总值、地方财政一般预算收入、全社会固定资产投资、城镇居民人均可支配收入和农民人均纯收入分别年均增长12.3%、18.8%、30.3%、12%和15.1%，尤其是自治区第三次固原工作会议以来，自治区采取了固原重点建设项目大会战、资源整装勘查、基础设施建设、发展设施农业等特色优势产业、民生计划等重大战略举措，累计实施项目118个，总投资141.3亿元，使固原经济社会发展迈上了一个新的台阶。2009年，十项主要经济指标中，地区生产总值、地方财政一般预算收入、全社会固定资产投资等八项指标增速跃居全区第一。自治区第四次固原工作会议确定启动实施“155”工程，即把原州区建成全市产业聚集的“核心区”，培育盐化工及煤电一体化、以草畜和马铃薯为主的特色农业及农副产品深加工、物流及服务业、旅游业、劳务产业“五大产业”，建设盐化工循环经济扶贫示范基地、六盘山生态农业示范基地、西兰银交汇中心物流集散基地、六盘山红色旅游和生态旅游及文化休闲避暑度假基地、劳务输出基地“五大基地”)。

是日，固原六盘山机场迎来首架飞机并安全着陆，自治区领导陈建国、王正伟、项宗西、于革胜、蔡国英、马瑞文、郝林海、赵小平、屈冬玉和市领导刘小河、白尚成、邓向贵、董玲等和上千名群众见证了这一历史性时刻。

是日，固原盐化工循环经济扶贫示范区启动，原州区至王洼铁路、银洞沟煤矿年产300万吨技改扩建和华电集团西吉月亮山风电厂一期49.5MW工程等重点项目开工。自治区领导陈建国、王正伟、于革胜、蔡国英、马瑞文、郝林海、赵小平出席启动仪式。（相关链接：2009年以来，自治区地矿部门在固原原州区中河乡硝口一带勘查发现岩盐资源。在盐矿核心区硝口30平方公里范围内初步探明储量17亿吨以上，属国家大型盐矿，远景预测储量达到100亿吨以上，具有埋藏浅、厚度大、品位较高、易开采等特点。固原还有储量丰富的煤炭、石灰石资源。自治区决定设立自治区级固原盐化工循环经济扶贫示范区。固原盐化工循环经济扶贫示范区建设由国电英力特集团投资，分两期建设。一期自2010年—2012年，首先开工建设热电站、煤焦化、轻质碳酸钙等11个项目，生产16个产品，预计总投资约71亿元。二期将会生产出附加值较高的草酸、甲酸钠、氯乙酸等产品，真正实现资源优势向经济优势转化。原州区至王洼铁路建设项目总投资14亿元左右，建成后将解决王洼煤炭外运困难，加快煤炭资源开发利用。银洞沟煤矿年产原煤300万吨，项目总投资10亿元，建成后可满足六盘山电厂及周边地区的需求。华电集团西吉月亮山风电厂一期49.5MW工程充分利用月亮山丰富的风力资源，实现风电互补）。

11日，固原市召开领导干部大会，传达学习自治区第四次固原工作会议精神，研究贯彻落实工作。市委书记刘小河主持会议并讲话。刘小河指出，自治区第四次固原工作会议是在国家编制“十二五”规划和西部大开发第二个十年规划，在自治区前三次固原工作会议取得明显成效的大背景下召开的，是推动固原发展实现重大历史转折的具有里程碑意义的重要会议，是在新的起点上推动固原发展战略转型、实现跨越式发展的重大战略举措，是造福固原回汉各族人民的重大民心工程。刘小河强调，要紧紧围绕战略转型的总要求，切实落实好自治区第四次固原工作会议确定的思路和任务。全市上下一定要高度统一认识、高度统一行动，坚定不移地按照自治区第四次固原工作会议的决策部署狠抓落实，一以贯之，不动摇、不懈怠、不折腾，这样连续几年抓下去，固原的发展必定会实现历史性的突破和跨越。

12日，固原市开展地震应急演练。市领导刘小河、黄雅杭、姜文奎、姬永昌、罗京玺、范宏明、田治富、李守银、黄湘宁参加了演练活动。此次应急演练共分为地震紧急避险演练和疏散演练。固原市位于我国南北地震带北段，境内地质构造复杂，地震活动具有频度高、强度大、突发性强、震源浅、易成灾的特点，具有发生强烈地震的构造背景，在当前全球进入地震活跃期的情况下，加强地震应急演练工作具有很强的现实意义。当天，固原市在市行政中心、新时代购物中心、固原回中、固原经济开发区等人员密集场所进行了演练。

13日，市委书记刘小河和市委常委、组织部部长马金元来到原州区炭山乡南坪村，看望和慰问在这里开展“三同”锻炼的宁夏党校第33期中青班学员。

14日，固原市赴玉树灾区卫生防疫队圆满完成灾区灾后卫生防疫任务，顺利返回固原。

16日，自治区、固原市第二十次“全国助残日”活动暨爱心捐赠仪式在市区新时代购物中心广场举行。这次的活动主题是“加大扶持与救助力度，帮扶农村贫困残疾人”。自治区残联党组书记、理事长景湛国，市领导邓向贵、张宗莺、王固平、李守银及自治区有关厅局负责人参加活动。据了解，全市有残疾人10.9万人，占全区残疾人总数的26%，其中71%的残疾家庭处在贫困线以下，高于全区和全国平均水平。活动现场，台湾曹仲植基金会为全区残疾人捐赠轮椅2800辆，其中为固原市捐赠745辆。自治区财政厅为本市200户农村贫困残疾人种植、养殖户发放扶持资金，自治区残联为本市 20 户贫困残疾人发放慰问金，固原市社会各界爱心人士也进行了现场捐赠。

是日，国务院研究室信息研究司司长忽培元带领调研组来固原市就马铃薯产业发展情况进行调研。副市长陈莉萍及相关部门负责人陪同调研。

18 日，固原市 2010 年第一期领导干部培训班在市委党校新校区开班，来自全市各县区、市直有关部门（单位）的 110 名处级、科级干部将进行为期 37 天的集中学习。市委常委、组织部部长马金元出席开班仪式并讲话。

19 日，宁夏师范学院第十届校园文化科技艺术节开幕式暨“科技活动周”启动仪式在宁夏师范学院举行。自治区主席助理屈冬玉，自治区科协主席李锦平、副主席刘国民，市领导周庆华、田治富，宁夏师范学院师生近千人参加艺术节启动仪式。宁夏师范学院校园文化科技艺术节已经连续举办了九届。本届校园文化科技艺术节以“发展、和谐、成才”为主题，培养青年学生与时代发展要求相适应的综合素质和实践能力，引导青年学生在积极参与和谐校园建设中健康成长。

19～23 日，2010 年全国中学生天文奥林匹克竞赛决赛暨宁夏天文奥赛邀请赛在固原一中举行，来自全国 61 所学校 25 个参赛队的 180 名师生角逐 2010 年全国中学生天文奥赛决赛，这是全国性天文奥赛首次在西部城市举办。全国中学生天文奥赛组委会主席、中国天文学会普委会主任、北京天文馆馆长朱进，自治区主席助理屈冬玉，市领导刘小河、白尚成、周庆华、姬永昌、田治富、罗永红及全国中学生天文奥赛组委会、北京天文馆专家等出席开幕式。全国中学生天文奥赛是由中国天文学会、北京天文馆、北京师范大学主办的国家级知识竞赛和学术交流活动。全国中学生天文奥赛自创办起已经举办了七届，此次竞赛共分为理论、数据分析（实测）、观测 3 个环节。比赛同时吸引了英国布莱德福德大学、北京科技大学、河北科技大学等高校师生参加。固原一中 3 名同学获得鼓励奖，1 名同学获得最佳新人奖，天狼星天文社团获最佳社团。

20 日，市委书记刘小河在盐化工循环经济扶贫示范区调研前期基础设施建设工作。盐化工循环经济扶贫示范区建设是自治区第四次固原工作会议确定的工作思路，也是固原市在“十二五”期间重点建设的“五大基地”之一，同时盐化工循环经济扶贫示范区也被作为固原的一号工程而强力推进。示范区前期基础设施建设工作正在有条不紊地进行，园区主干道路建设和道路两边的绿化工作已经全面展开。刘小河指出，要严格依照规划和规范要求，精心施工，确保质量，尽心竭力搞好示范区建设，副市长范宏明陪同调研。

是日，宁夏第六届六盘山山花旅游节、西吉县第二届火石寨丁香花（攀岩）旅游节在火石寨国家地质（森林）公园开幕。火石寨丁香花（攀岩）旅游节是六盘山山花旅游节的重要环节，是固原市重要的旅游节事活动之一。

△《固原日报》报道，近日，福建厦门市湖里区向固原市捐赠了 200 台电脑和 3200 件衣服。

△《固原日报》报道，近日，中央纪委监察部命名第一批 50 个全国廉政教育基地，六盘山红军长征纪念馆名列其中，这是宁夏唯一一家全国廉政教育基地。

21 日，原州区文化旅游活动周启动仪式在须弥山景区举行，市领导邓向贵、黄雅杭、拜志俊、陈莉萍、罗永红出席开幕式。须弥山文化旅游活动周由文艺演出、民俗展示、摄影大赛、垂钓比赛、庙会等 6 部分组成。

25 日，固原市举行第 14 场领导干部理论大讲堂，邀请国家交通运输部研究院现代物流研究中心主任李彦林，对现代物流业发展进行专题讲座。市领导刘小河、白尚成、邓向贵、董玲等在职厅级领导干部参加讲座。

是日，固原市贯彻《宁夏回族自治区实施＜中华人民共和国节约能源法＞办法》学习班开班。

26～27 日，全区深化少生快富工程工作会议在固原市召开。自治区副主席姚爱兴出席会议并讲话。自治区人口计生委党组书记、主任吴海鹰对全区少生快富工作及下一步工作作了总结和安排。市委书记刘小河陪同观摩，市委副书记董玲、副市长陈莉萍陪同观摩并参加会议，陈莉萍代表固原市就少生快富工作作了交流发言。

27日，全市“建设学习型机关，打造学习型团队”读书演讲比赛举行。市领导张宗苎、周庆华、罗京玺、伍文贵出席活动。

28日，由市委宣传部、市总工会联合举办的以“劳动最光荣、劳动者最伟大”为主题的2010年全国、自治区及固原市第一届模范集体、劳动模范和先进工作者事迹报告会闭幕。来自本市各行各业的9名劳动模范和先进工作者向全市广大干部职工作了感人至深、催人奋进的事迹报告。此次劳动模范和先进工作者事迹报告会自25日开始，在本市各县区进行了为期4天的6场巡回宣讲。

是日，固原市六盘山民俗文化发展促进会成立。这是本市首个民间自愿发起成立的学术性、联合性和专业性的地方非营利性文化组织，标志着文化固原建设开始从政府行为走向群众的自觉行动。

29日，《固原日报》报道，在第七届全区少数民族传统体育运动会上，固原市代表队总成绩位居第二。这是1992年全区首届少数民族传统体育运动会举行以来，固原市代表队取得的最好成绩。固原市代表团由192人组成，其中运动员、教练员185人，代表团成员7人，参加了全部11个竞赛项目和3个表演项目的比赛。本市代表队在80公斤级民族摔跤比赛、80公斤级押加比赛和表演项目《牧童鞭》摘得3枚金牌，在其他比赛中，共获得银牌11枚，铜牌8枚。

6 月

1日，《固原日报》报道，从2010年6月1日起，固原市住房公积金个人贷款额度提高。夫妻一方正常缴存住房公积金，贷款额度由原15万元提高到20万元。夫妻双方正常缴存住房公积金，贷款最高额度由原20万元提高到30万元，贷款期限为20年。从6月1日起，市区运行的公交车票价格由每人次0.8元提高至每人次1元，新增一条公交线路。

2日，市委书记刘小河在彭阳县就农业、教育、城建等工作进行调研。他指出，要积极整合资金，集中人力、物力扩大农业特色产业的规模，同时充分发挥专业合作组织的力量，加强政府服务和科技指导作用，走合作化、标准化、专业化发展道路。

是日晚，“王洼煤业”杯央视《曲苑杂坛》走进固原大型综艺晚会在固原体育馆上演，精彩的演出让山城干部群众享受了一台精美的文化盛宴。市领导刘小河、白尚成、董玲等在职厅级领导与群众一起观看了演出。

3日，由市纪委监察局、市委宣传部、市文联联合举办的“虎啸六盘”廉政书法展在固原博物馆开展。本次书法展为期9天，展出的100多幅以反腐倡廉为主题的书法作品，旨在教育广大党员干部加固自我思想道德防线，进一步强化勤政为民、务实勤廉的思想观念。

4日，市委书记刘小河主持召开市委常委会议，传达学习中央新疆工作座谈会精神和中共中央政治局委员、国务院副总理张德江在宁夏考察期间的重要讲话精神以及《自治区党委专题会议纪要》《自治区党委领导同志在与吴忠市、同心县、海原县负责同志集体谈话会上的讲话》，研究了贯彻意见。会议还审定了《全市县域经济观摩暨上半年经济形势分析会议方案》《关于对张宗苎等12名福建省第六批在固挂职的干部给予行政奖励的请示》。

7日，首届中国·宁夏·六盘山登山节组委会举行第一次会议，市委副书记、市长白尚成主持会议。市领导周庆华、马玉芳、陈莉萍出席会议。

8日，由自治区国土资源厅举办的全区地质灾害防治评估、巡查、预案、宣传和人员“五到位”培训班在固开班。培训班邀请专家就全区地质灾害概况及地质背景、地质灾害预警预报及群测群防系统建设等知识进行讲解。副市长范宏明出席开班仪式，来自全区各市县群测群防联络员及村级监测员参加了培训。固原市属黄土丘陵区，地质条件复杂，是地质灾害易发区，是自治区地质灾害防治的重点区域。

是日，固原六盘山机场试飞取得圆满成功。当天试飞的机型是欧洲空中客车A319飞机和国产新舟60飞机。据悉：固原六盘山机场拟于6月26日首航，7月1日正式运营，通航后将开辟银川—固原—西安的往返航线。固原六盘山机场位于距市区13公里的原州区彭堡镇石碑村，机场按4C级标准建设，跑道长2800米。固原六盘山机场通航后能够满足波音737、空客319、320等飞机的起飞降落。

9日，市委书记刘小河、市委副书记董玲、副市长范宏明调研彭阳石油开发、银洞沟煤矿300万吨改扩建项目、王洼至原州区运输通道建设、六盘山热电厂等重点项目建设进展情况，刘小河指出，要让重点项目成为带动全市经济发展的强劲引擎。

10日，永久性设置于固原博物馆内的隐形将军韩练成展厅正式开展。当日，市委、政府在固原博物馆举行隆重的开展仪式。自治区党委常委、宣传部部长杨春光，自治区党委宣传部、宁夏日报报业集团、自治区文化厅等有关部门、厅局领导，银川、石嘴山、中卫市委宣传部负责人及市领导刘小河、邓向贵、董玲、周庆华、姬永昌、陈莉萍、罗永红出席开展仪式。韩练成将军之子韩兢夫妇，韩练成将军之女韩蓉夫妇、韩英夫妇、韩斗夫妇，孙寿名烈士亲属于东虎夫妇应邀出席开展仪式。

是日，由市委、政府主办的六盘山精神暨西海固文学艺术研讨会在古雁山庄隆重举行。中国社科院文学研究所研究员白烨、李建军，中国作协创研部副主任彭学明等区内外著名作家、评论家就当代文学和西海固文学的现状及发展趋势进行了深入分析和解读。研讨会上，市政协主席邓向贵、市委副书记董玲为西海固文学艺术研究会特邀研究员颁发聘书。

是日，由固原市委、政府倾心打造，黄河出版传媒集团宁夏人民教育出版社出版的《六盘山民间故事》首发式在宁夏固原博物馆隆重举行。《六盘山民间故事》共5卷，分别为原州、西吉、隆德、泾源、彭阳卷，共收录反映县（区）划图、自然风光、民情风俗、名胜古迹、旅游景点、民间工艺美术作品等内容的彩色图片150余幅；神话、传说、故事、笑话、寓言等文字作品100万字，是一部融通俗性与艺术性于一体的故事集。

11日，固原市信用企业促进会成立。在信用企业促进会暨守合同重信用企业命名会议上，市政府授予金城房地产开发有限责任公司等54家企业为本市2008年度—2009年度守合同重信用企业。

17日，《固原日报》报道，由住房和城乡建设部、国际风景园林师联合会共同主办，在苏州召开的国际风景园林师联合会第47届世界大会安排的2009年国家园林城市、县城和城镇授牌仪式上，彭阳县被授予“国家园林县城”称号。近年来，彭阳县从改善人居环境，建设宁南山区宜居县城角度出发，致力于创建“自治区园林县城”和“国家园林县城”。通过创建，城市面貌发生了巨大变化，2006年摘得“自治区园林县城”奖牌。2009年年底，彭阳县城各项指标达到了“国家园林县城”的标准要求，县城区绿化覆盖面积117.96公顷，公共绿地93.81公顷，绿化覆盖率41.6%，绿地率35.2%，人均拥有公共绿地34.1平方米。据悉，这一批全国共命名“国家园林县城”31个，宁夏仅彭阳县榜上有名。

21日，固原市首家公园式大型购物超市尚都国际广场购物公园奠基开工。尚都国际广场由银川中城房地产开发有限责任公司与香港滴石投资公司共同投资开发，是本市首家引进港资的房地产开发项目。

是日，2010年高考成绩公布。固原一中600分以上27人，一本上线人数699人，上线率36.9%，二本上线人数1160人，上线率61.3%；应届生二本以上上线620人，固原二中一本上线人数211人，二本上线人数564人。2010年固原市文科状元是固原一中学生杨锦程，总分633分，列全区文科排名第一，已被北京大学录取；理科状元是固原一中学生李阳，总分657分，列全区理科第五名，已被清华大学录取。

23日，全区民族团结进步、和谐寺观教堂创建活动现场观摩会在固原市召开。自治区党委常委、统战部部长马金虎出席会议并作重要讲话。市领导董玲、姬永昌、田治富陪同观摩并参加会议。

24日，固原市禁毒工作会议召开。市领导陈凤龙、杨志明、李守银、姚启世出席会议。2009年以来，固原市共破获毒品犯罪案件23起，其中重特大案件10起，抓获毒品犯罪嫌疑人36人，缴获毒品海洛因2122.8克、大麻脂51.89公斤、冰毒163.1克。破案起数、抓获人数、缴获毒品数量创造了本市缉毒史上的最好成绩。

25日，固原市召开纪念建党89周年暨全市创先争优活动座谈会，对全市进一步深化创先争优活动进行再研究、再部署、再推进，鼓舞基层党组织和广大党员创先争优的热情和干劲。市委副书记、市长白尚成出席会议并讲话。市领导丁卫东、高贵武出席会议。市委常委、组织部部长马金元主持会议。

26日，固原六盘山机场正式通航，首次开通固原—银川、固原—西安的航班。中共中央政治局委员、国务院副总理张德江发来贺电。全国政协原副主席胡启立，自治区党政军领导陈建国、王正伟、马金虎、蔡国英、何学清、李锐、赵小平、陈守信、袁汉民、王志宏，中国人民解放军总参谋部空管局局长孙宏伟，中国人民解放军空军司令部参谋长助理王卫宁，兰州空军副参谋长赛里木江·赛都拉，民航西北地区管理局局长乔新山，西部机场集团董事长何喜奎及市四套班子领导参加了通航仪式。自治区党委书记陈建国宣布六盘山机场正式通航，自治区主席王正伟在通航仪式上讲话，自治区副主席赵小平宣读了张德江的贺电。通航仪式上，民航西北地区管理局向六盘山机场颁发了机场使用许可证。六盘山机场距固原市区13公里，属4C级国内支线机场，机场总投资4.58亿元，历时2年另9个月建成。机场以2015年为目标年，能够满足年旅客吞吐量12万人次的需求，货邮吞吐量535吨，可供波音737、空客320及其系列机型安全起降，年起降量设计为2340架次。

26～27日，全国政协原副主席、中国宋庆龄基金委员会主席、中国福利会主席胡启立在自治区党委常委、统战部部长马金虎的陪同下，对市区和西吉县城市建设，文化教育事业、农业农村发展情况进行考察。中央统战部副部长、宋庆龄基金会党组书记黄跃金，自治区政协副主席陈守信，中国宋庆龄基金会副秘书长李希奎，市领导刘小河、白尚成、邓向贵、董玲、丁卫东、马金元、田治富等陪同考察。

29日，全国群众登山健身大会暨首届宁夏六盘山登山节新闻发布会在自治区政府新闻发布中心召开。市领导白尚成、陈凤龙、田治富，自治区体育局、旅游局、总工会负责人及中央驻宁各媒体和自治区内各新闻媒体记者参加了新闻发布会。本次登山活动将于8月5日—6日在固原市举行，登山活动由国家体育总局登山运动管理中心、中国登山协会、宁夏体育局、福建省体育局、宁夏旅游局、宁夏总工会、固原市政府联合举办，固原市政府承办。活动主题为“不到长城非好汉，六盘山高竞风流”。

7　月

1日，市委组织部副部长、新闻发言人樊大学对固原市基层党组织和党员队伍建设等基本情况进行通报。截至2009年年底，全市党员总数为55694名。其中：女党员占党员总数的16.4%，少数民族党员占31.1%，大专以上学历的党员占23.9%，35岁以下的党员有12721名。党的十六大以来入党的16156名。农民党员占全市党员总数的54.5%；现有基层党组织2395个，其中基层党委86个，总支部95个，支部2214个。全市有非公有制企业801家，已建立党组织的85个；全市已登记的422个社会组织现有从业人员1758人，其中党员478人。全市2620名村干部享受任职职务补贴，全年平均报酬3857元。158名连续任职20年以上的优秀村党支部书记、村委会主任将享受自治区奖励补贴。2253名村干部参加了养老保险。7名村干部被招录为乡镇公务员。全市62个乡镇、891个村、29个城市社区、21个国有林场全部建成远程教育站点。2010年，全市新建村级组织活动场所337个，占全区新建总量的53.8%。

是日，由市委组织部、宣传部，市直机关工委、市文广局、宁夏师范学院共同主办的固原市直机关庆祝建党89周年歌咏大会在固原体育馆唱响。市领导刘小河、邓向贵、黄雅杭、马金元、周庆华、姜文奎、李守银、王明亮等与上千名群众一同观看了演出。歌咏大会在嘹亮的合唱《歌唱祖国》中拉开序幕。来自教育、工商、卫生等部门的12支代表队激情唱响《唱支山歌给党听》《伟大的祖国伟大的党》等红色经典歌曲。演出在全体人员齐唱《没有共产党就没有新中国》的嘹亮歌声中结束。经过激烈角逐，六盘山林业局代表队荣获一等奖，其他代表队分别荣获二等奖、三等奖、组织奖和表演奖。

2日，宁夏大学与固原市经济技术合作座谈会召开，就开展多领域的经济技术合作进行交流、磋商。市领导刘小河、董玲、黄雅杭、马金元、田治富，宁夏大学党委书记齐岳，校长何建国，部分宁夏大学学者、教授、各学院负责人出席座谈会。市长白尚成主持座谈会。市委常委、副市长黄雅杭介绍了固原市经济社会发展情况以及固原与宁夏大学合作情况。

6日，市委书记刘小河主持召开市委常委会议。会议审定《关于固原市加快城镇化建设的意见》《关于市直机关(参照管理单位)公务员记三等功的报告》《市委组织部关于做好2010年度县处级后备干部和预备干部民主推荐工作的意见》《固原市领导干部外出请假报告制度》《固原市领导干部函询制度》，通报固原市随宁夏代表团赴俄罗斯加里宁格勒市友好访问情况，传达学习自治区民主党派工商联无党派人士反腐倡廉建设座谈会精神、自治区纪委监察厅五市上半年工作汇报会精神、全区纪念中国共产党成立89周年暨创先争优活动座谈会精神、全区加强和改进大学生思想政治教育工作座谈会精神，并研究本市贯彻意见。

是日，宁夏师范学院主办召开固原历史文化学术研讨会。研讨会共收到国内外专家学者提交的论文36篇，内容涉及固原历史地理、社会经济、文物考古、回族文化、文化教育以及文学评论，涵盖了固原历史文化研究领域的诸多方面。

12日，自治区人大原副主任张立志、韩有为、马骏廷、李国芳、余今晓一行在市领导刘小河、董玲、姜文奎、罗京玺的陪同下，先后来到固原一中迁建工程、六盘山热电厂、固原盐化工循环经济扶贫示范区、固原六盘山机场、长城梁生态农业科技示范园项目施工现场，实地察看了项目建设情况，听取了有关负责人就项目建设进展及完成情况的汇报。

13～14日，市委举办全市领导干部专题学习班。参加会议的同志认真学习了胡锦涛总书记、温家宝总理等中央领导在西部大开发工作会议以及在全国人才工作会议等有关会议上的重要讲话，学习了中央领导同志来宁夏视察时的重要讲话，学习了《中共中央国务院关于深入实施西部大开发战略的若干意见》等重要文件和自治区党委书记陈建国、自治区主席王正伟等领导同志在自治区领导干部专题学习班、上半年经济形势分析会等会议上的重要讲话精神。市委书记刘小河在学习班结束时，就如何贯彻落实中央西部大开发工作会议精神，做好当前和今后一个时期工作作了重要讲话。

15日，固原市召开农民健康教育与健康促进行动总结暨健康宁夏全民行动启动会。市健康宁夏全民行动领导小组组长、副市长田治富总结了全市农民健康教育与健康促进行动工作，安排部署本市开展健康宁夏全民行动工作。

19日，2010年全国群众登山健身大会暨首届宁夏六盘山登山节组委会向全市人民发出倡议："当好东道主，办好登山节"。据悉：2010年全国群众登山健身大会暨首届宁夏六盘山登山节将于8

月5~6日在美丽雄伟的六盘山举行。这是全国的体育盛会,是全体六盘儿女的盛大节日,也是一个展示固原深厚历史文化、辉煌建设成就和市民文明诚信风貌的窗口。为给全国展现一个文明、向上、热情、美丽的固原,用文明的举止、优美的环境、良好的秩序迎接来自全国各地的嘉宾和体育健儿,全市人民要从现在做起,从身边做起,从点滴小事做起,注重自己的言谈举止。学礼仪,懂礼仪,守礼仪,多说“你好、谢谢、对不起、固原欢迎您”。用微笑迎接每一位区内外来宾,让文明体现在每个人的工作和生活中。

是日,市委召开厅级领导干部会议,宣布有关干部任职决定。自治区党委组织部干部二处处长王少林宣读了自治区党委的任职决定,任命周金柱为固原市委常委、西吉县委书记,提名刘佳为固原市副市长人选。市委书记刘小河主持会议。

21日,国家土地副总督察甘藏春在自治区副主席姚爱兴陪同下,来固原市调研国土资源管理工作。市领导白尚成、黄雅杭陪同调研。

是日,由固原博物馆与福建博物院共同举办的《八闽墨宝》福建博物院藏闽籍书画珍品展在固原博物馆展出。《八闽墨宝》书画珍品展是固原博物馆取长补短,利用并发挥异地博物馆的藏品优势,面向社会,贴近生活,服务于本地民众的一次专题书画展。展品50余幅,有山水、花鸟、人物、书法等明、清以来闽籍杰出书画家的珍品,还有林则徐的手迹、严复的书法等。

22日,市委、政府召开全市县域经济观摩暨上半年经济形势分析会。上半年,全市经济在投资的强势拉动下,保持了较快的增长势头,全市完成地区生产总值30.54亿元,同比增长11.1%。原州区、隆德县、泾源县实现地区生产总值分别增长13.5%、12.6%和11.2%,高于全市平均水平。各县区地方财政一般预算收入都呈两位数增长,原州区增幅最高,达到了79.7%,彭阳县、隆德县、西吉县超过了30%,分别达到50.2%、33.8%和30.9%,泾源县稍弱一点,也达到了13.6%。市领导刘小河、白尚成、邓向贵、董玲、黄雅杭、高贵武、陈凤龙、马金元、周庆华、周金柱、姜文奎出席会议。市委书记刘小河就如何推进全市经济发展战略转型及抢抓新一轮西部大开发新机遇作出了明确要求。市长白尚成就上半年经济运行情况和当前经济形势进行了深入分析。市委副书记董玲主持会议。

23~24日,由中国统一战线杂志社主办、自治区党委统战部协办、固原市委统战部承办的全国统战系统宣传报道工作研讨会在固原市召开。来自全国各省、市、自治区部分市、县统战部的分管领导及高校负责人就如何做好新时期统一战线的宣传报道工作进行广泛交流。中央统战部研究室主任张献生、中国统一战线杂志社社长兼总编李岩伶,市领导董玲、姬永昌、田治富出席研讨会。市政协副主席、市委统战部部长王明亮介绍了本市统战工作情况。

25日,自治区党委原书记陈建国在自治区党委副书记于革胜,自治区党委常委、自治区副主席齐同生的陪同下,来固亲切会见了固原市党政军负责人,与他们深情话别并合影留念。

是日,固原东部农村饮水安全工程全线通水。2007年8月,固原东部农村饮水安全工程由国家发改委批复立项,2008年5月,工程全面开工建设。工程贯穿原州区东部干旱山区南北全境,辐射彭阳县及中卫市海原县部分地区,主要解决两县一区12个乡镇98个村14.5万人的饮水困难。其中原州区9.89万人、彭阳县2.78万人、海原县1.83万人,供水区总面积1360平方公里。工程概算总投资17557万元,其中中央投资11990万元。

26~27日,新任自治区党委书记张毅在刚到宁夏的第三天,就和自治区主席王正伟一道,就固原市经济社会发展情况进行调研,张毅强调,要认真学习贯彻中央西部大开发会议精神,以此为契机,全面推进固原经济社会发展,为全面建设小康社会而努力奋斗。自治区党委常委、秘书长蔡国英,市委书记刘小河、市长白尚成等陪同调研。

26日,市妇幼保健院暨闽宁妇幼保健培训中心落成典礼隆重举行。福建省委常委、政法委书记徐谦,市领导刘小河、白尚成、邓向贵、张宗芎、陈永共、陈凤龙、马金元、周庆华、姜文奎、马玉芳、田治富、伍文贵,福建省相关部门、自治区相关厅局、周边市县及固原各县区医疗卫生单位和妇幼保健院相关负责人出席典礼。

是日,固原剧院改造工程正式竣工,当日,“清凉六盘·文化固原”首届秦腔艺术节同时拉开帷幕。市领导周庆华、马玉芳、刘佳、罗永红参加仪式。固原剧院始建于1959年。到上世纪末,固原剧院经风雨侵蚀后成为危房而停止营业。2007年以来,市政府先后投入390万元对其进行保护性修复改造,改造工程建筑总面积达1705平方米。

27日,由人民日报社记者组成的采访组,在自治区主席助理屈冬玉,市委副书记董玲、副市长李守银的陪同下,先后来到原州区马铃薯繁育中心、深沟覆膜保墒集水补灌技术示范区、中河万亩马铃薯种薯繁育基地,对原州区现代生态农业进行采访。

28日,固原市召开全市领导干部大会,传达学习自治区党委书记张毅、自治区主席王正伟在固原市调研时的重要讲话,市委书记刘小河主持会议并讲话。市领导白尚成、邓向贵、董玲、黄雅杭、高贵武、陈凤龙、马金元、周庆华、周金柱、姜文奎等出席会议。

29日,在庆祝中国人民解放军建军83周年之际,市党政军领导刘小河、白尚成、邓向贵、高贵武、陈凤龙、马金元、田宝成、姜文奎等参加了在固原军分区训练场举办的军事日活动,市领导还分别看望慰问了武警固原市支队、市公安消防支队、原州区人武部官兵,并送去慰问金。

是日,市二届人大常委会第十八次会议决定任命:陈永共、刘佳为市人民政府副市长;决定免去:张宗穹、陈莉萍市人民政府副市长职务。

30日,全区水土保持重点治理区工作会议在固原市召开,传达了全国水土保持工作会议精神,自治区水利厅、农发办,全区各县区水务、财政等部门负责人组成的观摩团先后在西吉、隆德、彭阳县进行了观摩。据悉,2010年全区已落实中央财政预算内专项资金水土保持项目、国家农业综合开发水土保持项目资金近一亿元,开展小流域综合治理、坡耕地综合整治、淤地坝建设三大工程,完成水土流失治理面积1000平方公里。

是日晚,全区财政系统第十届职工体育运动会在固原体育馆隆重开幕。自治区副主席姚爱兴,自治区政协副主席、总工会主席陶源,自治区财政厅厅长王和山及自治区有关厅局领导、兄弟市县有关领导应邀出席开幕式。开幕仪式上,姚爱兴宣布全区财政系统第十届职工体育运动会开幕;王和山致开幕词;市长白尚成致欢迎辞;自治区财政厅副厅长路芳主持开幕式。刘小河、邓向贵、董玲等市领导,固原市各界干部群众参加开幕式。本届运动会共有8个代表队参赛。在4天赛期里,513名运动员将参加篮球、排球、乒乓球、羽毛球等15个项目比赛。

31日,全区学生营养早餐工程工作会议在固原市召开。自治区教育厅副厅长马利明、财政厅副厅长马闽霞,固原市副市长田治富出席会议。据悉,营养早餐工程将在中南部地区农村义务教育阶段公办学校学生和山区九县区县城、城市义务教育阶段公办学校寄宿学生范围内实施。对实施范围内学校学生,保证在校期间每天食用一个鸡蛋,不允许以金代物、拖延隔日、以生带熟,并对食用鸡蛋过敏体质学生,学校要为其制订替代方案。

是日,固原市“低碳家庭·时尚生活·绿色六盘行”主题活动暨固原市游客服务中心开业仪式启动。市委常委、宣传部部长周庆华,市人大副主任马玉芳等出席仪式。据悉:“低碳家庭·时尚生活·绿色六盘行”主题活动是通过家庭这个社会最基本的细胞组织,唤起人们的“低碳“意识,弘扬传统美德,树立节俭光荣、浪费可耻的家庭风尚;践行家庭“低碳”计划,从节约一滴水、一度电、一张纸做起,使每个家庭都能成为“低碳”生活的践行者、宣传者和志愿者,为建设绿色固原、低碳固原和生态固原尽心献力。

是日15时16分，宁夏首个扶贫电厂——六盘山热电厂2×330兆瓦1号机组成功并网发电。宁南山区无电厂的历史宣告结束。（相关链接：总投资达27.6亿元的六盘山热电厂2×330MW热电联产工程，是自治区“十一五”期间的重点建设项目之一，也是固原市“一号工程”。2×330MW热电联产项目建成后，依托固原丰富的煤炭资源，年燃用原煤180万吨，年发电量36亿千瓦时，可形成1200万平方米供暖能力，实现产值10亿元，利税过亿元）。

8 月

2～4日，自治区“五五”普法考核验收组组长马三刚带领考核验收组对固原市“五五”普法工作进行验收。市领导白尚成、邓向贵、陈凤龙、杨志明、姚启世及市中级人民法院院长黄金柱、市人民检察院检察长李学军参加汇报会，副市长李守银陪同考核验收。固原市开展“五五”普法5年来，累计开展各种法制宣传活动552场次，开展法制文艺演出462场次，接待群众咨询59734人次，举办领导干部、群众法制讲座2759场次，受教育人数累计达169万人次。先后涌现出了“全国平安建设先进县”“全国民族团结进步先进集体”“全国‘四五’普法先进县”“第二届全国法律援助先进集体”“全国优秀司法所”“全国模范人民调解委员会”“全国‘五五’普法中期评估先进集体”“全国民主法治示范村”“首届全国十佳法律援助工作者”等一批先进典型。考核组对固原市“五五”普法工作给予了肯定，并对存在的问题提出了反馈意见。要求努力做好迎接国家验收组考核验收。

2～9日，以市委书记刘小河为团长，市委副书记董玲，市委常委、副市长陈永共为副团长的固原市党政考察团赴福建厦门、漳州、泉州、莆田、福州、南平六市考察学习，于10日返回固原。

4日，固原市投资项目推介会暨签约仪式在厦门市举行。会上共签约项目4个，总投资8.14亿元。

5～6日，2010年全国群众登山健身大会暨首届宁夏六盘山登山节在固原市举行。本次登山活动由国家体育总局登山运动管理中心、中国登山协会、宁夏体育局、福建省体育局、宁夏旅游局、宁夏总工会、固原市政府联合举办，固原市政府承办。2010年是红军长征翻越六盘山75周年、中国登山队成立55周年、登顶珠峰50周年，为了进一步弘扬“不到长城非好汉”的六盘山精神，倡导健康、科学、文明、安全、环保意识，打造“文化固原”品牌，推动六盘山旅游产业快速发展，国家体育总局登山运动管理中心决定举办2010年全国群众登山健身大会暨首届宁夏六盘山登山节。六盘山主峰米缸山海拔2942米，是中国35座名山之一，也是全国“一百个红色旅游景区”之一，被中宣部、团中央分别确定为全国爱国主义示范基地和全国青少年教育基地。来自全国18个省、市、自治区的1600余名登山运动员、爱好者齐聚六盘山下，一展身手。中国奥委会副主席、中华全国体育总会副主席吴齐，自治区人大副主任冯炯华、自治区副主席姚爱兴、自治区政协副主席张乐琴，国家体育总局登山运动管理中心主任李致新，国家体育总局登山运动管理中心副主任陈建军，奥运珠峰火炬手罗申、次仁旺姆以及国家体育总局有关部门(协会)负责人，自治区有关厅局负责人，市领导刘小河、白尚成、邓向贵、周金柱、陈凤龙、周庆华、姜文奎、马玉芳、刘佳、罗永红等出席仪式。市长白尚成致辞，副市长刘佳宣读竞赛规则，陈建军宣布2010年全国群众登山健身大会暨首届宁夏六盘山登山节竞赛组比赛活动启动，市委书记、市人大主任刘小河鸣枪发令。市委常委、宣传部部长周庆华主持仪式。（相关链接：登山活动由竞赛组和健身组分别比赛，其中竞赛组共有335名登山运动员5日上午从位于六盘山东麓的泾源县白云寺出发，攀登至米缸山，全程约7.5公里。6日上午，健身组1268名登山爱好者从位于六盘山西麓的隆德县杨家店出发，最终抵达六盘山红军长征纪念馆广场，全程约7公里。竞赛组个人奖按青年男女、中年男女组设置，男子组各奖前20名，女子组原则上各奖前5名，其中第1名奖金1万元。经过激烈竞争，来自重庆市南岸区登山协会的喻文利、甘肃省登山运动协会的高永宁、辽宁本溪登山运动协会的潘梅、山东理工大学的陈春艳分别夺得竞赛组中、青年男子组和中、青年女子组的第一名，分别获得1万元奖金。）

7日，固原市召开第六次人口普查动员暨综合试点工作会议，对全市第六次人口普查工作进行总动员。市领导王固平、田治富、姚启世出席会议，田治富作动员讲话。

8日，全区散居少数民族联谊会在固原市举办。自治区民委党组书记、主任马力，五市民族宗教相关部门负责人及全区40多名散居少数民族代表共100多人参加联谊会。副市长田治富在联谊会上致辞。

9～10日，自治区政协副主席马国权带领部分自治区政协委员对固原市低碳经济发展情况进行调研，市领导邓向贵、范宏明、伍文贵陪同调研。

11日，自治区党委第二巡视组固原巡视工作见面会召开。组长魏康宁、副组长殷玉才及巡视组全体成员，市领导刘小河、白尚成、邓向贵、董玲、黄雅杭等在职厅级领导出席见面会。

12日，市委、政府召开全市深入实施西部大开发战略动员大会。市委书记、市人大常委会主任刘小河，市委副书记、市长白尚成，市政协主席邓向贵，市委副书记董玲，市委常委黄雅杭、高贵武、周金柱、陈凤龙、周庆华，市人大常委会副主任姜文奎出席会议。自治区党委第二巡视组组长魏康宁应邀出席会议。此次会议主要是贯彻落实全区深入实施西部大开发战略动员大会精神，对全市深入实施西部大开发战略及开展大学习活动进行安排部署，进一步动员各级党政组织和广大干部群众认真学习领会新一轮西部大开发战略的新要求、新任务和新举措，大力营造“奋勇争先抢机遇、齐心协力谋发展”的浓厚氛围，努力在新的起点上推动全市深入实施西部大开发战略取得更大成就。刘小河指出，面对川区和周边地区竞相发展的逼人态势，我们能不能抓住新一轮西部大开发的战略机遇，用足用活政策措施，挤乘上西部大开发列车的“头班车”，与全区、全国同步实现全面建设小康社会目标，这是我们面临的重大课题和历史任务，是对全市各级党政组织执政能力和领导水平的重大考验，更是对各级领导干部机遇意识、责任意识和危机意识的全面检阅，如果错失这次千载难逢的重大机遇，就会使已经存在的差距越拉越大，甚至被甩得更远，那样的话，我们这些担负领导责任的同志就无法面对组织的信任和群众的期盼，就对不起固原的父老乡亲。

是日，自治区党委第二巡视组召开巡视固原工作动员大会，这标志着自治区党委巡视组对本市进行的第二轮巡视工作正式启动。市委书记刘小河作表态发言。市领导白尚成、邓向贵、董玲、黄雅杭等在职厅级领导参加动员会。此次巡视的对象是市委和人大、政府、政协党组领导班子及其成员，重点是党政领导班子及主要负责人。主要对贯彻执行党的路线方针政策的情况，特别是贯彻落实科学发展观和执行政治纪律情况，以及执行民主集中制，贯彻落实《实施纲要》《工作规划》，执行党风廉政建设责任制和自身廉政勤政和开展作风建设、选拔任用干部等情况进行监督检查。巡视采取听取汇报、个别谈话、查阅有关资料、召开座谈会、实地调研等形式进行。巡视工作在固原市和泾源县、彭阳县开展的总体时间为4个月左右。

15日，全国哀悼日，固原市各界群众为甘肃舟曲特大山洪泥石流遇难同胞表示深切哀悼。市领导姜文奎、刘维俊、马玉芳、李守银、杨振兴、姚启世与近千余机关干部聚集在市行政中心广场上，整装列队，肃穆庄重，一起默哀3分钟，当天，全市各娱乐场所停止了一切娱乐活动。

18日，固原市举办深入实施西部大开发战略大学习活动专题理论讲座首场报告会，邀请自治区发改委副巡视员、硕士研究员汪建敏作题为《关于宁夏实施西部大开发战略的若干思考》的专题讲座。此次报告会是全市深入实施西部大开发战略大学习活动四次专题理论大讲堂的首场报告会，也是一次市委中心组理论学习。市领导刘小河、白尚成、邓向贵等在职厅级领导参加报告会。

是日，市委组织部召开新闻发布会，新闻发言人樊大学对近两年全市干部教育培训情况进行通报。

18～19日，自治区党委书记张毅、自治区主席王正伟带领全区县域经济观摩团，来固原市观摩今年以来全市经济社会发展的新成效、新亮点，交流市县区在加快发展上的新做法、新经验，力争以当前正在开展的深入实施西部大开发战略大学习活动为契机，以新的精神状态，以新的行动举措，抢抓新一轮西部大开发的历史机遇，再鼓干劲，再创佳绩。自治区领导于革胜、崔波、刘晓滨、刘慧、苏德良、蔡国英、马瑞文、郝林海、张乐琴，市领导刘小河、白尚成以及自治区各厅局、各市县区主要负责人参加观摩。

25日，海小平先进事迹报告会在市人民会堂举行，市领导刘小河、邓向贵、高贵武、陈凤龙、周庆华、姜文奎、马玉芳、李守银、刘佳、杨振兴、罗永红、黄湘宁、王明亮等与全市750多名政法系统干警、市直部门干部、企事业单位职工聆听了报告，这是海小平先进事迹报告会在全区巡回宣讲的第三站。（相关链接：海小平同志生前系同心县公安局预旺派出所民警，回族，1985年3月16日出生，2006年7月毕业于宁夏警校。2010年3月13日凌晨，因连日工作，劳累过度，突发心肌梗死不幸去世，年仅24岁。海小平同志牺牲后，他的先进事迹在全区社会各界和干部群众当中引起了强烈反响。3月23日，在宁夏考察工作的胡锦涛总书记得知情况后，立即嘱咐自治区领导代为转达他对海小平家人的问候；周永康等中央领导先后作了重要批示，充分肯定了海小平同志忠于职守、无私奉献、勇敢顽强的崇高精神。自治区领导也高度重视，4月2日，自治区党委追认海小平同志为中国共产党党员；4月16日，自治区党委下发《在全区开展向海小平同志学习活动的决定》，自治区政府追授海小平同志为全区模范公务员。6月21日，《人民日报》头版头条刊登了海小平的主要事迹。7月12日，海小平先进事迹报告会在北京人民大会堂隆重举行，报告会前，周永康、刘云山、孟建柱同志亲切会见了报告团全体成员。周永康同志还就学习海小平先进事迹发表了重要讲话。）

26日，市委、政府召开全市领导干部大会，传达学习全区发展县域经济观摩交流会精神，安排部署本市的贯彻落实工作。市委书记刘小河主持会议并讲话。市领导白尚成、邓向贵、董玲、黄雅杭、陈永共、高贵武、周金柱、周庆华、田宝成、姜文奎等出席会议，自治区党委第二巡视组副组长殷玉才应邀出席。

是日，固原市深化医药卫生体制改革工作会议召开，会议传达了2010年全区深化医药卫生体制改革工作会议精神，总结全市2009年度医改工作进展情况，安排部署2010年度医改工作主要任务。市领导白尚成、马玉芳、田治富、刘佳、罗永红出席会议。市长、市医改领导小组组长白尚成作重要讲话。

是日，全市政法综治基础工作现场会在隆德县召开。市领导陈凤龙、李守银、黄湘宁，市中级人民法院院长黄金柱，市人民检察院检察长李学军参加现场会。

27日，市长白尚成主持召开市政府第58次常务会议，研究解决农村环境保护突出问题。农村环境保护工作是经济社会发展的基础。当前，全市农村环境保护问题比较多，环境保护工作比较薄弱。乡村建设缺乏规划和环保要求，基础设施建设滞后，农村环境脏、乱、差等问题制约着农村经济社会可持续发展。会议强调，改善农村环境是统筹城乡发展的重要举措之一，是建设资源节约型、环境友好型社会的重要内容，是促进农村经济社会发展，建设社会主义新农村的重大任务。加强农村环境保护工作，要加大对重点乡镇、辖区主干道公路沿线两侧环境的整治，确保2012年全市农村环境综合整治取得明显成效。

30日,固原市第二届“花儿漫六盘”电视大奖赛在市剧院落下帷幕,来自各县区近60名选手参加了决赛,其中20个节目分别获奖。花儿歌手张国辽以一曲《吆骡子》赢得了评委和观众的高度赞赏,最终获得了本次大赛一等奖。

9 月

1日,王洛宾文化园开园仪式隆重举行。自治区党委常委、宣传部部长杨春光,市委书记刘小河,王洛宾的儿子、王洛宾研究会会长王海成以及自治区文化厅、新闻出版局、自治区党委讲师团、共产党人杂志社、自治区旅游局主要负责人出席开园仪式。王洛宾文化园坐落在在六盘山脚下的泾源县什字路镇和尚铺村。

是日,全市领导干部理论大讲堂暨开展深入实施西部大开发战略大学习活动百场宣讲报告会在市人民会堂举行。报告会邀请自治区党委宣传部理论处处长朱天奎作题为《推进西部地区科学发展的行动纲领》的专题辅导。市领导刘小河、白尚成、邓向贵、董玲等在职厅级领导,市直各局委办、直属事业单位、各群众团体,中央、区属驻固各单位主要负责人及干部职工代表近千人听取报告。

3日14时55分,西吉县境内部分地区遭受冰雹、暴雨灾害,持续时间最长达40分钟,最短20分钟,冰雹最大直径约4厘米,地表积冰雹厚度达3厘米~10厘米,玉米、糜谷、荞麦等农作物受损严重,部分农户房屋瓦片不同程度受损,农业生产和群众生产生活受损严重,造成震湖乡、田坪乡、平峰镇、红耀乡、新营乡等5乡镇43个村受灾。

3日—4日,全国人大常委会原副委员长盛华仁带领全国人大常委会考察组来固原考察工作。自治区领导马瑞文、刘天贵、屈冬玉,市领导刘小河、白尚成、黄雅杭、姜文奎、姬永昌陪同考察。

6日,在第26个教师节来临前夕,市委书记刘小河、市长白尚成分别慰问了本市部分教师,代表市委、人大、政府、政协向全市的教师表示节日的问候和祝贺。市领导马玉芳、田治富、罗永红陪同慰问。

是日,原州区张易中学教师杨秀花获得教育部“全国教书育人楷模”提名奖。

6~7日,中共中央政治局常委、中央政法委书记周永康在自治区党委书记张毅、自治区主席王正伟等陪同下,深入固原市泾源县六盘山镇派出所、原州区靖朔门社区、原州区头营镇团结新村考察指导工作,并参观了六盘山红军长征纪念馆。

7日,在穆斯林传统节日开斋节前夕,市领导刘小河、白尚成、邓向贵、董玲、黄雅杭、高贵武、周金柱、马金元、周庆华、杨志明、拜志俊、刘维俊、姬永昌、马玉芳、杨振兴、姚启世、黄湘宁、王明亮分别到原州区、西吉县、彭阳县、隆德县、泾源县部分清真寺和宗教人士家中,亲切看望慰问穆斯林同胞,并为他们送去了慰问金,祝愿广大穆斯林群众过一个和谐、欢乐的节日。

8日,固原市秋季万人(进疆)转移就业工作启动大会在固原火车站广场上举行。首批来自西吉县、彭阳县的3000多名拾花工将在这里乘坐专列开赴新疆乌鲁木齐拾花。随后在9月13日、18日将分发两个专列开赴新疆石河子、乌鲁木齐、博乐等地。全市将有9800名拾花工进疆拾花创收。市领导白尚成、马玉芳、李守银、罗永红及自治区人力资源和社会保障厅农民工工作处负责人出席启动仪式。

9日,市委书记刘小河主持召开全市领导干部大会,传达学习中共中央政治局常委、中央政法委书记周永康同志考察宁夏时的重要讲话,安排部署本市的贯彻落实工作。市领导白尚成、邓向贵、董玲、黄雅杭、高贵武、周金柱、马金元、周庆华等出席会议,自治区党委第二巡视组副组长殷玉才应邀出席。

10日,是第26个教师节,也是穆斯林群众的传统节日开斋节。自治区党委书记张毅、自治区主席王正伟、自治区党委副书记于革胜在市领导刘小河、白尚成、董玲、周庆华的陪同下，来到固原市看望慰问魏喜娟、孙晓莉两名优秀教师，并通过她们向全区广大教师和教育工作者表示节日的祝贺和亲切的问候。

10～14日，中共中央政治局常委、全国人大常委会委员长吴邦国在宁夏考察。吴邦国到宁夏调研的第一站就选在固原。他来到原州区开城镇海沟村走进村民马进仓家，与一家人坐在炕上拉家常。从吃水从哪里来、孩子在哪里上学，到庄稼收成怎样、外出务工做什么，吴邦国问得十分仔细。他说："由于自然和历史的原因，大家现在生活还比较困难。党和政府会想办法解决大家的问题，相信通过上下共同努力，乡亲们一定能够过上幸福美好的生活！"吴邦国还专程瞻仰了六盘山红军长征纪念馆。

13日，全国人大常委会副委员长、民建中央主席陈昌智带领全国人大有关委员会领导、自治区相关厅局负责人以及宁夏第十一届全国人大代表，就全国人大重点办理建议《关于支持宁夏建设马铃薯种薯基地的建议》办理进展情况和解决南部山区人畜饮水及水源工程建设等情况进行视察。自治区人大副主任何学清、自治区副主席郝林海，市领导刘小河、白尚成、杨志明、刘维俊、李守银陪同视察。

17日，市委、政府召开全市领导干部大会，传达学习中共中央政治局常委、全国人大常委会委员长吴邦国在宁夏调研时的重要讲话，安排部署本市贯彻落实工作。市委书记刘小河主持会议并讲话。市领导邓向贵、董玲、黄雅杭、陈永共、高贵武、周金柱、马金元、周庆华、田宝成、姜文奎等出席会议，自治区党委第二巡视组副组长殷玉才应邀参加会议。

19日，中央创先争优活动领导小组办公室综合组副组长、中央组织部组织二局副巡视员张金豹带领中央创先争优活动领导小组调研组，就固原市农村基层党建工作和开展创先争优活动情况进行调研指导。自治区党委组织部副部长沈凡及市委常委、组织部部长马金元陪同调研。

是日，全区国有林场管理现场观摩会在西吉县召开。来自全区各市县区的部分林业干部职工对西吉县国有林场管理亮点进行观摩。

是日，自治区国土资源厅向固原市基层国土中心所配发巡查执法车辆22辆及办公设备。市领导黄雅杭、周庆华、姬永昌、黄湘宁及自治区国土资源厅纪检组长于晓峰出席仪式并向配发车辆单位代表发放钥匙，同时为市测绘局成立揭牌。

21日，市委书记刘小河主持召开市委2010年议军议警会议，听取了固原军分区、武警8672部队、武警固原市支队、武警固原市消防支队的工作汇报，研究了提请解决的有关问题。市委副书记、市长白尚成，市委常委黄雅杭、陈永共、陈凤龙、马金元、周庆华、田宝成出席会议，市人大副主任姜文奎，副市长田治富、李守银及驻固各部队主要负责人、市直有关部门负责人列席会议。

23～24日，应固原市的邀请，俄罗斯加里宁格勒市副议长亚历山大·佩提科夫一行2人，对固原市进行友好访问。市委书记刘小河，市长白尚成分别在24日晚和23日晚亲切会见了亚历山大·佩提科夫及随行人员。市人大副主任姬永昌会见时在座。

24日，固原市与俄罗斯加里宁格勒市就发展友好城市关系进行座谈，宾主双方在亲切友好的气氛中，就加强两市间的交流与合作进行了广泛、深入的探讨。市长白尚成，市人大副主任姬永昌，加里宁格勒市副议长亚历山大·佩提科夫等一同出席了座谈会。（相关链接：2010年6月16～26日，自治区党委常委、组织部部长徐松南带领固原市委书记刘小河、自治区外办副主任刘锦旗和自治区党委组织部、商务厅等有关人员组成的宁夏代表团，应邀对俄罗斯加里宁格勒市进行了友好访问，就固原市与加里宁格勒市缔结友好城市和开展经济、贸易、教育、文化、旅游等方面的合作进行了洽谈。）

25日，原州区政府与中航工业郑飞公司（中航工业郑州飞机装备有限责任公司）签订了清真养生小杂粮深度加工项目框架协议。这标志着总投资约1.8亿元的小杂粮深度开发项目落户原州区，这一重大项目的实施填补了固原市小杂粮深加工领域的空白。市领导刘小河、白尚成、黄雅杭出席了当天的协议签字仪式。

26 日，固原市举行农机免费管理启动仪式。农机免费管理工作的启动，标志着固原市农机管理工作迈入了一个新的发展阶段。

是日，市委书记刘小河会见深圳市第七批来固原开展“三同”锻炼的中青年干部。市委常委、组织部部长马金元会见时在座。会见结束后，19 名深圳“三同”干部将深入原州区炭山乡开展为期一个月的锻炼活动。

27 日，在 2010 宁洽会暨首届中阿经贸论坛项目签约仪式上，固原市共签约项目 9 项，签约总额 59.2 亿元，均为独资项目。其中，合同项目 7 个，总投资 11.2 亿元；协议项目 2 个，总投资 48 亿元。市长白尚成参加签约仪式。（相关链接：2010 宁洽会暨首届中阿经贸论坛于 9 月 26 ~ 9 月 30 日在银川举行，这是中国和阿盟国家经贸领域最高级别和最具影响力的多边、双边国际合作盛会，也是继“中国—东盟博览会”“中国吉林 - 东北亚投资贸易博览会”之后，中国区域性对外开放的又一新平台。）

28 日，市委中心组、全市领导干部理论大讲堂、西部大开发第三次报告会召开，自治区扶贫办副主任刘勇就如何抢抓新一轮西部大开发战略扶贫的机遇，推进六盘山区的扶贫开发工作作了辅导报告。市领导刘小河、董玲、高贵武、马金元、周庆华、姜文奎等参加，市委常委、宣传部部长周庆华主持。

29 日，固原市举行 2010 年全国群众登山健身大会暨首届宁夏六盘山登山节总结表彰大会，对登山节活动中涌现出的 50 名先进个人和 17 个先进集体给予表彰奖励。市领导刘小河、马玉芳、罗永红，六盘山旅游管委会副主任袁治安出席会议。市长白尚成讲话。市委常委、政法委书记、市公安局局长陈凤龙宣读表彰决定。市委常委、宣传部部长周庆华对活动进行总结。副市长刘佳主持会议。

是日，全市 2010 年秋冬季农田水利基本建设在隆德县沙塘镇和平村正式启动，这标志着全市 2010 年秋冬季农田水利基本建设大会战拉开帷幕。此次大会战从 9 月下旬开始到 11 月底结束。市领导刘小河、董玲、姜文奎、刘乐伟，自治区水利厅副厅长毕廷和出席启动仪式，隆德县一万多名干部群众及各县区党政主要负责人、市直有关部门负责人参加。

30 日，市委书记刘小河主持召开市委第 22 次常委会议，研究《关于请求加快固原市生态移民工作的意见》，听取全市深入实施西部大开发战略大学习活动进展情况汇报，研究部署下一阶段工作。市领导白尚成、董玲、黄雅杭、高贵武、周金柱、陈凤龙、马金元、周庆华参加会议，市人大副主任姜文奎，副市长田治富、李守银、刘佳及各县区主要负责人、市直有关部门负责人列席会议。

10 月

8 日，“西吉马铃薯”商标在国家工商总局商标局认定的 217 件中国驰名商标中榜上有名。标志着固原市在中国驰名商标领域实现了零的突破，填补了固原市无中国驰名商标的空白。

12 ~ 13 日，自治区党委常委、组织部部长徐松南到固原市调研党建工作。市领导白尚成、周金柱、马金元陪同调研。

14 日，固原市首届农民工职业技能“大比武、大练兵”暨职业技能竞赛活动在固原民族职业技术学院举行。市长白尚成宣布固原市首届农民工职业技能大赛开幕，市委常委、宣传部部长周庆华讲话，副市长、大赛组委会副主任李守银主持开幕式，市人大副主任王固平、市政协副主席伍文贵出席开幕式。本次技能竞赛，来自四县一区及区建四公司 6 支代表队的 267 名农民工，将参加建筑、烹饪、家政等 3 大工种 8 个项目的比赛。

15 日，全市秋季造林绿化动员会议召开。市长白尚成，副市长李守银及各县区主管县区长、林业局长，市直各部（委）门、单位，各群众团体负责人，中央、区属驻固单位负责人参加会议。市委、政府决定从10月16日开始,市直机关干部职工利用一周时间在长城梁开展秋季义务植树活动，对6000多亩新造林进行抚育、除草、培埂。

16～17日，中纪委驻广电总局纪检组长王莉莉带领中央扩大内需第16检查组来固原市检查扩大内需促进经济增长政策落实和工程建设领域突出问题专项治理工作。市长白尚成、副市长田治富参加汇报会。

19日,原州区隆重举行“树新风、革陋习、争做文明市民”倡议活动暨人民广场竣工仪式。自治区党委宣传部副部长李克强,市领导刘小河、白尚成、邓向贵、黄雅杭、周庆华、姜文奎、姬永昌、刘佳出席了竣工仪式。市委书记刘小河宣布人民广场正式启用、“树新风、革陋习、争做文明市民”倡议活动启动。(相关链接:人民广场前身是固原体育场,始建于上世纪70年代。2010年,市委、政府作出了建设固原人民广场的决定。原州区承担建设任务,经过5个多月的紧张施工,完成工程投资3000多万元,广场占地4万余平方米。新建广场雄依东岳山,秀承清水河,翠接文澜阁,瑞映古雁岭,为古城固原增添了新名片。人民广场的正式启用不仅为广大市民提供了一个锻炼休闲娱乐的理想场所,也为进一步提升固原城市品位、打造宁南山区中心城市新形象写下了浓墨重彩的一笔)。

19～21日,市委、政府邀请广军、宋文源、代大权等9名全国著名版画家及宁夏区内十余位知名版画家相聚固原,和固原的版画家一道,进行为期4天的“情系六盘”全国著名版画家六盘行采风、创作、展出、研讨活动。在固原博物馆举办了“情系六盘”全国著名版画家六盘行版画展,展出了全国及宁夏知名版画家的作品10多幅、固原市版画家作品60幅。市领导刘小河、邓向贵、黄雅杭、周庆华、马玉芳、伍文贵出席画展剪彩活动,并同版画家一起观看展出。版画展之后,召开了中国当代版画研讨会。

25日,市委召开常委(扩大)会议,传达贯彻党的十七届五中全会精神和自治区党委第30次常委(扩大)会议精神。市委书记刘小河主持会议并讲话,市委副书记白尚成、董玲传达十七届五中全会精神。

26日,宁夏2010年新型农村社会养老保险国家试点县区启动大会在固原召开,会议通报第一批试点县工作进展情况，启动山区8县区新农保试点,并为符合享受新农保条件的农民代表现场发放基础养老金。自治区党委常委、副主席刘慧,市领导白尚成、马玉芳、李守银、姚启世及自治区新农保领导小组各成员单位负责人、各试点县区政府主要领导、人力资源和社会保障局负责人参加启动大会。据悉,此次固原四县一区被列入宁夏2010年新农保国家试点县区,是继免除农业税、实行农村义务教育“两免一补”和开展新型农村合作医疗后的又一重大举措。新农保在固原市全面开展试点，可使全市128.62万农村居民提前享受到这一惠民政策。

11　月

1日,自治区党委常委、秘书长蔡国英带领自治区党委政研室、办公厅,自治区扶贫办、发改委、水利厅等部门负责人到固原市调研固原生态移民工作和“十二五”规划编制情况,并召开座谈会征求关于对自治区“十二五”发展规划建议的意见。市领导刘小河、董玲、陈永共、周金柱、田治富出席座谈会。

2日,市领导刘小河、董玲、陈永共、高贵武、陈凤龙、马金元、周庆华等在固厅级领导以普通公民身份参加人口普查登记。据悉，第六次全国人口普查工作于11月1日零时正式启动，普查内容达48项,涉及人口基本状况、受教育程度、迁移流动、身体健康状况、就业、妇女生育和住房等情况。与第五次全国人口普查不同的是,此次人口普查增加了居民经济来源、饮用水条件、住房条件等内容。

是日,原州区至王洼铁路建设项目工程全面进入施工阶段。据悉,原州区至王洼铁路建设项目起点为宝中铁路固原站,终点为彭阳县王洼煤业有限公司,全长37.012千米,全线征地1437.2亩,可行性研究估算总投资14.8亿元,预计于2013年竣工运行。

4日,神华宁煤集团向固原市须弥山景云寺文化遗址恢复重建捐赠仪式在固原市举行,神华宁煤集团为景云寺文化遗址恢复重建捐资500万元人民币。市领导刘小河、白尚成、邓向贵、陈永共、拜志俊、伍文贵,神华宁煤集团董事长王俭、党委书记陆维平,六盘山旅游扶贫试验区管委会副主任袁治安出席捐赠仪式。(相关链接:须弥山石窟是中国十大石窟之一,全国重点文物保护单位,始凿于北魏,兴盛于北周、隋唐,是丝绸之路上重要的文化遗存。景云寺是须弥山八大景观之一,兴建于唐代,曾是西北名刹,后毁于战乱和自然灾害,现仅存遗址。)

9~10日,自治区副主席李锐带领自治区政府办公厅、住建厅、财政厅、招商局等厅局负责人,对固原市各县区城乡建设情况和招商引资工作进行了调研。市领导白尚成、黄雅杭、周金柱陪同调研。

11日,市委书记刘小河主持召开市委常委会议,传达学习自治区党委书记张毅在全区开展创先争优活动和深化干部人事制度改革工作调研座谈会上的讲话精神,全区深入实施西部大开发战略大学习活动总结大会精神,听取了全市深入实施西部大开发战略大学习活动开展情况以及全区农村党风廉政建设工作会议精神,审定了《固原市党政领导干部问责办法(试行)》《固原市市直部门(单位)领导班子和领导干部年度考核实施办法(试行)》和《固原市县(区)党政领导班子和领导干部年度考核实施办法(试行)》。

是日,市长白尚成主持召开市政府第62次常务会议,研究《固原市城乡居民基本医疗保险实施办法》。副市长黄雅杭、陈永共、范宏明、田治富,市政府秘书长黄金库参加会议。会议原则同意《固原市城乡居民基本医疗保险实施办法》。

12日,市委、政府召开全市开展深入实施西部大开发战略大学习活动总结大会,对全市大学习活动进行总结,并按照自治区党委的要求,对巩固和扩大大学习活动成果作出部署。市领导刘小河、白尚成、邓向贵、董玲、黄雅杭、陈永共、高贵武、周金柱、陈凤龙、周庆华、姜文奎等出席大会。市委书记刘小河作重要讲话。

是日,六盘山热电厂1号机组顺利通过168小时连续满负荷试运行,正式生产运营,标志着自治区首个扶贫热电厂正式投产。(相关链接:六盘山热电厂2×330千瓦热电联产项目是自治区"十一五"重点建设项目之一,工程动态投资约27.6亿元。2×330千瓦热电联产项目建成后,依托固原丰富的煤炭资源,年燃用原煤180万吨,年发电36亿千瓦时,可达到1200万平方米供暖能力,实现产值10亿元,利税过亿元)。

14日,市委、政府召开工作务虚会,分析形势,集思广益,总结"十一五"经验,研究谋划明年和"十二五"期间固原市的发展思路和重点工作,为开好市委全委会和全市"两会"打好思想基础和工作准备,为科学制定"十二五"规划提供参考依据。市委书记、市人大常委会主任刘小河主持会议并讲话,市委副书记、市长白尚成讲话。市领导邓向贵、董玲、黄雅杭、陈永共、高贵武、周金柱、陈凤龙、马金元、周庆华、姜文奎等在职厅级领导出席会议。

16日,由国家发改委牵头,工信部、人民银行、国土资源部、环境部有关人员组成的督察组听取了固原市贯彻落实国务院《关于进一步促进宁夏经济社会发展的若干意见》情况汇报。市领导白尚成、董玲、田治富参加汇报会并陪同督察。

18~19日,全国人大教科文卫委副主任宋法棠、任茂东带领调研组就深化医疗卫生体制改革工作进展情况到固原市开展调研。自治区人大副主任冯炯华,市领导白尚成、姜文奎、马玉芳、刘佳等陪同调研。

21日,据《固原日报》报道:今秋首次发现天鹅在彭阳境内歇脚,说明彭阳生态环境已得到极大改善。天鹅是一种冬候鸟,喜欢群栖在湖泊和沼泽地带，主要以水生植物为食。

26日，据《固原日报》报道：六盘山机场定于12月6日复航，航线为固原—银川、固原—西安，每周一、三、四、五飞行，票价保持在百元左右的低价位水平。（相关链接：2010年6月26日，总投资4.5亿元的固原六盘山机场正式通航。在营运三个月后，机场针对火车、高速公路的竞争压力，航空公司运力紧张，当地客源不足的现状，以及由伊春空难引发的高原机场飞行员资质的严格审核，民航总局加大了对全国大部分支线机场停航整顿力度，六盘山机场也随之停航。）

28～29日，固原市工会第二次代表大会召开。会议选举产生了市工会第二届委员会和第二届经费审查委员会，表彰了固原市"工字号"创业带动就业工作先进集体、先进个人及三星级职代会单位。市领导刘小河、白尚成、邓向贵、董玲、黄雅杭、高贵武、陈凤龙、马金元、周庆华、姜文奎、马玉芳、伍文贵，自治区总工会副主席闫华出席会议。马玉芳当选为市工会第二届委员会主席。

29日，固原市召开领导干部大会，传达学习自治区党委十届十一次全体（扩大）会议精神。会议分别传达学习了自治区党委书记张毅在自治区党委十届十一次全体（扩大）会议上所作的工作报告，张毅在自治区党委十届十一次全体（扩大）会议结束时的重要讲话，自治区主席王正伟《关于制定国民经济和社会发展第十二个五年规划的建议（讨论稿）》的说明。市领导刘小河、邓向贵、黄雅杭、高贵武、陈凤龙、马金元、周庆华、姜文奎等出席会议，市委书记刘小河主持会议并讲话。

29～12月1日，自治区党委副书记于革胜，自治区副主席郝林海带领自治区有关厅局、部门负责人深入原州区和彭阳、泾源、隆德、西吉县部分乡村，就农业农村经济发展情况及"十二五"规划、明年农业农村工作思路和重点工作展开调研。自治区主席助理屈冬玉，市领导刘小河、白尚成、董玲、李守银陪同调研。

是月下旬，由宁夏农业综合投资公司固原马铃薯精淀粉分公司投资1695万元建设的首个全套马铃薯淀粉加工废水处理设施在市区建成，困扰本市马铃薯淀粉加工废水污染问题得到有效解决。

12　月

1日，中国民主同盟固原市委会召开第二次盟员大会，大会听取和审议了民盟固原市一届委员会工作报告，并选举产生了新一届委员会。民盟宁夏区委会副主委张欣毅，市领导董玲、罗京玺、刘佳、王明亮出席了大会。副市长刘佳当选为民盟固原市二届委员会主任委员。

2日，市委举办领导干部理论大讲堂，专题辅导学习十七届五中全会精神。市领导刘小河、白尚成、邓向贵、董玲、高贵武、马金元、姜文奎等参加了学习，市委常委、宣传部部长周庆华主持。

3日，市委书记刘小河主持召开市委2010年第27次常委会议，听取了《固原市"十二五"和2011年经济社会发展指标和约束性指标汇报》，研究了《市委二届九次全体（扩大）会议方案》《关于召开市二届人民代表大会第四次会议的请示》和《关于中国人民政治协商会议固原市第二届委员会第四次会议有关具体事项的请示》。

6日，市委书记刘小河主持召开征求意见座谈会，就《在中共固原市委二届九次全体（扩大）会议上的工作报告（征求意见稿）》《中共固原市委2011年工作要点（征求意见稿）》《中共固原市委员会关于制定国民经济和社会发展第十二个五年规划的建议（征求意见稿）》，广泛征求各级党代表、市人大代表、市政协委员、市各民主党派、工商联、无党派人士代表、老干部代表以及企业界代表的意见和建议。市委副书记董玲，市政协副主席、市委统战部部长王明亮参加座谈会。

是日，2010年全国群众登山健身大会闭幕式暨"中国体彩杯"福州市第四届海峡两岸10万人登山活动在福建福州举行。市委常委、宣传部部长周庆华参加了大会。在这次大会上，市文化体育广播电视局被国家体育总局登山运动管理中心、中国登山协会评为2010年全国群众登山健身大会优秀组织奖。本市登山爱好者王晓芳、沈长生、郑玉吉、安成吉、李文清被授予全国登山健身明星称号。

7～9日，自治区党委常委、自治区副主席刘慧带领人社厅、民政厅、财政厅等相关厅局负责人，来固原市调研全民创业和社会保障工作。市领导刘小河、白尚成、董玲、李守银陪同调研。

9日，自治区党委常委、纪委书记刘晓滨带领自治区纪委监察厅有关领导前往隆德县，就固原市党风廉政建设工作进行调研，并慰问对口扶贫点困难党员群众。市领导刘小河、高贵武陪同调研。

10日，市委书记刘小河主持召开市委常委会议，审定《中共固原市委员会关于制定国民经济和社会发展第十二个五年规划的建议》和《市委二届九次全体（扩大）会议工作报告》《中共固原市委2011年工作要点》；审定《固原市中长期人才发展规划纲要（2010—2020年）》和《固原市争资金、争项目考核办法（试行）》。

是日，全区五市纪委监察局2010年工作汇报会在固原市召开。会议听取了银川、石嘴山、吴忠、固原、中卫市纪委监察局2010年工作汇报，研究部署当前和今后工作任务。自治区党委常委、纪委书记刘晓滨听取汇报并讲话。

是日，市委书记刘小河宣布了自治区党委人事任免决定。宋晓国任固原市委委员、常委，免去田宝成固原市委常委、委员职务。

13日，市委召开常委班子民主生活会。自治区党委常委、组织部部长徐松南出席会议并讲话，市委常委刘小河、白尚成、董玲、黄雅杭、陈永共、高贵武、周金柱、陈凤龙、马金元、周庆华、宋晓国参加会议，市政协主席邓向贵，市人大副主任姜文奎以及党代表、老干部代表、基层代表等列席会议。

14日，自治区政协副主席安纯人及自治区人大代表、政协委员对固原市中小学校舍安全工程进行了视察。市领导马玉芳、范宏明、罗永红陪同视察。

16日，固原六盘山医院开业。

17日，固原市举办2010年第26场理论大讲堂。邀请国家发改委和中国社科院特约研究员、国家注册高级策划师邵春作题为《旅游业——固原经济发展战略选择》的专题报告。市领导邓向贵、董玲、黄雅杭、姜文奎参加，市委常委、宣传部部长周庆华主持。

20～21日，中国共产党固原市委员会二届九次全体会议在市行政中心召开。会议由市委常委会主持，市委书记刘小河作重要讲话。会议听取和讨论了刘小河代表市委常委会向全委会作的工作报告，审议通过《中共固原市委员会关于制定国民经济和社会发展第十二个五年规划的建议》，通过《固原市委2011年工作要点》，白尚成就《建议（讨论稿）》作了说明。会议还传达了全区经济工作会议精神，听取了市委常委、组织部部长马金元作的市委2010年度干部选拔任用工作情况的报告，对新选拔任用领导干部进行了民主评议。

22日，固原市第五次文学艺术奖颁奖典礼暨社区文艺节目展演在固原剧院隆重举行。市领导刘小河、白尚成、邓向贵、周庆华、姜文奎、马玉芳、刘佳、罗永红等为获奖作者颁奖。固原市第五次文学艺术奖评选活动共有103件作品获奖。其中，特等奖3件、一等奖13件、二等奖24件、三等奖37件、优秀奖26件。在本次评选活动中，《六盘山文化丛书》12卷本、《六盘山民间故事》5卷本、《王洛宾的花儿情》获得特等奖。

23日，清华大学城市规划研究院12名专家从北京抵达固原，将免费对包括固原城市布局、产业物流带分布、功能分区、新区建设、老城改造等在内的城市总体规划进行科学严谨的修编。市领导刘小河、白尚成、黄雅杭及原州区政府，固原经济开发区，市发改、国土、民政、住建等部门负责人参加了固原市市区总体规划修编座谈会。

是日，市委书记、固原盐化工循环经济扶贫示范区建设领导小组组长刘小河主持召开领导小组第十一次会议。会议听取了领导小组办公室关于示范区基础设施建设及功能布局初步方案、2011年示范区基础设施建设项目计划和工业项目投资计划、国电英力特公司项目报批支持性文件落实等情况的汇报，并就示范区基础设施建设及功能布局初步方案、道路建设、道路绿化、供排水工程建设、供电、通讯等问题进行了研究。市领导白尚成、董玲、范宏明及领导小组各成员单位负责人参加了会议。

28～29日，自治区党委常委、政法委书记、公安厅厅长苏德良来固原市调研公安工作。市委常委、政法委书记、市公安局局长陈凤龙陪同调研。

29日，全市人才工作会议召开。此次会议是固原市召开的首次人才工作会议，标志着人才强市战略全面启动。市长白尚成主持会议，市委副书记董玲宣读《关于表彰奖励固原市首届优秀专业技术人才和优秀农村实用人才的决定》，市委常委、市人才工作领导小组副组长马金元对《固原市中长期人才发展规划纲要（2010—2020年）》编制情况作了说明。市领导邓向贵、高贵武、周庆华、姜文奎出席会议。市委书记、市人才工作领导小组组长刘小河强调，要牢固树立抓人才就是抓发展、抓长远、抓后劲的理念，以战略眼光和科学思维谋划人才工作，把培养、吸引、用好人才作为强市之基、发展之本和转型之要，坚定不移地走人才强市之路。

是日，固原市举行各界人士迎新年茶话会。市领导刘小河、白尚成、邓向贵、董玲、黄雅杭、姜文奎、刘维俊、姬永昌、田治富、刘佳、杨振兴、伍文贵、王明亮等同各民主党派、工商联负责人、无党派人士代表，市委、市政府机关相关负责人以及各界人士代表欢聚一堂，共迎新年，共话固原发展大计。

30日，市委书记刘小河主持召开市委2010年第30次常委会议，审定并原则同意了市政府党组提交的《固原市国民经济和社会发展第十二个五年规划纲要（草案）》、政府工作报告、《2010年国民经济和社会发展计划执行情况与2011年国民经济和社会发展计划（草案）的报告》《2010年全市及市本级财政预算执行情况和2011年全市及市本级财政预算（草案）的报告》；听取市人大党组、市政协党组、市中级人民法院党组、市人民检察院党组工作汇报以及第二届固原十大道德模范评选工作情况汇报。

31日，固原市“六盘山”农产品品牌推介会在银川举行。自治区副主席郝林海，自治区农牧厅厅长赵永彪，市领导刘小河、白尚成、董玲、周金柱、周庆华、李守银及市直有关部门负责人、五县区委书记、县区长和有关经销商代表参加了推介会。本次推介会旨在充分利用六盘山地名效应和区域特色，加快培育固原市具有地方特色的马铃薯、冷凉蔬菜、中药材、小杂粮、清真牛羊肉等“六盘山”品牌农产品，扩大地方特色品牌知名度，开拓农产品市场，提升农产品综合竞争力，推进品牌战略。

县(区)工作

原州区

【概况】 全年实现地区生产总值42亿元,同比增长15%;完成全社会固定资产投资43.6亿元,同比增长25%;实现消费品零售总额17亿元,同比增长15%; 实现地方财政一般预算收入1.005亿元,同比增长52.1%;实现城镇居民人均可支配收入达到14630元,同比增长10%;农民人均纯收入3366元,同比增长10%。

【主要荣誉】 全国阳光体育先进县(区)、全国农村劳动力转移就业示范县(区)、全国科普示范县,全国文物工作先进县,全国民间文化(社火)艺术之乡,自治区文化建设先进县(区)、自治区贫困村"互助资金"试点工作先进项目县(区)、自治区教育督导工作优秀奖。

【新农村建设】 年内,以被自治区确定为统筹城乡发展试点县(区)为契机,把新农村建设作为统筹城乡发展的有效途径,培育主导产业,改善基础设施,综合整治环境, 杨郎等3个小城镇和彭堡硝沟、开城寇庄等16个新农村示范村建设全面完成, 聚集辐射功能和综合承载能力显著增强。新修农村油路266公里,砂砾路100公里;新增通油路行政村32个,累计达到149个,农村生产生活条件显著改善。又有20个村列入改水项目,2300户农民用上安全水。宋家巷二期拆迁完成978户19.6万平方米,固原体育场改造工程竣工启用。认真实施市区城中村"村改居"工作,2.1万名城中村农民转为市民。

【设施农业】 按照扩规模、创品牌、强服务、拓市场的思路,利用原州区冷凉气候资源优势,把发展冷凉蔬菜作为促进农业经济结构调整和农民增收的主攻方向,打造"冷凉蔬菜之乡"。年内,种植蔬菜18万亩,新建7个千亩大拱棚园区,新扩建4个千亩日光温室园区,设施农业面积达7.3万亩。全年日光温室和大拱棚亩均收入分别达到4万元和1.2万元以上,设施农业成为农民增收新的增长点。32万亩覆膜保墒旱作节水农业喜获丰收,增收带动效应明显。全区测土配方施肥面积达到54万亩。

【草畜产业】 围绕建设"宁夏肉牛基地县(区)"的目标,以培育养殖园区、养牛示范村、养殖大户为抓手,新建腾西等肉牛养殖园区5个、养牛专业村15个,种植牧草30万亩,改造棚圈1677栋,建设"三贮一化"池1.8万立方米,改良黄牛1.9万头,全区肉牛饲养量达到17万头,同比增长8.8%。

【马铃薯产业】 按照稳面积、扩种薯的思路,通过政府扶持、企业引领、土地流转、创新机制等措施,突出抓马铃薯脱毒种薯三级繁育体系建设,原原种生产能力增加到2500万粒,增长5倍,完成任务的120%。建成张易、中河两个万亩马铃薯种薯示范基地,建成10个种薯繁育专业村,种薯繁育达4.2万亩, 带动全区种植马铃薯50多万亩, 完成任务的133.3%。全年总产鲜薯80万吨。

【劳务产业】 加大劳务人员技能培训和有组织输出力度, 培育壮大劳务中介组织和经纪人队伍,加强对外出务工人员的教育管理,巩固拓展劳务输出基地，打造勤劳、诚信、守法的原州劳务品牌，推动劳务产业向规模化、市场化、产业化方向发展。组织春季沿海、夏季邻省、秋季进疆等三次万人输出行动，全年累计输出劳务9.99万人，劳务创收5.15亿元，输出人数、劳务创收均位居自治区第一。

【特色种植】 继续实施“枸杞南移工程”，新栽枸杞1万亩，葵花、胡麻特色种植面积超过20万亩。

【项目建设】 全年共争取落实国家项目156项，资金8.5亿元，到位资金4.1亿元。共实施招商项目13个，协议引进7.27亿元，实际到位资金2.16亿元。新引进投资1.2亿元的郑飞集团小杂粮深加工、投资8000万元的固原汽车城等重点企业。

【工业企业】 完成胜金水泥、雪洋面粉等10家重点企业技术改造，累计投资9000万元。完成12家国有企业改制。预计全年区属工业实现总产值、增加值同比分别增长22%和20%。

【第三产业】 发挥原州区位优势，以建设宁南山区最大的商贸物流区和宁夏旅游目的地为目标，发展商贸物流、旅游等新型服务业，兴建“农家店”140个、农贸市场1个。建成固原马铃薯综合批发市场、寨科农贸市场、清水河物流园区汽配汽修区。完成须弥山博物馆、游客接待中心等景区基础设施建设，投资1900万元对须弥山旅游线进行综合整治。年内，全区第三产业实现增加值18.8亿元，同比增长13%。

【危窑危房改造工程】 围绕“水源、生态、开发、特色、转移”五个重点，把生态移民暨危窑危房改造与新农村建设、产业培育、扶贫开发、土地流转相结合，在完成南城拐子第一期、第二期生态移民的基础上，建成第三期生态移民工程，720户3200名移民全部入住。农村危窑危房改造按照新的高抗设防标准顺利推进，改造农村危窑危房1000户。实施抗震房建设及沿黄城市带移民搬迁工程，妥善安置地震防御区范围内6个乡镇31个行政村的2021户D级危房户，其中建设抗震房安置987户，搬入敬老院安置五保户34户，向沿黄城市带永宁县、贺兰县移民搬迁1000户。

【生态环境建设】 按照一年完成一项重点生态工程的目标，全面完成须弥山景区沿线绿化及环境整治工作，农田林网、通道绿化工程顺利进行，完成退耕补植面积15万亩，新增造林面积3.7万亩，绿化道路280公里，共栽植各类苗木68.5万株，一批花园式机关、学校、医院、企业和生态示范乡村创建达标。开展以大规模、群众性秋冬季农田水利建设和植树造林为主要内容的“大干100天，全面完成八大建设任务”活动，全力打造宁南山区节水型生态农业示范基地。实施须弥山“一河两岸”绿化工程、甘沟万亩节水生态园建设、新农村道路绿化建设、高速公路东西两线林网建设和退耕还林补植补造工程等六大绿化工程，累计完成植树70万株，实施预整地1.5万亩。坚持山水田林路综合治理，重点实施人饮、节灌、水保、加固四大工程。完成沈家河库井灌区配套、三营甘沟节水生态农业建设示范区、头营南塬节水灌溉示范区、设施农业园区供水、清水河流域治理、农村安全饮水等重点水利工程，新修基本农田4万亩、渠道183公里，治理流域面积44.8平方公里，发展节水灌溉面积3.2万亩，除险加固水库12座。东部农村饮水、固扩人畜饮水、农村安全饮水入户工程全面完成，入户安装9623户，新建人畜饮水工程9处，受益人口12.1万人。

【社会保障】 2010年，以创业带动就业，发放全民创业小额担保贷款1273万元，开发新项目156个，创办小企业191家，培育小老板277人，新增城镇就业3003人，其中中长期失业人员再就业306人。多方筹措扶贫资金7268万元，大力推进农业产业化经营、基础设施建设、劳动力转移培训、农业综合开发等扶贫项目，完成第三批53个贫困村中50个村的扶贫开发任务。村级互助资金扩面工程扩大到11个乡(镇)36个行政村,资金总额增加到1943万元,解决4987户群众生产发展资金短缺问题。将全区散居孤儿、事实孤儿、农村特困家庭中小学生纳入重点救助对象范围予以救助。发放城乡低保资金3059.2万元,使4.7万余名城乡低保对象基本生活得到切实保障。投入大病医疗等救助资金1047.1万元,救助大病患者6.89万人(次)。对高考成绩达到二本以上录取分数线的农村和城市低保家庭569名困难大学生全部予以救助,共发放救助金228.64万元;争取"国家开发银行生源地信用助学贷款"1100万元,资助困难大学生2488人。实施"扶贫助残"工程,为残疾人投放辅助器300件,实施白内障复明手术150例、精神病防治156人。

【教育】 推进教育强区创建工作,争取投资5230万元改造学校36所,加固29所;加大学校布局调整和教育资源优化整合力度,整合中小学校37所,撤并学校64所;改扩建城区学校、幼儿园8所,严格控制城区小学班额;继头营、彭堡等8个乡镇去年达标之后,炭山、官厅、中河三乡教育强乡创建工作年内通过市人民政府验收,率先在宁南山区实现教育强区目标;升学水平提高,高考本科上线率达32.6%,中考合格率达78.2%,高出全市平均水平16.5个百分点。

【医疗卫生】 认真落实卫生惠民计划,新型农村合作医疗参合率、城镇居民医疗保险参保率稳中有增。区医院综合住院楼、计生服务中心、妇幼保健所,寨科、杨郎、开城卫生院,以及48个村级活动场所全面建成。推进"人人享有基本医疗服务"、妇幼卫生"四免一救助"等项目,城市居民基本医疗保险参保率达95%,新型农村合作医疗参合率达88.4%,为参合群众报销住院医疗费用6598万元。新型农村养老保险工作全面启动。

【"少生快富"工程】 推进"少生快富工程"和星级乡镇创建工作,落实两项节育措施7072例,完成任务的114%;"少生快富"工程任务率先在全自治区超额完成,共完成1100户,完成任务的144.7%,自治区"少生快富"现场会在原州区举行,出生人口政策符合率提高到88%,巩固和提高计划生育"一无"县区成果。

【科技】 2010年,全区推进科技特派员创业行动、科技入户及农村信息化工程,培训农民3.6万人,荣获"全国科普示范县"称号。

【文化】 2010年,加快广播电视"村村通"和"文化资源共享"工程建设步伐,组建成立原州区民族艺术团,文化下乡、文艺演出活动更加活跃。西北农耕博物馆完成装修,正在布展。黄铎堡古城保护工程7000米围栏和古城城门已建成。

【"平安原州"建设】 完善社会治安综合治理工作机制、公共安全等突发事件应急处置机制,开展"民族团结进步示范村"创建活动,促进各民族和睦相处、和衷共济、和谐发展。以大排查、大整治、大防控、大普法等活动为载体,严厉打击和预防各类违法犯罪活动,开展矛盾纠纷排查化解,推进"五五"普法宣传教育及法律援助工作,全区政治稳定,民族团结,社会和谐。

【党建工作】 查找梳理原州区在深入实施西部大开发战略中存在的思想观念问题,在思想大解放、观念大转变中激发广大干部群众干事创业的生机和活力。紧扣市委提出的"践行六盘山精神、争当发展先锋"的要求,结合区情实际,精心设计"三书三学""五比五看双争"等特色鲜明、务实管用的活动载体;落实民主集中制,坚持重大事项和重点工作由区委常委(扩大)会议研究决策。制定《关于改进县级领导同志考察调研接待规定》《党委(党组)中心组理论学习制度》等规章制度,建立主要领导亲自挂帅、分管领导包抓督办、部门(单位)合力落实的工作责任制。坚持德才兼备、以德为先、注重实绩、群众公认的正确用人导向,注重在完成重点工程、民生实事、解决复杂矛盾中考察识别干部。建立专业技术人才和农村实用人才培养基地,选聘下派大学生村官、农村工作指导员、“三支一扶”大学生、科技特派员等400多人次,区乡村三级共举办各类村干部培训班91期,培训干部786人(次)。对全区基层党组织设置形式进行规范调整,调整26个党组织的设置,指导10个党委进行换届选举,对4个党总支、145个党支部以公推直选的方式进行换届,把18家改制企业的253名党员移交社区党组织管理,实行村党组织书记和村委会主任一肩挑38人。在68个部门(单位)和14个乡镇(街道)开展“城乡联动双诺整推”活动,公开承诺办理民生实事392件;在194个村级党组织结合开展“四联双定双评”活动,组织村级干部、农村党员、乡土人才等积极承诺为群众办力所能及的实事好事607件,建成48个村级组织活动场所。开展机关效能建设和民主评议政风行风活动,新建成原州区政务服务中心,提升行政效率和服务质量;严格落实党风廉政建设责任制,加大廉政教育力度,加大案件查办和办信办访力度。

西吉县

【概况】 西吉县位于宁夏回族自治区南部山区,六盘山西麓。东连固原市原州区,南临隆德县和甘肃省静宁县,西连甘肃省会宁县,北与中卫市海原县接壤,总面积3130平方公里。辖3镇、16乡、4个居民委员会、306个村民委员会,1909个村民小组。2010年实现地区生产总值24.77亿元,比上年增长9.0%,其中,第一产业实现增加值8.48亿元,比上年增长10.3%,第二产业实现增加值5.19亿元,比上年增长8.7%,第三产业实现增加值11.10亿元,比上年增长8.3%;完成全社会固定资产投资20.85亿元,比上年增长29.2%;完成地方财政一般预算收入4460万元,比上年增长35%;实现社会消费品零售总额7.77亿元,比上年增长17.5%;农民人均纯收入3458.75元,比上年增长17.5%;城镇居民人均可支配收入11799.95元,比上年增长10.34%。

【主要荣誉】 全国粮食增产先进单位、全国双拥模范县、全国劳务输出示范县、全国东西扶贫协作先进集体。华夏钱币收藏第一县。自治区招商引资先进县、扶贫开发先进单位、劳务输出先进县、农村基层组织建设先进县、法制宣传教育先进县、交通工作先进县、增加农民收入先进单位。

【人口与计划生育】 狠抓“少生快富”扩面试点、星级乡(镇)创建、信息化建设等重点工作,不断完善利益导向机制,全面落实农村计划生育家庭奖励扶助、救助等制度,实施长效节育措施11247例,“少生快富”1626例。创建3个五星级乡(镇)、5个四星级乡(镇),合格村达130个,村民自治试点村达到100%。新建吉强等6个乡(镇)计生服务站。2010年全县总人口50.8万人,其中农业人口46.4万人,城市人口4.4万人,回族人口28.8万人,人口出生率17.58‰,计划生育率82.69%,人口自然增长率13.20‰。

【工业经济】 加大对龙头企业的扶持力度,投资3650万元,完成兴祥公司“三粉”加工、华绒公司羊剪绒、万里磷肥厂复合肥生产等企业技改项目。筹措资金2248万元,完成县木器厂、食品公司等7家企业的改制工作,全县农业、商贸、服务、运输等企业改制基本完成,安置职工1969人,转换了企业经营机制。工业运行质量和效益明显提升。实现工业总产值9.02亿元,同比增长5.5%。华电月亮山49.5兆瓦风力发电一期工程进展顺利,实现2011年并网发电。引进招商项目17个,协议资金24亿元,到位资金4.4亿元,同比增长74.8%。抢抓闽宁协作和东部产业转移机遇,大力推进经济结构转型。宁夏(西吉)闽宁产业园获自治区发改委审批并启动实施,对接入园企业12个,规划投资20亿元,实现全县农产品加工和劳动密集型企业的新突破。推广太阳能路灯、太阳灶、沼气等清洁能源利用,全面完成了节能减排降耗目标任务。

【农业与农村经济】 以马铃薯三级脱毒种薯繁育体系建设为重点,推广地膜覆盖、标准化种植、机械化作业等关键技术,马铃薯种植面积121万亩,机械化作业面积54万亩。建设种薯基地6.5万亩,其中原种基地4000亩。繁育原原种3500万粒。实现马铃薯总产172万吨,农民人均马铃薯产业纯收入达到890元。"西吉马铃薯"荣获"中国驰名商标"。以示范乡(镇)、专业村和规模养殖户培育发展为重点,狠抓基础母畜补栏、疫病防控、饲草基地建设,推广饲草料调制、畜种改良等技术,新建标准化圈舍1200栋,饲草氨化青贮池258座1.1万立方米。发展肉牛养殖专业村30个,规模养殖户2740户,百头以上规模养殖场5个。全县肉牛饲养量达18万头,实现牧业总产值3.6亿元,农民人均牧业纯收入317.6元,人均农业纯收入达1117.71元,增长19.36%。以提质增效为目标,坚持建基地、扩规模、创品牌、增效益,强化科技支撑,完善服务体系,发展西芹、胡萝卜等特色产业。全县种植西芹2.68万亩,总产20.1万吨,总产值2.1亿元,农民人均西芹产业纯收入达到150元,西吉县被命名为"中国西芹(产业)之乡"和"中国西芹无公害科技创新示范县";全县种植胡萝卜1.16万亩,总产5.8万吨,总产值4640万元,种植区农民人均胡萝卜产业纯收入1140元。推广华林模式,发展番茄、辣椒、西兰花等绿色蔬菜基地6200亩。建设了将台西坪、硝河隆堡等设施农业示范园区(点)18个9300亩。大力推广全膜覆盖、集雨沟播、节水补灌等技术,发展旱作节水农业,实施秋覆膜31.2万亩。

【第三产业】 发展以旅游为主的服务业。加快旅游景区建设,《火石寨旅游区修建性详规》通过自治区政府审定,进行单体工程的施工图设计。完成将台堡红军长征纪念园、单家集革命遗址修缮工程,开工建设"丹霞山庄"和火石寨景区主要公路。承办宁夏第六届六盘山山花节·西吉县第二届火石寨丁香花(攀岩)旅游节,景区对外宣传力度加大。全年接待游客14万人(次),实现旅游社会总收入3000万元。加大市场体系建设力度,扶持华林公司、吉农蔬菜专业合作社等6家企业建成蔬菜冷链储运体系。落实家电下乡惠民政策,实施"万村千乡"市场工程,52家农家店实现标准化建设,西吉大饭店正式启动建设,现代物流、信息中介、城乡客运、餐饮娱乐等服务业快速发展,城乡市场购买力日益活跃。实现社会消费品零售总额7.77亿元,增长17.5%。

【扶贫开发】 实施整村推进,加强闽宁协作,开展社会帮扶。整合各类扶贫资金5493万元,完成第三批整村推进村扶贫开发工作。争取中国宋庆龄基金会、闽宁协作等社会帮扶资金2100万元,争取互助资金1340万元,扶持贫困村发展。启动实施最低生活保障和扶贫开发政策两项制度有效衔接工作。贫困人口由2009年底的19.8万人减少到14.5万人,贫困面由57.1%下降到29.1%。

【城乡建设】 开展"城镇管理年"活动。高标准编制《西吉县区域发展战略及空间布局规划》和滨河路北侧等县城重点地段、街区详规。投资4.6亿元,实施基础设施、服务设施、保障住房、旧城改造、环境提升"五大提升工程"。建成迎宾大道等6条道路,新增城市道路7公里,县城"七横十八纵"路网进一步完善。葫芦河县城段综合整治第二期工程2.4公里全面完成,启动了第三期、第四期建设工程。建成迎宾广场、商业广场和北山公园。建成"丁香花园"、"湖滨花园"等住宅小区,"葫芦河畔"、"时代名苑"等县城开发改造项目加快推进,启动"欧景世家"、"宏森名都"等开发建设工程。新建廉租住房780套3.5万平方米,600户1900人搬进新居;改造农村危房2000户9.6万平方米,3000多户1.2万城乡低收入居民住房条件得到改善。建成县城西区供热站和20座公厕及垃圾中转站。新增路灯1400多盏,强化市政管理,县城美化、亮化、净化水平提高。修编完善了新营、震湖等重点集镇总体规划和9个新农村建设规划,新营营昌新村、震湖苏堡新村、兴隆新村、田坪新村等新农村初具规模。启动实施了将台、马建、马莲等集镇道路、供排水、市场、沿街改造工程,新建城乡商业用房4.8万多平方米,集镇辐射带动功能增强,集镇环境改善。

【基础设施建设】 加快以水利、交通为主的农村基础设施建设。完成高标准旱作基本农田3.7万亩。建成吉强羊路等7处农村饮水安全工程、兴平赵垴等6处生态移民供水工程、马莲堡子山等19处小型人饮工程和一批集水场、集雨水窖,解决了3.52万人的饮水安全问题。建成将台西坪等6处设施农业供水工程。开工建设长易河水源工程,完成浅岔河等11座病险水库除险加固工程和夏寨灌区节水改造及郎岔小流域农业综合开发等项目年度建设任务,改善灌溉面积6.2万亩,治理水土流失面积12.2平方公里。投资2亿元,新建通村油路306公里,通村砂砾路688公里。建成西滩等3个乡(镇)客运站,实现乡级客运站全覆盖,行政村通班车率达98%,解决46个行政村近6万人的行路难、出行难问题。完成退耕还林补植补造31万亩,人工造林5.3万亩,封山育林1万亩,城乡绿化0.9万亩,道路绿化370公里。将台、马莲、红耀三乡的集体林权制度改革试点工作全面完成,受到区林业局通报表彰。加强国有林场建设,荣获"全区国有林场管理先进县"称号。建成"一池三改"沼气池2000座,投放太阳灶2.7万台。新建通讯基站45个,城乡通讯应急保障能力不断提高。

【劳务经济】 以提升"全国劳务输出工作示范县"水平为重点,狠抓技能培训、中介组织和经纪人引领转移、劳务基地建设,扎实开展春季沿海、区内重点工程、夏季邻省、秋季进疆四个万人转移就业大行动,全年转移农村劳动力12万人,创收7.4亿元,农民人均劳务产业纯收入达1581.36元,务工人员人均纯收入比上年增加286元,产业质量效益明显提升。

【精神文明与民主法制建设】 实施依法治县战略,"五五"普法工作通过区、市验收。深入推进"平安西吉"创建活动,开展政法系统集中整治行动,健全社会治安防控体系,严厉打击各类刑事犯罪行为。扎实开展矛盾纠纷大排查、大调解和信访积案化解工作,及时受理群众来信来访,妥善解决群众合理诉求,全年接待群众来信来访403件1448人(次)。严格落实安全生产责任制,加强道路交通、食品药品、消防等安全生产专项整治,预防和减少各类安全事故发生;围绕"共同团结奋斗、共同繁荣发展"的民族工作主题,开展民族团结月活动、和谐宗教场所创建活动,组织百名阿訇黄河金岸行活动,加强宗教教职人员培训和宗教活动场所、大型宗教活动服务管理,民族宗教事务规范化管理水平不断提升,营造了倍加珍惜融洽的民族团结局面。实施社会主义核心价值体系建设、"创先争优"和西部大开发战略大学习活动等主题活动,使干部群众的思想观念得到转变。开展"媒体记者西吉行"、"影像西吉"、"道德模范宣传年"活动和道德模范人物评选活动,开展文明创建活动,全民思想道德素质进一步提高。

【政府职能建设】 按照建设"为民、务实、清廉"政府的要求,坚持科学行政、民主行政、依法行政,政府工作水平不断提高。连续四年确定重点工作责任制,把重要工作、重点项目分解立项,明确工作标准和完成时限,强化督查和责任考评,提高工作效率和工作质量。规范行政审批事项,清理行政审批和许可项目146件,规范性文件49件。完善政务服务中心和乡(镇)民生服务中心规范化建设,网上审批和电子监察系统功能健全,电子政务、政府门户网站建设不断加强。开通书记、县长信箱和群众论坛,畅通政府与群众沟通渠道,政务公开和政府信息公开水平显著提高。自觉接受人大依法监督、政协民主监督和社会舆论监督,办理人大代表议案、建议和政协委员提案、建议案,办复率达到100%。强化行政监察和审计监督,加大机关效能日常督查,加强重点工程、重点领域、重点环节的监督检查。完善应急管理机制,社会管理和服务水平提高。

【教育事业】坚持教育优先发展,巩固提升"两基"成果,着力提高义务教育经费保障水平。全面实施"教育带动"工程,投资1.15亿元,完成西吉中学二期、职中、三小、一小扩建,实施将台、新营、硝河中学扩建和新营小学迁建等156所农村中小学校舍安全工程,新增改造校舍面积9.6万平方米。完成第二幼儿园主体工程建设。开展"教育强县、强乡(镇)"创建活动,火石寨等12个乡(镇)通过固原市教育强乡(镇)验收。大力发展职业教育,扎实做好东西部联合办学,中职招生1350名。加强学校管理和教师队伍建设,教育教学质量不断提高,3074名学生进入大学校门。实施义务教育阶段学生营养早餐工程。扎实推进城乡学校布局调整规划,深入开展普及高中阶段教育、"振兴初中、规范村小"行动计划和城乡学校"捆绑式"发展行动,促进城乡教育均衡发展。动员全社会关心支持教育事业发展,整合各类资金513.4万元,惠及8345名普通高中困难学生、困难大学生;筹资250万元成立"西吉县促进教育移民发展基金会",为贫困学生上学提供资金保障。

【科技事业】年内,开展科技特派员创业行动,扎实推进科技入户工程,培训技术人员1.6万人(次)、农民10.8万人(次)。全面贯彻落实《全民科学素质纲要》,火石寨国家地质森林公园列为全国科普教育基地。群众科技意识不断增强,农业科技成果转化率、自主创新能力提高。

【文化建设】年内,开展广场文化、节庆文化、文化下乡等活动,举办全县体育运动会和陕甘宁秦腔名家名段演唱会,丰富城乡群众文化生活。改编创排的舞蹈《牧童鞭》获第七届全区民运会表演类项目金奖;加强文化基础设施建设,建成县文化艺术中心、博物馆迁建主体工程和94家农家书屋,实施广播电视"户户通"工程1.8万户;完成非物质文化遗产普查和第三次文物普查工作,出版非物质文化遗产系列丛书;开展"中国文学之乡"创建活动;集中开展网络市场整治,净化社会文化环境。

【医疗卫生事业】加强县、乡、村三级医疗卫生服务体系建设。完成县医院迁建一期和兴隆等7所乡(镇)卫生院改扩建工程,新建标准化村卫生室15所,城乡医疗卫生条件进一步改善;开展健康宁夏全民行动、人人享有基本医疗卫生服务试点工作,社区卫生服务、妇幼保健、食品药品、疾病预防、卫生监督和农村卫生保健水平不断提高。

【创业服务体系建设】建成将台、硝河及明星出租公司等7个创业园区和创业基地,扶持困难群体实现就业和自主创业,吸纳城乡就业人员4000多人,630余名大学生实现了就业;发展小企业91个,发放小额担保贷款957万元,创造就业岗位783个;城镇登记失业率控制在4.4%以内。

【社会保障体系建设】完善社会保障体系,推进新型农村社会养老保险和统筹城乡居民基本医疗保险试点工作。加大社会保险基金征缴力度,全年征缴"五金"1.36亿元,彻底解决2028名企业职工养老保险;健全最低生活保障、住房保障和医疗救助制度,发放低保资金4318万元,高龄津贴217万元,廉租住房补贴1035万元,支付医疗救助资金1327万元;在全区率先实施散居孤儿最低养育津贴制度,发放津贴238万元;落实优抚安置政策,发放退伍军人货币安置资金62万元,各类优抚资金262万元。

隆德县

【概况】2010年,县人民政府围绕县委十二届六次全体(扩大)会议和县十五届人大三次会议确定的各项目标任务,开拓进取,全县经济社会保持良好势头。全年地区生产总值、地方财政一般预算收入分别突破10亿元和3000万元大关，达到10.1亿元和3200万元,同比增长14%和35.4%;完成全社会固定资产投资14亿元,增长30%;城镇居民人均可支配收入10900元,增长8%;农民人均纯收入3390元,增长14.6%。

【主要荣誉】 中国现代民间绘画之乡、中国书法之乡、中国民间文化艺术之乡、全国文化先进县、全国梯田建设模范县、全国造林绿化百佳县、全国爱国主义教育基地、全国青少年教育基地、全国农村中医先进县、全国母婴平安十年优质服务奖、全国扶贫开发产业优秀奖，全区第一批文化建设先进县、全区首批婚育文明示范县。

【项目建设】 抢抓中央启动新一轮西部大开发和自治区支持固原发展的历史机遇,编制《隆德县“十二五”建设项目储备库》和《西部大开发建设项目储备库》，涉及9大类122个项目，总投资达428亿元。紧盯政策方向、投资重点,共争取中央和自治区投资项目267项7.2亿元。确定农业农村、工业经济及招商引资、县城建设和社会事业四大类71项重点工程，严格执行项目建设限时制和责任制,所有项目完成年度建设任务。开展“招商引资提升年”活动,全年共引进项目27个,总投资22.8亿元,其中投资亿元以上的项目4个、千万元以上的项目16个,实际到位资金5.79亿元,增长29.4%。

【特色产业】 新建设施农业示范点7个,巩固提升300亩以上大中拱棚示范点17个，新增设施农业1.4万亩。突出培育和发展花卉景观苗木、中药材两大特色优势产业,制定产业发展规划。建立神林辛平、观庄姚套等6个花卉种植示范区和城关七里、好水红星等8个景观苗木基地,花卉和景观苗木面积分别达到3000亩、8000亩。筛选培育秦艽、柴胡、黄芩、黄芪、大黄5个主打品种,建成六盘山优质道地中药材引种驯化、温堡新庄千亩中药材规范化种植等5个基地,大田药材面积达到3万亩。新建沙塘张树、奠安杨川等10个百头以上规模肉牛养殖场,建成方圆养殖、奠安张田等7个千头规模养猪小区,肉牛、生猪饲养量分别增长8%和7%，动物免疫率和标志佩戴率继续保持“双百”目标。建立马铃薯良繁基地2.2万亩，蚕豆良繁基地1.5万亩,菊芋规范化种植基地1万亩。花卉、中药材、草畜、薯豆等特色产业在农民人均纯收入中贡献1247元。在风岭、张程、杨河等乡镇建成万亩覆膜旱作农业示范区3个,总面积达到11.2万亩。合力打造10大农业科技示范园区，其中六盘山特色花卉、清凉河流域中药材、方圆种猪繁育和马铃薯良种繁育4个基地列入自治区120个现代农业科技示范基地,六盘山优质肉牛养殖、六盘山珍稀(药用)植物园等5个基地列入市级示范基地。

【基础建设】 创建国家园林县城、自治区卫生县城和文明县城,提升县城品位。扩建六盘山珍稀(药用)植物生态园5000亩,总面积达到1.1万亩。加快县城南片“城中村”改造步伐,开工建设御景鸿府、龙城世家一期工程,完成阳光花园二期工程,拆迁改造438户8.2万平方米。多渠道筹措资金6690万元,建成县城集中供热热源厂并如期供暖,供热面积达到90万平方米，集中供热率达到90%以上，供热质量明显提高。完成既有建筑节能改造52.7万平方米。实施长乐街、观泉街三线下地基础工程,新建、改造上海路、西环路等供水管网17.6公里。坚持生态优先，完成退耕还林补植补造6.4万亩,荒山造林5.3万亩、封山育林0.5万亩。对隆秦、隆张公路和17条乡村公路绿化提升,打造生态绿色长廊景观带。对“312”国道、“桃桃”公路沿线城关竹林、联财联合、温堡夏坡等5个节点及28个村进行综合整治,硬化巷道5000平方米,绿化2.3万平方米,村容村貌大变样。渝河河道整治绿化,三里店北干渠上游段及风岭、联财灌区节水改造工程全面完成。设立村级沼气服务网点48个,建成"一池三改"2014座,投放太阳灶9700台。城关七里、沙塘许川被评为全区生态文明示范村。全面完成第三批22个整村推进村扶贫开发任务,新发展贫困村村级互助资金项目村30个。闽宁协作、社会帮扶深入开展。

【文化旅游】 制定《隆德县文化旅游产业发展规划(2010~2020)》。建成六盘人家文化广场、六盘山隆德博物馆、六盘山福建会馆,完成红崖村六盘人家老巷子一期工程,"红色文化隆德"旅游线路初步形成。扶持成立六盘人家非物质文化产品发展公司、六盘人家魏氏砖雕有限公司等文化企业,开发生产以"六盘人家"为品牌的10多个系列70多种文化旅游产品。推动六盘山文化城二次创业,带动全县完成文化产值2400万元。编辑出版《隆德民间艺术》《六盘人家》《隆德史话》和《文化隆德》系列丛书,创办《六盘人家》文学刊物,集中展示隆德深厚的文化底蕴、优秀的民间艺术和繁荣的文化事业。建成城关、温堡、神林、陈靳、观庄、张程6乡镇综合文化站和68家"农家书屋"。完成广播电视户户通和邓山广播电视转播台改造提升工程,发放地面卫星接收设施7300面,隆德电视台信号覆盖到城关、沙塘、陈靳等6乡镇,4.2万人收看到了县自办节目。春节社火会演、秦腔大赛、广场文艺等群众性文化活动异彩纷呈。中国老年摄影协会、陕西省旅游采风团等先后来隆。全年共接待游客3.1万多人,实现旅游社会总收入1000万元。

【非公有制经济】 催生培育德邦生物、绿鲜果蔬等4个创业园区和孵化基地,开工建设全民创业产业集中区。举办花卉、剪纸、泥塑等特色创业培训班和电焊、砖瓦、电工等农村劳动力专业技能培训班15期,培训2239人(次)。注入小额担保贷款基金240万元,撬动银行发放贷款1004万元,支持324人成功创业。全年培育小企业45户,创造新岗位680个,带动就业2000人。组建振华劳务集团公司,培育发展劳务中介组织7家、劳务经纪人98人,全年输出务工人员5.1万人,创收2.2亿元。宁夏德邦生物科技万吨菊粉加工厂建成试生产,四兴醋厂、国联淀粉等企业生产规模不断扩大。全县完成工业总产值3亿元,增长15%;完成工业增加值0.9亿元,增长15.2%。六盘山国际饭店投入运营,联财、观庄农贸市场改造全面完成并投入使用,"万村千乡市场工程"和"新网工程"扎实推进。发放家电、汽车、摩托车等下乡产品购置补贴536万元,发放农机购置补贴428万元。全年完成社会消费品零售总额3.19亿元,增长16.4%。深化财税改革,加强财税管理,公共财政体系初步建立。金融生态环境建设成效初显,六盘山村镇银行筹建进展顺利。全年各金融机构存、贷款余额分别达到16.53亿元、6.33亿元,增长24.3%和43.5%。

【社会事业】 新建20个星火科技信息服务站,成立农业科技"110"专家服务团。与中科院寒旱研究所联合举办了球宿根花卉产业论坛,邀请荷兰、新西兰、华东师院等40多名国内外专家来隆指导花卉、肉牛、文化旅游等特色产业发展,聘请18名外籍教师指导英语教学。通过全区公务员和事业单位公开招聘,录用补充行政事业单位工作人员201人。大力实施教育优先发展战略,积极创建教育强县。争取各类资金1.2亿元,实施职教中心迁建、城关一小扩建、青少年活动中心续建等工程,完成校舍新建加固改造6万多平方米。加强教育教学管理,教育质量稳步提升。高考县内外本科上线812人,其中县内上线651人。中考文化课平均分、及格率、高分段比率均居全市第一。实施农村义务教育阶段学生"三免一补"政策和"营养早餐工程"。成立县教育爱心协会,多方筹措资金1600多万元,资助5737名学生完成学业。县医院迁建工程如期竣工并投入使用,配备CT等大型诊疗设备。完成桃山、沙塘、奠安卫生院改扩建工程。全面实施9类33项基本公共卫生服务项目,县财政对村医的一元钱"药事费"全额给予补贴,减轻了农民就医负担。完成了新型农村合作医疗管理职能移交，筹措合作医疗基金 1946 万元，为 1.4 万人（次）报销住院费 1708.3 万元，为 20.6 万人（次）报销门诊费 240 万元，参合率提高到 97.3%。全面启动新型农村社会养老保险和统筹城乡居民基本医疗保险试点，稳妥解决企业职工养老保险和医疗保险历史遗留问题，养老、医疗、失业、工伤、生育保险覆盖面不断扩大。开展"关爱女孩行动"和"少生快富示范村（户）、星级乡镇"创建活动，完成"少生快富"160 例，政策符合率达到 91%，人口自然增长率控制在 9.06‰。完成第六次全国人口普查登记工作。

【民生工程】 开工建设全县第一个廉租住房小区南凤嘉园，新建廉租住房 1400 套 7 万平方米，发放廉租住房补贴 279 万元。建成沙塘清泉、观庄大庄、山河石碑等 15 个农村危房改造集中点，完成危房改造 3340 户，其中 476 户漏风漏雨户全部迁入新居。完成石庙、姚套、倪套、大慢坡、崇安、建国 6 处农村自来水入户改造及小陈靳农村饮水安全工程。新建联财至恒光、张程至联合等 14 条四级沥青水泥路 110 公里，续建于河至墼岘四级油路 13 公里，改建桃园至桃联等 2 条村级砂砾路 35 公里，新建张程、陈靳客运站和杨家店、八里、辛平等 20 个行政村客运招呼站，群众出行更加方便、快捷、畅通。发放城乡低保、临时救助、孤儿养育等各类救助资金 4887 万元，发放冬季生活、价格等补贴 751 万元，为 80 岁以上高龄老人和重点优抚对象发放补助 216 万元。积极创建"自治区双拥模范县"，双拥共建工作得到加强。贯彻落实党的民族宗教政策，推进"民族团结进步创建"工作，开展民族团结宣传教育"六进"活动，依法管理宗教事务。高度重视信访维稳工作，开通民生维权服务热线，开展矛盾纠纷排查专项行动。对社会治安重点地区和校园周边安全进行专项整治。严格落实安全生产责任制，开展道路交通安全、危险化学品专项整治，构筑消防安全"防火墙"。健全完善各类应急预案，组织开展防震减灾、防山洪等应急演练。统计、气象等工作不断加强，工会、青年、妇女、儿童、老龄、残疾人等事业健康发展。

【行政效能】 2010 年，县人民政府结合"双学四比双促"、"五比五看"、"学习型隆德"建设和深入实施西部大开发战略大学习大讨论等活动，深化县情认识，理清发展思路。坚持依法行政，自觉接受县人大依法监督、政协民主监督和社会舆论监督，办理人大代表议案、建议和政协委员提案、建议，办复率 100%。推行政务公开，13 个部门的 251 项行政审批事项在政务服务中心统一办理。开展"创先争优"、"转变干部作风、提升行政效能、优化发展环境"等主题教育实践活动，政风行风明显好转。严格落实党风廉政建设责任制，加强重点行业、重点领域、重大项目资金管理使用的审计监督和行政监察，确保项目资金安全运行。

彭阳县

【概况】 2010 年全县地区生产总值、全社会固定资产投资、地方财政一般预算收入、农民人均纯收入和城镇居民人均可支配收入均实现了翻番目标，分别达到 17.8 亿元、20.5 亿元、9000 万元、3556 元、1.12 万元，同比增长 10%、32.5%、50.6%、16.8% 和 10.7%。粮食总产连创新高，达到 1.89 亿公斤。林果、草畜、蔬菜和劳务产业层次不断提升，提供农民人均纯收入 2551 元。以增加农民收入为核心，突出抓好四大特色优势产业，全力打造阳洼流域万亩林果示范园，带动发展优质经济林 4.2 万亩、嫁接改良低产山杏 3.5 万亩。以紫花苜蓿、地膜玉米为主的饲草面积突破 150 万亩，巩固提升肉牛养殖示范村 18 个，新建园区 5 个，全县畜禽饲养总量达到 150 万个羊单位。改造提升长城塬食用菌园区，建成红河万亩设施农业示范基地和温沟、白河等 6 个千亩设施蔬菜示范园，新增以辣椒为主的设施农业 2.12 万亩。全年劳动力转移就业 5.1 万人，创收 3.5 亿元，被评为"全国农村劳动力转移就业工作示范县”。

主要荣誉 全国“县域经济基本竞争力提升速度最快100县之一”、中央党建领导小组“全国农村党建工作联系点”、全国平安建设先进县、全国水土保持先进县、全国造林绿化先进县、全国生态建设先进县、全国文物工作先进县,宁夏“法治县”、全区村民自治模范县、全区农村基层组织建设先进县、自治区级社会党建示范点。

农业和农村工作 农牧业总产值15.7亿元,较上年增长10.3%;农牧业提供农民人均纯收入1350元,占全县农民人均纯收入3556元的40%。粮食播种面积70268公顷,粮食总产达1.89亿公斤,同比增长20%;落实粮食综合直补、良种补贴等资金2920万元;坚持统一整地播种、统一配方施肥、统一技术培训、统一病虫防治、统一机械收获的“五统一”技术模式,创建地膜玉米、马铃薯高产示范点44个8.63万亩,其单产水平显著,用10%的粮食播种面积收获了30%的粮食产量;以建设宁南山区草畜大县为目标,坚持“标准化、规模化、园区化”养殖路子,大力实施畜禽“出户入园”工程,畜禽饲养总量达150万个羊单位,其中肉牛17万头、朝那鸡150万只,草畜产业提供农民人均纯收入750元。按照养殖示范村每户建一栋暖棚、建一组青贮氨化池、建一处沼气池、购一台饲草加工机械、人均种植一亩地膜玉米、人均饲养一头良种牛的“六个一”工程标准,整合党员“双带”、财政扶贫等资金1516万元,协调金融部门贷款7500万元,补栏良种母牛1.5万头,发展500头以上肉牛养殖示范村18个,建立罗洼君豪、古城中川润泽、新集上马洼富尔康、古城任河返乡农民工、乃河为民牧业等百头以上肉牛养殖示范园区5个,带动全县肉牛养殖规模达17万头;采取“大户带动、规模饲养、以奖代补、以补促养、以奖促销”的措施,财政补贴资金205万元,催生朝那鸡养殖示范户5100户,打造孟塬椿树岔、白阳庄和小岔吊岔、耳城4个养殖示范村,带动全县朝那鸡养殖规模达150万只;建立交岔庙庄万亩和王洼镇大沟川、新集下马洼、草庙崾岘、红河宽坪4个千亩以上紫花苜蓿示范点,带动全县种植、翻新紫花苜蓿14万亩,全县巩固优质牧草留床面积102万亩;建成以饲草配送中心为主的“三贮一化”池2.7万立方米,投放牧草收割机7957台、加工机械5316台;财政补贴资金46万元,完成饲草调制3085万公斤;建成红河万亩设施农业示范基地和温沟、恒润集团红河友联、白河、罗堡4个千亩设施蔬菜示范园区,带动新建设施农业2.12万亩,其中塑料大棚1.32万亩、日光温室0.8亩。全县设施农业累计面积达5.6万亩,年产辣椒、菌草等各类蔬菜15万吨,产值2亿元,蔬菜产业提供全县农民人均纯收入340元;在古城镇温沟村建成高标准二代日光温室314栋,配套滴灌设施314套、卷帘机314台,创出彭阳日光温室建设上的“温沟模式”;建立彭阳县蔬菜育苗中心,统一繁育各类蔬菜种苗2000万株,开展塑料大棚早春甘蓝套种辣椒、秋延后西兰花、菠菜等三茬栽培10000亩;选派大学生科技特派员领办长城塬食用菌示范园区,新建出菇室50间、培养间14间,改造建设自动接种生产线2条,配套控温控湿设备86套。多茬生产模式的推广,使移动大棚亩收入提高到7500元,日光温室亩收入17000元,菇棚亩收入35万元;建立古城任河、王洼山庄、孟塬草滩3个万亩示范区和草庙陶涂、城阳长城塬、白阳镇麦子塬、新集海子4个5000亩示范方,建立古城镇5000亩玉米全程机械化生产示范园,带动完成旱作节水农业23万亩;建立三级种薯繁育基地1.6万亩,培育古城镇中川、新集乡上马洼、白阳镇麦子塬、城阳乡长城塬、罗洼乡罗洼5个种薯繁育基地,完成马铃薯种植20万亩;扶持万升实业公司投资500万元,引进生产线,新上朝那鸡屠宰加工项目,组织申报自治区级农业产业化龙头企业8家,全县规模以上农产品加工企业实现加工产值8000万元,带动全县乡镇企业实现总产值5.21亿元、营业收入5.65亿元、增加值1.82亿元、工业总产值2.46亿元。围绕草畜、设施农业等产业培育，出台优惠政策，大力实施“招商引企入园”行动。引进宁夏为民建筑工程有限责任公司和陕西恒融集团，累计投资3000多万元，建立酒河为民牧业百头肉牛养殖示范园区和恒润集团红河友联千亩设施蔬菜示范园区。依托县域资源优势，引导荣发、茂盛等饲草加工企业收购加工紫花苜蓿10万吨，实现农民人均种草收入300元；扶持建设佳利源等马铃薯淀粉加工企业2家，建大型预冷保鲜贮藏库2个，年加工马铃薯4万吨，带动农民种植马铃薯亩收入达700元以上。培育专业合作组织151个、农民经纪人750家，带动全县2.5万农户参与农业产业化经营。争取项目投资1288万元，完成“一池三改”沼气池2000座，建立沼气服务网点97个，推广太阳灶1.02万台、节柴灶1800台。截至2010年底，全县累计推广沼气池1.5万座、太阳灶4.86万台，沼气池、太阳灶入户率分别达到30%和97%；全年免疫畜禽374.43万头（只），重大动物疫病免疫率达到100%。成功登记彭阳辣椒、固原红鸡为国家农产品地理标志，完成彭阳杏子绿色食品认证，累计认证农产品36个。全县90%的特色种植产品和肉牛、朝那鸡等畜禽产品实行了无公害认证。

【工业经济】 按照“围绕一个核心，实施两大战略，加快三个进程，推进四个转化”的工作思路，全年完成全社会固定资产投资20.5亿元，同比增长32.5%；财政一般预算收入完成9000万元，同比增长50.6%；全社会消费品零售总额3.8亿元，同比增长14%。至2010年底，全县实现地区生产总值18.4亿元，同比增长10%。其中：一、二、三产业增加值分别达到7.9元、4.6亿元和5.9亿元，同比分别增长10%、12.4%和10.9%。城镇居民人均可支配收入和农民人均现金收入分别达到1.12万元和3556元，同比增长10.7%和16.8%；争取银行贷款、招商引资和财政筹措等方式，多渠道落实建设资金，群策群力谋项目，2010年，自治区发改委批复基本建设项目46个，总投资5亿元，其中国补2.57亿元。全县续建和新建项目93个，当年计划总投资29.8亿元；以建设宁南山区能源工业基地为目标，实施“工业强县”战略，城市经济呈现出良好发展态势。全县完成工业总产值6.02亿元、增加值2.296亿元，同比均增长了2.4%，完成计划的80%和58.9%。全县工业总产值达到7.79亿元、增加值3.7亿元，同比分别增长9%和8%，完成计划的103.5%和94.9%。王洼二矿150万吨改扩建工程全部完工。银洞沟煤矿300万吨改扩建工程一期工程顺利建成，完成投资1.4亿元。全年可生产原煤160万吨，实现总产值4亿元，工业增加值3.9亿元，利税1.8亿元。西气东输宁夏段彭阳分输站工程总概算4亿元，已完成征地、场地整修及部分管道埋设，办公楼、宿舍楼主体完工，当年完成投资1.5亿元。彭阳县天然气供应工程已经通过备案。石油开发工程新部署井场15个，累计成井137口，出油107口，日出液量1154立方米，日产原油402吨，全年产油13.5万吨，累计达到17.3万吨。大力实施“龙头企业振兴工程”，积极鼓励扶持现有饲草、果品、马铃薯、朝那鸡等龙头加工企业进行资产重组和技术改造，扩大产业规模，提高经济效益。县大有瓦业有限责任公司年产6000万块煤矸石烧结空心砖项目基本建成，总投资3500万元，完成2400万元，产品填补了全县乃至固原市新型环保节能墙体建材的空白。农产品加工企业立足本地优势资源，加强技术改造，效果显著。烟叶公司、荣发草叶、林果公司、果品公司、万升公司、铭源公司和油面厂等13家企业先后进行了新产品开发、节能技术改造、技术创新等28个项目的申报，开工建设10个，总投资1.1亿元。清真定点屠宰厂迁建工程正在选址规划。彭阳县新合作物流商贸有限责任公司的仓储物流服务改扩建项目，列为重点服务业扶持项目。

【第三产业】 开展“招商引资年”活动，引进宁夏为民公司肉牛养殖等项目9个，到位资金4.8亿元。建成彭阳县日用消费品配送中心，新发展农家店13家。县农贸市场迁建和清真家禽定点屠宰厂建设有序推进。皇甫谧文化广场一期、任山河烈士陵园改扩建等工程全面完成。发放创业贷款1000万元,新增就业岗位934个。家电、汽车摩托车下乡工作扎实有效,被评为“全国家电下乡先进县”。

【城镇建设】 以打造“宁南山区最适宜居住的生态园林县城”为目标,建成金宇花园、紫瑞苑和南苑廉租房小区,闽宁大街开发、民乐苑等商住楼工程进展顺利。茹河大街、兴彭大街拓展延伸和三号供热点一期、茹河生态园二期工程竣工,城市集污及污水处理工程试运营。茹河大街北侧一期和振阳街等绿化工程全面完成,增加绿地面积23万平方米。新增城市道路9.7公里、建筑面积33万平方米,县城框架拉大了近1倍。古城、新集、王洼小城镇基础设施项目基本完成,城镇辐射带动功能进一步增强。

【生态环境建设】 启动全国小型农田水利重点县项目,新修基本农田2.64万亩,开工建设石家坪水库,除险加固病险水库7座,完成水利水保工程34处。中部农村饮水安全和红河川等自来水入户工程竣工,治理小流域4条69平方公里。309国道县城过境段建成通车,王洼至原州区运煤通道建设进展顺利,新修沥青公路9条115公里、沙砾公路2条41公里,县城中心汽车站投入运营。王洼110KV输变电工程开工建设。新建通讯基站45个。完成退耕地补植补造14.5万亩,荒山荒地造林5.5万亩,集体林确权到户78.5万亩。节能减排和能源建设工作扎实推进,创建全国环境优美乡镇、全区生态村庄各1个。

【社会事业】 办理为民承诺的10个方面30件实事,各项惠民政策全面落实。设立特色产业发展资金,农业科技试验示范力度不断加大。完成县二中迁建、职中改建、三小组建,县一中扩建、三中续建、四中新建工程进展顺利。扎实开展“星级乡镇”创建工作,启动实施“少生快富”工程扩面试点工作,人口出生率、自然增长率分别控制在14.91‰和10.20‰以内,出生政策符合率达到88.60%。医药卫生体制改革顺利推进,县医院住院部一期和中医院门诊楼投入使用,建成王洼中心卫生院住院部。第三批29个整村推进村扶贫和连片开发试点项目全面完成。《2011年生态移民实施方案》通过自治区审查。建成县第二中心敬老院、老年活动中心和救灾物资储备库。积极实施城乡大病医疗救助,启动新型农村社会养老和统筹城乡居民基本医疗保险试点工作,社会保障制度不断完善。

【和谐社会建设】 深化群众性精神文明创建,组织开展“道德模范宣传年”、第三届文化艺术月、全民读书月和“书香家庭”评选活动。举办广场文化演出26场,放映数字电影2244场,建立农家书屋76个,发放直播卫星接收设备7594套。《彭阳县志》完成修编、《彭阳史话》出版发行。建成县文化园和体育活动中心。第三次文物普查工作通过自治区验收。第六次全国人口普查工作进展顺利。国防动员和民兵预备役建设日趋加强。档案、气象、外事、地震等工作扎实开展。工、青、妇和残联、工商联等群团组织的纽带作用充分发挥。积极开展“两创两争”活动,民族宗教事务管理工作成效显著。完善突发公共事件应急预案,成立全县综合应急救援大队。推进社会矛盾化解,依法打击各类违法犯罪活动,强化安全生产监管,营造了安定和谐的社会环境。

【依法行政】 实施西部大开发战略大学习活动为契机,着力以开展深入推进政府职能转变和管理创新,开展规范性文件清理工作,健全备案审查制度,行政审批行为进一步规范。狠抓机关效能建设,完善四级政务服务网络,推进政务公开,工作透明度和办事效率不断提高。完成第七届村委会换届工作。“五五”普法工作顺利通过自治区评估验收。开展“反腐倡廉制度建设推进年”活动,建立健全廉政风险防控机制;严格财政资金运行管理,厉行节约,勤俭办事,树立清正廉洁、务实高效的政府形象。

【人口与计划生育】 按照"12345"总体工作思路，紧紧围绕创建"星级乡镇"一条主线，落实"组织和经费"两个保障，加强"队伍、阵地和人口信息化"三项建设，健全"目标责任、督查考核、利益导向、依法行政"四种机制，做好"宣传教育、少生快富、流动人口服务管理、优质服务、婚育文明"等五项重点工作，抓巩固求提升，抓创新求突破，人口和计划生育工作稳步推进。2010年，全县总人口262617人，其中已婚育龄妇女49717人；全年出生5723人，计划内出生3027人，人口出生率、出生政策符合率和自然增长率分别为21.49‰、88.60%和16.11‰；实施绝育手术1183例，置环1143例，节育措施落实及时率96%。少生快富完成622例，分别占市上和县上下达任务的155.5%、124.4%，纯女户绝育218例，占市上和县上下达任务的145.3%、109%；强化对"少生快富"、纯女户绝育、流动人口管理等重难点工作的考核。编制流动人口管理、依法行政、"三项制度"、优质服务和药具管理、宣传教育、村民自治等7本管理手册，并逐乡镇指导规范了计生档案。实施"七万户宣传品进户"工程，共制作各类宣传品7万余份，宣传品入户率和基础知识知晓率均达到90%以上；人口基础信息不断完善。按照"三看(看户口本、看身份证、看相关资料)，三问(问本人、问邻居、问村组干部)，三核对(采集结果同公安、卫生、民政部门数据资料进行核对)"的要求，认真开展人口信息采集。在信息审核上，坚持"谁包片谁负责、谁填报谁负责、谁签字谁负责"，认真落实逐级审核制，发现问题及时纠正，做到"村不漏组、组不漏户、户不漏人、人不漏项、项不出错"。共录入总人口23367人，总已婚育龄妇女45095人，分别占总人口、总已婚育龄妇女的90.33%和90.71%；开展"少生快富"千户示范工程创建活动，创建区级示范户150户。加强流动人口管理，与全国105个县(区)签订了《流动人口计划生育管理和服务双向协作协议书》，建立健全流动人口就业、居住、婚育等相关档案资料，做到"人来登记、一同管理、同享服务，人走注销，信息反馈、相互告知"，成立"阳光计生行动"领导小组，制定《"阳光计生行动"实施方案》。

【基础设施建设】 按照新一轮县城总体规划要求，大力实施"西进北扩东延"战略，以打造宁南山区"生态园林宜居城市"为目标，以巩固提升"国家园林县城"创建水平为载体，以重点项目建设为抓手，突出城乡规划、项目建设、城市管理、环境保护四个重点，城区面积扩大到4.78平方公里，新增1平方公里；人均公共绿地面积达到36.18平方米，人均增加2.5平方米，绿化覆盖面积达到167.7公顷，新增21.7公顷；县城居民住宅面积达到58万平方米，新增19万平方米、2300套，人均住房面积达到21.05平方米，扩大2.34平方米；集中供热面积达到75万平方米，新增21万平方米；新增供水管道长度3.7公里，新增城市道路总长度8.7公里。先后被国家住房和城乡建设部命名为"国家园林县城"、被区住房和城乡建设厅评为"全区政风行风建设先进单位"、"全区住房和城乡建设工作先进集体"；修编新一轮县城总体规划和古城镇总体规划；编制完成了王洼镇总体规划、县城消防规划、茹北区控制性详规、供水专业规划、生态园控制性详规和新集、草庙、罗洼乡小城镇总体规划。根据县城建设需要，组织编制了民乐苑、闽宁大街一至六标段、康居苑续建工程、惠通居住小区、紫瑞园、第四中学、三号供热站等地块的修建性详细规划。按照"夯实基础、完善功能、提升品位"的要求，围绕道路、水系、绿化、文化"四篇文章"，多方筹措资金，重点实施"六大工程"。全年共争取国家、自治区、县财政以及吸纳社会投资共计10亿多元，完成投资9亿元。投资5320万元，新建兴彭大街、茹河大街道路2710米，铺设兴彭大街、茹河大街、西环路和萧关路排水管道6134米、给水管道2797米，并配套建设路灯、人行道硬化工程。投资2585万元，新建三号供热点一期工程，铺设供热管道6.1千米，安装40吨供热锅炉1台，新建锅炉厂房3000平方米。投资2993万元，实施城市集污及污水处理工程，新建兴彭大街等6条道路污水管网14.3千米,建成处理1万吨/日的污水处理厂1座。投资156万元,新建东岳街道路给排水工程,铺设排水管道410米,安装给水管道204米。投资1970万元,实施茹河大街北侧园林绿化工程。总规划削坡挖填土方约14万立方米,拆迁房屋约1.1万平方米,铺装广场6600平方米,道路3650平方米,茹河大街人行道铺设5700平方米,绿化面积6万平方米,并配套建设其他园林设施。投资409万元,实施309国道南侧绿化工程,绿化总面积350亩,已完成绿化面积120亩,栽植各类树木42万株。投资87.5万元,在县城街道、茹河生态园栽植绿化树木4万株,种植草坪18亩;绿化污水处理厂、茹河广场、三中广场11亩,栽植各类绿化树木3.8万株;在茹北区种植草坪145亩;新建人工湿地50亩;在生态园钓鱼池种植睡莲600盆。投资175万元,实施茹河河道治理二期工程,砌筑拦水坝2座,加固1座,建设湿地3万平方米。投资350万元,建成总占地5300平方米的文化园,修建二十四孝石刻浮雕、中式凉亭、雕塑小品等,绿化面积3000平方米。投资9419.6万元,分二期在南苑小区集中建设保障性住房6万平方米,其中建设廉租住房604户3.02万平方米,经济适用住房290户2.41万平方米。引进宁夏正丰、宁夏鑫鸿、固原东海、平凉金宇等四家有实力的开发企业,吸纳社会投资6.6亿元,开发建设了16.86万平方米的民乐苑、1.9万平方米的紫瑞园、2.5万平方米的惠通小区、1.1万平方米的金宇花园和5.96万平方米的闽宁大街商业开发项目。年内竣工新增居民住宅面积19万平方米。实施农村危房危窑改造工程,改造建设农村危房1183户,超额完成任务83户,完成投资4950万元。集中新建草庙新村、新集民族新村、王洼王家湾三个居民点,安排农户150户。实施古城镇小城镇建设工程,新建渣油道路2.8千米,铺设振兴路、古城路等道路排水管3.2千米,铺设给水管道2.2千米,硬化街道人行道6200平方米,完成投资887.7万元。投资900万元,实施王洼镇街道改造工程,铺筑沥青混凝土道路3千米,铺设混凝土排水管2.3千米;围绕"一个核心,实施两大战略,加快三个进程,推进四个转化"的水利工作思路,狠抓骨干水源、饮水安全、节水改造、水土保持生态工程和项目前期工作,全面推进农田水利基本建设,加强工程管理和防汛抗旱工作,开工建设水利水保工程35处。开工建设了石家坪水源工程,完成中部等农村饮水安全及自来水入户工程6处,解决了6.26万人的饮水困难问题,改造灌区4处,建成节水示范及设施农业供水工程7处,恢复和新增节水灌溉面积3.59万亩,争取水利建设项目36个,总投资9088.92万元。完成第三病险水库除险加固任务,改造了周庄、雅石沟、红堡、小虎洼、斜崖沟、马河、东海子7座病险水库并通过初验,工程累计完成投资3256.8万元,新增库容745万立方米;完成彭阳县中部、韩寨、红河北塬农村饮水安全工程和红河川、白林、徐夏塬自来水入户工程,自来水入户3759户,解决了6.26万人的饮水安全问题。续建黄河水土保持重点防治工程彭阳县石沟、曹家沟流域综合治理项目、农业综合开发黄河上中游水土保持项目彭阳县城阳项目区,开工建设了陕甘宁地区水土流失治理项目柴沟项目区和王洼水土保持科技示范园。共治理小流域4条,治理水土流失面积69.241km²。完成总投资1487.96万元。完成麦子塬高效农业节水灌溉示范项目、中部干旱带高效节水补灌工程草庙乡刘塬项目区、范家洼经果林低压管灌工程建设。新增节水灌溉面积1.28万亩。建成古城镇现代农业灌溉工程、红河蔬菜基地供水工程、白河设施农业供水工程3处,保证了0.22万亩设施农业的灌溉用水问题;2010年,共安排农村公路建设项目15条208公里,项目批复总投资1.03亿元。截至2010年年底,年初下达的草庙经刘塬至和沟、白阳镇至刘台、白阳镇至赵沟、高寨塬至何塬、上王至文沟、庙嘴水库至何山、店洼至太寺、古城至甘海子、古城至张化9条115公里四级沥青公路新建工程已全面完成;309国道经梁壕至姚岔、李岔至上台、李洼至邓岔、309国道至花芦滩4条52公里四级沥青公路新建工程已完成。配合完成

309 国道县城过境段改扩建主体工程、203 省道王洼矿区段新建路基桥涵工程和王洼煤矿运煤通道以及 309 国道马成河至小石沟段旧路改造前期工作。完成了县城中心汽车站至 309 国道茹河大桥，县城至 203 省道茹河大桥以及县农村公路建设中心试验楼建设项目前期工作。完成区发改委下达的孟塬经王岔至糜地壕、王洼马掌至崖堡 2 条 41 公里四级砂砾公路新建工程。修建完成古城、红河、城阳 3 个设施农业园区、古城养牛园区道路共 35 公里，改造提升麦子塬综合开发示范基地道路 15 公里，共解决 23 个行政村通沥青公路，服务人口 8 万多人。2010 年，县内等级公路达到 1523.8 公里，比去年增长 55.8 公里，等级公路密度将达到 60.3 公里 / 百平方公里(高出全区平均等级公路密度近 26 公里 / 百平方公里)。全县 12 个乡镇全部通沥青公路且建有汽车客运站，112 个行政村通沥青(水泥)公路（行政村通沥青水泥路率 72%），44 个行政村通等级砂砾公路，境内已建成 34 个城乡客运招呼站。全县以县城为中心、国省干线为骨架、县乡公路为两翼、村级公路为脉络的“四纵五横”公路交通网络和“1 小时”经济圈已经形成。深化公路管养体制改革，落实“有路必养”目标要求，全面推行了专业管养县(乡)公路和农民工承包管养村级公路的农村公路管养新模式，实现了 1319.5 公里农村公路 100%列养。县城中心汽车客运站正式搬迁营运，12 个乡镇客运站全部投入运行，城乡客运班线进一步拓展，城乡公交一体化逐步加快，全县共开行客运班线 76 条。各类营运车辆累计达到 1460 辆，运力增长率为 17.4%。物流站场建设已纳入交通运输发展总体规划，综合运输体系发展取得初步成效，运输市场秩序更加规范，综合运输服务能力有较大提高。开工建设 2010 年农网升级改造项目，在全县 10 个乡镇，新建和扩建 35KV 电站 4 座，新建和改造 10KV 及以下线路 283.94 公里，配变台 28 座。全年共落实基础设施建设、产业开发、社会事业等项目 40 余项，投放资金 4214.3 万元，两年累计总投资达 7685.6 万元，占计划投资 2900 万元的 265%。29 个整村推进村投资全部达到了 100 万元以上；项目惠及农户 9271 户，占项目区农户总数的 92.6%，而低收入户则全部有项目覆盖。各项指标均已完成，项目指标完成率 100%，各整村推进村基本实现“四通十有”目标，整村推进村贫困人口人均纯收入由 2009 年底的 2380 元提高到 2010 年的 2700 元。

【扶贫开发】 坚持“政府主导、社会参与、自力更生、开发扶贫、科学发展”的开发式扶贫方针，立足实际，确保各项扶贫开发工作任务的落实。按照“县为单位、整合资金、整村推进、连片开发”项目规划和实施方案，调查摸底，因地制宜，制定“连片开发”试点项目各个子项目的实施方案，2010 年年底，共完成各类项目资金 8547.6381 万元，占计划任务的 123%。其中：完成国家试点项目资金投入 943.335 万元，占计划任务的 94.3%；完成县级配套资金 4685.068 万元，占计划任务的 197.7%；农户自筹资金 2703.6351 万元，占计划任务的 91.5%；银行贷款 215.6 万元，占计划的 34.8%。按照“统一规划、统一标准、统一施工、统一验收”的原则，重点以打造白阳镇崾岘、城阳乡刘河、韩寨、新集乡峁堡 4 个千亩示范点为主；按照自治区扶贫开发领导小组关于《宁夏回族自治区最低生活保障和扶贫开发政策衔接试点工作实施方案》的要求，完成贫困农户识别、村民民主评议与张榜公示、乡镇审核与公示、县级审核与公示(三级审核、三榜公示)，两试点村共识别并确定低收入对象 282 户 1203 人，占总农户的 29.6%，试点工作取得了较好成效。多方协商争取中国宋庆龄基金会为本县捐赠价值 188.34 万元“福田”牌高顶救护车 15 辆，分配到县医院、中医院、保健院及 12 乡镇卫生院，改善了基层卫生院医疗设施。争取福建省东山县捐赠彭阳县 110 万元。加强与区、市、县各定点帮扶部门的协调联络，区、市、县三级 112 个帮扶部门(单位)共为贫困村投入资金 359.6 万元。争取“爱心包裹”5051 个，价值 55.1 万元。

社会保障 2010年,形成以养老、失业、医疗、工伤、生育五大社会保险构成的完整的社会保障体系。在覆盖面上,五大社会保险已实现全覆盖。完成新农合职能移交工作,发挥社会保障基金监督委员会监督职能,督促指导各社保经办机构建立健全内控制度,规范业务流程,加大稽核检查,确保各项社保基金安全运行。拓展业务,社会保险覆盖面扩大,制定《关于落实自治区人民政府〈关于解决企业职工基本养老保险历史遗留问题的意见〉的实施方案》,制定《关于加强城镇职工门诊特定病种管理的通知》《彭阳县新型农村合作保险慢性病补偿方案》《彭阳县推进农民工参加企业职工基本养老保险工作实施方案》,农民工参加企业职工养老保险。启动被征地农民养老保险制度,为县城征地拆迁提供保障。实施新型农村养老保险试点工作。2010年参保人数5180人,完成全年任务的190.4%,征缴养老保险基金6549万元,累计结余9623万元;企业离退休人员养老金平均调增到1320元。做好解决企业职工养老保险历史遗留问题工作,共办理参保人员2200人。按照新农保试点工作要求,年底符合条件的农保人员参保率达到80%,为全县2.3万60周岁以上的农村老人发放基础养老金,每人每月55元;全县失业保险参保单位144个,参保人数5670人,完成全年任务的101%。征缴失业保险金187万元,完成全年任务的104%;城镇职工基本医疗保险参保8876人,完成全年任务的100%,征缴基金1589万元。登记住院810人次,支付医疗保险金1062万元,累计结余812万元;城镇居民医疗保险参保8920人,完成全年任务的104.8%,个人征缴基金65万元;登记住院636人次,支付基金12万元;工伤保险参保5158人,完成全年任务的100%,征缴基金80万元;生育保险参保125个单位,参保人数3195人,完成全年任务的100.4%,征缴基金37万元;支付基金8万元;农村新型合作医疗参合223540人,参合率96.4%,征缴基金3132.8万元,累计结余1800万元;支付基金2820万元,受益472472人次。

机构培训 2010年,制定《彭阳县优化整合城乡劳动力培训资源实施方案》,对全县的培训机构进行了有效整合,共培训15064人,完成任务的100%,其中巾帼科技致富工程项目培训1300人、青年创业和实用科技项目培训200人、下岗职工和农民工项目培训650人、城镇职工技能培训300人、贫困家庭就业援助培训230人、农村劳动力转移培训2400人、农村劳动力职业技能鉴定1920人、阳光工程项目培训2000人、巩固退耕还林项目培训5064人、示范县项目培训1000户。新建创业园区3个,完成任务的300%。培养小老板253个,完成任务的617%;培育小企业83家,完成任务的201%;创造新岗位934个,完成任务的226%;征集创业项目86个,完成任务的215%;创业意识培训341人,完成任务的142%;组织创业能力培训180人,完成任务的164%,为260名创业者发放支持创业小额担保贷款1070万元,完成任务的178%,带动就业777人。

招商引资 年内,以开展"招商引资年"活动为契机,创新工作方式,变被动招商为主动招商,推动招商引资工作有效开展。全年共实施招商引资项目9个,总投资22.36亿元,实际到位资金4.8亿元。完成市上下达2.6亿招商引资指导性目标任务的184.6%,完成县委、政府招商引资目标任务的120%。其中,续建项目3个,分别为石油开发项目、东门商住楼建设项目和红河设施农业建设项目;新建项目6个,分别为肉牛养殖园区建设项目、设施栽培园建设项目、银洞沟煤矿技改项目、民乐苑小区建设项目、金宇花园建设项目、天然气管道工程建设项目。结合县域产业发展导向,立足全县经济社会发展全局,储备了肉牛和朝那鸡养殖、清真肉制品加工、农副产品深加工、城镇基础建设等方面的招商引资项目25个,编入《宁夏彭阳招商项目册》。制作《彭阳县草畜产业发展现状》《生态流域中的珍品—朝那鸡》的宣传光盘,全方位、多层面宣传推介。开展上门招商。先后组织小分队前往北京、南京等地，对接北京金维福仁清真食品有限公司、江苏雨润食品产业集团有限公司等12家企业。目前，宁夏为民建设工程有限公司投资建设的肉牛养殖园区建设项目完成公司注册，年内将完成投资2600万元。江苏雨润食品产业集团有限公司投资建设的10万头肉牛屠宰加工生产线项目已签订项目建设协议。先后与青岛天祥食品有限公司、广州可诺奈食品有限公司等企业，对接洽谈辣椒深加工、生菜种植加工等项目。参加了第十四届中国东西部合作与投资贸易洽谈会、第一届宁蒙陕甘毗邻地区经济技术合作洽谈会、2010宁夏洽会暨首届中阿经贸论坛。发放宣传资料1000余份，有20多家企业来县考察。

【旅游产业】 编印《彭阳旅游》宣传折页，在《固原日报》编发了旅游宣传专版，利用各种旅游节活动进行宣传。编制了《彭阳县任山河红色旅游区建设方案》《杨万珍生态农业旅游区建设方案》《乔家渠民俗风情园建设方案》等项目方案，积极争取旅游项目。筹措资金，建设皇甫谧文化广场配套展室6间，采取融资的办法，与盛达旅游开发服务公司联合开发建设乔家渠民俗风情园暨毛泽东长征宿营地。完成征地14.6亩，建设停车场、院落硬化、绿化、游客走道等基础工程和窑洞宾馆、农家乐餐饮等。征集一批民间工艺品、老物件及文物史料，布置陈列室、工艺品展室和革命史料室等。着力打造无量山、五峰山、茹河瀑布等一批境内旅游景点。挂牌成立了中铁青年旅行社彭阳分公司，全年向外输送游客400人(次)，旅游收入60多万元。

【劳务产业与再就业工程】 坚持把劳务产业作为增加农民收入、推动城乡就业的有效途径，制定《彭阳县劳务产业发展规划(2010~2015年)》《彭阳县关于开展“春风行动”暨万人转移就业活动的通知》《关于向东南沿海专项转移各类毕业生的通知》《彭阳县秋季转移就业工作方案》，春季共向东南沿海和宁东等区内重点工程组织转移劳动力3299人。向东南沿海转移各类毕业生200人，向新疆输送拾棉工2000人。累计转移就业5.1万人，创劳务收入3.5亿元，劳务提供农民人均纯收入1502元。被人力资源和社会保障部命名为“农村劳动力转移就业示范县”。以有效增加城乡居民收入和扩大城乡就业为重点，大力推进全民创业活动，制定《彭阳县就业创业十二五发展规划(2010年—2015年)》，围绕推动全民创业“1234”工作思路，形成“百姓创家业、企业创新业、能人创大业、干部创事业”的全民创业热潮，创业规模和层次有了一定的提升。新建创业园区3个，完成市任务的300%；培养小老板253个，完成市县任务的617%和632%；培育小企业83家，完成市县任务的201%和207%；创造新岗位934个，完成市县任务的226%和228%；征集创业项目86个，完成县任务的215%；创业意识培训341人，完成县任务的142%；组织创业能力培训4期180人，完成市县任务的164%和180%；为260人发放小额担保贷款1070万元，完成县任务的178%，带动就业777人。落实各项就业优惠政策，积极组织开展“再就业援助月”、“春风行动”、“民营企业招聘周”等专项活动，促进各类人员就业。对就业服务企业、安置下岗失业人员的企业给予贷款等方面的优惠。全县城镇新增就业人数1120人，完成市县任务的112%和140%，城镇就业困难人员再就业人数210人，完成市县任务的210%和2.33%，登记零就业家庭动态清零率为100%，组织城镇职业技能培训700人，完成市任务的206%，城镇登记失业率控制3.4%。

【生态后续产业】 采取以流域经果林为支撑，庭院经果林为补充，设施林果为引领，通过嫁接改良，大力培育林果产业，在阳洼、麦子塬、白岔、新洼和安家川等流域建成了以杏子、核桃、花椒等为主的特色经济林4.02万亩，并把麦子塬流域建成节水高效林果示范基地。在全县十二个乡镇退耕还林工程重点流域完成低产山杏嫁接改良3.5万亩，其中千亩以上嫁接改良点12个，嫁接以曹杏、金太阳杏和仁用杏等为主的优质杏子80余万株。完成杨坪千亩设施园区二期工程建设任务,新建节能日光温室100栋,定植冬枣、樱桃等优质果树1.4万株,新发展杏子、核桃采穗圃200亩。多方筹措资金50万元,在长城塬新建杏子烘烤房一座145.6平方米,配齐了烘烤设备,解决杏肉晾晒的难题。

【退耕还林】 始终坚持建管并重的原则,完成74万亩退耕地的抚育管护任务,尤其对2002年14.5万亩退耕地造林,采取逐小班逐地块排查补植补造,顺利通过了国家林业局阶段性核查验收,面积核实率、林木保存合格率均达到100%。多方筹措资金,通过统一招标采购山桃、山杏、刺槐苗木1200万株,对19.5万亩退耕地林木保存率达不到标准的进行全面的补植补造。高标准打造皇甫谧、莲花山等人文景点30处,绿化造林0.8万亩;结合新农村建设和"813"提升工程,完成荒山荒地造林5.5万亩,重点对县城南北山进行了高标准绿化。打造生态乡镇1个,生态示范村庄10个。完成县、乡、村道路绿化45公里。在白阳镇、城阳、王洼等乡镇完成封山育林2万亩,中幼林抚育0.5万亩。切实加强对县直机关单位义务植树造林的组织领导,为推动生态型林业向生态经济型林业转变奠定了基础。实施林地监测面积474.28万亩次,监测覆盖率89.72%。

【城市集污及污水处理工程】 2010年,新建兴彭大街等6条道路污水管网14.3千米,建成处理1万吨/日的污水处理厂1座。投资156万元,新建东岳街道路给排水工程,铺设排水管道410米,安装给水管道204米。投资1970万元,实施茹河大街北侧园林绿化工程。总规划削坡挖填土方约14万立方米,拆迁房屋约11000平方米,铺装广场6600平方米,道路3650平方米,茹河大街人行道铺设5700平方米,绿化面积6万平方米,并配套建设其他园林设施。投资409万元,实施309国道南侧绿化工程,绿化总面积350亩,已完成绿化面积120亩,栽植各类树木42万株。投资87.5万元,在县城街道、茹河生态园栽植绿化树木4万株,种植草坪18亩;绿化污水处理厂、茹河广场、三中广场11亩,栽植各类绿化树木3.8万株;在茹北区种植草坪145亩;新建人工湿地50亩。

【城市绿化】 全面实施"净、美、绿、亮"四大工程,认真落实城市管理各项制度,与城区临街各个体工商户签订《门前三包责任书》439份。与城区各单位签订市容市貌联管责任书118份,整治违章流动摊点3200多起,清理非法野广告6500多条,拆除不合格门牌匾47块,配合公安机关查处破坏城市绿化树木和非法办证乱涂写案件2起。继续深化城市环境卫生管理,对城区主要街道实行12小时保洁,清理垃圾1.2万吨,保洁道路总面积39万平方米,更换安装玻璃钢果皮箱100个,清理南干渠垃圾260多吨,淤泥4500吨。构建了县城市容环境管理机制。

【教育事业】 以争创"教育强县"为目标,深入推进义务教育均衡发展,加快普及高中阶段教育,不断完善基础设施建设,优化整合教育资源,切实强化学校管理。2010年,全县现有各级各类学校209所(个),其中高级中学2所,职业中学1所,九年制学校3所,初级中学9所,完全小学151所,初小13所,教学点15个,幼儿园15所;教职工3030人,专任教师2720人,其中小学专任教师1561人,中学专任教师1068人,幼儿园专任教师91人;在校学生51637人,其中高中生8317人,初中生12591人,小学生25380人,在班、园幼儿5349人。建立健全义务教育"控辍保学"长效机制,通过采取提高教育质量、强化职业培训、加大帮扶力度等措施,努力解决初中学生辍学问题,建立健全贫困家庭和务工人员子女、残疾儿童少年接受义务教育的保障机制,确保普及程度各项指标不反弹、有提升,全县适龄儿童、少年入学率分别达到100%和98.8%,小学无1名学生辍学,初中辍学率控制在0.4%以内,15

周岁、17周岁人口完成率分别达到100%和91.6%，青壮年非文盲率达到99%，残疾儿童少年入学率达到90.9%。抢抓机遇，多方争取并筹措用于教育工程建设资金2.2亿元，建筑总面积达155215.7平方米。按照"打破乡乡办初级中学体制，实现初中教育向县城集中，小学高年级向乡镇驻地集中，实行寄宿制管理，乡镇建设中心幼儿园，改制撤并部分村级完全小学、初小和教学点"的总体思路，积极整合全县教育资源。整体搬迁了县二中、县职中，组建县三小，使县城三所小学的班额控制在60人以内，消除了"大班额"现象；将王洼镇二中合并到王洼镇一中，王洼镇中心小学迁至王洼镇二中旧址，在王洼镇中心小学旧址改办幼儿园，撤销王洼煤矿幼儿园和王洼镇希望幼儿园。在县城二号小区成立茹河幼儿园，有效解决县城幼儿入园难问题。坚持"依法治教，科学管理，和谐发展"的工作原则，深入推进素质教育，全县有区级示范性普通高中1所，区级"书香校园"3所，市级示范性初中2所、小学13所，市级校园文化示范学校3所，家庭教育示范家长学校14所。树立"质量第一"的思想，积极开展"教育教学质量年"活动，深入实施素质教育，全面推进新课程改革，2010年全县高考位居全市第二。

【医疗卫生】 按照"推进五项改革、突出四个重点、巩固四项成果、实现两个提升、达到一个转变"的总体思路，加强监管，强化措施，完善三级医疗卫生服务体系。完成县中医院门诊楼后续建设任务。总投资180万元建成中医院附属用房836平方米，为县妇幼保健所配置了500mAX光机、全自动生化分析仪、彩超等医疗设备；建成王洼中心卫生院住院部、6所乡镇卫生院职工宿舍和10所村卫生室，总投资661万元；争取日本驻华投资项目70万元，为王洼中心卫生院配置了医疗设备，中国医学基金会"阳光绿道济困行动"为古城、草庙等卫生院捐赠彩超6台；县医院、草庙乡卫生院住院部已开工建设主体工程，总投资1698万元。联系福建省立医院、肿瘤医院、妇幼保健院选派4名专家驻彭开展临床技术指导、诊疗服务和帮教活动。扎实推进国家扩大免疫规划工作，完成了8～15岁儿童乙肝项目查漏补种任务，补种1142人，补种率99.76%。免疫规划"十二苗"报告接种率分别为卡介苗99.37%，乙肝98.60%，乙肝首针及时率99.30%，糖丸97.53%，三联97.30%，二联95.39%，麻风97.67%，麻腮97.32%，甲肝97.52%，乙脑97.08%，A群流脑97.69%，A+C流脑97.47%，新生儿乙肝疫苗首针及时接种率99.30%以上。完成了15153名适龄儿童麻疹强化免疫和9346名8月龄～3周岁儿童第一轮糖丸强免工作。做好甲型H1N1流感、手足口疫情防控，抓好物资储备和疫苗接种等各项措施落实，累计储备应急物资53.98万元，完成31600支甲流疫苗接种任务。推进公共场所量化分级管理，审验换发卫生许可证115户，办证率99.3%，从业人员持证上岗率99.5%，对城区公共场所经营单位进行量化定级。推行孕产妇"一对一"管理模式，加强高危孕产妇筛查，开展孕期保健和产后访视，降低孕产妇死亡率，提高出生人口素质。全年产妇总数3496人，孕产妇系统管理率89.5%，孕产妇住院分娩率99.8%，产前检查和产后访视率分别为96.9%和95.5%，全面实施妇幼卫生"四免一救助"，开展孕前和孕早期农村妇女叶酸补服工作，制定下发了《彭阳县流动人口妇幼保健工作社区管理实施方案》和《彭阳县流动人口妇幼保健工作社区管理考核办法》。开展餐饮服务食品安全整顿，对全县267家餐饮单位实行"一栏两帐三册"管理模式，全年办理餐饮服务许可证119家，健康证1627人；对60家餐饮单位和学校食堂进行了行政处罚，规范餐饮市场秩序。

【精神文明建设】 坚持"二为"方向、"双百"方针和"三贴近"原则，弘扬主旋律，提倡多样化，牢牢把握正确舆论导向，全面贯彻落实党的十七大、十七届三中、四中、五中全会精神，以繁荣城乡群众文化，开展了以"弘扬先进文化，构建和谐彭阳"为主题的送文化下乡活动，共下乡演出各类文艺节目53场(次),书送春联5000余幅,送科普图书10万余册、光盘2000张、年画2000张,送致富信息168条。组织开展了庆元宵系列文化活动,举办了以“龙腾盛世、虎啸丰年、凤鸣和谐”为主题的元宵灯展、焰火晚会、秦腔专场演出和社火游行表演比赛。完成了全年广场文化活动任务，举办广场文化活动26场(次),社区文化活动7场(次)。编排舞蹈《草堂心雨》《欢聚一堂》、快板《说普法》等文艺节目35个,参加区、市各类演出18场(次)。举办了“第二届全民读书月”和“第三届文化艺术月”系列活动。《彭阳县志》完成编修、《彭阳史话》出版发行。举办了“书香彭阳”经典诗歌美文朗诵比赛、宜居彭阳“建环杯”城市建设摄影大赛、全县书画、民间艺术、秦腔大赛、花儿演唱会、“彭阳好歌”电视歌手大奖赛、“道德之光”暨“全县第三届文化艺术月”活动颁奖晚会等,展出摄影作品66幅,书法、美术、剪纸、刺绣等民间工艺品100余件。组织彭阳文化旅游特色产品参加了第二届中国“宁夏文化旅游博览会”和第五届中国西部文化旅游博览会,有效地推介宣传了彭阳。开展“非遗”普查、整理、录入工作,编制了彭阳县非物质文化遗产保护区域分布图并撰写非物质文化遗产普查报告,初步完成了涉及民间制作工艺、民间饮食酿造工艺、生产技术工艺、民间艺术、民间信仰、民间文学十个门类的20个小项非物质文化遗产和100个村部农家书屋建设项目的申报工作。第三次文物普查顺利通过自治区验收。深化群众性精神文明创建活动,组织开展了“道德模范宣传年”、第三届文化艺术月、全民读书月和“书香家庭”评选活动,举办广场文化演出26场。

【机效与廉政】 狠抓机关效能建设,完善四级政务服务网络,推进政务公开,工作透明度和办事效率不断提高。人大代表建议和政协委员提案得到及时办理。开展“反腐倡廉制度建设推进年”活动,建立健全廉政风险防控机制。深入推进社会矛盾化解,依法打击各类违法犯罪活动，强化安全生产监管,营造安定和谐的社会环境。

泾源县

【概况】 泾源县为固原市辖县。东与甘肃省平凉市相连,南与华亭县、庄浪县接壤,西与隆德县毗邻,北与原州区交界。辖3镇、4乡,2个居民委员会、109个行政村。全年实现地区生产总值6.9亿元,增长13.2%;全社会固定资产投资10亿元,达到10.8亿元,增长31%;地方财政一般预算收入达到2535万元,增长14%;实现社会消费品零售总额1.9亿元，增长15%；城镇居民人均可支配收入达到11500元,增长10.7%;农民人均纯收入达到3135元,增长15%;城镇登记失业率控制在4.2%以内。

【主要荣誉】 全国集体林权改革典型县,全区法治县、全区苗木基地县、自治区级卫生县城、自治区级园林县城、自治区“整村推进扶贫开发示范县”。

【人口与计划生育】 2010年9月30日,全县总人口为126530人,其中少数民族人口为94916人,占总人口的75%。出生政策符合率达到85%，提高1.5个百分点,人口出生率14.21‰,同比下降0.12个千分点,人口自然增长率11.5‰,同比下降0.2个千分点。完成“少生快富”工程629例,创建“少生快富”示范户294户。

【农村改革】 推进土地经营权流转,建立4个农村土地流转服务中心,流转土地2.1万亩,促进土地适度规模经营。开展集体林权制度改革试点,112.6万亩林地确权到户,确权率97.5%,荣获“全国集体林权制度改革典型县”称号。坚持压减冬小麦,扩大马铃薯和地膜玉米面积,提高种植业效益,农业综合生产能力进一步增强。落实强农惠农政策,完善补贴方式，扩大补贴范围，兑现各类政策性补贴4470万元。加强科技示范园区建设,开展科技特派员创业行动,发挥农村信息服务站作用,农业科技服务体系不断完善。探索农机管理新模式，启动实施农机免费管理改革，确保农机安全生产。

【草畜产业】 以实现“人均两头牛”为目标，坚持强龙头扩总量，强化政策驱动，突出示范带动，规模养殖实现新突破。2010年，培育肉牛科技示范村22个，吸引社会资金新建存栏300头，肉牛养殖公司8个，累计达到15个，初步形成由散户养殖向小区养殖集中，养殖小区向养殖公司升级的集约化发展模式。加强品种改良，开设黄牛冷配改良点52处，冷配改良黄牛2.69万头，黄牛改良率达到90%以上，肉牛良种化水平居全区前列。补播、更新紫花苜蓿3.2万亩，种植地膜玉米和饲料玉米6.05万亩，调制加工饲草料5.2万吨，缓解季节性饲草料短缺难题。重视动物防疫工作，动物防疫密度、标志率、抗体检出率分别达到100%。建立专业合作组织37个，培育育肥、贩运大户1003户，举办了春秋两季黄牛交易会，注册"泾源黄牛"地理标志证明商标。全年肉牛饲养量16.5万头，农民人均牧业收入725元，增长15.3%。

【苗木产业】 投资建设千亩以上苗木园区7个，累计达到14个。制定优惠政策，提高补助标准，群众育苗积极性高涨，新增育苗面积2.1万亩，累计达到16.9万亩，全县苗木种植户达到2.1万户。工厂化育苗中心龙头带动作用凸显，驯化、研发、培育珍稀苗木100多种。加强基础设施建设和科技服务，推广容器栽培技术，实施先进、大庄等苗木园区灌溉工程4处，新增和改善灌溉面积10400亩，精细化管理水平进一步提升。投资1320万元建成六盘山特色苗木花卉交易市场。注册“六盘山苗木”地理标志证明商标，扩大苗木产业的品牌效应。全年苗木销售收入1.4亿元，农民人均苗木收入1024元，增长125%。树立生态立县的理念，集中开展退耕还林清查工作，累计完成补植补造15.47万亩。推进生态涵养林和三北防护林工程，完成荒山荒地造林2.1万亩，封山育林0.5万亩，建成县城至老龙潭、野荷谷绿色通道33公里。加大封山禁牧力度，强化林木管护，新建护林点7处，生态建设成果巩固发展，森林覆盖率达到41.8%。

【劳务产业】 以强技能增效益为核心，坚持异地输出、就地转移、返乡创业相结合，狠抓技能培训，开展技能“大练兵、大比武”活动，务工人员的技能水平和素质显著提升，劳务输出由数量型向质量型、体力型向技能型转变实现新突破。2010年，培训务工人员3198人，开展职业技能鉴定887人。加强服务引导，拓宽输出领域，新建劳务输出基地4个，输出劳务2.74万人，劳务总收入1.56亿元，农民人均劳务收入1384元，增长8.8%。

【新农村建设】 强化示范引导，整合项目资金，突出产业开发，加快基础设施建设，完成23个整村推进扶贫开发重点村建设，开工建设农业农村十大重点工程。全年改造危房1124户，新修农村道路14条105公里，新建沼气池3792座，发放沼气服务车41辆，投放太阳能灶5300台。加快农田水利建设，新修坡改梯旱作农田16883亩，综合治理瓦亭小流域21.9平方公里。建成饮水安全工程4处，解决12个行政村12079人的饮水问题。秦家沟水库建设进展顺利，水库淹没区88户396人县内移民安置工作有序推进。实施贫困村互助资金项目，争取村级互助资金1525万元，有效缓解贫困农户发展资金短缺的难题，被评为“全区贫困村互助资金试点项目先进县”。加强闽宁对口帮扶协作，开展农村最低生活保障制度和扶贫开发政策衔接试点工作，探索扶贫开发新模式。开展农村环境综合整治，建立长效保洁机制，农村面貌焕然一新。全年改造人居环境2675户，拆除危旧房屋2847间、围墙2.3万余米，修建垃圾填埋场76个、临时堆放点419个，整修村庄道路116.7公里，粉刷墙体9.2万平方米。

【工业经济】 围绕打造宁夏绿色低碳经济发展示

范县，发展壮大建材生产和农副产品加工，提升工业经济质量，增强发展后劲和内生动力。加大对中小企业的扶持力度，投资1600万元的六盘山水泥有限公司节能技改项目顺利实施，泾河清真食品公司季节性生产，金晶淀粉公司投产达效，企业生产能力进一步提升。规范三关口矿产资源开采管理秩序，资源利用率明显提高。实施商标战略，“六盘山牌水泥”被评为自治区著名商标。全年完成工业总产值4亿元，增长25%，工业增加值1.24亿元，增长21%。落实节能减排措施，全力办好环保实事，推进建筑墙材改革和公共机构节能降耗，万元GDP能耗下降3%，全面完成节能减排任务。实施创业带动就业战略，落实各项优惠政策，加大信贷扶持力度，搭建创业平台，开发创业项目10个，发展小企业29户，培育小老板173个，新建创业园区1个、大学生回乡创业示范园区1个，发放创业小额担保贷款1807万元。全民创业引领非公有制经济蓬勃发展，预计完成非公有制经济产值2.9亿元，增长9.5%。

【第三产业】 发展生态旅游、红色旅游和乡村旅游，形成以生态承载旅游、以旅游拓展三产的发展格局。科学编制胭脂峡景区建设规划，老龙潭景区建设规划通过自治区人民政府评审，2010年开工建设。龙文化民俗馆投入使用，王洛宾文化园和五朵梅客栈建成开园。扶持壮大“农家乐”旅游，园子新村“农家乐”投入运营，全县5处“农家乐”累计接待游客9万人(次)，乡村游逐渐成为旅游发展新亮点。承办全国群众登山大会暨首届六盘山登山节、第六届六盘山山花旅游节。完善旅游服务体系，建成旅游商品一条街、清真食品一条街和东平路小商品一条街，带动商贸、餐饮、娱乐等现代服务业提档升级。接待游客30.6万人(次)，实现旅游社会总收入1.38亿元，增长19.8%。落实“家电下乡”政策，兑现财政补贴资金362万元。扩建县城综合市场，实施“万村千乡”市场工程，改造提升标准化农家店23个。

【城镇建设】 科学修编新一轮城市总体规划，规划区面积23平方公里，“一城三区两园”的功能格局初步形成。加强基础设施建设，高标准实施城市十大重点工程，延伸富强路、西峡路和北环路，滨河路、思源路等新区街道建成通车，新增县城道路5公里，形成“四纵八横”的道路框架，城市建成区面积扩大到3.98平方公里。加大老城区改造力度，广场丽景苑小区、和悦小区、宏远运输公司商住楼、廉租住房等主体完工，居民住房供应结构进一步优化。拓宽融资渠道，盘活闲置多年的烂尾楼，新建大型停车场一处，永鑫商住楼和商贸楼改造全面完成。全年新增开发建设面积19.2万平方米。投资900万元，安装20吨热水锅炉1台，新建换热站1座，县城集中供热面积达到15万平方米。巩固卫生县城创建成果，加大市政园林设施管护力度，实施“三化”和“穿衣戴帽”工程，美化、亮化沿街建筑物，绿化县城主干道和公园，新增绿地面积7.23万平方米，建成区绿化覆盖率达到48.5%，人均公共绿地面积14平方米，通过自治区级园林县城验收。开展城市环境卫生综合整治，完成和平巷巷道硬化，更换垃圾箱23个，安装交通信号灯6组，县城环境卫生、交通秩序明显好转。加快小城镇建设步伐，编制完成6个乡镇小城镇建设规划，为全县7个乡镇配备垃圾清运车，在六盘山镇主街道安装路灯50盏，实施新民乡街道改造，泾河源镇扩建建材市场、启动农贸街二期工程。

【全社会固定资产投资】 争取各类项目81个，到位资金4.5亿元，比2009年增加1.34亿元，增长42.4%。“三河源”生态移民破题启动，自治区批准未来五年对泾源县7701户33116人实施生态移民搬迁，其中，县内搬迁3422户14716人、县外搬迁4279户18400人。“十二五”谋篇开局，全面完成国民经济和社会发展第十二个五年规划纲要和22个专项规划编制工作，储备各类项目270个，73个重大项目进入区、市“十二五”规划项目库，涉及资金73.5亿元；宝中铁路复线、中南部人畜饮水解困等

7 大工程进入国家“十二五”项目库。加大招商引资力度,完善优惠政策,建立奖惩考核机制,优化投资环境,创新招商引资方式,拓展了发展新空间。中石化宁夏分公司投资 1.1 亿元的加油加气站及培训中心项目落地建设,宁夏宏建房地产开发公司投资 2.2 亿元的卧龙山庄休闲度假项目和房地产开发项目进展顺利。全年引进招商引资项目 14 个,协议资金 8.5 亿元,到位资金 2.27 亿元,比上年增加 8400 万元,增长 58.7%,刷新单项投资额纪录,实现招商引资新突破。

【财税金融】 推进财税改革,国库集中支付、农村“三财”管理等改革进一步深化,启动实施村级公益事业建设“一事一议”财政奖补试点项目。坚持依法治税,积极培植财源,千方百计组织收入,财税收入稳定增长。调整优化支出结构,压缩非生产性支出,加大对重点项目、民生工程、社会事业的投入,支出规模不断扩大,全年财政一般预算支出完成 7 亿元,增长 28%。完善建设工程预决算审查管理制度,强化项目资金监管,全年审查基本建设项目 37 个,节约资金 1273 万元。完成村集体经济审计和“三资”清理工作,促进集体资金的规范管理、资产的保值增值和资源的合理利用。加强金融生态环境建设,全社会诚信意识明显增强,金融服务地方发展的力度不断加大。金融机构存、贷款余额分别达到 9.5 亿元和 4.95 亿元,增长 16.4%和 40.8%。

【社会保障】 为民承诺办理的 10 件实事全部落实。城镇新增就业 552 人。城乡低保扩面提标,低保人数增加到 14887 人,城乡低保对象月人均补差分别提高到 55 元和 120 元,全年发放低保资金 1288.1 万元。完善城乡医疗救助体系,为 3.3 万人(次)兑付救助资金 402.9 万元。社会保险覆盖面进一步扩大,参保人数达到 2664 人(次),新增 540 人(次)。开展行政事业单位合同制工人基本养老保险金征缴,全年征缴 291.7 万元。启动实施新型农村社会养老保险试点工作,为全县 10560 名 60 岁以上老人发放养老保险金 174 万元。提高基本医疗保障水平,职工医疗保险配套政策由“4+2”提高到“6+2”。加快保障性住房建设,新建廉租住房 436 套 2.18 万平方米,发放廉租住房补贴 126 万元。实施扶残助困工程,在全市率先建成残疾人康复培训中心,完成残疾人危房改造 100 户,免费实施白内障复明手术 50 例,发放轮椅 50 辆,资助 50 名贫困残疾儿童接受义务教育。开展法律援助 74 件,维护了城乡弱势群体的合法权益。

【教育事业】 加大教育投入,巩固提高“两基”成果,义务教育均衡发展。扎实推进教育强乡(镇)、教育强县创建活动,全县 7 个乡镇全部通过固原市人民政府评估验收。推进校舍安全工程,优化学校布局,投资 2690 万元改造校舍 38 所 1.97 万平方米。深化教育体制改革,加强师资队伍建设,教育教学质量进一步提高,中考总分及格率达到 66.56%,高考录取率达到 68.34%。落实“三免一补”政策,全面实施中小学“营养早餐”工程,全县 2 万多名中小学生从中受益。职业学校农村家庭经济困难学生免学费政策全面落实,职业教育规模进一步扩大。加强校园周边安全整治,切实维护了广大师生安全。

【卫生事业】 深化医药卫生体制改革,实施妇幼卫生“四免一救助”和人人享有基本医疗服务试点,免费提供 50 种疾病 121 种药品的基本医疗服务,农村孕产妇住院分娩率达到 98.4%,适龄儿童疫苗全程接种率达到 93%。全面启动健康宁夏全民行动,食品药品监管进一步加强。支持中医药事业发展,佳禾中医院成立并投入使用,群众多样化医疗卫生需求得到满足。县医院综合楼、香水社区医院住院部和泾河源镇卫生院宿舍楼主体完工,城乡医疗卫生服务体系更趋完善。医疗机构药品和医用耗材“三统一”政策全面落实,农民参合率达到 97.34%,区、市定点医疗机构报销比例分别提高到 40%和 45%,全年为群众报销医药费 1070 万元,有效缓解农村群众看病贵、看病难的问题。

【文化事业】 加快推进公共文化基础设施建设,5个乡镇综合文化站和22个村级文化活动室相继投入使用。开展丰富多彩的文艺演出,举办各类广场演出31场(次)、"三下乡"活动140多场(次),丰富了城乡群众精神文化生活。加强非物质文化遗产保护与传承,"泾源回族踏脚"被列入全国非物质文化遗产保护试点项目。广泛开展全民健身活动,开工建设全民健身中心,田径、踏脚、赶牛等项目在第十三届全区体育运动会和第七届少数民族体育运动会上取得优异成绩。加快发展广播电视事业,建成数字电影院和人民广场电子屏幕,发放电视接收设备4300套,免费放映电影1740场(次),农村收看8套以上电视节目覆盖率达到89%。

党委　群团

中共固原市委员会

【概述】 2010年，是在新的历史起点上抢抓机遇、全面推进发展战略转型的一年。全市加快以农业为主导向以工业为主导、多产业发展并举转变，统筹推进经济、政治、文化、社会以及生态文明和党的建设，取得了新进展，全面完成"十一五"各项目标任务，为抢抓新一轮西部大开发战略机遇、实现"十二五"良好开局奠定了坚实基础。全年实现地区生产总值104亿元，增长12.6%，全社会固定资产投资112亿元，增长30%，实现"两个突破百亿元"目标；地方财政一般预算收入5亿元，增长42.8%；城镇居民人均可支配收入12738元，增长8%；农民人均纯收入3370元，增长13.8%。完成自治区下达的约束性指标，人口自然增长率11.81‰，万元GDP能耗下降1.61%。

【深入实施西部大开发战略大学习活动】 自治区党委、政府决定在全区开展大学习活动后，市委立即成立组织机构，研究制订方案，确定了"奋勇争先抢机遇、齐心协力谋发展"活动主题，及时召开市、县(区)、乡(镇)三级干部大会，全面动员部署。根据活动进展情况，市委常委会先后5次专题研究提出指导意见，市级领导带队3次进行指导督查。深入开展"西部大开发、固原怎么办"建言献策活动，征集意见建议1200多条，一些建设性意见建议被吸纳到"十二五"规划及各专项规划编制当中。各县(区)、各部门(单位)结合实际，创新载体，丰富内容，不断掀起学习热潮，为抢抓新一轮西部大开发战略机遇统一思想、坚定信心、明晰思路、凝聚力量。

【第四次固原工作会议】 为争取自治区更多的支持，从发展战略转型思路的提出、产业规划的制订、实施"一五五"工程到需要支持的政策措施以及重大项目，精心组织召开了第四次固原工作会议。会议对市委二届八次全体(扩大)会议提出的"加快以农业为主导向以工业为主导、多产业发展并举转变"的发展战略转型思路及实施"一五五"工程给予充分肯定，自治区党委、政府主要领导同志明确表态对本市要给予大力支持。会后，自治区党委、政府首次出台《关于促进固原经济社会加快发展的若干意见》，明确推进本市发展战略转型、实现跨越式发展的指导思想、基本原则、发展目标及战略重点等，并在政策项目资金等方面给予更加明确具体的支持，一批支撑固原长远发展的大项目列入自治区"十二五"规划《建议》，是历次工作会议成效最显著的一次，充分体现了自治区党委、政府对固原发展的高度重视和对固原人民的关怀。

【招商引资】 年内，开展"项目建设和招商引资年"活动，落实项目383项、完成投资112亿元，相当于"十五"投资总和。市委、政府年初确定的全市经济社会发展15件大事和25件实事顺利推进。举行固原市新区建设大会战暨重点项目启动仪式，以固原一中迁建工程为标志，新区建设全面启动，一批房地产、星级酒店项目开工建设，现代新区雏形初现。六盘山机场正式通航，盐化工循环经济扶贫示范区启动建设，六盘山热电厂两台机组并网发电，原州区至王洼运煤铁路专线开工建设，宁夏中南部城乡饮水安全工程进展顺利，长城梁生态农业科技示范园建设成效明显，这些重大项目奠定了固原长远发展的基础。坚持抓招商引资，特别是大力推广西吉“华林模式”，引进总投资5000万元以上、当年投资2000万元以上的农业产业化龙头企业9家，带动了农业结构调整，促进了农民增收。

【指导性文件调研起草】 结合学习贯彻党的十七届五中全会和开展大学习活动，紧扣发展战略转型，深入调查研究，广泛征求意见，经过反复修改，形成《关于制定国民经济和社会发展第十二个五年规划的建议》讨论稿，明确了“十二五”发展的指导思想、奋斗目标、主要任务和重大举措等，提交这次全会审议。初步遴选出“十二五”各类重点建设项目449项，总投资达2157亿元。编制完成23个专项规划初稿，争取国家发改委西部开发司将固原市在全国27个地级贫困市中列为联系点。抢抓自治区党委、政府高度重视生态移民的机遇，深入调查摸底，多次研究论证，市委、政府形成《加快固原市生态移民工作的意见》，提出具体工作方案，已上报自治区党委、政府。

【“创先争优”活动】 围绕“推动科学发展、促进社会和谐、服务人民群众、加强基层组织”的总体要求，确定“践行六盘山精神、争当发展先锋、推动发展转型”活动主题和“基层党建创品牌、共产党员争优秀、人民群众得实惠”活动目标，研究制定了实施意见，推进“双百示范创建工程”。根据乡村、街道社区、机关学校、非公有制企业和新社会组织等党组织的不同特点，强化分类指导，突出实践特色，取得阶段性成果，各级党组织的战斗堡垒作用明显增强，广大党员的积极性、主动性和创造性不断激发，学习实践科学发展观活动成果得到巩固和拓展，受到中央创先争优活动领导小组的充分肯定。

【盐化工循环经济扶贫示范基地建设】 年内，把盐化工循环经济扶贫示范区作为“一号工程”全力推进，论证确定了示范区选址，编制完成示范区总体规划，已经自治区发改委正式批复，水资源论证及环境影响评价等11项支持性报告全部完成。引进国电英力特公司第一批拟实施的8类项目可研已全部完成，评审批复后将转入实施阶段。完成起步项目区10平方公里征地和主干道12.5公里路基及道路绿化。大力推进煤电联产及新能源建设，王洼二矿150万吨原煤生产项目建成试生产，开工建设银洞沟煤矿年产300万吨技改扩建、华电西吉月亮山风电厂一期49.5MW重点项目。

【六盘山生态农业示范基地建设】 全年粮食总产达到7.46亿公斤。完成23个自治区级、27个市级现代生态农业示范基地前期规划。草畜产业建成肉牛示范村105个，肉牛饲养量达到78万头，增长9.9%。马铃薯产业完成播种218.6万亩，生产原原种6249万粒。新增设施农业6.3万亩（其中日光温室1.6万亩、移动拱棚4.7万亩），累计达到22万亩，新发展花卉、菊芋等特色产业。完成以覆膜保墒为主的旱作节水农业95.3万亩。以固原市六盘山农产品（马铃薯）协会为依托，整合农副产品品牌，制定六盘山马铃薯生产技术规程和质量标准，六盘山商标获得自治区著名商标，“西吉马铃薯”商标被国家工商总局认定为中国驰名商标。

【西兰银交汇中心物流集散基地规划】 完成物流集散基地总体规划，固原火车站客运和三营火车站货运扩建项目通过国家发改委审查。商贸、餐饮、宾馆等传统服务业不断提升，金融等现代服务业快速发展。开工建设尚都国际广场购物公园、瑞丰一级农产品综合批发市场和4个县级农贸市场，大力实施国家“万村千乡”市场和自治区“三新”工程，城乡市场体系不断完善。

【六盘山文化休闲度假基地建设】 围绕打造西部独具特色旅游阵地，加大重点旅游景区建设，建成须弥山博物馆、香水海文化广场及游客服务中心，并完成博物馆布展，王洛宾文化园、萧关遗址文化园、六盘山生态博物馆、六盘山隆德博物馆建成运营，六盘山国家森林公园游客中心开工建设。完成原州区三营至须弥山等6条景区主干道宽幅绿化带68公里。举办宁夏第六届六盘山山花旅游节等系列活动，开发了以“六盘人家”为品牌的文化旅游小商品，六盘山旅游知名度进一步提高。全市共接待游客158万人次，实现旅游社会总收入4.1亿元，分别增长18.8%和5.9%。

【劳务输出基地建设】 组织开展首届农民工职业技能“大练兵、大比武”暨职业技能竞赛活动，完成农村劳动力转移基本技能培训16843人。新建专业化劳务公司5家。继续巩固和拓展长三角、珠三角、环渤海湾、宁东等劳务基地，开辟自治区重大工程建设用工市场，组织春季向东南沿海万人有组织转移就业和秋季万人进疆转移就业行动，全市实现转移就业30.52万人，实现劳务收入20亿元。

【宁南区域中心城市建设】 年内，精心打造“生态文化山城”，新区集中实施了道路、基础设施、民生、商业贸易、住宅小区、高档宾馆等25个项目，计划总投资45亿元，已完成投资16亿元；固原图书馆、报业新闻中心、市应急指挥中心等重点项目顺利推进，建成5个街头广场。老城道路、供排水、集污排污等改造步伐加快，建成古雁路、中山南北街延伸段等道路，城市框架进一步拉大，加快建设六盘山电厂集中供热管网，新增集中供热面积60万平方米，集中供热普及率达55%。将原固原体育场改造为休闲娱乐健身广场，深受市民欢迎。开工建设宋家巷民族特色商业居住区改造二期，实施廉租房保障工程，开工建设廉租房5070套24.9万平方米。加大城乡环境综合整治，开展“脏乱差”和违法建设专项整治行动，城乡面貌进一步改观。加快各县县城及中心集镇规划建设，努力打造西吉“回乡特色”、隆德“文化特色”、泾源“旅游特色”、彭阳“生态特色”县城，杨郎小城镇等一批集镇建设成为新亮点。全市城镇化率达到30.85%。

【生态环境建设】 加快推进大六盘生态经济圈建设，实施天然林保护工程，完成人工造林31万亩、封山育林7.1万亩、县乡村道路绿化651公里，完成长城梁生态农业科技示范园绿化11200亩、贺家湾水源地绿化5000亩。完成退耕还林补植补造77.4万亩，狠抓封山禁牧，生态建设成果进一步巩固。加大环境保护，马铃薯淀粉废水治理技术研发成功，贺家湾饮用水源地自动在线监测站投入运行，完成13个村庄环境整治任务，环境监测监察工作不断加强，主要河流水质明显提高。

【农田水利交通事业】 福银高速公路六盘山镇至沿川子段进展顺利，309国道彭阳过境段建成通车、马成河至硝口段加快改造，兰青高速公路东山坡至毛家沟段前期工作加紧进行。新建农村水泥和沥青公路1120公里、农村客运招呼站83个。新修旱作基本农田11.91万亩，新增节水灌溉面积4万亩。完成宁夏(中南部)固原地区城乡饮水安全水源工程项目建议书，已通过水利部审查报国家发改委待批，开工建设秦家沟水库、彭堡水源地地下截潜水库，完成12处农村安全饮水、52座小型病险水库除险加固工程。完成农村危房危窑改造8015户。

【政治建设】 坚持和完善人民代表大会制度，支持人大及其常委会依法履行职责、开展工作。支持人大加强对“一府两院”工作的监督，听取审议“一府两院”专项工作报告20个、依法检查13次。创新监督方式，围绕人人享有基本医疗卫生服务、环境保护等四项民生报告进行满意度测评，监督实效不断增强。坚持党管干部和人大依法任免干部有机统一，支持人大依法行使人事任免权。重视和加强人大代表议案、建议督办工作，人大代表的主体作用得到有效发挥；坚持和完善中国共产党领导的多党合作和政治协商制度，充分发挥人民政协协调关系、汇聚力量、建言献策、服务大局的作用。

围绕抢抓西部大开发战略机遇、推进发展战略转型、编制“十二五”规划等开展视察调研12次，形成报告10篇，注重将资政成果纳入市委、政府决策范畴。加强统一战线工作，组织开展民主党派“思想建设年”活动，指导民盟、民进、九三学社圆满完成换届，重视发挥民主党派、工商联和无党派人士的作用；加强和改进党对工会、共青团、妇联等人民团体的领导，他们依照法律和各自章程开展工作，指导工会完成换届工作。加强党对政法工作的领导，支持审判机关、检察机关依法独立办案。坚持党管武装，专题召开议军议警会议，大力支持国防和军队建设，深入开展双拥共建活动；把握各民族“共同团结奋斗、共同繁荣发展”主题，深入开展“民族团结进步季”、民族团结“六进”和民族团结进步模范村创建、和谐宗教场所创建等活动，民族团结主旋律在全社会进一步唱响，“三个离不开”思想更加深入人心，民族团结和睦局面持续巩固发展。坚决贯彻落实党的宗教工作基本方针，围绕宗教人士和教职人员培训、宗教活动场所和大型跨地区宗教活动规范化管理三项重点工作，依法加强宗教事务管理，妥善处理宗教内部矛盾，坚决维护现有宗教格局，保持了宗教领域和谐稳定；坚持依法治市，深入开展法律“七进”活动，实施法律援助和人民调解为民办实事工程，“五五” 普法顺利通过自治区验收。坚持维护稳定第一责任，牢固树立群众观点，抓好社会矛盾化解、社会管理创新、公正廉洁执法三项重点工作，开展矛盾纠纷排查调处和领导干部“大接访”亲民爱民实践活动，有效化解了一批矛盾纠纷和信访积案。深入推进新一轮“平安固原”建设，加强社会治安综合治理，开展社会治安重点地区排查整治和校园及周边地区集中整治专项行动，严厉打击各类犯罪，营造了良好的社会治安环境，人民群众的安全感不断增强。加强食品药品质量监管，严格落实安全生产责任制，没有发生一起重特大安全事故。

【构建舆论主阵地】 坚持团结稳定鼓劲，强化舆论主阵地作用，突出对中央和自治区重大决策部署及市委、政府中心工作的宣传，集中组织了新一轮西部大开发及大学习活动、学习型党组织建设、创先争优活动、第四次固原工作会议、盐化工循环经济扶贫示范区建设、固原市新区建设大会战、六盘山机场通航、六盘山登山节等主题宣传报道和市委、政府15件大事、25件民生实事战役性宣传。加强对外宣传工作，在省级以上媒体刊(播)宣传稿件1900余篇(条)，组织“塞上江南、和谐家园”活动，全国40家网络媒体聚焦固原。建立党委、政府新闻发言人制度，加强舆情分析，重视对群众关心的热点、难点问题和社会敏感问题的正面引导。加大对互联网、手机短信等新型媒体的监管。

【精神文明创建活动】 年内，坚持用社会主义核心价值体系引领社会思潮，以“道德模范宣传年”活动为抓手，大力倡导和践行社会主义荣辱观，深入开展“讲文明、树新风”、文明过好“我们的节日”、“身边的好人”推荐、固原“十大道德模范”评选、文明单位和文明出租汽车企业学习型党组织建设等系列活动和“道德之星”、“时代风采”先进人物事迹宣传报道，举办海小平先进事迹和孝老爱亲模范报告会，各县(区)建成英雄模范人物标志性建筑和文明一条街，社会公德、职业道德、家庭美德和个人品德建设不断加强。扎实推进未成年人思想道德建设，开展“感恩、孝亲、敬老”等活动，深入推进校园周边环境治理净化，争取中央文明办给部分中小学校和社区赠送电脑850台，精心实施西部助学工程。举办了纪念抗战胜利65周年系列活动。

【文化事业】 举办六盘山精神暨西海固文学艺术研讨会等主题活动，“不到长城非好汉”的六盘山精神在全市进一步深化强化，在全区全国继续打响。围绕“红色六盘、萧关古道、丝路古城、花儿家乡”，实施精品文化工程和县(区)域特色文化工程，布建隐形将军韩练成生平事迹展厅，编辑出版《六盘山民间故事》五卷本和《六盘花儿飘》光盘，创排大型秦腔现代剧《情系健康为民众》。组织固原首届春节晚会、中央电视台“曲苑杂坛”“星光大道”进固原、第二届“花儿漫六盘”电视大奖赛、“中国著名版画家六盘行”、建党89周年歌咏大赛、青年健身舞大赛等文艺展演活动，开展了固原市第五次文学艺术评奖活动。成功举办全国群众登山健身大会暨首届宁夏六盘山登山节，组织参加自治区第七届少数民族传统体育运动会，获得团体第二名的好成绩。开展文艺“六进”、广场文化400多场(次)，深入推进全民健身等群众性文体活动。加快建设广播电视“村村通”、文化信息资源共享、数字电影放映等公共文化惠民工程，完成固原市图书馆主体工程，建成5个乡镇综合文化站、379家“农家书屋”。

【教育科技事业】 深入开展教育强县(区)创建和普及高中阶段教育工作，原州区、隆德县、彭阳县通过自治区教育强县(区)评估验收。278所中小学校舍安全改造工程顺利推进。实施普通高中困难学生资助、中职学生免费教育试点和困难大学生资助等，整合各类资金1328.5万元，惠及4.6万名学生。全面实施学生营养早餐工程。举办全国天文奥林匹克竞赛总决赛暨宁夏天文奥赛邀请赛。完成《固原市地方课程教材》初稿。大力实施“教育致富”工程，完成中职招生9314人，其中联合办学4439人。

加强科研团队和技术创新中心建设，深入开展科技特派员创业行动，建立科技专家库，建设农业科技示范园区6个，争取国家和自治区科技项目资金1784万元，增长18.9%。

【扶贫开发】 以“整村推进、农业产业化经营、劳动力转移培训”为重点，加强闽宁对口帮扶协作，广泛开展社会帮扶工作，共整合投入各类扶贫资金4.08亿元，增长11.8%，其中第三批164个整村推进村落实投资2.95亿元；各级帮扶单位投资4821万元；争取贫困村村级发展互助资金3351.9万元，惠及149个贫困村；落实投资1500万元在固原市新区开工建设劳务移民安居房1.9万平方米。按照自治区人均纯收入低于1350元的扶贫标准，贫困人口减少5.1万人。

【全民创业】 年内，大力开展民营企业家、大学生、返乡农民工、复退军人、下岗失业人员、农村能人“六大创业行动”，加大小额担保贷款等政策扶持力度，围绕特色优势产业发展，新建创业园区和孵化基地10个，培育小企业386个。城镇新增就业7730人，登记失业率控制在4.2%。

【医疗卫生】 认真做好药品“三统一”政策与国家基本药物制度的科学衔接，提前实现国家基本药物制度全覆盖。固原市人民医院门诊住院综合楼、市妇幼保健院、彭阳县医院住院部建成投入使用，市中医院、西吉县医院、隆德县医院迁建进展顺利，完成5所中心卫生院、13所卫生分院改扩建。全面开展城镇居民医疗保险，实现了新农合医保门诊统筹，实施农村居民“一元钱享受基本医疗卫生服务”。

【社会保障体系】 新型农村养老保险试点全面启动，城镇居民医疗保险制度在全区率先实现市级统筹和“一卡通”。妥善解决企业职工社保历史遗留问题，为10219名人员办理了基本养老保险。加快推进城乡社会救助体系建设，将6.8万户13.9万名农村低保对象和1.8万户4.7万名城市低保对象全部纳入城乡低保，为10515名80岁以上生活困难老人发放了高龄津贴，为市区742名失地农民发放了最低生活保障金。继续做好残疾人帮扶保障工作。

【党的建设】 2010年，制定《贯彻落实党的十七届四中全会〈决定〉重要举措分工方案》，坚持把思想理论建设作为党的建设首要任务，制定《关于推进学习型党组织建设的实施方案》，创新学习方法，丰富学习内容，完善学习制度，各级党组织运用马克思主义理论特别是中国特色社会主义理论体系指导实践、推进工作的自觉性、坚定性不断增强。建立学习型党组织考核制度，严格落实党委(党组)中心组学习和每月两次理论大讲堂制度，市委理论学习中心组集体学习24次，邀请区内外知名专家、学者开展专题讲座26场。确定从2010年起每年5月份为“全民读书月”，深入开展了“建设学习型机关、打造学习型团队”全民学习读书系列活动。扎实推进理论下基层、理论宣讲等活动，宣讲1277场(次)，理论武装覆盖面不断扩大。

【领导班子和干部队伍建设】 深化干部人事制度改革，完善“三推两考”制度，规范干部选拔任用初始提名权，创新县处级后备干部和预备干部民主推荐方式，加大“民意”权重，选人用人公信度进一步提高。加大干部交流和从基层一线选拔干部以及竞争性选拔干部力度，重视培养选拔年轻干部、妇女干部、少数民族干部和党外干部，在市直部门全面推行科级干部竞争上岗。积极推行差额选拔干部制度，彭阳县、西吉县开展“科学规范和有效监督县委书记用人行为”及“四差额”试点工作。创新干部教育培训方式，争取自治区在宁夏党校开办了首期固原市领导干部培训班。选派360名干部外出学习培训，增长16.9%。严格落实《党政领导干部选拔任用工作责任追究办法(试行)》等四项制度，干部监督力度不断加大。对全市人才工作进行全面调研，形成《固原市人才工作及人力资源状况分析报告》，编制完成了《固原市中长期人才发展规划纲要(2010年—2020年)》，以专业技术人才和农村实用人才为重点，统筹抓好各类人才队伍建设。

【基层组织建设】 严格落实党建工作责任制，各县(区)域特色党建工作的质量和层次不断提升，使打造党建工作品牌与基层党组织创先争优活动紧密衔接、相互促进。彭阳县农村党员“双带”能力建设成效明显，自治区党委组织部在彭阳县召开全区现场会给予充分肯定并大力推广。强力推进“六统一”村级组织活动场所建设，争取资金5056万元，新建337个，累计达到715个，占建制村总数的80.2%，高于全区平均水平10个百分点。进一步加强农村基层干部队伍建设，认真落实村干部“两提三保”制度，对连续任职20年以上的优秀村党支部书记和村委会主任实行奖励补贴，继续开办村干部大专学历函授教育。统筹推进机关学校、街道社区、非公有制企业和新社会组织党建工作全面发展。稳步推进党内民主建设，全面实行党代表任期制，首次组织50名市本级党代表开展视察调研，在5个市直部门(单位)进行了党组织负责人“公推直选”试点。圆满完成村“两委”换届工作。老干部和党史研究等工作进一步加强。

【干部作风建设】 制定《关于进一步从严管理干部的实施意见》和《固原市领导干部外出请假报告制度》《固原市领导干部函询制度》等，加强干部经常性教育管理。综合运用教育引导、整肃纪律、加强督查、明察暗访、问责追究等措施，加大治庸治懒力度，干部作风明显转变。在县(区)和市直部门(单位)培育效能建设工作典型30多个，发挥了示范带动作用，研究制定《固原市效能投诉办理工作办法》，不断强化规范投诉办理工作，受理、办结效能投诉案件43件。研究制定《固原市党政领导干部问责办法》和《固原市国家机关及其工作人员不当行为问责办法》，不断深化机关效能建设。组织对县(区)和市直部门(单位)落实重点任务、重点项目、机关效能等工作进行10次督查和实名通报。对2009年度考核排名居后的6个部门进行通报批评，对领导班子成员进行诫勉谈话。

【反腐倡廉建设】 以“全市纪检监察工作落实年活动”为抓手，着力推进反腐倡廉制度建设深入开展，创新完善教育、制度、监督、惩治等各项制度和配套措施40余项，狠抓惩防体系建设和党风廉政建设责任制落实，对惩防体系建设和责任制落实情况进行了5次检查。全面推行廉政风险防范管理、勤政廉政承诺制，认真执行领导干部勤廉双述、诫勉谈话、报告个人有关事项等制度，党员干部勤廉意识不断增强。深入开展“五个一”勤廉教育、“学《廉政准则》、促廉洁从政”等活动，举办勤政廉政教育讲座和培训班1600场(次)。着力加强廉政文化建设，成功创办首届《六盘山廉政勤政论坛》，六盘山红军长征纪念馆入选第一批全国廉政教育基地。注重加强对中央和区、市重大决策部署和重点部门、领域、行业以及与民生密切相关项目和资金的监督检查，深入开展工程建设领域突出问题、“小金库”和教育经费专项治理，下发整改通知书128份。严肃查处各类违纪违法案件，对41人给予了党纪政纪处分。深入实施“勤廉为民工程”，加强农村民主建设和四级便民服务网络建设，开展“民情村务评促会”活动，农村党风廉政建设取得了新成效。

中共固原市委常委会议

【第一次常委会议】 1月11日上午，市委书记刘小河同志主持召开中共固原市委2010年第1次常委会议，研究议定了下列事项：审定了市政府党组提交的《政府工作报告》《2009年国民经济和社会事业发展计划执行情况与2010年国民经济和社会发展计划(草案)的报告》《2009年全市及市本级财政预算执行情况和2010年全市及市本级财政预算(草案)的报告》和《关于2010年全市经济社会发展大事及改善民生实事的报告》；听取了市人大党组工作汇报；听取了市政协党组工作汇报；听取了市中级人民法院党组工作汇报；听取了市人民检察院党组工作汇报；审定了《固原市落实党风廉政建设责任制和推进惩防体系建设考核办法(试行)》；研究了评选表彰固原市第一届模范集体、劳动模范和先进工作者暨推选2010年自治区先进集体和劳动模范、先进工作者等有关事项；研究了干部事项。

【第二次常委会议】 1月25日上午，市委书记刘小河同志主持召开中共固原市委2010年第2次常委会议，研究议定了下列事项：传达学习了全区组织部长会议和全区深化干部人事制度改革《规划纲要》工作会议精神，研究了贯彻意见；传达学习了全区老干部局长会议精神，研究了贯彻意见；传达学习了全国、全区宣传部长会议精神，研究了贯彻意见；传达学习了全国“扫黄打非”工作电视电话会议精神，研究了贯彻意见；传达学习了全区统战部长会议精神，研究了贯彻意见；传达学习了全区公安局(处)长会议、全区防范和处理邪教问题工作会议精神，研究了贯彻意见。

【第三次常委会议】 1月29日下午，市委书记刘小河同志主持召开中共固原市委2010年第3次常委会议，研究议定了下列事项：传达学习十七届中央纪委五次全会和自治区纪委十届五次全会精神，研究了贯彻意见；审定了固原市第一届模范集体、劳动模范和先进工作者暨推选2010年自治区先进集体和劳动模范、先进工作者推荐名单；研究了干部事项。

【第四次常委会议】 2月8日下午，市委书记刘小河同志主持召开中共固原市委2010年第4次常委会议，研究议定了下列事项：听取了固原市第一届模范集体、劳动模范和先进工作者暨推荐2010年自治区先进集体和劳动模范、先进工作者公示情况汇报；研究了干部事项。

【第五次常委会议】 2月21日下午，市委书记刘小河同志主持召开中共固原市委2010年第5次常委会议，审定了固原市拟推选自治区创业再就业劳动模范候选人有关事宜。

【第六次常委会议】 2月26日下午，市委书记刘小河同志主持召开中共固原市委2010年第6次常委会议，研究议定了下列事项：审定《固原市产业发展规划》；研究召开全市人口和计划生育工作会议有关事宜；研究召开全市发展劳务产业暨全民创业工作大会有关事宜;研究召开全市农业农村工作会议有关事宜;研究召开全市信访工作暨表彰大会有关事宜;听取自治区团委十届四次全体(扩大)会议精神和团市委工作汇报,研究贯彻意见;听取自治区妇联九届七次执委会议精神和市妇联工作汇报,研究贯彻意见;审定《关于开展“机关党的建设年”活动的实施方案》;研究了干部事项。

【第七次常委会议】 3月11日上午,市委书记刘小河主持召开中共固原市委2010年第7次常委会议,研究决定了下列事项:审定了全市农村工作会议表彰的先进集体、先进个人名单;审定了全市人口和计划生育工作会议表彰的先进集体、先进个人名单;审定了全市发展劳务产业暨全民创业工作会议表彰的先进集体、先进个人名单;审定了全市信访工作暨表彰大会表彰的先进集体、先进个人名单;听取了自治区总工会十届六次全委(扩大)会议精神和市总工会工作汇报,研究贯彻意见;听取了自治区科协六届八次全会精神和市科协工作汇报,研究贯彻意见。

【第八次常委会议】 3月19日上午,市委书记刘小河主持召开中共固原市委2010年第8次常委会议,研究决定了下列事项:审定了《关于开展社会治安重点地区排查整治活动实施意见》;审定了《固原市有关部门贯彻落实党的十七届四中全会〈决定〉重要举措分工方案》;审定了《中共固原市委贯彻〈中国共产党全国代表大会和地方各级代表大会任期制暂行条例〉的实施办法(试行)》;研究了市目标管理考核领导小组提交的有关事项;研究了干部事项。

【第九次常委会议】 4月2日下午,市委书记刘小河同志主持召开中共固原市委2010年第9次常委会议,研究决定了下列事项:审定了《关于进一步从严管理干部的实施意见》《固原市领导干部谈心谈话暂行办法(试行)》;审定了《关于规范部门(单位)党组党委工作职责的若干规定(试行)》;审定了《2010年—2013年全市党员教育培训工作实施意见》;审定了《固原市农村实用人才评价管理暂行办法》;审定了《关于加强农村实用人才队伍建设和农村人力资源开发的实施意见》;审定了《关于加强技能人才工作的实施意见》;研究了市纪委提交的事项。

【第十次常委会议】 4月21日上午,市委书记刘小河同志主持召开中共固原市委2010年第10次常委会议,研究决定了下列事项:传达学习了中央和自治区宣传思想工作领导小组会议精神,研究了本市的贯彻意见;传达学习了全区创先争优活动动员部署会议精神,研究了我市的贯彻意见;传达学习了全区干部工作座谈会议精神,研究了本市的贯彻意见;通报了自治区考核组对我市2009年度落实党风廉政建设责任制和推进惩防体系建设考核情况的反馈意见,研究提出了整改意见;审定了《关于全市“五五”普法检查验收分组安排的意见》;听取了市政府党组关于推荐2010年享受国务院特殊津贴人选情况的汇报;听取了市劳模评审领导小组办公室关于评选的市级劳模公示情况的汇报。

【第十一次常委会议】 5月3日晚,市委书记刘小河同志主持召开中共固原市委2010年第11次常委会议,传达学习了全国、全区综治维稳工作电视电话会议精神,研究了贯彻意见。

【第十二次常委会议】 5月7日上午,市委书记刘小河同志主持召开中共固原市委2010年第12次常委会议,研究决定了下列事项:传达学习了中纪委、中组部联合召开的贯彻实施四项监督制度进一步提高选人用人公信度视频会议精神,研究了我市的贯彻意见;传达学习了全区宣传部长会议精神,研究了我市的贯彻意见。

【第十三次常委会议】 5月26日上午,市委书记刘小河同志主持召开中共固原市委2010年第13

次常委会议，研究决定了下列事项：审定了《首届中国·宁夏·六盘山登山节活动方案》；审定了市纪委提交的有关事项；研究了干部事项。

【第十四次常委会议】 6月4日上午，市委书记刘小河同志主持召开中共固原市委2010年第14次常委会议，研究决定了下列事项：传达学习了中央新疆工作座谈会精神，研究了本市贯彻意见；传达学习了中央政治局委员、国务院副总理张德江在宁夏视察期间的重要讲话精神，研究了本市贯彻意见；传达学习了《自治区党委专题会议纪要》和《自治区党委领导同志在与吴忠市、同心县、海原县负责同志集体谈话会上的讲话》，研究了本市贯彻意见；审定了《全市县域经济观摩暨上半年经济形势分析会议方案》；审定了《关于对张宗苎等12名福建省第六批在固挂职干部给予行政奖励的请示》；研究了干部事项。

【第十五次常委会议】 6月13日上午，市委书记刘小河同志主持召开中共固原市委2010年第15次常委会议，研究决定了下列事项：传达学习了自治区党委十届[2010]18次常委会议精神，研究了本市贯彻意见；审定了市政府党组提交的《市区城中村“村转居”实施方案》；学习了《中国共产党巡视条例(试行)》，研究了做好自治区党委对本市巡视的准备工作；传达学习了中共中央办公厅、国务院办公厅《关于印发〈关于领导干部报告个人重大事项的规定〉的通知》，研究了我市贯彻意见。

【第十六次常委会议】 7月6日下午，市委书记刘小河主持召开中共固原市委2010年第16次常委会议，研究决定了下列事项：审定了《固原市加快推进城镇化建设的若干意见》；审定了《关于市直机关(参照管理单位)公务员记三等功的报告》；传达学习了自治区民主党派、工商联及无党派人士反腐倡廉建设座谈会精神，研究了本市贯彻意见；传达学习了自治区纪律监察厅五市上半年工作汇报会精神，研究了本市贯彻意见；审定了《市委组织部关于做好2010年度县处级后备干部和预备干部民主推荐工作的意见》；审定了《固原市领导干部外出请假报告制度》；审定了《固原市领导干部函询制度》；传达学习了全区纪念中国共产党成立89周年暨创造争优活动座谈会精神，研究了本市贯彻意见；传达学习了全区加强和改进大学生思想政治教育工作座谈会精神，研究了本市贯彻意见；通报了随宁夏代表团赴俄罗斯加里宁格勒市友好访问并签署《中国宁夏回族自治区固原市与俄罗斯联邦加里宁格勒州加里宁格勒市关于建立友好关系和开展长期合作意向书》情况；研究了干部事项。

【第十七次常委会议】 7月19日上午，市委书记刘小河主持召开中共固原市委2010年第17次常委会议，研究决定了下列事项：审定了《关于贯彻〈自治区2010年深入推进社会矛盾化解、社会管理创新、公正廉洁执法工作分工方案〉的实施意见》；传达学习了全区工会、共青团、妇联组织深入开展“党群共建·创先争优”活动动员会议精神，研究了本市贯彻意见；审定了《关于推荐全国地方志系统先进集体和先进工作者建议名单的请示》；研究了干部事项。

【第十八次常委会议】 8月11日上午，市委书记刘小河主持召开中共固原市委2010年第18次常委会议，研究决定了下列事项：传达学习了全区深入实施西部大开发战略动员大会精神，研究了本市贯彻意见；审定了《中共固原市委、固原市人民政府关于开展深入实施西部大开发战略大学习活动的实施方案》《固原市深入实施西部大开发战略领导小组名单》《固原市深入实施西部大开发战略动员大会方案》；传达学习了自治区党委张毅书记、蔡国英常委来固原调研生态移民工作时的重要讲话精神，研究了本市贯彻意见；传达学习了全区社会治安综合治理现场会议精神，研究了我市贯彻意见。

【第十九次常委会议】 9月2日上午，市委书记刘小河同志主持召开中共固原市委2010年第19次常委会议,研究决定了下列事项:研究了市政府党组提交的《关于加强农村环境保护工作的实施意见》;传达学习了全国干部教育培训改革工作视频会议精神,研究了本市贯彻意见;传达学习了全区人才工作会议精神,研究了本市贯彻意见;传达学习了全区村"两委"换届工作动员培训会精神,研究了本市贯彻意见;审定了《关于中共固原市农牧局第一届委员会人事安排的请示》;研究了干部事项。

【第二十次常委会议】 9月17日上午,市委书记刘小河主持召开中共固原市委2010年第20次常委会议,研究决定了下列事项:传达学习全区推进廉政风险防范管理工作经验交流会精神,研究本市贯彻意见;传达学习全区文化体制改革工作会议精神,研究本市贯彻意见;传达学习全区县(市、区)深入开展创先争优活动座谈会精神,研究本市贯彻意见;研究《关于2010年度领导班子民主生活会有关事宜的初步安排意见》;审定《关于2010年市直部门拟公开选拔副科级领导干部工作计划的请示》;研究了干部事项。

【第二十一次常委会议】 9月21日下午,市委书记刘小河主持召开中共固原市委2010年第21次常委会议,研究决定了下列事项:审定了市政府党组提交的《关于召开2010年全国群众登山健身大会暨首届宁夏六盘山登山节总结表彰大会的方案》;研究了干部事宜。

【第二十二次常委会议】 9月30日上午,市委书记刘小河主持召开中共固原市委2010年第22次常委会议,研究决定了下列事项:研究了《关于请求加快固原市生态移民工作的意见》;听取了全市深入实施西部大开发战略大学习活动进展情况汇报,研究部署了下一阶段工作;研究审定了《全国人民防空先进工作者拟推荐人员名单》;研究审定了《全国绿化先进集体、劳动模范和先进工作者拟推荐名单》;研究了干部事宜。

【第二十三次常委会议】 10月25日,本市召开市委常委(扩大)会议,传达贯彻党的十七届五中全会精神和自治区党委第30次常委(扩大)会议精神,市委书记刘小河主持会议并讲话,市委副书记白尚成、董玲传达十七届五中全会精神,市在职厅级领导干部,市直各部门(单位)党政主要负责人参加会议。

【第二十四次常委会议】 11月11日上午,市委书记刘小河主持召开中共固原市委2010年第24次常委会议,研究决定了下列事项:传达学习了中纪委、中组部、监察部《关于严厉整治干部选拔任用工作中行贿受贿行为的通知》和中纪委、中组部《关于印发〈坚决刹住用人上的不正之风——关于12起违规违纪用人典型案件的通报〉的通知》精神,研究了本市贯彻意见;传达学习了自治区党委书记张毅同志在开展创先争优活动和深化干部人事制度改革工作调研座谈会上的重要讲话精神,研究了本市贯彻意见;传达学习了全区深入实施西部大开发战略大学习活动总结大会精神,听取了本市深入实施西部大开发战略大学习活动开展情况,研究了本市贯彻意见;传达学习了全区农村党风廉政建设工作会议精神,研究了本市贯彻意见;审定了《固原市党政领导干部问责办法(试行)》;审定了《固原市市直部门(单位)领导班子和领导干部年度考核实施办法(试行)》和《固原市县(区)党政领导班子和领导干部年度考核实施办法(试行)》;研究了《关于补选市二届人大常委会委员及代表候选人建议名单的请示》;研究了关于召开固原市工会第二次代表大会事宜;研究了《关于民盟、民进、九三学社固原市委会换届有关事宜的请示》;研究了干部事宜。

【第二十五次常委会议】 11月13日上午,市委书记刘小河主持召开中共固原市委2010年第25次常委会议,研究决定了下列事项:传达了李源潮同志在宁夏创先争优活动调研座谈会及西部部分城市人才工作座谈会上的讲话精神，研究了本市贯彻意见；研究了《中共固原市委员会关于制定国民经济和社会发展第十二个五年规划的建议》。

【第二十六次常委会议】 11月29日，市委书记刘小河同志主持召开中共固原市委2010年第26次常委会议，研究了干部事宜。

【第二十七次常委会议】 12月3日上午，市委书记刘小河主持召开中共固原市委2010年第27次常委会议，研究决定了下列事项：传达学习了中共中央办公厅转发《中央宣传部关于当前意识形态领域情况和做好下一步工作的意见》和张毅书记在中央驻宁主要新闻单位和区直宣传文化系统调研座谈会上的重要讲话精神，研究了本市贯彻落实意见；研究了政府党组提交的《固原市“十二五”和2011年经济社会发展指标和约束性指标汇报》、《固原市民族职业技术学院申报高等职业专科学校工作情况汇报》；研究了《市委二届九次全体会议方案》；研究了《关于召开市二届人民代表大会第四次会议的请示》；研究了《关于中国人民政治协商会议固原市第二届委员会第四次会议有关具体事项的请示》，研究了市委宣传部提交的调整固原市文化体制改革工作领导小组组成人员的意见；听取了市委组织部关于中共固原市农牧局第一届委员会选举结果的汇报。

【第二十八次常委会议】 12月10日上午，市委书记刘小河主持召开中共固原市委2010年第28次常委会议，研究决定了下列事项：讨论了《中共固原市委员会关于制定国民经济和社会发展第十二个五年规划的建议》和《在市委二届九次全体（扩大）会议上的工作报告》《中共固原市委2011年工作要点》；传达学习了李长春同志在中央学习型党组织建设工作座谈会和在学习贯彻党的十七届五中全会精神中央宣讲团动员会上的重要讲话精神，研究本市贯彻意见；审定了《固原市中长期人才发展规划纲要（2010—2020年）》；审定了《固原市争资金、争项目考核办法（试行）》。

中共固原市委组织部

【部署创先争优】 按照中央和区、市党委的统一部署，围绕“推动科学发展、促进社会和谐、服务人民群众、加强基层组织”的总体要求，确定“践行六盘山精神、争当发展先锋、推动发展转型”的活动主题和“基层党建创品牌、共产党员争优秀、人民群众得实惠”的活动目标。制定《关于在全市基层党组织和党员中深入开展创先争优活动的实施意见》，建议市委成立市领导小组及其办公室，召开动员部署会、座谈会、领导小组会议进行安排部署，建立党员领导干部联系点制度和信息沟通、情况月报、定期汇报、督促检查等制度，确保创先争优活动扎实、有力、有序地开展。坚持把创先争优与大学习活动结合起来，并轨进行，统筹安排，纵深推进。

【推动创先争优】 根据乡村、城镇社区、机关、中小学、非公有制企业和社会组织等党组织的不同特点，分类制定各行业、各领域基层党组织和不同群体党员创先争优的活动主题和争创要求，增强活动的针对性和实效性。成立行业指导小组，加大对教育、卫生、非公有制企业和社会组织创先争优活动的指导力度。坚持领导带头调研指导，市委主要领导和分管领导18次深入乡村、城镇社区和企业调研指导，召开党组织负责人和党员群众代表参加的座谈会，分类提出推进创先争优活动的具体要求。制定《关于在全市工会共青团妇联组织中深入开展“党群共建·创先争优”活动的意见》，动员全市广大职工、团员青年、妇女立足岗位创先争优，形成机关带基层、党员带群众、党内带党外、党群共建创先争优的生动局面。

【提升创先争优】 把推动发展、服务群众作为创先争优的出发点和落脚点，教育引导各级党组织和广大党员把创先争优体现在本单位的工作中，体现在自己的本职岗位上，齐心协力投身于新一轮西部大开发战略中，在调整结构、推动转型、改善民生、促进和谐中建功立业，努力做到全市中心工作在那里，党员就参与到那里、服务到那里。制定《关于抓好三项重点工作推进创先争优活动深入开展的通知》，推行党组织和党员公开承诺，加强服务行业和窗口单位作风建设，开展志愿服务行动，尽心尽力为群众办实事做好事。得到中央创先争优活动领导小组办公室调研组的肯定。

【典型示范】 实施“双百示范创建工程”，在全市基层党组织中分领域分行业选树100个先进基层党组织、500名优秀共产党员，注重用身边的人、身边的事教育广大党员，让广大基层党组织和党员学有榜样、赶有目标。发挥报刊、电视、网络等媒体的作用，在市电视台、固原日报、固原党建网上设立“时代先锋”、“每周一星”等专题专栏和主题网页，创办创先争优活动专刊，全方位、多角度对创先争优活动的典型做法、先进事迹及活动成效进行宣传报道；制作大量的宣传标语和条幅。

【完善“三推两考”制度】 按照知情度、关联度和广泛性、代表性的原则，不断改进民主推荐方式，科学界定参加县处级后备干部和预备干部推荐人员范围，分别采取大会集中推荐、分类分别推荐与部门（单位）干部群众推荐相结合的办法，建立科学完备、结构合理的全市县处级后备干部和预备干部数据库，加大干部任用初始提名环节中的“民意”权重，提高选人用人的公信度；完善促进科学发展的干部考核评价体系，形成年度考核、重要工作目标任务考核、届中考核和日常考核相互配套的考核机制。

【领导班子和干部队伍建设】 2010年以来建议市委对县（区）和部分市直部门（单位）领导班子进行调整充实，共调整任免县处级干部115人。其中：提拔担任领导职务36人，晋升非领导职务8人，平职调整48人，免职23人。加大干部交流力度，年内共交流县处级干部42人。落实《市直部门（单位）科级备案干部管理暂行规定》等3个制度性文件，共调整任免科级干部122人；推行竞争上岗制度，市直3个部门18名干部通过竞争上岗走上科级领导岗位。根据《公开选拔党政领导干部工作暂行规定》，报请市委常委会和自治区党委组织部研究同意，组织全市17个科级领导职务的公开选拔工作。

【干部教育培训】 争取自治区党委组织部在宁夏党校开办固原市处级、科级领导干部培训班，2010年培训科级干部39名；推进学习型党组织建设，抽调222名处、科级领导干部参加市委党校主体班培训，举办深入实施西部大开发战略培训班、市直党务工作者培训班、中小学校党组织负责人培训班、学习四项监督制度培训班等专业化、小班式、多批次的专题培训班。加大干部外出培训和挂职锻炼力度，共选派346名各级各类干部外出学习培训，人数比上年增加了12.3%；选派34名领导干部分别到中央国家机关、发达地区、自治区高级人民法院、市信访局挂职锻炼。成功接待第七批20名深圳中青年干部和自治区、银川市101名中青年干部的“三同”锻炼，在打造内涵丰富、开放包容、特色鲜明的外向型干部“三同”锻炼基地方面迈出了新的步伐，新华社以“三月锻炼、一生财富”为题作了专题报道。争取市委、政府加大对干部教育培训的支持力度，设立干部教育培训专项资金，促使干部教育培训工作规范化和经常化。

【干部监督管理】 建议市委制定《关于进一步从严管理干部的实施意见》《固原市领导干部谈心谈话暂行办法（试行）》《固原市领导干部外出请假报告制度》和《固原市领导干部函询制度》，加强对各级干部尤其是领导干部的经常化管理，加大治庸治懒力度。制定《固原市贯彻干部选拔任用工作四项监督制度有关问题的实施意见》，在市、县（区）两级实行“一报告两评议”制度，指导彭阳县和西吉县开展了“科学规范和有效监督县委书记用人行为”和“四差额”试点工作；做好“12380”举报工作，加大对信访问题的调查核实和督办力度，2010年以来共接待并办结群众来信来访25件(次)；强化对领导干部的监督，组织575名副县(处)级以上领导干部填报《2009年度党员领导干部有关事项报告表》，委托审计部门对市直22名主要领导干部进行经济责任审计。

【干部档案“四化”管理】 按照干部档案工作制度化、规范化、信息化、科学化的要求，修订完善干部档案管理的各项制度，对3280份在职干部的档案进行集中整理，对286份干部档案中出生年月前后不一致的情况进行调查核实和认定，及时收集干部需要进档的有关材料1.2万份。完成市委组织部管理的干部档案目录的计算机输入工作，实现干部档案基本信息的计算机管理。

【县(区)特色党建工作】 坚持在“增活力、求质量、促提升”上下工夫，体现县(区)特色，把自治区党委组织部推广的开放式党建、两管三评一推优、民主议政、评星定格等经验做法融入其中，打造党建工作品牌与基层党组织创先争优活动紧密衔接，相互促进。彭阳县农村党员“双带”发展基金达到2200万元，自治区党委组织部在彭阳县召开全区农村党员“双带”能力建设现场会，推广彭阳县的经验和做法。自治区党委常委、组织部长徐松南同志在西吉县、彭阳县调研，对本市围绕推动科学发展、促进农民增收抓农村基层组织建设、推进创先争优活动的做法尤其是农村党员“双带”能力建设给予肯定。

【农村基层干部队伍建设】 落实村干部“两提三保”制度，全市2641名村干部年平均报酬达到4000元以上，并全部办理养老保险；在彭阳县、泾源县开展村干部重大疾病医疗保险和人身意外伤害保险试点工作；对全市158名连续任职20年以上的优秀村党支部书记、村委会主任实行奖励补贴。按照“留得住、干得好、有前途”的要求，激励63名大学生“村官”脚踏实地，干事创业。支持和鼓励农村基层干部参加学历教育，在293名村支书村主任参加大专学历函授的基础上，2010年招收200名参加大专学历函授教育。成立全市村“两委”换届选举工作领导小组，制定《关于做好全市村党组织和村民委员会换届选举工作的通知》和《全市村“两委”换届选举工作方案》，选派工作组对74个后进村党组织进行了集中整顿，确保村“两委”换届选举顺利进行。

【村级组织活动场所建设】 年内，召开全市村级组织活动场所建设工作会议，调整充实领导小组，坚持用硬措施硬办法硬作风落实硬任务，组成督查组深入县(区)督促检查，确保工程质量；在争取自治区党委组织部、财政厅补助5056万元的基础上，县(区)自筹1403万元，新建村级组织活动场所337个，建成后全市“六统一”村级组织活动场所达到715个，占建制村的80.2%，村级组织活动场所已在基层党组织建设中发挥了极其重要的作用。

【党建工作】 以开展“机关党的建设年”活动为抓手，着力在“规范、活跃、提升”上下工夫，深入实施亮点带动示范工程，培育10个有说服力、示范性强的典型，努力使机关党建工作服务中心走在前、建设队伍作表率；落实“三有一化”的要求，新成立街道党工委2个，社区居委会9个，组织评选并向自治区推荐“和谐社区带头人”3名、“和谐社区服务之星”5名，新建城市社区活动场所9个。成立市社会组织工委，以扩大党的工作覆盖面、促进企业(行业)发展为重点，以律师行业和出租车行业为突破口，一手抓组建，一手抓提高。年内，全市建立非公有制企业党组织87个、社会组织党组织34个；建成23家规模以上非公有制经济组织建成远程教育站点，全市农村和城市社区远程教育站点实现全覆盖。

【基层党内民主建设】 落实区、市党委《关于进一步推进党务公开的意见》精神，推进基层党组织党务公开，明确公开内容，规范公开程序，落实公开责任，提高公开质量。制定《贯彻〈中国共产党全国代表大会和地方各级代表大会代表任期制暂行条例〉的实施办法(试行)》及六项配套制度，全面实行党代表任期制；在市直5个部门(单位)开展“公推直选”试点，指导市妇联在彭阳县开展村妇代会“公推直选”试点，部署在今年村党组织换届选举中全面推行“公推直选”。

【党建工作责任制】 制定《规范市直部门(单位)党组(党委)工作职责的若干规定(试行)》，召开了全市党(工)委书记抓党建工作述职大会，强化“书记抓、抓书记”的措施，增强了书记抓党建工作“第一责任人”责任意识。制定《固原市贯彻落实党的十七届四中全会〈决定〉重要举措分工方案》，细化分解七个方面108项重要举措，确定13个牵头单位和54个参加单位，明确责任全力抓落实。制定《2010—2013年全市党员教育培训工作实施意见》和年度培训计划，大力实施农村、社区、中小学、非公有制经济组织和社会组织党组织书记培训工程，提高基层党组织书记抓党务的工作水平，推进基层党建工作规范化、制度化、科学化。

【人才工作规划】 结合学习贯彻全国全区人才工作会议精神，牵头组织对全市人才工作及人才资源状况进行调研，形成《固原市人才工作及人才资源状况分析报告》。调整充实市人才工作领导小组，制定《关于学习贯彻全国全区人才工作会议精神和〈宁夏回族自治区中长期人才发展规划纲要(2010—2020年)〉的实施意见》和《固原市人才工作领导小组成员单位职责》，完善全市人才工作机制，加强对全市人才工作的宏观指导、督查落实，增强人才工作的整体合力，并把人才工作纳入全市“十二五”规划，多渠道落实人才工作经费30万元。

【优化人才工作环境】 制定《固原市农村实用人才评价管理暂行办法》《关于加强农村实用人才队伍建设和农村人力资源开发的实施意见》《关于加强技能人才工作的实施意见》等制度性文件，完善人才工作的相关政策和办法。筹备召开全市人才工作会议，组织开展优秀人才评选推荐表彰活动。在固原日报、固原电视台、固原新闻网等媒体开设“固原人才”专栏，加大对人才工作和优秀人才的宣传力度，在全社会形成尊重知识、尊重人才、尊重劳动、尊重创造的良好氛围。

【人才创新活动】 实施“一体两翼·五个五”人才工作部署，加强人才基地规范化建设，分层次有重点地开展各类人才培养工作，在市、县(区)人才基地举办2010年全国天文奥林匹克竞赛总决赛暨宁夏天文奥赛邀请赛、全区小学语文教师素养大赛、固原市首届农民工职业技能“大比武、大练兵”暨职业技能竞赛、固原市企业经营管理人才高级培训班、科技人才入选科技专家库公开征集、泾源县苗木产业实训观摩活动、西吉县“金豆英才”马铃薯产业人才培训项目暨马铃薯脱毒种薯高产栽培技术进村入户工程等一系列人才创新活动，调动各类人才的积极性和创造性。

【优秀人才培养】 加大现有人才的培养力度，选派28名学员参加区、市“基层之光”研修，选派1名学员参加“西部之光”研修，选派11名种植大户参加全区高级农村实用人才第二期实训班学习，选派40名中小学校长及优秀青年教师、骨干教师赴深圳挂职研修，配合专家服务团开展“春季服务周”、“送教下乡”等活动。启动实施《金豆英才——西吉县马铃薯产业人才培训工程》和《隆德县书画人才培养基地建设项目》，两个项目被确定为全区人才创新项目，在资金上给予支持。

【深入实施西部大开发战略大学习活动】 以学深吃透中央关于深入实施西部大开发战略的政策精神、推进组工干部思想解放、提高组织工作科学化水平为突破口，通过活化形式学习、围绕重点讨论、开展专题调研，做好结合、紧扣、推动三篇文章，完成动员部署、学习讨论、总结提高3个阶段的工作，形成专题调研报告8篇，个人调研或心得体会文章20余篇。

【“讲党性、重品行、作表率”活动】 制定《关于深入推进“讲党性、重品行、作表率”带头开展创先争优活动的实施方案》，组织开展“集中学习月”活动和“进组织部为什么、到组织部干了什么，在组织部和人家比什么”为主题的讨论活动，开展以“组工干部创先争优价值观”为主题的演讲比赛，推进学习型机关建设。坚持开展组工干部下基层活动，部领导带头深入基层，对重点工作进展情况进行督查调研。落实谈心谈话制度，组织召开5次谈心谈话会，部主要领导与市直部门(单位)50多名科级干部进行了座谈交流；加大帮扶力度，筹资5万元援建的隆德县凤岭乡齐岔村文化室已落成并投入使用。

【组织工作】 制定《关于推进组织工作公开的实施意见》《关于进一步加强组工信息工作的意见》《固原市委组织部新闻发言人制度》，推进组织工作公开，加大组织工作宣传，利用固原党建网及时把组织工作和党建工作情况向社会发布；两次以答记者问和新闻发布会的形式，在固原日报、固原电视台、固原新闻网等媒体，对组织工作和党建工作情况进行通报。

【机关建设】 坚持从严管理组工干部，健全完善组织部门人事管理制度、工作制度、监督约束制度和考核评价制度，落实部机关岗位责任制、限时办结制、实名通报制和服务承诺制，强化责任心，提高执行力，增强战斗性；推进组织工作信息化建设，办好固原党建网，积极筹措资金21万完成“大组工网”建设任务，畅通组织部门上下之间联系的通道，促进组织系统信息资源共享。向组工干部发出改进作风倡议书，要求从细处着眼，从我做起，进一步转变学风、文风、会风和工作作风，形成严抓细管、较真碰硬、一抓到底的良好风气，树立组织部门的良好形象。

中共固原市委宣传部

【学习型党组织建设】 年内，制定下发《固原市委关于建设学习型党组织的实施方案》，组织以领导干部理论大讲堂为抓手的各级党委(党组)理论中心组学习活动，坚持每月举办两次领导干部理论大讲堂，邀请中科院、人民日报社、交通部、北京林业大学、自治区党校、发改委、扶贫办的知名专家、学者作专题讲座24次，4000多人(次)县处级以上领导干部参加学习，建立学习考勤、学习档案、学习通报制度，形成学习长效机制。结合自治区“人文社科知识普及年”活动，开展理论宣讲“八进”和“七深入”活动，以党校、讲师团为宣讲主体，聘请部门(单位)领导和专家任兼职宣讲员，开展理论政策、科学技术、法律知识等下移宣讲活动129场(次)，受教育的干部群众达13000多人(次)。按照市委的统一安排部署，开展“西部大开发，固原怎么办”建言献策活动，梳理收集各方面的意见建议1274条，开展西部大开发理论大讲堂专场辅导讲座5场次，编印西部大开发专题学习辅导材料1500册；开展了“西部大开发大学习活动知识竞赛”有奖答题活动，组织“西部大开发，固原怎么办”有奖征文活动，收到论文36篇；与市委组织部联合举办科级干部培训班，培训科级干部240多名。把每年5月份确定为全市“读书月”，集中组织读书竞赛、读书沙龙、读书演讲、赠书下乡入校等活动，在固原日报、固原新闻网开辟“读书栏目”，推荐读书心得交流，举行“全民读书月”百米长卷签字仪式和中华经典诵读活动，向五县区的10个社区和村级文化活动中心捐赠书籍12000册；联合机关工委、团市委举办全市“建设学习型机关，打造学习型团队”读书演讲比赛。

【主流舆论引导】 对全市学习贯彻党的十七届三

中、四中全会、全国全区“两会”精神情况进行集中宣传报道。在《固原日报》、固原电视台、固原新闻网开设专题、专栏。组织市、县新闻媒体，开展创先争优活动主题宣传，展示全市各级党组织和广大党员创建先进基层党组织和争当优秀共产党员的新举措、新风貌。对深入实施西部大开发大学习活动进行集中宣传。邀请中央和自治区新闻媒来固采访报道西部大开发10年来经济社会发展取得的成就，固原日报开设“奋勇争先抢机遇，齐心协力谋发展”动态宣传栏目，及时报道各县区、各部门深入实施西部大开发的具体工作思路、工作措施、进展情况和典型经验。共刊登新闻稿件266篇。固原电台、电视台在《固原新闻联播》开设“西部大开发十年新固原”和“新固原新跨越”系列报道栏目，主要宣传基础建设、生活变化、生态保护、文化建设、教育改善、旅游提升、农业结构调整、劳务、招商引资、先进典型等内容，播出新闻稿件250多条，专题、评论60多条。固原新闻网开设《奋勇争先抢机遇，齐心协力谋发展—西部大开发固原十年》专题网页，共发稿150多条。在高速公路固原过境段、入口处悬挂大学习活动宣传标语56条，全方位、立体式、多层次宣传大学习活动。对市委、政府重大部署和重点工作进行战役性宣传报道。围绕盐化工、固原一中迁建、固原六盘山机场试飞和首航、固原第四次工作会议等全市重点工作和重点项目开工建设，邀请新华社、人民日报、宁夏电视台等媒体开展集中宣传报道；对中央主要领导来固视察工作进行重点宣传，同时，对党风廉政建设、设施农业、城乡环境综合整治、招商引资、安全生产、计划生育、劳务输出、教育卫生等进行了集中宣传。协调人民日报、新华社等30多家新闻媒体对2010年全国群众登山健身大会暨首届宁夏六盘山登山节进行战役性宣传；对六盘山精神暨西海固文学艺术研讨会、韩练成将军展厅开展仪式进行集中宣传。组织“塞上江南、和谐家园”全国网络媒体宁夏摄影大赛活动，全国40多家网络媒体聚焦固原。开展六盘山系列农副产品广告词征集活动，共征集广告词2400多条；在《固原日报》、固原电视台、固原新闻网开设“每周一星”“时代风采”栏目，广泛宣传全市各条战线上涌现出的先进典型，播出“时代风采”、“道德之星”30多人。年内，在省级以上媒体刊(播)宣传固原的稿件共1700余篇(条)(其中中央媒体8篇，宁夏日报头版头条20篇)。加强舆情信息研判和调查研究，向区宣传部报送各类信息150多篇(条)，完成《固原市农村文化建设现状存在问题及建议》《如何加强学习型党组织建设》《固原市宣传文化系统人才队伍建设》《固原市网络媒体的现状及发展对策》等11篇调研报告，征求到建设性意见20多条。

【文化精品系列工程】 年内，围绕“红色六盘、萧关古道、丝路古城、花儿家乡”四大文化元素，组织力量有计划地集中实施一批精品特色文化工程，着力打造“文化固原”品牌。布建韩练成将军生平事迹展厅，以实物和图文并茂的形式真实再现了一代传奇将军的光辉事迹。编辑出版《六盘山民间故事》五卷本，保存大量有关语言、民族、宗教、民俗等方面的珍贵资料。举办“六盘山精神”暨西固文学艺术研讨会，邀请中科院、中国作协等国内知名专家、学者和艺术家就当代文学和西海固文学的现状及发展趋势进行了深入分析和解读，并对如何提升六盘山精神与促进西海固文学的健康发展出谋划策，提升文化固原的影响力；组织固原首届春晚和中央电视台“曲苑杂坛”走进固原活动。组织2010全国群众登山健身大会暨六盘山登山节；组织2010年全市系列文化活动大联展启动仪式暨青年健身舞大赛，全市各领域、各行业的20个参赛队和表演队参加。组织编写“六盘山花儿”教材，出版“六盘山花儿”光碟；联合机关工委举办全市庆祝建党89周年歌咏大赛，全市12个队参赛；联合市纪委、文联举办“虎啸六盘”廉政书法展。举办固原市第二届花儿大赛；举办纪念中国人民抗日战争胜利65周年书画摄影展、中学生军训展演和宣传文化系统军事日活动；协调组织“中国版画六盘行”活动，邀请全国、全区著名版画家来固献艺。节日期间组织文化广场演出、秦腔展演、送戏下乡、扶贫专场文艺演出等活动。支持原州区打造东岳山文化园,西吉县打造"中国文学之乡",隆德县打造中国民俗文化园,泾源县打造王洛宾文化园,彭阳县打造皇甫谧文化园,实现文化优势资源互补,培育文化固原重头戏。

【精神文明建设】 2010年,以开展"思想道德宣传年"活动为抓手,开展精神文明创建活动。开展"思想道德宣传年"活动,在全市五县(区)城区的街道、广场中,建成英雄模范人物标志性建筑、道德模范墙及宣传专栏(橱窗)、"文明一条街"示范区;在市、县两级媒体开设了"道德之星"专栏,刊播各级各类英雄模范和先进人物事迹500多篇(条)。与市总工会联合举办以"劳动最光荣、劳动者最伟大"为主题的劳模事迹巡回报告,来自全市各行业的9名劳动模范和先进工作者向全市广大干部职工作了6场先进事迹报告。开展"讲文明树新风"活动。联合交通等部门举行"文明交通行动计划"启动仪式,在全市出租汽车行业开展了"文明示范出租汽车企业"和"文明星级驾驶员"评选命名表彰活动,有2家出租公司被评为"文明示范出租企业",206名出租车司机被评为"文明星级驾驶员";开展"节能攻坚,全民行动"主题宣传活动,使勤俭节约逐步成为人们的行为习惯和社会风气。开展"身边的好人"推荐活动,组织干部群众向中央文明办开展的"中国好人榜"推荐"身边的好人"30名;联合市妇联开展全市"十佳好婆婆"、"十佳好媳妇"、"十佳和谐家庭"、"十佳学习型家庭"评选命名表彰活动;开展"传唱优秀童谣、做有道德的人"网上签名寄语活动。组织开展"当好东道主,办好登山节"文明礼仪活动和志愿服务活动。组织350名志愿者参与六盘山登山节活动;动员3000余名志愿者深入农村、社区开展便民服务活动,为40余位贫困青少年、孤寡老人和留守未成年人送去价值1.5万元的面粉、衣被等物品。开展"我们的节日"主题活动。开展健康向上的节庆活动,营造节日期间热烈喜庆、文明和谐的社会环境。推进未成年人思想道德建设。集中开展网络、网吧、荧屏声频视频、校园周边环境净化治理工作。开展"做一个有道德的人"、"一起成长·感恩父母""感恩·孝亲·敬老"等主题实践活动,引导儿童加强自我教育,形成"知荣辱、树新风、讲孝道"的良好意识。组织全市各中小学校开展诵读红色经典、优秀传统经典活动,用优秀传统文化提升未成年人的道德素养。

【队伍建设】 加强干部培训力度,选派8名干部到中宣部、中央文明办、区党校、区宣传部学习培训;组织文艺界到江苏、浙江学习培训,开阔视野,增长见识;完善各项规章制度,建立党委新闻发言人制度,建立并完善自治区驻固媒体与地方媒体联席会议制度、市直宣传文化系统负责人、各县(区)宣传部负责人通气会议制度、市直部门、各县(区)舆情信息分析研判例会制度、工作定期调研交流学习制度、重大突发事件新闻舆情应急制度、对外文化交流制度、舆情分析管理研判制度、季度工作通报制度等,完善内部财务、财物、车辆、接待等各项制度,形成科学有序、上下贯通、左右联系、横向互动、纵向协同的工作格局;深化"岗位大练兵、素质大提高"活动内涵,提升干部职工的文才、口才、干才,每周二、五集体学习,每人每月读一本好书,推荐一本好书,学两篇好文章,写一篇读书体会,每年发表两篇理论文章,形成明文规定,平时督查,年度考核。落实周清月结季汇报制度。2010年,在宣传文化系统建立重点工作周清月结季汇报制度,每个县区、部门、科(室)都确定重点工作计划表和进度表,明确时限,责任到人,周清月结,季度汇报,一级抓一级,层层抓落实,推动了工作的落实。严格督促检查,确保工作落实。2010年,按照市委的安排部署,由市委常委、宣传部部长带领市委督查室、宣传部、文明办、固原日报社、市文广局、文联、讲师团等部门负责人,深入5县(区)和16个部门(单位),对宣传思想文化工作开展情况进行全面督查。

中共固原市委统战部

【统战宗教工作】 首次以市委、政府的名义召开由四县一区党委、政府分管领导、市直部门单位负责人参加的全市统战宗教工作会议；加强同广大统战成员的沟通交流，定期召开各种座谈会、情况通报会、学习班、节日慰问等进行通报沟通情况；组织全市各界人士专题学习全国、全区“两会”精神，胡锦涛、吴邦国、李克强、周永康等中央领导来宁讲话精神、自治区第四次固原工作会议精神和实施西部大开发战略精神，把全市广大统战成员的思想和行动统一到中央、自治区党委和市委的决策部署上来。开展教育培训工作。市、县(区)结合培训教育年活动，邀请有关专家、学者及区、市领导和部门负责人讲课，共举办专题培训班16场(次)，共有2700多人(次)的宗教界人士、寺管会成员、民族技能人才、统战宗教干部参加了培训学习；选送全市部分宗教人士、统战干部参加自治区级教育培训；建立全市双月例会工作制度，维护全市宗教领域的和谐稳定，年内成功调解化解矛盾20多起，调处化解率100%；按照事前严格申报审批，事中提前介入，制定预案、落实责任、跟踪管理的工作机制。在董素珍去世期间、二十里铺拱北尔曼力活动及兰州、平凉等大型跨地区宗教活动中平稳有序，维护全市社会和谐稳定；多次协商，与甘肃平凉、四川广元签订《固原、平凉两市跨地区宗教工作协作管理制度》和《固原、广元两市跨地区宗教活动协作管理协议》，实现固原、平凉两市由过去单一的跨地区宗教活动向跨地区宗教工作转变，加强固原、广元两市跨地区宗教工作的协作管理，拓宽统战宗教工作的协作面；在全市开展抵御境内外宗教渗透专项整治工作。制止和打击“达洼宣教”、“周泽群势力”和基督教、“撒拉”等境内外宗教渗透在我市的传播和渗透，维护本市现有的宗教格局和宗教领域的稳定；在全市宗教界开展“弘扬优良传统、推进宗教和谐、服务固原发展”主题教育活动，及时动员部署，制定印发方案，载体丰富充实，营造出浓厚的和谐稳定社会氛围；结合主题教育活动，在全市宗教界人士中开展“阔眼界、长见识、增交流、促和谐、观世博”活动，组织全市31名宗教界人士分2批赴北京、上海、江苏等地考察学习，使宗教人士开阔眼界，增长见识；举办第五届“瑞丰杯”伊斯兰教文化交流活动，全市38名宗教人士参加伊斯兰教“卧尔兹”演讲、《古兰经》诵读、阿文书法等项目的比赛。

【爱心捐助】 西南地区旱灾和青海玉树地震灾害发生后，向全市统一战线各成员单位发出倡议，号召广大统战成员踊跃向灾区捐款献爱心，全市各界向灾区捐款近百万元。

【中国统一战线宣传报道工作研讨会】 7月23日—27日，中国统一战线宣传报道工作研讨会在固原成功召开。全国各省、自治区、直辖市、县(区)统战系统的领导以及有关大中型企业、大专院校210多位代表参加了研讨会。

【帮扶工作】 多方联系协调，为帮扶村实施机推地、提灌等项目，并为群众送去价值1万多元的慰问物资。

【推先选优】 推荐西吉北大寺阿訇马崇礼为固原市劳动模范，宁夏固原天豹公司董事长雷达、固原药材公司董事长樊学明为区、市两级劳动模范。

【民族团结模范村创建活动】 按照《固原市创建民族团结进步模范村实施细则》《固原市民族团结进步模范村测评标准》的要求，召开全区民族团结模范村创建、和谐寺观教堂现场观摩总结会，加强对少数民族发展资金项目、优惠政策的争取和实施工作；开展“民族团结月活动”，按照市委办94号文件《关于组织开展2010年“民族团结月”活动的通知》，各县(区)、各部门单位开展文化下乡、广场文化、举办全市成就展等各种文化活动；结合西部大开发大学习活动，以“弘扬六盘精神，加强民族团结”为主题，开展2010年度开斋节、古尔邦节系列活动。通过在新闻媒体开辟“两个共同”专栏、节日慰问、举办清真食品大赛、专题培训班、“吾尔兹演讲”等形式多样、内容丰富、载体新颖的系列活动，营造祥和、团结、稳定的社会氛围，促进民族团结进步。

【开展“思想建设年”活动】 树立发展是第一要务的思想，坚持以走中国特色社会主义道路为主的思想政治教育，按照“党委出题、党派调研、政府采纳、部门落实”的工作机制，引导党派成员围绕市委、政府中心工作，选准课题、深入调研，提出高质量的建议（议案）；做好三个民主党派市委会换届前期各项准备工作；开展“三进”活动，党派成员志愿者队伍定期进入农村、社区、企业开展活动，提供法律、政策、信息等方面的服务；按照区党委统战部的统一部署，开展引导全市非公经济人士回报社会感恩行动活动。年内，全市70多家非公经济人士参与感恩行动，结对帮扶“三老”人员50多户，投入资金7万多元。

【宣传与调研】 2010年，向全市统战系统印发《2010年度全市统战宗教系统信息调研工作考核办法》，编发《固原市“两创建、两争做”活动材料汇编》。共编发《统战简讯》52期，其中被《中国统一战线》《宁夏统一战线》杂志和新华网宁夏频道、固原新闻网、《固原日报》等各类媒体及市委和上级业务部门采用10多期。同时，结合西部大开发大学习活动，开展调研工作，针对统战宗教工作的热点难点问题，组织力量，深入县（区）、乡镇、村组进行调研，形成《创新工作思路和方法 推动固原民族团结进步事业的发展》《当前影响我市宗教领域稳定的主要因素及对策》《民族工作始终是固原发展的关键环节》《如何发挥好宗教界在构建和谐固原中的作用》等高质量的调研报告，为市委决策及解决统战宗教工作方面的难点、热点问题提供理论依据。

【队伍建设】 按照市委的统一安排和要求，坚持理论大讲堂、“二五”学习和“干部读书月”制度，坚持集中学与自学相结合，邀请专家讲座和交流座谈相结合，学习中央、区、市相关会议精神和重大决策部署，学习党的民族宗教方针政策及《宗教事务管理条例》，开展西部大开发大学习活动。年内，共撰写心得体会30多篇；突出“改进机关作风，提高机关效能”，开展“机关党的建设年”活动，转变工作作风，以学风的改变推动党风、促进政风、带动民风，调动单位干部职工的工作积极性和创造性；以“五个好、五带头”的标准，开展“创先争优”活动，建立健全各种工作机制制度，在带头学习调研、转变工作作风、提高工作效能等方面，党员先锋模范作用更加突出。

中共固原市委政策研究室

【概述】 2010年，以邓小平理论、“三个代表”重要思想和科学发展观为指导，大力弘扬“不到长城非好汉”的六盘山精神，以贯彻落实自治区第四次固原工作会议和市委二届八次全体（扩大）会议精神为目标，全年调研撰写各类专题调研报告15篇，起草或参与起草市委、政府的有关政策性文件6个，在新华网、《宁夏日报》《宁夏工作研究》和《固原日报》等新闻媒体发表宣传重点工作的调研文章10余篇。

【前瞻政策性调研】 组织开展生态移民专题调研，深入红寺堡、镇北堡、芦草洼、西马银、渠口农场等移民移入区和各县（区）、移民移出区农户进行调研，听取基层干部群众意见建议，了解掌握自发移民基本情况、移民户实际需求和存在问题的基础上，形成《关于加快自发移民发展的调研报告》，为本市和自治区制定生态移民规划及相关政策提供参考依据。

【对策性调研】 推进“以农业为主导向以工业为主

导、多产业发展并举转变”的发展战略转型思路，调研撰写《经济发展战略转型的生动实践——原州区三营镇新三营村转变经济发展方式的实践与启示》《固原市加快发展龙头企业的调研报告》《现代农业发展趋势分析》《企业真情反哺农业、农民收入再创新高——西吉县聂家河村发展现代农业示范园区的实践与启示》《优势特色产业发展专业村的典型——西吉代段村农民专业发展特色产业奔富路调查与思考》《对固原市加快推进城镇化的调查与思考》等多篇专题调研报告，探讨加快推进全市经济发展战略转型的有效模式和突破口。围绕农业农村重点工作调研撰写《对全市马铃薯窖藏设施建设的调研》《原州区冷凉蔬菜产业发展情况调研》《西吉县西芹产业发展现状与对策》《隆德县2010年农业农村重点工作进展情况调研》《对泾源县强力推进2010年度农业农村重点工作调查与思考》《对彭阳着力打造红河辣椒品牌的调查与思考》等专题调研报告，总结全市农业农村重点工作进度、阶段性工作成就及其存在的问题，为领导掌握“三农”工作进程，解决工作中的突出问题提供参考。围绕强化效能建设、促进干部作风转变，调研撰写《机关效能建设推动全市经济社会科学发展跨越发展——全市机关效能建设的调查与思考》、《乡镇干部在忙什么》等专题调研报告，探讨全市广大干部大力弘扬“不到长城非好汉”的六盘山精神，形成激情干事、拼抢干事、高标准干事、高效率干事、齐心协力干事的有效措施。

【决策性调研】 组织全体工作人员学习研究中央、自治区经济工作会议、农村工作会议精神和相关文件。调研撰写《隆德县文化产业发展调研》《关于成立固原市移民工作机构的建议》《创新扶贫资金运行模式 增强村级组织凝聚力的有益探索》《固原市构建优质便民的医疗体系问题建议》等专题调研报告，为有关部门做好工作提出意见建议。开展深入实施西部大开发战略大学习活动决定后，组织全体人员对《若干意见》中的13个部分57条内容逐条认真研读思考，调研撰写《西部大开发与固原经济发展战略选择》《西部大开发与固原新农村建设战略选择》《西部大开发与固原社会事业发展战略选择》《西部大开发与固原重点领域改革战略选择》《西部大开发与固原市教育科技强市战略选择》等系列调研报告，探讨在实施新一轮西部大开发的面临的机遇与挑战，加快推进固原经济发展战略转型的途径、措施、办法，为科学制定“十二五”规划提供参考依据。

【宣传中央、自治区“三农”政策】 围绕宣传中央一号文件和中央、自治区农村工作会议精神，我室编印了《农村政策宣传手册》。组织筹备全市农村工作会议，完成会议文件、文稿的起草任务和会务协调服务工作，保证全市农村工作会议的顺利召开。开展调整优化农业经济结构、发展现代农业的调查研究，为促进农业农村工作不断迈上新台阶建言献策。修改完善农业农村工作特别是新农村建设综合考评体系，对全市新农村建设进行了定性定量综合考评，推动新农村建设步伐。

【起草政策性文件文稿】 按照市委、政府领导批示精神，起草《固原市委关于制定国民经济和社会发展第十二个五年规划的建议》（草稿）、《固原市2010年农业农村工作要点》《固原市委、市人民政府关于表彰2009年度农业农村工作先进集体和先进个人的决定》《固原市关于实施农民收入倍增计划的意见》《固原市农业和农村发展第十二个五年规划（草稿）》《第四次固原工作会请求自治区帮助解决的若干政策问题》等。

【联络协调】 组织本市联席会议各成员单位参加了宁蒙陕甘毗邻地区共同发展联席会议宁夏联络处组织开展的各项活动。起草宁蒙陕甘毗邻地区共同发展联席会议第七届年会交流发言材料；结合我市实际，修改《宁蒙陕甘毗邻地区生态建设与环境保护合作框架协议》和《关于建立宁蒙陕甘毗邻地区经济技术合作洽谈会机制的协议》。

【队伍建设】 按照建设学习型机关的要求，加强机关工作人员的学习作为推进政研工作能力、提升干部素质，制订学习计划、创新学习方式、创建学习载体，建立激励制度，推进学习科学化、制度化、规范化，养成勤学习、善思考的良好习惯。以《调查与研究》《创新与交流》为载体，及时把参考价值大的调研报告报送市委、政府领导，为科学决策提供参考依据，当好领导的参谋。

【廉政与帮扶】 以开展创先争优活动，提高机关党建水平；以推行廉政风险防范管理为重点，加强党风廉政建设；以促进干部作风转变为切入点，加强机关效能建设；履行部门帮扶职责，开展定点扶贫工作。配备专人住村开展工作，筹措资金 5000 元，帮助定点帮扶村修建党员活动室，加强阵地建设；为帮扶村农民赠送《劳务知识问答》《法宝》《跨越之路》等科技书籍和政策书籍，帮助农民提高科技文化知识，增强自我发展能力；以规范党员干部的行为为核心，狠抓社会治安综合治理工作。

固原市信访局

【基本情况】 2010 年以来全市（市、县两级信访部门）受理群众来信来访 1296 件 5609 人（次）。同比件次下降 7.8%、人次下降 3.42%。办理群众来信 184 件，同比下降 14.01%；接待群众来访 1112 批 5425 人（次），同比批次下降 6.78%人（次）下降 3.02%，其中集体访 207 批 4145 人（次），同比批次下降 406%、人次下降 2.72%。市信访局受理群众来信来访 335 件 1828 人（次）。同比件次下降 8.71%、人次上升 9.0%。办理群众来信 136 件，同比下降 28.4%，初信 113 件，重信 23 件；接待群众来访 231 批 1541 人（次），同比批次下降 30.4%人（次）上升 3.0%，初访 224 批 1389 人次，重访 7 批 152 人（次），其中集体访 63 批 1304 人（次），同比批次上升 12.5%、人次上升 20.5%。

【职能建设】 年内，面对复杂严峻的信访形势，市委、政府审时度势，从战略和全局的高度明确新时期信访工作的定位，即：信访工作是党委和政府的重要工作，是构建社会主义和谐社会的基础性工作，是党的群众工作的重要组成部分，丰富新时期信访工作内涵，夯实做好新时期信访工作的思想理论基础。通过抓源头，着力减少矛盾；抓疏导，着力缓解矛盾；抓结果，着力解决矛盾，增强了工作的主动性；结合市、县（区）委书记大接访、市直干部下访、派年轻干部到信访部门挂职等活动，化解大量的信访问题，维护群众的根本利益；全市信访部门坚持“热情、依法、负责、奉献”，分析信访问题产生原因，探索和把握信访工作规律，确立由对办信接访情况的简单反映，向综合分析并提供决策建议上转移；由对信访事项的转办交办，向督导检查并促进问题解决上转移；由被动受理群众来信来访，向预测、防范并及时协调化解上转移的工作思路，形成“围绕大局抓信访、抓好信访促和谐”的良好局面。市信访局、原州区信访局等探索建立信访听证制度，动员社会力量参与信访工作，推动一大批疑难复杂信访问题的解决；原六盘山水泥厂改制遗留问题、原州区农牧局职工刘永峰信访问题等。

【制度建设】 完善排查化解制度。坚持定期排查、边排查边化解，坚持重要会事、重大节日和敏感时期重点排查、重点化解，切实把矛盾纠纷排查化解工作抓实、抓好。对突出矛盾纠纷的排查化解工作，坚持做到“五个一”和“三个不放过”，即：一个矛盾纠纷、一名调处领导、一套调处人马、一个调处方案、一个调处期限，矛盾不解决不放过、多数群众不满意不放过、隐患不消除不放过；完善领导约访制度。对重点的矛盾纠纷和信访问题，由排查化解工作人员和接访办信工作人员予以登记在案，及时梳理分类，上报有关领导，为领导约见信访人处理信访问题提供便利，降低信访成本，维护信访秩序；完善了领导包案制度。对排查或受理的重大疑难信访突出问题，由相关领导包案处理，直至上访人息访。全年市县(区)和市直部门均建立领导包案制度；完善要情报告制度。对可能发生的、超过 30 人以上的群体性事件和突出矛盾纠纷以及存在越级上访的苗头问题，事涉单位提前向上级报告。完善协调会议制度。对比较复杂的信访问题，由信访部门牵头，召集相关事涉单位负责同志，召开协调会，进行研究处理。对特别复杂的信访问题，由信访部门负责梳理，提交信访联席会议研究处理。

【畅通渠道】 在市、县(区)委书记大接访活动以来，各县(区)、市直各有关部门充分尊重和保护人民群众的信访权利，利用有线电视、印发传单等形式，普遍公布信访工作机构的通信办法、接待时间和地点，对群众来访坚持文明接待，对群众来信认真负责办理。同时，规范有权处理信访问题部门的行为和信访人的信访行为，健全和完善科学规范的接谈、受理、交(转)办、解决、回复群众信访事项的工作规则，把是否依法按政策处理到位作为信访事项办理质量的主要标准，用制度确保了信访事项及时进入程序，妥善处理；教育和引导信访群众以理性合法的方式到指定地点表达个人诉求，纠正一些信访人信“访”不信“法”、信“闹”不信“理”的错误认识和行为，形成“畅通、有序、务实、高效”的大信访工作格局。

【信访事件督办】 2010 年，各县(区)、市直各部门集中解决和妥善处理农村土地征用、城镇房屋拆迁、国有企业改制、劳动和社会保障、企业军转干部、复退军人、生活困难、环境保护等方面的信访突出问题 100 余件，减少信访“存量”；对长期积累、久拖不决的信访问题，加大高位交办、跟踪督办和通报的力度，强化相关地方和部门的责任，形成“问题解决在当地、矛盾化解在基层”的良好氛围；对涉及跨地区、跨行业、跨部门的疑难复杂信访事项，市、县(区)信访联席会议和信访部门积极协调各方力量采取案件调度、会办等方式，压实责任，明确案件谁来负责，推动复杂疑难问题的解决；对初信初访问题认真落实首问、首办责任制，全力抓受理，做到“桩桩有人管”、“件件有着落”、“事事有回音”，解决绝大多数初信初访问题，防止“问题积累、矛盾上行”的现象。年内，市、县(区)信访局和部门受理的信访事项，大部分得到妥善处理，当年新发生信访问题的积累率不超过 5%。

【队伍建设】 市委、市政府高度重视信访工作，关心信访干部的成长和生活，选派优秀年轻干部到信访部门工作；财政部门在财力投入上对信访工作给予倾斜；健全制度，规范信访工作行为。2010 年已编发《信访动态》14 期，上报《信访快报》32 期，通过情况反映、综合分析、问题调研、经验挖掘、典型宣传和舆论监督等，综合反映全市信访工作的整体态势；加强学习，提高信访干部的综合素质；加强思想道德建设，提高信访干部的文明素质。

【党建综治工作】 机关党建进一步加强。2010 年党建工作以认真学习贯彻党的十七大精神，落实科学发展观、构建社会主义和谐社会为主线，以创建“四个好”先进基层党组织活动为重点，为各项工作任务的完成提供坚强的组织保证；以庆“七·一”为契机，开展党的思想、组织、作风和制度建设，建立长效机制，结合科学发展观活动进行制度清理完善工作，建立制度 11 项，修订完善制度 26 项，废除制度 5 项；制定《市信访局党员干部勤政廉政承诺制实施方案》，落实《市信访局党员领导干部助廉承诺书》《市信访局目标管理考核任务书》等，与全局党员干部签订《市信访局干部勤政廉政承诺书》；参加各类社会活动，实施《公民道德实施纲要》，严格遵守《固原市市民道德行为规范》，参与全市文明机关创建活动；党员干部、职工积极为灾区和困难群众捐款 1000 多元；社会治安综合治理稳步推进；定点帮扶工作扎实有效，制定 2009—2010 年扶贫工作计划；认真履行村情民意调研员、政策法规宣传员、群众信访调解员、富民强村服务员和加强农村基层党组织建设；倾心尽力为群众办实事，解难题，为玉塬村投入资金3000多元。组织全局干部职工参加开城梁和长城梁集中义务植树及城区卫生清扫等义务劳动。

固原市机构编制委员会办公室

【行政管理体制改革】 年内，完成新一轮政府机构改革和乡镇机构改革任务，通过自治区机构改革检查验收组的验收。妥善解决改革遗留问题，确保政府职责的有效衔接。争取自治区编办批准成立固原市广播电视台，解决广播电视局行政事业职能分开后事业职责落空的问题；妥善安置自治区移交的7名工作人员和编制，把文化市场综合执法职能划入市文化体育广播电视局，原州区食品、卫生监管职责划入市食品药品监督管理局，人民防空办公室并入政府部门。广电局、扶贫办由事业单位转为政府工作部门，原使用事业编制转换的问题等，向自治区编办进行专题汇报。

【行政部门职责履行评估】 年内，提请市编委和市政府研究下制发《关于做好2010年固原市政府各部门职责履行情况评估检查工作的通知》，联合纪检、组织、人社、法制等部门对政府部门职责履行情况进行了全面检查评估，共检查评估政府工作部门28个，重点抽查部门5个。

【事业单位分类改革调研】 对工会及其所属事业单位履行职责、机构编制情况进行了调研，形成《关于固原市总工会机关及职工文化活动中心机构编制等情况汇报》；结合市中小学校布局调整，对市直中小学和职业教育机构任务履行及机构编制情况进行调研，形成《关于修订固原市直中小学教职工编制标准和制定职业教育机构编制标准的调研报告》；对市直医疗卫生事业单位进行调研，形成《关于固原市市直医疗卫生事业单位机构编制有关情况的调研报告》；对社会保险经办职能设置、编制和人员配备等情况进行调研，完成《关于固原市社会保险经办机构公务服务能力建设情况汇报材料》。

【事业单位考核评估准备】 结合各项专题调研对工会、教育、卫生、劳动和社会保障系统事业单位的履行职责情况，人员编制、领导职数等机构编制执行情况，编制分类管理、编制实名制管理情况，事业单位运行情况等方面进行摸底调查，为事业单位考核评估工作做好准备。

【事业编制分类管理】 提请市编委会议研究事业编制分类管理工作，制定《固原市市直机关事业单位聘用编制管理暂行办法》，以市委办、政府办文件下发执行。

【机构编制调整配置】 加强基层一线政法队伍和中小学校教师队伍，给市公安局增加公安专项编制85名，市中级法院增加专项编制7名，市检察院增加专项编制3名，给市回民中学增加编制19名，市第一小学增加编制5名，市实验小学增加编制6名。有重点地调整一些事业单位的机构编制，成立固原市广播电视台，为市文化体育广播电视局所属副处级事业单位，成立固原市地方海事局，为市交通运输局所属正科级事业单位，成立固原市节能监测中心，为市工信局所属正科级事业单位；为市民族职业技术学院增挂固原市技工学校牌子，市地方海事局增挂市农村公路建设管理中心牌子，市种子管理站挂市农业综合执法支队牌子；对市招商局更名为固原市经济技术合作局并调整增加内设机构，六盘山红军长征纪念馆管理处更名为六盘山红军长征纪念馆，市医院医教科分设为医务科、科教科，并增加科级领导职数；给市职工维权帮扶服务中心增加聘用编制1名，市扶贫开发办公室增加事业编制1名，给市劳动就业服务局增加事业编制1名，以加强全民创业服务工作，给市教育考试中心增加事业编制1名，以加强学生资助管理工作。调整规范了其他一些亟待解决的机构编制问题，在市发展和改革委员会增挂市物价局牌子，市公安局消防支队增挂固原市应急救援支队牌子，市科协普及工作部增挂“固原市少数民族科普工作队”牌子，给市纪委党风廉政建设室等内设机构增加科级领导职数4名，市委组织部组织科增挂“固原市党代表大会代表联络办公室”牌子，增加副科级领导职数1名、行政编制1名，市总工会增加行政编制1名，为新设立的市公安局交通派出所和原州区分局学院路派出所增核领导职数，为市城市监察支队11名自收自支职工纳入定额补助事业编制。

【实名制管理制度】 结合第一、二、三季度人事调配，及时调整机构编制实名制管理库，向市纪委报送了第一、二、三季度《市直机关事业单位人事调配情况报告》。实行“阳光编制”，把机构编制工作制度和工作程序、办事流程通过宁夏机构编制网和办公室公示栏向社会公开，实行干部勤政廉政承诺制，接受广大干部群众的监督。

【机构编制监督检查】 探索和完善机构编制管理机关和监察机关配合机制；宣传《机构编制违纪行为适用〈中国共产党纪律处分条例〉若干问题的解释》和自治区党委办公厅印发的《宁夏回族自治区机构编制管理违反党纪行为责任追究办法（试行）》；制发《固原市编办2010年监督检查工作要点》，做好“12310”举报电话的受理、查处工作，年内共受理举报1次。

【工资基金管理】 继续坚持工资基金三家联审制度，凡财政供养单位月工资基金必须经编办、人事、财政三家审批后核拨，逐月审批工资基金，每月完成一份《市直党政群机关事业单位机构编制现有人员结构统计分析台账》，半年编发一次《市直党政群机关、事业单位人员编制及工资基金支出情况报告》。

【事业单位法人登记年检】 对市直事业单位中符合《国家事业单位登记管理暂行条例》和《宁夏回族自治区事业单位登记管理办法》条件的115个事业单位进行了法人登记和年检，现已全部完成登记、年检任务。

【学习培训】 2010年，共选派2名工作人员参加全区事业单位网上登记管理培训，率先完成网上登记数据信息库的录入建立工作。

中共固原市委老干部局

【离退休干部支部建设】 2010年，召开全市老干部工作会议，组织离退休干部认真学习党的政治理论、时事政策、领导重要讲话，政治理论学习活动得到新加强；对市直离退休干部党支部建设情况进行调研，针对性地提出加强离退休干部党支部建设的制度，确保离退休干部党支部活动得到新加强。

【离退休干部“两项待遇”】 在政治待遇方面，一是做好离退休干部春节慰问工作；加强集中走访慰问工作，及时了解掌握离休干部的学习、生活和身体情况，协调帮助解决实际困难，排解个别离休干部家庭矛盾；适时安排离退休干部外出参观考察。年内，组织离退休干部40多人参观考察须弥山旅游景区、杨郎设施农业基地建设和固原一中新校区建设工地。在“九九”重阳节到来之际，组织市直离退休干部赴彭阳县参观考察县二中、四中、生态园及县城建设情况，感受彭阳精神。在生活待遇方面，继续推动离休干部离休费、医药费保障机制和财政支持机制健全完善工作，确保离休干部生活待遇相关政策的落实和生活水平的稳步提高。年内还为5名瘫痪在床生活不能自理的离休干部申请提高护理费标准，每人每月从200元提高到600元。解决和答复4名离休干部来人来信反映的生活待遇方面的问题。8名离休干部去世后及时到家中慰问家属，送去慰问金，协助家属妥善处理后事。

离退休干部娱乐活动 根据离退休干部本人的身体状况和志趣爱好，有67名离退休干部代表本事参加了全区离退休干部首届健身运动会，参加乒乓球、象棋、麻将、太极(拳、剑、扇)、柔力球、门球等6个大项4个小项的比赛，其中，象棋、柔力球各取得团体第3名，并为固原市代表团赢得道德风尚奖；在"九九"重阳节期间，举办"固原市'九九'重阳节'健恒杯'书画展"活动，全市50多位书画家及书画爱好者积极参与活动，共征集书画作品60幅；组织离退休干部积极为市委、政府重大决策建言献策，有12人次参与市委、政府领导重要报告的意见征求活动，有6人次参与重点建设项目的座谈论证工作。

关心下一代工作 年内，配合市委宣传部、市教育局、市民政局在全市33万中小学生中开展民族团结教育；参与网吧专项整治活动；结合"五五"普法工作，组织"五老"宣讲团到中小学校、街道、社区、集市讲解《道路安全法》《未成年人保护法》等法律法规，重点督促检查教育关心下一代工作。

老年大学 根据老同志的爱好习惯，着力办好音乐舞蹈班。聘请专业教师进行辅导，编排花儿歌唱、民族舞蹈以及秦腔折子戏等多台节目，吸引众多老同志参加。调整教学方式，继续办好书法绘画、医疗保健班。2010年，市老年大学学员达到120名。

队伍建设 2010年，按照市委关于建设学习型党组织要求，响应市委提出的全民读书倡议，在干部职工中开展读书学习活动，学习党的基本理论、路线方针政策、时事政治和老干部业务知识，提升全局干部职工的理论素质和业务能力。开展勤政廉政承诺制和查找风险点活动，树立为老干部服务思想，强化勤政廉政意识和作风建设。参加自治区党委组织部和老干部局在上海浦东党校举办的老干部局长培训班，参加西北地区老年大学第十五次协作会议，开阔了视野，增长了见识。特别是组织全市老干部工作者积极参加全区老干部工作政策业务知识竞赛活动，提高适应新形势下老干部工作的能力。

中共固原市委直属机关工作委员会

落实重大决策部署 2010年，市直机关工委召开集体学习会、干部职工会20多次，组织传达学习胡锦涛、吴邦国、温家宝、贾庆林、李克强、周永康等中央领导同志来宁夏视察重要讲话精神，学习《国务院关于进一步促进宁夏经济社会发展的若干意见》，学习全国"两会"精神，学习自治区第四次固原工作会议精神，学习深入实施西部大开发战略部署，以及重大决策部署分工方案。先后召开全市机关党的建设工作会议(表彰市直机关先进基层党组织18个、优秀共产党员48名、优秀党务工作者17名)、公推直选试点工作启动会、市直党务工作者和入党积极分子培训班、市直机关庆祝建党89周年歌咏大会协调会等，对贯彻落实中央和自治区、固原市重大决策部署精神、深入推进机关党建工作，开展深入实施西部大开发战略大学习活动，持续地进行研究、动员和部署。同时，主动组织领导干部参加全市领导干部大讲堂、专题讲座和辅导培训，学习政策形势、科技与经济、依法行政等知识技能；选派1名优秀公务员参加全区集中培训，1名科级干部参加全市2010年下半年领导干部培训班，组织全体干部职工到定点帮扶村调研，参加2010年全国群众登山健身大会暨首届宁夏六盘山登山节、科普知识竞赛、春秋义务植树、重点工程和重大项目建设启动等活动，贯彻落实中央和自治区、固原市的重大决策部署。

纪念建党89周年活动 根据市委和市委组织部的安排部署，制定《关于市直机关单位开展纪念建党89周年活动的通知》，组织开展隆重纪念活动。7月1日，市直机关工委与市委组织部、宣传部、市文体广电局、宁夏师范学院联合举办固原市直机关庆祝建党 89 周年歌咏大会，以红色歌曲大家唱的形式，抒发全市党员干部群众爱党爱国爱家乡的情怀，展现大力弘扬“不到长城非好汉”的六盘山精神、共建共享美好和谐固原的精神风貌。“七一”期间，各机关党组织积极开展党员纳新、创先争优、教育关爱、结对共建、纪念庆祝等活动，激发共产党员的荣誉感、责任感和使命感，深化“机关党的建设年”活动。2010 年，市直机关共发展党员 21 名，25 名预备党员如期转为中共正式党员。

【创先争优活动】 年内，确立和实施“135”工作思路，突出“一个主题”（践行六盘山精神，争当发展先锋），注重“三个结合”（与学习型党组织建设相结合，与讲党性、重品行、作表率活动相结合，与“机关党的建设年”活动相结合），抓好“五项活动”（党性教育、岗位奉献、服务群众、亮牌示范、创新进取），促使机关党建工作创新实践、全面推进、整体提高。各机关在党员干部中开展“五看三比”活动，即看理念、看素质、看能力、看业绩、看形象，比办事效率、比服务质量、比群众满意度，形成“弘扬六盘山精神、争当发展先锋”的新风尚。固原党建网、宁夏党建网刊登《固原市按照“135”争创思路深入推动市直机关创先争优活动》。组织市直机关党组织认真学习宣传贯彻新修订的《中国共产党党和国家机关基层组织工作条例》，开展“最佳组织生活”实例征集、“精品党课”和机关党建优秀调研报告评选活动。选择确定市检察院、交通局等 12 个机关单位，培育开放互动组织生活、功能党组织设置、党员示范岗、党员责任区等党建示范典型，召开机关党建创新亮点示范工程现场观摩会，加快构建重点突破、亮点示范、整体推进的工作格局。指导市直机关基层党组织开展双向述职活动，召开机关工委双向述职大会，落实党建工作责任制。

【党组织建设】 制定《关于推进学习型党组织建设的安排》《关于开展“全民读书月活动”的安排》，为党员干部选购《新编基层党的组织工作实务指南》、《民主的细节》等书籍，推荐《中国站起来》一书，动员组织党员干部按规定捐赠《红军长征西征在宁夏》《党务公文写作与范例大全》等 50 本图书。严格落实“三个一”学习要求，举办固原市机关党员“建设学习型机关、打造学习型团队”读书演讲比赛，健全完善学习型机关、学习型党组织、学习型党员干部三级联动的团队学习机制。坚持以“党的思想理论建设推进年”活动为契机，开展机关基层党建工作重点、难点和热点问题调研活动，完成《服务中心，建设队伍，努力推动机关党的建设走在前》调研报告，参加宁夏机关党建研究会课题交流和专题研讨活动。

【公推直选试点工作】 制定《关于在市直机关基层党组织中开展公推直选试点工作的指导意见》，选择确定党建工作扎实、班子威信高、群众基础好、党员人数较多的市住房与城乡规划建设局机关党委、城市管理局机关党委、检察院机关党委、人力资源和劳动社会保障局党总支、林业局党支部等 5 个单位进行试点，涵盖机关党委 4 个、总支 1 个、支部 30 个，推动党内基层民主建设。完成《固原市直部门（单位）党组织公推直选试点工作的实践与思考》课题研讨任务，《固原日报》、市委办《调研与综合》、市委政研室《创新与交流》予以宣传和推广。

【培训教育】 成功举办市直党务工作者培训班、“双学一争”（学党建理论、学业务知识，争做合格共产党员）入党积极分子培训班，培训学员包括市委直属党（工）委党组织负责人或组织委员，市直机关（单位）党委、总支、支部书记（149 名）和入党积极分子（61 名），共计 210 名。通过 8 个方面的专题辅导讲座，以及组织入党积极分子晚上自学、撰写学习体会文章、结业考试，提高党务干部的政治素质和业务能力，加强了对入党积极分子的培养教育。

【机关文化体育活动】 开展形式多样、生动活泼的机关文化体育活动，以活动凝聚人心，以活动展示活力，以活动推进和谐。举办市直机关"迎新春"职工文体联谊活动；举办机关党员干部"讲党性、重品行、作表率"读书演讲比赛；举办"快乐工作·健康生活"职工文体活动，促进机关文化建设，活跃职工文化生活，激发机关党建工作的内在活力。

中共固原市委党校 固原市行政学院

【深入实施西部大开发战略大学习活动】 年内，开展深入实施西部大开发战略大学习活动，成立大学习活动领导小组，制定具体的实施方案，细化任务，精心组织，层层发动，在全校院掀起大学习活动的热潮，校委中心组、各党支部、党员干部群众分别采取集体学习、个人自学、座谈交流、专题研讨等形式，重点学习中央及区市党委、政府关于深入实施西部大开发战略的实施意见精神和胡锦涛、吴邦国、温家宝、贾庆林等中央领导同志来宁夏视察时的重要讲话精神以及区市主要领导同志在大学习活动动员大会上的讲话精神。强化对深入实施西部大开发战略重要意义的认识，全体教职工在做好学习笔记和撰写心得体会的同时，围绕"奋勇争先抢机遇、齐心协力谋发展"这一主题，积极参与"西部大开发、固原怎么办"建言献策活动。开展调查研究，由骨干教师组成市委党校写作组，紧紧围绕市委、政府确定的重点项目和中心工作，确定调研课题，深入基层进行调查研究，共形成研究成果和理论文章数篇，完成市大学习活动调研规定题目1篇，公开发表1篇。举办全市深入实施西部大开发战略专题培训班，来自各县（区）、市直各部门（单位）的负责同志和业务骨干参加了培训。完成大学习活动各个阶段的工作目标和任务。

【学习培训】 全力办好春、秋两季领导干部培训班，年内争取培训处级干部90名，科级干部120名；做好学历班教学和管理工作；年内，全市村党支部书记和村主任函授大专班教学管理工作有序进行，现有学员355名；宁夏党校在职研究生班今年又考录了23人，在校学员29名；与市农牧局联合举办固原市现代农业技术培训班，共培训人员57名；与市运管局联合举办运政管理人员培训班，培训人员123名；与团市委联合举办固原市基层团干部培训班，培训人员63名；与市教育局联合举办全市中小学党组书记培训班，培训人员100名；与市审计局联合举办全市审计干部培训班，培训人员80名；举办全市深入实施西部大开发战略专题培训班，培训科级以上干部218名；配合自治区党校举办一期固原科级干部培训班，共培训干部30名；完成原州区计算机系统操作员的鉴定工作，共培训和鉴定人员200人；与劳动就业部门联系，举办"阳光工程"蔬菜园艺工培训班，共培训260人。

【教学管理】 2010年，按照《党校工作条例》和《2010年—2020年干部教育培训改革纲要》要求，对主体班培训内容进行必要的调整和改进，增加经济发展战略转型、西部大开发战略专题和军训等内容，设置理论学习、研讨交流、外出考察3大板块，共开设了中国特色社会主义理论体系、第四次固原工作会议精神、领导工作务实、经济发展方式转型、深入实施西部大开发战略等系列讲座；坚持"三个三分之一"的教师配置模式和"三三制"学员培训模式；邀请区、市有关专家学者来校授课，并组织学员赴延安、杨凌和安康等地参观考察；开展健康有趣的文娱活动，举办篮球、羽毛球比赛和以"爱读书善读书读好书"为主题的演讲比赛，丰富了教学内容。形成完善的教学管理机制，为提高教学质量提供制度保障。

【师资队伍建设】 选派校（院）主要负责同志赴国家行政学院参加《行政学院工作条例》专题培训班；选派骨干教师赴中科院、深圳市委党校、福建省委党校、宁夏大学、自治区党校等机构参加各类师资培训班，学习运用现代培训方法；立足岗位培训，在各类培训班上，给教师出课题、交任务、压担子；按照学校提出的“送课下基层”的工作目标，先后选派8名优秀教师到各县(区)市直部门作了16场次专题辅导讲座；参与市委开展的“西部大开发、固原怎么办”建言献策活动和西部大开发专题理论大讲堂；开展述学述评活动，督促教职工在读书学习中不断提升自身素质；寻求组织部门的支持，拟选派部分教师赴有关部门(单位)和基层挂职锻炼，增强其理论联系实际的能力。

【科研工作】 本校创办的理论刊物《六盘山论坛》2010年升格为市委主管刊物，已出版发行三期2400余册，编辑印发《六盘山论坛》“劳动者风采”专刊一期，计500册。结合市委、政府中心工作，鼓励教师和职工开展调查研究，撰写调研报告和理论文章。在《固原日报》登载有关学习市委二届八次会议精神、本市经济发展战略转型和建设学习型党组织等三个专版。年内，学校教职工共撰写各类理论文章40余篇。其中公开发表30多篇，参加全区党风廉政建设理论研讨会获奖论文1篇。

【教研设施建设】 年内，校(院)在做好日常工作的基础上，争取财政经费支持，努力改善办公和教学条件，校(院)实现办公、教学自动化和信息化。

【机关党的建设】 部署开展“创先争优”活动，助推学习型党组织建设，创新工作方式，提升党建工作水平。组织全体党员赴延安接受革命传统教育；在建党89周年之际，组织全体党员开展了庆“七一”系列活动；开展普通党员讲党课活动，在校内举办深入实施西部大开发战略大学习活动专题讲座，由党校骨干教师作了深入解读。

【党风廉政建设】 组织学习《党员干部廉洁从政若干准则》；注重标本兼治，提高反腐倡廉工作水平；推进廉政文化建设在本校(院)深入开展。

【综治与普法】 重点抓综合治理目标责任制的督促和落实，加大重点部位的检查力度，发现问题及时解决；组织干部职工学习法律法规知识，法律意识和法制观念普遍增强；主体班开班期间开展市直有关部门(单位)“法制大讲堂”活动；按照市“五五普法”领导小组的要求对五年来的工作进行梳理，“五五”普法验收工作达到预期目标。

【定点帮扶】 组织本校帮扶村——隆德县温堡乡吴沟村党支部书记和村主任赴延安革命圣地接收传统教育，开阔其视野；“七一”前夕组织全体党员到吴沟村捐赠总价值5万余元的物资，并确定该村为本校人才工作联系点，组织教师就相关问题进行调研。

【精神文明建设】 参加全市的道德模范之星的评选；筹措资金购置文体用品，举行丰富多彩的文体活动，活跃职工生活；选派30名职工参加市直部门(单位)庆祝建党89周年歌咏比赛；“十一”之际，组织开展系列文体活动；参加市直有关部门(单位)举办的各类文化、体育竞赛活动。

固原市总工会

【科学发展目标】 全市各级工会组织全面贯彻落实《中华人民共和国工会法》《宁夏回族自治区工会法实施办法》和《中共固原市委关于贯彻落实〈自治区党委关于进一步加强新时期工会工作的意见〉的意见》，加强党领导下的新时期工会工作科学发展和决策部署，建立市委常委会每年听取工会工作汇报制度。2010年，自治区总工会十届六次全委(扩大)会议召开后，市总工会党组就自治区总工会十届六次全委扩大会议主要精神、贯彻落实意见和2010年全市工会工作安排，向市委常委会作专题汇报。市总工会一届八次全委(扩大)会议，首次扩大全市68个乡镇(街道)的工会主席参加会议。为全市工会组织向纵深延伸指明方向，同时为乡镇(街道)工会规范化建设提供强有力的组织保证。按照市委的指示精神，市总工会不断完善全市工会工作目标管理考核和全年创新亮点观摩机制，召开全市上半年县区和直属基层工会工作观摩推进会，组织县（区）工会主席和直属基层工会负责人对全市5县（区）以及28个市直属基层工会重点、亮点工作进行观摩和交流。

【民主管理】 以树民主管理标杆企业、举办非公企业负责人培训班、人大常委会执法检查和民主管理工作现场会“四项措施”，力推集体合同、工资集体合同和女职工专项集体合同“三项合同”签订率、履约率稳步提高，全市国有集体企事业单位民主管理、厂务公开推行率达100%；非公企业职代会和厂务公开推行率达60%以上；建立工会组织的企业劳动合同签订率达87.6%；集体合同签订率达95%以上，覆盖职工面达60%以上；工资专项集体合同签订率达90%以上；推进企事业单位以星级职代会达标验收活动为主要内容的厂务公开民主管理工作。按照市总工会年初确定的目标任务，2010年，全市三星级职代会验收达标单位90多家。

【帮扶救助】 2010年，安排资金29.1万元，由四大机关主要领导和分管领导带队，对全市包括各县区的困难企业，困难职工和困难劳模进行了两节期间的走访慰问。在“三八”妇女节和“五一”前夕，对女职工、困难职工、农民工进行了“双色卡”集中救助。九月份，开展金秋助学活动，市县两级共资助200多名家庭困难的大学生上学。同时，在固原一中和回中又各开设一个工会班，全市工会班达到16个。深入新疆农八师、农五师、农三师等劳务工基地开展农民工集中维权活动，对本市进疆采棉的困难农民工进行慰问；帮扶中心向乡镇（街道）延伸。市、县帮扶中心全部建成临街且面积不小于100平方米的独立工作场所，安装电子屏幕，配齐并加强了等办公设施和工作人员。实现“信访接待、法律援助、创业就业服务、心理咨询、帮扶救助、职介培训”六大功能、六位一体、全天候、一站式服务的星级建设标准，全年帮扶救助超过10000人次。注重帮扶工作的日常化和及时化，除市县两级工会中山、如意、味园商贸等15个超市设立“爱心超市”指定网点，对2000多户困难职工，发放“爱心救助卡”，每人每年享受400元的生活救助物资外，市总工会实行“三色卡”发放机制，在发放生活救助卡和医疗救助卡的基础上，针对困难职工和农民工法律需求的实际，制发法律援助服务便民卡，为困难职工、农民工无偿提供法律救助服务。在原州区张易镇、西吉县兴隆镇等乡镇（街道）工会建立维权帮扶中心，为基层困难职工提供更加快捷、方便的救助服务。与市司法局、法院、人社局等相关单位召开联席会议，创新工作载体，拓宽救助工作内容。制定《固原市困难职工（农民工）法律援助暨救助方案》，在救助低保边缘外的下岗失业人员和农民工等困难群体进行3000～5000元不等的标准进行救助；举办“工字号”创业沙龙、就业援助招聘会等形式，全力实施“工字号”创业带动就业工程。2010年，争取政府支持，筹措50万元，为220户下岗职工和农民工提供创业服务的场所，年内“一街八园百小企业”示范点提供就业岗位1320个，提供职业介绍6342人次，达成用工协议251人，举办各类技能培训班40期，培训职工（农民工）4056多人，向银川金钥匙公司、固原中天物业公司、东海房地产公司、原州区妇女工作维权站等单位输送家政服务人员600多人。做好矛盾调处排查。在市、县两级工会推行“12351”职工维权热线领导班子成员轮流值班制度，全年接待职工群众来信来访214件，办结213件，办结率为99.5%。同时，组织市、县两级工会领导带队，深入存在不稳定因素的企业和人员群体，进行劝妥和化解。

【劳模服务管理】 2010年，启动固原市首届劳模的评选表彰活动。经过层层推荐、严格把关，共评选出固原市首届8名模范集体和49名劳动模范、先进工作者，并通过固原电视台、日报社、六盘山论坛等载体全方位多层次的进行宣传。组织100名劳模，参观固原市盐岩化工基地、热电厂、一中新校区、飞机场等重点工程建设项目，制定《固原市劳模服务管理办法》。在固原八小建立“劳模爱心苑”，向全市劳模发出创建“劳模爱心苑”倡议书，通过劳模个人和劳模企事业单位捐款带动社会捐款达10万多元，资助192名残疾儿童学习成长，在固原经济开发区宏宏商贸有限公司建立“固原市劳模创业示范基地”，采取“劳模创业园”每解决一名下岗失业人员或大学生就业，由市总工会补助500元的办法，鼓励支持劳模创业园发展。年内全市共建立8个劳模创业园；两次组织60名劳模在宁夏工人疗养院疗养；组织对全市254名劳模进行生活状况问卷调查和免费体检，投入资金40多万元，发放“三金”并对100多人次各级劳模进行慰问、救助。组织劳模参与市县大型的政治、经济建设活动和文化体育活动，推动尊重劳模、学习劳模、争做劳模的社会氛围。

【群众职工文体活动】 年内，举办“创争”活动暨职工读书月主题演讲比赛，共有来自五县(区)和天豹运输公司、新时代购物中心等市直单位24支代表队的34名队员参加比赛；参与组织2010年全国群众登山健身大会暨首届宁夏六盘山登山节活动，市总工会和各级工会组织共组织3000多名职工参与活动；联合市妇联，举办纪念“三八”国际妇女节100周年联谊会，市直各部门、单位的妇女干部职工和各条战线上的女劳模代表为大家献上了精彩的文艺节目，共同庆祝第100个国际妇女节。

【职工技能培训】 2010年，市总工会、卫生局与市人力资源和社会保障局等单位联合举办固原市农民工职业技能“大比武、大练兵”活动，举办砌筑、餐饮服务、电焊、钢筋加工、中医药药理等职业技能大赛。

【创先争优】 召开会议，提出以“西部大开发，固原怎么办？工会如何干，创先争优走在前”为主题，以“攻坚克难、履职创先、岗位争优”为载体的“攻五难、创五先、争五优”的工会工作攻难、创先、争优思路。“攻五难”即攻非公企业建会难；攻职工维权难；攻企业工会经费征缴难；攻基层工会特别是乡镇（街道）工会活动开展难；攻干部职工创新意识不强，推动工作难。“创五先”即在职工素质提升上创先，在工字号创业就业服务上创先，在劳模管理服务上创先，在帮扶救助上创先，在基础设施建设上创先。“争五优”即在求真务实的工作作风上争优；在廉政风险防范上争优；在为民服务上争优；在人才队伍建设上争优；在推动工运事业发展上争优。有关工会工作的理论文章有20多篇相继在报纸和有关刊物上发表。

【队伍建设】 2010年，全市完成非公企业组建工会76家，吸收会员13570人，分别完成全年任务的165%和135%。使有组织输出劳务工3万多人中60%以上加入工会组织；年内原州区和泾源县如期召开代表大会，市工会第二次代表大会也将筹备于近期召开。市、县两级工会全部实现工会主席由同级副职担任，加强市总工会班子建设，配齐市工会经审委主任；全年完成对市、县、直属基层工会各类专项资金的审计工作。同时，开展模范县级工会、乡镇街道工会规范化建设以及直属基层工会开展“职工之家”、“双爱双评”和“关爱员工、实现双赢”等活动，乡镇街道规范化建设进步明显。全市68个乡镇(街道)均成立了工会组织，设立专门的办公场所，工会主席均实现了由同级副职担任。

【工会经费收缴】 2010年市财政划拨行政事业单位工会经费达160万元，全市税务代收工会经费突破200万元大关，比2009年征收总额160万元增长25%。

【阵地建设】 年内原州区、西吉县职工文化活动中心建成并投入使用。隆德县、彭阳县、泾源县和固原市职工文化活动中心正在建设之中。市总工会职工文化活动中心新建工程占地20.5亩，建筑面积3461平方米。

中国共产主义青年团固原市委员会

【青少年思想政治】 组织广大团员青年特别是各级团干部学习党的十七大，十七届三中、四中全会，科学发展观、西部大开发和第四次固原工作会议等区、市重要会议精神。以“五四”运动91周年和第六次全国少代会召开等重大活动为契机，深化“我与祖国共奋进、我与固原同发展”等一系列青少年思想道德建设主题实践教育活动，用社会主义核心价值体系教育引导青少年，用马克思主义中国化最新成果武装青少年，坚定广大青少年跟党走中国特色社会主义道路的理想信念。

【灾区捐款】 全市各级团队运用组织化、社会化动员方式，动员每名共青团员、少先队员捐出1瓶饮用水的钱，向重庆干旱灾区捐款109928.81元。

【青少年爱国主义教育】 全市各级团队组织利用六盘山红军长征纪念馆、任山河革命烈士陵园等爱国主义教育基地，广泛组织开展了“缅怀革命先烈、传承革命精神”主题教育实践活动。5月23日，团市委组织固原二中“共青团班”全体学生开展“重走长征路”主题教育实践活动，感受家乡变化、缅怀革命先烈，增强爱国情怀。

【安全教育】 联合市交警部门开展以“保护生命、平安出行”为主题的交通安全知识进校园、进社区活动，发放宣传材料3000余份。深入市直和各县（区）部分学校、城市社区和乡村集市开展法制、廉政文化、禁毒防毒和交通安全知识宣传教育活动。

【服务经济社会发展】 开展2010希望工程“圆梦大学”行动，全市各级团组织筹措助学金290万元，资助贫困大学新生890余名。积极争取乔丹体育股份有限公司捐款50万元用于援建泾源县园子小学电脑室、体育园地和张台小学迁建工程。切实加强“共青团班”教育教学工作。组织青年志愿者3000余名，开展以“倡导文明新风，共创和谐家园——青年志愿者在行动”为主题的志愿服务活动，悬挂横幅50条，张贴标语200余幅，出动车辆150余台（次），清理垃圾50余吨。各县（区）团委通过成立志愿者协会，开展便民服务、环境整治活动、注册志愿者等形式，倡导文明新风，践行志愿精神。深入固原市儿童福利院、原州区中心敬老院开展了“助残敬老”慰问活动，为80余位孤寡老人、15位孤残儿童送去了价值4000元的物品和300元的药品；组织志愿者原州区中心敬老院、固原市儿童福利院，为孤寡老人和儿童送去500元的食品，现场为他们理发、表演节目。各县（区）团委深入社区、村庄、学校，对孤寡老人、留守儿童等弱势群体进行集中慰问。

【青年就业创业培训】 举办2010年首期“新型青年农民实用技能”家政服务培训班，对80余名农村青年和部分城镇失业青年开展以家政职业基础、家政护理常识、礼仪礼节常识、清洁基本常识为主要培训内容的集中培训。年内，市、县（区）团委举办青年实用技能、创业意识培训班11期，培训各类青年1040人。

【“送金融知识下乡”活动】 联合市银监分局开展2010年度“送金融知识下乡”活动，在广大农村青年中大力宣传普及农村金融知识，帮助农村青年群众提供金融风险意识、信用意识和使用现代金融服务的能力，更好地帮助和扶持农村青年创业就业。

【“共青团关爱农民工子女志愿服务”行动】 深入彭阳县孟塬乡草滩小学和固原市特教中心开展“共青团关爱农民工子女志愿服务行动”。为彭阳县孟塬乡草滩小学捐助价值5000元的爱心书包和学习用品190套，为固原市特教中心捐助价值6000

余元的学习用品和价值 6 万元的富士康儿童电子语音读书卡。各县(区)结合"六一"活动,深入到基层学校广泛开展"共青团关爱农民工子女志愿服务行动"。

【服务首届六盘山登山节】 负责招募、培训志愿者 350 余名,开展信息咨询、文明宣传、道路引导、秩序维护、环境美化、接待协助、后勤服务、应急救助等志愿服务。

【"联通杯"青年健身舞大赛】 联合市委宣传部举办全市 2010 年文化艺术展演活动启动仪式暨纪念"五四"运动 91 周年"联通杯"青年健身舞大赛。

【纪念少先队成立 61 周年主题活动】 深入原州区开城镇大马庄小学开展了纪念活动,并为该校 12 名少先队员送去了价值 1500 元的衣服和书包。

【派县指导和"三基"工作】 按照团中央和自治区团委的要求,选派本委副书记王少波到彭阳县团委驻县指导团的工作。为彭阳县团委配备价值 5000 元的办公电脑 1 台。争取到价值 18 万元的富士康儿童语音读书卡 150 张。深入推进彭阳县大学生创业园等五个团建联系点建设工作。

【基层团干部培训班】 联合市委组织部、市委党校举办 2010 年全市基层团干部培训班,全市 80 余名基层团干部参加培训。

【表彰先进】 积极推荐本市 10 个集体、9 名个人受到自治区团委表彰。开展"五四红旗团委"、"五四红旗团支部"和"魅力少先队"创建活动,对 10 个"五四红旗团委"、10 个"五四红旗团支部"、10 个"魅力少先队"和 10 名"优秀团干部"、15 名"优秀团员"、10 名"优秀少先队员"、10 名"优秀少先队辅导员"进行命名表彰。

【共青团宣传工作】 采取多种方式,大力宣传共青团工作。采写《固原团讯》40 期;全市共青团工作被新消息报、固原日报等新闻媒体宣传报道 26 次。

固原市妇女联合会

【创业就业】 实施小额信贷,争取"六个一"工程等妇女创业小额担保贴息贷款 525 万元,扶持 281 名城乡妇女创业与再就业;强化培训,争取少数民族发展资金 20 万元,在市职业技术学院设立全市第一个少数民族妇女培训基地。开展农村妇女实用技术、农村富余劳动力转移、城镇下岗妇女创业再就业等各类妇女培训。年内,全市各级妇联组织举办妇女培训班 86 期,培训妇女 6500 多人次,其中,市妇联举办 19 期,培训妇女 2000 多人次。推荐 16 名设施农业种植女能手、养殖女能手、农产品女经纪人、致富创业女带头人参加宁夏"妇女创业就业促进行动"巾帼科技致富工程系列培训。推荐 4 名处级妇女干部赴上海妇女干部培训学校学习;打造品牌,打造"六盘山妹"劳务输出品牌,组织二批 55 名"六盘山妹"赴北京农家女学校参加计算机培训。全年,配合劳动部门输出务工妇女 8 万多名。开展"巾帼示范村(岗)"创建活动,表彰奖励固原市"巾帼创业之星"18 名;创建自治区级城乡妇女岗位建功先进集体 10 个、先进个人 20 名;在"2010 中国(宁夏)国际投资贸易洽谈会暨首届中阿经贸论坛会"(宁洽会)上展出刺绣、剪纸、手工艺品等妇女手工制品 4 大类 300 多件,与 3 家中外公司建立合作意向,拓宽妇女发家致富渠道和途径。

【优化妇女工作环境】 市政府召开全市妇女儿童工作会议,市政府分管领导与各县区、相关部门签订实施两纲责任书,推动两纲实施重难点问题落实,解决妇女儿童发展问题,为妇联工作创新发展营造良好的社会环境;市、县(区)妇联领导深入乡村、社区,与基层妇女一起参加"百年三八"庆祝活动,了解基层妇女需求,慰问贫困妇女,表彰先进典型，帮助妇女解决实际困难；召开固原市纪念“三八”国际劳动妇女节100周年暨表彰大会，表彰奖励全市学习型家庭、十佳好婆婆、十佳好媳妇、十佳好女婿、十佳和谐家庭、三八红旗集体和个人等100个(名)。举办“百年如歌 芳耀六盘”全市各界妇女庆“三八”联谊会，全市副处级女干部、优秀妇女、市直机关女职工、女大学生村官、创业女大学生代表200多人参加联谊活动。在《固原日报》、固原电视台开设专栏，对17名优秀妇女和先进集体进行宣传报道。各县(区)、乡(镇)妇联举办庆祝活动，开展宣传报道。

【法制宣传教育】 健全维权机制，建立市、县(区)、乡镇三级妇女儿童法律援助中心，开通市、县(区)12338妇女维权热线，完善妇女儿童利益诉求表达工作机制；加强法制宣传，以“五五”普法终期评估为契机，开展以“关注妇女民生 维护社会和谐稳定”为主题的“三八”妇女维权宣传周活动，发放普法书籍350本、宣传单3万余份。利用安全生产宣传咨询日、全国助残日、防治碘缺乏病宣传日等有利时机，上街开展法制宣传教育。一年来，市妇联开展各类法制宣传12次，受教育妇女3万余人；各级妇联接待群众来信来访近150余件，调处率为100%；为29名妇女提供法律援助。17个集体和17名个人被宁夏维护女儿童权益暨平安家庭创建协调组授予全区维护妇女儿童权益先进集体和个人荣誉称号。

【创新家庭教育】 深化特色家庭争创活动，表彰“学习型家庭”10个、“和谐家庭”10个；创建自治区级“平安家庭”示范点和示范户各22个；原州区中心路社区和隆德县西苑社区被全国妇联、民政部、环境保护部、文化部、国家广电总局命名为全国创建学习型家庭示范社区；命名80所学校为市级示范家长学校；创建自治区级示范家长学校20所、家庭教育指导中心15个、农村留守流动儿童示范家长学校25所、家庭教育工作示范县(区)2个、家庭教育工作示范社区(村)10个；举办家庭教育骨干培训班，培训家庭教育骨干80名。举办全市少儿书画大赛，收到参赛作品112幅，评选出书法类一等奖1名，二等奖2名，三等奖14名；绘画类一等奖1名，二等奖2名，三等奖11名，优秀奖18名。开展“低碳家庭·时尚生活·绿色六盘行”系列主题活动，组织全市100名家庭代表参观六盘山长征纪念馆，游览凉殿峡、古萧关遗址，发放环保购物袋，并向全市家庭发出低碳生活倡议。组织参加全区第五届家庭文化艺术节和百万妇女健身展示大赛，获得家庭才艺展第一、二名和健身大赛三等奖的好成绩。原州区北塬街道社区文化活动中等5个社区健身站被全国妇联命名为全国妇女健身示范站。

【争资引金项目】 年内，争取各类项目资金143.75万元和价值5万元的物资，建“母亲水窖”170眼、人饮工程6处、春蕾小学1所，资助36名蓝天春蕾女大学生，慰问贫困孤残妇女及少生快富户102户、优秀村妇代会主任20名；建“妇女之家”(妇女维权站)5个，配备床、被褥、书籍等用品；“六一”期间，慰问彭阳和隆德两县的留守流动儿童示范家长学校。举办“山城固原因你而美”礼仪大讲堂；邀请保健院医生开展女性健康知识专题讲座。

【村妇代会公推直选工作】 率先在全区开展村妇代会公推直选试点工作。试点成功后，在全市范围内推广实施。与市委组织部、民政局联合印发《关于在全市村级组织换届选举中进一步推进女性进村“两委”工作的实施意见》，力促妇女进村“两委”。年内有696个行政村完成村妇代会换届公推直选工作，占行政村总数的78.1%，10月底完成所有行政村妇代会公推直选工作。

【妇女干部培训】 举办县(区)、乡(镇)、市直机关妇委会干部培训班，培训县、乡及市直机关妇委会主任73名。举办村妇代会主任培训班，培训村妇代会主任50名。举办全市妇儿工委办公室干部培训班，培训妇女干部40多名。组织市、县(区)妇联主席、业务骨干参加全国、自治区妇联举办的业务培训班。组织28名妇联干部参加全区乡镇、街道妇联主席培训班。争取资金12万元，创建农村妇代会创收基地6个。延伸妇联组织臂膀，成立新时代购物中心妇委会。

【全国妇女基层工作典型】 彭阳县城阳乡被全国妇联命名首批全国妇联基层组织建设示范乡；原州区头营镇徐河村、西吉县吉强镇大滩村、沙塘镇马河村、泾源县香水镇园子村被全国妇联命名为首批全国妇联基层组织建设示范村。

【妇女工作调研】 开展调查研究，对全市妇女工作现状、留守流动儿童现状、小额信贷资金发放、党群共建及党建带妇建、妇女社会地位、《妇女权益保障法》实施等内容开展调研10余次，撰写调研报告9篇，字数近30万字。其中，论文《在新一轮西部大开发战略中如何更好地发挥妇联组织的桥梁纽带作用》被《固原日报》刊登，论文《团结带领发展妇女凝聚力量服务固原》在第三届西北区域妇女发展合作会议暨"推进西部开发·共促妇女发展"论坛上交流发言；5篇论文入选《第三届西北区域妇女发展合作会议暨"推进西部开发·共促妇女发展"论坛论文集》；按照市委创先争优活动的部署和要求，开展"妇联工作创新年"活动，对县(区)上半年妇女亮点工作进行观摩交流；创作编排反映母亲水窖工程在固原市实施情况的三幕话剧《心泉》。

固原市文学艺术界联合会

【西海固文学艺术研究会】 年内，成立西海固文学艺术研究会，召开西海固文学艺术研讨会，聘请西海固文学艺术研究员35人。中国当代文学研究著名专家白烨、彭学明、李建军莅会发言，评价固原文化比深圳特区，云南邵通，湖南邵阳等在全国有影响的文学现象，固原更有特点，更有厚度，更有发展前景。

【中国当代版画研讨会】 邀请中国版画顶级人物广军、宋源文等7位著名版画家，与区市版画家在固原开展情系六盘版画行，举办固原首次全国版画展，展出作品70幅，在固原首次举办中国当代版画研讨会，这是市委、政府建设文化固原培育的新亮点（全国著名版画家的7幅作品编号已移交市档案局)。

【文学艺术评奖活动】 完成固原市第五次文学艺术评奖。从申报的500多件各类艺术作品中，按标准把关入选200件，评出一、二、三等奖和特等奖、优秀奖103件，推动文化固原发展的新局面。

【书法讲座展览】 举办中国书法家协会高级研究班，会期8天。原中国书协主席沈鹏、现任主席张海发来贺词，中国书协副主席林岫主持办班，钟明善等多位全国著名书法家来固讲学，来自全国13个省市200多名书法学员聆听讲座。举办"虎啸六盘"廉政文化书法展，展出作品150幅，以书法的形式宣传党风廉政，表达文联人勤政廉政的艺术责任。

【采风笔会活动】 全市文艺工作者组团21人赴江苏、浙江开展为期6天的采风活动。组织区市著名作家、诗人、编辑30人，在须弥山举行为期两天的笔会活动，创作一批宣传固原景区的歌词、散文、诗歌，在《六盘山》第五期选登13篇。

【《六盘山民间故事》】 年内，编辑出版《六盘山民间故事》五卷本。这套丛书从300多万字1500个故事中，精挑细选出512个故事计100多万字，民间工艺插图204幅。市委、政府隆重举办首发式，自治区党委常委杨春光、市委书记刘小河为丛书开卷。宁夏教育出版社意向将丛书列为全区"农家书屋"上架书。

【协办文艺经贸活动】 配合宣传、文广等单位，邀请台湾歌手郑智化等多位明星，在固原成功举办7000多人参加的首届春晚，国际在线、文汇报等二十多家有影响的媒体广泛报道，既向外宣传固原，又为文化展演、企业运作积累了经验；全区的"塞上清风展"、中宁县"枸杞节"，新建4个文化广场命名题名，读书月活动4个百米长卷等10个大型活动，组织书法、美术、摄影、工艺等艺术作品400多件。

【"西海固"作家群文艺精品】 2010年文联注重文学艺术人才的培养，力推精品佳作。与《朔方》联合推出泾源、西吉两县作品专辑，刊出作者30多位，组织《朔方》"宁夏80后诗歌"专辑作品，入编35位诗人，固原占20位。作家马金莲的多篇小说在《小说月报》《新华文摘》等国刊上刊发选载。单永珍、李方、程耀东、林混、高鹏程、田鑫等诗人、作家作品在《朔方》连续做4期小辑并多次被《诗刊》《诗选刊》《散文》《散文选刊》《读者》刊发选载，展示文化固原实力。

固原市残疾人联合会

【康复服务】 年内，完成白内障复明手术筛查450例；完成精神病患者救助760名；争取项目资金22.2万元，完成贫困聋儿抢救性救助15名、智力残疾儿童抢救性康复训练10名；实施"爱在召唤、回归有声"康复服务项目，为50名听障残疾人免费提供助听器验配戴和康复服务；完成贫困肢体残疾儿童矫治手术20例；完成长江新里程计划固原服务项目假肢安装20具；供应各类辅助用品用具945件，其中轮椅745辆；认真实施"阳光家园计划"项目，落实智力、精神和重度残疾人居家托养1410名，补助资金98.7万元；举办残疾人社区康复员培训班6期，培训社区康复员120名，为残疾人康复服务社区配套康复器材15件(套)2万元；进行盲人定向行走训练、低视力家庭培训、聋儿康复训练、聋儿家长培训、肢残康复训练、智力残疾儿童康复训练120多人次。全年共为6000多残疾人提供各类康复服务，最大限度地满足残疾人的康复需求。

【教育就业】 市、县(区)残联在利用自身资源，开展残疾人职业技能培训的基础上，加强与农业、扶贫、劳动保障等部门单位的联系，利用各种培训资源，开展培训活动，圆满完成年度残疾人各种培训任务，完成残疾人职业技能培训培训140人，农村实用技术培训1000人。同时，创造条件，开展残疾人求职登记和职业介绍工作，为残疾人提供求职登记、用工信息、职业介绍、就业扶助等综合服务，全市残疾人新增就业30人。争取国彩金助学项目和交通银行助学项目，资助贫困残疾学生360名，解决贫困残疾学生上学难问题。

【残疾人就业保障金征收】 把残疾人就业保障金征收工作纳入议事日程，作为一项中心工作贯穿于残疾人工作的整个过程，年内加大工作力度，争取财政、税务等部门单位的支持，形成抓残疾人就业保障金征收工作的合力；特别在行政事业单位首次征收残疾人就业保障金，促进了残疾人就业保障金征收工作整体上台阶。2010年全市征收残疾人就业保障金130万元，同比增加30%。

【扶贫解困】 争取自治区残联支持，落实以种植温棚蔬菜、地膜玉米和设施养殖为主的农村残疾人种养殖示范户320户。同时。利用春节、助残日等各类节日，组织职工深入到社区、企业和包扶村贫困残疾人家中进行走访慰问，年内，共慰问贫困残疾人700多户，安排慰问物资14万多元。实施残疾人危窑危房改造450户，解决残疾人住房难问题。

【《残疾人证》办理】 按照二代《残疾人证》办理要求，客观、公正地审核办理第二代《残疾人证》7000本，为残疾人享受国家优惠政策提供必要依据。

【信访维稳】 加强残疾人法律服务队伍建设，成立固原市残疾人维权中心，聘请信用律师事务所为残联的法律顾问单位，为残疾人无偿提供法律援助；加强残疾人信访工作，指派专人负责，做到来信来访有接待、有记录、有答复，切实解决残疾人上访提出的困难和问题。市县(区)残联全年共接待残疾人上访100多人(次)，对残疾人提出的生活保障、学习教育、就业技能培训、康复等方面的问题，均给予积极帮助，妥善处理，做到件件有落实，事事有答复。年内没有发生残疾人越级上访和集体上访事件。

【宣传文化】 与自治区残联联合举办了集文艺节目表演、残疾人才艺、康复器具展示、残疾人政策法规宣传、助听器配戴、爱心捐赠于一体的第二十次"全国助残日"大型活动。自治区残联党组成员，市四套班子有关领导，区、市残工委有关成员单位负责人和残疾人工作者与400多名残疾人及其亲友参加了当天的活动。同时，利用报纸、电台、电视台开展残疾人事业宣传报道，共刊播残疾人事业新闻和专题报道30多条。

【残疾人综合服务中心建设】 筹措资金100多万元，建设完成固原市残疾人综合服务中心。

【市残工委暨市残联二届二次主席团会议】 经市委、政府同意，召开市人民政府残疾人工作委员会暨市残联二届二次主席团会议，对去年的工作进行认真地回顾和总结，对搞好2010年残疾人工作做了全面安排部署，并与各残工委成员单位签订岗位目标责任书。同时，会议根据《中国残疾人联合会章程》，补选市残联二届主席团成员和有关机构人员，为搞好本市残疾人工作提供强有力的组织保障。

【第四届残疾人职业技能竞赛】 为贯彻实施西部大开发战略，加强残疾人职业技能培训，激发广大残疾人学科学、学技术的热情，提高残疾人职业技术水平和就业竞争能力，促进残疾人就业，与市人力资源和社会保障局联合举办第四届固原市残疾人职业技能竞赛。全市共有6个代表队、65名残疾人参加了竞赛，其中有盲人、聋哑人、肢残人及有其他身体功能障碍的残疾人，他们来自城乡各条战线、各个行业，有工人、农民、医生、干部、学生和个体工商户，年龄最大的49岁，最小的14岁。本次竞赛共设计算机类、服装类、工艺美术类、手工制作类及其他类等5个大项15个小项，经过激烈角逐，共决出单项10个一等奖、3个二等奖、3个三等奖、5个鼓励奖，保健按摩团体1个一等奖、一个二等奖，展示残疾人自强不息的精神风貌。

【指导性文件】 以提高综合服务能力为重点，努力推动残联工作迈出新步伐，提请市委、政府同意，制定下发了《中共固原市委、固原市人民政府关于加快残疾人事业发展的若干实施意见》。该《实施意见》涉及发展残疾人事业各个方面的优惠政策，内容丰富，切合实际，具有很强的针对性和可操作性，为今后一个时期本市残疾人事业发展发挥重要的指导作用。

【学习型机关建设】 2010年，本会围绕创建学习型、服务型和效能型机关和开展大学习活动的要求，加强干部职工的政治、业务学习和党风廉政教育。组织全会干部重点学习党的十七大和十七届三中、四中全会精神，胡锦涛总书记、温家宝总理和李克强副总理在中央西部大开发工作会议上的重要讲话，《中共中央、国务院关于深入实施西部大开发战略的若干意见》，胡锦涛、温家宝、贾庆林、习近平、李克强、贺国强等中央领导同志来宁视察时的重要讲话，《国务院关于进一步促进宁夏经济社会发展的若干意见》《自治区党委、政府关于加快转变经济发展方式的意见》《自治区党委、政府关于贯彻落实〈中共中央、国务院关于深入实施西部大开发战略的若干意见〉的分工方案》，陈建国、王正伟同志在自治区党委、政府第四次固原工作会议上的重要讲话，《自治区党委、政府关于支持固原加快发展的若干意见》，张毅、工工伟同志在全区深入实施西部大开发战略动员大会和来固原调研时的重要讲话，刘小河、白尚成同志在全市深入实施西部大开发战略动员大会上的重要讲话等方面的文件材料。同时，还邀请市委讲师团讲师举办深入实施西部大开发战略理论专题辅导讲座，开展形式多样的党课教育。

【亮点工作】 首次把行政事业单位纳入征收之例，残疾人就业保障金征收工作取得新突破；利用各种培训资源，多渠道开展残疾人职业技能培训，残疾人职业技能培训向多元化方向发展，促进残疾人就业；实施“阳光家园计划”项目，落实智力、精神和重度残疾人居家托养，为减轻残疾人家庭经济负担、促进和谐固原建设做出努力；残疾人康复服务社区功能完善，提高为残疾人服务的能力和水平。年内全市共建残疾人康复服务社区22家。

固原市伊斯兰教协会

【政策理论教育】 按照开展深入实施西部大开发战略大学习活动的要求召开动员会，制订学习计划，完成学习篇目和规定动作，并派两名干部参加了市委组织的党校学习。开展“弘扬优良传统、推进宗教和谐、服务固原发展”主题教育活动，制定《固原市伊斯兰教界开展“弘扬优良传统、推进宗教和谐、服务固原发展”主题教育活动实施方案》，召开市伊协常委以上人员及重点坊寺的寺管会主任和阿訇参加的全市伊斯兰教界“弘扬优良传统、推进宗教和谐、服务固原发展”主题教育活动动员会，按要求完成学习提高阶段的内容。

【主题实践活动】 组织县（区）将伊斯兰文化交流活动中评选出的优秀作品在全市进行一次巡回演讲；组织市伊协常委和县（区）伊协负责人分别联系一个点，深入到基层宣讲党的民族宗教政策，并在活动中征求意见建议，查找不足，剖析根源。结合市争“五好”、创和谐、促落实活动，开展创建“五型”伊协组织和伊斯兰教活动场所活动，制发《固原市创建和谐伊斯兰教活动场所五年规划》（固伊发［2010］2号）和《固原市创建和谐伊斯兰教场所的评分标准》，按要求在全市范围内开展评选“五好寺管会主任”、“五好阿訇”和创建“和谐伊教场所”活动，通过评选，确定22个先进个人、21个先进伊教场所和两个先进宗教团体为表彰对象；指导县（区）伊协和场所建立健全了规章制度；建立爱国爱教教育展览室。

【宣教服务】 年内，举办两次涉及法律法规、党的民族宗教政策以及与群众生活息息相关的交通、计划生育、婚姻等方面的知识培训班，伊斯兰教界上层人士、部分清真寺阿訇和寺管会主任共212人参加了培训；组织伊斯兰教界16名阿訇参加区伊协组织的“观世博、阔眼界，爱祖国、促和谐”活动；加强对经学班、满拉的管理，确保市境内的经学教育规范有序开展；教育引导穆斯林群众勤俭办教，制止翻建、扩建、新建清真寺时贪大求洋，减轻信教群众的负担；建立健全伊斯兰教宗教场所内部财务、会计制度，做到民主理财，定期公布收支情况，减少不必要的误解，消除诱发矛盾纠纷的因素；完善寺管人员、治安、消防、文物保护、环境卫生等管理制度，接受当地人民政府和有关部门的指导、监督、检查，确保伊斯兰教宗教场所的各种安全。按照《伊斯兰教活动场所主要教职人员聘任办法》和《伊斯兰教教职人员资格认定办法》，完成98%的“两率”任务；指导伊斯兰教场所坚持就地、分散、小型、从简干“尔曼力”的原则，保证今年农历3月27日兰州东川拱北和农历5月27日平凉南台拱北的“尔曼力”活动和其他大型宗教活动的有序进行；引导信教群众积极参加各项建设，在全市范围内开展评选“五好寺管会主任”、“五好阿訇”和创建“和谐伊教场所”活动；结合实际，制定“和谐伊教场所”六个新的标准：爱国爱教、管理规范、安全整洁、服务社会、团结稳定、教风端正；开展《宗教事务条例》及相关配套办法和我市规范化管理制度的落实活动。配合宗教部门完成市内朝觐人员出国前的各项服务工作；配合统战、宗教部门开展了；全市穆斯林开斋节慰问活动，慰问25名伊斯兰教界人士和5所清真寺。

【社会公益事业建设】 教育引导穆斯林尊重其他信教群众的宗教信仰，做到求同存异、理解包容；协助党和政府及时做好城市拆迁、新建项目占地补偿等群众性工作，教育引导本市穆斯林信教群众要和党委政府保持高度一致，抵制各种邪教、新教派地非法渗透和传播，坚决制止周泽群势力和达哇宣教在本市的传播；针对玉树大地震，向全市伊斯兰教界人士和广大穆斯林同胞发出抗震救灾倡议书，共募集抗震救灾款8万多元，通过民政部门送到灾区人民手中；市伊协委员、西关清真寺主任任俊捐资10000元人民币，用于二中高三年级的贫困生学习生活补助，同时组织全市伊斯兰教界人士看望慰问了在今年高考中二中取得好成绩的学生和代课老师；要求阿訇通过"主麻日"讲解"卧尔兹"的形式协助教育、公安、计生、司法等部门做好其他社会公共事务，为创建和谐固原贡献力量；配合市公安局在"6.26"禁毒日开展固原市禁毒宣传教育"进百寺"活动。发挥宗教人士带头作用，在古城乡店洼村办起了合作社，在古城任河村帮扶带头养牛户；争取区伊协支持，为沙沟中口村小学争取资助50000元的校服，为碳山乡小学、杨河乡小学、张程小学、王洼镇山庄小学、古城镇任河小学、交岔乡大坪小学争得图书25000多册，价值39.2万元。

【文化交流服务】 举办以"弘扬优良传统，推进宗教和谐，服务固原发展"为主题的第五届伊斯兰文化交流活动。

【帮扶慰问】 年内，按照市委、市政府的要求，为搞好包扶工作，本会选派办公室主任担任农村工作指导员，赴西吉县沙沟乡中口村开展工作，配合当地政府进村入户宣传市委政府重大决策。在"七一"建党节暨建党89周年之际，筹集1500元慰问村党员28名。

固原市工商业联合会

【"创先争优"活动】 围绕全市经济发展战略转型和西部大开发战略大学习活动，以"践行六盘山精神、争当发展先锋"为载体，推进非公企业党组织创先争优活动的纵深开展。

【队伍建设】 始终把发展会员、建立基层商协(会)和非公企业党组织建设作为重点工作之一，注意培养和吸纳综合素质好、热心工商联工作和社会公益事业的积极分子加入工商联组织，2010年发展新会员6名，会员企业2个，并对市工商联不驻会的副主席、常委、执委和市民间商会副会长发挥作用情况进行考察考核。

【慰问活动】 春节期间对固原拖配厂、固原天然食品公司等9个非公企业党组织的106名生活困难党员进行了慰问，共计发放慰问金53000.00元。

【帮扶资助】 开展扶贫帮困"光彩事业"。玉树、舟曲灾情发生后，向各县(区)工商联、直属商(协)会、直属会员企业发出通知，组织倡导全市非公企业和广大非公经济人士发扬"一方有难、八方支援"的精神，向灾区同胞伸出援助之手，奉献爱心，共计捐款115万元。组织非公经济人士资助贫困学生135人，捐款6万余元。

【民营企业招聘周活动】 开展促进创业带就业工作，培训创业再就业导师5人，会同有关单位组织开展民营企业招聘周活动，本市21家非公企业参加招聘，有165人达成就业意向。

【感恩活动】 在非公经济人士中开展回报社会、感恩行动活动。已有28位企业家和42名"三老"

结成对子进行帮扶,为"三老"儿孙提供就业岗位20多个。

【建言献策】 举办两期市非公企业党组织负责人和非公企业负责人培训班,参加培训人员186人,提高非公企业党组织负责人党务知识和新形势下做好党建工作水平,强化非公企业负责人企业经营管理水平;倡导和支持担任市人大代表或政协委员的非公经济人士积极撰写议案、提案,真心建言献策,参政议政。全年被各级人大、政协立案的议案6件,提案8件,建议和社情民意20多条;开展调研和参政议政、建言献策工作。多次深入到重点优势非公企业搞好调查研究,了解民营企业生产经营等方面的情况和非公有制经济代表人士的思想动态,总结成功经验、分析存在的问题,形成理论文章和调研报告。

【经贸洽谈合作】 组织非公企业参加第二十一届中国哈尔滨国际经济贸易洽谈会、首届蒙陕甘毗邻地区经济技术合作洽谈会、中阿经贸论坛、第三届中国(宁夏吴忠)回商大会、甘肃青海清真餐饮精品菜肴的制作流程和先进的餐饮文化交流会等活动,争取银川新华百货东桥电器公司来固投资兴业,引进资金2300万元。

【非公有制企业党组织建设】 指导帮助非公企业进行员工培训,共培训4次,人数150人(次);通过各种形式,组建固原市旅行社联合支部、宁夏震湖酒业有限公司、宁夏红阳实业有限责任公司等7个基层党组织。

【廉政建设】 加强对党员干部理想信念教育和廉洁从政教育,引导党员干部既要牢固树立共产主义远大理想,履行《廉政准则》,落实领导干部勤政廉政承诺制。加强领导班子建设,建立学习型党组织,提高领导干部的思想政治素质和业务能力,年内未发生违纪行为。

人大工作

固原市人民代表大会常务委员会

【概述】 2010年，固原市人大常委会在市委的正确领导下，坚持围绕中心，服务大局，深入贯彻落实科学发展观，切实履行宪法和法律赋予的职权，开展执法检查8次、专项工作检查13次、代表视察2次，听取和审议"一府两院"专项工作报告20个，提出审议意见58条，作出重要决定2项，决定任免国家机关工作人员31人。这些工作为促进全市经济建设、政治建设、文化建设和社会建设发挥了积极作用。

【执法检查】 年内，人大常委会把执法检查与听取审议专项工作报告结合起来，既注重法律法规的宣传教育，又注重法律法规的正确实施。围绕中华环保世纪行——固原行动2010年活动主题，对《环境保护法》的贯彻实施情况进行检查，建议政府处理好区域开发和环境保护的关系，对污水、垃圾处理等重大综合整治项目和生态建设项目，在财政预算中优先予以安排，支持政府解决了影响环境的一些问题；组成检查组对《工会法》的贯彻执行情况进行检查，提出以私营企业为突破口，以维护职工权益为重点，加强基层工会组织建设，加大法制宣传教育力度，依法征缴职工养老保险，维护职工合法权益；针对本市信教群众多、教派分支多、宗教工作任务重的特点，对国务院《宗教事务条例》贯彻执行情况进行检查，支持政府依法管理宗教事务，维护现有宗教格局，妥善处理宗教内部矛盾，引导宗教与社会主义社会相适应，促进全市宗教工作和谐稳定发展；为确保"五五"普法工作取得实际效果，专门召开普法工作座谈会，总结经验，寻找差距，常委会对法院刑事审判工作和检察院民行检察工作进行检查，听取法检两院的专项工作报告和政府关于社会治安综合整治情况报告，提出探索和借鉴无罪推定规则，优化执法环境，严厉打击"两抢一盗"等意见；召开了宣传贯彻自治区人大《关于加强检察机关法律监督工作的决定》座谈会，推进检察机关进一步提高法律监督的水平和司法公信力。常委会还配合全国人大和自治区人大对《妇女权益保障法》《义务教育法》等5部法律法规进行执法检查。参与《公务员法》、自治区《预防职务犯罪条例》落实情况的检查。督促落实《刑事被害人救助条例》，协调政府将刑事案件被害人救助资金纳入财政预算。组织开展《代表法(修正案)》和自治区《封山禁牧条例(草案)》等6部法律法规的修正、立法调研。常委会高度重视信访工作，把认真受理群众涉法涉诉信访案件作为法律监督、构建和谐社会的一条重要渠道。2010年共受理来信43件、接待来访54人次，信访件全部按照有关规定程序，批转有关部门及时调查核实，依法依规处理，使反映属实的问题基本得到解决，维护信访群众的合法权益。

【重大决策监督】 常委会围绕全市经济发展战略转型这一主线，抓住关系改革发展稳定的重大问题、群众关注的突出问题，深入调查研究，广泛集中民智，助推市委重大决策部署贯彻落实，组织对固原一中迁建工程、老城区人民广场建设、长城梁生态农业科技示范园等为民承办的15件大事进展情况进行检查，多次深入固原经济开发区、清水河工业园区检查招商引资工作；视察了城市建设、工业企业、特色农业、旅游业和六盘山热电厂、机场等重点工程；听取和审议了政府关于招商引资、重点项目建设等工作情况的报告，提出针对性和指导性的审议意见和工作建议。

【经济社会发展监督】 经济社会发展计划和财政预算执行监督。根据监督法和预算法的规定，听取和审议发改、财政工作报告，着重审查经济社会发展计划和财政预算的执行情况、市本级预算收支情况、财政政策及相关财税措施的落实情况、社会保障和教科文卫等重点支出资金的到位和使用情况，结合审计报告中提出的问题，督促有关方面认真整改，依法维护了预算的公正性和审计的严肃性。同时，为保障市本级预算顺利执行，对教育、民政、社保等部门预算执行情况进行检查，进一步推动了部门预算的规范化、制度化。常委会认真分析全市经济社会发展面临的形势，组织对全市"十二五"规划纲要草案进行讨论，提出一些具有建设性和前瞻性的意见建议，供市委科学决策和政府编制规划纲要时参考，也为会议审查批准"十二五"规划纲要奠定了基础。

【民生问题监督】 常委会始终把群众冷暖放在心上，努力督促和支持政府办理一些群众看得见、得实惠的好事、实事。先后对彭堡水源地地下节水工程、人人享有基本医疗卫生服务等改善民生25件实事进展情况进行检查，审议了市人民政府关于住房公积金管理、"城市管理年"活动、校舍安全工程、矿产资源开发等专项工作报告，提出了一些加强和改进工作的审议意见，政府对此高度重视，公开为住房公积金管理中心招聘了人员，解决了工作人员紧缺问题；出台了《固原市城乡居民基本医疗保险实施办法》，促进医疗卫生服务均等化，推进了城乡基本医疗保险一体化进程；开展了市容市貌整治活动，实施了绿化美化亮化工程。特别是针对市民反映突出的供暖问题，及时对市区供暖情况进行检查，多次召开协调会议，妥善解决1000多户居民的供暖问题。尤其是改善民生25件实事的落实，充分展现了人大、政府紧密团结、互相配合、共同协调解决问题、共同推动工作的强大合力。

【创新工作方式】 2010年，在加强和改进人大监督工作方面形成一套行之有效的工作机制和工作方法，推动解决了一批事关全局和群众关心的具体问题。正确行使人大依法监督权，有利于推动"一府两院"改进工作；"一府两院"依法接受人大监督，有利于依法行政和公正司法。年内继续坚持围绕中心、突出重点、讲求实效的监督工作思路，把改进监督方式和提高审议质量相结合，把肯定成绩、总结经验与寻找差距、发现问题相结合，不断提高监督实效。先后邀请10多名公民旁听了常委会会议，拓宽公民有序政治参与的渠道，增强人大监督工作的透明度。对住房公积金管理使用情况、人人享有基本医疗卫生服务、环境保护等4个有关"民生工程"报告进行满意度测评，并将测评结果进行反馈通报，引起政府对相关工作的重视。同时，对每次会议提出的审议意见进行跟踪问效，并向常委会组成人员和代表反馈办理情况，既确保人大及其常委会的审议意见和作出的决议、决定落到实处，又促进政府部门进一步转变工作作风。

【依法行使重大事项决定和人事任免权】 年内，常委会始终把贯彻落实市委决策与人大审议决定重大事项紧密结合起来，坚持重要事项请示报告制度，严格按照民主集中制的原则，依法、按程序审议决定全市经济社会发展等重大事项和人事任免，使常委会通过的决议决定充分体现党的主张，符合科学发展观的要求，代表人民的根本利益。围绕经济社会发展大局，及时作出与市委决策同向、与"一府两院"工作合拍、与群众愿望相符的决议和决定。先后作出关于将固原一中迁建项目、清水河二期建设项目贷款本息列入财政预算的决定，并跟踪督促其有效落实。作出了关于财政收支预算部分变更方案的决议、关于补选出缺代表、罢免个别代表资格的决议等,审定批复了市政府关于城区部分街路巷命(更)名的报告;坚持党管干部原则,努力实现党内工作程序和常委会法定程序的有机统一,注重与组织部门衔接,严把人事任免程序关、任职资格关和材料送审关,认真落实拟任命人员任前供职制度,增强拟任命人员的法律意识、公仆意识和责任意识,督促国家机关工作人员依法行政、公正司法,正确行使权力,更好地为民服务;尊重代表的主体地位,常委会把代表培训、组织视察、列席会议、了解掌握人大及"一府两院"工作情况、代表提出议案、建议以及广泛参与有关活动,作为代表履职的重要形式,支持和保障代表依法行使权力,全面加强和改进代表工作。

【代表议案、建议办理】 常委会不断健全代表议案、建议的交办和办理工作机制,完善处理重点建议办理程序,加强对代表建议办理情况的督促检查。市二届人大三次会议主席团确定的5件代表议案全部办结,18件代表建议大部分得到落实,办理情况全部向提出建议的代表作了答复。

【拓宽代表履职渠道】 年内,把代表参与常委会活动作为提高监督质量和审议水平的一种形式,根据代表专业特长和提出议案建议情况,先后邀请15名代表列席常委会会议,组织56名区、市代表参加了立法调研、执法检查和集中视察等活动,有68名代表参与了市委、政府重点工作民意调查、重要文件的讨论和行风评议等活动,常委会和"一府两院"都能认真听取和积极采纳代表的建议,协调解决相关问题,更加密切了代表与群众的联系。常委会定期向代表通报会议情况,"一府两院"及时向代表通报各自重点工作,拓宽了代表的知情权、参与权、表达权和监督权。

【学习交流】 2010年,围绕中国特色社会主义法制建设的新进程和人民代表大会制度的新要求,组织对40多名乡镇人大主席进行履职培训,进一步提高了他们做好基层人大工作的水平和能力。先后组织30多名代表赴上海和北京参加人大代表培训班,开阔眼界,增长见识。召开全市代表联席会议,总结工作,交流经验。及时为代表提供学习资料和工作信息,定期为代表寄送《宁夏人大》等报刊杂志,推进学习型代表建设,增强了代表履职尽责的积极性和主动性;重视加强与区内外人大和县区人大的沟通与联系,学习他们依法履职的好经验、好做法,共同推进社会主义民主法制建设。热情接待区内外各级人大考察学习活动37次,圆满完成了全国人大常委会委员长和两名副委员长视察固原的协调服务工作。通过这些活动,宣传了固原市的各项建设成就,展现了固原市的对外良好形象。

【队伍建设】 常委会注重发挥组成人员在本地工作时间长、对各方面情况比较熟悉的优势,认真参与市委、政府安排部署的各项工作检查、招商引资、经贸洽谈、综合考核等工作,并在工作中与党政部门及基层单位建立了良好的合作、配合和支持的关系,为推动各方面工作增添了新的活力;坚持用马克思主义的最新理论成果武装思想、指导实践。参加市委中心组学习和全市理论大讲堂,开展深入实施西部大开发战略学习活动,增强大局观念、群众观念和法治观念,增强加快本市经济社会发展的紧迫感和责任感;坚持以人为本,加强人文关怀,重视干部教育培训和交流选拔工作,组织开展了"创先争优"、文体比赛、"读书月"等活动,努力创建学习型机关,打造学习型队伍;注重把人大宣传纳入党的宣传工作之中,围绕人大及其常委会的工作重点和亮点,做好组织策划,把握宣传导向,严把宣传内容,利用电视广播、报刊杂志和网络等新闻媒体,灵活运用各种宣传形式,深入宣传中国特色社会主义政治发展道路和人民代表大会制度,先后在《宁夏日报》《宁夏人大》等报刊杂志发表各类文章20多篇。

重要会议

【第十五次常委会会议】 2月24日，市二届人大常委会第十五次会议在市行政中心召开，会议由市人大副主任王固平主持。副主任姜文奎、杨志明、拜志俊、刘维俊、姬永昌、罗京玺、马玉芳，秘书长朱培忠及委员共34人参加了会议。市人民政府副市长李守银、市中级人民法院院长黄金柱、市人民检察院检察长李学军列席了会议。会议传达了自治区十届人大三次会议精神，学习了全国人大常委会副委员长王兆国在纪念地方人大设立常委会30周年座谈会上的讲话，会议任命杨自平为市林业局局长。姜文奎副主任在会议结束时作了讲话。

【第十六次常委会会议】 4月27～28日，市二届人大常委会第十六次会议在市行政中心召开，会议由市人大副主任罗京玺、马玉芳主持。副主任姜文奎、杨志明、拜志俊、刘维俊、姬永昌、王固平，秘书长朱培忠及委员共28人参加了会议。市人民政府副市长陈莉萍、市中级人民法院副院长何宏勤、市人民检察院副检察长谭晓云列席了会议。会议听取和审议了市人民政府关于全市住房公积金管理使用、中小学校舍安全工程、全市人人享有基本医疗卫生服务工作、矿产资源开发情况的专项报告，会议对住房公积金管理使用工作、人人享有基本医疗卫生服务工作进行了满意度测评。会议选举赵小平为自治区十届人大，通过了法检两院有关人事任免案，会议结束时姜文奎同志作了重要讲话。

【第十七次常委会会议】 6月30～7月1日，市二届人大常委会第十七次会议在市行政中心召开，会议由市人大副主任杨志明、刘维俊主持。副主任姜文奎、拜志俊、姬永昌、王固平、罗京玺，秘书长朱培忠及委员共31人参加了会议。市人民政府副市长李守银、市中级人民法院院长黄金柱、市人民检察院检察长李学军和部分特邀代表列席了会议。会议听取和审议了市人民政府关于《中华人民共和国环境保护法》贯彻执行情况的报告；审议市人大常委会检查组关于对《中华人民共和国环境保护法》贯彻执行情况的检查报告；听取和审议市人民政府关于全市“五五”普法进展情况的报告；审议市人大常委会检查组关于全市“五五”普法工作情况的检查报告；听取和审议市人民政府关于“城市管理年”活动实施情况的报告；听取和审议市人民政府关于全市旅游业发展情况的报告；对政府有关“民生工程”报告进行满意度测评。会议决定任命王宏祺为固原市人大财政经济工作委员会主任。决定任命杨彦文为固原市监察局局长、呼延俊杰为固原市财政局局长、李志达为固原市交通运输局局长、张鹏为固原市水务局局长、吴会军为固原市文化体育广播电视局局长。市委书记、人大主任刘小河在会议结束时作了重要讲话。

【第十八次常委会会议】 7月29日，市二届人大常委会第十八次会议在市行政中心召开，会议由市委书记、人大主任刘小河主持。副主任姜文奎、杨志明、刘维俊、姬永昌、王固平、罗京玺、马玉芳和秘书长朱培忠及委员共28人参加了会议。市人民政府市长白尚成、市中级人民法院院长黄金柱、市人民检察院检察长李学军列席了会议。会议任命陈永共、刘佳为固原市人民政府副市长，免去了张宗芎、陈莉萍的副市长职务。会议结束时，刘小和作了重要讲话。

【第十九次常委会会议】 8月30～31日，市二届人大常委会第十九次会议在市行政中心召开，会议由杨志明、王固平主持。副主任姜文奎、刘维俊、姬永昌、罗京玺、马玉芳和秘书长朱培忠及委员共28人参加了会议。市人民政府市长田治福、市中级人民法院副院长李永华、市人民检察院检察长李学军列席了会议。会议听取和审议市人民政府关于2010年上半年国民经济和社会发展计划执行情况的报告；听取和审议市人民政府关于2009年财政决算和2010年上半年财政预算执行情况的报告，审查批准2009年度市本级财政决算；听取和审议市人民政府关于2009年度财政预算执行和其他财政收支情况的审计工作报告；听取和审议市人大常委会财经工作委员会关于2009年度市本级财政决算的审查报告；听取和审议市人民政府关于物流产业发展情况的报告；听取和审议关于《中华人民共和国工会法》贯彻执行情况的报告；审议市人大常委会执法检查组关于对《中华人民共和国工会法》贯彻执行情况的执法检查报告；听取和审议市中级人民法院刑事审判工作的报告；审议市人大常委会检查组关于市中级人民法院刑事审判工作的检查报告；听取和审议市人民检察院关于民行检察工作情况的报告；审议市人大常委会检查组关于市人民检察院民行检察工作的检查报告。

【第二十次常委会会议】 10月29日，市二届人大常委会第二十次会议在市行政中心召开，会议由人大副主任拜志俊、刘维俊主持，副主任姜文奎、杨志明、王固平、姬永昌、罗京玺、马玉芳和秘书长朱培忠及委员共26人参加了会议。市人民政府副市长刘佳、市中级人民法院副院长李永华、市人民检察院检察长李学军列席了会议。市人大副主任姜文奎在会议结束时作了总结讲话。会议听取和审议市人民政府关于全市农业结构调整、设施农业发展及农民增收情况的报告、关于全市重点工程项目建设情况的报告、关于安全生产工作情况的报告、关于城区部分街路巷命（更）名的情况意见，会议任命王政权为市统计局局长。

【第二十一次常委会会议】 12月27日，市二届人大常委会第二十一次会议在市行政中心召开，会议由人大副主任、姬永昌、罗京玺主持，副主任姜文奎、杨志明、拜志俊、刘维俊、王固平、马玉芳和秘书长朱培忠及委员共27人参加了会议。市人民政府副市长李守银、市中级人民法院院长黄金柱、市人民检察院检察长李学军列席了会议。市人大副主任姜文奎在会议结束时作了总结讲话。会议听取和审议市人民政府关于国务院《宗教事务条例》贯彻执行情况、议案和代表建议办理情况、招商引资社会治安综合整治情况的报告；审议市人大常委会执法检查组国务院《宗教事务条例》贯彻执行情况、市二届人大三次会议议案和代表建议见办理情况的检查报告的报告；审议通过关于召开市二届人大四次会议的决定；会议审查和批准了2010年财政预算调整方案，审查2010年市本级财政预算执行情况；审查2010年我市国民经济和社会发展计划执行情况；征求对我市《国民经济和社会发展“十二五”规划纲要》的意见。会议选举市委常委、人民政府副市长黄雅杭，市委常委、西吉县委书记周金柱为自治区十届人大代表。

政府工作

固原市人民政府

【概述】 2010年，在自治区党委、政府和市委的正确领导下，全市广大干部群众以科学发展观为指导，围绕加快实现以农业为主导向以工业为主导、多产业发展并举转变的总体要求和“一五五”工作思路，提振信心，奋力攻坚，全力抓好事关经济社会发展的15件大事和改善民生的25件实事，完成市二届人大三次会议确定的各项目标任务及“十一五”规划目标。年内全市地区生产总值和全社会固定资产投资分别达到104亿元、112亿元，同比分别增长12.6%和30%，突破“两个百亿元”大关目标；地区生产总值是2005年2.32倍，年均增长12.6%；人均地区生产总值达到6846元（约1031美元），同比增长16.9%，是2005年2.3倍，年均增长18%。“十一五”完成全社会固定资产投资338亿元，是“十五”的3倍，年均增长26%。地方财政一般预算收入达到5.2亿元，同比增长49%，是2005年3.7倍，年均增长30%。城镇居民人均可支配收入达到12973元，同比增长10%，比2005年增长98.7%。农民人均纯收入达到3420元，同比增长15.5%，比2005年增长99.4%。人口自然增长率控制在11.81‰以内，城镇登记失业率控制在4.2%以内，万元GDP能耗下降1.61%。

【农业经济】 2010年，预计完成农业增加值28.9亿元，同比增长10%，是2005年2.25倍，年均增长8.4%。粮食总产量7.46亿公斤，创历史新高，比2005年增加1.41亿公斤。特色优势产业发展壮大，建成肉牛示范村105个，肉牛饲养量达到78万头，是2005年1.72倍；“泾源黄牛”通过地理标志认证。马铃薯种植面积218.6万亩，比2005年增加95.5万亩，总产201.1万吨，三级脱毒种薯繁育推广体系初步形成，建立脱毒种薯繁育基地14.45万亩，生产原原种6249万粒；“西吉马铃薯”荣获中国驰名商标。新增设施农业6.3万亩，累计达到22万亩；完成以覆膜保墒为主的旱作节水农业95.3万亩。原州蔬菜、西吉西芹、隆德花卉、泾源苗木、彭阳辣椒等新的特色产业正在形成。建立健全土地流转机制，积极推广西吉“华林模式”，引进总投资5000万元以上农业产业化龙头企业9家，“六盘山”牌农产品商标荣获自治区著名商标。

【工业经济】 2010年，预计完成工业增加值13.9亿元，同比增长25%，占GDP比重由2005年的10.6%提高到13.3%，年均增长17.3%。固原盐化工循环经济扶贫示范区启动建设，投资1.1亿元完成示范区总体规划、选址和10平方公里土地征用、主干道12.5公里路基及道路绿化。固原经济开发区中小企业科技创业园建成投入使用。六盘山热电厂2×330兆瓦机组并网发电，王洼二矿年产150万吨原煤项目建成试生产，银洞沟煤矿年产300万吨技改扩建、华电西吉月亮山风电厂一期49.5兆瓦等重点项目开工建设。彭阳石油资源开发进一步加快，新打油井30口，生产原油13.5万吨。全年生产原煤140万吨、水泥91.2万吨，分别是2005年2.46倍和2.14倍，能源工业迈出具有里程碑意义的一步。马铃薯、牛羊肉等农副产品加工业效益明显提高。深入实施“项目建设和招商引资年”活动，引进资金29.27亿元，同比增长88.2%；“十一五”累计引进资金76.4亿元，是“十五”的5.4倍。认真落实节能减排措施，化学需氧量和二氧化硫排放量分别控制在1万吨和0.98万吨以内，超额完成“十一五”节能减排任务。

【第三产业】 2010年，预计完成三产增加值49.2亿元，同比增长10%，比2005年增加25.88亿元，年均增长12.8%。完成须弥山博物馆、六盘山生态博物馆、萧关遗址文化园等重大旅游基础设施建设和6条景区主干道宽幅绿化。“十一五”期间，六盘山红军长征纪念馆、将台堡红军长征纪念园建成使用，六盘山旅游区、固原博物馆被评为国家4A级景区，成功举办了五届六盘山山花旅游节等系列活动，累计接待游客547.15万人次，实现旅游社会总收入13.99亿元，分别是“十五”的19.9倍和21.85倍。商贸流通、住宿餐饮、交通运输等传统服务业明显提升；中介服务、信息传媒等现代服务业迅速发展；银行保险等金融业快速增长，2010年，各项存款余额149亿元，贷款余额84亿元，分别是2005年3.5倍和3倍；城乡市场不断繁荣，社会消费品零售总额达到35亿元，同比增长18.5%，是2005年2.39倍，年均增长19%。

【城市基础设施建设】 2010年，市区总人口达到20.88万人，建成区面积达到34.62平方公里，分别比2005年增长33%和9.4%。行政办公、学校医院、星级酒店、房产商贸、市政设施等25个项目相继开工，总投资45亿元，年内完成投资16亿元，报业新闻中心建成启用，固原一中、市公安技侦大楼等项目建设进展顺利。道路、供排水、电力通信、供热等路网、管网铺设基本完成，城市框架基本形成，为建设一个现代化新区奠定了坚实基础；开辟了连接新区与老城新通道；新铺设供热管网21公里，新增集中供热面积60万平方米，集中供热普及率达62%以上；新建丝路广场、和谐广场等5处街头景观休闲广场；完成原固原体育场改造和宋家巷民族特色商业居住区改造二期工程。“十一五”期间，市行政中心、固原回中、固原体育馆、宁夏师范学院新校区、市委党校、固原汽车站落户新区；供水厂、污水处理厂、垃圾无害化处理厂、集中供热中心等重点市政工程投入使用。累计新建改扩建市区道路34.5公里，硬化人行道17.2万平方米；建成东海园区、金城花园等一批住宅小区；完成清水河西岸景观建设及河道治理工程；城乡面貌明显改观，年内开展“城市管理年”活动，加强违法建设整治，建立市、区、镇、村四级联管机制。实施主要街区亮化美化工程，完成机场路等18条道路路灯安装；建成大原广场、古雁岭生态公园等一批重点城市园林项目，新增城市绿地4818亩，人均公共绿地面积由2005年的7.2平方米增加到10.8平方米，绿化覆盖率达到28.6%；抢抓国家增加投资、扩大内需的政策机遇，重点实施了一批交通、能源、信息、水利等骨干项目。2010年，六盘山机场建成通航，309国道彭阳过境段、马成河至硝口段建成通车，福银高速六盘山镇至沿川子段建设进展顺利，原州区至王洼铁路运煤专线开工，新建农村水泥和沥青公路1120公里；西气东输二线工程固原段建设进展顺利，农村能源建设积极推进；开工建设秦家沟水库、彭堡水源地地下水库。“十一五”期间，境内高速公路通车里程达到82公里，公路通车里程达到6439公里，新建改建农村公路294条3922公里，实现所有乡(镇)通沥青路，72.7%行政村道路硬化，立体交通网络初步形成；清水河330千伏变电站建成投入使用，率先在西北地区实现了农村户户通电；全市所有行政村建成了农村信息服务站，每百人拥有固定电话15部、移动电话45部，覆盖城乡的信息网络体系逐步形成。兴修旱作基本农田65.3万亩，新增节水灌溉面积12.6万亩；完成东山坡引水、原州区东部安全饮水、固西引水等一批重大水利设施建设项目和62座病险水库除险加固、50处农村安全饮水工程，抗旱减灾能力进一步提高。

【县城及中心集镇建设】 突出特色，完善功能，在提质扩容上打造一批新亮点、新景观。西吉县旧城改造和葫芦河县城段治理效果突出,隆德县“城中村”改造步伐加快,泾源县“一城三区两园”布局初步形成,彭阳县茹河生态园建设和县城绿化美化成效明显,被评为国家园林县城。原州区张易、杨郎小城镇建设走在了全区前列。全市城镇化率预计达到30.85%,比2005年提高13.8个百分点。

【劳动力转移】 2010年,深入开展农民工职业技能“大练兵、大比武”活动,成功举办全市首届农民工职业技能大赛,完成职业技能培训14841人、职业技能鉴定10829人。新建转移就业基地64个,累计达到819个;完善转移就业市场机制,组建劳务集团公司5家、能够组织输出500人以上的劳务中介组织6家;精心组织农村劳动力转移就业“三个万人”输出大行动,全年转移就业30.5万人,实现劳务收入20亿元,转移就业人员人均创收6553元,分别比2005年提高20.8%、156.2%和108.1%。预计劳务人均纯收入占农民人均纯收入的44.4%。原州区、西吉县、彭阳县被命名为全国农村劳动力转移就业工作示范县(区)。

【全民创业】 着力搭建政策、基地、服务、融资、市场、培训“六大平台”,深入开展民营企业家、大学生、返乡农民工、复退军人、下岗失业人员、农村能人“六大创业行动”。2010年,新建创业园区和孵化基地10个,累计达到29个;创办小企业505个,累计达到1448个;培养小老板1105人,累计达到2136人;创造新岗位5262个,累计达到13890个;累计开展创业能力培训3946人;成立创业小额贷款担保机构6家,发放担保贷款1.37亿元。

【城镇就业】 实施积极就业政策,采取政府购买公益性岗位、机关事业单位招考、三支一扶、特岗教师、特岗医生招考等措施,2010年新增城镇就业11606人。“十一五”累计实现城镇就业54166人,其中城镇失业人员就业再就业42670人,政府购买公益性岗位安置下岗失业人员2389人,高校毕业生就业9107人。

【生态环境建设】 2010年,完成长城梁生态农业科技示范园二期工程、原州区须弥山河道综合治理、西吉县城北山绿化、隆德县六盘山珍稀植物园、泾源县瓦亭荒山绿化、彭阳县城南北山绿化等6个3000亩以上集中连片绿化点;扎实开展退耕还林补植补造,2002年度41.8万亩通过国家核查验收;完成水土流失治理面积498平方公里;创建生态示范乡(镇)6个、示范村57个。“十一五”期间,累计完成退耕还林9.5万亩,人工造林105.2万亩,封山育林32.7万亩,道路绿化2132公里,建成贺家湾水源地绿化等一批集中连片绿化点,森林覆盖率达到17.6%。狠抓封山禁牧,培育壮大苗木、林果、枸杞、中药材等后续产业。加大环境保护,四县污水处理厂相继建成,马铃薯淀粉废水治理技术研发成功并推广应用,主要河流水质明显好转。

【社会保障体系】 年内,率先在全区建立市区失地农民最低生活保障制度;实现职工医疗、生育保险市级统筹,推进统筹城乡居民医疗保险试点,全面启动实施新农保试点;积极解决社会基本养老保险、医疗保险历史遗留问题。不断完善社会救助机制,全市纳入城乡低保18.6万人,实施医疗救助27.34万人次,为城乡10515名80岁以上生活困难老人发放了高龄津贴,为全市69301户农村低保户和18351户城市低保户分别发放30元和50元“两节”慰问金。以基本养老、医疗、失业、工伤和生育保险为主要内容的社会保障体系基本建立。

【保障人民生活水平】 年内,城乡居民衣食住行条件大为改善。“米袋子、菜篮子”进一步丰富,稳定解决了群众温饱问题;群众收入普遍提高,购买能力显著增强。住房公积金制度覆盖面进一步扩大,归集总额达到12.01亿元,贷款总额达到6.88亿元;全市累计完成廉租住房等保障性住房53.26万平方米，实施危房危窑改造5.7万户。认真实施“家电下乡”等惠民政策，购车、购房和旅游等成为消费热点；城乡居民各项储蓄存款余额达74亿元。

【教育科技人才事业】 认真落实“三免一补”、困难学生资助、营养早餐等教育普惠政策。编制完成《固原市地方课程教材》初稿。“十一五”期间，全市实现“两基”教育目标，学前教育、职业教育、民族教育、特殊教育、成人教育快速发展。大力实施教育质量提升工程、中小学教师和校长能力建设计划，教育教学质量明显提高。大力实施中小学校舍安全改造工程，校舍面积达到162万平方米，比2005年增加44万平方米，办学条件明显改善，有效缓解了“大班额、大通铺”问题。全市适龄儿童入学率、初中阶段毛入学率、高中阶段毛升学率分别达到99.7%、106.4%和85.1%，比2005年分别提高0.95个、20.1个和35个百分点。大力推进科技创新，科技特派员创业行动成效突出，建成科技示范园区6个。科技对国民经济增长的贡献率达到39%，比2005年提高2个百分点。编制完成了《固原市中长期人才发展规划纲要(2010—2020年)》，完善人才引进、选拔、培训、教育机制。

【文化事业】 实施精品文化工程和县(区)特色文化工程，举办六盘山精神暨西海固文学艺术研讨会，出版发行了《六盘山文化丛书》《六盘山民间故事》等刊物，编排了《王洛宾的花儿情》等优秀剧目。组织了“花儿漫六盘”电视大奖赛等文艺展演，非物质文化遗产和文物保护成效显著。成功举办2010年全国群众健身大会暨首届六盘山登山节，全民健身活动蓬勃开展。加快文化惠民工程建设，广播电视覆盖率达到98%，农村8套以上广播电视节目入户率达到93.3%。“十一五”期间，西吉县、隆德县被评为“全国文化先进县”，原州区、彭阳县被评为“全国文物保护先进县”。

【医药卫生】 加快医药卫生体制改革，推进人人享有基本医疗卫生服务试点工作，认真落实药品“三统一”政策，提前实现国家基本药物制度全覆盖。市人民医院门诊住院综合楼、市妇幼保健院迁建、隆德县医院迁建、彭阳县中医院住院部建成使用，市中医院、西吉县医院迁建工程进展顺利。“十一五”期间，对所有乡镇卫生院实施了改扩建，实现了村村都有合格卫生室目标，医疗卫生服务体系逐步完善，住院床位达到3390张，比2005年增加1156张。城镇居民医疗保险、新农合参合率分别达到95.2%和93.3%，群众“看病难、看病贵”问题得到有效缓解。

【人口与计划生育】 严格责任落实，加快实施“少生快富”、信息化建设、“星级乡镇”创建工程，完成五县(区)县级计生服务站改扩建和85%的乡(镇)计生服务站标准化建设。实施“少生快富”工程5031例，累计实施29551例，创建“少生快富”示范户584户。全市人口出生率控制在17.24‰，比2005年下降2.18个千分点，出生政策符合率达到83.2%，比2005年提高6.07个百分点。组织开展了全国第六次人口普查工作。

【和谐共建】 2010年，开展矛盾纠纷排查调处和领导干部“大接访”活动，有效化解一批矛盾纠纷和信访积案。加强社会治安综合治理，推进新一轮“平安固原”建设，严厉打击各类犯罪，营造良好的社会环境。认真贯彻党的民族宗教政策，开展民族团结进步、和谐宗教活动场所创建活动，依法加强宗教事务管理，妥善处理宗教内部矛盾，保持宗教领域和谐稳定。严格落实安全生产责任制，集中开展各类安全隐患排查整治，安全生产形势总体平稳；加强食品药品安全监管力度，维护群众切身利益；完善应急管理制度，开展了地震、消防等应急救援演练，应对突发公共事件能力不断提高；开展精神文明创建活动，基层民主建设得到巩固，国防动员和双拥共建工作不断加强。外事侨务、人防、统计、粮食、供销、气象、档案、地方志、老龄、残疾人、妇女儿童等各项工作都取得新进展。

【队伍建设】 年内，坚持把“学习、实干、突破”作为主题，把提高执行力、奋力抓落实作为提升政府效能、落实目标任务、解决突出问题的重要举措，贯穿于政府工作的全过程。通过深入开展学习实践科学发展观、先进性教育、实施西部大开发战略等一系列学习活动，进一步解放思想，明晰发展思路，推进科学发展。全面推进依法治市进程，“五五”普法任务圆满完成。坚持依法行政，自觉接受人大依法监督、政协民主监督、群众评议监督和舆论监督，五年累计办理人大代表议案建议132件、政协委员提案建议745件，办复率100%。加快电子政务建设，建立健全了市、县、乡（镇）、村四级便民服务网络，积极推行政务公开，政府议事规则、民主决策、信息公开等制度进一步完善，群众关注的热点难点问题得到及时妥善处理。狠抓机关作风建设，办事质量和行政效能进一步提高。创新干部管理机制，实行目标管理考核，激发了各级组织和广大干部的干事激情和创新活力。严格落实党风廉政建设责任制，全面推行廉政风险防范管理和廉政勤政承诺制，加强重点行业、重点领域、重大项目资金管理使用的审计监督和行政监察，政府系统反腐倡廉工作全面推进。

重要会议

【第四十二次常务会议】 会议审定《政府工作报告（送审稿）》《2009年国民经济和社会发展计划执行情况与2010年国民经济和社会发展计划（草案）的报告》和《2009年全市及市本级财政预算执行情况和2010年全市及市本级财政预算（草案）的报告》。会议审定了《关于2010年全市经济社会发展大事和与群众生产生活密切相关的实事的报告》。会议确定了2010年全市经济社会发展的15件大事和与群众生产生活密切相关的25件实事 15件大事：1. 固原盐化工循环经济扶贫示范区基础设施建设工程；2.王洼煤业公司银洞沟煤矿工程；3.固原一中迁建工程；4. 固原市城乡困难群众住房工程；5.市区道路工程；6. 宋家巷民族特色商业居住区二期工程；7.长城梁生态农业科技示范园工程；8.宁夏中南部城乡饮水安全工程；9.村村通公路工程；10.马铃薯二级良种繁育体系工程；11.固原市图书馆工程；12.老城区旧体育场改造工程；13.须弥山景区基础设施建设工程；14.重点景区主干道绿化工程；15.建设劳务产业基地工程。25件实事：1.实施12处安全饮水工程；2. 开工建设固原市彭堡水源地地下水库工程；3.完成生态移民2000人；4.新增设施农业5.1万亩，完成以秋覆膜为主的旱作农业80万亩；5.推进教育公平，新增普通高中招生人数2000人，并向农村初级学校切块50%普通高中招生计划；6. 实施好全市100所中小学校舍安全工程建设项目；7. 资助贫困家庭高中学生3000名，帮助完成高中学业；8.实施“希望工程、圆梦大学”行动，救助贫困大学新生200名；9.实施“春蕾计划”，新建春蕾小学1所；10.建设“母亲水窖”170眼；11.积极争取建设乡镇综合文化站5个，配套固原市影剧院舞台设备，为全市农民送戏下乡130场次，免费放电影1万场次；12.全市实现人人享有基本医疗卫生服务逐步均等化，以打包服务的方式向农民提供公共卫生服务和基本医疗服务、向城镇居民提供公共卫生服务；13.实施法律援助民生工程；14. 实施残疾人就业培训计划，培训盲人保健按摩师、残疾人刺绣、电焊工、计算机和按摩师，完成农村残疾人实用技术培训1000人；15.实施康复服务计划，完成白内障复明手术100例，精神病救助300人，贫困聋儿抢救性救助10人；16. 适度提高全市城乡老年人生活保障水平，将80岁以上生活困难的老年人全部纳入城乡低保范围，发放高龄津贴；17.全市职工医疗保险统一实行“6+2”的缴费标准，并实行市级统筹；18.实行职工医疗、生育保险市级统筹，城镇居民参保率达到90%以上；19.积极争取自治区专项资金，将全市符合条件的城市低保对象全部纳入城乡低保，实行分类施保，应保尽保；20.积极争取扶持小额担保贷款1000户，使2000人实现创业和就业；21.完成瑞丰一级综合农产品批发市场；22.建设开发区中小企业创业园，为创业者提供创业平台；23.新建农村客运招呼站70个，方便群众出行；24.完成全市13个村庄的环境综合整治任务；25. 完善城市基础服务设施（新建垃圾中转站、建筑垃圾填埋场，新建、改建公厕，配置垃圾桶、果皮箱，新安装路灯，逐步推进节能路灯改造，开工建设市区天然气管网和六盘山电厂配套供热管网）。

【第四十三次常务会议】 会议审定了《固原市2009年度争项目争资金考核工作结果》。会议原则同意《固原市2009年度争项目争资金考核工作结果》，按有关考核规定程序执行。

会议审定了《固原市2009年度招商引资目标责任制考核结果》。会议审定了《固原市区违法建设行政责任追究暂行办法(草案)》。会议听取了《关于固原市管道天然气特许经营权出让情况汇报》。会议研究了《固原市农民工职业技能大赛方案》。

【第四十四次常务会议】 会议审定了《彭阳县县城总体规划(2009～2020)》。会议研究了《固原市产业发展规划》。会议研究了《关于新型农村合作医疗制度管理职能移交工作实施方案的报告》。会议决定，成立固原市新型农村合作医疗制度管理职能移交工作协调领导小组，组长由李守银副市长担任，副组长由王晓明、张志鹏担任，成员单位由卫生局、人力资源和社会保障局、监察局、民政局、财政局、编办、审计局、国税局等部门(单位)组成，领导小组下设办公室，设在市人力资源和社会保障局，张志鹏兼任办公室主任。

【第四十五次常务会议】 会议研究了《关于召开全市发展劳务产业暨全民创业工作大会的请示》。会议研究了《固原市农民工职业技能“大比武、大练兵”活动暨职业技能竞赛实施方案》。会议研究了《关于解决驻外劳务机构管理运转困难问题的请示》。会议研究了《〈固原市地方教材〉编辑出版工作实施方案》。会议研究了《固原市市区中小学幼儿园布局规划调整方案(2010—2015)》。

【第四十六次常务会议】 会议研究了《固原盐化工循环经济扶贫示范区建设征地拆迁补偿方案》。会议审定了《固原市中医药事业发展规划(2009—2015)》。会议研究了《关于召开全市人口和计划生育工作会议的请示》。

【第四十七次常务会议】 会议研究了《关于加快推进全市商标品牌战略的请示》。会议听取了《固原市社会保障基金管理使用审计情况报告》。会议研究了《关于将西吉县苏堡乡更名为震湖乡的请示》。会议研究了《关于成立固原市中小企业信用担保公司的请示》。会议研究了《关于在宁夏电视台播放固原旅游形象宣传片所需经费的请示》。会议研究了《关于加快推进固原市城镇化建设相关问题》。

【第四十八次常务会议】 会议传达了自治区人民政府廉政工作会议精神，研究我市贯彻落实意见。会议研究了《关于固原市投放城市公交客运车辆实施方案的请示》。会议研究了《关于举办第六届宁夏六盘山山花旅游节暨六盘山生态博物馆开馆仪式的请示》。

【第四十九次常务会议】 会议研究了《关于建设固原市综合性应急救援队伍的请示》。会议听取了《关于全市第一季度安全生产工作情况的汇报》。会议听取了《关于贯彻落实自治区煤矿整顿关闭工作会议精神情况的汇报》。会议审定了《关于参加“第一届宁蒙陕甘毗邻地区经济技术合作洽谈会”筹备及参会工作方案的请示》。会议研究了《关于推荐2010年享受国务院特殊津贴人选情况的汇报》。会议研究了干部处理事项。

【第五十次常务会议】 会议听取了关于自治区对固原市2009年度落实党风廉政建设责任制和推进

惩防体系建设考核情况反馈意见及整改措施的汇报。会议听取了关于固原盐化工循环经济扶贫示范区规划建设情况的汇报。会议听取了关于长城梁生态农业科技示范园建设情况汇报。会议审定了《固原市承办2010年全国中学生天文奥林匹克竞赛决赛暨宁夏天文奥赛邀请赛筹备方案》。会议听取了《关于康居工程建设项目以城乡建设用地增减挂钩方式供地情况的汇报》。

【第五十一次常务会议】 会议听取了关于固原市“十一五”期间节能减排工作情况汇报。会议研究了《关于举办中国·宁夏·首届六盘山登山比赛活动的方案》。会议研究了《关于关闭宁夏博江炭山煤业有限公司一号井的实施方案》。会议听取了《关于固原市参加自治区第七届少数民族传统体育运动会情况汇报》。会议审定了《关于拟公示2008—2009年度守合同重信用企业名单》。

【第五十二次常务会议】 会议听取了关于固原市打击传销工作的汇报,安排部署打击传销工作。会议研究了关于减免固原六盘山机场耕地占用税造地费征地管理费的有关事宜。

【第五十三次常务会议】 会议研究了《关于对张宗芎等12名福建省第六批在固挂职干部给予行政奖励的请示(记二等功)》。会议审定了《市区城中村“村转居”实施方案》。会议研究了《关于固原市加快城镇化建设的意见》。会议研究了《关于申请解决地方税和社保费征管经费不足的请示》。

【第五十四次常务会议】 会议研究了《关于进一步加强招商引资工作的意见》和《固原市招商引资优惠政策》。会议学习、安排了自治区对固原市进行第二轮巡视的有关文件及事项。会议听取了《关于市直机关(参照管理单位)公务员记三等功的报告》。

【第五十五次常务会议】 会议研究了《固原市招商引资优惠办法》。会议听取了《固原市2010年上半年食品安全工作汇报》。会议研究了《关于召开全市农民健康教育与健康促进行动总结表彰暨健康宁夏全民行动固原启动会议的请示》。会议听取了《关于六盘山机场申请专项运营发展资金补贴的汇报》。会议听取了《关于提高市本级安置公益性岗位人员工资待遇问题的汇报》。

【第五十六次常务会议】 会议研究了《关于加快推进固原市名牌战略工作意见》。会议研究了《关于固原市基本养老保险费征缴管理暂行办法(送审稿)》。会议研究了《固原市城镇职工医疗保险生育保险市级统筹实施方案》。会议研究了关于固原市组队参加“黄河银行杯”宁夏首届勇当创业先锋电视大赛事宜。会议研究了关于固原市妇幼保健院新增设家庭病床收费事宜

【第五十七次常务会议】 会议研究了《关于固原市参加“2010中国(宁夏)国际投资贸易洽谈会暨首届中国·阿拉伯国家经贸论坛”筹备及参会工作方案》。会议研究了《关于申请宁夏固原清水河工业园区优惠政策再延续五年的请示》。

【第五十八次常务会议】 会议听取了《关于加强农村环境保护工作实施意见的汇报》。会议审定了《固原市广播电视有线网络整合工作方案》。

【第五十九次常务会议】 会议审定了《固原市安全生产监督管理责任规定》。会议研究了《关于召开2010年全国群众登山健身大会暨首届宁夏六盘山登山节总结表彰大会的请示》。会议研究了《关于须弥山景区管理运营有关问题的请示》。

【第六十次常务会议】 会议初审了《固原市国民经济和社会发展第十二个五年规划纲要(初稿)》。会议研究了《关于自治区法制办对〈固原市区违法建

设行政责任追究暂行办法〉纠正的通知》。会议研究了《关于固原市区部分街路巷命(更)名的请示》。

【第六十一次常务会议】 会议部署了当前工作。会议研究了《固原市本级政府非税收入征缴管理暂行办法》。会议听取了关于自治区对我市“五五”普法检查验收反馈情况及贯彻落实意见的汇报。会议研究了《关于拟推荐表彰全市“五五”普法先进县先进集体及先进个人名额分配方案》和《关于评选‘全市依法治理示范单位’名额分配方案》。

【第六十二次常务会议】 会议研究了《固原市城乡居民基本医疗保险实施办法》。会议研究了《关于固原盐化工循环经济扶贫示范区融资问题的请示》。会议研究了《关于须弥山景区管理体制改革方案》。会议研究了贯彻落实全区进一步规范公务员津贴补贴稳步实施事业单位绩效工资政策工作会议的意见。

【第六十三次常务会议】 会议传达了自治区人民政府第81次常务会议和王正伟主席在“十二五”规划纲要征求意见会上的主要指示精神。会议研究了“十二五”和2011年经济社会发展预期指标和约束性指标。会议研究了《关于固原市争项目、争资金考核办法(试行)》。会议审定了《关于固原市打造六盘山农产品品牌的实施方案》。会议听取了关于固原民族职业技术学院申报高职专科学校工作情况汇报。会议听取了关于固原市推荐2010年全区教育系统先进集体和优秀教育工作者情况汇报。会议研究了《关于调整固原市原州区清河镇长城梁农业生态环境建设项目的请示》。

【第六十四次常务会议】 会议研究了《固原市人才发展规划》。会议研究了《固原市农村公路养护管理办法》。会议研究了《关于成立长城梁林业管理站的请示》。会议研究了《固原市国家机关及其工作人员不当行为问责办法》。

【第六十五次常务会议】 会议研究了《固原市2010—2012年农村环境连片整治示范工作方案》《固原市农村环境综合整治目标责任制考核办法(试行)》和《2010年固原市农村环境综合整治目标责任制考核工作实施方案》。会议研究了《2011年固原市区重点城市建设项目》。会议研究了《关于2011年“两节”慰问有关问题的请示》。会议听取了《2011年政府工作报告》(讨论稿)起草情况汇报。

【第六十六次常务会议】 会议研究了关于表彰全市国防动员工作先进单位、先进个人的有关事宜。会议研究了关于固原一中老校区土地使用事宜。会议研究了关于市人民政府2011年经济社会发展大事和为民办实事事宜。

【第六十七次常务会议】 专题研究、讨论了《政府工作报告(送审稿)》《固原市国民经济和社会发展第十二个五年规划纲要草案(送审稿)》《关于2010年国民经济和社会发展计划执行情况与2011年国民经济和社会发展计划草案的报告(送审稿)》《关于2010年全市及市本级财政预算执行情况和2011年全市及市本级财政预算草案的报告(送审稿)》。

政协工作

政协固原第二届委员会

【概述】 2010年，市政协常委会在市委的正确领导和市政府的大力支持下，高举中国特色社会主义伟大旗帜，认真贯彻中共十七届四中、五中全会和胡锦涛总书记在庆祝人民政协成立60周年大会上的重要讲话精神，大力弘扬“不到长城非好汉”的六盘山精神，突出团结和民主两大主题，发挥协调关系、汇聚力量、建言献策、服务大局的重要作用，为推进本市经济社会跨越式发展做出了积极贡献，政协工作呈现出服务大局献良策、关注民生重实效、促进和谐显特色、自身建设展新貌的良好局面。

【协商谋全局】 二届三次会议期间，委员们以高度的政治责任感，认真学习领会市委领导的重要讲话精神，并通过参加小组讨论、撰写提案等形式，围绕政府工作报告和其他重要报告进行广泛地协商讨论，就加快以工业为主导的发展战略转型、推进城镇化、调整经济结构、保障和改善民生等事关国计民生的重大问题提出了14个方面113条富有建设性的意见和建议；8位委员分别就马铃薯产业发展、发展现代畜牧业等一些综合性、全局性的问题作了大会发言，积极建言献策。市委、政府领导出席大会，听取委员大会发言，参加委员小组讨论，共谋跨越发展大计，齐商构建和谐良策。

【常委会议】 全年共召开4次常委会议，先后就学习贯彻全国“两会”和市委二届九次全体(扩大)会议精神、推进城镇化进程、深入实施西部大开发战略等重大问题，进行专题协商议政。在市政协二届十五次常委会议上，常委和委员们就实施西部大开发战略提出了大力发展物流业、推进教育均衡发展等许多有针对性的意见和建议。为提高常委会议协商质量，会前，根据常委会议议题，由分管副主席带队，深入基层，开展调查研究，了解和掌握情况；会中，邀请市政府分管领导到会通报情况，使常委们在知情明政的基础上献计献策；会后，形成专题报告，报送市委、政府提供决策参考。

【主席会议】 全年共召开16次主席会议，着重就学习贯彻中共十七届五中全会、自治区第四次固原工作会议精神和实施西部大开发战略大学习活动等作出安排部署；分别就农村公共卫生、城市社区建设、农村饮水安全工程建设、马铃薯种薯繁育体系建设等重点问题，听取有关部门工作情况通报，并开展协商讨论，增强了协商的实效性。

【专委会履职】 各专委会加强与对口部门的联系，继续拓展协商渠道，先后就提案办理、视察调研安排、委员开展活动等问题，主动与有关部门开展协商，共同探讨推进工作的措施；相互邀请参加有关会议，就全市经济社会发展问题，听取部门情况通报，交换意见，开展多渠道、宽领域的对口协商活动，为推进部门工作献计出力。

【提案工作】 2010年，坚持把提案作为民主监督最直接、最有效的途径，不断强化工作措施，努力提高提案工作水平。二届三次会议以来，共收到委员提案153件，立案133件，立案率为86.9%。截止2010年11月底，已全部办复，办复率为100%，委员满意率达99.2%。通过视察调研、通报情况、印发资料等方式，帮助委员知情明政，引导委员撰写高质量提案；不断完善办理机制，创新督办方式，实行主席会议成员督办重点提案和重点办理单位工作制度，深入8个重点承办单位进行提案督办，邀请市政府领导参加督办活动并通报提案办理工作情况，增强了办理实效，督办涉及提案56件，占提案总数的42%，其中重点提案4件，占重点提案的50%；提案委员会加强与承办单位、提案委员的联系沟通，通过上门商办、跟踪督办等形式，统筹提案办理进度，推动提案办理工作。

【专项重点视察】 坚持把视察作为民主监督的有效形式，选择事关固原科学发展和群众关心的热点问题精心组织视察。一是委员专题视察。先后就农村饮水安全工程建设、城市社区建设、创建教育强县（区）等进行专题视察。二是常委重点视察。组织部分常委就彭阳县油气资源开发、固原机场、六盘山热电厂、长城梁生态综合治理、新区建设等重点项目建设情况进行了实地视察。三是主席会议成员专项视察。应国土资源、经济技术合作、经济开发区等部门、单位的邀请，组织主席会议成员就全市国土资源、招商引资工作、固原经济开发区的发展情况进行了视察。通过组织各种形式的视察，帮助查找了工作中的薄弱环节和存在的问题，提出了一些具有前瞻性的意见和建议。

【关注社情民意】 坚持把反映社情民意作为民主监督的重要渠道，不断拓宽信息渠道，及时反映各界的真知灼见和利益诉求。全年共编发《政协工作》66期，被《自治区政协工作简讯》采用8期；报送《社情民意》32期，信息采用数量较往年有大幅增长，反映社情民意信息工作在全区各市排名第一，其中《遏制房价过快增长》《加强城市低收入群体的社会保障》《夯实贫困地区农村医疗卫生“网底”》等3期信息被全国政协《建言》采用，《关于在固原市继续实施退耕还林工程的建议》《关于加大廉租房监管力度的建议》等8期信息被自治区政协采用，《关于加快固原盐化工循环经济扶贫示范区发展的建议》《关于进一步加强宁南山区生态建设的建议》《关于加强农贸市场管理的建议》《关于发展固原清真食品穆斯林用品产业的建议》等4期信息得到自治区政府领导的批示，一些意见和建议得到了办理和落实。

【民主监督员履行职责】 坚持把选派民主监督员作为民主监督的重要载体，加强对民主监督员工作的领导，积极探索监督方式，认真履行监督职责。9月下旬，由分管副主席带队，深入23个被监督部门和单位，就民主监督员工作进行了督查，有效推动了民主监督员工作的深入开展；11月下旬，召开了民主监督员工作会议，5个被监督部门和3名民主监督员作了大会交流发言，18个被监督部门提供了书面发言材料，表彰奖励了9名优秀民主监督员，总结和安排部署了民主监督员工作。进一步完善民主监督机制，继续推荐政协委员担任相关部门的特邀监督员和行风评议员，参加被监督单位的重要会议和有关活动，不断扩大知情面和监督面，开展经常性的行风政风监督，实事求是地提出意见和建议；组织百名委员对全市党政机关部门、窗口服务行业的政风行风进行了民主评议，为促进部门工作，提高办事效率发挥了积极作用。

【专题调研】 立足全市经济社会发展大局，把专题调研作为推动科学发展、构建和谐固原的重要举措，选择一些党政关注、社会关心，具有前瞻性、广泛性和可行性的专题进行调研。围绕卫生事业发展，就全市农村公共卫生工作进行专题调研，提出了补充卫生专业技术人员、解决村医养老保险等14条建议；围绕推进城镇化进程，着重就全市城镇化发展现状、面临的主要困难和问题进行全面调研，就统筹解决进城农民社会保障、医疗、住房和子女入学难等方面提出了16条建议；围绕增加农民收入，组织委员就全市劳务产业发展情况进行调研，提出了加强劳务技能培训、创立固原特色劳务品牌等7条建议；围绕马铃薯产业发展，就马铃薯种薯繁育体系建设进行实地调研，提出了加强种薯生产设施建设、提高种薯生产能力、加快优质品种更新换代等12条建议；围绕发展清真食品穆斯林用品产业和阿语人才培训工作进行调研，针对存在的问题提出对策建议；围绕校园安全情况，就校园安全防范工作进行了走访调研，提出了加强学校安保措施的意见和建议。

【协作研讨】 年内，组织相关界别的委员就固原发展战略转型产业规划、"十二五" 规划等进行了讨论，集思广益，共谋良策，就推进发展战略转型等方面提出了30多条意见和建议；为做大做强本市清真食品穆斯林用品产业，在深入调研的基础上，召开清真食品穆斯林用品产业发展研讨会，邀请市政府分管领导参加会议并通报情况，有7名委员和5名企业代表作了大会发言，提出抢抓自治区打造内陆开放型经济机遇，加快固原清真食品穆斯林用品产业发展的意见和建议。

【建言献策】 围绕"西部大开发、固原怎么办"这一重大课题，在委员中开展"我为西部大开发建言献策"活动，召开了专题常委会和5个界别委员座谈会，就深入实施西部大开发战略与固原发展战略转型、固原如何打好老区、扶贫、生态、区域协调发展"四张牌"等全局性问题积极建言献策，共梳理出确立生态立市战略、推进城镇化建设、发展文化旅游产业、创优发展环境等方面的意见建议82条，社情民意21件，并以专题报告形式报送市委、政府。

【国计民生提案】 围绕全市经济社会发展中的重大问题，向全国政协十一届三次会议征集关于加快固原盐化工循环经济扶贫示范区建设、扩建固原火车站、建立六盘山区生态补偿机制、将马铃薯种植纳入粮食直补范围等提案4件；通过专题座谈、走访部门、发放征集提案表等形式征集提案，组织驻固自治区政协委员，向自治区政协九届三次会议提交关于经济结构调整、生态建设、社会保障等方面的提案50件，就我市发展中的一些重大问题和民生问题在全国和自治区政协全会上进了呼吁和反映。

【团结共事】 始终坚持围绕中心、服务大局的原则，与市委、政府同举发展旗、同谋发展计、同干发展事，做到了思想合心、基调合拍、工作合力，努力助推全市经济社会发展。市政协领导积极参加市委、政府的重要会议、重大活动和重要工作，参与重大问题、重要事项的决策，配合和支持市委、政府的中心工作，起到了在参与中知情出力，在知情出力中参政议政的作用；注重加强与党派团体的联系，邀请党派团体负责人列席政协的重要会议，邀请党派团体的政协委员参加政协组织的视察调研、提案督办等重大活动，发挥其在提案、专题发言、反映社情民意等参政议政活动中的重要作用，支持党派团体通过政协渠道发表意见和建议，推荐党派团体委员担任政府部门的民主监督员，调动他们参政议政的积极性，营造合作共事的良好氛围。

【联谊交流】 加强与自治区政协的联系，积极参加区政协组织的重要会议和活动，做好区政协领导来我市关于推进城镇化进程、经济发展方式转变、加强和改进提案工作等10多次视察调研活动；开展对外交流，参加了长征沿线政协第七次联谊会，组织市政协领导和专委会负责人，赴外省市学习考察，拓宽视野，广交朋友，活跃了政协工作；先后接待外省市政协来我市考察20余批，广泛宣传推介固原，营造和谐的发展环境。

【维护和谐稳定】 坚持把维护社会和谐稳定作为政协工作的重要职责，召开以"民族贫困地区人民政协如何为维护社会稳定作贡献"为主题的专题研讨会，市县(区)政协作了交流发言，积极为维护团结稳定建言献策；支持统战、宗教部门举办“全市民族宗教界人士培训班”，市政协主要领导和联系领导出席开班仪式并为宗教界人士授课，倡导全社会牢固树立“三个离不开”的思想，正确处理民族关系和宗教关系，推进民族大团结，促进宗教与社会主义社会相适应；重视发挥民族宗教界委员在政协和维护团结稳定中的作用，利用重大节日，主要领导带队走访慰问宗教界委员，听取他们的意见和建议，宣传党的民族宗教政策和市委的工作思路及重大决策，鼓励委员为促进民族团结、宗教和睦和社会稳定发挥作用。加强信访工作，及时处理群众的来信来访，协助市委、政府做好协调关系、化解矛盾、理顺情绪、维护稳定的工作。

【思想建设】 以中国特色社会主义理论武装头脑，组织委员有重点地学习中共十七届四中、五中全会精神，学习科学发展观，学习胡锦涛总书记在庆祝人民政协成立60周年大会上的重要讲话精神，把握正确的政治方向，增强走中国特色社会主义道路的自觉性和坚定性；以深入实施西部大开发战略大学习活动为契机，认真学习领会中央西部大开发工作会议精神，吃透中央的政策措施和区市党委的要求，增强为实施西部大开发战略建言献策的责任感和使命感；以推进理论创新为重点，召开市县(区)政协第六次理论研讨会，探讨新时期民族地区政协工作面临的新情况、新问题；积极参与自治区政协举办的“人民政协与深入实施西部大开发战略”理论研讨会，市政协有6篇论文被评为优秀论文，居全区各市之首。

【委员管理】 加强与委员的联系，继续坚持主席、副主席联系委员制度，分界别和县(区)召开了委员联系座谈会，加强对委员的学习培训，倾听委员的意见建议；发挥专委会的基础作用，成立委员活动小组，组织委员开展经常性的活动，增强政协工作的活力。加强对委员的管理，坚持委员参加活动考勤情况定期通报制度，建立约束机制，调动委员参政履职的积极性。建立委员知情明政制度，邀请市政府16个部门负责人向委员通报工作；全年共编发《委员知情明政简讯》32期，对市委、政府的重大决策、重要活动和部门的重点工作等及时向委员通报，为委员知情出力创造了条件。工商界的政协委员积极参与扶贫济困、捐资助学等社会公益事业，回馈社会，奉献爱心。

【文史宣传】 突出亲历、亲见、亲闻，编辑出版《固原文史资料》第三辑，发挥存史资政、传承文化、团结育人的重要作用。重视政协的新闻宣传工作，加大对政协重要会议、重大活动和委员履职建言成果的宣传报道力度，全年编播“政协视点”专题节目12期，编辑“委员建言”24期28篇，突出宣传政协工作中的亮点和委员为固原跨越式发展建言献策的履职风采；在《人民政协报》《宁夏日报》《华兴时报》《固原日报》等新闻媒体宣传报道政协工作的稿件百余篇，有效地提高了我市政协工作的社会影响力。充分发挥政协委员书画室的平台作用，举办了书法创作培训班，邀请自治区书协副主席李洪一作辅导讲座，全会期间举办书法笔会，多形式开展书画交流活动，大力弘扬政协文化。

【作风建设】 坚持以思想建设为核心，以制度建设为保障，以效能建设为抓手，按照市委的统一部署，在机关开展创先争优、深入实施西部大开发战略大学习活动，机关干部的大局意识和协作意识进一步增强，服务水平和工作效率进一步提高，形成团结和谐、务实创新的工作氛围。积极开展包村扶贫工作，深入包扶村，走访农户，了解民情，尽力为群众办好事、解难事，共为包扶村争取资金60余万元，援建了村希望小学，修建了村部，扶持发展养殖业，促进农民增收，帮助解决群众关心的民生问题。

重要会议

【市政协二届十三次常委会】 3月22日上午，邓向贵主席主持召开市政协二届十三次常委会，会议应到常委56人，实到42人，副主席杨振兴、伍文贵、罗永红、黄湘宁和秘书长宋强出席了会议，各副秘书长、各专委会主任、副主任及各县区政协主席列席了会议。会议传达学习了全国“两会”（十一届全国人大三次会议和全国政协十一届三次会议）精神，邓向贵主席就学习贯彻全国“两会”精神作了讲话。

【市政协二届十四次常委会】 6月22日上午，市政协召开二届十四次常委会议，会议应到常委56人，实到45人。会议由杨振兴副主席主持，邓向贵主席、姚启世、罗永红黄湘宁副主席、宋强秘书长出席会议，各副秘书长、各专委会主任、副主任参加了会议，市委常委、常务副市长黄雅杭应邀参加会议。会议听取了市人民政府关于全市城镇化进程情况的通报；审议了市政协关于全市城镇化进程情况的调研报告。邓向贵主席就固原的城镇化进程作了重要讲话。

【市政协二届十五次常委会】 10月19日上午，市政协召开二届十五次常委会议，会议应到常委56人，实到44人。邓向贵主席，杨振兴、伍文贵、刘乐伟、黄湘宁、王明亮副主席和宋强秘书长出席会议，会议由刘乐伟副主席主持。市政府副市长田治富应邀出席会议，市政协各副秘书长、各专委会主任、副主任、各参加单位负责人，市政府有关部门负责人、各县区政协主席列席了会议。会议听取了市人民政府关于《抢抓机遇、趁势而上、奋力推进关于经济社会又好又快发展》的情况通报，部分常委和委员就“深入实施西部大开发战略，加快推进固原经济社会发展”书面发言；审议了有关人事任免；邓向贵主席从西部大开发的重要意义、固原面临的机遇和挑战、市政协如何履行职能、发挥作用等方面作了重要讲话。

【市政协二届十六次常委会】 12月23日上午，邓向贵主席主持召开市政协二届十六次常委会议，杨振兴、伍文贵、姚启世、刘乐伟、罗永红、黄湘宁、王明亮副主席和宋强秘书长出席会议，市政协各副秘书长、各专委会主任、副主任、各参加单位负责人、各县（区）政协主席列席了会议。会议传达学习了中共固原市委二届九次全体（扩大）会议精神；审议通过了政协固原市第二届委员会第四次会议有关事宜（草案）；审议通过了政协固原市第二届委员会常务委员会工作报告（草案）和提案工作情况的报告（草案）。会上，邓向贵主席就市政协机关和政协委员学习贯彻市委二届九次全体（扩大）会议精神，谋划好2011年政协工作，开好市政协二届四次会议作了重要讲话。

纪检监察

中国共产党固原市纪律检察委员会 固原市监察局

【惩防体系建设】 坚持把落实责任作为推进惩防体系建设的重点，落实《固原市落实党风廉政建设责任制和推进惩防体系建设考核办法》，制发《2010年固原市党风廉政建设和反腐败主要任务分工》，向市委、政府领导报送"责任分工报告书"，给牵头(参与)部门发送"责任分工函告书"和"落实任务建议书"；采取定责任领导、定责任室、定完成时限的"三定"方式，把委局全年重点工作分解到具体室和具体人，内外衔接，上下联动，强力推进。制发《固原市党风廉政建设和反腐败工作牵头单位任务落实检查办法》，由市委府领导带队，对县(区)和市直部门(单位)2009年党风廉政建设责任制落实情况进行考核，各县(区)党委书记、市直部门(单位)党委(党组)书记向市委常委会进行了落实党风廉政建设责任制述职。召开牵头单位落实党风廉政建设和反腐败工作任务汇报会，4次组织对惩防体系建设和责任制落实情况进行检查。印发《关于推进"反腐倡廉制度建设推进年"活动深入开展的实施意见》，创新制定完善反腐倡廉教育、监督、预防、惩治和纪检监察工作各项制度和配套措施40余项。创办《廉政风险防范管理工作专刊》，反映情况，介绍经验，推动工作。制发《关于进一步加强廉政风险防范管理和勤政廉政承诺制工作督查的通知》，建立廉政风险防范管理常态化督查机制，成立6个固定的巡回督查组，开展督查指导4次，召开汇报会4次，实名通报4次，下发《督促整改建议书》13份。下发《关于进一步做好廉政风险防范管理工作的通知》，印制《廉政风险防范管理工作流程图》和《廉政风险排查、防控、考评一览表》，强化规范廉政风险防范管理的程序、风险点的查找和防控措施的制定。召开全市纪检监察系统推行廉政风险防范管理工作座谈会和市直部门廉政风险防范管理工作观摩会。

【督查纠风】 年内，开展监督检查10次，对发现的问题实名通报、限期整改。开展执法监察，与市委组织部等12个部门签订人事调配等单项责任书5种14份，强化对重点领域、重点部门和关键环节的监督。对42宗土地招拍挂出让、14个工程建设项目招投标进行现场监督。参与监督市本级政府采购节约资金1650万元。加强政风行风建设，指导有关部门建立纠风整治长效机制。深化教育经费专项治理，针对存在的问题，制定整改措施，提请市委、政府研究审定后下发各县(区)人民政府和有关部门抓整改落实，形成教育经费管理长效机制。督促各级党政组织把重点工作、为群众办理的实事在《固原日报》和市、县(区)电视台作出承诺，接受群众监督，促进任务落实。为668名农民工清欠工资243万元。

【工程建设领域专项治理】 制定《关于进一步扎实做好工程建设领域突出问题排查工作的通知》，6次组织对769个工程项目进行全面督查和实名通报，下发整改通知书128份，查处违纪违规案件11起。召开全市工程建设领域突出问题专项治理工作汇报会。制定《固原市本级财政项目支出预算管理规定》《固原市本级政府投资基本建设项目管理程序》《固原市区违法建设行政责任追究暂行办法》等制度，编印《固原市治理工程建设领域突出问题工作制度汇编》，建立工程建设管理长效机制。

【党员廉政宣教】 年内，开展"五个一"教育工程，推进全市第二个"党风廉政建设宣传教育月"活动。六盘山红军长征纪念馆入选中纪委监察部第一批全国廉政教育基地。全市6000多名党员干部到教育基地接受了教育。举办勤政廉政理论大讲堂1500余场(次)，观看警示教育片1300余场(次)，受教育党员干部3.5万人(次)。把勤廉教育和警示教育融入党风廉政建设教育服务信息和手机报内容，编成警示案例和廉政故事，向全市党员干部和农民群众发送200万余份。巩固提升廉政文化建设示范点，开展"虎啸六盘"廉政书法展等活动，廉政文化"精品工程"实施迈出新步伐。各级新闻媒体刊播新闻稿件180篇(条)。

【《廉政准则》贯彻落实】 执行"三谈两述"等制度，对69名新任职领导干部进行任前廉政谈话，领导干部开展述职述廉256人。制发《关于认真学习贯彻〈廉政准则〉的通知》。把《廉政准则》纳入全市领导干部理论大讲堂专题学习。在党风廉政手机报上开设《廉政准则》专栏，将"8个禁止"、"52个不准"编辑成手机短信，定期发送给党员干部。开展"学〈廉政准则〉促廉洁从政"教育活动，发放《廉政准则》学习资料2650份，举办培训班39场(次)。开展督促检查4次，对学习贯彻不力的部门进行通报批评。

【农村党风廉政建设】 贯彻落实去年全区农村党风廉政建设会议精神，突出构建长效机制、实施"勤廉为民"工程、加强便民服务网络建设、强化基层民主等重点，抓结合、抓规范、抓创新、抓提升。市委、政府把农村党风廉政建设纳入党风廉政建设责任制，建立专项考核机制。市纪委监察局对农村党风廉政建设主要任务进行分工，建立市、县、乡、村"四位一体"的工作落实机制。把农村经济发展资源、资金、项目和"勤廉为民"工程、"双十双百"示范工程捆绑结合，示范推动，共建互促，树立表彰"勤廉为民"和"双十双百"示范工程"五好"乡(镇)11个、示范村19个、示范牵头部门13个、勤廉双优先进个人30名。开展"民情村务评促会"活动，全市村级组织累计召开会议1万余场次，解决民生问题1.6万多件。年内，全市建立政务大厅6个、便民服务中心62个、便民服务室892个、便民服务代办点2134个。制定《关于加强全市乡(镇)便民服务规范化建设的意见》，推进乡(镇)便民服务工作规范化提升。

【作风效能建设】 落实《固原市关于进一步加强全市机关效能建设的意见》，在县(区)和市直部门培育30多个效能建设工作典型，发挥示范带动作用。制定《固原市效能投诉办理工作办法》，强化规范投诉办理工作，受理、办结效能投诉案件43件。10次组织对县(区)和市直部门(单位)落实重点任务、重点项目、机关效能等工作进行督查和实名通报。加大对推进重点工作执行不力、作风不实等行为的问责力度，对2009年度考核排名居后的6个部门通报批评，对领导班子成员诫勉谈话。

【监办案件】 年内，全市纪检监察机关受理群众来信来访和电话举报312件(次)，初核案件线索88件；调查立案案件34件，结案34件；对38名人员给予党纪政纪处分。通过调查核实，为41名同志澄清是非。总结完善案件交叉审理暂行办法、案件管理"三报"制度、信访件汇总分析排查会商办理制度，制定《固原市纪检监察机关案件统计管理办法》和《固原市纪检监察案件信息查询有关规定》等制度，建立腐败案件及时揭露、发现、查处机制。贯彻落实《固原市审判、检察、公安机关向纪检监察机关移送案件实施办法》，规范专项检查和重点抽查，案件查处协调、案件线索移送等工作。

【纪检监察创新活动】 2010年全市各级纪检监察机关向市纪委监察局申报工作创新成果98项，市纪委二届七次全会对25项优秀创新成果进行表彰奖励，其中市党风廉政教育服务信息平台和手机报被自治区纪委监察厅评为全区纪检监察系统“十大亮点工作”。制定《关于进一步开展好纪检监察工作创新活动的通知》，进一步总结提升创新工作，确保形成长效。创办《六盘山勤政廉政论坛》，拟于近期在全市范围内举办第一届论坛。创新督查机制，首次制发《2010年监督检查工作安排》，建立重点工作县(区)、市直部门(单位)一月一自查、市纪委两月一督查一汇报一通报制度，整合委局、派驻(派出)机构、市直部门纪委、各县(区)纪委监察局及市直有关部门(单位)的力量，强势开展监督检查，保证中央和区、市党委、政府决策部署和纪检监察重点工作贯彻落实。2010年被确定为全市“纪检监察工作落实年”，制发《关于在全市开展“纪检监察工作落实年”活动的实施意见》，建立工作落实长效机制。召开全市纪检监察工作观摩暨便民服务规范化建设现场会，强化对县(区)重点工作、创新工作和亮点工作互观互检互评互促，推动全市纪检监察工作落实创新提升。

【岗位职能建设】 年内，市委调整市纪委班子成员3名，选拔重用科级干部2名，为市纪委监察局和派驻纪检组监察室选调工作人员11名，为市纪委监察局增设副主任领导职数4个。配合市政府机构改革，对派驻(派出)机构分管部门进行调整。强化督促检查，确保中纪发[2009]9号、10号文件有力贯彻落实。指导县(区)在252个部门(单位)设立纪委、纪检组(联合纪检组、派驻纪检组)，有效解决了县(区)部门(单位)长期没有纪检组织、没有固定纪检工作人员、工作被动应付等问题。

民主党派

民盟固原市委员会

【制度建设】 完善主委办公会、全委会制度，坚持民主集中制原则，做到重大问题集中研究决定；加强请示汇报制度。重大问题向地方党委统战部请示，盟务工作开展情况及存在问题及时向当地党委统战部和上级民盟组织汇报；加强建立健全学习制度，制定了阶段性学习计划。

【理论学习与宣传】 鼓励盟员和专职干部撰写参政党建理论文章和宣传盟务工作的稿件，及时向区委会报送盟务工作信息和宣传稿件，通过市级新闻媒体报道民盟工作。以盟固发〔2010〕3号文件制发"思想建设年"活动方案，有计划地进行部署，并在年终进行学习活动总结。共计向区委会报送盟务工作简报10期，宣传稿件15篇，撰写参政议政理论文章及学习心得体会8篇。宁夏盟讯第三期刊发了盟员牛赟的《深入基层 掌握信息 提高参政议政水平》理论文章，《固原日报》的"政协视点"栏目先后刊登盟市委、盟员政协委员提案、建议9篇，固原电视台先后四次报道盟市委开展各项活动的实况；固原新闻网、固原日报在第一版刊发报道民盟固原市第二次盟员换届大会上的实况；完成上报区委会《民盟基础教育研讨会》征文2篇；组织观看电视专题片《民主之澜》《黄炎培》；组织广大盟员开展"社会主义核心价值体系思想建设年知识竞赛"活动；盟机关干部参加25次市委组织的领导干部理论大讲堂学习、深入实施西部大开发战略大学习活动培训班。

【组织建设】 建立完善主委、副主委、秘书长工作职责。做到分工合理、责任明确、各负其责、团结合作。对基层支部实行考核制度，使80%的基层支部达到活力支部的标准；组织发展，按照《盟章》规定和《民盟宁夏区委会2010年组织发展计划》要求，发展新盟员6名，并达到数量质量要求，完成组织发展工作；整理、更新上报盟员信息档案及有关资料。加强后备干部队伍建设，培养和推荐高素质人才，举办盟员学习班1次。有3位盟员参加宁夏社会主义学院举办的盟务工作积极分子和优秀盟员培训班；1位盟员林业专家参加了区委会组织的考察学习；指导原州区总支完成换届工作；召开民盟固原市第二次盟员大会，选举产生民盟固原市第二届委员会，完成政治交接任务。

【参政议政】 2010年，以盟固发〔2010〕02号文件下发民盟固原市委会关于认真做好2010年调研工作的通知，组织开展调研活动，上报区委会调研报告2篇，大会发言1篇，即：《关于固原市劳务输出工作的调研报告》《中小学素质教育问题的研究》《弘扬儒家思想、重视家庭教育》。市委会和盟员市政协委员向市政协二届三次会议提交提案23件，向区委会筛选上报提案4件；报送社情民意信息10件；完善参政议政档案。

【社会服务】 组织基层组织和盟员积极响应民盟中央为社会"做实事、做好事"的号召，根据自身实际开展社会服务活动：慰问看望生活困难群众，为他们送去节日的问候，并送上大米50袋，面粉20袋；春节前夕，市委会组织看望70岁以上老盟员，了解老盟员的生活和健康状况，为他们送去组织的温暖和关怀；“六一”国际儿童节，慰问深沟小学的师生；盟员江芝兰组织的“夕阳红”老年健身队代表老干局、市妇联，赴银川进行参赛活动，获得团体、个人奖项；响应民盟中央的号召组织向青海玉树地震灾区捐款活动，本市盟员陈利宁响应盟中央号召个人捐款1000元，祁国旺通过固原红十字会个人捐款1000元；市委会安排农村烛光基地部分老师，在科技支部主委李红的带领下，前往张易中学、头营中学进行听课、评课、讲座，开展农村支教活动。

【民盟典范】 2010年高考，民盟成员马正虎担任班主任的高三(1)班60名学生，上线57人，其中：一本50人，有5人分别被北京大学、上海交通大学录取，24名宏志生全部上了一本线；在第26个教师节来临前夕，市委书记刘小河、市长白尚成代表市委、人大、政府、政协，在市领导马玉芳、田治富、罗永红陪同下，冒雨慰问33年坚持在教育教学一线盟员、固原二中支部主委韩应武；年近80岁的老盟员黄忠厚在固原市政协编刊的《固原文史资料》第二辑、第三辑分别刊发《我与固原师范》《我所知道的反右斗争》；固原博物馆盟员冯国富执行主编出版《固原历史碑刻选编》，并在《宁夏固原博物馆》馆刊上发表“古代最宏伟的建筑工程”——固原战国秦长城调查报告之一、之二、之三；固原国税局盟员祁国旺书法作品入展中国书法家协会主办的“全国第二届西部书法展”、“全国首届篆刻展”；回民中学盟员王乖乖2010年1月在第21届“希望杯”全国数学邀请赛，荣获“数学竞赛优秀辅导员”称号，2010年11月荣获“最满意教师”称号；吉海云2010年荣获民盟宁夏区委会 优秀盟员称号，被市政协评为优秀民主监督员；机关支部主委翟昱明2010年，被市政协评为优秀民主监督员；农技推广中心盟员王玲2010年荣获民盟宁夏区委会 优秀盟员称号；机关干部马金莲荣获固原市首届“优秀专业技术人才”称号。

九三学社固原市委员会

【主题活动】 九三学社以开展“思想道德建设年”活动为契机，加强政治理论学习，引导带领广大社员深刻领会、践行社会主义核心价值体系。根据社区委和市委统战部的统一安排，社市委在全社上下开展了卓有成效的“思想道德建设年”活动。召开动员大会，成立活动领导小组，制定活动实施方案，全年共四次组织社员集中学习中国特色社会主义理论、社会主义核心价值体系、统一战线和多党合作理论，强化国情形势教育及多党合作优良传统的教育，开展“深入实施西部大开发战略大学习”活动。组织社员学习社区委编发的“思想道德建设年”活动学习资料共12期；开展“树立和践行社会主义核心价值体系”论文征集活动，鼓励社员联系本职工作，在工作和生活中践行社会主义核心价值体系。

【社员培训】 年内，有5名社员参加社区委会在社院举办的学习培训班，提高他们高举爱国主义和社会主义两面旗帜，坚持中国共产党领导、求同存异的意识和参政议政、民主监督的大局意识、忧患意识。

【健全规章制度】 落实民主集中制，建立领导班子谈心会制度，定期召集领导班子全体成员学习贯彻市委、社区委的决定、决议，部署社务工作。健全理论学习制度，引导广大社员“真懂、真信、真走”中国特色社会主义道路。完善主委会议制度、民主议事制度、“主委、副主委、秘书长”职责、支社工作考核细则、“调研报告、社情民意、论文稿件”评分办法等规章制度，使社的组织活动和政治行为逐步制度化、规范化、程序化。

【组织建设】 社市委把组织发展作为加强自身建设的重要抓手，始终坚持“三个为主”，发展与巩固相结合，有计划稳步发展的方针，注重吸收政治业务素质高、参政议政能力强的中青年知识分子入社。2010年，发展新社员3名，平均年龄43岁，其中，高级职称2人，中级职称1人，女社员2名。为社组织健康发展输送了政治上靠得住、品德上能服众、学识上有造诣的新鲜血液。

【第二次社员大会】 成功召开九三学社固原市第二次社员大会，完成政治交接。社市委于十一月下旬成功召开第二次社员大会。大会听取并审议杨世宏代表社固原市第一届委员会的工作报告，选举产生社固原市第二届委员会。朱进国、刘师贤（女）、安玉民、祁国海、杨世宏、殷建宝、冀忠7名同志当选为社固原市第二届委员会委员。领导班子规模由5人扩大到7人，其中大学以上文化程度7人，占委员总数的100%；高级职称5人，占委员总数的71.4%；中级职称2人，占委员总数的29.6%；女委员1人，占委员总数的14.3%。在社二届一次全委会上，杨世宏同志当选为主任委员，朱进国、祁国海同志当选为副主任委员。大会通过"紧紧围绕和谐社会建设和'十二五'规划的实施，继承和发扬九三学社优良传统，不断提高参政议政的能力和水平，以更加振奋的精神、更加务实的作风，努力开创我社工作的新局面，为固原经济社会跨越式发展做出新的更大的贡献"的决议。社员大会的胜利召开和选举的举行，标志着社市委完成政治交接，为社市委今后的工作提供良好的组织保障。

【机关建设】 解决开展工作无交通工具的困难，由三家民主党派共同使用；机关办公经费增加一万元，缓解因经费紧张，工作、活动开展不起来的尴尬境遇；通过全区统一笔试、面试、考察、体检，从乡镇基层遴选一名公务员充实到机关工作。

【参政议政】 社市委会主要负责同志多次参加市委、政府召开的座谈会，情况通报会、经济工作会、党代会工作报告，人代会工作报告等意见建议征求会，本社提出的一些意见和建议得到市委、政府和有关部门的重视和采纳。政协固原市二届三次全委会上，全体社员认真履行职责，开展调查研究，积极参政议政，建言献策，共向大会提出提案24件，占大会提案总数的18%，其中集体提案3件，个人提案21件，有8件提案被确定为全市重点提案。杨世宏、张爱等社员提出的《关于发展马铃薯微型种薯生产的提案》《关于加强我市社区建设的提案》《关于推进我市农村教育均衡发展的提案》3件提案被确定为全市2010年重点提案，占重点提案总数的37.5%。大会发言人杨世宏作了关于"如何提升固原市马铃薯产业发展水平的提案"。

【民主监督】 年内，有4名社员被市政协下派到市发改委、商务局、财政局、招商局、固原经济开发区管委会、市国土资源局、建设局、城管局、环保局、计生局10个单位担任民主监督员。一年来，4位民主监督员在繁忙的本职工作中挤出时间，主动与被监督部门联系、沟通，并多次参加被监督部门的行风评议会、情况通报会、总结会、招标会、座谈会和调研视察活动，及时把群众反映强烈的行业、部门给群众办事托拉、效率低、门难进、脸难看等意见反馈给被监督部门，并提出合理化建议，帮助被监督部门在转变工作作风、提高工作效率、依法行政、廉洁自律、增强服务意识等方面改进工作方法。

【社会服务】 社市委会依托社内人才荟萃的优势，以"绿色、低碳、健康、和谐"为活动主题，组织社内25位来自医疗、农林、教育等行业的专家学者，带着医疗设备、科普展板书籍、花卉苗木及农作物优良品种标本，深入到原州区回族聚居的中河乡开展第二十二届中国"国际科学与和平周"活动。义务为当地回族农村群众送医送药、开展义诊、普及环保科技、农业技术和送文化进村。活动当日共为当地群众免费书写书法作品80余幅，免费接待诊治眼科、外科、中医科、泌尿科病人150余人次，展出马铃薯、胡麻、糜子、豌豆、荞麦等农作物优良新品种

40多个、花卉苗木10余种、科技展板20余块，接待农作物种植咨询400余人次，赠送计生药品价值4000余元，免费发放《现代农业科技》《固原科普》《设施蔬菜种植技术》《环保52·我爱环保》《防灾减灾挂图》等科普书籍、报刊、杂志以及新品种介绍彩页等5000余份。活动覆盖原州区中河乡和西吉县偏城乡近3万余回族农村群众。

民进固原市委员会

【思想建设】 民进市委会按照民进宁夏区委会贯彻落实《民进中央关于加强新形势下我会思想建设的意见》的实施方案和《固原市委统战部关于协助民主党派加强思想建设的安排意见》要求，制定以继承和弘扬民进老一辈的优良传统和高尚风范为重点，以社会主义核心价值体系为引领的思想建设实施方案，各支部制订活动计划，精心组织，市委会联系指导，保证该项工作的顺利开展；开展社会主义核心价值体系学与行活动。选派骨干会员参加中央统战部、民进区委会在中央社会主义学院和宁夏社会主义学院举办的党外干部进修班和社会主义核心价值体系学习班及重庆民主党派教育基地——特园的培训学习。组织市委会成员观看学习中央统战部社会主义核心价值体系学与行电视电话会议精神，举办学习班学习多党合作理论，学习社会主义核心价值体系，学习民进发展史，各支部组织开展相应内容的专题学习活动；组织会员学习中共十七届四中、五中全会精神，学习民进宁夏六届五次全委会议精神。开展"西部大开发固原怎么办?"的建言献策活动，重点就产业发展、农村教育、信息化建设、家政服务业、城市交通状况等方面进行了调研，形成调研报告7份，提案20多份，编发会讯、工作简讯十一期，《宁夏民进》杂志和民进网页选登理论文章和工作信息16份，固原电视台、《宁夏日报》《固原日报》和《华兴时报》报道和登载了我会工作信息和调研成果和信息，《固原日报》"委员建言"栏登载提案3份。

【第二次会员大会】 成功召开民进固原市第二次会员大会，会议听取和审议高云海代表民进固原市第一届委员会所作的工作报告，选举产生民进固原市第二届委员会。王汉书、田丰、孙芳琴、周建设、虎久强、苟俊杰、高云海七名同志当选为委员。7人中具有大学学历的5人，中高级职称的6人，副县处级2人，其中副县长1人，科级干部3名，一批德才兼备、学历高、代表性强、年轻有为的同志进入市委会领导班子，在二届一次全委会议上，选举高云海为主任委员（兼秘书长），虎久强、苟俊杰为副主任委员，通过"我会各级组织和全体会员要始终坚持中国共产党领导，努力建设学习型参政党组织，进一步加强自身建设，认真履行职能，为固原市科学发展做出更大的贡献"决议。会员大会的胜利召开，为市委会的工作提供良好的组织保障；指导召开民进原州区第二次会员大会，成功选举产生新一届支部委员会，苟俊杰任主委，邓树亭、侯秀红任委员。

【组织制度建设】 2010年，发展新会员3名，平均年龄31岁，都具有本科学历和中级职称。完善主委会议制度和支部工作考评办法，明确各主委、秘书长、委员职责。使我会工作进一步制度化、规范化、程序化。坚持民主集中制原则，重大事项集体研究，集体决策，民主集中，注重树立一班人讲团结、顾大局、讲奉献的风气，始终保持心齐劲足、团结和谐的气氛，保证各项工作的顺利开展。

【参政议政】 参与政治协商，建言被重视。市委会领导班子成员参加中共固原市委、市政府、市委统战部及市政府各组成部门召开的各种协商会、通报会、座谈会，参加政府工作报告、市委有关届次会议的报告征求意见会，提出的一些意见和建议得到市委、政府和有关部门的重视和采纳；在会员中开展"三个一"活动。重视培养参政议政骨干队伍，发挥人大代表、政协委员骨干带头作用。开展对自发移民情况、农村文化建设、马铃薯产业发展、城市建设、新建学校附属设施建设等方面的调研，形成调研报告2份，提案11份. 在市政协二届三次会议上，市委会提交的《关于加强农村文化工作的建议》等4份提案被民进区委会选为向区政协九届三次会议提交的党派提案。固原市政协二届一次会议上，本会向大会提交11份集体提案，10份个人提案(第一提案人)，2份提案确定为重点(占重点提案22%)。高云海主委代表民进市委会作了《关于对固原市自发移民情况的调研与思考》的大会发言。民进提出的“积极发展文化产业”和“深入开展基层群众自治”的建议被市委采纳，并列入2011年工作要点。

【民进典范】 在民进宁夏六届五次全委会议上，固原市委会、固原市直支部和固原联合支部分别被评为参政议政突出进步集体、社会服务突出进步集体和思想宣传突出进步集体；高云海、虎久强被评为参政议政先进个人，周建设被评为社会服务先进个人，田丰被评为思想宣传先进个人，侯秀红、孙芳琴、赵炳庭、赵军被评为参政议政突出进步个人和思想宣传突出进步个人。在民进一届五次全委扩大会议上，表彰了工作成绩优异的民进原州区支部和杨俊杰等7名会员；民主监督取得实效。2010年，固原市政协召开了民主监督员工作会议，6个民主监督组成人员和市直24个被监督部门(单位)的负责人参加会议。高云海、李富泉被评为优秀监督员，高云海代表公检法民主监督组进行大会交流发言，被监督单位公安局负责人也作了关于支持民主监督员工作的交流发言。年内，有3份社情民意刊登在自治区政协《社情民意》上，向民进区委会报送社情民意21份，调研报告5份，累计积分160分，名列第三。

【服务活动】 围绕实施“支教助农”工程，市委会开展社会服务。2010年，市委会联合民进宁夏区委会、原州区教育局，邀请心理学研究生对原州区城乡中小学近二百名学校领导和班主任老师开展了教育心理专题讲座；慰问交警支队干部职工，开展送书画活动；各支部开展“送课下乡”、“三农”调研等活动。

司法 公安

中共固原市政法委员会

【概述】 2010年，各级政法综治组织坚持以党的十七届四中、五中全会精神为指导，以科学发展观为统领，以建设“平安和谐固原”为目标，认真贯彻落实区、市政法综治工作会议精神和党委政府关于维护稳定的一系列部署，紧紧抓住矛盾纠纷排查调处、严打整治和治安防控体系建设三项重点工作，进一步加强基层综治组织规范化建设，全力推进“平安固原”创建活动，以社会主义法治理念教育和执法规范化建设为重点，不断加强政法队伍建设，全面完成2010年各项工作任务，为全市经济社会发展创造了稳定的治安环境和良好的法治环境。2010年群众对社会治安的满意度达到96.1%。

【政法综治责任制】 对2009年政法综治工作进行总结，安排部署2010年工作。召开全市社会治安重点地区排查整治行动暨铁路护路联防工作会议，对重点地区排查整治和铁路护路工作进行部署。安排开展集中排查整治校园及周边治安环境专项行动，推动各级各类学校和幼儿园安全稳定。在隆德县召开全市政法综治基层基础工作现场会暨综治干部培训会，市综治委主任、副主任，市政法各部门、综治五部门主要负责人，市综治委五个专门工作领导小组办公室主任，各县(区)党委政府分管领导、综治办主任，乡镇综治办主任、法庭庭长、公安派出所所长、司法所所长等260余人参加了会议，对基层组织和力量进行宣传动员。逐级签订政法工作和社会治安综合治理目标管理责任书，对列入市委政府年度工作目标管理考核的市直和区属92个部门(单位)，实行“双签双考”，形成完善的责任体系。市县(区)综治办对“三个排查”整治工作进行督导检查，市综治委针对原州区护路办对辖区内二十里铺至二营车站行人上道整改不利情况，给原州区铁路护路联防工作黄牌警告；原州区也对清河镇、开城镇、头营镇三个乡镇和原州区教育局下发了整改通知，对开城镇2名党政领导进行了诫勉谈话；隆德县对平安建设工作不力的24个村（社区）、5个单位、1个企业下发了通报，对发生安全生产事故负有直接监管责任的6个单位下发了整改通知，取消六盘山街道办事处隆观社区“平安社区”称号；彭阳县对工作缓慢的红河乡、白阳镇和古城镇进行通报。研究部署加强全市校园及周边地区安全防范工作的措施，成立由市委领导带队的5个检查组，深入五县(区)对传达贯彻全国维稳工作电视电话会议精神情况进行督查。按照市委刘小河书记的指示，组成6个工作组分赴五县(区)和市直中小学校进行为期3天的安全检查。对校园及周边安全稳定工作进行督导检查，推动校园安全领导责任和工作措施的落实。根据市委领导指示，市委政法委(综治办)于抽调各县(区)政法委(综治办)相关领导组成两个检查组，通过实地察看、走访群众、查阅资料、听取汇报等方式深入五县(区)的31个乡镇(街道)综治办、政法基层单位、中小学校、幼儿园和机关企事业单位。

【“三个排查”百日行动】 2010年，市综治委组织在全市集中开展为期一百天的排查化解矛盾纠纷、排查整治治安乱点和突出治安问题、排查消除公共安全隐患的集中行动(简称“三个排查”活动),市公安局组织开展“化雨”行动,排查出不稳定因素97条,排查化解各类矛盾纠纷524件;市司法局大力实施法律援助民生工程,受理法律援助案件273件,办结234件,受援人数376人;彭阳县组织党员干部开展重点矛盾、信访案件走访回访活动,排查矛盾纠纷336件。

【排查整治治安乱点】 年内,共破获各类刑事案件362起,抓获犯罪嫌疑人152人;加强对重点单位和部位的控制,破获一批群众呼声高、有一定影响的盗窃汽车、摩托车、保险柜等系列案件53起、破坏电信设施18起、强迫卖淫案件1起,抓获网上逃犯10人;共查处各类案件126起269人,消除各类隐患369处;共清理暂住人口1256人,暂住人口登记率达98%,清理取缔非法出租房屋365户,核查发现各类案件线索45起,抓获违法犯罪嫌疑人员12人;开展“缉枪治爆”、禁毒禁赌、打击传销“飓风”等专项整治行动,共收缴各类非法枪支135支(仿真枪85支),各类子弹362发,管制刀具152把,查处涉毒案件58起,抓获涉毒人员5人,缴获毒资2000余元、毒品海洛因1.118千克,查处赌博案件14起,收缴赌资1.02万元,依法查处传销案件2起,共端掉传销窝点21个,查处传销人员132人,遣反98人,移送公安机关3人。强化道路交通安全管理,加强对超速、超员、酒后驾驶、无牌无证等严重交通违法行为的查处力度,共查处违法行为6757起,行政拘留47人,排查道路交通“黑点”16个,确保全市交通安全。

【社会治安重点地区排查整治活动】 市综治委制发《关于开展社会治安重点地区排查整治活动实施意见》,对重点地区排查整治工作作出了具体安排。按照“乡不漏村、村不漏户、户不漏人”和“全面排摸、不留死角”的要求,全市以案件高发、信访问题、安全事故多发、人流物流较大的区段、部位、行业、场所、人群为重点,采取设立征求意见箱、公开举报电话、召开治安报告会、座谈会、征求意见会等方法,对城中村、城乡结合部、学校、医院、铁路及企业周边等重点地区,易聚集赌博的村组、社区和易滋生“黄赌毒”等丑恶现象的歌舞厅、棋牌室、洗浴发廊等重点部位和场所,易引发公共安全事故的交通运输、公共卫生、食品药品、矿山管理等重点行业,易造成现实危害的“法轮功”、“门徒会”等邪教组织人员、社区矫正人员、吸毒人员、刑释解教人员、闲散青少年和非法上访、缠访闹事等重点人群,软弱涣散、不能发挥应有作用的村(社区)党组织、群防群治组织进行排摸。共排摸出涉及校园安全及周边治安问题、民事纠纷和上访缠访等突出问题共计11个方面107件,有22件被列为全区第一批整治重点,其中自治区备案整治的5件,市上挂牌整治的5件,县(区)挂牌整治的12件。

【“命案高发”综合整治行动】 市综治办制发《全市集中开展“命案高发”综合整治行动方案》,在全市开展“命案高发”综合整治专项行动。组织力量深入基层、深入群众,对当地近几年发生的“命案”逐案调研分析,搞清案发原因、规律和特点,提出综合整治的办法和措施,增强综合整治的针对性和实效性。坚持“两排查一分析”制度,立足源头预防,落实矛盾纠纷排查化解领导责任和工作责任,推动矛盾纠纷排查化解经常化、规范化、制度化。推进社会管理创新工作,通过对重点人口、重点行业、复杂场所的清理整顿,堵塞违法犯罪漏洞。严厉打击刑事犯罪活动,通过广辟线索来源、整合警力资源、开展政治攻势等多种措施手段,加大侦破工作力度。年内,全市共发生杀人案件16起破16起,破案率达100%。

【法制宣传教育】 围绕“构建和谐社会,建设平安固原”这一主题,采取多种形式开展综治宣传活动。隆德县率先在全区开通《隆德政法综治》网站;邀请宁夏大学朱爱农教授为全县副科级以上干部作了“社会主义法治理念”专题讲座;在全县4个大型超市购物袋上印制平安祝福短语,全市综治基层基础工作现场会召开前后,在通往乡镇的客车上张贴了平安温馨提示。西吉县开展“六个一”活动,即举办一次社会治安形势报告会、组织一次大型集中法治宣传活动、组织一次“百姓话平安”采访活动、开展一次交通、网络进校园活动、举办一次综治文化下基层活动、开展一次法律知识安全生产知识进村入户活动。彭阳县在有线电视台播放《平安之路》专题片。开展“五五”普法验收工作,对各县(区)、市直各部门的普法工作进行验收。

【立案查处】 年内,公安机关共立各类刑事案件2173起(其中现行案件2163起),同比现行案件下降0.09%,破获各类刑事案件907起,破八类主要案件207起,现行案件破案率为80.8%,同比上升6.78个百分点。抓获各类刑事犯罪嫌疑人557人,同比下降14.96%。受理治安案件2419起,同比受理数下降11.62%;查处2329起,查处率为96.28%。查处涉毒案件264起,查处赌博案件21起。全市检察机关共受理各类提请批捕案件231件361人,经审查批准逮捕191件294人;受理移送起诉不起诉案件353件584人,经审查依法提起公诉267件422人,同比上升14.6%和22%;受理各类职务犯罪案件67件,同比上升45.7%,立案侦查44件76人,同比上升46.7%和81%,挽回经济损失129.58万元。受理群众举报控告申诉来信来访334件(次),同比上升61.4%;受理民行申诉案件74件,同比上升111.4%,立案审查51件;提请抗诉6件,建议提请抗诉3件,抗诉2件,发再审检察建议3件,受理立案监督10件,通知公安机关立案6件(已经立案4件)。两级法院共受理各类诉讼案件12571件,同比下降3.7%,办结9542件;受理执行案件3242件,同比下降3.3%,执结1655件,执结率66.8%;受理来信来访3222件次,办结3222件次;受理减刑假释案件219件,办结219件。市中院受理各类诉讼及减刑假释案件680件,同比上升20.9%,审结583件,同比多结案143件,结案率为85.7%;新收执行案件64件,执结50件,执结率为78.1%。司法行政机关共排查各类矛盾纠纷3751件,化解成功3686件,化解成功率达98.3%。

【“平安固原”创建】 建立健全工作机制和制度,形成条块结合、专群结合、上下联动、齐抓共建的工作局面。开展基层平安创建活动。巩固发展平安乡镇(街道)、村庄(社区)、单位、校园、铁路创建成果,开展平安家庭、医院、企业、市场、景区、林区、宗教场所、边界等各行业、各系统平安创建活动,隆德、彭阳县的各乡镇综治工作中心实行“一个中心”对外,“一个窗口”受理、“一站式”服务的“三个一”工作模式。原州区和西吉县结合实际,对重点乡镇和一般乡镇综治工作中心建设提出不同要求,制定分步实施计划递次推进。泾源县为各乡镇统一制作“社会治安综合治理工作中心”牌匾,配备办公用具。对平安建设实行动态管理。严格落实工作责任,把新一轮“平安固原”建设任务按单位职能层层分解落实到具体部门、责任人,把平安创建活动向企业、市场、车站、旅游景区、宗教场所等方面延伸。

【“三项重点”工作】 为推进社会矛盾化解,各县(区)、各级政法机关,结合开展社会治安重点地区排查整治,对综治基层组织进行排查整顿,调整充实综治工作力量,开展教育培训。彭阳、隆德部署加强乡镇(街道)综治工作中心建设,发展“两排查一分析”、“三调联动”、平安联创等化解矛盾纠纷,加强社会管理的工作机制。推进社会管理创新。全市各级政法机关、综治组织切实履行职责,建立刑释解教人员、无业闲散青少年帮教管理衔接机制,探索以证管人、以房管人、以业管人的流动人口服务管理新机制。推进公正廉洁执法。政法机关坚持“三个至上”的指导思想,制发《关于开展集中清理化解涉法涉诉信访积案的实施意见》(固政法[2010]14号),对涉法涉诉信访积案进行集中化解做出具体安排；制定《关于开展案件评查专项活动的实施方案》（固政法[2010]15 号）和《关于贯彻落实自治区党委政法委 [2009]50 号文件开展日常执法监督工作的实施意见》。各级政法部门都成立案件评查工作小组，采取查阅案卷、座谈评议等形式对案件进行了自查自评。年内，全市各级政法机关共评查出各类案件 769 件，完成 154%，评出优秀案件 608 件、良好案件 94 件、合格案件 26 件、有瑕疵案件 34 件、不合格案件 7 件。针对评查出的问题，隆德县处分 7 名干警；泾源县对 6 件瑕疵案件办案干警进行了诫勉谈话，取消本年度评先资格；西吉县公安局对 21 件瑕疵案件上网通报批评。

【队伍建设】 按照市委的统一部署和要求，制定《市委政法委关于推进学习型机关和党支部建设的实施意见》（固政法综[2010]5 号）和《市委政法委关于在机关和全体党员中开展创先争优活动的实施方案》（固政法综[2010]8 号），对创先争优活动做出了安排。制发《关于开展集中清理化解涉法涉诉信访积案的实施意见》。加强党员教育管理，建立市政法部门党风廉政建设联席会议制度，采取明察暗访、走访群众、问卷测评等方法对驻市区政法机关及基层队所干警作风纪律进行督查，形成“统一组织、分级实施、动态管理”的执法档案建设管理体系。开展精神文明创建活动，建立学习型机关，努力营造健康和谐、催人奋进的工作氛围。制定《市委政法委关于开展“荐好书捐好书读好书”活动的安排意见》，举办市政法系统读书演讲比赛。组织政法干警参加纪念建党 89 周年大合唱演出等一系列活动。共撰写上报西部大开发战略大学习活动情况信息 5 期，撰写调研文章 2 篇。邀请市委讲师团讲师候军给机关全体人员作了题为《西部大开发战略专题》的讲座。市委常委、政法委书记陈凤龙在全市领导干部理论大讲堂分组讨论会上作了《政法机关要为深入实施西部大开发战略创造良好环境提供法治保障》的发言，被《固原日报》原文刊登。

【帮扶计生工作】 年内，与市财政局共同筹集资金 4.5 万元，为上滩村购置卫星接收设备 70 台；“六一”儿童节慰问上滩村小学师生，为学生购置《新华字典》、文具盒等学习用品。参与机关院内扫雪和全市春季、秋季义务植树劳动，完成明庄梁绿化工作任务。按市人口和计划生育局的要求，完成本单位干部职工生育情况统计工作。

审　判

【概述】 年内，全市法院共受理各类案件 12571 件，同比下降 3.7%，办结 9542 件。其中两级法院共受理诉讼案件 5888 件，同比下降 11.2%，审结 4446 件，结案率为 75.5%；受理执行案件 3242 件，同比下降 3.3%，执结 1655 件，执结率为 66.8%；受理来信来访 3222 件次，办结 3222 件次；受理减刑假释案件 219 件，办结 219 件；市中院受理各类诉讼及减刑假释案件 680 件，同比上升 20.9%，审结 583 件，同比多结案 143 件，结案率为 85.7%；新收执行案件 64 件，执结 50 件，执结率为 78.1%。

【化解矛盾纠纷】 年内，着眼于推进“155 工程”建设，着眼于促进西部大开发，以“案结事了”为目标，加大调解力度，大量的矛盾纠纷被调解处理。对辖区基层法院落实《审理民间借贷案件的指导意见（试行）》情况进行专项检查，对存在的问题进行整改，增强对“高利贷”等违法行为的打击力度和效果；探索多元化解决纠纷机制，拓宽行政案件裁判渠道，力争从各个层面、全方位解决行政纠纷。注重行政案件受理环节的协调。建立和完善与政府的联席会议制度，加强行政审判的互动与联动，协调解决行政争议案件。年内，民商事案件的调撤率达 60%，刑事附带民事案件的调解率达 58%，全市法院的民商事案件下降 13.12%，中院的民商事案件下降 4.88%，全市法院行政案件下降 24.14%。

【严惩犯罪】 年内，依法严惩各类严重刑事犯罪，加大对故意杀人、抢劫、强奸等暴力犯罪、“两抢一盗”等侵财犯罪以及涉毒品犯罪等严重刑事犯罪的打击力度；从严惩处贪污贿赂等职务犯罪；贯彻宽严相济政策，对具有法定从轻、减轻情节的被告人，依法判处缓刑、管制和单处附加刑，积极转化消极因素，争取更好改造效果；通过公开审判、以案说法，提高公民的法治意识；认真落实《关于贯彻宽严相济刑事政策的若干意见》《关于办理死刑案件审查判断证据若干问题的规定》和《关于办理刑事案件排除非法证据若干问题的规定》，严格执行刑法、刑事诉讼法及相关司法解释，依法惩治犯罪、保障人权，确保每一起案件经得起检验；依法审理集资、诈骗等案件，整治规范房地产开发市场；推进量刑规范化工作，发挥刑罚的作用。

【案件执行】 为提高执行的快速反应能力，成立执行指挥中心，协调指挥全市法院的执行工作；为防止“旧案积压、新案变旧案”的恶性循环，调整工作思路；加强基础工作，要求各业务庭要不断提高裁判文书制作水平，提高案件质量；推行判后答疑制度，让当事人对裁判的事实和理由明明白白；加强诉讼保全工作，对需要保全的财产依法及时采取财产保全措施，有效控制被执行人财产，减轻执行阶段查控财产的难度；加强调解工作，把调解工作贯穿于立案前、开庭前、庭审中、宣判前以及执行的全过程，减轻执行工作压力；开展“无执行积案法院”创建活动，对重点案件实行“五定一包”，做到“三个穷尽”，确保执行力度不减。2010年，本院新收执行案件64件，执结50件，执结率为78.1%；加强制度建设，针对执行中存在的问题制定《执行案件流程管理规定》《执行案件法律文书审批暂行规定》等规章制度，规范执行行为。

【立案信访窗口建设】 年内，加强诉讼引导、查询咨询、判后答疑等工作，落实首问负责、服务承诺等制度，配备休息室、饮水机等必要的服务设施。健全完善立案信访的相关制度规定，规范法官接待行为，实现“制度健全、功能完善、设施齐备、服务到位”的目标。设立信访接待室和导诉台，印制完善指导诉讼的相关资料，在立案阶段向当事人送达法官廉洁执法的公开承诺书，由当事人在结案后填写并交纪检组备查。强化法官释法工作，指导当事人举证、质证、认证，把认定案件事实和实体处理完全置于当事人的监督下。

【便民诉讼】 年内，实行“审判重心下移”，开展巡回审判、“送法下乡”，扩大巡回审判范围，增加巡回审判案件数量，最大限度地给人民群众提供方便，切实减轻当事人的奔波劳苦，45%以上的民事案件实现巡回审判。

【救助工作】 本院在充分调研的基础上，参照高院制定《刑事被害人救助实施意见》制定《刑事被害人救助实施办法》，规范和完善刑事被害人救助工作。

【规范管理体系建设】 年内，建立以案件运行监管制、案件质效评估制、司法绩效激励制为框架的规范管理体系。依托网络等科技手段，加强案件流程和节点监管。制定统一的案件卷宗装订顺序，规范案件管理工作。严格执行自治区高院规范案件管理的“四个规范性文件”和《固原中院瑕疵案件责任追究办法》，对2009年质效评估中出现问题的案件，依规定追究2名工作人员的责任。完善审判质效评估的四项制度，完善网上管理案件运行，推行案件质量评查制度，推进瑕疵案件责任追究等工作。对审结案件进行抽查评查，优秀率达75%以上，没有发现不合格案件。修订完善“两个考核办法”，调整审判执行工作的相关指标。年内，二审案件维持占60.7%，发回重审占11.5%，改判占27.8%，案件审结率达85.7%，全市平均结案率达到75.5%。请示、回复案件的办结回复率达100%。按照安排部署，成立“百案评查”专项活动领导小组，对确定的50件案件进行专项评查。对辖区基层法院初查的民事、执行案件共抽查30件进行复查，评查审结案件

325 件，未发现不合格案件。

【司法公开】 坚持公开审判制度，凡依法应公开审理的案件全部公开审理、公开宣判；落实《各级人民代表大会常务委员会监督法》，完善向人大代表、政协委员通报工作制度，向人大代表、政协委员和执法监督员全面介绍法院的工作情况，保障代表、委员和群众的知情权、参与权、表达权、监督权。完善民意沟通机制。开展“深入基层，问计于民、问需于民”活动，以巡回审判为载体，推进“法律六进”；公开监督举报信箱和电话，发放执法监督卡，广泛接受群众的监督；完善院长接待日制度、首问负责制、审判开放日等制度。年内，共化解来信来访 316 件，化解初访 298 件，办理批办信件 82 件，院领导接待来信来访 190 件次。完善陪审工作机制，开展新一轮人民陪审员的选任工作，89 名人民陪审员上岗履职。完善司法宣传制度，完善《信息宣传和调研报道奖励办法》，加大对信息宣传工作的奖励考核力度，年内，共在媒体发表稿件 230 多篇。

【积案清理化解】 强化积案清理化解工作。成立清理执行积案领导小组，主要领导深入市委、人大、政府、政协等部门，对时间跨度大、处理难度大、案情复杂、长期未结案的涉诉信访人员进行摸排，确定涉诉信访人 24 人，其中正常上访 17 人，历史遗留问题 2 人，应由基层相关单位处理的 2 人，市委政法委决定终结 3 人。说服罢访 2 人，确定积案 5 件。针对个案制定化访方案，确定责任领导，明确目标要求，推进化访工作。加强源头治理工作。分析研判审判质效与涉诉信访之间的关系，督促干警增强大局意识、稳定意识、“案结事了”意识，进一步抓好一、二审、再审和执行工作，做好初信初访工作，实行责任倒查制度，预防和减少信访问题，全年信访缠访实现“零”增长。

【队伍建设】 以实施“人民法官为人民”主题实践活动为载体，以建设“学习型法院、学习型法官”为目标，把政治理论、法治理念、职业道德和法律业务教育作为重点，把“公正、廉洁、为民”教育作为核心内容。按照《固原中院教育培训规划》和《固原中院干部教育培训计划》，推行法官教法官、现场示范、案例辅导，增强培训效果。年内，派出 12 批 36 人次外出考察学习。把司法作风建设作为“人民法官为人民”主题实践活动的重要内容，重点加强立案信访窗口建设，完善首问负责制、服务承诺、文明接待、繁简分流制度等，对诉讼风险提示以及诉讼指南等制度，在电子显示屏滚动播放，方便群众参阅。围绕学习贯彻区高院党风廉政建设和中纪委关于加强党风廉政建设和反腐败工作的相关会议精神，围绕贯彻落实《中国共产党党员领导干部廉洁从政若干准则》和《人民法院工作人员处分条例》，落实“五个严禁”规定，促进领导干部和广大干警廉洁自律。制定《关于主动接受监督的规定》《关于邀请人大代表和政协委员旁听庭审暂行规定》《廉政勤政保证金制度》《判后答疑制度》《廉政勤政风险防范承诺制度》等，邀请 15 名执法监督员进行座谈，听取意见和建议。对 1 件举报线索进行查处。增强广大党员干警的党员意识。

【制度建设】 落实中央关于深化司法体制改革的意见、《人民法院第三个五年改革纲要（2009 年—2013）》和《宁夏法院五年发展规划》以及《固原中院关于贯彻“宁夏法院五年发展规划”实施方案》等，修订完善相关制度。

【帮教矫正】 贯彻“教育、感化、挽救”方针，做好未成年人审判工作，确保未成年人合法权益得到有效的保护；与有关方面密切配合，坚持做好对被判处缓刑、免于刑事处分人员以及刑满释放人员的跟踪帮教工作，帮助他们改过自新，防止重新犯罪；加强和规范监外执行工作，完善社区矫正，充分发挥社区矫正在教育改造罪犯方面的重要作用。

【基层工作】 通过制定指导意见、提出实施方案、安排工作、调整考核指标、加强案件沟通等方式，督促基层法院做好贯彻落实和结合的文章，找准推进三项重点工作的结合点和突破口，提高工作的质效。抓住西部大开发，中央加强对西部地区投资倾斜的有利时机，通过积极磋商建议，争取地方党委、人大的支持，努力解决基层法院存在的案多人少、干警职级待遇偏低、法官断层、经费不足、装备落后、债务负担较重等问题，为基层法院办实事，做好事，解难事。西吉、原州、彭阳的审判法庭建设均有新的改善。

【考核监督】 完善两个“考核办法”，发挥“指挥棒”的指挥和引导作用，促进各项工作全面健康发展，规定信息调研、对外宣传工作的硬指标，加大考核力度，推动信息调研和对外宣传工作的开展；创建“无执行积案法院”，对执行案件实行“五定一包”，责任目标到人，推动执行工作健康发展；强化审判质效管理，启动“百案专项评查”活动，加大案件评查监督力度；兑现瑕疵案件责任，把瑕疵案与干警的廉政勤政保证金挂钩，加大责任追究的力度，增强不敢再撞“高压线”的威慑力；成立执行指挥中心，提高快速反应能力；开通固原法院网，为公众了解法院搭建了平台。

检　察

【概述】 为适应经济社会发展、人民群众、党委政府、社会各界对检察工作、对强化法律监督的新要求、新期待，适应全区检察工作竞相发展新的态势，对全市五县（区）检察工作进行观摩，召开2010年全市检察工作思路务虚会，总结近年来全市检察工作发展的基本经验，分析面临的形势、有利条件、不利因素，准确把握固原检察工作现状，按照区、市党委和上级院的重要部署及要求，结合固原检察工作实际，紧盯检察工作发展前沿，认真谋划、充分讨论、集思广益，确定2010年全市检察工作的总体思路和目标。把创建“学习型、创新型、服务型、专业型”检察院确定为今后一个时期全市检察机关的努力方向和奋斗目标。在强化执法办案、队伍建设、机关自身建设方面提出了更加严格化、更加精细化、更加规范化的要求。在检察业务工作上提出民行监督工作要寻求突破迈大步，职务犯罪查办工作要加大力度掀高潮，诉讼监督、侦查监督工作要突出重点上水平，预防、控申、监所检察工作要创新机制显亮点的具体目标和要求。

【三项重点工作】 在全国、全区政法工作电视电话会议、高检院电视电话会议、全区检察长会议和市委二届八次全体（扩大）会议、市人大二届三次会议相继召开之后，市、县（区）两级院及时组织干警认真学习会议精神，专题对周永康常委提出的深入推进社会矛盾化解、社会管理创新、公正廉洁执法等“三项重点工作”的战略意义；曹建明检察长提出的强化法律监督、强化自身监督制约、强化高素质检察队伍建设等“三个强化”要求；自治区院安排部署的继续深化“两项活动”的重要意义及其与“三项重点工作”的辩证关系进行学习和讨论交流，引导全体干警深刻领会精神实质、明确主要目标、掌握基本要求；全市两级院开展“西部大开发，我要干什么”专题研讨会、邀请市委讲师团授课，写心得体会、建言献策等多种形式和途径，高标准地完成为期两个月的深入实施西部大开发战略大学习活动；召开全市一至三季度检察业务工作分析会议，传达全国第四次公诉工作会议、第二次民行检察工作会议、查办预防职务犯罪工作会议及区院贯彻落实以上会议的会议精神，传达全国、全区检察长座谈会会议精神；传达学习《中国共产党第十七届中央委员会第五次全体会议公报》《中共中央关于制定国民经济和社会发展第十二个五年规划的建议》《关于制定国民经济和社会发展第十二个五年规划建议的说明》及区市党委《关于深入学习贯彻党的十七届五中全会的通知》等重要文件，对十二五规划、西部大开发战略、固原“155”规划下的全市检察工作统筹规划。

【社会矛盾化解与惩治严重犯罪】 年内，制定《固原市人民检察院关于进一步加强巡回检察工作的意见》。隆德县院确定"关爱留守儿童，解除农民后顾之忧"的巡回检察工作主题，启动了"巡回检察"流动服务车；探索巡回检察与巡回审判相结合的工作模式；设置综治、反腐、诉讼监督等功能型巡回检察工作小组，增强巡回检察工作的实效性和针对性。彭阳县院实行"一揽子式"工作方式，把巡回检察与扶贫工作、社区矫正及党委中心工作相结合，切准巡回检察与服务"三农"工作的结合点，提升巡回检察工作实效。原州区院跟踪服务重点建设项目，在六盘山热电厂、盐化工园区等新建项目区增设5个巡回检察工作联络服务站，把法律监督触角有效延伸至厂区、矿区等职务犯罪多发行业和领域。全市建立巡回检察联络站94个，挑选296名干警组成32个巡回检察组，每月一次定期到巡回检察联络站工作。

【职务犯罪预防体系】 按照"建好一个基地（党员干部警示教育基地），办好三个载体（《固原预防信息》《固原预防建议》《固原预防调查》），推进两项工作（侦防一体化及行贿档案查询工作）的思路，着力推进职务犯罪预防工作专业化、规范化、规模化。创刊编发《固原预防信息》41期、《固原预防建议》1期、《固原预防调查》5期，行贿档案查询798次，在市院和两个县（区）院建立了党员干部警示教育基地。固原市院和彭阳县院分别在市、县政务网上开通职务犯罪预防专栏，泾源县院在有线电视台开通职务犯罪预防专题节目，连播《职责与犯罪》等警示教育音像资料。职务犯罪预防工作真正做到融办案分析、对策研究、预防建议、警示教育于一体。

【轻微刑事案件和解制度】 检察彭阳、隆德、泾源等院会同人民法院、公安局、司法局出台了《轻微刑事案件和解实施办法》，从刑事和解的理论依据，概念、原则、方式，适用刑事和解的案件的类型，操作程序，以及人民法院、人民检察院、人民调解组织对案件的处理等方面进行规定，使轻微刑事案件和解工作做到了有章可循、有据可依；探索在监管活动中贯彻落实宽严相济的刑事司法政策。固原市检察院牵头与市中级法院、市公安局联合制定《关于在监管活动中贯彻宽严相济刑事政策若干规定》，在对在押人员悔罪表现等综合评价的基础上制作《关于建议对被告人××依法酌情从轻或从重处罚意见书》，在公诉意见中予以阐明，并当庭出示质证。

【释法说理】 推行不批捕案件说理制度；在全市范围内推行不支持抗诉案件理由说明制度，重点针对不支持抗诉决定，依据刑诉法等相关法律规定，围绕法院判决案件事实和证据、适用法律、量刑、审判程序等有所侧重地从"法理、事理、情理"方面分别进行说理、分析、论证，强化不抗诉说理的效果，增强检察机关法律监督工作的说服力；原州区等院探索开展民事行政申诉案件答疑说理工作制度，制定《固原市原州区人民检察院关于在民事行政申诉案件办理中推行答疑说理工作制度的意见》。

【特殊人群服务管理】 推进对相对不起诉人开展社区矫正工作。完善对社区矫正的工作方式和措施，依法开展对社区矫正各执法环节的法律监督，防止和纠正脱管漏管问题。配合有关部门落实安置政策，帮助解决刑释解教人员就业、生活、家庭等方面的困难。在全市两级院继续深入推进"百场法制教育讲座进校园活动"的基础上，彭阳县院在全县城乡各中小学开展"青少年维权信箱进校园"活动，开通普通维权信箱和网络维权信箱，依法告知青少年权利义务，保障青少年合法权益。隆德等院院指派检察干警担任综治联络员，把握辖区内社会治安整体形势，了解重大治安案件一手证据资料，做好诉讼引导侦查等工作，加强对流动人口犯罪情况的分析，研究发案原因、犯罪特点和规律，向决策部门提出对策建议，协助加强流动人口的管理；开展社会治安综合治理及对重点地区、重点部位和重点行业的专项整治，参与对城乡结合部、企业周边治安秩序、校园、幼儿园和治安问题突出地区的整治，配合有关职能部门做好打击治理和防范。

“关注民生，走近群众”主题实践活动 把社会矛盾化解作为维护稳定的核心工作和基础工作，作为全市检察机关服务中心工作和大局工作的关键，贯穿于执法办案始终，切实减少社会不稳定因素，着力创造经济社会又好又快发展和人民群众安居乐业的优质法治环境，严厉打击危害人民群众生命财产安全的严重暴力犯罪和多发性侵财犯罪。依法打击各类严重危害社会稳定和经济秩序的犯罪。2010年，全市共受理各类提请批捕案件282件451人，同比件数上升0.7%，人数下降0.2%，经审查批准逮捕230件361人(含不捕改批捕1件1人)，同比件数下降0.9%人数上升0.6%；受理各类移送审查起诉、不起诉案件436件710人，同比件数下降2.5%人数上升2%，经审查依法提起公诉333件533人，同比分别上升16.4%和27.8%。

职务犯罪案件查办 保持惩治腐败的力度不减，统筹处理好大案、小案和案件数量、质量、效率、效果等关系，统筹查办职务犯罪案件政治效果、社会效果、法律效果，严肃查办“三农”、城镇拆迁、教育招生等领域的一批民生案件，职务犯罪案件查办力度明显加大。制定固原市人民检察院关于《职务犯罪侦查案件奖励机制》《查办大要案件奖励机制》《自行发现职务犯罪案件线索奖励机制》等制度，出台《职务犯罪案件立案双报备制度》《职务犯罪案件交叉复审制度》，创新职务犯罪案件“专报”机制，制定《固原市人民检察院关于整合自侦部门力量进一步推进侦查和侦防一体化工作机制的实施意见》，在横向上整合反贪、渎检、预防资源，形成合力，在纵向进一步加强市院侦查部门对下级院重点影响性案件上的有力指导，有针对性地在全市建设系统开展一次危害廉租住房补贴和廉租住房保障工作渎职侵权犯罪专项检查活动。年内共受理各类职务犯罪案件72件，初查贪污贿赂案件60件，同比上升33%，立案侦查37件81人，同比上升8.8%和55.8%；初查渎职侵权案件9件，同比上升50%；立案侦查渎职侵权案件8件8人，件数和人数同比上升166.7%。共挽回经济损失172.28万元。原隆德县委组织部长李淑玲贪污、挪用公款案成功起诉后被判处有期徒刑十一年，取得了良好的社会效果。

畅通群众诉求 加强信访接待工作规范化建设。在严格落实控告申诉首办责任制，推进下访、巡访及检察长接访制度的基础上，制定《固原市检察院控告申诉案件公开审查办法》和《固原市检察院控告申诉案件听证办法》，强化公开审查程序，实行包括听证程序在内的一切有助于息诉罢访的公开审查方式和程序，切实保障人民群众的知情权、参与权、监督权，选择三起较典型的民事申诉办结案件，对案件的有关事实和审查情况向申诉人进行公开答复。答复会邀请三名律师、三名人民监督员作为听证员进行听证，并邀请有关新闻单位对答复过程进行全面跟踪报道；完善控申线索分类管理制度。严格区分举报线索管理和职务犯罪侦查工作信息管理的界限。对网络举报、12309电话举报、“两长”手机举报等全面落实统一归口管理。对分流到各业务部门的线索要按期催办督办，对多次举报和长期积累的线索进行清理，坚决杜绝压案不查，久拖不决现象发生；结合“巡回检察”，前移控告申诉“窗口”至村镇和田间地头，提升做群众工作能力和水平，确保检察工作植根于人民群众，接得上“水源”，接得上“地气”。2010年共受理群众举报控告申诉来信来访386件(次)，同比上升53.8%。其中，受理职务犯罪线索179件，占信访总数的46.4%。依法审查刑事申诉案件56件、民事行政申诉案件85件。

侦查监督 制定《关于办理职务犯罪审查逮捕案件有关问题的补充规定》，专门对自侦案件决定逮捕权上提一级后，侦监部门提前介入、引导取证等程序问题予以规范，填补了该项工作的空白。在开展“另案处理”专项活动中，彭阳县院将公安机关2008年—2009年度立案后自行撤销的案件纳入到“另案处理”专项检查活动之中；在《审查逮捕案件意见书》中添加“立案监督和侦查活动监督情况”格式内容；原州区等院组织干警深入到辖区各派出所进行专项检查，对重大影响性举报线索举报后公安机关未立案，举报人未申请立案监督但处理上明显存在问题和疑点的立案监督线索进行专项检查。在专项活动中，全市两级院共清查案件1653件，清理出“另案处理”人员355人，均极协调侦查机关一一审查甄别，依法落实处理。依法决定不批准逮捕85人、追捕5人、受理立案监督17件17人。

【刑事审判监督】 制定《关于对控判不一的一审案件和拟撤回起诉案件实行备案审查的规定》，进一步加强刑事审判活动监督；制定《不支持受害人提请抗诉案件说理的规定》和《不支持抗诉案件理由说明的规定》，最大限度地融法、理、情于一体，着力化解矛盾；会同固原市司法局、宁夏律师协会固原分会联合调研，制定了《庭前交换证据信息实施意见》，对交换证据范围、期限等做出明确规定，有效保障律师权利，全面把握刑事案件证据，进一步提高检察机关把握案件水平和指控犯罪能力。在开展量刑建议方面，原州区院在取得法院认同的基础上，出台《量刑建议实施办法》，西吉县院制定了《西吉县检察院公诉案件量刑建议指导规则（试行）》，市院和各县（区）院也均作了此方面的积极探索。2010年共发出《要求提供法庭审判证据意见书》71份，对不符合起诉条件的依法不起诉48件77人，提出抗诉7件。

【民事行政检察监督】 落实自治区检察院和自治区高级法院联合制定的《关于建立民事行政审判执行与民事行政检察工作衔接机制的试行意见》，着力构建以抗诉为中心的多元化民事行政检察监督格局。西吉县院聘请律师等担任民事行政检察工作“特约监督员”，拓宽民事行政检察案源线索，监督检察机关民事行政案件办理的规范性和合法性。隆德县院和泾源县院派出民事行政检察部门年轻干警到法院内部跟案学习，熟悉审判流程，提高业务素质。泾源县院与县法院联合印发《关于泾源县人民检察院民行工作人员到泾源县人民法院挂职学习的若干规定》，对该项工作进行细化规定，以会签文件的形式予以常态化和制度化。形成寓监督于协作，以配合促公正的全市民行检察工作新局面。年内共受理民行案件90件，立案审查61件，同比分别上升125%，建议提请、提请抗诉18件，同比上升500%。组织开展督促起诉专项工作，共摸排拖欠土地出让金、排污费2045.8万元，督促清缴1855.2万元，超计划任务558%。

【刑法执行监管】 以派驻检察室规范化建设为载体，加强刑罚执行活动监督。筹备派驻检察室规范化建设达标验收工作，开通驻狱（所）检察室检察局域网；开展保外就医专项检查工作，完成清查事故隐患促进安全监管专项活动总结验收。制定并落实办案期限禁示规定，严防超期羁押。会同看守所组织亲情接见活动，坚持每日巡视制度和与在押犯谈话制度，出台《检察长接见在押人员制度》，监所检察工作严格化、精细化、规范化。

【内部监督制约机制】 制定《职务犯罪案件立案双报备制度》《职务犯罪案件交叉复审制度》《关于对控判不一的案件和拟撤回起诉案件实行备案审查的规定》《固原市人民检察院检委会（检察长）审议决定案件（事项）范围及程序的规定》，办案管理和决策程序更加严格化；完善《固原市检察机关案件质量考评实施意见》和《固原市检察机关案件质量考评量化标准》《公诉案件办案效率考评标准》《自侦案件质量考评标准》，案件质量考评更加精细化、规范化；细化网上办案考评，有效提升网上办案水平。在全面推行办案网络化、汇报案件课件电子化、出庭公诉多媒体示证化的基础上，严格按照网上办案流程规定，落实动态监控机制，对全市两级院网上办案工作实行随时抽查考评与月度全面考评相结合的办法，适时监控，按月通报，实现网上办案准确率95%以上的目标要求；组织学习《中国共产党党员领导干部廉洁从政若干准则》，制定《固原市人民检察院关于推行廉政风险防范管理工作实施方案》《固原市检察机关落实党风廉政建设责任制和推进惩防体系建设考核办法》，修订完善了党风廉政建设考核标准；加强机关效能建设，深化检务督察；建立健全干警执法档案，规范干警执法行为，强化对检察干警的管理和约束。

【检务公开】 拓宽检察宣传平台，集中全市两级院的技术力量，开发新版的固原市检察机关的互联网门户网站，在《固原日报》日报开辟了检察工作专栏，丰富、充实检察机关对外宣传的网络平台，强化检察宣传力度，增强检察工作影响力；开展“检察开放日”活动，丰富检务公开的形式和内容。彭阳等院举办第二届“检察开放日”活动，邀请人大代表、政协委员、党政机关、人民团体、企事业单位、人民监督员、新闻媒体及人民群众等到检察院参加“检察开放日”活动；邀请人民监督员参与控告申诉公开听证、公开答复等活动，拓展人民监督员的职能作用。2010年共提请人民监督员监督职务犯罪拟不起诉案件37件，参与公开听证和答复3件(次)。

【队伍建设】 推进全员学习、教育、培训，深入开展各项主题实践活动，着力提升“素质检察”。坚持政治理论学习，全面动员部署“四型检察院”创建活动，动员部署“恪守检察职业道德、促进公正廉洁执法”主题实践活动，开展创建“学习型党组织”活动；落实中心组学习制度、普通党员上课党课制度和检察业务大课堂制度，提升检察队伍政治素养和法律监督能力；组织举办全市检察信息技术、网上办公办案、检察统计、监所数字检察信息、检察新闻宣传和控申工作等多个培训班；组织检察官等级晋升远程教育培训工作；强化岗位练兵，组织庭审观摩，参加全区“第五届优秀公诉人”评比活动，一名干警获得“甘宁青检察机关优秀公诉人”和“宁夏检察机关第五届”称号；开展全市“恪守检察职业道德、促进公正廉洁执法”演讲比赛和公正廉洁执法先进事迹报告会。

【基层检察院建设】 完善市院领导联系基层院制度和业务部门对口指导制度，对口联系基层院工作实绩确定为班子成员履职、述职的重要内容，年终向两级院干警进行通报；坚持把基层检察院建设的重心放在提高法律监督能力上，指导各县(区)检察院围绕大局狠抓执法办案，走出一条既能加大办案力度，又能公正廉洁执法、文明规范执法、办案效果好的路子来，发挥基层院服务大局的基础前沿作用、执法为民的一线平台作用、维护稳定的第一防线作用；加强基层示范院建设，培养典型，提升水平，院确定原州区检察院和彭阳县检察院为示范院建设对象，加强工作指导，加大支持帮扶力度，召开示范院建设启动大会，安排部署示范院建设工作；加大目标管理考核力度，以考核促提升，严格按照高检院考核评价各省、自治区、直辖市检察业务工作实施意见和考评工作项目及计分细则规定，完善考核基层院工作量化标准，并规定年内将采取随机抽样的形式，确定两个基层院到市院述职、测评，形成考核结果上报市委和自治区院。

公　安

【维护稳定】 年内，提升情报信息的搜集、研判和预警能力，为维稳工作提供情报支撑；严厉打击和严密防范“法轮功”等邪教组织、非法宗教组织以及有害气功组织的捣乱破坏活动；密切掌控宗教内部纷争及重点人员动向，对重点领域、重点人员逐人落实措施；举办3期“平战结合”反恐处突培训班，制定四个方面14项应急预案；完成“两会”和自治区第四次固原工作会议，首届六盘山登山节，以及中央、自治区领导来固视察等警卫(保卫)任务30

批次。

【严打整治】 在全市组织开展社会治安“冬季行动”、“夏季破案会战”、打黑除恶、打击“两抢一盗”、整治发票犯罪、禁毒严打整治以及缉枪治爆等一系列专项行动,有效地震慑了犯罪。全市公安机关共接到各类有效报警30102起,同比上升3.33%。处置各类警情27871起,处警率为92.59%。立各类刑事案件3061起,破获各类破刑事案件1216起,其中,破命案22起(共立23起),破八类主要案件264起,抓获各类犯罪嫌疑人740名。受理治安案件3097起,查处3018起。处置公民求助3589起,处置自杀、走失寻人183起,调解纠纷6012起,处置其他类警情9824起。无效报警568576起。同时,强化对涉枪涉爆、赌博、传销等治安问题的整治,收缴各类非法枪支135支,子弹362发,查处涉毒案件194起,抓获涉毒人员201名,缴获毒品海洛因1.228千克。查处赌博案件16起。捣毁传销窝点30个,抓获传销人员248名,移交工商部门教育遣返246人,遏制传销活动蔓延的势头。针对全国部分地区相继发生侵害师生安全的恶性案件,开展学校及周边治安专项整治行动,加强对校园周边地域的巡逻防范,协调各学校配备专业、非专业保安485人,在454所学校安装红外报警设施,快速侦破发生在西吉、开发区的2起涉校案件,发现并预防彭阳县一起嫌疑人持刀预谋报复伤害幼儿园师生的恶性案件,维护校园及周边安全稳定。

【社会治安防控】 根据固原的城乡结构、治安特点,探索因地制宜的多样化的治安防控模式。在城区建立以巡警为主,各警种共同参与的大巡防工作机制,加强对重点路段,时段不间断巡逻,提高了群众的见警率,遏制街面两抢等可防性案件的发生。在农村探索建立符合本市实际的新型警务模式,依托全市建成29个警务室、32个警务工作站和500个警务联系点,组织和动员基层组织和力量,开展群防群治工作,推行警民联手巡防、“五户一长”和“十户一长”义务巡逻、农户联防联保、轮流值班看护、清真寺聚礼巡护、分片设哨守望、邻里守望等多种巡逻防控模式,逐步解决了农村地区治安巡防空位、缺位问题,农村的社会治安状况明显好转。在固原市区20个主要街道、重点场所单位和6个县(区)的80个重点单位、部位安装电子监控设施,在一些乡、镇街面商铺和居民住宅安装感应“报警器”。

【排查化解矛盾纠纷】 围绕“两节”、“两会”、上海世博会、广州亚运会、自治区第四次固原工作会议、2010年全国群众登山健身大会暨首届宁夏六盘山登山节等重大活动和“3.14”“6.4”“7.5”等敏感节点,组织民警深入社区和农村,开展对重点领域、重点行业、重点群体、重点人员和环节矛盾纠纷和不稳定因素大排查活动,对各不稳定因素均采取化解和稳控措施,从源头消除不稳定因素,预防各类群体性事件的发生。2010年,全市公安机关共排查化解各类矛盾纠纷4769件,排查出各类不稳定因素351条,均采取化解和稳控措施,防止由一般矛盾纠纷转化为刑事案件、治安案件和群体性事件。

【社会管理】 以“大情报”系统建设为支撑,掌握重点人员活动轨迹,实现对重点人员的有效控制和现行违法犯罪活动的有效打击;创新“以证管人、以房管人、以业管人”的流动人口服务管理新模式,探索建立闲散青少年、流浪未成年人、农村留守儿童和服刑在教人员未成年子女的教育、管理、服务、救助工作机制;创新互联网技术手段,推进“大网监”格局,加大对网上有害信息的巡查工作力度,及时封堵、删除有害信息。依法打击利用网络实施的诈骗、赌博、传播淫秽物品、非法经营以及非法侵入计算机信息系统等违法犯罪活动。建立由183名民警组成的全市公安机关网评员队伍,针对互联网对对党委、政府和公安机关不良信息和言论,进行正面引导和评论。

交通消防管理 根据全市道路交通秩序状况，先后组织开展了示范公路创建活动、涉牌涉证、酒后驾驶、农用车载人、客车超载等专项行动和治理工作，在事故多发的重点路段安装电子抓拍设施，有效预防了道路交通事故。年内全市城乡道路共发生交通事故163起，死亡68人，受伤189人，经济损失51.16万元。同比事故起数、死亡人数、受伤人数分别下降8.43%、4.23%和17.11%；经济损失上升46.19%。以预防重特大火灾事故为重点，开展“利剑除患”行动，加强“防火墙”工程建设，确保火灾形势持续平稳。年内全市发生火灾事故136起，经济损失53.5万元，同比事故起数下降6.2%，经济损失上升74.45%，无人员伤亡。

队伍建设 举办为期三天的全市公安机关领导干部专题学习班；召开全市公安机关反腐倡廉电视电话会议；组织开展为期三个月执法执纪评查整顿专项行动；“七·一”前夕，开展慰问党员和表彰奖励活动，组织功模代表在全市公安机关进行巡回报告；开展和谐警营建设，组织民警参加全市庆祝建党89周年歌咏比赛；举办警营开放日活动，邀请社会各界50余人走进警营，促进警民关系良性互动；在全市开展民警心理健康巡回辅导，组织功模代表在全市公安机关巡回报告，并赴上海世博会观摩，缓解民警心理和工作压力。

司　法

“五五”普法总结验收 2010年是“五五”普法总结验收年，组织开展“八个一”系列法制宣传活动，依次创建开通固原普法网，开展法制宣传集中报道月，编印《“五五”普法依法治理工作资料汇编》和普法依法治理联络手册，拍摄“五五”普法亮点巡礼专题片，举办“五五”普法成果图片展；在《固原日报》刊发“五五”普法宣传专版；组建固原市普法讲师团，指派律师在69个市(直)部门、单位巡回开展“法制大讲堂”46场次。向市委、市政府5次汇报部署了检查验收工作；市人大、政协6次听取和视察了普法依法治理工作，人大常委会委员和部分人大代表专门对“五五”普法工作进行审议和满意度测评，满意率为99%；组织对四县一区和103个市直部门(单位)的“五五”普法工作进行全面考核验收，均达到合格以上等次。顺利通过自治区考核验收并受到验收组的充分肯定和高度评价。

“百日矛盾化解”专项活动 全年共排查调处矛盾纠纷4149件，调处成功4082件，调解率和成功率分别为100%和98.4%，其中调处化解民生工程案件614件，占全年任务(500件)的123%。督促指导各县(区)建立健全刑释解教人员过渡性安置基地，排摸刑释解教人员1372人，衔接、帮教1241人、安置1178人，帮教率和安置率分别为100%和95%。摸底确认全市社区矫正人员177人，在原州区城区3个街道办事处开展社区矫正试点工作，接管矫正对象53名。积极协调招录、遴选补充了基层工作人员14名，为63个基层司法所配齐了法治宣传车和办公设备，统一司法所工作标志牌。经多方协调争取，市局机关和原州区、隆德县的业务办公用房已经国家发改委批准立项，列入中央预算内投资计划，项目总投资1056万元，夯实基层基础。

惠民工程 年内，超额完成1200件法律援助办案任务，超额26%完成450件民生工程诉讼案件，争取“中央彩票公益金”法律援助项目在本市的全覆盖，落实项目资金82万元，办理案件424件，为1243名受援人挽回经济损失约750多万元。被评为全区、全国维护妇女儿童权益先进集体；被自治区政府授予全区法律援助工作先进集体；被市委市政府表彰为信访工作先进单位。组织开展“千名律师进万家企业”服务活动，走访企业381家，为203家企业提供了咨询、风险防范、修订合同文本等服务，律师办理诉讼辩护及代理案件1209件，参加公益事业和社会活动12场次，解答法律咨询4568人次。公证机构办理国内公证业务2135件，涉外公证

232件；对全市律师公证机构和执业人员进行年度考核，组织312名考生参加了国家司法考试，达标通过58名。完成3家司法鉴定机构、2名司法鉴定人的资格初审及司法鉴定名册编制上报工作。

【队伍建设】 把深入实施西部大开发战略大学习、学习型党组织建设和司法行政核心价值观大讨论与“创先争优”活动紧密结合，为每个党员征订《〈廉政准则〉学习读本》，征集上报26幅作品参加全区政法系统和全市“廉政书画展”；分析查找廉政风险点92个，制定防范措施101条，修订审核党员、干部职工的勤政承诺96条，廉政承诺53条，为全体科级干部建立廉政档案。举办核心价值观暨“讲党性、重品行、作表率”专题演讲比赛，领导干部带头讲党课、搞调研、谈心得，其中党课《推进学习型党组织建设党员应该怎样做》和组织生活实例《讲党性、重品行、作表率》被市直机关工委评为优秀奖；向市直部门（单位）、各县（区）司法局及行风监督员发放政风行风测评表68份，回收68份，在固原普法网公开征求群众意见和建议，测评满意率达99.6%。

【“三服务一推进”和律师行业警示教育活动】 改选固原市律协分会党支部，制定完善律师党建工作制度，建立党员律师、入党积极分子信息档案和律协支部党务公开栏，培养、发展优秀年轻律师和法律服务工作者党员4名，组织开展党员干部和律师队伍警示教育活动，教育引导党员和律师牢固树立“三个至上”的服务观念；贯彻执行民主集中制原则，严格落实一岗双责，团结带领全体干部职工完成年度综治、安全生产、计划生育、机关效能、义务植树、定点帮扶等共性工作任务，单位未发生投诉、违纪违法等问题。

【主要荣誉】 2010年，被全国妇联授予“全国维护妇女儿童权益先进集体”、被自治区人民政府、司法厅表彰为“全区法律援助工作先进集体”、被宁夏维护妇女儿童权益暨平安家庭创建协调组表彰为“全区维护妇女儿童权益先进集体”；被市委市政府表彰为信访工作先进集体。1人荣立三等功、1人获嘉奖、3名同志被评为优秀公务员。

军事

固原军分区

【理论学习】 以《高中级干部理论学习读本》为主要内容，采取上下同步的方法，每月集中2天时间，抓了分区和人武部两级党委中心组的学习，全年集中学习13次，落实时间26天，为每名干部建立了理论学习档案。营以下干部、战士坚持每周四集中半天时间，以《科学发展观理论读本》为教材，学习了中国特色社会主义理论体系基本思想、基本观点、基本要求。全年专题辅导7次，集中教育20次，讨论交流4次，落实学习时间27天。

【当代革命军人核心价值观培育】 采取授课评比、专题辅导、演讲比赛、典型激励、参观见学等形式，开展了深化当代革命军人核心价值观培育活动。通过人人动手备课、人人登台示教、择优竞争授课的办法，使干部在准备讲稿中学到了知识，在授课辅导中得到了锻炼，在完成工作任务中提高了能力，主题教育的做法在军区介绍了经验。组织党员到甘肃会宁红军长征纪念馆参观见学，促进了教育效果的转化。坚持每月一次的经常性教育，打牢了官兵严守纪律的思想基础。战士桌杏开被宁夏军区政治部表彰为践行当代革命军人核心价值观标兵。

【军事斗争政治工作准备】 修订完善8类政治工作保障预案，在原州区抓了“心理战”队伍建设试点。主动协调召开固原市维稳工作军地联席会议，做法被两级军区推广。抓住民兵整组等有利时间，在原州区人武部抓了民兵季课教育备课示教试点，抓好民兵季课教育。全年拿出5万余元奖励军事训练突出的单位和个人，激发了官兵和民兵的参训热情。发挥典型导向作用，加强新闻宣传报道，分区被兰州军区政治部表彰为新闻报道工作先进单位，政治部杨泽忠被《西北民兵》编辑部评为特约通讯员，蔚精卫被宁夏军区政治部表彰为新闻报道先进个人。

【军史馆和荣誉室建设】 坚持“注重实际、因地制宜、量力而行”的原则，抓好军分区军史馆和各县（区）人武部荣誉室建设，完成了宁夏军区赋予的试点任务，为弘扬“艰苦奋斗、自觉奉献”的贺兰山精神、培育当代革命军人核心价值观提供了思想阵地。

【战备建设】 认真落实《战备工作条例》，修订5大类18种应急处突预案；调整健全信息队伍，全年共搜集上报情报信息22条，西吉县人武部和军分区司令部孙旭东被宁夏军区表彰为情报信息工作先进单位和先进个人；投资26万元加强指挥自动化“三网”建设、武器库报警和监控系统、征兵网络、机要室和值班室建设，确保了指挥顺畅。

【首长机关和民兵训练】 认真落实《军事训练与考核大纲》规定，严格每月集中3～5天的首长机关训练、每天下午1小时体能训练和早操制度，全年落实训练时间40天，体能训练248小时,40名干部通过国家计算机等级考试,官兵的技能体能素质有了提高。军分区司令部被兰州军区司令部评为优秀等级司令部,军分区被宁夏军区表彰为军事训练先进单位,西吉县人武部取得建制人武部比武竞赛考核总分第一名,西吉、隆德两个人武部被宁夏军区表彰为军事训练先进单位;军分区参谋长陶国生被兰州军区司令部评为合格参谋长,原州区人武部政委赵正云、西吉县人武部部长任升虎、彭阳县人武部政委崔涛3名同志被宁夏军区表彰为军事训练先进个人;部长任升虎、政委赵正云因训练成绩突出,各荣立三等功1次。组织65名基层武装部长进行集中培训，派送24名基层武装部长参加宁夏军区集训考核，取得五个单项和团体第一名的好成绩;隆德县人武部选送的专武干部在分区组织的竞赛中取得综合第一名。

【设防工程维护管理】 根据两级军区有关指示精神,9月份，对辖区10条坑道和17个洞口逐一进行现地勘察,摸清了设防工程质量底数。针对部分坑道遭受雨水冲刷和人为破坏，造成口部外露、洞内积水、局部垮塌、标桩丢失等问题,共投入经费5万余元，对受损坑道进行了改造封闭和维护整修,为看管人员发放看护费,并建立完善了工程管理档案,有效提高了战备质量。

【装管人员训练】 突出抓好民兵武器库装管人员业务技能和军事训练,严格落实了每周1个业务学习日和2个军事训练日制度,坚持重大节日和敏感时期都要进行应急处突演练，不仅达到了以训促管、以训促建的目的,而且提高了处置突发事件的能力,确保了武器库管理正规和安全稳定。3月下旬,武器库主任魏剑峰同志带2名保管员参加宁夏军区组织的装管人员业务技能竞赛性培训,被军区表彰为优胜单位。

【学生军训】 全年主要完成宁夏师范学院、固原市职业技术学校和全市高一新生13500人的学生军训任务,共协调派遣军训教练员210人。5月份,挑选8名大学生进行了为期两个月的军用枪射击集训,最后参加全国大学生军用枪“大连比武竞赛”,1名队员获得全国第五名。7月份,组织8名军事教师参加宁夏军区集训,2人被评为优秀学员,1人获得军事理论教学成果二等奖，并代表宁夏参加兰州军区比武竞赛。8月下旬,组织宁夏师范学院2500名新生安全顺利地完成了半自动步枪实弹射击训练。

【“八一”军事日活动】 为庆祝建军83周年,密切军政军民关系,增强全民国防观念,展示民兵和驻固部队的良好精神风貌,“八一”期间,分区牵头组织民兵和驻固部队,进行以军事课目汇报、轻武器实弹射击、《国防动员法》宣传教育、国防动员建设成果及部队武器装备展示为主要内容,固原市四套班子、局以领导及各县(区)主要领导莅临参加的“军事日”活动。通过分区上下和驻固部队共同努力,活动圆满顺利,效果明显。

【国防后备力量建设】 调整民兵组织,形成市、县、乡三级联动常态化力量体系。加强国防动员建设,泾源县国防动员委员会、固原市人民武装动员办公室和固原市政府办公室副主任、西吉县政府县长黄继红、原州区人武部副部长杨立成被自治区党委、政府和宁夏军区表彰为国防动员工作先进单位、先进个人。坚持党管武装工作制度,落实国防教育纳入市、县党校领导干部培训制度,全年共有500余名科以上领导干部接受了国防知识辅导。隆德县委书记、人武部党委第一书记李鸿儒被宁夏军区表彰为关心支持军事训练好书记。

【征兵工作】 根据自治区人民政府、宁夏军区《2010年冬季征兵命令》，针对加大征集高校应届毕业生、改革征接兵方式、加大廉洁征兵力度等新形势、新特点和新要求,分区坚持把征兵工作作为第四季度的中心任务，党委集中管，齐心协力抓，专门研究制定措施，建立了分区党委常委分片包干抓落实、保质量、促廉洁的责任制。从10月20日开始，各县区深入进行征兵宣传发动，严把体检、政审和走访调查关口，坚持集体定兵，加大公开、公示力度，狠抓廉洁征兵落实，圆满完成新兵征集任务。

【跨区演习部队过境保障】 担负了成都军区某部、兰州军区某部跨区机动演习保交支前任务，搭建彩门2个，悬挂横幅500余条，出动执勤民警、民兵各120名，警车22辆，动员群众5000余人，给过境部队官兵发放10万余元的慰问品，军分区和泾源县人武部，原州区人武部部长李学军和泾源县人武部部长曹效贤受到宁夏军区通报表彰。

【开展“学条令、训队列、整秩序”活动】 2月下旬，利用5天时间，按照动员教育、学习对照、队列训练和总结讲评的步骤，采取分区统一组织，机关和各人武部具体实施的方法，组织全分区开展了“学条令、训队列、整秩序”活动。通过科学制订计划，严密组织实施，活动成效比较明显，存在的问题得到了有效纠治，全体人员的条令法规意识、纪律观念和作风养成有了明显增强，分区和人武部“四个秩序”进一步正规。

【安全隐患排查】 为认真贯彻落实兰州军区科学管理会议精神，确保中央军委强调的“八个方面”不出问题，4、5月份，组织机关和各县(区)人武部对人员管理、车辆运行、工程作业、武器装备使用、军事训练、水火电设施管理、内部关系、规章制度落实、信息安全保密、重要目标和要害部位管控、军事设施周边安全环境和自然灾害等方面存在的安全隐患进行了清理排查。共排查出7类20个方面的问题，针对这些问题研究制定了整改措施，并逐一进行治理整改，较好地促进了安全工作有效落实。

【新共同条令集训】 认真贯彻落实宁夏军区新条令集训精神，切实增强官兵条令法规意识，进一步正规分区、人武部四个秩序，10月9～15日，组织机关和各人武部全体干部、战士进行了新条令学习集训。集训以“学习贯彻新条令，提高分区、人武部科学管理和正规化建设水平”为主题，主要采取网上与集中相结合的方法，按照动员部署、个人自学、示范观摩、集中训练、条令普考、知识竞赛的步骤组织实施。通过集训，全体官兵对新条令的学习理解更加深入，条令法规意识进一步增强，按章办事的能力得到明显提高。

【人员教育管控】 针对与地方人员接触多，八小时之外管理松散的现象，严格管控各级各类人员，尤其是对经常与地方有工作接触和勤务保障人员，加大了教育管理力度；对机关士兵实行统一管理，专人负责，严格落实请销假和一日生活制度，坚持每日晚点名、每周班务会。对单身干部、职工八小时之外的活动及社会交往情况，经常了解，准确掌握，杜绝了不假外出、乱交往及涉足地方网吧和不健康场所等问题发生。

【民兵武器库安全建设】 针对设施陈旧，设备老化等问题，先后投入5万余元，对武器库监控报警系统进行改造和维护。在日常管理中，严格落实干部住库值班、定期检查、昼夜巡查制度，坚持分区值班领导每周不少于2次进库检查，促进了武器库警卫秩序的正规。坚持定期组织警管人员进行应急处突演练，提高处置突发事件的能力，确保一旦有事能够积极有效应对。

【保密工作】 4月—6月，开展了机关办公保密秩序清查整治活动，增强了官兵保密意识，正规了机关办公保密秩序，有效堵塞了保密隐患漏洞。注重抓好经常性保密教育，努力增强官兵保密观念和防范意识。严格落实涉密文件资料管理制度，对保密室所有文件进行清理归类，登记造册存放。对办公计算机和移动存储载体实行定人定位、统一编号、集中管理，要求所有办公计算机和移动储存载体必须与互联网物理断开，业务部门坚持不定期对“保密管理系统”安装使用情况和移动存储载体使用情况进行检查，防止了私自卸载和公私混用等问题发生。对家庭计算机连接国际互联网全部按规定进行报批，并逐人签订了保密承诺书。

【基层全面建设】 按照“基本设施抓配套、基本队伍抓素质、基本任务抓落实、基本作用抓结合、基本保证抓制度”的思路，抓了软件资料的完善、硬件设施的管理、专武干部的教育培训，推动了民兵工作经常化。结合基层乡镇办公楼迁建，规范了基层人武部建设标准。结合乡镇干部调整，推荐提升了23名优秀专武干部，激发了干劲。组织对全市65名基层武装部长进行了为期15天的培训，提高了专武干部开展民兵预备役工作的本领，年终评选表彰了1个基层建设先进单位、1名抓基层先进个人和19个基层建设标兵单位、19名基层建设标兵个人。

【综合保障能力】 按照《后勤应急保障能力建设评估细则》要求，完善了18类后勤保障方案。坚持党委理财制度，加强经费使用管理力度，实施物资集中采购，确保有限的经费保障了中心、服务了中心。组织人员对经费管理、工程建设、房地产管理、专项工程、零星维修工程建设情况进行自查，纠正了财务管理方面存在的不足，军分区后勤部连续十一年被宁夏军区后勤部表彰为财务管理先进单位。坚持领导干部经费管理责任制，抓好预算审计、团以上领导干部经济责任审计和物资集中采购、工程预结算、重大改革项目等审计，配合军区对2名团职领导干部进行了经济责任审计。开展多样化军事行动后勤保障理论研究，完成后勤学术文章12篇，后勤部被宁夏军区后勤部表彰为学术研究先进单位。加强基础设施建设，投资21.3万元，翻建篮球场，硬化路面，绿化营院，营造了官兵训练、工作、生活的良好环境。组织对36名副团以上干部进行了体检，加强饮食卫生的监管，确保了官兵的健康。严格车辆管理，全年派遣车辆210余台次，运输人员650余人次，运送物资160余吨，行程36.9万公里，安全无事故。

【支援地方经济社会建设】 分区动员官兵、组织民兵参加市、县春秋植树造林活动，植树210亩，挖树坑63000个，种树63000棵。“增收工程”抓了青年民兵技能培训和培育民兵科技示范户的工作。“希望工程”开展“一部一校”助学活动，分区投资8000元援建了红寺堡光彩新村希望小学，为石坡小学赠送电脑10台。“军民共建计生扶贫工程”注重发挥好“计生科普文体大院”的作用，在地方文化建设中发挥了应有的作用。“平安工程”主要围绕“平安寺院”的创建，开展了交流走访活动，保持了正常的军地军民关系。指导彭阳县人武部完成了宁夏军区投资150万元援建的陡坡村自来水入户工程，惠及陡坡村374户1512人，彭阳县人武部被兰州军区表彰为支援地方经济社会建设先进单位。

【队伍建设】 突出抓了党委班子建设，3月份，配合军区工作组对五个人武部党委班子进行了考察帮建，组织召开了分区常委民主生活会，开展了批评与自我批评；六月份，组织人武部党委正副书记、新任团职干部和人武部党委班子成员进行民主集中制理论、民兵预备役工作法规的学习培训。实施常委挂钩帮带制度，通过参加民主生活会、与新任职干部谈话、传达军区党委首长集体调研指示要求等方法，加强了人武部党委班子建设，隆德县人武部党委被宁夏军区党委表彰为先进团级党委。以创建学习型党组织为目标，广泛开展创先争优活动，司令部党支部被宁夏军区党委表彰为先进机关党支部，原州区人武部原政委马金峡被宁夏军区党委表彰为优秀党务工作者，战士桌杏开被宁夏军区党委表彰为优秀共产党员；彭阳县人武部党委和原州区人武部政委赵正云被宁夏军区党委表彰为廉政建设先进单位和先进个人。进行“讲党性、重品行、做表率”专题教育，在青年和民兵预备役人员中开展"抒军旅情怀、展青春风采"读书演讲比赛活动。原州区人武部政工科科长赵敬、彭阳县民兵王志和、泾源县民兵马巧莉分别取得分区读书演讲比赛一、二、三等奖。分区"七·一"表彰了2个先进党组织和18名优秀党务工作者、优秀共产党员,年终表彰了9名优秀机关干部和11名先进工作者。

【开展"四事"活动】 在全体干部中开展了"理性干事、激情干事、创新干事、务实干事"活动,进行"牢记组织关怀,认真履职尽责"专题辅导,营造了干事成事的浓厚氛围,政治部副团职干事刘文平因年度工作成绩突出,被宁夏军区记三等功一次。关心干部的疾苦,主动排忧解难,妥善解决好干部子女上学等实际问题;周密计划,灵活安排,96%的干部休了假。坚持公正选拔任用干部,提升1名正团职、3名副团职干部,调整交流和转业干部各7名。

武警8672部队

【概述】 2010年以来,围绕武警部队、武警8670部队两级党委(扩大)会议确定的总体工作思路,以遂行藏区维稳任务为牵引,学习实践科学发展观,培育当代革命军人核心价值观,精细抓基层、扎实打基础、重点求突破、创新谋发展,完成以维稳执勤为中心的各项任务,部队基础更加牢固,全面建设稳中有进。

【思想建设】 按照"四个从严"的指示要求,全面加强部队党委班子思想、组织、作风和制度建设,不断在任务中锤炼,在实践中提高。学习型党组织建设,着眼"坚强有力、奋发有为"目标,提高党委班子领导部队科学发展的能力水平。深化"建设学习型党委机关,争做学习型领导干部"学习教育活动效果,制定《关于建设学习型党委机关的意见》,落实"集中学习每月两天,个人自学坚持计划"制度,按照"'两个进入'要出成果"的思路,认真抓好党委中心组理论学习。贯彻"理论武装抓质量、学习实践活动抓深化、核心价值观培育抓践行"的思路,形成确立课题、调查研究、运用成果的良好机制,全年班子成员共有24篇学术成果在省部级以上刊物发表。

【制度建设】 坚持把民主集中制作为班子建设的根本制度,修订完善《部队党委议事决策规则》、《部队党委常委日常行为规范》,规范班子议事决策制度。贯彻落实武警8670部队党委《关于加强部队建设几个问题的决议》,以及"三个有效防止"、"三个不能放松"、"四个不能改变"指示要求,针对部队长期两线作战的实际,科学统筹前后领导力量,在形势研判、兵力部署等重大问题的决策上,提前交心通气,在班子内部达成共识,充分讨论,深入研究,慎重决策,保证部队建设的正确方向和中心任务的完成。

【作风建设】 把风气建设作为基础工程、战斗力工程常抓不懈,制定《关于进一步加强风气建设的意见》,集中在党委机关和基层部队进行风气教育大整顿,班子成员带头撰写查摆材料、人人写出保证书、签订承诺状,以"深知兵、真爱兵"活动为载体,组织开展知兵大会操和知兵"一口清"活动,利用饭堂小广播、战士小报,宣扬身边尊干爱兵典型,内部关系更加融洽。不定时对干部骨干文明带兵和维护士兵合法权益情况进行调查,在涉及官兵切身利益的敏感问题上,坚持名额、条件、程序、结果"四公开",放权基层,让官兵做主,让支部把关。全年提升使用干部23人、参加考学提干战士21人、选送技术学兵67人,入党137人,官兵满意率达100%。

【政治工作】 政治教育紧贴实际。以培育当代革命军人核心价值观为主线,以"认清复杂形势、筑牢'三种思想'、确保藏区维稳任务圆满完成"专题教育为牵引,以忠诚卫士、形势任务、战斗精神、群众纪律等为主要内容,扎实抓好政治教育落实,召开主题教育试点现场会,编印《核心价值观常识手册》,开展"奉献雪域高原,建功维稳一线"主题实践活动和读书演讲、大家谈、大唱“五首歌曲”等配合活动，绘制核心价值观漫画、挂图，结合纪念武警8670部队成立70周年，引导官兵“学传统、做传人、创佳绩”，深化教育实效，官兵扎根高原、为国奉献的政治信念更加坚定；思想工作细致入微。贯彻落实武警部队经常性思想工作座谈会精神，结合部队担负任务实际，调整健全思想骨干队伍，为每名官兵建立思想档案卡，对技术学兵落选、考学落榜、婚恋受挫、家庭受灾等9类人员，制定“三包一”措施，严格落实谈心、思想汇报、检查讲评等“八项制度”。注重把解决思想问题与解决实际问题相结合，拿出13.6万元对110名身患疾病、家庭困难、部分灾区官兵进行救济，安排11名身体不适人员返回后留工作，元旦、春节、三八、六一等节日逐一慰问后留随军家属及临时来队家属，在任务十分繁重的情况下，想方设法协调，妥善合理安排干部士官休假，抓好藏区维稳思想工作的做法被《基层政工研究》刊发；两支队伍坚强有力。

【队伍建设】 把加强队伍建设作为遂行维稳任务的关键支撑点。组织干部、党员分层次开展了“经受三个考验，防止松懈自满，自觉牺牲奉献”专题教育和“我的工作无差错，我的岗位请放心”承诺活动，组织基层干部骨干“六项基本功”培训，集中组织国防生毕业学员岗前培训，增强敬业奉献意识，提高综合能力素质。2010年全部队共有4名干部身体患病，有12名干部家庭受灾，有11名干部家庭有不同程度的困难和问题急需本人回家处理。注重加强对干部的经常性教育管理，采取电话抽查、实地检查、登记签名等方式，对干部实施不间断、全方位、全时候监督，对违反条令条例和纪律的干部不讲情面、不搞变通、严肃处理，使各级干部履职尽责和遵规守纪的意识明显增强。

【双拥共建】 双拥共建卓有成效。以自治区儿童福利院为重点，继续与驻地学校、目标单位等保持良好的共建关系，“藏历新年”等重大节日坚持走访慰问，驻塔杰乡官兵与驻地小学联谊，为15名单亲、孤儿学生捐助图书、文具等学习用品，为宁夏回族自治区红寺堡小学捐赠5台电脑，建成以部队命名的“计算机教室”。全年累计向地方捐赠各类物资价值9万余元，为西南干旱灾区和玉树地震灾区捐款7.5万元。以西藏自治区“三促一保”活动为载体，积极参与“服务一条街”便民活动和“军警民浇灌绿化带”活动，清扫街道300多公里，植树20000余株。驻甘丹寺二连官兵及时扑灭旺固尔山顶大火，保护朝佛群众的生命安全，使山顶价值200万元的卫星接收设备免受火灾，警政警寺警民关系更加融洽。驻塔杰乡三连官兵积极参与驻地抗洪抢险，挽救人民群众财产约7万余元，受到自治区防汛抗旱总指挥部和驻地藏族同胞的一致好评。

【备战维稳】 战备工作紧跟形势。依据战备工作两个《规定》和武警8670部队《常态条件下藏区维稳工作运行规范》，修订完善各级各类各方向战备预案30余套，抓好实案化、实战化演练，规范装载、登车、机动、部署、处置等专项训练，提高部队整体战备水平；针对驻点担负任务各异，充分预想情况，搞好“一点一策、一事一策、一情一策”研究，并进行情况预演，提高应急处置和快反能力。2010年，部队完成藏历新年、3月敏感期、“萨嘎达瓦” 等各个时段的战备任务，部队战备水平在实战中得到检验；执勤维稳顺利。推广执勤哨兵“防袭击动作八法”和“三哨一体、多组协同、全线布控”专勤专训，加大勤务综合演练力度。部队累计出动执勤兵力4万余人次，车辆400余台(次)，“四寺两站”防控，3个卡点、3个重要民生目标守卫和“色拉崩坚”、“乃琼拉苏”和“雪顿节”等120多场大小佛事安保任务，共疏散朝佛群众70万余人、国内外游客25万余人，受到自治区一线指挥部、西藏总队的高度肯定。担负“813”火车站活动现场一级警卫勤务，全体执勤官兵以高度的政治责任感，扎实的工作作风，严密的执勤行动，完成任务。精心组织参加西藏总队组织的驻藏和援藏部队“卫士－10”演习，为下步有效应对拉萨地区可能发生的突发事件做好准备，演习全程多次受到西藏总队领导的通报表扬。针对拉萨高校毕业生集体上访、驻华武官团、涉外团体参观访问、“世博西藏周”、涉日问题、五中全会召开、昌都解放60周年等级战备，在大项工作相互交织的情况下，及时组织召开协调会，按上级要求安排部署机动备勤和隐性布勤等勤务，各级认真贯彻落实，严密组织各类勤务，确保各项勤务的高效落实。

【军训竞标】 着眼提升部队军事训练水平，以争创“军事训练一级部队”为目标，贯彻武警8670部队党委议训会议精神，从首长机关抓起，精心组织机关干部公文写作、计算机标图等内容的针对性训练，全面提升业务水平；认真分析研究部队军事训练面临的新形势、新情况、新问题，按照“训硬基础、练硬内功、打胜硬仗”要求，大抓分队警官指挥技能训练、教练员岗位锻炼和重难点科目集训，打牢素质基础；大抓士官队伍组训能力训练，培养懂训练、精技能、会组训、善管理的专业型骨干队伍；发动官兵立足现有条件自建扩建小场地，制作改进训练实用小器材，建立官兵训练小档案，提升训练效益；注重适应任务搞好勤训结合，见缝插针抓好“五小练兵”，确保训练时间、内容、人员、效果“四落实”。搞好尖子兵比武竞赛，组织成立6个集训队，专题研究制定《尖子兵奖励方案》，设立15万元专项奖金，75名参赛队员不畏强手、奋力拼搏、勇创佳绩，共取得6个竞赛课目2个第一、3个第二、1个第三，五个单位总评第二的优异成绩，部队党委还大力表彰了参加比武的官兵，在全部队开展了学习尖子兵活动，再掀大抓军事训练的热潮。

【部队管理】 抓管制度落实严格。针对长期维稳驻地高度分散、勤务繁重、部队动用频繁，安全管理难度大的实际，在机制上坚持常委分片包干实施分类指导，大项任务主要领导一线组织指挥；驻地管理严格落实“外封闭，内丰富”要求；车辆坚持“五位一体”联防联控；枪弹严格“枪不离身，人不离群”和点名报告制度；涉密文电和手机实行专人负责，集中存放，归口管理；逐步细化完善“战备工作、教育训练、内部关系、枪弹管理”等具体措施，结合担负任务和驻点实际进一步正规了请销假、晚点名、正常操课、查铺查哨、思想安全形势分析等制度，建立了正规的学习、训练、工作、生活秩序；难点问题治理有效。汲取青海总队“2.23”案件教训，在全部队开展了“治‘三松’、严纪律、保安全”教育整顿活动，区分4个阶段、5个方面和20个内容，组织“十个一遍”隐患排查治理和“四治”、“十查”活动，坚持把“五个过一遍”活动贯穿于维稳工作全过程，结合部队“百日群众创安”活动，分前、后两个方向组织了安全隐患大排查，认真转化“刹酗酒、守纪律、树形象、保安全”教育整顿活动成果，“人车枪弹酒、水火电毒密，小远散直差”等倾向性重难点问题治理成效显著，自身、哨位和季节性事故等重大安全问题防范措施得力，确保部队内部安全和集中统一。

【正规化建制】 正规化建设稳步推进。贯彻武警部队依法从严治警集训精神，树立《条令条例》就是法的思想，以条令学习月活动为牵引，抓新《条令》、武警部队《辽宁会议》、武警8671部队“正规化现场会”和武警8670部队《藏区维稳工作运行规范》精神的落实，依据武警8670部队《藏区部队正规化管理的通知》，区分藏区和后留两个方向，建立健全检查评比机制，特别是后留立足部队现状，两次赴武警8671部队实地见学，三次召开正规化建设分析研讨会，投入近40万元，对照两个正规化管理规定在硬件建设上狠下工夫，营区生活设施、工作环境和官兵精神面貌有了改观。

【后勤保障】 丰富官兵饮食。坚持每周组织司务长交班，开展市场调查，联系供应商定点供应，提升伙食保障效益，根据季节变化加强食品检疫、留样和消毒灭蝇工作，部队每月、营连每周组织伙食保障问卷调查，听取官兵意见建议，满意率达99%以上。各驻地以我为主开辟种养殖场地，累计种植蔬菜20多个品种，饲养家禽2000余只，丰富菜篮子，改善官兵的物质生活水平；规范保障秩序。严格财经制度落实，发挥“物资采购小组”作用，把好经费使用关口，杜绝事业费超支现象；6次对全部队装备物资管理情况进行全面普查，登记挂账，明确责任，防止资产流失；投资5万余元为各驻地配发高原特需药品6种，常用药品120种共计20箱，在市区内各驻点均设立吸氧室，积极与西藏军区总医院协调，逐点、逐人为藏区官兵组织了全面体检，建立官兵健康档案，保证身心健康；协调西藏总队配发储水囊6个，解决塔杰乡、甘丹寺官兵吃水难的问题；购买储存过冬战备物资近20万元，为部队任务完成提供了坚实的物质保证；后留营区先后完成设施建设收尾、弹药库新建、营区绿化等工程，对水暖网线和管道进行综合整治，部队保障设施建设完善；加强保障力量。按照“专人负责、定岗定位”的要求，主动加强野战炊事车、救护车、淋浴车等后勤新装备训练，定期对车辆进行维护保养，为随时实施伴随保障培养了力量。以“提升技能水平，培养驾驶人才，锻炼过硬本领”为目标，立足藏区严密组织32名驾驶员进行了基本技能、场地及道路驾驶复训，复训经验在全武警8670部队推广。坚持每半月对驾驶员进行一次安全行车和交通法规教育，2010年共保障车辆1400余台次，行车20万余公里，没有发生过任何意外情况。按照“从基础理论学起、从基本职责严起、从基层技能抓起”的要求，组织军械员培训考核，使军械员熟悉本级职责，认清枪弹安全管理的重大意义，达到“四熟”的技能要求。

【连队党建】 采取思想“过一遍”、工作“捋一遍”、隐患“查一遍”、建设“帮一遍”、综合“考一遍”的办法，每月对连队党支部进行战地帮建，对三连、五连、九连、机炮连进行重点帮建，把帮建成效与机关干部的工作成绩相结合，注重强化机关干部挂钩责任意识，组织部队党委委员和机关干部进行民主集中制专题调研，以开展基层党支部书记队伍岗位大练兵活动为牵引，3次组织以新《政工条例》《纲要》等为主要内容的学习培训，藏历新年、备战3·10敏感期、“萨嘎达瓦”、“雪顿节”等重大宗教活动备勤时机，累计安排机关干部35人次到基层代职，充实一线力量，基层所有支部实现“工作能自转、矛盾能自解、生活能自理、安全能自保、任务能完成”的目标。

【学习实践活动】 抓好第三批学习实践活动整改落实和总结提高阶段的工作，各营连党委支部先后两次上报分析检查报告，政治处统一装订，集中进行评比，促进学习实践活动有效转化。制订下发《关于建立健全科学发展观学习实践长效机制的通知》，规范“学习、运用、指导、实践、考核”的长效机制，提升基层党组织用创新理论建队育人、遂行各项任务、抓好自身建设的能力，开展“科学发展观在哨位”、“科学发展观在我身边”、创办“成长寄语”、开办“科学发展观引领我成长”信息平台等活动，激发官兵以执勤哨位为平台，践行科学发展观的政治热情。

【创先争优】 以加强党组织建设为牵引，以维稳任务为实践平台，开展创先争优活动，严格落实《藏区维稳巡回督导检查奖励实施办法》，开展“学典型、当模范、争标兵”活动，组织“践行核心价值观，藏区维稳当先锋”先进事迹报告会，大力宣传7名典型个人先进事迹。2010年10余次迎接总政、武警部队等各级首长检查调研，在大项任务交织、各类矛盾突出、执勤形势异常严峻的情况下，广大官兵顾全大局、主动作为，及时准确领会部队党委决策意图，高标准迎接武警部队王建平司令员视察，全面展示部队过硬的建设水平和官兵良好的精神面貌。

中国人民武装警察部队固原支队

【概述】 支队坚持以科学发展观为指导，学习贯彻党的十七届四中、五中全会精神，落实总队党委三届十六次、十七次全体(扩大)会议精神，以建设学习型党委班子为牵引，围绕“抓住新机遇、打好翻身仗、实现新发展”目标，立足支队全面建设的攻坚克难期、争先创优的补课赶队期、安全发展的严峻考验期、正规化建设的有力推动期的特殊形势，着力在更新观念、强化标准、纯正风气、改进作风、增强素质上下工夫，狠抓经常性基础性工作落实，完成以执勤处突为中心的各项任务。

【党委班子建设】 年内，着眼“建设学习型党委机关，争做学习型领导干部”目标，按照“四个从严”要求，加强班子自身建设，提高党委建设科学化水平。落实计划安排、党委议学、组织自学、课题研究等学习制度，建立笔记批阅、检查讲评、情况反馈等措施；落实团职干部“六个必须”，推行常委带股、定点调研的学习方法；组织中心组成员系统学习胡主席关于建设学习型政党、建设现代化武警和加强领导干部作风建设的重大意义；组织对照检查、交流体会、整改提高等环节，注重增强创新思维、理清抓建思路、统一思想认识、科学解决问题。采取读书自学、思考讨论、调查研究、撰写研讨文章等方法，深化党委成员对民主集中制的基本内涵和要求理解认识。贯彻“十六字”原则，严格落实重大问题两次常委会制度，坚持做到凡是提交党委研究的问题，先议原则后议事，都由分管领导和部门广泛征求意见，制订方案，提出实施意见和建议。开展党纪条规、廉政法规学习教育，始终保持“露头就打”的强劲态势，持续开展打“漂”、“打鬼”、“打假”行动。在党委机关、基层党员和干部、士官中集中开展纠正“七种不良倾向”风气教育整顿。落实团以上领导干部过双重组织生活、收入和重大事项申报、“三述”等制度，层层签订责任书，给团以上干部印发《廉政诫勉书》，制作连心卡、设置网络监督台，促进领导干部廉洁自律。

【思想政治建设】 年内，围绕“三个确保”，落实“三个紧贴”，狠抓经常性基础性政治工作落实，确保部队建设正确方向。狠抓十七届四中、五中全会精神和胡主席关于武警部队建设重要论述基本知识、基本观点学习普及。组织“科学发展观引领我成长”读书演讲比赛和每月“理论学习之星”评选表彰活动，指导各中队制定用科学发展观建队育人长效机制。采取党委成员宣讲辅导、基层教员深化教育、政治处股长解疑释难、教育骨干组织讨论和选派优秀指导员网上授课等办法；广泛开展“日唱一首革命歌曲、周看一部爱国电影、月读一本励志书籍、季学一位英模事迹”主题实践活动；在中队建设文化墙，大力宣传核心价值观内容和“宁夏总队精神”。支队被总队评为运用网络开展思想政治教育先进单位。落实人员思想月分析、日报告制度；组织党委常委深入基层与官兵开展面对面大谈心活动，组织参观驻地红色教育基地，规定基层干部每天记兵情日记、每周帮一次厨、每月住一次班，开展“深知兵、真爱兵、带好兵”活动；加强个别人、重点人帮教转化工作，3 名战士家庭涉法问题得到妥善解决。

【军地综合职能建设】 坚持“十六字”执勤方针，着力规范执勤战备秩序，提高执勤处突能力，各项任务完成圆满。严格落实“三员一兵一组”组勤模式，坚持每月查勤录像讲评，狠抓专勤专训、专哨专训，采取“过关升级”的方法，分 3 批组织勤训轮换；投资 87 万元为所属执勤中队安装值班室综合控制台、电视监控墙、哨楼操作台、监控云台、备勤室柜床；集中开展以“八查”为主要内容勤务专项治理整顿，治理执勤隐患 8 大类 23 处。4 次组织首长机关带实兵拉动演，选调 11 名优秀射手进行为期 90 天狙击手集训；投资近 30 万元，购置部分处突反恐装备。成功抓捕“1·22”泾源县特大杀人犯、协助公安机关捣毁 5 人涉黑团伙。各级坚持靠前指挥，精心组织，履行使命，不辱使命，完成中央首长来固视察驻地警卫、“4·04”、“中阿经贸论坛”安保机动备勤、六盘山国际登山节现场安保等 27 次大项临时任务。克服关系难协调、经费难筹措等困难，按照先物防、后技防的建设思路，争取地方资助经费 240 万元，在总队帮助支持下，完成固原监狱和 5 个看守所“四防一体化”中的部分物防、技防和固原监狱“AB”门建设任务。树立“任务牵引抓训练，提高能力保中心”意识，落实党委议训、形势分析、考核讲评等制度；突出首长机关和干部骨干训练，加强“四会”教学训练与考核，开展“三手”评选活动，网上通报训练成绩。

【部队安全发展】 贯彻总部、总队从严治警集训精神，把从严治警渗透到部队管理教育方方面面，部队安全发展根基牢固。把条令条例学习纳入经常性教育，狠抓条令学习月和日学一条条令活动，组织条令知识竞赛，集中开展“治‘三松’、严纪律、保安全”、“学法规、严秩序、促正规”、“刹酗酒、守纪律、树形象”教育整顿和百日安全竞赛活动。在直属大队二中队进行正规化管理试点，规范各类物资、设施、库室和营院设置；对固原市中队、西吉县中队、隆德县中队四项设施进行修建完善，加盖营房558平方米。制作“连心卡”，开通举报电话，首长信箱、寄发廉洁公开信，开展法纪辅导、警示教育和“事故连着你我他、安全工作靠大家”主题大讨论活动，设立“三无”倒计时牌，叫响“我的安全我负责，战友安全我有责，单位安全我尽责”口号。

【基层建设】 坚持把工作重心放在基层，按纲指导抓建，提升基层建设水平。开展新《纲要》《三十条》学习活动，组织知识竞赛、理论会操、对照整改等活动，改进考帮建方法，强化按纲指导的意识；着力解决“五多四过”问题，严格落实“双向讲评”、“双争”评比、蹲点指导、季度检查考评、形势分析等制度，实行常委挂钩、股室包队责任制，坚持半年初评、年终评定，提高考帮建质量，基层发展不平衡的问题得到有效解决，连续5年没有进入先进的西吉县中队跨入先进行列。对4个中队主官按照强弱搭配、优劣互补的原则，进行调整，规范基层党日、党课、发展党员“三个计划”，督促抓好落实，严肃党内生活；坚持对统揽能力较弱的3个党支部跟踪帮建，对20名基层党委（支部）正副书记进行为期1周的培训，提高基层党支部的“三个能力”；在党员中开展“一诺三评”活动。选送有发展潜力的干部外出学习培训，鼓励干部参加函授学习；利用集中培训、召开会议等时机，突出对《纲要》《三十条》《军事训练大纲》和《政工条例》等内容学习研究；采取领导授课、经验交流、座谈研讨、难题会诊、参观见学等方法，适时开展专业技术和业务骨干集中训练，加强人才队伍建设。

【后勤综合保障】 坚持把保中心保生活作为保障重心，加强后勤正规化建设和规范化管理，提高综合保障效能。坚持把“四项设施”建设作为推进部队现代化建设基本支撑点，纳入党委工作日程，领导小组牵头，三个部门联动，总计投资290万元，更新完善3个中队的四配套建设。修订完善《四类经费管理细则》《车辆管理规定》等7项规章制度，严格落实预算、审批制度。支队和泾源县中队在总队财务会审中分别获得第二、第三名；直属大队二中队、生产服务中心在总队农副业观摩评比中，分别取得第一名和第二名。修订完善各类应急保障方案，投入5万元储备应急物资；3次组织驾驶员、军械员、卫生员培训，定期检查战备物资、维护保养装备器材。坚持把支队机关迁建作为提升支队现代化建设水平的大事来抓，超前谋划，精心设计，依法有序推进。先后协调地方党委、政府和有关部门，减免各类费用463万余元，并于10月26日奠基开工。

固原市公安消防支队

【荣誉功勋】 2010年，全市消防部队共有1个单位荣立集体三等功，4人荣立个人二等功，10人（次）荣立个人三等功，共48个集体和111人（次）受到各级各类奖励。支队特勤中队被公安部消防局评为“三争优”活动先进集体，被公安厅评为“全区优秀公安基层单位”等，支队自治区青年文明号创建工作得到了固原市精神文明考核组的肯定。

【队伍建设】 支队认真践行“三句话”总要求，大力加强队伍建设。各基层党委、支部班子认真落实“七项组织生活制度”，规范基层议事程序，配齐配强了班子和干部队伍。严格落实党委成员挂钩帮扶基层、廉政承诺、中心组学习制度，党委成员全年人均深入基层开展调研12次，为基层解决实际困难的能力显著提高。制定“公推公选”制度，对拟晋升提职人员施行“理论考试、体能测试、公开面试、民主测评、提名公示”，形成公开、公平、公正的竞争激励机制。3名战士参加地方函授学习，2名战士分别取得了成人教育专、本科毕业证书。优化干部队伍结构，完善干部信息管理系统，对行政干部、技术干部和各岗位干部年龄、学历、专业等情况进行统计分析，合理配置干部，规范管理秩序。注重干部结构组合，保持队伍相对稳定。狠抓大学生干部上岗前的培训考核，自主开发了干部网上考试系统，实现“考试网络化，标准科学化，程序公开化，规范实用化”，考试系统的运用受到总队肯定并推广。

【政治思想教育】 支队围绕《公安消防部队思想政治教育大纲》，在全面开展四个基本教育的基础上，开展专题教育，结合学习贯彻“三句话”总要求和弘扬宁夏消防精神，打造固原消防铁军活动，通过集中宣讲、思想讨论、重点讲评，检查督促、竞赛评比等多种形式，组织开展“专题学习、理论征文、演讲比赛、篮球比赛、文艺作品展、文艺汇演、扶贫帮困、亮点工作的创新培育”等八项活动。全年开展党委中心组学习12次，干部人均撰写调研文章和心得体会3篇以上，党委成员人均撰写自学读书笔记近2万字。支队邀请市委讲师团教授海明贵、宁夏师范学院讲师刘芳霞为官兵解读“两会”精神、开展心理健康专题讲座。开展思想政治工作调研活动，各级政工干部撰写调研材料35份。利用训练基地开展心理行为训练，6人参加国家三级心理咨询师考试。利用节假日加强警民共建联谊，各级举办各类共建活动50余次。支队继续保持自治区级精神文明单位，争创自治区级青年文明号已报自治区团委待批。对支队信息网和政工网进行改版，西吉红色教育基地和红色展室先后建成，拓展思想文化教育阵地。

【革命传统专题教育】 支队依托六盘山红色资源，把握红色文化品牌这个战略“制高点”，搭建文化育警大舞台，开展红色教育，在去年大力挖掘弘扬“六盘山精神”的基础上，在各中队开设了弘扬六盘山精神红色教育专栏，开展红色教育专题讲座12次，官兵撰写信息、心得体会100余篇。支队组建了足球队、篮球队、乒乓球队等文体队，各大、中队也成立了文艺骨干团队，有条件的单位还成立小乐队和表演小分队。国庆前夕，举行“迎国庆”暨第三届篮球比赛。各基层单位组织开展研读“红色书籍”、观看“红色影片”、参观“红色圣地”等系列红色教育活动，让官兵了解红色历史、接受红色熏陶，鼓励官兵吃大苦、献大爱、立大功。支队用红色文化育警理念提升部队发展软实力，支队从有限的经费中挤出8万余元为官兵征订报刊、购置文体器材、红色图书等，实现报刊、图书班班通，保证基层开展红色教育活动有场地，演出有道具，学习有资料。公安厅现役办为基层配发了2万元图书。开辟文化阵地，支队各级投入资金20余万元，制作宣传橱窗、刷写营院标语、举办展版、亮化营区环境等。狠抓文艺节目创作，支队选送参加全区消防部队庆“八一”文艺汇演暨消防文工团成立文艺晚会节目《热血忠魂》荣获第二名。

【廉政建设】 2010年，制定《全市消防部队反腐倡廉工作意见》，逐级签订《党风廉政建设责任书》，实行党委成员挂钩帮扶基层单位，建立从上到下、逐级逐岗、职责分明的廉政责任体系。支队各级坚持警示教育制度，定期组织官兵学习违法违纪典型案例，做到警钟长鸣。推行了廉政风险防范管理工作，支队党委每季度、大中队每月开展一次廉政教育。组织开展纪律作风专项整顿和党员干部“学《廉政准则》、促廉洁从警”教育活动，严格落实消防监督执法持证上岗和双人执法、建筑消防设计审验分离等制度。加强基层主官调整交流前的审计监督工作,审计率达到100%。注重加强廉政宣传,支队在部局纪检网上稿100余篇。

【部队管理】 2010年,支队领导与机关各部门、各县(市、区)消防大队、中队签订了《安全防事故工作责任书》《预防行政事故责任书》,逐级建立健全安全责任制,明确各级领导在安全工作中的责任。将安全防事故工作纳入工作考评范围,实行一票否决制。年内开展“安全365”活动和构建部队安全管理“防火墙”工程;组织广大官兵学习贯彻部队各项条令条例和规章制度,并结合工作实际,制定完善量化贯彻措施;开展“条令学习月”教育活动,规范部队秩序。始终严把“人、车、酒”三关,确保人员和车辆安全,同时,支队成立督察组,采取定期和不定期相结合、明察和暗访相结合、督办工作和解决问题相结合的方式,对部队落实一日生活制度、警容警姿、营区环境等进行检查、督办和帮助解决问题。

【消防责任体系】 通过召开全市消防工作会议,打造政府消防工作责任体系。固原市政府隆重召开2010年全市消防工作会议,政府副市长李守银代表市政府与各县(区)主管县(区)长、市直部门负责人签订《固原市2010年消防安全工作目标责任书》。《目标责任书》中将消防工作目标任务纳入到了政府目标责任和政府绩效考核内容之中,纳入到了社会治安综合治理和平安地区创建活动中,并要求在年底对各级政府落实消防工作责任的情况组织考评,政府消防工作责任体系初步建立;通过召开全市春防工作联席会议,全面打造了职能部门消防工作责任体系;通过召开社会单位春防工作座谈会,打造社会单位消防工作责任体系。固原市政府组织召开全市春季防火工作联席会议,对春季防火工作进行再动员、再部署,并根据新《消防法》的相关规定对各职能部门的消防工作职责进行全面梳理和明确,督促各职能部门加大春季期间的消防工作力度,开展行业系统从业人员的消防知识培训,依法履行消防监管职责;通过召开全市第一季度执法分析会,打造消防部门监管责任体系。支队召集全市120余家消防安全重点单位的负责人、管理人、重点岗位人员召开了春防工作座谈会。明确各消防重点单位在冬季防火工作中的职责和任务,并对各社会单位提出了立即开展“单位火灾隐患自查整改活动”和严格落实五个“必须”的要求,确保彻底消除火灾隐患;支队召开全市一季度执法分析会,对春防工作进行安排部署,对春防期间的检查范围和检查重点进行明确,尤其是将支队、大队和派出所的三级监管职责进行全面划分。

【消防安全“防火墙”工程】 公安部防火墙工程实施以后,支队迅速行动,组织精干力量制定社会单位“四个能力”建设标准,并下发各大队和部分社会单位进行征求意见。同时,支队提请政府出台《全面构筑社会消防安全“防火墙”工程实施方案》,在全社会部署开展防火墙工程;提请政府层层签订消防工作目标责任书,督促政府部门落实消防工作“四项责任”。借助制定实施“十二五”消防发展规划的有利时机,提请政府将消防经费、公共消防设施和装备建设、社会消防力量发展、重大火灾隐患整改等纳入政府任期工作目标,开展消防安全专项治理和组织开展消防安全检查、消防知识宣传提示和教育培训等活动,督促政府落实各项消防工作责任;以“新农村建设”和“平安社区创建”为切入口,夯实农村、社区火灾防控“四个基础”。为提升农村和社区的火灾防控能力,支队部署开展为期一年的“新农村消防工作试点单位”和“社区消防工作试点单位”创建活动,力争在每个县(区)打造出一个农村消防工作示范单位和社区消防工作示范单位;按照部局和总队执法岗位培训方案的要求,开展执法规范化建设,制定“执法工作月通报”、“执法工作月排名”、“执法工作目标责任考核”和“消防业务理论网上考试”等制度,提升消防监督管理“四个水平”。年内市、县(区)两级党政领导带队检查消防安全工作24次,20次参加重大消防活动和会议,8次调研督办消防工作。市人民政府5次召开消防工作专题会议、12次发文,协调部署有关工作,解决难题。

【火灾隐患排查整治】 支队坚持依法规范社会消防行为,开展易燃易爆场所火灾隐患专项整治、文物单位火灾隐患专项整治、人员密集场所火灾隐患专项整治、消防产品专项整治、液化石油气供应站专项整治和建筑设施专项整治等一系列专项整治活动。2010年,全市各级消防部门共检查单位(场所)1354家,督促整改各类火灾隐患300余处,下发各类法律文书400余份。立案查处违法行为49起,罚款44.55万元。受理审核建筑消防工程82项,验收工程23项。无任何复议案件和诉讼案件的发生。全市共发生火灾71起,无人员伤亡,直接财产损失274959元。同比去年,火灾起数下降33.64%,伤亡人数下降100%,直接财产损失上了2.47%,火灾形势高度安全稳定。

【消防宣传培训】 年内,依托各类媒体,加强与报刊、网络、电台、电视等媒体的联系,在固原电视台开设"消防视点"专题、在《固原日报》开设《构筑社会消防安全"防火墙"工程》专栏,大力宣传消防法律法规知识,普及各类防火灭火常识;依托挂图横幅,把新《消防法》、构筑全社会消防安全"防火墙"工程"四个能力"的挂图张贴在各企事业单位、街道社区的宣传栏或醒目位置,并把各种消防安全温馨警示牌,树立在小区的出入要道,时刻提醒着民众一定要注意消防安全;依托手机短信,与市移动、联通公司联系,采取短信群发的方式,通过向市民发送"红色"短信,让温馨提示、防火常识、逃生技巧走进市民生活中间;依托电子显示屏,利用各地户外电子屏,24小时不间断滚动播映消防宣传字幕,宣传消防知识。2010年以来,支队共举办"实施《消防法》办法"启动仪式、"防震减灾日"、"安全生产月"等各类消防宣传活动16次,发放宣传资料5万余份,悬挂横幅500条,张贴"实施《消防法》办法"、"四个能力"宣传挂图1500余套,制作宣传专栏1000余个,制作大型消防宣传广告牌34块;向全市公民群发消防宣传手机短信10000余条,在宾馆饭店、商场等楼宇电视播出消防安全常识、典型火灾案例2000余条,主要街道悬挂消防宣传横幅200余条;接待咨询市民3600人,受教育群众达8万余人。在国省道醒目位置,城市主要街道路口、集贸商场刷写固定标语、制作永久性固定消防宣传牌103块,使消防安全理念深入人心。

【消防协会】 2010年11月11日,固原市消防协会成立大会暨第一届会员代表大会在固原市古雁山庄隆重召开,固原市消防支队防火处处长杨静同志就固原市消防协会筹备工作向大会进行了报告;与会代表们审议并通过《固原市消防协会章程》;市民政局副局长祁强同志宣读《关于成立固原市消防协会的批复》;会议选举产生了固原市消防协会第一届理事会理事、常务理事和理事长、副理事长、秘书长以及副秘书长,会议研究了新时期和新形势下固原市消防协会工作面临的新情况和新问题。市政府王伦副主任和市公安局邓全福副局长为固原市消防协会授牌并为会员代表颁发了会员证书。安春晖政委当选为消防协会理事长。

【战训骨干队伍】 根据总队的统一部署,支队全面加强执勤中队长助理和灭火救援攻坚组建设,按照"普通中队组建1个灭火救援攻坚组、特勤中队组建1个灭火攻坚组和救援攻坚组"的标准,完成灭火救援攻坚组建设任务;加强战训骨干队伍建设,配齐配全机关战训岗位人员,明确消防大队战训岗位警官,开展战训岗位警官的灭火专业技术警官的改套工作,落实战训岗位警官和灭火救援攻坚组、执勤中队长助理的岗位补贴;从政策上对战训干部晋级、任用,提高战训干部的工作热情和积极性,促进战训工作的持续发展。

【全员消防竞标】 支队党委围绕"人人适应岗位、

人人精通本职、人人胜任职责”的目标，以全区消防业务比武竞赛为平台，狠抓消防业务基础训练和实地演练两个不放松，打造山城铁军，严格落实《训练大纲》，开展机关、大队、中队全员练兵。各级机关完成训练日 60 天、各消防大队完成训练日 30 天，各消防中队完成训练日 120 天，完成总队下达普通班（组）、灭火救援攻坚组、防化救援班（组）训练任务，强化常规灭火救援训练及高层、地下、地震等特殊环境训练，完成大跨度大空间建筑灭火救援实战测试与演练。在总队举行的比武竞赛活动支队取得了团体第三名的成绩。支队共有 9 名同志被抽调到总队集训队参加 10 月份在重庆举行的全国比武竞赛，取得优异成绩，有 3 名同志被总队荣记个人二等功，1 名同志被总队荣记个人三等功，5 名同志被总队嘉奖一次。

【应急救援队伍建设】 支队根据国务院办公厅 59 号文件、《自治区人民政府办公厅关于加强基层应急队伍建设的意见》及自治区政府办公厅下发的《宁夏回族自治区综合性应急救援队伍建设方案》要求，固原市召开常务会议，专题研究市消防支队提交的《关于建设固原市综合性应急救援队伍的请示》，制发《固原市应急救援队伍管理办法》，明确固原市应急救援联动机制，明确应急救援队伍性质、组织体系与任务、战备制度、应急预案与演练、联动与响应机制、应急指挥、应急救援保障等工作，为应急救援队伍建设提供了政策支持。4 月 28 日，固原市政府在市消防支队隆重举行宁夏首支应急救援支队成立暨揭牌授旗仪式。随后，隆德县、彭阳县、泾源县、原州区、西吉县相继举行应急救援大队挂牌仪式，一市四县一区应急救援队伍建设全部完成。

【消防救援信息化】 支队按要求组建全勤指挥部，组建了灭火救援专家组，健全完善作战值班和遂行出动指挥机制。开展“六熟悉”训练，建立完善辖区消防水源、道路等基础数据库，按照部局下达的 7 大类灭火救援预案模板，编制完成支队级灭火救援预案 29 份、大（中）队级灭火救援预案 137 份，实现灭火救援工作逐步向信息化迈进；落实“每战必评”要求，开展灾害事故救援战评和研讨，官兵熟练掌握各类灾害事故处置程序和战术战法措施，部队整体灭火救援能力明显增强，成功处置“3·14”隆德液化气罐储备点爆炸、“4·09”硝酸槽车泄漏、“5·10”液化气罐槽车泄露、“11·05”福银高速公路苯槽车相撞泄漏等重大事故。

【后勤保障服务】 地方业务经费增长。2010 年，支队本级及基层 6 个大（中）队列入地方财政预算经费 90.08 万元，到账经费 198.71 万元（其中争取各级地方政府落实专项经费 131.71 万元），地方经费保障能力显著提高，为部队建设打下坚实基础。支队党委完善各项后勤业务管理制度，严把经费预算关、审批关、使用关和监督关，党委理财能力有了新提高；推进车辆、消防装备规范化管理，规范车辆、消防装备日常维护保养，完善车辆履历、消防装备维护保养等管理档案，突出器材库的管理，做到专人保管，各类器材分类放置整齐、出入库管理严格，做到底数清、情况明，加强车辆牌证的管理、监理工作，严防丢失；推进伙食保障规范化管理，建立部队伙食管理督察访查力度，并建立奖惩机制，开展伙食评比活动，开展农副业生产，积极改善官兵生活质量；推进资产规范化管理，健全和完善资产管理内控制约机制，规范资产增加、变更、出租、处置管理流程，健全奖惩机制，开展一次资产清查和回头看活动，实现资产管理动态化，处置规范化。

【基层营房改造】 支队党委始终将工作的出发点和立足点放在基层，把基层建设放在优先发展的战略位置。支队为西吉、泾源大（中）队，特勤中队等单位补助营房维修经费 15.90 万元；原州中队投入经费 12 万元用于厨房进行改造、营区绿化、营房维修；支队机关投入经费 20 万元实施营区亮化工程。

经济管理

固原市经济发展与改革委员会

【主要指标完成情况】 2010年，完成全年计划的101%，可比增长12%。其中第一、二、三产业分别实现增加值26.3亿元、26亿元、48.5亿元，同比分别增长9%、30.3%和11%；完成地方一般预算收入4.5亿元，同比增长27.4%；完成全社会固定资产投资112.11亿元，完成全年计划的105%，同比增长30%；完成社会消费品零售总额34.6亿元，完成全年计划的101%，同比增长17.2%；农民人均纯收入3243元，完成全年计划的101%，同比增长9.5%；城镇居民可支配收入12797元，完成全年计划的100%，同比增长8.5%。

【固原重点建设项目和扩大内需项目】 年内，全市落实开工建设项目383项。其中扩大内需新增中央投资项目55项，项目总投资总额5.18亿元，预算内资金5.89亿元，目前已完成45项，在建95项，累计完成投资4.58亿元。2010年新区大会战暨全市重点建设项目启动开工的工业、交通、水利、城市建设、民生、商业开发六大领域，总投资达80亿元，2010年计划投资42亿元，开工项目完成年度投资计划任务。

【农业重点项目】 完成设施农业5.1万亩，完成年度计划人物；退耕还植补植补建77.4万亩，完成计划的154.8%；主要县区道路完成绿化238.3公里；城乡大环境绿化2.67万亩，完成计划的133.5%；新修基本农田11.91万亩；固原东部引水工程铺设主支管道651公里，完成支线通水7条，累计完成投资1.29亿元；固西引水工程西吉段已全部完成，原州区段泵站开工建设，铺设管道31公里；续建19座水库全部完成，新开工18座水库除险加固工程全部开工建设，完成主体工程的60%以上，完成投资12769万元；实施12处安全饮水工程全部开工，完成工程量的70%，完成投资4505万元；原州区彭堡水源地地下水库项目到位资金50万元。项目代建制等工作项目完成投资3300万元；完成农村危窖危房改造工程7650户全部开工建设；配套设施同步进展顺利，完成投资4亿元。完成生态移民2000人；小流域治理、长城梁林业科技园生态防护林和等工程全部完成。

【工业交通项目】 启动建设盐化工经济扶贫园区，目前项目《总体规划》已经自治区发改委批复，园区主干道路基完成10.5公里，绿化植树3.8公里，完成总投资1.1亿元。宁夏发电集团六盘山电厂2×330MW工程完成全部工程，1#机组完成整套启动试运行的各项工作，并于7月31日成功试运行；2#机组各项试运行工作正抓紧进行，累计完成投资25.17亿元。银洞沟煤矿项目三个井洞完成掘进600米，宿舍、食堂等附属设施已完成，累计完成投资1.2亿元。开工建设农村公路1120公里，其中行政村沥青、水泥路880公里，已完成660公里，砂石公路240公里已全部完成，完成投资3.1亿元；福银高速公路什字至沿川子段全长24公里全部开工建设，已完成路基工程量70%，完成投资4亿元；

兰青高速公路毛家沟至东山坡段已完成初步设计审查,待国家审批;原州区至王洼运煤铁路专线已经自治区发改委批复,年内可开工建设。

【城市建设重点项目】 六盘山热电厂场外城市热电力网全面开工,完成管网管沟并挖13.5公里,铺设管道9.6公里,完成投资1.08万元;集污管网改扩建项目完成中山街、涺河南路、中山北街、西湖路、银平路、北新街延伸3.3公里;铺设2.6公里管道,完成投资600万元;老城区旧体育场改建工程完成广场石材铺设22000万平方米,绿化植树及植草坪28000平方米及各类设施,完成投资3325万元;廉租住房24.92万平方米全木开工建设,完成投资3.5亿元;宋家巷回族民居改造二期工程15万平方米主体完成90%,完成投资25000万元。

【社会事业项目】 固原一中迁建工程主体工程完成,进行内外装饰工程,累计完成投资1.7亿元;完成图书馆主体工程,完成工程量70%,完成投资1150万元;重点县区主干道路绿化工程,完成须弥山景区。六盘山深林公园景区、野荷谷景区、主干道绿化66公里,完成投资2000万元;全部完成须弥山景区鸡雏设施项目,须弥山博物馆完成布展工作,游客中心、停车场及设施,完成投资5200万元;武警支队迁建工程已开工建设。市公安局技侦大楼完成项目主体工程,完成投资1610万元。

【规划工作】 按照市委、政府的统一部署安排,科学编制完成"十二五"规划纲要(送审稿);组织协调有关业务部门完成23个专项规划的编制工作;配合国家发改委、国务院发展研究中心完成《陕甘宁革命老区振兴规划》的材料提供、调研和固原专篇起草工作。重视抓好生态移民工作,组织深入调查摸底和科学论证,按要求完成《关于请求加快固原市生态移民工作的意见》;做好"十二五"规划和实施西部大开发重点项目的挖掘、梳理和编制工作,完成固原市"十二五"规划和实施西部大开发重点项目库建设工作,初步提出五大类重点项目449个,总投资达到2157亿元;把项目库规模充实到3000~4000亿元,重点项目投资2000~3000亿元。

【物价监管】 开展对食用油、成品油、化肥价格、涉农收费、医院、节假日市场价格电信收费等专项检查和价格举报查处工作;受理价格举报9起,办结9起,受理价格咨询65起,回复65起,办结率、回复率均达到100%;举办全市"12358"价格举报信息培训班;规范治理经营性服务和中介组织服务收费;调整市区公交车票价;治理规范及房地产开发建设及环节乱收费;协调办理市直各类企业《企业交费登记卡》。受理涉案物品价格鉴定、评估29件,鉴定认证、评估涉案金额800多万元。

【经济运行监督检查】 完成市委、政府交办的2010年县(区)国内生产总值、全社会固定资产投资、农民人均纯收入、城镇居民可支配收入、地方财政收入、年末总人口6项国民经济发展主要指标的分解工作。完成"两办"汇报材料需要的经济运行相关材料。完成"十一五"规划中期评估报告,并提交市二届人大第十二次会议审议。

【安全工作】 成立以经济发展与改革委员会主要负责人为组长的安全生产工作领导小组,抓好机关内部安全工作,年内未发生安全事故。履行发挥好安全生产成员单位职责,配合做好全市安全生产的监督检查和落实工作。

【作风建设】 开展深入实施西部大开发战略大学习活动,加强思想道德建设及党风廉政建设。落实市委、市政府《党风廉政建设责任制实施办法》,切实贯彻落实《廉政准则》;重视党建及精神文明建设,全面落实党建工作目标任务,完善党建工作制度,开展精神文明创建活动,教育引导干部职工树立正确的世界观、人生观、价值观,干部职工整体素质得到提高。

定点帮扶 2010年，本委定点帮扶隆德县山河乡崇安村，办公室主任挂职隆德县山河乡副书记，一名科长担任农村工作指导员，指导该村制定扶贫规划，与该村党支部，村委会共同商量，谋划脱贫致富的路子，针对该村地处六盘山核心区边缘，提出移民搬迁思路，从根本上解决群众贫困问题；"六一"儿童节，为隆德县山河乡崇安村小学赠送价值3000余元的学习用品，慰问生活困难户20户，解决群众生活困难。

固原市招商局

概述 年内，全市实施招商引资项目106个，项目总投资95.1亿元，实际引进到位资金28.56亿元，同比增长83.6%。其中：新建项目70个，到位14.63亿元；续建项目29个，到位9.09亿元。在引进项目资金中，区外项目62个，总投资71.9亿元，到位14.83亿元；区内项目35个，总投资17亿元，到位7.84亿元；外资项目2个，总投资6.2亿元，到位1.05亿元；完成市委、政府下达引进15亿元目标任务的158.13%，完成自治区下达引进区外资金10亿元目标任务的196%，全年完成25亿元。

县(区)任务完成情况 实施项目和引进实际到位资金中原州区实施14个，到位55450万元，其中新建11个，到位40500万元；西吉县实施17个，到位27832万元，其中新建12个，到位14130万元；隆德县实施25个，到位47920万元，其中新建17个，到位28060万元；泾源县实施14个，到位17770万元，其中新建8个，到位13150万元；彭阳县实施9个，到位39427万元，其中新建7个，到位25807万元；经济开发区实施16个，到位18534万元，其中新建12个，到位14884万元；市经济技术合作局实施2个，到位10500万元，其中新建1个，到位5000万元；市住房和城乡建设局实施2个，到位19800万元，其中新建2个。

资金结构 年内，引进项目资金结构情况为：特色农业项目26个，到位50880万元，占21.4%；旅游服务业项目27个，到位62787万元，占26.5%；制造业项目15个，到位23117万元，占9.7%；房地产项目15个，到位38884万元，占16.4%；能源化工项目4个，到位25035万元，占10.6%；基础设施建设及其他项目10个，到位34730万元，占15.4%。

招商引资项目 2010年，围绕开展"项目建设和招商引资年"活动。与去年同期比，引进实际到位资金净增50817万元，增长63.4%。其中，新引进项目70个，占实施项目总数的71%，到位资金14.63亿元，占总到位资金的61.7%。着力抓大引强，紧盯500强企业狠抓对接，引进对经济社会发展带动力较强的大项目明显增多。年内共引进总投资5000万元以上项目28个，占新建70个项目的40%，比去年同期增长36%。已引进中石化、中国盐业总公司、浙江盾安集团、中航工业郑州飞机装备有限责任公司、江苏雨润集团等500强企业5家。其中，中石化在泾源县投资的加油、加气站及培训中心建设项目已开工实施，浙江盾安集团在原州区建设的风力发电项目已设立4个测风塔开始测风，雨润集团和彭阳县签订的10万头肉牛养殖项目正在进行选址、注册等项目前期工作，中盐集团在经济开发区投资的小额贷款项目，到位资金6000万元。中航工业郑州飞机装备有限公司与原州区洽谈的总投资1.8万元的清真养生小杂粮深加工项目，已签订合作框架协议。

重点项目 年内，围绕市委、政府下达全市完成引进5个总投资5000万元以上，实际到位资金2000万元以上的农业产业化项目，全力寻洽对接引进。新引进特色农业项目19个，到位资金33070万元，占新引进项目的27%，其中，已引进实施总投资5000万元以上的农业项目8个，到位资金22130万元。原州区三级马铃薯繁育体系及1.5万亩马铃薯基地建设、5000头肉牛养殖加工，隆德县苗木基地建设、方圆育肥厂建设、现代畜牧业示范工程,泾源县苗木基地建设等6个项目资金均已到位2000万元以上。彭阳县肉牛养殖园区、经济开发区清真牛羊肉加工、市农资城建设、西吉胡萝卜汁加工等项目正在进行前期工作。

【东部产业转移项目】 着力拓展招商空间和招商区域,积极承接产业转移,实现了合作领域新突破。2010年,全市共派出79批(次)招商小分队外出招商,洽谈对接项目123个,签约75个。其中,第三季度,共派出37批次招商小分队赴福建、浙江等东部地区洽谈对接项目,共洽谈对接项目33个。共新引进实施东部产业转移项目20个,实际到位资金49170万元,完成市委市政府下达全年完成6个东部产业转移项目的333%。

固原市工业与信息化局

【主要指标】 2010年,完成工业增加值13.9亿元,同比增长20%;规模以上工业实现增加值6.8亿元,同比增长35%;完成工业固定资产投资21亿元以上,比去年增长40%;争取国家和自治区各类工业扶持资金2100万元,同比增长20%以上;万元GDP能耗下降1.61%,完成自治区下达本市的“十一五”节能降耗目标任务。

【固原盐化工循环经济扶贫示范区建设】 2010年,固原盐化工循环经济扶贫示范区建设经过论证,确定盐化工循环经济扶贫示范区选址,示范区控制面积20平方公里,其中起步项目区10平方公里。委托上海化工设计院编制完成了扶贫示范区总体规划,并经自治区发改委组织专家评审和正式批复。完成围绕总体规划的航空影响评价、环境影响评价、工程地质勘探等11个支持性评价。举办固原盐化工循环经济扶贫示范区启动仪式,标志着示范区规划建设正式拉开帷幕。

【重大工业项目建设】 2010年,全市共动工建设工业项目48项,全年可完成工业固定资产投资21亿元以上,比去年增长40%。推进六盘山热电厂2×330MW热电联产项目。#1机组工程完成整套启动试运行的各项工作,#2机组工程土建主体工程施工基本结束,热力系统设备及配套除灰渣、脱硫系统安装接近尾声,分部试运工作正在逐步展开。1#机组成功并网试发电,2#机组具备并网发电条件。年内完成投资4.5亿元,累计完成投资27亿元,完成全部建设内容。完成配套城市热力管网工程开工建设,总里程26公里,总投资3亿元;建成并试生产王洼二矿150万吨原煤生产线。该项目累计完成投资8.83亿元,其中今年完成2亿元,已于6月20日投入试生产。银洞沟煤矿改扩建项目全面展开。该项目概算总投资13.7亿元,完成井巷工程三条井筒总计1300米掘进任务,完成投资2亿元;华电宁夏西吉月亮山风电场一期49.5MW工程建设项目全面展开。完成设计、监理、主机、塔筒、集电线路、辅助设备等招标工作,合同总额达3.5亿元,支付设备购置定金3000多万元。原州区——王洼铁路项目正式开工建设。该项目总投资15.9618亿元,总里程36.962公里,设计通过能力18.2对/日,设计输送能力1300万吨/年,设计列车对数为客车1对/日,货车10对/日。年内完成投资2亿元;彭阳石油资源在冯庄、孟塬、城阳等乡探明含油面积59.9平方公里、地质储量2396万吨,累计部署机井104个,2010年新部署井场12个;累计打油井127口,正常运行的97口油井日产原油365吨,累计产原油12.7万吨,其中2010年产原油5万吨。

【特色农产品加工业】 以马铃薯、中药材、草畜等特色农产品开发为重点,加大技术改造力度,促进产业、产品升级。彭阳荣发草业柠条饲料颗粒加工项目厂房扩建等土建工程全部完成,完成投资320多万元;隆邦生物菊芋粉加工项目完成投资3500万元;宁夏富宁投资集团有限公司年产1万吨马铃薯精淀粉项目成功划转宁夏农业综合投资有限公司,企业生产如期启动;天隆生物水晶粉丝、四兴酱醋食醋、美隆果汁饮料、明德中药、西北药材中药饮片、云霄纺纱马尾衬布等技术改造项目完成全部建设内容,全年完成投资1.3亿多元。

【专项扶持资金】 2010年,各县(区)上报申请支持工业技术改造项目62项,筛选出48个项目申请自治区2010年度工业化扶持资金,并将其中17个项目作为重点申请国家和自治区重点产业振兴和技术改造项目,已有9个重点技术改造工业项目得到国家专项资金的支持,落实资金210万元,“五优一新”专项资金670万元,全年可争取重点技术改造项目扶持资金1000万元;收集整理中小企业备选项目60余项,其中申报自治区中小企业扶持项目22个、申报国家发展专项10个、中小企业公共服务平台项目2个、轻纺工业项目13个。有6个发展专项和1个服务平台项目已分别得到国家和自治区支持,4个轻纺工业项目得到自治区轻纺工业局的支持。全年争取中小企业扶持资金和轻纺工业扶持资金1100万元。

【发展非公经济】 2010年,全市非公有制工业企业完成产值35.5亿元,同比增长22.97%,完成增加值11亿元,同比增长21.2%,非公有制工业占全市工业经济总量的85.8%。

【节能降耗】 加强重点用能单位节能降耗工作,开展了重点用能行业单位产品能耗限标准执行情况监督检查,对本市能耗在5000~50000吨标煤以上的企业进行一次全面督查;印发《固原市节能降耗预警调控方案》,坚决淘汰落实产能,关闭拆除泾源县长征水泥公司和隆德县隆峰水泥公司2.5米以下的机立窑各1座,关闭原州区博江炭山煤业公司产能10万吨以下的1号煤矿井。加大节能技术改造力度,全年争取节能技改资金1125万元,完成佳立公司循环经济示范项目、西吉东升供热公司、隆德阳光供热公司供暖节能改造项目、泰合建材节能墙体材料生产项目等一批节能技改项目,完成固定资产投资1600万元。落实《自治区人民政府2010年节能降耗预警调控方案》和自治区节能降耗工作会议精神,停止六盘山热电厂试产、投产运行。完成自治区对本市2009年节能降耗指标完成情况的考核工作。开展节能宣传,举办《宁夏回族自治区实施〈中华人民共和国节约能源法〉办法》学习班,开展全国第20个节能宣传周活动。履行安全生产领导小组成员单位职责,严格落实安全生产责任制,对本局承担的安全生产任务进行责任分解,做到分工明确,责任到人,严厉查处各类违反安全生产法律法规的行为,全年无重大工业安全生产事故发生。

【信息化建设】 贯彻国家信息化发展战略和自治区促进“两化”融合的意见,拟定《固原市关于加快推进信息化与工业化融合的意见》,加快企业信息网、电子政务网、新农村信息网“三网”建设,建立中小企业信息服务平台,开发OA办公、企业产品发布、原材料购销等几个功能。推进农村信息化建设,在全市892个行政村建设914个农村信息服务站,农村信息点通宽带率达45%,32社区和街道办事处基本实现100%通宽带;加强网络与信息安全管理,制定《固原市互联网网络安全应急预案》,健全应急组织机构,明确了各组成机构的职责,推荐上报4名信息应急管理决策咨询专家。

【解决改制企业遗留问题】 针对六盘山水泥厂职工上访问题,按照市委、政府的部署,由市信访局、工信局牵头,市中级法院、检察院、政法委、公安局、人社局、工会、司法局法律援助中心等单位为成员,成立处理原六盘山水泥厂职工上访问题协调工作小组,多次与自治区国资委及企业改制专家讨论,经过工作组和法律援助律师的共同努力,提出处理意见;争取报社印刷厂等企业改制资金,向国资委争取改制资金150万元,解决企业改制遗留问题。

【优化企业发展环境】 贯彻落实《中小企业法》《国务院关于进一步促进中小企业发展的若干意见》和

《宁夏回族自治区促进中小企业发展条例》，建立政、银、企联席会议制度，及时向商业银行推介和对接项目，编制《2010年固原市银企合作推介项目册》，全年落实各类贷款5000多万元；开展国家银河培训工程，2010年培训工业企业管理人员和专业技术人员82人；实施中国青年创业国际计划(YBC)项目，实现青年创业由劳动密集型向电子技术、特色农业培育等方向转变。今年共受理青年创业项目申请20个，其中4个项目得到创业扶持资金20万元；面向社会征集创业成功、有社会责任感的企业家建立"YBC创业导师库"，实现创业导师当地化；加强与兰州铁路局的陆地协作和沟通，全年完成铁路运输45万吨，确保煤炭、淀粉、草产品、马铃薯等重点物资的顺畅外运。

【科学编制发展规划】 按照新型工业化的要求，根据国家十大产业振兴规划和自治区"五优一新"产业集群发展规划等产业政策，结合本市煤炭、石灰岩、岩盐等矿产资源和马铃薯、草畜、中药材等特色农产品资源实际，编制完成《固原市产业发展规划》，完成《固原市工业和信息化"十二五"发展规划》及信息化、能源化工、特色农产品加工业、穆斯林用品及清真产业、建材业、节能降耗与循环经济和工业园区发展规划等重点行业专项规划初稿。

【队伍建设】 2010年，以开展"创先争优"活动为契机，强化机关效能建设，提高工作效率，不断加强机关自身建设。推行"121"学习制度，制定《固原市工业和信息化局2010年党员教育培训工作计划》；推进"创先争优"活动、学习型党组织建设和"机关党的建设年"活动，在全局党员干部中开展读书活动，开展纪念建党89周年系列活动；在局全体党员干部中开展了深入实施西部大开发战略大学习活动；开展机关效能建设。印发《市工业和信息化局各局长工作分工及各科室职责分工》，修订《固原市工业和信息化局单位规章制度》，严格推行《机关效能建设十项制度》；落实党风廉政建设责任制，入开展廉政风险防范管理工作、勤政廉政承诺制和"反腐倡廉制度建设推进年"活动；开展"五五"普法依法治理和社会治安综合治理工作；完成春季长城梁义务植树3.6亩，秋季义务植树整地13.5亩。选派扶贫工作队员，帮助当地群众和组织解决实际困难。

固原市安全生产监督管理局

【概述】 全市安全生产事故四项指标全面下降。年内，全市共发生生产安全事故168起、死亡47人、受伤105人、直接经济损失86.22万元，与去年同期相比事故起数下降34.12%、死亡人数下降14.89%、受伤人数下降41.67%、直接经济损失下降3.67%；重点行业领域安全生产形势好转。道路交通事故93起、死亡45人、受伤105人，与去年同期相比，事故起数、死亡人数、受伤人数分别下降30.6%、13.46%、41.67%；火灾事故73起，无伤亡，与去年同期相比事故起数下降38.66%。安全生产各项控制考核指标落实情况。年内，各类生产安全事故实际死亡47人，占年度指标总数74个的63.51%，比控制进度少死亡8人。四县一区事故死亡人数均控制在进度范围内。

【安全生产任务】 2010年，召开"两节"、"两会"安全生产部署会议，每季度定期召开安全生产工作例会，及时召开安全生产专题会议，解决安全生产工作中的突出问题，并同5个县(区)政府和33个市直有关部门签订《安全生产目标管理责任书》，对2009年度在安全生产工作中做出突出贡献的19个先进单位和38名先进个人进行了表彰奖励，对事故控制指标完成好的原州区、西吉县、隆德县、泾源县、彭阳县进行奖励。同时，采用通过健全完善指标控制与绩效管理并重的考核评价机制、每月事故情况通报多项措施，督促各县(区)、各部门和各单位将安全生产控制指标层层分解到乡镇(街道)、社区和基层企业，逐级签订安全生产责任状，建立市安全生产控制指标体系，推动各级政府监管责任的有效落实。制发《全市继续深入开展“安全生产年”活动实施方案》等多个文件；贯彻落实《固原市三轮汽车、拖拉机交通安全行政责任追究暂行办法》，2010年以宣传贯彻自治区政府关于落实政府、企业主体责任两个《暂行规定》为主线，在全市开展《宁夏回族自治区安全生产监督管理责任规定》和《宁夏回族自治区生产经营单位安全生产主体责任规定》的宣传学习活动，深入企业、社区发放宣传资料，强化政府、企业和全社会依法推动安全生产工作的意识和能力；深入调研论证和协商，制定《固原市安全生产监督管理责任规定》，对全市各级政府及部门安全生产监管责任进行逐一规范和明确；制定《固原市安全生产“十二五”规划》，有力地推动安全生产与经济社会发展的同步规划、同步推进。

【安全生产大会战】 结合本市安全生产工作季节性特点，年内安排道路交通、矿山、建筑施工、危化品为主的四个安全生产大会战，并安排部署了危险化学品等为主的安全生产大会战。大会战期间，出警打击酒后驾驶、超速、超员、超载和农用车非法载客等严重交通违法行为14988人(次)，查处违法行为8230起，暂扣各类车辆4463辆，行政拘留56人；在农村道路交通安全管理特别是三轮汽车、低速载货汽车管理方面，形成具有固原特色的“西吉县经验”。农用车事故起数、死亡人数、受伤人数、直接经济损失同比分别下降50%、14.29%、77.42%、40.52%；摩托车事故起数下降44%、死亡人数持平、受伤人数下降62.07%、直接经济损失下降5.05%。同时，加大危险路段的治理力度，对排查出的16处道路交通事故“黑点”进行治理；以关闭整顿小煤矿和“一通三防”为重点，严格落实矿领导带班制度。按照自治区人民政府办公厅《关于10万吨以下小煤矿停产的紧急通知》和关闭的要求，按期、安全地关闭原州区炭山煤矿1号井；落实对宁夏博江煤业有限公司3号井、银洞沟煤矿建设项目的开工安全备案事项，坚决防止了不具备安全条件开工生产。督促煤矿企业加大安全技改力度，宁夏王洼煤业公司王洼一矿通过技改从年产能力21万吨提高到年产能力120万吨；多次组织国土、公安、供电等部门，邀请矿山安全专家多次深入炭山煤矿、王洼煤业公司两家煤矿明察暗访，排查安全隐患195条，督促整改181条，确保煤矿安全生产。年内，未发生煤矿安全生产死亡事故，王洼一矿通过宁夏煤矿瓦斯治理“双百工程”验收，达到一级安全质量标准化矿井。

【非煤矿山安全生产】 加大非煤矿山安全生产打非力度，对全市186家非煤矿山进行检查，排查安全隐患890条，督促整改842条，对不符合安全生产条件的16家非煤矿山企业提请政府关闭，对未取得安全生产许可证和工商营业执照的41家非煤矿山企业，停止供电。对在河道区私自采砂、堆砂，严重影响河道行洪安全的8家采砂、采矿企业依法进行了取缔。对使用民爆物品的33家非煤矿山企业推行中深孔爆破技术、机械铲装、液压锤二次爆破，尤其是对重点监管的泾源三关口采石矿区，加大检查的频率，确保了矿山领域安全。

【建设系统安全生产】 以“杜绝重特大事故，保证全市建设系统安全生产形势稳定”为目标，坚持“长效管理与动态考核相结合、定期检查与日常检查相结合、全面检查与随机抽查相结合”，固原市局组织建设、交通、水务、工信等部门多次对四县一区所有在建工程进行全面检查，发现安全隐患2033条，发出停工和整改通知书176份，督促整改1969条，整改率96.9%。

【公共场所和特种行业安全保障】 开展以重点时段和公共聚集场所、危险化学品安全为主的大会战。继续以危化品生产、储存、经营单位为重点，制发整治实施方案，狠抓各企业事故预防措施的落实。多次组织消防、工商、质监、供电等部门对四县一区和固原油库、液化气充装站、烟花爆竹生产企业等重点危险化学品监管单位进行安全生产大检查,促使了各县(区)、各部门抓安全生产“打非”工作的责任感和紧迫感。期间,对21家《危险化学品经营许可证》到期的加油站,责令停业整改。对47家证照不全的加油站采取停电整改;对无任何证照和不符合安全生产条件的74个加油站(点)依法关闭、取缔,没收加油枪60个、手动抽油工具18个。按照“严格条件,规范经营,总量控制,适度发展”的原则,对全市1家烟花爆竹生产企业和117家零售企业进行了重点控制和安全检查,对非法销售的340多件价值10余万元烟花爆竹,进行集中销毁。牵头组织消防等单位对全市所有宾馆、饭店、歌舞厅、网吧等人员密集场所的消防安全管理进行了拉网式检查,共检查单位1500多家,发现并整改安全隐患350余处,责令停产停业9家,行政罚款50.85万元。督促新增消火栓46个。同时,组织教育、建设、林业、质监、水务、电力等部门,有针对性地开展了安全专项整治,清除一些多年积存的安全隐患,提高抗灾御灾能力。

【安全生产大检查】 严格按照全国、全区安全生产大检查和集中开展严厉打击非法违法生产经营建设行为专项行动的精神和要求,召开全市安全生产大检查动员会议,全面传达和学习开展安全大检查和安全生产打非行动动员会议,组织人员对全市生产经营单位进行全面摸底排查,先后25次组织相关单位对四县一区道路交通、矿山、危险化学品、公共聚集场所、烟花爆竹、建筑施工、特种设备等重点行业领域的安全隐患进行了“拉网式”排查,2010年,全市开展执法行动18383起,其中工矿商贸594起,人员密集场所132起,道路交通16553起,农机机械1061起,其他43起;排查各类生产经营单位3113家,排查安全隐患6785条,督促整改6634条,整改率97.78%。对一时难以整改的4处重大安全隐患,建立健全重大隐患公告公示、挂牌督办、跟踪治理和逐项整改销号制度,对未完成整改和一时难以整改的也全部建立整改档案、明确整改责任、落实监控措施。

【安全生产保障】 在充分发挥公安消防、交警专业救护队伍救护的同时,为了更好地处置突发事件,在四个企事业单位组建煤矿矿山救护队、危险化学品救护队、非煤矿山救护队、森林火灾救护队,并督促四个救护队配备了救护器材。对《固原市重特大生产安全生产事故应急救援预案》等多个预案进行了修订,做到预案科学性、准确性。以“应急演练周”为契机,牵头组织开展液化气泄漏火灾事故、煤矿井下火灾事故、非煤矿山坍塌事故、道路交通较大事故、加油站火灾事故等应急救援综合演练活动。处置发生在本市原州区境内高速公路上一起烟花爆竹爆炸事故。

【开展安全文化建设】 围绕“安全发展、预防为主”的活动主题,开展安全生产宣传教育行动。对2家煤矿、186家非煤矿山企业、90家危险化学、118家烟花爆竹生产经营单位主要负责人、安全管理人员和特种作业人员进行强制培训;协助建设部门负责对建筑施工内电工、金属焊接与切割工、厂内车辆驾驶员、起重工、建筑登高架设人员进行全面培训、考核、发证。联合劳动保障部门开展“百万农民工培训工程”,联合工会开展“神宁杯·安全伴我行”演讲比赛、“安康杯知识竞赛”和“青年示范岗”等活动,并组织参加全区开展的“神宁杯·安全伴我行”演讲比赛、“安康杯知识竞赛”和“青年示范岗”等活动;协助公安交警、消防等部门开展“六进”活动,配合卫生部门组织企业从业人员参加全国职业安全健康知识竞赛活动;在《固原日报》和固原广播电视台定期播放安全警示标语,刊载安全生产宣传文章60多篇;针对“7·21”农用车非法载客较大道路交通事故,组织农机手和农民观看事故挂图和事故光盘480场次;开展“安全生产月”活动。制定《固原市2010年“安全生产月”活动方案》,按照“1+10”的工作思路(突出“一个仪式”,开展“十项活动”)和“百十千万”举措,发放国家规定的“红、蓝、黄、绿”四种安全色的传单20多万份，宣传手册10000余本，宣传招贴画60000余张，开展演讲比赛、知识竞赛和文艺演出30余场次，悬挂横幅、张贴标语1000余幅，制作展板1000多块，受教育群众达40余万人，得到自治区安委办的通报表扬，被自治区安委办推荐为“全国安全生产月”活动先进单位；学习贯彻落实《国务院关于进一步加强企业安全生产工作的通知》（国发【2010】23号），以黑龙江省伊春市“8·16”烟花爆竹爆炸事故、青铜峡市“8·13”加气站爆炸事故为教训，宣传开展安全生产“打非”行动的重要性和紧迫性。

【队伍建设】 年内，督促在全市62个乡（镇）和891个行政村成立以行政一把手为主任或领导小组组长的安委会或领导小组，实行行政“一把手”负责制和“一岗双责制”，在891个行政村设立交通安全协管员；开展“争当安全发展的忠诚卫士”主题实践活动，从学习抓起，坚持学法规、学政策、学业务，采取“走出去、请进来”的办法实施培训；坚持用科学发展观武装头脑，树立和强化服务意识，勤奋敬业、真抓实干，提高“四种能力”即监管能力、行政执法能力、事故调查处理能力和突发事件应对能力；加强以廉政风险防范管理和勤政廉政承诺制为重点的廉政教育，自觉提高拒腐防变的意识，做到廉洁执法、公正执法、严格执法。深入开展机关党的建设年、学习型党组织建设、创先争优等多项主题教育活动。

固原市国土资源局

【政治思想建设】 按照市委办《关于印发〈在全市基层党组织和党员中深入开展创先争优活动的实施意见〉的通知》、自治区国土资源厅党组《关于在全区国土资源系统开展“四推进”活动的实施意见》和《关于印发〈中共宁夏国土资源厅党组关于开展深入实施西部大开发战略大学习活动的实施方案〉的通知》、中共固原市委《关于印发〈中共固原市委固原市人民政府关于开展深入实施西部大开发战略大学习活动的实施方案〉的通知》等文件要求，开展专项学习活动。按照市委、厅党组的要求，结合工作实际，制发《固原市国土资源局关于在全系统基层党组织和党员中深入开展创先争优活动的实施方案》（固国土资发［2010］100号）、《固原市国土资源系统“四推进”活动实施方案》（固国土资发［2010］88号）、《中共固原市国土资源局党组关于开展深入实施西部大开发战略大学习活动的实施方案》（固国土资党发［2010］88号）等文件。

【法律法规学习】 根据新时期国土资源工作的要求，制定《固原市国土资源局2010年在职干部理论学习安排》（固国土资发［2010］48号）和《固原市国土资源局党组中心组2010年理论学习安排》（固国土资党发［2010］8号），制发《关于印发〈2010年固原市国土资源局干部培训计划〉的通知》（固国土资发［2010］102号），贯彻落实中央和区、市党委及自治区国土资源厅党组关于党风廉政建设工作的一系列方针、政策；组织干部职工学习《土地管理法》《矿产资源管理法》《基本农田保护条例》等与国土资源管理相关的法律法规；组织各县（区）国土资源局班子全体成员和市局干部职工到黑城监狱开展警示教育，当场请职务犯罪人员现身说法，邀请市检察院预防职务犯罪教育处负责人做廉政教育专题讲座，召开“重拳治贿·立信于诚”宣传警示教育活动动员大会。

【保护耕地】 全面落实耕地保护行政首长负责制，推行耕地保护共同责任机制，把耕地保护责任纳入到县（区）政府的年终考核之中。全市耕地保有量完成502.73万亩（水浇地49.487万亩），基本农田保护面积407.80万亩，保护率达81%以上。表彰奖励2009年度全市耕地保护工作先进县（区），市政府与各县（区）政府签订了2010年耕地保护目标责任书；严格耕地占补平衡，落实补充耕地任务，确保耕地数量不减少、质量不降低。年内，在彭阳县交岔乡实施异地补充耕地(占补平衡)项目,共开发整理耕地 10000 亩;按照国土厅、财政厅、农牧厅《关于印发宁夏回族自治区千万亩基本农田建设工程方案的通知》要求,开展并实施百万亩基本农田建设工程工作,受到国土厅、财政厅、农牧厅的表彰奖励。

【土地利用依法依规】 按照国土资源部实施的双保工程——2010 年行动要求,针对建设项目多,用地规模大的实际,从建设项目用地预审入手,严把建设用地预审关,严格土地利用年度计划,对扩大内需项目、民生工程项目和城市基础设施项目,按照保证重点,优先发展的原则,确保建设用地依法依规。全年共征用集体土地 2444.38 亩,拆迁 125 户,拆迁面积 55176.6 平方米,兑付征地、拆迁补偿费 6152.76 万元,确保固原廉租房项目、六盘山电厂、固原一中迁建、宋家巷改造项目、应急指挥中心、广播电视中心、红十字会、中心血站、公安指挥中心、固原盐化工矿产资源勘查等重点建设项目的顺利实施。

【国有建设用地使用权挂牌出让】 按照固原市委、市政府新区大会战的要求,加大经营性国有土地使用权招拍挂工作力度,年内挂牌出让国有建设用地使用权 49 宗,面积 2867.46 亩,出让总价款 6.95 亿元,土地出让金全部缴清,为推进固原城市化进程注入活力。

【矿产资源开发】 根据自治区人民政府办公厅《关于印发宁夏回族自治区矿产资源整合工作方案的通知》(宁政办发[2010]33 号)要求,编制《固原市非煤矿产资源开发整合实施方案》,并通过区国土厅、发改委、财政厅、环保厅、林业厅等部门专家的验收。

【地质灾害防治】 建立健全汛期地质灾害防治应急指挥系统和汛期地质灾害防治应急分队,落实汛期主要领导带班和 24 小时值班工作责任制;开展地质灾害防治知识宣传活动,对全市 174 个险点的险点位置、受威胁人数、危险程度及责任人、监测人的电话号码公布于众,使广大群众知晓地质灾害发生的类型、成因以及如何识别和防范。

【执法监察】 2010 年,共组织开展动态巡查 81 次,发现违法苗头 66 次,制止 65 次,立案查处 3 起,将各类违法行为制止在萌芽阶段。参与市政府组织的大型拆除活动 10 次,拆除违章建筑物面积 27145 平方米,挽回经济损失 782.4 万元。

【土地卫片执法检查】 按照国土资源部 2009 年度土地卫片执法检查工作电视电话会议的安排部署,成立领导小组,制发《固原市人民政府办公室关于印发〈固原市开展 2009 年度土地卫片执法检查工作实施方案〉的通知》(固政办发[2010]23 号),上报《固原市 2009 年度土地卫片执法检查工作报告》《固原市 2009 年度土地卫片执法检查中发现的违法用地查处整改情况报告》及固原市《实际占用的新增建设用地统计汇总表》《实地伪变化统计汇总表》《违法用地分类统计汇总表》,卫片执法检查工作初见成效。

【地籍管理】 2010 年,通过政务大厅受理用地户拟办土地使用证 418 件,已经办结 256 件,同时办理抵押登记 278 宗。

【城镇地籍调查】 自 2009 年 4 月固原市城镇地籍调查工作开始,权属调查、地籍测量外业工作全部结束。年内,建立固原市城市土地调查数据库。

【城镇基准地价】 城镇基准地价外业调查、内业定级、图件修编工作全部结束。

【效能建设】 开展机关效能建设,强化目标管理,促进各项工作,召开固原市国土资源局 2009 年度工作总结会议;3 召开 2010 年度目标责任书签订大会,局长与副局长、副局长与所分管的科(室)、中心负责人签订了2010年度目标考核责任书；制订《固原市国土资源局关于建立工作例会制度的通知》(固国土资发[2010]60号)；开展群众来信来访工作。2010年，我局共处理群众来人来信件6件，其中：市纪委批转1件、市信访局批转2件、其他群众信访件1件，行政复议2件。目前已办结并回复6件，办结率、回复率均为100%；加强督查督办工作。按照工作目标责任书及各项工作的要求，开展阶段性督查督办工作，共开展督查督办19次，办结事项253项。接受社会监督，改变工作作风；举办演讲比赛，提升部门形象；开展文明机关创建活动。

【廉政建设】 局党组召开全市国土资源系统党风廉政建设工作会议，起草印发《固原市国土资源系统2010年纪检监察及党风廉政建设工作实施意见》(固国土资发[2010]53号)，贯彻中央关于《建立健全惩治和预防腐败体系2008年—2012年工作规划》，落实自治区国土资源厅《关于宁夏国土资源系统党风廉政建设责任制监督检查制度》《加强对各级领导班子主要负责人监督管理的暂行办法》，印发《关于加强对全市国土资源系统重点领域主要环节工作监督检查的通知》，从国土资源重大决策和政策的执行情况、土地开发整理项目和耕地补充项目的实施情况等十个方面对落实党风廉政建设责任制进行监督检查；政策法规与纪检监察科对土地征用、房屋拆迁、土地使用证的办理等业务工作进行不低于20%的抽查，从源头上堵塞漏洞。传达落实区厅党风廉政建设会议精神，落实厅党组和市纪委2010年党风廉政建设和反腐败主要任务分工及牵头工作责任分工，制发《固原市国土资源局2010年党风廉政建设和纪检监察工作要点》(固国土资发[2010]74号)，开展廉政文化进机关活动，编写廉政警言，制作廉政牌匾，悬挂在机关办公大楼楼道的鲜明位置。结合商业治贿专项工作，出台《固原市严格招拍挂土地程序的有关规定》《固原市按规定程序征用土地的制度》和《固原市按照有关规定办理土地使用证的制度》等“三项制度”。建立征地补偿、经营性国有土地使用权招拍挂和国有土地使用证办理的长效机制，从源头上预防和制止商业贿赂行为的发生。

固原市统计局

【目标任务】 按照市委、市政府的安排部署和区统计局“12345”思路，安排部署全市2010年的各项统计工作。按时完成2009年各专业统计年报和2010年的定期报表工作；做好能源统计工作。制定《固原市节能降耗预警调控方案》(固政发[2010]56号)，完成2009年能源统计年报，科学核算2010年全市万元GDP能耗同比下降1.61%，万元GDP能源消耗量控制在1.8594吨标煤以内等主要指标；完成全市2009年和2010年国内游客问卷调查，为市委、政府了解旅游业的发展情况提供了重要的资料。配合市妇儿工委做好2009年全市妇女儿童事业发展监测统计工作；根据《自治区统计局、国家统计局宁夏调查总队关于切实做好城市社会经济基本情况统计年报交接工作的通知》要求，向市直各部门、辖区内各单位下发文件《关于报送2009年社会及城市统计年报的通知》，确保全市社会统计年报按时汇总上报；举办网上直报企业统计业务培训班，市、县(区)及规模以上工业、能源、商贸及投资专业统计人员120余人参加培训；按照市委、政府对县(区)工作目标管理考核要求，提供2009年各县(区)经济指标考核部分，为市委、政府考核县(区)工作提供依据。

【统计服务】 按照市委办《关于做好2010年信息调研工作的通知》(固党办[2010]13号)和自治区统计局《关于进一步加强统计政务信息工作的通知》(宁统办字[2010]12号)文件精神，制定《固原市统计分析、报告、信息工作考核办法》，围绕市委、市政府中心工作和统计重点工作，按照“新、快、精、效”的原则编发信息。2010年，共撰写《统计报告》和《统计信息》35期，固原新闻网活动专题网站发布活动信息22期，被区局内网采用38篇，被市委、市政府信息采用42篇，编发政务信息38期，被区局内网采用32篇。编印2009年度《固原经济要情手册》，撰写的2009年四季度全市经济运行分析报告《"数"评2009固原经济十大亮点》被《固原日报》在头版头条摘要刊登，被固原市最具影响力的新闻网站《固原新闻网》全文刊登；做好"第四次固原工作会议"服务工作。在第四次固原会议召开之际，制作第一次固原工作会议以来全市经济十大亮点12块展板和260多份精致彩页《嬗变之路》宣传手册，以图文并茂的形式展示第一次固原工作会议以来固原经济社会发展取得的巨大成就。

【机关党建和效能建设】 在局机关实施"三清"管理，即"日清"、"周清"和"月清"管理。操作上做到"四统一"，即统一时间，统一记录本，统一报告样式，统一归档；二是建立清理监控系统。在日常监控中做到自清、互清、组织清相结合；三是评估激励系统。激励机制是"三清"控制系统正常运转的重要保证；开展"机关党的建设年"和"创先争优"活动，结合机关党建"三制"、党员"手拉手"活动，全面推行"评星定格"活动。组织党员干部开展廉政建设"五个一"活动、推行廉政风险防范管理工作，实行年度工作目标层层考核制办法；按照《自治区统计局关于印发宁夏统计系统机关文化建设规划的通知》（宁统字[2010]45号）文件要求，开展"优秀统计标兵"评选活动和"大统计"格局建设。在全区统计系统第一届职工体育运动会上，固原市代表团取得了团体总分二等奖的优异成绩，展示固原统计人的风采和健康向上的良好形象。

【贯彻统计法】 结合全国第六次人口普查充分利用报刊、广播、电视、网络等新闻媒体，宣传法律，大造声势，深入开展"五五"普法工作和"法律七进"活动；根据国家及自治区《关于联合开展统计执法大检查的通知》精神，固原市统计局、监察局、司法局、国家统计局固原调查队联合签发《关于联合开展全市统计执法大检查的通知》（固统发[2010]23号），通知明确执法大检查目标要求、组织领导、工作安排和工作要求，对辖区内的单位进行执法检查。

【第六次人口普查】 市第六次人口普查领导小组及办公室制定《固原市第六次人口全国经济普查领导小组成员及有关单位职责任务》《固原市第六次人口普查领导小组办公室工作规则》等一系列规章制度，把第六次人口普查工作列为2010年度各县（区）考核目标，层层落实责任制；各县（区）全部按期完成乡镇级普查机构的组建，办公室工作人员按期到位，形成市、县（区）、乡镇、居委会四级人普组织网络，市级人普办配备人员15人，县区级人普办平均配备16人，内部人员业务分组也已经落实。全市100%的乡镇完成机构组建；进行全市人口普查综合试点，在原州区清河镇和北塬办事处进行人普试点，全市各县（区）、各乡镇的普查业务骨干160多人参加试点；全市人口普查宣传月正式启动，市委宣传部、市人普办在新时代购物中心广场进行声势浩大的人口普查宣传活动，社会各界近2000人参加启动仪式。

【统计"双基"建设】 按照提升市一级，加强县一级，推进乡镇级，延伸村一级的思路，对通过自治区验收的23个乡镇再夯实、再提高、再规范；对剩余的45个乡镇（街道）以"八有八化"和网络互联互通率达100%为目标，年终一次性通过自治区考核验收。同时扩展到资质内建筑企业、规模以上工业企业和部分行政事业单位，向行政村、居委会延伸，向部门（含企业集团）的二级机构延伸。年内全市65个乡镇（街道）统计站（办）达到"一室"，统计人员"人手一机"的目标，并建成区、市、县（区）和乡镇四级信息系统的主干网络；完善市、县（区）、乡镇（街道）三级统计网站建设，着重建立网站维护和信息更新机制，开展网络环境下的数据加工和信息共享工作。

固原市审计局

【重点业务】 2010年，本局签订审计重点业务工作4项，52个审计项目，完成审计项目50个，查出各类违纪违规资金16783万元，管理不规范资金5642万元，经审计处理应上缴财政172万元，应归还原资金渠道260万元。出具审计报告和审计调查报告50篇，其中有3篇被市领导批示，提出审计建议26条，撰写审计信息简报40期。

【预算执行审计】 2010年，完成市财政局、市国税局、原州区国税局、实验区国税局和市水务局、林业局、民政局等11个单位预算执行审计。查出违规资金13451万元。经审计处理应归还原渠道资金122万元。

【领导干部经济责任审计】 年内，受市委组织部委托对22名领导干部进行经济责任审计，共完成政协办、水务局、林业局、宗教局、方志办、讲师团等20个部门领导干部经济责任审计。查出违规资金3332万元，管理不规范资金5634万元。经审计处理应上缴财政172万元，应归还原渠道资金138万元。

【民生资金审计】 完成固原市及原州区社会养老保险基金、医疗保险基金和市住房公积金的审计，全部完成目标任务。对于审计出的问题，提出审计建议，作出审计决定，并提交政府研究解决。

【政府投资建设项目审计】 完成市委党校综合楼、清水河治理5、6号橡胶坝等13项工程结算审计送审工程造价24991.74万元，审定工程造价格20556.22万元，核4435.52万元，核减17.7%。

【绩效审计】 按照自治区审计厅的要求，开展“深化绩效审计年”活动，在项目安排上扩大绩效审计比重，把绩效审计贯穿于所有审计项目和项目实施的全过称。

【部门共性工作】 在认真开展重点审计业务工作的同时，开展争项目、争资金，人口与计划生育，义务植树工作，完成市委、政务领导交办的其他工作。

【廉租住房资金专项审计调查】 通过资金检查，实地调查，召开座谈会，抽查10%保障户档案和保障对象等方法，对廉租住房政策落实及资金管理使用情况进行审计调查，对发现廉租房保障资金到位不及时，廉租住房异地配建未全面实施，廉租房管理经费保障机制未真正建立等问题，提出科学合理的审计建议。

【网上办公】 2010年，本局与自治区审计厅OA审计管理系统实行连接，在全区审计系统率先实现网上办公，文件起草、审批、督办、办事全部在网上进行，节约行政运行成本。

固原市工商行政管理局

【市场监管】 围绕执法办案、市场监管、行政许可、消费维权、行政指导、活动日主题宣传“六个重点环节”做好普法工作，落实执法责任制，加大执法办案力度，推行说理式行政处罚文书，促进执法办案的规范化、透明化和公开化。全面推行高危行业电子监管，并配合相关部门对辖区内非煤矿山、加油站、危险化学品、烟花爆竹等市场主体进行全面清理检查，共出动执法人员1570人次，检查各类经营主体4232户，查处无照经营248户，未办理前置行政许可72户，行政许可证过期32户；以新设立有限公司、分期缴付出资或变更注册资金的有限公司、外派劳务公司、一人公司、房地产中介公司为重点开展“两虚一逃”查处工作，查处抽逃资金案件3起；坚持查处取缔与引导规范相结合，建立查处取缔无证无照经营联席会议和信息通报制度，开展专项整治活动，共出动执法人员3864人次，检查各类经营主体25904户，查处无照经营3051户，补办营业执照2899户，责令改正113户，取缔39户；加大“家电下乡”专项整治工作力度，严厉打击以“家电下乡”、“汽车摩托车下乡”、“家电以旧换新”等名义销售不合格和假冒伪劣商品等违法行为，查处借“家电下乡”名义违法广告案件1起，罚没款2万元；组织开展文化市场集中治理行动和“打击非法出版物”专项检查行动23次，共检查各类主体56家，查缴政治性非法音像制品4盘，淫秽光盘13盘，非法低俗出版物34本，盗版光盘40盘(套)，责令4家不规范网吧进行整顿；开展品牌汽车、成品油、傍名牌、反垄断、商标侵权、商业贿赂、违法广告、旧机动车辆市场、塑料购物袋等专项整治。2010年共查处各类经济违法违规案件607件，罚没金额达20.2万元。

【食品安全】 依据《食品安全法》及其实施条例的贯彻实施工作，落实《流通环节食品安全监督管理办法》《食品流通许可证管理办法》和《自治区食品生产加工小作坊和食品摊贩管理办法》，落实农村食品市场监管“四项制度”和流通环节推行食品准入与配送监管“五项制度”，在隆德县召开全系统“五项制度”现场观摩会。年内，共有食品经营户6015户，创建食品安全示范店为625家，农村食品安全示范店610家；在农村市场建立“四项制度”的经营户共337户，建设率达100%；共有食品配送企业和食品批发户196户，131个配送仓储，226辆配送车辆，基本实现了食品准入与配送监管“五项制度”全覆盖。同时，全系统突出消费特点，开展节日食品、乳制品、清真食品生产经营、校园周边、农村食品、食品添加剂、地沟油等食品市场专项整治工作，共检查经营户45672户(次)，取缔无照食品经营户97户，查处食品案件87件。

【“红盾护农”】 通过“一账通”制度的全覆盖、农资案件的查处、无照经营的取缔等一系列措施，在全市523户农资经营户中全面建立农资经营信息档案，评选信誉好的“农资经营示范店”15家，全市农资经营户“一账通”覆盖率达到了100%，组织开展化肥、种子、农膜、农药、农机具经销等专项检查6次，立案查处农资案件7件，农资案件呈逐年下降趋势。

【打击传销】 面对传销出现的新情况、新问题，市政府专门召开常务会议听取汇报，制发《固原市打击传销领导小组工作职责和联席会议工作制度》，建立工商、公安为主，相关部门配合、齐抓共管的打传工作机制。同时建立打传目标责任制，层层签订目标责任书，保持高压严打态势，强化“快速反应、部门配合、三级联动、现场处置、教育遣散”五个环节，开展“百日打传”、“打传惊梦”等行动。年内，全系统共查处和取缔传销窝点、场所58个，办理传销案件127起，教育遣散传销人员183人。

【消费维权】 系统内建立健全消费维权“四项”长效机制，消保工作职责、制度和工作流程，提高执法人员处理复杂问题、依法维权、调解纠纷、协调配合、处置突发问题、改革创新和践行科学发展观的能力；印制《固原市个体私营企业道德规范及法律知识问答手册》，开展“六进”活动，举办“夜校”、3.15国际消费者权益日、安全生产宣传月、综合治理宣传月、12.4法制宣传日等形式，大力宣传法律法规和消费常识。实施“消费维权从娃娃抓起”工程，印制中小学生《消费维权法律知识问答手册》，开展“进校园、进课堂”258次，受教育学生及家长达10万人次；开展12315消费维权“五进”的同时，探索开展消费维权进宗教场所，即消费维权“六进”活动。按照“四落实、四统一”的标准，在农村、学校、社区、市场、企业、宗教场所建立12315消费者投诉站，方便消费者就近申诉举报。年内共建立消费者协会、分会46个，12315联络站1865个，12315消费维权快速通道13家；依托区、市、县(区)、工商所、维权站五级之间纵向贯通、横向连接的信息化网络，建立“及时受理，快速分转，妥善处理，及时反馈”的高效工作机制，共受理各类消费者申诉举报461件，办结率98%，为消费者挽回经济损失20.6万元；

【创新服务机制】 “放大”工商部门的服务性，挖掘职能“潜力”，在推进地方经济发展中争当主力。落实政务公开制、首办责任制、AB岗工作制、限时办结制、“五办四通”制度；落实区局《关于进一步发挥工商职能 优化发展环境 支持固原经济社会发展的意见》，发挥30条措施的政策效应，2010年，本市共注册内资企业1003户，私营企业2650户，个体工商户32616户；以通过培养小企业小老板的形式，全面实施创业带就业计划工作，引导更多的自然人成为市场主体。年内共发展小企业336户，小老板409个，创造就业岗位3317个；以解决中小企业融资难为重点，搭建服务平台。在中小企业和金融机构之间牵线搭桥，帮助个体私营企业解决融资难问题，共为15户企业办理了股权出质登记，为企业融资3877万元；建行与贸易中心个体工商户“三户联保”贷款项目累计贷款2000多万元；落实各项优惠政策，让下岗失业人员和广大高校毕业生真正得到了实惠。累计有1213名下岗失业人员和大学毕业生享受优惠政策；加强企业信用体系建设。成立固原市信用企业促进会、“守合同重信用”活动作为推进全市企业信用体系建设的两大举措，对全市54家2008年度“守合同重信用”企业进行命名表彰；多措并举，服务农村改革发展。培育和扶持多元化的农村市场主体，促进农村经纪人、农民专业合作社、农业龙头企业等健康发展，年内全市农村经纪人登记数量已达到3475人，其中西吉县工商局指导的鑫豆土地信用合作社、兴隆镇兴田土地信用合作社、西吉县农业机械化合作社得到县委、政府及广大农民的充分认可，《法治新报》、西吉电视台对此进行专题报道；引导农业生产、经营者运用农产品商标增产增收，其中原州二分局按照“成立一家农民专业合作社，引导申报一件特色商标”的思路，引导辖区农民专业合作社申报注册涉农商标；培育发展新型市场和特色市场，搭建市场平台，搞活农产品流通，保障农民致富。固原经济开发区果蔬物流园在工商部门的大力支持下已投入运营；推广涉农合同示范文本，加大对涉农合同的行政调解力度，其中彭阳县工商局建立合同帮农指导站12个，推行合同示范文本23种，签订非农合同20份，合同标的128万元。

【队伍建设】 始终把“服务经济、企业满意；关注民生、市民满意；消费维权、群众满意；净化市场、社会满意”的四满意作为每个干部、各个岗位的工作标准，主动邀请人大代表、政协委员、人民群众视察工商工作，全力完成市委、政府交付的扶贫、植树造林等任务；开展“新闻媒体进工商”活动，《中国工商报》高级编辑、副总编苏菲、记者马津对本局进行调研、采访；加大宣传力度的基础上为地方四套班子及相关部门订阅工商半月刊和《中国工商报》，并为区局各位领导及主要处室订阅《固原日报》；与相关部门协调建立打传、食品、查处取缔无照经营、高危行业等联合执法机制。

【服务经济社会发展】 25条措施为“155”工程保驾护航。自治区第四次固原工作会议再次专题研究固原发展大计，确定启动实施“155”工程，实现跨越式发展。本局制定《关于贯彻落实自治区第四次固原工作会议精神的实施意见》，从发展环境、政策环境、竞争环境、消费环境、干部队伍、组织等方面为贯彻会议精神提供六种良好的支持，调动干部职工为固原经济社会发展出谋出力的积极性和主动性。年内全市登记在册的市场主体总量已达35977户，与去年同期相比增长23%。

【“行政指导”品牌】 行政指导工作有了新定位。年内，制定《深化行政指导工作实施方案》，确定市场准入、退出，商标、广告、合同监管，消费维权领域，流通领域食品质量监管四个领域的重点内容，把行政指导与市场区域巡查相结合，与行政许可、市场管理、执法办案相结合，与企业信用分类监管和“12315”五进等工作相结合。年内全系统共开展即时指导与实施一般行政指导项目2038次/个，行政指导事项涉及市场主体准入、实施商标战略、公平竞争、商品质量管理、合同管理、市场主体退出等多个领域，本市工商“行政指导”品牌正在逐步形成，并成为继12315之后党政肯定、群众欢迎的又一“金字招牌”，自治区党委政研室对此进行专题调研。

【电子巡查监管】 2010年按照市场巡查“网定格、格定责、责定人”的要求，把移动业务与固定电话、宽带业务融合在一起，开发出“重要商品质量安全监管平台”（工商“E”通），市场监管人员可在电脑上对经营者进行实时电子巡查监管，并可利用3G手机随时将巡查情况上传到监管平台，实现第一时间发现问题食品、第一时间追溯问题食品、第一时间传递监管要求，实现对食品安全监管的无缝对接。此项工作经自治区工商局肯定在全区推广实施。年内全市落实电子监管宽带181户，落实电子监管诚信通户数为177户。

【商标战略】 商标战略取得新突破。围绕服务和支持地方经济发展这一主导思想，实施商标战略，根据提交市政府召开常务会议专题研究的《关于加快推进全市商标品牌战略的请示》，成立固原市商标战略实施领导小组，批转下发《固原市加快推进商标品牌战略的实施意见》，实施商标战略，推行商标“指导员”、“四书两卡”、“一所一标”、“一乡一标”等全新的工作新模式，鼓励企业和各级组织使用商标开拓市场，参与竞争，发展生产，提高效益。年内成功申报西吉马铃薯为全国驰名商标，填补了固原市无驰名商标的历史空白。同时，“六盘山”、“四兴”等13件商标被评为宁夏著名商标，并帮助企业、农户申报商标41件，建立宁夏著名商标培育库。

【“公推直选”试点】 “公推直选”试点工作首开先河。全系统坚持体现群众公认、党管干部、同等机会、选举人意志、公开公正原则，开展“公推直选”试点工作，采用党组推荐、群众推荐、自荐和党员直接选举的方法，分别选举产生分局党总支及所属党支部委员、副书记、书记，把党性强、作风正、素质高的党员干部选进机关党组织班子的新机制，推进基层党内民主建设。年内全市换届的7个总支、27个支部中采取“公推直选”方式的有6个总支、15个支部，“公推直选”试点工作走在全市党组织前列。

【廉政建设】 落实《建立健全惩治和预防腐败体系2008年—2012年工作规划》制度，做好群众来信来访举报案件的办理；重新聘请16名行风义务监督员；加强对全市工商系统效能和政风行风建设明察暗访力度，2010年共组织开展明察暗访157次，下发内部督查通报24期；围绕“五好党支部”发展理念和创建“五型”工商的目标要求，开展专题教育活动，全年共举办各类培训班83期，受训人员达2911人次，有5名处级领导干部参加国家工商总局举办的研修班，并分批分组组织全局干部外出观摩学习。

【理论研讨】 2010年，在全系统开展理论研讨活动，共征集到54篇论文，评选出18篇优秀等级以上作品，共编发各类信息4938期，其中被自治区级媒体采用102条，地方党委、政府采用1327条，各级媒体采用283条。

【精神文明建设】 开展形式多样的精神文明创建和健康有益的文体活动，坚持走访慰问困难、有病干部职工，制作“接待卡”，做好基层干部职工前来办事的接待；帮助干部职工家中办好红白喜事；组织干部参加系统职工书法摄影作品展；在全市“建设学习型机关，打造学习型团队”读书演讲比赛活动中荣获三等奖；组队参加全市“纪念建党89周年歌咏比赛”；举办全市工商系统“庆七一·六盘红盾”文艺汇演；筛选优秀节目参加全区工商系统文艺汇演；六一前夕联合个协、机关支部为隆德县张程乡张程小学送去价值5000余元的书籍和文体用品；组织机关干部职工向玉树灾区捐款6450元；在“重阳节”之际对固原市儿童福利院和固原市原州区城区中心敬老院进行慰问；主动参加市委市政府组织的植树造林、双拥等公益性活动。年内全市系统8个局中，有3个评为自治区级文明单位，5个局评为市级文明单位 。

固原市质量技术监督管理局

【创先争优】 2010年，成立创先争优活动领导小组，召开局全体党员大会，各县局分别召开党员干部大会进行宣传。制订活动方案，细化四个主要目标、四个坚持和五个结合的总体要求。四个主要目标即：履职意识进一步强化；服务效能进一步提升；党性修养进一步增强；自身形象进一步改善。四个坚持即：坚持服务中心；坚持以人为本；坚持开拓创新；坚持率先垂范。五个结合即：把创先争优活动与推进业务工作结合起来；与“机关党的建设年”活动结合起来；与“质量提升”活动结合起来；与年度考核结合起来；与开展讲党性、重品行、作表率活动有机结合起来，组织中层以上干部到平凉市质监局参观学习。局党组开展《廉政准则》理论中心组学习扩大会，机关支部开展了迎“七一”创先争优党课教育和读书月活动，参加区局组织的执法打假大比武活动，并取得第3名的好成绩。每个党员进行书面公开承诺，把一份责任、一种使命担当在肩。党员干部在创先争优的实践行动中发挥了作用，推动各项业务工作提质提效。

【学习调研】 通过采取自学、集中学习、举办讲座、组织讨论、考察调研等多种方法，确保学习实效，年内集中学习8次，专题讲座1次，参加市上理论大讲堂3次，组织讨论2次。围绕深刻学习领会实施西部大开发战略精神，对全市质监工作追赶发展、当前影响固原质监工作科学发展的突出问题等重大课题进行深入探讨，确保大学习有特色，有亮点。同时，开展为固原质监事业发展建言献策活动，鼓励大家说真话、讲实话，查找制约固原质监事业发展的问题，并提出意见建议。另外，要求局班子成员、各科室负责人每人撰写一篇调研报告。

【基层党组织建设】 把深入实施西部大开发战略大学习活动与正在开展的学习型党组织建设、创先争优活动、机关效能建设、机关党的建设年等活动有机结合起来，推动基层党建工作的发展；转变工作作风，提高服务效能，树立良好机关形象；强化使命意识，讲大局、谋发展；丰富学习内容，树立终身学习意识；抢抓机遇，乘势而上，创新工作思路，完善工作措施，推进工作落实，加快质监事业科学发展。形成“八个争先”的良好局面，即：奉献质监事业要争先；提高执法能力要争先；树立良好形象要争先；落实目标任务要争先；促进和谐稳定要争先；坚持勤政廉政要争先；服务科学发展要争先；创造一流业绩要争先。

【“质量提升”服务活动】 年内，组织开展“质量提升”服务活动，帮助8家企业建立检验制度，组织免费培训4次，为38家企业提供了质量管理方面的服务，召开质量分析会议1次。同时，完善企业质量管理制度，坚持管理与服务相结合，在管理中热情服务，在服务中严格管理，出台固原市质监局帮扶企业的新举措，该活动将以“因企施策助企业、凝心聚力促发展”为主题从8个方面为企业提供各种服务，以服务推动监管工作的落实。

【推进名牌战略】 对全市具有发展前景，符合产业政策的企业进行调查摸底，明确名牌产品的发展方向，按照自治区质监局《关于做好2010年宁夏名牌产品申报工作的通知》要求，深入调研，与企业沟通，征求意见函的形式征求各相关部门的意见，对12家申报宁夏名牌产品企业进行调查筛选，推荐8家企业的8个产品争创宁夏名牌产品；配合宁夏电视台对参加2010年企业申报“宁夏名牌产品”电视展播公众投票活动的制作；对2007年—2009年的名牌战略推进工作进行全面总结。为推进名牌战略的实施，向固原市政府提出关于加快推进固原市名牌战略工作的意见请示。经市政府同意，以市政府文件下发，对获得宁夏名牌产品的企业市政府一次性奖励3万元，对获得中国名牌产品的企业市政府一次性奖励15万元。

【获证企业监管】 对获得生产许可证的企业进行检查，有9家验配眼镜企业进行专项检查，2家安全检测线进了监督检查，对存在问题的4家企业责令进行整改，建立完善获证企业档案。同时对固原市国家级7家水泥和磷肥生产许可证企业逐户进行确认。对工业生产许可省级发证的28类产品进行了分类调查摸底。组成调查组，制定全面检查计划，开展对重点行业生产企业清理调查工作并对辖区内获证企业进行清理，完成区局关于开展委托检验工作状况的调查工作。

【企业质量建档】 从建立健全企业质量档案动态和管理机制入手，对全市重点企业认真摸底，逐一排查，建立完善企业的质量档案；在企业中开展信用等级评价。

【机动车安全技术专项整治】 按照自治区质监局、公安厅关于加强机动车安全技术检验机构和机动车检验监管的通知精神，成立联合检查组，制定了整治活动方案，在企业自查的基础上联合公安部门采取定期与不定期明察暗访，档案抽查，数据检测等手段，并配合区政府特约安全质量监督员对两家安检机构进行6次检查，对检查中发现的问题责令进行整改。

【质量月活动】 围绕抓"质量水平提升，促发展方式转变"的主题，领导重视，积极行动，成立领导小组，下发通知和活动实施方案，通过群发质量月宣传手机短信，制作发放质量月宣传画、宣传手册等宣传形式，共发放2万余份宣传材料，受理消费者投诉50多人次，提供咨询服务400多人次，制作电视专题片3个，宣传公益手机短信30000余条，悬挂宣传条幅100多条，宣传栏80余块。

【生产许可证发放】 全年共受理、审查、发放工业产品生产许可证8家。

【ISO9000认证】 完成质量手册及程序文件和管理制度汇编，内审人员培训，内部评审，管理体系认证各阶段的工作。

【食品小作坊许可证发证】 年内，全市获得食品生产许可证企业120家，共涉及淀粉(淀粉制品)、白酒、饮料、糕点、食用油、肉制品、小麦粉、豆制品、乳制品、蜂产品、方便食品等20类。全年共受理申报食品许可证企业3家、复审31家。全市小作坊共有772家，全年共受理174家，发放食品生产加工小作坊准许生产许可证122家。

【节日食品安全整顿】 年内，对节日期间消费量大，安全隐患多以及与群众生活息息相关的小麦粉、食用油、酱油、食醋、白酒、饮料、肉制品、乳制品、豆制品、糕点等10类食品为重点检查品种。共检查各类食品企业300多家，食品小作坊100多家，通过检查，对4家存在问题的食品加工企业下发整改通知，对1家非法生产食品添加剂和1家无证生产纯净水的企业依法进行查处。

【重点抽样监督】 在元旦、春节、五一、国庆等重大节日期间，组织人员对节日食品进行专项抽查，重点抽查小麦粉、食用植物油、酱油、食醋等，共抽检小麦粉18批次，抽检合格率95%，酱油、食醋12批次，抽检合格率90%，食用植物油18批次，抽检合格率97%；按照自治区质监局的统一部署，开展蜜饯、食用植物油、酱油、食醋、乳制品专项监督抽查。对两家不合格蜜饯生产企业下发了限期整改通知，并依法进行处理；开展"问题乳粉"和"地沟油"专项检查，组织对宁夏杨郎乳业有限公司生产的乳制品进行抽样检验，经宁夏食品检测中心检验未检出"三聚氰胺"；按照《自治区人民政府关于印发宁夏回族自治区地沟油整治和餐厨废弃物规范管理工作实施方案的通知》要求，对获得食品生产许可证的食用油生产企业和小油坊进行为期一个月的拉网式整治。共出动执法人员150人次，整治获证食用油生产企业4家，小油坊245家，尚未发现加工"地沟油"的情况。整治中重点对原料进货记录、生产记录、成品入库和出库记录、检验记录、销售记录等，对个别企业（小油坊）记录不全和不规范等情况，责令其限期整改。

【食品小作坊准许生产监管】 贯彻《宁夏回族自治区食品生产加工小作坊和食品摊贩管理办法》，按照自治区质监局《2010年食品生产加工小作坊生产与监管工作方案》和市食品安全委员会关于印发《固原市食品生产加工小作坊和食品摊贩专项整治工作方案》的有关要求，开展食品小作坊准许生产与监管工作，从宣传与培训、受理与审查、帮扶与监督、调查摸底等方面开展工作；全市质监系统分别成立食品小作坊准许生产许可发证工作领导小组和现场审查小组，给每户食品小作坊印发《食品生产加工小作坊须知》，深入全市每个乡镇、街道，动员小作坊改善生产条件，争取申证；采取分批集中进行培训，全年受培训人员523人次。

【农资打假专项整治】 开展农资打假专项检查。以化肥、农药、农膜、农机及其零配件产品为重点，对全市辖区内生产、经销农资企业、门店进行了拉网式大检查。检查化肥生产企业6家、农资市场5个、农资经营点112个；检查各类化肥3.4万吨、农膜2100吨、种子5万多公斤、农药1,700袋（瓶）、农机及农机配件1,300多台（件）。另外，执法人员和技术人员深入到村头、地头向广大消费者宣传农产品质量知识、识别真假，知识、发放宣传、咨询材料3,000多份。

【建材专项检查】 联合市住房和城乡规划建设局、市工商局，对全市混凝土制品的质量安全现状进行专项检查，检查水泥制品企业30余家，对25家既无检验设备，没有委托法定检验机构进行检验的企业，责令其限期送检，对5家生产不合格混凝土制品的生产企业立案查处。

【成品油、加油机专项检查】 组织各县局对全市26家加油站（点）经销的汽油、柴油、润滑油质量进行专项检查，共抽检样品56批次，依法查处3家5台加油机的铅封被破坏的计量违法行为。

【烟花爆竹专项检查】 春节、中秋期间，会同安全生产委员会、公安、工商局等相关部门，在全市范围内开展烟花爆竹生产经营秩序整顿和打击非法生产烟花爆竹专项活动，检查全市烟花爆竹生产企业1家，烟花爆竹经营点2家，抽样6组送检。

【絮用纤维制品专项检查】 对辖区内"絮用纤维"加工点、"军用品"经销点、"床上用品"经销点、幼儿园、医院、宾馆等单位使用的"絮用纤维"制品进行专项检查，共检查加工点4家、经销点11家、幼儿园7所、医院9家、宾馆11家；抽检棉衣、棉被、被褥、床单等絮用纤维制品1700件；抽取送检样品45个。立案查处3家经营不合格"絮用纤维"制品的单位，端掉制假售假窝点2家、依法封存生产设备2台、扣押没收问题产品51件。

【生活消费专项检查】 对辖区内自来水公司的计量标准装置水表校验台进行检定，对自来水作业人员现场进行培训。开展液化石油气专项检查，检查民用液化石油气充装站5家。开展塑料购物袋专项检查，在全市范围内开展限制生产销售使用塑料购物袋专项检查活动，没收超薄购物袋86000只。开展能效标志专项检查，组织对商场、电器专营店的冰箱、洗衣机空调等36家电产品能效标志的专项执法检查。全力抓好2009年退耕还林补助粮食质量工作，对头营粮库、彭堡粮库、三里铺粮库中待发放的退耕还林粮进行专项检查。检查大米304吨，未无发现有计量不合格、霉变等影响食用安全的大米。开展“家电下乡”产品专项检查,确保 12365 投诉举报热线 24 小时畅通，处理农民群众关于家电产品的咨询、投诉和举报。加强家电下乡产品 3C 认证核查工作,加大能效标志监督检查力度,严厉打击假冒伪劣产品,依法查处中标生产企业违法行为。

【监管责任制】 明确责任,建立机制,落实辖区责任制,明确辖区监管人员、监管区域和监管责任。把推行辖区打假责任制同实施农资、建材等专项整治工作有机结合，全市一区四县分成五个责任区,每个责任区又划分成小片区具体安排到每个人。

【“12365”投诉】 按照“受理及时、反映快速、依法处理、服务到位”的宗旨,全年共受理各类举报投诉 11 起,其中调解处理 9 起。并根据举报查处一批假冒“蓝星”防冻液,没收产品 16 桶;查处经销不合格“汽油机油(新统一壳牌 15W/40#)案,没收产品 33 桶。

【农业标准化示范区建设】 以示范区建设为载体深入开展农业标准化工作,组织开展脱毒马铃薯栽培、云杉栽培、云杉育苗、无公害辣椒栽培和日光温室蔬菜栽培五个农业标准示范区建设,并通过自治区专家组的考核验收。示范区的建设为当地农民的脱贫致富、改善生态环境、促进地方特色支柱产业发展起到了很好地典型示范作用。同时,开展第七批农业标准化示范区的申报工作。

【企业标准化体系】 结合开展企业执行标准情况执法监督检查，继续巩固消灭无标准生产工作,做好企业产品标准的查询、登记、备案工作。全年共办理企业标准备案、登记和复审 210 个。同时做好产品执行标准著录单的填写、装订及微机录入,搞好标准数据库的动态管理工作,规范企业依标准组织生产的行为,提升企业标准化水平,组织 5 家企业开展“标准化良好行为企业”活动,帮助企业初步建立管理体系、工作体系在内的标准体系。

【代码办理】 开展组织机构代码工作，与工商、税务、银行等部门主动配合,提高办证的覆盖率;改进工作作风,改善服务态度,主动上门服务,热情接待顾客;加大宣传力度,做到办证须知、制度上墙,发放宣传手册、资料 3000 多份，营造良好的工作氛围。全年新办(换)证 1355 家、年检 1689 家;电子档案扫描 3606 份 ,扫描准确率 98%

【“关注民生、计量惠民”工程】 开展“诚信计量进市场、健康计量进医院、光明计量进眼镜店、服务计量进社区”为内容的“关注民生、计量惠民”专项行动。开展农贸市场及超市计量器具专项监督检查工作,强制检定各类计量器具 5600 多台(件)。开展以食品、化肥、饮用水等产(商)品为重点的计量专项抽查.对原州区两个集贸市场在用计量器具进行了免费检定,建立计量器具台账。开展对医院、珠宝经营企业、眼镜经销企业、加油站等单位的计量监督检查工作,与各个单位签订计量承诺书,向消费者承诺各项计量准确无误。同时,根据已建立的定量包装企业档案，对相关企业开展计量确认工作,完成计量承诺单位 40 家。“5·20”世界计量日期间,开展形式多样的计量宣传活动,在市区所在地较大商场、超市、宾馆、饭店张贴“5·20”世界计量日宣传画册，在中山街集中开展现场免费检测咨询服务活动。向定量包装生产企业大力开展推广使用“C”标志宣传工作，让定量包装商品生产企业认识使用“C”标志的重要性,并鼓励其积极申报。全年计量专项整治和认证监管工作 8 月份经区局考核组验收全部通过。

【计量人员考核培训】 切实加强企业计量管理人员和技术操作人员培训,举办计量管理人员培训班 1 期,培训人员 80 多名,提高计量从业人员水平。

【特种设备安全监察】 加强特种设备监察力度,确保特种设备安全运行,开展元旦、春节、五一、上海世博会、固原市工作会议、"六一"、中秋节、国庆节、中阿经贸论坛期间特种设备安全大检查以及特种设备安全隐患排查工作；多次召开专门会议研究部署特种设备安全监察工作，确保特种设备安全运行；成立特种设备专项检查工作领导小组。主管领导亲自带队到企业到基层靠前指挥检查特种设备安全，落实安全责任；把特种设备安全监察的重点放在特种设备生产、使用单位。以生产、生活用锅炉、气瓶、游乐设施为重点设备，以医院、学校及宾馆酒店、商场、公园、火锅店等人员密集场所为重点区域；把检查的关键环节放在安全责任落实上。重点检查企业法人负责制及主要负责人、分管负责人、安全管理人员、各个岗位各个环节安全生产责任制建立及落实情况；特种设备全过程管理、人员培训持证、隐患排查整治和重大危险源的监管情况；特种设备安全应急救援预案及演练管理、特种设备的安全附件、安全保护装置、测量调控装置及仪器仪表检验和记录等情况。对各县特种设备安全运行工作进行了督查。共检查特种设备生产使用单位 168 家次，检查特种设备 315 台件，强制停用非法运行锅炉 1 台，立案处理 5 家，保障本市特种设备安全运行。

【高危重点领域安全监察】 市安委会组织安委会有关成员单位，对全市"危险化学品"、"安全生产隐患排查"、"旅游景点及娱乐设施"、"交通运输管理"等长年开展安全生产专项大检查，主要检查石油、发电、旅游、烟花爆竹、石油公司、交通运输、液化气充装站、氧气充装站的危险化学品储藏和销售等 8 个行业，涉及特种设备监管的有压力容器、锅炉、游乐设施、厂内机动车辆等生产使用单位。共检查特种设备 54 台，出动执法人员 100 多人次。

【安全生产技能培训】 在原州区、泾源县、隆德县、彭阳县举办了锅炉及锅炉水处理、压力容器、电梯、起重机、厂内机动车辆作业人员及管理人员培训班 13 期、培训作业人员 338 人(次)，复审作业证件 86 人(次)。

【安全事故应急救援演练】 为及时、有序、高效、妥善的处置特种设备可能发生的突发安全事故，切实提高特种设备使用单位应对突发事故快速反应和应急处置能力。协同组织策划南源供热公司、六盘山旅游公司、正祥供热公司、宁夏师范学院、华帝液化气公司等 6 家单位开展了安全事故应急救援演练；共参加应急救援人员 300 多人(次)，应急拉动相关部门 48 个，邀请观摩单位 60 个，收到了良好的社会效果。

【完善制度】 年内，制定《2010 年度党风廉政建设工作计划》《固原市质监局党风廉政建设责任分工》和《固原市质监局 2010 年民主评议政风行风工作实施方案》等一系列文件，明确分工，责任到人；重新修订质量管理体系建设组织对机关工作制度 9 大块，27 项制度，使各项工作有章可循，有据可依。强化制度的执行力度，严格考核和奖惩办法，坚持用制度管人管事，规范权力运行。

【廉政建设】 坚持以人为本，强化理想信念和核心价值观教育，组织学习《廉政准则》，在党组中心组和全体党员干部中多层次，开展学习《廉政准则》大讨论活动，坚持正面教育与反面教育相结合，强化领导责任，突出工作重点，把排查岗位廉政风险作为党风廉政建设的主线，结合岗位职责、工作流程入手，采取自己找、相互找、领导提等方式认真排查，根据各自的工作性质查找出潜在的廉政和监管风险点，共查找出潜在风险点 34 个，其中Ⅰ级风险点 19 个，Ⅱ级风险点 4 个，Ⅲ级风险点 11 个，制定防范措施 29 项。实行廉政风险分级管理。

【综治扶贫绿化】 贯彻市委、政府社会治安综合治理工作部署，落实综治工作责任制，确保监管职责到位；完成春秋两季布置的植树造林任务，响应爱国卫生运动，按城管部门要求清理城市包片垃圾等各项工作任务，全年共完成植树造林 38 亩，清理垃圾 50 吨；

开展扶贫支教工作，筹措资金3万多元，为单位扶贫点贫困户发放面粉、衣物，为学校学生购买校服、配发学习用品；美化单位环境，针对单位原来院落小、车辆无法停放、门庭偏僻、大门前道路泥泞等问题，对单位大门和院落进行改扩建，净化、美化单位环境。

【质监信息宣传】 全年全市质监系统共在各类新闻媒体宣传报道30多篇(次)，编发各类信息230多期。以新闻媒体为依托，全面报道质监工作，弘扬质监主旋律。制作“强质监促安全”电视专题片，在固原电视台进行为期两周的专门报道。结合全局工作重点，借助“质量月”、“3·15”、“安全生产月”等活动的开展，多角度、多层次、多形式地开展质监法制宣传。全年全市质监系统共组织开展各类上街宣传20多次，发放宣传材料4万多份，咨询服务群众300多人次。

国家统计局固原调查队

【概述】 2010年，从思想上要求干部牢记使命，奋力推进“三个提高”，牢固树立数据质量第一的意识，以求真务实为天职，视数据质量为生命，恪遵“不出假数、真实可信、准确完整”的职业操守，从自己做起，从现在做起，从细节做起，把提高数据质量始终贯穿于统计调查工作的各个环节、各个方面。确定全年的奋斗目标。坚持“勤下、实抓、严查”的基础工作调查理念，树立国家调查队意识，各科调查人员在调查过程中，执行国家统计调查制度，做好常规调查网点动态维护工作，坚持独立调查、独立上报，按照国家统计调查标准、指标口径、抽样方法、汇总方式和操作规程，做好常规调查工作。处理好国家与地方调查工作任务的关系，在确保完成国家调查任务的同时，严格按照调查报批程序开展地方服务调查。

【行风建设】 建立健全固原调查队党组工作机制，强化队伍管理，做到以制度管人管事；加强学习型组织建设，评选推荐好文章装订成《学习·实践·提升》小册子，供单位职工传阅；向甘肃平凉调查队、本区海原调查队、西吉调查队派出相关专业人员进行学习，提高本队干部职工的思想认识；配合总队相关处室做好城乡住户、农村样本调查网点样本轮换和组工干部调查工作；抓住“统计调查数据质量这个中心”加强基层培训，加大基层辅助调查员、记账户和企业价格填报人员的培训力度，为提高各专业调查数据奠定基础；加强党风廉政建设和统计调查行风建设，遵守统计调查职业道德，加强对领导干部的教育监督，杜绝以权谋私、以数谋私，抵制来自各层次各方面的侵蚀，维护调查数据的“公信力”。

【依法统计】 全面加强统计普法工作，确保各项统计调查工作有法可依，有法必依，执法必严，违法必究。坚持统计人员独立调查、独立报告、独立监督的职权，依法查处统计违法行为，真正做到依法统计；加大新《统计法》和《统计违法违规行为处分规定》宣传力度。全年共印制《统计法》宣传彩页1500份、宣传册750份发放给相关调查调查对象，并采取以会代培的培训形式，利用调查培训会的机会，重点做好调查对象的统计法律法规教育，提高调查员和企业主搞人员法律素质，增强自觉履行统计调查法律义务意识；坚持依法统计，规范统计调查工作秩序；加强统计执法检查，坚决查处统计调查对象的统计违法违纪行为，坚决查处提供不真实或者不完整的统计资料的行为，坚决查处未按时提供统计资料、拒绝提供统计资料、拒绝接受统计检查的行为。全年综合法规科联合相关业务科室对20家工业企业进行统计执法检查。

【数据质量管理】 完善统计调查数据质量评估机制，提高数据评估的科学性。规范基础工作。按照《固原调查队基础工作规范化规程》要求，建立健全涵盖调查数据采集、审核、传输、处理、评估、发布等环节的质量标准、技术规范和责任追究制度，完善调查数据全过程质量控制体系，严格规范统计调查过程；开展经常性的数据质量检查。各专业结合工作调研和指导检查,不定期开展数据质量检查。建立健全固原调查队数据质量检查约束机制,实行领导干部下点情况报告制度,开展专项基础工作大检查;进行数据评估。执行调查数据下管一级的原则,完善数据评估审核办法,建立健全主要调查数据质量评估制度,提高数据质量评估的科学性和可靠性;建立调查工作通报制度,各业务科室定期通报完成工作数量、质量等情况,按照统计调查报表月、季、年度制度规定,向分管队长汇报报表报送和数据质量情况。

【信息数据调研】 对辅助调查员进行集中学习培训和分散指导,确保基层基础数据搜集准确、上报规范;按照下点检查计划和内容,深入调查网点,对粮食播种面积、畜禽饲养量等基础数据进行实地丈量、入户核对,及时纠正错误,确保工作环节和工作措施落到实处;建立与统计、农牧、农技、气象等部门联系机制,定期不定期召开联席座谈会议,分析判断农业和畜牧业生产形势,利用网络、电话互相通报相关信息,全方位、多角度评估验证调查结果;实施以调查点为单位的采价一览表方式,房地产专业制作房地产企业信息记录,全面掌握房地产建筑、销售情况,工业生产者价格调查专业建立《统计报表报送情况登记证》,汇总采价信息,统一采价口径;严格执行“三审三到位”制,“入户审核”,即调查员入户收账本时审核,“上机审核”,即每月账本录入前,对账本编码、大笔收支核对无误后方可上机录入,“数据审核”,即对月人均可支配收入和人均消费性支出的名义增长幅度超过15%的月份,按照四大项分别找出上涨的动因,应列出详细情况说明,按总队要求严格填写上报内容。“三到位”即组织安排到位,抽查互查到位,整改落实到位,确保调查结果符合地方实际状况。

【优质服务】 反映年、季、月度城乡经济、居民收入、各类价格变动情况、部分服务业发展监测情况,按季度召开业务例会、半年及年终召开经济形势分析会,为各级党委政府正确判断形势、促进经济发展提供真实可信的调查信息分析;加强重大信息报送工作,关注和了解各级领导的信息需要,关注和了解社情民意,反映宏观政策落实情况,反映经济发展中的一些苗头性、趋势性问题,加强预警监测;开展统计分析研究。利用丰富的统计调查数据,密切关注经济社会中的热点、难点问题,开展专题调研,增强分析研究工作的前瞻性与预警性,提供有数据、有观点、有建议的统计调查分析研究资料。全年全队共撰写信息307篇,工作动态104篇,分析报告38篇,重大信息15篇。四项合计采用416篇,采用率达到89%。重复采用率为146.9%。加强与市委、政府,原州区委、政府的沟通,做好服务工作,针对2010年蔬菜价格日趋高涨的实际问题,调查队与固原市电视台合作拍摄电视专题片《今年蔬菜怎么了》,从蔬菜的种植、供货、销售等多方面实地了解蔬菜价格居高不下的原因;同时合作拍摄了固原房地产市场价格调查的专题片。

【信息化建设】 年内,改造本队光纤工程,确保视频畅通;为每个业务科配备移动硬盘,确保调查数据的完整和保存;完善固原调查队公开网页,发挥网站沟通内外上下、媒介社会的桥梁作用,定期向社会公众公布调查热点问题;推动无纸办公系统建设和电子公文交换平台建设,实现固原调查队系统办公自动化应用和公文电子传输。

【统计宣传】 利用媒体拓宽宣传服务渠道,加强与固原市主流新闻媒体合作,定期面向公众公布调查数据信息;加大统计调查数据的解读研判能力。借助新闻宣传力量,维护政府统计部门的权威,深度分析数据背后的发展变化规律,把丰富的统计调查信息、统计调查产品推向社会;加强统计调查宣传。增强调查工作的透明度,诠释有关统计调查指标,全方位宣传统计调查工作的组织实施方式,推动开放式统计,帮助公众客观了解经济形势,维护政府统计部门公信力。

农业与农村经济

固原市水务局

【盐化工循环经济示范区水资源论证】 按照区(市)专题会议精神,主动和水利厅完成项目对接,协调完成固原盐化工循环经济扶贫示范区水资源论证、供水方案等有关工作。年内完成4000万立方米水资源论证报告,完成水土保持方案已编制,编制盐化工供水工程可行性研究报告及初步设计,初步确定以扬黄水和当地水库水为水源。

【宁夏中南部城乡饮水安全工程】 配合自治区水利厅等有关部门,完成《宁夏(中南部)固原地区城乡饮水安全水源工程项目建议书》《项目建议书》通过水利部审查报国家发改委批复,已完成该项目初步设计报告,确定水源工程年引水总量3982万立方米的引水指标,工程静态总投资16亿元。年内开工建设的秦家沟水库进展顺利,163米泄洪洞全面贯通,坝址清基、坝肩帷幕灌浆全部完工,坝体土料储备充分。完成进场道路2.97公里,完成土石方13.4万立方米,混凝土1427立方米,钢筋制安110吨,完成投资7900多万元,其中:库区拆迁、移民安置4900万元,工程投资3000万元,安排库区征地及林木补偿费1000万元。完成大马庄水库移民调查和安置方案。

【彭堡水源地地下水库工程】 按照工程代建制要求,成立工程建设、代建机构,完成工程招投标。7月25日工程开工建设,已完成工程永久征地68.18亩,临时征用地83亩,完成地下连续导流墙工程1478米,地下连续防渗墙433米,累计完成工程总投资3220.39万元。

【长城梁生态农业科技园引水工程建设】 按照市政府的安排和限时通水要求,完成工程招标和开工建设,完成15000立方米高位蓄水池1座,完成引水管道11.08公里、配水管道全长28.85公里建设任务,实现每小时引水量372.2立方米的目标,确保长城梁生态农业科技园绿化用水需求,完成投资715万元,其中,争取自治区农田水利基本项目投资400万元。

【病险水库除险加固改造工程和节水改造】 年内,完成全市52座小型病险水库除险加固工程,完成投资23400万元。灌区节水改造配套工程开工建设21处,新增节水灌溉面积4万亩,完成投资7658.43万元。

【农村安全饮水工程】 解决农村饮水安全问题是市委、政府2010年确定的15件大事和25件实事之一。年内计划开工建设12处,已开工建设14处,铺设管道398.66公里,完成土方274.74万立方米、石方0.92万立方米、混凝土12.48万立方米,完成投资4306.65万元。

【水土保持生态建设项目】 年内,共完成水土流失治理面积 311.3 平方公里，其中：水平梯田 9314.4 公顷，造林 9909.4 公顷，种草 10426 公顷，封禁治理 1480 公顷，小型水保工程 150 座，新修道路 254.8 公里。新建水保骨干工程 10 座，中小型淤地坝 20 座。完成总投资 11053.28 万元，其中国补投资 6316.51 万元。

【防汛抗旱】 2010 年，在各县(区)自查的基础上，组织人员对全市 808 座水库进行全面普查，对检查中暴露出的薄弱环节及安全隐患登记造册，分析归类，督促落实整改措施，确保库坝安全度汛。制定在建工程度汛方案，修订完善库坝工程防洪预案，加大预案的告知力度，检验预案的可操作性。协调指导各县(区)加强抗旱服务组织建设，共投入抗旱资金 513 万元，其中中央拨款 40 万元，自治区财政拨款 130 万元，市县级财政 100 万元，群众自筹 243 万元。投入抗旱人数 12.1 万人。投入抗旱设施：机电井 507 眼，泵站 24 处，机动抗旱设备 892 台(套)，运水车辆 6552 车(次)，临时解决 7.94 万人，3.03 万头大家畜饮水困难。

固原市农业畜牧局

【指标完成情况】 全市继续调整和优化种植结构，共完成农作物播种面积 609.6 万亩（含复种），其中：粮食作物 416.8 万亩、经济作物 109.8 万亩、饲草作物 83 万亩（含复种），分别占农作物播种面积的 68%、18%和 14%。年内，全市牛饲养量 75.5 万头，羊饲养量 126.9 万只，猪饲养量 59 万口，同比分别增长 9.3%、10.0%和 0.3%，家禽饲养量 426.5 万只，同比增长 9.7%；肉类总产 6.99 万吨，禽蛋 8962 吨，同比分别增长 11.7%和 8.5%。年底肉牛饲养量将达到 78 万头，草畜产业提供农民人均纯收入达到 500 元。

【百村肉牛养殖示范工程】 年内，全市共建设肉牛示范村 100 个(其中原州区 30 个、西吉县 15 个、隆德县 17 个、泾源县 20 个、彭阳县 18 个)。肉牛示范村新建暖棚 13 万平方米、青贮池 20 万立方米，补栏基础母牛 26 万头，新发展 5 头以上养殖户 6130 户，全市 5 头以上养牛户累计达到 1 万户。

【养殖园区建设】 按照“政府扶持、市场运作、企业主导、农民参与”的思路，通过政府引导、企业参与、部门协作，采取土地流转、租赁等措施，形成“园区养殖、规模经营、科学管理、规范饲养”的发展模式。原州区引进和培育了腾西、岳林及科宏、富贵等 10 家企业及养殖合作社，建设头营南塬、陈庄，彭堡杨忠堡等养殖园区 15 个，其中年养殖规模 1000 头以上肉牛养殖园区 2 个、500 头以上的 3 个、200 头以上的 6 个、200 头以下的 1 个，年养殖规模 1000 只以上肉羊养殖园区 3 个；西吉县在什子乡山庄、玉丰，兴隆镇堡子建成 3 个肉牛养殖园区、4 个规模养殖场；隆德县新建六盘山高档肉牛养殖示范园区和方圆万头生猪养殖科技示范园 2 个，陈靳、联财、张树、杨川、杨河、山河、地湾、上梁、魏李、新庄 10 个规模肉牛养殖场，联财镇联财村、奠安乡张田村、观庄乡观堡村、温堡乡温堡村 4 个千头养猪小区；泾源县新建存栏 300 头以上规模养殖场（园区)8 个，部分养殖园区已开始进牛，在 10 月底前 8 个养殖园区(场)牛存栏均达到 300 头以上，年底每个养殖园区(场)出栏肉牛 500 头以上；彭阳县巩固提升罗洼君豪和古城中川润泽 2 个规模养殖场。新(扩)建新集上马洼富尔康、古城镇任河返乡农民工、乏河、草庙新洼、王洼山庄 5 个肉牛养殖示范园区(场)。特别是古城镇乏河村引进宁夏为民建筑工程有限责任公司流转土地 198 亩，建设集养殖、屠宰、加工、销售为一体的大型规模肉牛养殖场，建成大型双面暖棚 14 栋和 5000 立方米饲草配送中心 1 个。

【牧草种植】 年内，新种多年生牧草 27.82 万亩，禾草 93.4 万亩，青贮玉米 5 万亩。以紫花苜蓿为主的多年生牧草留床面积累计达到 300 万亩，种植或复种饲料玉米、大燕草、甜高粱等一年生禾草达到100万亩。

【秸秆青贮】 根据《关于认真抓好玉米秸秆青贮工作的紧急通知》,各县(区)也成立秸秆青贮工作领导小组和技术保障小组,对肉牛园区、规模养殖场和养殖大户购买铡草机进行补助,并无偿提供青贮剂,对青贮制作过程中技术环节进行指导,完成新建青贮池5万立方,调制饲草33万吨。

【黄牛改良】 全市累计建立黄牛冷配点283个,每个点都配备经过培训考核过关、技术熟练的改良技术人员。全年黄牛冷配改良10.39万头,完成全年任务的94.5%。其中原州区1.9万头、西吉县1.98万头、隆德县1.56万头、泾源县2.15万头、彭阳县2.8万头。完成黄牛冷配改良11万头。

【动物卫生监管】 坚持从加强动物卫生监管入手,狠抓制度落实,加大监管力度,实行检疫人员定岗定责,严把"四关"(即 入场关、待宰关、同步检疫关、宰后处理关),进场畜禽的检疫率、屠宰检疫率、出场产品持证率、病害畜禽及其产品无害化处理率均达到100%。共产地检疫各类动物49.7379万头只,检出病畜禽数0.0263万头只;检疫覆盖面(以行政村为单位)达到100%,报检动物检疫率达到100%。交易市场监督检查畜类、禽类、动物产品分别为95.3511万头只、100.2734万只、2786.4吨,持证率分别为99.2%、99.1%、99.4%,对未持证动物及动物产品均按规定进行重检或补检;公路动物防疫监督检查站监督检查动物2487辆次292.0876万头只,动物产品69辆次1285.0427吨,畜副产品54辆次530.84吨;外调审批动物11批次11048头只。全年共屠宰检疫动物63.4968万头只(其中猪2.1244万头,牛羊4.1748万头只,禽57.1976万只),检出病害动物0.0056万头只。

【重大动物疾病防控】 年内,全市重大动物疫病累计免疫各类畜禽729.99万头(只、次),其中全市口蹄疫免疫牛75.73万头,羊102.75万只,猪41.29万头,免疫高致病性猪蓝耳病35.33万头(次),禽类免疫高致病性禽流感400.64万只(次)。有效免疫密度及标志佩戴率均达到100%。共完成重大动物疫病免疫抗体水平检测27256份(其中市级5200份);采集送检鸡泄殖腔/咽喉棉拭子和猪鼻拭子1230份,猪牛羊血样1950份。动物死亡率控制在规定指标范围内。

【马铃薯产业】 按照"稳定面积、主攻单产、优化结构、提升效益"的基本思路,提升马铃薯的产业化水平和市场竞争力,全年完成马铃薯播种面积218.6万亩,平均单产为920公斤,总产量为201.1万吨,提供农民人均纯收入达到450元。"百万亩马铃薯抗旱增产示范工程",采取引进龙头企业(农民专业合作组织)、适度规模流转土地、租赁经营、集中连片、标准化种植、规模化生产等措施建立一批5000亩以上的县级示范点和1000亩以上乡级示范点,完成示范工程100万亩;建设千亩以上马铃薯机械化生产示范园区28个10万亩。三级种薯繁育体系建设借助全国人大十一届二次会议1022号建议的办理,先期投入1129万元对西吉县、原州区二个马铃薯脱毒繁育中心进行改扩建,已完成原原种繁育4180万粒(其中原州区1800万粒、西吉县1800万粒、泾源县500万粒、隆德县80万粒),温室第二茬、网室定植已结束。按照"一村一品,一乡一级(代)"的专用化要求,主要繁育陇薯3号、青薯168、冀张薯8号、克新1号、费乌瑞它、宁薯12号、中薯3号等,建立12个原种生产专业村,原种繁育面积达到9500亩,原种平均亩产1.2吨,繁育原种11400吨;建立46个一级种生产专业村,一级种生产基地面积达到13.5万亩,一级种平均亩产1.5吨,繁育一级种202500吨。

【设施及旱作节水农业】 按照"建园区、扩规模、抓创新、创品牌、强服务、拓市场、求效益"的发展思路，通过“公司＋合作社＋基地＋农户”等模式，适度规模流转土地，建立标准化、集约化生产基地，形成产、加、销为一体的产业化经营模式。2010年新增设施农业5.1万亩，其中：日光温室1.1万亩、大中拱棚4万亩。年内完成设施农业62750亩，其中：新建日光温室15670亩，大中拱棚47080亩，已累计完成设施农业22万亩。全市计划覆膜80万亩，其中秋覆膜52万亩，春覆膜28万亩。完成秋覆膜面积58.2万亩，占自治区下达计划任务52万亩的112%，其中完成全覆膜46.5万亩，占计划任务39万亩的119.2%；完成春覆膜37.1万亩，完成自治区下达任务的132.5%。设施农业提供农民人均纯收入260元以上。

【特色优势产业】 立足区位优势，建基地、抓园区、创品牌，彰显特色优势，全市特色作物种植面积达到163.8万亩(其中特色经济作物89.3万亩、夏杂22万亩、秋杂29万亩、中药材11万亩、种苗12.5万亩)，提供农民人均纯收入240元以上。原州区全力打造“六盘山”绿色冷凉蔬菜基地县，形成头营、清河、开城、彭堡、中河五大绿色冷凉蔬菜生产基地，呈现出一村一品、一园一品的产业发展格局，种植特色经济作物50.75万亩(其中瓜菜15万亩、葵花10.05万亩、胡麻10.2万亩、玉米15.5万亩)。西吉县打造“百公里特色蔬菜产业带”，建成西芹标准化生产基地2.68万亩，露地胡萝卜生产基地1.16万亩；引入宁夏华林农业综合开发有限公司按照“公司＋基地＋合作社＋农户”的运作模式建设无公害蔬菜种植示范基地，重点发展西红柿为主的标准化蔬菜种植；建成平峰乡三合村千亩地膜谷子种植基地。隆德县突出花卉和中药材，新建花卉种植示范区6个，种植面积达3000亩；在城关镇、好水乡建立育苗基地，培育各类绿化苗木8000亩；中药材重点培养柴胡、秦艽、黄芪等优势品种，建成清水河流域万亩优质道地中药材等5个基地，带动全县中药材种植13万亩；加快建设陈靳菊芋种植基地和深加工示范园区，以陈靳乡、沙塘镇退耕带为核心区域辐射种植菊芋(菊苣)1.2万亩。彭阳县以发展小杂粮为主，完成特色优势作物种植24.5万亩，其中小杂粮15万亩，油料9万亩；打造朝那鸡养殖示范村4个，养殖规模达到100万只。

【农业产业化】 按照“统一规划、集中连片”的建设原则，整合项目，集成技术，以马铃薯、玉米等为主开展高产创建活动，全市共建立粮油高产示范面积36万亩，其中马铃薯高产创建示范18万亩，地膜玉米高产示范12万亩，油料高产示范6亩，建成万亩示范片22个(马铃薯12个，玉米8个，油料2个)，其中农业部万亩示范片7个，建成千亩展示区80个(马铃薯38个，玉米19个，油料23个)，建成140个百亩核心攻关点；年内全市共有市级以上龙头企业72家(国家级1家、自治区级18家、市级53家)，共有16家企业完成农业产业化龙头企业技术改造及质量认证项目实施和验收工作，争取自治区产业化“以奖代补”项目扶持资金146.5万元，其中技术改造资金145万元，质量认证资金1.5万元。在中国(宁夏)第二届园艺博览会，牵头搭建102平方米的综合展区，有5000万元农产品购销项目、10亿元六盘山中医药文化休闲旅游养生园项目、2.5亿元华林农业综合开发二期建设项目在项目签约仪式上签约。结合“十二五”规划和新一轮西部大开发战略，组织起草了《固原市打造“六盘山”农产品品牌的实施方案》。支持马铃薯(农产品)外运协会申请注册“六盘山”商标。

【现代农业示范基地建设】 按照自治区政府《关于创建现代农业示范基地的指导意见》，整合现有资源，加大资金投入，高起点规划，高标准建设的全市23个自治区级现代农业示范基地，完成27个市级现代农业示范基地前期规划，引进企业开展马铃薯种薯繁育及高产高效栽培示范、农作物新品种引进试验示范及展示、优质牧草规范化种植示范、高原绿色蔬菜规范化种植展示、优势特色小杂粮标准化生产示范，示范面积2260亩，投资509.56

万元，其中自筹资金252.4万元(单位自筹66.09万元，企业自筹185.50万元)，基地配水设施投资257.16万元。

【农业机械化】 年内农机总动力达到157.58万千瓦，比去年增长10.5%；完成机耕地面积322.42万亩，同比增长12.36%；机播地面积205.65万亩，同比增长6.5%，机械化作业率逐步提高。其中全年完成马铃薯机播59.51万亩，比去年增加5.52万亩，增幅达到10.22%，机械化作业率占到27.22%。玉米春季一次性起垄覆膜点种23.88万亩，比去年增加12.73%。共落实马铃薯、玉米示范园区35个，面积达到12.65万亩，全部实行机械化作业。其中马铃薯示范园区26个，面积为8.32万亩；玉米示范园区9个，面积4.33万亩。全市进行机械化残膜回收技术的示范、推广面积5万亩。完成自治区下达的购机补贴资金3295万元，购置机具1832台(件)。开展农机安全年活动和“平安农机”创建活动，开展农机免费管理工作。全市共出动检查4319人次，检查拖拉机10386台次，纠正各类违章2112起，强行卸客255人，督促挂牌2346台，培训办证1871人；制作事故案例流动展板102块，深入乡村集市宣传146场次，散发各种宣传材料5.8万张，刷写张贴安全标语302条；全市新入户拖拉机2346台，新训驾驶员1871人；创建平安农机示范乡镇10个，示范村56个，示范户753户。

【科技服务】 实行农业科技人员与基地(园区)和农户挂钩结对，在每个行政村发展科技示范户10户。推广“企业+农民”、“市场+中介组织(经纪人)+农民”和“科研院所+基地+农户”农业科技推广服务模式，建立科技服务农村的长效机制。以测土配方肥技术为重点，开展肥效试验、土样测定等技术推广服务活动，开展以马铃薯、玉米、胡麻、向日葵、枸杞等为主的测土配方施肥技术推广193万亩，其中建立配方肥标志性示范区28.9万亩，配方肥施用面积达到83万亩，发放施肥建议卡23.2万份，指导农户21万户，培植科技示范户153个。开展肥效试验124个，测土配方施肥技术实现亩增产增效48~90元。加强植保检测工作，每月对各种蔬菜病虫害普查2次，完成定点系统观测72次，各种病虫害普查共36次，其中蔬菜病虫害普查30次，小麦条锈病普查2次，马铃薯病虫害普查4次。开展农作物新品种引进、试验和推广服务活动。建立农作物新品种引进试验示范展示240亩，共引进水旱地冬春小麦、玉米、马铃薯等17类农作物新品种(系)269个，开展新品种引进、品比、区域、生产试验及示范展示25项。选出田间表现突出的苗头品种(系)10余个，完善科学、规范、有序的农作物品种更新换代机制。

【农村合作经济】 农村土地承包经营流转有序推进，全市农村土地流转面积达21.4万亩，涉及农户2.4万户，分别占到总承包耕地面积的5.1%和承包农户总数的8.6%。全市累计成立12家土地流转信用社，共参与流转土地1.5万亩；全市共成立了5个农村土地流转监管办公室，57个农村土地流转服务中心，656个农村土地流转服务站；农民专业合作组织健康发展，年内共争取项目资金464万元，扶持26个专业合作组织，全市农民专业合作组织达到519家(其中农民专业合作社达331家)，新增合作组织81家；共举办各类培训班110多场次，累计培训人数达25300多人次；选择有条件的合作社开展“良好农业规范”认证(GAP)；抓好五项制度(即审核制、公示制、限额制、追究制、责任追究制)，开展农民负担监督检查，年内全市共落实政府补贴补偿金额40837.17万元，人均320.37元。农村集体财务运行良好。有35个乡镇，517个村实行村会计委托代理，892个村都成立了民主理财小组，规范公开的村756个。按照“三年一轮审”的要求，以开展第七届村干部任期届满离任时的审计为重点，对48个乡镇，320个行政村的转移支付资金的管理使用情况进行专项审计，审计总资金达3533.09万元，为农村“两委”换届工作提供重要依据；农村经济运行监测及时有效，对全市5个农村经济运行态势固定检测点加强监测工作，从经济运行结果看，农民现金性收入人均3041.13元，生产经营性支出1240.84元，农民人均现金性纯收入1800.29元。

【农村能源建设】 2010年，自治区下达我市农村沼气"一池三改"项目4000口，全市共完成农村沼气"一池三改"建设任务7500口(其中历年续建国债项目和退耕还林项目3500口)，占计划任务的100%，使用率达89%，三改率(改厕、改圈、改灶)达91%，完成联户沼气建设14处，完成大中型沼气建设1处；共投放太阳灶22500台，其他项目投放及农民自购5000余台；新增建设261个农村沼气服务网点(其中县级1个，村级260个)。

【继续教育培训】 开展"阳光工程"、农业专业技术人员继续教育培训活动。2010年共完成培训1533人，完成计划任务的15%；举办全市农业专业技术人员晋升中、高级技术职务任职资格继续教育培训班，共有农业专业技术人员567人参加，总学时72学时，结业率达100%；围绕全市发展现代农业发展需要，举办固原市现代农业及专业技术人员继续教育专题培训班，60名农业专业技术人员参加为期10天的培训；为向农业生产服务体系发展提供人才支撑，培训农民经纪人50人，培训地方特色职业农民50人，农民创业培训200人。

【养蜂水产】 2010年全市共饲养蜜蜂31000群，其中中蜂22700群，西蜂8300群。由于受春倒寒低温冷冻及多雨的影响，全年共生产蜂蜜520吨，蜂王浆996公斤，蜂花粉3510公斤，蜂胶153公斤，蜂蜡11470公斤，同比分别减产20%、17%、22%、15%、26%，平均减产20%。总产值500万元，蜂农户纯收入17320元，蜂农户均纯收入同比减少11.3%。全市水产养殖面积达到9000多亩，养殖品种由单一的鱼类养殖增加了螃蟹养殖，全年共投放各类鱼苗500多万尾，生产各类水产品1200多吨，总产值1500多万元(包括螃蟹养殖、休闲渔业、水禽及水生植物种植收入)。

【监管检测】 年内，配合农业部、农牧厅开展蔬菜及肉品质量安全例行检测工作，加强市、县级农产品质量检测力度。年内以全市设施蔬菜生产基地为重点，兼顾农贸批发市场蔬菜产品，共计监测抽样20批次、536样份，涉及蔬菜种类49个，抽检合格率达到98.7%。全年开展省级植物产品调运检疫175批次4375吨；围绕农产品、生鲜牛奶、饲料、兽药、水产品、农药、种子质量等开展专项整治活动，组织专家开展农产品质量安全、无公害安全用药知识宣传20场次，开展标准化生产基地现场检查120个(次)；检查农药、化肥等生产、经营单位和基层销售门店745个（次）。检查农药342个品种(次)，数量5910公斤，没收禁(限)用农药及过期农药75.2公斤。检查化肥67个品种，数量48564吨。下发农药、化肥执法检查告知书1960份。积极开展农资法律法规宣传，累计出动宣传人员1120人次，车辆290台次，发放宣传资料9.7万份，开展现场咨询服务138场次，咨询服务4956人次，培训农资经营人员3640人次；累计检查种子经营企业和门店424个(次)，检查小麦、玉米、蔬菜、食葵、油葵等5个种类的农作物种子数量138万公斤，抽检种子样品204个。查处无证种子经营企业和门店70家，查封小麦种子200公斤，玉米种子478公斤，蔬菜种子81公斤。

【草原防火封山禁牧】 加大草原防火的监督检查和宣传力度，落实各项规章制度和目标管理责任，开展火情排查整治活动，在局内部成立草原火灾扑救应急分队并制定草原火灾应急实施方案，开展草原防火应急演练。年内全市未发生草原火灾。坚持每月至少督查1次全市封山禁牧情况，全市封山禁牧成效显著，禁牧反弹现象得到有效遏制。

【机关建设】 深化党风廉政和机关效能建设；机关

党建和文化建设得到加强；社会治安综合治理成效得到巩固；“五五”普法工作成效显著；计划生育工作常抓不懈。定点帮扶工作扎实有效；“七一”期间，广大党员干部积极向贫扶点捐款达8000元，并筹资对该村村委会和党员活动室进行维修改造。

固原市林业局

【造林任务】 2010年，自治区下达人工造林30.1万亩、封山育林7.1万亩，四县一区及六盘山林业局以大六盘水源涵养林建设为重点，完成人工造林31万亩、封山育林7.1万亩，分别占计划任务的103%、占计划任务的100%。

【大六盘生态建设】 完成市委、政府确定的大六盘生态建设任务。退耕还林补植补造50万亩，完成退耕还林补植补造77.4万亩，占计划任务的154.8%，年内2002年度退耕还林41.8万亩通过国家核查验收，全市面积平均合格率97.6%。其中：彭阳合格率100%；西吉合格率99.5%；泾原、隆德合格率99.7%；原州区合格率95.9%；道路绿化200公里，全市共完成县乡村道路绿化651公里，占计划任务的325.5%；城乡大环境绿化2万亩，完成绿化面积2.67万亩，占计划任务的133.5%；生态乡镇、生态村建设，完成5个生态乡镇和50个生态村的建设，占计划任务的100%；抓好退耕还林后续林业产业培育，发展经济林3.5万亩，全市完成林业产业基地建设6.5万亩，占计划任务的185.7%，其中：原州区完成枸杞种植0.4万亩、彭阳县发展以杏子、核桃、花椒为主的经果林基地建设4万亩、泾源县新增针叶树育苗面积2.1万亩。实施贺家湾水源地生态绿化保护工程，原州区完成贺家湾荒山荒沟绿化5000亩；各县（区）建设一个3000亩以上集中连片绿化点，市区和四县一区共建成3000亩以上集中连片绿化点6个，其中：市区完成长城梁生态农业科技示范园主框架绿化8600亩、原州区建成须弥山旅游线路产业带绿化工程面积4000亩、隆德六盘山珍稀植物生态园提升扩建绿化面积5000亩、彭阳建成麦子塬节水高效林果示范基地1.5万亩；泾原建成瓦亭南山义务植树基地3600亩、西吉完成南北山绿化工程3800亩。

【林业重点工程建设】 完成市委、政府确定的经济社会发展15件大事中的生态建设任务。长城梁生态农业科技示范园工程，由市林业局牵头组织实施，基本完成绿化工程主体框架，完成高标准造林绿化9700亩，栽植苗木395万株，其中育苗75万株，共搬迁农户248户，土地整治4890亩，移动土方340万立方米，新修道路34.5公里，建成日光温室13栋，面积8000平方米，连栋温室2栋，面积3800平方米；重点景区主干道绿化工程86公里，四县一区共建成6条景区主干道20～50米宽幅绿化带68公里，占计划任务的79%。其中，原州区完成三营出口至须弥山景区道路绿化15公里，泾源县完成县城至森林公园景区16公里和县城至野荷谷景区道路绿化10公里，隆德县完成县城至杨家店民俗村道路绿化7公里，彭阳县计划封冻前完成高速公路青石嘴出口至古城黄甫谧文化园道路绿化任务，西吉县县城至火石寨景区因道路拓宽改造不能进行绿化；盐化工循环经济扶贫示范区道路绿化工程，经完成绿化2.6公里，栽植苗木4.3万株。

【森林资源保护】 强化森林防火工作，贯彻“以人为本，预防为主，积极扑救”的森林防火工作方针，加大防火宣传提高全民防火意识，改善防火基础提高防控水平，完善森林防火应急预案提升组织调度能力，加强防火专业队伍战建设提升战斗力，全年无重、特大森林火灾事故发生；抓林业有害生物防治，加强野生动物疫源疫病监测，全市森林病虫鼠害成灾率、无公害防治率、测报准确率、种苗产地检疫率等“四率”指标全面达标，全年完成人工捕打鼢鼠34.9万只，占自治区下达任务32.9万只的106%；推进依法治林工作，加大破坏林木资源和野生动物资源违规违法案件查处力度，全年共查处破坏林木资源和野生动物资源违法违纪案件 96 起，结案率 100%。

【全民义务植树活动】 以开展全民义务植树活动为契机，推动城乡大环境绿化快速发展，全市参与义务植树达到 80 万人次，完成绿化面积 3.77 万亩，建立义务植树基地 6 处。

【集体林权制度改革试点】 全面贯彻中央林业工作会议和自治区林业工作会议精神，推进试点工作，市、县、乡三级成立林改领导小组，加强对林改工作的领导。年内全市共确定改革试点乡（镇）22 个，纳入林改面积 239.87 万亩，已确权集体林面积 107.39 万亩，占林改面积 44.8%，涉及农户 119709 户，人口 55.45 万人。

【林业宣传】 把林业宣传工作作为林业工作的一道工序，以护林防火宣传月、植树节、爱鸟周、开展春秋义务植树活动、实施新一轮西部大开发战略等重大活动为切入点，宣传党中央、国务院关于林业生态建设的方针政策、林业行业法律法规、退耕还林政策法规、森林防火知识、固原生态建设成果等。全年共向宁夏林业信息网、固原政府网、固原新闻网等网络媒体报送信 170 多篇，在自治区、市级报纸、电视台等新闻媒体刊发新闻稿件和电视新闻 120 多篇（条），在《固原日报》办林业专版 1 期。

【引资帮扶】 主动争取林业资金、项目。编制《固原市林业十二五规划项目》，并就 16 个重点项目积极与自治区林业局、财政厅、发改委等上级部门进行对接，争取到自治区各类林业建设项目资金 600 多万元；重视选派年轻干部到农村挂职锻炼和开展定点扶贫工作，制定扶贫规划，争取落实资金和项目。2010 年本局为隆德县张程乡张程村投入扶贫资金 1.8 万元，组织开展文化下乡活动 2 次，争取隆德县安排机修农田 200 亩；加强人口与计划生育工作，完善全局干部职工计划生育档案管理，全面落实人口与计划生育成员单位工作职责，建立完善林业技术培训等多方面支持计划生育工作的工作措施；加强安全生产工作，细化安全生产管理的各项措施，落实安全生工作责任，开展安全生产宣传、管理、监督、检查，确保林区生产安全，全年没有发生一起安全生产事故；加强普法工作和社会治安综合治理工作，全面通过市“五.五”普法工作领导小组的验收。

【机关建设】 2010 年，全局以开展争先创优活动和开展深入实施西部大开发大学习活动为统领，加强机关党建、文化建设、机关效能、党风廉政等各项工作，机关自身建设再上新台阶。

固原市六盘山国营林业局

【水源涵养林四期建设】 根据自治区林业局下达三北防护林建设工程造林任务 2 万亩，2010 年，完成造林 20131 亩，占任务的 100.7%；分别在挂马沟、峰台、苏台、和尚铺和绿塬五个林场同时开展义务植树 4.61 万株，造林期间，为确保成活率，林业局宏观调控，从各场调拨云杉、桦树、沙棘、樟子松、山桃等 9 个抗旱及乡土树种 443 万株造林苗木，采用行间混交、株间混交的方式，进行拟自然造林，提高造林及成林质量。

【天然林保护】 2010 年，申报包括封山育林 1.5 万亩；森林资源管护 99.2 万亩；新修防火道路 10 公里，维修防火道路及清理杂草 256.5 公里；新建护林点 2 处 120 平方米；争取职工医疗补助 29.9 万元，职工基本养老保险补助 3.4 万元等天保工程建设，已完成各项建设任务。另外，对已经落实补偿的 40.9 万亩生态公益林按国家有关规定，落实管护责任，明确责任单位，编制《六盘山生态公益林管理数据库》，争取补偿区域扩大到自然保护区全范围。

【六盘山自然保护区三期工程】 完成《宁夏六盘山

国家级自然保护区三期工作初步设计》;完成《宁夏六盘山国家级自然保护区总体规划》的编制、评审及上报工作;自然保护区三期基础设施建设工程经国家林业局批准立项。

【林业行政审核】 全年审核办结征占用林地业务3宗,核实面积177亩,收缴森林植被恢复费、林地补偿费、林木补偿费132.5万元。

【林业行政执法监督】 建立健全行政执法人员执法档案,规范林业行政执法行为;受理并协调解决木材检疫投诉工作;开展保护区范围内环境保护业务执法检查,编制完成自查报告;严肃查处本局龙潭林场维修防火道路过程中因管理不善造成的民工清理雪压木案件,收缴赔偿4万多元。

【公益林抚育间伐】 2010年,争取中幼林抚育间伐项目37100亩,该项工作在和尚铺、东山坡、卧羊川和龙潭林场进行。完成和尚铺林场间伐抚育人工落叶松中龄林7100亩,并通过验收。

【护林防火】 加强领导,落实护林防火责任制。实行“四包”责任制,逐级签订《护林防火目标责任书》,构建“三员一队”为主体的六盘山林区森林防火立体检测体系,即在全局确定8名瞭望员、11名监测员、13名巡查员,组建7支以森林公安民警为主的巡逻队,并对“三员一队”定任务、定职责、定时间、定范围全方位监控火源火情。年内无重大偷盗和一起森林火灾事故发生。

【查处违法毁林案件】 开展“春季行动”、“春季严打”、“秋季严打”专项行动,成立专项行动领导小组。结合本地涉林违法犯罪特点规律,突出打击对象和重点治理区域,组织开展专项治理行动。年内,全局共查处各类案件99起,破99起,破案率为100%。其中刑事案件5起,破5起,治安案件5起,破5起,林政案件89起,破89起;处理各类违法犯罪人员119人次,收缴各类罚没款97100元。其中,判刑1人,移送起诉2人,逮捕2人,取保候审1人,刑事拘留2人,治安拘留1人;收缴自制土猎枪4支,赌具一副,赌资57元;没收自治区重点保护野生动物狍子2只、雉鸡23只;没收电网1副、自制猎捕工具4副、斧头10把;收缴木材11.4立方米、幼树460余株,责令补种树木620余株,为国家挽回经济损失26万元。

【有害生物防治】 2010年,采取“预防为主、科学防控、依法治理、促进健康”的防治方针。开展有害生物防治工作,林业有害生物发生面积21.2万亩,其中轻度15.3万亩,中度5.3万亩,重度0.6万亩;产地检疫种子2357公斤,苗圃地1536亩,复检种子1824公斤,种苗产地检疫率达到了100%;落叶松叶蜂防治9万亩,其中苦参碱烟剂防治8.4万亩,人工清理枯枝落叶层防治0.5万亩。甘肃鼢鼠防治4.5万亩,其中溴敌隆毒饵防治1.3万亩,人工捕打防治3.2万亩,捕鼠16827只,完成任务的112%。野兔人工防治5.2亩。沙棘木蠹蛾诱捕防治1.2万亩。无公害防治率为91%,成灾率仅为6.4‰。各项指标均达到区森防总站制定的标准,实现“一降三提高”的总体目标,完成本年度的各项森防任务。

【苗木产业】 2010年,市委市政府给我局下达育苗任务407亩,实际完成467.8亩,占任务的115%。其中,完成播种苗134亩,产各类苗木1660.78万株;移植苗74.9亩,产各类苗木247.5万株,定植苗258.9亩,产各类苗木79.6万株。在苗木产业方面,调整种苗培育比例和方向,重点加大云杉、樟子松、油松和花灌木育苗比例,加强野生花灌木和针叶绿化大苗培育力度。并对各林场苗圃地的苗木品种、数量进行全面调查。全年共承包泾源县农户土地1000多亩,为泾源县大力发展苗木产业注入新的动力。

【旅游产业】 以红色教育为主的六盘山红军长征纪念馆免费接待游客21万多人次,建成杨家店"六盘山红军长征纪念馆接待中心";六盘山红军长征纪念馆被"中央纪委、监察部"联合确定为全国五十家首批"国家廉政教育基地",发挥全国爱国主义教育示范基地、国家国防教育示范基地作用;以生态观光为主的绿色旅游,共计接待游客23万人次,实现门票收入336万元;开发白云寺旅游新景区;在六盘山腹地小南川生态广场举行了"第六届六盘山山花节暨六盘山生态博物馆开馆仪式"。

【林业科研】 实施国家科技部成果转化项目—六盘山野生木本观赏植物种苗产业化及示范应用;实施宁夏六盘山优良乡土树种繁育及示范推广项目;完成"六盘山华北落叶松人工林近自然化改造技术"经中国林业科学院专家现场检查后顺利验收;实施引进国际先进林业科学技术项目—"多用途树种欧洲花楸及其培育技术引进";实施林业科技支撑计划专题项目—六盘山重要水源区水源涵养林构建技术试验研究;实施宁夏六盘山几种典型森林植被的水分利用效率研究;完成生态站的建设内容,建成林内气象观测场1处,建成森林气象观测站1个,建成三层小流域量水堰3个,建成固定样地14个;对六盘山部分野生木本观赏植物进行驯化繁育试验研究。其中本局和中国林科院合作的项目"六盘山华北落叶松人工林近自然化改造技术"被国家林业局认定为科技成果。

【项目资金监管】 试行单位收支预算,按照"保证重点,兼顾一般,勤俭节约,重在效益"的原则上,编制全局年度总预算和单位收支预算;加强项目和资金管理,制定《六盘山林业局关于进一步深化资金财务管理工作的通知》,规范资金收支手续,落实资金管理责任追究制,建立财务激励约束机制;启动审计工作,加强对各单位负责人任期和离任的审计,按照局党委的要求对红峡等七个林场场长任职期间的经济责任进行就地审计。

【重点建设项目】 2010年,以"大项目带动大发展"的工作思路,完成国有林场危旧房改造项目、林业有害生物综合防治项目、六盘山国家级自然保护区总体规划项目等20个重点建设项目文本的编制工作;计划对国有林场总面积为21083.4平方米的危旧房全部进行异地改造,规划改造面积62010平方米、689户。

【综合治理】 坚持"打防结合,以防为主"的方针,围绕不断强化领导责任制,深入开展矛盾纠纷排查调处,严厉打击各类违法犯罪活动;加强治安防范,强化治理措施,提高防控能力,制定突发事件应急处理预案,形成全方位、多层次的打、防、管、控一体化的工作格局;开展矛盾纠纷排查调处工作,把各种矛盾化解到萌芽状态;注重宣传教育,强化法制意识,确保社会治安综合治理目标实现。

【安全生产】 坚持以人为本,全面、协调、可持续的科学发展观,高度重视安全生产工作,把确保人民群众生命财产安全和防范工作作为各项工作的重中之重来抓,正确处理安全与生产、安全与经营、安全与法制的关系,实现全年无生产死亡事故,无重大伤亡事故。同时,开展"五五"普法工作,并验收。

【协办课题活动】 年内,共为长城梁运送云杉等各类绿化大苗26600株,其中,云杉11985株,油松10450株,花灌木4165株,价值78万元;完成国家森林资源连续清查宁夏第四次调查工作的外业调查、内业整理工作;配合自治区林业局林勘院完成全国森林资源清查、生物量调查工作;完成完成2010年全国群众登山健身大会暨首届宁夏六盘山登山节活动。

【队伍建设】 提出"'六个一、破解六个难题'的学习制度,确立'四个一'的主题创建活动,取得五项成效"的"6645"工作机制。组织开展全民读书活动、"荐好书、捐好书、读好书"活动和知识竞赛活动,编发《六盘山林业》内刊，加强互联网络的升级改造，开展讲党课和专题讲座等多形式的专题辅导活动，共举办各类讲座和培训班 12 期，各基层主要负责人外派考察学习，拓宽视野，增强见识；制定六盘山林业局建设学习型机关的具体实施考核办法；开展创先争优活动，大兴学先进、赶先进、做贡献、做表率的作风；加强、规范党员经常性教育管理机制，对基层党组织和党员进行民主评议，贯彻执行《党政领导干部选拔任用工作条例》的规定，加强党员队伍建设共发展党员 2 人，转正党员 14 人，确定 14 名入党积极分子，推动党务公开。

工 业

工业园区

【固原市扶贫开发试验区】 固原市扶贫开发试验区是宁夏回族自治区人民政府1993年批准成立省级计划单列开发区，1997年批准为计划单列区。位于固原市西南部。规划控制面积5平方公里，远期可供开发面积10余平方公里。固原市扶贫开发试验区实行“封闭式管理、开放式运行、市场化运作，自主化经营”模式，奉行“试验、让利、发展、搞活”的宗旨；实施“基础稳区、特色立区、兴工富区、促商活区、科技强区、服务优区、依法治区”的发展方略；坚持“创天时，造地利，聚人和，抢机遇，上项目，促发展”的工作方针；强化“您进区，我欢迎，您投资，我服务，您赚钱，我发展”的双赢理念；以体制创新，环境创新，制度创新为动力；以招商引资，建设专业市场，发展工业经济，提升经济总量为重点，打造专业市场和工业发展的基础平台。倾全力把试验区建成固原市草业、药业、淀粉、建材“四大”支柱产业的中心工业园区，建成装饰材料、家具、汽车销售等特色商贸园区，体制、机制和科技创新的试验区，环境优美的城市发展新区。试验区建成区基础设施建设基本完成。全长11.8公里六纵六横主次干道贯穿东西南北并全部安装了路灯；建成110KVA变电所一座，沿路架设10KV输电路7.2公里和1.6公里的地下电缆，光缆通讯线路7.2公里；供排水干道约13公里；集中供热站1处，供热能力10万平方米；可满足项目随进区随安排。企业随进区随生产的需要。引进企业168家，注册资金5.3亿元，固定资产投资达5亿元。其中基础设施建设投资1.2亿元。引进的重点项目有金泉草业年产10万吨苜蓿草产品加工项目、福宁广业年产5000吨变形淀粉项目、佳立生物科级年产5000吨马铃薯全粉项目、声远药业年加工500吨中药材项目、明德中药年产600吨中药饮片加工项目、银轮纲圈年产22万套汽车纲圈项目、六盘山保温材料项目年产10万方EPS外墙保温材料项目、GRC新型墙体节能保温材料项目等“四大”支柱产业和南宇建材装饰材料市场、木材市场、鑫牛汽贸、烨达汽贸、正昌汽贸、宁夏恒联汽贸等汽车市场及果蔬批发等专业市场。管委会现有工作人员36人，其中正处级干部7名、副处级8名、科级10名。下设党政办公室、经济发展局、土地规划建设局、社会事业管理局、综合执法(政策法规)局、财政局、工会、区、市属即试验区国税局、工商分局、公安分局共10个局室。2005年总人口29179人，生产总值18800万元，基本建设投资8570万元。工业企业单位52个，其中国有1个，集体4个，私营47个。工业总产值22498万元。主要工业产品淀粉15290吨，草制品53374吨，硅化硅3701吨，磷肥2596吨。工业销售产值6927万元，税收总收入2087万元，其中地方税收收入1227万元。2010年完成地区生产总值5.41亿元，工业总产值5.92亿元，工业增加值1.9亿元，地方财政收入4500万元。

【原州区清水河工业园区】 清水河工业园区成立于2003年5月，是经国土资源部核准保留的县级工业园区之一，位于固原市城南的清水河畔，距市中心3公里。园区一期工程占地125公顷(1880亩),南北长3000米,东西宽400米。东靠银平公路,西临银武高速公路,地理位置优越,交通通讯便捷。园区于2003年3月开工建设,园区定位于当地农副产品资源精深加工。建设实行"四个同步,三个确保",即"规划设计、招商引资、基础设施建设、企业入驻"四个同步进行,"征地拆迁补偿、建设速度、建设质量"三个确保。到2004年6月完成道路、供电、给排水、绿化等基础设施工程,完成基础设施建设投资3200万元,为进园企业创造了优越的投资环境。2005年,进园企业54家,投产企业16家,2005年实现工业产值1.2亿元,工业增加值3400万元,占区属工业增加值的20%以上。

【金豆工业园区】 2003年规划建设,位于西吉县城东街,是依托县城工业发展区和309国道的便利条件建设的以马铃薯淀粉加工业为主的县级工业园区。园区北至北环路,南至振兴路,西至大滩路,东至党校,总规划面积81.6公顷,规划建设总投资为4845万元。园内现有宁夏佳立生物科技有限责任公司,农丰公司、原清真粉丝厂、饲料酵母厂等企业和马铃薯高新科技示范园区。园区基础设施建设拟完成"七通一平",现已建成给水、排水、电力、电讯、有线电视等设施。园内项目建设以农副产品加工、特色清真食品、药材加工、建材、亚麻纺织业等工业体系为主要内容。园区以产业化、集团化为发展方向,达到设计合理、布局规范、管理完善、功能齐全的标准化工业园区。年实现工业产值6亿元,实现工业增加值2亿元,实现利税5000万元,安排5000个就业岗位。

马铃薯高新科技示范园区占地面积130亩,是金豆工业园区的园中园,按照生态园区设计思路,突出马铃薯产业,兼营设施种植、舍饲养殖。主要用于解决西吉县马铃薯良种化程度低,品种老化杂乱,脱毒率低,优质专用型品种少的问题。园区设有管理区、无菌生产区、设施农业区、舍饲养殖区、网棚繁殖区、种薯贮藏区六大区。建成高效节能日光温室18栋,防虫网室2万平方米,3000吨马铃薯种薯贮藏窖1栋及办公综合楼1栋。园区年生产马铃薯脱毒原原种800万粒,贮藏种薯能力3200吨,可满足全县75万亩马铃薯专用化、脱毒化对原原种生产的需要。同时每年向市场提供无公害瓜果、蔬菜种苗500万株,产名优特菜及礼品瓜果、食用菌等6万公斤,优良种禽种畜10万只(头),培训农业技术人员1000人(次)。2004年金豆工业园区共引进4家企业入园置业,其中广东客商在金豆工业园区注册成立了宁夏佳立生物科技有限责任公司,全面启动了西吉县马铃薯淀粉龙头企业的生产,先后支付设备维修、马铃薯收购等款2903万元;恒建草业公司建设的3万吨牧畜草颗粒加工厂已完成投资67万元,生产车间、办公及仓库主体工程基本完成;兴达中药材公司、万里磷肥厂一等两家新注册企业已顺利开展中药材、化肥购销业务。

【兴隆单家集民族工业园区】 2003年规划建设,位于兴隆镇单家集,地处兴隆镇三岔路口商贸区,近期规划总面积约38公顷,远期规划总面积约200公顷,园区各项基础投资概算3148万元。2002年完成工业总产值1040万元,实现利税100万元。园区2003年—2005年计划完成固定资产投资3033万元,其中2003年完成1130万元,已完成电、供排水、通讯和部分道路、场地等基础设施建设,改扩建10家私营企业,完成投资近百万元。2003年园内有年产300吨马铃薯淀粉加工业等5家,"三粉"加工重点个体户50户,清真牛羊肉加工重点大户10户,其中新建单家集中民族福利医院、金龙淀粉厂、云平大型面粉厂、紫花苜蓿基地等项目投资近400万元。目前全县最大的养殖园区就在其中。该园区重点以马铃薯淀粉、清真牛羊肉加工业为主导,积极发展牛、羊交易和农副产品贩运等商贸流通及其他行业,使之成为功能齐全、辐射带动作用强、民营企业得到快速发展的重要载体。园区分为建材生产区、亚麻生产区、淀粉及制品生产区、牛羊肉屠宰加工冷藏区及其他服务区等区域。

2005年年底，园区内的加工企业30家，商贸服务业可达20家，完成总产值1.3亿元，其中工业总产值1.1亿元，收入达1亿元，实现利税4000万元解决农村剩余劳动力2500～3000人。

【彭阳县工业园区】 南门工业园区始建于1993年，规划面积1.08平方公里，占地44公顷。设施齐全，园内有果品开发公司、烟叶公司。西门三产园区，2002年兴建，概算投资822万元，规划面积8.6公顷，建筑总面积1.6万平方米，申报集资个体户145户，三通一平基础工作完成。

固原市供电局

【概况】 年内，未发生人身、电网、设备、交通、火灾事故，实现连续安全生产2449天；累计完成售电量4.778亿千瓦时，占年计划的79.63%；线损率10.76%，比年计划低0.24个百分点。电费回收率完成100%。年内净增用户9916户，累计净增容量14.56万千瓦，累计营业户数达到36.198万户；营业收入净额完成24690.80万元，同比增长11.56%；营业成本完成23748.22万元，同比增长6.57%；流动资产占用额、流动负债余额均控制在公司考核指标内，资产总额达到14.69亿元。

【基建大修技改项目】 清水河330千伏变电所建成投运。固原－彭阳110千伏送电线路工程、南新线π接、固三Ⅰ回改接清水河变电站工程及固将、固瓦Ⅰ回线路改接清水河变电站工程建成投运。基建工程任务完成率100%。

【党风廉政建设】 年内，贯彻落实《国有企业领导人员廉洁从业若干规定》等廉洁自律有关规定，没有发生副科级及以上干部、单位本部职工腐败违法犯罪案件。没有发生副科级及以上干部严重违规违纪问题；执行“三个十条”等行风建设规定，没有发生影响和损害企业形象的重大行风事件和其他事件。

【安全生产】 牢固树立“一切风险皆可控制，所有事故都能避免”的安全理念，强化“安全是最大的经济效益”的意识，在有针对性地开展安全技能培训、安全风险预控工作，强化安全思想教育；严格执行领导干部到岗到位制度，把监督检查工作纳入业绩考核；坚持现场标准化作业，落实现场安全监护和倒闸操作分级到位监护制度，防误闭锁装置实现“零解锁”；启动建立生产标准化作业行为影像库；推进应急管理工作，编制完成22类应急预案；迎峰度夏和防汛工作有序进行；生产、农电、基建、交通、信息、消防、代管集体资产企业安全管理工作加强；分级制定“安全生产反违章活动工作方案”，创建“无违章班组”、“无违章个人”和“无违章现场”，规范执行“两票三制”和作业指导书，现场习惯性违章大幅度减少。排查整改各类安全隐患48项。对16家高危用户、重要用户的隐患排查做到了“走访、检查、告知、备案、督导”到位率100%。

【输变电设备运行维护】 完成实施状态检修后的第一次春检工作；推进秋检工作；全面细致地维护、改造、清障，大提高输、变、配电线路设备健康水平，提高应对风偏事故、雷击跳闸事故的能力；输、变电设备危急、严重缺陷消缺率达到100%；输、变电一般缺陷消缺率分别为91%、90.91%。

【保电任务】 合理安排电网运行方式，多措并举，开展防覆冰、防暴风雪、防强风沙尘、抗洪防汛、防高温、防雷击、防鸟害等工作，制定保电预案，落实各项措施，完成六盘山机场试飞、自治区第四次固原工作会议、自治区县域经济观摩、全国群众登山健身大会暨首届宁夏六盘山登山节、中央领导视察及重要节假日保电工作。

【电网运行】 清水河330千伏变电站和配套输电线路顺利接入，运行稳定。加强与政府部门的沟通和联系，与建设单位和施工企业交涉，违章建筑、线下树障、违章施工等问题得到政府和社会的关注。

【大中型电网建设工程】 年内，启动“1+13”体系“十二五”规划编制工作。加强向地方党委、政府的工作汇报，加强同地方经济建设规划部门的协作，主动把电网发展规划整合到地方发展规划之中；小川子、申庄、硝口、小马庄、蒿店、炭山等6座110千伏变电站列入公司配电网“十二五”规划；2010年，投资1.157亿元，已建成投运清水河330千伏变电所、清水河变5条110千伏配出线路——清南线、清三线、清新线、清将线、清瓦线以及固彭110千伏输变电工程，结束固原地区单电源供电的历史，固原110千伏变电所均达到双线双变供电，电网发展实现里程碑式突破。为满足王洼煤矿及周边地区经济发展的用电需求，确保六盘山热电厂电煤及即将开工建设的固原盐化工扶贫循环经济示范区的用煤供应，争取到王洼110千伏输变电工程立项，在彭阳县王洼镇北洼村境内新建2×50兆伏安王洼110千伏变电站一座，新建清水河330千伏变电站2×45.5公里双回110千伏输电线路，该工程估算总投资8043万元；完成王洼110千伏输变电工程可研、立项、站址及线路走径的勘测工作。

【农配电网建设改造】 在农网建设中，固原局负责实施的2009年中西部农网完善项目通过宁夏电力公司验收，其中：中央预算内工程共计1476项，计划投资15981.89万元，实际完成总投资15134.90万元。这些项目的实施，能够基本解决农村用电末端电压低、安全隐患大的“瓶颈”问题，提高农村电力通信联网服务能力，为下乡家电“安家入户”提供可靠保障；配合生态移民和设施农业建设，争取配套供电项目22个，计划投资494.36万元，已完成7项，在建10项，完成投资272.22万元。完成2010年中央预算内35千伏急需项目工程设计招标工作。在城网建设中，完成高平路、建业街延伸段等4个项目的施工设计。完成西关南路、清河路、上东关路配网改造、北新街第二回电缆建设、中山南街延伸段配网建设等12个项目的可研及初设。为配合市政建设，高平路改造项目、中山南延伸段电缆入地土建工程、长城西路配网改造项目正在加紧实施。固原市首批2个电动汽车充电桩在中山北街建成投运。

【信息化建设】 SG186—ERP系统中营销、生产、协同办公、人力资源、财务管控、综合统计、法律事务等模块得到规范应用；变电运行维护操作站建成投运，实现调控一体化；固原电网可视化监视系统建成投运；各县局建成投运2.5G光纤通信网络并在110千伏及以上变电站。

【增供扩销】 坚持把增供扩销作为贯穿全年的首要任务。固原盐化工基地勘探、王洼煤矿扩建、高速公路等部分重点项目建设临时用电负荷已经接入。2010年，固原电网负荷达到214.39兆瓦，创历史新高；开展以“窃电违法，护电光荣”为主题的打击涉电违法犯罪宣传活动，着力打造和谐用电环境，营造打击涉电违法犯罪的舆论氛围；基于SG186营销系统的监控、分析、考核，推进电费回收预警工作，抓好移民搬迁户的电费回收，使电费回收继续保持100%；推进营销信息化建设工作，完成50千伏安及以上专变客户和2万户居民及一般工商业用户的用电信息采集方案的编制、送审工作，2010年用电信息采集系统建设全面铺开，完成安装6000户，上线运行4000户。

【供电服务】 开展年度供电服务品质评价工作，落实宁夏电力公司2010供电服务十项新举措，完善客户服务职能，加强95598的建设，增强95598的调控功能，客户服务故障到达现场兑现率、客户回访率、客户满意率均达到100%。开展“服务之星”竞赛活动，选树局“十佳服务之星”、“优秀服务之星”和“服务之星”，局职工虎志文作为国家电网公司优秀青年志愿者被写入《国家电网公司社会责任报告》。年内,本局被中国水利电力质量管理协会电力分会授予“全国电力行业用户满意企业”称号。

【集约化管理】 按公司规定,规范机关部室定员编制和职级序列管理,测算劳动定员,开展急需岗位专责的竞聘,对局领导班子分工进行了适当的调整,深化 ERP 人力资源管理系统应用,实现全局每个员工的工资、奖金、五项社会保险及住房公积金、考勤数据及考核情况集中统一管理、集中考核发放,提高了员工薪酬集中管控水平。制定《固原供电局绩效管理实施办法》,修订完善《职工考勤管理制度》;加强队伍建设,推进职工教育培训工作,举办各类培训 44 期;开展代管集体资产企业雇用员工核查工作,排查梳理并协调解决基本养老保险历史遗留问题,维护企业稳定。全面推行财务管理,对同一城区内财务机构按照“纵向压缩管理层级,横向归并会计主体”的原则,撤并原州区内 5 家会计核算机构,其相应的会计核算全部纳入局本部统一进行,完成财务并账、关联业务集成;强制应用国网物资采购标准,严格签订采购合同,实行网上审核会签。规范应用物资管理信息平台,确保生产经营和各类工程项目的物资供应。

【集体企业代管】 规范代管工作程序,同龙源公司、物业公司签订经营目标责任书和党风廉政建设目标责任书,理顺集体资产企业代管关系。加大监督检查力度,规范安全管理和劳动用工管理,代管党组织关系。

【思想建设】 召开中共固原供电局第六次代表大会,明确党委工作的指导思想。开展党政工团联系会、班组信息化平台、党员编发安全温馨短信、党员安全监督岗、党员示范“窗口”等。开展建设功能型党小组活动,功能性党小组的作用日益显现,分别创建安全型、稳定型、服务型、降损节能、创新型、电费回收等功能党小组 11 类,共计 29 个。

【党风廉政建设】 学习中纪委十七届五次全会精神和国家电网公司、宁夏电力公司纪检监察工作会议精神。贯彻《党员领导干部廉洁从政若干准则》和《国有企业领导人员廉洁从业若干规定》。层层落实党风廉政建设责任制。创办《固原供电局纪检监察工作简报》。开展“学制度、促廉洁、保发展”主题教育活动。制定《固原供电局党风廉政建设联络员工作办法》,聘任 12 名党风廉政建设联络员。加强惩防体系建设,制定《固原供电局惩治和预防腐败体系机关部室责任分解表》。制定生产单位《反腐倡廉建设“反违章”风险岗位“违章点”防控措施》。开展工程领域专项治理工作。畅通群众举报信息渠道,为 12 个基层单位配置举报箱,制定《举报箱管理制度》,定期进行开启登记。开展效能监察工作,下发监察建议书 10 份。在基层站所开展民主评议工作,推进“群众满意基层站所”建设。调查处理客户投诉举报,受理行风投诉举报 5 件,其中查证属实 3 件,均严肃处理。

【工会团青工作】 召开八届七次、八届八次职代会,开展职工代表述职评议工作,民主管理得到加强。落实劳模先进待遇,开展“安康杯”班组建设、安全生产、优质服务劳动竞赛,竞赛效果初步显现。以“减轻班组负担、提高班组效率、提升队伍素质”为目标,推进班组标准化和供电所标准化建设工作。深化工会工作标准化建设,强化工会财务管理、检查及经审工作,工会自身建设得到加强。年内,被授予 2009 年度全国“安康杯”竞赛优胜企业称号。彭阳县供电局城网运行班被中华全国总工会、工业和信息化部、国务院国资委、中华全国工商业联合会四部委联合授予“社会主义劳动竞赛先进班组”称号。

【安全保卫】 年内,安全保卫实现“零”案件的目标。涉电违法犯罪专项治理宣传活动取得效果。落实维护稳定工作责任制,主动化解各类矛盾,解决信访问题。

王洼煤业公司

煤业发展历程 1984年,自治区"扶贫项目"总投资329719万元的宁夏王洼煤矿开工建设。1990年建成投产,年设计生产能力21万吨,成为宁南山区最大的国有煤炭生产企业。2003年开始进行60万吨矿井技术改造,经过三年艰苦努力,全面完成了生产运输、安全系统等工程,使矿井成为具有60万吨生产能力的中型煤矿。2008年进行120万吨技改优化升级,2009年3月全面完成建设任务。投资6.09亿元的六盘山煤电一体化项目主配套工程王洼二矿,年设计生产能力150万吨。随着地面工业场区土建工程竣工,一座大型现代化矿井已现雄姿。王洼煤业公司自投产以来,已累计创造工业总产值5.6亿元,上缴利税7000多万元,为固原山区人民脱贫致富、推动地区经济社会发展做出了重大贡献。2007年经济效益取得新突破,销售收入突破1亿元,利润总额突破2000万元,工业总产值突破1亿元;2008年企业又上新台阶,实现利润总额5894万元;2010年银洞沟煤矿300万吨技改扩建项目全面展开。企业由小到大,由弱到强,跨越式发展,成为六盘山下负有盛名的新型煤炭能源企业。长期以来,先后被原国家煤炭部、原国家人事部、国家发改委、自治区党委、政府和煤矿安全监察局、固原市委、市政府命名为"部特级质量标准化矿井"、"全国依法安全生产矿井"、"全国煤炭工业先进集体"、"民族团结先进集体"、"思想政治工作先进单位"、"自治区级文明单位"、"安全生产先进单位"、"全国精神文明建设先进单位"和"'安康杯'全国优胜企业"荣誉称号。

企业经营模式 近年来,成长壮大中的王洼煤业公司紧紧抓住西部大开发历史机遇,牢固树立"发展煤电联产、振兴宁南经济"的发展理念,广大煤业人积极投身矿区建设,唱响了跨越奋进的主旋律。创新机制,赢得先机。王洼煤业公司以科学发展观为统领,以实现安全高效文明和谐的发展为目标,始终坚持高起点、高标准、高效率,结合企业实际,找准切入点,选准突破口,把公司各项目标任务层层分解、细化、落实。公司坚定不移地走安全强矿、技改强矿、建设强矿、文化强矿之路,突出抓好安全生产、技术改造、文化建设,经济运行质量和经济总量逐年攀升,精神文明建设和企业文化建设取得了丰硕的成果。公司先后荣获全国煤炭工业先进集体、全国精神文明建设工作先进单位等近百项荣誉称号。引领实践,助推发展。抢抓西部大开发战略的历史性机遇,经过全体员工近七年艰苦卓绝的奋斗,王洼煤业公司从初始的小型矿井发展到向千万吨生产矿井积极迈进的3个现代化矿井,已成为宁夏大型煤炭生产企业行列重要成员。面对新工艺、新设备的不断引进,公司高度重视员工培训工作,提出了"生产是企业、培训是学校、上班是职工、下班是学生"的培训理念,以内部培训为主,结合委派、外聘培训,对公司职工进行规范性全员培训,形成了独具特色的"王洼模式",培养了一支吃苦耐劳、业务优良的人才队伍。集思广益,亮点频现。在集团公司党委的正确领导下,王洼煤业公司领导班子超前谋划,凝聚广大干部员工的智慧,带领全体干部员工奋勇争先、攻坚克难,取得了辉煌的成就。2008年12月底王洼一矿综采工作面正式安装,2009年顺利完成了120万吨技改工程验收并完成全年120万吨生产任务;王洼二矿自开工建设以来,广大干部职工发扬艰苦奋斗的精神,大干苦干1000多天,胜利实现试生产和验收投产。2010年,王洼二矿150万吨原煤生产线建成并试生产。随着新一轮西部大开发的实施,公司将进一步扎实推行精细化、现代化、军事化管理,到"十二五"期间,生产原煤1500万吨以上,销售收入50亿元,利税10亿元以上,阔步迈向千万吨现代化矿井目标。

基础设施建设 2010年,王洼煤业二矿150万吨原煤生产线建成并试生产,项目累计完成投资8.83亿元,其中当年完成2亿元。银洞沟煤矿改扩建项目全面展开，项目完成后，将使银洞沟煤矿原有年生产能力6万吨增加到改造后矿井设计年生产能力为300万吨，项目概算总投资13.7亿元，完成井巷工程三条井筒总计1300米掘进任务，完成宿舍、食堂等附属设施，当年完成投资2亿元。宁夏发电集团投资修建设的原州区至王洼铁路项目正式开工建设，项目总投资15.9618亿元，总里程36.962公里，建设工期30个月，建成后年运输能力将达到1000万吨。设计通过能力18.2对/日，设计输送能力1300万顿/年，设计列车对数为客车1对/日，货车10对/日，年内完成投资2亿元。这条铁路将同宁夏发电集团银洞沟煤矿年产300万吨技改扩建项目和已经建成的六盘山热电厂形成煤电路一体化优势。

【安全培训机构资质评审认定】 宁夏王洼煤业有限公司培训中心原为四级煤矿安全培训机构，根据企业的发展建设需要，申请在四级资质的基础上建立三级煤矿安全培训机构。经过材料审核、预评等程序，2010年3月，宁夏煤监局正式受理了该公司培训中心申报三级煤矿安全培训机构资质的申请。遵循《行政许可法》及《安全生产培训管理办法》(原国家安全监管局令第20号)等有关规定，由4人组成了专家组，按照《煤矿三级安全培训机构认定标准》，对该公司培训中心进行了严格的审查评估。4月22日，宁夏煤监局煤矿安全培训机构资质认定评审小组，对宁夏王洼煤业有限公司培训中心进行了三级煤矿安全培训机构资质的评审认定。现场评审认为：宁夏王洼煤业有限公司培训中心具有独立法人资格，机构设置、章程及各项管理制度完备，教学设施、师资教材和后勤保障等条件满足培训需要，符合三级煤矿安全培训机构认定标准，决定授予三级煤矿安全培训机构资质。此后，宁夏煤监局将依照程序办理批准手续，颁发资质证书并向社会公告。

【综采安装工程】 王洼煤业公司制定“以安装促销售”的营销策略，整合人才技术资源组建综采安装队伍，形成“三机配套”设计选型、生产制造和井下安装的“一站式”服务，有效提升煤矿生产的安全水平，大力开拓外部市场，开创了国内煤机制造业的先河。2010年2月，机电装备公司以专业技术和优质服务，中标宁夏王洼煤业二矿井下综采设备安装工程。王洼二矿地质条件特殊，为8.1米大采高、40度大倾角工作面，机电装备公司将承担采煤机、刮板机、轮式破碎机和180余套液压支架等设备的井下安装任务。机电装备公司此次同时与神华宁夏煤业集团、宁夏发电集团达成了合作意向，公司将凭借雄厚的技术实力和人才资源，为王洼二矿提供优质工程，为其“三机一架”的主导产品在宁夏地区的销售打开局面。

【矿山救援管理】 按照上级组织统一要求，王洼煤业公司在当年对救护中队建设提出了更高的标准，狠抓了各项措施的落实。对正在建设的救护中队基础设施工程，按施工设计要求严格管理，并加强工程质量监督；认真落实救护装备和设备的采购，在型号、功能等方面与神华宁煤救护总队尽量保持一致，以便统 管理、协调使用；救护中队的建设坚持按照《矿山救护规程》的要求，从组织机构、人员选拔、装备配备、后勤保障、指战员培训等方面高标准建设；救护中队结合军事化、标准化和三级资质的要求配套建设，建成了一支专业化高水平的矿山救护中队。2010年4月22日—24日，宁夏煤监局党组书记、局长肖蕾，局党组成员、纪检组长赵永鑫，局助理巡视员沈超英一行带领神华宁煤救护总队等相关人员到宁夏王洼煤业公司，对救护中队建设情况进行了现场检查和调研。

【思想政治工作】 公司党委始终坚持思想政治工作是企业发展重要保障的理念：山大沟深，地处偏僻，充分调动职工的工作积极性和劳动热情，做大做强企业，必须做好人的工作；必须坚持企业精神文明与物质文明建设“两副担子一肩挑，两个成果一起要，政治上同耕一块田，经济上同唱一台戏”。公司不断充实和完善思想政治工作运行和考评机制，制定出《精神文明建设管理办法》《党员干部民主评议考察制度》《思想政治工作量化标准》等一系列规章制度，坚持培养既懂经营管理又善于做思想政治工作的“复合型”政工队伍，把思想政治工作纳入全公司经济考核之中，按月考核，形成长效机制。全公司建立12个党支部，划分40多个党员责任区，使党的组织不出现空档。成立精神文明建设委员会和思想政治工作研究会，创办企业业余党校。紧扣生产经营中心工作，坚持开展周一党小组活动日，周三职工政治理论学习日，周四业务学习日，周五文明活动日；年初与各党支部书记签订责任书，每月召开一次思想政治工作例会，每年召开一次思想政治工作总结大会，把思想政治工作渗透和贯穿于安全生产、经营管理、二矿建设、职工文体娱乐等各个环节。

【生产生活环境建设】 生态型规模化的现代化矿区大环境：年处理能力100万吨以上的现代化选煤楼；王洼商贸中心楼；休闲的欣安广场；漂亮的采掘办公楼；初具规模的职工住宅小区；地面变电所改造，污水处理场以及井下轨道下山扩锚巷道；副井筒实现了大型煤矿开采三条井的规定要求；井下照明系统成功安装，使井下巷道灯火通明；三大系统的完善保证了安全；运输下山大倾角胶带成功安装与主井大倾角胶带输送机对接。公司职工生活福利环境：树立安全是煤矿最大的效益，是职工的最大福利的理念，严格落实各级领导安全责任制，实行领导干部带班制度，强化现场跟踪动态管理，给管理者压“担子”，确保职工生命安全；坚持全面、快速享受改革发展成果全员覆盖，职工生活福利，经济收入不断提高，人均收入年递增幅度平均在10%以上，使矿区大部分职工已经初步过上较为殷实的生活；职工劳动和基本生活保障逐步完善，按照国家有关政策，积极参与职工养老社会统筹，同时相继为全矿合同制职工办理了医疗保险、失业保险、工伤保险等，并将逐步做到应保尽保；全矿实施住房公积金制度，建立定期为职工进行健康检查制度；想方设法挤出资金，向困难职工发放救济金，想方设法解决公司职工家遇到的难事、急事，千方百计解决职工子女就业，先后招收49名职工女孩子上岗就业，先后两次长期留用74名重要岗位上的生产骨干农民协议工，增强各级各类职员主人翁责任感。

【企业文化建设】 公司党委在全体党员中开展争当“红旗”党支部，“红星”党务工作者、“红灯”党员，在全公司开展“四有职工”、“五好班子”、“六好区队”等活动，树立榜样、典型引路，在全公司形成赶学比超的氛围。积极开展各种文体活动，培育企业文化，改变职工精神面貌。坚持举办各类球赛、书法、摄影等文体活动，尤其是篮球赛，已连续举办了19届，多次在全区煤炭系统比赛中获得好成绩。重大节日，公司业余文艺演出队自编自演文艺节目，积极参加固原市文艺汇演，展示煤炭工人风采。公司团委、女工委组织女工和家属、团员青年开展“十佳矿嫂”、“青年文明号”、“树理想、比贡献、展风采”等活动。利用企业党校，坚持班前班后政治理论培训学习，年内举办培训班10多期，公司党委成员作报告10多场次，还邀请固原市委、自治区党委有关专家进公司做报告，使党员干部培训率达到100%，提高了党员干部的理论素质；全公司各党支部坚持利用职工学习日组织职工学习业务知识，定期进行技能竞赛、岗位练兵等活动，增强职工业务素质；开展经常性法制和矿规矿纪教育，编写《职业道德规范读本》，规范职工道德行为。坚持培育较高素质的职工后备队伍，规定高中未毕业不安排就业，考上大中专院校给予奖励的促学政策；公司与西安科技大学、固原市委党校联合在矿区承办采煤机电专业函授辅导站，带动职工参加自考和其他函授学习，使年轻管理人员和青工利用业余时间圆了大学梦。在生产岗位上，大多数职工出勤在300天以上；春节期间全体职工热烈响应党中央号召，毅然放弃节日休息,投身到煤炭生产当中,保证当地用煤并支援兄弟地区的经济建设;遇重大灾情,全体干部职工踊跃自觉捐款帮扶。

宁夏第四建筑工程有限责任公司

【概述】 该公司是具备房屋建筑工程二级施工总承包企业,属自治区建设信用体系四优级企业,经营效益较好,银行资信可靠,信誉度高。2010年年底企业总资产16216万元,拥有固定资产3187.2万元,其中固定资产净值1840.2万元,流动资产14375.7万元。公司现有在册员工472人。有各类专业技术人员264人,其中高中级职称72人;工程技术人员182人,其中高中级职称54人;有二级建造师52人;建造员10人。有施工员、安全员、质检员、造价员等施工管理服务人员,全部持证上岗。除施工管理人员和技术人员外,企业拥有固定技术工人,技术素质高,施工经验丰富,工种齐全。年使用农民工2000人以上。公司现有施工机械设备227台(件)。拥有大型塔机和各种类型搅拌设备,有挖掘机、各种压路机、装载机、汽车起重机和整套模具及小型机具。同时备有充足的施工周转材料,年施工生产能力3亿元以上。公司提倡以建设优良工程为标准,近年共获得省部、地市、县(区)优良工程60多项,自治区"西夏杯"优质工程10余项;获自治区"西夏杯"金奖工程1项,填补了固原市在此奖项的空白。承建固原一中迁建工程风雨操场和部分标段工程、原州区医院医技住院楼、固原市廉租住房部分标段工程、金城花园三期1#高层楼工程、固原市中医院改迁建工程被评为自治区建筑施工安全标准化工地。利民小区工程、固原市供电局住宅楼工程被评为全区建筑施工文明工地。公司不仅是"固原市先进企业"和"固原市重点挂牌服务企业",也是自治区"先进施工企业";连续17年被固原当地人民政府授予"重合同、守信用"单位光荣称号,连续8年被建设厅评为"全区建设工程质量管理先进单位"和"全区安全生产先进单位"。

【生产经营】 2010年企业完成年度总产值2.66亿元,首次突破2亿元大关,较上年度1.73亿元同比增长34.96%,其中各单位自行完成2.39亿元,各独立项目部完成2700万元。2010年全年竣工交验使用工程32项,房屋建筑工程竣工面积近10万平方米,其中观感优良的80031平方米,优良率达到83%。完成市政道路工程中山北街延伸段和古雁路建设任务。年内,"固原市民族职业教育中心教学楼"获得固原市建筑工程"六盘杯"优质奖;"固原市流浪儿与未成年人救助中心"和"固原市人民医院门诊综合楼工程"获得"六盘杯"金奖,同时获得自治区建筑工程"西夏杯"优质工程奖;公司被评为全区建设系统先进企业荣誉称号。全年没有发生重大质量、安全事故,确保年度死亡"零事故"。

【效益增长】 企业经营收入812.65万元,较上年651万元同比增长19.89%,超额完成年度计划任务,实现了公司历史上最好的经营效益。企业培育了新的经济增长点,成立的预拌商品砼搅拌站和沥青拌和站、新型建筑材料厂等,当年实现利润210万元。

【党组织建设】 以邓小平理论和"三个代表"重要思想为指导,认真贯彻落实科学发展观,紧紧围绕企业生产经营,深入开展创先争优活动,积极发挥企业党组织的作用,努力完成各项工作任务。健全组织机构,增加覆盖面。坚持把党支部建设到生产第一线。当年企业党组织由7个增加到13个,基层党组织覆盖率为100%。配齐配强党组织领导班子,积极参与企业和基层单位生产经营管理。坚持每月召开企业生产经营例会,健全组织生活会制度,加强党员教育管理,积极培养基层入党积极分子5人,按规定累计发展条件成熟的新党员16人。结合公司实际,深入开展创先争优活动,激发基层党支部和共产党员"企兴我荣,企衰我耻"的责任感和凝聚力,真诚关心职工群众生活。年内,公司各级党组织和共产党员为职工群众办实事、办好事36

件；共收到各级各类合理化建议68条，落实取得经济效益20多万元；累计设立党员示范岗51个。

盐化工扶贫循环经济示范区

【示范区立项规划】 宁夏回族自治区矿产地质调查院在固原硝口约30平方公里的勘查区域内，于施工的钻孔中发现了厚度大、品位高的岩盐矿层，共求获岩盐矿石资源量30多亿吨，芒硝资源量约1.6亿吨，属国家大型盐矿，远景预测储量达到100亿吨以上，具有埋藏浅、厚度大、品位较高、易开采等特点。加之固原有储量丰富的煤炭、石灰石资源，自治区以此研究决定设立“固原盐化工循环经济扶贫示范区”。固原盐化工循环经济扶贫示范区建设由国电英力特集团投资分两期建设，一期自2010年—2012年，首先开工建设热电站、煤焦化、轻质碳酸钙、电石、烧碱、水泥等11个项目，生产16个产品，预计总投资约71.88亿元。二期将会生产出附加值较高的草酸、甲酸钠、氯乙酸等产品，合计总投资超过200亿元。整个项目将实现资源优势向经济优势转化，对带动固原地区整体经济发展，提升固原的工业档次具有重要的促进作用。从2010年开始，自治区将连续3年每年给予固原盐化工循环经济扶贫示范区专项资金4000万元，用于示范区基础设施建设。2010年5月10日，宁夏首个“盐化工扶贫循环经济示范区”在我国最贫困地区之一的固原市启动建设，这个“一号工程”的建设将推动固原市“以农业为主导型向以工业为主导，多产业并举”发展战略转变。自治区要求各有关部门和固原市政府要高度重视示范区建设，立足长远，通盘考虑，科学推进，从固原自身实际、资源实际、水资源现状等方面出发，从国际国内产业发展方向谋划定位，高起点、高标准做好示范区的建设工作。

【示范区基础设施建设】 年内，盐化工扶贫循环经济示范区建设经过论证，确定示范区选址为：示范区控制面积20平方公里，其中起步项目区10平方公里，具体位于原州区彭堡镇申庄村以北、头营镇杨庄村以南，西至马东山下、东到西干渠以内的范围。项目委托上海化工设计院编制完成了示范区总体规划，并经自治区发改委组织专家评审和正式批复。完成围绕总体规划的航空影响评价、环境影响评价、工程地质勘探等11个支持性评价；完成示范区起步区10平方公里征地任务；完成主干道12.5公里路基及道路绿化3.8公里，累计投资1.1亿元

西海固风能项目

从2010年10月18日开始，中国华电集团公司投资90亿元在宁夏南部山区的西吉、海原县开发风电项目。整个月亮山风电场项目规划总容量为50万千瓦，分南风电场、东风电场、西风电场三个区域，项目规划4到5年全部建成投产，建成后将实现风电互补，为固原区域经济社会提供充裕电力保障。月亮山风电场项目一期工程已在西吉县月亮山开工建设，一期总容量49.5兆瓦，项目将充分利用西吉月亮山丰富的风力资源，计划投资10亿元，总装机10万千瓦，2011年年底可建成投产。月亮山二期工程和海原县南华山一期、二期工程将于2011年开工建设，共投资约15亿元。月亮山、南华山工程建成投产发电后，预计每年可提供1.4亿千瓦时的绿色能源，节约标煤5万吨，减少二氧化碳排放13.5万吨。此次投资西吉、海原的风电场项目是华电集团公司开发西海固地区风能资源总体规划的一部分，未来5年华电集团共将投入160亿元用于西海固的风能开发。

六盘山2×330MW热电厂

【概述】 六盘山热电厂2×330MW工程，是自治区“十一五”期间的重点工程建设项目之一，也是宁夏首个扶贫电厂。该项目总投资27.6亿元，占地28.13公顷，建设两台2X330MW亚临界燃煤空冷

供热机组，采用空冷发电技术，较水冷机组年节水700万立方米，取用固原市中水作为生产冷却用水，采用烟气脱硫、低氮燃烧等先进技术，节能、环保效益十分显著。电厂由宁夏发电集团独资建设，由宁夏电建公司承建。工程于2009年3月开工，第一台机组于2010年7月建成投产，第二台机组于2010年11月建成投产，项目建成后年发电36亿千瓦时，实现产值近10亿元，利税过亿元。六盘山(2X330MW)热电联产工程与王洼煤矿技改项目一体化同步建设，可以将一次能源就地转化。项目投产后，年需燃煤约180万吨，可有效地带动南部经济发展。同时，项目投产后形成1200万平方米供暖能力，完全可以满足固原市区供热需求(目前固原市区供热面积约570万平方米)，并可以解决固原市现有小锅炉众多、布局分散、能源消耗大、效率低下、污染严重的局面，有效改善固原市城市环境保护。作为宁夏第一个扶贫电厂，六盘山热电厂的建设对加快革命老区的经济发展、提高当地人民生活水平具有重要作用。

【深情的关怀】 六盘山热电厂2×330兆瓦热电联产项目从2004年开始酝酿，2009年元月获得批准，在这5年的论证审批过程中，曾庆红、习近平、李克强等中央领导同志高度关注，先后做出重要批示，要求有关方面给予支持。国家有关部委和自治区有关厅局在项目论证、设计、审批等各个环节都给予了倾力指导、帮助和支持；自治区领导多次来固原实地调研，亲自帮助协调争取，并将项目列入自治区确定的“十一五”重点工程项目之一。特别是六盘山热电厂开工仪式上，习近平副主席还发电祝贺并寄予厚望：为当地群众脱贫致富作出积极贡献。六盘山工程以其意义之重、作用之大、效果之佳在社会各界和广大市民心目中留下了极为深刻的印象。在这个被誉为“和谐社会奠基石”的德政工程背后，也留下了宁夏电建建设者们的铿锵足音。2009年3月23日上午，宁夏六盘山革命老区迎来了历史上具有里程碑意义的一刻，宁夏回族自治区党委、政府在六盘山革命老区的固原市隆重举行重点建设项目暨2×330MW六盘山热电厂开工奠基仪式。启动仪式上，宁夏回族自治区党委秘书长蔡国英首先宣读了中共中央政治局常委、国家副主席习近平的贺信。国家能源局副局长孙勤讲话，充分肯定了宁夏落实国务院《关于进一步促进宁夏经济社会发展的若干意见》，加快以宁东为标志的重点建设项目对宁夏乃至国家经济社会发展所具有的积极意义。自治区主席王正伟讲话并宣布固原重点建设项目暨六盘山热电厂2×330MW工程建设正式启动。自治区党委书记、人大主任陈建国，自治区主席王正伟，国家能源局副局长孙勤等领导为工程奠基。六盘山热电厂建成投产后，除了对宁夏南部电网提供支撑外，还将形成1200万平方米供暖能力，对于拉动当地经济发展，加速老区人民脱贫致富，进一步提高山区人居环境质量具有重要意义。

【电建铁军】 六盘山电厂2×330兆瓦工程1号机组从开工到并网，总工期仅仅16个月，创造了西北电建史上最短的建设工期。为赶在2010年冬季供热，工程建设初期，宁夏发电集团就提出要在7月底实现并网发电的目标。为此，宁夏电建公司高度重视，迅速组建一支精兵强将组建项目部，在人力资源和施工机械的配置上全力向六盘山项目部倾斜，配备了较为雄厚的技术施工力量和大型施工机械，一套全方位立体交叉施工方案出笼，平面交叉、立体交叉、专业交叉全面开花。然而，工程建设中因固原地区夏季多雨冬季多雪的特殊的气候环境一度使工程陷入被动。2009年七、八月份，正值土建施工高峰期时恰逢固原雨季，连续一个多月不间断的下雨，使土建工作一度滞后，特别是330KV屋外配电装置设备构、支架基础和输煤系统工程土方无法施工，导致施工工期延期；锅炉抢水压前又正逢冬季，零下二十多度的气温和频频光顾的大雪也使锅炉钢架上结上一层厚厚的霜雪，给施工工作带来不小的压力。同时由于钢材涨价、固原地处偏僻物资采购难、设计变更、施工人员紧张等等问题也严重影响了工程的顺利推进。为此,项目部加大了现场的组织协调执行力度,大胆创新管理,打破常规,在总体布置上超前谋划,确定阶段性工作重点目标。抢封闭、抢水压、抢风压、抢扣缸等等,多点多面平行组织施工。同时项目部几次开展了百人大会战等劳动竞赛活动。施工中,建设者们注重细节管理,攻克一个又一个难关,确保了工程的高效投运。电除尘电缆敷设时,按照原设计方案,电缆通道是从电除尘本体垂直经综合管支架进入除灰综合楼控制室。经过技术人员的研究论证,把这一设计进行了改造,从电除尘本体与除灰综合楼之间打通了通道,将电缆直接引入除灰综合楼,不仅加快了工程进度,更节约电缆7公里,节约资金11万多元。锅炉专业超前谋划,5个月完成了受热面安装工作,20340道锅炉受监焊口无一渗漏,一次检验合格率98.61%,水压试验一次成功。汽机专业面对设计变更多、人手少等实际,汽机公司职工千方百计打破常规,创造条件往前抢,只用了50天完成了汽机本体安装到汽机扣缸;2个半月完成了四大管道安装。热工调试人员在时间紧迫的情况下,紧随安装之后,在只有5人的情况下只用了2个月的时间就完成了全场电气调试任务,为机组试运抢回了宝贵的时间。综合部昼夜鏖战,10天完成200多公里空冷岛电缆敷设任务,70天内敷设电缆600多公里。短短一年多时间,建设者们创造了一个又一个奇迹:从厂房第一方混凝土浇筑开始,仅用一个多月的时间就具备了锅炉钢架安装的条件;3个多月的时间完成锅炉钢架安装;5个月时间完成受热面安装;从钢架吊装至水压试验结束仅仅用了10个月时间;从机组倒送电至并网发电仅用15天;从首次点火至并网仅用13天;正常情况下需要两个月的分部试运,项目部仅仅用了35天。

【零事故安保】 针对施工工期紧、交叉作业、高空作业多的不利情况,项目部在工程建设初期就成立了以项目经理为组长的策划领导小组,编制了安全文明施工策划方案,从区域的规划、电源的布置、施工机械的配置、现场安全设施、生活临建以及材料设备的堆放进行了统一、细致的策划,并予以实施。同时,根据工程进展情况,围绕总体策划方案的主线对局部区域进行二次策划,营造了浓郁的安全文明施工文化氛围,树立了宁夏电建良好的企业外部形象。“无论工期再紧,工作再忙,安全工作都丝毫不能放松。”10名专职安全员划片包干,全天候盯在现场。项目部视安全投入为收益,资金再紧张,也要保证安全需要。开工以来,项目部仅在安全设施上的投入就达到200万元。项目安监部在严格分包队伍资质审查的同时,加强了安全教育培训考试力度,共培训人员达4000人(次),提高了施工人员的防护技能。

【六盘山热电厂1号机组】 六盘山电厂于2009年3月23日破土动工,第一台机组于2010年7月31日并网发电,11月12日正式投入运行。2010年11月13日零点,经过168小时的试运行,由宁夏电力建设工程公司承建的宁夏首个扶贫电厂——六盘山热电厂1号机组工程正式移交给宁夏六盘山热电厂投产运行,填补了宁夏南部山区没有电源点的空白,将为宁夏南部山区的经济发展提供电力支撑。六盘山电厂1号机组建设工程经过四级验收,工程合格率为100%,优良率100%。锅炉共完成受监焊口20340道,一次检验合格率为98.61%,取得了厂用受电、锅炉水压、锅炉点火、机组并网等一次成功的好成绩。六盘山热电厂采用了目前世界上最先进的空冷发电技术,空气冷却代替了传统的水冷却,节省了大量的水资源。脱硫技术减少二氧化硫的排放量、机组设备智能化设计使自动化率达到100%。六盘山热电厂1号机组的建成投产发电以后,作为一个大型火电厂,填补了宁夏南部没有电源点的空白。六盘山电厂作为未来银南电网的主力电源,将接入330kv电网,在电网中位置优越,可以优化宁夏电源布局和电网结构,并且可以近距离输送至甘肃电网,对西北电网的安全稳定运行将起到重要作用。

【六盘山热电厂2号机组】 由西北院承担设计的宁夏发电集团六盘山热电厂(2×330MW)热电联产工程2号机组于2010年11月16日并网发电。2010年11月30日23点58分顺利通过168小时试运行并移交商业运行，实现了年内双投的目标，标志着该电厂两台新建33万千瓦空冷供热燃煤发电机组顺利建成投产，六盘山热电厂正式竣工投产。双机投产后，年发电总量为36.3亿千瓦时，将为宁夏南部电网提供有力支撑，并形成1200万平方米城市供热能力。工程自开工以来，实现20个月双投的工程建设目标，刷新了宁夏火电项目建设工期的最短纪录。工程集热电联产、直接空冷、利用城市中水、高效除尘、脱硫、零排放和等离子点火利用等技术于一体，满足固原市区采暖热负荷的需要，有助于提高能源利用效率，改善城市环境质量，振兴革命老区经济发展和提升固原市人民生活水平，对拉动当地经济发展和加快脱贫致富步伐意义重大。

非公有制经济

概　述

【改革开放以前历程】 固原市非公有制经济历史悠久。西汉以来的固原是古萧关道、回中道和著名“丝绸之路”东段北道上的重要城镇。名马、肥羊、毛毡、药材、食盐等使当地成为“盐铁交易”、“茶马互市”之地。《明清固原州志》记载，清代街道以米粮市、山货市、布店街等命名。民国时期已有印刷、造纸、印染等生产门类。解放初期，固原民营经济主要集中在副食、日用杂品、小百货、饮食和旧货、废品等行业。商品多为蔬菜、油盐酱醋、水果烟酒、火柴肥皂、针头线脑、面食小吃等日常生活用品。有40个小手工业作坊和修理点。1964年，把小商贩过渡到国营商业和供销合作社。1965年，限制个体商贩的经营，不能任意扩大经营范围，限制他们的收入等等，不断地进行再改造，基本上取消了个体私营经济和已经走上集体道路的小商小贩。1966年，对个体工商户中的所谓“黑五类分子”，勒令缴销营业执照，有的被遣回原籍，有的轰到农村监督劳动。1978年后，个体工商业又出现了新的发展势头。1981年7月后，开始引导个体工商户，充分发挥个体经济的必要的有益的补充作用，为搞活市场商品经济服务，一些有文化、有知识的城镇待业青年走上自谋职业的道路，从事个体经营；一部分农村剩余劳动力进入商品流通领域，务工经商；一些有头脑的城镇闲散人员也都加入个体劳动者队伍，逐步吸纳外地客户来固原市经营手工业和小商小贩。

【改革开放三十年历程】 党的十一届三中全会以后，在改革开放方针指引下，固原的非公有制经济开始起步，党的十五大特别是十六大以来，党中央和国务院对于发展非公有制经济问题，在理论、方针、政策和制度上都又有了重大的突破和创新，极大地丰富了中国特色社会主义理论宝库。固原随之也开展了“生产力大讨论”、“商品经济大讨论”、“南部放开大讨论”、“固原办工业大讨论”和干部经商学做经济工作、创办经济实验区、放手发展非公有制经济、小型国有企业改制、表彰个体私营经济带头人、成立招商局开展招商引资等，从思想认识、舆论准备到工作实践，实现了一系列转变。特别是在固原撤地设市后，固原市委和市政府带领全市广大干部群众，大力实施产业带动、项目带动和中心城市带动战略，努力推进农业产业化、工业化和城镇化进程，着力培育草畜、马铃薯、劳务、旅游四大支柱产业，加快了固原市非公有制经济的较快发展。新一届市委、政府任期以来，坚持科学发展，出台了一系列鼓励、支持和引导非公有制经济发展的政策措施，坚持把发展非公有制经济作为县域经济的主体，深化改革，放宽政策，监督管理，依法保护，加强服务，创新机制，使全市非公有制经济步入了快速发展轨道。2009年—2010年，先后争取自治区非公有制扶持资金5000多万元，支持马铃薯、草畜等重点产业的骨干企业。市、县(区)在财力十分拮据的情况下，每年拿出近300万元的资金扶持非公有制企业发展。为解决非公有制企业融资难现状，加强同银行的沟通，积极向银行推荐有市场、经济效益好的项目和企业，为企业争取贷款创造条件。通过创建信用平台，推荐项目，共争取银行贷款2亿多元，缓解了企业融资难问题。积极实施中国青年创业国际计划（YBC）项目，实现青年创业由劳动密集型向电子技术、特色农业培育等方向转变。截至目前，有20个创业青年获得支持，支持资金达100万元。根据资源状况和产业基础，加大资源整合力度，促进产业集群发展，着力培育县域经济特色，全市已初步形成“市有支柱、县有主业、行业有龙头”非公有制经济发展新格局。西吉县和原州区马铃薯淀粉及“三粉”加工业、泾源县建材加工业和清真牛羊肉加工业、彭阳县果脯及蔬菜和优质牧草加工业、隆德县中药材种植加工业以及固原市区贸易和餐饮住宿业日益壮大。固原经济开发区、清水河工业园区和各县区工业小区不断完善服务功能，为非公有制经济发展提供了有效载体和发展平台，一批老企业改造搬迁和新企业在园区落户，园区已成为产业流、资金流和信息流的聚集地。到2010年底，全市6个工业园区累计完成固定资产投资16.7亿元。为了进一步营造非公有制经济发展宽松环境，固原市出台了一系列加快非公有制经济发展的政策措施，对涉及非公有制经济的行政审批事项、事业性收费项目进行了全面清理。指导帮助20多家重点企业建立健全了内部管理制度，现在全市已有107家非公企业取得了外贸自营进出口权，58户企业通过了ISO9000质量管理体系认证，42户企业通过了ISO14000环境管理体系认证，42户企业通过了绿色和食品安全认证。

【“十一五”末主要成就】 “十一五”末，全市登记注册私营企业2630户，投资人数5851人，雇工人数26411人，注册资金44.1亿元；登记注册个体工商户32504户，从业人员62454人，注册资金15.35亿元。新登记注册农民专业合作社646户，成员出资总额4.94亿元，成员总数9482人。2010年全市个体私营企业实现地区生产总值14.2亿元，实现销售收入53.1亿元，社会消费品零售总额25.77亿元，同比分别增长9.5%、16.4%和17.2%。其中，全市非公有制工业企业（加工户）近5200户（个），从业人员近2.8万人，拥有资产总额31.35亿元，完成工业总产值38.9亿元，实现工业增加值11.78亿元，同比分别增长28.7%和27.5%，增加值占全市工业增加值的84.7%，占全市GDP的11.3%。在全市规模以上工业企业中，非公有制企业占93.3%。到2010年，固原市从农村劳动力转移就业到全民创业，已累计开发创业项目400多个，培养小老板1976个，培育小企业1329户，创造新岗位1.35万个。

部分非公有制经济单位简介

【中医研究所】 固原地区中医研究所是固原地区规模最大的民营科技企业。在地委、行署、县委、政府和各级卫生主管部门无微不至的关怀下，在自治区科委和地区科技局的鼎力支持下，经过搏击市场的实践，已成熟起来。目前，形成了以科研带动临床，以临床服务百姓的格局，并显示其向科、工、贸一体化发展的态势。虽然中医研究所的创建与发展极其困难，但他们凭着人才力量，现代管理，边建设、边研究、边出成果。中医研究所之所以快速发展，是由民营科技企业的性质决定的。民营科技企业具备了诸多优势：一是方向灵活，针对市场和人民需求决定经营方向、研究课题。可以随时调头，冲出困难和矛盾。二是用人机制灵活，有人员去留大权，随时解决内部矛盾。“能者进，庸者出”的用人机制创造了良好的工作氛围。三是科技和服务结合完美，科研项目针对性强，短、平、快之成果可迅速转化为生产力，服务于人民。尤其是发展为集团化后，科研方向完全由公司的经营要求决定，不存在科研成果束之高阁的状况。四是现代管理机制使其更贴近市场，其行为更符合经济规律，打破了家族管理的封闭和狭隘，更具竞争力。因此，民营科技企业具有广阔的前景。但是，在民营科技企业的发展中，仍有诸多制约因素。一是难以获得各类政策性贷款和项目资金，投入跟不上。二是科技成果缺乏实验基地，转化困难。就中医研究所而言，研制出一种药品，必须有500～1000名患者的临床观察。党的十五大提出了"非公有制经济是我国社会主义市场经济的重要组成部分"，因为他们创造了巨大财富，改变着市场结构、改变着思想观念。集科、工、贸一体化的民营科技企业正跨步走向世界。固原本身发展缓慢，民营科技企业的出现无疑会带来冲击力，使整个市场，使一些行业加速走向竞争。它的意义是重大的。

【固原民族医院】 民营医院。院长杨伯涛。创建于1996年8月，占地面积1200平方米，建筑面积2600平方米，业务用房1800平方米。2003年被中国人寿保险公司固原分公司定为保险定点医院，固原市劳动和社会保障局定为城镇职工医保医疗机构。2004年。有职工56人，其中医生22人，护士16人，医技药师9人，行政财务后勤等人员9人；初级职称15人，中级职称9人，高级职称5人，专业技术人员占总医护人数83.3%。设病床60张，分预防保健、类风湿、癫痫病、肝病、哮喘、皮肤、肿瘤、中医结合、回族医药、内、外、妇、儿等14个科室。医疗和诊疗设备基本齐全。2010年门诊2万多人次，住院2100多人次，手术500多人次，年总产值200余万元，创利税24万元。几年来，民族医院多次承担自治区医疗攻关项目和国家中医药重要科研课题。研究所科研人员撰写的《回族医药研究》《回药本草》《回族医学奥义》《回回医药发展史》《回药治方》《神奇的大拱北医术》等医药专著，填补了我国回药基础理论的空白，受到了专家的高度评价。2002年与山东潍坊哮喘病医院合作，特设固原市哮喘病分院。以民为本，坚持患者第一、服务第一、质量第一、安全第一的宗旨，注重职业道德教育和行业作风建设，在为广大患者提供优质服务的同时，倡导合理就医、科学用药、减少患者负担。为了扩大科研基地，发展企业门路，以医院为依托进而争取自治区发改委立项，建起宁夏伊正回药制药厂，厂址位于固原市原州区清水河工业园区，厂区面积6公顷，建设投资1200万元。饮片车间、前提取车间和办公楼已建成，近期可投产，预期年产值6800万元。以伊正回药厂为龙头，以技术服务合同和产品回收合同为纽带，为农户种植中药材提供产前，产中、产后服务，培育退耕还林草工程后续产业，促进农业结构调整、农村经济发展和农民收入的增加。2004年，先后深入张易、七营、头营、彭阳、甘肃毛井、车道等偏远山区，为贫困患者上门送医送药，上门义诊，义诊4000多人次，送医送药970多人次，发送宣传资料1.66万多份，受到广大群众的好评。

【固原福利医院】 民营医院。院长何晓林。创建于1995年6月26日，系国家卫生行政部门依法审批的私立综合性医疗机构。医院占地面积2000平方米，建筑面积4000平方米，医院总资产达1000多万元。现有职工78人，其中正高职称5人，副高职称10人，中级职称6人。设临床、医技、行政和后勤管理4个部门，共有22个科室，设有床位102张。医院拥有先进的医疗设备，美国产CT机、500毫安X光机、德国产狼牌腹腔镜、前列腺电切镜配冷光源。全自动血凝仪、全自动血糖仪、日产心电图机，大型东芝牌B超机、奥林帕斯纤维胃镜、肠镜等大型医疗设备。是城镇职工基本医疗保险定点医院。2004年，被批准设立固原市肿瘤防治研究所。医院年毛收入近300万元，门诊2万余人次。2001年、2002年、2003年被中华医院管理学会评为明明白白看病百姓放心医院和医疗优质高效百姓放心医院及绿色医疗环境百姓放心医院，同时被授予首批全国百姓放心示范医院。并被评为文明单位、学习雷锋志愿服务先进集体、企业党建工作先进单位、五四红旗团支部、基层工会先进单位等。

【固原舒康口腔医院】 固原舒康口腔医院是经宁夏卫生厅验收、批准成立的一家集口腔医疗、教学、研究、预防为一体的正规化、高层次的二级口腔专科医院。医院的前身是景俊口腔诊所。创建于1995

年。位于市区西关街五小斜对面。医院拥有装饰一新的候诊室、诊疗室及住院部。医院拥有全电脑控制的牙科综合治疗仪、X牙片机、超声波洁牙机、光固化机、高压真空灭菌器、多功能手术床等设备。有经验丰富的口腔主治医师,以及从口腔专科毕业的新秀。该院设有门诊部和住院部,门诊开设口腔内科、口腔颌面外科、口腔修复科、正畸科、预防保健科、特诊科、急诊室、药剂科及标准外科手术室等临床科室,另设放射室、注射室、无菌室、药品供应室及技工室等辅助科室，并建成了一个义齿制作中心。经过礼仪培训的护士全过程陪同患者就诊,向患者推出亲情般良好服务。医院智能化的管理免去了排队挂号的麻烦。为更规范地建设现代化的新型医院,十年来,医院始终坚持“以患者为中心,创优质服务,树行业新风”的经营方针;以内强素质,外树形象为重点;以端正服务态度、提高医护质量 、方便群众就医为基本内容的各项活动。医院采用国内先进的技术,拥有高水平医疗队伍,突破传统的国内口腔医疗服务方式,以高档舒适的诊室、先进的医疗设备、人性化的服务、科学安全的消毒,得到了患者的认可。

【固原康泰医院】 位于固原市文化西街，占地9000平方米，建筑面积7000平方米，医疗用房5000平方米。病床120张。设急诊科、心血管内科、神经内科、脑外科、肝胆外科、腹部外科、骨科、妇科、手术麻醉科、放射科、检验科、超声介入科、磁共振影像中心等10多个科室。经固原市科技局批准,另下设创伤外科研究中心、肝胆外科研究中心、心血管病研究中心、腹腔镜外科中心、磁共振影像中心、北京天坛医院远程会诊中心、北京协和医院远程会诊中心,系固原城镇职工基本医疗保险定点医疗机构。有职工105人。医疗设备有磁共振成像系统,配有北京万东500毫安大型X光机,日本日立EUB—6000型彩色B超、德国狼牌电视腹腔镜、多功能麻醉机、多参数心电监护仪、动态心电图仪丑心电工作站、心电除颤起搏器、生化分析仪、血球分析仪、体外震波碎石机等先进医疗设备。

【福宁源药业生物工程有限公司】 产品主要是加工六盘山区的中药材，而产品销路全在国外。在1993年以前,固原市的干草、枸杞、麻黄草等中药材原料大量被外地人收购,流失相当严重。于是一个以加工甘草、枸杞、黄芩等中药材为主的固原天然剂厂就在黄铎堡乳制品厂的旧址上诞生了。1995年4月在自治区科委、自治区发明者协会举办的首届宁夏发明科技成果博览会上该厂生产的“甘草爽”、“麻黄粉”获得金奖。1996年9月在国家科委举办的“星火计划实施十周年暨‘八五’农业科技攻关成果”博览会上被评为优秀项目。1997年被自治区乡镇企业局评为全区乡镇一级企业;同年又被自治区人民政府评为全区乡镇企业优秀厂长,从1993年以来,该厂连续5年被固原地、县评为先进企业。天然剂厂在出口创汇同时,没有忘记帮助贫困农民的脱贫。天然剂厂原来拥有职工40多名。同时，厂里的废料几乎免费供给群众解决燃料问题。五年间,经过全厂职工的艰苦创业,他们已开发新产品30余种,取得了良好的社会效益和经济效益。1996年销售收入达600万元,1997年销售收入达1000万元，从1995年到1998年累计上缴利税426万多元。在东西部合作进程中,企业负责人前往对口帮扶的福建省晋江市宝仁德药业有限公司在厦门《九八会议》上签订了合资办厂的合同书，并购买了固原原破产企业毛纺织厂，进行了一系列技术改造，建成“福宁源药业生物工程有限公司”,并于1999年1月7日投入生产。福宁源总投资为1230万元,其中固定资产投资为1090万元。项目已经区计委以宁计(科)发1997(412)号文件批复立项建设。

【固原市医药有限责任公司】 成立于1956年8月,前身为固原县商业局下属药材公司。1981年上划为自治区直属政企合一的企业,固原县医药管理局、医药药材公司。2002年,国家食品药品监督管理局成立，政府行政管理职能消失。2004年10月，由区属国有企业改制为股份制民营企业。下设财务部、质量管理部、零售部、企管部、人力资源部、批发部、配送部。工作人员72人，有专业技术职称42人，其中主管药师、药师、执业药师（从业药师）、药学（资格）技术人员33人。年营业额2500～3000万元，固定资产总值2000多万元，净值1028万元。有零售药店13个，其中7个为城镇职工医疗保险定点药店，年上缴各种税金100多万元。

【宁夏伊正回药有限责任公司】 宁夏伊正回药有限责任公司是全国唯一的回药开发企业，创建于2003年，宁夏回药投资发展有限公司是由上海实业家谢建全先生与原宁夏固原民营企业家杨佰涛先生共同投资5000万元组建的全国首家回药开发企业，辖宁夏固原中医研究所、宁夏伊正回药制药厂、宁夏原州道地药材种植基地3个科研、生产实体，是集回药开发研究、原药种植、生产加工和营销于一体的股份合作制企业。旨在打造与藏药、蒙药、维药并驾齐驱的回族医药品牌，填补我国回药开发的空白，弘扬回族医药文化、推进回族医药进步，推动宁夏南部山区药产业发展。宁夏固原中医研究所致力于完成自治区科技攻关项目“回族医药开发研究”、《回族医药研究》《回族医学奥义》和《回回药典》等专著完善了回族医药理论体系。运用回族医药理论开发的圣穆风湿口服液、痹康宁等10种回药制剂临床疗效显著，获得《制药许可证》。以回族医药理论为基础，依托宁夏南部山区道地药材资源，委托陕西省中医研究院开发的“圣穆威胆胶囊”等5种回药新产品列为国家“星火计划”项目。宁夏伊正回药制药厂是经宁夏计委批准立项的我国首家回药生产企业。位于固原市清水河工业园区，厂区面积6公顷，建设投资2467.35万元。饮片加工车间2005年初投产；综合制剂车间正在建设之中，投产后年加工柴胡、黄芪、秦艽等道地药材饮片800吨；年产片剂1亿片，颗粒1000万包，胶囊1亿粒。首期开发的产品主要是“圣穆威胆胶囊”等5种回药新产品和以地道中药材为主要成分的清真保健饮食品，年产值5132万元，利税1250万元。宁夏伊正回药有限责任公司以实施“中药材种植基地建设项目”为依托，以伊正回药制药厂为龙头，以技术服务合同和产品回收合同为纽带，为农户种植中药材提供产前（市场信息）、产中（种子苗与种植技术）、产后（产后销售）服务，拟在原州区建立黄芪、柴胡、秦艽、盘贝等道地药材种植基地0.3万公顷，培育退耕还林（草）工程后续产业，促进农业结构调整、农村经济发展和农民收入增加。

【宁夏六盘山药业有限公司】 宁夏远声药业有限公司属民营股份制企业，公司前身为成立于1971年的固原县药材公司成药加工厂，1982年转为国有企业，改为固原县中成药加工厂。1984年，改为宁夏第二中药厂。2003年6月，宁夏第二中药厂改制为宁夏远声药业有限公司。公司新址位于宁夏固原试验区兴原路，厂房建筑面积7800平方米，有员工70名。企业改制后，宁夏回族自治区食品药品监督管理局按照政策规定，将原宁夏第二中药厂的6个剂型54种国药准字药品产权划归宁夏远声药业有限公司所有。公司现有3个剂型：丸剂(水丸、蜜丸、水蜜丸)、糖浆剂、散剂，共52个品种，其中代表品种有风湿骨痛丸、羚翘解毒丸、六味地黄丸、逍遥丸、麻杏止咳糖浆等。公司销售实行代理制。销售面覆盖东北地区、华北地区、华南地区、西北地区。公司已与周边县、区签订中药材购货协议，每年收购中药材5000吨左右。带动六盘山地区中药材种植。

【宁夏明德中药饮片有限公司】 2003年创建，民营股份制企业。为安徽省亳州市永信药业有限公司经理姜文德及家族创办的中药饮片生产、经销企业。位于固原市试验区兴原路南侧，占地面积达6600平方米，建筑面积4800平方米。有职工40多人，其中中药学技术人员8人，具有中级职称4人，初级职称11人，专业培训的操作工30多人。公司设有董事会、质量管理部、生产管理部、财务部、供应部等管理机构。以中药饮片精加工为主,在当地建立中药材生产基地600公顷,与500多户农民建立订单种植购销合同。同安徽亳州、甘肃陇西、河北安国、四川成都、福建厦门、广东省等数10家企业建立长期生产经营合作关系。2004年,重点生产地产药材100多种外,还经营加工外地药材800多个品种。年生产中药饮片500多吨,产值500万元,实现利税100万元,税后利润80万元。

【固原老百姓医药有限责任公司】 固原老百姓医药有限责任公司创立于2004年，是固原市一家集批发与零售为一体的规模较大的药品经营企业。公司自成立之初以齐全的品种、低廉的价格和可靠的质量赢得了广大消费者的认可和信赖。本着"质量、安全、构筑百姓健康"的经营理念和"崇善守信、务实创新"的企业精神,经过7年多的发展,拥有直营门店19家、经营总面积4000余平方米,经营品种达6000余种,员工150余人,并在不断地发展壮大中。新时期、新发展,固原老百姓医药有限责任公司审时度势,提出了以"为百姓健康提供最大服务;为员工发展创造更好舞台"为核心的企业价值观。

【隆德县西北药材科技有限公司】 2001年8月31日注册成立的有限责任公司，注册资本626万元:公司住所宁夏隆德县312国道北侧。经营范围:中药材、中药材种子、种苗购销;开发种植、加工;各种草籽购销。研发开发范围:1.开展中药材科学研究和新品种、新技术的研究开发和推广应用;野生中药材驯化、资源修复和利用;道地中药材产业开发、名特药材有效成分检测、新用途研发、中药饮片加工研究。2.引进中药材新技术、专利、科研成果,并进行开发和推广应用。3.开展中药材技术咨询和技术服务、技术培训、技术转让、技术承包。4.生产、加工和销售公司研制的新产品、中试产品,经营与其业务相关的产品与原材料。5.完成市、县科技管理部门分配的工作任务。公司经过近八年的发展,办公和综合服务场地占地面积26亩。公司下设六盘山中药材研究所、六盘山中药材标本陈列馆、六盘山中药材科技园、中药饮片炮制试验车间、中药提取车间、组培室、信息服务部、办公室等八个部门。共有员工68名。共有专业技术人员6名,还聘请宁夏大学、宁夏医科大学、陕西师范大学生命科学院等著名中药方面博士、教授10名担任技术顾问。公司近几年成功承担实施了多项国家、自治区级的科技成果转化及攻关项目。重点有科技部农业科技成果转化"六盘山重点药用植物秦艽规范化种植中试示范项目"、自治区科技成果转化"六盘山优质中药材(柴胡)林药间作技术成果转化项目、"六盘山"珍稀药用植物九节菖蒲人工种植技术研究项目" 等。2006年参与实施的 "六盘山优质中药材产业化开发研究配套技术示范与推广。"项目通过了自治区科技成果鉴定。公司2005年被国务院扶贫办授予"国家扶贫龙头企业" 称号,2006年被固原市人民政府授予市级 "农业产业化龙头企业" 称号,2008年被自治区人民政府授予"自治区级农业产业化重点龙头企业"称号,2009年被科技部授予"中药现代化科技产业基地建设优秀企业", 并连年被自治区评为"守全同重信用"企业。

【宁夏六盘山泾河清真食品有限公司】 位于宁夏回族自治区泾源县境内,成立于2004年,是甘肃中汇牛羊产业集团全资子公司,注册资本4000万元。1991年,泾源县宁夏泾河清真肉联厂(国有资产)正式投产,四年后企业最终走向了破产,经过多次拍卖均流拍。2004年,甘肃中汇牛羊产业集团响应政府号召,斥资500万元收购重组该厂,并先后注入1000多万元资金改造厂房、维修更新设备及补充流动资金,宁夏六盘山泾河清真食品有限公司才驶入正常经营发展轨道。三年来,公司参加了中国畜牧业协会组织的产品展销、投资招商、产业论坛、国际国内市场考察等各类活动。公司领导随同国务院副总理回良玉考察了法国肉牛业;在甘肃兰州协办了由中国畜牧业协会主办、甘肃中汇牛羊产业集团承办的中国首届牛业发展大会和中国第三届羊业发展大会；在固原市举办了固原市首届“黄牛节”。宁夏六盘山泾河清真食品有限公司是中国畜牧业协会副会长单位，中国畜牧业协会牛业分会会长单位，宁夏清真牛羊肉产业协会副会长单位，固原牛羊产业协会会长单位。公司先后取得了宁夏牛羊定点屠宰企业、农业部农产品加工示范企业、商务部农产品连锁经营定点企业、国家民委民族产品生产定点企业、商务部中央畜储备单位等资质；被认定为国家级扶贫龙头企业、宁夏回族自治区农业产业化重点龙头企业、宁夏区域经济发展先进单位；取得了宁夏南部山区草畜产业优秀企业、中国质量万里行诚信单位、固原市“守合同重信用”单位等荣誉称号；2006年被中国农业银行宁夏分行评为“AA”级信用等级单位。公司已于2006年通过ISO9001：2000质量管理体系和HACCP食品安全管理体系认证，无公害产品(牛肉)认证及无公害牛羊肉产地认定等多个国家级认证，具备食品生产企业出口资格。宁夏六盘山泾河清真食品有限公司产品具有纯正的伊斯兰特色。形成年加工精制冷冻分割肉1.2万吨，年生产各类熟制品4800吨的产能。已有“泾河”品牌，三十多个品种的高档、中档、普通及保健牛肉系列等多种产品，满足不同客户的个性化需求。公司牛肉产品肉质鲜嫩、色泽诱人、美味可口、低脂肪、高蛋白，加上完善的生产工艺及卫生管理，是现代家庭、涉外宾馆与餐饮酒店首选的牛肉品牌。同时，牛肉酱、牛肉馅等产品采用先进技术，加入了富含钙质的牛骨及牛骨髓，是中老年人及儿童食疗补钙的佳品。产品畅销京津冀、上海、银川、兰州、西安等地。

【西吉吉鑫清真肉类食品有限公司】 吉鑫清真肉类食品有限公司成立于2008年8月，注册资金800万元。公司净用地面积2000平方米，计划总投资5000万元，其中一期投资1500万元，建成集屠宰、分割、加工为一体的现代肉类加工厂；二期计划投资3500万元，建成“基地＋农户”肉牛育肥基地。当前一期工程完成投资500万元，建成了650平方米的牛自动吊宰车间和350平方米的排酸库及分割加工生产线车间，每天排酸能力18吨，配套了冷冻能力为15吨、冷藏能力为50吨的清真专用冷库。年设计屠宰加工能力牛3万头。公司年可加工销售四分体、十一分体（A、S、B、F里脊、外脊、眼肉、上脑，针扒、烩扒、尾龙扒、霖肉、牛展、牛前、牛腩等）、高档肥牛、肥牛1、2、3、4号以及牛金钱肚、牛百叶、牛心、牛肝、牛头肉、牛蹄筋等系列清真牛肉，产品生产完全按照伊斯兰清真食品生产要求和国内肉类生产标准进行屠宰加工，阿訇屠宰、预冷排酸、精修精选、冷鲜冷藏、全程冷链贮运，产品具有肉嫩细腻、高钙、低脂肪、含有人体所需的氨基酸及各种微量元素，营养丰富、味道鲜美的特点，主要销往北京、上海、南京、广州、深圳、重庆等地，产品供不应求，深受广大消费者的青睐。

【宁夏隆昊肉类有限公司】 是2007年5月由青岛中远大国际贸易有限公司在隆德县独家投资新建的大型专业从事清真牛羊肉屠宰加工企业。屠宰生产线设备引进美国查韦斯，设计年屠宰肉牛2万头，分割加工各类牛肉7000吨。公司自2008年7月建成投产以来，在区、市、县各级党委、政府的高度重视和区、市、县各有关部门的大力支持下，各项生产经营管理工作基本良好。截止2011年4月，累计屠宰分割各种牛肉产品近1600多吨，实现销售收入3266多万元，上缴各种税金近30万元，支付农民售牛款2400多万元，支付员工工资260多万元，支付电费30多万元。社会效益比较明显。已先后获得自治区农业产业化龙头企业、自治区食品卫生A级单位和自治区定点屠宰加工企业认定。并取得“QS”认证(证号：640411010036)、HALAL清真食品、ISO22000／2000国际质量管理体系、HACCP食品安全管理体系和出口食品卫生登记注册等多项认证。公司自成立以来，以“清真、安全、健康”为主题，以“宁夏清真产品”为品牌优势，着力打造“ZMBY”清真牛羊肉品牌，生产上市的“ZMBY”品牌清真牛肉有四大系列近40个产品，已先后行销国内多家知名高档餐饮集团和肉食品加工企业和北京、上海、广州、沈阳、深圳、青岛、大连、福州、兰州等城市，并远销约旦、科威特、朝鲜、香港、澳门等国家和地区。两年多来公司累计通过第三方销售冰鲜牛肉230多吨，实现创汇100多万美元。

【宁夏单家集牛羊产业有限公司】 是一家集牛羊定点屠宰加工、清真牛羊肉内销出口、副产品加工销售、清真牛羊肉连锁配送、活牛活羊贸易、无公害牛羊养殖基地建设、源头到餐桌牛羊肉食品安全追溯体系建设、新产品科技研发于一体的区级农业产业化重点龙头企业。公司注册资本500万元，位于西吉县单家集民族工业园。2007年9月，公司被固原市政府认定为市级农业产业化重点龙头企业，2009年2月被自治区农业产业化领导小组评为宁夏回族自治区农业产业化重点龙头企业2007年—2010年连续四年被西吉县人民政府评选为“工业经济发展先进企业”，2010年被自治区轻纺局评选为自治区轻纺工业先进集体。截止2010年底公司总资产2645.4万元，固定资产1760.6万元，销售收入7592.8万元，利税172.1万元。

公司所属单家集牛羊定点屠宰加工厂占地面积12000平方米，建筑面积2840平方米。根据国内外清真牛肉市场需求及我公司生产经营状况，2010年7月—2011年3月完成供港十一分体牛肉加工生产线技术改造，扩大了公司产能，日可屠宰肉牛100头，年可加工销售真空包装冷鲜肉、四分体、十一分体(里脊、外脊、眼肉、上脑、针扒、烩扒、尾龙扒、霖肉、牛展、牛前、牛脯等)、高档肥牛、肥牛1、2、3、4号以及牛副产品等系列牛肉5000吨。同时，建立了牛肉质量安全追溯体系，使牛肉从养殖供应环节到屠宰加工环节再到客户销售环节，全程跟踪或追溯牛肉质量，并可在公司追溯体系信息系统查询各个环节信息。通过了“ISO9001:2000国际质量管理体系”认证、“HACC:(ISO22000)国际食品安全管理体系”认证和“出口食品企业卫生注册”。公司充分利用清真牛羊肉产业优势，打造‘单家集’特色清真牛肉品牌，拓展销售渠道。通过品牌专营店、代理商、连锁配送、熟食加工商、餐饮直销、网络销售等营销方式，发展了兰州、银川、上海、深圳、北京、西安、义乌、香港等地客户资源和双汇、雨润、康师傅等熟食厂家、涉外饭店、肥牛涮锅店、商超等高档、优质、普通牛肉系列产品营销渠道，客户资源丰富、营销渠道畅通。2010年屠宰肉牛16792头，加工牛肉2794吨。并带动1.2万户养殖户，户均年出栏一头牛，增加纯收入500元；为当地新增就业人员68人，且带动100人的活牛及牛副产品贩运队伍，人均年增收1万元。同时，将大大提高公司加工生产能力和产品品质，促进新产品开发，扩大公司生产销售规模，带动当地肉牛产业的发展，为实现农民增收、企业增效、繁荣农村经济、建设社会主义新农村的目标作出积极的贡献。

【西吉县惠民骨制品有限公司】 始建于1989年4月，1990年10月正式投产运营，于2000年7月由原来的乡镇企业改制为民营企业。建厂数年来在各级政府和金融部门的大力指导和支持下以及公司员工共同努力下，取得了长足的发展，产品质量、种类及数量大幅度提高。公司主导产品有骨油、骨胶、骨粉三大主导产品七个系列，即：脱脂脱胶骨粉、肉骨粉、蹄角粉、血粉、羽毛粉、脱脂骨粒、角粒，产品销往山东、河北、陕西、河南、内蒙古、甘肃、宁夏等省市县，深受用户欢迎和信赖，产品供不应求公司占地面积8767平方米，建筑面积2900平方米；总投资550万元，固定资产430万元，所借贷款140万元，私人融资60万元；年实现产值500万元。拥有从业人员74名，带动就业人员近几百户，给当地农民增收起到了一定作用。

【彭阳铭源实业有限责任公司】 由法人代表韩耀斌发起组建，具有自主知识产权，具有独立法人资格，产销为一体的非公有制企业，位于彭阳县东北10公里处，占地7. 9亩，厂房1500平方米，有员工69人，其中管理人员10人，销售人员9人，一线生产人员 45 人，专业技术人员 5 人。企业以彭阳县优质独特野生百里香为原料生产销售百里香系列保健品，企业现有固定资产 593 万元，其中厂地，厂房 193 万儿，设备 400 万元。企业计划根据实际情况，分期逐步投入，逐步升级，到 2012 年完成总投资量 870 万元，达到设计生产能力，员工 800 人，其中管理人员及工程技术人员 40 人，销售人员 20 人，生产工人 56 人，生产能力为百里香系列保健饮料茶 6 万吨。高，中，低档茶叶 5 吨，百里香保健枕头 15 万只，百里香调料 [illegible] 吨。企业年产值达 1600 万元，年利润 344 万元，其中税金 196 万元。

【彭阳县矿泉饮料有限公司】 始建于 1998 年，位于县城石油公司院内，占地面积 1668 平方米，建筑面积 400 平方米，固定资产 98.3 万元，年设计生产能力 12 万吨，产值 960 万元，从业人员 15 人，“富思源”牌矿泉水累计生产 7.5 万吨，实现工业产值 400 万元，上缴利税 10 万元。

【彭阳县林果发展有限责任公司】 1998 年 3 月组建，为原城阳果品加工厂改制成立，属县办国有企业。占地面积 5000 平方米，建筑面积 1700 平方米。固定资产 130 万元，从业人员 60 人。2002 年，投资 25 万元，对果脯生产线技术改造，年生产能力 500 吨，累计完成生产量 301 吨，工业产值 386 万元，工业增加值和增加值 80 万元，主要生产“茹河”牌杏脯、甘草杏、奶油杏肉、五香杏仁、苹果脯、山楂脯等 10 多个品种，建立西北五省销售网络。2001 年，中国第二届食品节荣获“多优品牌产品”称号。

【宁夏天天食品集团彭阳果品开发有限公司】 位于彭阳县城工业园区内，占地 6700 平方米，建筑面积 3380 平方米。1993 年建厂，总投资 1000 万元，从业人员 120 人。建有果脯、蜂蜜保健品、矿泉饮料三条生产线，开发生态杏、蜂之宝两大系列 20 多个品种，创立“云雾山”矿泉水和“茹阳”牌果脯两大名牌。累计完成产品 12 万吨，产值 2700 万元，上缴利税 216 万元。产品销往辽宁、哈尔滨、天津、北京等大城市。

【龙源公司彭阳矿泉水厂】 是固原龙源电力有限责任公司在彭阳投资的一家现代化矿泉水厂，位于县城供电局院内，拥有固定资产 200 万元，从业人员 12 人，生产“倍思情”牌矿泉水，年销售收入 80 万元，实现利税 20 万元。

【西吉县旺泉食品饮料厂】 西吉县旺泉食品饮料厂创办于 2006 年，位于火石 寨乡大庄村，是本县唯一一家专业生产低热量果味果冻、饮料的厂家，法人代表黄思军。企业资产总额 350 万元，其中固定资产 220 万元，流动资产 130 万元。占地面积 4000 平方米，其中建筑面积 2000 平方米。现有固定职工 50 名，其中技术人员 14 名，季节性合同工 30 名。目前，企业拥有国内先进的果冻、饮料、风味饮料全自动生产线三 条，产品主要有：果味爆、缘分宝贝、溜冰果、七彩冻等果冻系列 6 种产品；爽娃娃、珍果粒等四种产品、牛奶饮品和酸奶饮品风味饮 料系列 2 种产品，并通过国家 QS 质量认证体系认证。产品主要销往宁夏、甘肃、陕西、青海、内蒙古等省区 40 多个县(市)，由于质优价廉，深受广大消费者喜爱。企业自成立以来，本着经济效益和社会效益并重的发展原则，以质量求生存，以诚信谋发展，不断建立和完善管 理体系，改进生产技术，力争把企业做大做强。2009 年初，企业通过考察投资 50 余万元进行技改扩建，完成了年产 [illegible]000 吨果冻、饮料生产线建设，年产值达到 400 余万元，创利润 50 余万元。2010 年企业通过考察投资 85 余万元进行技改扩建，完成年产 5000 吨果冻饮料生产线建设，预计年产值达到 3000 万元，创利润 500 万元。今后旺泉食品饮料厂将不断引进先进生产技术，努力实施品牌战略，奋力打造名牌产品，为社会提供更加优质、安全产品，为西吉发展做出更大贡献，以超值奉献回报社会各界的支持和关爱。

【隆德县美隆饮料制品有限责任公司】 是专门从事沙棘果汁饮料生产销售及原料加工的非公有制企业,现拥有各类资产280多万元,员工30名,其中工程技术人员6名,总占地面积8000m²。美隆公司位于六盘山南18公里处,地理位置环境优越,交通便利,是我区唯一一家专门从事沙棘系列饮品、保健品生产的企业。目前,年产沙棘系列饮料2000吨、沙棘籽100吨、沙棘果油10吨、沙棘浓缩汁100吨、原汁500吨等综合利用及新产品研发,生产营销的综合性基地。一期建成沙棘果汁保健食品生产线,引进全套现代化生产设备与生产工艺,使沙棘科技开发走上了快速发展的轨道。企业先后通过三C认证及通过国家IS09001:2000质量管理体系认证和环境质量管理体系认证,食品安全认证。严格按照企业标准及国家标准建设。沙棘中富含有丰富的活性物质,如脂肪酸、维生素、微量元素等190多种,不仅种类多,而且含量丰富,这其中有一类化合物一沙棘总黄酮更是一种不可多德的神奇物质。是人类21世纪的绿色饮品。沙棘是地球上唯一生存超过两亿年的植物:是果蔬中的"VC之王"。沙棘中含有维生素类、氨基酸蛋白质、SOD、黄酮类、萜类、胡萝卜素、微量元素等200多种对人体有益的生化物质。其中维生素C、E、A、胡萝卜素的含量是植物中最高的、不饱和脂肪酸占70%以上,SOD的含量超过了人参。这些生化物质不但是人体所必需的,奇妙的是其配合比例和人体的需要非常协调。早在公元前8世纪的经典医著《四部医典》中就有沙棘入药的大量记载。征服半个世界的成吉思汗的膳食中沙棘是必备品。前苏联宇航员在太空发行时沙棘是必服的保健品。沙棘油是沙棘的精华。近代医学研究,沙棘的医用保健功能有:1.抗肿瘤作用。对恶性肿瘤均有明显抑制作用,对肿瘤化疗所引起的如粘膜损伤,辐射损伤,免疫力下降,食欲不振等副作用有明显解除效果。能阻断致癌物N-亚硝基的合成和抑制黄曲霉素B1诱发疾病的作用。2.对心血管系统的作用。可预防和治疗冠心病、心绞痛和动脉硬化,降低胆固醇等。3.对免疫系统和抗衰老的作用。能清除人体内的自由基,提高白细胞介素-2的含量,从而增强免疫功能,抗衰老。4.对消化系统的作用。可治疗胃溃疡和消化道感染,直肠道疾病等多种炎症。随着研究的不断深入,沙棘的药用被不断发现,的确沙棘的药效是非常神奇的,正如前苏联搞了几十年沙棘药用研究的专家说:"大自然竟把这样完整的一组有益的物质集中在一种植物(沙棘)中,真是奇迹,沙棘油是一种高效而无任何毒副作用的药物。

【西吉晨林粉业有限公司】 西吉晨林粉业有限公司是西安晨林豆类粉业有限公司于2008年在西吉县投资建设的一家分公司,是一家以优质豌豆为原料生产豆淀粉的农副产品加工企业。公司法人顾广奎。公司占地面积31553平方米,总投资1280万元,建设厂房、办公、库房等5086平方米。公司现有各类管理人员及生产工人60多人。在国家食品质量安全政策前提下,公司引进国内最先进的豆粉加工生产设备,建立了三条标准化的豆粉加工生产线,年设计加工生产豆粉1万吨。2008年8月建成经过调试生产,产品产量和质量都有了提高。公司成立以来,一直秉承"质量第一、客户至上"的经营理念,坚持自主创新的发展战略,严格管理,精心生产,生产过程严格按照ISO9000质量管理体系执行生产管理,杜绝食品安全隐患,不断提升豆粉品质,产品远销陕西、四川、山东、新疆、福建、广东等省(市),深受广大消费者的喜爱。

【隆德县四兴醋业有限公司】 (原名隆德县四兴酱醋厂)始建于2004年,2009年4月27日在隆德县工商行政管理局登记注册,更名为隆德县四兴醋业有限公司,注册地址:隆德县工业园区,注册资本60万元,公司占地面积6100平方米,建筑面积2000余平方米。现有职工30人,其中经验丰富的食品工程管理和产品开发人员5人,工艺技术人员都已经过了严格的专业培训。办理了全国食品生产许可证,食品卫生等级达到A级,公司先后取得国家“QS”认证和“ISO9001 质量体系认证”、“ISO1400 环境管理体系认证”、“ISO22000 食品安全管理体系认证”。本公司现已达到年产 3000 吨粮食醋、1000 吨沙棘果醋的生产规模，收购农户余粮 4000 吨，同时为养殖户提供醋糟 4500 吨，促进地方经济发展、调整农业结构、增加农民收入发挥了积极的作用。2010 年年底企业资产总额 649 万元，其中：固定资产 541 万元。主营业务收入 314 万元，利润 13.9 万元。

2004 年取得了全国工业产品生产许可证，2008 年“四兴”牌酿造食醋获得了“宁夏名牌产品”荣誉；2010 年“四兴”商标荣获“宁夏著名商标”。2008 年在隆德县申请获得了“清真”食品准营证。产品严格按照 QS 生产标准生产，执行 ISO22000 食品安全管理体系，有力保证了人民群众吃上安全、卫生、放心的优质食醋，生产的食醋“酸而不涩，香而微甜”，在区域内形成了“四兴’’品牌效应。由于公司技术力量雄厚，设备先进，质量管理和质量监控检测体系健全，手段完备，产品远销区内外周边市场，公司的发展已被列入《隆德县国民经济和社会发展十二五规划》重点扶持的食品企业之一。由于四兴醋加工科学，养分足，口感好，易储运，深受消费者青睐。多年来为促进县域经济发展，调整农业产业结构，增加农民收入发挥了积极作用。公司紧紧围绕沙棘系列产品的研制开发生产进行科研攻关，反复研究试验，采用鲜果全汁浓缩发酵生产工艺技术，与传统醋酿造工艺结合，研制出的沙棘醋，最大限度地保留了沙棘果汁的有效成分和营养价值，生产出的沙棘醋理化指标、感规指标、卫生指标符合国家优级水平标准，由于沙棘醋的风味好、口感浓郁、营养丰富，引来同行业和广大客户的广泛关注，深受消费者青睐。公司现主要以普通食醋为主，以陈醋为基础，以沙棘果醋和果醋饮料为辅助，向产业化、规范化、集团化发展。主要市场以宁夏、甘肃、陕西为主，同时以六盘山无污染的沙棘果醋向上海、北京等大城市销售，同时开拓国外市场。自 2008 年由本公司生产的“四兴”牌香醋获得“宁夏名牌产品”后，在国内市场已占到一定地位，2007 年在宁夏上海投资洽谈会上受到上海专家和人民的好评，2008 年福建和台湾来隆的客人品尝后，还给予了高度评价，并将该产品带回家乡人民品尝。公司产品在自治区农产品展销中受自治区人民欢迎，自治区首届食品展销会中有受到群众热烈欢迎，公司自成市以来荣获“自治区先进私营企业”、“自治区‘诚信企业’称号”、“宁夏乡镇企业及农产品加工自治区级‘诚信企业”’；“固原市质量管理先进单位”、“固原市重合同守信用单位”、“宁夏名牌”产品荣誉及隆德县的“重信誉、讲诚信、守合同先进单位”、“隆德县诚信企业”等多项荣誉称号。2010 年“四兴”注册商标被评为宁夏著名商标。

【杨郎副食加工厂】 从事面粉加工，生产陈醋的厂家，设备先进，技术精湛，选用质地优良、颗粒饱满的新鲜小麦，加工的 58、70、80 等各种面粉，精白度细，面筋质好，是制作各种面包、糕点及饮食业的上等原料，在固原地区享有一定的声誉。面粉经自治区标准计量局多次抽检，符合国家 GB1355——86 标准；陈醋 1990 年被评为自治区乡镇企业优秀产品，产品供不应求。企业多次受到自治区人民政府，区乡镇企业局的表彰鼓励，1991 年被晋升为区二级乡镇企业。为了进一步满足广大用户及消费者的需求，最近我厂又购进成套大型专用面粉加工设备，采用四皮二芯的生产工艺，加工的特一、特二等各种精粉，是制作面包、各种糕点、锅盔及饮食业的优等原料。

【宁夏雪洋面粉公司】 位于固原市原州区清水河工业园区，投资 1100 万元，是原州区最大的面粉生产企业。公司于 2003 年 8 月份开工建设，将于今年 12 月底正式投产。公司引进具有世界先进水平的等级粉生产线，年处理小麦 5 万吨，加工面粉 4 万吨。该生产线采用 PLC 可编程序控制，自动配粉、配麦，工艺独特而先进，可满足不同用户的各种需求。公司主导产品为以冬小麦为主要原料加工而成的雪洋面粉。投产后将有通用、专用两大系列几十个品种,具有加工精度高、灰分底、面筋筋力适中,面团稳定性、弹性、延展性好等多项特点,可制作各类家庭面食及面包、中西式点心等食品。以雪洋面粉为主的专用粉则具有蛋白质含量高、面筋筋力强、耐搅拌、耐发酵的特点,此外还有馒头、面条、饺子、糕点等专用面粉。公司拥有健全、完善的质量监控机构及体系。先进的检验、化验设备、三级检验制度,40 多个质量控制点,确保产品质量的层层控制,把关,参照国际先进的管理模式即:GB/T19002-IS09002《生产、安装和服务的质量保证模式》,形成了一套适合我区企业发展的质量管理体系。

【昊山丰面粉有限公司】 企业有员工 35 人。固原昊山丰面粉有限公司是一家集面粉加工、挂面加工、酱醋酿造等多品种面粉加工企业。前身为 1956 年成立的国营固原油面厂。2002 年 5 月,企业投资 450 万元,对原固原油面厂标准粉生产车间进行全面技术改造。同年 7 月,建成固原地区第一条日处理小麦 100 吨等级粉生产线,填补了固原地区无等级粉生产线的空白。该生产线采取国内先进的面粉加工生产设备,工艺技术先进、粉路组成比较完善,配备较为完备的产品检测设备,年产高筋等级粉、通用面粉、专用面粉三大系列多种面粉 1 万吨。产品销往银川、兰州、固原市(区)县及周边地区。2002 年度获原州区委、区政府先进民营企业称号;2003 年 6 月获原州区委、区政府放心食品称号,同年获自治区工商业联合会、自治区质量技术监督局质量管理工作先进单位称号;2004 年获自治区、固原市质量技术监督局质量管理先进单位称号。

【彭阳县油面厂】 位于县城白阳苍,1994 年,为县粮油加工厂。1998 年转让改制。总资产 560 万元,从业人员 128 人,设计生产能力 4500 吨等级面粉、2000 吨精制荞麦粉、1200 吨胡麻油和 1000 吨黄酒生产线,年产值 400 万元,利润 18 万元,产品销往西安、兰州、银川及周边等地。有销售网点 62 个。

【西吉小康面粉厂】 始建于 1995 年,位于县城西街。占地面积 1800 平方米,建筑面积 1200 平方米,职工 26 人。2000 年 7 月,投资 100 万元对原生产线改造,年产面粉能力达到 5000 吨,产值 550 万元。品种有高筋粉、特制精粉、特一粉、特二粉 4 种。产品销往周边各地。2002 年法人代表李平子活区五一劳动奖章。

【固原经济开发区润泽粮油有限公司】 2005 年 10 月始建,2006 年 6 月试生产,属民营企业。公司固定资产 800 多万元,占地面积 16000 平方米,建筑面积 6000 平方米,现有员工 58 人(其中:中、高层管理及技术人员 18 人),具有油品精练生产线,是市唯一一家引进国内先进的大型榨油设备,生产绿色、环保、健康、清真的精炼纯天然胡麻油的企业。年设计加工胡麻 12000 吨,精炼纯天然胡麻油 4000 多吨。拟建设加工 10000 吨小杂粮系列产品生产线,生产荞麦粉、荞麦米、莜麦粉、莜麦片、小米等系列产品。2006 年 9 月份公司被固原市质量监督局评为“质量管理先进单位”,10 月份公司取得 QS 食品安全认证,2007 年 3 月获得固原市经济开发区“重点企业”和“先进企业”称号,2007 年 4 月获得固原市农业产业化“重点龙头企业”称号。公司严格按照 ISO9001:2000 质量管理体系认证和 ISO14000 环境管理体系认证组织管理生产。

【固原六盘山薯业有限公司】 注册于 2004 年。公司占地 38 亩,现有固定资产 1600 万元,职工 50 人,建有大型批发市场 2 处,占地 60 亩;拥有仓储窖 200 孔,库容 2 万多吨;马铃薯新品种种薯繁育、商品薯及蔬菜种植基地 11000 亩;大型现代化农机具 28 台(套);在建种薯批发市场一处、库容 2 万吨、占地 70 亩。固原六盘山薯业有限公司,是固原市马铃薯(农产品)外运协会下辖的民营企业,是一家以“公司 + 基地 + 农户”为组织形式,以马铃薯种薯繁育、鲜薯、蔬菜和小杂粮种植、加工、运销为一体的综合性农业产业化企业。公司发展经营的项目有:马铃薯种植加工与销售(大西洋、青薯168、夏波蒂、黑美人、荷兰十五、费乌瑞它、新大坪、尤金、早大白、陇薯3号等);蔬菜种植加工与销售(洋葱、红萝卜等);小杂粮种植加工与销售(小麦、玉米、糜子、白云豆、绿豆等);常年提供各品种优马铃薯、蔬菜、小杂粮等,并提供售前咨询和技术支持服务。

【固原三豪生物工程有限公司】 是民营性质的股份合作制企业,注册资本1000万元。主营业务马铃薯淀粉的生产与销售,兼营马铃薯淀粉生产技术的研究开发和有偿输出。目前,公司拥有一条引进荷兰马铃薯淀粉生产技术建设的年产20000吨/年马铃薯精淀粉生产线,其产品质量完全达到国颁"GB8884——88"优级标准;4条全国产化全旋流生产线的设计生产规模为20000吨/年,其产品质量完全达到国颁"GB8884——88"一级或优级标准;紧密层和松散层企业的设计生产规模为20000吨/年,其产品质量完全达到国颁"GB8884——88"一级标准。2005年,公司优级、一级马铃薯淀粉的实际生产量可达到15000吨和20000吨,公司将成为国内马铃薯精淀粉的主要生产供应商家之一。"强企业带动马铃薯产业进步,产业进步促进企业发展"是公司的经营宗旨;追求"使影响企业和马铃薯产业经营的诸要素之间的和谐发展"是公司的经营理念。

【宁夏天隆生物科技有限公司】 宁夏天隆生物科技有限公司于2009年3月筹建,总投资7000万元。是由固原一通淀粉设备制造有限公司、固原雪域工贸有限责任公司与台湾冠帝集团公司合资而成。其中中资占60%股份,台资占40%股份。2009年宁夏?香港经贸洽谈会固原市与台湾冠帝集团正式签约,是固原市重点招商引资项目,也是固原市第一家台资投资的项目。公司位于宁夏固原市原州区清河镇什里村,占地面积32000平方米。建筑面积13000平方米。基础建设投资3300万元。公司投资建成水晶粉丝生产线一条,方便粉丝线三条,设计年产马铃薯水晶粉丝、荞麦粉丝 、方便粉丝等系列产品8000吨,产值1.6亿人民币。6FJt-1200型水晶粉丝生产线已投产使用,该生产线是国内目前最先进、自动化程度最高的水晶粉丝生产线。未来两年,公司还将引进整套的荷兰设备,建设年产20000吨变性淀粉项目,届时公司总产值将超过3亿人民币。公司地处陕、甘、宁三省区首府城市西安、兰州、银川的直线交汇中心,福宁高速公路、中宝铁路和312国道贯穿全境,地理位置优越。公司生产的粉丝系列产品,以优质的马铃薯淀粉、荞麦为原料,采用国际先进的设备生产而成。产品不含任何色素和添加剂。具有低脂、低热量、零胆固醇、控制血糖等特点。公司台方股东台湾冠帝集团经营粉丝系列产品多年,在日本、韩国、东南亚等国家和地区有健全的销售网络和渠道,公司产品大部分出口上述国家和地区。

【宁夏佳立生物科技有限公司】 宁夏佳立生物科技有限公司是一家集农、工、贸于一体的大型农业产业化龙头企业,位于我国著名的马铃薯之乡——宁夏西吉,地理位置优越,交通便利。2004年12月被自治区认定为东西部合作企业。公司现拥有四条年产5万吨马铃薯精淀粉生产线和一条年产5000吨马铃薯全粉生产线,其中四条马铃薯精淀粉生产线主要设备引进荷兰、波兰等国家,全粉生产线设备全套引进美国。"银鸥"牌马铃薯淀粉曾获宁夏著名商标和名牌产品称号。公司已通过自身建设的无公害马铃薯种植基地,完全保障了产品质量和品质。近年来,"银鸥"产品牌已成为国内马铃薯淀粉、全粉行业的知名品牌。2005年公司被中国特产之乡推荐暨宣传活动组织委员会评为"中国特产之乡开发建设宣传工作十周年优秀企业",先后获得固原市2004年度"优秀企业"、2005年度固原市"安全生产先进单位" 等称号;2005年11月取得由自治区质量技术监督局颁发的"全国工业产品生产许可证(食品类)”即 QS 认证,同年又通过中国方圆标志认证审核并取得 ISO9001:2002 国际质量管理体系和 HACCP 食品安全与控制体系证书。

【西吉县兴祥淀粉有限公司】 兴祥淀粉有限责任公司成立于 2002 年,位于享有“中国马铃薯之乡”之称的宁夏西吉县,是一家集农产品加工、农产品流通于一体的股份制企业。公司现拥有一条年产 1 万吨马铃薯精淀粉生产线和一条年产 2000 吨马铃薯“三粉”生产线。产品生产过程完全按照清真食品生产要求和国内食品生产标准进行加工,绝不添加任何食品添加剂。公司主要产品是“伊玉”牌马铃薯精淀粉和“三粉”。1997 年被西吉县人民政府授予优秀私营企业;2002 年被中国工商联合会、中国民间商会授予优秀会员单位;2008、2009、2010 年分别被西吉县委、县人民政府授予先进企业;2008 年 8 月取得由自治区质量技术监督局颁发的“全国工业产品生产许可证”QS 认证;2009 年 5 月由农牧部农产品质量安全中心颁发“无公害农产品认证书”;2010 年 10 月公司的“伊玉”商标荣获“宁夏著名商标”。马铃薯精淀粉。公司生产的“伊玉”牌马铃薯精淀粉,选用西吉绿色无污染的原生态优质马铃薯为原料,采用国内先进技术的加工工艺精制而成,生产过程中不添加任何添加剂和有害增白成分,具有色泽洁白、结晶光泽、无异味、无杂质、吸水性好、黏度峰值高、透明度好、糊化温度低等特点,被广泛用于食品、制药、化工等领域。产品常年供货,保证质量;马铃薯“三粉”。公司生产的“伊玉”牌“三粉”选用优质马铃薯精淀粉为原料,采用先进工艺及科学配方生产,是具传统清真风味的特色食品。产品富含赖氨酸、维生素 D3 及人体必需的多种微量元素,属低脂低糖食品,经常食用有益于健康。

【固原三鼎马铃薯制品有限公司】 注册成立于 2005 年 6 月,位于固原市原州区三营镇,距福银高速公路三营出口 1 公里处,通往全国十大石窟旅游胜地须弥山盘西公路(二级公路)纵贯厂区,交通运输便利。该公司占地面积 70000 余平方米,总资产 2586 万元,其中固定资产 1873 万元,年产值 1800 余万元,法人代表殷正财,现为固原市原州区政协委员,公司有员工 86 人,其中专业技术人员 12 余人、该公司是以马铃薯精淀粉加工、鲜薯贮存为主的生产加工型企业,现有 10000 吨生产线一条、正在改建年产 20000 吨生产线,且具备生产粉丝、粉条生产线能力,是固原市为数不多的设计年产量万吨以上精淀粉加工企业之一。公司经营的是以生产优质果品、果树种植、栽培于一体的园艺厂,占地 100 亩,年可产出各类新鲜水果 100 吨——150 吨。该公司成立之初就着力走市场牵龙头、龙头牵基地、基地牵农户发展模式的黄土丘陵示范区设施农业发展之路,企业生产经营覆盖周边 3 县 12 个乡镇近 5000 余户农户,年可安置周边农民工就业 200 余人次。真正实现了让种植业、加工业、园林业及养殖业资源共享和利用的无缝焊接。公司坚持走科学发展之路,以“至诚、至睿、至深、至远”为企训;以“明理、明德、明智、明思”为企风,坚持“惠农、诚信、环保”的经营理念,在自治区、固原市两级主管部门的指导和扶持下,企业管理逐步正规,生产规模不断扩大,产品质量稳步提升,销售市场渐趋成熟。目前该公司主营产品“薯精华”牌精淀粉按订单全部销往上海、北京、浙江、江苏、山西、山东等省市,广泛应用于餐饮、食品加工、医药制造和化工等行业,年产销率 100%。2006 年该公司被固原市质量技术监督管理局授予管理先进单位;2007 年 4 目被固原市人民政府命名为第一批农业产业化重点龙头企业;2008 年 1 月被自治区命名为宁夏乡镇企业及农产品加工业自治区级诚信企业;2009 年初被自治区人民政府命名为农业产业化重点龙头企业;2009 年 3 月被中国农业发展银行固原分行评为 AA+ 级资信企业。此外,该公司已于 2007 年通过 ISO9001:2000 国际质量管理体系认证、QS (质量安全)认证、出口食品卫生注册认证,取得了进出口经营权。目前,该公司食品安全保证体系

(HACCP)认证工作正在申报待批。该公司自成立之初就将废水治理工作摆在企业发展的前面，利用自有的100亩园艺厂和休闲农田进行马铃薯生产废水冬灌实验，不但成功地解决了马铃薯淀粉生产废水无法达标排放、污染环境的问题，而且用马铃薯山产废水实施冬季休闲农田灌溉对增加土地肥力，来年增产增收效果显著。公司利用生产废水实施休闲农田冬灌的做法已经得到了固原市科技局、固原市环保局、固原市水利局、固原市农科所、固原市农技推广中心历时多年的反复科学实验论证，该公司于2006年申报了《马铃薯淀粉加工废水农田灌溉试验示范》项目，并于2006年被自治区科技厅正式列为科技攻关项目、批复立项（项目任务书编号：KGZ—06—02)。2009年1月16日该成果已经正式通过自治区科技厅组织的验收鉴定，并与同年2月9口获准科技成果登记(登记证号2009001)。

宁夏农业综合投资有限公司年产1万吨马铃薯精淀粉项目 宁夏农业综合投资有限公司固原马铃薯精淀粉项目是根据自治区党委、政府关于提升固原马铃薯加工水平、加快固原市马铃薯产业发展的指示精神而筹建的。该项目占地面积229亩，规划建设马铃薯精淀粉5万吨，马铃薯全粉2万吨，小杂粮加工生产线1条。项目一期工程概算总投资6258.35万元，建设了国内装备一流、环保节能、清洁生产的年产1万吨马铃薯精淀粉生产线及污水处理系统，年加工马铃薯鲜薯6.5万吨，处理马铃薯淀粉生产废水量2000m3／d。项目于2009年6月12日开工建设，2010年5月30个单位工程全部完工，实际完成投资8328.77万元。2010年秋冬季组织试生产，对项目设计布局、工艺设备性能、污水处理系统进行了检验调试。共收购马铃薯7111吨，生产马铃薯精淀粉964.7吨，产品一级品和优级品率达90%以上。污水处理系统基本调试成功，通过了自治区环保厅验收。公司已选购了适合淀粉加工的陇薯3号、庄薯3号原原种400万粒、原种400吨，2011年将实施3万亩脱毒专用薯“订单种植”基地、800亩原原种基地建设和1万亩原种基地建设，通过良种繁育、推广和科学种植，带动农户种植适合企业发展的原料品种，形成“公司＋合作社＋农户＋基地”的集约化经营模式，推动固原马铃薯产业发展步伐。

固原市金晶淀粉有限责任公司 是2003年6月25日自治区计委以宁工计2003(405)号文件批准建设年产5000吨马铃薯精淀粉全旋流封闭式生产工艺生产线，年处理马铃薯3万吨，公司生产“金晶牌”马铃薯淀粉的各项指标均达到国家一级要求。2005年企业通过SL90001 囤家质量体系认证产品在全国二十几个城市市场均有份额，产品供不应求，多次获得自治区“优秀非公有制企业”、“诚信企业”称号和市县政府的表彰奖励。固原市金晶淀粉有限责任公司位于泾源县六盘山镇，地理位置优越，交通便利，是集农、工贸于一体的农业产业化龙头企业，公司经过多年的马铃薯生产加工经验与技术创新，建立一些专业技术队伍，共有职工96人，其中工程技术人员16人，占员工的20%，经济师、会计师各1名，公司现有5个职能科室，具有较强技术力量和管理水平。公司具有全旋流全封封闭式生产工艺的马铃薯精淀粉加工企业，也是周边50公里内唯一一家，收购原料来源与泾源县所有乡镇，隆德、彭阳、甘肃庄浪邻近部分乡镇。公司通过多年的资金积累，于2009年技改扩建为年产2万吨马铃薯生产线。现资产总额为2200万元。其中固定资产1600万元。资产负债率38．6%。每年可消化马铃薯12万多吨，带动泾源县经济发展，对当地农业产业化发展和农民脱贫致富起到了积极的促进作用。

固原成盛淀粉有限公司 固原成盛淀粉有限公司于2005年始建于原州区清水河工业园区，是食用马铃薯淀粉的生产企业，占地面积12．43亩，建筑面积908.99m2，机械设备投资168万元，注册资金268万元。年设计生产能力6000吨食用马铃薯淀粉。企业有员工46人,其中专业技术人员4名。企业自行生产的“成盛”牌马铃薯精淀粉达到国家GB8884—2007标准,质量稳定,产品畅销上海、内蒙古、河南、陕西、浙江等地。马铃薯淀粉以其其它淀粉产品所不能替代的特性,广泛用于食品、造纸、印染、饲料及其他行业,运用领域十分广阔。企业于2008年12月自行开发生产传统工艺纯马铃薯粉条、扁粉等系列产品。纯马铃薯粉条以公司自行生产的精淀粉为原料,不含任何色素及人工添加剂,色泽洁白、口感滑爽。无论蒸煮,清炖,还是烧卤,煎炸,都风味香浓营养丰富,是各大宾馆饭店、食堂及家庭餐桌之佳品。马铃薯粉条生产能力为日产2吨干粉条,产品供不应求。在公司领导及员工的努力下于2006年9月获得自治区颁发的《全国工业产品生产许可证》即QS认证。于2007年7月获得固原市政府颁发的“农业产业化龙头企业”。于2007年12月通过ISO9001:2000国际质量体系认证。于2009年12月通过了“成盛”品牌的商标注册。于2008年、2009年获得固原清水河工业园区先进企业。于2009年6月获得宁夏银行股份有限公司A级信用企业认定。2009年被中国农业发展银行固原市分行授予AA一级信用业。

【固原玉明淀粉有限公司】 成立于2005年,公司位于固原市原州区彭堡镇。企业发展至今固定资产已达1050万元,厂区占地面积16650平方米,建筑面积880平方米,职工人数50人,其中大专1人,技术人员4人;年设计生产能力10000吨,2007年成功注册“雪铃”牌马铃薯精淀粉商标,生产的精淀粉远销广东、上海、北京、东北、河南、陕西、山西、银川等地,产品供不应求,符合国标要求,该企业被授予自治区农业产业化龙头企业和固原市场级农业产业化龙头企业,银行授了A+l级信誉企业。2010年加工马铃薯10200吨。生产马铃薯精淀粉1500吨,销售收入1650万元。

【宁夏固原福宁广业有限责任公司】 是由闽、宁两地投资共同出资组建的民营股份制企业,公司的主营业务为马铃薯鲜薯及精制淀粉的加工与销售;马铃薯淀粉的加工与销售。公司的注册资本为800万元。自2000年09月成立以来,公司先后租赁经营傻傻集凹新营淀粉厂,合作经营四家精淀粉生产厂,自己独立经营变性淀粉厂,七年来取得了长足的发展。2005年,公司分在西吉县吉强镇袁河村征地160亩,投资750万元建设了年产15000吨马铃薯精淀粉生产线,在固原经济开发区投资300万元建设了马铃薯变性淀粉加工厂。2006年,公司在西吉分公司投资150万元建设了5000吨。马铃薯鲜薯贮藏窖,至此,加工合作经营的两个精淀粉加工厂,公司已具有15000吨马铃薯精淀粉、5000吨变性淀粉的加工能力,有5000吨鲜薯的贮藏能力。在不断投资的同时,公司也非常注重市场建设和管理水平的提高。公司先后在广州、福建泉州、青岛、武汉、天津等市场中心地带设立了自己的办事处,使公司的产品直接面对终端客户,几年来,“薯花”商标在固内同行业的知名度不断扩大,“肯德基”、“康师傅”、“上好佳”、“亲亲”、“双汇”等众多知名品牌已成为公司的长期客户。2005年,公司产品成功出口也门。实现了固原马铃薯淀粉出口零的突破,产品质量受到外商的一致好评。2007年5~8月,又将产品成功出口至乌兹别克斯坦共和国。在管理方面,公司非常注重产品质量的稳定和员工素质的提高,几年来,公司先后通过了ISO9001质量体系认证,通过了ISO14001环境管理体系认证,通过了HACCP食品安全体系认证。公司的“薯花”商标也取得了国际注册,并且在香港、韩国等境外国家和地区利用不同形式做了一定宣传。公司是2003年度的“自治区先进企业”,连续三年被同原经济开发区评为先进企业,是经济开发区模范纳税户,是固原市十户重点企业之一,是固原的马铃薯产业龙头企业,也是自治区50户轻纺工业重点企业之一,公司连续三年赢利在100万元以上,已累计纳税超过80万元。宁夏固原福宁广业有限责任公司袁河分公司于2005年成立以来,投资750万元,建设了年产15000吨马铃薯精淀粉生产线，公司占地160亩，年消化新鲜马铃薯35000吨，日产马铃薯精淀粉60吨，增加农民收入2000万元，增加税收30万元，实现销售收入2500万吨。2006年，公司又在西吉分公司投资150万元建设了5000吨马铃薯鲜薯贮藏窖。到此，袁河分公司已具有15000吨马铃薯精淀粉、有5000吨鲜薯的贮藏能力。

【固原长城淀粉有限公司】 固原长城淀粉有限公司位于中河乡中河新街。2004年3月建厂，9月投产。企业拥有总资产1000万元(其中固定资产400万元，流动资产600万元)，职工40人，有专业技术人员5人。产品质量达到国家一级标准，远销广东、上海、福建等大中城市。企业运行良好，预计2005年可加工马铃薯淀粉3500吨，完成产值1200万元，实现利税110万元，支付职工工资15万余元，社会效益好，经济效益显著，是马铃薯淀粉加工行业的领头企业。

【固原亚雪淀粉集团】 固原亚雪淀粉集团成立于2003年，下属现有六盘山淀粉有限公司、固原红峰淀粉有限公司、固原瑞丰马铃薯制品有限公司、固原神农淀粉有限公司、彭阳县石岔淀粉厂、固原六盘山淀粉经销分公司等数家企业。总资产达5600万元，总生产能力2万吨。集团业务范围：马铃薯精淀粉、a-淀粉、乳酸钙等产品生产销售，淀粉设备设计加工安装，生产技术咨询服务、业务合作。集团下属公司均采用先进的全旋流生产设备、工艺、技术。产品统一使用宁夏著名商标“亚雪”牌包装。“亚雪”牌马铃薯淀粉是固原市原州区唯一的马铃薯淀粉注册品牌，在国内有一定知名度。产品质量稳定可靠，达到国家规定的优级和一级标准。广泛用于食品(虾丸、鱼丸、饼干、布丁、雪糕、冰淇淋、果冻、软糖、膨化食品、营养糊、粉条、粉丝、粉皮等)加工、造纸、纺织、医药、饲料等行业。产品畅销广东、福建、浙江、山东、河南、东北等全国十几个省区。

【宁夏常荣淀粉实业有限公司】 法人代表弈常军。宁夏常荣淀粉实业有限公司成立于2003年4月。依托宁夏六盘山马铃薯和矿产资源优势从事马铃薯淀粉和机砖制造。企业占地面积208万平方米，现有固定资产1290万元，职工260余人。主要生产马铃薯精淀粉和机砖大砌砖，年产值达2180万元。

【西吉六盘山珍坊合作社】 是一家专业从事原生态亚麻籽油(俗称胡麻油)、六盘山麓杂粮、中国驰名商标“西吉马铃薯”等天然农产品的种植、加工、销售为一体的农民合作组织。本社依托宁夏六盘山麓天然资源，秉承“原生态基地、原生态工艺、营养原生态”的品质管理方针，通过合理分配各方利益，走联合联盟的发展道路，实施中国西北山珍与东南海鲜的互动对接战略，实现“为健康大中华做贡献”的历史使命。 宁夏六盘山区地处北纬36度的黄土高原，高寒缺水、方圆百里无工业污染，独产七彩亚麻籽，品质十分优良，α 亚麻酸含量高达56%以上(是深海鱼油的2倍、橄榄油的3倍多)。因 α 亚麻酸是人体必需的不饱和脂肪酸(人体自身不能合成)，对婴幼儿大脑的发育起着关键作用，已成为现代孕妇的天然营养食用油之首选。合作社拥有亚麻籽原料生产基地30000亩、震湖生态区加工基地和“月尔康”商标，在纯天然亚麻籽油方面具有竞争优势。 西吉马铃薯”荣获中国驰名商标，通过了无公害农产品国家认证及产地认定、绿色食品认证，使种植户在良种生产上直接受益。合作社通过引进新科技新项目，开发马铃薯淀粉、全粉、马铃薯粉丝、粉条和土豆泥等产品，提高西吉马铃薯的科技转化率和深加工率，推动西吉马铃薯产业升级，并面向全国市场推广西吉马铃薯。

【宁夏震湖酒业有限责任公司】 宁夏震湖酒业有限公司成立于2007年，公司位于宁夏固原市西吉县吉强镇袁河村，占地30亩，总投资500余万元，现有职工50人，年生产能力1500吨原酒，主要生产高、中、低档“震湖”牌优质白酒9个品种，产品远销固原、会宁、白银等市县(区)。

公司成立以来,与四川省食品研究院酿酒研究所通力合作,在有关白酒专家的支持和帮助下,建立了五粮发酵,地窖贮存和烤制增味工艺技术,并以高梁、大米、小麦、糯米、豌豆和火石寨山泉水为原料,使产品风格突出,酒质醇厚浓郁、绵甜柔和、回味悠长、空杯留香,具有优质白酒的典范风格,理化质量达到国家优质白酒标准。

【彭阳县宁阳实业集团酒业有限公司】 1999年年底,筹资兴办宁阳事业集团酒业有限公司。宁阳事业集团酒业有限公司坐落于风景秀丽的彭阳县城栖凤山下茹河岸边,亭台楼阁、青松挺直、芳草荫荫,杨柳婆娑,环境幽雅,并有宁夏最大的优质矿泉水自喷井,作为酿酒水源。该公司占地6500平方米,现有厂房1200平方米,计划年产宁阳春系列酒500多吨。该公司的酿造车间有七间,占地160平方米,化验室2间、半成品库3间、成品库4间、办公室5间、锅炉房一座占地80多平方米。拥有工作人员30人,分为管理人员、调酒师、品酒师、化验员、酿造工人、锅炉工,他们各尽其职,旨在酿造口味醇正的白酒。老酒飘香,由于老县长和徐安润及广大员工的不懈努力,该酒业公司共研制了6个品种的宁阳春系列产品:宁阳春精酿、宁阳春玉液、宁阳春粮液、宁阳春爽口醇、宁阳春配制营养酒、宁夏春白酒。该系列酒以优质高粱、小麦、玉米、豌豆、天然矿泉水等为原料,采用传统酿酒工艺与现代科学技术相结合精心酿制而成。当地老百姓都称赞该酒“醇香浓郁、绵甜爽净、余味悠长”。

【宁夏原洲酒业有限公司】 股份制白酒企业,其前身是1961年建的固原县清真食品厂白酒生产车间。1995年1月6日,中共固原县委、县人民政府决定将固原县酒厂转送银川广夏昊都酒业有限公司经营。同年4月,成立昊都酒业有限公司固原分公司。2001年3月,采用股份合作制形式,组建宁夏原洲酒业有限公司。占地4万多平方米,建筑面积6200多平方米。有职工350名,其中具有大专以上文化程度的各类专业技术人员30名。2003年全面完成大曲糖化、五粮型固态窖泥发酵、地下陈酿等浓香型白酒生产核心工艺、工程改造工作,使公司生产高中档白酒的规模、技术走上新台阶,在宁夏白酒行业处于领先优势,产品销往宁夏全区及周边近40个市县的城乡市场。公司年生产规模6000吨以上,产品主要有清香、浓香两大系列25个品种,主导产品为原洲宴、金六盘、六盘春、原洲天骄等,其中原洲宴酒被评为自治区名牌产品和著名商标。产品先后获得国家级荣誉称号2项,省部级6项,市县级23项。

【金糜子酒业有限责任公司】 金糜子酒业有限责任公司前身为杨郎永兴成酒厂,重建于1979年。公司位于固原市北30公里处杨郎北街,厂区占地面积8000平方米,建筑面积3600平方米,有职工80人,其中经济师2人,会计师1人,酿酒技术师6人。金糜子酒业采用传统工艺和现代科技相结合,用糜子做原料,生产符合GBl0781.3－89标准的米香型系列白酒。金糜子宴酒、吉祥金糜子酒、金糜子北烤锅酒、金糜子香酒、金糜子醇酒、金糜子贡酒、金糜子五年陈酿、金糜子枸杞酒等产品酒质清澈,米香清雅,入口绵甜,饮后尤香。企业进行三次技术改造和扩建。使企业从单一的小土作坊,发展为半机械化生产企业,总资产1000余万元。年设计能力1500吨,年实际产量1000吨。曾先后荣获自治区三优企业、市级重合同,守信用企业称号。1991年晋升为自治区乡镇二级企业,1999年晋升为乡镇一级企业。已通过IS09000、2000国际质量管理体系认证。

【宁夏杞力元枸杞开发有限公司】 宁夏杞力元枸杞开发有限公司是宁夏宁泰公司与宁夏金特装饰有限公司合资、经原州区招商局引进落户清水河工业园区的企业,公司占地4公顷,投资3900万元。项目于2005年5月15日开工建设,生产规模为年处理枸杞干果1500 t / a、枸杞系列产品1900 t / a，主要产品是精品枸杞、枸杞多唐粉、枸杞饮料、枸杞多糖片等。项目发挥当地自然条件特点和资源优势，致力于发展农业特产的高科技深度加工，拓宽枸杞产品销售渠道，促进枸杞果的种植，促进农业种植结构的调整。项目建设符合国家推行的西部退耕还林、改善生态环境政策的要求，符合当地政府倡导的农业产业化结构调整战略方向。原州区累计种植枸杞面积已达0.4万公顷，其中95%以上均定植了国家科技部重点推广的宁杞1号优质枸杞。为项目生产提供了充足的原料，仅按现有的种植规模，枸杞干果的年产量近5000吨。正常生产年可新增销售收入13640万元，新创利税约2596万元，农户增加收入约3000万元。

宁夏金资源科技发展有限公司 宁夏金资源科级发展有限公司，是中外合资宁夏宁泰枸杞制品有限公司与宁夏金特装饰工程有限公司合作成立的一家民营股份制企业。位于固原市原州区清水河工业园区中段。着力于植物资源的高科技产业化综合开发，力求使当地有效资源在科学技术的作用下，取得其应有的经济价值，为农民朋友开辟一条新的增收途径。公司实施的项目是：枸杞深加工系列产品综合开发。远期项目为枸杞的根、茎、苗、花以及固原地区特有的红皮杏、沙棘果的高科技系列化综合开发。枸杞深加工系列产品综合开发。项目总投资3978万元，土建建筑面积13126平方米，主要工艺设备约92台（套）；年设计吞吐枸杞干果量2000吨，年产值13640万元。项目利用现代科技手段，将枸杞果中的功效组分实施有效提取分离，其分离物既可作为相关产业的半成品原料，亦可通过复方加工生产成具有天然枸杞功效成分的多种保健产品。主要开发的产品有：枸杞多糖（工业原料）、精品枸杞（滋补上品）、枸杞多糖冲剂（延年益寿）、枸杞果酒（增强抵抗力）、枸杞多糖嚼片（抗衰老）、枸杞籽、枸杞籽油丸（补肾保肝明目）。

宁夏卓凡枸杞制品有限公司 宁夏卓凡枸杞制品有限公司成立于2001年，是集科研、开发、生产于一体的枸杞酒专业生产股份合作制企业。公司下设酿酒公司、销售公司及5000亩的标准化、规模化、无公害的枸杞种植园区。公司投入1200万元，引进了具有国内先进水平的原料加工设备、不锈钢发酵罐群、大型冷冻机组、膜过滤机、自动包装流水线的等工艺设备，从硬件上保证了产品的质量。该公司依托宁夏四大枸杞原产区之一——清水河流域的枸杞资源，通过现代化手段，对枸杞加以提升精炼、进行反复的研究和创新，根据不同层次的需求，开发出清酿典雅果香型12度、细腻醇香型18度、原汁原味休闲型28度、酒香浓郁圆润绵长调养型38度等系列宁夏卓凡红枸杞酒。

固原市天然食品有限责任公司 在固原市，原固原地区肉联厂于2003年7月10日完成改制，成立了固原市天然食品有限公司，确立新一代领导集体，开始了漫漫的求索路。经过多年的改革探索，风雨锤炼。2003年7月1日固原市天然食品有限公司正式成立。现位于清河北路485号，占地面积65亩，有年屠宰5万只羊的生产线两条和1000吨库容的冷库一座；有肉羊良种繁育场1个；羊舍8700平方米；饲养优质种羊17只、基础母羊500只。自公司成立后，董事会设成员5人、监理会3人、经理1人、副经理3人、职工兼股东双重身份的员工50人。

宁夏彭阳县三泰科技实业有限责任公司 宁夏彭阳县三泰科技实业有限责任公司成立于1999年，位于彭阳县南门工业园区，企业占地面积5040平方米，建筑面积1920平方米，企业目前资产总额1224万元，年销售收入1000万元以上，年创利税80万元。现有职工56人，其中：工程师4人，中等专业技术人员11人，职工41人(吸纳下岗工人18人)。企业自创建以来，坚持“以科技为先导，以质量求生存，以管理促效益”的宗旨，把发扬“爱心”作为精神和动力，在配合教育、扶贫、救灾、保障等方面发挥着重要作用。公司主要从事经营当地农副产品升级，各类优质面粉的生产加工等，引进国内先进的生产加工设备，采用当地纯小麦、荞麦等优质粮食为原料，年生产加工能力达到 l0000 吨，2003 年被评为先进私营企业；2006 年 9 月被评为固原市优秀企业；2006 年 12 月被授予为“全国农村青年创业致富带头人”；2007 年 3 月份被工商部门评为“重合同，守信用”企业；2007 年 12 月又被评为宁夏乡镇企业及农产品加工业自治区级诚信企业；2007 年被固原市优选为市级龙头企业，2008 年 3 月被授予为彭阳县“第一届全县优秀中国社会主义事业建设者”，2010 年被评为消费者最满意单位。并通过了 ISO2200 质量管理体系的资质认证，已获得“三福来”商标注册。2005 年销售收 500 万元，2007 年销售收入 800 万元，2009 年已达到 1200 万元，2010 年销售收入继续增长，以后每年销售收入将不低于 500 万元的增长，上缴税收 78 万元。公司自成立以来，一直追求标准化管理，强化标准化体系建设，尤其是通过了 IS02200 质量管理体系的资质认证以后，健全了一整套质量保证体系文件，包括企业质量标准，企业标准的建档、使用、保密和生效程序；以及标准化成果的激励机制；并按企业标准化对生产、质量等领域分类研究和制定技术标准等等。公司根据质量认证体系要求，采购部门严格实行供应商评价制，销售部严格实行合同评价制，公司设立完善的质量检验系统。为了及时处理客户反映的质量问题，加强产品售后服务工作，全面体现公司“以科技为先导，以质量求生存，以管理促效益”的质量服务宗旨。公司建立了完善的产品档案，做到订货有合同、生产有记录、检验有台账、入库有合格证。公司设立专人负责客户的意见收集、接受投诉、退货、换货等工作。努力拓宽融资渠道，开发新产品，如：莜麦粉，荞麦精粉，豌豆粉，扁豆粉等杂粮绿色产品，提高公司核心竞争力，提升企业效益，满足顾客需求，扩大市场销售，以带动当地农业产业化发展，提高小秋杂粮种植户的积极性，带动农民增收和地方经济发展。公司生产小秋杂粮含有丰富的易被人体吸收的钙、磷、铁以及赖氨酸、色氨酸等微量元素，有降低人体血脂、血糖作用，对防治高血病、糖尿病有良效，长期食用还具有减肥养颜的特殊功效。几年来，公司开展绿色食品和有机食品的生产认证，拓展市场空间，逐步成为南部山区面粉、杂粮加工龙头企业。年生产能力 5000 吨，企业年产值 1200 万元，年创利税 80 万元，解决劳动力及下岗工人 56 多人。带动地方 4000 多户农民脱贫致富。

【彭阳县荣发农牧有限责任公司】 2005 年成立，主要从事苜蓿草饲料加工、销售和特色农副产品购销业务，五年来，在区、市、县党委、政府、工信、财政等各级部门的支持和关怀下，生产能力达到 5 万吨，总资产 1675 万元。公司占地面积 15000 m2，现有职工 350 人(含季节性工人 300 人)。2006 年先后通过了质量、环境、食品安全及职业健康安全四项管理体系认证，并拥有自营进出口权；2007 年评为“自治区产业化扶贫龙头企业”，2008 年列入首届宁夏乡镇企业及农产品加工业自治区级“诚信企业”，2009 年被评为“自治区农业产业化龙头企业”。公司主要生产苜蓿草颗粒、草粉、草块、草捆和牛羊精补饲料等产品，2007 年“荣发”牌苜蓿草颗粒评为“宁夏名牌产品”，2010 年“荣发”商标评为“宁夏著名商标”，“荣发”牌苜蓿草捆评为“宁夏名牌产品”。公司先后在彭阳、西吉、隆德和原州区等地建立苜蓿草收购点及半成品加工厂 22 个，采取“公司 + 基地 + 协会 + 农户”的经营模式，着力解决农民售草难、运输难和浪费严重的问题。2010 年收购农户苜蓿草 2.2 万吨，兑付农民草款 2100 万元，销售收入 2400 万元，出口创汇 1 0 万美元，使彭阳县 8 个乡镇，56 个行政村，使 4000 多户农民户均收入近 5000 多元，其中有部分农户仅售苜蓿草就收入过万，加大了企业的生产经营规模，进一步增强了企业对农户的辐射带动能力。

固原圣大养鸡专业合作社 成立于2009年7月，是由原州区绿源饲料有限公司牵头，以“科技特派员＋公司＋养殖户”的形式，联合几十家养鸡专业户自愿建立的民营合作组织。注册资金贰佰万元。合作社养殖面积25000平方米，固定资产1023.3万元，现有员工154人，其中兽医师1名，管理人员6名，畜牧专业技术人员5名。公司年销售额2101.7万元，年利润200余万元。采用以人为本的管理模式，精心研发饲料配方，大力开展技术指导和专业知识培训，为养殖户提供优质服务。合作社以鸡苗统一供应、饲料统一配送、技术统一指导、产品统一回收、统一销售的“五统一”的管理办法引导和组织养殖户集中生产，统一销售。合作社主要以生产优质富硒蛋、鹌鹑蛋、鸡肉、鹌鹑肉等系列富硒产品为主。“壮尔”牌富硒蛋，具有增强免疫力，美容养颜，抗癌之功效，已得到有关专家的肯定和消费者的认可。各种产品在西安、兰州、郑州、平凉、天水、延安及宁夏各大中超市均有销售。合作社产业辐射原州区、隆德县、西吉县、彭阳县及固原市城区，可带动500～1000家养殖户脱贫致富，解决农村剩余劳动力2000～3000人，实现合作社、养殖户、公司多边共赢。经过多年的发展，公司赢得了养殖户和广大客户的好评，也得到了政府的肯定。2010年6月圣大养鸡专业合作社被固原市人民政府授予2008—2009年度“守合同重信用”单位。

固原新月养殖有限公司 位于回族聚集的商贸重镇宁夏固原市原州区三营镇，主营业务：鸡苗供应、饲料销售、家禽饲养、屠宰、加工。公司现有人数108人，其中高级专业技术人员3名，专业技术人员13人，管理人员8名，操作工84人，有养鸡场、屠宰场、鸡肉销售部、饲料销售部、兽药服务中心、养殖器械服务中心，定点养殖户306户。公司成立于1996年，是以肉、蛋鸡饲养，屠宰加工，种苗、饲料、医药、养殖设备供应，鸡蛋、鸡肉、活鸡等加工销售为一体的民营企业和劳动密集型企业。经过十五年发展壮大，已形成“公司＋农户＋基地”的生产经营模式，也成为与宁夏最大的家禽屠宰和肉蛋销售企业。2007年被确定为同原市重点农业产业化龙头企业。公司注册的“阿敏”牌白条鸡和鸡蛋通过了农业部“无公害”认证。2010年评为自治区著名商标。产品除供应固原市外，还远销平凉、银川、兰州、西宁、西安等地，与新希望集团等多家农业大型企业都建立了销售代理关系。在两市(固原市、平凉市)、一区(原州区)、四县(彭阳、西吉、泾源、海原)建立养殖基地和销售网点。年屠宰鸡180万只。3600吨，占固原市鸡肉市场60%份额。鸡蛋1080吨，占固原市鸡蛋场的70%份额。截至2010年12月31日止，固原新月养殖有限公司资产总额为16810500. 96元，负债总额为6699593.14元，资产负债率为39.85%。实现主营业务收入50064924.69元，利润总额为2396061.88。

宁夏固原经济开发区永鑫蚕业有限公司 成立于1999年，注册资本2183000. 00元，是宁夏固原市唯一一家以种桑养蚕为主业的股份制民营企业。公司成立以来，长期从事桑园基地建设，配套设施建设及种桑养蚕的技术推广和服务工作。从2 006年承接国家商务部“东桑西移”项目以来，桑园面积和配套设施都大幅度增加和改进，现在桑园基地已覆盖宁夏全区。2008年12月我公司“加贝兰”牌蚕丝被正式投产，年生产能力达20000条，结束了以前只售蚕茧的不利局面。宁夏南部“西海固”地区是全国贫困地区之一，发展种桑养蚕业对广大农民来说是一个新型的事物，农民认识不足、积极性不高，但我公司通过科学论证认为，在当地发展桑蚕业不但能够有效地改善生态环境，巩固退耕还林成果，更能有效地转化劳动力，提高农民收入，创造巨大的社会效益。因此，我公司一班人历经挫折、克服重重困难，顶住来自各方面的压力，坚持不懈的引种试验，推动桑蚕业一步步发展。由于我公司十几年来不懈的努力，种桑养蚕得到当地农民的认可，桑园面积发展到30000亩，种桑农户年收入最高达到24000元，农民种桑养蚕积极性高涨，企业从困境中摆脱，进入良性循环。我公司现有资产2000万元，育苗基地500亩，小蚕共育室50座，养蚕大棚150座，鲜茧烘茧站2座。带动农户12000余户，公司和基地农户签订了长期技术服务，病虫害防治鲜茧回收保护价合同。从根本上消除了种桑养蚕农户的后顾之忧。公司下设的服务机构有：桑园基地管理站、桑苗培育管理站，病虫害防治管理站、蚕种厂、烘茧站、技术服务中心、桑业协会等配套服务部门。通过"政府+企业+科技+协会+农户"的产业运作机制，有力地推动了桑蚕业在我市的快速发展。2010年公司完成销售收入201.7万元，实现利润总额48.8万元。企业拥有自营出口权，也是宁夏唯一具有蚕茧收购资格的企业。拥有职工67人，其中高中级技术人才6人，中级技术人员12人。公司"加贝兰蚕丝被"现已销售于中东地区，企业还在不断地开拓新的销售市场，发展前景良好。

【宁夏固原金亚饲料有限公司】 始建于2004年，是当地龙头企业。企业的创始人从事饲料行业达十五年之久。公司占地面积为7000多平方米，公司总投资500万，年产量达6000吨。是一家专业生产畜禽的科技民营企业，拥有成套的生产机组。主要生产猪、鸡、牛、羊、鱼全价饲料、浓缩及颗粒饲料共计60个品种左右，产品销往周边5个市县，并辐射甘肃、陕西等地。公司始建之日起，注重产品科技含量，视质量为生命成为金亚人终生不渝的信念。公司所生产的全部产品均采用中图顶级饲料原料，由专业人员结合本地资源及养殖环境开发设计，研制出高效、稳定的精品饲料，被广大的养殖户所认可、赞同。在变化纷纭的市场竞争中金亚制天时、造地利、聚人和，倡导并推行饲料产业，研发企业文化理念和管理模式，为养殖户和经销商提供一流的产品及技术服务，为促进宁夏饲料工业、畜牧业的发展而尽自己最大的努力，服务于社会，服务于农牧，服务于宁夏。打造宁夏人自己的名牌产品。金亚饲料的成立对当地的农牧业发展起了重大的作用及带动了养殖业400多户，又推动了种植玉米5000亩。解决了当地劳动力50多人，吸收了当地农副产品玉米麸皮油渣2000多吨。

【宁夏磊菌宝生物科技有限公司】 是集饲料、饲料添加剂研究、生产、销售、专利设备制造、技术服务和出口贸易为一体的科技企业。有员工52人，注册资金200万元。公司下设机构有：固原试验区三石微生态工程所，添加剂生产厂、饲料生产厂。专利设备工程部等实体机构。公司现有11项国家发明和实用新型专利，利用专利技术在黑龙江、辽宁、河北、山东、福建、广东、马来西亚等地已建和拟建联营公司8家。公司信用等级为AA级，2002年被中国饲料工业协会评为"全国饲料工业科技进步先进集体"，2003年被自治区工商联评为"科技创新先进单位"，2005年通过了IS09001质量管理体系认证和IS014001环境管理体系认证，磊菌宝饲料添加剂被评为"自治区名牌产品"。近年研发的"磁浮式发酵罐及其并联发酵工艺"（申请了国家发明专利，专利号：200410063006X）、"马铃薯淀粉废水中提取蛋白质技术"（申请了国家发明专利，专利号：200510053212·7）、"马铃薯淀粉废水中提取蛋白质的设备"（申请了国家发明专利，专利号：200520004791·1）等专利技术，被多家公司看中，要求合作。2005年5月在北京第八届科博会上，与齐齐哈尔广荣工贸公司签约，投资9000万元，在我国的绿色食品基地——齐齐哈尔兴建50万吨无公害饲料生产厂和30万吨绿色养猪园区，该项目正在进行之中。2005年10月在深圳第七届中国国际高新技术成果交易会上，与马来西亚沙拉马斯公司（SHALAMAZ SDN`BHD）签约，在马来西亚兴建联营公司，技术出口（投资）合计100万美元。2005年12月15日，公司经理陶德录应马方的邀请，去马来西亚商讨联营公司建设事项，在此期间，又与马来西亚特拉大学（UNIVERSITI PUTRA MALYSIA）微生物研究学院达成了长期技术合作、三方建设联营公司的协议。合作项目深受马来西亚政府支持，雪莱莪州行政议员拿督庄祷融代表政府参加了签约。

西吉县万里磷肥有限公司 西吉县万里磷肥有限公司始建于1994年，位于西吉县马莲乡张堡塬村，固将公路穿村而过，交通十分便利。公司占地26668平方米，固定资产533万元，职工56人。公司现拥有年产2万吨普通过磷酸钙生产线一条，是西吉唯一一家普通过磷酸钙生产企业。公司成立以来，本着“质量第一，信誉至上”的经营宗旨，锐意进取，不断扩大生产规模，公司生产的“向丰牌”磷肥不仅肥效高、产粮量大，而且价格低廉，产品主要销往西吉、海原、隆德及甘肃静宁、庄浪、秦安等地，产品供不应求，深受广大农民朋友的青睐。

西吉县华绒公司 西吉华绒公司始建于1980年，2001年改制为民营企业，体制上实行民营，机制上实行股份制管理，公司占地面积2.3万平方米，资产总额1433万元，其中固定资产632万元，机器设备200多台(套)，在岗职工39人，是国家民委、税务总局、中国人民银行联合确定的“少数民族特需用品定点生产企业”。公司是一家羊剪绒皮毛专业生产企业，属外向型企业，羊剪绒产品主要依赖国际市场(80%的产品外销)，故价格、需求量受国际市场因素干扰较大，1999年，受亚洲金融风暴影响，羊剪绒市场价格下滑、需求减小，国内军需产品、工矿企业劳保产品也淘汰了羊剪绒产品，主要采用轻、薄、柔、保暖性能好又防静电的绒制品以及仿绒制品，羊剪绒产品在国内市场需求明显下降。在此情况下，国内大部分羊剪绒生产企业破产、倒闭，我公司凭借科学的决策和灵活的经营方式得以生存，成为宁夏唯一一家羊剪绒生产企业。2008年以来，国际羊剪绒市场再次受挫，出现需求锐减，价格暴跌，公司生产和销售受到严重影响，产品严重滞销、资金周转不畅、企业开工不足、连续亏损，企业面临巨大压力。为保稳定，促增长，使企业在危机中实现平稳过渡，我公司今年根据市场情况及时调整经营方向，未签订出口订单，而将国内礼品市场确定为今年以及今后一段时间的主要生产和销售方向，在产品品种、款式、形象包装、产品质量等方面下工夫，同时，新上加工销售二毛皮、狐皮、獭兔皮披肩、围巾等中、高档礼品，拓宽销售渠道，打开销售新局面。同时，按照国家政策，向有关部门积极申报职工技能培训、社会保险补贴等，以减轻企业负担，在危机中实现平稳过渡。

隆德县佳家福地毯有限公司 成立于2006年10月，是由原隆德县地毯总厂下岗职工筹资组建的股份制企业，位于隆德县工业园区红旗大道南侧1号，地理环境优越，交通便利，公司占地面积6650平方米。公司生产的“佳家福”系列地毯样式新颖、图案美观、精致大方、具有浓郁的民族特色，特别是清真寺礼拜用毯更是深受广大伊斯兰信教群众的欢迎，并在阿联酋迪拜“宁夏产品销售中心”设有专柜。公司生产“佳家福”系列仿古100道半成品、成品地毯，编织地毯、壁毯、挂毯、汽车坐垫、宗教用毯等产品远销银川、兰州、西安、乌鲁木齐等区内外大中城市，在固原、平凉等周边县市设有多家专卖店。公司总投资约260万元，引进手工织毯专用钢架设备30套，下设温堡分公司及温堡乡张德明村、温堡乡杜川村、沙塘镇清泉村、静宁县古城乡邹家河村以及静宁县古城乡杨河村等7个加工点，现有职工300人。公司地毯纺织业作为传统的劳动密集型产业，解决了一大部分待业青年就业、城市失业人员和农民工的再就业和社会剩余劳动力的转移就业，发挥了积极的经济效益和社会效益。公司生产的“佳家福”牌手工打结羊毛地毯，2001年1月被“宁夏回族自治区名牌战略委员会授予宁夏名牌产品”的荣誉称号，企业负责人被隆德县总工会授予“隆德县创业带头人”、“创业带动就业工作先进个人”，被固原市总工会授予“创业带动就业工作先进个人”，隆德县佳家福地毯有限公司被隆德县总工会设为“工字号佳家福地毯创业示范园”、“创双优先进单位”和“工人先锋号”，“中华人民共和国工商行政管理总局商标局”2009年3月颁布了“佳家福”

商标注册证书，中华人民共和国银川海关2009年3月底颁布了"中华人民共和国进出口货物收发货人报关注册登记证书"，获得货物出口外销的资格，可实现年产值480万元以上。

【隆德县飞宇地毯有限责任公司】 于2007年建成投产，专营编织、销售200道挂毯和100道"六盘山"牌手工纯毛地毯、拜毯、床毯、沙发垫、车垫等产品。公司占地2335平方米，生产车间600平方米。现有从业人员106名（管理人员8名，编织工98名）。公司注册资金103万元，资产275万元，年加工能力30000平方英尺。年销售额160万元，利润32万元。公司产品销往银川、乌海、阿拉善、盐池、平凉、固原、隆德周边等地，有销售网点2处。公司实行科学管理，信守质量，优质服务。生产的仿古地毯已有20多年历史，编织的手工地毯、拜毯、挂毯各毯种做工精良、色泽柔和、图案新颖、质量上乘，光滑亮丽、古而不旧，美观雅致的仿古地毯和挂毯具有高度艺术欣赏、使用和收藏价值，各种花色品种及规格齐全，产销逐年增加。公司遵照地毯生产所具有的投入小、无污染、劳动力密集等特点，实行"分散编织，集中整理"、"公司＋农户"的"产、加、销"一条龙的联营模式，把地毯加工网点扩大到乡村，组织专业技术队伍，为县内5个加工网点、100多家农户进行技术指导和培训，解决100多名农村妇女就业问题，人均年收入8900元，社会效益和经济效益十分显著。目前，公司正在进行地毯整理修复工段生产线项目建设，建成后年可整理半成品地毯100000平方英尺，年编织地毯、拜毯50000平方英尺，编织挂毯15000平方英尺。项目达产后年可实现销售收入790万元，实现利润140万元，上缴各种税费40万元，加工点将扩充到20多个，增加就业岗位230人。

【固原经济开发区瑞丰工贸有限责任公司】 2002年3月成立，法定代表人：何学良，注册资本2198万元。公司为集农产品收购、加工、批发、配送的农工贸一体化的综合经营企业，从2005年相继投资1.2亿元建设完善农产品批发市场体系和清真食品加工配送园及市区便民销售网点，2005年6月投资3300万元兴建了"固原经济开发区果蔬批发市场"。年交易总额可达3亿多元。该市场成为宁夏南部山区目前交易规模最大、辐射能力最强、市场化运作的经营特点突出，具有良好发展前景的产地，集散地农产品批发市场。

为加快市场基础设施改造升级，完善市场服务功能，2010年5月启动建设固原市瑞丰一级综合农产品批发市场，总投资5200万元，总占地面积80000平方米（折120亩），总建筑面积41178平方米，可以解决2000多人就业，年销售收入4亿多元，创利税1200万元。

2008年8月在固原经济开发区民族街投资兴建固原市清真食品加工配送园。总投资3690万元；本园区能够为固原市全民创业提供平台，解决2000多人就业，园区年可实现销售收入3亿多元，创利税800多万元，对固原市的经济发展具有很大的带动作用。

2009年7月被中华人民共和国商务部、宁夏回族自治区人民政府定为"一级综合批发市场"，2008年被农业部批准为"中华人民共和国农业部定点市场"，2009年9月被固原市人民政府命名为"第三批市级农业产业化重点龙头企业"，2007年固原经济开发区管委会授予"重点企业"、"先进企业"，连年市人民政府授予"守合同、重信用企业"。2009年12月自治区工商局授予"守合同、重信用企业"。2009年2月固原市委、市政府评为"2008年度全市马铃薯及设施农业产品营销大户一等奖。2009年2月被宁夏回族自治区人民政府评为2008年度"以商招商先进企业"，2008年6月被宁夏现代物流协会列为"理事单位"。2010年4月被固原经济开发区管委会评为"模范纳税户"。2010年10月被自治区人民政府授予"全民创业明星企业"。

【新民农副产品批发交易市场】 隶属于新民供销

社,占地面积8100平方米,属基层社原址,处于泾源县最南端新民乡街道中心位置。该市场由新民供销社投资修建,于2010年基本建成,并投入运营。市场建设两层营业用房2100平方米,中间临时摊位面积5500平方米,共计可安置商户300余户,其中:固定营业户120户,临时摊位营业户460户,市场容量5000人,总投资382万元。2010年市场交易额达3000万元。该市场建设适应了小城镇建设的需要,使供销社原有七十年代破旧营业设施得到了改善,同时更好地解决了新民乡商品交易有市无场、逢集街道堵塞、群众的农副产品无处交易、大件耐用消费品无法下乡现象,为县、乡政府办了一件实事,为当地群众发展商品经济提供了一个很好的平台,对于完善现代农村商品流通网络体系、促进城乡商品流通、拉动当地产业提升、提高农村商品质量具有巨大的促进作用。同时使企业实现扭亏为赢,步入正常运营状态。

【泾源县生资公司】 隶属于县供销社,占地面积13000平方米,仓储面积5000平方米,资产总额410万元,县生资公司下设农业生产资料配送中心1个,直营连锁店11个,加盟连锁店31个,共有在册在岗职工10名。多年来,该公司一直担负着全县农业生产资料的供应工作,是全县农资商品流通的主渠道,农资经营占市场份额的95%以上,市场覆盖率达到100%,为全县农业产业化、农业产业结构调整做出了积极贡献。近几年被全国供销总社两次授予"文明示范单位",被宁夏区质检局、宁夏区供销社授予"农资商品经营诚信单位",泾源县工商局授予"质量诚信单位",县供销社授予"优质服务先进单位",多次受到新闻媒体的肯定赞誉,全国供销总社理事会主任白立忱同志调研时给予充分的肯定和高度评价。公司注册资金240万元;拥有仓储面积5000平方米,经营面积2100平方米;设配送中心1个,直营连锁店11个,加盟连锁店31个。直营和加盟店配送率均达到100%;农资经营占县域市场份额的90%以上,区域网络覆盖面达100%乡镇;网络年销售额达3200万元。销售各种化肥3000吨,地膜150吨,农药1吨。

建设农资配送中心一个,修建营业设施1500平方米,修建仓储设施900平方米,购置农资配送车辆3辆,购置了农资经营信息网络设备。在七个乡镇建设农资连锁经营中心、直营店11个,其中将全县7个乡镇的7个基层供销社农资经营设施、人员,经县供销社决定有偿划归县生资公司,变原来两级经营为一级经营,原基层社农资经营网络为县生资公司配送中心的直营分销连锁店;在全县7个乡镇村建设、改造"农资农家店"31个,为公司配送中心的连锁加盟店;农资配送中心直营和加盟店实行"五个统一",即:统一进货、统一储备、统一配送、统一价格、统一标志。规范经营,实行品种、质量、价格三公开;经营商品质量实行承诺服务,积极参与市场整顿,打击坑农害农行为,做到"七个坚持",即:坚持早计划、早安排;坚持品种全、质量优;坚持早开门、晚下班;坚持送货到村、到户;坚持开展科技咨询服务。销售额增加到3200万元,实现利润由原来的每年亏损5万元到每年盈利8万元。

【宁夏泾源县供销合作社"新网工程"】 2006年3月,泾源县供销社被商务部确定为宁夏回族自治区首批"万村千乡市场工程"建设试点县第一批实施单位。总体规划从2006年起,用五年时间,以县供销社为项目载体,在全县7个乡镇110个行政村范围内,通过改造与整合,形成2个大型综合连锁配送中心(1个县级农资配送中心,1个县级日用消费品配送中心)、19个乡镇级"农家店"和104个村级便民服务店(农家店),网络覆盖率达90%以上,形成以县级配送中心为骨干,村级店为基础的农村消费品连锁经营网络体系。截至2010年底,全县改造日用消费品和农资配送中心各1座,日用消费品配送中心营业面积160平方米,仓储面积900平方米,农资配送中心营业面积1100平方米,仓储面积900平方米;新建和改造农资、日用消费品连锁经营网点79家。新建和改造的79家连锁经营网点按经营主体来分:①直营店14家,其中:7家农资连锁中心店,营业设施面积500平方米,仓储面积1800平方米;7家日用消费品直营中心店,营业设施面积1400平方米,②加盟店(便民店)65家,营业设施面积2400平方米(其中:日用消费品农家店50家,营业面积1500平方米,农资农家店15家,营业面积900平方米);按行区域来分,县城4家,乡镇级店14家,村级店61家;按经营类别来分,农资农家店22家,营业面积1400平方米,仓储面积1800平方米,其中:乡镇级店7家,村级店15家。日用消费品农家店57家,营业面积2900平方米,其中:乡镇级店7家,村级店(便民店)50家,乡级覆盖率达100%、村级95%;新建"新民农副产品批发交易市场"1个,该市场建筑固定营业用房两层2100平方米,临时摊位面积4500平方米,吸纳个体工商户300余户,市场年交易额达3000万元,为搞活农村商品流通,繁荣农村经济起到了积极的推动作用,同时使企业实现扭亏为盈;全县烟花爆竹由县生资公司统一进货、统一批发,个体私营烟花爆竹经营须经县生资公司审查,并出具证明,县公安局办理临时销售证,2011年全县烟花爆竹经营网点21家;培养发展连锁经营企业2家。五年来,供销社得到中央支持项目2个,地方财政支持项目1个,中央和地方财政支持资金135万元(其中:中央财政105万元,地方财政30万元),银行贷款50万元,自筹资金60万元,带动各类社会资金260万元,有力地推动了我县"新网工程"建设工作,为我县经济发展和社会稳定作出了应有贡献。县生资公司被全国供销总社授予"文明示范单位",被自治区质检局、区供销社授予"农资商品经营诚信单位",被县工商局授予"质量诚信单位"等荣誉称号。县商务局、供销社、县生资公司和供销社综合服务公司联合举办了2008年"新网工程"建设店长(农资和日用消费品)培训班,农家店店长共80余人参会。培训班上,县商务部门强调了实施"万村千乡市场工程"、推进农家店建设的重要意义,讲解了"新网工程"的建设标准、商品配送率、实施一网多用及提高农家店自身发展能力等工作重点和措施,明确了各项政策和要求,并就如何自觉承担"新网工程"建设任务、整合资源、利用优势构建和完善农村现代流通网络和服务体系提出了要求,对农家店建设和经营的原则、理念进行了指导。通过培训学习,广大店主深刻认识了"新网工程"的重大意义、开店程序和建设规范。其次,在项目建设过程中,县生资公司和供销社综合服务公司采取新建、扩建、加盟等方式,坚持按照"门牌统一、货架统一、标识统一、配送统一、价格统一"的标准对乡村农家店进行改造,使农家店便于识别和提升形象。随后,深入各农家店,逐户对商品分类、陈列摆设以及明码标价进行指导和规范,要求农家店内货架采用开架式超市货架,实行开架销售,商品陈列整齐、有序,全部商品都明码标价,做到货真价实,让农民接受"自主选购"的购物方式,确保农家店建设的质量。与此同时,两家公司还要求各加盟店、连锁店实行优质服务承诺。通过对农家店建设改造,全县农村购物环境和服务质量得到明显提升。

【隆德县农产品配送中心经营网络升级新建项目】自2009年组织实施以来,先后申请争取中华全国供销总社"新网工程"贴息补助资金33万元(其中:2009年10万元,2010年23万元)。主要用于基础设施更新改造提升。依托本县联财镇现有蔬菜保鲜冷藏库,以"农户—合作经济组织(专业协会)—生产基地—批发交易市场—外埠终端市场"完整通畅的产业链条带动为基本模式,按照市场需求实行定单收购,通过龙头企业、中介组织、运营经纪人,实行统一标准生产、统一价格收购、统一整理包装、统一组织销售,建立产、购、销一体化的营销网络体系。年贮藏设施蔬菜、马铃薯等农产品6000吨,增值300万元以上。农产品经纪人销售设施蔬菜在内的主要农产品达1.6万吨,已占全县设施农产品销售的50%以上,购销额1530万元以上,实现利润6万元,助农增收1000多万元。通过农产品购销体系建设,形成了覆盖全县所有乡镇和重点行政村的农产品购销服务网络，最大限度地便民富民、助农增收。既解决了广大农民群众卖难问题，又为供销社培育了新的经济增长点，达到了双赢目的，也促进了全县设施农业产业化、规模化发展。

【隆德县农资配送中心连锁经营网点改造项目】自2007年5月开始建设，到2009年6月完成，共建成覆盖全县、辐射周边的配送中心1个，乡级直营配送点10个，村级综合连锁经营网点30个，初步建成了连锁经营网络体系。将原有的仓储等配送、服务设施加以改造；在交通便利，配送方便，地处种植集中区域而现有配送中心辐射较为薄弱的地区改建仓储、配送、服务设施，以此带动连锁销售网点的建设和改造；本项目的实施主要依托“万村千乡市场工程”建设和全县供销社原有网点，通过整合、改造、新建，既盘活了供销社资产，整合社会优质农资销售、服务资源，按照现代企业制度建设产权明晰、自主经营、自负盈亏、自我发展，具有市场竞争力和为农服务能力的连锁配送体系。这样不但有利于推广测土配方施肥，确保化肥供应，稳定农资市场，平抑农资价格，通过“万村千乡市场工程”农资农家店建设项目实现双向流通，更好地为农业增产，农民增收提供方便快捷服务。2009年3月自治区供销社拨付该项目“新网工程”专项资金贴息补助15万元。专项贴息资金主要用于基础设施改造。通过财政贴息资金的扶持和项目的实施，公司网络体系的为农服务能力得到迅速提升，网络的实力进一步提升，配送能力迅速增强，商品统一配送率达到90%以上，县域化肥销售量达6000余吨，市场占有率达到70%以上。

【固原市原州区绿园蔬菜产销农民专业合社】 合作社现有总资产100万元，其中固定资产80万元，流动资产20万元，拥有社员150户，现有无公害蔬菜示范大棚50栋。服务辐射固原市原州区乔洼、马园、徐河、彭堡、头营、二营，西吉县水泉、袁和村等10个地区，同时还带动非社员农户1000多户。在合作社发展过程中始终坚持“诚实守信，艰苦创业，以人为本，创新图强”为宗旨。盯准市场、顺应形势、内应外联、优化结构，不断发展壮大。自合作社成立至今发展无公害蔬菜种植面积500余亩，销售优质绿色新鲜蔬菜500吨，实现销售收入100多万元，获利20万元，社员平均增收3000多元，比未入社农户多收入16%以上。蔬菜主要销往兰州、陕西、上海等地。合作社法人吕源，2003年毕业于宁夏大学农业专业，2008年9月创办了固原市原州区绿园蔬菜产销农民合作社，主要从事无公害蔬菜基地建设和蔬菜销售，同时通过劳动和社会保障部、全国供销合作总社考核，获得农产品经纪人职业资格证书；2009年11月参加“石嘴山银行杯”第四届宁夏青年创业大赛固原分赛区暨固原市首届青年创业大赛，荣获三等奖。

【宁夏固原润农设施果蔬专业合作社】 宁夏固原润农设施果蔬专业合作社成立于2009年10月18日，位于固原市原州区清河镇。该合作社由5名理事成员发起，成员出资总额50万元人民币。合作社本着尊重知识、尊重人才，通过运用现代科学的管理理念和创新机制，引领农业现代化发展，提升农业产业化水平，实现品牌化战略。以合作社为平台，吸引农民入社，带动农民共同富裕，促进城乡一体化，达到社会和谐发展。合作社的成立和发展过程中，始终坚持合作社原则，按照“民办、民管、民受益”运行。首先是制订了较为规范的章程，依据章程成立了成员大会、理事会、监事会，并根据业务发展需要今后将设立物资供应部、技术服务部、外联销售部、农民技术学校等服务机构，形成职能部门分工负责制的服务体系，提升合作社服务质量。其次是制订了“三会”制度、成员权利义务、成员入社退社制度、财务制度等十多项制度，规范合作社运作。三是建立起盈余按股金和交易额返还60%及利益共享、风险共担的利益联结机制；“一人一票”、财务公开的民主管理机制；分配上提取20%公积金的先提留后分配的积累发展及风险调节机制；监事会对理事会的监督约束机制；成员入退社及80%以上为农民成员的管理机制等，使合作社由松散型向紧密型过渡。本社对所有的种植所需材料进行统一采购，降低种植户的生产成本。对生产资料进行统一化管理，以保证产品的种植质量以及绿色无公害。为成员提供低于市场价格的优质种子、农膜、化肥等物资服务，为资金缺乏的成员提供赊销服务，保证了基地生产。聘请专家推广果蔬的配方施肥技术、病虫害综合防治、无公害标准化栽培以及垄作栽培、平作栽培及覆膜栽培技术，改变传统栽培方式。以增加产量，提高产值。适当给聘用技术人员经济补贴，提高激励机制。组织实施冬季温室果蔬生产，从育苗、种植、技术管理、农资、销售，合作社将提供全程服务。将设施蔬菜建成重点标准园区。合作社从蔬菜优良品种引进、集约化育苗、膜下滴灌、测土配方施肥、张挂反光幕、CO施肥、热风炉应用、防雾滴棚膜、卷帘机、频振式杀虫灯等现代化种植设施的应用，规范园区建设。

【彭阳县新合作物流商贸有限责任公司】 于2007年12月成立，是以冷藏包装、代购代销、储存调运、配送销售、资产租赁等为一体的综合性企业，注册资金300万元，总资产1083万元，现有职工30人。公司成立以来，以培育新型农产品经营网络为主体，推动农产品市场、专业合作社基地与超市等终端市场实现有效对接，倾力打造农产品市场购销网络，全面提升了农产品流通服务能力。先后被固原市委、政府评为“全市马铃薯及设施农产品营销大户二等奖”，彭阳县委、政府评为“设施农产品营销特别奖”等，公司法人代表杨俭获得“全国农产品经纪人十大合作模范”奖。近年来，公司按照全县大力发展设施农业，促进农业结构调整的思路，围绕县委、政府中心工作，立足农村、面向农业，服务农民，树立全县“一盘棋”思想，唱响“彭阳山珍”、“彭阳辣椒”等品牌，坚持做到“五统一”，不断完善“政府引导、供销社主导、流通组织主体、市场化运作”的营销模式，年销售额2500多万元，为彭阳农产品销售做出了积极贡献。为进一步提升农产品流通服务水平，公司规划新建彭阳县农产品交易中心，占地面积40亩，总投资1100万元，建制冰、冷藏库、包装车间等4100平方米，项目建成后初步建立起技术先进、便捷高效、安全有序、城乡互动、双向流通的农产品流通服务体系，社会化、专业化服务水平明显提高，为彭阳推进“特色产业富民，工业强县”发展战略，全面建设小康社会提供坚实的物流体系保障。

【彭阳县贸易公司】 成立于1987年10月，是供销社直属企业，现有职工35人，资产总额500多万元，公司下设清真食品专柜、民族用品专柜，通讯专柜、经销民族丝绸、服装、靴鞋、家具及生活用品、民族手工艺品、特需小商品、金银饰品、边销茶等商品。公司成立以来，企业信誉良好，年销售额900多万元，有着广阔的发展前景，取得较好的经济效益和社会效益，是彭阳县实力最强，规模最大的商流企业。在“十五”期间，公司被确定为民族地区民族贸易企业，为保证全县少数民族需要的生产生活资料供应做出了应有的贡献。近年来，为彻底解决公司债务化解工作，成立债务化解领导小组，多次与债权单位协商，本着尽可能保留优质资产的原则完成245万元债务化解工作；利用改制资金，筹资60万元对贸易公司楼体进行整体装修，对楼层实行整体租赁经营，经营利润同比增长3倍，企业经营实力明显增强；筹措29.68万元置换了14名职工身份，创造再就业岗位35个。

【彭阳农产品经纪人协会】 于2002年5月30日成立，主管单位彭阳县供销社，现有会员92人，辐射带动农户2200户。法定代表人杨俭，注册资金30万元，资产总额78万元。该协会自成立以来，坚持为农服务的宗旨，积极服务设施农业，千方百计搞好农产品销售，着力营造农产品销售工作的软硬环境，采取“协会＋专业合作社＋农户”经营管理模式，强化服务，通过请专家讲课，种植能手示范，农技人员田间指导等不同形式培训农民科学种植，努力提升广大农民的商品意识。主动联合各类农民合作组织、经纪人，共谋发展，优势互补，实现双赢。近年来，协会按照全县大力发展设施农业，促进农业结构调整的思路，围绕县委、政府中心工作，服务大局，树立全县“一盘棋”思想，唱响“彭阳辣椒”品牌，坚持做到“五统一”，不断完善“政府引导、供销社主导、流通组织主体、市场化运作”的营销模式，为我县设施农产品销售做出了积极贡献。2010年以县农产品经纪人协会共组织销售农产品2.5万吨，助农增收3200万元，搞活了流通，开拓了市场，有效发挥了协会连农户，活流通，富农民作用，成为县委、政府推动设施农业发展的有力抓手。2008年，彭阳农产品经纪人协会被宁夏农产品经纪人协会评为先进单位，被固原市委、市政府评为“全市马铃薯及设施农产品营销大户二等奖”，被彭阳县委、县政府评为“设施农产品营销特别奖”等，2009年协会会长杨俭获得“全国农产品经纪人十大合作模范”奖，2010年彭阳农产品经纪人协会被固原市委、市人民政府评为“农民合作经济组织先进集体”荣誉称号。

【彭阳县田源果蔬营销农民专业合作社】 成立于2006年6月30日。2008年7月田源果蔬营销农民专业合作社转入彭阳县工商行政管理部门登记注册，现有职工10人，下设办公室、财务室、技术服务室、营业室等部室，发展农民社员319户，辐射带动农户4000户。法定代表人林生渠，注册资金200万元，供销社入股190万元，农民社员入股10万元。2009年资产总额423万元、固定资产247万元、流动资产176万元、负债总额125万元、所有者权益298万元，销售(营业)收入2500万元、净资产收益率13.8%、投资报酬率19.2%、资产负债率29.55%，财务运行良好，承受风险和偿债能力强，经济效益较好。自成立以来，从事示范基地种植、农产品冷藏、农产品营销、开展技术培训、技术交流和咨询服务等业务。坚持为农服务的宗旨，积极服务设施农业，千方百计搞好农产品销售，着力营造农产品销售工作的软硬环境，打造“彭阳山珍”品牌，采取“合作社＋农户”经营管理模式，强化服务，通过请专家讲课，种植能手示范，农技人员田间指导等不同形式培训农民科学种植。主动联合各类合作组织、经纪人，共谋发展，优势互补，实现双赢。以县农产品经纪人协会为龙头，以专业合作经济组织和农民经纪人为依托，在调研农产品外销的基础上与区内外市场进行有效地对接，组织销售农产品1.8吨，助农增收2800万元，搞活了流通，开拓了市场。2010年5月彭阳县田源果蔬营销农民专业合作社被中华合作时报社、中国合作经济杂志社、中国人民大学农业与农村发展学院及中国人民大学中国合作社研究院评为“中国合作经济年度成就奖50佳合作社”。

【彭阳县裕丰农资有限责任公司】 成立于2005年1月，是县供销社控股企业，法定代表人韩世文，注册资金500万元，其中供销社入股451万元，职工入股49万元，资产总额630万元。下设办公室、财务部、市场部、储运部。现有职工20人，主要从事化肥、农药、农膜、种子等生产资料供应。

近年来，公司为发挥供销社农资经营主渠道作用，以配送中心为龙头，以基层网点为依托，以农资信息为支撑，在全县构建起一个品种齐全、质量安全、货源充足、价格平稳、服务周到的现代农资经营服务体系。目前，公司建成1个县级农资配送中心、12个乡级直营店、46个农资连锁店，仓储面积达1000平方米。积极开展连锁配送，制定了“统一招牌、统一标志、统一价格、统一制度、统一设施、统一台账”的“六个统一”建店标准，规范建设农资连锁店，并为农资连锁店统一配备了货柜、货架、电子秤等设备，为有条件实现电子商务的乡村级店配备了电话等通讯设备。积极开展科技信息交流，推介先进经验，组织业务技术培训，提高经营人员素质。围绕农业种植结构变化不断调整经营策略，转变经营方式，扩大农资连锁配送和科技服务工作。积极联合农技部门深入乡村、田间地头向农民朋友宣传科技知识,推广农技服务等一系列活动。2010年,公司销售配方肥1600吨,助农增收64万元。争取县委政府支持成立了公司控股的禾润种业有限责任公司,在保证种子质量安全、平抑市场价格等方面发挥了主导作用,供应玉米、小麦等优质种子172吨,增加收入400万元,让利农民27.3万元。公司配送中心坚持服务至上、随要随配送,保证了连锁网点的货源需要,不仅把农资商品配送到乡、村连锁店,而且实行了集中配货,送货到农户,对农家店的商品余缺做到及时调剂,实现销售1800万元,使农资商品配送率达到65%以上,市场占有率达40%以上。先后获得"自治区农资质量信得过单位"、"供销合作社系统综合考核第一名"等荣誉。

【单家集集贸市场】 1994年10月成立。西吉县兴隆镇单家集群众在牛羊交易和屠宰方面逐步形成贩运、屠宰、加工、销售为一体的经营格局,搞活了市场。每逢集日(单日),集贸市场活畜交易市场上市牛200头左右,交易量达180头左右;上市羊120多只,交易量达100余只。旺季逢集日上市牛400多头,交易量达360头;上市羊200多只,交易量达180多只。年活畜交易量504万头(只),成交额达1亿多元。单家集现有活畜贩运户235户,户均年贩运收入2万元,人均4000元;屠宰贩运户70户,年屠宰牛3.2万头,屠宰贩运收入192万元,户均2.7万元,人均4500元。

【固原果蔬批发市场】 2005年6月由"固原瑞丰工贸有限公司"投资兴建。该市场位于固原经济开发区九龙大道东端和银平公路南侧交汇处,总投资3300万元,占地面积50亩,总建筑面积21600平方米,其中商品房260间,院内建有面积为1500平方米的经营性大棚,同时可容纳160个摊位,一次性可停放160辆10吨左右果蔬批发车辆。日进场交易批发车辆达120辆,市场日成交量在30万公斤以上,日平均交易额50万元,年交易总额2亿元。市场年收入预计可达1000万元,年上缴税款80万元。

【固原市食品公司】 固原市食品公司分离重组于1998年8月。经过四年多的不断调整改制,从一穷二白中逐步走上了可持续发展之路。目前公司已拥有固定资产500多万元,商品资金160多万元,在册职工168人(其中解决下岗职工和社会再就业人员120名)。公司下属"两厂三店","两厂"肩负着固原市区的肉食定点屠宰加工和肉食市场的规范净化工作,"三店"(即三个连锁超市)肩负着固原市以"放心食品"、"放心肉食"为主题的"绿色放心工程"的全面营造和规范;四年来,企业整体效益以每年40%的增率提升着,三个文明建设取得了可喜的发展。中山副食商场的三个连锁超市以其独特的经营理念和管理体系,成功地塑造了当代文明诚信经商、品位服务和社会形象代理的新时代城市窗口。在2002年的自治区规范化服务评比中脱颖而出,成为固原市第一家也是唯一一家"达标单位"。几年来,前后被区、地、县党委、政府授予"双文明单位"、"先进企业"、"放心购物商场"、"先进思想宣传单位"、"经济建设先进企业"和"三无放心购物店"等光荣称号,2003年被国家八部委评为固原市第一家"全国百城万店无假货示范店"。在2003年的抗击非典战役中,食品公司被评为"全国商业服务业抗击非典先进单位"。

【固原市中山食品连锁有限责任公司】 固原中山食品连锁有限责任公司组建于2003年7月。经过几年的不断调整和发展,逐步走上了可持续发展壮大的前进之路。目前,已发展为一个中型连锁企业,现有直营连锁超市十个,公司年销售额达到1200多万元,营业面积约5000多平方米,拥有固定资产600万元,流动资金380多万元,在册职工271人(其中:解决下岗职工和社会再就业201人)。固原中山食品连锁有限责任公司从组建之日起就肩负着固原市以"放心食品"为主题的"绿色市场工程"

和“便民服务工程”的全面营造和规范。几年来，整体效益每年稳中有升，四个文明建设取得了可喜的同步发展。固原中山食品连锁有限责任公司十家连锁超市以其独特的经营理念和管理体系，成功塑造了当代文明诚信经商、高品位服务和社会形象代理的新时代城市窗口。自2003年以来，前后被区、市、原州区党委、政府授予“文明单位”、“先进企业”、“放心购物商场”、“先进思想宣传单位”、“经济建设先进企业”和“三无放心购物店”等光荣称号，在2003年的抗击非典中被中华商业联合会评为“全国商业服务业抗击非典先进单位”。同年又被中央八部委评为全国“百城万店无假货”活动示范店。由于自身的不断努力和真诚细致的价格、质量、服务、信誉、放心和安全意识，固原中山食品连锁有限责任公司已成为六盘山下城市服务行业中的一个新秀龙头企业。

【西吉县农贸蔬菜批发市场】 西吉县农贸蔬菜批发市场位于县城西街，与吉强镇水泉村蔬菜种植基地相邻，地处全县交通网络的核心区，是唯一一家集冷冻保鲜、仓储理货、信息发布为一体的果蔬批发交易中心。该市场占地面积58亩，已完成总投资1900万元以上，有正式员工20人，其中党员5人，专业技术人员5人。设有办公室、财务室、后勤保卫室等管理机构。建有钢结构屋面蔬菜交易大棚5000平方米，环场营业房228间，蔬菜装运站台2000平方米。已投产运行预冷、保鲜库3000平方米，其中7间保鲜间、6间预冷间、2间制冰间(生产能力为150吨/天，生产期为2个月/年，生产量为9000吨/年)，道路硬化28000平方米。固定的批发商、经销商300余户。从业人员1500人以上，闲散农民工5000人/月。市场年物流量10万吨，实现年交易额9000万元。仅年销售当地农户蔬菜500户6万吨以上。主要销往西安、郑州、宝鸡、汉中、四川、湖北等地。市场设有蔬菜检验、检测中心，有专业人员每天对蔬菜、果品、肉制品等进行检验、检测，保证了消费者的食品卫生安全。西吉县农贸蔬菜批发市场2012年将再投资700多万元，增加3200平方米的预冷、保鲜库，进一步扩大预冷保鲜容量，增设安全防盗监控中心，实现24小时全方位监控，增设LED电子显示屏，建立市场信息平台与全国建立信息网络，为广大农民和客商提供丰富的信息行情。自市场2007年8月10日开业以来，对美化县城环境卫生，改变蔬菜沿街为市、占道经营的现状，解决县城脏、乱、差发挥了重要作用。为相邻省、市、县的客商搭建了良好的信息平台，为当地菜农拓宽了蔬菜销售渠道，增加了致富的新路子。2007年销售西芹2万吨，销售价从每吨700元提升到每吨1100元，菜农多收益800万元，2008年西芹平均销售价每吨900元，共计销售西芹3万吨，菜农多收益600万元，2009年我县西芹种植面积较大，销售困难，销售价每吨又到700元，市场拿出10万元进行价格补贴，促使价格上升，每吨上涨100元，共计销售西芹4万吨，菜农多收益410万元。2007年—2009年菜农多收益共计1810万元，同时较大降低了菜农的种植、销售成本，节约了人量时间、劳力。该市场的建设得到了了区、市、县领导的高度重视，2007年11自治区党委书记陈建国、2009年4月自治区政府主席王正伟、市县领导先后多次来市场检查指导工作。2008年—2010年给市场投资150万元。西吉农贸蔬菜批发市场立足县情，按照区、市发展区域优势特色产业的总体要求，大力发展蔬菜产业，带动县域经济快速发展，进一步建立完善蔬菜产业化服务体系，使菜农能够有效地利用现代化传媒手段，依托市场平台提高农业整体效益，促进社会和谐发展。

【如意公司】 如意公司是一家集多种经营形态为一体的综合性便利连锁零售企业，主要从事粮油生鲜、水产熟食、调味冲饮、洗涤日化、针织百货、烟酒副食共六大类商品的配送及销售。公司成立于2005年8月，注册资金300万元，法人代表郭如刚，企业性质属有限责任公司。到目前为止，公司共有十家零售分店及一家配送中心运营中，经营面积

6000余平方米,总投资1700余万元,员工260余人,经营品种1.8万个。固原如意商贸有限责任公司自成立以来,秉承"发展自我,服务他人"的企业使命和"体贴、便捷"的品牌经营理念,通过全体合作伙伴的共同努力拼搏,多次被评为"消费者信得过企业"、"重合同、守信用企业"、"绿色市场企业"、"先进私营企业"。

【固原市全友商贸有限公司】 固原市北新街新世纪家具城,公司主要经营板式套房家具、实木家具、沙发、餐桌椅、床垫、软床等系列产品,有30多个系列、2000多个款式,全友家私连续多年畅销全国,并出口欧美、东南亚多个国家和地区,产品销售在全国同行业连续多年遥遥领先,已堪称中国综合性家具企业的领军企业。全友家私从德国、意大利引进了国际一流的生产线,实现了用ERP管理系统对公司产品设计、采购、生产、销售、物流、服务等进行全程信息化集成管理的过程。板式套房家具、实木家具、餐桌椅、床垫、沙发、软床产品系列在中国家具市场享有盛誉,销量、市场占有率在全国同行中连续多年遥遥领先。自2006年以来,产品稳步走向国际市场。固原全友商贸有限公司现有员工50人。总公司研发中心在先后推出的30多个系列、2000多个产品款式的研发、制造过程中,始终坚持以市场为导向,现代制造科学与技术为基础,培育柔性制造、集成制造、敏捷制造、节能减排体系和为消费者提供整体家居解决方案为目标,使企业在激烈的国内外市场竞争中逐步形成了自己的核心竞争力。

【宁夏宏途商贸有限公司】 公司位于固原市经济开发区,成立于2004年8月,至2008年建成并投产硬软两条饮料生产流水线,主要从事化心梨果汁饮料的开发与销售。公司技术人员以来源于山区化心梨为原料,刻苦钻研,开发了"宏途"牌系列饮料——化心梨果汁饮品。多年来,在当地政府和社会各界人士的大力支持及公司全体员工的共同努力下,企业得以顺利发展,经济效益和社会效益十分显著。2009年"宏途"饮料被宁夏回族自治区技术监督局确认为国内首创的新产品,并荣获宁夏回族自治区人民政府名特优新农产品银质奖;同年企业被固原市人民政府命名为先进农业龙头企业和"百龙工程"第一批饮食龙头企业。"宏图化心梨"饮料被命名为宁夏名牌产品;被固原人民政府命名为名牌商标。2009年,宏途牌系列饮料被宁夏回族自治区环保产业协会推荐为"宁夏市场绿色消费健康维权品牌"。

【固原家道商贸有限公司】 公司成立于2008年2月,注册资本300万元。2008年引进深圳家道投资公司合资建设固原家道物流创业园项目,园区位于固原经济开发区,毗邻福银高速、312国道、近邻中宝铁路、北距固原机场8公里,交通条件便利,区位优势明显。项目一期占地78亩,建筑面积4.8万平方米,投资1500万元,建成了超大型储存库22000平方米,是固原市最大的仓储式综合物流创业园。2008年8月建成投入运行,带动出租周围市场农民营业房184套,18400平方米。为农民创收入110万余元。园区内现进驻大型副食超市仓储配送中心8家、物流货运托运部19家、陶瓷洁具仓储配送库21家、装饰材料仓储配送店28家、铁艺加工店11家、工艺玻璃加工店6家、化妆品、电器、家具仓储配送店27家及部分零售商品仓储配送店,合计入驻经营户120家,为120名业主提供了创业平台,年货物流通值达3亿元以上,提供固定就业岗位360多个,为固原市郊区及周边农民工提供就业岗位500多个,所有就业人员月收入1500元以上。公司二期项目计划于2010年6月投资3400万元,建设固原市专业化农机具和农业生产资料综合市场,经营农用车、机动三轮车、农机、农排、拖拉机、农机具、农副产品加工机械、水利机械、植保机械、园林与塑料大棚机械、畜牧与饲料加工机械、各种农机配件和相关产品等万余种。市场经营方式:批发与零售,现货交易与网上交易相结合,立足固原,辐射5县,远销全区。占地面积68亩,项目规划建成临街二层商部7000平方米;农机具、农用生产资料、农村日用品批发销售仓库16000平方米;整机产品展示区6000平方米,共建营业门店500多间,可容纳商户300多家,提供创业岗位260个,就业岗位600个,市场按照高起点规划,现代化设计,高标准建设的要求,设有配件区、整机区、仓储区、工业区、生活区、产品展示区、信息交流、市场预测为一体综合性、全方位、多功能的一流市场。市场的建成进一步规范了固原市农机专业市场,并带动提高劳动创业和就业作出贡献。固原家道商贸有限公司始终坚持"搭建平台,服务社会"的宗旨,在创业园内为进驻商户做好市场信息收集,创业园管理服务等全方位,立体式的综合性服务工作。市场经营场地全部硬化,水电服务设备齐全。市场实行封闭管理,规范化服务。市场内设有警区负责治安,设有市场管理办公室负责物业管理、挂牌、收费等实行一条龙服务。该企业2008年度被固原经济开发区评为重点企业。2009年被评为先进企业。

【固原义乌商贸城】 坐落在固原市南河滩,南河滩是固原历史传承下来的古老市场所在地,是最早的固原商业圈,又与现在最大的农贸市场相邻,形成了固原市人气,商气最旺的,商家必争的黄金地段。固原义乌商贸城是一个集现代化、信息化于一体的大型商品交易市场,主要经营中低档切合老百姓实际的低价小商品。商贸城占地21亩,总建筑面积41500平方米,有效建筑面积26000平方米,拥有53套独立商铺,1300多个开放式铺面,面积大小不等,可供不同经济实力的商户选择。东西两侧为三层(一、二层为上下结构式独立商铺,三层为办公,写字用房);南北两侧为一层独立商铺,可供经济实力较强的商家使用。商贸城四面临街,均为旺铺,无经营死角,是其他商城无法比拟的,内部设施齐全,设有防火卷帘,自动喷淋系统,红外报警,防火栓系统与供暖通风系统;设有八道大门,16部楼梯和2部自动电梯;通讯设施遍布每个铺面,商户均能享受到快捷,安全,全方位的人性化服务。商贸城运营后,将持久建立义乌至固原的小商品流通大通道,实现有传统贸易向以商品展示、洽谈、接单为主和电子商务经营方式的转变;实现从简单的摊位式批发市场向以展位为主,从义乌生产企业直销中心、商品采购中心、直接批货至固原等配套设施齐全的具有综合功能市场的转变;辐射以固原为中心100公里范围内的小商品进入普通百姓之家,能直接降低百姓的商品购买成本;同时能有效解决从业人员2000余人。

【固原荣华商贸有限公司】 原名固原贸易中心,1996年建成使用,2003年10月由银川高新区荣华房地产开发有限公司接管,更名固原荣华商贸有限公司。该公司位于原州区文化街,建筑面积2.5万平方米,设有摊位1700多个,年销售额超过4亿元。固原荣华实业现为股份制民营企业,是以房地产开发,场地出租设施租赁、商场物业服务管理为经营范围的综合服务性有限公司。公司现有员工49人,下设房地产开发部、固原贸易中心部(安全保卫组、保洁组、经营管理组)、财务部综合办公室。公司办公地点为固原贸易中心5楼,企业注册资本10034万元,企业总资产约3.5亿元。2007年先后被市委市政府、原州区委区政府评为"2006年度招商引资先进企业"和"十佳纳税企业",2008年度被原州区安全生产委员会评为"07年度全区安全生产工作先进单位",被市人民政府评为"消防工作先进集体",2009年被固原市安全生产委员会评为"08年度全市安全生产工作先进单位",市人民政府评为"09年度先进企业"。2010年度被固原市人民政府评为"2010年度守合同重信用企业"。

【隆德县新世纪购物城】 隆德县新世纪购物城是隆德县商务局采用集资方式修建、产权属于投资户个人的大型购物中心。它位于县城解放路西侧、人民路南侧,始建于2000年8月,建成于2001年12月,于2002年1月投入使用,砖混3层,建筑面积

5800平方米，是隆德县目前最大的商品经营场所，现有经营户180多户，其中：服装类经营摊位110户，鞋帽类经营摊位22户，家电类经营摊位8户，裁缝类经营摊位8户，其他类经营摊位32户，经营人员200余人，日平均客流量在1000人以上，日销售额在10万元左右，月销售额在300万元以上。是我县重点消防单位之一。购物城共有消火栓21个、干粉灭火器20个，防火卷闸门3樽。做好新世纪购物城消防安全是我们工作的重中之重。新世纪购物城成立管理办公室，现有管理人员7人，管理办公室主任一人；保安人员3人；卫生清洁工3人。负责购物城日常保安、管理费用收缴等日常工作，保证购物城安全营业。

【万家和商贸有限公司】 万家和商贸有限公司成立于2000年，位于西吉县城中街帝豪大厦内，是一家民营股份制企业，目前已发展连锁商业超市10余家，拥有员工5000人，作为西北地区发展部的兄弟店万家和购物广场于2000年成立已先后在陕西，甘肃，宁夏等地开店。万家和购物广场帝豪店是万家和驻宁夏开发部的一家兄弟店，于2010年1月6日入住西吉帝豪大厦，面积8000平方米，主营生鲜，副食，百货等三万余种商品，该店以现代经营管理模式为构架，奉行“倾听顾客声音，关注客户眼神，抓住细节，尽心尽力”的经营理念。开业以来已成为西吉当地利税先锋，年缴双税达数十万元，并为西吉当地解决劳动力300多人，高层管理人员中中共党员6名，一流的设施，先进的管理。我们的宗旨是：“高品质的商品，高质量的服务”以诚待人，诚实守信，我们的经营目标是：“成为顾客首选的综合型超市。我们将尽最大的努力，让每一位顾客可享受到最优质的服务。坚持“双向沟通，德才兼备，不重学历重能力，不重资历重业绩”的管理理念，力求成为万家和商贸有限公司旗下管理规范，运作高效，服务创新的标志店，帝豪分店将受惠于西吉县广大消费者。

【固原新时代购物中心】 固原新时代购物中心是由宁夏上陵实业有限公司斥资1.5亿元倾情打造、深圳佳和信商业管理策划有限公司全程策划管理的现代购物中心。该中心地处固原市繁华地段，交通便利，总建筑面积4万多平方米,，设计新颖、风格别致、功能齐全，是您休闲、购物的最佳场所。新时代购物中心从主体建筑到室内装饰、从适应于时代的营销方式到现代化的运作管理、从经营规模到经营种类，从商场总体规划到品牌旗舰店的招商、从引进专业策划管理公司到打造一流团队，都创造了固原第一。固原新时代购物中心是南部唯一集购物、餐饮、娱乐、商务、休闲为一体的全业态、多功能的现代化购物中心。尤其是四楼各款精美家具任您选购，无论是时尚的、古典的还是现代的、传统的，每一种风格都带给您一份惊喜。固原新时代购物中心环境优雅，步行街和中厅都给您一种休闲的新享受，另外内设红外监控系统、强力通风系统、安全消防报警系统，并有12台自动扶梯和2台自动货梯等设施，一应俱全，为您营造一个轻松的购物环境。

【新时代电脑手机数码广场】 新时代电脑、手机、数码广场2006年4月15日开业。打造了固原首家大规模、最高档次电脑、手机、数码广场。2006年4月8日，固原新时代购物中心电脑、手机、数码广场已试运营，4月15日开业，开业期间每天1000部的特价机，特价促销持续了10天。1～4楼所售商品低价销售，百万礼金大派送，精彩纷呈大型演艺，购物送券抽奖中价值4999元高档笔记本电脑。这里汇聚着国内外优秀品牌：联想、清华同方、诺基亚、摩托罗拉、三星、宏基、纽曼、京华、佳能、清华紫光、爱生……上千种款式、品牌数码是新时代购物中心最耀眼的新星。

【固原五指广场】 位于固原市中心区域，西、北两侧均临市政府家属院，东临政府巷，南接政府街，属于休闲、娱乐、购物为一体的城市中心广场。建设用地面积为31901平方米，整个广场建筑面积为47038平方米。广场分两期建设，一期14198平方米，已于2004年12月竣工，二期工程32840平方米正在建设之中，总投资1.5亿元。

六盘山宾馆 位于固原市中山街与文化街交汇处。南临憩园草坪，西连市人民会堂、汽车站，距火车站不足两公里。是固原最大的宾馆。有不同档次的客房二百余套，均设有卫生间、闭路电视、程控电话。高中低档客房配备地毯、冰箱、空调等，24小时供应热水。豪华价廉、温馨舒适，适应不同层次的宾客，一次可容纳300余人。内设清真餐厅，菜鲜味美，突出地方风味，备有大型宴会厅两个，豪华雅座16套，一次性可容纳500人就餐。内设450平方米多功能厅一个，小型会议室7个，封闭式停车场一处。附设商务中心、保健中心，附带宁夏大漠旅行社、万通小汽车出租公司，可同时接待大型会议和旅游团队。

永祥宾馆 地处固原市区中心繁华地段，与固原汽车站仅一墙之隔，距固原新时代购物中心、商贸城不足百米，地理位置优越，交通便利，购物方便，环境安逸舒适，宾馆严格按照国家四星级标准建成，主体建筑13层，是目前固原集住宿、餐饮、娱乐为一体楼层最高的四星级宾馆；宾馆房间的款式、造型、布局属宁夏一流。宾馆拥有格调高雅、温馨舒适的贵宾套房、豪华套房、标准套房，客房配有高档实木家具、大型液晶电视、豪华空调、高档卫生洁具、先进的音响设备、造型各异的灯式等，现代化设施一应俱全，服务标准按照北京五星级宾馆服务标准，服务人员全部是从北京学习宾馆酒店管理服务归来的高级管理、服务人员，训练有素的保安队伍、电子监控系统、消防自动报警确保旅客安全。优雅舒适的一、二楼餐厅荟萃了大众饮食与回乡特色风味相结合的饮食文化精华。外地游客可“游丝绸古道，观六盘秀色，住高档宾馆，品回乡美食”，富丽堂皇、风格各异的宴会厅可激发宾客的遐想，设备先进的大、小会议室、多功能厅保障各类会议圆满成功；大型会议室可容纳200多人同时开会，举办各类宴会；商务中心为您提供飞机票、火车票预定、打印、传真、上网等商务服务。立馆、建馆、治馆、兴馆，永祥宾馆在精诚团结、求实创新的工作中与时俱进，抓特色、树品牌、求效益、创一流，追求不懈，奋斗不止。不断加强与区内外信息的交流沟通，加速与国内知名宾馆饭店在优质服务、现代管理上的接轨；致使永祥宾馆成为功能完善、环境优美、项目齐全、设备先进的高标准四星级宾馆。永祥宾馆以细致入微的人性化服务、超值服务、特色服务为依托；秉持“尊贵典雅、细腻周到”的经营理念；坚持“宾客至上、服务第一”的宗旨；发扬“自我加压、团结一致、追求卓越、努力超越”的创新精神；贯彻“以质量为生命、以管理为基础、以发展为追求、以效益为中心”的方针；执行“一切为了方便客人，一切为客人满意”的行为准则，坚持不懈地走精品之路，推动精品意识、精品管理、精品营销、精品服务，铸造“以诚待客、情满固原”的优质服务品牌。

固原红宝宾馆 坐落于固原市中山北街，占地3061.96平方米，建筑面积约9800多平方米，是一座具有现代管理水平，集餐饮、客房、会议、娱乐为一体的高级豪华型涉外宾馆。一楼回餐大厅，设有零点超市、自助餐，面点菜品花样繁多；二楼拥有20个高档雅间和容纳200人的西餐厅，菜肴以地方特色小炒为主，兼有湘、港、粤、川等菜系经典佳肴。三楼至六楼拥有94套客房，其中豪华套间1个（门市价856元，七折价598元），普通套间4个（门市价583元，七五折价428元），商务间5个（门市价235元，八折价188元），单间6个（门市价210元，八五折价178元），标间78个（门市价244元，七五折价180元），大中小三种类型的会议室和洗浴中心。宾馆可同时接待500人的会议和用餐，宾馆后设有停车场，一次可停放33辆轿车。宾馆还拥有商务中心、红宝超市、洗浴中心等配套服务。

【古雁山庄】 位于固原市西北方向3公里的古雁岭，欧式建筑，别墅风格，松柏苍翠，古柳枭娜，草茵萋萋，风景优美，空气新鲜。山庄占地1公顷，建筑总面积14000平方米，共有别墅式楼房5栋。于2006年10月开始正式营业。住宿接待量150人，是固原市唯一一家别墅式接待中心。一号楼设有总统套房、夫人套房、秘书室各一间、警务室两间，一般接待7人，若两人合住同一间房，可接待10人。二号楼设有豪华套房两间，商务套房两间，豪华标准间四间，一般接待12人，若两人合住同一间房，可接待16人。三号楼设有洗浴中心，豪华商务KTV包厢8间，豪华标间21套。四号楼设有商务间3套，标准间11套，一般接待25人，若两人合住同一间商务间，可接待28人。五号楼设有会议室（可容纳40人）、接待室（可接纳20人）、多功能厅（主要用于会议、聚会、演出、就餐等活动，能容纳150人左右）、休息厅和雅间7间。六号楼设有标准20套，可接待40人。

【固原华祺饭店】 位于政府街7号，是一家涉外三星级宾馆。占地面积6568平方米，建筑面积6010平方米。建有迎宾楼2幢，有套间、标准间、经济间客房100套，均装有有线电视，电话及豪华家具。24小时供热水。内设清真餐厅2个，豪华雅座25个，可一次容纳500人就餐。饭菜高、中、低档俱全，突出地方风味。设会议室2个，附设传真、物品寄存、综合商场、保健按摩、汽车出租、导游等多种服务项目。

【固原电力宾馆】 位于人民街219号。是集餐饮、客房、舞厅、保龄球、商务为一体的旅游涉外二星级宾馆。客房74间，分高、中、低三个档次，可同时住宿170人。保龄球馆、舞厅、多功能厅可容纳200多人，设回、汉餐厅，一次可容纳200人就餐。

【固原福苑实业有限公司】 福苑实业有限公司位于固原市东关路，交通方便地理位置优越，公司前身是固原外贸餐厅，1993年由现任总经理张志福，副总经理白梅接管经营，经过九年的不懈努力，把原来只有140平方米，10张餐桌的外贸餐厅发展为现在拥有260多位职工，公司占地面积13900平方米，营业面积5600平方米，总资产达1200多万元的大型企业，自从福苑公司2002年6月注册成立至今，主要经营地方特色，清真食品而闻名全市及周边各市、县、及各乡镇，本着“高的是品格，低的是价格，不变的是福苑饭庄的风格”和“对顾客的厚道、热忱、关爱”的经营理念，赢得了广大顾客的大力支持和青睐，公司在总经理的领导下，不断改造室外环境，提高室内装潢，内抓管理，外塑形象，为了方便于广大顾客，为结婚新人免费提供花车，免费送司仪，免费为婚宴送节目、备服装，为过寿、过生日的客人免费送蛋糕、鲜花及祝福等；使得福苑饭庄的生意越来越火，每天订餐人数过千人，在婚配旺季定桌，需提前几个月方可定上，否则便会遗憾而去或不得不重新择日。

2002年福苑饭庄被自治区评为“宁夏餐饮名店”，《五仁烤羊背》《蝴蝶扑泉》被评为宁夏名菜，2003年被评为“诚信纳税户”，连续两年被评为“重合同守信用企业”、“宁夏食品卫生A级单位”、“全国绿色餐饮企业”、首届“文明非公有制企业”等一系列荣誉称号，为了公司的远大目标，公司先后培养出一批技术过硬，素质过强的厨师队伍和管理人才，其中高级中式烹调师8人，中级16人，初级16人，得到国家认证的管理人4人，在固原市首届名小吃既清真食品大赛中获团体总分第一名，其中“水饺扣羊脑”、“长厢厮守”、“品三样”、“家乡荞凉粉”、“果味素排骨” 等二十多种菜肴得了金奖，“炒麻食”、“烫面油香”“羊肉抓饭”、“南瓜煎饼”等十几种小吃获得了金奖。“糯香羊排”、“元宝土豆丸”、“稻香羊排”等十几种小吃获特色奖，2005年9月，“手工糅糅”、“情趣”、“炸汉堡”、“蜂蜜摊饼”、“长寿羊脑”、“蜜汁金枣” 等菜品在全国鸿宾楼杯清真创新大赛上分别获得特金奖、银奖、铜奖的成绩，公司行政总厨在全国第十五届厨师节获“全国优秀厨师称号”，从而使该公司成为固原市一流的大型餐厅饮企业。

【新世纪宾馆】 位于文化街22号，属市劳动就业局，为星级涉外宾馆，备有高、中、低档床位268张，餐厅提供回、汉风味菜肴，配有功能齐全的大小会议室。

西吉县住宿企业有电力宾馆、西吉宾馆、水利宾馆、药业宾馆、乡镇企业旅馆、民政旅馆等。餐饮业有西吉宾馆餐厅、丰泽园、电力餐厅、大开元鱼庄、清真轩、粤珍苑、邮电餐厅、西苑餐厅、吉强苑、伊香楼等。

隆德县有隆德宾馆、隆丰宾馆、南门人民旅社、交通旅社。专营餐饮企业有交通饭庄、北顺酒家、穆斯林饭庄、农友饭庄、川味酒家、观泉饭庄、西苑楼饭庄、食为天饭庄、鑫月饭庄、瑞丰苑饭餐厅、万客隆火锅城、居福来饭庄、春林饭庄等。

泾源县宾馆有政府招待所、旅游宾馆、供销宾馆、交通宾馆、六盘山自然保护区招待所、泾河度假村。餐饮企业有招待所清真餐厅、迎宾楼、交通饭店、恩慈清真饭店、泾平清真饭店。

彭阳县有彭阳宾馆、人民旅社、交通旅社，餐饮企业有彭阳美食城、火锅苑、福来清真餐馆等。

【泾源泾河饭店】 2005年开业。泾河饭店恪守“信誉第一，诚信为本”的职业道德，以优质的服务、物美价廉的饭菜和一流的卫生笑迎八方宾客。泾河饭店饭菜香的美名在区内外小有名气，上海、北京、四川等地的旅游团队慕名而来，来泾原旅游观光的同时，吃一吃地地道道的民族特色美味。结合回族名小吃，不断创新饭菜品种，在原有的泡椒牛腩、剁椒蟠龙、昌鱼、布袋豆腐、富贵长寿鱼、剁椒蒸鱼头、特色炒锅鱼、香辣鱿鱼虾、泾河烧鸡公等地方民族特色小吃和火锅的基础上，又新增了小肥牛等多种地方特色菜，以满足不同顾客的口味，让客人吃得放心，吃得满意。

【固原中天物业服务有限责任公司】 成立于2004年12月，原名固原中天物业管理有限责任公司，注册资金50万，以物业管理为主要经营业务，具有三级物业管理资质。公司主营物业管理外，并兼营闭路监控、楼宇对讲、程控交换等其他电子产品，具有自治区公安厅三级安全技术防范工程设计施工资格证书。目前主要代理的电子产品有：中国名牌厦门立林楼宇对讲系统、德国诺比节电器、美国邦特威、深圳荣天视监控系统。2007年注册固原都市人家装饰工程有限公司，作为物业公司发展的衍生产业链。公司成立伊始，便派员工赴具有国家一级资质、通过IS9002国际认证体系的上海东湖物业学习，并聘请东湖物业的高级管理顾问，根据其成熟的物业管理经验，结合本地特点，精心打造了中天物业品牌。公司凭借自身优势，经过不懈努力，现已成为固原最具规模和实力的物业管理公司。通过提供高要求、高标准、全方位的物业管理服务、保安服务、清洁服务、绿化服务、维修服务、家政服务等业务，通过规范化、专业化的管理运作，创造了适合物业管理行业发展的自主经营、自负盈亏、自我发展和自我约束的现代企业制度，在社会上和同行中逐步树立起了“中天物业管理，真诚服务大家”的优秀管理品牌与企业形象。公司以岗位有职责、工作有标准、管理有规范，造就了一批优秀的管理骨干，组建了一支拥有团结领导核心的高素质专业管理团队，形成了中天物业独特的管理模式，并为所管理的物业保质、升值提供了可靠的保证。公司以鲜明的企业文化，凝聚了大批技术全面、训练有素、作风严谨的员工。其中管理人员17人（专业技术人员13人，其中中级职称（含中级）以上的工作人员8人，初级资质的工作人员5人），维修、治安及保洁等其他工作人员280余人。中天物业奉行“业主利益第一、用户满意第一、公司品质第一"的宗旨,坚持以人为本的管理服务理念, 运用科学的管理机制,坚持规范、细心到位的管理工作以及优质服务的企业精神。公司始终坚持遵守国家的法律法规、遵循市场经济的运行规律,坚持守法经营、依法纳税,坚持"开发商、合作企业、投资者、运营商、消费者、政府"六位一体、共同发展的原则。

【六盘山鼎盛绿化苗木场】 于2001年成立, 公司位于在风景秀丽的、享有世外桃源之称的六盘山旅游风景区,充分利用、发挥600余亩苗圃、基地的资源优势,延伸产业链,挺进城市园林景观绿化市场,地处西北五省十字路口,交通十分便利。是一家集林木种苗、园林工程、生态旅游三大产业于一体的省级农业产业化和林业产业化双龙头企业。常年供应各种规格不同的云杉、油松、樟子松、国槐、刺槐、垂柳、旱柳、樟槐柳、侧柏、刺柏、块栢、红叶小檗、榆叶梅、丁香、速生杨、新疆杨、香花槐、碧桃、柠条等等常规绿化树木。产品直销北方各省。另承接各类园林项目。企业经营理念是:价格优惠,品种齐全,资源丰富;以"诚信服务,品质第一"为宗旨,为全国各地提供高质量的绿化苗木。

【泾源六盘山生态园林有限公司】 公司成立于2003年,注册资金50万元,是本地区首家以苗木、花卉培育、销售、生态旅游开发和绿化工程于一体的民营有限责任公司。公司致力于本地优势苗木的种植和培育, 现拥有六盘山区最大的油松基地,先后培育、引种了六盘山探春、暴马丁香、珍珠梅、蓝杉、黄刺玫、榆叶梅、连翘、红叶李、香花槐、金叶莸等十多个品种的乔灌木和地被植物,丰富了本地的苗木种植品种,业务遍及宁夏全境和甘肃、陕西、内蒙古等周边省区,凭苗木质量和诚信经营树立了良好的声誉。公司的发展带动了当地的苗木产业,使下寺村成为最早的苗木专业村,苗木种植面积超过了1000亩, 价值超过千万元,2009年共销售各类苗木80多万株、价值200多万元,先后注册了泾源县香水镇下寺苗木花卉专业协会、泾源县六盘山绿峰苗木专业合作社,发展股东28人,会员117人,理事长曾获全国十七大代表、"十大绿化女状元"、"三八红旗手"、区市县级党和人大代表、奥运火炬手诸多荣誉。2009年元月,由于业绩突出、管理规范,合作社被区财政厅、农牧厅、林业厅评为全县第一个"示范农民专业合作社"。次年,公司成立了工会委员会, 被定为泾源县大学生创业示范基地和"工字号"创业示范基地;"六盘松"成为六盘山地区首个苗木类商标。

【六盘山林业有限公司】 公司位于宁夏最南端的六盘山腹地的泾源县。公司成立近十年来,已同北京、内蒙古、陕西、山西、青海、河南、河北、西藏等地建立了长期供求关系。并且近年来给本区及北京中直机关培训基地、青海南北山,陕西延安等地重点绿化工程供应各种优质苗木,以价格低、苗木质量好、成活率高,赢得各地客商的一致好评。 公司经营范围:销售各种规格云杉、油松、樟子松;各种规格柳树、槐树、杨树、红叶小檗、紫叶小檗、木槿、月季、连翘、白腊、臭椿、香椿;经济林果树苗有:枣树、黄叶木、核桃、樱桃、杜仲、枸杞、山桃、山杏、苹果;野生花冠有:刺梅、探春、连翘、紫丁香、白丁香、珍珠梅、紫薇、卫矛、马莲、红柳等珍贵野生药材类苗60余种。 这里属于高寒、干旱地区,海拔高、昼夜温差大,所培育的苗木具有耐寒、耐旱,适应于各种气候下生长的特点。公司秉承传播绿色人文、广结四海同仁为宗旨,坚持诚实守信、质量信誉第一为己任,在新的一年里用最优质的苗木,最低的价格酬谢新老客户。

【宁夏固原三泰园林景观工程有限公司】 位于固原市大明城高速公路口西侧的宁夏固原三泰园林景观工程有限公司,是一家集园林设计施工、苗木花卉培育和园林管护等为一体的综合性园林企业,是我市唯一获得国家二级资质的园林公司，公司在走过十多年的风雨历程中始终按照“彰显特色、突出绿色、提升灵气、聚集人气”的工作宗旨，扎根于固原大地，奉献于固原人民，他们与时俱进，始终站在绿化美化城市的最前沿，在园林规划、施工设计上既追求现代之美，又崇尚于自然之趣，力求使建筑美与自然美交相辉映、相得益彰，他们既讲求平面之美，更注重三维效果，精雕细琢、妙笔生花。公司的设计理念和现实杰作能使观赏者耳目一新，展出在人们眼前的都是一副副美丽的山水景观。近年来，公司在苗木新品种引进培育上始终走在我市及周边地区的前列，公司现已建成苗木基地160多亩，新品种苗木引进繁殖基地60亩，日光温棚5600平方米，引进各类苗术新品种60多种，公司拥有近百人的施工队伍和二十多名专业技术人员队伍，孙玉儒是该公司的创始人和带头羊，他80年代初毕业于山东济南大学，曾供职于六盘山水泥厂、泾河肉联厂和广夏(固原)集团公司，从一个从未接触过园林绿化的门外汉逐步成为一名集设计和管理于一体的行家里手，在他的努力下，公司已成为拥有1000多万元的大型园林绿化企业。原州区第六中学的校园绿化美化工程，六盘山机场的入口处，固原市委党校校园工程是该公司代表工程，受到了社会的广泛好评。

【固原正祥供热（集团）有限公司】 组建于2004年，前身是正祥总公司。注册资金2016万元，总资产1.4亿元。集团现设有“九部一室”即党支部、员工部、财务部、审计部、采购部、项目部、工程部、统计部、业务后勤部、办公室和工、青、妇等组织。所属分、子公司有：宁夏正祥供热公司(银川公司)、固原供热公司、装饰公司、房地产开发公司、物业公司、好乐城、正祥国际饭店。现有员工486人。截止2010年初，银川、固原两地实际供热面积达200多万平方米，拥有热用户2万9千余户。两地安装运行6台(1台20吨、5台40吨)燃煤热水锅炉、一台80吨高效流化床锅炉。已建换热站12座。在供热区域拆除50多座高耗能、重污染的小锅炉。极大降低了能源消耗、减小了市区环境污染。集团成立后，曾先后荣获“守合同重信用单位”、“文明非公有制企业”、“基层党建工作先进单位”、“创双优劳动竞赛活动先进集体”、“最值得华人企业500强投资的中国企业”等荣誉称号。在创建企业文化中，倡导提出了“共建共享，服务社会。环保节能，蓝天白云”的正祥企业文化核心。日常经营中，集团公司实行“六化管理”——目标数字化、人企自治化、监督过程化、合同合作化、模式程序化、服务优质化的管理模式。建立实行“KPI和CSF两值目标绩效考核”机制。重视加强技能型和实用型人才的培养使用和企业自身的技术创新和制度创新。

【宁夏九通典当有限公司】 该公司是经国家商务部、公安部批准，于2006年12月在固原市工商行政管理局注册的一家具有雄厚资金实力、专门从事典当贷款，具有独立法人资格的企业，它是由有实力的企业及个人股东共同投资组建而成，注册资本1000万元，具有稳定雄厚的资本优势。公司一直秉承“和谐典当、稳健生金、互通有无、共赢进步”的经营理念和服务精神为各种经济实体、中小企业、居民个人提供质、抵押贷款等金融服务(质押物品包括具有一定价格并可流的各类资产，如房产、商铺、车辆、名表、金银饰品、钻饰、古玩字画、电子产品、家用电器等)，帮助其解决季节性、临时性资金周转困难，提供方便快捷的资金支持，满足人民短期多样化的资金需求。宁夏九通典当有限公司坐落于固原市文化西街西2号，公司拥有一支高素质的人才队伍，秉承现代化先进组织管理机构，精通业务，为公司在今后面临的各种持久战奠定了坚实的专业基础。

【宁夏友联小额贷款有限公司】 该公司是经宁夏回族自治区金融办组织(金融办、人民银行、工商局)批准。经过招标、公示、考察、验资,于2009年5月21日正式批准成立的,是我区南部山区以服务于三农、商贸、中小企业贷款公司,注册地为我区固原市原州区,注册资本1000万元人民币。公司员工人数6人。公司经营以发放小额贷款为主。公司贷款服务宗旨:公司贷款坚持以小额、分散、快捷、方便为原则,有效配置金融资源;支持下岗职工再创业;支持贫困家庭妇女发展项目;加速推动地方商贸的发展。公司贷款方式:"个人信誉贷款"农户、职工贷款,用退耕还林证质押、五户联保、工资抵押抵押等方式贷款;"企业贷款" 凭企业法人有效证件,出示企业营业执照,税务登记证、企业法人身份证、财产证明近半年的财务报表均可申请办理;"再创业贷款"为掌握一定的技能,返乡务工人员,提供创业贷款;"凭证质押贷款"权利凭证质押贷款是指为满足客户的资金需求,在客户能提供有价值、真实税务权利凭证作为质押物的条件下,向客户发放一定额度的贷款;"股东授信贷款"指友联贷款公司的自然人股东,为借款对象,向其发放用于法律法规允许内的从事生产经营、商贸流通、个人消费等方面的保证担保贷款,并由借款人承诺若到期不履行还本付息义务或有其他违约情形时,将通过转让其股权的方式清偿贷款本息。公司还款方式:灵活的还款方式,根据生产的季节性和客户现金流量情况量身定做,并推荐按月等额还本付息。公司经营理念:稳健、高效、规范、创新。公司服务理念:联手创业、互动双赢。

【宁夏大漠旅行社】 是经自治区旅游局批准,在固原市工商管理部门注册,具有独立法人资格的旅游企业。是固原市最早开办旅行社的人员创办的。其质量高、信誉好多年来在固原市成功地举办了各种层次、年龄和行业的团队旅游、考察、学习、会议、职工疗养、学生夏令营等活动,得到了社会的认可和游客的信赖。大漠旅行社始终以"宾客至上、信誉第一"为宗旨、一贯坚持"诚实、守信、文明、敬业"的原则。为广大游客提供"吃、住、行、游、购、娱"全方位地服务。并拥有一批具有专业知识和专业技能地导游和管理人员参与旅行社的发展。

【固原银海科技有限责任公司】 成立于2003年,注册资金518万元,现有办公、技术服务场地1500平方米,设有人事财务、技术服务、电子商务、市场营销、软件开发、项目策划、培训咨询、系统集成8个业务部门,1个培训基地(中小企业及创业人员培训基地),2个服务中心(电子商务交易服务中心、网络信息服务中心)。有员工28人,研究生2人,本科学历人员18人,大专学历人员6人,中专学历2人;聘请高级技术顾问2名,大学本科及以上学历的18人,占71. 4%。年龄结构合理,专业形成互补,技术能力有突出优势,技术服务水平高。软、硬件服务设备及资源条件具备,有中心机房(服务器、交换机、防火墙安全设备等),多媒体教室,计算机培训教室,培训咨询室,软件服务系统、多功能厅等,以100兆带宽接入互联网,交通车辆、通讯设施条件完善。业务范围:主要从事中小企业及政府网络信息系统软硬件建设,计算机及外设、软件等销售,软件开发,系统集成,技术培训与咨询,B2B、B2C电子商务、物联信息服务、互联网增值服务推广等业务。以"管理联合式、运行企业式、建设开放式、资源共享式"的运营机制,为固原市中小企业提供综合性公共技术服务。先后与宁夏大学、宁夏师范学院、固原职业技术学院等8家大专院校、4家科研机构、3家中小企业服务机构建立了长期合作关系,组建了30人的专业服务团队,以固原市经济开发区,原州区清水河工业园区,彭阳汝河工业园区等6个产业基地、企业集群的中小企业为主要服务对象,提供信息服务会员企业868家,与200家企业签订了服务协议。举办各类培训班36期,培训管理、技术、创业人员2400多人次。印发纸质资料500册,发放光盘500张。提高电子商务的运营效率,每年为企业促销各种产品价值2亿多元,解决了买卖难的问题。充分发挥专家团的作用,为企业解决技术难题36项,法律、管理咨询服务436次,援助办理经济案件58期,挽回经济损失480万元。通过调查问卷,服务回访等评价顾客的满意度达到85%以上,得到了政府、企业的认可,取得了良好的经济效益和社会效益。2006年公司被宁夏回族自治区科技特派员创业领导协调小组评为优秀创业企业。2008年9月受宁夏回族自治区信息化领导小组表彰。2009年6月受国家科技部表彰。2011年3月被授予国家级中小企业公共服务示范平台。

固原方正科技苑联想电脑专卖店 2002年6月29日,固原方正科技苑联想电脑专卖店开业。创佳公司是固原地区计算机界的龙头企业之一,近年来通过卓有成效的产品营销,取得了良好的经济效益和社会效益。创佳公司一班人,他们在外学成归来,把科技产品引入固原,他们发挥自身优势,广开渠道,努力拼搏,闯出一条可喜的路子。该公司是1999年4月创建的,是一家集科、工、贸为一体的高新技术企业,是解决计算机系统集成应用的专业公司。公司目前有正式员工13名,设有销售部、网络工程部及维修部,主要代理"联想"、"方正"两大国内名牌计算机。现已完成六盘山隧道监护系统、固原师范多媒体教学网、固原行署办公自动化网络及西吉回中电子教室工程等项目工程,取得了可喜成绩。

固原市飞翔计算机科技有限责任公司 该网站是由飞翔计算机科技有限公司创建,是一家综合性网站,该网站涵盖城市,企业、旅游、医疗、教育等十几个栏目。提供企业上网、信息发布、电子商务、产品供求,招聘求职等多种业务。

固原博奥彩色印刷有限公司 创建于2003年11月8日,是宁夏回族自治区新闻出版局和固原市工商局注册批准的股份有限责任公司。注册资本150万元,员工16人。董事长兼总经理谢波为宁夏印刷技术协会常务理事、副秘书长,宁夏印协驻固原办事处主任、固原市印刷行业协会副理事长兼秘书长。主要以彩色印刷和黑白印刷加工为主,兼做文化用品批发零售。主要经营范围有报纸、书刊、宣传画册、年历、挂历、不干胶商标、账表、票据、资料的印刷和精装,同时开展平面设计创意、稿件编辑、彩色制版等业务。2003年12月,印刷《六盘山》杂志被自治区新闻出版局评为一等奖。2004年1月承印的《固原人大一周年》,被自治区新闻出版局印刷业管理处评为优质产品。公司本着"博奥精印,诚实有信"的经营理念,以精良的技术力量和先进的设备生产能力服务社会,最终达到博览众采,奥妙天成的效果。

泾源县印刷厂 1967年建厂,属二轻系统国有企业。承担县辖内账表、单据、作业本印刷,半机械化设备31台,固定资产65万元。年产值60万元,职工64人,1994年改制。

隆德县环鲜箱业有限责任公司 成立于2010年4月9日,地处隆德县联财镇街道(原联财边贸市场),312国道边,交通十分便利,公司占地16亩,建筑面积5260平方米,总投资460万元。公司持以市场为导向,紧追流行时尚,重为包装业增姿添彩。公司整套引进全自动设备,增强了企业自身的发展能力,提高了市场竞争力,建成全自动生产线2套,其主要以生产各种不同型号的纸箱、保温箱、苯板为主,对当地气候、环境无任何污染,更进一步提高了当地特色农业产业链条化。公司现有员工35名,其中技术管理人员8名。建成以后,可以吸纳当地富有劳动力80余人。年营业额1300多万元,创税收70多万元。公司设有总经理室,客户接待室、财务部、生产部、销售部、员工宿舍、管理规范、环境优雅,安全卫生。我们遵循"与时俱进,科技创新,自我发展,报效理念",坚持"质量第一,诚实信用"的原则全面实施品牌战略。服务于社会和广大客户，是环鲜永恒不变的追求。

【固原市再生资源回收公司】 固原市再生资源回收公司，前身为固原市物资总公司金属回收公司，隶属于固原市物资总公司，属国有企业。成立于1987年，2001年进入固原经济开发区，主要从事报废汽车回收(拆解)及再生资源回收等业务，是经自治区商务厅审核认定的固原唯一一家报废汽车回收(拆解)资质的单位,2009年4月20号又经自治区商务厅审核颁发了“再生资源回收经营者备案登记证”，是汽车以旧换新回收车辆定点单位，现有职工20人，中专以上的技术人员5人，经培训合格的拆解工5人，注册资金23万元。公司现有厂区面积6906平方米，厂房建筑面积250平方米，运输车辆1台，氧割设备4台。年拆解报废汽车能力为1000辆。是国家环保拆解设备(汽车弗利昂抽取仪器)投放在我市的唯一单位。公司在报废汽车的回收拆解工作中，认真贯彻落实国家政策法规，不断加强行业自律建设，规范经营，环保拆解，有效遏制了报废整车、拼装车上路行使和“五大总成”重新流向社会的不良现象的产生。为维护我市人民的生命安全和道路交通安全，为我市的环保建设和废旧资源的再生利用作出了贡献。公司今后的基本思路是从目前单一的收购、销售，转向收购、加工、销售，提高再生资源的附加值，扩大再生资源收购品种，从目前单一的废旧汽车和废旧金属收购、销售到扩大收购有色金属、废钢铁、废塑料、废旧电器、废旧电脑等。

【西吉土老冒艺术有限公司】 西吉土老冒艺术有限公司位于西吉县公安局对面，是一家以广告装潢、企业策划、艺术品开发、高科技术产品、办公用品、文体用品、礼品奖品销售为一体的综合性公司，在西吉县颇具影响且实力雄厚。公司本着“以人为本、精益求精”的宗旨，根植于亘古质朴的黄土高原，紧随时代的步伐，以技术和饿质量开拓市场，以责任和信誉赢得客户。

【固原博士园文化办公用品有限公司】 固原博士园文化办公用品有限公司成立于2003年2月28日，公司注册资金39.6万元，公司管理人员3名，现有员工4名，公司下属的固原博士园文化办公用品超市位于固原市中山南街(城关六小对面)，营业面积120多平方米，本公司超市的开业填补了本市在文化用品、学生文具、办公用品、办公设备市场方面的空白。公司以一个有规模、讲品牌、上档次、保质量的形象超市献给固原广大消费者。创业对于创业者来说是一种激励的事情，你以为已经做好所有的准备了，可是当你开始做事的时候，你会发现自己需要的东西是那么多。我们始终本着“以人为本”的经营理念。我们努力把质量建设、品牌建设上升到诚信建设、信誉建设的高度。客户满意是我们追求的永恒目标：客户大小一样主动；生意大小一样热情；业务忙闲一样耐心；新老顾客一样亲切；表扬批评一样诚恳。主要经营高效舒适的办公设备，内涵专注的办公用品，精美时尚的学习文具，专业优质的财会用品，世界名优书写工具，工程用各种测量仪器仪表。本公司具有一般纳税人资格，各种税务手续齐全，可为一般纳税人企业办理增值税专用发票。可满足客户方便、安全、快捷结算业务，单位、团体可通过银行办理转账手续。本公司业务范围涵盖四县一区的部分企事业单位、学校、外省驻固的工程公司、银武高速公路工程单位，在做好新顾客服务工作的同时，还努力为新老顾客做好售前售后服务工作，为公司进一步发展奠定了坚实的基础。2003年联合固原邮政局协助固原教育局举办了全市“邮政杯”中小学生作文大奖赛，获“扶持人才，情系教育”奖。2005年度协助固原市委宣传部举办了全市“登山协会”的成立暨第一届登山比赛的成功举行。

【茗墨禅庐画廊】 茗墨禅庐画廊成立于1985年

11月，是由崆峒山书画社固原分社(1985—1987)、文墨斋(1987—1990)、文墨斋书画社(1990—1999)发展变更而来，是集书画装裱、书画交流、名家书画、金石篆刻、文房四宝等经营的非公有制私营小企业。成立20年来，为固原的书画艺术，特别是装裱行业做出了发展性的贡献。1988年宁夏成立30周年、固原地区文化处、固原博物馆主办固原首届书画收藏展，为其揭裱、装裱书画作品100多件，好评如潮。1990年、1996年两次为著名山水画家张延生在上海、日本名古屋市画展装裱120多件，装裱古朴典雅，精细脱俗，赢得了上海、日本观家的高度赞扬。1988年—2003年，先后为高层党、政、军领导人及著名收藏家揭裱古旧字画60多件，至今传为美谈。2002年为"固原撤地设市书画宣传展"、"固原—庄浪书画交流展"、"宝鸡·平凉·固原三市书画巡回展"的书画作品装裱，还得了宝鸡、平凉、庄浪各界人士的好评。业主陈瑞君，2001年—2005年参加了中国书协书法培训中心高级班，研修班学习，被评为优秀学员，书法作品获"中国书法书法培训中心成立十周年教学成果展"二等奖，2004年3月书法作品入展"全国第八届书法篆刻作品展"得到中国书法家协会、宁夏文联、宁夏书协的嘉奖。常参加固原文联"三下乡"活动，在固原政协会议期间为政协委员创作书法作品20多件，现为中国书法家协会会员，固原原州区政协委员，六盘山书画院副院长，江苏省国画院特聘书法家。

【金牛公司】 宁夏固原金牛商贸有限责任公司，始建于1994年5月，通过10年的不懈努力，现已发展成为固原地区最大的一家集摩托车、汽车销售、原厂配件供应、维修为一体的专业公司。企业先后与重庆宗申摩托、新大洲本田股份有限公司、天津一汽等数十家单位签订了代理、直销合同。多年来，金牛人以严把质量关、杜绝伪劣、假冒等不合格产品为经营准则，以低廉的价格、优质的服务，深受广大城乡消费者的信赖，销量逐年稳步增长。销售网络辐射银南地区、平凉地区、庆阳地区等市县。为扩大企业规模，公司于2004年5月18日与银川东辉汽车销售服务有限公司强强联合，在固原市开发区组建起宁夏鑫牛商贸有限公司，占地面积6580平方米。目前，公司正朝着集汽车、摩托车销售，原厂配件服务、住宿、餐馆、娱乐于一体的综合实业公司方向发展。公司现有分公司、各种品牌专卖店30多家，营业场所1300多平方米，职工50余人，公司还在固原市四县一区、127个乡镇建立了90个维修站，从根本上解决了城乡群众修车难的问题。特别是在全市率先推出了"零公里服务"、定期下乡送温暖、把服务送到千家万户，送到田间地头。充分体现了鑫牛公司的实力和对每个顾客的负责精神。

【固原捷达公司】 是1993年成立的一家民营企业，公司成立之初，员工只有2名，资产仅为4万元。经过10年的艰苦创业，现已发展成为一个初具规模的摩托车、汽车、小轿车销售、维修、配件供应一体化服务的经营体系。面对激烈的市场竞争，公司始终坚持"打造品牌"战略，以豪爵、嘉陵等中国名牌摩托车为销售主体，不断向周边地区辐射。已在隆德、彭阳、泾源等县设立了分公司，在全市设立了60多家销售及维修网点，初步形成了一个比较完善的销售和维修网络，给公司今后的发展奠定了坚实基础。

捷达公司先后代理一汽集团的嘉宝面包车、浙江吉利集团的吉利小轿车、河北中兴集团中兴皮卡等名优产品。积极争取各厂家的优惠政策，坚持"薄利多销、让利于民"的方针，树立良好的经营信誉。"以质量求生存，以诚信求发展"是公司的座右铭，所经营的各类产品同周边市县和邻近地区相比，价格是比较低的。多年来，捷达公司始终以"艰苦创业、无私奉献"的企业宗旨，坚持"正义、善良、诚信、廉恭"的经营理念，在发展经济、扩大公司规模、提高效益的同时，积极投身于地方经济建设和公益事业，已先后拿出10万余元钱和物品，用于支持部分乡镇的教育事业,并资助十几名特困生完成九年义务教育。捷达公司先后被自治区工商联授予"优秀会员单位",连年被自治区农行评为"AA级信誉单位",被原州区人民政府授予"重合同、守信誉单位",多次被摩托车及汽车生产厂家评为"优秀经销商",为发展固原市非公有制经济做出了一定贡献。

【宏达摩托车销售有限公司】 经理王永明。现有18家销售分公司。销售的产品种类有摩托车、电动车、发动机、原车配件等。主要产品有哈雷.爱俊达,广东江门豪天,日本本田GB125X(双缸、双排)雅马哈天剑YBR125H代,重庆名门新秀摩托,台湾创新摩托。公司在摩托车销售中最注重售后服务。宏达公司的宗旨是:品牌、比质量、比价格、比服务,踏踏实实做人,勤勤恳恳经营。能力=勤奋+务实;品牌=广告+产品+质量+信誉;能力加品牌就等于成功。

【信塬旧机车中介咨询服务有限公司】 固原市信塬旧机车中介咨询服务有限公司成立于2005年7月,经固原行政管理审核批准的一家具有旧机动车中介、旧车咨询服务为一体的有限责任公司。本公司随着市场经济的飞速发展,购旧车的需求量越来越大,旧车质量的好坏及价格的适中成为广大爱车族倍切关注的问题,公司以"公平、公正、诚实、守信"为宗旨,以"您的满意是我们的心愿"为契机,帮助您解决各种购车问题。公司现有领导及专业技术人员13人,技术水平高,实力雄厚,管理水平先进,在业务往来中重信誉,守合同并和广大消费者及伙伴建立了良好的信息平台。

【固原世达实业有限责任公司】 固原世达实业有限责任公司成立于2002年8月,注册资本585万元,拥有各类专业技术人员35人,下属世达汽修厂和配件经销中心,并于2006年元月组建了"固原世达实业有限责任公司旧机动车交易市场"。厂为广大客户提供各种车辆的维修、钣金、烤漆、事故车辆修复、定点二级维护业务,2005年被保险公司推荐指定为事故车辆快捷服务厂家。配件经销中心经营各种车辆的发动机、底盘配件、车身覆盖件、品种齐全。旧机动车交易市场(包括旧摩托车)提供收购、寄卖、交易、销售、代办过户、维护、售后服务、停车、美容业务、软、硬件配套设施齐全。凡直接进入我市场交易的客户可享受以上一条龙服务。

【宁夏天豹固原汽车运输有限责任公司】 1958年9月成立。在原有20辆车的基础上起步,先后成立泾源、彭阳两个车站,扩大了运输范围。1964年,自治区交通局调整机构,撤销公司,成立固原运输总站。1970年,撤销总站,成立固原地区汽车运输公司。该公司承担着本地区6县(含海原县),中卫、同心及部分跨省的公路客、货运输业务。共有营运线路38条,其中跨县13条,跨地市11条,跨省区11条。营运里程2018公里(不含跨省区和各重复里程),固定客运班次59.5对,其中固原县境内3对,跨县18.5对,跨地市17对,跨省区21对。到1990年,公司有职工920人,固定资产618.94万元,汽车262辆,年运输总量35.37万吨,总周转量4436.72万吨公里。运输营业额1008.5万元(客运435.28万元,货运572.68万元)。截止2004年,公司在生产经营上形成四大支柱产业:客运生产以快速直达为龙头,现有经营线路7条,通达陕、甘、宁、新、豫、蒙、青等7个省(区)、50多个市县,日发班次350余次,自有车站7个,其中一级站1个,二级站4个,三级站2个;货运生产以货运基地为依托,带动全司货运生产发展,主要从事煤炭经销及运输;多种经营主要分布在宁夏、甘肃平凉、陕西西安等地;工业生产以汽车修理为主,自有修理厂1个。公司已逐步建立起集客货运输、住宿、餐饮、娱乐、汽车修理、汽车配件以及燃料销售、小型工程建设和驾驶员培训为一体的综合经营(服务)体系。公司下辖20个二级核算单位。2002年通过了ISO9001：9002质量认证体系，2005年通过复评，质量管理体系有效运行。并获得国家客运、货运二级经营资质。

固原市腾达汽车客运有限公司 系原固原县运输公司，1994年改制，化股分散经营。股东会10人，以客运为主、车辆8辆，个人出资成立固原县汽车客运公司。1998年开始发展城市公交，成立固原县客运公司公交分公司。固原市成立以后，注册登记为固原腾达汽车客运有限公司公交分公司，通过几年的发展，截止2005年，共有长途客车12辆，城乡公交100辆，停车场地3000平方米，办公场地500平方米，职工住宅5000平方米，固定资产1500余万元。

固原金马客运有限责任公司 金马公司是2003年3月成立的股份客运有限公司。单位共有272人，其中管理人员12人，其他职工260人。主要客运线路包括银川、中宁、同心、彭阳、隆德、海原、泾源、西吉及原州区各乡镇，通达率95%。并成立有金马客运有限责任公司城乡公交分公司。2005年，公司股份车辆已由当初的11辆班车发展到138辆，资产总额达1442万元，公司开通班线22条班次107个，有效解决了318人的就业问题，已发展成为具备交通运输三级资质的固原市最大的民营性质交通运输企业。

出租车公司 全市共有15家公司。固原市鹏翔出租汽车有限公司，成立于2002年，有车453辆，2161个座位。固原市试验区鑫源汽车运输有限公司，成立于2002年，有车307辆，1508个座位。固原市原州出租汽车有限责任公司，成立于2002年，有车500辆，2363个座位。固原顺达汽车有限公司，成立于2002年，有车206辆，924个座位。固原固雁汽车运输有限公司，成立于2002年，有车273辆，1382个座位。固原万通出租汽车有限公司，成立于2002年，有车270辆，1294个座位。固原福康出租汽车有限公司，成立于2002年，有车34辆，164个座位。固原交通物资有限公司出租分公司，成立于2002年，有车43辆，218个座位。固原试验区正君客运出租有限责伙公司，成立于2002年，有车626辆，3142个座位。西吉县安达旅游出租车有限公司，成立于2002年，有车4辆，48个座位。西吉明星客运汽车出租有限责任公司，成立于2002年，有车5辆，32个座位。彭阳县顺昌出租汽车有限责任公司，成立于2002年，有车12辆，64个座位。彭阳县鑫源汽车客运出租有限公司，成立于2002年，有车15辆，91个座位。隆德鑫源汽车客运出租有限公司，成立于2002年，有车16辆，98个座位。泾源县百顺出租汽车有限公司，成立于2002年，有车45辆，293个座位。运输业法人单位 固原市第一次经济普查，全市道路运输业法人单位18个，就业人员1095人，资产总额14759万元，年营业收入8244万元，利润总额71216万元。城市公共交通业法人单位14个，就业人员245人，资产总额1285万元，营业收入349万元，利润总额35.3万元。从事交通运输业个体户8103户，就业人员9506人，占行业分布16.4%。

固原金城房地产开发有限责任公司 成立于2001年12月，是固原市成立较早的房地产开发公司之一。公司注册资金400万元，下设项目部、工程部、财务部、公司综合部等。现有各种专业管理及工作人员20多名，具有高中及各类专业技术职称人员10人，其中高级职称1人，中级职称4人，初级职称5人。公司依托宁夏第四建筑工程建筑施工实力和良好的信誉，成为宁夏南部山地产开发经营实力最强的企业职员。公司开发建设的“家乐园”商住小区，占地面积11733平方米，开发面积26000平方米，其中商用面积3800平方米，住宅面积22200平方米，转角处开发的13层2号高层环保住宅楼为固原市第一概念性住宅楼盘。

固原市原州房地产开发有限公司 2002年4月成立，占地5600多平方米，注册资金313.5万元，固定资产700.5万元。工程技术和物业管理人员40多人。原州房地产开发有限公司前身城乡建设公司二分公司。先后承建原州区葛店中学、三营马路镇教学楼、原州区委及黑城镇较为住宅楼、原州区保健站综合楼、原州区交警大队住宅楼等20多项工程，优良率达70%以上。2002年该公司开发建设了固原憩园地下商场和西门自建综合楼，开发面积达12000平方米，总投资1120万元。

东海园区房地产开发有限公司 2003年1月14日成立，注册资金500万元人民币。公司设办公室、财务部、销售部、工程部、前期部(对外联络部)。东海园区是经自治区人民政府批准、固原市政府城市总体规划立项建在固原市黄金地段的现代化大型商住小区。园区占地30公顷，总建筑面积37万平方米，居住人口1万多人，工程总投资约4亿元人民币。一期工程竣工后，开发建设商住楼9栋，建筑面积6.98万平方米，已投资6410.3万元，占园区总投资的19%。其中建设住宅468套，已售359套(期房未售58套、现房未售51套)，销售率76.7%；应收贷款4903万元，实收款额4473万元，占应收回款额的91.23%。现有未售出的住宅1.33万平方米，未出售的商业用房9945平方米。

宁夏固原吉隆电力设备制造有限公司 位于固原市区中山北街，创建于1995年，占地面积12000平方米，建筑面积2200平方米，现有职工80余人。是机械工业部、电力部批准的定点生产和低压成套开关柜的专业厂家。是宁夏电力公司下属骨干企业。主要产品有低压开关成套设备、配电箱系列、高低电线路铁附件、变压器修理等。年生产开关柜产值1000万元。装配车间有母线冲孔、压花、折弯、超声波搪瓷工艺设备；机加工车间具有全套的折剪冲工艺设备，柜体采用整理酸洗磷，静电喷涂，有先进的产品出厂检测设备，产品质量始终处于受控状态，设计、开发、生产和、安装、服务过程中严格执行质量体系标准。

固原通用机械有限责任公司 以农机产品为主的机械制造加工企业。工艺设备先进、产品质量稳定。通用牌机械有9ZP—0.4及9ZP—0.5型铡草机，配备功率2.2kw电机。9ZP—0.8型铡草机、9FQ—50型锤片式饲料粉碎机、5TY—2型玉米脱粒机使用单项照明电，配备功率为2.2kw电机，可脱粒玉米为2000公斤/小时。公司有各种加工设备40多台，具有车、磨、刨、铣、焊、下料、折弯、卷筒等加工能力，能加工各种零部非标件，承揽各种钢模具、皮带运输架、防护栏、钢屋架、蔬菜大棚架的制作。能够铸造各种零部件毛坯，上下水专用井圈井盖，各种尺寸水篦子，楼房房顶出水漏斗，锅炉炉齿及炉条等。

固原试验区银轮钢圈有限公司 是西北唯一一家生产各种型号机动车钢圈的新型企业。2003年投资建厂。总面积2994.4平方米、固定资产458.7万元、机械设备361万元、占地面你17756平方米的大型加工企业。公司注册资金1176万元。设计生产规模：日产量30吨中板的汽车钢圈、轮辐，年工业产值8000万元，实现利税1200万元。公司生产的“银轮”、“银丰”牌钢圈和轮辐是国际注册商标，主要产品有145、153、红岩、康三、江淮、乘龙王、三轮车等车辆的钢圈、轮辐。

杨郎农具厂 位于原州区头营镇，建于1975年，具有30多年的铸造生产历史，是以铸造业为主的民营企业。厂区占地面积8000平方米，拥有建筑面积4000平方米，职工60人，其中专业技术人员45人。总投资280万元，年产值300多万元。厂内设有铸造、段焊、钳工、精工、钣金等生产车间。主要产品有烤箱、火炉，12#、14#、16#成套山地步犁及农具配件、畜力播种机等一百多种产品，年生产量1000多吨，是全市最大的铸造企业。产品除销往本地区，还远销甘肃、陕西、新疆、内蒙古、青海、西藏等省、市、自治区，松鹤牌烤箱被评为自治区“优质产品”，企业连续三年被自治区人民政府评为“三优企业”；连续两年被乡镇企业局评为“优秀企业”；连续三年被县人民政府授予“重合同，守信用”先进单位。1996、1997、2002年被县人民政府评为发展民营企业“先进单位”。

宁夏南宇建材实业有限公司 宁夏南宇建材实业有限公司成立于2003年10月，是宁夏上陵实业(集团)公司下属子公司，是上陵实业倾情打造固原市目前最大、最规范的一家建筑装饰材料市场。该市场地处固原市试验区，东临银平公路，北临九龙路，南接固原农校，交通十分便利。当年9月29日市场正式建成并达到开业水平，冠名为“南宇建材城”。经过两年多的建设和运营，现市场已经形成三个功能区，即木材区、建材区、装饰材料区。截止2006年年底，市场总投资已达5600万元，总建筑面积36000平方米共有商网330套，经营面积77688平方米。“南宇建材城”是固原市目前具有唯一性、专业性和综合性的建筑装饰材料市场，市场建成后可解决下岗职工、农村剩余劳动力近400人。间接的带动1500人的就业。它的建成可以拉动相关产业，促进地方经济和城市的发展，为固原市创造良好的经济环境。市场建成后，根据固原建材行业销售状况，可实现年销售额4000万元。目前，市场环境和经营情况良好，2006年年底，市场内三大功能区实现销售额1000多万。商户和消费者对市场的发展前景十分看好，对我们下一步建成建材大市场积累丰富经验，增强了公司在固原市开发的信心。南宇建材实业有限公司下设人事行政部、工程技术部、计划财务部、预算合同部、市场管理部、招商销售部等部门，拥有高、中层管理及各类人员50人，党支部、工会等组织健全。公司重点以房产开发为主、以市场建设、管理为辅，提倡“以人为本”，坚持“以发展为主题，以经营管理为重点，以实现最大利益为出发点”的经营原则，把南宇公司建设成为“效益良好、管理上流、多元并举、优势互补”的现代化民营企业。

固原泰合集团建材有限公司 隶属于固原泰合集团，成立于2003年5月，位于固原经济开发区同康街，总占地面积约1公顷，现有职工26人，其中技术职称人员9人。公司系股份制有限责任公司，总投资1068万元，是固原市唯一一家生产新型节能保温材料的民营企业，主营EPS聚苯乙烯泡沫板和EPS彩钢夹芯板。产品经自治区质量技术监督局和建筑材料产品质量监督检验站检验，符合国家标准。2006年3月，所生产的EPS聚苯乙烯泡沫板和彩钢夹芯板被自治区建设厅认定为“宁夏回族自治区建筑节能技术产品”，填补了固原市在建筑节能材料领域上的空白。2006年、2007年连续两年被中共固原经济开发区党工委和管委会授予“先进企业”、“重点企业”荣誉称号。2006年9月，公司被固原市质量技术监督局评为“固原市质量管理先进单位”。2007年被自治区消费者协会评为“诚信单位”。固原泰合集团建材有限公司是新型节能保温材料生产加工的专业企业，公司拥有国内先进的全自动生产设备和一流的生产技术，生产的EPS聚苯乙烯泡沫板在外墙外保温系统更是广泛应用。EPS外墙外保温系统的投入，使建筑工程抗风险能力增强，节能降耗，节能效果比普通住房提高了50%。是国家科技部、经贸委和建设部三部委科技推广项目，其经济效益和社会效益明显，利国利民，造福后代，是构建节约型社会的重要组成部分。由固原泰合集团下属子公司泰合房地产开发有限公司开发的“银杏家园”4#、5#、6#住宅楼采用本公司生产的EPS聚苯乙烯泡沫板对外墙进行保温施工，建成固原市首家建筑节能示范工程，项目已被列入“2006年自治区建筑节能示范工程”之一，填补了固原市没有外墙外保温工程的空白。泰合集团建材有限公司用过硬的产品质量赢得了广大客户的信任。产品销售主要以固原市为核心，辐射银川、吴忠、中卫、平凉、庆阳等周边地区，年可创总产值可达12900万元。2005年、2006年连续两年，产品市场占有率达60%。

【固原市建材有限公司】 原名固原县机砖厂，始建于1956年，2000年，贷款100万元，投资扩建，将原来的生产线增加到4条，全部实行租赁经营，自负盈亏。产量由3000万块达到4000万块以上，吸纳当地农民工近300人，2004年，建材有限公司有职工380人，其中正式员工117人，固定资产459万元，设备装置360台(件)，占地76000平方米。

【隆德县建材公司】 始建于1980年，1990年改为国有控股有限责任公司。在册职工53人，各类资产总额429万元，固定资产292万元，流动资产105万元，负债总额248万元，负债率58%，欠交出让金28.6万元。年生产机砖2000万块，工业产值250万元，销售收入260万元，上缴税金1.2万元。2000年由堡子山搬往八里铺新址，2006年初让给私人经营。

【隆德县吉隆建材公司】 隆德建材厂是隆德县最早的国有机砖生产厂家，生产规模较大，但由于近年生产经营不善，设备陈旧，资不抵债，于2006年改制为民营企业，公司在经理张敏的带领下，创新思路，以“质量求发展，信誉是关键”的生产经营理念，以“厂兴我荣、厂败我耻”的个人意识来发展壮大公司，并投资100万元对原设备、生产线、厂地、办公用房进行了大规模的维修、更新。场区占地63亩，32门砖窑一座，拥有职工96人，其中聘用原机砖厂工人50名，占总人数的60%。日产量7万片机砖，全年实际生产量达1000万片，年效益在30万元以上。产品得到市技术质量监督局、县城建局质量监督站的质量认证。

【固原昌鑫煤业有限公司】 固原昌鑫煤业有限公司位于固原市经济开发区九龙路同康街，成立于2009年10月10日，法人代表吕红刚。占地面积35亩，注册资金500万元，是一个集科研、生产、销售、经营管理为一体的新型企业。经营范围:煤制品加工销售、建筑材料销售。主要产品:煤球、建筑干粉砂浆、混凝土外加剂。公司以“好质量产品，好服务态度，好技术力量”为宗旨，为广大客户提供优质环保的能源材料以及建筑材料。

【固原瑜丰混凝土有限责任公司】 固原瑜丰混凝土有限责任公司投资创建于2007年，位于风景秀丽的固原清水河工业园区，卜辖清水河工业园区搅拌站、经济开发区搅拌站及海原分公司，共有120立方米/小时伞自动搅拌机四组，年生产能力达120万立方米。专用机械50台(辆)及三个专业试验室，可生产c10一c60不同标号的混凝土及抗冻、抗渗、水工等特种混凝土，四季供应。公司具有国家预拌商品混凝土三级资质，注册资金1050万元，解决就业人员130人。2008年1月正式投产，连续三年被固原市原州区委、政府评为“优秀企业”；被清水河工业园区管委会评为“先进企业”、“入园项目建设先进企业”等；被中国建筑业协会混凝土分会授予“理事单位”并评为“2008—2009年度中国混凝土行业优秀企业”。销售网络遍布同原市各县区，公司生产的商品混凝土已经广泛应用于市重点工程建设项目，深受客户好评。大力发展使用商品混凝土是国家的一项重要产业政策。为了贯彻落实科学发展观和保护环境，节约资源的基本国策，公司将一如既往地坚持“为客户创造价值、为员工创造机会、为企业创造效益、为社会创造财富”的宗旨。秉承“与时俱进开拓进取不断创新”的企业精神；发扬“静心、专心、耐心、细心”的工作作风；奉行“科学管理持续改进环保施工严密预防保证安全”的原则。积极探索适合企业发展要求的经营机制与管理模式,开拓进取,务实创新。始终坚持以“关注客户需要提升客户价值与客户创造共赢”的服务理念,向顾客提供优质的服务。以建设“洁化、绿化、亮化、美化”的绿色家园为目标而努力。

彭阳县科胜商砼有限责任公司 建成于2010年10月1日,坐落于彭阳县城南门工业园区,占地面积60亩,公司注册资金为1000万元,拥有总资产2400万元,现有员工40多名,主营范围是商品混凝土的生产和销售公司拥有环保节能型HZSl20搅拌机组1套,每小时产量120立方米混凝土,根据客户要求提供混凝土等级为:c15、c20、c25、c30、c35、c40、c45、c50、c55、c60的混凝土和抗渗、抗冻、等商品混凝土。公司拥有10m3混凝土运输车辆8台,48M及37M泵车各1辆,每台单价300多万,装载机2辆,100t电子地磅1台,水泥散装运输车3辆。公司实行股东会领导下的总经理负责制,下设1队2室3部,即车队、综合办公室、试验室、生产安全部、销售部、财务部。商品混凝土又称预拌混凝土,是指由水泥、集料、水以及根据需要掺入的外加剂和掺和料等成分按一定比例,经集中自动计量搅拌后,通过运输车在规定时间内运至使用地点的混凝土拌和物。商品混凝土的实质就是把混凝土这种主要建筑材料从备料、拌制到运输等一系列生产环节从传统的施工系统中独立出来,成为一种新型建筑材料,由一个独立经济核算的加工企业——预拌混凝土厂或混凝土公司专门生产,其特点是集中拌制,商品化供应,质量稳定,减少对环境的污染。使用商品混凝土的技术经济效益和环境效益十分明显,采用商品混凝土与现场搅拌混凝土相比,建筑施工单位可通过提高劳动生产率、节约原材料、提高混凝土质量、减少现场搅拌环境污染等获得较高的经济效益。统计表明,应用商品混凝土节省了许多单位的费用支出,如节省砂石及中间储料的堆场租用费、水泥包装费、现场建材堆放场地租用费、现场临时水电及设施费等,因而普遍受到欢迎。其次使用商品混凝土可以加快施工进度,为施工单位缩短了施工期限,使得所建工程提前发挥效益。商品混凝土的发展为水泥的散装化提供了便利条件,降低了水泥生产成本,促进了水泥工业的发展。发展商品混凝土环境效益十分显著,首先它改善了施工现场的环境,不会产生现场搅拌混凝土所出现的脏、乱、差等现象;其次,从根本上消除噪声、粉尘、污水等污染,改善了工地周围市民工作、居住环境。除此之外,商品混凝土有力地推动了混凝土行业的新技术进展,并为实施混凝土的可持续发展创造了条件。

固原建祥混凝土有限公司 固原建祥混凝土有限公司是根据固原城市总体规划与要求,经原州区发展和改革局于2004年3月批准成立。公司位于固原市原州区清河工业园区,占地面积21344平方米,该项目总投资1732.04万元,建成HZS120型搅拌站生产线两条(2006年二期工程上一条),购置SY5291TH-37泵车1辆,SYO5210HBC90车载泵1辆,SY5252搅拌运输车4辆,AH5253GSN散装水泥运输车1辆,徐工50G装载机1辆,配套三级实验室1个,形成了搅拌、运输、泵送为一体的一条龙服务。生产以C10-C80不同强度等级的商品混凝土及水泥制品构件,年生产商品混凝土15万立方米,年创产值4600万元,利税426万元。公司拥有中专以上学历的经营管理、专业技术人员25人。于2005年5月正式投入生产运营,可解决就业人员50人。建祥混凝土有限公司是固原市辖区唯一一家生产商品混凝土的企业,运用现代管理模式和一定的专业技术,为固原市区营造良好的“蓝天、碧水、静音”的都市氛围,做出积极的贡献。固原建祥混凝土有限公司是根据固原城市总体规划与需求,经原州区发展和改革局于2004年3月份批准成立,2005年5月份建成投入生产运营的。

【固原市六盘山水泥有限责任公司】 1978年，固原地区六盘山水泥厂建成投产。2000年改为今名。初建时年产能力为3.2万吨，后经多次技术改造成为年产8.8万吨生产规模的机立窑水泥生产企业，在国家工商局注册商标为“六盘山”牌水泥。“六盘山”牌水泥是宁夏名牌产品，主导产品有P.O32.5（R）、P.O42.5、P.O52.5普通硅酸盐水泥和商品硅酸盐水泥熟料。“六盘山”牌水泥性能稳定，色泽美观，均匀性好，安定性优良，凝结硬化速度快，后期强度增进率大，抗渗、耐磨等耐久性能突出，与外加济适应性强，广泛用于高层建筑、高速公路、桥梁隧道、水电工程等工业与民用建筑工程。公司严格按照《GBI75—1999国家标准》科学组织生产，出厂水泥合格率、富裕强度合格率、袋装合格率一直保持100%。2005年，宁夏上陵集团对六盘山水泥有限责任公司实施兼并重组，使其成为宁夏上陵集团控股的子公司。重组后，企业注入1.2亿元启动新型干法旋窑水泥生产线建设，通过完善熟料生产项目、投资新建水泥粉磨系统、改造原立窑水泥生产线，2006年10月10日，日产1500吨新型干法旋窑生产线暨60万吨综合改造项目完成投产。

【固原长征水泥有限责任公司】 始建于1970年，名固原县水泥厂，是固原最早的水泥企业。占地面积45700平方米，资产总额4000万元，由职工260人。年实现工业产值3600万元，实现利税600万元，主要生产强度等级为42.5R、32.5R普通硅酸盐水泥。产品销往固原市及临近省区的十多个市县，产品质量稳定可靠。连续多年实现“三个百分之百”，即出厂水泥合格率达100%，标号合格率达100%，袋重合格率达100%。多年被政府评为“重合同 守信用”企业。1982年，改土窑为普通立窑，1990年建机械立窑生产线，年产量从7000吨提高到1.5万吨。1999年10月筹资1000多万元进行第三次技术改造，发展成为拥有两条立窑生产线，年水泥生产能力达到15万吨，资产总额达4000万元的水泥生产企业，公司主导产品“长征”牌32.5R、42.5R普通硅酸盐水泥严格按照国际标准和国家水泥标准的技术要求组织生产，2001年12月17日在固原地区率先取得“采用国际标准产品标志证书”，并获固原地区优质产品称号和自治区名牌产品称号。2003年，在固原市原州区清水河工业园区投资2100万元，建设年产30万吨优质水泥粉磨站企业生产规模达到45万吨，资产总额达6000万元，并生产适应现代化建设需要的散装水泥和道路水泥，成为固原市规模最大、环保工艺最先进的水泥生产企业。连续多年被自治区、市、县各级主管部门评为先进企业，被自治区工商管理局评为“重合同、守信用”单位，获固原市及原州区“重合同、守信用”企业。2004年9月，公司产品获“宁夏名牌产品”称号，同年，在宁夏水泥品质检验大对比中获全优单位称号，全区30家水泥厂只有2家获此殊荣。12月17日，企业通过ISO90001质量管理体系认证。

【固原长征水泥公司清水河工业园区分工公司】 占地100亩，总投资2400万元，建成年产30万吨的水泥粉磨生产线。项目于2003年11月动工建设。2004年12月全部完成土建设备安装、调试等工程，2005年元月正式投入生产。生产规模为年产普通硅酸盐水泥30万吨，产品有42.5、42.5R、52.5普通硅酸盐水泥和道路水泥，填补了固原市无道路水泥的空白。项目投产后，可完成工业总产值7500万元，实现利税1500万元，将成为原州区工业企业的利税大户。

【彭阳县水泥制品厂】 为彭阳县乡镇企业直属集体企业。厂址在彭阳县城郑沟河畔。占地面积1.2万平方米。1984年10月建厂，1985年元月投产。主要设备有：中、小型破石机，钢筋拉管机，卷扬机，平板震动机等。该厂“一业为主，多种经营”，先后上马淀粉、粉丝、修理、木器、汽车配件门市部和车间。主要产品水泥预制板，获建设部合格产品证书。1989年被自治区乡镇企业管理局评为“三优企业”。

【西塬水泥制品有限公司】 固原试验区西塬水泥制品有限公司是固原市第一家轻质节能墙体材料生产企业。公司利用工业废料—粉煤灰为主要原料研制生产新型墙体材料，具有节约土地、保护环境、节能利废、整体性能好、刚性轻度牢固、耐久性可靠、可锯可刨、运输快捷、安装方便等特点，广泛适用于现代框架式的高层建筑的内隔墙；砖混结构办公路、住宅卫生间的内隔墙工程属国家“火炬”计划的科研项目之一，填补了固原市GRC轻质节能墙体材料生产的空白。公司筹措基金1180万元，建起年设计生产能力60万平方米GRC轻质节能墙体板生产线。工业总产值3000万元，实现利税1140万元。GRC轻质节能墙体材料采用原料独特，除水泥外均属轻质材料，采用抽管法生产工艺，减轻了房屋的载重量，增加房屋面积。GRC轻质节能墙体材料是目前烧结砖的理性替代材料，推广使用它不但节约了大量土地，也减少了因烧结砖造成的大气污染；降低了 建材生产的能耗和建筑使用能耗，节约了能源，也减少了 建筑物的荷载，改变了肥梁肥柱深基础的局面。

【隆德县隆峰水泥有限公司】 隆峰水泥有限公司是隆德县的工业龙头骨干企业。该公司始建于1970年，1996年改制为国有控股有限责任公司，下设水泥预制厂、建工队和盘龙磷肥公司。在册职工283人，各类资产总额884万元。其中固定资产合284万元，流动资产600万元。负债总额687万元，资产负债率77%。年均生产水泥5万吨。200年生产和最多为9.8万吨，生产水泥预制件0.3万立方米，完成工程造价125万元，累计完成后工业总产值640万元，利润8万元，上缴税金20万元，职工平均工资5560元/年。拥有各类资产总额近千万元，占地面积近30亩，从业人员100多人。企业自建厂投产以来，一直是我县的盈利大户。曾为我县经济建设和相关产业的发展做出过巨大的贡献。2006年元月份县政府将该企业改制为民营企业，2008年3月17日由江苏客商郁全富一次性出资1500万收购，随即又投资300万进行生产线的技术改造，安置原厂职工80余名，年生产能力10万吨，属招商引资项目。公司注重引进先进的经营理念、科学规范化的管理方式、先进的生产加工技术，扩大了生产规模，提高了产品质量，公司现在的主导产品有P.O42.5、P.C32.5R、P.C32.5级水泥，广泛用于桥梁、工业、民用建筑，深受广大用户的青睐，除满足本县建筑市场外还远销甘肃静宁、宁夏固原、彭阳、泾源、西吉等县。

【彭阳县大有瓦业有限责任公司】 位于彭阳县古城镇小岔沟村五里山，距彭阳火车站、312国道2公里，距固原市、彭阳县城、隆德县城、泾原县城分别为26、30、40、50公里，309国道从本公司大门经过，交通便利，通讯设备齐全。该公司是集缸瓦、页岩煤矸石烧结砖于一体的“宁夏固原市唯一一家示范企业”。是固原市“重合同，守信用“企业。该公司始建于2002年8月，占地面积21000平方米，共有职工160人，其中，管理人员10人，技术人员6人。总投资2480. 52万元，其中，缸瓦生产线投资200万元，建缸瓦生产线轮窑1060平方米，烘干室528平方米，配套设施(锅炉房、风机房、粉碎机房等)500平方米。年生产缸瓦1500万页，实现产值750万元，年创利润105万元。公司由于产品质量优，企业信誉好，2003年5月18日自治区党委书记陈建国和自治区人民政府主席马启智带领全区有关部门主要负责人亲临我公司视察，并对我公司在全市率先创办缸瓦生产线给予了充分肯定公司在不断发展壮大，2008年初通过考察了重庆、河南、山东等地页岩、煤矸石烧结砖厂和制砖设备机械厂，并请有关专家和技术人员对我原缸瓦厂的页岩进行了检测，各项指标均达到标准要求。为此，我公司于2008年8月，在原缸瓦厂内扩建年产6000万块新型页岩煤矸石多孔烧结砖第一条生产线，投资2280.57万元，其中，机械设备购置费885.4万元，投资建隧道窑及隧道烘干室、陈化库、原料粉碎车间等1395.17万元。建页岩空心砖生产线隧道窑及隧道干燥室2752平方米，原料粉碎车间及陈化库1000平方米，生产车间2100平方米。该公司地质状况良好，并有丰富的页岩原料，是固原市唯一一家利用页岩生产空心砖的公司。本公司新型页岩空心砖第一条生产线于2009年6月份投产，产品经固原市质量技术监督局及彭阳县质量技术监督站检测为合格产品，符合国家标准(GB13545—2003)。并经自治区墙体材料改革领导小组对我公司生产的页岩煤矸石烧结多孔砖、空心砖的质量进行认证。符合国发[1992]66号文件和[2002]35号文件及国办发[2005]33号文件精神，是符合节能、节地、利废、环保、保温及隔热的新型墙体材料。经过在固原、彭阳两市县试销产品十分畅销，供不应求，销售市场非常乐观。实践证明我公司新建年产6000万块页岩煤矸石烧结多孔砖、空心砖项目将会获得良好的经济效益和社会效益。建设页岩煤矸石这条生产线，不仅符合国家墙改政策，适应建筑市场的需求，而且填补了固原市利用页岩煤矸石生产沉重、非沉重新型墙体材料的空白。

【彭阳县机砖厂】 白阳镇境内，县办集体企业，1982年建厂，2001年委托经营。2002年改民营企业。占地2.8公顷，总资产233万元，从业人员125人，年生产机砖1000万块，工业产值880万元。白阳镇内另一镇办机砖厂1家，年产机砖550万块，总资产95万元，工业产值70万元。

【黑城乡机砖厂】 乡办集体企业。厂址六窑村，占地18840平方米，1979年建厂，1980年投产。1980年正式投产至1982年年底，曾因管理不善，亏损10多万元。1983年本乡农民王富堂承包，产量、产值、利税逐年上升。1987年、1989年、1990年被自治区乡镇企业管理局评为优秀企业，1990年晋升为自治区乡镇统一级企业。烧结普通砖，1987年—1990年连续4年被评为优秀产品。

【固原铁鑫彩色瓦制作有限公司】 金属彩色压型瓦时近十年国际上迅速发展起来的一种新型建筑材料，可代替石棉瓦、玻璃钢瓦及普通屋面建材，它具有轻质高强、美观耐用、抗震性好，施工简便等特点，适用于工业和民用建筑的屋面板，墙板和楼屋板等多种用途，特别适用于大跨度厂房，粮棉库、体育场馆、加油站、活动房屋顶棚和墙面装饰。公司主要经营、生产目前国际流行的新型建筑材料：镀锌及彩钢板铁楞瓦、加蕊复合板及全国最先进的铁楞袜机、滑触线网及零配件，并承揽设计、施工、安装，可满足各种建筑风格和建筑需要。铁鑫彩色钢瓦板制造有限公司产品迅速打开了银川、平凉、内蒙古等地销售市场。

【宁夏六盘山建筑工程有限责任公司】 宁夏六盘山建筑工程有限责任公司位于隆德县城人民街东关小区，属国家二级建筑施工企业，辖16个分公司。其中土建公司13家，市政安装公司1家，预制构件公司1家，岩土桩基公司1家。有固定资产2401万元，拥有各类大中型施工机械471台(套)，机械总功率11397.6千瓦，其中大型起重机、装载机、挖掘机48台(套)，具备各类工程的施工能力。公司现有员工2700多人，其中高级工程师8人，高级会计师1人，高级经济师1人，工程师60人；助理工程师67人，二、三级项目经理47人，中专以上学历63人。2001年11月，宁夏六盘山建筑工程有限责任公司诞生了。新组建的六盘山建筑工程有限责任公司严格按照《公司法》，成立了董事会、监事会、聘任了经理班子，实行董事会领导下的总经理负责制。几十年来，隆德县一座座高楼拔地而起，大到上万平方米的公用、民用建筑和工厂、学校、住宅小区，小到办公楼、街道和桥梁，都渗透着六盘山建筑人的心血和汗水。隆德县人民医院、隆德一中，隆德二中，隆德县地毯总厂，隆峰水泥公司10万吨机立窑，隆德四波淀粉公司，隆德县一、二期引水工程，隆德县商业，供销两大综合商贸城，县城6条10余公里的马路改造工程、中关村、东关村住宅建筑群，乡镇十余所高初中学校建设，隆德县十余座海拔2700米以上高山电波微波站工程、渝河治理和排污工程，数十家机关单位办公楼建设等等都留下了他们的脚印。与此同时，施工区域以隆德为中心，逐渐拓展到了固原、同心、平罗、银川、贺兰、隆湖、内蒙古等地和周边省、市、县，施工内容也由过去的单一楼房建筑向多元化建筑发展。市政工程、人畜饮水、河道治理、住宅小区及工业建筑等已成为六盘山建筑工程有限责任公司的主营项目，开工能力由过去的几万平方米发展到了现在的15万多平方米。尤其是同心县城二期人畜饮水工程、内蒙古巴彦浩特健康小区、固原市政集污排水工程等数十项国家及地方重点工程相继建成，赢得了社会各界的认可和赞同。2002年，经方圆标志认证中心认证，该公司质量管理体系符合GB/T19001——2000idtISO9001:2000标准要求。多次受到县、市和自治区表彰，连续多年被各级政府授予"重合同、守信用"单位。2003年，在全县工业企业考核中，宁夏六盘山建筑工程有限责任公司以优异的成绩被授予先进企业荣誉称号。在近三年由其施工的建筑工程多次获区级优良工程奖，工程合格率达100%。2004年承建的隆德县公安局看守所获自治区"西夏杯"优质工程奖。随着业务范围的扩大，六盘山工程有限责任公司的各项经济指标快速增长，2001年—2003年，在建工程总投资从5000多万元增长至1.27亿元，建筑面积由6万平方米增至15万平方米，完成净产值由3000多万元增至7000多万元，每年平均实现利税200多万元，固定资产由3年前的500万元增至2400多万元。公司每年安排农村剩余劳动力就业2700多人，培训各类人才200多人，发放工资总额1700多万元，为农民脱贫致富奔小康提供了广阔的天地。在社会公益事业和精神文明建设中，积极参与捐资助学、扶残助困、多年来累计各种捐款达十多万元，公司下属的5个子公司被评为"光彩之星"。在2003年隆德县生态移民工程60%以上的建房任务。在明知亏本30万元的情况下，主动参与建设，使数百户生活在恶劣环境中、生活在贫困线以下的农民住进了新居。尤其值得一提的是，在隆德县教育项目建设中，企业先后为地方教育项目建设垫资近3000万元。

【固原新宇水利建筑工程公司】 固原新宇水利建筑工程公司始建于1988年，经过公司不断努力和发展，技术力量不断加固、雄厚，机械设备逐年增加，现今，公司占地5300平方米，其中房屋建筑面积3900平方米，下设四个建筑分公司，两个水利施工分公司，一个加工厂和一个建筑安装公司。公司现在拥有固定资产650.6万元，流动资金600万元，资质为水利水电三级，建筑三级，在固原市拥有三级资质的建筑企业中，新宇公司各方面测评都是它们之中的佼佼者，许多方面也"独领风骚"。公司现拥有职工360人，高级工程师4人，经济师1人，专职质检员8人，工程技术人员198人，二级、三级项目经理共25人。该公司云集了大批建筑人才，这为企业的发展奠定了坚实的基础。公司始终把质量摆在第一位。已建成的固原水利局商住楼工程，被自治区质量监督总站评为"区级优良工程"。2003年公司完成总产值1383万元，已完成项目有：民政局老年公寓楼，信用联社综合楼、住宅楼、工业园区排水管等工程，其中信用联社综合楼工程质量获自治区"西夏杯"优质工程奖。公司自1998年建立起，连年被自治区、固原市（固原县）各级人民政府评为"重合同、守信用"单位。

固原试验区城乡建设有限责任公司五分公司 总投资920万元，固定资产563万元，有职工323名。主要设备有压路机1辆，200型吊塔1台，315吊塔1台，龙门井架8副，搅拌机10台，40电弧焊机1台，35气压焊1台，铁筋加工机械7台，钢模1万平方米，架杆230吨，电焊机8台，材料加工厂3120平方米。完成的主要建筑项目有：固原戒毒所办公楼、固原县委办公楼、马店教学楼、固原城市信用社住宅楼、三营一中学生宿舍楼，完成产值1300万元，优良率85.71%。信用社住宅楼被评为优良工程。

固原试验区新源兴建筑工程有限公司 原属试验区管委会下属新源兴建筑公司，1995年8月建立，2002年4月与信龙建筑有限公司、固原地区城乡建筑公司合并成立。占地面积2617平方米。下设6个土建分公司、3个钢筋加工厂、2个水泥构件预制厂、1个专业安装公司、1个综合车间和木构件加工车间。资质为工民建四级。注册资金726万元，净资产683万元。有职工256人。年完成产值600万元，完成工程量3万平方米，实现利税145万元。

隆德县顺达建筑有限责任公司 隆德县顺达建筑有限责任公司成立于1997年8月，是一家民营企业，经过全体员工的共同努力，又一个小企业成长为一家诚实守信、发展势头强劲的国家三级施工企业。总公司下设四个土建分公司和一个安装公司，从业人数600多人，各类专业技术人员270人，管理人员37人。公司设有生产技术、质检安全、财务预算、办公室三部一室。公司年均完成产值1500多万元，为社会解决剩余劳力600多人，在带动当地建材、运输等行业发展的同时，也为当地农民脱贫致富做出了一定贡献，得到了当地党委、政府和社会各界的充分肯定。公司自成立以来，在社会各界的大力支持和帮助下，以“质量求生存，信誉求发展”为起宗旨，坚持“外树形象，内强素质”的经营理念，在施工过程中，狠抓工程质量和安全生产，在激烈的市场竞争中，以高质量、高效益、好信誉赢得了较大的市场份额。近年来，公司承建完成的建筑工程建筑面积达5万多平方米，主要有：隆德县水利局2#、3#住宅区，中关村小区1#综合楼，药政局综合楼，农技中心住宅楼，科技局综合楼，党校办公楼等工程，质量登记均达到“合格”以上标准。其中水利局2#、3#住宅楼，药政局住宅楼被评为自治区优良工程；张程中学教学楼、中关村小区1#综合楼、科技局综合楼被评为县优良工程。

该公司不断强化管理，实行竞争上岗、优胜劣汰，大大提高了全体员工的工作积极性。每周星期一必须召开总经理主持的全体管理人员会议，总结一周来各分公司的工作情况，并严格责任制度，从而保证了公司各项工作的顺利进行。在抓好生产经营管理的同时，认真履行合同，建立健全了合同管理制度，设置了合同管理机构并配备了专职的合同管理人员。公司非常重视合同的签订和履约，定期组织学习《合同法》及有关纪律、法规，提高职工的政治素质，充分认识“守合同、重信用”在企业中的重要性，消除口头协议，建立书面合同，为提高双方信用合作建立了更为坚实的基础。公司所承担的各项工程，全部按合同约定优质按时交付使用，受到社会各界的一致好评。该公司连续4年被隆德县委、政府分别评为“守合同、重信誉”企业和“先进私营企业”，2003年荣获首届固原市“守合同、重信誉”企业。目前，企业已跨上了一个全面快速发展的坚实平台，将为企业进一步发展，全面实施“立足当地、开拓市场，快速发展”的经营战略，创造必要的物质条件和发展机遇。

固原华艺工艺礼品饰品公司 固原华艺工艺礼品饰品总公司位与原固原日报社大门口东侧，分公司位于南城路弘文中学向西100米。是固原市礼品行业中最具规模和档次的一家集设计、开发、制造、销售为一体的批发、零售公司。华艺工艺礼品饰品公司浓缩中西文化之精华，根植六盘大地、开发六盘产品、打造华艺品牌、培育华艺市场的文化理念，陆续开发了以《清平乐·六盘山》为题材的手工玻璃浮雕产品；水晶产品；鎏金产品；紫铜浮雕产品；阿富汗玉石产品；木刻、竹刻产品；以青铜峡一百零八塔为题材的玻璃浮雕产品；以须弥山、秦长城遗址、古雁岭、新时代购物中心为题材的玉石系列产品，以及玻斯鎏金壶的外向传播，不论是从情感上还是从交流上，包装上、理念上、旅游产品开发上、地域文化特色上、民族民俗风情上、企业文化宣传上，均得到了广大消费者的广泛认知和认同，留下了深刻的印象和持久的记忆。成为馈赠亲友和收藏的绝佳礼品。

华艺工艺礼品饰品公司以市场需求和市场导向为营销理念。抓机遇、抢时机、铸品牌，为党、政、军和各企事业单位、院校标微性产品的开发，制造打开了广阔之路和宣传大门。先后为固原市人民政府办公大楼、建行、人行原州区人民政府、固原市消防支队、联通公司、固原师范学院、固原一中、二中、三中、四中、五中、上陵集团、新时代购物中心、新大陆广告公司、广元担保公司、伊正回药公司、闽宁丰肥业公司、金翅鸟娱乐中心、千足莲洗浴中心、黄记酒家、金牛谷诗、税苑宾馆等以及家庭、饭店、工矿企业提供了别人皆无我独有的产品。

华艺工艺礼品饰品公司作为固原同行业中的领军旗手，将又一次与新时代购物中心联手开发蚕丝、竹纤维系列；羊绒系列；荞皮、麦秆、亚麻系列；枸杞、果脯系列；民族风情系列；文化典藏系列；手工剪纸系列；六盘出风光系列礼品饰品；为固原再添特色、成为新时代购物中心礼品饰品唯一定点供应商。

城建环保

固原市住房和城乡规划建设局

【市区面积人口】 市区建成区面积32平方公里，市区城市人口19.54万人，城镇化率可达30.95%，比上年提高2个百分点。2010年市人民政府下达住房和城乡规划建设局实施的重点工程项目14项，城市基础设施和民生工程计划投资14.627亿元(其中农村危房改造4.59亿元)，完成投资15.7亿元。

【规划监管】 根据城市总体规划，完成建设项目用地2900亩，总建设面积88万平方米，总投资17亿元，制定《固原市城市规划区建设项目容积率管理办法》和《固原市城市“四线”规划管理办法》；加强城市建设项目审批，年内共受理城乡规划建设项目提交市长办公会议项目61项，办理《建设项目选址意见书》53本、《建设用地规划许可证》64本、《建设工程规划许可证》268本；完成新区建设项目的规划工作、市区古雁路、中山街南北延伸段规划设计、市区鸿雁、博学苑、和谐、丝路、伊祥苑、博物馆6个广场规划设计工作、配合完成老城区旧体育场改造工程设计工作；完成测绘任务259件，测绘总面积1.7平方公里，各种管线测量13.5公里，为各类控制性详细规划和修建性详细规划的编制、城市重点建设项目的顺利推进提供科学依据。加强规划监管，配合市直相关部门依法、及时查处城市规划区内违章建设，维护规划的权威性和严肃性，市区控制性详细规划达到90%以上。

【城市基础设施建设】 道路建设3项，计划完成投资1.23亿元，完成投资0.9388亿元。古雁路：东起西环路，西至古雁西路，全长1700米，建设单幅沥青混凝土路面及配套设施，计划投资6069.52万元，完成投资6228.826万元(其中征地拆迁2450万元)。中山街北延伸段：北延伸段从市疾控中心门口通至高平路。道路全长2800米，计划投资3898万元，完成投资4115万元（其中征地拆迁1100万元)。中山街南延伸段：南延伸段从二中门口通至银平公路，道路全长1200米，计划投资2333万元，投资1484万元(其中征地拆迁1200万元，路面165万元，人行道、供排水119万元)。街头广场4个：分别为和谐、丝路、鸿雁、博学苑。计划投资2491.02万元(其中招标价2300万元)。其中：和谐广场位于高平路西侧，十小以南，总占地17.47亩，总投资669万元；丝路广场位于西环路与古雁路西南拐角处，总占地12亩，总投资416万元；鸿雁广场位于西入口转盘处，银平公路以北，高平路以西、宁夏派胜商业开发区以南的三地带，总占地19.9亩，总投资680万元；博学苑广场位于宁夏师范学院西北角处，总占地24.3亩，总投资726.02万元，四处广场共计完成投资2595万元。中水及集污管网工程：计划总投资4580万元。建设中水管道6公里。概算投资530万元。建设集污管道22.5公里，概算投资4050万元，完成投资2330万元。

【民生工程】 民生工程建设4项，计划投资12.69亿元（其中农村危房改造4.59亿元)，完成投资9.643亿元(其中农村危房改造4.59亿元)。1.廉租房建设：总占地面积120亩，计划新建廉租住房10万平方米2000套，投资1.6亿元。举办首批廉租住房实物配租入住仪式,已开工建设10万平方米,完成投资1亿元。2.农民康居工程:总占地140亩,建筑面积14万平方米,计划投资2.08亿元。2010年计划开工建设10万平方米,完成投资1.58亿元,完成投资5530万元。3.农村危房改造工程:2010年自治区下达指标为7650户。其中分配给原州区1000户,西吉县2000户,隆德县2500户,泾源县1050户,彭阳县1100户。计划总投资约4.59亿元,完成投资4.59亿元。4.宋家巷二期改造工程:计划开工建设25万平方米具有民族特色商业居住区,计划投资5.5亿元,已开工建设18万平方米,完成投资3.5亿元;5.启动新区建设大会战。新区建设大会战项目涉及5大类25项,总占地面积近2238亩,总建筑面积176万平方米,计划投资45亿元。2010年计划完成投资约19亿元(其中引进商业开发项目11项,引进资金28亿元),完成投资15.713亿元。

【建筑市场集中整顿】 2010年,制定《建筑市场和房地产市场集中整顿实施方案》《建筑市场管理暂行办法》《房地产市场管理暂行办法》,组成综合执法检查组,分阶段、按步骤对市区48个建设项目进行拉网式、地毯式大检查,对检查中发现存在问题较多的施工现场进行了严肃查处,停工整改项目14个,记录建筑不良行为7起,严厉打击非法转包、分包和无资质建设行为,依法规范、加强监督,推动建筑市场健康发展。

【建筑安全生产】 推进"安全生产年"各项工作,对安全报监的78家单体工程都与施工、监理单位的责任人签订《安全生产目标管理责任书》,建筑工程安全报监率达到100%。坚持定期检查与日常巡查、全面检查与随机抽查相结合,下发施工整改通知书160份、停工整改通知书50份,提出整改事故隐患500多条。强化起重机械设备的安全管理,先后4次邀请自治区建筑工程质量监督检测中心对固原市各施工现场安装的57台塔吊起重机械进行检测,按程序规定进行备案,年内建设工程项目未发生重大安全事故。

【建设工程质量】 年内共开展建设工程质量监督综合执法大检查8次、专项检查4次,对存在重大质量隐患的工程项目各方责任主体予以通报批评,下发停工通知书、责令限期进行整改。全年共受理建设工程质量监督项目193项(其中上年结转78项、新申报受监115项),竣工验收的61项均为合格工程,工程验收一次合格率达100%。

【房地产市场管理】 制定《固原市房地产市场月巡查制度》,严格贯彻落实商品住房预(销)售、房地产开发项目手册、商品房销售广告管理、价格备案和公示等规定。加强房地产市场监管,按照"查处一批、曝光一批、整改一批、警示一片"的要求,组织6次房地产市场执法检查工作,对18家房地产企业和7家房地产中介机构下发整改通知书30份,并按月通报5次。加强房地产企业诚信监管,对发现和查处的违法违规企业和项目,及时计入企业诚信档案,扩大诚信建设覆盖面和时效性,制定《固原市区住房保障工作管理细则》,规范房屋权属登记管理,推行平行收件模式,完善"一站式"服务机制,办理《房屋所有权证》7120宗、《房屋他项权证》3326宗、《房屋租赁许可证》2322宗,完成测绘50万平方米。严格实行拆迁许可制度,按期上报拆迁计划并严格落实,发放《拆迁许可证》10本,拆迁许可面积31万平方米。完成中山街北延伸段重点项目拆迁53户,拆迁面积7466.23平方米。

【完善制度】 制定《住房和城乡规划建设局各项制度》汇编;制定《固原市住房和城乡规划建设局开展廉政风险防范管理工作实施方案》,对全系统所有岗位进行认真细致地风险排查,并对照风险点进行了自查、自纠,及时改正。

【队伍建设】 完成全系统12个支部、1个总支和局党委的换届选举工作和中共固原市住房和城乡规划建设局机关党委和基层换届公推直选工作,同时,发展预备党员4名,转正4名,确定入党积极分子7名;开展献爱心活动,为玉树地震灾区捐款总计3.2万元,为农民书屋捐书1000余本;加强建设行风作风建设。

固原市城市管理局

【违法建筑监管】 集中开展违法建设专项整治活动。2010年,针对市区城市规划区域内部分居民违法抢建、强建行为,会同有关部门集中开展为期3个月的违法建设专项整治行动,组织60余次集中拆除行动,依法对明家庄、鸦儿沟、二中梁宋家巷、岩化工基地、东海园区北扩区等重点区域的违法建筑依法进行强制拆除,维护公共利益,保障重点建设和改造项目的顺利实施。年内,共拆除违法建筑832户,拆除面积达9.6万平方米。

【市区低层房屋普查】 2010年,市人民政府启动市区低层房屋及附属物普查工作,由城市管理局牵头组织实施,为界定和遏制市区违法建设行为提供依据,共完成10691户普查工作。

【市容市貌整治】 开展集中整治市区“脏、乱、差”专项行动,从宣传教育、签订“门前三包”责任书、整治店外经营、整治乱泼乱倒及乱停乱放、清理乱贴乱画、整治乱搭乱建、整治建筑工地施工现场、整治户外广告和门头牌匾九个方面入手,重点对政府街、文化街、中山街三条“严管街”进行严格管理,“门前三包”责任书签订率达到98%;规范文化巷等4处露天市场,整治南河滩市场周围的流动摊点和店外经营;查处、纠正人行道乱停乱放车辆500余次;对街区建筑物外乱张贴、路灯灯杆及行道树乱搭乱挂等进行了清理;拆除市区各条街道设置档次较低的路灯灯杆广告,对部分楼顶板式广告破损画面进行更新。对临时性宣传实行申报审批制度。共查处沿街门店乱泼乱倒579次,清理店外经营、占道经营4803余次,取缔占道灯箱牌匾230个,清理树木、电杆、路灯杆上乱拴乱挂绳索、沿街晾晒衣物等行为420余次,办理临时宣传120次,清理未经审批擅自悬挂横幅条幅700余条。推进市区重点街区环境综合整治工作,加大对文化街、中山街、政府街3条严管街和长城路、北环路等6条重点街区的综合治理,落实123项具体整治工作任务和“门前三包”责任制,清理、粉刷、覆盖乱贴乱画2.6万余条;对西关路、北环路沿街石材销售点、售煤点、废品收购点进行整治;督促金城花园三期等建筑工地设置标准围墙;对市区道路分车带绿地实施了规范管理;对破损路面进行修补;拆除文化街、长城路、政府街等6条街道不规范门头牌匾20630平方米,重新设置门头牌匾1211户9561多平方米,达到了“一店一牌、一楼体一规格”的要求;新建楼体门头牌匾实行申报审批制;对文化西街灯箱广告重新设置;清洗粉刷市区临街建筑物13万余平方米,将色调统一为灰白色;对主要街道临街建筑物进行亮化,完成市区重点街区综合整治。加强监管开挖道路的审批和修复质量,保障城市道路安全和排水畅通,共修补破损沥青路面7954平方米、人行道1232平方米、硬化道路出口851平方米,清理疏通污水井和雨水井128座,更换混凝土加重井盖7套。

【环境卫生清理】 落实《固原市区城市道路清扫保洁实施细则》,建立层层检查督促机制,按照“谁管理、谁实施”的原则,督促各居住小区抓好环境卫生。完成市区47条街巷230万平方米大街小巷的清扫保洁任务。采取市场化运作的方式,对明堡路等7条新建道路公开向社会拍卖清扫保洁权,实行社会化有偿服务。

【城市园林绿化美化】 年内,完成2009年秋季绿化后续工程,道路绿地草花种植和怡景广场等10余绿化项目建设,对公园广场进行补植绿化。共种植树木20761棵(其中今年秋季绿化工程计划栽植树木10858棵),公园广场花卉种植4290株,道路绿地草花种植3.3万平方米;清运文化街、长城路分车绿化带内多余土方1680立方米。年内市区建成区绿化覆盖面积达13412.31亩,建成区绿地面积达13199.31亩,公共绿地面积达3106.96亩,市区建成区绿地率、绿化覆盖率和人均公共绿地面积分别达到28.0%、27.6%和12.6平方米。加强绿地管理,春季完成市区20万余棵树木、800余亩草坪地被的浇水工作;完成市区街道、绿地1.6万余棵树木整形修剪及800多亩草坪6轮修剪;结合绿地浇水工作对道路行道树及公园内7万多棵树木进行施肥;完成3000多亩绿地绿地杂草4轮清除工作;完成新建一中、鸿雁广场等6处2200余棵绿化树木的移植;查处破坏树木及绿地行为;加强清水河清理橡胶坝的管理。

【基础设施建设】 加强环卫设施建设,完成固原医疗废物处置中心项目主体及附属设施建设;建成投入使用市区建筑垃圾填埋场;完成主要街道770个果皮箱及360个垃圾桶摆放安装;完成5座垃圾中转站及14座公厕工程建设任务,完成城乡结合部7个地坑式垃圾收集点建设工作;推进路灯建设与改造,完成滨河西路、文明路、兴固路三条街道170盏路灯安装;完成中心路等8条街道526套新装路灯及政府街等4条街道276套改造路灯安装工作;中山南北街及古雁路等新建道路路灯工程已完成基础工程;加快景观绿化建设,完成清水河市区段二期工程的景观建设、园林绿化、管道铺设、路灯安装等项目,完成新增景观、亮化及滨河西路改造工程、长城路宽幅绿化带怡景广场道路等硬景工程;协调集中供热和天然气管网建设,完成六盘山热电厂配套城市供热管网改造建设项目的申报立项,其中自治区发电集团投资承建的一期主管网建设,完成沟槽开挖11.73公里,管道敷设7.4公里,管道焊接6.7公里;完成由中石油昆仑燃气公司承建的市区天然气利用工程项目,年内完成分输站、门站等建设任务;加强公共服务设施的管理。组织对路灯、环卫、公园广场、供热燃气等公共服务设施进行维修和行业安全生产管理,保证正常运行。

【城市管理宣传教育】 在固原日报、固原电视台开设"共建文明城市"专栏,开展阵地宣传80余篇(条);制作展板12块、印制宣传单3.5万份、宣传彩页1万余份,定期组织宣传车巡回上街宣传、刷写固定标语、悬挂横幅进行经常化宣传,提升市民素质和参与管理城市的意识。

【案件办理】 2010年市政协二届三次会议期间,政协委员从关心城市管理工作角度出发,向市城市管理局提案、建议共计13件,各项提案和建议办理完毕,及时办理并回复人大、纪委转办件5件,及时办理回复市政府门户网站投诉6件。共受理信访件37件,其中:涉及房屋拆迁6件、违章建筑拆除1件、城市基础设施管理3件、城市供热投诉7件、12319投诉受理单10件、其他矛盾纠纷10件;接待来访群众52次219人(次),信访办结率95%,回复率100%。

【帮扶济困】 开展原州区头营镇大疙瘩村定点帮扶工作,完成头营镇大疙瘩村村部硬化、绿化工程,解决大疙瘩村党员活动室绿化问题;争取市委宣传部捐赠图书600余册分别送给村小学和党员活动室;争取团市委为头营镇2010年考上大学的4名学生进行资助;争取上海泰欣公司为头营镇大北山小学捐赠价值6000余元的儿童鞋,"六一"期间慰问村小学师生;为帮扶村30余名党员送去了3000元的慰问品。"七一"期间慰问全体党员和村组干部,解决当地群众的实际困难。

【献爱心活动】 全系统党员干部职工向青海玉树地震灾区捐款2.66万元,开展"爱心包裹"献爱心活动,捐款2400元,帮助解决灾区儿童生活学习困难。

【党建工作】 加强理论学习,提高党员队伍的思想政治素质，强化党员队伍的思想建设，制定《2010年中心组理论学习计划》。2010年，组织中心组理论学习15次，每人撰写心得体会5篇。按照市委创建学习型党组织和深入实施西部大开发战略大学习活动的要求，邀请市委讲师团讲师作专题辅导2次、开展“西部大开发 固原怎么办”建言献策活动1次，提出意见建议（各单位分别提出20条）。举办城管系统“讲党性、重品行、作表率”演讲比赛。同时选送参加市委宣传部、市直机关工委等举办的演讲比赛活动，并获得三等奖。开展干部理论大讲堂活动，结合《城管系统关于开展学习型党组织建设实施方案》和《中心组学习安排》，共开展大讲堂活动12次。开展荐好书捐好书读好书活动，全体党员干部职工捐各类书籍1180本。加强干部集中培训，抽调13名副科级以上干部参加全市2010年各类领导干部培训学习。加强党员干部的教育管理。贯彻执行《中国共产党和国家机关基层组织工作条例》。在建党89周年之际，局机关党委发展预备党员10人，按期转正党员7名；七一前夕表彰优秀共产党员和党务工作者，举行党员重温入党誓词活动，参与市直机关工委、市委宣传部联合举办的固原市直机关庆祝建党89周年歌咏大会。

【党风廉政建设】 局党组召开（扩大）会议，对全系统廉政风险防范管理工作进行具体安排部署，成立廉政风险防范管理工作领导小组，制定《城市管理局廉政风险防范管理工作实施方案》；利用“二五”学习日组织干部职工学习《全区推行廉政风险防范管理工作学习资料汇编》《中国共产党党员领导干部廉洁从政若干准则》、贺国强在《廉政准则》电视电话会议上的讲话等，全面领会廉政风险防范管理的基本内涵和主要精神；按照“自己找、大家提、领导点、组织审”的方式，对每个岗位进行细致的排查，共排查出41个风险点；细化和规范一系列规章制度和操作流程，建立完善事前预防、事中监控和事后处置的一系列规章制度，切实做到用制度管人、管权、管事；开展用身边的案例和优秀党员先进事迹来激励、教育党员，激发党员的工作热情和主观能动性；强化干部警示教育。组织全系统科级以上干部、企业经理、副经理、随同市委常委、常务副市长黄雅杭到固原监狱进行反腐倡廉现场警示教育，听取服刑人员现身说法，观看警示教育专题片。

【机关效能建设】 开展机关单位内部改革，抽调16名职工到监察支队、园林管理所等基层单位工作；对不适合城市执法监察工作的5名执法人员分别调整到公用事业管理所和园林管理所工作；对原有144名职工精简至92名，优化队伍结构；加强制度建设，以规范化、标准化、科学化管理为目标，制定并完善各项管理制度，形成完善的管理制度体系，以制度管人、以制度管事，提高办事效能；加强作风建设，妥善处理群众来信、来函、来电，做到件件有回音、事事有着落；加强服务窗口建设，主动与区域内采暖用户沟通对接，搞好供热服务质量，加强企业电子信息化建设，筹建公司网站，以高效快捷的服务；开展创优争先活动；加强节能减排技术改造，提高供热质量，提升服务水平。

固原市环境保护局

【污染减排】 按照污染物减排目标任务和《2010年污染减排目标责任书》，制定《2010年污染减排实施方案》。严格环保准入，推进现有工业企业的污染治理，关停不符合环保要求的马铃薯淀粉加工企业，加强固原市污水处理厂等重点污染企业的日常监管，全年削减化学需氧量2623吨，超额完成自治区下达的削减目标任务。

【马铃薯淀粉加工废水防治】 按照按流域分单元的治理思路，制定《2010年固原市马铃薯淀粉加工废水污染防治工作方案》，以清水河、葫芦河、茹河流域为重点，以原州区中河乡庙湾村和新庄村、张易镇红庄村，西吉县新营乡、将台乡、兴隆镇，彭阳县小岔乡为单元，积极推广“适时、适量、适作物、适地块"淀粉废水灌溉休闲地技术，引导企业及农户利用淀粉废水进行休闲地灌溉；加强监管，落实分片包干、责任到人、昼夜巡查方式制度，严防废水进入河流水库，全市48家开工生产的淀粉加工企业产生的63万吨废水全部用于休闲地灌溉，灌溉休闲地7713亩，实现淀粉废水零排放。经监测，清水河固原段出境断面水质为Ⅴ类，葫芦河出境断面为Ⅳ类，渝河出境断面水质为Ⅳ类，泾河出境断面水质为Ⅱ类，茹河出境断面水质为Ⅳ类，全市无劣Ⅴ类水质。

【马铃薯淀粉废水治理技改研发】 按照"寻求出路，突破瓶颈"的思路，在宁夏佳立生物科技有限责任公司开展马铃薯精淀粉废水提取固形有机物（絮凝气浮提取固形有机物）技术研发，在宁夏佳立生物科技有限责任公司固原全粉厂开展马铃薯全粉废水处理技术（生化处理）研发，优化工艺、定型设备、完善技术，积极探索符合固原自然条件的马铃薯淀粉加工废水处理和综合利用的新技术和途径。在原州区彭堡镇别庄、三营镇黄铎堡等7个具有代表性的马铃薯淀粉废水休闲地灌溉区，开展灌溉区环境影响研究，完成《马铃薯淀粉废水农业灌溉对土壤农作物地下水和环境空气影响监测研究》子项目，为试验结论提供有力的数据支持。

【农村环境保护】 按照全市农村环境综合整治会议精神和《农村环境综合整治工作目标责任书》要求，对原州区开城镇羊坊村等13个环境综合整治村的乡镇负责人及各县（区）负责农村环境保护管理人员进行培训，明确项目建设内容、完成时限、项目实施主要程序和农村环境综合整治目标考核制度。加强督查，督促各县（区）严格落实招投标、项目管理、财务报账制等项目管理制度，完成13个村庄环境综合整治任务；加强农村集中式饮用水源地保护，完成28个农村集中式饮用水源地保护工程；组织各县区对农村集中式饮用水源地进行重新核查，确认300人以上农村集中式饮用水源地229个，落实1000～10000人农村集中式饮用水源地保护项目5个涉及123个村，项目资金492万元；开展环境生态乡镇争创，彭阳县红河乡获得"国家级环境生态乡镇"，西吉县新营乡、隆德县沙塘镇获得"自治区级环境生态乡镇"，原州区三营镇黄铎堡村、泾源县兴盛乡红旗村、彭阳县曹庙乡草庙村获得"自治区级生态文明村"称号；在对重点乡镇、城乡结合部、主要公路沿线、新农村建设重点村庄和生态移民村庄存在的主要环境问题进行调研的基础上，编制《固原市2010—2012年农村集中连片和生态移民村庄环境综合整治方案》，争取2010年第一批农村环境综合整治示范项目资金4925万元，涉及14个连片整治示范项目区，覆盖全市五县（区）13个乡镇63个建制村。

【环境保护管理】 严格执行《环境影响评价法》，落实建设项目"三同时"制度、排污许可制度、清洁生产审核制度，大力推进循环经济。全年审批环境影响评价项目33个，否决2个不符合环保要求的项目，对15个项目进行了"三同时"验收；核发排污许可证80本；核发机动车排放合格证及环保合格标志5000多份；对2家企业实施了清洁生产审核。加强环境监测，完成空气质量例行监测、取得监测数据4170个；完成5条主要河流、8座水库、6个城市集中饮用水源地水环境质量监测、取得监测数据4800个；完成环境噪声例行监测、取得监测数据1491个，为环境管理提供科学的数据。在固原电视台发布市区环境空气质量日报，在市政府网上发布固原市区环境空气质量、声环境质量和清水河、葫芦河、渝河、泾河和茹河水环境质量月报，满足公众环境质量状况知情权。加强环境监察，对辖区内工程建设领域突出环境问题和"三同时"制度执行情况进行专项监督检查，开展整治违法排污企业保障群众健康环保专项行动，城市噪声扬尘污染集中整治活动，重点行业环境分析及化学品检查等集中整治行动，处理环境信访，依法征收排污费。全年共出动环境监察执法人员1101人（次），查处环境违法行为39起,依法暂扣音箱设施10余件,处理环境信访114件,征收排污费100万元。

【争项目争资金】 年内共争取农村环保连片整治、生态移民区村庄环境整治、农村集中饮用水源地保护、“两河”环境综合整治项目21个、资金7600多万元。加强项目管理,对2006年以来实施的34个环保专项资金项目进行验收,加强对农村环境综合整治等项目实施监管,确保项目资金发挥最大效益。申报《宁夏“南部”重点区域环境综合治理项目》。谋划“十二五”环境保护工作,成立了编制领导小组,在完成基础资料收集,基本数据调查的基础上,形成《固原市“十二五”环境保护规划》(送审稿)。

【环保宣传】 全年围绕节能减排、污染整治、环保专项行动等重点工作,以“世界环境日”、“法制宣传日”等为载体,利用报纸、电视等媒体,开展环保宣传教育进学校、进社区、进农村等活动,向社会大力宣传《环境保护法》等法律法规,普及环保基础知识,推进全民环境保护意识的提高。围绕“世界环境纪念日”,召开全市各界代表参加的环境保护工作座谈会;围绕“节能宣传周”,向宁夏佳立生物科技有限公司固原全粉厂等30个重点污染企业及四县区城乡建设和环境保护局发出节能倡议;通过“政风行风”栏目和在宁夏师范学院、市委党校领导干部培训班作环保专题报告;在自治区环保信息网、固原日报、固原电视台等新闻媒体上,刊登、播放环保专题片(版)38篇;组织撰写信息稿件116篇,发行《绿色梦 环保情》内部交流刊物10期、700余份。

【队伍建设】 开展“机关党的建设年”活动、“创先争优”活动,不断加强机关党的建设、精神文明建设。全年安排了思想政治、法律法规和专业知识专题辅导学习24次,2名领导参加了全国地市级环保局长培训班,31人次参加区内外环保专业培训。创办《绿色梦 环保情》内部交流刊物,已办7期发放800余份,为干部职工搭建了交流思想、观点和环境专业技术的平台;按照市委的安排部署,迅速在全市环保系统开展“大学习”活动,制定《固原市环保局2010年目标管理考核办法》,落实党风廉政建设责任制,推进惩防体系建设;在全局推行服务承诺制度,严格落实首问责任制等效能建设制度,落实人员去向指示管理;加强安全生产、文化建设、扶贫济困、公共节能等工作。在西吉县西滩乡西滩村投资10万元整修村级道路9公里,解决西滩村村民行路难问题,“七一”期间向困难、贫困老党员发放慰问金2400元。

交通运输

固原市交通运输局

【高速公路建设】 福银高速公路什字至沿川子段24公里路基、桥涵施工完成工程量的70%。兰青高速公路毛家沟至东山坡段49公里初步设计已经交通运输部专家审查通过。

【国省道改造工程建设】 续建国道309线彭阳过境段5公里及小河口、茹河两座大桥于5月份竣工通车。国道309线河川至原州区段14.2公里已完工，省道202线玉桥至毛家沟8.3公里开始路面施工。完成省道203线王洼矿区段8.3公里路基、桥涵。

【城市道路建设】 续建市区兴固路、文明路，完成南郊路5.4公里。续建宁夏福宁投资集团马铃薯淀粉加工转化项目绕城公路13公里，完成路基和砂砾垫层。续建羊坊、大堡、明堡、北什里4处移民新村道路13公里。续建长城梁生态农业科技园区沙砾道路20公里。完成西吉县新建迎宾大道3.8公里、泾源县新建北环路西延伸段1.4公里。

【示范区主干道建设】 固原盐化工循环经济扶贫示范园区主干道路7.8公里已完成路基工程。

【农村公路建设】 2010年计划新建农村公路1000公里，全年共开工建设农村公路1120公里，超额计划的12%。其中争取交通运输厅行政村通沥青水泥路86条880公里，自治区发改委以工代赈及各县(区)自筹资金建设园区道路、流域道路等砂砾公路240公里，工程于3月底相继开工建设，年内，完成行政村通沥青水泥路750公里，占总数的85%，完成砂砾路240公里。

【客运招呼站建设】 年内，客运招呼站建设被列入全市改善民生25件实事之一，全部完工83个，超额计划的18.6%。

【公路养护】 年内，建立“区上补一点，县级财政挤一点，乡镇政府筹一点，受益群众投工投劳出一点”的养护资金筹集配套机制和养护管理长效责任机制。加强农村公路养护生产，全面落实“四个养护”，认真做好春融后路况恢复工作，及时处治公路病害和水毁路面，保障汛期公路畅通。5159公里农村公路全部列入养护，列养率达到100%，养护质量稳步提升。加大路政宣传和执法力度，教育、引导群众树立爱路护路意识。落实路政巡查制度。全年查处路政案件78起，查处率99%。加大查处力度，全年共检测车辆779397辆，其中超载车辆34876辆，占检测车辆的4.47%。县乡公路5个流动检测站共检测车辆7982辆，其中超载车辆384辆，占检测车辆的4.81%。制定《固原市农村公路养护管理办法》。

【农村客运】 2010年全市农村客运车辆达到882辆，农村客运企业达到6家，客运班线达到559条，乡镇通班车率达到100%，行政村通班车率达到 86.2%，通客车率 94.6%，实现 976 个班次循环发班。

【现代物流产业】 发展现代物流产业是市委、市政府和自治区第四次固原工作会议确定实施的“155”工程支柱产业。围绕市委、政府的战略部署。对全市的物流企业、货运企业、货运站场、配送中心、冷链物流市场等从事物流业的企业开展涉及九个方面的全面普查，掌握全市物流业基数和物流企业的发展状况。正式启动编制《固原市现代物流产业规划 2010 年—2020》工作。与发改、工信、商务等部门联系，确定储备一批物流项目，上报全市“十二五”交通枢纽重点项目和“十二五”服务业重点项目。

【农村公路质量监督】 严格执行《固原市行政村通沥青水泥路建设工程质量管理办法》等规定，加强行政监管和专业监督，加大现场督查力度。下发质量检查意见书 18 次 253 份。实体工程抽检数据 360 个(组)，其中路基工程抽检数据 320 个，合格率为 96%，路面工程抽查数据 20 个，合格率为 95%。原材料抽查数据 20 组，合格率为 100%。督促各县(区)建立业主试验室。

【安全生产】 召开全市交通运输系统安全生产工作会议，市局与各成员单位、各县(区)交通运输局签订了 2010 年安全生产责任书。开展全市道路交通安全管理大会战行动。按照市安全监督管理委员会的安排，系统各单位结合“春运”、“五一”、“十一”等时期安全生产工作实际，开展道路交通安全隐患大排查，排查道路交通“黑点”16 处，已整改 14 处。开展“平安工地”创建活动，按照工地安全防范措施、人员持证上岗和施工现场临时设施管理等 11 个方面的内容开展工作。并把市水上交通运输安全监管工作纳入规范化轨道，成立“固原市地方海事局”。

【党建工作】 全年共组织中心组学习 11 次，干部理论学习 41 次，座谈讨论会 3 次，领导干部每人平均撰写读书笔记 2.4 万字，学习心得体会及调研文章 5 篇，党员及科级干部平均每人撰写读书笔记 2.1 万字、学习心得体会和理论调研文章 4 篇，领导干部在《宁夏公路建设》杂志和《固原日报》发表理论文章 2 篇；开展“机关党的建设年”和“创先争优”活动，机关支部、运管处支部通过开展“讲党性、重品行、做表率”主题教育活动和结对帮扶等活动，完善党建工作机制，开展文明出租汽车企业和文明星级驾驶员评选表彰活动，对 2 家文明出租车企业和 206 名文明星级驾驶员进行表彰奖励。开展“爱心送考生，真情耀固原”公益活动，高考 2 天时间，爱心服务车队免费接送考生 2039 名；夯实“两新组织”党建工作基础，组织开展纪念建党 88 周年活动，培养入党积极分子 15 名。

【文明创建】 2010 年，全市交通运输系统各单位紧密结合各自工作实际，确定创建目标，以“文明生产、文明行政、文明执法、文明服务”为标准积极开展创建活动；开展多种形式的文化体育活动。元旦组织举办系统职工运动会，设置象棋、跳棋、乒乓球等 8 个项目的比赛。举办文艺联欢晚会，系统干部职工登台表演了舞蹈、小品、独唱等十五个节目。组织 3 名职工参加了全区交通运输行业第一届“信息杯”“阅读 厚德 正行”演讲比赛，并分别获得第二、第三名的好成绩。参加市直机关工委、市文体广电局主办的“快乐工作 健康生活”文体活动，获得羽毛球女子单打第六名。和市人社局组成联队参加市上组织的“迎七一百人大合唱”活动；在《中国交通报》《宁夏日报》《华兴时报》、宁夏新闻网、《固原日报》等多家新闻媒体及各级交通运输专业报刊、网站宣传报道工作 210 余篇(次)。

【帮扶工作】 年内，针对西吉县王民乡二岔马村交通条件极其落后的实际，与西吉县交通运输局一道积极争取交通运输厅的支持，争取投资 280 万元，修建王民乡政府至二岔马村委会村级油路 7 公里。

投资25万元，修建二岔马村委会至中心小学四级砂砾公路5公里。开展党员结对和慰问活动。春节前夕，机关党员赴二岔马村进行走访和慰问，并为贫困户送去价值2000元的大米。“六一”儿童节，牵头协调市住房公积金管理中心和人保财险固原分公司，筹资8000多元为二岔马小学捐赠篮球架、乒乓球桌、单双杠、排球柱等文体活动器材。

【交通战备】 建立健全交通战备各项工作制度，整理完善各种工作资料。根据市委、政府关于做好防震减灾的安排部署，制发《固原市交通运输局破坏性地震防灾减灾应急预案》。以交通战备数据资源为重点，加快信息化建设步伐，为抢险救灾和部队应急机动提供准确、及时的交通保障信息服务。对本市的重型运输车辆、客货车辆、大型工程施工机械进行调查统计，成立道路抢修和交通运输2个应急分队，建立数据库，完成相关资料。

【综治信访】 年内，通过安排行风建设、社会治安综合治理、信访、档案、计划生育等工作，细化分工，完善制度，建立责任制，严格按有关业务部门的安排部署抓好任务落实。

固原市交通运输管理处

【概述】 2010年，全市有客运经营业户33户，客运车辆4785辆，其中班线客车1104辆24754座，公交客车412辆8453座；出租汽车3259辆16539座，旅游客车10辆138座。班车客运线路739条，其中跨省46条，跨地（市）84条，跨县50条，县内698条，每日运行客车班次2086班。客运网络覆盖了全市所有乡镇，实现了全市农村乡镇通班车率100%，行政村通班车率97%。全市现有等级客运站51个，其中一级站1个，二级站3个，三级站3个，农村乡镇四级客运站44个，农村客运招呼站187个，其中2010年，全市共新建、改建、迁建农村客运招呼站89个（其中原州区27个、西吉县20个、隆德县13个、泾源县13个、彭阳县16个）。货运经营业户6803户，其中普通货运企业553户，危货运输企业3户，货运汽车12438辆，标记总吨位88247.35吨，其中普通货物运输车辆12402辆，87953.35吨，危货运输车辆36辆294吨位。各类机动车维修经营业户558户，其中整车维修企业26户，专项维修业户498户，摩托车维修34户，主要维修设备3760台件（套），维修从业人员1460名，年产值3400多万元。全市现有驾校7所，其中一级驾校1所，二级驾校6所。驾校自备教练场有7个，总面积18.20万平方米，比去年同期增加3.45万平方米，教练车增加到267辆，各种教学设备960台件，从业人员412人，其中理论教练员44人，操作教练员279人。

【节假日运输监管】 完成2010年的春运、“五一”、“十一”假日运输工作；加大对春运工作的宣传力度，各县（区）运管所向工作在一线的广大司乘人员发放《驾驶员安全行车手册》，向旅客免费发放《2010年春运服务指南》，向广大旅客、司乘人员、经营者提供了区内主要快客线路、主要汽车维修救援企业、客运站的班车时刻表及服务电话等，方便群众出行。春运期间，共发放《驾驶员安全行车手册》《2010年春运服务指南》4000余份。及时编发《春运信息》，及时报道各部门春运进展情况，共编发5期，刊发稿件10余篇，全市累计投放客运班车35559辆（次），44719班（次），增开加班车累计929辆（次），包车187辆（次）；日均投放客运班车888辆（次），1117班（次）；累计发送旅客70.62万人（次），客运量同比增长了12.8%；“十一”期间，累计投放客运班车7668辆（次），10290班（次），日发班次1470班，共完成客运量15.38万人（次）。

【出租车行业精神文明建设】 制发《关于开展文明示范出租汽车企业及出租汽车星级驾驶员评选活动的通知》，开展此项评选活动，要求评选出的星级文明驾驶员数量不超过公司从业人员总数的

10%，文明示范出租车企业最高占企业总数的20%。对2家文明示范出租汽车企业和206名文明星级驾驶员进行表彰奖励。高考期间，出租汽车行业党支部、出租汽车行业工会、宁夏道路运输协会固原办事处联合组织开展"爱心送考生"志愿服务活动，各出租汽车公司分别选派50辆由党员、入党积极分子及首届星级驾驶员驾驶的车辆，组成一支有450辆出租车的"高考爱心服务车队"，免费为考生提供应急运输服务。推荐2家出租汽车文明企业、22辆文明出租汽车、30名文明出租车驾驶员，接受自治区交通运输厅、自治区总工会的联合表彰奖励。同时，对出租汽车行业涌现出来的好人好事，通过广播、电视、报纸等新闻媒体进行宣传报道，推动全市出租汽车行业精神文明建设。

【循环发班与农村客运】 按照自治区运管局关于《宁夏道路客运班车循环发班实施方案》的通知精神，强化对推行循环发班工作的监督指导力度。2010年，对已符合循环发班条件的县内、县际班线全部实行循环发班，市际班线除固原至银川普客，西吉到银川快客线路上还没有实行循环发班外，其余符合循环发班条件的线路都已实行循环发班；发展农村客运是道路运输工作服务"三农"最直接、最有效的举措。年内，62个乡镇全部通油路，891个行政村全部通了公路，路网结构得到了极大改善。全市现有农村客运车辆1039辆，开通农村一类、二类客运班线698条，日发班次达1711班。有873个行政村开通农村客运班车，行政村通班车率达到97%，比去年同期上升了9个百分点，实现976个班次循环发车，推动城乡客运一体化进程。

【货运业】 整合现有货运市场主体，培育龙头骨干货运企业，走联合经营的道路，实行集约化、规模化经营，增加全市货运企业数量；以提高运输效率、降低能耗、确保运输安全为目标，调整车型结构。以市场需求为导向，发展载重8吨以上的重型柴油货车和集装箱牵引车辆，提高重型车辆比重；鼓励发展适合承运冷藏货物、散装货物的特种专业车辆；扩展服务范围。根据市场需求，引导货运企业灵活调整经营模式，找准市场定位。

【道路客货运输车辆年审】 2010年的道路营运客车、货运车辆年检年审工作进展顺利，全年共审验营运车辆4218辆，审验率88.2%，其中审验客运班车1104辆，审验率100%；审验出租车2692辆，审验率82.6%；审验公交车412辆，审验率100%；审验旅游客车10辆，审验率100%；审验货运车辆9160辆，审验率73.6%，其中审验普通货运车辆9133辆，审验率73.6%，审验危货运输车辆33辆，审验率91.6%。

【规范机动车维修市场秩序】 市运管处、道协固原办事处联合开展以"放心消费"为主题的全市机动车维修行业优质服务月活动。1.制定《固原市机动车维修优质服务月活动实施方案》，通过召开动员会、悬挂横幅、散发宣传资料、制作展板、设立咨询点等形式进行宣传，各县(区)分别召开宣传动员会，悬挂横幅31条，散发宣传资料5000余份，制作展板20块，设立咨询点6个。2.开展技术咨询和义务诊断，结合"3.15"消费者权益日，组织9家维修企业的25名维修工上街开展服务咨询活动，各维修经营者为近260辆车提供义务诊断和故障排除，为180位用户解答技术难题，为汽车用户优惠工时费用共计6800元，推出以"汽车维修10项免费检查"为主要内容的"春季关爱行动"；加强维修市场的监督检查。共查处无证经营案15件、超范围经营案4件、占道经营案6件，有力地维护了市场秩序；开展机动车维修质量竣工检验的抽检工作，全年共完成二级维护竣工车辆质量抽查792辆，合格率为100%。监督各检测站完成12598辆营运车辆的技术等级评定工作，其中一级车10637辆、二级车1299辆、三级车662辆；完成新增客车的划类评级工作，本年度共划类评级96辆(次)，其中中级客车30辆、高一级以上车辆19辆。3.开展维修企业质量信誉考核工作。组织成立"维修企业质量信誉考核领导小组",全市共有整车维修企业26家,应当参加本次维修质量信誉考核的企业18家。考核结果为:AAA级2家、AA级5家、A级11家。同时,各县(区)运管所对478家专项维修业户进行考核,考核结果为:AAA级9家、AA级91家、A级378家,推动维修企业的诚信体系建设。

【节能减排】 抓好《道路运输车辆燃料消耗量检测和监督管理办法》及配套规定的宣传工作,组织召开全市维修管理人员和客货运输企业负责人等30余人参加的贯彻工作会议,加大信息引导,向企业推荐新能源和低碳环保车辆,鼓励发展技术先进、环保节能的运输装备,鼓励运输企业引进节能减排先进技术,推广使用天然气等清洁能源;建立和落实营运车辆燃料消耗量准入制度;加强对已进入道路运输市场车辆燃料消耗量指标的监督管理,对能耗高,尾气排放超标的车辆,达到国家规定报废标准或经检测不符合标准要求的车辆收回《道路运输证》,强制退出运输市场,把好道路运输市场车辆准入关和节能关。

【驾培市场监管】 严厉打击"黑教练车"非法培训、驾校私设培训点等违法行为。共查处"黑教练车"非法培训案3件,清理取缔驾校私设培训点3处,维护驾培市场正常秩序;加大对驾校经营行为的监督检查力度,4次组织人员深入驾校查处教学车辆单车超配学员、通过非法软件修改学员数据以及不使用IC卡学时记录仪、不按教学大纲培训等违法经营行为。对驾校的违法行为进行严厉处罚;制定《普通驾驶员培训记录卡的领发使用管理办法》;严格培训记录卡的领发制度。

鼓励驾校加大资金投入,完善教学设施设备,指导各驾校充分运用成本低、效益高、节能环保的驾驶培训模拟器开展培训业务。全市有3家驾校改造教学训练场地,扩大并完善教练场地34500平方米,总投资200多万元。新增教练车93辆,增加了2辆自动挡轿车、6辆半挂车等教练车型;制定全市统一式样的教学车辆训练前、训练中和训练后的安全检查单,要求驾校严格做好教练车辆的安全检查,确保安全施训;严格按照交通部2号令,督促各驾校建立完善《教练员培训质量考核办法》。2010年,我市辖区内7所驾校共培训普通学员11142人,比去年同期增长59.81%。其中A1类42人、A3类13人、B2类4366人、C1类6721人。

【从业资格管理】 加强监督检查。组织人员以明察暗访的方式,不定期深入具有从业资格培训资质的驾校进行检查,要求驾校在培训中不得走过场,确保培训质量;规范道路运输从业人员从业资格考场。按照有关规定,监督从业资格考场管理单位完善考场设施设备,健全考场管理制度,落实管理人员,在考场安装电子监控系统。加强从业资格考核员的培训和教育。组织考核员的职业道德、法律、法规和考试技能的培训学习,规范考核员考试行为;督促完成3家道路客货运输驾驶员从业资格培训、考试机构和1家机动车维修技术人员技能考试场的筹建工作;开展道路运输驾驶员从业资格考试、发证和诚信考核工作。2010年,申报道路客货运输驾驶员从业资格考试2289人(次),实际考核发证1820本,其中旅客运输类申报997人(次)、考核发证781本,货物运输类申报1260人(次)、考核发证1011本,危险运输类申报32人(次)、考核发证28本,共完成客货运输驾驶员从业资格证考核22场(次),完成危险货物运输驾驶员培训、考核4期。五是开展道路运输驾驶员诚信考核工作,对驾驶员从业资格考核期满12个月的从业人员签注诚信考核等级。截止11月份,有8000名从业人员已签注诚信考核等级。

【道路安全运输监督管理】 完善工作制度,确保春运、"两会"期间道路运输安全生产各项工作的落实;制定《固原市春运及"两会"期间道路运输安全保障工作方案》《固原市运管系统道路运输安全监督管理工作制度》和《固原市道路运输安全生产督查工作规范》；强化道路运输安全生产宣传教育培训，各客运、危货运输企业和汽车客运站定期或不定期组织从业人员开展道路运输安全生产教育培训，全市运管机构组织开展道路运输安全生产知识培训考试累计达30场次，参加培考人员3000多人(次)；多种形式开展安全生产宣传活动，共悬挂横幅30条，张贴标语400多张，刊发信息稿件18篇；开展公路客运交通安全教育整治行动和道路运输安全生产大检查行动，出动执法车辆420多辆次，执法人员1600多人(次)，查处存在安全隐患的客运车辆210辆(次)；排查整治各种安全隐患，督促企业进行一次拉网式的安全大检查，保证安全隐患整改的落实，全市运管机构组织企业共排查隐患145项，立即整改的97项，限期整改的48项，整改率为100%；开展道路运输行业安全生产月活动，制作气球拱门一个、宣传条幅85条、宣传展板4块，由80辆出租车组成宣传车队上街游行宣传，散发《加强行车管理，预防交通事故》宣传手册1000余份，通过出租车车载LED屏滚动播放宣传标语等；开展应急预案演练活动，在全市道路运输行业树立安全意识，加强营运车辆GPS的安装、使用和管理，抽查部分企业GPS监控平台和车载终端的使用情况，重点监督新增或更新客运车辆、危险货物运输车辆安装使用GPS车载终端，宣传引导重型货车、公交客车、出租车和驾校教练车安装使用GPS监控系统。

【应急运输保障机制】 2010年，春运期间冰雪天气恶劣环境和大量旅客滞留，启动应急预案，落实应急车辆、人员，配合交警部门和客运企业及时输送车站滞留旅客，完成春运各项任务；上海世博会期间，保证道路运输安全畅通，落实各项防范措施，严防各类安全事故的发生，制定《固原市道路运输系统反恐怖及安保应急预案》；加强对各类突发公共事件发生时或发生后的运输保障，制定《固原市运管系统应对突发公共事件道路运输保障应急预案》，成立运管系统应急运输领导小组，提前储备应急保障运力和应急保障维修救援企业；六盘山登山节期间，制定《首届中国·宁夏·六盘山登山节交通运输保障方案》，组织宁夏天豹固原汽车运输有限责任公司等骨干企业成立登山节运输保障服务车队，抽调28辆大型高一级客运车辆，对28名技术过硬、身体健康、职业道德良好的驾驶员进行岗前培训和资格认证。

【燃油补贴】 2010年，组织各客运企业召开《城乡道路客运成品油价格补助专项资金管理暂行办法》宣贯培训会，对车辆的用油核定工作进行详细的部署，对涉及车辆的基础资料进行详细整理并对每辆车的燃油消耗情况进行测算，完成城乡道路客运燃油消耗量的申报工作；根据财政厅《关于落实2009年石油价格改革财政补贴的通知》精神，与财政、银行协调，兑付城市公交车、农村客运车辆财政补贴资金。

【"行政执法规范年"活动】 根据运管局《关于在全区运管系统开展"行政执法规范年"活动的通知》精神，成立"全市运管系统开展行政执法规范年活动领导小组"。制发《固原市运管系统开展"行政执法规范年"活动实施方案》；组织各县运管所、辖区各类道路运输企业，悬挂横幅69条，散发宣传资料8000余份，制作宣传展板32块录制宣传光碟6张，上街设立宣传咨询点5处，大力宣贯新修订的《宁夏回族自治区道路运输管理条例》。向全市运管系统制发《固原市运管系统2010年法制宣传教育工作要点》《固原市运管处2010年社会治安综合治理工作安排》以及《固原市运管系统开展"加强法制宣传教育，促进社会矛盾化解"主题宣传活动的通知》，开展普法和依法治理工作。

【道路运输市场秩序整治】 年内，共受理各种有效投诉、咨询电话1240余起。其中旅客投诉290余起，出租车经营者投诉班线客车夜间在火车站等地非法站外组客15起，货物纠纷投诉8起，调解处理率80%。经营者投诉非法运输“黑车”150余起，投诉处理率达95%以上。各种咨询780余例，咨询回复率100%。投诉“黑教练车”、挂靠教练车3起，查处率100%；共出动执法车辆1260辆(次)，执法人员2400多人(次)，各县(区)共查处非法营运车辆930余辆(原州区530余辆，西吉县150余辆，隆德县60余辆，泾源县50余辆，彭阳县140余辆)，其中违法从事营运的汽车830余辆、汽油及电动三轮车16辆、套牌车8辆，出租车拼客从事班线运输80余辆次，查处无驾驶员从业资格证从事经营活动的126人(次)，共处罚款70余万元。协调城管取缔非法营运车辆利用停车场长期揽客黑点6处。

【党风廉政建设】 年内，制发《固原市运管系统2010年度党风廉政建设和行风建设工作安排》；加强道路运输经营许可、市场监督、行政处罚等关键环节的监督和制约；开展《关于在全市党员领导干部中开展“学〈廉政准则〉促廉洁从政”主题教育活动的通知》和市交通局党总支的文件精神，制定《固原市运管处开展“学〈廉政准则〉促廉洁从政”主题教育活动实施方案》；加强运政执法督察，定期检查运政业务工作情况，全面检查运政执法情况，共组织4次明察暗访；开展自查自纠工作；制定《固原市运管系统2010年文明创建工作安排》，坚持跟踪督查，指导泾源、隆德等基层运管所以及道路运输企业制定文明创建工作计划，落实各项创建工作要求。

宁夏公路管理局固原公路分局

【路况提升】 年内，实施S101线沥青表处工程等迎国检专项工程11项，完成工作量2289.85万元；实施G309线辛庄子桥危桥改造等养护工程6项，完成工作量167.75万元；采取热拌罩面、热油封面等措施，4次处治路面病害，实施公路整容，提升路况质量。

【公路环境整治】 协调驻地政府、公安等部门，开展2次高速公路专项治理行动；彻底对S101线开城街道公路两侧的违法违章建筑物、构筑物、妨碍交通安全的各类障碍物等进行集中整治，共清理堆积物6489方。加强对公路周围各类违章占道经营的管理，清理摆摊设点3702平方。清理沿线垃圾、堆积物和各类非公路标牌，集中治理打场晒粮，解决公路“脏、乱、差”的问题，路域环境得到净化。

【形象展示】 年内，各收费站开展“立足岗位做奉献，文明畅通迎国检”活动，通过队伍整训、技能比武和岗位练兵活动等方式，规范收费行为，提高文明优质服务质量。

【档案精品工程】 由专人负责制定目录，抽调业务骨干成立内业资料整理组，对照《全国公路检查管理规范化评分标准》和《宁夏公路管理局迎接2010年全国干线公路养护管理检查实施方案》要求，对5年来的内业资料集中整理和装订，达到资料齐全、格式统一、装订规范的目标。

【公路养护】 结合文明样板路、文明中心、文明作业站创建活动，推行“三阶段”养护模式，实施“精细化养护，规范化管理，以赴迎国检”大干100天活动，组织各单位现场观摩评比，引导职工掀起“比技术、重质量、求效益”的高潮，提高整容质量，达到“顺、畅、洁、绿、全、美”的要求。

【路政管理】 开展“三创”活动，通过将培训学习、开展军事队列、交通指挥手势训练的成效与评先评优、目标责任制挂钩，提高路政队伍整体执法能力。全年共查处路政案件582起，结案560起，收取各类规费1451.48万元，实现查处率99%，结案率96.2%；加强对G312线、G309线等线路超限超载查处力度，在固原市境内形成无边界、无缝隙的治超网络，遏制打击超限运输行为，全年查处超限车辆27509辆，车辆超限率为4.65%。

【收费服务】 制定《收费服务强化年活动实施方案》,采取驻站督导,加大稽查考核力度,加强收费系统维护与管理,严格执行车辆通行费包缴政策,严厉打击违规和假冒绿通车辆,从源头上防止费源流失。实行路政、养护、收费联动机制,化解征缴矛盾,通行费征收突破了3亿元,超额完成年度任务147%,同比增长63%。

【重点路段疏导】 面对G312线车流剧增,通行压力大的现状,分局积极应对,迅速行动,采取主要领导带班指挥,科室负责人驻站蹲点,执法人员驻守收费站、对大件运输车辆集中分批护送,沿线养护、路政、收费人员在车流量高峰时段24小时坚守岗位,疏导交通,保障G312线道路畅通。

【党风廉政建设】 以"基层党组织规范化建设提高年"活动为契机,开展创先争优活动,深化党员"三示范"内涵,结合深入实施西部大开发战略大学习大讨论活动,着力打造学习型党组织,推动中心工作有效开展。

【安全生产】 年内,落实"一岗双责"制,制定《安全生产日(周)检查制度》,加强安全生产源头和过程控制,建立健全安全隐患风险点排查长效机制,加强重点部位和重点环节及车辆的监管,加大安全资金投入,提高安全防范能力。

【精神文明建设】 2009年1月,分局被中央文明委授予全国文明单位。2010年,共创建成全国文明单位1个,全国精神文明建设工作先进单位1个,全国交通行业文明示范窗口单位2个,市级文明单位3个,厅级文明示范"窗口"单位5个,厅级文明单位和县级文明单位共20个。

固原车务段

【"三项工程"建设】 以落实路局"三项工程"建设为载体,优化管理结构,创新工作机制,加强人才队伍建设,在适应铁路现代化变革中推动管理机制实现科学发展。以追踪督办落实为载体,探索全面落实"闭环管理"的有效举措,以问题化管理为导向,实施"追踪督办工作落实机制"。即:把每一项具体工作均以《督办通知》的形式发至承办科室、车间或个人,限定完成时限,按时办结后进行消号,对落实不力或未办结的进行追责考核,形成工作有布置、有落实、有检查、有反馈、有考核的环式闭合模式。2010年以来,共下发《督办通知书》62期,295项具体工作通过督办形式得到落实;以优化岗位调整为契机,抓住路局生产力布局调整的有利时机,结合安全运输生产岗位布局和人员设置的需要,对平凉南、固原、同心站原各3个客货运班组合并为各1个班组;按照路局优化劳动组织要求,撤销15个车站的助理值班员,招聘组建三站客运安检人员,实现岗位设置科学布局、人员管理以简为精的优化发展态势。年内,80%的班组累计实现自控;以技能人才培养为抓手,按照路局加强主要行车工种队伍建设的工作要求,突出技能人才培养工作力度,组织职工开展技能鉴定,其中36名客、货、运转职工通过鉴定,25人取得技师资格证书,占到生产人员比例的4.47%。同时,从提高主要行车工种技能人才数量和促进骨干作用发挥的目的出发,重新将部分技师编制调整到货运员、车站值班员等安全运输生产一线岗位,增强技术业务骨干辐射作用的发挥。

【安全防线】 2010年,贯彻落实部局安全工作会议精神,树立"以人为本、安全发展"的工作理念,以车务"六防"为现场安全卡控重点,优化现实安全流程控制措施,提升安全保障能力。结合现场作业和岗位特点,对6项安全关键点和29个作业关键环节分解细化制定了卡控措施,实施安全卡控和过程监督;以"现场检查布控图"为主干,实施"周检查工作重点制度",根据形势任务每周确定现场检查重点内容、根据各站安全工作状况每周确定"必检站”，实现计划性检查、目的性控制、落实性整改；严格落实现场检查周总结、汇报制度和月分析制度，从作业中找关键、从违章中找规律、从分析中定重点，提高控制现场、控制关键、确保安全的工作能力；按照“全面推进，重点突破”的原则，在保证路局确定整治内容有效落实的基础上，结合安全运输生产实际，有侧重的开展整治活动，提高活动的针对性和实效性。其中5月份针对平凉南责任轻伤事故开展“劳动安全大检查活动”。从调车作业、道岔清扫、室外单岗作业等10个方面，明确和细化干部必须定期检查、现场监控的11项劳动安全卡控措施，28件劳动安全方面的问题得到有效整改。在安全“大检查、大反思、大教育”专项整治活动中，针对固原站调车责任一般D2类事故，在集中解决影响运输安全的惯性、隐患性问题的同时，开展“安全责任意识教育活动”，针对兄弟单位发生的事故案例和本段典型严违问题，撰写《宣教提纲》组成宣讲小组在各站进行巡回演讲，从干部职工思想源头上强化安全管理；本着“首批创建、示范带动”的工作思路，对先期确定的11个车站加大硬件投入，并结合实际对标准化行车室、客运室创建工作实施步骤、标准做了详细的规定和要求，以求实效可行。同时，针对干部职工对创建工作只是搞站舍整修、环境整治的片面认识，两次召开专题视频会议就“外美内实”这一创建核心进行宣教。

【技术和信息化建设】 从技术和信息化建设的适用性、合理性、实效性着眼，在动态中完善和拓展调度指挥和视频监控工作效能；紧随运输组织变化规范技术规章管理；扩展信息化建设内容，提升安全管理的技术含量，专业技术管理和信息化建设取得实质性进展。继2009年安装8个站视频监控系统，完成对剩余20个站视频监控系统的安装和运用工作，专门从车间抽调三名现场业务精的管理人员与段包站干部交替对现场实施全天候视频监控。年内通过视频监控共发现问题和电话提醒1001件/人/次，落实考核129件，针对典型性问题下发专题通报4期；提升调度指挥工作质量，通过微机监控系统随机和适时监控现场安全关键、重点作业；追踪、反馈现场安全生产信息；传达、布置有关命令（指示）；准确及时指导和处理突发性事件；组织、督促各站全面完成运输生产任务等作用的发挥，着力对车务段调度室工作机制进行健全规范，设调度室主任岗位，进行全面负责、主抓落实。增配监测微机，制定相应的管理办法和工作制度，实现车务段对现场安全生产有效的集中监控和遥控指挥；扩展延伸信息化建设内容，成功研发建立“固原车务段技术文档管理系统”网站，实现规章制度文电网上传输、查阅和修改的信息化管理，改变传统纸质技术文档管理中存在的更新繁琐、保存和查阅不便等问题，成功研发运用“电子簿册管理系统”，把管理型班组设置的3种管理台账纳入电子版管理，实现班组台账电子版保存、随时填写、查阅、修改便利快捷，开发运用电子版《调度日况表》，解决以往纸质版填记耗时、查阅烦琐、不易留存的弊端；规范技术规章制度，从保证行车规章制度的严肃性和权威性出发，坚持落实好每周一对规查标制度，对现场执行技术规章方面的疑难问题进行解惑答疑，解决现场对规章执行、理解偏差方面的问题。同时，紧随现实安全工作的需要，针对调图、优化劳动力组织、无列检作业车站停运列车恢复运行等设施、设备、行车组织工作方面发生的变化，先后6次对《站细》、涉及撤销助理值班员岗位的8个规章性文件以及《车务段管理制度汇报》岗位职责、安全关键、行车设备修管用办法等内容进行修改完善，并全面完成2010年度规章制度的清理工作，确保技术规章制度的时效性和可行性。

【干部作风建设】 加大问责力度、强化责任落实，强力推进干部作风建设。2010年以来本段共联责问题231件，考核管理人员71人，强化干部三个负责制（领导负责、专业负责和逐级负责）的落实。在确保视频监控工作质量中，专门针对段视频监控人员安装摄像头，通过回放查看中追责监控干部当班睡觉、未发现和发现问题未落实考核的67人。在“刹风整纪”活动中，以倒查干部绩效为切入点，对所属各级干部安全和绩效考核落实情况进行倒查，共查出未考核干部的问题39件，追究考核干部67人/次；追责施工中发生问题而盯控的段机关干部未发现的4人；包站干部视频回放时间不够的3人。在安全“大检查、大反思、大教育”专项整治活动中，专门成立干部作风检查组，深入车间班组从干部包站、现场监控到岗到位、量化任务完成情况等9个方面查找干部作风方面的问题53件，追责考核干部98人/次，并纳入年终干部考评排序，遏制和扭转干部在管理中作风不实的问题；坚持选用并举、突出任前考评，提高后备干部储备质量，以加强培养管理为出发点，严把任用前的“入口关”，制定《后备管理人员培养 使用 考核管理办法》，有计划的安排参加上级组织的各种培训班、研讨班以及进行学历教育，打破后备人才“终身制”，从思想状况、业务理论、工作实绩等方面，实行日常考察、半年考评和后备期末评定2010年，前期储备的10名后备人才，其中8人已选拔任用到中间站及以上管理岗位。

【适用性教学机制】 以“岗位必知卷”为推进适用性教材的主体，按照“每一名干部就是一个教师、每一次检查就是一次培训，每一次检查就有一次抽考”的要求，让“岗位必知卷”在“逢检必问”式的流动教学中，加大学教力度，形成齐抓共管的职教工作格局，把适用性教学与各个时期运输生产特点和安全重点工作相结合、与阶段性任务和专项活动相结合、与职工实作和技能竞赛相结合，适时开展防寒过冬、劳动(电气化)安全、春暑运、调图、撤销助理值班员岗位接发列车组织、列尾故障应急处理、防溜、新《行规》、新“高压线”、应急预案等28项适用性培训39期，累计人数达到2786人(次)。同时，遵循全员参加、逐级竞赛、层层选拔、实用实效的原则，在全段范围内开展全员岗位练兵和行车、调车、客运、货运4个专业13个工种岗位的职业技能竞赛活动。表彰奖励26名优秀选手，其中14名职工获得段年度“技术能手”称号。

【增运补欠】 应对宏观经济萧条，给运输生产带来的巨大压力，逐级明确任务、分劈指标，层层落实考核、形成压力。抓春运、保暑运，盯住煤炭、土豆等关键品类，加大营销力度、加强货源组织、提高作业效率，实现增运补欠。2010年，全段旅客发送量完成130.2万人，完成年计划97%；货物发送量完成94.3万吨，完成年计划101%；吨均收入完成93.8元/吨运，完成年计划的116%；中停时分别完成2.5、5.9，较年计划分别压缩0.1、2.1，全部压缩在计划之内；输总收入完成21113.6万元，完成年计划的100%。

【生活保障】 2010年，办好2010年职代会确定的“十件实事”，落实“三不让”承诺，完成“三线”建设任务。年内全段共支出“三不让”救助资金7.3万元，投入“三线”建设资金13万元，急难借款46人(次)14.6万元；筹集80万余元补助各站伙食团和保证米、面、油、月饼等节日福利品的发放。对部分车站电冰柜、电视机、电磁炉进行更新，淋浴室、宿舍、旱厕进行改造。同时，抓住局长办会、创建标准化行车室有利时机，争取到由路局投资355.95万元、31个改善职工生产生活设施项目。此外，本段成本支出控制在路局下达的预算指标之内。

六盘山机场

【概述】 宁夏固原六盘山机场位于陕、甘、宁三省区省会城市构成的三角形中心地带，属交通枢纽位置，距固原市原州区8.5公里的中河乡高坡村。该项目2007年10月开工建设，历时2年多时间建成完工。机场设计到2015年满足年旅客吞吐量12万人(次)，货邮吞吐量530吨的需要。机场设计机型为波音737和空客320系列以下飞机使用，飞行区等级为4C级，跑道长2800米。项目总投资4亿多元。

【辉煌征程】 宁夏回族自治区在2000年4月提出了修建固原机场的意向，得到了党中央、国务院、中央军委及国家发改委、民航总局、西北民航局、民航设计院的高度重视，各级党委、政府把建设机场作为固原经济发展的动力积极争取，站在历史的高点看待在西部贫困地区建设飞机场的重要性，不断创造条件，促使飞机场建设项目早日立项。2001年，固原机场选址报告书、可行性研究报告、民航西北管理场址的审查完成。国家民航总局同意将固原市高坡场建设成为固原六盘山支线机场。固原六盘山支线机场计划投资4.4亿元；建设规模按满足年旅客吞吐量20万人（次）、货邮吞吐量960吨进行设计；计划建设跑道、站坪、联络道、航站楼、跑道导航、助航灯光等设施。计划新建的固原六盘山支线机场对扶持少数民族地区的经济发展、民族团结、交通战备和维护社会稳定具有重要的意义。2006年—2007年，自治区党委、政府领导多次带领固原市党政领导、西部机场集团以及宁夏机场公司负责人去中央军委、发改委、民航总局、西北民航局、民航设计院进行项目汇报争取工作。2006年9月，中国民航局与宁夏回族自治区人民政府共同签署了《关于加快宁夏民航发展的会谈纪要》，其中明确提出“十一五”期间，争取开工建设固原六盘山支线机场。民航总局主要领导专程到固原调研固原机场场址，并就机场建设有关事项与自治区主要领导签署了协议，对于自治区党委、政府和西部机场集团大力支持宁夏民航事业发展建设给予了高度的评价。多方的关注和大力支持让固原六盘山机场的开工建设迅速提上日程。同月，为了加快固原六盘山支线机场的建设，国家民航总局决定，为固原六盘山支线机场前期安排经费5000万元。2007年9月29日工程奠基。2008年，国务院出台了《关于进一步促进宁夏经济社会发展的若干意见》，并将交通运输作为重点建设之一。固原六盘山机场作为改善当地经济条件的重要项目，在国家的重视下加速建设进程。历时近三年，一座新的航站楼拔地而起，一条2800米的跑道赫然出世，一座历史丰碑由此伫立。机场先后完成了土方工程、新建跑道及站坪工程、围界工程、场内及场外排水沟工程、护坡工程、巡场路工程、助航灯光工程、消防水池工程、下滑台、航向台及全向信标台通导工程、气象观测场、净空处理等建设工程。2010年4月7日，西北民航管理局对固原机场进行行业验收前的检查，目的是确保新建的固原六盘山机场能够按期顺利通过验收，早日开放使用。26日，固原机场航站区、飞行区各项工程通过了四方验收。5月10日，一架中国民航B-3642飞机由北向南滑出云端平稳降落在六盘山机场的跑道上，固原六盘山机场开始校飞。6月8日，固原六盘山机场进行试飞验证，使用的机型为东方航空公司空客319和幸福航空公司新舟60。参与固原六盘山机场试飞验证的单位共同认为通信导航、灯光系统、各项标志等都非常理想，完全符合规定。23、24日，固原六盘山机场顺利通过竣工暨行业验收。

【苍穹银雁】 5月10日的固原六盘山机场，朝阳金辉、微风消寒、昂扬意气、芳碧斗艳。湛蓝的天空下，这座被自治区党委陈建国书记誉为比非洲许多国家首都机场都要漂亮的新建航站楼意气风发，被装扮得格外妖娆喜气，气势如虹、盛装亮相的此一特定时空注定属于她。按照宁夏机场公司向600多万宁夏回汉的父老承诺的“金规铁律”，机场将进行校飞。校飞当日，4000名群众争相涌入固原六盘山机场，或驻足观望、或击手相庆，陶醉了山城。上午十二点零五分，随着一架校飞的“奖状”飞机安全平稳降落固原六盘山机场，标志着建设历时3年零七个月的固原六盘山机场即将正式通航，这是西部机场集团“架构新的丝绸之路，促进西部空港大发展”远大目标的又一壮举，是宁夏机场公司服务自治区经济社会跨越的忠诚实践。固原六盘山机场校飞得到自治区党委政府的高度重视。自治区党委、人大、政府、政协主要领导陈建国、王正伟、项宗西、于革胜、蔡国英、赵小平、屈冬玉等参加自治区第四次固原工作会议的9名省级领导干部和50余名厅局长，民航西北地区管理局局长乔新山、副局长王小辉，西部机场集团副总裁姜世卓，宁夏机场公司总经理卢程祥和执行任务的机组共同参与见证了校飞工作。为保证此次较飞工作的顺利进行，陈建国书记一行不顾从银川到固原长途劳顿，登上六层楼高的塔台，极目凝望；从塔台下来，陈书记、王主席一行走进机房等重地仔细察看设施设备等硬件运行情况，向工作人员问好致意。站在一张航空网略布局地图前，陈书记与大家热烈讨论固原机场将来开发的航线航班等情况。当陈书记得知机场供水情况有些困难时，陈书记当即指示自治区水利厅领导协助机场予以解决。民航西北地区管理局乔新山局长、王小辉副局长提前到达固原六盘山机场，带领各检查组对各项工作进行检查。乔新山局长对于固原六盘山机场校飞准备工作非常满意，非常高兴，向为固原机场建设付出努力的广大干部员工表示衷心感谢。西部机场集团姜世卓副总裁带领集团公司安全技术部现场指导，确保校飞和通航任务的实现。民航西北地区管理局和西部机场集团领导多次前来固原六盘山机场视察，饱含着上级对西北民航的关心和支持。宁夏机场公司高度重视，机场公司总经理卢程祥每逢重要检查和验收，必亲临固原机场现场指导，壮起固原机场建设者和管理者的雄心斗志。收到民航校飞计划批复电报后，固原机场立即成立了校飞保障领导小组，制定了校飞保障方案、应急保障预案和模拟演练方案，由宁夏机场公司常务副总经理石金书任组长，宁夏机场公司副总经理冀顺德、固原机场分公司总经理齐世民任副组长，安排部署具体校飞保障工作，进一步落实责任、细化措施，组建成立了通信导航、管制指挥、气象、供电、目视助航灯光、特车、医务、飞行区、治安消防、运输服务、油料供应、工程、综合13个保障小组，明确了各保障小组的责任，将保障工作分为了准备、保障实施、讲评总结三个阶段，制定了每阶段的详细步骤，多次进行了校飞模拟演练，达到预期效果。十一点三十分，从塔台传来指令，参与校飞的"奖状"飞机将要降落，部分领导难耐激动的心情，聚集站在窗口眺望。为了让前来观看的固原老乡们"一饱眼福"，民航西北地区管理局乔新山局长指示校飞机长，围绕机场上空盘旋一圈。十二点零五分，飞机安全降落固原六盘山机场跑道，降落过程保障一切正常，完成了完美精彩的"处女航"。陈书记一行难掩兴奋，快步向飞机走去。机组一行7人走出机舱，佩戴红领巾的少先队员们向他们献花敬礼，表达山城人民的敬意。自治区领导向机组表示慰问。执行校飞的民航校验中心机长向陈书记等领导表示祝贺，他说，执行革命老区、少数民族聚居的固原山城的校飞任务，无比荣幸，从上空看固原机场非常漂亮，净空条件非常好。自治区领导与机组合影留念。

【蓝色首飞】 经国家民用航空局批准，6月8日，宁夏固原六盘山机场成功举行了试飞验证，使用的机型为东方航空公司空客319和幸福航空公司新舟60。固原六盘山机场试飞成功，将获取机场使用许可证，标志着26日通航的实现。按照周密安排，8日7点15分新舟60飞机从咸阳机场调机，8点20分降落固原六盘山机场，从8点40分起，按照科目试飞传统飞行程序。14点30分，东方航空公司空客319从咸阳起飞，调机到固原。下午15点，新舟60飞机和空客319飞机陆续降落固原六盘山机场，固原市委、市政府和宁夏机场建设指挥部举行隆重的庆祝仪式，30名少先队员向机组献花并合影留念。固原市为表彰先进，利用六盘山机场试飞的时机，当日20点30分，还安排固原市劳动模范、先进工作者和各界代表乘坐空客A319飞机开展空中体验之旅飞达西安。9日上午，新舟60飞机继续对固原六盘山机场进行试飞，进行试飞验证77个架(次)。

【飞天雄姿】 固原六盘山机场的建成和试飞通航，创造了四个第一：第一次使用由我国自主设计完成的 RNP 飞行程序，打破了外国垄断的局面，标志着我国航空业在飞行程序设计方面取得了重大突破；国内第一个对新、老两种飞行程序同时进行试飞验证的机场；国内第一个由两大航空公司同时进行试飞验证的机场；新舟 60 国产飞机在此第一次参加试飞。固原六盘山机场呈现出“三大亮点”：一是固原六盘山机场是宁夏区内三个干支线机场中唯一的高原性机场，海拔达 1700 米；二是随着固原机场的运行，6.64 万平方公里面积的宁夏将有一个干线机场（银川河东机场）、两个支线机场（固原六盘山机场、中卫香山机场）三足鼎立的航空格局，宁夏成为我国省区机场分布密度相对较高的区域，区内三个机场纳入西部乃至全国机场的布局和发展中来谋划，吸引航空公司开辟航线、加密航班；三是固原机场建设是西部大开发深入推进、宁夏社会经济实现跨越发展和“民航强国”战略实施的最好佐证，也是宁夏固原作为少数民族聚居地区和红色革命老区走向未来、拥抱世界的新起点。6 月 26 日正式通航后，将大大改善当地交通条件，对提升当地人民生活质量、缩小地区差距具有重要作用，而且对维护社会稳定、促进民族团结等方面具有重要战略意义。

【六盘“天路”】 6 月 26 日 10 时，两架来自西安、银川的客机沿着新开辟的“天路”平稳降落固原六盘山机场。两架客机分别属于东方航空公司和幸福航空公司。山城固原沸腾了，聚集而来的 3000 多人共同见证了这一历史时刻，固原六盘山机场被这一盛世华章的喜庆氛围所感染。经西北民航管理局批准，6 月 26 日宁夏固原六盘山机场投入运营。国务院副总理张德江为首航发来贺电。宁夏回族自治区党委书记陈建国宣布固原六盘山机场正式通航。自治区主席王正伟在固原六盘山机场通航仪式上致辞，西部机场集团董事长何喜奎在通航仪式上讲话，幸福航空总经理杨尤昌在固原六盘山机场通航仪式上致辞。全国政协原副主席、中国宋庆龄基金委员会主席、中国福利会主席胡启立，西北民航管理局局长乔新山以及固原市领导等参加了固原六盘山机场的通航仪式。民航西北地区管理局向固原六盘山机场颁发机场开放使用许可证。固原六盘山机场隶属宁夏机场公司，是西部机场集团战略布局中一主（咸阳机场）、两翼（银川机场和西宁机场）九个支点（九个支线机场）中的第九个支点。六盘山机场落成通航，标志着宁夏航空运输网络架构全面完成，宁夏民航事业进入全面崭新的发展阶段，由此增添了其发展史上浓墨重彩的一笔，宣告了宁夏南部山区无机场的历史结束，正式打通了固原通往全国乃至世界的空中通道，固原经济社会的发展迎来了一个新时代，山城固原市 145 万回汉群众梦圆蓝天苍穹，宁夏 620 万回汉各族人民欢欣鼓舞，固原六盘山机场的通航，提升了固原的区位优势，为区域经济社会发展架起了空中桥梁，将极大改善固原和宁夏的交通条件及对外开放形象，加强民族团结，促使固原和宁夏加快融入全国经济大循环。首航当天，固原六盘山机场开通固原至西安、银川往返航班。四条航线票价全部 100 元，加上 10 元机场建设费，20 元燃油附加费，共计 130 元。该航班由幸福航空公司承运，执行机型为支线新舟 MA60。该航班早 9:15 从西安起飞，10:15 到固原；13:15 从固原机场起飞，14:15 到银川；14:55 从银川起飞，15:45 到固原；16:20 从固原起飞，17:20 返回西安。开航一个月将实行特价机票，固原至西安，固原至银川，西安至固原，银川至固原四条航线票价全部为 100 元。

邮政电讯

固原市邮政局

【概述】 邮政业务收入和其他业务收入累计完成2735.15万元,比上年同期增长25.99%,完成全年目标的89.4%(其中邮务类业务累计完成1138.35万元,同比增长15.74%,完成年计划的102.09%,占全市业务收入的41.62%;代理金融类业务收入累计完成1476.58万元,同比增长30.12%,完成年计划的83.85%,占全市收入的54.89%;代理速递物流及分销业务收入累计完成98.44万元,同比增长127.29%,完成年计划的53.21%,占全市业务收入的3.6%)。邮储银行实现收入622万元,比上年同期增长52.08%,完成年计划的97.19%。速递物流公司实现收入277.27万元,比上年同期增长18.86%,完成年计划的84.02%。

【生产经营】 函件、包件、代理金融、报刊、集邮、信息和其他业务七项重点业务呈正增长,其中包件、集邮、报刊业务提前三个月完成年计划目标;邮政代理金融业务储蓄余额累计增长7749.97万元,完成区公司8000万目标计划的97%;理财业务累计全年销售1.53亿元,其中1月—4月份销售额列全区第一;举办保险产品说明会,拓展代理业务品种,组织开展"福虎闹春,赢在原州"、"虎啸行动"等劳动竞赛,促进保险业务发展,新增保费658万元,完成一季度劳动竞赛计划600万元的109.67%,累计代理保费1463.6万元,稳居全区第一;成功开发《火石寨国家地质(森林)公园》个性化邮折700册,实现收入3万元;成功开发《西吉县全民健身活动暨全县体育运动会》纯银纪念章150枚,收入6万元。开发制作《六盘山登山纪念卡书》1000册,收入10万元。研发制作《回族风情》纯银纪念章和《穆斯林朝觐》彩银纪念章两款投入市场。年内,全市集邮收入累计完成477.71万元(其中:邮票收入244.25万元,占总收入51.13%,邮品收入233.46万元,占总收入48.87%),完成年计划97.39%,同期比增长7.93%;不唯计划唯市场,在周边地区寻找市场,成功销售家乡粽27.9万元,完成区公司计划的139.6%,实现收入4.7万元。

【劳动竞赛】 2010年,按照区公司的总体部署,根据"两年做大市场增效益"要求,开展一季度"做大规模增效益"和二季度"一新三抓谋发展、确保实现超过半"劳动竞赛以及代理金融、代理保险等各单项业务劳动竞赛。一季度经营发展实现"开门红",完成竞赛目标的114.7%;是邮储、代理保险、报刊等重点业务通过劳动竞赛,拉动业务结构调整;开展"财富人生路"理财类劳动竞赛活动,促进理财类业务的发展。

【营销项目】 年内,启动22个营销项目。其中:邮务类11个项目(分别是数据库商函专项营销、贺卡、服务中小企业封片、户外广告、账单、缴费卡、短信、放号、报刊零售、仿波斯鎏金银壶纯银制品、隆德形象册),代理速物和分销类5个项目(分别是二代证、月饼、酒类、农家汇、化肥),代理金融类6个项目(储蓄、小额信贷、保险、基金、理财、公司业务)。截止10月底,各类项目共创收514.2万元,其中:邮务类创收207.73万元,代理速递物流类创收50.24万元,代理金融类创收256.23万元。

【财务管理】 以预算、核算、结算为主线,紧紧围绕“促改革、保增长、降成本、增效益”中心思想,强化成本费用管理,落实成本管控责任,制发《关于进一步加强成本费用支出管理、完善重点费用专项管控和定额管理的通知》等相关文件。

【“奋进强局年”目标】 结合开展“金融强局”战略,建设“奋进强局年”目标,制定《2010年项目考核办法》《2010年各县局、营业局、各专业公司目标责任书》,开展“纵比横比找差距、寻不足”活动;完善网络运行,邮区中心局率先实现与银川邮区中心局无纸化交接。投递信息系统和商函2.0系统成功对接,实现账单网上处理,减少处理时限,提高投递质量。

【大服务大邮政】 围绕服务地方经济建设,开展质量“塞上行”和“强基础、促发展”活动,深化“大服务支撑大邮政”理念,提高窗口服务质量。

【职工培训】 举办所有生产人员在内的“金、银、铜”牌技能考试和管理人员理财培训。全市278人分别参加了邮政营业、储汇、投递、营销、封发转运等14个工种的考试,有9人获得“金牌”,58人获得“银牌”,157人获得“铜牌”;举办为期两个月的金融理财业务培训,共385人参加了12场(次)的培训;举办邮政业务基础知识培训班,包括投递员、报刊零售员等在内的32人参加培训;共举办各类培训23期1030人(次),其中国家级8期8人(次),自治区级培训6期48人(次),市、县局培训974人(次)。

【“阶梯式”核算模式】 通过对县局、专业局、营业网点进行损益核算,建立健全营销项目考核机制;对营销人员进行个人损益核算的同时,在全市13个营业网点开展单点个人损益核算,对各个网点的收入和利润进行了效益核算,形成“阶梯式”核算方式,参与企业改革,达到员工收益、企业效益双赢的目的。

【和谐共建】 坚持以人为本的理念,使更多的人更好地参与到企业发展中来,为企业发展出谋划策,固原局为员工提供一个参与企业发展的平台,在全市邮政系统开展“每天发现一个更好的办法”讲比活动。各县局、各专业公司、各部门以团队的形式,每月推荐一人参加讲评会,促进本局各项工作再上新台阶。

【企业文化建设】 把企业文化理念贯穿始终,“逢旗必夺、逢冠必争、移位晋档、勇争一流”的企业文化理念深入人心,开展“做大规模增效益”职工羽毛球、乒乓球比赛;开展“一新三抓谋发展、确保实现超过半”职工篮球比赛;举办全市邮政系统职工书法、绘画比赛;开展“抓落实、促发展、决胜四季度”职工羽毛球、跳棋、象棋比赛。

【党风廉政建设】 按照区公司工作安排,召开2010年度全局纪检监察工作会议,重点部署党风廉政建设和反腐败工作任务,加强企业党的思想和作风建设,开展《中国共产党党员领导干部廉洁从政若干准则》和西部大开发大学习活动,开展“党风廉政月”活动以及领导班子民主生活会。全年未发生任何违法违纪案件。

中国电信股份有限公司固原分公司

【概述】 2010年,共完成固定资产投资1925.41万元,超额完成区电信公司下达的投资计划。其中:投资1467万元,组织实施CDMA网络优化工程,新建CDMA基站23个,升级EVDO基站46个,3G

信号覆盖全市所有乡镇及主要村庄。投资184.47万元,组织实施了“光进铜退”工程,拆除电缆1.27万线对公里,新增窄带容量3528线,宽带容量1448线,把光纤及宽带节点尽可能向用户端延伸,提高城郊、乡镇用户的感知。投资220.94万元,组织实施宽带扩容工程,新增宽带端口容量10704线,对全市10078户宽带用户进行免费提速。投资53万元,在原州区新建光交6个,新建光缆1031.55芯公里。

【信息化建设】 年内,在行业应用信息化方面,配合工商部门实施基于食品安全电子监管的“工商E通”项目;向烟草公司提交基于卷烟零售客户网上订购卷烟的“烟草E通”方案;向司法局提交基于校正人员管理的“司法E通”方案;向市、区各大医院提交基于信息化管理的“数字医院”方案;向宁夏师范学院提交基于信息化管理的翼机通方案。在电子政务信息化方面,完成泾源、彭阳、西吉三县的电子政务建设。与西吉、彭阳签订计生信息化项目和教育信息化项目,与泾源签订教育局域网项目。制定全市校园视频监控项目建设方案,并建成二个示范学校。在中小企业信息化建设方面,完成“固原中小企业信息化平台”的建设,添加企业45家,配合工信局举办全市中小企业信息化交流会暨行业应用业务推介会,邀请60家政企客户单位领导或客户代办参加,对行业应用信息化业务进行现场推介,助推本市中小企业发展和信息化进程。

【通信保障】 履行社会责任,完成2010年高考四县一区10个高考点互联网电路接入、中组部电视会议的落地保障以及六盘山机场开通等专项通信保障任务。

【综合治理】 落实社会治安治理责任制,“平安”创建活动稳步推进。内部签订《安全生产责任书》,充实安保力量,成立应急保障队伍,安全生产责任制得到落实,全年未发生任何安全事故。

【思政建设】 公司党组织健全,党费收缴及时;按期召开民主生活会,组织中心组学习;按照市委和区电信党组关于开展争创“四强”党组织、争做“四优”共产党员活动实施意见的要求,制定“四强四优”活动实施方案;开展党员公开承诺活动,共有8个党支部133名党员参加了承诺和公示,制作先进模范人物展板等系列主题实践活动;开展“学习型企业”创建活动,开展员工教育培训工作,今年共举办或组织人员参加各类培训共77期1812人次,员工适应企业发展的能力得到充分提升;关心员工生活,解决员工的实际问题,开展“四小”建设,基层单位员工的生活条件得到较好改善;落实员工体检和带薪年休假制度,开展技能比赛、读书演讲、员工运动会等一系列活动;开展社会捐助活动,组织员工为玉树灾区捐款1.42万元。

【扶贫支教】 年内为扶贫点争取养牛项目资金7.5万元,解决150户的养牛问题;提供资金1.46万元,帮助进行村部和村道的建设;向下寺村提供资金0.5万元,解决苗木补栽资金短缺问题。与市政协、计生局二家联扶单位共同联系为马弯村争取校舍建设项目资金10万元,共同协调香港、福建慈善基金会投资30万元用于学校建设,共同协调私营企业为学校捐赠桌椅175套,共同联系宁夏伊斯兰爱心协会为村上发放电脑1台、轮椅1把、自行车15把、基础母羊12只,在儿童节为小学学生送去价值3000元的文体用品。

中国移动宁夏公司固原分公司

【支持地方经济建设】 加大全市移动通信能力建设力度。2010年,公司投入资金近1.5亿元在全市四县一区建设GSM基础通信网络和具有我国自主知识产权的TD网络,本市提前进入3G时代,全市基础通信能力提升;改善服务质量。公司围绕营业窗口硬件设施完善、垃圾短信整治、营造放心消费环境等方面开展“便捷服务 满意100”和“六项便捷服务措施”专项活动，树立良好的窗口形象；做好应急通信保障工作，为地方政治、经济与文化建设服务。根据市委、市政府安排，公司先后圆满完成固原盐化工经济示范区开工建设、机场通航、六盘山登山节、西吉大型宗教活动等重大活动的应急通信保障任务；推进信息化建设进程。公司发挥“移动信息专家”优势，年内建成隆德县法院“审判流程查询、辅助平台”、政府公文流转系统，以及王洼煤业、六盘山热电厂等企事业单位的公文流转平台，在宁夏师范学院建成本市第一个集创业与就业实践的青年创业基地。同时在各基层乡村积极开展农政通项目推广，使移动信息化在基层党建、信息传播、村务管理等方面发挥重要作用；年内为地方上缴各项税收超过650万元，解决就业岗位近800多个。

【争做优秀党组织】 坚持以科学发展观为指导，学习党的十七届四中、五中全会精神，把实施西部大开发战略大学习活动纳入公司年度《党建工作要点》加以实施。开展党建课题研究和功能型党小组活动，其中《加强基层组织覆盖和工作覆盖，发挥党组织的战斗堡垒和党员的先锋模范作用》被选送到中国移动集团参加评审。完成公司党总支换届选举工作，开展唱红歌大赛、重温入党誓词、党员讲党课等主题活动，党员的党性观念不断增强。廉政建设深入推进。组织所有管理干部集体签订《党风廉政建设目标责任书》，并对照《廉政准则》和《若干规定》强化各级领导干部廉政教育。组织纪检人员在物资采购、项目招标等环节开展效能监察活动，营造风清气正的良好氛围。

【企业文化建设】 公司秉承“正德厚生 臻于至善”的企业核心价值观，结合班组建设工作，利用展板、办公网、OA平台、飞信群、讲座、外出见学等各种载体和渠道在员工队伍中宣贯企业文化，提高全体员工的爱岗敬业意识、奉献意识和责任意识。

【环境整治】 公司成立综合治理领导小组，制定《安全生产事故应急救援预案》《防盗、防抢、防破坏应急预案》《安全文明小区管理制度》等一系列的管理制度。2010年投入资金近30万元对安防设施和器材进行改造和更新。举办首届交通安全和消防安全培训班，并组织员工开展了消防演练活动。在日常工作中，积极与公安、消防、城管等部门联系，重视周边环境卫生、消防、治安等的日常管理，组织人员定期对公司办公楼周边进行清理清扫和维修，配合有关部门履行好社会治安综合治理的义务。加强员工计划生育管理，公司全年实现无超计划生育情况的发生；在员工法制教育方面，以《劳动法》《安全生产法》《道路交通安全法》等法律、法规为主要学习内容，年内公司未发生一起工伤、交通、火灾事故及治安刑事案件。

【公益活动】 2010年，发动员工为西南旱灾、甘肃舟曲泥石流及青海玉树灾区累计捐款达6万余元。配合市委、市政府落实“整村推进”扶贫项目，完成彭阳县草庙乡赵洼村扶贫任务；为彭阳县王洼镇中心小学捐赠价值10余万元的电脑；同时，配合共青团固原市委开展“圆梦行动”爱心捐助活动，捐款4.5万元；与共青团市委、市旅游局联合开展“爱我家乡”手机摄影大赛活动，提升本市的影响力和知名度。开展的“双拥共建”活动受到有关部门的充分肯定。按照要求完成春季和秋季两次植树任务。

【表彰奖励】 被中国移动通信集团评为班组建设示范单位，有3名员工被集团公司评为优秀班组长；分公司副总经理罗丽远被评为集团公司优秀党务工作者；分公司建设维护部创新课题《提高MOS值》受到中华全国总工会、共青团中央等5个部委的联合嘉奖。

中国联合网络通信有限公司固原市分公司

【概述】 中国联通固原市分公司现有职工约180

余人,下辖六个县级分公司。2010年,中国联通固原分公司以科学发展观为指导,围绕"调结构、保增长、提能力、促发展",发扬"不到长城非好汉"的六盘山精神,坚持以政府转型为契机,以生产经营为主线,发挥全业务优势,统一思想,坚定信心,为推动固原市经济发展和公司生产经营提供坚强的政治思想保证和良好的内外环境。

【经营状况】 2010年完成营业收入同比增长3.5%,完成全年预算的85.4%。通信服务收入同比增长2.6%,完成全年预算的84.9%。2G业务完成全年预算81.3%;3G业务完成全年预算120.9%;固网业务同比增长75.6%,完成全年预算113.9%。2010年公司市场份额达到4.49个百分点,互联网用户到达数完成预算进度的73%。

【精品网络】 2010年建设完成2G基站40个,3G基站20个,完成数据专线40条,固定电话2560线,宽带3200线。新建光缆线路160皮长公里,新建管道32孔公里。完成西吉、三营等4处二干线路改迁,完成瓦亭、彭阳白杨镇、明堡等12处本地网光缆改迁工作,投资达3376万元。截止2010年2G基站达到160个,100个。实现县、乡(镇)100%和偏远山区95%以上网络覆盖目标。建立起以自有营业厅为依托社会渠道网点为补充的城乡销售网点,实现居民不出社区,农民不出村可以办理业务、缴费的服务体系。并开展"累积点滴改进 迈向优质品牌 联通与您相伴"活动,共收集用户合理化建议23条,解决用户难点问题12项,彻底解决用户"四难"问题;开展服务问题"零容忍"行动,杜绝服务人员服务短板,把"零容忍"工作作为评价服务工作的重要依据。同时,聘请7名社会监督员进行明察暗访,实行有效监督,从实际工作中查找不足,提高服务水平。加强农村信息建设,利用集市、周末等时间开展"走进乡村,走入百姓心中"活动,本年度,各县级分公司仅开展农村信息活动达35次。

【引领3G时代】 3G是指第三代移动通讯技术,是将无线通讯与互联网等多媒体通讯结合的新一代移动通讯技术。中国联通3G能够提供包括可视电话、无线上网、手机上网、手机电视、手机音乐、手机邮箱、手机搜索、手机报等多种信息服务。即更快的速度、更个性的选择、更宽广的网络覆盖、更丰富的业务、让信息更精彩!让沟通更自由!可给用户带来全新的体验。国内语音通话与可视电话均采用"长、市、漫三费合一模式"(港澳台除外),在国内任何地方拨打国内任何地方的电话,都不再收取长途费和漫游费(港澳台除外)。全国范围内接听语音电话和可视电话均免费。基于WCDMA高速网络的沃·3G无线上网卡,实现商务人士移动办公的愿望;2010年2月28日固原分公司中心路3G品牌店正式开业,标志着中国联通沃?3G正式进入固原市场。3G品牌店体验营销和站立式标准服务将用户带入全新的3G信息时代,年内3G网上用户达到10000户,销售苹果(iPhone)手机1000余部。

【创先争优】 2010年公司党委开展"四好"领导班子和"支部建设年"活动,部署落实"创先争优"活动,组织支部、党员签订"创先争优"公开承诺书。创新适合企业发展的"创先争优"活动新模式。在开展"创建先进党支部,争当优秀党员"活动的同时,开展"创建先进团支部,争当优秀团员"和"创建先进班组,争当优秀员工"活动。探索适合企业实际情况的党建模式,把基层党支部(党小组)、团组织进一步延伸到县级分公司生产一线,做到哪里有党、团员,哪里就有党、团组织和党、团活动。2010年有1名预备党员转为正式党员,1名入党积极分子发展为预备党员,3名同志被确定为入党积极分子,还有4名同志递交了入党申请书。

【职工之家】 2010年,完善集体劳动合同和个人劳动合同的签订。建起一次能容纳100人的员工培训中心和藏书1200余册的阅览室,成立中国联通固原分公司广播站,部门县级分公司(经营部)结合自身特点建起“职工之家”。营造了企业和谐发展的良好局面，丰富员工的文化生活，推动公司精神文明建设工作。年内举办各种培训累计50余期，借阅图书300人(次)，收到员工来稿50余份。

【公益活动】 参与地方各级党委、政府组织的社会公益活动，肩负企业社会公益责任。参加市政府和各县政府义务植树等活动，组织开展邮政爱心包裹，青海玉树地震后，公司党委积极组织全体员工捐款1万元，支持玉树灾后重建工作。经常组织员工参与公益慈善活动，义务去敬老院为孤寡老人服务。从2009年开始对固原市彭阳县孟塬乡草滩村进行整村推进扶贫开发，公司总投资6万多元，资助10名大学生，为村委会资助10多台电脑帮助信息化建设，“七一”建党节召开党员座谈会，共商村经济发展大计，投资5000元硬化村民娱乐篮球场。2010年，全年投资3万余元。

【表彰奖励】 2010年举办纪念“五四”运动91周年暨“联通杯”青年健身舞大赛。由青年团员组成的联通代表队表演的“沃炫青春”荣获二等奖。组织团员青年自编自演的文艺节目下工地、进学校、到军营演出累计达15场(次)。与固原市歌舞团合作利用文化大篷车开展送戏下乡15场(次)。参加公司内外各种演讲比赛35人(次)，展现联通员工的风采。客服部开展的“提高中高端用户占比率”QC成果获得2010年宁夏通讯行业优秀成果奖，原州区经营部开展的“提高社会渠道SIM利用率”QC成果获得2010全国通讯行业优秀成果奖。

商业贸易

固原市商务局

【政策规划】 编制完成《固原市二手车交易市场发展规划》;编制完成《固原市加油站行业"十二五"规划》;编制完成《固原市重点农产品批发市场建设发展规划》。

【项目库建设】 建立完善商贸流通、物流、外经贸、市场体系建设项目库,共征集入库重点项目8大类44个,项目投资总额3.28亿元,到位资金1750万元。

【打造农产品品牌】 组织彭阳朝那鸡、宁夏五福祥清真食品公司等14家农产品流通企业赴银川参加"宁夏特色农产品展销大会",展会展出我市特色农产品14种;组织瑞丰工贸公司、天隆生物科技有限公司、西北药材公司等12家企业赴银川参加宁蒙陕甘毗邻地区经贸合作洽谈会,对本市清真牛羊肉产品、马铃薯淀粉系列产品、食用油、食用醋、中药材、蚕丝被等产品以及开发区清真食品配送园区、固原义乌商贸城2个在建商贸项目作了重点推介;组织参加"2010第十四届中国厦门国际贸易投资洽谈会"和"2010宁夏国际贸易投资洽谈会暨首届中国阿拉伯国家经贸论坛",中阿论坛期间本市企业现场销售产品达48万余元,签约项目9个,签约资金59.2亿元,并获得全区"最佳组织奖"和"最佳展示奖"。

【商务市场体系建设】 招商完成原州区清真牛羊定点屠宰场建设工作;协调完成"固原市瑞丰综合一级农产品批发市场建设项目"的各项基础工作;"固原市瑞丰综合一级农产品批发市场建设项目"被市委市政府列为2010年改善民生25件实事之一;完成固原六盘龙果蔬保鲜公司特色农产品冷链物流配送中心建设项目、宁夏天隆生物科技公司农产品物流中心等市场体系建设项目的改扩建。

【便民服务网点建设】 深化社区"双进"工程,抓好社区商业示范区建设,引导购物、餐饮、便民服务类连锁企业进入社区,重点培育了中山、味园2家企业进入社区发展社区便民连锁店和便民服务网点25家;指导开发区瑞丰工贸公司加快主食加工配送企业进驻工作,帮助入住企业做好贷款、办证等协调服务工作,园区已进驻企业20多家,配送品种有清真豆制品、清真牛羊肉、清真酱醋及清真副食品(包括小杂粮及本地老字号清真特色食品);为市区居民提供方便、快捷、质优、价廉的食品配送服务,建成早餐配送服务网点8个。

【商务惠民工程】 开展"家电下乡工程",按照商务厅安排确定覆盖全市所有县乡的31家中标流通企业、115家申购"家电下乡"专用发票特许经销商和829个备案销售网点;在国家规定洗衣机、冰箱、彩电和手机四类下乡产品的基础上,又增加电脑、热水器、空调、摩托车、微波炉和电磁炉等6类家电下乡产品,并提高了每户每类产品购买台数和购买冰箱(冰柜)、彩电、洗衣机、手机等四类家电下乡产品的补贴标准;实行"家电下乡"专用发票"一货一票、票随货走，一票到底”；做好汽车依旧换新工作，共向自治区商务厅申请汽车以旧换新补贴资金42.8万元，依旧换新报废汽车37辆，报废老旧汽车4辆。

【商贸服务业核心区建设】 按照市委、政府提升服务业发展层次的要求，完成《发展现代服务业和提升传统服务业的实施方案》，组织市烹饪协会、荣味斋、福苑饭庄等10多家住宿、餐饮企业赴兰州、西宁等地学习考察，引进、吸收各地名优菜肴、借鉴先进的管理方式和经营理念；按照《宁夏回族自治区餐饮住宿业服务质量管理规范》和《宁夏回族自治区绿色饭店评定管理办法》的标准要求，对全市12家规模以上餐饮住宿企业提出整改规范达标要求，申报评选市级绿色饭店5家。

【商务综合执法】 全年共出动执法人员30余人次，出动执法车辆10余车次。处理违法案件5起，查获假冒伪劣酒品15余件，封存无《酒类流通随附单》和质量检验合格证明的散装酒375公斤，取缔无证经营户20家，查获处理白条肉180余公斤，销毁病死病害猪肉及产品500公斤，市区定点屠宰率已达100%，集贸市场、餐馆、超市销售使用的肉产品100%来自定点屠宰企业。被自治区商务厅评为2010年度商务综合执法试点先进单位。

【外向型经济技术合作】 重点培育具有出口潜力的企业。摸清全市农产品精深加工企业底数，重点培育有出口潜力的企业，加大指导帮扶力度，扩大市场出口份额，全年完成外贸出口额200万美元；组织宁夏六盘山薯业公司、泾河清真食品公司、彭阳荣发草业有限公司先后赴中东、阿联酋、文莱、伊朗等国进行考察，了解国际市场供求状况，学习借鉴国外企业先进的经营理念和管理思想；扶持外向型企业，促进产业升级。年内共申报外经贸区域协调发展促进资金项目6个申请扶持资金360万元，申请中小企业国际市场开拓资金项目10个申请扶持资金34万元；争取日本国际无偿援助项目资金。申报市农业学校计算机网络教室建设项目和彭阳县王洼中心卫生院医疗设备配置项目，争取扶持资金计划130万元。

【市场监测】 组织货源，增加库存储备。在节假日、异常天气、物价异常波动时，对重点流通企业、蔬菜果品批发企业、农贸市场及屠宰等企业进行检查，掌握主要商品的供应、库存和销售情况，及时调控市场供应。指导、协调商贸流通企业多方组织货源，增加适销对路的商品库存量和供应品种。本年度生活必需品品种比去年同期增加10%以上；每季度都对辖区内商场、超市、批发市场、宾馆和饭店等生产经营场所的市场供应及安全管理情况进行安全检查，消除各类安全隐患，全年没有安全事故发生；按照市委、政府和自治区商务厅的要求，重点生活必需品和重点流通企业纳入监测样本企业，年内已有33家各类企业列为重点监测样本企业，监测范围涵盖批发、零售、住宿、餐饮、摄影等行业；做好市场供求、生活必需品价格走势、热销商品和餐饮消费等市场运行特点的分析预测。

固原市经济开发区管委会

【概述】 2010年，坚持发扬“不到长城非好汉”的六盘山精神，狠抓招商引资、项目推进、基础建设等重点工作，促进各项工作全面落实，全年完成地区生产总值5.41亿元、工业总产值5.92亿元、工业增加值1.9亿元、地方财政收入4500万元、分别比去年增长18%、19%、18%和32%，均保持两位数较快增长。

【招商引资】 年内，引进各类项目45家，完成和正在实施的招商引资项目17个，其中全国五百强企业1家（中盐信贷公司），实际到位资金2.85亿元，占计划任务的158%；争取区发改委、财政厅等部门对中小企业创业园投资到位资金1160万元，是开发区建区18年来大项目最多、投资最大、争取资金最多的一年。

【大型项目建设】 围绕全市经济战略转型，力求在招大商方面取得突破，全力推进服装电子城、汽车城、一级农产品批发市场等十个重点项目和一个房地产开发项目、七个续建项目，总投资约18亿元以上。

【在建重点项目】 年产2000辆汽车挂车制造项目，总投资9400万元，用地150亩，现落实土地6.8亩，已生产挂车110辆，等待土地指标；1.2亿块蒸压砖生产，共五条生产线，占地100亩，投资7500万元，已租赁土地上一条生产线，等待土地指标；1万吨塑料大棚膜及轻钢构件加工项目，总投资5000万元，用地80亩，等待土地指标；一级农产品批发市场项目，总投资5200万元，占地120亩，已动工建设；清真牛羊肉屠宰加工项目，总投资5300万元，占地25亩，已动工建设；羊绒深加工项目，总投资1.2亿元，已租赁中小企业科技园标准厂房16栋，进入招工培训阶段；煤制品及建材加工项目，占地34亩，总投资3000万元，2200平方米的办公楼已建成，到位资金800万元，1.2万平方米的标准厂房已动工建设；晨光家具城建设项目，投资2亿元以上，占地48亩，目前已签订协议，进入拆迁阶段；服装城项目，占地29亩，总投资1.5亿元，已签订协议，完成前期拆迁评估，已进入拆迁实施阶段；投资2.5亿元建设固原汽车城项目(含一个四星级宾馆)，占地67亩，已进入拆迁阶段。

【房地产开发】 开发福馨苑高档住宅小区，占地232亩，建筑面积约40万平方米，总投资约8亿元以上。

【续建项目】 2010年的续建项目有七个，即中小企业科技创业园、5000吨中药饮片加工、家道二期农机销售中心、小杂粮加工、2万套蚕丝被加工、保温材料加工、长安水暖机电城等在建项目进展顺利。另外，完成两个汽车4S店新建项目。

【中小企业创业园】 中小企业创业园占地450亩，总投资1.7亿元，由于土地证未及时办理，错失向银行贷款的机遇，但我们已完成投资约1亿元，完成中小企业科技创业园道路、路灯、供排水、供电和创业大楼等工程，标准厂房已建成4万多平方米，并全部租赁准备投入使用。

【农业产业化龙头项目】 2010年，市委、政府要求引进1个总投资5000万元以上（当年完成投资2000万元)的农业产业化龙头项目，并作为难点工作考核。实际引进2家，即固原市一级农产品批发市场，总投资5200万元，当年投资2500万元，完成检验检测室、冷库、保鲜库、部分交易场房及场地硬化等工程；清真牛羊肉屠宰加工项目，总投资5300万元，当年投资2100万元，完成冷库、生产车间、生活服务区、硬化场地等工程，屠宰项目明年元月份投产运营。

【清理违章建筑】 根据市政府的安排，抽调48人组成六个工作组，利用1个月时间完成辖区6个片区860户15.9万平方米低层房屋普查建档工作，坚决执行市政府的有关规定，对顶风非法抢建的6处5300多平方米违章建筑强制拆除，树木只补偿移栽费，并抽调30人组成八个工作组，耐心细致地做群众的思想工作完成征地427亩。同时，加强违章建筑日常监管和巡查。

【解决突出问题】 年内，共解决突出问题三个，即开发区二区有三道高压线，使500多亩土地无法利用，我们请供电部门申报立项，改迁电网位置，直接节省资金350多万元，土地收入达1500万元以上；针对牡丹花园建设中存在的一房多买等遗留问题，市委、政府高度重视，我们全力配合善后工作组，确定2名工作人员常驻工地，并垫付工作组办公经费7万多元，该工程即将交付使用；针对开发区成立以来，有

16宗土地因各种原因长期不能办理土地证和规划许可证,造成经常上访的问题,本区对其原因进行归类,并与土地部门进行协调,一次性予以解决。

【社会事业】 完成包村扶贫工作任务,安排5万元用于隆德县田滩村“农家书屋”建设;今年,在财力十分紧缺的情况下,投资40万元(共投资85万元),扩大大学生创业园规模,公开招聘第二批65名高校毕业生入园创业,使创业的大学生达到102人,其中自主创业74人,进企业学习创业28人,共租赁标准厂房3500平方米、办公住宿用房2000平方米,并统一提供办公、住宿和就餐。给自主创业的每月补100~300元,进企业学习创业的补300元,企业发工资不低于600元。年内,大学生创业园党团组织健全,管理服务到位,创业激情高涨,带动就业150人,创业收入约450万元。

【优化发展环境】 延长开发区优惠政策五年;新修朝阳路、希望路等3段总长6.5公里道路,新增绿化面积4万多平方米,特别是二区景观带已形成“马路公园”;铺设给水管网5.1公里、下水管网8.2公里、供热管道4.9公里,建成区基础设施配套能力达到“七通一平”;全面整顿规范门头牌匾,补助资金28万元;安装低碳路灯310盏,新建公厕4处;认真兑现优惠政策,安排财政扶持资金276万元,扶持有关项目企业76家。高质量完成义务植树造林任务20多亩。

【安全生产】 严格落实安全生产责任制,经常深入企业检查指导,对存在安全隐患的企业限期进行整改,辖区内没有发生一起安全事故。落实节能减排责任书,执行城市照明限电措施,更换安装高压钠灯700盏。

宁夏固原粮食储备库

【概述】 围绕全年工作的总体目标和工作任务,践行科学发展观,开展创先争优活动为载体,针对制约企业发展的突出问题,全方位推进企业的经营管理,完成各项工作任务。2010年,按经济指标任务利润指标30万元;国有净资产收益率≥0.72%;吨粮费用≤64元/吨;应收账款周转率≥2.40次,实际实现利润38.95万元;国有净资产收益率0.92%;实际吨粮费用54.13元/吨,应收账款周转率≥4.94次。完成各项经济指标。

【储粮管理】 针对本库储备指标共77 104吨,其中:中央储备32432吨(玉米20000吨、小麦12432吨),地方储备小麦44 672吨。通过层层落实保粮责任制,推进单仓核算制度和保管周期负责制,高标准执行粮情检查制度和粮情分析例会制度,处理各种储粮隐患;加强粮食出入库现场管理,确保数量真实;严格粮食收购纪律,坚决杜绝各种“人情粮”入库,力求入库粮食质量良好。年内,实际库存各类性质粮食96 266吨,其中:中央储备粮31 812吨;地方储备粮44 671吨;托市小麦9919吨;商品玉米8803吨,商品小麦1061吨。全部存粮数量真实、质量良好、管理规范、品质宜存,卫生达标。

【粮食轮换】 本库2010年轮换任务共20 293吨(其中:自治区储备小麦6818吨;中央储备玉米7839吨,中储小麦5636吨)。2010年,完成2009年度延期轮换地储小麦1890吨,本年度自治区储备小麦轮换任务6818吨全部结束,全部实现品质优化,通过自治区粮食局和财政厅的联合验收;中储玉米轮出5225吨,轮入全部完成(其中4605吨已作为轮入记账,剩余部分因水分过高暂作商品玉米挂账);中储小麦因同品质粮源匮乏,且质次价高,取得中宁监管库同意延期轮换。

【经营管理】 针对补贴收入入不敷出,轮换实现盈利困难的现状,加强同区内外粮食经纪人以及兄弟库的横向、纵向联系,和中宁丰泽粮油公司、吴忠亮达粮食经销部、固原雪洋面粉公司开展小麦合作贸易 5000 吨、玉米合作贸易 3000 吨、小麦合作贸易 4445 吨，分别实现利润 22 万元、58 万元、18 万元。同时利用海原县粮油购销公司破产的有利时机，收购李旺粮库作为开展玉米轮入以及开展贸易的一线阵地。

【安全生产】 坚持以防为主、综合防治的原则，树立“责任重于泰山、防范甚于救灾、隐患险于明火”意识，做好安全生产。定期检查保养消防、供电供水线路管道及机械设备，保证各类设备的运行状况良好。重点加强出入库作业现场管理，专人现场监督。结合春秋两季粮油普查，完善必要的防护设施和警示标志，健全规章制度，坚决取缔违章操作行为。于春秋两季开展消防演练；开展安全生产自查专项治理工作；适时部署防汛工作。提高日常防范和处理突发事故的能力，杜绝安全生产事故的发生。

【国有资产保值增值】 在巩固保持上年节能降耗成果的同时，强化国有资产的日常管理。重点是结合 2010 年区局组织的国有资产清查，对全库所有资产都造册登记，并按照财务制度进行清理处置。对清理出的“固定资产无相关权证”问题协调办理；针对多年来外欠资金清收难的问题，利用同心粮油购销公司破产，寻找有效的法律途径，成功收回剩余 34.71 万元全部欠款，并收回近 4 万元欠款利息。

【职工福利】 2010 年，加强对关系职工切身利益的热点、难点问题的解决。自治区粮食局有关调整职工工资和取暖费水平通知下发后，按照区局文件精神为全库职工普涨工资 350 元，调高取暖费至 2600 元，两项共计支出 47.5 万元。

【廉政建设】 加强重大事项事前沟通，事中民主，事后监督；加大民主监督力度，对职工关心的热点难点事项，加大公开的深度广度；坚持分工负责制度落实；完善廉洁制度建设，制定《固原库党员领导干部廉洁从政工作制度》，加强廉洁自律教育。

固原市粮食局

【粮食清仓查库】 按照区粮食清仓查库工作领导小组的安排部署，开展清仓查库工作。2010 年，按照在地检查原则统计，全市检查时点统计账面库存各类粮食数量与实际库存差率为 0.46%，在规定误差之内，达到数量真实、账实相符。

【粮食市场监管】 增加执法检查频次，强化市场监管力度，做到依法行政、依法管粮。全年共开展行政执法 9 次，其中联合执法 5 次。做好粮食收购许可证年检工作，共年检《粮食经营许可证》136 家，合格 130 家，收回 6 家；加强对“放心粮油”店的监管，全年共开展“放心粮油店”专项检查 12 次，发放整改通知书 5 份。督促指导各县(区)和市内粮食经营户健全经营台账，规范粮食收购行为，严格粮食购销经营政策；提高行政执法水平，举办全市粮食流通监督检查培训班；按自治区粮食局要求，开展统计执法大检查。

【市级应急成品粮储备】 按照应急储备要求，会同市财政局积极向市政府请示汇报，落实市级应急成品粮(面粉)945 吨，填补本市应急成品粮储备的空缺。

【自治区储备粮和国家移库粮】 按照建设“一符四无”粮仓标准和精细化管理要求，指导直属企业建立健全严格的粮食库存管理制度；加强督促检查，经常深入储备企业进行现场检查，发现问题及时整改，定期开展安全隐患检查、排查，做到防患于未然；争取北海子粮库维修改造资金 250 万元，对北海库部分仓储设施进行维修加固改造。

【监管应急成品粮油】 和各储存单位签订安全保粮责任书，坚持每月深入企业进行监督检查，结合本市春季粮油普查工作和清仓查库工作进行认真的督查,确保应急成品粮油数量真实、质量完好。

【粮食价格监测】 坚持粮食价格周报制度,收集汇总全市粮食价格信息,上报粮食价格信息51期,粮食市场动态分析11期,向政府四大机关及区粮食局信息中心发粮油信息动态52期,向商务部门报送价格监测信息33期,为上级领导和粮食经营企业掌握粮食市场行情提供可靠依据。

【粮食供需调查】 完成对确定的83户固定调查户、246家农户、59家城镇居民、38家国有企业、9家转化用粮企业、70家非国有粮食经营企业以及136家经营成品粮的个体户进行详细的调查。通过调查、汇总、分析,全面掌握全市粮食供需总量、库存和消费结构,反映本市粮油供需状况。

【粮食订单】 组织四县一(区)粮食购销公司和国有粮食企业、粮食经纪人、种粮大户鉴定粮食订单合同1,356份,总亩数31.4万亩,总数量80,350吨,其中小麦5,400吨,玉米29,700吨,杂粮9,450吨,马铃薯33,400吨,油料2,400吨。履约率达90%。

【退耕还林(草)粮补助】 协调各县区做好退耕还林(草)补助粮食的兑付工作。全年退耕还林(草)补助粮食52,7702吨(除泾源县6,510吨兑付现金外),其余县区截止11月底已兑付成品粮15,570吨,占任务的61%。

【粮食流通统计】 按时汇总上报四县一区各种粮食统计报表,根据粮食流通情况认真撰写粮食统计季度分析4篇,做好粮食经营企业收入和粮食流通统计。2010年,全市国有粮食企业收购各种粮食28,735吨,销售34,887吨;期末库存2,465吨。全市非国有粮食经营企业收购各种粮食70,474吨,销售72,542吨;期末库存4,468吨。

【保障消费】 加强对"放心粮油"店监管力度,提高放心粮油的市场占有率及信誉度,保障城乡居民粮油消费安全。按照"大胆探索,树立典型,推广经验"的原则,创建国有放心粮油"旗舰店"1个、国有放心粮油批发配送中心1个、培养连锁经营店2个。"放心粮油店",为城乡居民提供优质安全的粮油产品。

【服务"三农"】 开展玉米,小杂粮产、供、销调研,形成调研报告,供有关部门参考;完成市600套农户科学储粮登记、建档、发放工作;申报确定本市12家成品粮油企业为"宁夏回族自治区应急成品粮油定点供应单位";围绕服务"三农"帮助、指导产业化龙头企业建立粮食经纪人组织1个,粮食专业合作社1个。

【强化管理】 按照《自治区粮食局国有企业"小金库"专项治理工作实施方案》,完成"小金库"清理工作;开展对直属企业资产的清查工作;监督指导企业落实各项管理制度,开展精细化管理和增收节支活动。年内,北海子粮库盈利32.8万元,军供站"以副补主"盈利8万元。

【粮食行业"十二五"规划】 根据《宁夏粮食行业"十二五"规划编制工作实施方案》精神,完成固原市粮食行业"十二五"规划的编制工作。

【宣传信息】 修订《固原市粮食信息宣传工作奖励办法》;按照自治区粮食局和固原市委宣传部、市科技局、市科协的统一安排部署,开展庆贺《粮食流通管理条例》颁布六周年、"粮食科技宣传周"活动,印制发放《粮食流通法律法规文件选编》小册子450本,发放宣传资料3000多份;撰写粮食工作信息69期,在《固原日报》上刊登新闻稿件5篇,被自治区粮食局网上采用29篇,固原市信息快报采用56篇;结合科学发展观、西部大开发大学习活动,确定调研题目2个,撰写调研报告2篇。

【党的建设】 按照固原市委和自治区粮食局安排，积极认真开展学习实践科学发展观、西部大开发大学习和“创先争优”活动，学习十七届四中、五中全会精神及党的有关新政策、新理论，加强党的基层组织建设。

【党风廉政建设】 贯彻落实中纪委四次、五次全会精神，加强党风廉政建设，狠抓党风廉政建设责任制的落实，杜绝违纪、违规事件的发生。

【机关效能建设】 抓机关效能建设、精神文明建设、综合治理、安全生产等工作，加强政风行风建设，提高工作效能，增强干部职工的凝聚力、战斗力，推动中心工作。

固原市供销社

【目标管理责任制】 年内，市社对全系统2010年的各项工作继续实行目标管理考核，召开全市供销社工作会议，对各县（区）社的各项工作进行考核。

【农资供应服务】 全系统把基层供销社的改造建设融入到新农村建设的大局之中，把生存和发展的根基牢牢扎在“三农”之中，大力开拓农村市场，参与和推进农业产业化，促进生产发展，以新产业的发展壮大为支撑，形成新的经济增长点，实现农业产业化的战略转型。把做好春耕备耕农资供应作为政治任务和重点工作，发挥农资协会组织协调作用和供销合作社化肥流通主渠道地位作用。全年供应各种化肥83000吨（其中，二铵22000吨，尿素25000吨，其他36000吨），确保春耕生产和设施农业用肥货源充足。

【农村合作经济组织服务网络】 全市供销系统高度重视各类合作社的发展，紧紧围绕当地支柱产业，以供销社为依托，按照民办、民营、民受益的原则，进行了有益探索，大力创办各类专业合作社、综合服务社、专业协会等农村合作经济组织，形成政府引导，供销社牵头，广大农民参与，覆盖市、县、乡、村的四级服务网络，广大农民既是生产者又是经营者，增强农业生产和农户单体抗御市场风险的能力，架起农民致富奔小康的桥梁。目前，全市依托供销社已建起各类专业合作社46个。涉及种植、养殖、加工、农产品购销、农资供应等多种行业各种类型，推动了当地主导产业的快速发展，帮助农民增加了收入。

【招商引资】 通过召开班子专题会议，专门研究布置招商引资、争资立项工作，成立专门的招商引资和争资立项工作领导小组，从社机关和基层企业抽调有头脑、想事、干事的人员组成精干的工作机构，在人、财、物上给予保障；对全系统已改制的企业剩余资产进行清查，建立剩余资产数据库，为项目的宣传推介提供翔实资料；利用系统“再生资源经营权”无形资产，引进外地个体老板投资；立足招大引强，依托“三位一体”招商机制。

【党建工作】 坚持在学习理论中找答案，在解放思想中转观念，用科学发展观武装头脑、指导实践、解决问题、推动工作，注重“横到边，纵到底”，保障学习全员覆盖。发挥党支部的主阵地作用，党员领导干部注重引领普通党员学习，增强实效。建立健全学习制度，以岗位为平台，把学习、实践、研究三者有机融合；把学习效果和工作成效结合起来，用服务的质量、水平、效能检验考核学习的效果，消除学习工作“两张皮”；注重“扣主题，求实效”，助推供销社事业跨越发展。

【创先争优】 年内，围绕“服务发展作表率，服务基层当先进、服务群众争先锋”实践主题，坚持把创先争优活动与拓展“讲党性、重品行、作表率”活动有机结合；与改善服务态度、提升机关效能有机结合，与创建学习型机关有机结合，实现办事效率最高、服务质量最好、政治生态最优的目标。

【综合治理】 年内，制定本单位社会治安综合治理工作安排，做到与业务工作同部署、同检查、同考核、同奖惩，与各科室、站负责人、家属院门卫人员签订社会治安综合治理目标管理责任书。

【安全生产】 年内，制定《固原市供销社系统烟花爆竹事故应急救援预案》《安全生产月活动方案》，制作展板、横幅，组织各县(区)社参与"安全生产日"上街宣传活动，向广大人民群众宣传烟花爆竹正确选购和燃放安全常识，散发《如何识别真假化肥》《安全燃放烟花爆竹注意事项》等宣传材料5000余份，增强了群众安全防范意识和自我保护能力。全系统没有发生不安全生产事故。

固原市盐业管理局 固原市盐业公司

【概述】 2010年，共销售各类盐品3042.39吨，较上年增加42.27吨，其中食用盐销售2581.89吨，较上年减少11.65吨，工业盐销售460.51吨，较上年增加53.93吨。(其中：固原销售各类盐品2450.44吨，食用盐销售2018.49吨，工业盐销售431.95吨，食用盐销量较上年增加54吨，工业盐销量较上年增加49.37吨，食用盐完成区公司下达年度销售计划1835吨的110%)；盐品销售额529.61万元，比上年增销81.41万元(其中：固原销售421.33万元，比上年增加79.52万元，完成区公司下达销售计划370万元的113.9%)；非盐商品销售总额36.95万元(其中：固原销售26.27万元)；费用总额169.35万元，费用率31.18%(其中：固原费用总额126.58万元，费用率29.25%，比区公司下达的30.54%的费用率减少1.29个百分点)；全年实现利润总额2.59万元，较上年增加7.81万元。(其中：固原实现利润总额10.29万元，比上年增加盈利6.31万元)。

【食盐品种结构调整】 年内，把食盐品种结构调整作为重点工作。按照区公司食盐品种结构调整的工作部署，安排绿色盐调运计划，筹备绿色盐的上市工作，召开绿色盐上市动员会，统一职工思想、提高职工认识，做好绿色盐的上市宣传销售工作，根据城乡消费观念和消费水平的差距，对绿色盐的送销区域进行调整。

【非盐商品销售】 开拓非盐商品销售，根据公司实际情况，按照倾斜直接参与非盐商品的经营人员，兼顾各部门职工利益的分配原则，制定《固原市盐业公司非盐商品促销奖励办法》，通过收入与销售业绩挂钩，提高职工的工作积极性，推动非盐商品经营工作，完善非盐商品经营管理制度，调整经营思路，发展新客户等多种途径。南风集团奇强系列产品在固原市场上，零售商店铺货率达到80%以上，销售额稳步提高。2010年非盐商品实现销售收入36.95万元。

【宁盐连锁固原直营店】 利用现有的闲置门面房，开办全区盐行业第一家以盐品和盐洗化系列产品经营为主，多品种经营为辅的宁夏盐业品牌形象店，制定严谨的管理办法，和浙江蓝海星、贵盐集团、四川久大建立业务联系，购进盐系列洗化产品50余种，价值13万元，销售3.48万元，毛利1.15万元。

【绩效考核制度】 2010年，根据区公司实行全员绩效考核的有关要求，制定《固原市盐业公司(分局)2010年绩效考核实施办法》，明确各部门的目标任务和工作要求，设置科学严谨的考评标准和奖惩措施，严格按照考核办法进行逐月考评兑现。

【碘盐安全消费】 2010年，本公司把盐政工作的重点放在开展"食用合格碘盐，消除碘缺乏危害健康"宣传教育活动上。保持多年来在盐业法规和碘缺乏宣传中好的经验和做法，扩大宣传教育的覆盖面和渗透力，引导消费者树立健康的消费理念。根据自治区儿童免疫工作和重大疾病防控领导小组办公室《关于迎接国家县级消除碘缺乏病考核验收工作安排的通知》(宁重疾防控办[2010]3号)文件精神和区盐业管理局有关要求，成立“迎接国家县级消除碘缺乏病考核验收工作”领导小组，盐政部门进一步建立健全档案，搜集填写盐业部门各项工作调查表，详细记录每天的活动日志，系统整理相关资料、做到资料齐全、档案整齐。全年盐政宣传稽查人员共出勤550人次，180车次，散发各种宣传材料37000份，入户宣传300多户，在零售门店张贴宣传画574张，碘盐覆盖率、碘盐合格率、合格碘盐食用率三率水平均达到国家标准。

【调研监管】 按照区盐业公司关于隆德盐业公司划归固原市盐业公司管理的精神，对隆德分公司的人员、财产进行接收，并在短期内办理各项相关手续。公司领导多次到隆德分公司，对经营情况、劳动纪律各项管理制度的执行情况进行督导检查，并根据掌握的情况，专门召开班子会议分析研究，针对存在的问题制定解决办法。形成加强市场管理和宣传工作，做好迎接国家县级碘缺乏病检查验收工作，完善各项管理制度，做好食盐销售工作，加大宣传促销力度，安排开展非盐商品经营管理工作认识安全工作的重要性，加强管理，落实责任，确保安全工作无事故，重点安排好经营工作，特别是要想方设法扩销、增销，减少亏损。

【精神文明建设】 开展“能力建设年”和共产党员“创先争优”活动，按照区公司开展“能力建设年”和共产党员“创先争优”活动的总体部署，召开全体职工会议，传达学习两项活动文件精神，成立以主要领导为组长的开展“能力建设年”和共产党员“创先争优”活动领导小组，并结合企业实际，制定两项活动实施方案和具体活动进度安排；举办行业知识竞赛活动，由公司“创先争优”活动领导小组选题，组织全体职工参加竞赛活动。

固原市烟草专卖局(公司)

【概述】 固原市烟草专卖局、宁夏回族自治区烟草公司固原市公司成立于1998年1月。现有干部职工253人，其中聘用员工160人。全年销售卷烟(含雪茄烟)31104箱，同比增长4.2%；全年实现税利6986万元，增长15.78%。

【专卖管理】 通过不断练内功，紧抓队伍综合素质提升，强化了专卖执法和市场监管，打假破网取得了突破性进展。2010年，市、县局共查处各类卷烟违法案件115起，其中：符合国家局、区局、市局标准的贩售假烟网络案各1起，查获各类违法卷烟190.522万支，非法生产的烟草制品111.256万支，判刑4人，刑拘2人。

【队伍建设】 通过“中心组”理论学习、在党内开展“争先创优”活动。在全体干部职工中先后开展了“以作风建设为突破”，“以保持良好的精神状态”为主要内容的两次“卷烟上水平”大讨论活动，中层以上管理人员的大局意识、自律意识、政策理论水平和决策能力进一步提升；基层党组织的凝聚力不断提高，广大党员的责任意识不断增强；全体干部职工的工作作风明显改善，工作效率不断提升。

【公益事业】 积极参与社会公益事业，深入践行报效国家、回报社会的使命，积极参与扶贫支教、环境整治、义务植树、新农村建设以及和谐社会建设等各项中心工作及社会公益事业，2010年，共捐助资金15.00万元。以实际行动向社会展示了“有爱心、负责任”的行业形象。

中石油宁夏固原销售分公司

【概述】 2010年，本公司贯彻宁夏公司“三会”、中期工作会议和务虚工作会议精神，按照“做大销售、做强零售、做精非油、做细市场、做优效益”工作思路，实现模拟利润876万元，同比增长5.67%；单站模拟利润核算亏损的加油站5座，同比减亏3座，减亏33.47万元；成品油销售总量14.76万吨，完成目标任务13.87万吨的106.42%。其中:汽油销售3.66万吨,柴油销售11.10万吨,汽柴比为1:3.03。零售量14.74万吨,零售比率99.87%;成品油人均销量440吨,高于公司任务3.96%;单站日销量15.75吨,低于目标任务0.83吨;非油业务收入560.21万元,完成目标任务的83.62%,实现利润56万元。培育百万元便利店1座(中山站);50万元便利店1座(长城站);30万元便利店1座(城东站);IC卡发行量7095张(其中销卡4张),沉淀资金9.5万元。完成目标任务(5000张)141.82%;加油站迁(改)建、检维修完成投资861.9万元;安全环保实现"零事故、零污染、零伤害",全年廉政无违法违纪案件。

【安排部署】 以贯彻宁夏公司2010年"三会"、中期工作和务虚会议精神为主线,把固原地区属于典型的投资拉动型和过往车辆支撑型市场的实情和成品油买方市场将长期存在的态势向广大员工在各种会议上说得清楚、讲的明白,分级签订《2010年度业绩、安全、环保、稳定责任书》38份,对13.87万吨成品油销售任务分次逐站分解到五个片区26座加油站和营销科。

【提升市场份额】 年内,片区促销灵活多样,原州片区在销售上多措并举,同比销量增长13.5%,泾源片区每月召开经营活动分析会,加大油品销售力度,对公司成品油销售贡献率从14.15%提高到15.14%。其中:杨庄加油站成品油销售比去年同期净增2219吨,增长54.45%;对辖区内竞争对手的基本情况进行全面的调查了解。对宝塔石化和中石化在固收购的站点进行估算,得出持有成品油零售许可证的社会加油站有56座,正常经营的45座,其市场份额达到13.78%,对比提升本公司的市场份额。

【创新销售】 开展"促发展、上规模、增效益"活动和"2010年世博微笑服务"活动,84%的加油站销量同比有不同程度的增长,联财、下蒿店、头营等9座加油站增幅在21.06%~72.67%之间,有24人次分别被评为油品销售能手和非油销售状元。

【机构用户】 开发维护机构用户36家,用油总量2538吨,有12家机构用户与公司签订购油合同,购油总量1167.2吨,占配送量的46%。用油50吨以上的机构用户14家,消费量占机构用户总量的81.43%,小油罐车送油配送油品2973.5吨,平均配送量424.79吨,完成任务的65.36%。

【柴油供销】 10月上旬以来,柴油资源偏紧,公司从"保增长、保民生、保稳定"的高度出发,向社会承诺不惜售、不涨价、不囤积,保证过往车辆油箱加满,禁止给油箱以外的200L以上容器加注柴油。同时,考虑农民用塑料桶加注柴油的实际情况,长城、南苑每天灌注100个塑料桶(每桶50元以下的柴油)。开辟13座保供站,6座两级政府重点工程用油和特种行业用油站。市区的4座加油站各派驻3~4名警力维护秩序,抽调机关副科级以上干部跟班作业,遏制刷卡套现和倒卖柴油的行为。

【非油任务】 非油任务完成83.62%,中山为百万元便利店,长城为50万元便利店,城东为30万元便利店。化肥销售548吨,其中西吉、泾源两县化肥销售良好。

【内控体系管理】 强化内控体系管理,完善"体系可靠、风险可控、运行持续"的内控体系,重点围绕油品销售、资金管理等关键节点完善制度、梳理流程。对兴隆站银行交款单日周不符,三营南站卸油记录不全,应收账款增加等8个例外事项全部进行整改;紧盯成本费用的重点部位和关键环节,对人工成本、油品溢耗、二次配送、六项可控费用等方面采取可行措施降本增效。年内节约燃煤330吨,年节约费用21万元。六项可控费用下降2.22%。

【基础设施建设】 南环加油站迁建、三营北站改建预算投资800万元。公司对项目计划、前期准备、现场监督等工作环节重点进行逐一落实，按计划完成项目任务。

【加油站督查管理】 每月由分管领导带队，分别到28座加油站进行不定期综合考评，加大夜查、视频监控、现场稽查力度，对综合考核前三名的加油站在二次分配时给予奖励。开展"卸油操作专项整治"活动，通过视频监控、现场稽查等方式进行督促检查，对北苑、南苑等加油站提出口头批评，对小川、沙塘等加油站下发"现场处罚单"。

【油品管理】 坚持每月盘点分析会，严格体积交接管理制度。累计升溢汽油562吨，柴油2161吨。对西吉非正常短油2.96吨作了赔偿处理；妥善处置在油品质量互查过程中发现的因卸油设备缺陷造成0#柴油闭口闪点不达标事件。

【信息化建设】 零管系统运维及技术支持工作得到加强，10月份实现零管系统的全面单轨运行；对油库中控室和发油控制室的网络、电话进行综合布线和配置；对分公司机关、各片区及各站的所有计算机和网络设备进行安全排查、清理及网络合理优化。

【"安全生产月"活动】 组织人员对28座加油站的摄像头、加油机、卸油场地静电接地装置进行自查、整改隐患80多处；对以前年度专业查出的加油站应急照明灯配备不到位、静电接地超标等安全隐患300多项绝大多数进行整改，对配电箱未安装双头刀闸、新营、袁河等加油站防火间距不够等无法整改的隐患上报总公司；通过自治区安全生产监督管理局"安全文化示范企业创建"验收。在"安全生产月"活动中，以悬挂横幅、制作宣传展板、散发宣传材料（5000份）、组织加油站开展火灾应急预案演练等方式。参加HSE管理体系培训70余人次，岗位风险识别评比常态化，作业许可管理制度和特种作业管理办法得到较好的落实，"五票一证"签字确认手续完备有效。

【处置突发事件】 年内，成功扑救北苑加油站"5.3"载运人工降雨弹机动车火灾；有效处置下蒿店站"4.10"高浓度硝酸泄漏善后；妥当处置三营北站"6.30"装载电石车遇雨着火事故。

【惩处违规行为】 对三营南站香烟被盗，南环、头营两站被抢，北苑加油站值班人员未到岗值班被总公司通报，长城等12座加油站（油库）违反《铅封管理办法》，杨庄、南苑等加油站违反《二次配送管理办法》，泾源片区对停用加油机多次重复检定，造成不必要的费用支出等各种违规违纪事例进行处罚60多人次，罚款、追赔4.3万元。

【队伍建设】 开展创先争优活动。21人参加创先争优视频会，公司党委3次深入到所属支部检查、指导创先争优工作，以书面问答形式在广大党员中开展创先争优活动主要内容、主要目标、活动阶段的答题活动；公司党委、六个支部、102名党员做出承诺，结合该项活动发放调查问卷102份，有83名人员参与对经营管理、油品销售、承诺兑现情况的调查，收到合理化建议21条。邀请固原市党校副教授牛廷伟给41名党员讲授"常怀爱党、忧党、兴党之心是每一个共产党员的崇高责任"，在党员干部中引起强烈反响；3次组织519人次进行"（廉政准则）和（若干规定）"、"党旗在我心中"和"员工职业道德"答题活动；结合创先争优活动重新设立党员先锋岗16个，划分党员责任区37个。

旅　游

六盘山旅游扶贫实验区开发建设管理委员会固原市旅游局

【概述】2010年，按照市委、政府的统一部署和要求，把学习贯彻中央领导同志来宁视察的重要讲话、第四次固原工作会议精神和开展深入实施西部大开发战略大学习活动作为一项政治任务，与贯彻落实党的十七大精神相结合，与学习贯彻国务院《意见》相结合，与学习贯彻中央和区、市党委、政府的一系列决策部署相结合，与国家旅游局开展的"旅游质量提升年"活动相结合，与开展创先争优活动相结合，与抓好旅游基础设施建设相结合，与创造性地做好本职工作相结合，弘扬"不到长城非好汉"的六盘山精神，把思想和行动统一到中央领导同志来宁视察的重要讲话精神和上来，统一到市委政府加快以农业为主向以工业为主导，多产业发展并举转变的发展战略转型要求上来，统一到大力实施"一五五"工程的发展战略重点要求上来。

【基础设施建设】年内，全市旅游基础设施建设项目投资力度持续加大，开工建设各类旅游工程项目11个（其中：续建项目3个，新建项目8个），概算总投资1.15亿元。为了确保工程建设质量和进度，本委（局）制定《固原市旅游基础设施建设项目管理手册》，对项目建设企业、监理公司、设计单位等提出要求，明确责任，便于对全市旅游重点建设项目建设情况进行督促检查，及时发现掌握项目建设过程中存在的问题。主要建设内容有：须弥山博物馆土建及外装饰工程、博物馆布展工程、香水海文化广场和游客服务中心工程、观光电梯工程、游步道和栈道工程、景区环境整治和绿化工程，建设资金6500万元。完成须弥山博物馆主体工程和外装修工程；香水海广场和游客服务中心及连接香水海广场与须弥山博物馆的游步道、栈道工程全部完工；博物馆布展工程已竣工并交付使用；须弥山景区绿化工程全面完成。景区所有建设项目全部完成。萧关遗址文化园建设项目。投资概算650万元，阙门、碑亭、望夫楼、秦楼、城墙恢复和文化墙浮雕全部建成，文化园围墙、广场等工程全面完成。国家发改委下达的专项资金建设项目。概算投资3046万元，其中：中央专项资金1800万元，地方配套1246万元。须弥山景区河道水景观（橡胶坝）工程坝基基础完成、河道砌护工程正在进行基础工程施工；六盘山国家森林公园游客中心、二龙河至鬼门关旅游道路、二龙河、凉殿峡、野荷谷景区游步道工程已完成工程招投标工作等等，均完成基础工程。

【宣传营销】围绕"红绿六盘?文化固原"旅游主题形象，突出高原绿岛、红色之旅、丝路重镇、回乡风情四大品牌，创新宣传理念，改进营销手段，开发客源市场，进一步提升了固原旅游知名度。开展全方位宣传推介活动。更新完善六盘山旅游网站，为游客提供更多的信息服务。与中央、区、市三级媒体协作，充分发挥广播、电视、报纸、网络的优势，集中宣传我市旅游业发展情况。与宁夏电视台签订从

2010年4月1日起到2011年3月31日，每天在公共频道、卫视频道分6次播放固原旅游宣传广告片的合作协议，从全市旅游整体形象、品牌、节庆活动等方面全方位宣传固原旅游；在《新华网·魅力中国》栏目滚动播出固原旅游音乐风光片，刊登固原旅游图文资料介绍和相关旅游资讯；与固原电视台、固原日报合作开设《固原旅游》专题、专栏；日本BS朝日电视台、中央电视台《探索与发现》栏目组拍摄《神秘中国之旅——丝绸之路》和《成吉思汗之谜》、宁夏电视台《周末旅行家》、固原电视台新闻部先后制作了专题片；华兴时报、现代生活报、银川晚报刊登固原旅游宣传专版5个；加大宣传促销力度，提升固原旅游的吸引力和影响力。年内，采取“走出去、请进来”的宣传营销模式，拓展旅游客源地，在巩固已有客源市场的基础上，重点开发西安、乌海、阿拉善盟三个新的客源市场。借固原至西安高速公路开通之际，加大开发西安旅游市场，组织各县(区)旅游局、景区、旅行社、星级宾馆和专业文艺团在西安举办“六盘山旅游(西安)推介联谊会”，为双方企业搭建平台，共同推介旅游线路。在《2010年西安市民旅游休闲指南》刊登固原旅游指南2个版面，印刷40万份投放到机场、车站、宾馆和高速公路收费站；与西安旅游局合作，实现了两城市旅游宣传片互换播出；邀请西安旅行社、新闻媒体和自驾车、户外俱乐部负责人50多人深入我市开展采风、采线，为组团旅游打下坚实的基础。

【大型旅游推介节庆活动】 积极参加宣传推介活动，组织景区、旅行社参加区内外各类旅游博览会、展销会、推介会，参加全区“世博旅游宣传推广周暨五市巡展活动”、“西部商贸洽谈会”、“宁夏?珠三角(广州)经贸合作推介会”、“宁蒙陕甘毗邻地区经贸洽谈会”、“宁夏旅游‘春光万里行’宣传活动”和“2010年中国(宁夏)国际投资贸易洽谈会暨首届中国·阿拉伯国家经贸论坛”，充分利用这些平台开展宣传促销活动；成功举办“第六届六盘山山花旅游节”、“第三届‘清凉六盘、金秋之旅’主题活动暨宁夏固原首届‘西吉震湖杯’垂钓大赛”，主题系列活动的成功举办，吸引区内外游客，拓展客源市场，达到以节促旅的目的，同时，各县(区)、各景区也先后举办10余个节庆活动，其中有泾源县的“泾水文化旅游节”、隆德县的“六盘山民间文化艺术节”、西吉县的“火石寨丁香花(攀岩)旅游节”、原州区的“须弥山旅游文化周”等系列活动。

【从业人员培训】 为使旅游业得到健康、有序的发展，按照“旅游服务质量提升年”活动的要求，加强旅游从业人员教育，提高旅游从业人员素质。成功举办导游人员培训班，对全市9家旅行社、5大景区及各县区100多名导游从业人员、社会青年进行系统培训，及时吸收和补充导游人员，壮大本市导游队伍，拓宽全市待业青年的就业渠道；组织全市旅游行业部分优秀导游员参加了全区导游风采大赛；与市人力资源和社会保障局联合举办三期全市导游人员星级饭店和星级餐馆从业人员培训班。

【旅游安全生产】 年内，多次组织干部职工、旅行社和景区工作人员上街宣传旅行社新《条例》、悬挂横幅、摆放宣传展板、发放旅游新《条例》读本、彩页和旅游景区宣传折页、资料、旅游安全宣传彩页近30000张份，并多次下发文件，要求各县旅游局、各旅游景区认真做好旅游安全工作，与各旅游企业签订旅游安全生产责任书，联合市安监局、交警、消防、运管等多个部门深入各景区(点)对景区道路、机动车辆、人员证件、环境综合整治、管理制度、防范措施、值班交接、信息报送等工作进行全面检查，并在老龙潭景区开展安全应急救援演练，确保旅游安全无事故。

【精神文明建设】 按照自治区旅游局的统一部署，在全市开展旅游系统文明单位创建活动；检查指导旅游星级饭店的规范经营，倡导绿色经营，鼓励有能力的宾馆、旅游餐馆开展创星、升星活动。经摸底初评有一家宾馆由原来的三星升为四星级，三家申报三星级农家乐一家申报三星级宾馆，一家餐馆由原来的四星餐馆批准为五星级餐馆。

【机关自身建设】 以开展争创文明单位活动为契机，以“领导班子建设好、干部队伍素质好、机关工作环境好、机关文体活动好”为奋斗目标，结合本市旅游业现状，抓班子自身建设和干部职工队伍的素质教育；抓好党风廉政建设工作，推行党员干部勤政廉政承诺制，组织党员干部深入黑城监狱接受警示教育，落实支部书记、支部成员、科室负责人、科室成员四个层次构成的党风廉政建设责任制，明确各自在党风廉政建设和反腐败工作中的权利和义务，确保党风廉政建设和反腐败工作任务落到实处；强化机关效能建设，本委(局)结合工作实际，狠抓制度建设，以规范化、精细化、科学化为目标，建立完善旅游基础设施建设项目管理制度和工作制度，从根本上助推旅游工作的提质增效。

【扶贫工作】 年内，对帮扶点进行全面摸底调查，并借鉴帮扶泾源县泾河源镇冶家村成功经验，依托白云寺旅游景区的有利优势，确立以发展“农家乐”带动周边群众脱贫致富的扶贫思路，“七一”期间组织单位党员对部分离任村干部、老党员、贫困党员进行慰问，并对两名家庭困难，品学兼优的大学生进行一定资金的帮助。

财税金融

固原市财政局

【概述】 2010年，市本级一般预算收入突破2亿元，达到2.3亿元，同比增长55.7%，比目标任务1.7亿元超收6000万元，其中：税收收入18360万元，同比增长63.4%，超收4260万元。政府性基金收入84053万元，超收65350万元。市本级一般预算支出达到14亿元，同比增长33.7%。政府性基金支出8亿元，同比增支58827万元。财政保障能力不断增强，行政一般性运行成本得到有效控制，各项重点支出基本保障。

【税收征管】 一般预算收入增长55.7%、税收收入增长63.4%，均创历史新高，税收占一般预算收入的比重达到80%，收入质量明显提高。

【扶持地方经济发展】 2010年，争取6760万元，加快农业综合开发产业、旅游产业和中小企业发展；筹措城市建设资金6.4亿元，保证城市拆迁改造、城市道路、五个休闲广场、清水河二期续建等重点项目建设和市区绿化、净化、靓化等城市环境综合整治项目的顺利实施；筹措10660万元，支持盐化工示范基地基础设施建设；到位自治区各类转移支付和地方转贷82600万元，其中：争取财力性转移支付10858万元，确保在职人员工资、离退休人员离退休费的及时足额发放和机构正常运转。在国家清理地方政府融资平台期间，申请成立"固原市中小企业信用担保有限责任公司"，并争取银行贷款18555万元，保证盐化工、一中迁建、长城梁等重点工程的顺利实施。

【民生社会事业投入】 筹措16576万元，用于义务教育经费保障、学校改扩建等支出；筹措10946万元，用于疾病预防控制、社区卫生、医院改扩建等基本公共卫生服务支出；筹措5252万元，用于社会保障和就业支出；筹措17159万元，用于廉租住房建设、回购以及补贴发放；筹措12201万元，用于政法公用经费保障、城市监控等基础设施建设；筹措5394万元，支持科技、文化、计划生育事业科学发展；筹措1149万元，办理了人大议案和政协提案；筹措2200万元，落实了取暖费提标、政府效能奖和部分事业单位绩效工资水平政策；督促拨付惠民资金55014万元，落实了"家电下乡"、涉农补贴提标、油价补贴等各项惠民政策。

【创新管理机制】 编制"民生预算"，保障了民生计划和项目的落实。财政支出绩效评价试点范围不断扩大，进一步提高部门预算的透明度，将教育和人力资源两大系统的部门预算在网上向社会公布。国库集中支付全部实现网络化运行，集中支付率达到90%以上。"公务卡"管理制度全面推行。政府采购建立监察和审计等部门联合监督机制，实现"阳光作业"，节约率达18%。加强财政投资基建项目审查，资金审减率为10.9%。建立行政事业单位"小金库"治理长效机制，将"小金库"专项治理延伸至社团和中小企业。加强会计事务管理,培训会计人员900人(次)。加强国有资产管理,确保国有资产保值增值。

【区级文明单位创建】 党建工作全面发展;文化建设提升,大学习活动有效;机关效能全面提速,财政执行力和服务水平增强;精神文明创建获得自治区级文明单位;全区财政系统"抓落实,树形象"年活动被评为先进单位;完成安全生产、综合治理、计划生育和定点扶贫等各项工作。

固原市国税局

【概述】 2010年,全系统统筹落实税收收入、社保费和各项行政事业性收费征收任务,增强组织收入工作的预见性、主动性、责任感和使命感,保证税收任务圆满完成和各费收入稳步增长。全年征收税费126830万元,首次突破12亿元。其中税收收入66599万元,增长38.2%,增收18394万元,完成目标任务52800万元的126.1%。税收收入中,中央级收入24851万元,增长30.8%;自治区级收入5860万元,增长25.5%;市本级收入15023万元,完成目标任务13050万元的115.1%,增长47%,增收4809万元;县(区)级收入20864万元,完成目标任务16939万元的123.2%,增长45.7%,增收6545万元。社保费收入56410万元,增收35099万元。

【依法治税】 严格执行税收政策,加大执法监督力度,纠正执法过错27类170户次,同比减少260户(次),责任追究率为100%;加强专项、专案和群众举报案件查处工作,检查各类纳税人130户,查补收入887万元;整顿药品经销、房地产开发、建筑安装、交通运输等行业税收管理秩序。与公安部门联合开展打击发票违法犯罪专项行动,检查纳税人自开发票10万余份,查处虚开发票及假发票698份,查补收入29万元。

【税收优惠政策】 为资源综合利用、国有粮食流通、农村信用社等企业和农村电网改造等项目减免税7349万元,为60户纳税人抵扣固定资产进项税3601万元;落实个体工商户增值税、营业税起征点和所得税征收率政策,促进个体经济发展;向固原市政府、区地税局和有关部门就加大税收优惠力度、延长产业优惠期限、培育工业园区孵化产业等提出合理化建议;做好"家电下乡"中标企业的发票监管和服务工作,支持拉动内需和惠民政策落实。

【税收宣传活动】 以"税收·发展·民生"为主题的税收宣传月活动,印发《税收宣传系列漫画》和《简明税收优惠政策100条》;实施税收宣传"八走进"活动。举办纳税人培训班、税收知识讲座、税企座谈会和税收知识竞赛,依托新闻媒体开展宣传,增强政策透明度,保障纳税人的知情权;做好"五五"普法工作,通过自治区和固原市"五五"普法验收。

【税收管理】 抓好一般纳税人认定审批管理,严格审查新办商贸企业申请认定资格,落实辅导期管理措施,规范商贸企业税收管理;依托定额核定系统,抓好个体工商户经营状况调查,适时调整核定定额,促进定税公平公正、合法合理;与工商、公安、交通、房管、财政、国土等部门建立委托代征工作机制,加了代征税收管理;利用综合征管软件和税收辅助管理系统监控税收征管质量,对消费税重点企业深入调查,核定酒类生产企业消费税最低计税价格,抓好烟草行业消费税管理;加强与车管部门的协作,采取"先完税后挂牌"措施,抓好车购税管理;开展房地产企业土地增值税预征和清算工作,对57户房地产开发企业进行清理核查,征收土地增值税143万元。对全市1128户企业进行所得税汇算清缴;加强年收入12万元以上个人所得税自行申报管理,全市131人申报纳税,同比增加48人,增收45万元;巩固办税服务厅"五统一"建设成果,增强涉税服务功能;推行财税库银联网进度,批量和实时扣税的纳税人达到80%,扣税比例达到

66%；在基层局办税服务厅普遍安装 POS 机，简化税费缴纳环节，减轻基层局、纳税人和缴费人的负担；组建“税收志愿服务”队伍，推进社会化纳税服务体系建设。

【队伍建设】 落实党组中心组学习制度，自觉用学习成果统一思想，凝聚力量，指导工作。坚持民主集中制原则，按规定研究决定重大事项，确保区国税局和固原市委、政府的决策部署和工作要求落实到位。对 5 个县（区）局局长进行交流轮换，贯彻领导干部选拔任用条例，选拔任用 26 名科级领导干部，交流任用 35 名科级领导干部，落实理论学习制度，举办政治理论专题讲座和“领导干部讲党课”、“履职廉政谈话”以及“廉政形势报告会”，开展深入实施西部大开发战略大学习活动，培育“大局、责任、协作、创新、服务”五种意识；实施“135”干部教育培训工程，举办和派员参加各类培训班以及“业务骨干讲业务”专题学习班 20 个 600 多人次；参加全区国税系统“单位业务知识竞赛”，获得集体第二名的好成绩。开展干部读书活动，开展以“组织收入为中心，争先创优促发展”为主题的争先创优活动；举办书画摄影作品展，参加第三届“陕甘宁三省四市税务文化论坛”；开展“我运动、我健康”为主题的文体活动；参加全区国税系统第二届“税务文化周”活动。落实党风廉政建设责任制，开展廉政教育，制定税收工作风险控制和评估办法，有效防范执法风险，严格落实政风行风建设工作责任制。

【保障服务】 坚持人、财、物向征管一线和基层倾斜，改善基层硬件环境，加快软件升级改造。原州区、隆德、泾源 3 个县级局农村税务分局办公用房全面建成；制定各县（区）局和市局机关工作绩效管理考核办法，抓好平时的监督检查和综合性考核，增强工作针对性和实效性；落实财务管理、政府采购和固定资产管理办法，提高资产利用率；严格执行各项管理制度，坚持勤俭节约办一切事情，建设节约型机关；落实综治工作目标责任制，促进和谐税务机关建设。

固原银监分局

【概述】 2010 年，固原共有银行业金融机构 141 家，从业人员 1705 人。各项存款余额 118.5 亿元，比年初增加 20.4 亿元，增长 20.80%。各项贷款余额 82.7 亿元，比年初增加 21.8 亿元，增长 35.80%。不良贷款余额 2.39 亿元，较年初增加 5192 万元；不良贷款率 2.89%，比年初下降 0.18 个百分点。总体呈现资产规模持续增加、经营效益稳定增长、无案件发生的特点。

【金融信贷服务】 引导银行业金融机构科学把握宏观政策主基调，合理掌控信贷投放节奏，并在风险可控的前提下，加强“三农”、“绿色”、“消费”信贷的金融服务；执行中小企业贷款“六项机制”，引导银行业金融机构给予中小企业信贷支持；关注政府融资平台公司贷款风险，实现银政、银企的共赢；贯彻落实国家宏观调控政策，加强房地产贷款监管；加强沟通联系，提高风险管控能力。

【行业管理】 以贷款新规和公司治理为抓手，强化银行业风险防范长效机制建设；加强行政许可审批事项，提高市场准入监管效率和质量；加强非现场监管和信息采集，提高风险预警能力；加强现场检查，提高合规经营意识；加强案件查防和信访核查力度，树立良好的社会公众形象；抓好案件防控工作。

【机关建设】 强化队伍建设，实现人的全面发展与提高监管能力的有机结合；加强内部管理，实现完善运转机制与满足履职需要的有机结合；弘扬监管文化，实现宣传思想工作与精神文明建设的有机结合。

中国人民银行固原市中心支行

【支持地方经济发展】 提升货币政策的执行绩效。

围绕固原市经济发展思路，制定并经市政府转发《关于贯彻落实2010年货币政策的实施意见》和《固原市2010年信贷增长指导意见》，通过金融工作会、经济金融分析例会等形式，引导金融机构优化信贷结构，加大信贷投入，为全市经济健康发展提供支持。2010年，全市金融机构各项贷款余额81.2亿元，同比增长45.86%，增速排全区第一。中心支行连续第二年被固原市委、政府表彰为“金融系统支持地方经济发展先进单位”；支农再贷款政策效应显现。优化支农再贷款发放和管理流程，提高支农再贷款使用效率，全年向上级行争取支农再贷款限额10.4亿元，累计发放14.05亿元，增强农信社支农信贷投放能力，缓解“三农”经济发展的资金需求压力。

【民生金融信贷】 民生金融的服务方式拓宽。把小额贷款公司执行利率情况纳入监测范围，建立掌握辖区民间借贷的窗口，制定《民族贸易和民族用品生产贷款贴息管理暂行办法》，规范民贸贴息工作，支持民贸企业发展。2010年，全市5家民贸民品企业共计贴息105万元，首次突破百万元。积极引导金融机构支持下岗失业人员小额担保贷款，至10月末，全市下岗失业人员小额担保贷款余额达2419万元，比年初增加1000万元。

【金融科技调研】 调研分析能力增强。围绕马铃薯产业发展、设施农业发展、金融支持中部干旱带经济发展等开展特色调研和信息反馈，增强对经济金融运行趋势的分析预测和判断能力。年内全行在银川中支处室级以上刊物发表调研信息文章共计532篇(条)。其中，《金融时报》、总行司局级刊物采用14篇(条)，《西部金融》《宁夏金融》等刊物采用38篇(条)，全国中文核心期刊采用2篇；固原市委、市政府采用58篇；被上级行和地方政府领导批示3篇。

【金融生态环境建设】 金融生态环境建设步入新阶段。修订《金融生态环境建设考核办法》和《金融生态环境建设考评指标体系》，完成对全市四县一区金融生态环境建设的年度考核评比，制定《固原市县(区)信用农户、信用村及信用乡(镇)考评办法》，启动以县(区)为单位的农村信用建设工程，使全市金融生态环境建设步入全新的阶段。2010年，全市共评定10个信用乡（镇），149个信用村，90190户信用农户；为42442户农户建立了信用档案，占全市农户总数的12%；征信工作实现新发展。在全市建立“县—乡(镇)—村”三位一体征信宣传网络体系的基础上，通过壮大义务宣传队伍、建立农户电子信用档案、开展信用农户评估、实施优惠信贷政策，完善农村征信宣传工作的内容和宣传形式，形成农民知信—守信—讲信—金融机构授信—农民珍信的良性循环，为实现农民增收和农村金融机构发展双赢奠定了基础；金融管理方式有了新突破。制定《固原市银行业金融机构开业报告制度管理办法(暂行)》；在宁夏辖区首次组织开展应对中小金融机构突发性金融风险处置预案演练，配合银川中支组织开展全区金融执法大检查；对固原市农村信用联社开展综合执法检查，确保辖区银行业金融机构持续平稳健康发展。

【基础性金融服务】 巩固基础性金融服务工作，结合金融统计集中系统要求，调整金融统计指标体系；严格执行数据纠错机制和异议处理程序，提高企业和个人征信系统数据质量；精心部署，完成国库TCBS、TIPS、TMIS三大系统的测试和上线运行工作；开展反假货币城乡网络工作站评比表彰活动，夯实反假工作基础；加强小面额硬币流通使用的宣传和引导，确保辖区主、辅币投放搭配科学、合理；强化对外汇指定银行的检查考核，支持涉外经济的健康发展；引导金融机构积极改善农村支付环境建设，推动转账电话等非现金支付工具的应用普及。规范金融宣传工作，通过整合金融宣传资源，丰富宣传手段，构建“大金融”宣传平台。在宣传网点建设上，把238个人民币反假、征信宣传工作站整合为金融知识宣传站，宣传站点延伸至辖区所有乡镇、行政村；在内容及形式上，把反假货币、征信、反洗钱、支付结算等近10项金融知识进行系统整合“打包”，增强金融知识宣传的综合性、全面性；在宣传队伍建设上，以金融志愿者服务为核心，把金融知识义务宣传员发展到辖区各金融机构、政府相关部门、各基层乡镇村。形成“宣传到户、咨询到位、反馈及时、作用持久、管理有序、群众受益”的金融知识宣传新局面。

【业务竞赛活动】 响应总行党委关于开展“创新金融服务 支持经济发展”业务竞赛活动的号召，成立组织，制定《实施细则》，确定15个创新项目，召开创新业务竞赛动员会、推进会和创新项目汇报会，并通过修订完善奖先评优、绩效工资考核、“创新”活动管理和目标量化考核四个实施办法，形成“党委总揽、齐抓共管、责任到人、分级考核、奖惩并举”的创新业务竞赛活动格局。党建部门通过开展“六比六赛”（比职业道德、赛行业风气，比服务质量、赛工作效能，比文明管理、赛执法水平，比工作纪律、赛遵章守纪，比礼仪整洁、赛服务形象，比组织领导、赛活动成效）活动，发挥战斗堡垒和模范带头作用；综合部门通过网上答题和能力测试、业务核算部门通过“流动红旗”竞赛、保卫部门通过岗位练兵、后勤部门通过驾驶技能、厨艺比赛等竞赛活动，业务操作规范化、标准化、精细化程度显著提高。本中支被银川中支推荐为总行级“创新”业务竞赛活动先进集体。

【干部队伍建设】 围绕理论水平和业务技能的双提升，采取“送出去”、“请进来”、“转培训”和“岗位学”四种形式加大干部教育培训力度，全年共举办职工讲堂6期，举办培训班9期，培训职工700多人次，参加上级行各种培训79人次；制定《中国人民银行新提拔正副科长任职试用期管理办法》和《从严管理干部实施办法》，举办科级干部作风建设培训班，提拔7名副科以上干部，为16个一线岗位增加了绩效工资系数，对18名职工进行了岗位调整交流，强化干部管理；选派三个支行一把手参加总行第二期县支行行长培训班和分行第一期党校培训班，完成县支行领导班子的考察配备，六名新录用行员派往四县支行锻炼，加强县支行建设。

【廉政与机效】 强化党风廉政建设，建立领导干部个人重大事项报告制度，签订《党风廉政建设责任书》，确定廉政文化建设示范单位，开展党风廉政建设、反腐倡廉建设专题讲座，对新任科级干部进行任前廉政谈话，组织开展廉政知识测试，举办廉政文化书画、手工艺摄影作品展，加强干部理想信念和廉洁从政教育；以会计核算“流动红旗”评比活动为契机，通过日常监督和现场检查，提升业务核算质量。年内全辖综合差错率为万分之零点三一，七个核算单位中四个核算单位实现业务零差错的目标；强化内部审计工作，全年完成审计项目9个，共查出各类问题61个，提出整改建议41条。

【内部管理】 加强制度体系建设。以“制度学习月和完善月”活动为契机，从制度清理、修订、完善和学习入手，对涉及全行性工作的党建、政务工作、财务管理等九大类别、四个层次的715项规章制度进行了梳理，新修定制度69项，废止8项；加强安全管理工作。落实综合治理、安全管理与安全生产责任制，逐级签订安全工作目标责任书；加强对重点风险部位和环节的检查和考核，实现了无四类案件、无安全责任事故、无重大业务差错发生的目标；加强保密、应急管理和法律事务工作。与全辖干部职工签订了保密责任书，开展保密安全检查；制订应急预案简本，组织开展地震、外汇管理、国库业务系统等预案的演练；强化法制宣传，顺利通过固原市和西安分行“五五”普法考核验收；加强科技支撑工作。完成业务操作系统的维护、升级工作；加强对移动存储介质的管理，保证信息网络的安全；开展计算机安全培训和IT系统应急演练，提高应对突发事件的处置能力；完成市县网络改造工程，创造安全稳定的网络运行环境；按照上级行工作部署，推进“两网分离”工作。

“区级文明单位”续建 对2007年—2010年文明单位创建工作进行自查和总结，规范文明单位建设档案资料，制作2007年—2010年度文明单位创建工作介绍视屏，顺利通过“区级文明单位”继续认定的检查验收；重新对中支央行文化内涵进行提炼，形成固原中支精神；举办形式多样的文体活动，丰富职工精神文化生活；开展“树立身边榜样，培育央行精神”和工心理健康教育试点工作，顺利通过分行验收。狠抓节约型机关建设。探索建立节能减排“123”工作方法，即“摸清一个底细（即对全行水、电、办公耗材和公务用车四个大项的耗能按月进行登记建档，做到底数清、情况明），算清两笔账（测算采取节能减排措施前后机房、电子设备、车辆的费用及节能效益），落实三项制度（即：教育制度、巡检制度、财务包干制度）”，取得显著成效，并在宁夏辖区人民银行系统节能减排工作会议上进行了经验交流。狠抓民主管理和人文关怀。落实“行务公开”各项制度，对涉及全行工作和干部职工利益的事项能够及时公开，组织召开四届一次职代会，对职代会提案进行落实，畅通民主渠道；完善职工看望制度，节日期间对患病职工、困难职工和老干部进行慰问，发放慰问金3万余元；启动爱心救助机制，为1名重病职工捐款23450元，为玉树灾区捐款19150元。

综合监督机制 建立纪检监察、内审、事后监督三位一体的“综合监督机制”，此项工作被西安分行纪委确定为“创新试点项目”，并在总行纪委召开的座谈会上进行交流；开展职工心理健康教育试点工作，得到本行职工及上级行的充分肯定，顺利通过西安分行验收。制定《固原市县（区）信用农户、信用村及信用乡（镇）考评办法》，启动以县（区）为单位的农村信用建设工程。制定《固原市银行业金融机构开业报告制度管理办法（暂行）》，在宁夏辖区首次组织开展了应对中小金融机构突发性金融风险处置预案演练，为维护金融稳定积累宝贵经验。开展“树立身边榜样，培育央行精神”试点工作，得到分行认定。

中国工商银行固原支行

概述 2010年，全部存款（含同业）余额为65888万元，比年初增加12170万元，增长22.65%。其中：对公存款比年初增加11965万元；完成分行下达年度计划8000万元的149.57%；储蓄存款比年初增加1722万元；完成分行年度调整计划300万元的574%；各项贷款余额54,360万元，比年初增加15,540万元，增长40%，其中：公司贷款4.1亿元，比年初增加9,800万元，增长31.41%；个人贷款余额13360.64万元，比年初增加5740.76万元，增长75.34%，增幅排名全区第15位。各项贷款较年初大幅度增加，为支行扭亏增盈目标的实现起到关键性的作用；全年销售理财产品4410万元；灵通e时代卡8690张；牡丹卡1124张，全区排名第10位；实现各项收入4555万元，较上年增加2065万元，增幅为83%。其中：利息收入2541万元，较年初增加2221万元。中间业务收入305万元，较年初增加35万元，全区排名18位。实现账面利润755万元，超额完成区分行下达年度账面利润计划599万元的126%，比去年同期增加857万元，增幅为840%；实现全行经营管理无事故、无案件的目标；内部等级评价确保二级，力争达到一级。实现账面利润755万元，彻底扭转长期亏损的被动经营局面。

拓展信贷业务 “信贷活则全行活”，本行紧盯市场、服务客户，重点围绕固原市的重点项目扶贫电厂、盐化工、风电、煤炭等资源优势，全力跟进对大客户、大项目的贴身服务，拓展目标客户账户开立并寻求业务合作机会，加大信贷投放力度，为各项业务发展创造有利条件。2010年各项贷款余额54360万元，净增1.75亿元，同比增长近10倍。其中六盘山扶贫电厂公司业务贷款4.1万元，净增9800万元。在个人信贷方面，坚持风险防范与定向营销相结合的措施，在维护好原有客户的同时，同进入市区的陕西秦宇、陕西华宇房地产公司、宁夏华福、固原华荣、银川市经济实用住房开发公司、宁夏中恒公司、宁夏派胜、甘肃景园等资质高、开发业绩好、市场知名度高的房地产企业建立起良好的合作关系；大力宣传我行信贷政策，强力拓展住房按揭、房屋抵押和综合消费贷款，加大个人贷款的营销力度，全年办理个人贷款7683.6万元，个人贷款首次突破亿元大关。同时下大力气清收不良贷款，确保贷款的效益质量，全年清收转化不良贷款131.24万元，收回帐销案存贷款1.33万元，不良贷款余额100.19万元，贷款不良率0.18%。

【负债业务】 2010年，举全行之力，狠抓负债业务，提高存款市场份额。存款工作实行"一把手工程"，对公存款实行班子成员承包百万元以上大户的营销机制，定期走访维护，确保存量大客户存款稳定的同时，班子成员分头深入政府职能部门、企事业单位，加强同政府部门联系和沟通，争取盐化工项目资金和机构客户专项资金拨款，先后使六盘山铁路工程公司、中铁十六局、中铁十三局、固原至王洼铁路隧道工程项目部、原州区财政局、原州区教育局、住房公积金办等单位落户于我行，增加存款9700万元；同时加大对同业存款的营销力度，走访固原、西吉、彭阳、隆德、泾源等信用社，与其建立长期合作关系，年内共营销同业存款16笔，累计金额14500万元，年末存款达6500万元。

【个人存款理财】 拓展和营销个人中高端客户，培育市场新客户。2010年，本行坚持发展储蓄存款基础地位不动摇，巩固并扩大我行各项代理业务的领先优势，发挥营业网点吸存揽储、理财销售捆绑营销的主渠道作用，从一线员工到营销人员、从中层管理到行领导人人有任务，并实行周通报、旬小结、月分析例会制度。网点主任和客户经理深入企事业单位、社会家庭广泛深入宣传本行各项理财业务，支行多次举办小型营销拓展会，利用本行先进的结算平台、电子汇兑、网上银行、银行卡业务等优势，挖掘有价值的客户资源，逐步培育潜力客户群。

【绩效考核】 制发《绩效考核办法》(讨论稿)，组织各部门、网点学习讨论，征集议案，召开职代会进行修改完善考核办法，调动一二线员工营销热情，体现"谁营销、谁受益"的经营考核平台。并逐月召开营销动员会，明确营销策略和月度营销重点，任务到人，做到重点营销、重点奖励、按旬通报、按月考核兑现，完成全年各项任务。

【岗位培训】 开展"服务价值年"活动，提升服务质量和效率。支行成立优质服务领导小组，修改完善《优质服务考核办法》，加强服务检查考核工作，确保全行柜面服务水平有新的提高，实现全年服务工作零投诉；围绕全行经营管理中心工作，开展学习培训和岗位练兵活动，根据区分行教育培训安排，加强中年员工脱产培训，强化业余学习，采取班前班后学习、集中培训、演讲交流等方式，提升员工综合素质，组织开展了业务知识、汉字录入、翻打传票、交易代码录入、单指点钞、机器点钞等六个项目的业务技能竞赛活动，对成绩突出者给予表彰奖励，提升员工综合素质。

【企业文化建设】 围绕《中国工商银行企业文化手册》，采取部门组织学习、班前班后学习、工会组织考试等方式，因地制宜开展员工喜闻乐见、健康向上的群众性文艺活动，组织沙湖旅游、登山、广播体操、谜语比赛及"青年志愿者服务日"等活动，展示员工才艺，陶冶员工情操，培育和谐理念，增强凝聚力和向心力，提升固原支行的软实力。

【送温暖工程】 根据分行安排，结合支行实际，对部分离退休、内退及在岗员工做到困必有所帮，学必有所助，病必有所补，为职工雪中送炭，排忧解难。行领导多次到银川、海原、西吉、隆德、彭阳及固原社区，采取集中召开座谈会、上门(医院)慰问生病职工，走访困难家庭等多种形式先后慰问离退休、内退人员100多人次，累计发放慰问救助金5万多元；并建立特困员工、单亲女工、助学及员工健康档案。领导班子还关注员工心理健康，组织员工疗养、体检，落实维护女员工特殊权益，引导各类员工树立积极向上的健康心态，维护稳定，增强凝聚力。

【规范管理】 落实分行两次内控管理和案件分析会议精神，建立和完善内控管理、案件防范长效机制和制度建设。对内控评价涉及的91项指标和总分行确定的11个风险点逐项落实到分管领导、部门网点和岗位，组织检查人员加强日常业务检查和特殊时段内控安全检查，督促一线网点履行反洗钱职责。调整充实内控、案件防范工作领导机构，强化约束管理，层层签订党风廉政建设、案件防范和安全责任书落实责任。开好两月一次的内控例会和案件防范分析会，加强要害岗位、重要岗位的检查和轮岗制度，做好员工行为评价工作。定期开展干部履职检查，督促落实内部控制各项制度，把开展“内控筑造平台、合规创造价值”、“内控案防制度执行年”、“守规矩、治风险、防案件”活动与廉政建设责任制、案件防范责任制、商业贿赂专项治理、员工行为评价日常思想动态管理有机结合起来，多措并举，多管齐下，实现全年零发案的内控案防目标。

【创先争优】 2010年，本行贯彻总分行党建工作会议精神，突出以人为本、和谐共赢，坚持把支行发展与党员队伍建设和员工发展、业务发展结合起来，促进全行各项业务又好又快发展的新局面。支行党委班子以深入学习实践科学发展观和党的十七届五中全会精神为契机，加强班子和员工队伍建设，统一思想，凝聚人心，把广大员工的智慧和力量引导提升到核心竞争力上来；有效的开展中心组理论学习，发挥“四好班子”表率作用，真正把中心组学习作为研究和解决实际问题，为支行发展提供决策保证；组织党员开展党课教育，提高党员队伍素质，增强党员意识、学习能力、履职能力，“党员责任区”和“党员示范岗”等制度落实到位；增强基层党组织的凝聚保障力，了解员工的思想诉求，关心员工的身心健康，帮助员工解决实际困难，全年未发生集体上访事件；组织在职党员开展答题知识竞赛活动，表彰奖励7名优秀共产党员和2名优秀党务工作者；加强党风廉政建设，签订党风廉政建设责任书。

中国建设银行固原市分行

【工作亮点】 实现税前利润8680万元，完成区分行下达计划7520万元的115％，同比多增1641万元；实现经济增加值4100万元，完成区分行下达全年计划3840万元的106%，同比多增950万元；一般性存款余额达358618万元，全年新增90808万元，新增系统第二。其中企业性存款新增68075万元，新增系统第二，当地同业第一；个人存款新增22732万元，新增系统第二。各项贷款余额258293万元，全年累计投放贷款111786万元，回收贷款55456万元，当年新增贷款56330万元，其中公司类贷款新增36270万元，个人类贷款新增20060万元。实现中间业务收入2678万元，较去年同期多增了956万元，增速达到56%。完成率居直管行及两个事业部10个考核单位的第二位。当地同业市场占比55.96%，占位第一。信贷资产质量得到质的提升。全行不良贷款额179万元，不良率为0.07%。公司类贷款已全部清零，个人不良额179万元；客户新增较快，当年客户新增1788户，其中公司类客户新增138户，个人类客户新增1650户；信用卡发卡、手机银行、网银、短信银行等指标均超额完成区分行任务，完成率都居全区系统前列，代理保险业务1452万元，完成额是2009年的2.74倍。

【可持续发展】 对全行贡献度提升，各项指标的完成情况均处于全区靠前的位置；内部管理水平提升，全员的安全经营意识的教育和学习，以及对安全生产的重视和加强，确保本行上半年安全经营无事故，核算质量再上新台阶；外部形象和声誉提升，固原建行连续三年荣获固原市支持地方经济建设突出贡献奖，连续两年在固原市直单位考核中，名列金融系统第一；全员营销、联动营销能力和意识得到提升，通过部室网点承包联动，成立营销团队，各条线和各网点之间的联动，全行资源共享、联动作战意识明显增强，确保各项业务的快速增长；全员发展意识和工作主动性提升，全员明确工作重点和努力方向，理清工作思路，责任感和使命感加强；以党建促发展的意识和能力得到提升，市分行党委更加重视发挥以党建带动业务发展的核心作用，在“创先争优”活动中荣获区分行先进基层党组织称号。各基层党组织为业务发展，统一员工思想方面发挥出坚实的战斗堡垒作用。

【存款业务】 存款业务实现逆境中的跨越，2010年，由于存款准备金的多次上调以及行际间资金转移利率的提高，存款营销上同业竞争更加激烈，本行始终把存款业务作为全行各项业务的重点和关键所在；做实四项主题营销活动，按照区分行统一安排，在每个季度的活动中都尽早谋化，制定强有力的推动措施，出台科学的激励机制和奖惩办法，把每个阶段的活动都当作一次艰苦的攻坚战，完成区分行下达的指标任务，保证存款业务的持续增长；抓住两个重点，根据2010年的经济形势和当地市场情况，本行把财政存款和土地部门的存款作为重点营销对象，成功把固原市国土资源局所有账户营销到本行，全年归集的土地出让金就达40000多万元。同时，通过土地部门的搭桥牵线，成功营销土地竞买摘牌企业和建设单位在本行开户近20户。另外通过财政理财等方式，成功地与固原市、隆德县、彭阳县财政局签订财政国库资金理财协议，实现国库资金增值和本行存款增加的双赢，全年共吸收财政性存款50000万元以上；突出两项营销策略，突出以客户新增带动存款平稳可持续发展的营销策略，着力提高基本结算账户和个人新账户的数量和质量，从根本上吸收和留住客户、留住存款，全年对公及个人类客户新增达1788户，为可持续发展奠定基础；同时突出高层营销、综合营销和团队营销的作用，形成以营业网点为基础、业务营销团队为主力、其他各部门为补充的存款业务全覆盖联动营销格局；发挥一大营销优势，落实和完善机关帮扶网点政策，把二者的利益挂钩考核，全年部室营销存款5560万元，占全行个人存款新增总量的24%。

【营销贷款】 2010年，贯彻执行国家宏观调控政策以及建行总分行、监管部门的信贷政策要求，创造机会大力营销重点项目、优质中小企业和个人类贷款，确保各项贷款在艰难中顽强前行，适度增长。以大项目营销为重点，早在2009年，就广泛收集信息，多方联系沟通，为2010年储备了丰富的项目资源，成功投放原一中迁建项目、宁夏师范学院新校区一期建设、宁夏上陵“山城文苑”高层次人才住宅开发、固原市中医院、六盘山热电厂等项目，为2010年对公贷款营销走出困境起到决定性作用；争大重小，全力营销，2010年，本行把大力开展小企业贷款营销作为贷款营销的一个重点，解放思想，打开思路，改变以往单纯由公司客户经理营销的办法，为所属各支行下达小企业贷款任务，成功营销固原市供排水公司、正祥供热公司、圆通环保技术有限公司、固原瑞丰工贸公司、荣味斋实业公司等一大批城市中小企业，全年共发放小企业贷款20480万元，占全部公司类贷款的13.32%，为贷款营销起到支撑作用；抢时间，争进度，大力发展个贷业务，抓紧个人类贷款受国家政策调控影响较小的有利因素，把个人类贷款发展列为2010年贷款业务发展的重点，把营销任务分解到部门、支行和个人。加班加点，加大营销力度，加快受理和发放进度，全年共发放个贷50211万元，新增20060万元，个贷业务为全行贷款业务发展和经营效益提高做出重要贡献。

【发展中间业务】 继续坚持“同业市场增速第一，总量排名第一”和“系统内最大限度超前”的总体目标，利用资产业务形成的规模优势和较好的客户基础，综合运用全行资源，全力推进事业部、网点之间的纵向联动营销和各条线、各部门之间的横向联动营销，实现“产品捆绑、客户共享、渠道互补”，达到综合营销、交叉销售的目的；坚持抓重点，以新思路、新方法开拓新渠道。坚持抓财务顾问业务收入为重点，财务顾问业务收入2064万元，占中间业务总收入的78.9%，同比增速达到63%，为推动全年中间业务快速发展起到决定性作用；同时申报开展公积金贷款业务，加大公积金贷款的营销力度，全年共营销公积金贷款5876万元，创造中间业务收入2.2万元；按照“巩固一大优势，突破五个瓶颈”的要求，加强中间业务收入能力，继续强化收单业务，巩固并扩大中间业务收入第一来源，加大电子银行、银行卡、自助渠道、个人结算业务、代理业务的营销力度，实现中间业务多元化增长。2010年，实现中间业务收入2615万元，超额完成区分行下达的目标任务。

【清理不良贷款】 贯彻落实国家和上级行信贷和产业结构调整政策，落实总行“贷后管理年”和区分行“管理年”活动安排，对固原市国有资产公司和彭阳县国有资产公司贷款进行全面认真细致的清理排查，对所对应的建设项目重新进行风险评估，确认项目合法合规。同时，对不符合国家信贷政策、信誉度差的公司类贷款退出6笔，金额6647万元，完成退出计划的253%；进入36笔53000万元，通过合理进退，使本行的信贷结构更加科学；紧盯固原市建筑公司不良贷款170万元，加快处置进程，上半年成功化解。下半年，面对万国商贸3300万元不良贷款，行领导和职工，与区分行、万国及其他企业联系使用各种渠道和办法协商催收，年底收回全部贷款本息；成立个贷不良贷款清收小组，通过依法收贷、行内收贷、行外收贷等行之有效的措施，采取“一户一策”或“一户多策”的收贷方法，对个贷不良时限由半年调整到三个月的情况下，遏制住不良反弹势头，个贷不良额成功压缩到180万以内。

【内部管理】 以区分行“管理年”活动为契机，以“三零一无”的管理目标为努力方向，坚持发展与管理同要求，提升会计核算质量，由2009年的0.6%差错率下降到0.53%；加强对全行员工的教育和培训，树立“合规经营、安全第一”的经营思想；加强员工行为排查，落实积分管理。全年共发现违规现象91人次，积分146分，其中本行主动积分4人次16分。对内外审计、外部监管机构检查出的问题共落实整改20多条，整改率达到99%。

【党建工作】 坚持党建和业务发展同安排、同部署、同检查、同考核，同步走、共进步。以党委中心组学习为龙头，加强各支部集中学习和党员自学习的频率和质量，提高全体党员的政治素质和修养；召开三期支部书记培训班，提高各级党组织的工作积极性和主动性，发挥出党组织的协调带动作用；围绕“争先创优”活动，加强对党员的教育和新党员的发展，提高党员的模范带头意识和开拓创新能力。

【文明共建活动】 继续倡导“成就事业、享受快乐”的工作方法，全年共组织安排员工和老干部带薪旅游3次，参加人员共计83人；坚持员工婚、丧、病、嫁、娶的“五必访”；关心员工身体健康，开展乒乓球比赛、登山等各种文体活动。关心老干部，安排老干部体检，组织与老干部的座谈；改善员工办公和服务环境等。

【支持地方经济建设】 2010年，累计投放贷款111786万元。其中投放公司类贷款61575万元，重点支持固原一中的迁建、宁夏师范学院“山城文苑”开发项目、固原市中医院、六盘山热电厂、固原市供排水公司、正祥供热公司、圆通环保技术有限公司、固原瑞丰工贸公司、荣味斋实业公司等一大批城市基础和公共设施的建设；累计投入个人类贷款50211万元，投放量居全区系统第一位，帮助广大城镇居民改善了居住条件，促进区域经济快速平稳发展；投入扶贫资金近30万元，并委派两名专职扶贫人员，配备车辆；按照"贫困学生成长"计划，投入助学专项资金18万元，在固原一中、二中高中部各设一个60人的建行班，解决部分贫困高中生学习生活的实际困难；投入资金24万元，帮助宁夏师范学院部分80名少数民族贫困生顺利完成学业；2010年共投入资金3.3万元，参加春季和秋季两次义务植树造林活动，改善固原生态环境。

中国农业银行固原分行

【信贷投放】 2010年，在信贷总量偏紧的情况下，加大信贷投放力度，发挥金融支持地方经济建设的作用。前三季度共投放贷款28540万元，同比多投放10742万元。新增贷款投放中，投向"三农"的信贷资金为10958万元，占38.4%，与去年同期比多投放4358万元；投向中小企业及个体工商户的信贷资金2769万元，占9.7%，与去年同期比多投放1773万元；投向住房及消费类的信贷资金4664万元，占16.3%，与去年同期比多投放1960万元；投向房地产开发企业的贷款10900万元，占38.1%，与去年同期相比多投放7900万元。坚持风险为本，稳健经营理念，年内五级分类不良贷款余额7.4万元，比年初下降1万元，不良贷款占比0.02%，较年初下降0.01个百分点，不良贷款余额和占比继续保持"双下降"态势。

【重点项目建设】 学习市委二届八次全体（扩大）会议精神和《中共固原市委2010年工作要点》，结合本行实际，确定重点支持的项目和企业。继续支持宋家巷民族特色商业居住区二期工程项目建设，年内对该项目开发商东海公司总授信额度达到9800万元，发放贷款6200万元，发放个人按揭贷款4160万元；推动固原新区建设，向新区开发龙头企业派胜房地产开发有限公司授信13000万元，发放贷款4700万元；创造条件，为雪洋面粉、谷丰商贸等涉农企业发放贷款2900万元，保证农副产品收购资金需求。

【服务"三农"】 把服务"三农"工作放在全行各项工作的突出位置。在信贷总量偏紧的情况下，确保支农信贷资金的投放。全年累计发放三农贷款10958万元，占信贷投放总量的38.4%，与去年同期比多投放4358万元，占比增加了1.3个百分点。累计发行惠农卡15934张，比年初增加3086张，通过惠农卡向6547户农户给予了小额贷款支持，授信总额达到1.5亿元，贷款余额9748万元；注重自助设备及电子银行渠道建设，扩大"三农"服务范围，为解决本行乡镇网点少，"三农"服务"短腿"的问题，在原州区张易镇设立自助银行，在张易、寨科、河川三个乡镇设立金融流动服务点，通过向乡村布放转账电话、开通电话银行、网上银行等形式，实现金融服务的有效延伸，缓解边远乡村金融服务不足的问题；在有效防范风险的前提下，加快惠农卡及农户小额贷款发放进度，实现惠农卡及农户小额贷款业务"精耕细作"，为确保惠农卡及农户小额贷款质量，成立专项工作小组对2008年以来发放的农户小额贷款进行检查，完善相关制度和操作流程，确保惠农卡及农户小额贷款的健康持续发展。

【内控机制】 一是完善案件防控机制，强化案件防控力度，制定各类突发事件处置预案，完善案件防控长效机制，开展各类案件风险排查专项活动。针对国内部分地区不法分子利用ATM机具频繁作案的现象，及时制定防范措施，安排人员进行轮流蹲守和巡查，严防同类案件在本辖区发生；建立严密的内部控制机制，推进全面风险管理。根据业务发展情况及时调整风险管控重点，有针对性地丰富内控管理内容和手段，充分利用CMS系统、预警信息系统和反洗钱系统等现代科技手段，采取常规监管和突击检查，全面检查和重点抽查相结合的方式，确保检查不留死角；安全保卫工作，在对全行所有营业网点的安防设施、消防设备、枪支管理及安防预案的演练等内容进行全面检查的基础上，查找漏洞，完善薄弱环节，对所有ATM机加装密码防护罩和防护厅，全行无重大事故和案件发生。

中国农业发展银行固原市分行

【概述】 2010年，各项贷款余额为35458万元，各项存款余额17599万元，中间业务收入38.38万元，实现账面利润1038万元；各项经营考核指标完成情况：1. 不良贷款余额0万元；2. 不良贷款比例0%；3. 资产利润率2.82%，同比上升0.11个百分点；4. 收入成本率17.82%，同比下降6.06个百分点；5.人均利润41.52万元，同比增加9万元；6.人均存款1171万元，同比增加155万元；7.人均中间业务收入1.6万元，同比增加1万元。

【目标任务】 2010年，分析固原市分行存在的困难和面临的机遇，制定出全年工作的工作思路和目标任务，坚持以执行政策为核心，以提高效益为目标，以防范风险为重点，以有效营销为发展的工作思路和目标，主动与固原市委、政府和五县（区）委、政府及有关部门联系，调查研究，围绕自治区和固原市委、政府今年确定全市经济社会发展15件大事提出的盐化工循环经济道路建设项目、重大农田水利项目、生态建设项目、农业开发和农村基础设施建设项目，以及县域城镇建设项目进行主动营销，力求业务发展；动员全行干部职工要树立发展意识，以发展促经营，以发展促效益，提升本行在支持固原市经济发展中的地位，发挥农业政策性银行的支农作用。

【粮食企业贷款】 做好粮油收购资金的供应与管理工作，着重围绕国家粮食储备相关政策，在信贷资金需求上做到早计划、早安排、足额供应，确保储备粮增储和轮换计划按期完成。2010年向固原国家粮食储备库、北海粮库发放收购、轮换贷款4868万元；做好退耕还林（草）补助资金到账监督拨付和管理工作，确保国家退耕还林（草）政策顺利执行。

【支持地方经济建设】 结合固原市经济发展现状，以及农业政策性金融如何又好又快的支持地方特色农业产业发展和新农村建设。向当地市、县（区）政府汇报，主动与政府有关部门联系，掌握固原市、县（区）农、林、牧、副、渔农业产业化龙头企业、加工企业、农业小企业、农村流通体系建设、农村基础设施建设和农业综合开发的基本现状，并对符合本行贷款条件的客户纳入项目库进行管理和培养，由专职客户经理深入企业调查，确定把当地政府倡导的马铃薯、农田水利等农村基础设施建设及各类农业小企业作为信贷支持的重点。年内，本行累计营销对接非经营性项目并受理调查上报区分行项目8个，涉及贷款金额37420万元，其中：向彭阳县国有资产经营有限公司发放县域城镇建设中长期贷款3000万元，用于彭阳县第二中学扩建项目。宁夏固原岩盐开发有限责任公司，申请固定资产贷款1.6亿元，为S101线至中黑公路连接线工程项目；重点支持自治区党委及固原市委、政府高度关注的宁南山区农业和农村基础设施重点建设项目；支持固原市原州区宋家巷民居改造及基础设施建设和固原市原州区清和镇长城梁农业生态环境建设；支持固原市东山坡引水二期工程建设；支持原州区东红村路网建设、贺家湾水库涵养林建设和原州区张易镇农村道路建设；支持西吉县大中型水库移民区后期扶持设施农业建设；支持隆德县新农村生态林业建设；支持彭阳县第二中学迁建；解决部分县域城镇建设和农村交通基础设施建设项目资金不足的问题。

【存贷款业务考核】 年内，根据区分行下达存款、代理保险考核指标，召开全行干部职工大会、行务会，动员全行干部职工树立完成任务的勇气和信心,按照市分行制定的《关于下达完成2010年度存款和代理保险业务手续费考核任务及具体措施的通知》,确保各项考核指标的全面完成。为了完成组织存款任务采取措施,对组织存款和同业存款任务进行分解,形成行长亲自抓、主管行长重点抓、客户部具体抓的组织存款工作机制;由主管行长、客户部经理深入到各县(区)银行、农村信用联社加强沟通、协调,动员他们把闲置不用资金存入我行;加强财政性存款及开户企业存款的组织。深入到各县(区)政府、财政、农口部门,动员财政性支农资金和补贴归口管理,利用信贷资源优势,增加财政性存款。监督企业及时回笼货款,增加企业存款。严格执行总、分行对贷款资金和货款回笼的各项规定,严防企业资金体外循环。与各企业签订《资金使用与货款回笼协议书》,防止粮食企业和其他贷款企业存款体外循环或转存到其他银行;抓好贷款发放、库存监督、货款回笼三个关键环节管理。发放贷款时,督促贷款企业按比例及时缴足风险保证金并存入专户。拨付收购资金时,按收购进度、农副产品采购进度提供相应资金。监督货款及时回笼归行,确保监管企业的资金不外流。全员营销,加大中间业务收入,确保完成代理保险手续费收入任务日标。制定工作计划,落实工作任务。各客户经理对监管企业的车辆、财产保险、人身保险要作为正常业务办理,出现漏保行为的扣罚有关责任人、当事人所造成保险代理手续费流失额等额工资,并列入月(季)考核;以发放非经营性贷款为平台,同政府有关部门联系开办有关咨询服务费等中间业务收入。

【信贷管理】开展企业贷款资格认定、信用等级评定和统一授信工作。2010年度客户评级授信要求按照总行《评级办法》和《授信办法》实施,并启用CM2006系统评级、授信模块,对与我行已建立或可能建立信贷关系的客户,全部纳入CM2006系统进行评级授信管理;明确贷款责任,监督制约。从贷款的营销、调查、上报、批复发放、资金审核使用、销货款归行等环节,由客户经理、客户部经理、主管行长、行长各负其责,审核把关,层层负责;落实贷后监管制度。组织定期贷后检查,客户经理每周至少2次,客户部经理每旬1次,主管行长每月1次,行长每季1次,切实加强监管,做到职责明确、责任落实、监管到位,严防出现贷款流失;开展清仓核库工作,加大了库存监管力度。达到银企账实相符,确保贷款安全;加强到期贷款监测管理,严防出现新增不良贷款。按月编制贷款利率监测台账,对到期贷款进行监测分析,按期收回到期贷款,有效地防止出现新增不良贷款,确保信贷资产质量的提高。年内全额收回各类到期贷款6378万元,无一笔不良贷款。

【财会管理】加强财务管理,提高财会核算水平,做好财务分析,为领导提供真实可靠的决策信息,按季对财务收支执行情况进行分析,重点对各项资产、负债和所有者权益变化情况引起的财务收支变化进行分析,为领导决策提供及时、准确、有效的财务资料;加强各项贷款利息收入管理,实现应收尽收;合理安排财务费用支出。重大财务事项和大额费用开支坚持集体审批和“一支笔”审批制度,大额采购实行“双人”负责。使每笔费用开支做到合理、合规、合法;完善会计结算功能,提高服务质量。高度重视,确保灾备演练工作顺利进行。加强对综合业务会计应用系统监测和管理。

【财会监督检查】强化柜面会计监督,坚持监督与核算并重,寓监督于日常会计核算之中;加大会计事后监督检查力度,发挥财会信息部经理和内勤坐班主任作用;发挥远程监控系统的作用,排除风险隐患;通过各类专项工作检查、自查和区分行会计辅导检查,促进会计工作水平提高;继续做好反洗钱工作。

【内部控制管理】加强内部控制管理,加强对重要岗位、重要环节的内控管理,严禁混岗、代岗或一人多岗;加强重要空白凭证和IC卡管理和使用;坚持

定期检查制度

【创收节支】 2010年，财会部门按季对财务收支执行情况进行分析，重点对各项资产、负债和所有者权益变化情况引起的财务收支变化进行分析，增收节支。从强化财务管理入手，加强内部协调，在努力创收方面做文章，会计部门按户测算各企业应收利息，逐笔核算、逐日核算，落实收息任务，确保利息收入按期定额到位；在资金成本核算上，精打细算，严格管理，年终超额完成区分行下达利润计划，全年利润突破1000万元大关，创建行以来历史记录。

【电子信息化建设】 根据总行和人民银行的安排，按照区分行的邮件要求，完成支票影像系统、人民银行电子商业汇票系统证书的下载及安装工作；强化系统维护，为各应用系统提供技术支持；继续做好计算机病毒防范工作，系统管理员每季对全行的计算机进行一次全面的防病毒检查，提高防范计算机病毒侵袭的能力；加强会计远程监控系统的日常管理和维护，系统管理员和安全保卫人员每月对监控系统进行检查，发现问题并消除隐患，以保证系统的正常运行；加强机房基础设施建设，完善信息安全运行基础。

【规范政府融资平台贷款】 2010年，按照国发〔2010〕19号、财预〔2010〕412号和银监会〔2010〕309号文件要求，开展地方政府融资平台贷款清理规范工作。根据区分行《非经营性项目贷款主要核查(整改)意见》，明确项目要件、资本金、支付使用、抵(质)押、竣工决算、档案资料收集整理等核查内容、方法及规范整改要求。按照规定，纳入地方政府融资平台贷款清查客户6家，贷款项目9个，贷款合同金额23999万元（8月末对账余额20573万元），清查覆盖率100%。一是于6月—9月份完成了平台贷款的分解数据、四方对账、分析定性和汇总报表工作，明确上述地方融资平台贷款风险分类为"无覆盖"，仍按平台贷款处理同地方党政及有关部门、各融资平台和相关债权行进行沟通、协调，保质保量地完成地方政府融资平台贷款"统一会谈"工作，分别签订《协议》；按照协议约定，促请地方政府部门缓释贷款风险，落实第二还款来源，以融资平台承担项目建设形成的应收账款为上述存量信用贷款设定质押担保。

【党风廉政建设】 制定《关于对2010年党风廉政建设和反腐败工作任务分解的通知》，行长与主管行长、主管行长与部(室)负责人、部(室)负责人与部(室)员工层层签订了《固原市分行党风廉政建设责任书》，做到党风廉政建设和反腐败工作行动快、起效早；落实"廉政监察工作自查"，领导班子带头贯彻学习、落实《国有企业领导人员廉洁从业若干规定》，开展自查自纠活动；制定《中国农业发展银行固原市分行廉洁办贷"十不准"》，行长还与12名信贷人员分别签订《廉洁办贷"十不准"责任书》；开展"四无"创建活动。与15家粮食企业、加工企业分别签订《银企共创廉洁环境协议书》，共同营造廉洁环境的平台；履行"一岗双责"，把党风廉政建设与业务工作实行"五同"，履行好相应的责任，防止"一手软、一手硬"的问题，做到"十个严禁"，确保"四无"目标的实现，促进各项业务持续、有效、健康发展。

【组织建设】 加强领导班子组织建设。根据党建工作规则和程序，新组建的市分行领导班子及时调整了党委成员分工，明确党委成员工作职责，确保对党建工作的组织领导。组织工作有序开展。2010年，上报区分行入党积极分子3名，研究并上报预备党员3名。联系固原市情，联系固原市农发行跨越式发展的目标要求，联系干部职工的所思、所惑、所盼，着眼于固原市农发行发展稳定中的重点、难点问题，加强领导班子建设：使领导班子形成自己分析问题、解决问题的实际能力和推动固原市农发行跨越式发展的实际行动；使班子领导全行形成上下一心、团结协作、生机勃勃的劲头。

【争先创优】 年内，与创建“四好”领导班子相结合，建立健全党、工、团组织体系；与巩固学习实践活动成果相结合，不断加强职工政治理论学习，强化整改提高，构建长效机制，努力建设学习型基层党组织；创新活动形式，丰富活动内容，以活动为契机，努力实现党建与中心任务有机融合，组织召开纪念建党89周年大会；开展扶危济困、赈灾捐款等党员献爱心活动；组织开展爱国主义和国防教育系列活动、开展节日慰问员工等活动；因行制宜，有的放矢，细化争创活动具体目标和措施，增强活动的针对性和实效性。2010年，领导小组专题研究活动开展情况9次、制订实施方案2个、上报活动情况8期、党委召开两次讲评会、党员提出合理化建议10条、党组织及党员为群众和社会做好事、实事3件。

【文化载体建设】 开展“银行业内控和案防制度执行年”活动，学习规定篇目，提交心得体会文章，力求学习取得实效；加强职工社会公德、职业道德和普法宣传教育，和谐建设成效显著。年内，组织开展“青年文化月”活动，在活动中，发动全体青年职工，积极投身本职工作，争做岗位能手，充分发挥了青年党员的引领和带动作用；与固原银监分局联系，开展“普及国防教育，增强国防观念”为主题的军事教育日活动，关心和增强青年的爱国思想。全年组织员工集体学习60余次，中心组理论学习12次，收看业务知识技能培训片7次，深入企业调研20余次，开阔员工视野，提高全员整体素质；改进和加强思想政治工作，开展精神文明活动；注意关心职工，爱护职工。

【安全保卫】 调整安全保卫工作领导小组，把安全防范的工作目标分解落实到各部门、各个岗位，层层签订责任书，一级抓一级，一级对一级负责，形成一个上下沟通、左右联动、群专结合的安全防范网络；落实安全保卫工作责任制。与社区签订《社会治安综合治理责任书》和《安全生产责任书》，与周边单位签订《安全保卫工作联防协议书》，与职工签订《安全保卫工作目标管理责任书》22人次；加大值班力度，实行行政值班制度。由行领导带班值班员24小时值班的行政值班制度，使安全保卫工作责任落实到人，保障办公区安全。四是及时成立各种应急工作小组。2010，开展安防知识考试2次，开展防暴、灭火、防震疏散演练各1次。

【帮扶工作】 按照固原市扶贫工作的要求，6次去泾源县兴盛乡下黄村了解该村生产和村民生活情况，力所能及地改善村民的生产条件和生活条件；于“7.1”建党节之际，党委成员慰问全村军烈属、全体党员，同党员谈心，交流思想，赠送慰问品；开展向灾区捐款“爱心包裹”活动。

固原市农村信用合作联社

【服务创新】 2010年以来，市联社找准重点，主动出击，从服务和营销两个方面加强资金组织的力度。在全辖区树立存款营销理念，直面激烈的市场竞争，发挥全体员工的主观能动性，创新服务载体，拓宽服务领域，提升服务质量；发挥网点优势、机制优势、政策优势、客户优势，努力拓宽组织资金渠道，在继续巩固农户、个体工商户、民营企业存款的同时，分级落实吸存任务，实施绩效考核，对公存款组织工作；强化绩效考核的激励机制和考核力度。

【信贷管理】 探索有效的信贷投放方式，提升市场竞争力和支农实力。在农村市场，严控大额，放活小额，拓展《绿色信用贷款证》业务，保持支农力度不减；在城区市场，对无不良记录、有固定住所、收入的客户，在调查核实的基础上给予信贷支持；同时，尝试开展出租车抵押贷款与行业协会贷款。年内，投放抵质押贷款18764万元，中小企业贷款21346万元，其中淀粉加工企业6800万元，设施农业贷款

13420万元，优化信贷结构，降低信贷风险；严格新增不良贷款红线考核，制定《固原市农村信用合作联社新增不良贷款管理办法》，并对部分信用社及客户经理不良贷款“触电”行为进行严肃处理，盘活和优化信贷资产；全额收缴不良贷款风险保证金和落实贷款损失赔偿制度；加大存量不良贷款的处置盘活力度，采取诉讼、拍卖、核销等多种方法清收盘活存量不良贷款，加强对冒名等贷款的风险提示，提高干部职工对冒名等“三违”贷款危害性的认识，增强规范操作意识；建立逃废债务个人“黑名单”信息库，并按季在全辖公布，为基层信用社和客户经理提供信息和线索，全面防范新的资产风险；加大对党政机关、公职人员拖欠农信社贷款的清收力度。年内，共计收回478户1354万元，收回率为47.8%。

【服务“三农”】 市联社在巩固现有存款总量和市场份额的基础上，从多方面入手，挖掘潜力，壮大支农资金实力，为增加信贷投放提供有力的资金保障，向当地人民银行申请支农再贷款数亿元；调整信贷结构，以保障信用客户，不断筛选、优化老客户、审慎发展新客户为原则，重点营销中小企业、农副产品加工企业、消费等信贷产品和市场；加大春耕备耕信贷支持力度，2010年春耕期间，累计发放各项贷款18679万元，重点支持草畜、马铃薯、蔬菜、优势特色种植四大产业；推行农户小额信用贷款和农户联保贷款，创新贷款担保方式，扩大有效担保品范围，依照相关法律，扩大农户和民营企业申请贷款可用于担保的财产范围，探索农业设施、营业房、出租车抵押以及行业协会贷款业务等，规范和完善涉农担保贷款业务操作流程，建立健全涉农贷款担保财产的评估、管理、处置机制；推进下岗失业人员小额担保贷款，鼓励和支持下岗失业人员二次创业，并严格审核贷款发放程序，累计发放小额担保贷款56473万元，帮助18675多户下岗失业人员进行再次创业。

【安全保卫】 市联社牢固树立“安全出效益”的经营观念，签订安全保卫工作责任书26份，消防责任书26份，与联防单位签订联防协议书26份，把安全保卫工作责任分解到每个网点，每个岗位，每个员工；在全辖营业网点实行安全员挂牌上岗制度和主任带班制度，确保在金库值班与库款交接环节上的安全无事故；制定安防设施达标规划，严格按照《银行营业场所风险等级和防护级别的规定》要求，在硬件设施上加大资金投入，改善防控硬件体系；加大安全保卫工作检查力度；举办安全保卫工作理论及实务讲座，为安全经营打下坚实的基础；对营业场所的服务应急、支付危机、重大自然灾害、网络安全等方面预案及处置情况进行详细排查与演练，树立为客户提供方便、快捷、优质、高效的服务。

【文化建设】 高度重视企业文化建设，站在企业发展的战略高度，全面深入地推进企业文化建设。改善营业环境等硬件服务设施与美化营业环境，打造企业品牌服务形象；举办职工业务技能竞赛活动、篮球邀请赛等丰富多彩的企业文化活动，弘扬企业文化精神，宣传企业品牌，提升农村信用社的知名度和社会影响力。

【赈灾扶贫】 为青海玉树地震灾区捐款40万元；为支教帮扶定点单位捐资数千元。

中国人民财产保险股份有限公司固原分公司

【概述】 2010年，围绕“促发展、增效益、防风险”的工作主基调，业务发展已突破5500万元，保险金额为64.96亿元。年平均业务发展速度为60%，业务增速和净增业务量均排全区第三位。全年共计立案5747件，已决赔案2001件，赔款支出2238.9万元，未决赔案782件，估计损失968万元，案件处理率97.7%。

【完善制度】 根据实际和辖区保险市场业务发展

需求，合理分解全年业务发展计划，确保公司全年主要经营指标的完成。把全年重点工作具体细化为27项，制定《2010年工作报告主要目标重点分解方案》，根据《方案》，细化分解目标任务，制订业务发展计划，做到任务落实到人；根据业务要求，调整业务发展速度和业务结构。

【销售能力建设】 以深入推动各类业务全面发展为依托，以渠道和销售队伍建设为平台，强化渠道管理，调整业务结构，以增量调存量，加快有效益发展，推进销售能力建设。结合每月的经营分析、盈利监控分析，密切跟踪业务盈利类别变化趋势。采取有力措施，发展A、B类业务，改善C、D类业务，限制E类业务；依据风险系数，加大对营业性客车、营业性货车、非营业车业务考核力度；做到促发展和增效益同步进行。

【数据管控】 严格按照《数据质量管理考核办法》要求，成立数据质量领导小组，落实承保、理赔、财务、单证系统操作要领，严防产生垃圾数据，有效提高综合管理质量。同时，在信息数据技术管理部门的大力支持下，处理系统问题数据。

【合规管理】 2010年，贯彻落实监管部门、行业协会和上级关于合规经营的一系列管理规定，组织干部职工学习《保险监管人员行为准则》《保险从业人员行为准则》以及《保险机构案件责任追究指导意见》等相关监管文件，提高合规管理意识；配备专人及设备，增设两个远程出单点；根据区分公司人力资源有关规定，公司投入大量的费用和精力，解决大专以上就业人员21名，缓解当地就业难的问题；按照专业化团队建设的要求，通过走访客户、窗口评价和定期抽查的方式，从制度上保证窗口的服务质量，得到客户的认可和肯定。

【职工培训】 组织员工参加区内外各类培训共计20余次，专题培训15次，培训干部职工57人次，培训覆盖面达到90%以上；有3名参加了海南高级管理人员培训班。有1名参加中纪委在北京纪检监察学院举办的学习班；分批次选送6名中层管理人员到宁夏军区参加封闭式学习型组织轮训班；选送1名多年来业绩突出的精英参加南昌精英培训班；选派2名员工参加陕西、宁夏、内蒙古一省两区在西安团队建设专题培训班；组织相关岗位人员到银川兴庆公司观摩学习；组织参训人员，搜集整理相关信息资料，有计划、分阶段进行转培训工作。

【企业文化建设】 在第100个国际劳动妇女节，举办庆祝“三八”妇女节联谊会，鼓励女职工以积极向上的精神风范，投身于公司建设中；在“五四”青年节，组织50多名干部职工参加了由固原市委宣传部联合市团委，举办的2010年文化艺术展演活动启动仪式暨纪念“五四”运动91周年青年健身舞大赛，参赛队员充分发挥团队精神，在健身操比赛中获得优秀奖；在庆祝中国共产党成立89周年之际，召开辖区党员干部会议，邀请党校教员授党课，组织学习《实施纲要》等文件。在庆祝建党89周年之际，组织全体干部职工，开展以“健体魄、聚人心、齐奋进”为主题的团队拓展活动。

【社会公益活动】 根据市委、政府扶贫工作的总体部署和要求，开展扶贫工作。单位共投入资金6万多元，帮扶西吉县王民乡二岔马村，按期完成中心小学办公环境改造工程；为实现绿化、美化、硬化目标，营造优美整洁、文明有序、和谐平安的城市环境。按照市政府对文化街的综合整治要求，单位共投入资金6.8万元，对办公大楼轮廓亮化，按期完成亮化工程；按照市综治办要求，共投入资金18万元，在室内和室外安装安全监控器，办公环境实行人防与技防双行的安全监管，提高安全防范意识；开展支教帮扶工作，解决偏远山区中小学师资力量短缺的问题，加快学校基础设施建设。连续五年支教帮扶工作受到自治区的奖励；配合有关部门完成阶段性工作任务，组织员工参加义务劳动，完成植树造林绿化面积3.3亩,完成除草任务6亩。

【政策性农业保险】 按照自治区政府关于加快农业保险工作的有关要求，专门成立农业保险部,指定专人负责,制订具体工作目标,明确岗位职责,实行量化考核。坚持“支农惠农、量力而行、风险可控、规范经营”的原则,确保农业保险工作健康发展。在养殖业和种植业保险方面,集中在奶牛园区和设施农业及重点乡镇开展保险试点工作。

中国人寿保险股份有限公司固原分公司

【概述】 2010年实现个险首年期交保费362万元,完成年计划的48.26%;个险十年期保费126.10万元,完成年计划的25.73%,短期险保费95.02万元,完成年计划的63.34%;实现短期险保费197.56万元，完成年计划的99.77%。其中：意外险保费91.22万元,完成年计划的130.31%;团体业务7.92万元;实现银保首年新单保费1603.44万元,完成年计划的168.78%。其中:银保期交420.68万元,完成年计划的168.27%;个险人力162人,其中实动人力130人;团险渠道3人;银保渠道15人;全年赔付支出604万元。其中:死亡给付34万元;伤残给付6万元;医疗给付31万元;满期给付259万元;年金给付25万元;赔款支出249万元;续期率完成92%。

【拓展个险渠道】 年内，按照不同阶段工作重点。组织开展2010年“福虎迎春”个险开门红业务竞赛,四五联动“虎啸塞上”增员竞赛,“激情盛夏”个险业务竞赛;开展一对一帮扶和1+1增员为契机,着力抓好新人入司培训、代资考试等后续工作;高度重视个险培训和人员管理,加强和规范晨会规范化管理，增强服务一线销售工作保障服务能力;对个险业务按月部署,着力抓好阶段性工作,开展跟踪服务;在加强市区内业务发展的同时,把保险服务向农村乡镇延伸,开展送产品说明会、送赔款下乡等方式,拓展和发展农村业务,使农村业务成为公司新单业务新的增长点;重视人力目标、加大考核力度。针对区分公司下发的关于开展四五联动“虎啸塞上”增员竞赛和下半年个险销售渠道增员活动方案，把增员工作作为个险管理的硬性指标，采取集中增员和日常增员相结合的方式,把日常增员纳入对各级主管考核综合测评一项重要任务,个险部组织专人长期办班;加强组训、讲师的队伍建设，促进技能提升，为业务发展提供培训支持,有34名考取代资证的新人溶入团队,有11人正在进一步加强考前培训复习。

【团险业务】 围绕全年不同阶段的工作重点,针对各个阶段工作的实际情况,开拓新市场,用服务和士气与同行业竞争,占领市场份额;响应“加大意外险发展力度,坚持向意外险要效益”的方针,加大与农行和信用联社各个网点的沟通与拜访,维护和加强与各个代理机构的业务合作关系,为短期借贷险市场发展营造良好的发展平台,全年共实现短期借贷险保费收入达50.3万元;以团体绿洲险、团体医疗险、团体重大疾病险、意外医疗附加险为抓手,进行产品组合,设计以团体健康险为核心的员工福利保障计划,按照当地客户资源情况,细分市场制定拓展计划。为“首届宁夏六盘山登山节全民健身活动”的登山运动员承保保额达3.5398亿元的风险保障;为供电局参加全区运动会的运动员提供风险保障;为教育系统在暑假参加铁道部组织的夏令营活动的营员提供风险保障;为红宝集团在固原所有分支机构的员工提供意外险保障;制定周密的计划与措施,动员部门配合,坚持实行包片或包校到人的责任制展业模式,对每个学区、每个学校采取团险部协调公关,业务员协助公关,主动认购学区、学校的展业收费方式,做好与当地行政执法部门的协调和沟通，秋季学平险保费收入达到114万元,同比净增保费20万元；重视日常卡折式保单销售工作,使卡折式保单销售全年常态化,累计实现保费收入6.82万元；响应分公司的方针政策，团险部在接到宁人口发[2010]41号文件后，召开专题会议，部署安排此项工作，计生局抽出2人下基层乡镇，对独生子女“少生快富”逐户进行资格认定，共统计“少生快富”（含独生子女）4286户，计划生育手术3109例。在乡、县两级计生部门复核后，造表并加盖公章上报区分公司团险部，按期完成计生险申报工作。

【银保期交业务】 调整业务结构，转变发展方式，把发展银保期交业务作为全年工作的重点来抓，推出《固原分公司“抢鸿盈 争三效”竞赛方案》，采取三项措施加强队伍培训和客户经理队伍建设，着力加强与各银行中高层的沟通，对同业竞争激烈的渠道网点，派驻精兵强将，实行驻点销售，推行“三个一”产说会销售模式和经营网点策略。即：一个柜员找一个高端客户；一个柜员陪同一个客户参加产品说明会；一个客户经理紧盯一个网点主任，严格执行“5.11”工作模式，开展511寻宝大赛活动，为银保业务发展构筑良好的发展平台。

【客户服务】 根据区分公司深化经营管理体系改革人员编制要求，对固原分公司客户服务中心的所有人员工作岗位进行梳理，细化各岗位说明书，客户服务中心经理并与13位柜员分别签订业绩目标合同；按照深化经营体系改革方案要求，西吉、隆德、泾源、彭阳支公司虽然不在隶属固原分公司管理，仍然还要承担四县大量业务管理及客户服务工作。处理长期险新单业务近2700件，问题件200多份；短险学平险卡折近6500件，汇交件人数近4万人，激活卡2500件以上；做好历史业务档案影像化工作。全年度开展固原分公司及四县历史档案影像化的清分、整理、共完成集团保全、理赔业务长险档案、集团老业务保全、理赔长险档案，完成整个历史业务档案影像化上送等工作；加强对投保资料规范填写的审核力度。按照区分公司举办的“手握手”培训和《关于规范个险投保单填写的通知》以及《关于规范中介代理投保单填写的通知》要求，制作相关PPT课件，开展“送培训下职场”活动，对销售人员展开再培训活动；以新契约规范化工作为重点，采用非现场指导的方式经常性的对公司及四县各公司上送的投保资料指导和监督，对不符合要求的一律做退单处理，使个险长期类业务投保资料的规范性管理明显提升；学习贯彻落实区分《2010年度保全权限管理工作实施办法的通知》要求，严格执行权限范围。同时加强附加险转投保工作，提高留存业务的精细化管理程度；加大理赔检查力度，着力提高理赔时效；开展反洗钱工作。按照法律制度和文件规定做好数据分析、采集、核查和信息报送工作，确保反洗钱各项措施落到实处。

【内控管理】 学习和贯彻执行区分公司下发的《关于印发〈中国人寿宁夏分公司2010年内控评估工作方案〉的通知》《关于印发〈宁夏分公司2010年内控合规工作要点〉的通知》《关于印发〈中国人寿宁夏分公司2010年内控标准执行工作实施方案〉的通知》和《关于全员开展〈内控标准执行承诺书〉签署工作的紧急通知》等四个文件精神，严格按照《保险公司内部控制基本准则》的规定要求贯彻落实好内部控制自我评估的各项工作。

【营销员管理】 严格按照保监局要求对营销员进行诚信教育培训工作，特别是在销售人员中进行的“诚信我为先”已经连续开展三年；学习贯彻落实区分公司《关于对销售人员进行职业道德和诚信教育的通知》精神，根据保监会《保险营销员管理规定》中，“保险营销员每年接受保险法律知识、职业道德和诚信教育的时间累计不得少于12小时”的相关规定要求，对销售人员进行专题学习和培训；根据区分公司销售督察部要求，加强对营销员的风险预警，销售误导的防范培训，按照专题课件要求对班子成员进行专门的培训，并对所有培训人员进行签到，同时对培训情况以简报形式上报上级公司；严格执行营销员违规行为处理规定，对公司回访出的违规案件及时进行处理，并按规定给予经济处罚，同时将处理情况上报上级公司；严格按照内部控制要求管理营销员，组织销售人员参加诚信教育和内控合规考试；加强对客户经理进行日常诚信道德教育、依法合规经营教育以及考勤纪律方面的综合管理，提升客户经理自身素质和业务拓展能力。

【党风廉政建设】 根据区分公司《关于印发〈关于加强和改进党委中心组学习的实施意见〉的通知》（国寿人险宁党发〔2010〕10 号）、《关于认真抓好2010 年基层公司党委支部党风廉政建设理论学习的通知》（国寿人险宁纪发〔2010〕6 号）文件精神，对支部党员领导干部理论学习和党风廉政建设理论学习；细化 2010 年党风廉政建设责任分工方案，按照区分公司党委《关于印发中国人寿宁夏分公司2010 年“制度学习 案例警示”主题教育活动实施方案的通知》要求，系统组织学习中国保监会关于案件责任追究指导意见、中国人寿总公司新制定的《员工违规违纪行为处理规定》《案件责任追究实施细则》《印章管理责任追究实施细则》和《单证管理责任追究实施细则》等四个制度以及案例选编的八个“警示案例”。组织公司劳动合同管理员工 29 人参加制度学习知识测试，并签订承诺书。

【创先争优】 根据区分公司《关于印发〈宁夏分公司党委关于深入开展创先争优活动实施方案〉的通知》（国寿人险宁党发〔2010〕30 号）精神，以沈浩同志为榜样，坚持从大局出发，努力推动科学发展、促进社会和谐、服务人民群众。以改革创新精神推进公司党建工作，巩固和拓展深入学习实践科学发展观活动成果，增强党组织的创造力、凝聚力、战斗力。开展争创以“政治引领力强、推动发展能力强、改革创新力强、凝聚保障力强”为主要内容的“四强”党组织，争作以“政治素质优、岗位技能优、工作业绩优、群众评价优”为主要内容的“四优”共产党员活动。

【扶危济困】 年内，为隆德县温堡乡吴沟村扶贫点争取中国人寿宁夏分公司扶贫资金，改善民生。特别在玉树发生强烈地震的危难时刻，公司总经理室成员及时组织，每人带头捐款 300 元，公司共有 34名员工 49 名营销人员累计上缴捐款 5780 元，

【安全生产】 加强要害部位安全防范工作，加强节假日安全生产监督检查，做到安全第一，实现全年安全生产无事故。

科学技术

固原市科学技术协会

【改善科普基础设施】 紧抓中国科协加强科普基础设施建设的有利机遇，争取自治区科协对固原的支持，把中国科协分配给宁夏的两辆Ⅲ型科普大篷车，分别落户原州区和西吉县；申请中国科协为本市5县(区)农村建立100个“三农”科技网络书屋，由中国科协联合同方知网对“网络科技书屋”管理人员进行培训，开通“三农”科技网络，为农村、农业、农民提供了有针对性科技信息服务的网络平台，解决农村农业农民信息资源匮乏的问题；成立市少数民族科普工作队，以此申请中国科协从资金上给予扶持，增强科普工作力量；争取中国科协为本市赠送价值3万多元的科普图书，丰富科普资料。

【全民科学素质行动计划】 履行《全民科学素质行动计划纲要》领导小组办公室职责，加强部门间的协调联合，搭建社会化科普服务平台。贯彻落实国务院《关于对全民科学素质行动计划纲要落实情况进行督促检查的通知》(国办函〔2010〕41号)和《自治区人民政府办公厅关于对全民科学素质行动计划纲要落实情况进行督促检查的通知》(宁政办明电发(2010)60号)精神，市科协牵头组织全民科学素质领导小组17个成员单位，对自2007年贯彻落实《全民科学素质计划行动纲要》以来，开展工作情况进行全面自查，针对四类(未成年人、农民、城镇劳动人口、领导干部和公务员)重点人群开展的全民科学素质提升活动的有关资料进行归档整理。印发《固原市2010年全民科学素质实施工作要点》，以市直机关为重点，开展“科普知识进机关”有奖竞赛答题活动，评出一等奖2名，二等奖6名，三等奖11名，分别进行奖励。

【科普宣传】 以“弘扬科学精神、普及科学知识”为宗旨，继续坚持办好“一报一刊”，即：《固原科普报》和《固原科普》期刊；围绕特色优势产业、设施农业及大众健康等，编辑印发《固原科普》报36期18万份、《固原科普》期刊2期1万册；充分发挥科普大篷车流动科技馆功能，坚持开展科普“进农村、进社区、进学校”“三进”活动20场(次)；依托农村基层党风廉政建设教育服务信息平台，坚持每月定期提供科普信息；注重对外宣传科协工作。加强信息报送和对外宣传报道力度，制定《市科协宣传报道理论调研奖励办法》；组织有关人员，深入科协系统培育的、受到中国科协和财政部表彰奖励的农技协、基地等，采集典型科普示范资料，制作名为《前进中的固原科协》科普光盘；同时，印制宣传折页，扩大科普工作宣传面。

【学习交流】 2010年7月5日，石嘴山市科协副主席陈夏平同志带领科协机关学会部、组宣部、普及部和平罗县科协及石嘴山市老科技工作者协会负责同志一行9人来固原市，与固原市科协共同交流科普工作。对市马铃薯产业和设施农业的针对性，申请自治区科协支持3万元经费，9月2日至

7日,市科协组织市农业技术推广站、农科所、职业技术学院和五县(区)科技人员13人,赴甘肃定西及陕西杨凌考察马铃薯产业及设施农业,形成《关于对定西马铃薯产业及杨凌设施农业的考察报告》上报市委。

【科普活动】 结合本市经济发展战略由以农业为主导向以工业为主导、多产业发展并举转变的实际,准确把握科技工作者的科普意愿和社会公众的科普要求,面向基层有针对性地开展一系列主题明确的科普宣传活动。围绕"携手建设创新型国家"主题,举办"科技活动周"活动;围绕"低碳减排 绿色生活"主题,开展"6.5世界环境日"科普宣传和以"节能攻坚、全民行动"的节能减排宣传周活动;开展以"坚持科学发展,走进低碳生活"为主题的"科普日"活动。共计展出科普宣传展品72件次,科普宣传展板120多块,发放各类宣传资料、挂图等12.9万多份。

【科普惠农】 落实中国科协、财政部《关于组织开展2010年全国"科普惠农兴村计划"项目申报推荐工作的通知》精神,全市开展评选推荐申报工作。年内,本市原州区中河乡马铃薯种薯繁育基地、西吉县蔬菜协会、泾源县兴盛乡下金村养牛协会、彭阳县朝那鸡养殖协会获2010年"科普惠农兴村计划"先进集体;隆德县蔬菜协会理事黄小正、泾源县新民乡经纪人协会禹爱莲获农村科普带头人,共计获得奖补资金90万元。

【农村专业技术协会】 培育"依靠科技带头致富、引导群众共同致富"的示范样板,培养造就"有文化、懂科技、会经营"的新型农民。2010年,市科协在一届五次全委会上对原州区三营镇孙家河村蔬菜产业化协会等10个"农村科普示范基地"和西吉县新营乡新营村张鼎等10名"农村科普带头人"进行了表彰。同时,向自治区科协积极推荐一批优秀农技协、科普示范基地和科普带头人。

【项目申报】 年内,向中国科协申报"科普惠农服务能力提升"项目,经中国科协评审通过,资助固原市科普资金5万元,用于实施"科普惠农服务能力提升"工程。

【特色优势产业科普服务】 围绕市委、政府着力建设的"155"工程,为培育特色优势产业开展科普服务。组织科技工作者深入重点乡村,开展实用技术培训,现场指导,现场服务,提高农民科技素质,增加农民收入。年内,市科协结合彭阳县交岔乡大坪村大力发展草畜产业的区域优势,把组织引导、支持、帮助农民大力发展种草养畜产业,作为带动农民致富增收的重要举措,特邀市农牧局高级畜牧师张国坪同志到大坪村,对如何科学养牛、牛常见疾病预防等,向80户养牛户进行培训,并现场解答了养殖户提出的有关问题,同时应邀到部分养殖重点户,现场进行指导。市科协还向前来参加养殖培训的农民赠送价值5000多元《牛羊养殖技术》书籍、富硒舔砖、预混料添加剂等。与县区科协联合,先后深入到彭阳县红河乡、草庙乡原州区彭堡镇等开展科普宣传活动。2010年,共发放科普宣传材料《固原科普》1600册、《设施蔬菜高效栽培技术问答》400册、设施蔬菜种植挂图800张、《全民科学素质行动计划问答》300张、防震减灾知识宣传画300张,有1500多群众在本次宣传中受益。

【青少年科技创新活动】 成功举办第25届宁夏青少年科技创新大赛。年内,本市有19件作品获科学绘画、优秀青少年科技实践活动作品、中小学科技创新成果项目和科技辅导员科技创新成果项目奖励,其中科技辅导员科技创新成果项目获得一等奖;成功举办2010年全国中学生天文知识奥林匹克竞赛决赛及宁夏天文知识奥赛邀请赛,来自英国布莱德富德大学、北京科技大学、河北科技大学等四所高校及全国61所重点中学的180名学生参加本届奥赛决赛,这项赛事设立以来首次在西部城市举办,在大赛中,固原市一中"西北天狼星"社团获优秀组织奖,3名学生获鼓励奖,1名学生获最佳新人奖。同时,以北京天文馆科普设施为依托,开展天文科普知识进校园活动,在固原六中、隆德二中,开展了天文知识进校园,并邀请北京天文馆研究员,分别为一中、隆德二中的师生作了"月球离我们有多远"的科普报告会;派副主席李荣善同志到广州观摩全国青少年科技创新大赛活动,学习借鉴外地青少年科普教育工作经验,加强本市青少年科技教育工作。

【评先选优】 召开科协一届五次全委会,邀请各行业科技工作者参加会议,听取他们的意见和建议;组织农业科技工作者以"西部大开发,固原怎么办"为主题,召开建言献策座谈会,重点围绕马铃薯产业、设施农业进行座谈交流,查找发展差距,建言发展对策,提出对本市发展马铃薯产业的建议;为科技工作者申报荣誉,鼓励科技工作者。组织广大科技工作者积极参与第十二届宁夏青年科技奖评选活动,推荐上报4名优秀科技工作者,角逐第十二届宁夏青年科技奖,本市农科所研究员崔秀梅获得"第十二届宁夏青年科技奖"。根据自治区科协、自治区人力资源和社会保障厅《关于评选优秀科技工作者的通知》要求,在县(区)及市直各有关部门民主推荐筛选上报王彦平、刘大民两名科技工作者,被评为"自治区优秀科技工作者";上报自治区科协,对我市4名农函大优秀工作者进行表彰;建立科技专家人才库,优化人力资源,启动建立"固原市科协系统科技专家人才库"工作,推荐选拔一批优秀科技专家入库;组织科技工作者开展科普"进农村、进学校、进社区"活动和大型科普志愿服务活动24次。

【队伍建设】 按照强化学习意识、奋进意识、创新意识、团结意识,推动科协组织建设向民主、和谐、务实和学习型、创新型、服务型人民团体方面发展的总体思路,加强自身建设。组织干部职工开展了由市委宣传部牵头实施的读书、捐书活动,共计捐书60本;明确工作分工,不断完善制度,严格要求,强化管理;以"创先争优"活动为载体加强机关党建,对机关支部进行改选,表彰1名优秀党员;以开展廉政风险防范和学习《廉政准则》为主要内容的党风廉政建设,推进政风行风建设;"五五"普法顺利通过验收;开展扶贫工作,帮助彭阳县草庙乡赵洼村建立科普书屋,并对60岁以上10名老党员每户赠送一套卫星数字接收器;创新科普工机制,制定每季度定期研判科普工作的工作机制,创新措施被自治区科协在《科协信息》第23期上予以刊登,并被市效能办在《固原效能简报》第6期上进行了刊登。

固原市科技局

【科技项目】 2010年,采取申报项目与安排项目相结合,制发《固原市科技计划管理办法》《固原市科技项目管理办法》两个办法,建立科技专家库,规范科技计划和项目的管理。年内,全市科技系统共争取国家、自治区、市各类科技项目79项1304万元,其中,自治区科技攻关项目25项240万元,国家、自治区中小企业创新基金2项90万元,国家农业科技成果转化、自治区科技成果转化项目5项250万元,自治区科技基础条件建设项目6项140万元,国家科技富民强县计划项目6项105万元。其他如国家科技支撑、农业科技研究与科技兴农、科普、国家星火计划等项目14项399万元;国家各类科技计划项目9项,546万元,自治区各类科技计划项目47项678万元,市本级科技计划项21项80万元。其中依托专业事业机构,争取、安排科技项目项目20个245万元;依托科研机构,争取、安排科技项目11个160万元;依托优势企业,争取、安排新产品的技术研发项目5个135万元;依托市医院技术力量,争取、安排医疗科技攻关项目3个15万元;依托社会科研力量,争取、安排新品种引进、中药材规范种植、马铃薯栽培技术集成示范、马铃薯废水灌溉农田示范等科研项目34个660万元;依托科技服务平台,争取、安排科技培训和科普项目6个89万元。

【搭建企业发展平台】 年内,组织7家企业申报了第二批自治区技术创新中心;组织申报认定自治区高新技术企业;组织鼓励六盘山药业有限公司等3家企业开展申报自治区第二批创新型企业建设试点工作;在第一届宁蒙陕甘毗邻地区经济技术合作洽谈会上,推荐科技创新成果6项、专利技术5项、专利技术合作洽谈项目2项;组织14家有自主知识产权的企业参加本次经济技术合作洽谈会;建立72家龙头企业企业数据库,规模以上企业28家;推荐自治区服务企业特派员9人。

【科研机构】 2010年,全市有农业科学研究所4家,其中民营3家;环保研究所1家,医学研究所5家,中药材研究所3家,主要从事应用领域研究示范的,科研人员每5人发表1篇论文。

【设施农业科技示范园】 原州区三营设施农业科技示范园区,实施"宁南山区设施农业节水高效技术研究开发与示范基地建设"项目,以宁夏大学农学院、宁夏农林科学院、宁夏水科所为技术支撑单位,四年投入资金1626.7万元,参与建设单位20多家,引进公司3家,引进各类技术人员35人,科技特派员20人,基地面积1000亩,建成日光温室166栋,其中各种类型示范棚20栋,建设1056平方米的三连栋智能化自动测控育苗中心一处,建成了集"三农"视频呼叫中心、12396科技示范工程、农业科技110、信息化网络等多功能为一体的专家大院2500平方米,宁夏大学派出了集设施蔬菜、果树栽培、土壤与肥料、节水灌溉、病虫害防治、农产品贮运保鲜与物流等方面的专家组成的专家组入驻园区,并长年指导生产和科技培训,目前已为园区培养了20名设施农业核心技术人才,20名科技特派员,150名基层农民技术服务骨干人才,建立了150户科技示范户,培训农民3000人次以上,户均有1人基本掌握了设施农业生产技能,形成以"科技示范基地、专家大院、技术推广机构、农民合作组织、各类技术专业人才、科技特派员、农民技术能手"为载体的农业科技服务体系。

【节水高效技术体系研究与集成示范基地】 原州区三营生态移民区节水高效技术体系研究与集成示范基地,结合生态移民工程的实施,以鸦儿沟为主体,引进节水灌溉、盐碱地标准化栽培、无公害化病虫害防治等8项新技术,推广小畦灌溉、管道输水、微灌滴灌等节水技术,配套枸杞节水灌溉示范基地2000亩。同时,为三营设施农业园区、二营大学生创业园区设施温室配套滴灌系统96套,促进枸杞、设施蔬菜生产步入无公害标准化生产。同时,依托宁夏农林科学院、宁夏大学的科技支撑,开展了"基质袋栽培(无土栽培)技术试验研究"、"设施嫁接茄子节水灌溉与平衡施肥研究"、"设施番茄节水灌溉与平衡施肥研究"、"日光温室不同灌溉方式节水效果对比试验研究(膜下滴灌、膜下沟灌、膜上灌、明沟漫灌四种灌溉方式)"等四个课题设施节水实验研究,在灌水量不影响产量的条件下,四种灌溉方式的亩灌水量分别为:膜下滴灌480m³、膜下沟灌590 m³、膜上灌685 m³、明沟漫灌850 m³,膜下滴灌相对其他三种灌溉方式最为节水,分别比膜下沟灌节水18.6%、比膜上灌节水30.0%、比明沟漫灌节水43.5%,是适合宁南山区日光温室节水灌溉方式。

【马铃薯科技示范园区】 西吉马铃薯科技示范园区,以宁夏马铃薯工程技术研究中心、宁夏大学生命科学学院、固原市农业科学研究所为依托,建立两个科技攻关项目团队,一个技术攻关团队。聘请12位专家成立技术顾问小组,引进专业技术人才21名,企业派出36名有一定经验的技术人员,全程参与各项研究工作。园区内共吸收高级职称专业技术人员14位,中级职称技术人员23位,各类初级、无职称技术人员32位。宁夏马铃薯工程技术研究中心开展相关的试验研究20余项，总结出“地膜覆盖栽培技术、垄沟种植技术、测土配方施肥技术、病虫害物理生物防治技术、间作套种复合种植技术、马铃薯设施栽培技术、腐殖酸有机肥及富硒薯生产”七项产业关键技术；引进优良品种12个，开展马铃薯机播种植方式试验研究、马铃薯喷灌机灌、叶面施肥试验、不同灌溉方式对马铃薯产量影响试验、马铃薯浮板式移栽苗规模化生产试验、不同类型马铃薯品质产出效益对比试验、主要病虫害发生发展规律与综合防治等各项研究工作。开通12396免费服务热线，建立宁夏西吉县马铃薯脱毒薯繁育科技示范区网站，发布各类信息及技术，选派包括科技特派员在内的专职技术人员，为农户提供马铃薯种植各项相关技术咨询服务。

【中药材科技示范基地】 隆德县六盘山道地中药材科技示范基地，以示范园区的科技基础和成果为平台，完成示范基地部分基础设施建设。建设园区主道、曲道、电瓶车道路2200平方米，全部进行了硬化；建成园区门一座，搭建生态走廊140米；建成六盘山道地中药材展示厅500平方米，陈列中药材样品200种，标本160个；建立六盘山道地中药材人工种植技术标准操作规程，完成清凉河流域0.8万亩大田种植示范基地、1.2万亩林药间作示范基地、0.2万亩良种繁育基地建设；建立500亩六盘山道地中药材引种驯化园，收集六盘山区主要药用植物156种，主要品种有盘贝母、黄精、秦艽、羌活、党参、款冬花、铁棒锤、旱半夏、黄芪、黄芩、百合、牡丹等，引种驯化园分为主栽品种繁育区、大宗品种种植区、引进品种试验区、珍稀濒危物种驯化区、林药间作区、温室组培区六个区域；完成2万亩野生中药材资源修复保护基地建设；建立科技示范基地信息服务站。配备专门的信息员，建立示范基地门户网站，开展相关信息服务；培育科技示范户310户，培训药农7300人(次)，培训农村信息员600人(次)以上。

【食用菌综合科技示范园】 彭阳县食用菌综合科技示范园区，围绕基地建设、科研开发、技术示范、科技服务、技术培训积极开展项目实施工作。在城阳乡长城塬建立食用菌综合科技示范基地500亩，配套无菌生产线3条、周年控温设备10套，开展杏鲍菇等珍稀食用菌新品种引进选育、病虫害综合防治技术试验示范，年制作杏鲍菇等各类优质菌种200万瓶，带动生产杏鲍菇等栽培袋1050万袋。并针对食用菌生产中的技术需求，科技服务中心牵头组织区内外技术力量，采用灵活有效的方式开展不同层次的科技培训，培训农民3500人(次)，培育科技领军人才5名，企业家3家，培养农民技术能手205名，建立科技示范户205户。

【节水农业示范基地】 彭阳县草庙旱作节水农业示范基地，针对旱作农业集雨补灌示范项目(草庙项目区)及黄土高原区退化生态系统恢复研究项目(周庄项目区)进行阶段性效益评估，组织自治区专家服务团及项目实施专家对项目区农民进行培训，培训农民达600人次，在项目区建成科技示范户300个，示范点6个，科技入户率达到96%。

【林木种苗科技示范园区】 泾源县特色林木种苗科技示范园区，采用科技项目＋科技特派员＋企业＋基地的运作模式，围绕建设水沟流域现代特色种苗业示范园，以构建县城绿色田园大背景、发展生态观光旅游、优化产业升级为重点，按照建设经济型、生态型、观光型、园林式示范园的标准定位，建成以六盘山野生花灌为主品种的标准化示范基地107亩。示范园分六盘山野生花灌驯化区、新品种引种驯化栽培区、科研试验示范区、种子种苗繁育四大区；引进区内外优质苗木新品种7个，驯化品种21个；采用抗旱腹膜、灭鼠防虫、良种良法配套、ABT生根系列技术“三埋两踩一提”剪口处理、保护剂应用、阔叶树种扦插快繁等实用技术9项；现场开展农村实用人才培训4期，520人次，对中小学生开展植物科普教育一次100人，对外展示一次50人，带动本地农户就业3000人以上，为泾源县特色林木种苗产业发展提供实用技术人才储备;年内,泾源县特色林木种苗科技示范园建设项目完成旱地覆膜定植扦插育苗 12 亩,带根育苗 11 亩,繁育驯化六盘山野生花灌 79 亩,14 个品种,樟子松种子繁育 4 亩。

【科技特派员创业活动】 本市开始实施科技特派员创业行动工作以来,经历“专项、试点、扩面、提质”四个阶段,科特派工作服务领域发生了重大变化:即服务理念发生重大变化、服务内容发生重大变化、服务对象发生重大变化、服务方式发生重大变化;完善“三项机制”。即完善技术引入机制、完善科技推广机制,完善科农合作机制,鼓励科技特派员以资金入股、技术参股、技术承包等形式,创建以经济利益共同体为主体的科农合作机制;走出科农携手的新路子,农村科技新路子和科技引领合作经济发展的新路子,起到聚集科技力量,整合农业科技资源。年内,全市科技特派员队伍达到 510 名,平均每个乡镇达 7 名以上;信息科技特派员总数达 677 名,科技特派员创业项目区农民人均纯收入比非项目区增长 10%以上;科技特派员创业行动覆盖全市大部分乡镇和所有区域特色产业、主导产业。

【科技周活动】 市、县(区)科技等部门、单位和科技型企业单位开展科技周活动和各项科技培训工作。共发放科普宣传资料 20 万多份,科技书籍 2 万余册;展出科普展板 1000 多块;请有关专家进行科普知识讲座 20 次,群众接受科技服务达 6000 余人次。彭阳县重点针对发展设施农业在城阳乡长城村和新集乡姚河村举办两场大型科普咨询活动;隆德县聘请荷兰著名花卉专家布恩(WGJ BOON)先生作发展花卉产业专题报告会,对隆德县花卉种植技术、种球繁育和产业策划等进行专业指导,邀请宁夏科技咨询中心、宁夏大学果蔬、花卉专家,开展冷凉球(宿)根花卉大田和棚室栽培管理技术培训,破解该县花卉生产过程中的一些难题。

【科普亮点】 2010 年,各级党委、政府及其科技部门十分重视科学技术普及工作,统筹安排和部署。年内全市从事科普人员达到 2627 人, 比上年增长 2%,其中专职科普人员 82 人,兼职科普人员 2545 人, 中级职称以上或本科及以上学历人员 954 人;科普硬件条件得到改善。全市城市社区科普(技)专用活动室 22 个,非场馆类科普基地 15 个,农村科普(技)活动场地 566 个,科普宣传专用车 20 辆,科普画廊 106 个,科普教育基地 18 个,其中国家级 3 个,省级 15 个;科普经费得到保障。全市科普经费筹集额达到 246.1 万元,比上年增长 12%,其中政府拨款 144.1 万元; 单位自筹 96.8 万元; 其他 5.2 万元;科普传媒得到加强。科普图书实现零突破,达到 2 种,340 册,科普期刊 1 种,36000 册;电视播出时间每天达到 1.5 小时以上, 建立科普网站 198 个,科技类报纸年发行总数达到 23.7 万份,发放科普读物和资料 100 万份(册);科普讲座 917 次,参加 27 万人,科普(技)展览 349 次,参加 30 万人;科普(技)竞赛 30 次,参加 1.2 万人,举办实用技术培训 1800 次,培训人数 11.3 万人,举办重大科普活动 83 次。成立青少年科技兴趣小组 506 个,国际交流 3 次。科普工作日益成为我市提高公民科技素质的一项基础性工作。

【农业科技信息化建设】 年内,建立健全科技信息网络平台,配置摄像机、数码相机、扫描仪、投影仪、图文编辑机、光收发器等仪器设备,形成摄、拍、编、播全程服务;建立电视平台;建立手机科技短信平台,为开展全方位、多层次的农业信息服务提供基础。建立健全现代化农业科技信息服务体系,各县(区)成立农业科技信息服务中心,配备专职信息服务人员,各乡镇信息服务站、村(企业)信息服务点配备兼职信息员。 全市农业科技信息服务工作实现“有组织、有人员、有设备,有制度”的四有标准;信息服务工作,建立科技热线电话 12396,为群众提供信息和解决问题,整合科技信息资源,建立农业科技、市场行情、政策法规等信息资源的科技信息资源数据库，为农民开辟一条便捷的信息获取渠道。

【知识产权保护】 按照自治区知识产权局的统一安排部署，开展形式多样的知识产权月活动，组织知识产权咨询4场次，咨询人数达183人，其中在"保护知识产权宣传周"，制作宣传展板13块，发放宣传资料4000多份；组织、筛选、推荐宁夏六盘山药业公司、宁夏伊正回药公司、固原鑫耘农机技术有限公司等单位的4件专利参选第十二届中国专利奖评选活动；开展专利行政执法，开展"雷雨"、"天网"知识产权执法专项行动，选择重点行业、重点领域，制发《关于进一步做好标有专利标记商品统计工作的通知》，共进行知识产权行政执法6场次，检查商业流通场所113家，涉及家电、食品、医药、农业农资、日化、机械、建筑等行业，检查产品数量两千多件，登记专利产品数量530件，上报执法表册12份(检查中没有专利产品的未填表)。行政执法调解3案件起；年内，本市共申请专利10件，(其中发明专利1件，实用新型9件)，授权专利7件(都为实用新型专利)。

【廉政与机效】 机关效能建设取得新进展，党风廉政建设深化。制定《市科技局实行党员干部勤政廉政承诺制实施方案》，签订《市科技局党员干部勤政廉政承诺书》；推行廉政风险防范管理工作，制发《市科技局廉政风险防范管理工作实施方案》，建立《党员干部廉政档案》，结合科技工作特点和单位实际，对目标任务进行量化分解，责任到人，层层签订责任书，杜绝治安案件的发生，维护社会稳定。

【信息报送】 制定《信息宣传管理办法》，信息宣传工作迈上新台阶。年内，发送各类信息100余期，被党办采用转载30多次，通过区市报刊、杂志、电视台报道21次，发表专题理论文章6篇。

【定点帮扶】 制定落实整村推进扶贫开发2010年整村推进扶贫工作要点；配合村委会做好村道通油路项目工程的征地、拆迁工作基础性工作，新开辟上安陇庄到下安陇庄、黄土桥到硝口土路基工程4.6公里；争取"城乡联动双诺整推手拉手工程"投资，为党员活动室配套会议圆桌一套，椅子15把，价值约8000多元;争取自治区新闻出版局"农家书屋工程"建设项目；积极多渠道筹措资金4.45万元(扶贫单位投资1.6万元)，组织村民义务投工1089人次，新铺设通水管道3.2公里，扶贫工作组又筹措资金1.7万元，新建供水点17处，彻底解决了该村人畜饮水困难；给扶贫点中河乡黄沟小学捐助了14台微机、14张微机桌和部分体育器材，价值39180元；做好城乡环境综合治理工作，加强机关人口与计划生育管理，参与义务植树等。

固原市气象局

【气象防灾减灾】 2010年，全市针对抗旱、冬春季中雪、局地大雪和首场透雨和中到大雨、大风降温寒潮霜冻天气过程，共制作《重要天气报告》等各类服务材料326期，11700份，发送短信385条，服务总9789人(次)。市县领导批示19次，其中市级批示6次。市政府致函区局建议对固原市局进行表彰奖励1次。专题会议研究2次，气象局参加市政府督查1次。对全年全市出现的17次干旱、冰雹、暴雨、寒潮、大风、霜冻、大雾等重要天气过程均提前做出了准确预报，并及时向社会各界进行了服务。共发布灾害性天气预警信号64次，其中，暴雨15次，寒潮4次，大风6次，冰雹11次，霜冻10次，大雾13次，道路结冰5次。

【气象保障】 年内，为自治区盐化工基地项目、六盘山机场试航首飞、自治区第四次固原工作会议、各级领导视察固原、高考、中考以及元旦、春节、国庆、六盘山登山节等重大社会活动和节日提供了准确及时的气象保障和预报服务，其中为各级领导视察固原工作提供专题保障服务12次；开展突发公共事件应急气象保障。开展运输危险化学品泄漏现场应急气象服务；组织开展实时业务保障、应对山洪和地震应急演练。4月13日开始进行应急值班，处置突发气象灾害和重大信息报送；加强多部门联动与合作，及时向地方政府和各灾害防御相关部门通报气象灾害预警信息，与农牧、水利等8部门建立了应急合作机制，完善信息通报流程。

【指挥人影作业】 年内，全市高炮火箭防雹作业255点次，消耗人雨弹6116发。开展火箭增雨(增雪)作业118点次，共发射火箭弹584枚，累计作业面积8.5万平方公里，增加降水约2.6亿吨，每吨水按0.2元计算，火箭增雨产生经济效益达5200万元，平均增雨率约为15.8%，并参加自治区人影办统一组织的北部干旱带集中增雨作业2次。编发《固原人影简报》5期。完成人影指挥中心平台建设。开展人影安全自查4次，年检高炮46门，大修高炮9门；报废退役高炮7门，新购进双管高炮7门；备份高炮身管20个，更换2个。对所有火箭架进行年检；组织开展作业人员安全培训和现场培训。

【服务“三农”】 向市政府上报《固原市农村气象灾害防御体系建设2011年—2015年专项规划》；与市农牧局联合下发《关于进一步加强农村气象信息服务的通知》，在全市62个乡镇建立乡镇气象信息服务站，在21个现代农业示范基地统一挂牌“现代农业示范基地气象信息服务站”。与市农牧局联合，建立为农服务短信平台用户群。全市通过短信平台向气象信息员发送预警信息总279条，总54762人次(98727条)；举办市局农气业务培训班2次，研讨各县区为农服务重点和内容2次。举办县级农用天气预报系统培训班，聘请自治区气象科研所专家到固进行讲解。制定《固原市“一县一品”为农气象服务工作方案》《固原市“一县一品”为农气象服务助推措施》《固原市农用天气预报服务细则》。发布农用天气预报13期。制作发布马铃薯专题服务12期；确定隆德县为农村气象灾害防御体系建设试点县。隆德县政府印发《隆德县重大气象灾害应急预案》，制定《隆德县气象协理员信息员管理办法》，隆德县气象局与全县13个乡镇、121个行政村、147所中小学建立预警信息传递机制，气象灾害预警信息可通过手机短信平台及时发布。精细化天气预报可通过政府政务信息网“生活资讯”栏目查阅调用。村级终端也可登录查看。发布天气预报占乡镇比例的100%。气象防灾减灾建设工作已列入该县政府“十二五”规划；适时开展干旱、寒潮、大风、霜冻等重大农业气象灾害监测预警评估工作。加强春运、春播、秋收秋种等气象保障服务。针对性地做好旱情监测及抗旱气象服务工作，及时准确做好主要农作物适播期的预报；对全市62个乡镇892个行政村气象信息员进行集中培训，共计培训72场次，培训1936人(其中，西吉685人、隆德318人、泾源167人、彭阳397人、原州区369人)。

【应对气候变化】 年内，制作6期气候评价产品和《近10年固原气候变化评估报告》。为盐化工等重点建设项目提供了气候分析服务。申报气候可行性论证资质。

【气象预报】 发挥固原预报分中心作用，发布精细化预报产品，制定《固原市城市天气短期预报质量考核奖罚办法》。1月—11月预报质量：晴雨高1.4%；一般性降水高2.7%；最高温度高1.7%；最低温度高1.5%。提交重要天气过程预报技术总结9篇；发挥保障分中心作用，完善市县保障体系，组织巡检区域自动站41个，临时抢修13个，更换自动站电池6个。抢修雷达3次，更换雷达UPS电池组，并改造雷达供电专线，为雷达机房安装监控；更换市局网络机房UPS电源，更新六盘山网络交换机；为市局档案室和区局档案分库安装监控系统；开展春雨杯业务竞赛。地面测报质量0.01‰；雷达系统可用评分99.10%；卫星资料接收成功率99.98%；雷达GIF资料传输及时率99.81%；雷达产品传输到报率 99.93%;闪电定位资料传输及时率 99.83%;区域自动气象站资料传输到报率 98.57%; 农气质量 0.0‰;生态质量 0.0‰;酸雨观测质量 0.0‰。

【气象安监与科研宣传】 2010 年度制定《固原市防雷防静电安全专项执法检查和整治工作方案》《关于进一步加强全市施放气球安全管理工作的通知》等共 8 个文件。承办全区气象行政执法研讨会和气象科技服务联席会,参加宁夏建筑电气学术委员会、宁夏建筑电气技术情报网第九届年会,并作《对宁南山区民用建筑物防雷设计中几个问题的探讨》的专题发言。印发《固原防雷信息》8 期,印制防雷行政法规宣传材料 2000 多份。以监管领域的安全事故教训作为强化管理的切入点,制定专项检查方案,送到每一个机关单位,并由单位负责人签字。配合区局探索艰苦台站津补贴发放办法并已落实,加强财务管理和项目管理,接受自治区审计厅的财务审计和中国局雷达项目验收。配合银川市局完成交叉审计,完成六盘山、西吉财务内审。完成固原雷达供暖道路改造、固原市气象局集中供暖入网建设项目。六盘山雷达业务用房项目接近尾声。

【气象信息】 印发《关于进一步规范固原市气象局新闻发布制度的通知》,召开信息通报会 5 次,中国气象报采稿 35 篇、CMA 网发稿 24 篇。被区、市、县党委政府信息刊物采用 32 条,3 个县局在当地县委政府信息上采稿 20 多条; 完成固原气象档案室和宁夏气象档案馆固原分库建设,并通过中国气象局组织的验收。制定上报《固原市气象局文书档案保管期限表》,完成各类档案归档;加强安全生产管理,全市部门逐级签订安全生产、综合治理、人影安全作业责任书、车辆安全责任书;对全年安全稳定工作进行自查总结并上报。为科技服务人员统一购买人身意外伤害保险,制作氢气安全标志等;制定《固原市气象局事业单位专业技术岗位等级晋升考核办法（试行)》《固原市气象局公务接待管理办法(试行)》《固原市气象局学习参观考察活动管理办法(试行)》《固原市气象部门工作人员行为规范(试行)》。

【执法检查】 年内, 受理防雷装置设计图纸 468 家,作出许可决定 444 家,其中 24 家予办理许可决定。完成防雷装置竣工验收 6 家,作出许可决定 4 家,2 家做出整改意见; 在全市进行专兼职结合和市县联动的执法模式,对 185 家企事业单位进行执法检查,下达责令停止违法行为通知书 80 份,立案 24 件,下达行政处罚告知书 35 份,下达行政处罚决定书 3 份。进行施放氢气球执法检查 7 次,查处违法施放气球案件 3 起。

【科技创新与人才队伍建设】 上报气象科技创新项目 3 个。加大科研项目支持力度,安排科研专项经费 2.95 万元。完成《固原市预报员学习系统》《WRF 实时资料提取显示系统》。申报上级课题 7 项,获批区局课题 2 项。建立基于 WebGIS 的固原市公共气象信息服务系统平台;加强青年骨干的培养使用。与北京昌平气象局开展业务骨干访问交流和锻炼培养工作;3 名在职人员参加硕士学历教育,新本科学历 18 人。送区局挂职 2 人,接收区局挂职干部 1 人。选派 3 名县局长参加中国局的轮训,2 名业务骨干参加中国气象局培训; 按要求参加区局举办的各类培训班。举办防雷、测报监控平台、地面气象仪器维修维护、农气、财务、应急管理、高炮 7 个培训班、107 人次。组织选拔业务骨干参加业务竞赛。

【廉政建设】 召开以贯彻落实《廉政准则》切实加强作风建设为主题的民主生活会。党组中心组共组织集体学习 25 次; 市局与各单位签订党风廉政责任书,与 18 名科级干部签订廉政承诺书;组织科以上干部参加全国气象部门《廉政知识》答卷;制作《廉洁从政》电视屏宣传专栏滚动播放;全市气象部门已配备齐全廉政监督员,市县局召开廉政监督员联席会议 5 次。

【党务政务公开】 制定《固原市气象党务公开工作制度》《固原市气象局政务信息公开实施办法（试行）》《固原市气象局巡查工作办法(试行)》和《固原市气象局科级干部请假报告规定》;加大对“三重一大”、工程领域专项治理、行风建设、治理“小金库”等重大决策部署的贯彻落实力度,组织开展自查自纠。邀请地方中介机构重点对六盘山道路维修改造等项目建设进行专项治理检查；开展主题实践活动,组织开展解放思想大讨论、深入下基层台站调查研究、读书月、演讲比赛、“我为单位发展”建言献策征文、党风廉政宣传教育月、走访市直相关部门了解服务需求,进行征求意见等系列活动,编发简报 36 期,制定《开展创先争优活动实施方案》,安排 4 批人员赴外省市就发展规划、科技服务和业务建设进行调研。

【“十二五”气象防灾减灾规划】 成立规划领导小组,在对“十一五”固原气象事业发展评估上报的同时,提出规划编制工作思路。向固原市发改委报送《固原市“十二五”气象防灾减灾规划》《固原市农村气象灾害防御体系建设 2011 年—2015 年专项规划》。编写《固原气象事业发展“十二五”规划》上报区局。

宁夏水文水资源勘测局固原分局

【争先创优】 按照水文局党委有关文件精神,分局把创先争优活动贯穿到各项具体工作当中,班子成员率先开展查找思想观念不解放、工作作风不扎实、目标定位不高、服务意识不强、创新意识不够、工作亮点不多等诸多方面存在的问题,虚心接受职工批评,改进工作作风,强化服务意识。结合工作实际以创建“五好”党支部、“六好”共产党员、“优秀测站站长”、“优秀专业技术人员”、“优秀勘测工”、“优秀女职工” 为抓手制定创先争优活动实施方案,考核细则,实行民主考核。对考核情况分期分批张榜公布,接受监督。原州、彭阳水文站管理有特色,举办学习园地,组织职工开展丰富多彩的文体娱乐活动,团结协作,工作积极性、主动性明显增强,各项工作走在其他测站的前列;马永刚同志工作认真踏实、勇挑重担、虚心学习、肯于吃苦,经常加班加点,按时保质保量地完成分局交办的各项工作任务,成为广大干部职工学习的榜样。

【队伍建设】 加强管理,创新学习方式,提高综合素质,分局支部围绕“提高管理水平,建设一流队伍,争创一流业绩,提供一流服务”的工作奋斗目标,抓管理、抓队伍素质建设,强化干部队伍素质。开展读书学习交流活动,结合具体工作,谈感想、谈认识、谈体会、谈不足,充分调动每个职工的积极性、创造性,把学习与工作紧密结合起来,促使学习成果尽快转化为实际工作能力，切实提高工作效益;创办的《学习小报》、空间网页、QQ 群进行互动交流学习;举办各种培训班;开展“水文勘测技术能手”比赛活动,为本区防汛抗旱、水资源开发利用及经济社会又好又快发展提供一流的水文行业服务。

【规范管理】 分局班子多年来继承和发扬分局“快、新、细、实”的良好工作作风,学习先进的管理理念,提高管理水平,建立健全各项管理规章制度,做到以制度管人,用制度办事,形成各项工作有计划、有目标、有落实、有总结的良好工作机制。

【安全生产】 2010 年，分局把安全生产作为各项工作的重点和中心,建立健全严格的规章制度和操作规程,做到任务明确、责任到人。加强开展安全生产教育,组织职工学习安全生产法律、法规,提高广大职工对安全生产重要性的认识;印发《固原分局 2010 年安全生产工作要点》,安排部署全年安全生产工作，并与各测站部门签订安全生产责任书,把安全生产工作作为重要的议事日程,研究解决存在的问题。要求各测站对缆道、缆车吊箱、地锚、卡头等测报设施中可能存在的隐患,做到按制度定期排查并要求测站对日常安全检查有详细记录；分局集中组织安全生产检查，督促测站加强安全隐患排查治理，及时发现问题及时纠正整改，做到防患于未然；结合“安全生产月”、活动的开展，机关、各测站采取安全自查与整改、悬挂横幅、办黑板报、张贴标语和宣传画、开展安全知识竞赛等形式大力宣传安全生产工作，让安全生产深入人心；根据分局所在地处于城乡结合部的特点及社区社会综合治理办公室的要求在分局内安装监控设备，安排本单位职工 24 小时值班。确保了单位内部安全和公共场所良好的治安秩序。全年无发生工伤、火灾、治安灾害等事故和员工违法犯罪、影响社会政治、治安稳定的群体性事件。

【测报工作】 2010 年，测报工作按常规工作的时序展开。开展汛前准备工作。4 月初安排各测站人员全部到岗，开展各项汛前准备工作，各站都按要求对测报设施、仪器进行彻底的检查、维修、养护，准备允足的测洪物资，严格汛期值班制度。巡测队集中人力完成对辖区各委托雨量站和地下水井的检查辅导。分局对各测站汛前准备工作进行督促检查，对存在的问题及时要求整改落实；把开展测洪演练和岗位技能练兵作为日常工作来抓。各测站通过抓测洪演练和岗位练兵，查找不足，总结经验，时刻做好实战准备。分局模拟启动防汛应急预案，开展测洪演练，检验防汛应急预案的可操作性，提高队伍应对突发性水事件的紧急应变能力；分局加大对测站的检查和指导力度。全年共 6 次深入各站，对各站的汛前准备、资料成果、汛期测报和安全生产情况进行全面检查指导，对存在的问题限期整改，确保各项工作万无一失；完成三门峡渭河水文资料汇编工作及西安泾河水文资料汇编工作。

【突发性暴雨洪水监测】 加强突发性暴雨洪水调查，扩大暴雨洪水资料收集面。对宁南山区普降大到暴雨，局地出现大暴雨，分局及时研究暴雨洪水调查方案，安排部署人员。经调查暴雨中心分布在大坪沟、店洼，24 小时降雨量分别为 112mm、121.5mm、经分析中心点降雨量分别为 30 年、20 年一遇，虽然降雨量较大，但强度小，降雨下渗量大，各站形成的洪水小，最大洪峰流量为彭阳站 34.0m³/s，泾河干流沙南峡口调查到最大洪峰流量 76.1 m³/s。分局及时将暴雨洪水的暴雨中心、覆盖范围、强度、各沟道洪峰流量及暴雨洪水历时等数据资料上报水文局水情信息科；细致地开展原始资料审查，加强测验整编规范的学习应用，通过对数据校对、合理性分析。2010 年暴雨洪水较少，但整个汛期各测站职工坚守岗位，忠于职守，特殊情况请假的人员分局及时安排顶岗，确保正常水文测报，测到每场洪水的完整过程，没有发生缺测、漏测、缺报、漏报现象。截至目前各测站共施测流量 687 次，大于 10m³/s 的洪水 24 场，大于 100m³/s 的洪水 2 场，最大洪峰流量 116m³/s（折死沟张湾站 7 月 16 日）；调查断面大于 100m³/s 洪水共 2 场，调查最大洪峰流量 185 m³/s（贺堡河关桥断面 8 月 8 日）；年最大降水量 594.7mm（三关口站），实测最大日降水量 124.5mm（店洼 7 月 22 日）；共取单沙 1537 次；水情拍报 766 次；墒情监测 148 次；共收集委托群众雨量站资料 116 处；地下水资料 23 处。

【关爱职工】 开展“三必谈，五必访”活动；开展送温暖活动。每逢节假日，在分局行政大力支持下，深入基层慰问看望坚守一线的水文职工，给他们及时送去组织的关怀和温暖；号召广大职工参与民主管理，提合理化建议，体现广大职工主人翁地位；全年开展给每位职工生日送祝福、送礼物活动；创建职工之家。原州、彭阳等站的职工业余活动、文化娱乐搞得很有特色。分局机关组织多次丰富多彩的文体娱乐活动，丰富职工文化生活。各站都有活动室，配套活动器材。分局行政大力支持，支部高度重视工会工作，利用创收资金投入工会活动近 3 万元；开展书法、绘画、手工制作，向上级工会送作品多件，利用资料整编期间人员相对集中，组织开展棋类、牌类、球类及小项目比赛，丰富职工文化生活，陶冶情操;参与政务公开、政务监督,参与民主管理。

【水文宣传】 围绕中心工作加强水文宣传工作的力度,强化激励措施,本着"巩固提高,深入发展,求真务实"的原则,在11月1日《宁夏实施〈中华人民共和国水文条例〉办法》实施日,分局与固原市水务局、原州区水务局,西吉、隆德、彭阳、泾源水务局共同组织开展宣传《宁夏回族自治区实施〈中华人民共和国水文条例〉办法》颁布实施活动。通过上街发放宣传材料、小礼品、制作展板、横幅、条幅、授条、彩车、新闻报道、报纸刊登、现场新闻采访、播放《宁夏回族自治区实施〈中华人民共和国水文条例〉办法》、现场解答群众对水文知识的提问等形式,宣传水文在国民经济建设,以及水利工程建设与管理中的地位和作用;强化舆论导向,保持与新闻单位的联系,争取更多的舆论支持,提高水文的社会知名度,使社会尤其是各级领导更加了解水文、关心水文、支持水文;各项重大活动、重要工作都能及时向水文信息网发送信息,全年报送信息47条,采纳19条。固原日报头版刊登水文条例宣传1条,新闻报道1次。单位内部还通过制作标准化制度牌框、宣传专栏,建立空间网页、QQ群、发送信息、印发简报、会议纪要等多形式充分营造氛围,增强宣传学习平台。

【项目建设】 2010年固原分局项目工程建设任务繁重,为严格管理,确保工程质量,资金安全,项目进度,成立项目建设领导小组,班子领导分工协作,各负其责。相关部门紧密配合。分局办公楼装修,水情分中心网络设备安装建设及办公器材配备。泾河源、三岔站改造建设、病险水库配套遥测雨量站安装,隆德山洪灾害防治,省界区界确界立碑等较大型建设项目等按正规合同签订,实行公开透明招投标,财务人员严格把关,执行相关财务制度、规定。其中泾河源、三岔测站改造工程严格按建设项目程序办事,施工每个阶段都有监理、质检、设计、建设部门负责人参与,确保工程质量、进度、资金的正常运作。年内完成隆德山洪灾害项目土建工程,并通过验收;完成病险水库配套遥测雨量站安装建设48处,与去年隆德山洪灾害配套遥测雨站结合起来,自动遥测雨量站达70处,提升了分局水文测报自动化水平;完成三岔站断面上迁至小园子工作。设置新迁断面的水准点、进行断面测量、完善了报汛方案;完成分局办公楼装修、水情分中心网络设备安装建设及办公器材配备,确保新办公区已于6月1日主汛期前正式运行;按时完成了省(区)界河流确界立碑工作,并通过验收;泾河源、三岔水文站危房改造工程已全部完工,并通过验收;完成韩府湾站卫星地面电话接收站的调试工作。

【建设项目水资源调研服务】 2010年,完成建设项目水资源论证,水资源调查评价,水库水文分析报告,东山坡、六盘山引水工程水量调查,人畜饮水水量论证方案编制,中小河流治理水文分析专项报告等49个项目合同,合同金额81万元。

【创收福利】 2010年创收到位资金48万元,其中各项成本费12万元,发放职工节假日补贴及早餐费13万元,弥补差旅费5700元;春节、元旦开展活动2.1万元;支持工会活动8千元;春节、中秋、国庆等节日慰问在职职工、离退休及看望生病职工家属2.7万元;汛期慰问测站坚守岗位的职工2600元;发防暑费4200元;为职工定做工作服3.2万元;检查工作住宿及招待费6.7万元;分局搬迁及购置办公用品6万元;开展党员活动1千元;开展职工培训、知识竞赛3千元;分局及测站制作制度牌1.3万元;车辆维修1.2万元;为彭阳站配置发电机2400元;韩府湾站购置冰箱、打印机2300元;开展水文条例办法等宣传费3500元。截至目前共支出47万元;利用创收解决一线职工生活工作等方面诸多问题,为职工办好事、办实事,促进了各项工作的顺利开展,取得实效。

固原市地震局

【锦标荣誉】 市地震局2010年工作总结在全区防

震减灾工作中荣获三个第一，即市人民政府在五大市中唯一获自治区防震减灾先进集体(市地震局也获此殊荣)，受到自治区人民政府的表彰奖励；地震监测预报工作在五大市唯一获自治区监测预报先进集体；地震趋势会商报告在五大市唯一获全区优秀奖。

【观测设备安检】 2010年，本局对各观测站(点)的工作环境、仪器工作状态、工作记录进行全面检查，杜绝环境干扰和仪器带病工作。对南郊、东山坡、苏堡观测井进行水位实测，使仪器记录与水位真实变化相吻合。

【数据监测预报】 每日按时收集甘肃庆阳三岔水氡，平凉水氡、C11井水位，固原气氡、气体、水化分析，西吉王民、苏堡、泾源东山坡水位，泾源水氡，海子峡地磁、体应变和泾源地形变，海原郑旗气氡、水位，干盐池水位等前兆观测数据，绘制日均值曲线图，并在8点30分前利用FTP将泾源水氡、东山坡水位，西吉苏堡水位等前兆观测数据上传到宁夏FTP服务器本单位目录下，做到数据准确无误。每月10日前按时将东山坡井水位和气压月报表以电子表格的形式上报中国地震局和自治区地震局；坚持24小时值班制度，制定《固原市2010年震情跟踪方案》，成立由全市主要业务技术骨干组成的震情跟踪小组，重点加强对地震活动及前兆资料的跟踪分析，时刻监视着每项前兆资料的细微变化。针对鄂尔多斯西南缘重力异常的情况，局长专程到中国地震局西安第二监测中心进行调研。监测预报工作被自治区地震局评为先进集体。

【震情会商】 坚持周、月、年中会商制度，特殊情况召开临时和加密会商。每周对本监视区地震趋势进行预测，并上报自治区地震局。年内共组织周会商42次，月会商10次，临时会商和加密会商9次，参加全区半年、年度会商和联防区会商各1次。组织专业技术人员4月中旬在宝鸡市参加陕甘宁川十三地市地震联防区会商会。与甘肃省地震局、四川省地震局、陕西省地震局、甘肃天水市地震局、陕西汉中市地震局、四川成都市地震局进行座谈交流。加强与固原地震台、海原地震台、平凉地震台、庆阳地震台及联防区成员单位的交流与合作，打破行政区域界限，实现监测资料共享。地震趋势会商报告荣获全区优秀奖。

【震情信息】 每月以《震情反映》的形式，向市委、人大、政府、政协、自治区地震局和联防区成员单位通报震情信息。4月14日玉树发生7.1级地震，6月22日永宁发生4.5级地震后，第一时间通过手机短信、《固原地震信息网》公布震情信息和灾情信息，为政府决策提供依据。

【群测群防】 全市分区域有重点的建立86个宏观观测点，占全区总数的33%，在五大市排名第一。2010年本局通过走访调研，自筹资金，在泾源县香水镇、彭阳县古城镇、西吉县兴隆镇新建宏观观测点3个；加强全市地震宏观观测员队伍建设，提高宏观观测员的业务能力，首次举办“全市地震宏观观测员培训班”，市、县(区)地震宏观观测员近百人参加培训。

【地震应急】 应对同心小震群活动，上半年，共记录地震74次，其中最大为5月30日ML3.4级，为此，本局制发《关于加强震情工作的紧急通知》，从震情值班、宏观观测、监测预报、组织领导四个方面进行紧急安排，召开会商会，研判震情形势，并向市委、政府分管领导汇报了同心小震群活动情况。年内，各县(区)、市防震减灾领导小组各成员单位，开展危窑危房排查、应急物资储备、应急演练、震情监测等工作，并把原州区三营、头营等乡镇列为重点先期危窑危房排查范围，原州区共排查危窑危房总户数为3205户，14581人，其中D级危房户2021户；推进地震应急演练工作，开展应急演练活动，市委办制发《5.12地震应急演练活动安排的通知》，市政府办制发《关于开展"5.12"地震应急演练活动的通知》和《固原市2010年"防灾减灾日"活动实施方案》等文件。市防震减灾领导小组专门召开市直党政群机关(单位)负责人会议,对开展地震应急演练活动进行安排部署。5月12日14时28分,全市各级党政机关(单位)、企事业单位、学校、医院,中央、自治区驻固单位,以防空警报为信号,就地举行地震紧急避险和疏散演练,各县(区)、市直各单位、医院、商场等2130多个单位,约40万人参加地震应急演练,与市教育局联合组织各级中、小学校利用早操开展经常性应急疏散演练,开创全区中小学校利用早操开展应急疏散演练的先例;加强应急救援队伍建设,按照《固原市地震应急预案》的要求,设立10个应急工作组,即:综合联络组、抢险救灾组、救灾安置组、医疗救护(防疫)组、工程抢险组、次生灾害抢险组、震情监测组、通讯保障组、治安保卫组、宣传报道组,明确牵头单位、责任单位。依托市公安消防支队组建固原市应急救援支队,依托原州区、西吉县、隆德县、泾源县、彭阳县公安消防大队组建县(区)应急救援大队;完善应急救援物资保障机制,建立社会资源大型设备物资库及征用机制,落实社会挖掘机、装载机、货车、客运车、油罐车等应急机械;与企业、商场签订燃油、清真方便面、矿泉水等供应协议;率先在全区五大市建设抗震设防等级为9度的应急指挥中心,落实项目资金640万元。

【抗震设防监管】 年内,严格执行《自治区房屋建筑抗震设防管理办法》《自治区地震安全性评价管理办法》等法律法规,采取主动参与、现场监督等措施,加强对各类新建项目的抗震设防监管,共完成武警固原支队综合办公楼等220项建设工程的抗震设防确认,配合自治区地震工程院完成了王洼——原州区运煤铁路专线、固原市压缩天然气加气站等3项工程地震安全性评价。组织专业技术人员考察四川广元、九寨,甘肃文县、陇南等灾区震后农村民居重建工程;按照《固原市人民政府办公室转发〈固原市地震局关于固原市境内地震活动断层附近居民点分布情况的调查报告〉的通知》精神,督促所涉及的县(区)对目前已建在地震活动断层避让区的村庄、居民点进行摸底调查。调查海原活断层固原段、六盘山东、西麓活断层两侧200米内居民涉及三县一区(西吉县、隆德县、泾源县、原州区)13个乡镇、32个行政村,共1736户7977人。深入彭阳、原州区、泾源、隆德、西吉县实地检查、部署地震活动断层两侧农户避让、原州区地震重点危险区内D级危房改造项目落实、地质灾害点农户临时转移安置。

【防震减灾知识宣传】 利用市行政中心各楼层电子屏幕开展防震减灾知识宣传活动,反复播放《未雨绸缪》《地震来了怎么办》《在山走动的地方》等专题片。以"固原地震信息网"为平台,在科普宣传、最新动态、监测预报、震害防御等栏目刊登防震减灾科普知识、震情信息、工作简讯、行业动态等信息。2010年固原地震信息网点击率突破1.8万人次。"5.12"期间,利用固原电视台和电信公司电子大屏幕播放"5.12"宁夏防震减灾活动纪实专题片、《北川地震现场纪实》专题片和防震减灾知识、法律法规等宣传标语;与固原地震台、原州区地震局在市区憩园广场开展"情系灾区,大爱无疆"为主题的防震减灾宣传活动。"7.28"期间,全市地震部门以"纪念唐山大地震,提高全民防震意识,建设安全家园,构建和谐社会"为主题,开展防震减灾科普宣传活动。年内,共展出宣传展板310多块,发放防震减灾知识读本5.5万册,发放防震减灾宣传资料和"12322"防震减灾公益服务彩页近21万份,悬挂宣传横幅210多条,接待群众现场咨询近5000人次,受益群众达12万多人(次);创建科普示范学校,2010年重点协助固原回中创建自治区级防震减灾科普示范学校,为科普示范学术创建投入资金5000元;强化正面舆论导向,受玉树4月14日7.1级地震影响,本市部分手机用户互传"宁夏即将发生6.5至7.2级地震”的短信谣传，造成部分市民恐慌不安。针对这种情况，本局及时在固原地震信息网、固原电视台、固原政务网、《固原日报》公开辟谣，及时稳定民心；加强信息上报工作，年内共上报《固原市防震减灾信息》31 期，《震情反映》9 期，其中宁夏地震信息网采 23 期；固原市政府网采用 18 期，固原新闻网采用 5 期。

【队伍建设】 以“实践六盘山精神，争做发展表率”为载体，完善学习型党支部、学习型机关的学习机制，深入开展“读书月”活动。在全局党员干部中开展“荐好书、捐好书、读好书”活动，坚持“日学 1 小时、月读 1 本书、年写 1 万字心得”的学习制度，共捐赠书 46 本，内容涉及农业实用技术、养殖、旅游、文学、地震知识等方面。局长乔守俊撰写《树立科学的防震意识》一文被《固原日报》刊登；以开展创先争优活动为抓手，争创“五个好”党支部和“五个带头”优秀党员活动，“七一”期间，机关党支部和全体党员与定点帮扶村党支部和党员开展“手拉手”、走访慰问等活动，向扶贫村党支部捐款 500 元，向 10 名村党员各捐 100 元，书籍 250 多册。青海玉树发生地震后，干部职工向灾区捐款 1500 元。按照市委、政府《关于开展深入实施西部大开发战略大学习活动的实施方案》的安排部署，与贯彻全国、全区防震减灾工作会议精神相结合，开展大学习大讨论活动，编制防震减灾“十二五”发展规划，科学谋划防震减灾“十二五”发展规划，推动防震减灾科学发展。

【党风廉政建设】 落实廉洁自律各项规定，推动党风廉政建设，对单位科室、岗位的廉政风险点进行重新查找，单位风险点 2 条，科室风险点 6 条，岗位风险点 27 条。结合查找出的风险点制定防范措施 35 条；开展勤政廉政承诺，9 名党员做出勤政承诺 29 条，廉政承诺 30 条。2010 年在应急指挥中心工程建设中，通过公开公正招标，比招标控制价降低 6.3%，节约资金 30 万元。

固原市农业科学研究所

【党建工作】 制定《固原市农科所 2010 年党委中心组学习安排》和《固原市农科所 2010 年干部职工理论学习安排》，成立以党委书记为组长、分管领导为副组长、各科室负责人为成员的思想政治工作领导小组，传达学习中央、区市会议精神、胡锦涛总书记等国家领导人重要讲话精神以及区、市有关领导的重要讲话等内容。开展“创先争优”和实施西部大开发战略学习活动，邀请市委讲师团专题辅导，参加党校干部培训；以增强党组织的凝聚力、创造力和战斗力为目标，积极推进组织建设规范化、程序化、制度化。制定《党员发展计划》，推进发展新党员工作，落实“三会一课”制度，表彰本所和王岔村一批优秀党员、优秀党务工作者和先进党支部，为王岔村党支部送去价值 5000 多元的 40 套棉被，与农村 40 名党员共过组织生活，共庆党的第 89 个生日。落实党员目标化管理制度，与党支部签订《岗位目标任务书》，定性定量考核评议党员干部目标任务完成情况，以承诺兑现机制增强党员的竞争意识、使命意识、责任意识；开展学习党的十七大精神、争先创优、西部大开发、作风建设、机关效能建设、党员“评星定格”等专题活动，融作风建设于履行职责之中。

【科研攻关】 2010 年，全所共承担国家、自治区、市各类科研项目 33 项，其中国家科技部项目《西北干旱区现代马铃薯种薯产业发展关键技术研究与示范—马铃薯优质种薯三级繁育技术研究与示范》等 11 项；自治区科技攻关计划项目《南部山区扬水补灌旱作高效节水农业配套技术集成示范》等 15 项；市本级科研项目《胡麻新品种繁育及配套栽培技术试验示范》等 6 项，以及小麦、玉米、马铃薯、豌豆、扁豆、蚕豆、荞麦、莜麦、糜子、谷子、胡麻、向日葵 12 种作物的区域试验和生产试验。各类项目共设置专题试验 227 项，参试材料 14351 份，试验用地面积1069.7亩，各类作物优良新品种和旱作农业新技术等生产示范面积2.7万亩，涉及粮油和经济等作物14种；培育和筛选出对全市农业生产有推动作用的高产、优质、抗旱优良农作物新品系51个，玉米、胡麻、燕麦、向日葵4个农作物新品种已申报自治区农作物品种审定委员会审定，申报省部级科技进步奖2项，科技成果6项，推荐参加国家和省区试的优良品种12个，为宁南山区农作物品种更新换代奠定生物资源基础；总结集成抗旱节水、高效栽培等技术20项，构建宁南山区旱作节水农业技术体系；理论研究方面进行探索，破解马铃薯育种基因匮乏难题，完成西北干旱区马铃薯种质资源库创建，生产马铃薯脱毒苗120万株，征集农作物种植资源500余份，引进选育出马铃薯新品种2个；公开发表学术论文70余篇，为指导当地农业生产，推进农业科技进步奠定理论基础。

【科研成果转化】 年内，本所自觉适应农业发展形势，依托科研项目，围绕旱作农业、生态农业和抗旱节水保护性耕作技术为重点内容，从推广新品种、高产栽培新技术入手，在宁南山区7县区建成1个核心研发基地，20个示范推广基地，总结集成并示范推广抗旱高产优质品种、旱作节水、配方施肥、病害防控、套种复种、抗旱避灾、高效栽培等先进实用技术22项；培训农业技术骨干60名，培训农民12010人次，发展各类科技示范户1208户，在彭阳县建立旱作节水农业和农作物高产示范基地5900亩，在海原县建立旱作节水农业示范点，发展示范户120户，在原州区、泾源县建立马铃薯种薯繁育示范基地30000亩，隆德县、原州区、泾源县开展马铃薯新品种示范9000亩，建设一级种薯生产基地3020亩，建立蚜虫防治示范基地6000亩；在隆德县建立商品豆扩繁基地4600亩以及麦后复种豌豆示范105亩；在原州区创建燕麦核心试验示范基地53.6亩，在全市五个县集中连片示范燕麦新品种2200亩、胡麻新品种5500亩。各类农作物新品种新技术示范推广面积166220亩，辐射面积46万亩，为促进科技成果转化和农作物新技术、新品种推广，带动本市粮食生产品种优良化、种植区域化和生产规模化建设发挥典型示范作用。

【重点科研立项】 坚持“自主创新、重点跨越、支撑发展、引领未来”的科技方针，制定《固原市农业科学研究所第十二个五年发展规划》；向国家农业部、科技部、自治区有关部门申报豆类、牧草、糜子、荞麦《国家现代农业产业体系建设综合试验站》《固原市农科所科研创新能力提升》《宁夏小杂粮改良中心》《小杂粮原原种扩繁基地建设》《国家马铃薯改良中心固原分中心续建项目》《马铃薯种薯质量监督检验测试中心建设项目》《宁夏马铃薯脱毒种苗供应中心建设项目》等一批重点科研项目。其中《固原市农科所科研创新能力提升》项目被农业部列为国家储备项目，项目申报建设资金4000万元；《国家马铃薯改良中心固原分中心续建项目》《马铃薯种薯质量监督检验测试中心建设项目》《宁夏马铃薯脱毒种苗供应中心建设项目》被编入全国人大重点提案实施项目；马铃薯、胡麻和燕麦3个农作物在“十二五”期间继续被国家农业部列入国家现代农业产业技术体系中，并新增设《糜谷产业技术科学家岗位》《荞麦综合试验站》，使我所在国家现代农业产业技术体系中由1个岗位3个试验站增加到2个岗位4个试验站。

【人才队伍建设】 2010年，坚持通过继续教育、短期培训等途径，通过技术合作、学术交流等方式，提升科技人员的理论水平和创新能力；中国农科院蔬菜研究所、定西旱农研究所、吉林省白城市农科院、甘肃省农科院、青海省农科院等科研院所，先后来我所进行考察和交流；我所1名科技人员赴瑞典考察学习；42名科技人员赴北京、内蒙古、吉林、山东等地参加学术交流；6名科技人员被聘任为研究员、高级农艺师，1名科技人员被《中国现代农业科技》杂志社聘为特邀编辑委员；2名科技人员推荐为优秀科技工作者。通过国家现代农业产业技术体系建设，使部分科技人员进入国家现代农业产业技术体系研发和示范推广的国家科研队伍行列；通过公开招考，为我所补充3名研究生和5名大学学历专业技术人才，缓解科研人才梯队结构断层问题；通过公开竞聘，使2名学识水平高，工作扎实的优秀干部。

【基础设施建设】 投资190万元，完成《小杂粮原原种扩繁基地建设项目》，重点建成常温库及物资库500.2平方米，晒场600平方米，购置仪器设备及农机具41台套；完成自治区科技厅《旱作农业工程技术研究资源共享平台项目》，改变宁夏旱地农作物品种改良和种植资源研究、鉴定、开发利用以及资源共享设施条件落后的现状，为宁夏农作物优良品种及种质资源的搜集整理、科学保护、研究、鉴定、开发利用夯实基础；对办公大楼进行维修改造，更换门窗108套，铺设地板1000平方米，粉饰墙体3000平方米，更换办公桌椅20套以及电脑等部分办公设备。

【定点帮扶】 选派2名副科级干部分别担任彭阳县草庙乡挂职副书记和农村指导员进驻彭阳县草庙乡王岔村开展定点帮扶工作。帮助该村健全和完善村务公开、民主管理制度，推进农村基层干部依法办事和民主政治建设；帮助村党支部制定两年《整村推进扶贫规划》和2010年产业发展实施方案；因地制宜地调整产业结构，推广玉米、马铃薯等作物新品种1270亩，推广旱地玉米沟垄集雨抗旱节水种植等新技术1000亩；发展设施养殖，使全村牛饲养量达到142头，羊600多只，猪470多头，鸡900多只，促进了本村畜牧业发展；多方争取扶贫资金30多万元，完成秋覆膜400多亩，输出该村剩余劳动力280人，实现劳务创收112万元，全村人均收入由去年的2200元增加到今年的2450元，增长率达11.3%。

【廉政建设】 组织干部职工深入学习中纪委十七届五次全会、区纪委十届五次全会和市纪委二届七次全会精神，开展“学《廉政准则》促廉洁从政”主题教育活动，加强对党员的思想教育，抓好党风廉政建设各项制度的落实，抓好廉政风险防范管理工作和勤政廉政承诺，加强纪检领导班子建设，制定和落实预防职务犯罪制度，纪检信箱管理制度，领导干部“十不准”、重大事项报告、礼品登记和收入申报等一系列党风廉政建设制度，着力构建惩治和预防腐败的体系。

【机关效能建设】 2010年，本所机关效能建设和节能减排工作的落实，着力解决机关效能建设和节能方面存在的突出问题，成立以所党委书记为组长，副书记为副组长，科室负责人为成员的固原市农科所机关效能建设领导小组，制定《固原市农科所2010年机关效能建设安排》；加强宣传，提高干部职工节能减排和环保意识。

教　育

创建教育强县(区) 严格按照“创强”有关要求，加强督导检查，推进“创强”工作。全市四县一区已有62个乡(镇)创建教育强乡(镇)工作通过市人民政府考核认定。

农村学前教育 利用中小学布局调整后农村富余教育资源，加快组建乡镇中心幼儿园，学前教育普及程度明显提高。全市城市(县城)学前三年入园率达到86.5%，农村学前一年入班率达到81.2%。

“两基”教育 坚持“两基”攻坚时行之有效的措施，狠抓控辍保学，落实保障措施，保证普及程度各项指标不下滑、有提升。年内，全市小学适龄儿童入学率99.69%，初中学龄人口入学率96.1%，初中升学率达到88%。全市青壮年人口中非文盲率达到97%以上。同时，启动并编制《固原市地方课程教材》初稿。

普及高中阶段教育 制定《固原市普及高中阶段教育实施方案》和《关于全面规范基本普及高中阶段教育工作档案建设的通知》，组织召开全市“普高”档案建设培训会；做好普通高中招生指标50%切块工作，全市普通高中校均规模达到2393人。

职业教育 年内，建成隆德职业中学迁建一期、西吉职中改扩建、市职教中心动物疾病诊治实训楼和教学楼建设工程，推进东西部联合办学工作。完成中职招生8052人，占任务的119%，其中联合办学完成3423人。

规划编制 编制完成《固原市市区中小学幼儿园布局规划调整方案(2010—2015)》和《固原市教育事业“十一五”规划执行情况总结评估报告》《固原市教育事业发展第十二个五年规划》框架，完成市第七中学、第十三小学、第一幼儿园、第六幼儿园项目建议书和陕甘宁革命老区振兴规划（固原篇)教育建设项目前期准备工作。

校舍安全工程 年内，加快西吉四中二期扩建，完成彭阳二中新建，建成固原一中、彭阳四中迁建工程主体。自治区下达本市中小学校舍安全工程资金3.06亿元，改造面积29.05万平方米，共涉及学校278所，单体建筑655栋，所有重建项目年内均可完成主体建设任务，加固工程均可竣工。

教育惠民政策 全面落实“三免一补”政策，开展普通高中家庭经济困难学生资助试点、中职学生免费教育试点和家庭经济困难学生资助以及大学生生源地贷款工作，保证每一名学生不因家庭经济困难而辍学。累积资助普通高中家庭经济困难学生8903人，共计资金667.7万元；大学生173人，共计资金69.2万元；中职学生享受国家助学金13611人，免除学费10647人；申报大学生生源地贷款11311人，共计资金6005万元。从秋季学期开始，全市范围内全面实施学生营养早餐工程。

【教育督导检查】 春、秋季开学，对全市教育强乡镇创建、"普高"档案建设、中小学阳光体育活动和农村中小学现代远程教育管理应用进行专项督导，对城乡中小学学校收费等"六项工作"全面检查。对检查出的问题查摆原因，提出整改措施，并跟踪督查落实。

【基础教育综合管理】 全面落实教学质量工作目标管理责任制和中小学质量考核评估制度，确立以薄弱学校为突破口、以课堂教育为重点、以远程教育资源为补充的提高教育教学质量工作机制，及时督导检查，狠抓基础常规，促进全市中小学教育质量的大幅提升。2010年全市12865名初中毕业生参加中考。普通高考本科上线人数达4294人，比去年增加194人；上线率27.9%，较去年提高2.5个百分点。固原一中正式录取学生一次性本科上线率达82.1%。

【德育工作】 年内，把德育教育融入学校教育全过程，着力培养学生良好的思想道德品质。评选推荐自治区级普通高中优秀学生、三好学生、优秀学生干部221名，评选表彰市级三好学生、优秀学生干部337名。成功承办2010年全国中学生奥林匹克竞赛决赛暨宁夏天文奥林匹克邀请赛。组织全市200名师生参加铁道部举办的"和谐之旅"夏令营活动，有10所学校参加第四届中国青少年创意大赛宁夏区选拔赛。

【安全保卫】 与各县（区）教育局、市直学校签订《学校安全管理责任书》，定期督导检查。全面贯彻落实5.3全国维稳综治工作会议精神，联合公安、卫生等部门完成校园及周边环境排查整治，有效提高学校防范意外事件的能力。所有学校建立起突发安全事故应急机制，普遍开展地震、消防等事故应急演练。抓好流行性传染病防控，保证学校卫生安全。

【教师队伍建设】 年内，招聘特岗教师490名，空编招聘教师34名。完成全市教师全员岗位培训1.5万人，组织中小学教师专业提升培训740名，普通高中教师自治区级远程提高培训470名，中小学校、幼儿园骨干教师参加自治区级和国家级培训276名，推荐自治区级骨干教师270名。组织全市14100名中小学教师能力考试，达到以考促训的目的。选派48名中小学校长、优秀骨干教师赴江苏深圳挂职锻炼或研修，组织192名中小学校长参加了中国移动公司"西部省区影子校长"、现代远程教育等网络培训，103名中小学党组织负责人参加全市统一培训。

【绩效考核】 在完善义务教育阶段教师绩效工资发放考核办法的同时，完成高级中学教师资格认定739名，评审推荐中小学教师初、中、高级职称260人。

【尊师重教活动】 开展教师节庆祝活动，慰问骨干教师代表，召开全市优秀骨干教师座谈会。召开全市尊师重教座谈会，表彰一批捐资助学先进集体和先进个人，组织4人参加全国公派留学遴选工作，推荐自治区级劳动模范先进集体1名、国家级劳动模范1名，激发广大教师教书育人的荣誉感和责任感。完成市直学校1400多名教师人事档案整理工作。

【创先争优活动】 制定《教育系统基层党组织和党员中深入开展创先争优活动实施方案》，成立领导小组，建立了联络员制度，并及时召开了动员大会。以"提高教育质量，办人民满意的教育"主题，开展"荐好书、捐好书、读好书"、"为人师表，实现价值"、"争当学科带头人"、"师德师风建设承诺"和"功能党小组设置"等主题实践活动。

【大学习活动】 采取理论宣讲、座谈交流、撰写读书心得、开展调查研究等多种形式学习实践中央实施新一轮西部大开发意见精神，把大学习的成果转化为教育重点工作和教育项目规划各项工作的有力推手，促进教育强县区强乡镇创建、校安工程等重点工作和十二五期间教育项目规划制定的落实，以大学习推动教育大发展。

【机关党建】 与直属各党组织签订《党建目标管理责任书》，落实“三会一课”制度和党员目标管理、岗位承诺制度。把学习纳入干部年度考核，创建学习型机关。加强党员队伍建设，发展预备党员 26 名。召开教育系统纪念建党 89 周年暨创先争优活动表彰大会，表彰优秀共产党员 19 名、师德师风建设先进个人 26 名。

【党风廉政建设】 贯彻落实廉政建设有关规定，全面开展教育系统廉政风险点防范管理工作和勤奋教书、廉洁育人承诺制活动和“廉洁文化进校园”活动。建成市考试网上巡查指挥中心，实现招生考试区、市、县、校全程电子监控。严肃考风考纪，加强考试巡视，对各类考试实行全程监督，有效维护了考试公正公平。推行政务公开和校务公开，督查教育收费，严格执行各项政策规定。

【机关效能】 切实改进工作作风，坚持办事公开和服务承诺，开展部门督查，按时完成议案、建议、咨询办理，开展节能降耗各项工作，规范公文运行，精简会议，各项制度落实到位，开展调查研究，提高工作效率，完成环境整治和扶贫帮扶各项工作。

文化 体育 卫生

固原市文化体育广播电视局

【广播电视新闻宣传】 2010年，宣传工作始终围绕市委、政府的重大决策和重要部署，坚持服务大局，注重节目策划，强化宣传效果。固原人民广播电台《固原新闻》共播出新闻350余档2500余条，电视台《固原新闻联播》播出新闻275档2124条，《关注》《影像生活》《政协视点》《固原交警》四个栏目共播出专题51期，推出系列报道21部，向宁夏电视台报送上传新闻近150余条，播出70余条。其中消息《六盘山固原机场试航成功》6月26日晚在中央电视台《新闻联播》中播出，《旱源地带看上黄》7月27日在中央电视台《朝闻天下》栏目中播出；《危房改造让山区群众受益》《法律援助为困难群众撑起保护伞》等稿件在《宁夏新闻联播》头条播出。

【宣传中心工作】 围绕市委、政府确定的15件大事和25件实事，宣传固原盐化工循环经济扶贫示范区基础设施建设工程、固原市城乡困难群众住房工程、市区道路工程和六盘山机场、热电厂、旅游等的进展情况；围绕马铃薯产业、设施农业、生态农业、草畜农业等特色优势产业搞宣传；围绕贯彻第四次固原工作会议精神搞宣传，取得良好效果。宣传报道全市上下贯彻落实第四次固原工作会议精神的实际行动和采取的重要举措，做好会议所确定的重大建设发展项目的宣传报道及前期立项、后期施工工程建设情况的跟踪报道；推进“五个一工程”的宣传报道力度，做好《每周一星·时代风采》《每周一星·道德之星》两个专栏，大力宣传“花儿”艺术，打造“六盘山花儿”品牌。

【品牌宣传】 品牌宣传做到远有计划，近有策划。围绕不同阶段的重点，推出“聚焦两会”、“为民办实事”、“读书与学习”、“学习型机关建设”、“固原实现蓝天梦”等系列报道14个，开办数量去年同期相比增长30%。其中“读书与学习”栏目播发新闻32条；“两会”系列专栏播出新闻46条；做好六盘山登山节的筹备和集中宣传。从7月中旬开始，《固原新闻联播》开辟“当好东道主、办好登山节”系列报道，全面介绍登山节前期各项工作开展情况及登山期间的盛况，播出新闻40多条；制作播出专题《不到长城非好汉 六盘山高竞风流》《登临米岗峰》《健儿竞风流 六盘唱赞歌》《圆梦六盘山》《六盘理念》等8期；开展集中宣传报道，推出系列报道200多集，提升新闻节目收视率和知名度,结合全市上下贯彻学习西部大开发精神的开展情况，开设的《西部大开发 十年新固原》《西部大开发 固原怎么办》系列报道共播出相关新闻220多条。

【重大节庆纪念宣传】 年内，宣传七一建党节、八一建军节各项活动的开展情况，弘扬社会主旋律，共播相关新闻23条。

【专题栏目宣传】 针对2010年的重点工作，开设大型系列报道《推进战略转型 发展县域经济》《创建学习型机关》；围绕市政协重点工作，制作播出《议政建言写新篇》《百花消息雨声中》《倾听》3部专题；结合“五五”普法验收工作，开设《与法同行建和谐》专栏等。

【基础设施建设】 年内，全市建成5个乡镇综合文化站。其中隆德县3个(城关镇、官庄、张程)，原州区1个(炭山乡)，泾源县1个(香水镇)；建成“农家书屋”工程379家，2011年向自治区再次申报了556家；顺利通过自治区专家组对本市第三次全国文物普查实地文物调查阶段初验工作，共校验不可移动文物记录1393条，消失文物记录63条，校验通过率100%，实地文物调查乡(镇)、行政村(社区)、自然村覆盖率均为100%；整理《固原市第二批非物质文化遗产名录》文本资料7万多字，做好筛选、评审、上报工作；完成固原市第一批非物质文化遗产保护传承人的申报工作；完善非遗工作，筹划成立固原市非遗中心；实施农村数字电影放映工程，农村数字电影放映任务12592场，完成全年放映任务的100%。

【行业管理】 加强文化市场管理。会同公安、工商等执法部门对学校及周边的网吧、出版物、娱乐场所进行4次检查，检查人员达25人次。按照《互联网上网服务营业场所管理条例》，取缔在校园周边200米以内开办的网吧和彩票投注站点；针对个别网吧违反规定接纳未成年人上网等问题，执法人员进行现场调查取证，并按照有关规定给予批评教育处理；收缴盗版书籍和教辅教材181本，盗版光盘160张，清理街头流动书商书贩3家；对全市102处文物保护单位，14530件（组）馆藏文物进行调查核实，绘制成图，划定了保护范围，树立了标志说明牌；严格管理，加强防范，完善措施，确保广播电视安全播出。履行零报告制度，严格执行24小时值班制度；播出、发射等重要岗位昼夜专人职守，重大干扰事件转播事故率为零，重大事故零起，重要播出时段保证率100%；三营转播台的播出事故率降低到1‰。

【“文化固原”建设】 组织开展丰富多彩的群众性文化活动。举办固原市春节团拜会文艺演出；在憩园广场举办了秦腔专场演出12场；配合原州区在体育场举办元宵节焰火晚会和社火大赛；国庆节期间，举办“骨里香”杯秦腔展演活动周。送戏下乡演出106场；为庆祝固原剧院落成典礼，成功举办固原市首届“清凉六盘、文化固原”秦腔艺术节，演出秦腔传统剧目本戏5本，折子戏3台，因本次演出探索市场运行与送戏相结合的路子，8场演出门票总收入2.4万元，观众达4000余人；组织县(区)参加中国宁夏第二届国际文化旅游博览会，布展内容丰富，本市展区获得最佳展演奖；承担自治区第十三届全运会开幕式大型团体时尚啦啦操的组织编排、训练任务，团体操近500人参加，因组织严密、阵容庞大、艺术性强，被自治区第十三届全运会领导小组授予二等奖；成功举办固原市第二届“花儿漫六盘”歌手电视大奖赛，来自各县(区)60多名选手参加了比赛，20个节目进入总决赛分别获奖。其中原州区委宣传部选送的《吆骡子》赢得评委和观众的青睐获得一等奖，市秦剧团、西吉县文工团、原州区炭山乡选送的三名歌手获得二等奖；完成自治区扶贫办和市政府交办的扶贫节目专场演出，该节目代表自治区扶贫办在银川光明广场参加“清凉宁夏扶贫济困”专场演出，随后，又在本市各县(区)进行巡演，取得社会效益和经济效益双丰收。

【群众体育活动】 举办元旦登山活动、全市第二届智力运动会、全市台球大赛；开展“百乡千村”农民篮球运动会，全市比赛次数达到3万多次。按照市政府要求，做好第十三届全区运动会和第七届少数民族体育运动会备战工作。在第七届少数民族体育运动会中，本市共取得4金、9银、8铜的好成绩，九个代表团中位居第二名；组织各县(区)参加第十三届全区运动会，经过广大教练员和运动员的共同努力，取得12金、8银、9铜、团体总分220分的优异成绩。参与承办

2010年全国群众登山健身大会暨首届宁夏六盘山登山节活动，共有1600多名来自18个省、市的运动员参加竞赛组和健身组活动，达到宣传固原、推介六盘山的目的，得到参赛队员的好评、社会各界的认可和赞誉。举办固原市第二届台球争霸赛；组织本市围棋、象棋协会选手参加全区棋类比赛。

【有线电视网络建设】 严格落实《限时办结制度》，确保故障维修6小时内完成，新户安装24小时内完成；严格落实《用户回访制度》，对当天故障报修用户实行100%回访。新安装用户1138户，维修用户3652户，抢修线路15次，完成线路改造建设33.82公里。

【大学习活动】 根据市委、政府关于深入实施西部大开发大学习活动的要求，本局每周二、五组织全体党员及中层以上领导干部集中学习西部大开发的有关文件精神，并制定详细的实施方案和学习安排；根据市委关于开展创建“学习型党组织”活动安排，成立领导小组，制订实施方案并细化分解责任，开展学习型党组织建设。

【队伍素质建设】 在领导班子建设方面，不断强化领导班子民主决策和执行能力，始终致力于将领导班子建设成为一个团结干事、和谐共事、按章办事的领导集体，凡是涉及重大问题、重大开支、一律通过班子集中决策；凡是开展重点工作、重大项目都必须主动广泛征求意见，民主集中，决策执行。在队伍建设方面，结合创建学习型机关活动，在全局范围内开展以“增强政治素质，弘扬优良作风，提升职业道德”为主题的学习教育活动，开展“读好书、荐好书、捐好书”活动，局内开展“书香伴我行”读书知识竞赛并参加全市读书演讲比赛。

固原日报社

【宣传报道】 通过《固原日报》《固原数字报》《固原手机报》《固原新闻网》等传媒载体，重点对胡锦涛、吴邦国、周永康来宁夏考察和张毅书记来固调研的重要讲话精神进行宣传；对十七届四中五中全会，市委二届八次、九次全会和全国、区市“两会”，第四次固原工作会议等重要会议精神进行宣传；对社会主义核心价值体系、六盘山精神、学习型党组织建设、争优创先活动、党的建设和党风廉政建设、西部大开发大学习活动等重大主题进行宣传；对155工程建设的宣传（即盐化工循环经济扶贫示范基地、六盘山生态农业示范基地、西兰银交会中心物流集散基地、六盘山红色旅游和生态旅游休闲及文化避暑度假基地、劳务输出基地进行宣传）；六盘山热电厂、新机场通航、新区大会战等重点建设项目的宣传；对文化固原建设、精神文明建设、思想道德建设进行宣传；对教育、科技、卫生、法制、综治、计生等社会事业方面进行宣传。

【重点栏目开设】 年内，共开设重点栏目11个，无偿为市委市政府主要工作、重大活动制作专版38期。刊发稿件8985篇（幅），通过大大压缩对常规性工作报道和增加版面，加大对全市中心工作、重大活动的宣传报道，超额任务4775篇（幅）。同时，向县区派出了驻站记者，较好地解决了多年来对各县区宣传报道不足的问题。另外，制作阅报栏50个，每天免费向阅报栏、社区活动场所、广告客户送报纸250份；全力办好固原新闻网。设立新闻网编辑部，聘用专业技术人员，不断改进版面，开设15个栏目。平均每天访问量达到6000次以上，涉及全国14个省区，扩大了固原对外宣传的渠道；本报记者与宁夏日报记者合作采写的新闻在《宁夏日报》头版头条刊发的有13条，超额难点工作任务1条；在2010年宁夏新闻奖评选中，获得一、二等奖件数居全区五家市级报首位。

【内部管理】 加强采编队伍思想政治建设和业务技能建设。加强党员和编采人员的政治理论学习、业务技能培训；以观看录像、举办读书沙龙、演讲比赛、考学、述学、赴重点建设工程调研采访等形式，开展“书香报社”创建活动；狠抓党风廉政建设、机关党建、创先争优、机关效能建设、机关文化建设、大学习活动等，确保单位风清气正、运行良好。公开招考12名编采人员；副科级领导干部竞争上岗工作也已完成。筹集20多万元，邀请银川秦剧团来固原举办“庆新年秦腔大戏进固原”大型演出活动。为新址建设工程争取资金550万元，完成一期全部工程，报社实现整体搬迁并完成二期土建工程。

【廉洁自律】 班子成员严格遵守党的政治纪律、组织纪律、新闻工作纪律和财务制度。在思想上、政治上、行动上，和市委市政府保持高度一致，坚决贯彻执行市委市政府和市委宣传部的各项决策、部署。带头执行《党员领导干部廉洁从政若干准则》和市委关于党政领导干部廉洁自律的各项规定，不断加强职工廉洁自律教育。加强学风、工作作风、生活作风建设，使单位呈现忙而不乱，紧张有序的工作状态。坚持民主集中制原则，严格照章办事，在党务、社务、财务、工程建设等重点工作中做到程序、民主、公开、公平、透明。自觉接受党内外监督。年内，没有出现违规违纪的情况。

地方志

【概述】 固原市、县(区)地方志机构自1985年成立，25年来，共出版志书12部，整理旧志书7部，出版年鉴27部，编修地情书37种，指导部门志、乡镇志32部，发表史志类文章篇560多编，有10志书、年鉴在自治区和全国获奖。

【主要荣誉】 市方志办曾获全国方志系统先进集体、国家人事部表彰地方志先进集体、自治区人民政府先进集体和连续五年自治区地方志领导小组先进集体。市级文明单位、二部年鉴获自治区和全国奖。曾获全市目标管理考核第一名、第五名、第六名、第七名和2010年第四名的成绩。

【《固原年鉴2010》编修、出版】 依据《宁夏回族自治区地方志工作条例实施办法》，组织编修人员认真学习领会年鉴编修指导思想、工作原则和编修要求，紧紧围绕市委市政府中心工作，紧密结合全市经济社会发展和单位目标管理考核工作实际，组织力量开展《固原年鉴2010》的编修工作。在编修过程中，坚持真实、准确的原则，严把年鉴质量关，力求具有很强的可读性、可查性和可存性。全书共计100万字，达到了一年一鉴、年年改进的要求。

【《宁夏年鉴2009》固原市资料编辑报送】 编写《宁夏年鉴》这是区方志办每年的常规工作，也是市、县各方志部门必须配合完成的一项硬任务。年初部署，3月10日完成。

【《中华人民共和国大典·宁夏卷》固原市资料编辑报送】 根据宁夏国史编审委员会《关于编纂〈中华人民共和国大典·宁夏卷〉征集资料的通知》文件，按照刘小河书记和张宗苕副市长的批示精神，严格按照编写大纲，全力收集整理编写出了《中华人民共和国大典.宁夏卷》固原市资料，该资料包括固原市情概况、发展历程、辉煌成就、行业概览、地方概览和附录六个部分，5万余字，插图25幅，涵盖了固原市各行各业的发展变化。

【整理编写《固原西部大开发10年大事记》】 本着“资政服务”的目的，组织力量对固原西部大开发前10年大事记进行了资料挖掘、整理和编辑工作，编写出《固原西部大开发10年大事记》，共15万余字。在《固原新闻网》西部大开发专栏进行公开发布，并收录进《固原年鉴2010》中，以供今后领导参阅和保存。

【完成上级交办工作】 一是为南京各大专院校虚拟重走红军长征路提供文字资料3万字，为市政门户务网站提供更新资料和图片。二是对为宁夏和平解放作出特殊贡献，被称为“和平老人”的泾源籍人郭南浦的生平事迹进行了挖掘调研，提供文字材料5000字左右。三是为《宁夏广播电视台》提供了北周时期固原社会名流梁彦光、梁士彦生平事迹材料5000字左右。受到了领导和有关部门的好评。

【指导县(区)方志编修】 组织力量和聘请方志学者专家，多次召开专题会议研究评审了续修的《原州区志》《彭阳县志》和《西吉年鉴》，在编排体例、内容结构和观点记述等方面都给予重点指导，收到了很好的效果。

【其他业务】 一是完成了《固原大事记2010》《固原人物2010》《固原文献2010》共22万余字资料的收集和整理工作。二是配合中心，围绕大局，年内干部职工在各级各类报纸杂志上共发表理论文章7篇，既锻炼了干部队伍的自身能力，又树立了单位对外的整体形象。三是创新工作理念，积极发挥咨询服务作用。先后为自治区有关厅局、市旅游局、市工信局、市扶贫办等单位提供各类志书和地情书籍五种20余部。为第四次固原工作会议等方面提供志书57部，陪同有关专家学者开展调研9次，为全市经济社会发展发挥了很好的资政服务作用。

档案管理

【创先争优活动】 开展“档案工作上台阶”主题实践活动，档案工作思维方式再转变、目标任务再明确、科学发展再跨越，经自治区档案局检查，档案管理工作走在档案系统前列。

【争项目争资金】 争取国家中西部地区县级国家综合档案馆建设项目，泾源、彭阳、隆德3个县档案馆建设已立项，总建筑面积4652平方米，总投资884万元，占全区总投资的42.6%；争取国家重点档案抢救和保护资金7万元，裱糊民国档案13516件。

【重大档案项目监督】 围绕全市经济转型，找准切入点，履行重大工程建设项目的监督指导职能，验收固原六盘山机场工程档案421盒，光盘13张；验收六盘山引水工程档案313盒，图纸1231张。

【社会服务】 强化指导，促进民政局、土地局、房产局等单位民生档案立卷归档和信息化建设，提升民生档案资源的共建共享能力；加强民生档案开发利用，为编史修志、办理养老保险等提供大量的档案凭证，共接待利用者2060人(次)，提供利用10009卷(件)，复印凭证材料8300张。

【业务建设】 集中培训，采取理论辅导与操作实践相结合，对全市89名专兼职档案人员进行为期9天的岗位培训；参加全国、全区业务培训4批5人次。督促指导方志办、民政局、党史研究室、建设局等4家单位完成文书立卷工作；指导整理市教育系统人事档案1368盒，协助房产局整理产籍档案729宗，监督销毁市交警支队会计档案140本。

【档案馆藏】 发挥综合档案馆在档案资源收集、保管的主渠道作用，接收档案1020卷(册)。其中全市“深入实践科学发展观”档案506件，组织史档案65卷500万字；配合，将广军、宋源文等7位全国著名版画家的作品、总价值约27万元的“情系六盘”版画接收进馆，改善馆藏结构，增强馆藏特色；强化安全管理，争取资金2万元为档案馆安装防盗监控系统，布置监控点8个，实时24小时安全防护，储存图像可达30天。

【档案惠民】 创优档案利用环境，探索档案惠民新思路，实行免费提供档案、复印资料、出具证明等便民措施，在办理上“提速”，推出电话即时查询，上门帮办查阅，受理网上、信函查询等举措，开辟养老保险查阅“快捷通道”，为社会各界提供档案查阅利用服务和具体指导；在办结上“提质”，设“意见簿”方便利用者提出意见建议，并对所出具的档案进行跟踪问效，及时获取档案利用反馈信息，利用率达到90%以上；贯彻国家档案局 8 号令，在集中培训的基础上，组成 4 个指导组，精心指导完成 72 家市直单位的《机关文件材料归档范围和文书档案保管期限表》的审批工作，使档案管理更加规范，便于操作。

【《档案法》宣教】 为增强全社会重视档案意识，开展"《档案法》纪念活动"，利用全国"12.4"法制宣传日、"五五普法宣传周"、"宁夏档案记忆展" 等法制宣传平台，扩大档案普法的社会影响力。联合自治区档案局对市、区民政局涉民档案，进行档案执法检查，探索依法治档的长效机制；制作展板，悬挂横幅，在《中国档案报》《中国档案》《中国档案信息网》《固原日报》等媒体刊登档案信息 21 篇。

【机关内部建设】 2010 年，局党支部坚持以科学发展观为指导，树立创新发展理念，使档案工作与全市科学发展、和谐固原建设在指导思想上相一致。推进"创先争优活动"和"深入实施西部大开发战略大学习活动"，加强学习型党组织建设，征订各类报纸杂志 17 类 40 余份，开展理论学习 53 期，报送信息 67 期，调研文章《浅议档案行政执法中存在的问题及对策》被推荐在西北地区第十六次档案工作协作会上交流，《加强人力资源保障建设 为"两个体系"建设提供坚实的人才保障》入选 2010 年中国档案年会论文。局党支部在全市"深入实施西部大开发战略大学习百题知识竞赛"中荣获优秀组织奖，全体党员干部均获大赛 2 等奖；以"党风廉政建设制度推进年"为契机，学习贯彻《廉政准则》作为加强班子建设的重点，提升"平安"创建水平和机关效能执行力；完成义务植树和环境整治任务；开展"送温暖献爱心"活动，为青海玉树地震灾区捐款 1900 元，捐献爱心包裹 300 元；多方筹资 5.35 万元，为彭阳县交岔乡大坪村修路 6 公里，捐赠 2000 元学习用具、面粉 15 袋。

党史研究

【革命遗址普查】 按照自治区党委党史研究室《关于进一步做好全区革命遗址普查工作的通知》(宁党研字〔2009〕27 号)要求，做好全市革命遗址普查工作，经普查，全市五县(区)共普查登记民主革命时期形成的重要党史事件和重要机构旧址、人物活动纪念地、革命领导人旧居、重大战役战斗遗址、烈士陵园、纪念设施 22 处，其他历史文化遗址 14 处。市、县(区)遗址普查工作已结束，形成表格 22 份，原始图片 102 张。

【党史资料征编】 开展社会主义建设时期和改革开放新时期党史资料的征集，为《中国共产党固原革命史》(第二卷)的前期工作做好准备；开展 2010 年《中共固原市委历史大事记》的整理、编撰工作，加强与市委办公室的配合，整理编撰的大事记完整、准确地反映这一阶段本市党的重要活动和重大事件；开展《中共固原市委历史大事记》(2006—2010 年)的征集、整理和编纂工作，形成文字 60 多万字，此书一稿现已装订成册。

【调研工作】 年内，详细研究固原民营经济发展史，特别是改革开放以来，固原民营经济在党的领导和扶持下取得的显著成果，成为固原经济发展的重要组成部分，为完成《固原民营经济史》初稿，开展资料征集、编辑工作；配合上级组织完成党史调研工作。在区党委党史研究室主任布青沪、党史研究室副巡视员任建耀、秘书处处长郭小涛等一行到固原调研之际，召开座谈会，全市四县一区史志办负责同志参加了座谈会，对固原市党史研究工作情况和取得的成绩、成果和经验，以及存在的主要困难和问题、今后的工作打算做了汇报交流。并陪同布青沪主任一行立即赶赴彭阳县调研党史工作、考察革命遗址普查工作，视察彭阳小岔村毛泽东旧居和任山河烈士陵园保护工作，并与彭阳县党史部门进行座谈，听取汇报。

【延安精神研讨会】 年内，组织 7 名市延安精神研究会会员参加在陕西延安举行的"宁夏五市延安精神研究会第三届年会”，开展论文交流，向全区延安精神研究会会员介绍了市委、政府提出的“不到长城非好汉”的六盘山精神，受到与会同志的好评。与会会员通过到革命老区盐池县和革命圣地延安的考察学习，参观盐池县革命历史纪念馆和延安枣园、杨家岭、宝塔山、延安革命历史纪念馆，听取延安市延安精神会的经验介绍，亲临实地，亲身体验了延安精神，加深对延安精神的理解，增强弘扬延安精神和六盘山精神的决心和信心另外，协调指导五县(区)成立延安精神研究会，组织全市延安精神研究会会员开展六盘山精神和延安精神理论研讨活动。

【“五五”普法验收工作】 按照《固原市“五五”普法检查验收实话方案》和《关于全市“五五”普法检查验收时间及分组安排的通知》要求，从组织领导、保障机制、法制教育、法制宣传和依法治理五个方面进行认真检查，撰写“五五”普法自查报告和“五五”普法验收汇报，通过市“五五”普法考核组的全面验收。

【党风廉政建设】 贯彻执行党风廉政建设的各项规定，自觉抓好党风廉政建设工作。组织全体党员学习中央、自治区、市关于党风廉政建设责任制，加强党风廉政建设和反腐败工作的规定，教育全体党员深刻认识党风问题是党的生死存亡的重大问题。要求全体党员以身作则，认真执行廉洁从政行为准则，努力筑牢思想道德和党纪国法的防线。通过这些工作，确保廉政工作的有效开展。制定《市委党史研究室工作制度》和《市委党史研究室党支部工作制度》；建立重大事情集体讨论决定的制度；完善出国出境证件的审批、保管制度和公务接待、公务交通费补贴的制度。

【创新工作机制】 根据《关于开展深入实施西部大开发战略大学习活动的实施方案》，制定《市委党史研究室开展深入实施西部大开发战略大学习活动学习安排表》，要求干部职工对事关全市、全室的重大问题组织干部职工积极建言献策，征集到意见建议文章一篇，上报市大学习活动办公室。

【机关党建】 按照市委的部署和安排，室党支部在全室开展创先争优活动，参加活动的党支部 1 个。参加学习实践活动的党员 5 名，其中县处级党员领导干部 2 人，科级干部 1 人；成立创先争优活动领导小组，制定《关于在党史研究室党的基层组织和党员中深入开展创先争优活动实施意见》《党史研究室开展“创优争先”活动安排》；建立党员领导干部指导制度，开展公开承诺活动，填写《党员创先争优公开承诺书》。

【扶贫慰问】 “七一”前，党史室党支部走访慰问 1 名离休党员和 2 名退休党员，送去慰问金 300 元；慰问扶贫村老党员、困难党员 5 人，送去慰问金 250 元。

固原博物馆

【思想道德建设】 2010 年以来，本馆把干部队伍思想道德修养和优良作风的养成作为推进各项事业发展的头等大事。传达党组三次读书班会议精神，使全体干部职工第一时间了解掌握党组的工作意图和各项要求，增强干部职工的理论水平和政策水平；发放学习书籍，向各部室发放《冰清玉洁》《机关干部文明礼仪》《六盘山民间故事集》和《固原历代碑刻》等学习书籍，并提出具体学习要求；组织学习规定篇目，并将“规定动作”和“自选动作”结合起来，组织干部职工 学习了毛泽东同志《纪念白求恩》《反对自由主义》《中国共产党的三大作风》和《为人民服务》；学习胡锦涛、吴邦国、周永康等中央领导在考察宁夏工作期间的重要讲话精神；学习习近平同志《领导干部要爱读书读好书善读书》；学习“中国共产党党员领导干部廉洁从政若干准则”；学习中纪委驻文化部纪检组长李洪峰在文化部新党员培训班上的讲话——“努力做一名合格的共产党员”;学习十七届五中全会公报和人民日报社、新华社特约评论员文章“为全面建设小康社会打好基础”、“牢牢把握科学发展观的主题”两篇文章。开展了学习辅导。围绕建设马克思主义学习型政党、党风廉政建设和“西部大开发、思想大解放、体制大改革、文化大发展”主题三次邀请专家学者和领导干部上门作主题讲座,推进干部职工对中央重大决策部署的理解和认识;落实文化厅关于廉政风险防范管理决策部署。结合本馆实际,制订实施方案,各部室结合风险防范点的查找定岗位、定职责、定制度。通过该项工作的推动,各部室规范化管理程度进一步提高,工作中随意性的问题,责任性不强的问题在逐步得到扭转;落实文化厅、司法厅关于先进文化进监所活动,党支部、工会组织全体职工自编自演一台文艺节目于7月12日前往黑城监狱向全体劳教人员作了演出,并现场赠送《六盘山民间故事集》70套,价值近万元;组织干部队伍向先进看齐。结合创先争优、机关效能建设、精神文明创建、内部档案资料建设,组织部室负责人和档案资料员前往同是全国文明单位的固原公路局进行学习取经;向玉树灾区伸出援助之手,捐款4120元;响应厅党组号召,派人参加全区文化系统“廉政文化建设暨党员在我身边”演讲比赛,荣获三等奖;活跃职工文化生活。支部、工会全年举办文艺体育比赛3次。

【基础设施建设】 2010年,利用中央支持宁夏大众传媒资金300万元,通过公开招标,对古墓馆、石刻馆进行维修改造,对地下散水管网、上下水网、电网和供暖管网进行大面积改造,并对宣教大楼两边及后院进行彻底硬化、绿化、美化。初步统计,两馆维修改造更换琉璃瓦和瓦下防水层处理各1100多平方米,铺设地下散水管335米,电路改造377米,供暖系统改造1200多米,并硬化地面4500多平方米,砖砌围墙210平方米,树坑改造37个,种植景观树15棵,并对科普演示楼窗户做了钢栏封护,同时对宣教大楼花园将倒石围栏做了加固处理,对职工单元楼地下渗水和路面做了处理和铺油。同时,按照固原市城乡环境整治领导小组要求,亮化宣教大楼近1000米,安装显示屏9.876平方米,壁挂式电视2台。另外,两次投入80多万元对已运行多年而且彻底瘫痪的监控系统和报警系统做了彻底拆除更换,实现与固原市110报警系统的联网。对古玩城供暖系统进行改造。

【馆展接待服务】 观众接待工作是博物馆对外服务工作的重中之重,从为观众服好务和确保文物的安全出发,聘用讲解员、保安人员和保洁人员30名,确保免费开放接待观众的高效运转;加强规范化管理,制定《宁夏固原博物馆对外服务管理规范》,对全体工作人员、尤其对讲解员、保安人员的一言一行、一举一动都提出具体要求,保卫科、宣教部还根据本部室的实际,提出“十一心”和“五心”服务规范要求,全年未发生观众投诉事件;全体一线服务人员本着以工作为重,在接待讲解服务、观众登记、文明执勤中真正体现“热心、诚心、耐心、关心和虚心”服务理念,全年接待观众296626人次;利用博物馆日和冬季观众低峰,宣教人员和保安人员很好地开展进学校、进军营等五进活动;承担“2010全国群众登山健身大会暨六盘山登山节”、“西安第五届西部博览会”、“中国西部首届全民创业博览会”的讲解任务,扩大固原博物馆在各地各界的影响力。

【公益性文化服务】 坚持以提高公益性文化单位供给能力和涵养能力为重点,为大众提供不同口味的精神食粮。为此,2010年共推出8个方面的固定展览和临时展览。投资31.6万元与固原市委宣传部共同策划推出“隐形将军韩练成”专题展,接受韩练成将军亲属捐赠文物117件,丰富了我们的藏品内容,为本馆作为区级爱国主义教育基地增添了一项新的内容;举办全国书画名家联展。北京等12个省市19名书画家的作品进行展出,促进地区间的书画艺术交流;与固原市纪委、宣传部、监察局、文联举办固原市“虎啸六盘”廉政书画展。四是与固原市委宣传部、文联、国防教育办共同举办“固原市纪念抗日战争胜利六十五周年书法绘画摄影展”；承接区、市有关部门共同举办的“神宁杯”第三届“赛上清风”廉政书画摄影工艺美术作品巡展；与固原市文联共同举办“情系六盘”——全国著名版画家六盘行版画展；引进两个展览：从福建博物院引进《八闽墨宝——福建博物院藏闽籍书画家珍品展》，从广州博物馆引进《海贸遗珍——18-19世纪清代广州外销艺术品展》。这两个展览的引进，促进书画艺术的交流，满足不同大众的文化口味，结束固原博物馆无引进外展的历史。

【对外交流】 坚持“走出去”战略，在更宽更广的范围用珍贵历史文物宣传宁夏悠久历史和光辉灿烂的多元文化。继去年本馆文物赴比利时、福建参加《欧罗巴利亚中国文化艺术节——丝绸之路》文物展和《塞上古韵——宁夏文物特展》之后，2010年与广州博物馆在广州举办《歌舞升平——中国古代丝绸之路上的乐舞文化文物展》；与西北五省区在西安、浙江两地举办《丝绸之路——大西北遗珍》展；与内蒙古博物院在内蒙古举办《走向辉煌——元代文物精品特展》；通过国家文物交流中心在韩国举办《丝绸之路大文明展》。

【文物数据信息采集和文物科技保护】 按照国家文物局和宁夏文物局的要求，完成一、二、三级文物4458件(组)数据信息采集工作；按照国家文物局的要求，邀请秦始皇兵马俑专家完成馆藏14幅18.5平方米的壁画和战国、两汉墓葬铁器16件(组)文物的数据分析检测。加大文物的科技保护力度。2010年在国家博物馆专家的指导下，修复青铜器36件(组)，本馆修复人员修复二三级陶器135件，陶俑8件，烧制陶俑2000多件，创历史新高；向国家文物局申报文物征集、保护、安防、消防项目资金1889.07万元；保管部工作人员利用重头工作之余拣选明清钱币3000余枚，并做了编号、装册、上账工作。

【科学研究】 2010年完成《宁夏固原博物馆馆刊》两期的编辑发行工作，收录文章30多篇。出版《固原历代碑刻》专著1本。完成《固原精品文物图集》(上)一书文物的精选、拍照、撰文和统稿编辑工作；承担自治区文化艺术科学重点规划项目——《丝绸之路—宁夏段》的课题研究。选派10多人次参加全国各地举办的国际、国内学术研讨会和重要保护项目培训班。全馆专业人员在不同学术刊物发表论文29篇。专题研究讨论固原博物馆展览提升问题，撰写《六盘瑰宝—固原历史文物展》展览大纲；组织中层以上干部和学者就本馆“十二五”规划进行讨论，向文化厅、文物局报送未来五年的发展思路和项目建设；参与须弥山博物馆、农耕博物馆展览大纲的撰写和论证工作；承担中国地震博物馆860平方米陈列大纲编写、展陈设计、电路设计以及讲解工作，指导完成展板188块，柜台70个，展柜60个，屏风墙2块。

【帮扶助学】 2010年，利用农闲时间，举办为期一周的农民文化艺术节，送书画238幅，艺术家现场泼墨给农民赠送书画400多幅。支持现金1.9万元解决了学校的实际困难，并为特困户买承包地7.3亩，圆了王婧婷同学的大学梦。为该村小学捐赠课桌椅45套。全年累计为该村办实事折合人民币32.27万元。按照固原市扶贫办安排，与固原市公安局和市委政策研究室一道在西吉硝河乡郎岔村共计出资7.5万元(本馆出3万元)为该村小学修建围墙365米。同时，从香港佛光会联系支教资金15万元，按照香港爱心人士意愿在彭阳县城阳乡韩寨村进行学校改扩建，建成陈兆光小学一所，联系香港爱心人士为全市中小学捐赠过冬棉鞋1800双，如数下发佛光如悦小学等6家小学学生手中，把香港爱心人士的拳拳报国情播撒到千家万户之中。

【检查验收】 2010年，本馆完成国家文物局组织

的国家一级博物馆运行评估验收和免费开放检查以及自治区4A级旅游景点检查，文化厅“五个好支部”和政风行风建设与机关效能建设检查，固原市2010年度目标管理考核、“五五”普法考核验收和文化厅本年度目标责任书落实等多项检查验收。

卫生管理监督及地方病控制

【创先争优】 自全市创先争优活动开展以来，本局成立活动领导小组，制发《实施方案》，召开市直医药卫生系统创先争优动员大会，以建设1个先进系统、培育2家典型示范单位和1家典型示范医院、培育50名优秀共产党员为目标，年内有14个基层党组织、324名党员进行公开承诺，联合相关单位举办全市院前急救技能大赛和全市中医中药理论技能大赛，玉树地震发生后，及时组织医疗救援和防疫小分队抗震救灾，完成救援防疫任务。

【卫生重点建设项目】 新建或迁建的市人民医院门诊住院综合楼、市妇幼保健院、彭阳县医院住院部已竣工交付使用。市中医院、西吉县医院、隆德县医院迁建工程和原州区医院医技住院综合楼、泾源县ICU重症监护室、彭阳县中医院建设项目进展顺利。新建固原市精神卫生康复中心、城市社区卫生服务中心已完成选址规划、图纸设计等前期准备工作。在中央扩大内需卫生项目的支持下，完成5所中心卫生院、13所卫生分院改扩建任务。加强基层医疗服务体系建设，科学编制卫生事业发展重点项目17个，其中新建市人民医院内科大楼、市卫生监督所等建设项目和自治区发改委、自治区卫生厅进行对接。

【卫生惠民工程】 人人享有基本医疗卫生服务工作进展顺利。年内基本医疗服务共为1612292人核销医药费用2252.15万元，参合农民就诊率137.71%，次均处方费用10.15元，资金使用率51.20%，累计为4160117人核销医药费用4621.24万元，资金使用率57.81%；启动健康宁夏全民行动工作，集中精力抓好“十个一”宣传教育、干预措施落实和效果督导评价等重点工作，通过落实相关措施，农村居民健康教育覆盖率达到96.9%，基本健康知识知晓率为92.5%，健康行为形成率77.2%，农村群众利用卫生知识预防疾病的意识明显提高。履行《烟草控制框架公约》，开展卫生系统控烟和无烟医疗卫生单位创建工作，全市卫生行政部门和50%的医疗卫生单位实现全面禁烟的目标；9类33项基本公共卫生服务扎实推进。建立全市城乡居民统一健康档案，城市和农村居民家庭建档率分别为86.5%和94.88%，孕产妇产前检查和产后访视率分别为99.3%和98.4%，孕产妇系统管理率90.3%，3岁以下儿童系统管理率为83.4%，7岁以下儿童体检率为80.56%，65岁以上老年人保健率农村为86.1%，城市为89.5%，高血压、糖尿病规范化管理率农村分别达到96.23%和96.6%，城市达到82.7%和92.2%，重性精神病管理率为95.2%。

【落实药品“三统一”政策】 做好药品“三统一”政策与国家基本药物制度的科学衔接。根据自治区贯彻实施国家基本药物制度工作会议精神，开展医务人员专题培训和以“贯彻实施国家基本药物制度，对社区、乡镇卫生院、村卫生室库存药品进行盘点。全市城市社区卫生服务机构、乡镇卫生院、村卫生室全部配备和使用了基本药物并实行零差率销售，二级公立医疗机构首选使用基本药物的品种不低于基本药物目录收载品种数的90%。本年度，全市1031家医疗机构执行药品和医用耗材“三统一”政策，覆盖率达100%。医疗机构规定目录药品平均计划申购率为100%，配送到位率为97.32%，目录药品使用率为99.86%，合同签订、履约期内中标药品回款率分别为100%。医用耗材平均计划申购率、使用率分别达到100%，实现国家基本药物制度全覆盖。

【疾病预防控制】 年内，完成2009/2010年度脊灰强化免疫，第一、二轮服苗率分别为98.10%、

98.54%，完成乙肝查漏补种项目，全市应接种适龄儿童146386人，第一、二、三剂次接种率均在97%以上。完成麻疹疫苗强化免疫工作，全市摸底应种儿童96158名，实际接种95815名，报告接种率和快速评估调查接种率分别为99.64%、99.87%，超过95%以上的预期目标，根据流行性腮腺炎防控需要接种适龄儿童25221名，全市常规五苗和扩免报告接种率分别达到98%和95%以上；继续抓好对甲流、手足口病、结核病、艾滋病等重大疾病的监测与控制。全市共报告法定传染病24种4163例，报告发病率为278.28/10万，比去年同期下降了22.33%。落实"四免一关怀"政策，艾滋病抗病毒治疗率和规范随访率分别达到100%和65%以上，DOTS覆盖率继续保持在100%，共发现活动性肺结核病人609人，其中新发涂阳病人446人，完成全年任务数的63.30%。

【地方病防控】 加强碘缺乏病、包虫病等地方病防控工作，市人民政府先后两次召开全市县级消除碘缺乏病工作会议，对消除碘缺乏病工作进行安排部署，全市碘盐覆盖率、合格率和合格碘盐食用率分别为99.07%、97.71%和96.78%，西吉、原州共管理包虫病病人676人，新发现病人212例，外科手术治疗33人；加强卫生应急工作。有效处理突发公共卫生事件8起，未发生重大传染病疫情。

【玉树灾区卫生救援】 按照卫生厅统一安排，选派32名医务人员赴玉树灾区开展卫生救援防疫工作，累计接诊患者232人次，转送重症病例4人，处理骨折伤员1人，累计消毒帐篷1150个次，消毒面积达68000余平方米，建成2处3个水源地的防护设施；开展群众性爱国卫生运动，推进农村改厕工作。各项目县(区)分别成立农村改厕项目领导小组和技术指导组，制定改厕工作实施方案，全市共建成卫生厕所8663座，完成总任务的107.9%。

【食品卫生督查】 年内，开展问题奶粉、人造鸡蛋、地沟油、不合格一次性筷子等专项检查整治活动和动物检疫、食品快速检测工作，共抽检食品788个批次，合格率99%，年度内未发生食物中毒事件；开展校园食品安全检查活动，与工商、教育、质监等部门联合执法，对学校(幼儿园)食堂和校园周边的食品企业、食品小作坊、摊贩进行规范整顿，监督检查校园食堂193家（次），校园周边食品企业和作坊、摊贩1553家(次)，取缔无照经营及流动摊贩24户，查处过期等不合格食品267瓶(袋)，下发校园食堂整改通知50份。

【职业卫生监管】 加强公共场所和职业卫生监管。根据自治区卫生厅《关于开展粉尘与高度物品危害治理专项行动工作方案的通知》要求，对六盘山水泥有限责任公司、王洼煤业有限公司粉尘与高毒物品危害治理专项工作进行了督导检查。开展职业病摸底调查工作，共查出疑似职业病人2名，乙肝病毒携带者39名，心脏病患者23人，血压异常44人，肝胆疾患131人，建立了健康监护档案。完成2家职业病诊断机构和5家职业健康体检机构推荐申报工作，对已许可的公共场所实施了量化分级管理，全市住宿业量化分级管理率达80%以上；以打击非法行医活动为重点，加强医疗卫生行业监管，对辖区所有医疗机构执业管理、人员资质、消毒管理、医疗废物处置、传染病报告、微生物实验室管理、放射卫生等重点环节进行了监督检查，对4家未按规定分类收集医疗废弃物的医疗机构给予卫生行政处罚。根据监督检查情况和群众投诉举报线索，对6家药店因消毒产品涉嫌药品功能而予以没收，共没收消毒产品15kg。依法取缔无证行医和街头游医摊贩13起，罚款21650元，无证查处率达100%。现场没收并销毁各种类蛇浸泡药液约200公斤、中药材约20公斤及喷达灵外用药200盒，并对全市1家血站、1家单采血浆站和23所临床用血单位采供血工作进行了监督检查，未发现非法采供血行为。

【重点季节领域卫生检查】 结合全年季传染病防

治，利用春、夏开学之际对辖区各学校、托幼机构传染病防治工作进行了巡回监督检查，规范“一档、四制、六册”管理制度，对3000余名新入园幼儿进行预防性健康体检。全年共对辖区2111家餐饮服务单位、1001家公共场所、1184家医疗机构、333所学校（托幼机构）等进行13231户次的监督检查，对4448名从业人员进行健康监护，各类卫生监督覆盖率达到100%。对全市25个县级以上设有实验室的医疗卫生单位和民营医院开展病原微生物实验室备案工作，经审核验收确定生物安全一级实验室(BSL-1)9个，生物安全二级实验室(BSL-2)62个。

【妇幼保健】 以全面落实“四免一救助”政策为重点，成立工作机构，制度实施方案，强化政策培训，加大督查考核频次和力度。2010年，全市共免费孕产妇住院分娩11900人，住院分娩率为99.26%，孕产妇和婴儿死亡率下降到了37.4/10万和15.5‰，共筛查新生儿三种疾病7894人次，筛查率56.89%，对6例患儿(苯丙酮尿症)进行了免费治疗，免费开展婚前医学检查8204对，婚检率为82.36%。在原州区、隆德县启动实施35-39岁农村妇女“两癌”筛查项目，开展孕前和孕早期农村妇女叶酸普服工作，两个项目县累计应筛查“两癌”妇女25000人，已实查22962人，检查率为91.85%。应补服叶酸20446人，实服16395人，普服率为80.19%，有效提升了妇女儿童保健水平和农村妇女“两癌”早诊早治率，降低了“两个”死亡率。

【社区卫生】 推进城市社区卫生服务体系建设，成立固原市城市社区卫生服务管理中心，建立社区卫生服务信息平台，按照基本医疗、预防、保健、康复、健康教育、计划生育技术指导的社区卫生服务内容全面开展工作，免费为城市居民建立统一、规范的健康档案，为孕产妇开展至少5次孕期保健服务和2次产后访视，为适龄儿童接种国家免疫规划疫苗，对高血压和糖尿病患者进行登记管理和定期随访，及时发现、登记并报告辖区内发现的传染病病例和疑似病例，开展传染病防治知识宣传和咨询服务，规范城市社区卫生服务及业务管理。年内全市社区累计建档213244人、管理、服务慢性病人19460人次，孕产妇系统管理率达95.3%，儿童系统管理率85.4%，高血压患者规范管理率82.7%，高血压患者控制率54%，糖尿病患者规范管理率92.2%，糖尿病患者控制率55%，结核病患者规范管理率100%，精神病患者规范管理率95.2%。

【医院管理】 2010年，在各级医疗机构开展“以病人为中心，以提高医疗服务质量”为主题的医院管理年活动、以病人为中心医疗安全百日专项检查活动和以“持续改进质量、保障医疗安全”为主题的医疗质量万里行等活动，落实13项核心制度，规范医疗机构的诊疗行为，遏制医药费用的不合理增长。全市年内二级综合医院总收入23101.4万元，其中药品收入11100.8万元，占总收入的48%。门诊总诊疗851026人(次)，总费用8599.6万元，患者次均费用101.05元，住院73230人（次），总费用18360.5万元，住院患者次均费用2507.24元，甲级病历、处方合格率分别达到98%以上，无偿献血比例为100%；制发《固原市二级以上医院临床路径管理试点工作方案》，市人民医院、西吉县人民医院被确定为自治区级试点医院，试点专业和试点病种分别为15个、23个和8个、14个，原州区人民医院为市级试点医院，试点专业和试点病种分别为8个；制发《固原市“优质护理服务示范工程”活动实施方案》，确定区、市级开展“优质护理服务示范工程”联系医院，明确按照卫生部《医疗技术临床应用管理办法》和《宁夏回族自治区首批允许临床应用的第二类医疗技术木》的要求，在全市医疗机构开展了一类、二类医疗技术的申报审核工作，全市医疗机构申报的二类医疗技术已通过自治区卫生厅审核验收。

【自治区级优势专科】 加强自治区级优势专科市人民医院风湿免疫科建设。制定使用雷公藤药酒治疗类风湿关节炎临床一期观察统计资料表格，对首诊后三个月、半年的病人使用雷公藤药酒治疗效果进行跟踪观察，积累大量的临床治疗实例，雷公藤药酒的动物、药物毒理实验已接近尾声。

【重大活动救援保障】 完成首届六盘山登山节、全区财政系统运动会、全市县域经济观摩和反恐应急演练等医疗保障工作任务。举办全市院前急救技能大赛活动，全市8支代表队32名医务人员参加竞赛活动，市人民医院代表队代表本市参加全区竞赛活动，并取得第四名的好成绩；严格医疗许可，对全市医疗技术人员执业资格进行了备案管理，为257名执业医师和89名护士进行网上变更和注册，对957名参加2010年执业医师考试的考生进行资格审核，完成执业医师考试工作。

【中医药事业】 2010年，加强中医特色科室建设，重点抓好“心脑血管科”、“急诊急救科”、“针灸康复理疗科”等专科专病建设，确定2个市级和3个县级特色科室建设，申报5个区级特色科室建设；落实基层常见病多发病中医适宜技术推广项目，选派40名中医药技术骨干和72名基层中医技术骨干参加自治区中医技术骨干培训班，105名乡村医生接受为期3年的中医中专学历教育，完成市中医院等6家中医医疗机构申报自治区级中医药“三名三进”工程建设项目工作；加强中医药服务网络建设。全市77.8%的乡(镇)卫生院设有中医科、中药房，67.7%的村卫生室和15所城市社区卫生服务机构能够提供中医药服务，中医药在农村初级卫生保健中的优势作用得到发挥；以开展“中医医院管理年”活动为契机，开展中医中药中国行固原文化科普宣传周活动，举办固原市首届中医药基本理论和技能大赛，有6支代表队30名中医药技术人员参加竞赛活动，全市“中医医院管理年”活动顺利通过自治区验收，隆德县被评为“全国农村中医工作先进县”。

【卫生技术人员培训】 贯彻落实自治区乡村两级卫生技术人员培训和学历教育政策，加快学科带头人和全科医生培养步伐，全市共培训村卫生室人员2001名，乡镇卫生院公共卫生人员328名，社区卫生服务人员43名。其中：培训卫生管理人员82名，公共卫生人员82名，宫颈癌、乳腺癌检查相关知识和技能培训164人，全科医师骨干3名，社区全科医生20名，社区护士18名；健全和完善城市医疗机构对口支援基层医疗单位工作制度，继续实施好“万名医师支援农村卫生工程”。2010年，区、市、县16所医疗机构，81名医疗队员对口支援我市县、乡医疗机构32所，年内各医院共计派出医疗队员81人次，开展专题讲座38次。

【作风建设】 加强组织领导。按照“管行业必须管行风”和“谁主管，谁负责”的原则，落实行业作风建设工作责任制，实行目标考核；开展宣传教育。以两项建设年、医院管理年、平安医院创建和廉政文化进医院活动为主题，把医德医风教育贯穿于行业作风建设的始终，对2009年涌现出的20名“医德医风标兵”进行表彰奖励，在全系统营造学先进、赶先进、比先进的良好风气，推动行业作风建设；推行院务公开，在医院门诊大厅和醒目处公示了医务人员照片、简介、药品和医疗服务收费价格，方便患者选择医生和监督。增加门诊导诊、分诊人员，缩短患者就诊等候时间。严格执行二级以上医疗机构检查结果互认制度，减轻病人负担。执行“两个监督管理办法”，坚持向住院患者发放“行风监督卡”，广泛征求意见建议，主动接受社会监督，增强医院管理透明度，提高患者知情权，促进医护质量持续改进；开展治理医药购销领域商业贿赂等专项工作，严格按照《医院投诉管理办法》，严肃查处各类违纪违规案件，对群众投诉举报的行风问题坚持做到件件有着落、事事有回音，从源头上有效预防和解决了卫生行业作风问题。

食品药品监督与管理

【食品安全服务】 年内，召开固原市、原州区卫生监督所有关人员会议,形成"横向到边,纵向到底"的餐饮服务食品安全监管责任体系;落实分类管理,对特大型餐馆、大型餐馆、学校、托幼机构食堂一律纳入大型餐饮服务单位范围,参照食品安全负责人管理模式进行管理。对农家乐采取星级评定,对于达到三星级、四星级标准的,授予相应的星级标志和证书。确定福苑餐饮实业有限公司、荣味斋为大型餐饮服务单位食品安全负责人管理示范店,火车头中学食堂、市幼儿园食堂为示范学校食堂;按照《2010年宁夏餐饮服务食品安全监督性抽检工作计划》的通知,以学校食堂、幼儿园食堂、建筑工地食堂、农家乐旅游点、中小型餐饮单位为抽检重点,覆盖各种类型的餐饮服务单位,对小麦粉、食用油、大米、鸡肉、鸡蛋、蔬菜等品种抽取样品162批次;开展"人造鸡蛋"、"地沟油"、不合格一次性筷子、一次性塑料餐盒等违法行为的专项整治,开展学校(幼儿园)食堂、建筑工地食堂专项检查和餐饮服务环节问题乳粉清缴工作;严格按照相关法律法规规章的规定,严厉查处餐饮服务提供者无证经营行为,共核发餐饮服务许可证649个;利用"3·15"消费者权益保护日、乡镇集贸市场集市日、"食品安全宣传月"、"餐饮服务食品安全宣传周"等时机,通过现场咨询、制作展板、发放宣传资料等方式,重点宣传《食品安全法》《食品安全法实施条例》等法律法规,共出动宣传人员150人次,悬挂宣传标语8条,发放宣传资料5000余份,培训餐饮服务从业人员,对城区50多家大中型餐饮服务提供者负责人进行集中培训。

【市场管理】 加大对药品市场的整治力度,严厉打击假劣药品违法生产经营行为。全市共出动执法人员2138人次,检查医疗机构、药品生产、经营企业共1945家次,立案87件,结案75件,罚没款到账242957.06元。共抽验470批次,其中,日常监督抽验183批次,"三统一"抽验234批次,国家基本药物快检53批次。配合区局完成国家计划抽样91批次。接到举报投诉6起,均查实回复当事人。其中举报假药案件一起,查获假药骨痛痹康胶囊20盒。

【严格市场准入】 年内,共受理批复药品经营企业31家,发放许可证27家(原州区13家,彭阳县4家,泾源县1家,西吉县9家),共受理变更许可证项目88家(次)。注销药店63家(其中,原州区11家,隆德县17家,彭阳县11家,西吉县23家,泾源县1家)。

【GSP认证管理】 严格按照《药品经营质量管理规范》要求,做好药品零售企业的GSP认证及跟踪检查工作,巩固药品零售企业GSP认证成果。药品零售企业《药品经营许可证》应到期换证165家,已完成100%的换证工作;《GSP认证证书》到期复认证169家,有126家通过复认证。

【药品经营企业诚信示范活动】 把诚信建设融入日常监管和GSP认证过程中,注重收集各企业的基础信用信息,及时录入诚信档案。通过宣传动员,自行提高,自觉申请,严格验收等环节,为信用等级评定积累客观翔实的第一手资料,规范药械的经营行为,强化药品经营单位的诚信意识,促进医药经济市场健康有序发展。

【业务培训】 举办GSP检查员培训班,详细讲解《药品零售企业GSP认证现场检查项目》的实际操作和灵活性原则,重点强调检查认证工作中的责任和纪律,确保认证工作公平、公正。举办药品从业人员上岗资格培训和继续教育培训,有240余名药品从业人员参加培训。

【规范药械市场】 根据《2010年全区药品生产企业监督检查计划》的安排,对3家药品生产企业进行重点检查;检查固原市人民医院制剂室,该制剂室只批准生产"雷公藤药酒"一种制剂,检查了原料雷公藤片,辅料白酒、冰糖,成品雷公藤药酒,以及配制工;根据上级"关于进一步规范药品零售企业经营行为的通知"精神，以重点打击企业销售"六无"(即:无批准证明文件、无产品质量检验合格证明、产品名称和生产厂名以及厂址中无中文标志的产品)、"三仿"(即:与药品包装相似、与药品同名或者名称相仿、宣传功能主治的非药品类产品)产品为重点;对市内4家经营三类医疗器械的公司检查2次，对3家经营二类医疗器械的公司检查2次，对9家零售药店经营二类以下医疗器械的许可申请进行现场审查并向自治区食品药品监督管理局上报了资料，对1家擅自变更经营地址又不办理变更手续的企业进行立案处理；完成10个批次的注射器抽样任务;负责对药品、医疗器械、保健食品广告进行定时和不定时监测，向工商行政管理部门移送违法药品广告1起，保健品广告1起。

【药品安全专项整治】 年内，开展药品购销票据专项检查、非药品冒充药品专项检查、医用氧气专项检查、疫苗专项检查、中药饮片专项检查、骨科植入器械专项检查、特殊药品专项检查，做好药械监督抽验，对销量大、价格高、易出问题的品种进行重点监督抽验，开展紧急核查行动，根据上级的统一部署，通过现场核查、电话及QQ群通知企业等方式，核查"维尔康芦荟瘦身养颜胶囊"、假药"消渴平"和假药"补肾益脑胶囊"等，确保群众药品安全，维护社会稳定。共完成抽样任务460批次，检出不合格药品22批次，不合格率为5%。督促各药品生产、经营企业、医疗机构成立了药械不良反应/事件领导小组，明确专人负责监测工作，制定监测报告制度和职责，共上报药品不良反应报表57份，医疗器械不良事件报表4份。

【保健品专项检查】 本所与卫生、工商、质检、卫生监督等部门组成联合检查组，对农村和城乡结合部等重点区域，基层医疗机构、民营医疗机构、药品经营企业、保健品店等重点单位的保健用品、保健食品、消毒产品和未标示文号的其他保健类产品等重点产品进行检查，共出动人员360余人(次)，执法车辆120余台(次)，检查保健品店83家(次)，检查药店等96家(次)。

【廉政建设】 开展廉政风险排查，根据《固原市食品药品监督管理局廉政风险防范管理工作实施方案》，开展排查"工作岗位风险点"工作;加强党员干部特别是领导干部的廉洁从政教育，开展"学《廉政准则》促廉洁从政"主题教育活动;创建"学习型"党组织，开展"创先争优"活动和深入实施西部大开发战略大学习活动，严格按照大学习活动的要求，编发大学习大讨论活动专题简报；落实 "民主集中制"原则，做到了重大事项、干部人事、大额资金支付、重点项目等集体决策、决定;加强效能建设和"学习型"党组织建设、政风行风建设、全面完成共性工作。

固原市红十字协会

【"红十字博爱送万家"活动】 2010年，元旦、春节期间，争取到一批送温暖物资27.75吨大米及150箱价值3万元的其他慰问物资，发放给2009年夏天遭受洪灾的各县(区)群众及部分城市下岗职工、特困户、孤残人员、市直会员单位贫困职工，受益人口达4739人。

【项目救助】 2010年，由中国红十字基金会、贝因美集团共同设立的"幸福天使基金"向宁夏捐赠了价值500万元的贝因美奶粉，用于救助0～6岁家庭贫困或患有先天性重大疾病的儿童，同时为全区0～6岁患有先天性重大疾病的贫困儿童提供资助。在我会的争取下，自治区红十字会为我市625户符合条件的家庭分配价值100万元的贝因美奶粉;中国红十字基金会天使阳光基金和幸福天使基金决定资助本市14岁以下家庭贫困的先天性心脏病患儿接受手术治疗，本会确定50余名患儿将到北京、西安等地的指定医院接受治疗。

【造血干细胞捐献】 自“中国造血干细胞捐献者资料库宁夏分库固原工作站”成立后，征募造血干细胞捐献志愿者已成为本会的一项常规工作，2010年共征募到志愿者近100名。

【救灾工作】 本会分别为玉树地震灾区和舟曲泥石流灾区募捐社会各界善款480088.9元和15131.3元。

【灾后重建】 自2009年以来，中国红十字会总会、中国红十字基金会、江苏省红十字会为我市提供5. 12汶川地震灾后恢复重建项目资金2450万元。项目涉及原州区、彭阳县、隆德县、西吉县、泾源县的550户民房、4个乡镇学校、6个卫生院、8个村卫生站、3个村民活动室、1个备灾库的建设。截止11月底，除原州区开城镇卫生院项目、固原市红十字会备灾库项目、泾源县尚有33户民房未建成外，其他受援建的民房、学校、乡卫生院、村卫生站、村活动室等工程都已经按照项目协议基本建成。

【卫生救护培训】 2010年本会多次深入辖区内各机动车驾驶员培训学校开展调研，派2名长期讲课的工作人员到北京参加总会救护培训中心举办的师资提高班，并为学员们订购新版救护员培训教材。年内，共开展卫生救护员培训6次，培训救护员1000余人，开展卫生救护知识普及讲座15次，受益人数达4000余人次。

【普及卫生救护知识】 “5.8世界红十字日”宣传周期间，在固原市原州区第五中学开展“安全进校园——‘五.八’红十字青少年自救互救知识竞赛”活动，把贴近生活的自救互救知识以知识竞赛的形式送给固原市原州区第五中学的学生们。

【艾滋病知识宣传】 为加大预防控制艾滋病知识宣传力度，联合市疾病预防控制中心举办“预防控制艾滋病同伴教育主持人培训班”，对来自宁夏师范学院的22名学生进行针对性培训；12月1日是世界艾滋病日，本会在市区憩园广场开展防治艾滋病知识宣传工作，发放各类宣传材料2000余份。

【表彰奖励】 2010年4月，姚志俊同志因连续三年年终考核获记三等功一次。2010年7月，马丽秘书长被中央精神文明办、民政部、中国残联命名为“全国志愿助残阳光使者”。

民族宗教

固原市民族宗教局

【教育培训】 把2010年定为民族宗教“培训年”，大规模分层次多形式培训民族宗教工作“三支队伍”和民族技能人才。制定全市学习培训计划，市、县（区）、乡（镇）分级培训，采取“1+3+1”培训模式，对宗教教职人员（寺管会主任）、民族宗教干部、乡镇分管领导和民族技能人才进行了重点培训。为提高培训质量，请市领导、有关专家讲课，局里负责人亲自讲课。在全市宗教界积极开展“弘扬优良传统、推进宗教和谐、服务固原发展”主题教育活动。2010年，举办市、县（区）两级宗教人士培训班28期，培训2100多人；举办民族宗教干部培训班1期60多人；举办全市清真厨师培训班1期培训100人；选送参加区级培训班60多人；组织观世博100多人，编发《两创建工作宣传手册》1500余册，组织开展民族团结教育进学校、进社区、进乡村、进企业、进机关、进宗教场所“六进”活动30余次。组织宣讲团赴各县（区）宣讲10余次。给党校干部培训班作民族宗教工作1次。同时，举办全区散居少数民族联谊会、少数民族人士书画展、回族“花儿”歌唱大赛等活动。开展以“弘扬优良传统、推进宗教和谐、服务固原发展”为主题的伊斯兰文化交流活动等。

【“两创建”“两争做”活动】 坚持把开展“两创建，两争做”活动作为加强民族团结、维护宗教稳定的有效载体和抓手，摆上重要议事日程，狠抓落实。成立“两创建、两争做”工作领导小组，召开动员大会。制定《固原市创建民族团结进步模范村实施方案》和《固原市开展创建“和谐宗教活动场所”活动实施方案》，配套下发《固原市民族团结模范村评定标准》《固原市创建“和谐宗教活动场所”各宗教分类评分标准》和《固原市五好宗教人士标准》《固原市五好民族宗教干部标准》。各县（区）、乡（镇）也相应成立创建工作领导小组，制定活动实施方案。全市60%的乡村（社区）达到模范标准、80%以上的宗教活动场所达到县级以上“和谐宗教活动场所”标准，培育和树立一批在全区乃至全国的优秀民族团结示范单位、和谐宗教活动场所；向全市推广彭阳“四通”（通路、通水、通电、通信息）、“五有”（建筑有民族特色、有医疗室、有主导和特色产业、有文化室、有政策宣传橱窗）、“五个新”（建设新体制、发展新产业、建设新村镇、培育新农民、树立新风尚）、“六无”（无因民族宗教问题引发的突发事件和民族纠纷、无重大治安刑事案件、无集体越级上访事件、无邪教传播现象、无超生和计划外生育、无黄赌毒现象）、“六好”（民族团结好、经济发展好、生活富裕好、乡风文明好、村容整洁好、民主管理好）的民族团结模范乡村（社区）创建模式。推广原州区和谐宗教活动场所“十个有”模式；号召宗教界向市劳动模范、西吉北大寺教长马崇礼学习；推广泾源宗教活动场所设立警示栏，涝池村财务管理和隆德培育发展民族经济的好做法。全市“两创建”首批确定了三营镇孙家河村26个市级民族团结模范村（社区），单家集清真寺等80个“和谐宗教场所”示范点。确定向自治区上报和谐宗教场所21个、先进个人22名，宗教团体2个。以全区“两创建”活动现场观摩总结会在固原召开,对“两创建,两争做”及“主题教育活动”进行再动员,再部署,定目标、定任务,提升创建层次。营造民族团结进步、社会和谐发展的浓厚氛围。

【民族团结月活动】 围绕“西部大开发,固原要争先,民族大团结”主题,开展丰富多彩的民族团结宣传教育、民族团结进步创建活动和为少数民族群众办实事活动。制定《固原市关于做好2010年“民族团结月”活动的通知》,对“民族团结月”活动进行具体安排;开展民族团结宣传教育。制发《固原市2010年度开斋节古尔邦节系列活动总体方案》,对“两节”期间的各项活动进行全面安排部署,举办广场文艺演出、清真品美食文化活动、古尔邦节茶话会等活动。1. 在各宗教场所宣传西部大开发大讨论,教育引导宗教界人士和穆斯林群众抢抓新一轮西部大开发机遇。2.举办民族政策理论大讲堂,结合“教育培训年”活动,民族部门负责人深入隆德县等基层和宗教活动场所,宣讲党的民族政策、法律法规,在新闻媒体大力宣传报道典型事迹。3.在《固原日报》、固原电视台等新闻媒体开辟“两个共同”专栏,多渠道多角度宣传报道为民族团结进步事业做出贡献的先进人物、典型事迹。特别是新闻媒体深入原州区开城镇、中河乡等基层进行专题采访。各部门(单位)采用办展报、张贴标语、编发信息等形式宣传党的民族政策和法律法规。全市累计刊登稿件44篇,播放新闻专题报道12次、新闻信息49条;报道民族团结先进事迹8次,其中大型专题片报道4次。召开各类座谈会28场(次),参加1524人次;办黑板报92期,编发信息简报31期,清真食品巡回宣传12场(次),在城镇主要街道、大型集贸市场、各宗教场所等人口密集区悬挂“民族团结月”宣传横幅283条,发放宣传资料2300多份;4.举办“民族团结铸辉煌”成就展。以民族团结、全面发展为主题,从不同角度、不同时期、不同方面展示了固原市在自治区党委、政府的领导下,各族人民团结奋斗,民族地区经济社会发展取得的辉煌成就,共展出宣传展板221块;5. 组织民族团结模范单位、和谐宗教活动场所代表团参观考察。共组织民族团结先进典型、和谐宗教场所负责人15名到上海参观世博,组织25名民族团结村、和谐宗教场所负责人赴西安、咸阳等地观摩学习发展经济、维护团结、促进和谐的好经验好做法;举办文艺晚会及文化下乡活动。6.向群众宣传党的民族政策和法律法规。各县(区)组织各有关部门(单位)在9月下旬举行广场文艺演出,并组织电影小分队深入少数民族聚居乡镇播放优秀电影,宣传党的民族政策、法律法规,宣传“三个离不开”思想;开展“民族团结”进百寺活动。宣传非法宗教渗透对民族团结的危害和影响,教育动员各民族群众和信教群众抵御非法渗透,确保宗教领域和谐稳定;争取宁夏黄河传媒出版集团的支持,首批为本市100个宗教场所活动捐赠图书柜200多个,图书10万余册;开展为民族乡村办实事献爱心活动。7.各县(区)、各部门(单位)积极开展为少数民族和少数民族聚居乡村开展献爱心、办实事活动。西吉县组织开展“一帮一结对子”互助帮扶活动和文化科技卫生“三下乡”活动,切实为少数民族群众排忧解难。原州区民族宗教局联合工商等相关部门,对辖区清真食品生产经营单位进行全面清理整顿。泾源县开展“我为少数民族办实事”(如捐资助学、科技咨询服务、组织劳务输出、举办技能培训、联系农产品销路等)活动。彭阳县举办民族团结成就展。隆德县举办少数民族干部和党外干部培训班,培训55人次。教育部门组织开展捐资助学、对口支援活动,共资助回族学生136人,资金27万元。减免127名回族学生学费,资金9.6万元。8.科技部门开展科技下乡和科技服务咨询,举办科技培训班2期,培训120人次,发放科技资料4000余份。劳动保障部门组织劳务输出,积极为外出务工人员举办技能培训班,做好各种服务。卫生部门开展医疗下乡和免费医疗服务,为少数民族群众义务就诊500多人,免费送药2000多元。

【清真食品规范化管理】 根据全市清真食品管理

工作实际，按照“123”(建立一个机制、把好两个关口、规范三项管理)的规范化管理模式，不断加强管理。加强宣传，开展清真食品安全宣传月活动，设立咨询台5次，出动宣传车5车次，发放《清真食品管理条例》800多本，发放宣传资料6000多份；规范管理清真食品生产经营企业。严格“三书、两证”，建立清真食品生产经营监督举报体系；加大对清真食品生产经营管理人员的培训力度。召开清真食品管理专题会议，培训全市民族工作负责人、清真食品生产、加工、屠宰及大型餐饮业经负责人、清真食品管理监督员87人；加大检查力度。与市工商局联合下发《关于在全市集中开展清真食品生产经营专项检查工作的通知》，采取平时抽查、定期督查、全面检查的方式，开展联合执法检查6次，检查大中型餐饮企业192家，大型超市、商场34家，学校、幼儿园25所。整顿存在问题超市1家，餐饮企业1家。对山妹火锅城、小肥牛火锅等9家餐饮企业因进货渠道不规范，依法摘除“清真”牌匾，限期进行整改。甘肃张掖假羊肉事件后，按照区市领导批示，紧急抽调有关部门人员5人，对四县一区火锅店牛羊肉卷进行了拉网式检查，对2家进货渠道不清的火锅，依法摘除“清真”牌匾，限期整改；依法强化管理，规范市场经营秩序。与市人社局、扶贫办、民族职业技术学院共同组织举办为期4个月的清真厨师培训班。中阿论坛举办期间，本市未来净化清真食品市场，与市工商局联合下发《2010年宁洽会暨中阿经贸论坛清真餐饮整治工作方案》(固民宗[2010]67号)，清真食品牌证发放率达到98%以上。上报回族中华传统名小吃评比福苑、荣味斋、华祺等清真餐饮企业3家。

【第七届全区少数民族传统体育运动会】 2010年，为参加第七届全区少数民族传统体育运动会，制定《固原市组团参加第七届全区少数民族传统体育运动会实施方案》和《固原市组团参加第七届全区少数民族传统体育运动会表彰汇报会奖励办法》；表演项目创建，参赛项目全面。参加11个竞赛项目和3个表演项目；赛风良好，优异成绩。固原市获全区团体总分第二名，共计夺得金牌3枚，银牌11枚，铜牌8枚。其中牧童鞭获一等奖，踏脚和赶牛获二等奖。

【矛盾纠纷排查调处】 创新机制，完善民族宗教矛盾纠纷排查协调机制。实行“双月汇报检查，季度观摩通报”制度。制定《固原市民族宗教调研和宣传信息工作考核办法》，制定考核评分标准和奖惩措施。加强对清真食品和穆斯林用品产业的调查研究，下发《关于上报全市清真食品和穆斯林用品产业调研汇报的紧急通知》(固民宗发[2010]21号)，积极配合国家民委做好民族特困地区发展问题等调研和自治区民委(宗教局)少数民族项目、宗教管理方面的调研。按照“加强县级、提高乡级、夯实村级”的要求，健全完善信息网络，落实“信息报送”制度，排查影响民族团结、宗教领域稳定的矛盾隐患。及时掌握新教派、境外宗教渗透活动。全市宗教内部总体保持团结稳定。同时，协助市政府做好盐化工基地头营镇大疙瘩村、宋家巷改造建设拆迁协调工作。超前排查抓调处，确保宗教领域和谐稳定。坚持“周排查、月报告、季分析”制度，落实“双月汇报检查，季度观摩通报”制度，充分发挥县、乡、村三级宗教工作网络作用和基层组织的一线优势，经常深入分析排查宗教领域存在的矛盾隐患，研究制定相应的对策措施，坚持“排查在先、预防在先、调处在先”，牢牢掌握工作主动权。对于已经发生的矛盾纠纷，严格按照“属地管理、分级负责”原则，及时妥善调解处理，把不稳定因素解决在基层，消除在萌芽状态。制定《固原市民族宗教调研和宣传信息工作考核办法》，按照“加强县级、提高乡级、夯实村级”的要求，健全完善信息网络，落实“信息报送”制度，排查影响民族团结、宗教领域稳定的矛盾隐患，确保全市宗教领域的团结稳定。

【争取资金】 落实国家对民族地区的优惠政策，扶持龙头企业、清真食品和穆斯林用品产业，2010年向自治区民委、财政厅申请上报的少数民族发展项目资金730万元，其中市民族宗教局争取项目9个，项目资金185万；落实民族贸易企业网点改造和民族特需商品定点生产企业技术改造贷款政策。争取扶贫培训资金10万，引进大连龙城清真企业来固投资。

【宗教事务管理】 严格执行宗教活动场所申报审批制度，严禁未经批准翻建(或扩建、迁建)活动场所，坚决制止了未批先建宫观寺庙的行为，消除了因翻建场所引发的矛盾纠纷。制定《固原市宗教活动场所财务监督管理办法(试行)》，确保宗教活动场所民主规范；严格执行持证上岗，有效制止宗教职业人员无证执教和无序搬聘的现象，确保宗教人士依法开展教务；严格执行大型跨地区宗教活动联系制度，严格履行跨地区宗教活动管理申报审批制度，严格履行申报审批程序，坚持做到"事前申报审批、事中随行管理、事终总结上报"。对境内外大型宗教活动，及时服务协调、跟踪管理，实现对大型跨地区宗教活动的有效管理，参与4月5日西吉沙沟宗教上层人士遗孀丧葬活动、对兰州、平凉等及辖区内西吉等地的大型跨地区宗教活动安排周密，确保大型和跨地区宗教活动安全有序；与四川省广元市统战部、宗教局签订《四川省广元市、宁夏回族自治区固原市关于建立宗教工作协作机制的协议》；严格防范，抵御境外宗教渗透和新教派传播。为抵御境内外宗教渗透，依据《宗教事务条例》和宁党发[2009]57号文件精神，制定《固原市宗教活动"十不准"》(固民宗[2010]83号)，维护了全市现有宗教格局，维护了全市各宗教之间、教派内部之间的团结稳定，维护本区现有的宗教格局，保持全市宗教领域的稳定；严格管理，提升宗教教职人员管理水平。举办7期825人次参加的宗教人士培训班，同时组织20多名宗教界人士参加了区宗教局组织的"观世博、阔眼界，爱祖国、促和谐"活动，宗教人士全市持证率、聘任率达到98%。原州区城关镇哈吉任俊给固原二中捐款13000元，帮助困难学生41名上学。青海玉树发生地震后，及时下发《关于组织宗教界向青海玉树县地震灾区开展捐助献爱心活动的通知》，组织各宗教团体、各宗教场所、宗教人士和信教群众向地震灾区捐款11万多元。召开固原市佛协、道协一届二次理事会，其中培训佛教、道教宗教人士2期150人。

【朝觐工作管理】 按照中央有关文件和自治区朝觐工作会议精神，根据自治区宗教局下达的朝觐指标和收费标准，向市委、政府汇报有关情况，及时安排部署，明确专人负责朝觐日常工作，严格审查，严格把关，做好朝觐的培训和各项服务工作，按照宁夏穆斯林朝觐网上报名顺序已确定名单，制定《统接统送方案》，坚决制止零散朝觐，使朝觐工作按照公开、公正的原则有计划、有组织的进行，控制大规模的迎送活动。年内，本市有227名朝觐人员赴沙特朝觐。

【机关建设】 全市民族宗教系统开展创建学习型的机关活动，开展比学习、比能力、比作风、比效能"四比活动"，配套印发《固原市民族宗教局2010年业务学习计划》，以学习促能力提升，以学习促作风转变，以学习促工作落实；制定《固原市民族宗教事务局关于开展西部大开发战略大学习大讨论活动实施方案》和学习计划。围绕"西部大开发，固原大发展，民族宗教工作怎么办？"这一主题，完成各阶段学习的篇目和环节；加强内部监督考核，提高工作效能，制定《2010年度各项工作责任分工及奖惩办法》，建立绩效挂钩机制；开展创先争优活动，"七一"前我局又组织全体党员干部到包扶村西吉沙沟中口村慰问28名党员，送去慰问金3000元。六一儿童节1000元，教师1000元，党员1500元，修路15000元。

社会事业

固原市民政局

【救助保障】 严格按照“三级审批、三榜公示”要求和“三公”原则确定对象，并根据实际情况适当提高保障标准，做到应保尽保。年内全市纳入城市低保1.8万户和4.7万人，月人均补差139元；纳入农村低保6.8万户13.9万人，月人均补差55元。年累计发放城乡低保资金1.3亿元。积极实施城乡医疗救助。对7.99万人（次）实施城市医疗救助，其中住院救助1647人（次），门诊救助4.1万人（次），资助参保4.3万人，支出医疗救助资金897.4万元。对19.3万人（次）农村困难群众实施农村医疗救助，其中住院救助1.2万人（次），门诊救助8.4万人（次），资助新农合11.9万人，支出农村医疗救助金3567.4万元。

【公共服务设施建设】 完成市流浪未成人救助保护中心和市儿童福利院项目主体工程。完成固原市老年活动中心主体框架工程，年底前完成主体工程建设。

【社会慈善事业】 组织实施贫困家庭中2～14岁患先天性心脏病、唇腭裂等儿童康复手术任务，累计对63名唇腭裂患儿和209名疝气患儿及131名先天性心脏病患儿实施了手术康复治疗。

【社会党组织】 2010年，市县（区）成立社会组织党工委，配备专职人员，落实办公地点，建立工作规则。共建立市社会组织工委委员党建联系点8个，社会组织党建领导机制和工作机制得到完善，新建社会党组织6个。

【社区服务中心建设】 实施《固原市2009～2012年城乡社区建设规划》，提请市委、政府首次将社区建设纳入县（区）目标管理考核。与有关部门配合，指导各县（区）在全市新建2个社区服务中心、26个城镇社区服务站、100个农村社区。提请市政协视察组对全市社区建设情况进行了视察，推进了社区建设的力度和速度，年内各县（区）已按照要求，全部完成建设任务的主体工程。

【养老保障】 五保老人补助标准再次提高，从4月份开始，全市6581名农村分散五保对象的供养标准由原来的每人每月75元提高到100元。供养标准由原来的1500元提高到1800元；对集中供养的1670人，每人每年供养标准现达到3100元。为10515名80岁以上城乡生活困难老人全部发放高龄津贴，月发放金额60.6万元；孤儿养育救助标准再次提高，从6月份开始，对父母双亡的纯孤儿养育标准由原来的每人每月75元提高到600元；对父母一方死亡、一方改嫁的由亲属抚养的事实孤儿养育津贴标准由原来的每人每月75元提高到200元；农村困难学生补助标准再次提高，从4月起对15374名农村低保对象中义务教育阶段的中小学生、高中、职业教育阶段学生和大中专在校学生进行排查摸底和建档立卡，每人每月分别提高10元、20元和30元予以补助。

【地名普查】2010年，完成第二次地名普查工作，推行地名管理标准化、规范化建设，完成市区部分街路巷命（更）名工作，共新命名11条，更名12条，正名9条。

【文明新风】深化村务公开和民主管理，村务公开和民主管理工作步入制度化轨道；动员退役士兵开展自主创业，年内办理235人，发放补助金1000多万元；加强民政专项资金监管，三次组织对民政专项资金进行监督检查，确保资金运行健康、使用合理；创建"殡葬改革示范单位"，开展"殡葬优质服务月"活动，为443名丧属减免基本殡葬服务费、安葬费13万多元；修订市县《救灾应急预案》，指导乡村制定《救灾应急预案》，建立市、县、乡、村四级联动的救灾应急体系，提升灾害应急响应能力；指导各县（区）依法完成第八届村委会换届选举工作任务。

【双拥共建】双拥共建工作上了新台阶，共建活动丰富，警民共建活动取得突破性发展，首次组团对在外省区执行任务的驻固某部队进行慰问；依法开展社会组织登记和年检工作，全市注册社会组织257个，374个社会组织接受年检，参检率100%，合格率89.7%。

固原市人力资源与社会保障局

【全民创业】贯彻落实国家、自治区关于推进创业带动就业的各项政策措施，开展民营企业家、大学生、返乡农民工、复退军人、下岗失业人员、农村能人创业活动，加大小额担保贷款等政策扶持力度，为各类创业人员提供资金支持，全市6家小额担保贷款机构新发放担保贷款1781笔6997万元，兑现微利项目贴息资金31.4万元，扶持自主创业和带动就业2539人。聘请专家开展创业培训，为各地特色产业和优势产业打造各具特色的创业园区。做好全民创业4年总结和创业之星评选推荐工作。组织"黄河银行"杯宁夏首届勇当创业先锋电视大赛固原海选和选拔赛，选拔6名创业先锋参加自治区决赛。年内，全市培育小企业386个，培养小老板968人，创造新就业岗位4847个，开展创业能力培训1305人，培训后当期实现自主创业650人，分别完成目标任务的322.6%、128.7%、161.6%、145%、170.16%。全市新建创业园区和乳化基地10个，带动就业5000多人。各县区培育1个各具特色的创业园区。

【劳务产业】年内，在彭阳、隆德县开展转移就业人员实名制登记管理试点。举办固原市首届农民工职业技能大赛，来自四县一区和宁夏四建6支代表队的279名选手经过乡镇初赛、县（区）复赛参加了建筑、农家乐烹饪、家政服务三个大类8个工种的决赛，对决赛第一名选手授予"状元"荣誉称号，对二、三名选手授予"技术能手"荣誉称号。重点打造电焊电工、矿山采掘、清真餐饮、电子装配、家政保安、建筑装饰"六大转移就业品牌"。年内，全市实现转移就业305242人，完成目标任务26.5万人的115.17%，实现劳务收入15.30亿元，完成目标任务14.5亿元的105.52%，转移就业人员人均创收5010元。形成福建、新疆和内蒙古、京津唐、长三角和珠三角、宁东及沿黄城市带"五大转移就业板块"，建立转移就业基地814个（当年新建59个）。建立转移就业示范乡镇6个，示范村6个。新建专业化劳务集团化公司4家，培育带领500人以上劳务中介组织6家，培育带领100人以上劳务经纪人92人，带领30人以上劳务经纪人539人，通过劳务中介组织和劳务经纪人组织转移就业17.19万人，市场化率达70%。开展农村劳动力转移职业技能培训13592人，阳光工程培训10247人，完成目标任务的100.46%；完成目标任务的104.6%；职业技能鉴定10775人，完成目标任务的103.61%。

【社会保障体系建设】坚持"广覆盖、保基本、多层次、可持续"的原则，本年度在全市正式启动新型农村养老保险试点工作。全市职工医疗保险统一实行

“6+2”的缴费标准，在实行城镇职工基本医疗、生育保险市级统筹，推行城镇职工医疗保险“一卡通”服务。审查批准7家医疗机构和40家零售药店为基本医疗保险“两定”机构。全市基本养老保险参保人数为44833人，完成目标任务41000人的109.35%，其中：解决历史遗留问题参保10219人，完成目标任务23600人的43.3%。医疗保险参保人数159341人（其中城镇职工基本医疗保险71922人，完成目标任务74000人的97.19%，城镇居民医疗保险86419人，完成目标任务85000人的101.67%），完成目标任务156000人的101.5%。失业保险参保人数35786人，完成目标任务36600人的97.78%，预计年底前完成全年目标任务；工伤保险参保人数43072人，完成目标任务43000人的100.17%，（其中：农民工6092人，完成目标任务5000人的121.84%）。生育保险参保人数39553万人，完成目标任务36000人的109.87%。为市区742名失地农民发放最低生活保障金132万元。批准10名村干部享受养老金待遇。

【队伍建设】 坚持凡进必考的原则，严格程序，公开招考公务员121名、遴选公务员53名，在开展实施公务员法重点工作抽查、自查工作同时接受自治区检查验收，组织开展公务员培训班7期，培训公务员184人，草拟《固原市表彰奖励工作管理暂行办法》，推荐上报自治区级以上表彰的先进集体8个、先进个人9名，选派120名农村优秀实用人才分别赴山东寿光、陕西杨凌培训学习，举办创业培训、高校毕业生就业双洽会、“三支一扶”等，多渠道、多途径促进高校毕业生就业。登记求职的高校毕业生3063人，实现就业3063人，就业率100%。

【人事制度改革】 审核市直62个事业单位245名工作人员的岗位聘用、等级晋升，调整4个市直单位的岗位设置，县（区）、市直部门事业单位岗位设置逐步实行实名制管理，招聘事业单位工作人员130名，调整6个职称评审委员会，充实评审委员152名，完成19个系列499名申报中、高级专业技术职务任职资格人员的审核推荐工作，中初级专业技术职务任职资格的评审工作正在进行中。组织10042人参加专业技术人员职称外语、卫生、经济、特岗教师、“三支一扶”、计算机应用能力等考试，推荐享受国务院特殊津贴人选3名，推荐上报高级研修班人选4名。举办专业技术人员继续教育培训11期，培训7620人次。对26个继续教育培训基地进行了考核评估，组织市直机关事业单位423名工勤技能人员参加技术等级晋升考评，按照功绩制和双向选择制安置办法，对计划安置的6名军转干部及时妥善安置。

【工资制度改革】 组织公共卫生与基层医疗卫生事业单位实施绩效工资工作，及时批复兑现市直10个单位167名在职职工绩效工资，为市直207个单位5775名在职职工正常晋升工资，为549名机关事业单位工作人员兑现了增资待遇，为18名事业单位工作人员重新确定工资，检查落实机关事业单位带薪年休假制度，兑现89名机关工作人员享受警衔等岗位津贴，调整299名工作人员津贴，规范和完善企业工资、劳动力市场指导价位制度。

【构建和谐劳动关系】 专项检查、重点抽查和日常巡查，检查各类用人单位490家，签订专项集体合同2家，补签劳动合同6600人，劳动合同签订率91%，书面审查120家，监控重点建设工程项目23家，受理举报投诉案件65件，为668名农民工追讨工资243万元。受理劳动争议案件54件，立案54件，结案52件，结案率96%，涉案金额63.4万元。受理工伤申请83例，已认定工伤68例，劳动能力鉴定18人，按规定及时兑现待遇。

【机关党建】 按照规定程序直接选举新一届机关党委和五个党支部班子，按照建设学习型党组织的要求，组织党员干部开展读书学习活动，强化制度建设，制定局党组会议、机关党委委员会议、局务会议、工作、学习、财务等三十多项管理制度。对在机关党建工作中成绩突出的市劳动就业局、社保局两个党支部和工作成绩突出、党员履行承诺好的14名优秀共产党员进行表彰奖励并授予“党员先锋岗”。严格实行党员勤政廉政承诺制,制作勤政廉政承诺和风险防范管理桌牌。严格执行人事调配规定和程序,与市纪委签订《固原市人事调配工作目标管理责任书》。

【安全保卫】 稳步推进社会治安综合治理工作,健全由局长负总责、分管副局长具体抓、各科室、单位共同配合的综治工作机制。接待群众信访46件次,其中初访31件次,重复访5人次,对合理性信访问题的办理率达100%。青海玉树地震后,系统党员干部职工积极捐款1.6万元支援灾区。

【扶贫帮困】 “六.一”前夕,筹措资金3645元对所包扶的原州区开城镇黑刺沟村小学师生进行慰问,筹资2万余元帮助原州区开城镇黑刺沟村解决部分村民饮用自来水困难,并对全村100多名农民进行技能培训。

【议案提案办理】 做好市人大议案、政协提案、建议、意见的办理工作,年内局系统共承办市人大议案2件、市政协提案6件,办结率100%。

【城镇就业】 全市全年通过各种渠道实现城镇新增就业8543人,其中城镇困难人员就业981人。分别完成区、市下达任务6500人和650人的131.43%和150.92%。城镇登记失业率3.74%,控制在下达4.4%目标之内。全市共有城镇零就业家庭397户465人,消除零就业家庭397户465人,实现“零就业”家庭动态清零。组织城镇失业人员技能培训3866人,占下达任务2500人的154.60%,培训就业率81%。全市登记求职的高校毕业生3063人,通过三支一扶招募、机关事业单位和特岗教师招考、事业单位培训实习等途径实现就业3063人。

【小额担保贷款】 市、县(区)财政新投入小额贷款担保基金673万元,小额贷款担保基金规模达到3485万元,当年新发放担保贷款2416笔10939万元,小额担保贷款余额15103万元。存贷比例达到1:4.33,兑现微利项目贴息资金93.8万元,带动3926人实现稳定就业和创业。

【城镇职工医疗保险】 市本级和原州区城镇职工基本医疗保险已参保35767人,完成区、市政府下达全年参保35616人任务的100.42%。共征缴基本医疗保险费5808.54万元,征缴率99.3%。全年共支付医疗保险基金5013.45万元,其中统筹基金支付4193人次,共计2335.70万元,累计结余4132.94万元;个人账户支付507907人次,共计2677.75万元,累计结余2523.29万元。全市大额医疗保险参保62163人,征缴大额医疗保险费897.31万元,报销支付734人次,共计937.13万元,累计结余40.95万元。

【城镇居民医疗保险】 全市2011年度已参保缴费89647人(参保大学生3146人,其他参保居民86501人)。其中市本级和原州区参保缴费53279人,西吉县13636人,隆德县8856人,泾源县4090人,彭阳县9786人。共征缴城镇居民2011年度个人家庭缴费部分683.95万元,征缴率100%。2010年,全年共报销支付住院医疗费用6785人次,共计1548.44万元,统筹基金累计结余1690.34万元;划拨家庭普通门诊账户基金445.87万元,刷卡支付147347人次,共计349.2万元,累计结余394.07万元。

【工伤保险】 全市工伤保险参保职工44479人,完成区、市政府下达全年参保共43000人任务的103.44%;参保职工中农民工占6487人,完成区、市政府下达全年参保共5000人任务的129.74%。其中市本级及原州区参保22079人(农民工3963人),西吉县参保8129人(农民工869人),隆德县参保5520人(农民工742人),泾源县参保3339人(农民工341人),彭阳县参保5412人(农民工572人)。共征收工伤保险费642.16万元,征缴率98.01%。全年共支付工伤医疗费及伤残津贴156人次,共253.12万元,当期结余389.04万元,累计结余基金868.55万元。

【生育保险】 市本级及原州区生育保险参保职工22523人,完成市政府下达目标任务20964人的107.44%。共征收生育保险费267.93万元,征缴率100%。支付生育保险待遇239人次共计110.33万元,当期结余157.6万元,累计结余基金394.08万元。

【离休干部医疗保障】 市本级和原州区离休干部及享受离休干部医疗待遇人员260人。全年共筹集离休干部医疗保障资金210万元,已报销支付医疗费用156.85万元,确保离休干部医疗费在规定的范围内按时报销。

【信息采编】 全年共编发各类信息33篇,完成了市人力资源和社会保障局下达全年24篇目标任务的137.5%。

固原市人口和计划生育局

【概述】 2010年,组织召开全市人口和计划生育工作会、半年形势分析会、季度联席会等不同形式的会议,安排部署工作,形成"纵向到底,横向到边,层层有人抓,项项有人管"的目标网络体系。实现各个指标得到突破,年内全市人口出生率为17.24‰,自然增长率为11.81‰,同比都降低0.23个千分点,出生政策符合率为83.2%,同比提高0.95个百分点。

【宣传教育】 2010年,本局改变以往的宣传方法,在宣传内容上体现系统性,以纪念中共中央《关于控制我国人口过快增长问题致全体共产党员、共青团员的公开信》发表30周年为主线,从计划生育法律法规到奖励扶助制度,从优质服务到优生优育,从避孕节育到生殖健康知识等都摘要、系统地通过宣传册、政务公开栏等方式公开公示,增强宣传的全面性;在宣传形式上体现多样性。协调宣传部、文广局、文联等部门,举办"7.11世界人口日暨纪念公开信发表三十周年文艺晚会",举办以"宣传计生文化,弘扬计生精神"为主题的美术、书法、摄影、剪纸等竞赛活动,在宁夏、固原日报设立《机制创新描绘固原计生工作更加美好的明天》等专版3期。在宁夏广播电台《塞上田园》栏目、固原《政风行风在线》制作专题节目2期。在《共产党人》、各级门户网站刊发人口计生信息报道80多篇(条);在宣传作用上体现实效性。组织在全市开展计划生育困难家庭、贫困母亲慰问活动。在春节、母亲节、5.29协会活动日等节日,上街、下乡举行义诊咨询、药具发放活动。累计发放药具价值10万多元,宣传资料15万份。开展"亲情计生万家行"活动,为19000多户计划生育家庭摄制印有人口计生政策、婚育知识等内容的"全家福"照片。通过宣传,育龄群众对计划生育、奖励扶助政策和生殖保健知识知晓率达98%以上。

【基层基础工作】 结合信息化建设,把2010年确定为"基层基础工作提升年",按照"强化基础、分类指导、狠抓后进、力促平衡"的工作思路。推进全员人口宏观管理信息化建设,全市将信息化建设作为本年度人口计生工作的重点,纳入目标管理考核,各县(区)累计用于信息化建设资金360多万元,完成全员人口管理信息录入142.5万人,信息完整率达到91.87%,信息覆盖率达到94.35%,分别位居全区第一和第三位;开展专项清查。针对干部职工、流动人口计划生育工作中存在的突出问题,印发《关于对全市党政机关、企事业单位干部职工计划生育情况进行清理清查的通知》和《关于集中开展全员流动人口清理清查登记活动的通知》,对干部职工计划生育情况进行更新、建档。对辖区流动人口进行全面的清理清查，防止全员人口漏登、已婚育龄妇女漏管、漏查现象的发生，遏制违法生育；加大后进工作转化力度。督察队定期对各县区部分乡村工作进行督导调研，对工作质量滑坡、问题较多和工作基础薄弱的乡村，采取随机抽查、阶段点评、专项调研等形式，及时帮助整改，使计划生育基层工作更加扎实，基础信息更加准确，台账资料更加完善；狠抓统计质量。按照计生“阳光统计”行动要求，以打造诚信计生为目标，开展全市人口计生系统统计执法大检查，严格报表统计要求，完善统计指标体系，提高统计数据的真实性、准确性和及时性；巩固村民自治成果；开展人口和计划生育基层群众自治万村(居)示范活动，研究制订示范村创建标准，在强化市指导、县负责、乡落实的同时，深化“村为主”经常性工作落实机制。2010年确定的10个示范创建村已申报自治区评估验收。

【依法行政】 强化制度建设。坚持“纠建并举、标本兼治”的方针，不断创新依法行政工作机制，指导县(区)建立和完善计生执法责任制，过错责任追究制和行政执法公示制，为依法行政提供了制度保障；强化执法检查，成立业务工作指导组，定期对县(区)基础统计台账管理、奖励扶助、病残儿鉴定、社会抚养费征收管理等各项工作程序与档案进行实地抽查与指导，纠正工作中的不规范流程。组织县(区)、乡(镇)负责人、业务人员在兄弟县乡学习观摩，交流经验，促进了人口计生工作法制化管理水平的提升。

【人员培训】 举办2期行政执法培训班，5期专业技术人员培训班，培训人员400多人(次)。开展两个《条例》知识竞赛宣传教育活动(《自治区人口与计划生育条例》《流动人口计划生育工作条例》)，并在全区竞赛中取得二等奖，增强干部群众的计划生育法律意识；强化信访办理。按照“属地管理、分级负责、谁主管、谁负责”的原则，设立首问责任岗，严格实行谁首问谁负责，提高初访一次性办结率、满意率。并对办理完毕的进行回访，征求办理质量意见。年内，全市共受理信访案件1559件，其中来信4件、来人访828件、电话访727件，信访回复率100%，群众满意率98%以上。

【少生快富工程】 全市以建立少生快富工程利益导向体系为核心，着力在落实优惠政策、加快脱贫致富上下工夫。加大对少生快富家庭的奖扶力度。在落实好各项奖励扶助政策的基础上，加大对少生快富户的奖扶力度。原州区、隆德县将奖励标准提高2000~3000元。西吉县对项目户的新农合报销比例上调5个百分点。彭阳县给予2000元财物补助，给各乡(镇)每例“少生快富”及纯女户解决工作经费1000元，对纯女户子女中考录取降低一个分数段(10分)。泾源县给“少生快富”家庭每户1头基础母牛、1台彩电、1个危房(窑)改造项目，推动工程的顺利实施；开展少生快富示范户(村)创建活动。制发《固原市少生快富示范村(户)创建活动实施方案》，实行四级责任承包制，整合涉农部门项目资源，采取项目优惠扶持的方针，每个项目户捆绑项目至少有2~3项，最多的达6~7项，受益资金最高达到4万元。在示范户、示范点的基础上，尝试整村推进模式，通过打造少生快富品牌村、亮点村，扩大了工程的示范效应；稳步推动扩面试点工作。为确保扩面工作成功开展，市人口计生局及时总结推广试点工作中的好经验，好做法，多次到试点县(区)、乡(镇)，从建章立制、调查摸底、查环查孕、公示公正、签订合同等各个环节进行精心指导。筹备组织全区深化少生快富工程工作会，为扩面试点工作的再发展创造了难得的机遇，各县(区)、乡(镇)实施工程的积极性进一步提高。2010年落实奖励扶助、特别扶助、特殊困难家庭扶助等11060人。实施少生快富工程4723例(其中扩面3044例)，同比增加1980例，兑现奖励资金1752.7万元，工程实施数和奖励资金数均创历史新高。

【优质服务】 全市按照“重心下移、面向村组、服务全局、方便群众”的工作要求，强化服务能力建设。改善基础服务条件，继续实施服务站标准化建设，筹措资金900多万元，按照五统一要求(统一规划、统一设计、统一标志装修、统一制度规范、统一服务标准)，新建县级服务站1所、乡镇服务站7所，全面完成全市县站的新建(改建)任务，乡站标准化建设达到85%。争取自治区支持，为5县(区)、63个乡(镇、街道办事处)新配备计划生育流动服务车，为开展优质服务创造了便利条件；开展规范化服务。深入开展优质服务“三查”、“五登门”活动，对育龄妇女围绕“婚前婚后、孕前孕后、产前产后、术前术后”实行全方位服务。2010年查环、查孕、查病66000多人次，上门宣传咨询23000多人次，术后随访9260人次；落实“六个一”活动，对手术妇女实行专车接送，术后上门慰问，全市入户访视率达到95%以上；拓展优质服务渠道，举办计划生育药具工作“三基”岗位练兵和知识竞赛，参加自治区级竞赛并获得二等奖，提高技术人员业务水平；举办2期生殖健康咨询师培训，培训人员200多人次，组织300多人参加全国生殖健康咨询师考试，为拓展优质服务提供人力保障。

固原市住房公积金管理中心

【新开户单位】 2010年，全市新开户缴存住房公积金的单位14个(其中非公有制单位10个)，新增缴存职工182人（其中非公有制单位新增职工70人)；参与住房公积金制度的职工4.49万人，其中非公有制单位职工846人；参与住房公积金制度的非公有制单位和职工达到33个和856人。

【公积金归集额】 2010年，全市住房公积金归集额新增25656.29万元，完成全年计划任务2.5亿元的102.6%，比去年同期增长3882.08万元，增幅17.83%。其中市直部门(单位)8080.82万元，原州区4048.25万元，西吉县5147.98万元，隆德县3194.55万元，泾源县1766.9万元，彭阳县3417.79万元。预计到12月底，全市住房公积金归集额年内新增34500万元；截至9月底，全市住房公积金归集总额突破11亿元，达到11.12亿元，其中市直部门(单位)36541.8万元，原州区16906万元，西吉县19982.56万元，隆德县16656.08万元，泾源县6974.37万元，彭阳县14188.44万元。年内，全市住房公积金归集总额突破12亿元。

【公积金贷款】 年内，共为全市837户职工发放住房公积金个人贷款11011万元。其中市直部门(单位)2376.2万元，原州区1118.1万元，西吉县4265万元，隆德县1110.7万元，泾源县456.7万元，彭阳县1684.3万元；全市住房公积金个人贷款总额突破6亿元，达到6.35亿元，受益职工10271户，其中市直部门(单位)14905.9万元、2430户，原州区8713.6万元、1265户，西吉县18787.8万元、2586户，隆德县8130万元、1868户，泾源县3983.4万元、718户，彭阳县8967.9万元、1404户，全市住房公积金个人贷款总额将达到6.5亿元。

【廉租住房补充资金】 2010年共，落实城市廉租住房建设补充资金100万元，比去年增加40万元，增幅66.7%。

【廉政绩效】 开展“学《廉政准则》、促廉洁从政”主题教育活动，加强对党员和干部职工的反腐倡廉教育；以推进学习型党组织建设为契机，按照科学理论武装、具有世界眼光、善于把握规律、富有创新精神的要求，落实“三个一”学习制度，履诺和设立党员示范岗等，提高机关效能；制发《固原市住房公积金管理中心进一步加强机关效能建设实施意见》，对加强机关效能建设提出总体要求，接受市效能办的明察暗访和监督检查，住房公积金管理工作各项任务按计划超额完成；制发社会治安综合治理、平安创建和普法依法治理工作要点，对综治工作实行每季度检查，与业务工作同部署、同安排、同考核，年内没有各类治安案件发生；选派2名农村工作指导员，在西吉县王民乡二岔马村扎实开展整村扶贫开发工作。共为二岔马村落实困难群众慰问物资和小学生文体器材5000元；为青海玉树地震灾区捐款1900元；做好环境综合整治、长城梁义务植树造林工作，完成市委、政府交办的其他任务。

固原市扶贫开发办公室

【整村推进】 年内，加大整村推进扶贫开发力度，向贫困村整合各类项目资金。全年全市第三批164个整村推进村，投入各类资金2.95亿元，完成计划任务的295%，平均每村投资强度达到179.9万元，完成计划的359.8%，实施农村基础设施建设、农业产业开发、农村公共事业、农村金融服务等项目51项。其中：新修和维修村级道路561.8公里，改造危房危窑1572户，改善人居环境1.05万户；投放太阳能灶8901台，建设沼气池2547座；建设人畜饮水等集中供水771处、集雨场1542处、泉水改造1处、井窖647眼，渠系配套81.2公里，塘坝8处；建设温棚1517幢，拱棚8117幢，覆膜种植13.67万亩；投放基础母牛7183头、雏鸡6.32万只、猪2万头，投放铡草机、割草机1798台，建设圈舍1721座、贮化池268座、畜牧服务点21处；种植优质马铃薯4.73万亩，中药材等特色种植2.23万亩；建设村党员活动室50处、农民科技文化室10处、文化广场7个、卫生室1处；维修和新建校舍4429平方米，投放广播电视接收设备267套，开展技能培训及农村实用技术培训8.87万人(次)。

【互助资金项目】 紧抓自治区2010年的“10项民生计划”和互助资金“3年覆盖所有贫困村”的机遇，贯彻落实全市“改善民生25件实事”，向自治区争取“贫困村村级发展互助资金”项目资金3351.9万元，覆盖全市149个贫困村(第一批126个，第二批23个)，分别完成任务的111.73%和114.65%。其中大村33个(第一批31个，第二批2个)，每村30万元，小村116个(第一批95个，第二批21个)，每村20万元。新增参股农户12515户，入股资金1947.7万元。

【社会扶贫】 争取协调各级帮扶单位投入帮扶资金2521万元，完成任务的168.1%。其中闽宁对口投入帮扶资金518万元，组织实施各类帮扶项目11个；国家部委投入692万元，实施帮扶项目8个。年内，区直、川区市县、市直和县直定点帮扶部门(单位)共为所帮扶的贫困村投入帮扶资金1311万元，实施帮扶项目251个，在农业生产、基础建设、产业开发方面进行帮扶。其中：区直部门(单位)实施帮扶项目86个，投入470.3万元；川区部门(单位)实施帮扶项目19个，投入52.1万元；市直部门(单位)实施帮扶项目34个，投入391.6万元；各县(区)部门(单位)实施帮扶项目112个，投入397.2万元。

【劳务移民及配套工程】 年内，在市新区建设劳务移民安居保障性住房1.5万平方米，解决在固原市区及城乡结合部长期租赁居住的来自农村的务工人员居住生活困难；结合劳务移民争取项目资金41.6万元，开展贫困地区农村劳动力转移中长期技能培训260人；共向宁夏广夏、汇德葡萄基地、银川天人和豆制品基地、灵武羊绒加工生产基地、红寺堡等地劳务移民161户393人。

【两项制度衔接试点】 组织全市五县(区)在吴忠市参加全区试点启动(培训)会议，并按照《宁夏回族自治区最低生活保障制度和扶贫开发政策衔接试点工作实施方案》的要求，确定10乡10村进行试点，分别对低保户和贫困户进行详细调查摸底，为扶贫开发提供基础数据。

【旱作基本农田建设】 2010年，自治区扶贫办仅向本市安排基本农田1.125万亩，主要是西吉县连片开发及小流域治理。其他重点为区发改委安排的退耕还林口粮田项目。全市五县(区)已布点141个,投入推土机车471辆,完成旱作基本农田9.769万亩,完成任务的97.7%。

【扶持龙头企业】 年内,共向自治区扶贫办申报宁夏明德中药饮片有限公司等市内20家国家、区、市级扶贫龙头企业、重点企业,申请贷款贴息资金200多万。

【扶贫专项资金管理】 2010年,制定《关于加强扶贫专项资金管理的方案》,采取“两报告一检查”措施,加大对县(区)扶贫系统扶贫资金的检查与监督,推行重大项目招投标制,实行项目合同制、公示公告制、项目法人责任制,项目资金专款专用,建立专户,实行报账制管理,杜绝挤占、挪用现象的发生,年内扶贫系统专项资金使用规范,没有发生违规现象。

【扶贫开发规划】 制定《固原市“十二五”扶贫开发规划》(初稿),总结市“十一五”扶贫开发规划实施情况,明确市“十二五”期间扶贫开发的重点,提出市“十二五”扶贫开发规划的思路和主要措施。完成六盘山集中连片特殊困难地区开发攻坚工程规划,共八章37节。

【机关建设】 把深入实施西部大开发战略大学习活动、学习型党组织建设、“机关党的建设年”、创先争优活动、党风廉政建设、文化建设、机关效能建设、社会治安综合治理、计划生育、单位定点帮扶、信访工作,作为完成扶贫开发重点业务工作的有力保障。

地方文化

报刊 杂志

《固原日报》 固原日报社主办，总编武兴华。是党的重大理论、方针、政策在固原宣传的主阵地，集中宣传当地文化科教、党建党风廉政、机关效能、社会事业、民主法制、民族团结等内容。年内，共开设重点栏目11个，刊发稿件8985篇(幅)，超额任务4775篇(幅)。制作阅报栏50个，每天免费向阅报栏、社区活动场所、广告客户送报纸250份。

《新原州》 由原州区委、原州区人民政府主办，原州区委宣传部承办，总编李鹏霄，宁新出管字[2009]第1355号，2010年1月创刊，内部资料，4开版。《新原州》报包括主要新闻、综合新闻、社会广角、须弥文苑4个栏目。该报的创刊，是原州区文化建设的一件大事，为外界了解原州、认识原州、推介原州打开了一扇窗户。

《固原科普》 固原市科协主办，以介绍农村实用技术、法律、大众健康知识为主要内容的《固原科普》，2010年来，以"弘扬科学精神，普及科学知识"为宗旨，围绕支柱产业、特色产业、设施农业发展及大众健康等。编辑印发《固原科普》报36期18万份。

《参政议政要报》 政协彭阳县委员会主办，内部刊物，主编张志禄，内设领导论坛、工作动态、议政建言、理论园地、聚焦民生、委员风采、文史天地等栏目，共计已发行13期。

《葫芦河》 宁夏西吉文学艺术联合会主办，内部刊物，郭宁主编，内设和谐西吉、第一阅读、域外来风、西吉文学、校园文学等栏目，共计已发行12期。

《六盘山民俗》(试刊) 火仲舫主编，宁夏固原市六盘山民俗文化发展促进会主办，该书现为试刊，邀请著名作家、学者领衔主笔，各地文化精英加盟互动，力求发展民俗文化遗产，弘扬民族文化精神，开发民俗文化产品。内设名家沟通，特别推荐、小说新名人轶事，每期评论、诗话民俗、域外风情等栏目。

《六盘山论坛》 中共固原市委主办，固原市委党校、固原市行政学院承办，理论季刊，内部发行。该刊物设立领导论坛、工作研究、学习交流、调查研究、感悟人生、知识广角6个栏目。年内正常发行4期，并增发工业和工会2期专刊，编委会主任王宏祺(5月调离)、马吉福(5月任)，主编柳文彬。

《固原美术》 固原市美术家协会、美术家发展委员会主办，4开版，内部发行。以介绍区内外油画、国画、水彩、刺绣等作品以及相关的美术研究、学习交流、画家介绍。

《宁夏固原博物馆》 宁夏固原博物馆主办，季刊，内部发行。该刊物设根据宁新出管字[2009]742号，设立合作交流、考古调查、科技保护、文物丛谈、墓志碑刻、工作探索6个栏目。编委会主任韩彬，主编卫忠。

图书出版

《原州区志》 该书共计100万余字，上自事物发端，下限到2009年。全志采用述、记、志、传、图、表、录等体裁，横陈百科，纵述历史，客观翔实地记述了固原市的政治、经济、文化及社会诸方面的发展历程。全书以概述、大事记铺前，附录殿后，中辍自然环境、行政建置、人口、农业、工业、商业贸易、旅游、交通邮电、财税金融、经济管理、革命史迹、党派群团、政权政协、政法、军事、教育、文化、艺文、医疗卫生体育、科学技术、社会、人物等编。

《彭阳县志》 全书200万字，主编叶长青，副主编张文明，由甘肃文化出版社于2011年3月出版发行。该书是按照方志出版社2010年11月出版发行的《当代志书编纂教程》精心编纂的宁夏全区第一部新方志，是彭阳县资治、教化、存史的百科全书，为各级领导在各项政务活动中的科学决策服务，为发展县域经济服务，为进行爱国主义、革命传统教育服务，对推动彭阳经济社会发展具有十分重要的意义。

《固原年鉴2010》 该书是由中共固原市委、市人民政府主办，固原市地方志编纂委员会办公室承办的公开出版物，是具有政府年度公报性质的地方资料工具书，全书共计110余万字，客观、真实、全面地记载了2009年固原市行政辖区内政治、经济、社会、文化等领域的成就。

《西吉年鉴2010》 西吉县委、西吉县人民政府、西吉县县志编审委员会主办，该书共计76万余字，共设特载、图片记事、专载、大事记、西吉综述、组织机构及、党委群团、人大工作、政府工作、政协工作、纪检监察、民主党派、政法军事、经济管理、教育等37个部类，是西吉年度性工具书。

《固原市深入学习实践科学发展观活动资料汇编》 全书分上、下册，由固原市深入学习实践科学发展观活动领导小组办公室编辑印刷。该书收集整理了中共固原市委在深入学习实践科学发展观活动中的各类文件（中共市委委员会文件、中共固原市委员会办公室文件、固原市深入学习实践科学发展观活动领导小组文件及领导小组办公室文件）、分析检查报告、整改落实方案、整改通报、总结汇报、综述评论、新闻报道、制度汇编、大事记等资料。记录了中共固原市委学习实践科学发展观的全过程，具有很强的文史性、资料性和可存性。

《大地歌吟》 马启智编著，作家出版社2010年8月出版发行。该诗集收入了作者在二零零五年元宵节至二零零九年十月一日建国六十周年期间所作的八十八首诗作，配有“相关链接”，介绍诗文描述的典故、人文地理、山水风光、名胜古迹等背景材料，还附有若干作者自拍的实录照片。诗句情真意切，韵味绵长，记录了作者的心灵历程。

《小城无故事》 竹青编著，华夏文艺出版社于2010年9月出版发行，属小说集。该书收录了7篇短篇小说和6篇中篇小说。其作品发表于《朔方》《黄河文学》《六盘山》《固原时报》《西海固》等报刊。该书的出版发行为“西海固”文学在创作观念、取材内容到叙事技巧、语言风格等方面的突破于创新起到了积极的推动作用。

《琼斋集》 尹文博编著，黄河出版社传媒集团，宁夏人民教育出版社于2010年9月出版发行。该书共分八个章节，其中“祖门书香”“高山流水”“翰墨情长”“岁寒知友”几章，是作者对先人的追忆，对师长的怀念，对朋友和亲人的感恩和眷恋。“临池珍存”“半叶拾趣”“石见田耕”“光阴剪照”几章，是他多年学习所得的总结和生活点滴的记录。

《师德建设研讨》 张凤朝、张震主编，139千字，宁夏人民出版社于2010年9月出版，该书从学校管理、师德修养、关爱学生等方面结合实际广泛探究，有较鲜明的时代特征和实用价值。

《梁鹄书法与故里研究》 郑彦卿编著，26万字，全书共分梁鹄生平与书法、梁鹄书法作品节选、梁鹄故里乌氏县考、《二十四史》及《清史稿》中的梁鹄、《资治通鉴》中的梁鹄等部分，是一部以研究历史人物为主，挖掘地方文化历史的资料性文献，是宁夏全区在创办大文化，探究文化源头，打造文化品牌，提升文化软实力的有益探索。

《宁夏固原旅游交通图》 宁夏回族自治区第二测绘院编制，宁夏六盘山旅游扶贫试验区管委会、宁夏固原市旅游局监制，西安地图出版社印刷厂印刷，2009年8月印刷出版。地图包含宁夏旅游交通图、固原市城区图、固原市概况、推荐旅游线路、宾馆餐饮简介、旅行社和景点介绍等内容。

文学作品精选

母亲的菜园

〇杨建虎

我是喜欢在夏天回到故乡的，当一颗风尘飞扬的心需要安静下来的时候，我喜欢回到故乡温情的怀抱里。我需要眺望大地的绿，感受乡村的静。我喜欢漫游在母亲侍弄的园子里，摘那些渐渐泛黄的杏子李子，看那些长在大地上的新鲜的蔬菜，闻那些在城市里永远闻不到的来自自然深处的青草的气味，抚那些翠绿的叶片和劳累的支架。

是啊，我会一个人静静地守着母亲的菜园，宛若我是菜地里一个绿透的萝卜，我的根深深扎在黄土的劳伤里，而头上却披满了嫩绿的叶子；我喜欢和青绿的韭菜站在一起，和她们一起唱响风中的谣曲；我喜欢守护着那几个红红的南瓜，看他们的枝蔓蜿蜒伸展；我喜欢独自摘下一个还未熟透的西红柿，随口咬出美好的汁液，然后轻轻吸吮……

这就是母亲的园子——无数个阳光风雨的日子里，母亲就在这里忙碌着，她手中的锄头、铁铲多次伸向那些杂乱的事情，而那些青菜的裙子，在乡村宽大的怀抱里显得愈加美丽。那些杏树桃树李子树，她们婆娑的身影里叠加着母亲的身影，她们孕育的果实里渗透着母亲的心血。在清晨明朗的原野上，是母亲用现实主义的锄头，触及大地敏感的神经；在黄昏无限的光晕里，是母亲用浪漫主义的笔描摹园子迷人的色彩。这就是母亲的园子——永远占据着我灵魂的一角，在我烦乱无助的时候，轻轻荡漾着迷人的气息。

隔三岔五，在日益浮躁的城市，我和妻儿会吃到来自故乡菜园里亲爱的蔬菜，我会想起故乡夏天的园子——那一派葱茏的景象，那一棵棵鲜活的苗子，我真想把它们一一装进我的心里。我知道，母亲在园子里培植这些新鲜的水果蔬菜，主要是为了自己在城里奔波的孩子。隔三岔五，她会托人带给我们一些，当那些还沾着露水的蔬菜被安放在我们的厨房时，我就知道，母亲还在园子里忙碌，母亲还在拾掇着这个夏天。

而我，多么想和母亲一起度过那些清新、温暖的时光！

（原载《人民日报》）

找回失落的农历精神

〇郭文斌

长篇小说《农历》最近由上海文艺出版社出版。对于拙著本身，心想还是留待读者评判，在此仅就农历的贵重，谈些浅见。

我把《农历》的写作视为一次行孝。因为在我看来，农历是中华民族的根基和底气。“农历精神”无疑是中华民族的生命力所在，凝聚力所在，也是魅力所在。

和祖先相比，现代人的“营养”很不平衡，“体质”虚弱，动不动就“生病”，究其原因，就是接不上“天气”和“地气”了，久而久之，“元气”大伤。而一个人要想恢复元气，就得接上天气和地气的。从这个意义上说，农历才是真正的中国符号。

诚然，我们可能无法回到农历时代，但是我们完全可以找回“农历精神”。只要每一个人心中还有“农历”，还有“农历精神”，那么这个人就拥有了健康之根，快乐之本，幸福之源。国家和民族也同样。因为“农历”本质上是生命力的“统觉”，是“与天地合其德，与日月和其明，与四时合其序，与鬼神合其凶。”这个“合”，在我看来它就是“顺”，而“顺”就是“利”，所谓“顺利”。但现在的情况是，我们已经不知道如何去“顺”，于是天灾人祸成了每天新闻的主角，依我浅见，天灾是因为大地失去了“农历”，人祸是因为人心失去了“农历精神”。

近年来，在走进农历的过程中，我渐渐低下了自己一度十分骄傲的头，弯下了自己一度十分自负的腰，“农历”如一面镜子，让我看到了自己的狭隘、自私、包括自恋。在《农历》和《中元》一节中，我把《目连救母》一出戏全部搬了进来，因为他让我看到了古人的心量，也看到了古代文化的心量。在我看来，它事实上是东方“救文化”的寓言，目连所救的，不单单是自己的母亲，更是大地母亲，自然母亲，斯文母亲，仁爱母亲。而《目连救母》作为一出戏，世世传唱，代代完善，却没有作者署名，这样的“作家”，该是多么让人崇敬。因此，对我来说，《农历》的写作还是一次深深的忏悔。

农历是一个大自然，在这个大自然里，有天然的世界，天然的岁月，天然的大地，天然的哲学，天然的美学，天然的文学，天然的教育，天然的传承，天然的祝福。这个“天然”，也许就是“天意”，而“天意”，在我看来，就是“如意”，“吉祥如意就”是从此而来。

而作为一本书的《农历》，他首先是一个祝福，对岁月的，对大地的，对恩人的，对读者的。同时，我还在想，小说是要为“现实”负责，就想“点灯时分”，把灯点亮才是关键，至于用哪个厂家出产的火柴，并不需要考究。

“农历”的品质是无私，是奉献，是感恩，是敬畏，是养成，是化育。一个真正在“农历”中自然长大的孩子，他的品行已经成就。反过来，做父母的想让孩子孝、敬、惜、感恩、敬畏、爱的品质，就要懂得“农历”，学会“农历”，应用“农历”。“农历”是一个大课堂，它是一种不教之教。就像一个人，他一旦踏上有轨列车，就再也不需要担心走错路，列车自会把他送到目的地，因为他是“有轨列车”。“农历”就是这个轨，也是一条祝福之轨，更是一条幸福之轨。他的左轨是吉祥，右轨是如意。

看完《农历》，读者就会知道，其中的十五个节日，每个都有一个主题，他是古人为我们开发的十五种生命必不可少的营养素，也是古人为后人精心设计的十五种“化育”课，古人早就知道，“化育”比“灌输”更有用，“养成”比“治疗”更关键。

因此，关于《农历》我说过这样一句话——

奢望着能够写这么一本书：它既是天下父母推荐给孩子读的书，也是天下孩子推荐给父母读的书，它既能给大地增益安详，又能给读者带来吉祥，进入眼帘它是花朵，进入心灵它是根。我不敢说《农历》就是这样一本书，但是我按照个目标努力了。

感情是一份很深沉的债

○赵炳庭

一

一个人在成长的过程中受到母亲的影响是至为深远的。尤其是那些勤俭持家、任劳任怨的母亲。她们中有些甚至目不识丁，可是为了自己的孩子，却甘愿承受一切的艰辛与苦难，我的母亲就是这么一位极其平凡而伟大的农村妇女。

母亲生下我们兄妹四个，存活下来的只有我们弟兄三个，最小的妹妹出生没多久就夭折了。那时还是农业社吃大锅饭，小妹得的是小儿肺炎，因家里没有钱治，一拖再拖，就耽误了医治的最佳时间。至今提起来母亲仍是痛心，我们也非常遗憾，要是有个妹妹,那该多好啊。

“文革”开始的时候,父亲因家庭成分问题,由一个吃皇粮的国家干部被下放到农村,成为改造的“黑五类”,多次“戴高帽”、挨批斗。后来,父亲被惩罚到百里之外的地方修水库,一修就是几年。家里的一切重担都压在了母亲的肩上,再加上她老人家裹缠着一双“三寸金莲”,操持一家七口人的日子,其困难是不言而喻的。

尽管母亲心灵手巧远近闻名,但在一个偏远贫瘠的小山村,在那个物质极度匮乏的年代,要养活一大家人谈何容易。上世纪六十年代,农村自然灾害多,贫困落后,生活条件很差。不仅吃不上白面,就连洋芋玉米等杂粮也填不饱肚子。为了保证祖父不像我们一样挨饿,母亲几十年里一直给年事已高的祖父做“小锅饭”,尽最大努力让祖父多吃一口细粮,直到一九七五年祖父去世。祖父以年高之躯竟安然熬过漫长的饥馑岁月, 享年八十五无疾而终,全凭母亲的精心照料。

那艰苦岁月的许多往事是我永远不能忘怀的。母亲和我们弟兄几个长年累月吃糠咽菜, 粗粮淡饭。在我的记忆里,似乎没有一天吃饱过。由于营养不良,劳累过度,母亲身上浮肿得厉害。连肚皮都填不饱,哪有多余的钱去治病?去添置新衣?由于经济拮据,母亲不能为我们买好衣料,一年四季穿的,都是用皂角灰浸染的麻布做成的衣服。看见人家娃儿们吃白馍,穿花衣,自家的娃儿吃菜窝窝头,穿粗布衣衫,母亲常常暗自垂泪,觉得亏欠了我们。垂泪之后,便是不分白天黑夜地拼命干活,她心里憋着一股劲要全力撑起这个家。

尽管母亲用尽心力操持着一家人的生活,但那个风雨飘摇的家, 实在经受不住任何的风吹草动了,更何况母亲再也无力去面对生活和精神的双重压力。记得母亲生下小妹刚满三天就不得不去生产队给老少七口挣口粮。冬季时节,待粮食打碾归仓后,接着要把堆积如山的农家肥运往距庄子很远的山地。队长按人口把任务分到每家每户, 家中劳力强壮的,不一会儿就干完了。母亲只好一个人包揽了全家人的任务,母亲肩上挑着装满粪土的一对大竹筐,她硬是踮着颤巍巍的小脚,摇摇晃晃、踉踉跄跄地把一担一担的粪土挑到路途陡峭的山地里。风吹日晒,日晒风吹,母亲落下了一身的疾病:天热时,腰酸背疼虚汗不断;天凉时,弯腰躬背咳喘不止。生活的磨难锻炼了母亲的坚强,即使遭受着这样的折磨,她依然同一生中的任何时候一样从容面对。

一个“三寸金莲”的小脚女人,要独立养活三个孩子,需要付出多么大的艰辛?我甚至不敢去想。但母亲做到了,她用自己的勤劳和智慧,硬生生地把三个儿女拉扯大了,还把他们送进学堂。那是一件多么了不起的事情啊,母亲也因此成了十里八乡人称“最能干的女人”。

母亲虽然大字不识几个,但却敬惜字纸,重视文化,对我们管教很严,常用古人发奋勤学的故事激励我们认真读书。不管家里再困难,生活再艰苦,从没有耽误我们上学。我初中毕业时,考虑到家境太难,一心想着帮助母亲挣工分。母亲却极力反对,生怕影响我们的学业。1977 年, 我考取了固原师范,二弟考上了高中,三弟考上了初中,作为一个土里刨食的农户人家要供给三个孩子上学,生活的艰难自不必说。为了给我们弟兄三人筹措学费,母亲迈着小脚徒步几十里去亲戚家借钱。可转到天黑,走了十多家也没借到一个子儿。母亲为此感到无比的憋屈,为此在暗夜里长叹,甚至泪流满面。最后,不得已祖父将祖上传下的一副清代乾隆年间铸造的青铜马镫卖了,算是给我们凑足了学费。

二

母亲是一个仁慈宽厚、明晓事理的人。农村的人情世故、乡约村规,她都通晓在胸。三里五村,每逢谁家添箱出嫁闺女、娶媳妇、给孩子过满月抑或给老人祝寿,她都要向主人送去祝福。庄户人家时有邻里纠纷、婆媳矛盾、妯娌不和,都爱找母亲规劝说和。由于母亲一次次出面调停,大事化小,小事化了。

一生从容豁达、古道热肠的母亲只知道拿心去待人，拿心去做事，从不计较恩恩怨怨有没有回报。对自己的儿女是这样，对村舍邻里更是这样。记得一个风雪之夜，村子东头的狗娃来敲门，求母亲去救救他难产的媳妇。换成别家啥话都好说，偏偏狗娃他爹和父亲是“死对头”。父亲的多次挨批斗就是他泄私愤操纵的。然而听了狗娃的哀告，母亲二话没说，依然决然披衣出了门。后来就是因为天黑崴了脚，脚脖子肿的跟发面团似的，母亲从没说过半句抱怨话。

三

上世纪八十年代初，当时村里正经历着包产到组、包产到户的发展过程，村里的人们因为眼前看得见的实惠，使得磨洋工的时代一下子成为过去，人们的生产热情空前高潮。勤劳的母亲终于迎来了改变现实生活的机会，她开始没日没夜地在自家田地里精耕细作。母亲的汗水总算没有白流，我家的庄稼像是在比赛似的生长，在青苗期就能看出丰收的迹象：麦苗绿油油的在日里夜间嗖嗖地拔节，开满花的豆蔓扯起竟有半人高。母亲的脸终于露出了甜蜜的微笑。这时，父亲也得以平反昭雪。父亲更是时刻关注着国家政策的变化，经常在昏黄的煤油灯下读报。记得当时村里唯一能看到的就是《宁夏日报》，而且拿到的往往都是一两个月前的旧报，但父亲认真地阅读着上面的每一篇文章。

四

1981 年我从师范学校毕业走上了工作岗位，在乡下中学教了两年书又考取宁夏教育学院，二弟和三弟也分别考入大学。当时，在我们那个连一位高中生都很少的贫困乡村，一个农民家庭一下子出三个大学生自然成了我们那一带的特大新闻。我们弟兄能出人头地，这都是父母的功劳。

八十年代末，我二弟、三弟毕业后陆续到异地工作生活，只有花甲之年的父亲和母亲牢守着家乡的院落，过着清苦的生活。每每夜深人静，思念之情促使我拿起床头的电话，母亲的惊喜之情在话语中就能听出来，她让我们不要牵挂她们，她们生活很好。放下电话，闭上眼睛，父母单薄、瘦弱的身影就时时出现在我的面前。

我知道，这不过是母亲怕儿女惦记着她们的安慰话。母亲在农业社时，就因劳累过度和营养不良落下一身的疾病，父亲在那个年代修水库时住潮湿的草铺、吃干粮、喝冷水，直到现在仍沉疴缠身，时好时坏。家中近二十亩的薄田，让母亲来耕种已是力不从心。

1990 年，我跟二弟、三弟商议后，将责任田转包给村里的张家，让父母到县城过过清闲的日子，也算尽我们做儿女的一片孝心。不料，这事让父母很快知道了，他们老大的不悦意。这晚，父亲一个人坐在自家土地的田埂上，点燃一根烟，屏住呼吸，仿佛在聆听风与庄稼幽秘细碎的私语。我曾仔细观察过父亲的双手，粗糙得跟老树皮没有什么两样。那双手曾在土地上扒挠了几十年，村里的每一块土地都曾留下他的手印，甚至每一个土团都曾感受过他的手温。我知道，那片土地已洒下了父母几十年的汗水，留下过父母无数次殷实的步履，也承载了父母亲几十年的辛劳和希望。最后，不得已我请来四叔才勉强劝服了父亲和母亲。他们在四叔的劝说下虽然勉强搬进了县城，但明显地看出他们不适应城里人的生活。对他们来讲，搬到这里来，也是一次颇为重大的人生转折。大半辈子生活在山村，生活方式、人际关系都已经固定化，如今来到一个陌生的环境，有一个适应的过程。周边的环境和生活设施，要慢慢熟悉。

时间是短暂的，记忆是永远的。母亲一生从未出过远门，去年利用国庆节放假，二弟带着双亲去了趟北京。国庆期间的北京游人如织，颐和园里满满的游人尽情地欣赏着迷人的风光，享受着几百年以前帝王将相才能享受到的待遇。从来没有出过远门的母亲压根不知道颐和园是什么地方，尽管二弟一遍又一遍地解释这是昆明湖、那是万寿山，母亲还是全然不知，每走一个地方总是那一句话“这个地方真好”。尽管她老人家话语不多，但从母亲那布满笑容的脸上,可看出她有多么的高兴,她要把亲眼看到的北京装在心里。回来之后,母亲把北京之行看成一件久未遇到的新鲜事,时不时地向亲戚邻里叙说,北京之行将永远留在母亲的记忆之中。

感情是要在长期相处的默契中加强的,即便父母子女之间也是如此。面对面拉家常,甚至是默默相对,那些动作表情,声音气息,都会转化为一份情意。有时,看着他们,意识忽然会产生一瞬间的恍惚:眼前这一双年迈老人,就是为我们弟兄提供衣食、抚养长大、又挨个儿供三人读完大学的生身父母吗?记忆中,他们也曾精力旺盛,健步如飞,笑声朗朗。在家乡那个狭窄的小院里,在几间摆放着最简单家具的房间中,在自己常年耕种收割的土地里,他们一天到晚忙忙碌碌,用他们从牙缝里节省下的一点积蓄来为维持一个大家庭最基本的物质生存条件,百般筹划算计,节衣缩食,但有时仍不免愁肠百结。

我开始自责,为在过去的许多年中,回家次数太少,有时因工作忙碌,却很少有可自由支配的时间回家陪陪父母。还有,是基于那个年龄段特有的错觉,总觉得未来的日子会很长,一切都来得及。

回头想来,生活中会有多少不易觉察的盲区啊。只有时间的流逝,才会让我们慢慢意识到。因为这种迟来的觉悟,有时会留下终身不可弥补的遗憾。我心中感到十分愧疚,然后又感到庆幸:好在尚有机会弥补。父母搬来这里,空间距离大大压缩了。其实,另一种变化更有意义,那就是心理距离的缩短乃至消失。但这点却是慢慢意识到的。固然是因为住得近了,很容易就可以坐在一起,但关键还是,在父母子女双方,都已经到了那个辈分年龄的界限被打破的阶段了。人生际遇、感受随着岁月流逝而增添、调整,相互重合的区域越来越多,共同的话题自然也多起来了。"多年父子成兄弟",我对这样的话有了更具体的认识。

五

父母一生给予儿女关爱最多,对子女要求最少。父母那份血浓于水的博大而无私的亲情之爱,我们做儿女的永远难以偿还。多少次徘徊在故乡那窄小的土路上,似乎看到父母亲锄禾晚归的身影;耳畔回响起《诗经·小雅·蓼莪》里那古老的歌谣:"哀哀父母,生我劬劳……父兮生我,母兮鞠我。拊我畜我,长我育我。顾我复我,出入腹我。欲报之德,昊天罔极!"。父母给予了我们生命,抚养我们长大,看着我们成家立业,而当他们真正到享受天伦之乐时,却不知不觉走到了人生的暮秋。他们一步步走远,终有一天会彻底地离去,阴阳睽违。仔细想来,这实在是一件在心理上难以接受的事情。一旦父母离去,对我们而言,也就是塌下了一层天,撤去了一种生命的支撑,割断了一条连接这个世界的牢固的纽带。我们内心深处会有一处被抽空的感觉,存在的根据也会变得恍惚可疑。对于一颗敏感的心灵,即便生活成功美满,一切都很如意,这种亏缺感也是无法被填补的。说到底,那是一种永远还不清的深沉的感情债。

有一句古语说得好:子欲孝而亲不待,是人生的最大憾事。趁着父母还有能力行走,还有能力享用生活中小小的满足,在他们看来近乎奢侈的所谓的"享受",让我们做子女的多给予他们生活的关爱,心灵的关怀,精神的慰藉吧,这样,我们才不会在人生的未尽之路上抱憾终生。

活着和死去

○李 敏

我们赶回去时,她已经被村人按照乡间习俗穿上了生前就缝制好的衣物,端端正正摆放在地上。那一瞬,我想,这样被放着的姿势应该是她愿意的,她活着时是喜欢一应物事具备"端正"的态势的。她的身体下面铺着一层麦草。我们乡间有人出生和死去都叫做落草这样的说法,现在,她是走完一生,躺着,落草了。她的脸上、身上覆盖着白纸,绣花的紫红鞋子隐隐露出了一部分。我轻轻揭过她脸部的白纸,透过迷蒙着的泪水,静静看着这个熟稔的面孔,泛青，有些浮肿，却仍是彻彻底底的慈善，因为虚肿，面颊显得圆润了，额际的皱纹也不太显眼了。用手轻轻抚摸那面颊，冰凉如水。真想用点劲，拍拍，看她能否翻身而起，如以往一样喜滋滋为回家的我们忙乎。

没有奇迹出现。没有。是妄想。

从白天到黑夜，我一直守候在她身旁。没有更多的泪水，只是在无尽的恓惶里想得更久远，关乎她的很多很多。她就那样静静躺着。如深深睡去一般。那么多人在。在她近旁，在她周围。房子里是人，院子里也是人。人头攒动，人影摇晃。有人大哭，有人低泣。有人烧纸，有人燃香。有人喝茶，也有人玩牌。不管有多少人，她是主角。尽管她只是躺在那里，不动，也不说。那么多人都是为她而聚在一所乡村的院子里。那些人，亲近的，疏远的，都希望她是知道大家都在的。她大概从来没想过会有那么多人是为自己而聚在一起。那样的场合，她参与过，但别人是主角，她不是。

那天，那座乡村的院落里，所有的人和事都与她发生着关系。人是她的亲人，亲戚，乡邻。事是她的吗?她还能知道这事是她的吗?之前，她经历过多少事啊！每每说起，多得她自己都不知道具体有多少，红白事，一桩桩，一件件。

大年里。她是多么热爱并尽情享受着那份喜庆。一家人都被她感染了。生活中的，工作中的烦心事都赶跑，欢欢欣欣和她一起过年。

年不是还没过完吗？她何以走得如此匆忙？

恍惚里，看见她才站在场院里那棵老榆树下送我们回城。我们走远了，她还手搭在额头，眯着眼看我们。才过去一天，我们却以另一种方式送她离开。她的路上，不知道有没有寒冷和饥饿?锅台上，还放着她亲手烹制的食物。土炕，还被她烧得热腾腾。红灯笼，还被她高高挂起……

她定然没有想到自己会突然离开孩子们。离开人世离开家。没有了她，就不是家。从小，儿女们都这样认为。她守着家。守着一个盈满暖意的家。有家，就有着落。

朦胧中，似乎看见她穿紫红条绒上衣，天蓝条绒裤子，甩着大辫子，挑水走在村道上，扁担咯吱咯吱……夏日，老榆树下，婆娑的枝叶被晚风吹响。她给我讲着这些过往。时光，就在无限静美中流逝。没有某些时刻的焦灼和担忧，只觉得活着可以如此从容。

她这样躺下了。从此，世间所有的喧嚣与她无缘。她在人生的舞台上上演完属于自己的节目，之后，来不及给我们说半句话，匆匆谢幕。

我在小城的居所，她来过几次，或长或短住过一些时日，却是极为不习惯。常常是开了门，拿了小木凳坐在楼道里。惹得邻居上楼下楼一脸疑惑地看，她也不解释什么，一脸笑意。有一次来，她从衣兜里掏出一个小东西，告诉我，那是个好玩意。我盯着她一层层将包着的纸拆开，看见是根长约十厘米左右、宽有一厘米过一点的木片，中间用刀子刻出了一小绺，一头连着，一头刻开，顶端还系了根红丝线。我不知道那个东西叫什么。看我纳闷，她放嘴边吹，边用手抖动丝线，竟然能听到好听的曲调。她告诉我，那叫口弦。说出来，我倒是知道，但没亲眼见过，也没听人弹过。我让她再弹，她盘腿坐床上，给我弹了《绣金匾》《南泥湾》。我接过来想试试，却是没声音，她一脸得意，说她自己做的口弦音质极好，但得会吹才能响。以前村子里的小媳妇都找她做，这几年没人弹这个了，就不做了。这是早年自己用过的一个，一直放在箱底。来时记着拿了给我看看。

我坐在她身边，看着冰凉的她，想着这些事，那些调子好像在心底响起了。那个小东西，我还放着，我不会弹响，谁还能盘腿坐在床上给我弹响?

她是我的婆婆。一个慈眉善眼的女人，名叫张兆花的女人。幼年时，缺吃少穿，受过很多苦。婚后，侍奉老人，抚养孩子，历经艰难困顿。待儿女都长大成人，日子刚刚好转，却在这个新年的头上，没有任何征兆，以心梗的结果猝然离世。

送她去墓地那天一早，漫天飞舞的雪花，霎时银白了山峦和村庄，并不觉得冷，空气反而潮润温和。村里的老人说,老天爷也吊亡呢。

她内心充满爱,以自己固有的热情守望着生活。

慢慢活着,慢慢老去,这是寻常规律,她却违背。生命,戛然而止!

家乡的冬天

○杨凤军

我的家乡固原地处黄土高原腹部,属黄土高原暖温半干旱气候区,是典型的大陆性气候,形成冬季漫长寒冷、春季气温多变、夏季短暂凉爽、秋季降温迅速,昼夜温差大的显著特征,有史以来家乡四季分明,在四季轮回的物象变迁中,我对家乡的冬天情有独钟。

在我的记忆中,家乡的冬天总是从枝头最后一片被风霜腊干的残叶悄然调零的那一瞬来临。与其他季节不同的是,这个季节显得深沉,没有春天的喧嚣,没有夏天的多情,更没有秋天的缠绵。仿佛一切张扬的东西都被封存起来,酝酿一台冲击视觉的歌舞剧。

家乡冬天的韵味在乡村。随着瓜果的馨香被什物燃烧后的混合味取代时,闲下来的人们选择各自的爱好,消遣时光。被阳光温暖着的村中的一方天地里,会有一群喜欢下方的人围在一起,以石子、柴棍做兵卒,以在地上画定横竖交错的方格为战场斗智斗勇,体味得失成败的内涵。如果你沿着一条巷道想深入地走进莫某家某舍,你还会看到喜欢“掀牛”这种游戏的年长者,三五一伙的围坐在被羊粪之类的燃物煨热的炕上,将不顺心不如意的事先搁置起来,全身心地投入到这种游戏中,在“掀”的叫阵和“贴牌”的回应声中,享受输赢中蕴藏大的乐趣。也有年轻一代爱好相同的凑在一起玩红四、打麻将。而这些游戏,只有在冬天这个季节才会彰显出无穷的魅力。在家乡固原的乡村,这些游戏是人们精神生活中的充电器。父老乡亲们在这种传统游戏中交流思想,消融隔阂,孕育着来年的希望。

但是,家乡市区的冬天,远没有乡村那样富有诗意。被水泥坚硬而失去弹性的路上车水马龙。各种品牌和色彩的羽绒服包裹起来的身影穿梭于大街小巷,出入于大小饭馆。霓虹绚丽着城市的冬天,浮躁着匆忙的脚步。在城市冬天的许许多多个深夜,就是你在楼阁中还会隐隐约约听到从歌厅传出的不成调的歌声。那些狂吼的人不知在冬天的深夜想要宣泄什么?

其实最令人神往的还是落雪的家乡冬天。或许是雪花的洁净,或许是雪花的温情,在家乡流传着“瑞雪兆丰年”的谚语。洁白的雪花不仅营造出一种纤尘不染的大境界,还给万物创造出一个休养生息的空间。如果你有兴致远离城池,深入山野,被白雪覆盖的家乡山野一定会是你心旌摇动,你会看到生灵在雪白的山坡或平展的塬地上留下的梅花般的蹄迹和“个”字形爪印,那真是盛开在冬天的花朵。如果你的运气不错,耐不住寂寞的野兔会钻出洞穴在茫茫雪原中奔跑,如舞者一般,也有一些叫不上名字的鸟雀撕破雪被,享受寻觅的快乐。正在你被一种氛围包容时,或许会有一只火狐从你眼球悄然滑过,或许你会听到戛然而止的枪声,也就是因为这样的枪声,我童年记忆中的精灵渐行渐远。我担心没有了精灵的冬天,人间还会有这样的胜景吗?

当然,冬天无雪的家乡一切都因此变得非常非常的无奈,于是,期待落雪便成了家乡人民向上苍祈祷的一种情绪,这种情绪会自然地凝结成父老乡亲照面交谈时的开场白:“老天爷能下一场雪该多好。”……

水过留痕

○苏小桃

一掬水,在你出生时,从你的额头流过你的脸部、颈部,直至全身。沿着新生与喜悦,你娇嫩的肌肤泛起了活力,泛起了光泽。在水中,血脉有了温润,生命有了生机。从此,水润般的日子里,生活更有了喜庆和希望。

从这一刻起，水，如你的生命，用点点滴滴来构建你的一生，是光阴的有机组成部分，凝结为你一生一世的有机体。原本，你就是水的化身；而从此，你也成了水在生命中的特殊载体。

淡白的透明的洁净的水，如你的心灵一样，是淡白的、透明的和洁净的，也是纯粹的。水在纯粹的奉献中，也体现着对个体生命的价值。

你用水洗涤自己，一次次地洗涤自己，不停地洗涤自己，每天每时地；从额头、面容到全身，从肌体、衣服到生活空间的各个角落，甚至心灵的一隅。你也用水洗刷生活，洗刷生活中的尘埃，洗刷尘埃落在你身上的痕迹，洗刷这些痕迹在你心上的留痕，和你一生的经历与岁月风尘。

所以，以水来润泽自己净化身心，几乎就是你每天的功课；用水洗涤自己洗涤生活，也将是你一生的作业。不论你做与不做，也不论你是否用心去做，你都要用水来洗涤自己打发日子。所以有时候你也会那样地用心来洗涤自己。

你用水洗涤着日子，从黎明到夜晚，从眼前到长远；你也用水洗涤着光阴，从春夏到秋冬，从去年到来年。你用水洗涤着你的一生，从小到大直到老去，从童稚时期到青壮年直至老年；你也用水洗涤烦恼、洗涤疲劳，甚至洗涤伤痛也洗涤罪过，洗涤一切的污渍和不洁净。你用水洗涤着一生一世的尘埃、心情和经历，甚至一些历史的和风情的印痕。所以，水是我们虔诚的信仰与生活的依靠。然而，好多的日子、很多的物事，就让我们这样给洗掉了，时光越洗越流失得快，我们有生的日子越洗越发苍白。

终有一天，日子过去了，光阴浓缩了，你猛然发现，今天的你不同于昨天的你，不同于昨天的、昨天的甚至更远的你；今天的你的心情也不同于昨天的你的心情，不同于昨天的、昨天的、甚至更远时间的你的心情。这中间很有一段距离。近距离的昨天，是一份遗留的故事，一个简单的回忆；而远距离的昨天，竟然就是一个远去的时代、一个遥远的出发地，或者是一个过去的未来。

你也发现，伴着我们匆忙的脚步，伴着我们洗刷得发白甚至惨淡的日子，有一种东西在你的脸部、在你的容貌上，在你的肢体、在你的全身悄悄地行进着；你无法拒绝它，正如你的到来你无法拒绝一样。那种岁月在你脸部的留痕、年轮在你身体的标记，是水一生一世也无法洗去的。

这种“猛然发现”，由不经意、惊诧到惊慌，再到叹息、悲凉，随着日子的行进会变得自然，直至你会在无奈中毫无条件地接受。接受每一人生阶段的每一个真实的自己，也接受了自然造化中的人之有常和无常。因为，我们周围的世界无时无刻不再无常地变化着；而人之变化情形在人的自然进程中则是自然规律之有常情形。

是的，你的容颜，除了自然风雨的侵蚀和阳光的渲染，除了人生故事的凝练和社会大环境的塑造外，大约几乎每天都会有水的洗涤，水的浸没，并且在这种背景下日渐褪色。在你用心地用水洗涤中，你的容颜一天天在改变，潜移默化地改变着。那些个悄悄爬上额头的皱纹或印痕，曾在某一个不经意的时刻会震撼着你自己；那些与日在增的年龄，有一天就不是你曾经渴盼着的“我要长大”的那种感觉。你的年龄，就像你的影子时时刻刻跟着你，虽然不会在你身体的什么部位作下标记，虽然你也不会无故去表白去宣布，但是每一年龄段它的显而易见的约数，会很清晰地写在你的脸上，甚至你的身体上，就像江河湖海流经广袤大地后印下的痕迹，抑或是水冲刷出的道道沟壑、条条山梁，阡陌纵横、上下交错，深深浅浅地布满你的整个脸庞，自然景观尽写脸上，彰显出你年龄段的特质来。

也许，你会想办法来涂饰自己，掩饰年龄，包裹形象。浓妆艳抹也好，红颜淡妆也罢，但终究无法涂饰掉岁月在你容颜上的衰老印痕，也无法包裹掉你增长的年龄。一种无形的记载，在你的容颜上在你的身体上在你的心情里，体现着自然的你的真实。

虽然，你也会用心洗涤自己，用水一遍又一遍的洗涤自己，然而却无法洗掉岁月在脸部的留痕，反之却是愈洗愈多，愈洗愈密。多少风雨沧桑，多少世事变迁，多少风起云涌，多少苦难合欢，即使有水的洗刷，年轮与衰老的印痕也会随时随处显现在脸部，并且与日在增。

纵然，水能洗去你面庞上的尘埃，但却洗不去你面庞上的皱纹；水能洗去你很多的记忆，却洗不去年龄在你容颜上的轮廓；水能洗去你人生的起点和你一段远距离的路程，却洗不掉你年龄的特质，和你一天天走近的终点。

很多的时候，我们会慨叹时间的匆匆。是的，时间会打发掉很多你想挽留却永远无法挽留的记忆，但那几乎也是水洗涤的结果。水会洗掉很多你想得到却也永远无法得到的东西；将你从婴儿时期的肌肤弹性洗得松弛，将你孩提时代充满好奇和探索的神志洗得畏缩和后退，将你精壮年的勇气和火红的日子洗得懈怠和泛白。

泛白的还有你的心情。

在水的洗涤中，我们往往很容易失去自己，失去一个本原的自己，甚至一个本原的生命和一段历史……

但是，就是在水这样的洗涤中，我们活着，每一天我们祈愿以自己的心愿、以自己期望的最好的形式，好好地活着。活给自己、活给他人、活给这个繁华的世界。

曾经，一位朋友的父亲患了重症，在给父亲化疗的日子里，她非常焦虑和悲痛，在与我的通话中，她也一次次地鼓励自己，一定要尽自己最大的努力给父亲看病，一定要学会坚强，也一定要好好地活着。在给我的来信中，有一句话让我感动至深。她说："看着身边的人一个个走了，心中很沉重，真不知人活到世上到底为了什么。但是，只要活着哪怕只有一天，也要活得尊贵优雅。"

是的，只要活着，就要活得尊贵，也要活得精神活出品质。用水的尊荣、以水的品质，本原地洗掉我们身体上的不洁净、性情上的不坚定，洗掉我们生活中的不如意，也洗掉我们的懦弱我们的伤痛，洗掉我们内心深处的私心杂念和贪婪欲望。

用水洗涤自己，流逝的是过去的你和你过去的事，也流逝的是你曾经的心情和当下的岁月。不管现在和未来的你是什么样子的，现在和未来的生活情形怎样，你都将会一如既往地去洗涤。抓住当下对照自己、洗涤自己活出最好的你自己来，或许该是你明智的心态，所以也许你会经常选用镜子。用镜子照自己，发现自己的阳光，欲留你的现在；在水样般的日子里。

也不知从什么时间开始的，我竟然很喜欢镜子，也喜欢照镜子，但匆忙的日子里，我常常会忘记照镜子。日子从一滴水开始，从温情关爱开始，我却来不及享受水的恩赐，早上只匆匆洗漱一下，也来不及水乳的洗润，像洗面奶、精华素、粉底液、养肤霜之类的化妆品就用的很少了，更别说是描眼打彩涂口唇了，胡乱在脸部颈部来点润肤油或粉底液之类的，就开始了一天的生活。在忙忙碌碌的生活中行进着，当猛然想起照镜子，匆匆从兜里或包里掏出，透过镜片，发现留在脸部的，除了未打均匀的一点一团或一绺的润肤油或粉底液的痕迹外，竟然就是日渐明显的年龄的印痕。

女人的魅力是水过滤出来的。看看自己这糟遢的份儿，很有些郁闷或尴尬，也就生出些自己怜惜自己的感觉，方便之时急急匆匆就用水来洗洗，期望洗掉哪些个说得出和说不出的痕迹来。

因为喜欢照镜子，后来也慢慢成了一种习惯。但就是在这种习惯行为动作中，我看见自己的容颜每日都有着微妙的变化，心中也就有着一种微妙的震动。走上大街，不自觉地"以人为镜"，无目标的寻找中，常常从形形色色的人群中，我看到了自己的影子：过去的、现在的和未来的。孩童、少年、青年、老人，他们的天真无邪、他们的坦然率直、他们的成熟凝练，他们的苍老褶皱，让我深深地懂得，年龄有段，生命有限，也让我懂得珍惜，珍惜时间，珍惜生命，珍惜生命中很多值得珍惜的人情与物事。

生命不止，洗涤不停。水与水的陪伴，终归是生命在另一种意义上的体现。

水过留痕，一种多么无常的世事啊。

思柳

○马成贵

柳乃柳树，是一种遍及大地的极为普通的植物。柳之所以能够遍及大地，是因为其不分贫富、贵贱、高低，只要生存的有土壤，它就能把生命永远的延续。说其普通，是因为它既没有杨树那样挺拔，没有松树般的傲骨，也没有竹子那样俊秀，更没有桃李般的果实。正由于它对生命的执著和对大自然的无限眷恋，多少文人骚客曾不惜笔墨，对其赞之以文、咏之以诗、寄之以情，赋予柳丰富的人性化的文化内涵。

秦汉时期，经济技术还相当落后，交通、通讯都十分不便，行人游子浪迹天涯，常常以柳来寄托对亲人朋友的思念，或对故里的怀念。“二月风光半，三边戍不还。年华妾自惜，杨柳为君攀。”“万里边城地，三春杨柳节。不忍掷年华，含清寄攀折”。妻子以攀折杨柳来寄托对在外戍关的丈夫的苦苦思念。李白的“无令长相思，折断杨柳枝”，张九龄的“纤纤折杨柳，持此寄情人”。表达了作者对亲人的相思之情。李白在《春夜洛城闻笛》中：“此夜笛中闻折柳，何人不起故园情”，表达了作者对家乡的留恋和怀念。因为柳的生命力极强，以它赠别意味着亲人或朋友无论到何处都会安身立命、枝叶繁茂。同时，柳与留字谐音，有“挽留”的意思。所以，古人离别赠友、传达情感、寄托思念，柳就成为一种“中介”，“昔我往矣，杨柳依依”，“杨柳含浙灞岸春，年年攀折为行人”，寓意丰富，意味深长。

唐代，形成一种春天戴柳的风俗，“清明不戴柳，红颜成皓首”。清明这天，妇女和儿童喜欢在头上佩带柳条，寓意春留人间、青春永驻。

在中国历史上，凡与柳相关的人名，总带有一种神秘的色彩。“左公柳”、“将军柳”、“文成柳”等，无不与各个朝代所发生的重大历史事件相联系。在今天西藏拉萨大昭寺前有一株古树，相传是唐代文成公主嫁给松赞干布时，从长安带去的树种，被称为“文成柳”。这株柳虽然是一种传说，但这一历史事件却是真实的。公元641年，文成公主到吐蕃与松赞干布成亲。从而确立了吐蕃对唐的臣属关系，对加强唐与吐蕃政治、经济文化交流做出了重要贡献。所以，文成公主是值得后人永远纪念的。

时代的列车已使入21世纪，科学技术的发展日新月异，亲人朋友远隔万里，只需拨一个电话、发一条短信，一切思念的话语尽可表达。柳似乎已经被人们淡忘了，它只发挥着改善生态环境的作用。但是，柳在中国历史上留下的那段文化，已成为一种美好的回忆。

措哇尕则山

○单永珍

那些无名的草，花朵，还有醉生梦死的风
一定在记忆的呼喊里藏着神圣
我以为，4610米的高度，不过是对你思念的浅浅延伸

穿过措哇尕则山巅，一边在扎陵湖里放生
一边在鄂陵湖的草垫上生儿育女
当疾驰的雁修改了方向，背阴的翅清扫出道路
我仅仅读完格萨尔成长的章节

如果抚摸记忆，或者美化一次经历
那些商贾、僧侣、朝圣者、零星的土匪
塞满唐蕃古道的杂乱方言，无疑是伸张正义的创举
黑夜的帐篷里有人篡改典籍

不妨在大河的源头张望，哪怕是一次抒情
这样的歌颂，赞美，肯定隐匿着虚荣
如同拍卖了良心的爱情散文，在过渡的段落里
留下背信弃义，以及赤裸裸的暧昧
我相信这四季分明的邂逅，来自苍白，丧失——

翻飞的风马旗，破烂的经幡，还有散步的生灵
我所关心的是，一只酣睡的蚂蚁吐着白沫
一层无知的锈遮蔽了扎陵湖的蓝

高大之上，大河之下
废弃的王朝带走细节，留下人民，文字，语言
在日全食的黎明，在圣灵沉睡的深处
亘古的罗盘指东道西，打算着光阴和信仰

桃花在一夜之间怒放

○王怀凌

一夜之间，桃花盛开
我被这羞涩的一抹红迷醉
一朵花由含苞而怒放，她是否泄漏了自己的破绽
一朵、两朵、三朵……红云飞渡
渡过季节料峭的暗河
那么迅疾，那么义无反顾

如果我对一株盛开的桃花说：我爱你
不识风情的人，是否会毫不犹豫地折下一枝
肯定。花瓶中的春天多么短暂
一束桃花的心情，就像瓶中微凉的液体
枯萎，比一场沙尘暴的残酷更加惊悚

她是否可以慢下来，优雅地微笑
然后，一点一点开放，一点一点凋零
从容地走向香消魂殒
暗香，是流连枝头挥之不去的念想
但这一切是不可能的。桃花在一夜之间交代了自己
我听到她言不由衷地疼痛
——因为怒，所以放
放得义无反顾，甚至幸灾乐祸

原州辞

○李兴民

秋风苍凉，黄昏渐渐逼近边陲古镇
漫天沙尘卷起砖包城头上的一面旧旗
一匹饿瘦的军马刚刚咽下一堆枯草
对着暮色中的残阳一声嘶鸣

萧关好久无战事了
在原州的酒肆上
一个行吟的边塞诗人畅饮着
北地的豪放与悲怆

一曲幽怨的歌声袅袅散去
那位美艳的坊间女主人
据说是守城将军的三姨太
正和斟酒的伙计默默传情

一个蓬头垢面的乞丐探头探脑
一帮劫富济贫的土匪酝酿着一场阴谋
今夜风大。大风渐次吹灭了谁家的灯盏
我已经醉成了西风里的一枚落叶

远　去

○杨建虎

在春天，我渴望像花朵一样开放
但我不能。在阳光渐渐撤退的屋子里
我以一颗微暗的心
想象大地上的春天——
山川，田野，花朵，绿色，爱人
这一切，都渐渐离我远去

我只能望着窗外灰白的天发呆
如同一位老者，我总在陷入回忆
而风在加速，窗外那棵陪伴我多年的白杨树

依然萧瑟着身子，还不见绿色
在春天，我对着风中摇摆的这棵树
独自想象着一直以来漂泊的命运
这时候，我多想给你倾诉
以心中的纸和笔，书写远去的孤单传奇

这仿佛是最为寂寥的一天
窗外苍白而安静。我知道在故乡的山野里
一定有了青草的身影
而那些含苞待放的山桃花，是我持续的念想
我试着将她忘记，但我不能
只能看着黄昏渐渐来临
这是春天的黄昏，我知道更远的田野里
有种萌动正在进行。亲爱的
什么时候，你会带着我
一起去那些开满花朵的山坡

留下一把种子

〇红　旗

收回粮食，草芥累了
收住桨，小船累了
收回泉水，但不要收回大地的眼睛

上帝可以把眼睛安置在我的刘海下
但，上帝啊
你收回闪电，总会有许多灯花冒出来

月儿弯弯，天空只剩一柄刀把了
河水流走，也只落得几块裸石和一绺莎草啦
我当筑一道堤，拦截水

修一条渠，留下口
在冰雪消融，在万物需要灌溉的时节
喊——清风！替我开闸

田野上的风

〇梦也

今夜，我如此痛苦
好像仅仅因为我是一个人
而痛苦

室外，风在原野上吹刮着
能算得出——四十八年
风用草香养育
成我

我是人，假若我不强调
那会是什么？
田野上的风

它们一度构成了我
构成了我今夜的痛苦

在龙头

〇雪　舟

当地人叫它:龙头
此刻,我站在龙头的峰巅
两侧是峭壁,树冠丰满的杂树
在五月,配合着它的雄俊
被它隔离的沙南峡和胭脂峡
衬托着它傲视群峦的孤独
向西,龙头的尾巴蜿蜒至陇山

这是下午时分,阳光投向对岸的黑森林
大朵的云生成阴影,山色转深
西南侧一面舒缓的斜坡,安放着
雨后的青草和野花
几棵白花繁密的矮树

我希望它们是上苍放牧的羊群
我是其中的一只,消解
龙头的孤独

黄羊滩:重构与记忆

○张虎强

时间安睡。这荒芜而贫瘠的田野
砾石、芨芨草铺天盖地袭来
我怎么能够制止它的到来?
它又怎么不能触碰我的灵魂?
我惊讶,太阳和星辰毫无更动
我看到的世界依然是昨天
没有半点好转。我不晓得用什么方法去拯救
该发生的总要发生
这生活之恶呀!万物已是奄奄一息
转过身去,只有风悄无声息
只有云朵酷似黄羊群
而我在幻象之上,感觉空空如也

无　题

○海　默

就这么随随便便默默无言浪迹的岁月
一手拖着孩子,一手抚着家
无数个失去丈夫中的一位
我的姐姐
如果我的诉说走向你每个季节
请不要把流泪的面容伸向五月灰色的桨声里

千万不要问我,姐姐
幸福在何方
我是一个浪子,归来时
总两手空空

说说一个人的一生

○西　野

必要说出九月
说出黄昏中静默的一棵树

说出那一棵树
必要说起那一阵轻轻拂过山冈的风

说出那一阵风
必要说起打湿了寒夜的一串蹄音

说出那一串蹄音
必要说出一个人

哦,终于要说到那个人了
你看——

现在,他正在把一生的光阴
从肩头卸下来,轻轻地吹了吹灰尘
皱巴巴地,像一张被使用过无数次的毛钞
它明显有些泛黄,已经现出不少裂痕

就着人世的月色,背靠西风
就在那渐行渐远的蹄声中
他把它摊开
摊成旷野之上一片辽远的天空
像摊开前世的一个梦

然后,他小心地取出那些珍藏了一生的
泪水,芬芳,孤独
还有一个陌生女人的芳名
他把它们一一绣上去
中天寒光闪闪,子夜星斗西沉
东方已白,他已疲倦至极,遂永久睡去
人啊,你看——

他多像一棵树
那喧嚣了一生的荣光与幻影早已落尽
而他深爱着每一个瞬间
却在一一复活着
一个少年追逐了一世的
那些青涩的宿命

酥油花

○马瑞博

我惊诧于它的娇艳
零度的花
在空调柜中怒放

佛殿内寂静的发冷
我依稀
看到了那些雕塑者
苦难而虔诚的目光
零度的冰和水
零度的手指

等到那些花凋谢
那些手指也已扭曲变形

借着黄昏暗下来的时光
我看到
那高高在上的佛像
嘴角露出残忍的笑

流　云

○泾　河

云在走。带着沉郁的忧伤。
像被刺伤内里的棉花
打碎了一块瓦兰的天空。
大地上有云灰暗的影子
像一匹跛足的野马。有细密的尘埃在涌动
云端详着大地上自己的形象
那褴褛身影,也有壮士的胆气
也有不屈的刀光——也有一串闪动的涟漪
也有——硬风吹不透的羽毛
一片污浊的云是脱离开明净的天空的坏孩子
云站在那片绿绿的菜畦上空。云的影子湿漉漉
像一片洇染开的宣纸,轻轻罩在萝卜白菜的脸上
那蹲在田畦间拭弄菜秧的老母亲惊厥地抬起恐慌的头
银发像受惊的白马鬃。母亲
母亲,当你的目光穿透千米阴霾

我回到故乡

○林一木

当我写下它们
水环绕在水塘冰冷的四周
仿佛夜空,闪烁着光芒
字幕下的疼痛
像房间里
隐秘的小偷,费尽心神
而那曾折磨着我们的冬季正接近尾声
……腐叶……迎春花金色的蕾,
正在积雪中大口大口饮下
最后的美味
面对春风,疾病与低沉的琴音
都不能走出一个
环形花瓶
站在那儿慨叹的人,站在那儿迎接春天的人
都渴望自身,像一个惊喜

大悲歌

○刘　岳

过了这一生,我必将重返大地的腹部,回到我

的泥土时代
我要终止欲望和热爱，抹去穿过尘世冷清的足迹
比落叶还轻

我是某个早晨的最后时刻，等待女儿的出生
或者，想起母亲
我的母亲和我的女人都是傻子。还有我的父亲
那个掌灯的盲人
我想起他
轻微的叹嘘

世界在此刻的残缺

○秦志龙

梦，怀胎十月
走过犬牙交错的心灵路程
就要临盆了

分娩的疼痛靠近着坟墓
但却有巨大的期盼，在那白色的产床上

妈妈，快让我看一看自己的亲骨肉
——泪飞如雨。心灵的堤坝全线崩塌了
她残缺，唇裂——被主赋予特殊使命的女婴
躺在母亲的怀中

皇甫谧回到了古朝那

——观皇甫谧陵园有感

○马平恩

皇甫谧啊！
你这古朝那土生土长的布衣，
不可一世的没落的“太阳！”
你可知道你是否有些狂妄？

智慧之神在你额角翱翔，
你的名字拍打着翅膀，
比萧关久远，响过许多世纪，
在现代人内心回荡。

只因不称心就背井离乡，
让故里人为你挂肚牵肠，
或者对脚下的土地产生断想：
只要带着出生地灵气离别家乡，
走得越远名气越会异乎寻常。
你走出大山的行为，
成了后来人教育子女的指向。

你的生平已扑朔迷离。
好像夏季是浪子回头，
秋季有几朵霞红飘过天际。
其中的情趣最让人好奇。
——凡名人都是这样，
最爱被人猜想。

噫——原来你也有些不大正常！
病魔和痴狂教你长上了飞翔的翅膀
——那翅膀可真够长！
足够你在浩瀚的世界里翱翔。

你头带风暴冲破云层令人敬仰，
但由于飞越得有些疯狂，
那一上一下的滑翔，
像鱼儿追逐着波浪，
像常人梦中的无常，
但又不全像。

这状态最容易产生灵感，
那澎湃的意念像晚霞遇上劲风，
派生的激情像鬼魂，也像酒和乐章，
不料，好像“嗖”的一响，
像嫦娥奔月那样有一道亮光，
你带着几个领域的桂冠撞进了天堂。

唉,谁能像你这样,
不管天堂入口,
不论头脚倒正,
不被小鬼带走?

留下的崇高,包括激情,
你让无数的粉丝百鸟朝凤,
直到望尘莫及,
连圣人也要嫉妒得声唤、心痛。

谦虚本来是学者的本色,
你却摇身一变,成了弄潮儿:
你让洛阳纸贵,针灸学唯你独尊,
用哲学推断出灵魂的生死,
把史学的起点追溯到远古。

想来也怪(让人不可思议!)
——你把晋帝给你的官禄,
几经推辞,换成了一车书籍,
你颠倒了读书的直接目的。

名人的故里能海纳百川,
你的祖籍让今人追根溯源,
曾成为两省四市十县交峰的热点,
嘘!让史学界也有失体面。

为医治你的伤风感冒和牛脾气,
我们在古朝那为你修建了陵园。
人杰地灵的效应是激励后代,
只要努力就有见到成效的一天。
请你回来就是想让更多的孩子,
望着你塑像的顶尖再走出大山。

人　物

去世人物

丁有录 正厅级干部，回族，中国共产党党员，固原地区人大联络处第二任主任。1939年9月出生于宁夏海原县。1957年7月参加工作，1959年6月加入中国共产党，先后在海原县郑旗小学、李俊小学、九彩小学、杨明小学、李旺小学、海原县教研室、县委办公室、组织部工作。1973年—1975年在中央民族学院学习。历任海原县兴隆公社副书记、固原地委组织部副部长、部长、中共固原地委纪委书记等职，1995年6月—2000年任固原地区人大联络处主任。2010年10月28日在银川逝世，享年73岁。

朱世忠 1962年10月1日出生于宁夏固原市原州区杨郎乡，1980年7月毕业于宁夏固原师专中文系，先后获得大学学历、硕士学位，副编审职称。1980年7月参加工作，1981年6月，担任固原民族师范学校教师；1981年6月—1985年5月，任固原民族师范学校团委副书记；1985年5月—1991年12月，任固原民族师范学校团委书记；1991年12月—1998年2月，任固原民族师范学校学生科科长；1998年2月—2002年5月，任固原民族师范学校副校长；2002年5月—2004年2月，任宁夏《共产党人》杂志社副社长；2004年2月—2006年2月，任自治区新闻出版局办公室副主任；2006年2月至2006年9月，任自治区新闻出版局图书报刊出版管理处处长；2006年10月，任自治区新闻出版局办公室主任；2008年6月任自治区新闻出版局党组成员、办公室主任。1987年被团中央授予“全国新长征突击手”称号，1994年被评为首届固原地区十大杰出青年，2000年被自治区党委、政府评为全区综合治理先进个人，2004年被自治区青年联合会授予“宁夏青联首届突出贡献奖”。近年来，共撰写专题理论文章80篇；发表散文、随笔等文学作品200余篇；出版个人文集2部，参与组织编纂10多部宁夏重点图书。2010年被授予“自治区宣传文化系统先进工作者”荣誉称号。2010年8月5日下午6时在银川去世，享年48岁。

人物简介

王永晟 2005年7月，王永晟的水彩画《旱年》入选第十届全国美术展览宁夏预选作品展，那年他才24岁。时隔4年，他的新作《春潮》再次入选第十一届全国美术展览。2008年10月，他的水彩画《废墟上的钢铁之城》获全国抗震救灾美术展览优秀奖。在此之前，他的作品《风景》《回声》在有关赛事中获奖，并有多幅作品发表于《中国美术报》《中国教师报》《宁夏日报》《新消息报》《固原日报》和“中国西部水彩网”“中国艺术观潮网”等报刊及网站。

王永晟执著于美术，在他的工作岗位上，除了教好自己的课程外，业余时间基本上都用在创作方面。他一边创作，一边投师领教，虚心学习，博采众长。每年一次的水彩画研习会，不论在哪里举办，他都筹足经费,腾出时间,前往参加。有关展览和赛事,他也积极参与,以此丰富自己的创作。他的画技提高很快,渐渐被有关专家认可。著名水彩画家刘寿祥、陶世虎和柴培科很是赏识他的创作心态和作品,分别给予了很好的评价。

【晏利明】 在首届国际书法产业博览会暨第四届黄河明珠·中国乌海书法艺术节——全国书法教育现场会上,代表宁夏参赛的唯一一人,虽然最终只获得大赛的第五名,但仍然让外省区的同行们刮目相看。晏利明是一名教师,无论是在中学执教,还是现在在原州区师资培训中心任职,他的工作一直与汉字打交道。而汉字与书法血脉相连,息息相通融。晏利明说,他从小对汉字就有兴趣,对书法的热爱也是从那时开始的,看着那些用毛笔写出的字能够感受到一笔一画间蕴含的魅力,忽然间如醉如痴,一发而不可收,每天练字时间长达八九个小时,那一年他才十多岁。此后,数十年如一日,临池不辍,直到现在他依然每天练字两个小时,从不间断。

他是中国教育学会书法专业委员会会员、中国书画艺术研究会会员、内蒙古书画院院士、特邀书画家。所获的奖项更让人眼花缭乱:新世纪全国教师"三笔字"书法作品大赛优秀奖;第二届中国书画艺术"华表奖"大展、第四届中国书画"画圣杯"大奖精品奖;第一届"兰馨杯"中国书画家作品大奖赛精品奖;"长江魂、草原情"中国书法名家大展民族精英奖;首届中国汉字书写比赛佳作奖;入选"西部崛起中国书画艺术邀请赛"当代书画家作品邀请展银奖;纪念范仲淹诞辰1020年全国书画大赛金奖;全国教师第七届"三笔字"书法大赛一等奖。

【马希尔】 9月26日下午,北京崇文门国瑞购物中心尼奥户外商场里响起了宁夏花儿的曲调。这里正在举行宁夏固原籍青年歌手马希尔首张个人专辑《阿哥的眼泪》首发式。

歌手马希尔原名姬建辉,宁夏固原市西吉县人,1995年担任宁夏西吉文工团通俗歌手,1997年离团。

2004年前往北京寻求发展,多次参加中央电视台演出活动,2010年正式加盟西蒙恒源(北京)国际文化传播有限公司旗下歌手,并发行个人原创单曲《尕妹妹》,受到网友强烈好评。《阿哥的眼泪》是由国内较有影响的西蒙恒源(北京)国际文化传播有限公司制作,整张专辑大部分作品由马希尔作词作曲并演唱。

马希尔是目前我国青年流行乐坛创新歌曲演唱中具有独特声音穿透力的歌手,特别是近两年倾向于挖掘家乡花儿元素,融入自己的音乐创作中。他音色苍凉、高亢,音质纯朴,这张专辑收录了宁夏花儿风格的《阿哥的眼泪》;当红网络上的《尕妹妹》;西域风情浓郁的《独一无二》;以及荡气回肠的《上新疆》;更有神奇的《火石寨》;以及重新编配中央电视台电视连续剧《平凡的世界》主题歌《就恋这把土》等等。

【李希善】 1981年参加工作以来,一直从事畜禽品种改良、多元化饲草基地建设和动物疫病防治工作。其成果多次受到国家、农业部的表彰奖励,为全市畜牧业的发展,特别是肉牛产业的提质增效和农民增收作出了突出贡献。固原山大沟深,交通不便,养殖分散,技术落后,为了将先进的实用技术推广到生产一线,李希善结合所学知识,编写了20余万字的培训教材,制订了详细的培训计划,并把教室搬进了牛棚,一边讲解理论知识,一边现场操作。

多年来,李希善累计举办农民实用技术培训班86场次,培训技术人员1000多人次,培训农民2万多人次,为全市黄牛改良工作顺利开展培养了大批业务骨干。李希善参加工作29年来,先后主持实施了羔羊增产配套技术推广"丰收计划"、黄牛冷配改良技术推广、科学养猪扶贫示范、六盘山地区商品肉牛生产综合技术示范及推广、黄牛冷配改良基地建设、百村肉牛养殖科技示范建设、宁南山区生态养牛工程建设等项目。重点推广黄牛冷配改良、饲草“三贮一化”、肉牛标准化养殖、无公害安全生产、动物疫病防治和多元化饲草种植及全价饲料营养搭配等多项配套技术。目前已建立黄牛冷配改良点283个,累计冷配改良黄牛54万头,繁殖成活犊牛43万头,实现产值5.25亿元,新增农民纯收入1.31亿元,农民养牛人均纯收入206元。

他先后主持参与编写了《农村奶牛饲养与管理指南》《奶牛饲养质量与营养代谢病》《中国肉牛产业抗灾减灾与稳定增产综合技术措施》《固原农业与草畜产业》4部书籍,共80余万字。他在国家核心期刊发表了《固原市肉牛发展成效与措施》《固原市肉牛产业发展存在问题及对策》《宁夏草畜产业发展现状存在问题及对策》《建立中国西部利木赞肉牛扩繁育肥基地及产业开发可行性分析》《宁夏猪附红细胞体病的流行病学调查及治疗试验》等科技论文5篇。其中《固原市肉牛产业发展成效与措施》一文获《中国现代农业探索新论文库》一等奖。同时主持完成了20余篇大型项目报告、方案和发展规划的编写工作。其论文论著和规划具有较高的学术参考价值,对全市草畜产业发展起到指导作用。一分耕耘,一分收获。李希善组织实施的“依靠科学技术,开发肉兔生产,增加经济收入,加快脱贫致富”项目获国家星火管理奖,黄牛冷配技术推广项目获全国农牧渔业丰收一等奖,宁夏肉羊增产配套技术、羔羊增产配套技术、秦川牛优质高效产业化技术示范项目分别获全国农牧渔业丰收二等奖,固原六盘山地区商品肉牛生产综合技术示范及推广项目获全国农牧渔业丰收三等奖。

【何桂琴】 女,回族,固原市回民中学高中数学教师兼校团委书记。多年来凭着对教育事业的强烈责任感,用执著而严谨治学的精神和饱满的教育热情向高等院校输送了一批又一批优秀回汉学生,让许多辍学的孩子、特困学生重返课堂。先后承担校内外公开课上百次,辅导学生百余人,撰写教学论文十多篇并发表在区内外报刊杂志上。她多方积极努力筹备,经校委会同意成立“贫困学生助学基金会”。2003年—2010年共有30多个单位和许多热心人与回中542名贫困回汉学生结成帮扶对象,共捐助款项386840元。她多次被“希望杯”全国数学邀请赛组委会评为“优秀园丁”、4次被评为“数学竞赛优秀辅导员”;2004、2005、2006、2007年连续四年被固原市团委评为“优秀共青团干部”;2000年被固原行署评为优秀女教师。2005年被自治区教育厅评为“师德先进个人”。2008年被自治区政府评为“民族团结先进个人”。2010年荣获“全国先进工作者”称号。

（张明鹏）

【杨凤鹏】 固原市彭阳县林业和生态经济局造林队队长。先后参与完成彭阳—王洼、崾岘—长城塬、草庙—孟塬等主要公路通道工程3万多亩,栽植各种树木20多万株;道路绿化200多公里,栽植各种绿化大苗35多万株;完成长城塬、麦子塬等重点经济林带建设共4万多亩,栽植各种经济林苗木40多万株,他带领造林队完成的绿化工程米数累计起来超过了2个“二万五千里长征”。他连续15次受到单位的表彰奖励,2006年被自治区百万农民培训工程领导小组评为“百万农民培训先进个人”,2009年被评选为固原市敬业奉献道德模范先进个人,他所领导的造林队被彭阳县评为“五一劳动奖状单位”。2010年荣获“全国先进工作者”称号。

（张明鹏）

【禹爱莲】 女,回族,固原市泾源县新民乡杨堡村农民。禹爱莲在打工过程中学技术、学管理,经过几十年的摸爬滚打,开始做农副产品加工贩运生意,筹资建成新民乡境内首家农副产品收购站,解决了当地群众农副产品销售难的问题。她投资270万元建成了加油站,开办了石料厂,先后吸纳解决了150多名农村剩余劳动力就业,年销售收入153万元,盈利12.7万元,上缴国税4.56万元;她带领家乡妇女脱贫致富,筹措资金2万元,建成了新民乡农业科技信息网,让200多名同乡姐妹通过网络学到了知识和技术,找到了致富的门路;注册成立了

"民间刺绣加工艺术协会",年产绣品10万件,全村人均获利350元。获得了"中华杰出女性突出贡献奖";多次荣获自治区、市、县级"三八红旗手"称号;荣获全国、自治区农村妇女"双学双比女能手"、自治区"和谐家庭"等荣誉称号。2010年荣获"全国劳动模范"称号。（张明鹏）

【施志林】 西吉县吉强镇大滩村党支部书记。施志林任村党支部书记27年来，他第一个把村级小学办成了县级小学,第一个实现了村集体经济过万元村,第一个建立西芹产业示范园区、第一个建设了全民创业园区,第一个在全县探索出民主议政日制度。大滩村由一个"空壳村"变成村级固定资产达410万元,年总产值达1100万元,人均纯收入达到5168元的西吉富裕小康村、产业发展示范村、巾帼创业示范村、民族团结示范村。他先后受到各级政府、部门的表彰,1996年被固原地区基层组织建设领导小组评为农村基层组织建设先进个人;1998年被自治区基层组织建设联系领导小组评为全区农村基层组织建设优秀村党支部书记;2000年被自治区党委、人民政府评为全区社会治安综合治理先进个人;2007年被自治区党委表彰为二十五年以上村党支部书记;2008年被自治区党委、人民政府评为全区民族团结进步先进个人;被宁夏回族自治区精神文明建设指导委员会评为"爱德之星";2009年被自治区党的建设工作领导小组评为"全区优秀村组织书记"称号。2010年荣获"全国劳动模范"称号。（张明鹏）

【虎彩虹】 女,彭阳县草庙乡新洼村农民。虎彩虹中专毕业后走上创业之路，经过16年的艰辛努力事业不断壮大,并逐步发展成为远近闻名的致富能手。建有一家规模化鸡苗孵化、育雏场,建有黄牛冷配点、村卫生室,并成立了"草庙乡彩虹养鸡专业合作社"。任新洼村防保员、黄牛改良员和村科技12396信息服务点信息员。她致富不忘乡亲,主动把自己掌握的科学技术传授给大家,帮助村民发展致富。2006年被自治区人口计生委评为"2002年—2005年度全区计划生育药具工作先进个人",被自治区人才办、自治区农牧厅授予"宁夏优秀农村实用人才"荣誉称号,2007年被固原市评为"全市学科带头人",2009年被自治区"双评"活动组委会评为"100位为宁夏建设作出突出贡献英雄模范",2004—2006年连续三年被授予"彭阳县黄牛改良先进个人",被彭阳县畜牧局评为"朝那鸡基地建设中业绩突出贡献奖",被彭阳县科技特派员创业行动协调领导小组评为"全县信息化工作先进个人"。2010年荣获"全国劳动模范"称号。（张明鹏）

【王景光】 原州区的一名普通大学生。父亲是原州区水利局职工,母亲在家待岗,弟弟在新疆上大学。家里的一切开支就靠父亲一个人的微薄工资承担。王景光从小就是一个有爱心的人,14岁时,他利用假期打工,将全部收入捐给困难孩子。读高中时,他省吃俭用资助两名成绩优异的同龄人。2008年王景光考入南京晓庄学院经济与管理学院,为资助宁夏失学儿童,他曾同时在校内兼三份职:在校园书店卖书、做老师的助手、在图书馆整理书籍。他卖过菜,发过传单,做过广告公司的业务员、建筑工地安装工,在小饭店当过伙计。每天匆匆吃完晚饭,就赶到酒店上班，常常忙到次日凌晨一两点才回宿舍。上夜班途中，王景光曾有两次因骑摩托车犯困,摔得胳膊腿受了伤。为省钱,他给自己定的每月生活费是115元,每天吃饭的钱仅3元~3.5元。但他每年资助的学生数却在增长:大一上学期3名,下学期4名;大二7名;现在增加到了8名。在他的爱心带动下,南京晓庄学院和南京市民纷纷对宁夏贫困孩子伸出了援助之手。截至目前,已有120多名贫困生得到了爱心资助。王景光也先后被评为"2010年感动南京年度人物""第九届南京市好市民""2010年江苏优秀大学生""2010年南京市优秀团员""第三届感动晓庄十大杰出青年"等12项荣誉称号。2010年,被评选为"感动宁夏2010年度人

物”。（张明鹏）

【郭文斌】宁夏银川市文联二级作家。先后就读于固原师范、宁夏教育学院中文系、鲁迅文学院。现为银川市文联主席，宁夏作协副主席，《黄河文学》主编，中国作协会员，中国散文学会会员。先后在《人民文学》《中国作家》《青年文学》等刊发表作品一百余万字。作品先后多次被《小说选刊》《小说月报》等国家核心选刊和选本选载。有多篇被中央电视台制作播出。散文集《空信封》出版后受到读者欢迎，一版再版。小说集《大年》受到好评，《小说选刊》杂志社等单位为其召开专题研讨会。纪实长篇《第三种阳光》被多家媒体报道，缩发，连播，改拍。短篇《大年》《水随天去》等引起争鸣。2010 年，享受“国务院特殊津贴”。（张明鹏）

【叶长青】叶长青，彭阳县地方志办公室主任。2006 年 6 月，任县史志办主任后，致力于地方文化建设。编辑出版个人专著《彭阳历史与经济》和《中华名医——皇甫谧》，达 70 余万字。主编出版了《中国共产党彭阳县历史大事记》《彭阳风物》《彭阳史地文集》《彭阳史话》。他主持创办的《彭阳史志》已连续出刊 14 期，是全区唯一的县级史志刊物。他还参与编辑《固原市志》《六盘山民间故事·彭阳卷》《风雨历程》、县政协《参政议政要报杂志》《走近皇甫谧》《探索与实践》等书刊。主持审定了《城阳中学校史》和《彭阳二中校史》。撰写了大量史志论文，发表在《固原日报》《新消息报》《宁夏史志》《宁夏党史》《共产党人》等报刊上。在他担任史志办主任的几年里，在 6 名工作人员中有 3 人被组织提拔重用，有 2 人被县委、政府评为“学习型先进个人”，单位被县委、政府命名为“学习型机关”。业务工作连续 3 年被评为“全区修志先进集体”。他本人被县委、政府命名为“敬业奉献道德模范”，多次被评为“优秀共产党员”和“先进工作者”，还被推荐为固原市“十佳书香家庭”候选人。2010 年 11 月，中国地方志指导小组授予他“全国方志系统先进工作者”称号。（张明鹏）

【李国峰】宁夏西吉县田坪乡庙山村盲人。5 岁时，李国峰双目失明。9 岁时，父亲去世。改革开放后，他开起了小卖部，从距离村上 7 公里山路的甘肃省会宁县马路乡的集市上进货。母亲领着儿子往返于这条 7 公里长的山路。几个月后，李国峰终于掌握了通往山外的路。从此以后，人们看见一个盲人拉着一个装满百货的架子车，行走在山间的道路上。每到冬天的夜里，他都用自己身体的温度给母亲暖病腿。至 2010 年，56 岁的他仍侍奉着已经 78 岁的母亲，每天早上起来先给母亲煮碗面，等母亲吃完后，他的小卖部才开门营业。2010 年被评选为“感动宁夏 2010 年度人物”。（张明鹏）

【陈晓薇】女，汉族，隆德县公安局刑侦大队民警。2006 年父母因病相继去世，年轻的她在与死亡的抗争中，渐渐读懂了人生这本书，时刻铭记在自己和家人最困难时社会各界给予的热心帮助。她爱岗敬业、热心公益、乐于助人、扶危济困。自己衣食朴素生活节俭，对社会上遇到困难的人总是不遗余力地伸出援助之手。主动承担照料因年老体弱，而卧病在床，生活不能自理的孤寡老人柳清林的生活，为老人洗衣做饭、问寒问暖、治病求医。每当在路上看到有人拉不动大板车，就主动上前推车。在车站看到有人抱不动孩子，拿不了行李，她就会帮忙抱孩子拿行李。她始终坚持每年一次献血，至今已无偿献血达 1000 毫升。2010 年 3 月被命名为隆德县第二届道德模范。

【樊守忠】男，回族，泾源县大湾乡武坪村农民。10 年间，他的苗木种植面积已发展到 500 余亩，年收入突破 10 万元。樊守忠发挥了“酵母”效应，乡亲们开始向他学习种植技术。在他的带领下，武坪村家家种苗木。2008 年他发起成立了武坪村苗木营销专业合作社，发展协会会员 150 余人，主要从事规模化苗木栽植，培育、贩运。

每年解决当地剩余劳动力达2300余人次，帮助群众实现劳务收入1000余万元。2007年被泾源县委、政府评为马铃薯“种植能手”，2009年被市委、政府授予“劳动模范”。

【王成吉】 男，汉族，原州区开城镇小马庄村柳沟小流域护林员。20年如一日，凭借坚忍不拔、吃苦耐劳的精神，治理了3700亩寸草难生的柳沟，使柳沟成为宁夏南部干旱山区小流域治理典型。在管好林木的同时，他还发展多种经营，在沟里打大小塘坝11座，栽树200万株；在塘坝内种植苜蓿、芦苇、育苗，投鱼苗，养鸭子。他在林区内种植了大黄等中药材，林草覆盖率从5.6%提高到73%。据专家估算，他经营的柳沟，其生态、社会效益已逾千万元。2005年他获得“中国十大民间环保优秀人物”；2006年获得“全国绿化劳模”和“地球奖”提名奖，受到党和国家领导人接见；2007年获得“中国环保优秀人物奖”；2010年获得“宁夏2009年度感动人物”“第六届中华宝钢环境奖”。

【杨玉龙】 男，回族，泾源一中教师。他从教十多年来，爱岗敬业，为人师表，2009年担任的两个初中毕业班的数学课程，学生单科考核合格率、优秀率均为全县第一。2010年上半年，他所辅导的泾源一中5名学生参加全国初中数学竞赛，分别荣获一、二、三等奖，其中两名学生获满分，为学校赢得了荣誉。他不但在教学上取得了较为突出的成绩，在教研方面多次参加市、县组织的新教材培训，多次承担乡级公开课，取得了很好的效果。2004年以来，他多次被固原市委、政府评为“固原市优秀教师”；2007年荣获自治区教育厅“教学成果一等奖”；2010年荣获教育部颁发的“全国数学优秀教师辅导奖”。

【王志科】 男，汉族，彭阳一中教师。从教15年，他爱岗敬业，精心施教，及时调整教学计划，改进教学方法，以培养学生的思维能力，提高学生分析、解决问题的能力为目标，根据学生的个性差异，因材施教，使学生的个性、特长得到发展，教学成果突出。1998年在固原地区“五个百”活动中优质课、教案均被评为一等奖；2005年被宁夏教育厅评为“师德建设年”优秀班主任；2006年被彭阳县命名为“十佳教师”、2009年被彭阳县命名为优秀班主任、并获“教书育人”奖，2010年被评为彭阳县敬业奉献之星、同年获彭阳县“教书育人”奖。

【马军】 1996年，他只身一人来到北京务工，2003年成为北京华都肉鸡公司人事部的工作人员，具体负责招工。

十几年来，马军不辞辛苦地奔走于老家与北京之间，向北京、河北组织输出务工人员已达5000余人次，目前稳定在北京华都肉鸡公司员工2500多人，每年创收近亿元。

2004年—2008年间，马军先后被固原市委、政府，原州区评为“优秀劳务经纪人”，在华都公司工作期间，多次被评为“优秀员工”“优秀招工员”，由于工作出色，被原州区政府聘为原州区驻北京劳务管理站站长。2008年11月被国务院授予“全国优秀农民工”称号，同年11月被原州区评为“十大道德模范”，12月被固原市授予“全市十大道德模范提名奖”。

2009年，为了进一步发展劳务派遣业务，带动更多的家乡有志青年到北京创业创收，马军注册成立了固原京军人力资源和劳务派遣有限公司。

2010年3月3日，为了与北京市建立长期稳定的劳务协作关系，维护固原劳务创业创收人员的合法权益，固原市政府决定在北京市建立固原市驻北京劳务工作站，聘任马军为劳务工作站站长。

【赵克学】 农艺师，原州区科技局技术干部，1983至1993年在河川上黄点从事旱作农业试验研究，开展了生态环境治理、农业科研和科技扶贫工作，同中国科学院水保所的科技人员一道，探索出一整套适宜黄土高原干旱、半干旱地区农业综合开发模式，总结出“上黄经验”，走出了一条宁南山区生态环境全面改善与社会经济持续发展的新路子，为黄土高原综合治理和宁南山区农业经济发展树立了榜样，起到了典型示范作用，多次受到了上级的表彰和奖励。1992年8月，由他本人参加的《固原黄土丘陵区农业优化结构调控增产技术研究》荣获自治区人民政府三等奖；《固原农业现代化基地建设十年》荣获固原县人民政府二等奖；1996至1998年在官厅乡推广窑窖农业技术时，他和农民同吃同住同劳动，为干旱山区农业生产的发展找出了新路子，《窑窖农业技术体系试验示范》获得自治区人民政府三等奖；1998年荣获国家科委“振华、王义锡科技扶贫奖励基金”服务奖。

2007年以来，赵克学作为原州区首批科技特派员，在三营示范园区内实施了“宁南山区设施农业节水高效技术研究开发与示范基地建设”项目。他和宁夏大学技术人员，围绕20栋科技示范棚，以科技示范基地为平台，以品种引进、节水灌溉为突破口，试验示范取得了显著成效，有些试验项目取得了初步成果，有些试验项目取得了突破性进展，有些试验项目已开始应用到大田生产当中。当上科技特派员后，他经常深入田间地头，农户随叫随到，手把手指导农户；他还利用园区现代化信息设备，将园区所有种植户信息输入园区网络，使农户可以随时上网查询土壤条件、病虫害防治、产品销售情况；他通过网络飞信向农户及时发布气象信息，新技术、新品种、新材料、新设备，产品销售动态；通过追溯系统园区销售的果菜产品，消费者可以通过园区产品条码及时了解产品质量和产品信息，有效促进产品销售。赵克学创建的这种园区管理模式，已成为为农民服务最实用、最有效、最便捷的方法，开辟了农业技术服务的新途径。

在他的精心指导下，有115栋温棚投入生产，参与农户42户，生产各类优质蔬菜43万公斤，实现产值128万元，棚均收入11130元。三营设施农业园区育苗温室自动化控制系统建成后，实现了原州区育苗自动化控制“零”的突破。自育苗中心今年实现自动化控制以来，苗木长势整齐，杆茎粗壮，叶片厚肥，根系发达，喷水喷肥均匀，达到了节本提质增效的目的，苗木的质量和数量显著提高，今年实现育苗二茬，为三营、头营、清河镇等园区及农户提供优质苗木170万株，实现产值20万元。（杨静）

【马长喜】 泾源县泾河源镇南庄村支部书记。村党支部连续五年被上级党组织评为先进党支部，个人多次被授予先进工作者荣誉称号。

2005年，马长喜借上级村村通公路的有利时机，多方筹措资金16余万元，硬化了余家村至南庄村三组3.5米宽、3100米长的道路。2007年年初，南庄村被确定为整村推进村。他和村两委班子成员不辞辛劳，千方百计地联系材料、协调工队，动员带领群众实施了大规模的农村居住环境综合整治。先后实施村庄道路铺油4.3公里、危房改造195户，新建了二层楼村部、硬化了院落，争取上级立项实施了人畜饮水和电网改造工程，建成了功能齐全的村小学校、卫生室，改建了文化活动室、文化广场、配备了办公设施和文体器材。

2008年，南庄村被自治区列为全区环境优美村。

他和两委班子成员确定了“畜牧强村”的发展思路。为解决发展养殖业所必须要资金问题，他确定了市场+合作社+党支部+农户的运营模式，建成了占地10亩、100户农户参与的规范化养殖园区，带动全村群众发展规模养殖。村上还建立了以紫花苜蓿、禾草、饲料玉米、小麦秸秆为主的多元化饲草基地，通过小额贷款、引进改良品种等多种方式大力培养贩运、育肥大户，促进草畜业同步发展。经过6年多的努力，走出了一条发展草畜业的成功之路。

2008年，南庄村养殖园区注册成立了泾河源镇南庄村肉牛养殖生产合作社，并申请注册了“宁牛”商标。至2010年，全村户户养牛，85%的农户户均一座标准化暖棚牛舍。2009年底实现畜牧业产值186万元，户均1万余元，全村人均畜牧业收入1239元，占农民人均纯收入的42.7%左右。如今，南庄养殖园区已成为全县设施养殖示范点。

【张建银】 彭阳一中校长。1985年7月,张建银怀着振兴家乡教育的热情步入教坛,走上了为教育事业奉献青春的长路。

他先后担任小岔中学副校长,王洼中学团委书记、政教处主任、副校长和校长等职务。由于工作出色,2003年6月,他被调到彭阳二中担任校长。上任之初,面对学校的现状和管理中存在的问题,他一方面花大力气整治学校周边环境,实行封闭式管理;另一方面狠抓学生的养成教育,活跃师生的校园文体活动,提高学生的综合素质。经过3年的不懈努力,初步形成了"英语名校,体育强校,艺术活校"的办学特色。彭阳二中在各级各类英语竞赛、文体比赛等活动中成绩突出,特别是体育工作走在了全市前列。

2006年8月,张建银被调到彭阳一中担任校长。他提出"1年站稳讲台,3年成为合格教师,6年成为骨干教师,9年成为名师"的教师发展规划,鼓励年轻教师不断进取。建立青年教师考试题库和青年教师考评激励机制,鼓励青年教师尽快成长为职业道德高、业务能力强的教育教学骨干。在彭阳县委、政府的支持下,他和教育主管部门积极争取为彭阳一中引进了5名研究生学历的教师。在教研工作方面,他重视学校科研课题的申报、研发和校本教材的开发利用。先后有3项区级课题立项研发,两科校本教材已出版作为选修课开设,新课程改革取得了阶段性成果。张建银还积极探索新课程背景下的学生德育工作,提出了"先成人,再成才"的教育理念,深得全校师生赞同和支持。在德育实践中逐渐形成"分层次教育、全方位育人"的思路。学校成立了家长委员会及家长学校,他经常同家长一道研究探讨家庭教育和学校教育结合的有效策略。2009年,学校被市委、政府授予固原市教育工作先进集体、教育教学质量先进学校荣誉称号。

张建银从教24年,担任校长职务20年,多次受到表彰奖励。2000年被评为全区优秀中学校长,2004年、2005年连续被评为彭阳优秀校长,2005年、2007年被固原市委、政府评为全市优秀校长。(杨建虎)

表彰奖励

全国第七届“五好”文明家庭

胡巧珍家庭 宁夏隆德县沙塘镇锦屏村一组
王　军家庭 宁夏固原市六盘山林业局
咸金梅家庭 宁夏泾源县黄花乡

全国“五好”文明家庭标兵

胡巧珍(张志鹏)家庭 宁夏隆德县沙塘镇锦屏村一组

全国“巾帼文明岗”

中国联合通信有限公司宁夏固原分公司客户服务部
宁夏固原市原州区妇幼保健所
中国联合网络通信有限公司泾源分公司
宁夏固原市六盘山林业局工厂化苗木培育中心
宁夏固原市城市管理局公用事业管理所
宁夏固原市彭阳县计生服务站

全国“巾帼建功”标兵

马世琴 宁夏固原市人民医院工会主席、妇委会主任

全国维护妇女儿童权益先进集体

固原市司法局
彭阳县民政局

全国维护妇女儿童权益先进个人

温晓林 隆德县奠安派出所所长
马艳梅 泾源县妇联主席
任熙宁 西吉县公安局民警
杨晓花 固原市检察院

全国优秀公诉人提名奖

张生君 固原市检察院公诉科干警
王重嘉 固原市人民检察院反渎职侵权局副局长

自治区劳动模范 先进工作者

高春河 原州区水保站站长
王彦平 原州区农业技术推广服务中心主任
皮学亮 原州区头营镇马园村党支部书记
马　军 固原市京军人力资源和劳务派遣公司经理
施志林 西吉县吉强镇大滩村支部书记
闫治成 西吉县城乡建设与环境保护局环卫队、监察队队长
胡国忠 西吉县兴隆镇政府党委书记
程国昌 隆德县农业技术推广中心农艺师
冯存虎 隆德县杨河乡红旗村支部书记
张琪生 隆德县神林乡庞庄村二组农民

杨宁国 彭阳县文物管理所所长
杨凤鹏 彭阳县林业和生态经济局造林队队长
虎彩虹 彭阳县草庙乡新洼村农民
李福祥 泾源县卫生监督所所长
禹爱莲 泾源县新民乡杨堡村农民
何桂琴 固原市回民中学中学高级教师
杨 琳 市农科所旱作研究室副主任
马东升 市公安局原州区分局彭堡派出所所长
雷 达 天豹固原汽车运输公司董事长 总经理
樊学明 固原市医药有限责任公司董事长 总经理
胡 杰 固原市医院院长 主任医师
刘 杨 固原市文化体育广播电视局助理编辑

自治区创业带动就业劳动模范

郭昊东 彭阳县草庙乡周庄村人经理

自治区"三·八"红旗集体

原州区公路管理段红崖公路段
西吉县计划生育服务站
隆德县城关镇二小
泾源县农牧局
彭阳县妇女联合会
王洼煤业有限公司运销公司营业室
固原市财政局

自治区"三·八"红旗手

李彩娥 原州区卫生局干部
夏德红 原州区头营镇徐河村村委会主任
罗黎萍 西吉县财政局社会保障股股长
高月琴 西吉县妇联主席
王能梅 隆德县二中教师
彭荣珠 隆德县妇联副主席
李彩萍 中国联通泾源分公司副总经理
马梅英 泾源县泾河源镇余家村党支部书记
贾淑芳 彭阳一中教师
刘彩芳 彭阳县白阳镇玉洼村农民
景维君 宁夏王洼煤业有限公司工会办公室主任
兰菊梅 固原市六盘山林业局林业工程师
马效芬 固原市人民医院主任医师
赵晓云 固原民族职业技术学院工会主席
王淑芳 固原市种子管理站副站长
尹丽萍 固原市城市公用事业管事所所长
邵春霞 固原市信息中心主任

自治区"巾帼文明岗"

宁夏固原电视台新闻部
宁夏固原市特殊教育中心
宁夏固原新时代购物中心
宁夏固原市原州区第四小学语文教研组
宁夏原州区政务服务中心
宁夏固原市西吉县人民医院普外科
宁夏固原市西吉县实验中学英语教研组
宁夏固原市隆德县水利工作站
宁夏固原市隆德县温堡乡起旺机砖厂
宁夏固原市泾源县教育体育局教研室
宁夏固原市泾源县水务局防汛抗旱指挥部办公室
宁夏固原市彭阳县第三中学高一年级组
宁夏固原市彭阳县财政局国库集中支付中心

自治区"巾帼建功"标兵

杨春莲 固原市农牧局动物卫生监督所
张晓娟 固原市文化体育广播电视局
马锦芳 西吉县吉强镇政府
师桂琴 原州区水务局移民办主任

自治区城乡妇女岗位建功先进集体

固原市农牧局
固原市林业局
原州区彭堡镇姚磨村
西吉县吉强镇大滩村
原州区
隆德县绿叶蔬菜专业合作社
六盘山中药材专业合作社
彭阳县草庙彩虹养鸡专业合作社
固原市职业技术学院
隆德县妇联

自治区城乡妇女岗位建功先进工作者

刘友 西吉县妇联

自治区城乡妇女岗位建功先进个人

女(致富带头人)能手

马玉花 原州区开城镇上青石村
金 丽 原州区张易镇张易村北街队
何治莲 原州区河川乡寨洼村六组
马晓琴 西吉县马莲乡马莲村
苏志兰 西吉县硝河乡隆堡村
王 霞 隆德县温堡乡杨堡村
杨丽红 银川市新力巷 8-3-501 室
马志兰 泾源县林业局家属楼
于洋女 泾源县香水镇大庄村
王红梅 彭阳县红河乡友联村
张海芳 彭阳县城阳乡长城村

女经纪人

段炳霞 西吉县新营乡新营村
胡巧珍 隆德县沙塘镇锦屏村二组
马秀会 彭阳县新集乡白河村

治沙绿化女能手

韩天梅 彭阳县小岔乡小岔村
禹冬梅 泾源县泾河源镇冶家村

女大学生村官

翟 慧 原州区头营镇杨郎村

妇联干部

邓永华 西吉县妇联副主席

个体私营女企业主

谈燕华 固原市美尚内衣家纺专卖店
王香芳 原州区头营镇胡大堡村

自治区“平安家庭”创建活动示范点

原州区头营镇杨郎村
原州区炭山乡石湾村
原州区彭堡镇肖沟村
原州区河川乡寨洼村
原州区中山街道靖朔门社区
西吉县平峰镇平峰村
西吉县兴平乡友爱村
西吉县新营乡二府营村
西吉县吉强镇中街社区
西吉县兴隆镇单北村
隆德县奠安乡张田村
隆德县山河乡石碑村
隆德县观庄乡后庄村
隆德县好水乡红星村
泾源县黄花乡平凉庄村
泾源县泾河源镇庞东村
泾源县兴盛乡新旗村
泾源县香水镇下寺村

彭阳县城阳镇沟圈村
彭阳县红河乡徐塬村
彭阳县古城镇任河村

自治区“平安家庭”创建活动示范户

罗文虎 原州区官厅乡刘店村
白汉兵 原州区张易镇田堡村
罗爱琴 原州区文化西街
马志梅 原州区寨科乡蔡川村
陈芝梅 原州区中心路社区
王变过 西吉县苏堡乡党岔村
王希林 西吉县白崖乡白崖村
张成福 西吉县西滩乡西滩村
马兆柏 西吉县马建乡庞湾村
火燕红 西吉县将台乡火集村
马腾龙 隆德县杨河乡杨河村
马怀兰 隆德县张程乡李哈拉村
罗芳琴 隆德县陈靳乡清凉村
张慧琴 隆德县神林乡庞庄村
王树玲 泾源县香水镇香水社区
马丽萍 泾源县香水镇百泉社区
于洋女 泾源县香水镇大庄村
贾彩娟 泾源县六盘水镇五里村
王海斌 彭阳县红河乡韩堡村
杨生强 彭阳县古城镇任河村
杨廷梅 彭阳县城阳乡长城村
张志荣 彭阳县草庙乡张街村

自治区科技进步奖集体

固原市农牧局
固原市农牧农业技术推广服务中心
固原市农牧种子管理站

自治区科技进步奖获得者

张　权 固原市农业机械化推广服务中心主任
方海军 固原市农业机械化推广服务中心副主任
董　平 固原市养蜂水产技术推广服务中心职工
刘秉义 固原市农业技术推广服务中心主任
杨晓明 固原市农业技术推广服务中心副主任
张　刚 固原市农业技术推广服务中心职工
董风林 固原市农业技术推广服务中心职工
刘师贤 固原市农村合作经济经营管理站副站长
王　峰 固原市种子管理站站长
王淑芳 固原市种子管理站副站长

固原市2010年度享受国务院特殊津贴人物

王　峰 固原市种子管理站副站长，农业技术推广研究员
郭志乾 固原市农业科学研究所党委书记、所长，农业技术推广研究员
王彦平 原州区农业技术推广服务中心主任、高级农艺师

固原市第一届模范集体

固原市第一中学 法人代表 薛吉强
固原市畜牧技术推广服务中心 法人代表 李希善
宁夏明德中药饮片有限公司 法人代表 姜文德
原州区张易镇人民政府 法人代表 杨　荣
西吉县能源站 法人代表 刘志毅
隆德县卫生监督所 法人代表 李永刚
彭阳县公路管理段 法人代表 杨小勇
泾源县检察院 法人代表 白万钧

固原市第一届劳动模范 先进工作者

高春河 原州区水保站站长
王彦平 原州区农业技术推广服务中心主任

林宝贵 原州区林业局副局长
周风玲 原州区逸挥基金中学一级教师
赵嘉庚 固原雪洋粮油责任有限公司经理
皮学亮 原州区头营镇马园村党支部书记
马国虎 原州区开城镇下青石村农民
兰文明 原州区中河乡中河村支部书记
马 军 固原市京军人力资源和劳务派遣公司经理
施志林 西吉县吉强镇大滩村支部书记
闫治成 西吉县城乡建设与环境保护局环卫队、监察队队长
刘玉国 宁夏佳立生物科技有限公司董事长总经理
杨瑞琪 西吉县马建派出所教导员
董成璧 西吉县驻福建甫田劳务站站长
李玉梅 西吉县兴平乡友爱村农民
赵文梅 西吉县实验中学高级教师
胡国忠 西吉县兴隆镇政府党委书记
程国昌 隆德县农业技术推广中心农艺师
马俊明 隆德县中学政教主任 中学高级教师
陈晓娟 隆德县鑫月超市经理
张琪生 隆德县神林乡庞庄村二组农民
冯存虎 隆德县杨河乡红旗村支部书记
杨志忠 福建省茂荣建设工程有限公司福州分公司总经理
杨宁国 彭阳县文物管理所所长
杨凤鹏 彭阳县林业和生态经济局造林队队长
虎彩虹 彭阳县草庙乡新洼村农民
马家俊 彭阳县白阳镇罗堡村农民工
白金科 彭阳县白阳镇罗堡村农民
宋培民 彭阳县自来水公司经理
樊守忠 泾源县大湾乡武坪村农民
于清明 泾源县兴盛乡红旗村支部书记
李福祥 泾源县卫生监督所所长
于金荣 泾源县荣盛建筑工程有限责任公司经理
禹爱莲 泾源县新民乡杨堡村农民
赵永奇 固原市城市公用事业管理所工人
王建平 原州区须弥山石窟文物管理所导游
刘 杨 固原市文化体育广播电视局助理编辑
何桂琴 固原市回民中学高级教师
张小玲 固原市第二中学高级教师
胡 杰 固原市医院院长 主任医师
李慧琴 市妇联办公室主任
殷茂勇 市统计局普查中心主任
马东升 市公安局原州区分局彭堡派出所所长
杨 琳 市农科所旱作研究室副主任
张 为 六盘山林业局挂马沟林场支部书记场长
马志军 固原经济开发区宏宏商贸有限公司经理、高级技师
马崇礼 西吉县吉强镇北大寺教长
雷 达 天豹固原汽车运输公司董事长、总经理
樊学明 固原市医药有限责任公司董事长总经理

固原市第二届十大道德模范

助人为乐模范

陈志明 西吉县兴隆镇公易村农民
陈晓薇 隆德县公安局民警

见义勇为模范

何万成 原州区三营镇鸦儿沟村农民
杜曦明 隆德县温堡中学教师

诚实守信模范

马国林 西吉县硝河乡马昌村个体业主
樊守忠 泾源县大湾乡武坪村农民

敬业奉献模范

陈瑞祥 固原市委组织部退休干部
杨秀华 原州区张易中学教师

孝老爱亲模范

郭彩利 彭阳县孟塬乡白阳庄村农民
薛吉满 原州区清河镇东峡村农民

固原市"三·八"红旗手集体

原州区财政局
原州区草原工作站
西吉县第一小学
西吉县中医院
隆德县温堡乡起旺机砖厂
隆德县水利工作站
泾源县文化旅游广播电视局
泾源县民政局
彭阳县城乡和建设环保局
彭阳县计划生育服务站
固原市医疗保险事务管理中心
固原市环境监测站

固原市"三·八"红旗手

刘国兰 原州区官厅乡官厅村农民
余德莲 原州区妇儿工委办主任科员
宋　荣 原州区张易镇妇联主席
侯彩凤 原州区工商联副主席
李亮亮 西吉县扶贫开发办公室妇委会主任
强晓琴 中国农业银行西吉县支行女工委员会主任
马红英 西吉县硝河乡党委书记
丁淑兰 西吉县新营乡甘井村党支部书记
焦小梅 隆德县文化旅游广播电视局非物质文化遗产发展公司经理
汪赟英 隆德县妇儿工委办公室副主任
马月琴 隆德县神林乡双村农民
沙慧琴 泾源县公安局法制室主任
马继梅 泾源县疾病预防控制中心主管检验师
雅玉霞 彭阳县水务局妇委会主任
魏玉霞 彭阳县财政局干部
马秀会 彭阳县新集乡白河村农民
余小燕 固原市妇幼保健院副院长
姚　娟 固原市供水排水总公司污水处理厂污水处理运行班班长
魏　莹 固原日报社记者
李晓辉 固原市人民医院团委书记、办公室主任

固原市"巾帼创业之星"

刘月琴 固原味园商贸有限责任公司副总经理
张桂玲 原州区头营镇杨郎村养鸡专业户
王娇娣 原州区佳美皮鞋厂厂长
李亚萍 原州区三营镇赵寺村养猪专业户
马存子 西吉县什字乡劳务带头人
张玉花 西吉县火石寨乡大庄淀粉厂经理
禹小琴 西吉县驰玉制球中心经理
潘玉萍 西吉县平峰镇中岔村劳务带头人
王　辉 隆德县荣辉蔬菜合作社理事长
王慧芳 隆德县民生养猪专业合作社理事长
罗凡翻 隆德县绿叶蔬菜专业合作社理事长
马　莉 泾源县金凤影楼经理
于淑琴 泾源县泾河源镇涝池村农家乐经理
李　卓 彭阳县春蕾幼儿园园长
张晓梅 彭阳县贸易公司营业员、县工商联兼职副会长
阮军娥 彭阳县双赢养殖农民合作社董事长
肖　云 固原经济开发区云霄纺织有限公司经理
郑雪侠 固原长安建材水暖有限责任公司经理

固原市"十佳好婆婆"

鲍国芳 原州区人民街和谐家园
马翠花 原州区三营镇华坪梁村
康国翠 西吉县红耀乡前庄村
马莲花 西吉县吉强镇中街
雷菊霞 西吉县新营乡二府营村
仇爱华 隆德县医院门诊注射室主管护师

张草子 隆德县神林乡双村一组
李月琴 泾源泉县六盘山镇什字村一组
王志花 彭阳政府街利民巷 87 号
李廷英 彭阳县孟塬乡何岘村

固原市“十佳好媳妇”

陆小花 原州区开城镇小马社村
马有兰 原州区中河乡庙湾村
刘月婷 西吉县实验中学
王 秀 西吉县卫生局
牟珍珠 隆德县陈靳乡陈靳村
马瑞霞 隆德县神林乡观音村
刘彩芳 彭阳县白阳镇玉洼村
任彩梅 彭阳县古城镇小贫村
赵 青 固原市委党校
兰菊梅 固原市六盘山林业局

固原市“十佳好女婿”

海福平 原州区开城镇吴社村
杨文毕 原州区头营镇杨郎村
马根生 西吉县财政局
胡振强 西吉县苏堡乡党贫村
王 勇 西吉县吉强镇袁河村
马少连 西吉县兴隆镇兴隆村
马天智 隆德县陈靳乡人民政府
杨文富 彭阳县红河乡常沟村
赵得强 彭阳县草庙乡草庙村
安耀军 彭阳县冯庄乡嘤岘村

固原市“十佳学习型家庭”

杨维春家庭 原州区寨科乡新淌村
刘 毅家庭 原州区开城镇峡口村
马宏秀家庭 西吉县兴坪乡友爱村
杨俊炜家庭 西吉县农牧局
张志鹏家庭 隆德县沙塘镇锦屏村
吕学习家庭 隆德县温堡乡吕梁村
吴国胜家庭 泾源泉县一小家属院
郭 峰家庭 彭阳县新集乡峁堡村
刘 峤家庭 彭阳县罗洼乡罗洼村
王 军家庭 固原市六盘山林业局

固原市“十佳和谐家庭”

余海兰家庭 原州区三营镇黄铎堡村
赵海玉家庭 原州区头营镇马园村
单云刚家庭 西吉县兴隆镇单北村
王维歧家庭 西吉县将台乡明台村
苏桂珍家庭 隆德县陈靳乡民联村
杜爱莲家庭 隆德县好水乡红星村
咸金梅家庭 泾源咸黄花乡向阳村
马秉成家庭 彭阳县小贫乡圈槽村
虎斌堂家庭 彭阳县城阳乡陈沟村
余根银家庭 固原市六盘山林业局

固原市 2008 年—2009 年“守合同重信用”企业

固原金城房地产开发有限责任公司
宁夏回族自治区第四建筑工程有限责任公司
固原福苑实业有限公司
固原华帝燃气具有限公司
宁夏固原建筑设计研究院(有限公司)
宁夏华祺饭店有限公司
宁夏上陵房地产开发有限公司固原
(新时代)购物中心
固原恒新建筑工程有限公司
固原老百姓药品连锁有限公司
固原味园商贸有限责任公司
宁夏广元担保有限公司

固原宁新房地产开发有限公司
固原正祥供热(集团)有限公司
固原新宇水利建筑工程有限公司
宁夏固原六盘山建设工程监理有限公司
固原西夏珠宝有限公司
固原金达民族首饰经销有限责任公司
固原科达眼镜钟表有限公司
固原长城淀粉有限公司
固原荣华实业有限公司
宁夏建业工程监理有限公司
固原国威工程有限公司
宁夏闽宁丰肥业有限公司
固原市市政有限公司
宁夏恒菲工贸有限公司
固原源通环保技术有限公司
固原市医药有限责任公司
固原圣大养鸡专业合作社
宁夏新塬兴建筑工程有限公司
固原经济开发区瑞丰工贸有限责任公司
固原经济开发区宏宏商贸有限公司
宁夏亚太盛龙建筑有限公司
宁夏宏业建筑装饰工程有限公司
固原经济开发区盛华商贸有限公司
固原经济开发区振达市政工程有限公司
宁夏回族自治区西吉县新华书店
西吉县华瑞电器通讯有限责任公司
西吉县广达金属制品有限公司
隆德县西北药材科技有限公司
宁夏兴宇建设工程有限公司
隆德县隆华建筑有限责任公司
隆德县四兴醋业有限公司
隆德县美隆饮料制品有限责任公司
宁夏六盘山建筑工程有限责任公司
泾源县英顺房地产开发有限责任公司
固原市六盘山水泥有限责任公司
泾源县荣盛建筑工程有限责任公司
泾源县兴盛建筑安装有限公司
泾源县双益建筑安装有限责任公司
宁夏新兴建筑有限责任公司
彭阳县建筑集团新华装饰有限责任公司
彭阳县万升实业有限责任公司
宁夏彭阳县林果发展有限责任公司
彭阳县邮政局

全国群众登山健身大会暨首届宁夏六盘山登山节获奖人员名单

竞赛组青年男子获奖名单

第 1 名 甘肃省运动协会 高永宁
第 2 名 陕西西安兄弟连户外俱乐部 赵宗孝
第 3 名 重庆南岸区登山协会 潘子辉
第 4 名 河南信阳师范学院运动协会 郭涛
第 5 名 贵州多威俱乐部 祝中科
第 6 名 西北民族大学 王波
第 7 名 山东临沂飞龙登山俱乐部 李少壮
第 8 名 北京中国地质大学 杨家根
第 9 名 北京中国地质大学 尚子明
第 10 名 重庆南岸区登山协会 查建
第 11 名 山东临沂飞龙登山俱乐部 韩欣善
第 12 名 山东临沂飞龙登山俱乐部 刘照迎
第 13 名 宁夏固原六盘山户外俱乐部 何东林
第 14 名 陕西延安市体育局 刘震
第 15 名 陕西延安市体育局 孙维泽
第 16 名 宁夏山地运动协会 马海婷
第 17 名 陕西西安兄弟连户外俱乐部 任奇峰
第 18 名 陕西省东方登山队 屈玉林
第 19 名 陕西延安市体育局 刘宇鹤
第 20 名 陕西省东方登山队 关停停

竞赛组中年男子获奖名单

第 1 名 重庆南岸区登山协会 喻文利
第 2 名 重庆南岸区登山协会 王志成
第 3 名 辽宁省沈阳市于洪区文体广电 王立国
第 4 名 辽宁本溪登山运动协会 王学军

第 5 名　重庆南岸区登山协会 曹金元
第 6 名　辽宁本溪登山运动协会 柳庆秀
第 7 名　贵州悠山户外探险 白斌
第 8 名　江苏连云港飞翔俱乐部 王强
第 9 名　浙江宁波大自然户外俱乐部 蔡大光
第 10 名 甘肃省常跑登山大队 吕庆华
第 11 名 新疆奥力杰山地户外俱乐部 巴达
第 12 名 甘肃省常跑登山大队 黄胜利
第 13 名 贵州多威俱乐部 刘林
第 14 名 江西省登山协会(抚州市) 柳小燕
第 15 名 江西省登山协会(景德镇) 孙国荣
第 16 名 陕西西安东辆登山俱乐部 孙富有
第 17 名 陕西西安东辆登山俱乐部 李海中
第 18 名 宁夏固原六盘山户外 沈长生
第 19 名 江苏连云港飞翔俱乐部 刘步峰
第 20 名 青海登山中心 史满仓

竞赛组中年女子获奖名单

第 1 名　辽宁本溪登山运动协会 潘梅
第 2 名　重庆南岸区登山协会 张辉骥
第 3 名　甘肃省常跑登山大队 刘小白
第 4 名　重庆南岸区登山协会 曾繁群
第 5 名　辽宁本溪登山运动协会 代爽
第 6 名　贵州多威俱乐部 王朝燕
第 7 名　浙江宁波大自然户外俱乐部 王仙芳
第 8 名　甘肃平凉市体育局 尚莉霞
第 9 名　江西省登山协会(抚州市) 肖国丽
第 10 名 青海登山中心 宋俊梅

健身组女子获奖名单

第 1 名　辽宁本溪登山运动协会 刘贺
第 2 名　重庆南岸区体育局 游梅
第 3 名　甘肃省常跑登山大队 白其瑜
第 4 名　山东临沂飞龙登山俱乐部 董倩
第 5 名　甘肃省常跑登山大队 曹文珍
第 6 名　宁夏固原原州区 党彩红
第 7 名　山东临沂飞龙登山俱乐部 李文霞
第 8 名　宁夏固原市直 郭金霞
第 9 名　宁夏固原市直 祁永菊
第 10 名 宁夏固原市直 王宇宏
第 11 名 宁夏固原市直 韩雪
第 12 名 宁夏固原市直 马翠玲
第 13 名 河南洛阳市体育局 高隆凤
第 14 名 甘肃庆阳市体育局 张芳艳
第 15 名 宁夏固原彭阳县 邓志女
第 16 名 宁夏固原隆德县 张彦红
第 17 名 宁夏固原市直 杜晓娟
第 18 名 宁夏固原隆德县 马月玲
第 19 名 宁夏固原泾源县 李萍
第 20 名 宁夏固原彭阳县 虎娟
第 21 名 宁夏固原市直 李爱明
第 22 名 宁夏固原市直 范芳芳
第 23 名 宁夏固原彭阳县 韩毓贞
第 24 名 宁夏固原市直 沈雅峰
第 25 名 宁夏固原西吉县 田霓霞
第 26 名 宁夏固原彭阳县 高晓
第 27 名 宁夏固原隆德县 毛嘉薇
第 28 名 宁夏固原市直 张彩云
第 29 名 宁夏固原泾源县 张继琴
第 30 名 宁夏固原隆德县 孔令丽
第 31 名 宁夏固原隆德县 柳桂霞
第 32 名 宁夏固原隆德县 王俊珍
第 33 名 宁夏固原市直 谭红
第 34 名 宁夏固原泾源县 蔡凤利
第 35 名 宁夏固原泾源县 李霞
第 36 名 宁夏固原彭阳县 魏秀霞
第 37 名 宁夏固原市直 徐莲
第 38 名 河南洛阳市体育局叶铭钰
第 39 名 宁夏固原原州区 杨澜
第 40 名 甘肃平凉市体育 局李娅玲
第 41 名 宁夏固原西吉县 杨志响
第 42 名 宁夏固原隆德县 张秀娟
第 43 名 宁夏固原隆德县 褚晓甜
第 44 名 宁夏固原隆德县 吴翠霞

第 45 名 宁夏固原隆德县 刘云俏
第 46 名 宁夏固原泾源县 马海萍
第 47 名 宁夏固原西吉县 徐晓晖
第 48 名 宁夏固原市直 魏艳
第 49 名 宁夏固原西吉县 朱剑霞
第 50 名 宁夏固原市直 王娟

竞赛组青年女子获奖名单

第 1 名 山东理工大学 陈春艳
第 2 名 山东临沂飞龙登山俱乐部 李晓雷
第 3 名 辽宁沈阳于洪区文体广电 房广霞
第 4 名 北京体育大学 孙世怡
第 5 名 陕西延安市体育局 王万芳
第 6 名 陕西延安市体育局 赵世艳
第 7 名 宁夏固原彭阳县 王晓芳
第 8 名 陕西延安市体育局 韩亚玲
第 9 名 宁夏固原彭阳县 李小琴
第 10 名 宁夏固原彭阳县 马福梅

健身组男子获奖名单

第 1 名 宁夏固原市直 黄晨
第 2 名 重庆南岸区体育局 李学军
第 3 名 西北民族大学 王彦发
第 4 名 宁夏固原彭阳县 郭明
第 5 名 宁夏固原市直 王明军
第 6 名 甘肃省常跑登山大队 程耀军
第 7 名 宁夏固原彭阳县 郭文甫
第 8 名 宁夏固原市直 付馀
第 9 名 宁夏固原市直 张双忠
第 10 名 宁夏固原市直 聂兆乐
第 11 名 宁夏固原市直 郭正凯
第 12 名 宁夏固原原州区 赵斌
第 13 名 宁夏固原原州区 韩伟
第 14 名 宁夏固原泾源县 司登辉
第 15 名 宁夏固原市直 赵书坤
第 16 名 宁夏固原隆德县 郭洁
第 17 名 宁夏固原原州区 张逢春
第 18 名 宁夏固原隆德县 周长俊
第 19 名 宁夏固原原州区 郜冬冬
第 20 名 宁夏固原原州区 母义财
第 21 名 宁夏固原泾源县 丁六七
第 22 名 宁夏固原原州区 张永军
第 23 名 宁夏固原原州区 刘飞
第 24 名 宁夏固原市直 李军麾
第 25 名 宁夏固原原州区 李永星
第 26 名 河南洛阳市体育局 王绍堂
第 27 名 河南洛阳市体育局 何建国
第 28 名 宁夏固原原州区 杨金龙
第 29 名 宁夏固原泾源县 金正强
第 30 名 宁夏固原市直 杨睿智
第 31 名 宁夏固原市直 王磊
第 32 名 宁夏固原泾源县 高小龙
第 33 名 宁夏固原泾源县 马小龙
第 34 名 宁夏固原原州区 徐伟
第 35 名 宁夏固原市直 李文铎
第 36 名 宁夏固原泾源县 蒙永刚
第 37 名 宁夏固原彭阳县 杨海蛟
第 38 名 甘肃平凉市体育 局李文科
第 39 名 宁夏固原泾源县 雒永红
第 40 名 宁夏固原原州区 马林
第 41 名 宁夏固原隆德县 杨常春
第 42 名 宁夏固原泾源县 马霄
第 43 名 宁夏固原泾源县 虎宝良
第 44 名 宁夏固原原州区 卢亚东
第 45 名 宁夏固原市直 邱林
第 46 名 宁夏固原隆德县 靳力群
第 47 名 宁夏固原市直 宋强
第 48 名 宁夏固原市直 韩永平
第 49 名 河南洛阳市体育局 左剑钊
第 50 名 宁夏固原市直 吕宜向
第 51 名 宁夏固原市直 陈美仁
第 52 名 宁夏固原原州区 马斌
第 53 名 宁夏固原泾源县 丁文秀
第 54 名 宁夏固原隆德县 何耀峰

第 55 名 宁夏固原市直 陈伟
第 56 名 宁夏固原彭阳县 张占成
第 57 名 宁夏固原市直 刘兴亮
第 58 名 宁夏固原彭阳县 孙国顺
第 59 名 宁夏固原隆德县 张斌
第 60 名 宁夏固原泾源县 马国福
第 61 名 宁夏固原西吉县 喜振云
第 62 名 宁夏固原市直 丁元其
第 63 名 宁夏固原市直 虎永鹏
第 64 名 宁夏固原市直 史明兴
第 65 名 宁夏固原原州区 杨成
第 66 名 宁夏固原原州区 郑玉吉
第 67 名 宁夏固原市直 刘鹏
第 68 名 宁夏固原市直 岳建军
第 69 名 宁夏固原市直 赵德昇
第 70 名 宁夏固原市直 张佑林
第 71 名 宁夏固原市直 杨建斌
第 72 名 宁夏固原隆德县 李继武
第 73 名 宁夏固原市直 张育牛
第 74 名 宁夏固原市直 张国柱
第 75 名 宁夏固原市直 王固稳
第 76 名 宁夏固原隆德县 张占龙
第 77 名 宁夏固原原州区 刘广宁
第 78 名 宁夏固原泾源县 马生银
第 79 名 宁夏固原泾源县 兰存宝
第 80 名 宁夏固原隆德县 李继学
第 81 名 宁夏固原原州区 耿成亮
第 82 名 宁夏固原泾源县 马飞
第 83 名 宁夏固原市直 吴乾
第 84 名 宁夏固原彭阳县 杨治国
第 85 名 宁夏固原泾源县 赫嘉楠
第 86 名 宁夏固原隆德县 郭斌
第 87 名 宁夏固原泾源县 于继辉
第 88 名 宁夏固原隆德县 杨志刚
第 89 名 宁夏固原原州区 夏德斌
第 90 名 宁夏固原市直 杨文义
第 91 名 河南洛阳市体育局 杨□辉
第 92 名 宁夏固原隆德县 张彦龙
第 93 名 宁夏固原市直 张军智
第 94 名 宁夏固原隆德县 孟醒
第 95 名 宁夏固原市直 李志富
第 96 名 宁夏固原泾源县 杨生忠
第 97 名 宁夏固原泾源县 马占林
第 98 名 宁夏固原市直 韩堆良
第 99 名 宁夏固原泾源县 王小林
第 100 名 宁夏固原市直 咸胜玉

宁夏新闻奖

一等奖

消息《固原三兄弟育出“马铃薯联合国”》、副刊作品《母亲来到城里》及栏目《走出大山改变命运》

二等奖

消息《原州区设施农业实现农民主体归位》
言论《从陈书记怀揣照片搞调研说起》新闻论文《高唱民族团结进步的赞歌》摄影组照《“闽宁水”甜了农民心》及 2009 年 9 月 18 日要闻版版面

三等奖

消息《闽商林水英“移师”北上苦土酿蜜》
通讯《从“跑山娃”到“劳务将军”》
系列报道《民族团结写新篇》及摄影组照《青春留在乡间》

固原市第五次文学艺术奖获奖名单

特等奖

《六盘山文化丛书》
《六盘山民间故事》
《王洛宾的花儿情》

文学类一等奖

小说《尕师兄》马金莲
散文《理性与本能的人生》马吉福

诗歌《风吹西海固》王怀凌

文学评论《心灵探寻与乡土诗意》武淑莲

文学类二等奖

小说《白盖头》古原

《坚硬的土堡》火仲舫

散文《简静与沉浸》韩聆;《萧关》邵永杰

诗歌《词语奔跑》单永珍;《闪电中的花园》杨建虎

文学评论《回归生命本体的历史叙述》徐安辉;《从西海固文学看西海固文化现象》倪万军

文学类三等奖

小说《遍地鲜花》杨友桐;《画在树荫地上的刀》李义;《弹腿》于清海

散文《风声过耳》林混;《身后的时间》程耀东;《商贾流韵过店街》刘国龙

诗歌《春的希望》郭生有;《一个人的内心》雪舟;《西海固100座失守的城堡》红旗

报告文学《城市绿肺》李方;《在希望的土地上》李敏

文学评论《感知一种情怀》王龄松;《传播一种幸福观》马君成

艺术类一等奖

书法《篆刻条屏》(名言)马家虎;《行书条幅》(晏殊词一首)杜宗礼

美术版画《回乡春早》沈克斌

版画《大山脚下》王维德

戏剧《秦之声》大叫板梁俊玲

摄影《冬韵》强继周

音乐六盘音乐诗画《王洛宾的花儿情》作曲:冯亚新

民间文艺《耕耘》(雕塑)朱小平

艺术类二等奖

书法《行书条幅》(古文)周建设;《楷书条幅》(古文)齐国旺;《行书条幅》(唐诗一首)李万鹏

美术油画《盲区》马良钰

中国画《吉日》宋永忠

油画《正午》吕超峰

戏剧剧本《刘芳艳》秦等梅

眉户剧《走出大山》李春平

摄影《六盘山云海》李东海;《大动脉》白昌林

音乐歌曲《我是明月,我是夜莺》作曲:郑郢 作词:吴城

歌曲《花儿唱出新生活》作曲:杜志刚 作词:陈雄

舞蹈歌舞《大地情歌》编舞 姚军;舞蹈《听窗根》编舞 倪彩琴

民间文艺《十二生肖》(剪纸)袁国君

《牛郎织女》(彩塑)杨贤雄

艺术类三等奖

书法《楷书条幅》(古文)陈雪峰;《试论书法教学中如何渗透素质教育》(书法论文)杨冬青;《隶书条幅》(唐诗一首)安国强;《楷书条幅》(书论一则)冀军武

美术漫画《固原十景》李彦辉

水彩画《春潮》王永晟

油画《油碗子》李文斌

漆画《暮》冯巢

油画《六盘山》陈炳武

戏剧五集音乐广播剧《六盘山花儿留住你》编剧 王文清

小品《盼归》表演者 徐爱琴

眉户剧《走出大山》次主演 王爱国

摄影《秀出彭阳美》林生库;《六盘神韵》张九芳;《天然氧吧》王周

音乐器乐曲——扬琴独奏《节日的祝福》杨丽娜

歌曲《书法之乡唱欢歌》作词、作曲:陈伟荣;歌曲《高中时代》作曲:刘强 作词:张正强

舞蹈《阳光计生路》编演郭小改;舞蹈《西吉舞韵》编舞樊智义

体育舞蹈《牧童鞭》编舞樊枝真

民间文艺枕顶(刺绣)褚广兰

《六盘山花儿集锦》(民间文学)马国财

《社火脸谱》(民间彩绘)苏维童

第五次文学艺术奖优秀奖名单

小说优秀奖

《乌米路》(短篇)许艺;《东浮沱》(短篇)马晓雁

散文优秀奖

《上摺坡》李继林;《散章》刘向忠;《暮色中的新月》(散文集)咸国平

诗歌优秀奖

《华夏光芒》(组诗)郭静;《生活》(组诗)张树鹏;《关山印象》(组诗)李兴民

报告文学优秀奖

《耳闻目睹西海固》杨风军;《陡坡春意浓》刘天文

书法优秀奖

楷书条幅 齐海峰;行书条幅 张玉;隶书条幅 禹辉;篆书条幅 瓮志罡;行书条幅 禹广生

美术优秀奖

漫画《岗前培训》鲁楠;国画《九月》李明;油画《胡杨、骆驼、羊》马学研;油画《六盘山》陈炳武;水彩《初春》韩世斌;国画《山之歌》李文史

戏剧优秀奖

参与银川市秦剧团优秀剧目《庄妃与多尔衮》演出胡凯;音乐优秀奖论文《花儿进校园的利与弊》高红梅;二胡独奏《战马奔腾》吴文

摄影优秀奖

《雪韵》郭宁

民间文艺优秀奖

民间剪纸《秋韵》张金霞;砖雕 卜文俊

2010年固原市出租车星级文明驾驶员

蔺和祥	宁D.T2112	顾小雯	宁D.89616
高红利	宁D.88953	李　琴	宁D.T2529
张永军	宁D.86276	冯晓霞	宁D.T2082
魏银海	宁D.86952	胡金玲	宁D.84831
董暾炜	宁D.T0183	马虎生	宁D.T1511
戴丽娟	宁D.T2100	梁玲玲	宁D.88858
王秀琴	宁D.85702	余培金	宁D.T2386
延智鹏	宁D.T1121	严国全	宁D.89011
高平川	宁D.T0819	王保食	宁D.85589
杜　瑞	宁D.T0313	王志贵	宁D.84346
张　毅	宁D.T0533	雷秉英	宁D.88835
柳志兵	宁D.T1509	张九成	宁D.85080
谢小红	宁D.89335	王永伟	宁D.88500
安耀斌	宁D.T1185	刘吉智	宁D.86838
闫飞龙	宁D.T0302	吴志军	宁D.86800
顾晓琴	宁D.86005	李彩莲	宁D.86138
工淑霞	宁D.86619	庞爱芸	宁D.89589
李　磊	宁D.88815	金志梅	宁D.86120
王玉荣	宁D.86531	李雪林	宁D.86465

鹏翔出租汽车有限公司

海　杰	宁D.T0282	张定君	宁D.86469
王春珲	宁D.86630	杨巨科	宁D.88036
宋玉军	宁D.86168	陈　红	宁D.88983
程　飞	宁D.89315	蒋发扬	宁D.86663
王彩玲	宁D.83829	王保山	宁D.T0122
张小云	宁D.T0832	海　伟	宁D.86602
张固生	宁D.T1338	穆占军	宁D.T0698
余建强	宁D.86656	王喜平	宁D.89625
贠海红	宁D.86600	陈卫东	宁D.86383
师光有	宁D.89201	李晓锋	宁D.T0363
郭志兵	宁D.86643	李　智	宁D.88286

刘宗英 宁D.T2301 张学军 宁D.88381
王海章 宁D.86400 张 斌 宁D.T0850
宋桂霞 宁D.88820

原州出租汽车有限责任公司

韩淑玲 宁D.86671 董暾烨 宁D.T1210
张晓东 宁D.89696 王震辉 宁D.86965
李 向 宁D.T2188 樊小彦 宁D.86483
张克玺 宁D.89366 罗固宁 宁D.T1183
马翠珍 宁D.86545 张 平 宁D.T0516
刘雪永 宁D.85591 马俊义 宁D.89503
胡志文 宁D.89812 贾 兵 宁D.83561
罗卫东 宁D.86435 路金阳 宁D.88521
倪 才 宁D.85299 刘春智 宁D.T1895
王 东 宁D.85948 石名利 宁D.T2699
刘杏花 宁D.89833 李月平 宁D.86913
傅文军 宁D.84329 王玉和 宁D.89299
陈学勇 宁D.T2319 张志宁 宁D.88315
鲁 军 宁D.85699 马海军 宁D.86900
刘西宁 宁D.85206

固原万通出租汽车有限责任公司

刘艳艳 宁D.T0613 黄清俊 宁D.89531
王飞英 宁D.T0108 赵丽荷 宁D.86493
马武霞 宁D.86342 马智学 宁D.86928
刘小平 宁D.T1581 刘 勇 宁D.T0328
马仲武 宁D.T0689 马耀亮 宁D.T1315
陆桂玲 宁D.T2260 邢思贵 宁D.89508
刘淑霞 宁D.T0188 孟志荣 宁D.88199
焦永峰 宁D.88125 任志红 宁D.T1890

固雁汽车运输有限公司出租分公司

张家军 宁D.85952 魏兴天 宁D.89966
王进财 宁D.T0865 黄建华 宁D.T2205
马淑琴 宁D.T0625 李鹏飞 宁D.89538
宋景花 宁D.86039 孙万明 宁D.86826
梁 军 宁D.T2350 王志军 宁D.T2123
姚得仓 宁D.T0269 白祖胜 宁D.89980
白有军 宁D.88233 殷 静 宁D.88138
祈 芳 宁D.T2129 伏虎宁 宁D.88089
王有科 宁D.T1051

固原经济开发区鑫源汽车运输有限公司

南丽萍 宁D.T2203 禹志荣 宁D.86436
马玉平 宁D.86980 李世林 宁D.T0288
王建刚 宁D.86575 付 虎 宁D.T2225
袁维兵 宁D.88238 余守权 宁D.86055
马国辉 宁D.89513 李慧贤 宁D.86909
马德珍 宁D.86331 张建玺 宁D.T0388
王明利 宁D.T2063 海正贵 宁D.T1388
余建国 宁D.T2398 李 娟 宁D.88392
王兰芳 宁D.T2062 曹 毅 宁D.86929

固原顺达出租汽车有限公司

火耀岐 宁D.T0562 李应科 宁D.88838
胡文娟 宁D.T2689 施 宁 宁D.T2322
赵金安 宁D.88380 张凤霞 宁D.86969
马素苍 宁D.89350 郭文俊 宁D.86463
吴晓荣 宁D.T0210 杨生林 宁D.86461
李芳琴 宁D.89292 庞九宏 宁D.T2580
何文礼 宁D.88990

固原富康出租汽车有限责任公司

马建社 宁D.T1238 韩映刚 宁D.88869
别晓丽 宁D.85701 何义民 宁D.T0032
谢吉平 宁D.88568 马玉平 宁D.T1120

西吉县明星出租汽车有限责任公司

康文景 宁D.89985 金国峰 宁D.T1995
牛岩虎 宁D.T1969 吴春林 宁D.T1926
何建福 宁D.89880 韩 鸿 宁D.T1938
张 健 宁D.89990 张建强 宁D.85500
徐 彪 宁D.T1980 马虎林 宁D.89088
王 宏 宁D.T1922 刘学智 宁D.T0511

马敏静 宁 D.89219

泾源县百顺出租汽车有限责任公司

闫永军 宁 D.T0361 马永强 宁 D.86580
郭俊宏 宁 D.T2020 杨 海 宁 D.T2001
马贵成 宁 D.85526 余继宁 宁 D.86386
马宝玉 宁 D.86366 李有拾 宁 D.86253
马晓春 宁 D.86042 马江江 宁 D.86253
马旭升 宁 D.86561

隆德县旭升出租车有限责任公司

杨红旗 宁 D.T2151 李铜国 宁 D.T2359
彭贵宾 宁 D.T1592 王 福 宁 D.T1681
杨高峰 宁 D.89888 马云斌 宁 D.T1950
王小东 宁 D.T1639 张双宏 宁 D.89883
柳作仁 宁 D.T1290 陈红科 宁 D.T2132

彭阳县鑫源汽车客运出租有限公司

高文虎 宁 D.T0928 韩 军 宁 D.T1056
吴国效 宁 D.T1108 黄俊杰 宁 D.T0156
虎彬君 宁 D.T0252 杜玉荣 宁 D.T0866
张宝君 宁 D.T0885 祁应平 宁 D.T1090

“宁夏精神”研讨会征文 固原市获奖名单

特别奖:《培育弘扬六盘山精神 奋力推进固原新跨越》,作者:刘小河

二等奖:1.《论六盘山精神——大力弘扬六盘山精神 强势推进跨越式发展》,作者:周万佩

2.《关于六盘山精神的ABC》,作者:牛廷伟

三等奖:《对六盘山精神研究的断想》,作者:马平恩

固原市直机关公务员记三等功人员

邓志华 市委办
王克虎 市人大办
马 芸 市政协办
杨冬青 市政协办
景建强 市检察院
杨忠清 市中级法院
张国文 市直机关工委
开永安 市财政局
宁少文 市财政局
戴旭红 市财政局
安希平 市财政局
虎步高 市人社局
王友琳 市人社局
张俊才 市公安局
李玉珍 市公安局
吴翠贤 市公安局
李 霄 市公安局
张 娟 市公安局
李 强 市公安局
李 玄 市公安局
李雅娟 市商务局
赵满芬 市商务局
李 剑 市工信局
马辉春 市司法局
杨 升 市审计局
张文科 市信访局
计发斌 市统计局
陈 刚 市建设局
王小鹏 市建设局
云生元 市农牧局
杨自远 市农牧局
李耀星 市城管局
杨自平 市林业局
李江宁 市林业局
杨宏斌 市国土局

参照公务员管理单位

宋新宇 团市委

宝举海　市科协
续建军　市扶贫办
姚志俊　市红十字会
任立新　市经济技术合作局
柳春梅　市经济技术合作局
邢　飞　原州区国土局

全区检察机关第六次“双先”名单

1.先进集体：固原市

固原市人民检察院公诉处
西吉县人民检察院公诉处
泾源县人民检察院反贪污贿赂局
彭阳县人民检察院控告申诉检察科

2.先进个人：固原市

张生君　固原市人民检察院公诉科干警
马文忠　固原市人民检察院司法警察
海　智　固原市原州区人民检察院办公室主任
徐　旭　固原市原州区人民检察院检委会专职委员
马正清　西吉县人民检察院侦监科副科长
马三忠　西吉县人民检察院反贪局长
温红建　隆德县人民检察院反贪局长
谢立雄　隆德县人民检察院检察员
秦志升　泾源县人民检察院公诉科科长
张庚红　彭阳县人民检察院公诉科副科长

2009年度全市农业农村工作先进集体和先进个人名单

1.农民增收

一等奖：原州区
二等奖：彭阳县

2.设施农业发展

一等奖：隆德县
二等奖：原州区

3.马铃薯产业发展

一等奖：西吉县
二等奖：原州区

4.草畜产业发展

一等奖：泾源县
二等奖：彭阳县

5.农田水利建设

一等奖：彭阳县
二等奖：隆德县

6.生态环境建设

一等奖：原州区
二等奖：西吉县

7.扶贫开发

一等奖：原州区
二等奖：彭阳县

8.旱作节水农业

一等奖：西吉县
二等奖：原州区

9.小城镇建设

原州区张易镇

10.龙头企业

(1)宁夏华林农业综合开发有限公司
(2)彭阳县荣发农牧有限责任公司
(3)隆德县方圆综合开发有限公司

11.产业发展带头人

(1)马铃薯产业
马生科　固原市马铃薯（农产品）外运协会会长、固原六盘山薯业有限公司董事长兼总经理
赵连吉　原州区张易镇盐泥村农民
(2)草畜产业
黄旭强　西吉县强云生态养殖场经理
于金荣　泾源县六盘山牧业公司经理
(3)育苗
曹凤翼　泾源县香水镇永丰村农民

(4)林果

杨万珍 彭阳县城阳乡陈沟村农民

(5)设施农业

徐迎乐 原州区清河镇东红村农民

杜 军 隆德县沙塘镇光联村农民

王秉礼 彭阳县古城镇文沟村农民

(6)中药材

万鹏程 隆德县万草灵中药材科技有限公司经理

12.优秀农业技术推广人员

刘秉义 市农业技术推广中心主任

安维太 市农业科学研究所研究员

张国坪 市畜牧中心副主任

张广浩 市林业勘察队队长

谢永胜 原州区农业技术服务中心工作人员

马培娟 西吉县吉强镇农业技术服务中心工作人员

柳 荣 隆德县林业局局长

马银香 隆德县农业技术推广服务中心主任

杨 波 泾源县畜牧技术推广服务中心畜牧师

魏进禄 彭阳县红河乡农业服务中心主任

13.农民合作经济组织、经纪人

(1)农民合作经济组织

固原六盘龙蔬菜保鲜有限公司。

西吉县马铃薯(农产品)外运协会

隆德县常鲜果蔬专业合作社

泾源县金芋淀粉合作社

彭阳县朝那鸡养殖农民专业合作社

(2)农民经纪人

姚 选 原州区彭堡镇姚磨村党总支部书记,姚磨蔬菜产销合作社理事长

吴文学 西吉县农业科技特派员

聂宝种 隆德县观庄乡大庄村农民

王黑来 泾源县香水镇米岗村优秀肉牛育肥贩运经纪人

杨 剑 彭阳农产品经纪人协会会长

2009年度全市发展劳务产业暨全民创业综合考核先进县(区)先进集体和先进个人名单

1.2009年度全市发展劳务产业综合考核奖

一等奖:原州区、西吉县

二等奖:彭阳县

三等奖:隆德县、泾源县

万人进疆单项考核一等奖:隆德县

2.2009年度全民创业综合考核奖

一等奖:原州区

二等奖:隆德县、彭阳县

三等奖:西吉县、泾源县、开发区管委会

3.2009年度发展劳务产业先进集体

固原车务段

原州区三营镇人民政府

原州区彭堡镇人民政府

原州区劳动就业服务局

国家统计局西吉调查队

西吉县兴平乡人民政府

西吉县兴隆镇人民政府

隆德县奠安乡人民政府

隆德县劳动就业服务局

泾源县泾河源镇人民政府

泾源县劳动就业服务局

彭阳县白阳镇人民政府

彭阳县小岔乡人民政府

4.全民创业先进集体

固原市工商局

固原市小额贷款担保中心

固原市工商行政管理局原州一分局

原州区头营镇杨郎村民委员会

西吉县人力资源和社会保障局

西吉县吉强镇人民政府
隆德县五龙花卉有限责任公司
泾源县英顺房地产开发有限责任公司
彭阳县劳动就业服务局

5.发展劳务产业先进工作者

孙永强　中国人民武装警察部队固原市支队排长
张维强　固原电视台记者
马天堂　固原日报社记者
于金红　原州区头营镇副镇长
武继柏　原州区炭山乡副乡长
褚万峰　原州区劳动就业服务局干部
韩学军　西吉县劳动就业服务局局长
王蔚蔚　西吉县兴隆镇人大副主席
马建安　西吉县西滩乡乡长
陈建宁　隆德县神林乡副乡长
王晓栋　隆德县驻福州劳务工作站站长
吴治雄　泾源县六盘山镇武装部部长
马晓勇　泾源县黄花乡纪委书记、武装部部长
冯天生　彭阳县孟塬乡党委副书记
刘　惠　彭阳县劳务经济局副局长

6.全民创业先进工作者

王　斌　固原市人力资源和社会保障局创业促进科科长
白义军　固原市信用联社副主任
姬　雄　固原市工商行政管理局原州一分局副局长
拜　瑞　原州区劳动就业服务局副局长
张志翔　西吉县劳动就业服务局副局长
施志林　西吉县吉强镇大滩村党支部书记
刘启明　隆德县人力资源和社会保障局副局长、就业局局长
鄢志杰　泾源县财政局局长
刘淑萍　彭阳县劳动就业服务局创业干事

7.优秀劳务中介组织

宁夏鸿远煤业公司
宁夏金汇煤业有限公司
固原京军人力资源开发和劳务派遣有限公司
西吉县宏强劳务派遣公司
泾源县玉林劳务公司
彭阳县宏兴劳务中介所

8.优秀劳务经纪人

赵得保　原州区彭堡镇杨忠堡村劳务经纪人
何志忠　西吉县兴平乡劳务经纪人
张军强　隆德县优秀劳务经纪人
马　岳　隆德县马河村劳务经纪人
伍爱萍　泾源县劳务经纪人
张　钰　彭阳县城阳乡陈沟村劳务经纪人

9.优秀务工人员

李虎发　原州区头营镇拾花工
王跳过　原州区张易镇拾花工
赵彩花　原州区赴上海青蒲区电子厂员工
张燕燕　西吉县赴福建省莆田市德信电子厂员工
赵小荣　西吉县赴宝丰集团焦化厂员工
苏　荣　西吉县兴隆镇新合村务工人员
毛彩芸　隆德县凤岭乡冯碑村务工人员
王维岳　隆德县赴福建省福清市宏泰鞋业有限公司员工
禹来振　泾源县新民乡杨堡村务工人员
杨晓华　泾源县大湾乡务工人员
朱克芳　彭阳县王洼镇尚台村务工人员
李　阳　彭阳县草庙乡务工人员

10.创业之星

王黎君　开发区润泽粮油有限公司总经理
余建忠　家道物流创业园经理
刘培君　固原中天物业管理有限公司经理
马玉芳　原州区新月养殖厂董事长

刘吉平　西吉县新文化书店经理
牛国西　西吉县残疾青年
尹喜生　隆德县方圆集团董事长
于　智　泾源县香水镇社区便民服务中心经理
姬智慧　彭阳县富康玉米机械化作业服务有限责任公司总经理

全市信访工作先进集体先进个人名单

1.信访工作先进县

隆德县、西吉县

2.矛盾纠纷排查化解工作先进县(区)

原州区、泾源县、彭阳县

3.信访工作先进单位

市政法委　市城管局　市开发区管委会
市信访局　市公安局　市司法局
原州区人力资源和社会保障局　原州区信访局
原州区张易镇　西吉县信访局　西吉县发展和改革局
西吉县火石寨乡　隆德县信访局　隆德县联财镇
泾源县信访局　泾源县大湾乡　彭阳县新集乡
彭阳县白阳镇

4.信访工作先进个人

牛志军　市公安局国保支队副处级侦查员
张亚平　市人力资源和社会保障局调解仲裁科科长
黄卫舟　市住房和城乡规划建设局办公室主任
李国琪　市民政局优抚安置科科长
王泽稷　市纪检委信访室主任
许　杰　市信访局督查科科长
孙武民　市机关事务局治保部部长
张玉德　市工业和信息化局主任科员
白旭东　市检察院控告申诉处处长
胡德智　市中级法院副处级审判员
余再兴　原州区信访局局长
戴培义　原州区头营镇党委书记
穆存忠　原州区法院副院长
王　瑞　原州区交通和乡镇建设局干部
赵玉宝　西吉县平峰镇党委书记、镇长
郭志元　西吉县民政局局长
刘继珍　西吉县吉强镇党委副书记、镇长
姚胡林　西吉县信访局科员
张宏乾　隆德县政府办公室副主任、信访局局长
杜国强　隆德县公安局副局长
温翔杰　隆德县城乡建设环保局干部
仇宏强　隆德县六盘山街道办事处主任
禹夫学　泾源县公安局副局长
摆春亮　泾源县民政局局长
马　军　泾源县信访局干部
咸秀梅　泾源县信访局干部
曹永昨　彭阳县孟塬乡党委书记、乡长
海明忠　彭阳县王洼镇党委副书记
海世元　彭阳县古城镇纪委书记
朱彦宵　彭阳县信访局接待室主任

人口和计划生育工作先进集体名单

固原市计划生育督察队
原州区张易镇人民政府
原州区彭堡镇计划生育服务站
西吉县人口和计划生育局
西吉县平峰镇人民政府
隆德县人口和计划生育局
隆德县联财镇人民政府
泾源县人口和计划生育局
彭阳县人口和计划生育局
彭阳县草庙乡人民政府

人口和计划生育先进工作者名单

张世林　原州区河川乡人民政府副乡长
马志强　原州区北塬街道办事处副主任
袁荣富　西吉县吉强镇人民政府副镇长
李智强　西吉县马建乡人民政府副乡长
杨平安　隆德县城关镇人民武装部部长
李长兄　隆德县凤岭乡人民武装部部长
马　鑫　泾源县大湾乡人民政府副乡长
丁会林　彭阳县白阳镇党委副书记
王三军　彭阳县罗洼乡人民政府副乡长
罗江东　固原市人口和计划生育局副主任科员

人口和计划生育十佳岗位标兵名单

李庆炜　原州区人口和计划生育局副局长
王明玺　原州区人口和计划生育局干部
梁鹏程　西吉县人口和计划生育局干部
冀晓华　西吉县苏堡乡计划生育服务站站长
魏和龙　隆德县计划生育服务站干部
梁雁飞　隆德县奠安乡计划生育专干
于伍元　泾源县兴盛乡兴盛村计划生育专干
薛小莉　彭阳县计划生育督察队队员
张伟平　彭阳县小岔乡计生办主任
张春柏　固原市计划生育督察队队员

人口计划生育十佳技术服务能手名单

詹德荣　固原市计划生育指导中心副主任医师
王维秀　原州区计划生育服务站副主任医师
王淑莲　原州区三营镇计划生育服务站医师
惠旭龙　西吉县兴隆镇计划生育服务站医师
陈　珣　西吉县红耀乡计划生育服务站医师
马富元　隆德县联财镇计划生育服务站检验师
柳月霞　隆德县神林乡计划生育服务站医师
沙万良　泾源县计划生育服务站医师
常兆彩　彭阳县计划生育服务站主治医师
朱　莲　彭阳县红河乡计划生育服务站医师

人口和计划生育十佳志愿者名单

魏国辉　原州区计划生育协会办公室主任
田兴仁　原州区头营镇穆滩村阿訇
陈志明　西吉县兴隆镇公易村村民
王晓燕　西吉县计划生育协会干事
刘玉金　隆德县张程乡桃园村计划生育协会干事
马耀林　隆德县观庄乡计划生育协会干事
惠彦云　泾源县香水镇太阳村计划生育协会干事
马　琴　彭阳县交岔乡关口村计划生育协会干事
王文珍　彭阳县王洼镇马掌村计划生育协会干事
谭学良　固原市人口和计划生育协会干事

“少生快富”光荣家庭名单

陶小仁　张亚凤　原州区清河镇大堡村村民
高永铎　王　霞　原州区彭堡镇吴磨村村民
沙得发　马葡萄　原州区炭山乡炭山村村民
米金财　胡密乃　西吉县兴平乡王堡村村民
雷　振　牛玉花　西吉县将台乡伙沟村村民
董瑞强　陈蔓丽　隆德县沙塘镇光联村村民
于三喜　禹珍金　泾源县新民乡先进村村民
王建东　焦艳丽　泾源县六盘山镇蒿店村村民
姬佩军　李正琴　彭阳县白阳镇双磨村村民
马永林　妥生霞　彭阳县古城镇古城村村民

2009年度全市招商引资目标任务考核先进县(区)先进单位名单

2009年度招商引资工作先进县(区)

原州区

隆德县

2009 年度招商引资工作先进单位

经济开发区

市工信局

市招商局

2009 年度先进金融监管部门和金融机构名单

金融系统支持地方经济发展先进单位奖

人民银行固原中心支行

固原银监分局

2009 年度全市消防工作先进单位和先进个人名单

1.先进单位

固原市工商管理局

固原市新时代购物中心

固原市公安局原州区分局

西吉县教育体育局

隆德县宾馆

泾源县农村信用合作联社

王洼煤业有限公司

宁夏南宇建材实业有限公司

固原市原州区万方糖酒有限公司

2.先进个人

何学山　固原市安全生产监督管理局矿山科副科长

马晓斌　固原市人民政府办公室秘书

尹维新　宁夏固原博物馆保卫科科长

张军智　固原市人民医院保卫科科长

买世杰　原州区东坊清真寺寺管会主任

高　军　固原市原州区须弥山文物管理所副所长

余德秋　固原市原州区华盛宾馆经理

陈建山　固原市原州区公安消防大队大队长

武　翔　固原市公安局经济开发区分局兴源路派出所教导员

马玉虎　西吉县政府办公室秘书

马秀花　西吉县工商局注册科科长

袁志勇　西吉县公安局将台乡派出所所长

郑必青　隆德县鑫露家私城经理

陈晓娟　隆德县鑫月超市经理

马先忠　泾源县安全生产监督管理局局长

禹夫学　泾源县公安局副局长

王鹏里　彭阳县公安局政委

姚世平　彭阳县财政局预算股股长

2009 年度耕地保护工作先进县(区)名单

一等奖

原州区人民政府

彭阳县人民政府

二等奖

西吉县人民政府

隆德县人民政府

泾源县人民政府

获得固原市人民政府教育强乡(镇)称号名单

原州区

官厅乡

炭山乡

中河乡

隆德县

凤岭乡

山河乡

奠安乡

杨河乡

张程乡
观庄乡

彭阳县
王洼镇
交岔乡
冯庄乡

泾源县
香水镇
泾河源镇
黄花乡
兴盛乡
新民乡

西吉县
火石寨乡
马建乡
兴坪乡
王民乡
西滩乡
马莲乡
什字乡
硝河乡
偏城乡
白崖乡
沙沟乡
新营乡

全市农民健康教育与健康促进行动工作先进集体和先进个人名单

1. 全市农民健康教育与健康促进行动工作先进集体名单

原州区卫生局
原州区教育局
西吉县疾控中心
西吉县兴隆镇中心卫生院
隆德县山河乡卫生院
隆德县文化旅游广播电视局
泾源县疾控中心
泾源县泾河源镇中心卫生院
彭阳县城阳乡人民政府
彭阳县教育体育局
固原市卫生局
固原市文化体育广播电视局

2. 全市农民健康教育与健康促进行动工作先进个人名单

鲁双秀　原州区委宣传部
张恭昌　原州区财政局
海　雄　原州区彭堡镇卫生院
单玉兰　西吉县卫生局
杨　杰　西吉县妇幼保健所
康晓明　西吉县火石寨乡卫生院
李秉强　隆德县财政局
卜文明　隆德县卫生局
孙广俊　泾源县卫生局
赵英俊　泾源县文化旅游广播电视局
王　平　彭阳县卫生局
高应仁　彭阳县城阳乡卫生院
田鹏飞　固原市委宣传部
张丽君　固原市财政局
王志瑞　固原市教育局
郭旭东　固原市健康教育所

福建省第六批在固挂职干部行政奖励人员名单

1.自治区人民政府表彰二等功人员

张宗苪　福建省厦门市湖里区区长，挂职宁夏回族自治区扶贫办副主任，固原市委常委、政府副市长

2.固原市人民政府表彰二等功人员

黄华强　福建省政协办公厅副处级秘书，挂职宁夏固原市政府副秘书长

邓祥云　福建省福州市仓山投资区管委会主任，挂职宁夏隆德县委常委、副县长

陈治华　福建省福州市仓山区园林局局长，挂职宁夏隆德县县长助理

曾果生　福建省虎伯泰国家级自然保护区管理局局长，挂职宁夏彭阳县委常委、副县长

陈爱棋　福建省南靖县河溪镇党委书记、镇长，挂职宁夏彭阳县县长助理

蔡炳渠　福建省厦门市公安局翔安分局副调研员，挂职宁夏泾源县委副书记

洪双顾　福建省厦门市翔安区新圩镇财经办主任，挂职宁夏泾源县县长助理

陈玉鹏　福建省涵江区区委副书记，挂职宁夏西吉县委常委、副县长

陈奋强　福建省莆田市涵江区区长助理，挂职宁夏西吉县县长助理

上官蓝波　福建省泉州市丰泽区政府副区长、区政府党组成员，挂职固原市原州区区委常委、政府副区长

杜桂发　福建省泉州市丰泽区财政局副局长、主任科员，挂职宁夏固原市原州区人民政府区长助理

2009年市级文明单位

固原市人大办公室

固原市疾病预防控制中心

联通固原分公司

原州区公安消防大队

固原市工商局原州二分局

原州区统计局

中共西吉县委党校

西吉县卫生局

西吉县新营中学

隆德县第二中学

隆德县人力资源与社会保障局

泾源县审计局

彭阳县公路管理段

彭阳县王洼中心卫生院

2009年市级文明村镇

原州区河川乡寨洼村

原州区三营镇孙家河村

西吉县吉强镇

西吉县兴隆镇下范村

西吉县苏堡乡蒙集村

隆德县杨河乡红旗村

隆德县神林乡双村村

泾源县泾河源镇南庄村

泾源县六盘山镇李庄村

彭阳县新集乡

彭阳县城阳乡城阳村

2009年市级文明机关

固原市旅游局

固原市招商局

固原市工商局经济开发区分局

固原市消防特勤中队

2010年度全市安全生产先进单位名单

固原市国土资源局

固原市教育局（固原民族职业技术学院）

固原市住房和城乡规划建设局

固原市商务局

固原市卫生局

固原市安监局
固原市城管局(南塬集中供热有限公司)
固原市六盘山林业局
固原市公安消防支队
固原市公安交警支队
固原市交通运输管理处
原州区安全生产监督管理局
隆德县安全生产监督管理局
泾源县安全生产监督管理局
彭阳县安全生产监督管理局
西吉县公安消防大队
固原华帝燃气具有限公司
宁夏天豹固原汽车运输有限责任公司
固原市六盘山水泥有限责任公司
西吉县明星客运汽车出租有限责任公司

2010年度全市安全生产先进个人名单

邓彦辉　市委宣传部精神文明创建科科长
马春峰　市工信局经济运行科科长
张积仓　市公安局主任科员
罗　力　市人力资源和社会保障局科员
毛建东　市环境监察支队科员
刘　强　市交通局安全监督管理科科长
唐宁生　市水务局质监站副站长
马宗义　市农机监理所所长
马正军　市文化体育广播电视局电视播出部主任
张建平　市森林分局副主任科员
王乔松　市旅游局副局长
姚宏明　固原经济开发区管委会综合执法局副局长
杨生德　市工商局副局长
潘永晶　市质量技术监督局特种设备安全监察科科长
禹中魁　固原供电局安监部副主任
陈　亮　固原公路分局副局长
蒋小平　市公安交警支队直属一大队事故中队中队长
俞利平　市公安交警支队直属二大队大队长
李桂福　原州区炭山乡人民政府安全员
赵玉宝　西吉县水务局局长
宋兆吉　西吉县兴泰建筑总公司经理
梁肇楠　西吉县安监局干部
王　瑛　隆德县公安交警大队教导员
杜勤生　隆德县兴农农资经销有限责任公司经理
路满刚　泾源县六盘山镇石料厂厂长
马贵芳　泾源县公安局交通警察大队大队长
虎治乾　彭阳县公安局治安大队教导员
杨彦军　彭阳县运管所副所长
景全军　中石油宁夏固原销售分公司安全总监
杨贵祥　王洼煤业公司副总经理

全市防震减灾工作先进集体和先进个人名单

1.先进集体

固原市教育局
固原市地震局
固原市民政局
固原市卫生局
固原市财政局
原州区地震局
西吉县地震局
隆德县地震局
泾源县地震局
彭阳县地震局

2.先进个人

李雅娟　市商务局办公室主任
杨　莉　市交通局运输科副科长
王永生　市公安局治安支队副支队长
史学峰　市消防支队党委委员、参谋长

王　芳　市发改委社会事业科科员
马晓斌　市应急办主任
郭启华　市住建局质监站副站长
梁　园　固原电视台新闻部记者
刘淑萍　市地震局科技监测科科长
周克武　原州区民政局主任科员
年平安　原州区政府办公室副主任
郭志元　西吉县民政局局长
牛贵林　西吉县教育局体卫艺股股长
何彩云　隆德县地震局干部
马富雄　隆德县应急办主任
于生文　泾源县城建局副局长
冶晓珍　泾源县宏观观测员
海青龙　彭阳县建环局质监站干部
董　锋　彭阳县国土局干部

市直机关优秀公务员嘉奖名单

市委办:张秀桂　王勇强　田建明　拜春晖　李　芊
人大办:郭　隗　刘　珍　张志海　王克虎　虎少成
政府办:马耀军　张晓玲　朱鹏飞　李宏武　张守忠　陈　昊
政协办:马忠学　马　莉　祁　忠
纪检委(监察局):尹效东　范克均　张　毅
组织部:马成文　杨　军
检察院:穆存祥　杨志明　马志刚　梁江莲　李彦儒　张广斌　王志灵　孙　岩　王金兰　马建华　马小龙　刘晓英　王　升　马武星　袁　毅
中级法院:王世贵　王玉顺　韩飞鹏　李　军　吕碧霞　谢成建　李久军　吴俊良　陈亚莉　赵军万　马晓红　段克宏
政法委:王东强　丁志刚
宣传部:霍进财　赵永刚
市直机关工委:高耀明
统战部:马志宝　高秀萍
政策研究室:程新伟
老干部局:罗廷仁
编　办:周宝林　张　波
总工会:刘建福
人社局:虎步高　张国钰　石万库　屈效元　王　斌
财政局:马国文　王永刚　栾文东　邵　菁　师光明　王　博
发改委:马继龙　张勤宇　王玉兰
公安局:杨志琴　段成玲　马晓明　杨学瑞　刘志兵　李小军　马生林　夏德海　王永生　祁亚琼　赵玉萍　黄晓明　申发斌　郜国强　计宏亮　李　伟　李　霄　李占忠　史晋霞　常忠效　王学礼　崔凯英　杜定国　何永斌　鲜进平　刘万军　杨富春　张玉碧　张晓春　高永聪　赵建明　康慧芳　邱旭娟　王成功　朱良国　姚万斌　张培霞　李树本　佘三祥　杨晓宁　杨　勇　宁历雄　陈景东　姚虎彪　蒽　元　张大勇　陈　仓　韩　兵　魏巧芬　李　莹　陆炳军　赵文俊　魏向东　火　亮　石　兵　王小静　海寒冰　张波涛　王生琦　刘慧芹
交通局:师　强　张雯萍
商务局:李雅娟　张作荃
司法局:屈科宁　张劲华　单兴兰　宗继亮
民政局:戴耀骞
环保局:明进勇　孙海江
安监局:何学山
计生局:罗江东
国土局:计和平　杨宏斌　朱玉锁
审计局:蒙卫斌　虎　伟　李永仕
信访局:张　帆
统计局:牛占宏
建设局:黄卫舟　卫晋华　辛雪峰　兰智明

城管局:蒙慧森

卫生局:张健明　杜彦远

水务局:晁建忠

文体局:张　明

工信局:殷正旗

农牧局:罗学君　方　程　张金瑞

教育局:张树宏　刘志军

林业局:于文军　裴京斐

食品药品监督管理局:冯　雪　柳怀智　戎晓钰

公安局森林分局:许运涛　何立群　周　珣

固原市公安局六盘山国家级自然保护区森林分局:于红兵　张　耀　张卫东　梁　晶

市直参照公务员法管理单位优秀工作人员嘉奖名单

团委:马秀梅

残联:满江梅

文联:张文仓

妇联:李慧琴

扶贫办:续建军

地震局:李玲莉

档案局:南殿堂　马晓琴

广电局:何士军

方志办:苏明珠

市委党校:马东升　郭主义　张建华

市接待办:苏利军

红十字会:姚志俊

劳动监察支队:邓玉平

环境监察支队:王忠海　俞发勇

经济技术合作局:陈　伟

机关事务管理局:贾立权　黑付仓 梁　军

原州区国土资源局:狄雪兰

六盘山旅游管委会:王　周　余飞鹏

老龄办:李延宏

教育督导室:慕　力

2010年度市直机关优秀工作者名单

市委办:王宏俊

市人大办:杨建平

市政府办:周建忠　龙廷兵

市政协办:陈进刚

市委组织部:朱旭东

市发改委:何　翔

市扶贫办:杨　帆

市地震局:万利生

市环境监察支队:章法达

市食品药品监督管理局:乔永吉

原州区国土资源局:张　继

2010年度市直事业单位优秀工作者名单

市委党校:柳文彬　陈　燕　张卫光

市委讲师团:侯　军

固原日报社:韩　伟　魏　莹　张　玮　赵　勉　柳　睿　胡晓琳

市老干部活动中心:郭　馨

市公安局:张世昌

市财政局:赵明伟　马德功　年　华

市科技局:毕　杰

市林业局:海　钦　张　凡　安永平　刘宝云　张广浩

市教育局:童　刚　蒲海生　海克学　王　锟　苗　军

市文广局:张　弘　刘汉东　史小美　谢广香　马正军　金　超　高红梅　徐　鹏　马　云　罗玲娜　王爱国　杨小平　蔺湘谦　李治俊　陈小宁　荣　莉　陈文军　黄文涛

市医保中心:杨俱和　高继飞　薛东明
　　穆国斌
市社保局:王维芳　陈　健　蔡　兰　赵凤炜
　　马　成　邓　萍
市劳动就业局:仇建平　韩伟伟　冯　琳
市公路工程质量监督站:魏广必
市农牧局:张　权　武　军　吴建宁　马宗义
　　王晓金　焦玉兰　刘秉义　靳淑琳
　　李雪兰　王丽萍　张社会　徐怀忠
　　王　峰
市计生局:康志元　詹德荣
市水务局:张廷玺　王怀军　太　惠
市民政局:徐　霞　曹福义　景　伟　张建国
　　姚　银　李宏钰
市国土资源局:高维萍　郭志新　马　宁
市信息中心:段晓亮
市政府行政服务中心:田　春
市民兵武器装备库:吴金帮
市六盘山林业局:
贾治成　马利明　梁聚盆　李永红　陈　凯
刘文华　吴满船　程东宁　郭小兵　段晓虎
王淑霞　张建国　雷　林　工荣宝　李喜贵
鄢红军　沙秀梅　秦耀帮　孟晓龙　刘芳萍
张伟权　何治军　杨　才　陈文海　马义雄
孙国雄　王红霞　袁大勇　王献春　禹万清
虎栓旺　金秀琴　程桂兰　王华玉　郭晓丽
哈春茂　王慧玲　张振和　刘英剑　张丽燕
蒙旺平　明占山　鄢治和　李银虎　靳宝忠
王宏弟　杨　杰　杨旭忠　扈　花　洪　瑶
余三才　白　鹏　王双贵　禹发成　赵兴元
樊亚鹏　张宏满
市建设局:胡学渊　王　兵　罗京生　林永明
　　王丽娟　马　丽　王　静　张　红
　　李　军　赵旭珍　樊晓霞　辛惠军
　　张巍梅　赵　娥
市城管局:徐开晴　李兴民　马飞剑　桑国花
　　董光玲　司五全　王　刚　马晓飞
　　曹　文　杨冬生　江　城　毛启妍
　　李世宾　杨　旸　侯建军　马玉兰
　　马德明　雷新华　尚建民　贾建明
　　田　俊　史秀梅　于　兰　赵玲玲
　　明桂梅　折碧珠　黄桂兰　白万恩
　　司建民　黄玉兰　徐志刚　马　飞
　　张卫忠　刘　琦　辛德明　李建辉
市住房公积金管理中心:刘作斌　李世春
　　方　强
固原经济开发区管委会:万六十　周文斌
　　张　杰　海　滨
市残疾人康复和就业服务中心:马晓坤
市伊协:张伟莉
市供销合作社:余正军
市农科所:魏国宁　钱爱萍　杨文清　王　勇
　　张尚沛　张小川　罗世武　宋　刚
　　穆兰海　向国程
市医院:乔宪法　张彩秀　张军智　李晓辉
　　马晓爱　路福鹏　王博文　黄晓莲
　　李玉杰　罗文龙　陈　杰　董文明
　　别文琴　辛国栋　夏德琴　东志芳
　　郑　军　戴莉萍　吕颖哲　方丽华
　　刘润涛　范晓春　邢崴宏　李慧明
　　倪秀花　王金明　王惠敏　张秀萍
　　高毅荣　张尚刚　李惠霞　李　梅
　　杨景萍　岳秀琴　郭仲琴　王淑萍
　　禹晓琴　程惠琴　许新菊　晁秀琴
　　韩风霞　李霞云　刘　菲　赵秀珍
　　陈顺珍　罗玉兰　王治英　白雅玲
　　车彩霞　张晓华　刘淑娟　钟　涛
　　王学梅　王玉芳　王锦秀　张　荣
　　杨　波　周晓玉　高毅萍　亢万仁
　　郑　伟　李　莉
市卫生监督所:马红梅　康向东　唐福银
市疾控中心:郭旭东　陈志琳　安利平
　　张　生　张建东　赵连飞
　　胡建东　高晓华　李德芬

马　博

市药检所:党维霞　丁　燕　王　丽

市妇幼保健院:王桂梅　孙　莲　王桂珍
褚晓芹　牛红玲　马　莉

市中医院:卢锦忠　王艳凤　郭玉奇　石志琦
闫固林　李国成　申慧霞　石爱真
宋丽玲　张玉江　黄晓梅　康世林

市环境监测站:程东平　买玉斌　路进臣

市中心血站:安远康　马　博

市职业技术学院:张银瑞　韩天芳　王晓娅
王　杰　陈小瑜　李双元
杨丛慧　马利军　樊　欣
韩　珍　李碧霞　王文霞
舒　妍　路文瑞　杨建斌
吴彩霞　曹　梅　韩建宁
周国彬　范永红

固原一中:林　敏　李彦海　海万福　何成江
徐　军　卢存军　李晓峰　吕永珍
余　丽　王育宏　郭希贵　刘永军
关凌汉　赵普杰　马正虎　海春辉
司　温　郭华峰　杨　林　杨育芳
杜茹慧　杨占东　罗引龙　张　芳
唐　红　王喜燕　何文峥　刘春杰
马中军　田保玉　郭云峰　邱鹏飞
张亚东　杨　杰　刘慧琴　韩建民
赵国权　常　毅　周汉朝　刘　静
王　瑜　李平生　杨番林　范红英
田晨光　柯占中　樊红娟　朱雅玲
苏晓原　马海学　李　宁

固原二中:张文学　张政军　马称华　杨万鸿
司东娟　杨　辉　贾云霞　代仲春
南宝聚　戴维毅　陈全军　魏　奇
马永灼　马　莲　刘天江　银　莹
黄金堂　余地震　肖明虎　王文平
孙永忠　马世龙　张国录　任志霞
梁树和　丁彦忠　汤效荣　安玉红
汪亚玲　潘淑芳　王慧珍　任　浩
马军妍　郭如平　戴君银

固原回中:汤效震　马廷军　戴佩玉　王文晓
孙万顺　朱全林　姚清涛　李续正
李福怀　褚万宗　张瑞硕　尹文铎
马云刚　刘国奇　李　杰　樊治平
马晓兵　马小云　郑永兵　马国清
海　波　马　军　祁建萍　杨瑞娟
苟晓燕　杨晓红　杨　萍　杨　平
付　贵　杨　宏　苏小梅　陈兴玲
孙学智　晁广斌

市一小:李彩霞　高慧玲　曹　辉　虎淑蕙
狄晓莲　毛　玲　周晓艳　张　蕾
徐　慧　张玉梅　王　婷　张凤朝

市铁路小学:杨志俊

市特教中心:陈旭霞　何　琼　邓晓凤
田　娟　刘　瑞　海　霞
李金梅　翁利平　计发银

市幼儿园:申月红　王庆玲　何彩琴　李　霞
谷卫平　陈小琴

文献法规

文献目录

[固党发(2010)]

1号(2010年1月1日)中共固原市委2010年工作要点

2号(2010年1月16日)关于成立政协固原市第二届委员会第三次会议临时党委的通知

3号（2010年1月19日）关于上报固原市2009年度落实党风廉政建设责任制和推进惩防体系建设工作自查情况的报告

4号(2010年2月18日)中共固原市委 固原市人民政府关于加强残疾人事业发展的若干实施意见

5号(2010年2月18日)关于成立中国共产党固原市社会组织工作委员会的通知

6号(2010年3月11日)固原市2010年农业农村工作要点

7号(2010年3月11日)关于表彰2009年度农业农村工作先进集体、先进个人的决定

8号(2010年3月11日)中共固原市委 固原市人民政府关于表彰奖励2009年全市发展劳务产业暨全民创业先进集体和先进个人的决定

9号(2010年2月23日)关于表彰奖励全市信访工作先进集体和先进个人的决定

10号(2010年3月16日)中共固原市委关于推进学习型党组织建设的实施方案

11号(2010年3月16日)中共固原市委 固原市人民政府关于兑现2009年度人口和计划生育目标管理责任制考核结果的决定

12号(2010年3月16日)中共固原市委 固原市人民政府关于表彰2009年度人口和计划生育工作先进集体和个人的决定

13号(2010年3月22日)关于印发《中共固原市委委员会贯彻〈中国共产党全国代表大会和地方各级代表大会代表任期制暂行条例〉的实施办法(试行)》的通知

14号(2010年3月23日)中共固原市委 固原市人民政府关于兑现2009年度县(区)、市直部门(单位)和中央、区属驻固单位工作目标管理考核结果的决定

15号(2010年3月23日)关于兑现奖励2009年度全市招商引资目标任务考核和表彰先进县(区)先进单位的决定

16号(2010年3月23日)中共固原市委 固原市人民政府关于表彰2009年度金融监管部门和金融机构的决定

17号(2010年4月6日)关于印发《规范部门(单位)党组党委工作职责若干规定(试行)》的通知

18号(2010年4月7日)固原市领导干部谈心谈话暂行办法

19号(2010年4月7日)关于进一步从严管理干部的实施意见

20号(2010年4月7日)关于固原市基本养老保险费拖欠清欠问题有关情况的报告

21号(2010年4月19日)关于表彰固原市第一届模范集体和劳动模范、先进工作者的决定

22号(2010年4月20日)中共固原市委 固原市人民政府关于印发《各县(区)2010年度工作目标管理考核办法(试行)》的通知

23号(2010年4月20日)中共固原市委 固原市人民政府关于印发《市直部门(单位)和中央区属驻固单位年度工作目标管理考核办法(试行)》的通知

24号(2010年4月27日)关于印发《2010年固原市党风廉政及反腐败和反腐败主要任务分工》的通知

25号(2010年4月29日)关于贯彻《自治区党委关于贯彻〈2010—2020年深化干部人事制度改革规划纲要〉的实施意见》的实施意见

26号(2010年5月12日)关于印发第四次固原工作会议《工作汇报》的通知

27号(2010年5月13日)关于召开第四次固原工作会议有关事项的请示

28号(2010年5月15日)关于认真学习贯彻第四次固原工作会议精神的通知

29号(2010年5月21日)关于印发《陈建国、王正伟同志在第四次固原工作会议上的讲话》的通知

30号(2010年7月13日)关于印发《固原市加快推进城镇化建设的若干意见》的通知

31号(2010年6月9日)关于举行固原六盘山机场首航庆典仪式的请示

32号(2010年7月26日)关于认真贯彻落实《中共中央 国务院关于深入实施西部大开发战略的若干意见》重点工作分工方案的通知

33号(2010年8月12日)关于印发《中共固原市委 固原市人民政府关于开展深入实施西部大开发战略大学习活动的实施方案》的通知

34号(2010年8月23日)关于呈报《中共固原市委2010年上半年工作总结及下半年工作要点》的报告

35号(2010年9月14日)关于印发《自治区党委、人民政府关于促进固原经济社会加快发展的若干意见》的通知

36号(2010年9月14日)中共固原市委 固原市人民政府关于加强农村环境保护工作的实施意见

37号(2010年9月28日)中共固原市委 固原市人民政府关于表彰2010年全国群众登山健身大会暨首届宁夏六盘山登山节先进集体和先进个人的决定

38号(2010年10月29日)关于认真学习宣传贯彻党的十七届全中会议精神的通知

39号(2010年10月29日)关于表彰固原市首届农民工职业技能大赛获奖先进集体和个人的决定

40号(2010年11月15日)关于申请将六盘山区集中连片特殊困难地区列为国家扶贫开发攻坚示范区的请示

41号(2010年11月25日)关于召开2010年度固原市委领导班子领导干部民主生活会的请示

42号(2010年12月2日)关于请求自治区党委、政府在“十二五”期间给予支持的建议

43号(2010年12月20日)中共固原市委领导班子及班子成员2010年度民主生活会情况报告

44号(2010年12月24日)关于固原市2010年度效能目标管理考核指标完成情况的自查自评报告

45号(2010年12月27日)中共固原市委 固原市人民政府关于印发《固原市中长期人才发展规划纲要(2010—2020年)》的通知

[固党办发(2010)]

1号(2010年1月12日)关于评选表彰固原市第一届模范集体、劳动模范和先进工作者暨推选2010年自治区先进集体和劳动模范、先进工作者的通知

2号(2010年1月13日)关于启用新印章的通知

3号(2010年1月14日)关于印发《固原市落实党风廉政建设责任制和推进惩防体系建设考核办法(试行)》的通知

4 号(2010 年 1 月 21 日)关于 2009 年县(区)和各部门(单位)工作“亮点”的通报

5 号(2010 年 1 月 22 日)关于认真学习贯彻习近平同志重要批示精神进一步抓好第三批学习实践活动的通知

6 号(2010 年 1 月 23 日)关于调整固原市“扫黄打非”暨文化市场管理工作领导小组组成人员的通知

7 号(2010 年 1 月 27 日)关于在市属媒体刊播市直各部门(单位)2010 年重点工作公开承诺的安排

8 号(2010 年 1 月 29 日)关于转发《2008 年全市宣传思想文化工作要点》的通知

9 号(2010 年 2 月 1 日)关于对宣传贯彻中央 1 号文件精神进行督查的通知

10 号(2010 年 2 月 9 日)关于对全区保密检查中违规责任人给予通报批评的决定

11 号(2010 年 2 月 10 日)关于印发陈建国、王正伟同志参加自治区十届人大三次会议固原代表团审议时的重要讲话的通知

12 号(2010 年 2 月 17 日)关于印发《固原市贯彻落实陈建国书记、王正伟主席参加固原代表团审议时的重要讲话精神责任分工的通知

13 号(2010 年 2 月 22 日)关于做好 2010 年信息调研工作的通知

14 号(2010 年 2 月 26 日)关于在涉密计算机上安装违规外联监控系统监控程序的通知

15 号(2010 年 2 月 20 日)关于印发《固原市 2010 年工作主要目标任务责任制》的通知

16 号(2010 年 3 月 2 日)关于印发《固原市创建“和谐宗教活动场所”活动实施方案》的通知

17 号(2010 年 3 月 2 日)关于印发《固原市开展“机关党的建设年”活动实施方案》的通知

19 号(2010 年 2 月 26 日)市委中心组 2010 年理论学习安排意见

20 号(2010 年 2 月 27 日)关于认真学习贯彻《中国共产党党员领导干部廉洁从政若干准则》的通知

21 号(2010 年 3 月 3 日)关于调整部分厅级领导和市直部门(单位)定点帮扶村的通知

22 号(2010 年 3 月 3 日)关于制定固原市产业发展规划相关配套规划的通知

24 号(2010 年 3 月 18 日)关于成立《六盘山论坛》编委会的通知

25 号(2010 年 3 月 19 日)关于召开全市春季造林绿化暨长城梁生态农业科技示范园建设启动仪式的通知

26 号(2010 年 3 月 19 日)关于调整固原市依法治市等三个领导小组和固原市社会矛盾纠纷调处督办中心组成人员的通知

27 号(2010 年 3 月 19 日)关于印发《固原市有关部门贯彻落实党的十七届四中全会〈决定〉重要举措分工方案》的通知

28 号(2010 年 3 月 19 日)关于印发固原市党代表大会代表任期制六项制度(试行)的通知

29 号(2010 年 3 月 19 日)关于调整固原市信息化领导小组的通知

31 号(2010 年 3 月 19 日)中共固原市委办公室 固原市人民政府办公室印发《贯彻落实 < 关于促进残疾人事业发展的若干实施意见 > 主要任务分工》的通知

32 号(2010 年 3 月 19 日)关于印发《固原市人民政府残疾人工作委员会成员单位职责》的通知

34 号(2010 年 3 月 29 日)关于调整固原市人才工作领导小组组成人员的通知

35 号(2010 年 3 月 29 日)关于印发《固原市人才工作领导小组成员单位工作职责》的通知

37 号(2010 年 4 月 2 日)关于学习贯彻陈建国书记来固原调研重要讲话的通知

38 号(2010 年 4 月 2 日)关于印发《2010—2013 年全市党员教育培训工作实施意见》的通知

39 号(2010 年 4 月 6 日)关于印发《固原市义务教育地方课程教材编辑出版工作实施方案》的通知

40 号(2010 年 4 月 9 日)关于启用中共国家统计局固原调查队党组印章的通知

41号(2010年4月9日)关于印发《宁夏回族自治区厅局负责人在固原市委、政府工作汇报会上的发言》的通知

42号(2010年4月12日)关于印发《关于加强农村实用人才队伍建设和农村人力资源开发的实施意见》的通知

43号(2010年4月12日)关于印发《固原市农村实用人才评价管理暂行办法》的通知

44号(2010年4月12日)关于印发《关于加强技能人才工作的实施意见》的通知

45号(2010年4月19日)关于转发《自治区党委办公厅、人民政府办公厅〈通知〉》的通知

46号(2010年4月19日)关于印发《固原市贯彻落实胡锦涛总书记来宁夏视察时重要讲话精神责任分工实施意见》的通知

47号(2010年4月19日)关于印发固原市区重点街区综合整治实施方案的通知

48号(2010年4月19日)关于调整固原市村级组织活动场所建设工作领导小组的通知

49号(2010年4月19日)关于印发《第六届宁夏六盘山山花旅游节启动暨六盘山生态博物馆开馆仪式总体方案》的通知

50号(2010年4月19日)关于上报固原市视察(考察)储备项目的报告

51号(2010年4月20日)关于调整固原市领导干部经济责任审计工作领导小组的通知

52号(2010年4月20日)关于印发《在全市基层党组织和党员中深入开展创先争优活动的实施意见》的通知

53号(2010年4月21日)关于推进全市领导干部学法用法工作的实施意见

54号(2010年4月21日)关于成立固原市委推进学习型党组织建设领导小组的通知

55号(2010年4月26日)关于印发《固原市招商引资工作目标责任制考核暂行办法补充说明的》的通知

56号(2010年4月27日)关于成立固原市集体林权制度改革工作领导小组的通知

57号(2010年4月27日)关于印发固原市2010年纠风工作实施意见的通知

58号(2010年4月27日)关于举办固原市农民工职业技能“大比武、大练兵”活动暨职业技能竞赛的通知

59号(2010年4月27日)关于印发《固原市落实全国两会期间自治区与国家有关部委、企业协商会谈成果责任分工方案》的通知

60号(2010年4月28日)关于调整固原市预防职务犯罪工作领导小组的通知

61号(2010年4月28日)关于印发《固原市市直机关事业单位聘用编制管理暂行办法》的通知

62号(2010年5月4日)关于转发市维护社会稳定领导小组、市社会治安综合治理委员会《关于进一步加强校园及周边地区安全稳定工作的实施意见》的通知

63号(2010年5月6日)关于启用中共固原市社会组织工作委员会印章的通知

65号(2010年5月7日)关于印发《固原市承办2010年全国中学生天文奥林匹克竞赛决赛暨宁夏天文奥赛邀请赛筹备方案》的通知

66号(2010年5月10日)关于对全市党政机关、企业事业单位干部职工计划生育情况进行清理清查的通知

67号(2010年5月14日)关于印发《固原市市直机关庆祝建党89周年歌咏大会实施方案》的通知

68号(2010年5月19日)关于印发《关于推动“反腐倡廉制度建设推进年”活动深入开展的实施意见》的通知

70号(2010年5月25日)关于印发《贯彻落实陈建国 王正伟同志在第四次固原工作会议上的讲话责任分工》的通知

71号(2010年5月27日)关于印发《关于妥善处置群众到自治区和固原市党政机关集体上访联动工作方案》的通知

72号(2010年5月27日)关于做好“爱心包

裹”捐购活动的通知

73 号(2010 年 6 月 4 日)关于启用印章的通知

74 号(2010 年 6 月 10 日)关于启用固原市维护稳定工作领导小组及固原市维护稳定工作办公室印章的通知

75 号(2010 年 6 月 13 日)关于开展纪念建党 89 周年活动的通知

76 号(2010 年 6 月 13 日)关于成立《中共固原市委员会关于制定国民经济和社会发展第十二个五年规划的建议》起草工作领导小组的通知

77 号(2010 年 6 月 17 日)关于调整固原市社会治安综合治理委员会组成人员的通知

78 号(2010 年 6 月 21 日)中共固原市委办公室 关于征集《2006—2010 年中共固原历史大事记》有关资料的通知

79 号(2010 年 6 月 28 日)关于印发《2010 年全国群众登山健身大会暨首届宁夏六盘山登山节活动方案》的通知

80 号(2010 年 7 月 2 日)关于成立中共固原市委创先争优活动领导小组及办公室的通知

81 号(2010 年 7 月 7 日)关于印发《固原市领导干部外出请假报告制度》和《固原市领导干部函询制度》的通知

82 号(2010 年 7 月 14 日)关于认真学习贯彻西部大开发工作会议精神的通知

83 号(2010 年 7 月 19 日)关于印发《固原市庆祝建军 83 周年活动实施方案》的通知

85 号(2010 年 7 月 29 日)关于印发《固原市党政代表团参加闽宁互学互助对口扶贫协作第十四次联席会议工作方案》的通知

86 号(2010 年 8 月 9 日)关于进一步做好重大紧急信息报送工作的通知

87 号(2010 年 8 月 11 日)关于开展中国人民抗日战争胜利 65 周年纪念活动的通知

88 号(2010 年 8 月 11 日)关于转发《中共固原市委统战部关于在全市开展抵御境内外宗教渗透专项整治工作的实施方案》的通知

89 号(2010 年 8 月 12 日)关于成立固原市深入实施西部大开发战略领导小组的通知

91 号(2010 年 8 月 19 日)关于印发《固原市 2010 年度开斋节古尔邦节系列活动总体方案》的通知

92 号(2010 年 8 月 24 日)关于调整固原市精神文明建设指导委员会组成人员的通知

93 号(2010 年 8 月 31 日)关于调整固原市干部教育领导小组组成人员的通知

94 号(2010 年 9 月 1 日)关于组织开展 2010 年“民族团结月”活动的通知

95 号(2010 年 9 月 7 日)关于认真做好新华社《高管信息》订阅工作的通知

96 号(2010 年 9 月 8 日)关于做好全市村党组织和村民委员会换届选举工作的通知

97 号(2010 年 9 月 8 日)关于成立固原市“两委”换届选举工作领导小组的通知

98 号(2010 年 9 月 14 日)关于向方志办抄送文件的通知

99 号(2010 年 9 月 17 日)关于印发《贯彻落〈自治区党委人民政府关于促进固原经济社会加快发展的若干意见〉责任分工方案》的通知

100 号(2010 年 9 月 17 日)关于调整固原市“小金库”专项治理工作领导小组组成人员的通知

101 号(2010 年 9 月 21 日)关于切实做好 2010 年中秋节和国庆节有关工作的通知

102 号(2010 年 9 月 21 日)关于进一步把大学习活动引向深入的通知

103 号(2010 年 9 月 26 日)关于转发《自治区党委办公厅关于学习贯彻吴邦国和周永康同志来宁夏视察时重要讲话的通知》的通知

104 号(2010 年 10 月 26 日)关于印发《市直部门(单位)2010 年度重点业务工作目标管理考核细则》的通知

105 号(2010 年 10 月 26 日)关于印发《中央和区属驻固单位 2010 年度支持地方经济社会发展工作目标管理考核细则》的通知

106号（2010年10月27日）关于切实做好2010年度党报党刊征订发行工作的通知

107号(2010年9月19日)关于固原市小汽车编制管理领导小组的通知

108号(2010年11月5日)关于调整固原市农村党风廉政建设协调领导小组组成人员的通知

109号(2010年11月15日)关于调整固原市厂务公开领导小组组成人员的通知

110号(2010年11月15日)关于调整固原市“创双优”组委会成员的通知

111号(2010年11月23日)关于印发《关于县(区)、市直部门(单位)和中央、区属驻固单位2010年度考核工作的实施方案》的通知

112号(2010年11月24日)关于印发市委、政府领导在务虚会议上的讲话和各县(区)发言的通知

113号(2010年12月10日)关于鼓励公务员出差乘坐飞机的通知

114号(2010年12月15日)关于印发《徐松南同志在固原市委领导班子民主生活会上的讲话》的通知

116号(2010年12月23日)固原市对《关于鼓励引导农民变市民进一步加快城镇化进程的意见(征求意见稿)》的修改意见

[固党办通报(2010)]

1号(2010年1月8日)董玲同志在全市非公有制企业党建工作座谈会上的讲话

2号(2010年1月27日)周庆华同志在全市宣传思想文化工作会议上的讲话

3号(2010年1月29日)刘小河同志在全市领导干部专题学习班结束时的讲话

4号(2010年1月29日)刘小河同志在全市党(工)委书记抓党建工作述职会议上的讲话

5号(2010年2月1日)刘小河、高贵武同志在市纪委二届七次全会上的讲话

6号(2010年2月9日)董玲同志在全市统战民族宗教工作会议上的讲话

7号(2010年2月9日)刘小河同志在全市领导干部大会上的讲话

8号(2010年2月10日)马金元同志在2009年公开选拔领导干部任职集体谈话会上的讲话

9号(2010年3月4日)刘小河同志在全市领导干部专题学习班结束时的讲话

10号(2010年3月2日)马金元同志在全市组织工作会议上的讲话

11号(2010年3月9日)马金元同志在全市机关党的建设工作会议上的讲话

12号(2010年3月10日)刘小河、李文录同志在全市深入学习实践科学发展观活动总结大会上的讲话

13号(2010年3月11日)马金元同志在全市贯彻落实干部人事制度改革《规划纲要》工作会议上的讲话

14号(2010年3月17日)高贵武同志在共青团固原市委二届四次全体(扩大)会议上的讲话

15号(2010年3月17日)刘小河同志在全市领导干部大会上的讲话

16号(2010年3月17日)马金元同志在全市老干部工作会议上的讲话

17号(2010年3月17日)高贵武同志在纪念“三八”国际劳动妇女节100周年暨表彰大会上的讲话

18号(2010年3月10日)董玲同志在全市农村工作会议上的讲话

19号(2010年3月18日)董玲同志在全市劳务产业暨全民创业大会上的讲话

21号(2010年3月23日)高贵武同志在固原市总工会一届八次全委(扩大)会议上的讲话

22号(2010年4月3日)董玲同志在全市招商系统“项目建设和招商引资年”活动动员大会上的讲话

23号(2010年4月3日)董玲同志在全市落实党的十七届四中全会《决定》重要举措任务分工工

作会议上的讲话

24号(2010年3月26日)刘小河同志在全市领导干部大会上的讲话

26号(2010年4月2日)刘小河、董玲同志在全市目标管理考核工作会议上的讲话和说明

27号(2010年4月2日)刘小河同志在全市领导干部大会上的讲话

28号(2010年4月6日)陈凤龙同志在全市政法综治工作会议上的讲话

29号(2010年4月8日)白尚成同志在全市人口和计划生育工作会议上的讲话

30号(2010年4月22日)刘小河同志在固原市第一届模范集体和劳动模范、先进工作者表彰大会上的讲话

31号(2010年5月11日)刘小河同志在全市基层党组织和党员中深入开展创先争优活动动员部署会议上的讲话

32号(2010年5月11日)白尚成同志在固原市“五五”普法检查验收准备工作动员会上的讲话

33号(2010年5月12日)刘小河同志在全市领导干部大会上的讲话

34号(2010年6月8日)董玲同志在市委专题会议上的讲话

35号(2010年6月13日)董玲同志在2010年上半年全市人口和计划生育工作考核通报会上的讲话

36号(2010年7月5日)白尚成同志在纪念中国共产党成立89周年暨全市创先争优活动座谈会上的讲话

37号(2010年7月14日)刘小河同志在全市领导干部专题学习班结束时的讲话

38号(2010年7月23日)刘小河同志在全市县域经济观摩暨上半年经济形势分析会上的讲话

39号(2010年7月29日)刘小河同志在全市领导干部大会上的讲话

40号(2010年8月13日)董玲同志在上半年全市农业农村经济形势分析会上的讲话

41号(2010年8月13日)刘小河同志在全市深入实施西部大开发战略动员大会上的讲话

42号(2010年8月17日)自治区党委第二巡视组组长魏康宁同志在巡视固原市动员大会上的讲话

44号(2010年8月25日)周庆华同志在海小平先进事迹报告会上的讲话

45号(2010年8月27日)刘小河同志在全市领导干部大会上的讲话

46号(2010年8月31日)陈凤龙同志在全市政法综治基础工作现场会暨乡镇(街道)综治办主任、“两所一庭”长培训班上的讲话

47号(2010年9月14日)刘小河同志在全市领导干部大会上的讲话

49号(2010年9月17日)马金元同志在固原市、县(区)政协第六次主席联席会议暨理论研讨会议上的讲话

50号(2010年9月14日)刘小河同志在全市领导干部大会上的讲话

51号(2010年10月10日)周庆华同志在2010年全国群众登山健身大会暨首届宁夏六盘山登山节活动总结表彰大会上的讲话

52号(2010年10月22日)高贵武同志在全市纪检委检察工作观摩暨便民服务规范化建设现场会上的讲话

53号(2010年11月12日)刘小河同志在市委常委(扩大)会议上的讲话

54号(2010年11月12日)马金元同志在市委党校2010年秋季干部培训主体班开班式上的讲话

55号(2010年11月12日)刘小河同志在全市开展深入实施西部大开发战略大学习活动总结大会上的讲话

56号(2010年11月12日)马金元同志在全市村“两委”换届选举工作领导小组第一次会议上的讲话

57号(2010年11月12日)刘小河同志在市党

代表视察调研工作座谈会上的讲话

58号(2010年11月15日)马金元同志在市直机关创先争优现场会观摩述职交流会上的讲话

59号(2010年11月29日)刘小河同志在固原市工会第二次代表大会开幕式上的讲话

60号(2010年12月10日)刘小河同志在全市领导干部大会上的讲话

61号(2010年12月13日)陈凤龙同志在全市消防安全委员会电视电话会议上的讲话

62号(2010年12月24日)刘小河同志在中共固原市委二届九次全体会议上的工作报告和讲话

[调研与综合(2010)]

1号(2010年2月1日)抢抓机遇务实苦干 奋力推进原州区经济社会科学发展、和谐发展、跨越式发展

2号(2010年2月1日)按照新的蓝图再创新的大业,奋力推进彭阳县经济社会科学发展跨越式发展

3号(2010年2月1日)务实苦干突出特色奋力开创泾源县经济社会跨越式发展新局面

4号(2010年2月1日)大力弘扬"不到长城非好汉"的六盘山精神 奋力开创隆德经济社会跨越式发展新局面

5号(2010年2月1日)坚定信心 举力攻坚 创新进取 奋力开创西吉县经济社会又好又快发展新局面

6号(2010年4月8日)加快经济发展方式转变是欠发达地区推进可持续发展的根本保证

7号(2010年9月19日)西吉县调整农业结构打造西芹产业

8号(2010年9月19日)整村推进扶贫开发新农村建设的有力抓手

9号(2010年9月19日)隆德县花卉产业发展的现状、存在的问题及对策建议

10号(2010年9月19日)固原市直部门(单位)党组织公推直选试点工作的实践与思考

11号(2010年9月26日)固原市金融在新一轮西部大开发中要有更大作为

12号(2010年9月26日)争坐西部大开发头班车 争创西吉大发展新局面

13号(2010年9月26日)隆德县中药材产业发展的现状、存在的问题及对策建议

14号(2010年10月29日)抢抓新机遇探索新途径深入推进少生快富工程健康发展

[固政发(2010)]

1号(2010年1月18日)固原市人民政府关于固原市2010年第一批次城市建设项目用地的请示

2号(2010年1月11日)固原市人民政府关于报送《固原市人民政府市长白尚成同志2009年安全生产工作履职情况》的报告

3号(2010年1月19日)固原市人民政府关于申请将固原市原州区第四中学改扩建项目变更为整体迁建项目的请示

4号(2010年1月22日)固原市人民政府关于上报《固原市政府投资项目拖欠工程款情况》和《固原市政府投资项目拖欠工程款清理工作方案》的报告

5号(2010年1月29日)固原市人民政府关于印发《政府工作报告主要目标任务分解方案》的通知

6号(2010年1月14日)固原市人民政府关于批转《固原市市区2010年住房建设计划》的通知

7号(2010年2月1日)固原市人民政府关于印发《固原市人人享有基本医疗卫生服务实施方案》的通知

8号(2010年1月31日)固原市人民政府关于印发《固原市区违法建设行政责任追究暂行办法》的通知

9号(2010年2月5日)固原市人民政府关于固原市原州区第四中学建设项目用地的请示

10号(2010年2月9日)固原市人民政府关于固原市2010年第二批次城市建设项目用地的请示

11号(2010年2月10日)固原市人民政府关于新型农村合作医疗制度管理职能划转有关问题的通知

12号(2010年2月10日)固原市人民政府关于下达固原市本级2010年度地方财政收支预算的通知

13号(2010年2月21日)固原市人民政府关于固原市劳动就业(创业)培训鉴定中心项目建设立项的请示

14号(2010年2月25日)固原市人民政府关于上报《固原市百万亩基本农田建设工程方案》的报告

15号(2010年3月2日)固原市人民政府关于印发《固原市餐饮服务业环境污染防治管理暂行办法》的通知

16号(2010年3月2日)固原市人民政府关于印发《固原市环境噪声污染防治管理暂行办法》的通知

17号(2010年3月2日)固原市人民政府关于呈报《2009年度固原市黄河流域水污染防治规划实施情况》的报告

18号(2010年2月25日)固原市人民政府关于报送固原市级二○○九年度财政总决算的报告

19号(2010年2月25日)固原市人民政府关于报送固原市本级二○○九年度财政总决算的报告

20号(2010年3月10日)固原市人民政府关于下达2010年主要污染物总量减排任务的通知

21号(2010年3月10日)固原市人民政府关于表彰2009年度全市消防工作先进单位和先进个人的决定

22号(2010年3月16日)固原市人民政府关于表彰奖励2009年度耕地保护工作先进县(区)的决定

23号(2010年3月16日)固原市人民政府关于呈报《固原市区路灯节能改造建设项目可行性研究报告》的报告

24号(2010年3月21日)固原市人民政府关于请求解决固原市流浪未成年人救助保护中心和固原市儿童福利院建设项目缺口资金的请示

25号(2010年3月25日)固原市人民政府关于下达2010年全市促进就业全民创业发展劳务产业和完善社会保障体系工作目标任务的通知

26号(2010年3月29日)固原市人民政府关于印发《固原市中医药事业发展规划(2009—2015年)》的通知

27号(2010年4月6日)固原市人民政府关于固原市2009年城市环境综合整治定量考核目标完成情况的报告

28号(2010年4月27日)固原市人民政府关于请求解决固原市人民医院购置大型设备补助经费缺口资金的请示

29号(2010年4月14日)固原市人民政府关于批转《全市继续深入开展"安全生产年"活动实施方案》的通知

30号(2010年4月19日)固原市人民政府关于固原市2010年第二批次城市建设项目用地的请示

31号(2010年4月19日)固原市人民政府关于固原市2009年度耕地保护责任目标履行情况的报告

32号(2010年4月19日)固原市人民政府关于请求解决固原市人民医院风湿免疫专科建设所需经费的请示

33号(2010年4月20日)固原市人民政府关于固原市百万亩基本农田建设工程(基本农田调整划定)初验情况的报告

34号(2010年4月20日)固原市人民政府关于固原市百万亩基本农田建设工程(基本农田调整划定)初验的请示

35号(2010年4月2日)固原市人民政府批转《关于加快推进商标品牌战略促进全市经济又好又快发展的实施意见》的通知

36号(2010年4月2日)固原市人民政府批转《关于贯彻落实2010年适度宽松货币政策的实施意见》的通知

37号(2010年5月7日)固原市人民政府关于新建固原市计划生育指导中心的请示

38号(2010年4月28日)固原市人民政府关于报送固原市年产10万吨以下煤矿矿井关闭和扩能改造矿井名单的报告

39号(2010年1月16日)固原市人民政府关于印发《固原市医药卫生体制改革近期(2009—2011年)重点实施方案》的通知

40号(2010年4月29日)固原市人民政府关于请求解决固原市区劳务移民扶贫安居保障工程指标的请示

41号(2010年4月30日)固原市人民政府关于请求解决固原市流浪未成年人救助保护中心和固原市儿童福利院建设项目缺口资金的请示

42号(2010年5月7日)固原市人民政府关于将宁夏固原职业技术学院牌子移交固原市职教中心的请示

43号(2010年4月23日)固原市人民政府关于同意将固原市国有资产经营公司作为清水河城区段农业生态环境综合治理项目贷款主体的决定

44号(2010年4月15日)固原市人民政府关于落实固原市清水河流域城区段农业生态环境综合治理二期工程项目建设资金有关问题的决定

45号(2010年5月18日)固原市人民政府关于请求解决固原市原州区彭堡水源地地下水库项目建设资金的请示

46号(2010年5月21日)固原市人民政府关于报送《关闭宁夏博江炭山煤业有限公司一号井实施方案》的报告

47号(2010年5月24日)固原市人民政府关于局部调整固原市市辖区及乡级土地利用总体规划的请示

48号(2010年5月26日)固原市人民政府关于报送《固原市2009年节能目标完成和工作进展情况自查报告》的报告

49号(2010年5月27日)固原市人民政府关于授予原州区官厅乡等教育强乡(镇)称号的决定

50号(2010年5月28日)固原市人民政府关于授予隆德县凤岭乡等教育强乡(镇)称号的决定

51号(2010年5月28日)固原市人民政府关于授予彭阳县王洼镇等三乡(镇)教育强乡(镇)称号的决定

52号(2010年5月28日)固原市人民政府关于报送《宁夏固原长城梁生态农业综合示范基地建设规划》和《宁夏固原农科所宁南山区小杂粮新品种繁育示范基地建设规划》的请示

53号(2010年7月19日)固原市人民政府关于请求批准《固原市非煤矿产资源开发整合实施方案》的请示

54号(2010年6月3日)固原市人民政府关于印发《2010年度固原市效能目标管理考核职能目标责任分解方案》的通知

55号(2010年6月3日)固原市人民政府关于印发《固原市城区防汛抢险应急预案》的通知

56号(2010年6月7日)固原市人民政府关于印发《固原市节能降耗预警调控方案》的通知

57号(2010年6月8日)固原市人民政府关于申请将须弥山石窟申报“国家级风景名胜区”的请示

58号(2010年6月11日)固原市人民政府关于公示固原市2008—2009年度“守合同重信用”企业的决定

59号(2010年6月10日)固原市人民政府关于举行固原六盘山机场首航庆典仪式的请示

60号(2010年6月10日)固原市人民政府关于请求给予固原六盘山机场航空运输财政补贴的请示

61号(2010年6月18日)固原市人民政府关于请求解决固原市国有企业改制资金的请示

62号(2010年6月18日)固原市人民政府关于对福建援宁挂职干部张宗芎同志给予行政奖励

的请示

63号(2010年6月23日)固原市人民政府关于将固原西兰银综合物流中心列入自治区重点物流园区建设的请示

64号(2010年6月8日)固原市人民政府关于调整固原市国有资产经营公司领导班子成员的通知

65号(2010年6月24日)固原市人民政府关于固原市2010年第四批次城市建设项目用地的请示

66号(2010年6月29日)固原市人民政府关于固原市2010年第五批次城市建设项目用地的请示

67号(2010年6月17日)固原市人民政府关于收回固原清河机械厂部分国有土地使用权的决定

68号(2010年6月23日)固原市人民政府关于印发《固原市市区中小学幼儿园布局规划调整方案(2010 2015)》的通知

69号(2010年7月6日)固原市人民政府关于授予泾源县香水镇等乡镇教育强乡(镇)称号的决定

70号(2010年7月6日)固原市人民政府关于印发《健康宁夏全民行动固原实施方案(2010年—2012年)》的通知

71号(2010年7月8日)固原市人民政府关于固原市扩大内需中央投资项目存在问题整改情况的报告

72号(2010年7月12日)固原市人民政府关于表彰全市农民健康教育与健康促进行动工作先进集体和先进个人的决定

73号(2010年7月15日)固原市人民政府关于对张宗芎等12名福建省第六批在固挂职干部给予行政奖励的决定

74号(2010年7月26日)固原市人民政府关于固原市城市规划区征地拆迁管理工作自查情况的报告

75号(2010年7月26日)固原市人民政府关于申请固原经济开发区优惠政策再延续五年的请示

76号(2010年7月28日)固原市人民政府关于固原市2010年上半年耕地保护责任目标履行情况的报告

77号(2010年8月2日)固原市人民政府关于宁夏六盘山电厂2×330MW热电联产项目用地的请示

78号(2010年8月2日)固原市人民政府关于S101线至中黑一级公路连接线工程建设项目用地的请示

79号(2010年8月2日)固原市人民政府关于固原市原州区2010年第一批次城镇建设用地的请示

80号(2010年8月2日)固原市人民政府关于330千伏三营输变电(变电站)工程建设用地的请示

81号(2010年8月2日)固原市人民政府关于固原市2010年第六批次城市建设项目用地的请示

82号(2010年7月31日)固原市人民政府关于调整市人民政府副市长工作分工的通知

83号(2010年8月4日)固原市人民政府关于固原市2010年第七批次城市建设项目用地的请示

84号(2010年8月5日)固原市人民政府关于印发《固原市城镇职工医疗保险生育保险市级统筹实施方案》的通知

85号(2010年8月5日)固原市人民政府批转固原市农牧局气象局《关于加强固原市农村气象灾害防御体系建设意见》的通知

86号(2010年8月9日)固原市人民政府关于固原市2010年第八批次城市建设项目用地的请示

87号(2010年8月10日)固原市人民政府关于固原二中校安工程建设有关问题的请示

88号(2010年8月12日)固原市人民政府关于固原市开展问题乳粉清查工作的报告

89号(2010年8月13日)固原市人民政府

关于印发《固原市市区廉租住房保障工作细则》的通知

90号(2010年8月13日)固原市人民政府关于固原市地质灾害重点区农民搬迁安置项目建设用地的请示

91号(2010年8月13日)固原市人民政府关于印发《固原市基本养老保险费征缴管理暂行办法》的通知

92号(2010年8月16日)固原市人民政府关于印发《固原市城镇职工医疗保险生育保险市级统筹实施办法》(试行)的通知

93号(2010年8月20日)固原市人民政府关于文化巷标准化蔬菜市场拆迁信访情况的报告

94号(2010年8月20日)固原市人民政府关于解决固原市原州区人民医院医技住院楼建设资金的请示

95号(2010年8月27日)固原市人民政府关于加快推进固原市名牌战略工作的意见

96号(2010年8月27日)固原市人民政府关于固原市2009年度土地卫片执法检查工作的报告

97号(2010年8月31日)固原市人民政府关于请求解决固原市卫生计生基础设施建设资金的请示

98号(2010年9月17日)固原市人民政府关于调整固原市人民政府妇女儿童工作委员会组成人员的通知

100号(2010年9月29日)固原市人民政府关于宁夏派胜房地产开发有限公司开发建设"世茂城"商住小区变更土地出让设计条件和补缴土地出让金的通知

101号(2010年9月29日)固原市人民政府关于固原市2010年第九批次城市建设项目用地的请示

102号(2010年9月29日)固原市人民政府关于申请固原清水河工业园区优惠政策再延续五年的请示

103号(2010年9月29日)固原市人民政府关于同意六盘山热电厂2×330MW机组试产运行为固原市区冬季供热的请示

104号(2010年9月29日)固原市人民政府关于对宁夏东海房地产开发公司宋家巷二期改造项目减免部分土地出让契税的通知

105号(2010年9月29日)固原市人民政府关于自治区党委第二巡视组转办征地拆迁信访件调查情况的报告

106号(2010年10月8日)固原市人民政府关于加快固原市生态移民工作的请示

107号(2010年10月9日)固原市人民政府关于解决"六盘山"农产品广告经费的请示

108号(2010年10月9日)固原市人民政府关于自治区党委巡视组转办信访件一十二号及一十四号信件办理情况的报告

109号(2010年11月4日)固原市人民政府关于贯彻落实《自治区人民政府关于扶持和促进中医药事业发展的意见》的实施意见

110号(2010年10月9日)固原市人民政府关于表彰奖励参加第七届全区少数民族传统体育运动会获奖团体运动员教练员的决定

111号(2010年10月19日)固原市人民政府关于呈报《固原市直学校校舍安全工程2011年度计划》的报告

112号(2010年10月22日)固原市人民政府关于授予西吉县火石寨乡等十二乡(镇)教育强乡(镇)称号的决定

113号(2010年10月20日)固原市人民政府关于固原市2009年度土地卫片执法检查中发现的违法用地查处整改情况的报告

114号(2010年10月16日)固原市人民政府关于印发《固原市人民政府关于稳定住房价格促进房地产市场平稳健康发展的意见》的通知

115号(2010年10月21日)固原市人民政府关于申请解决2011年城市公用设施建设及民生工程项目资金的请示

116号(2010年10月25日)固原市人民政府

关于请求实施《固原市市辖区城乡建设用地增减挂钩项目实施规划》的请示

117号(2010年6月25日)固原市人民政府关于印发《固原市市区2010—2012年保障性住房建设规划》的通知

118号(2010年7月20日)固原市人民政府关于印发《固原市市区2010—2013年城市棚户区改造规划》的通知

120号(2010年10月25日)固原市人民政府关于印发《固原市市本级政府非税收入征缴管理办法(暂行)》的通知

121号(2010年10月28日)固原市人民政府关于给予国电英力特集团公司固原盐化工项目配置煤炭资源的请示

122号(2010年10月31日)固原市人民政府关于请求批准《固原市城乡居民医疗保险实施办法》的请示

123号(2010年11月1日)固原市人民政府关于固原市中央扩大内需投资项目西吉县人民医院迁建住院部工程存在问题整改情况的报告

126号(2010年11月3日)关于申请固原—银川、固原—西安航线补贴和固原机场运营补贴的请示

129号(2010年11月3日)固原市人民政府关于申请解决固原回中工程欠款的请示

130号(2010年11月3日)固原市人民政府关于构筑社会消防安全"防火墙"工程的实施意见

131号(2010年11月5日)固原市人民政府关于固原市2010年第十批次城市建设项目用地的请示

132号(2010年11月4日)固原市人民政府关于终止执行《固原市区违法建设行政责任追究暂行办法》的通知

133号(2010年11月10日)固原市人民政府关于对原州区隆德县彭阳县创建教育强县(区)工作进行考核认定的请示

135号(2010年11月11日)固原市人民政府关于政府融资平台债务清理与核实工作情况的报告

136号(2010年11月12日)固原市人民政府关于固原市2010年第十一批次城市建设项目用地的请示

137号(2010年11月12日)固原市人民政府关于申请立项改建固胡路城市出入口段的报告

138号(2010年11月14日)固原市人民政府关于印发《固原市城乡居民基本医疗保险实施办法》的通知

139号(2010年11月14日)固原市人民政府关于第三步规范公务员津贴补贴的请示

140号(2010年11月16日)固原市人民政府关于上报2011年度固原市劳务移民安置点建设计划和申请提高补贴标准的请示

141号(2010年11月21日)固原市人民政府关于加快推进信息化与工业化融合的意见

142号(2010年11月10日)固原市人民政府关于转发《宁夏回族自治区生产经营单位安全生产主体责任规定》的通知

143号(2010年11月27日)固原市人民政府关于上报固原市加强价格调控监管稳定市场物价工作措施的报告

144号(2010年11月27日)固原市人民政府关于加强价格调控监管稳定市场物价的通知

145号(2010年11月10日)固原市人民政府关于印发《固原市区2010—2012年住房建设规划》的通知

147号(2010年11月30日)固原市人民政府关于请求批准《原州区新型农村社会养老保险试点实施方案》的请示

148号(2010年11月30日)固原市人民政府关于固原市2010年第十二批次城市建设项目用地的请示

149号(2010年11月30日)固原市人民政府关于固原市城乡建设用地增减挂钩项目用地的请示

150号(2010年9月13日)固原市人民政府关于印发《固原市人民政府重大行政决策听证制度》等制度的通知

151号(2010年12月3日)固原市人民政府关于请求解决2010年旅游基础设施建设项目配套资金的请示

152号(2010年12月3日)固原市人民政府关于请求解决大六盘山旅游区宣传推介工作所需经费的请示

153号(2010年12月9日)固原市人民政府关于固原市2010年创业就业和社会保障工作自查情况的报告

154号(2010年12月9日)固原市人民政府关于固原市2010年度创业就业和社会保障工作符合条件申请加分情况的报告

155号(2010年12月10日)固原市人民政府关于请求提高固原市保障性住房建设补助标准的请示

156号(2010年12月14日)关于自治区党委第二巡视组转办原州区三里铺粮库职工信访件调查情况的报告

157号(2010年12月17日)固原市人民政府关于固原市地质灾害重点区农民搬迁安置项目(明堡回民新村)用地涉及固原市市辖区及乡级土地利用总体规划局部调整方案的请示

158号(2010年12月17日)固原市人民政府关于固原市2010年第十三批次城市建设项目用地的请示

159号(2010年12月17日)固原市人民政府关于固原市2010年第十四批次城市建设项目用地的请示

160号(2010年12月17日)固原市人民政府关于固原市2010年第十五批次城市建设项目用地的请示

161号(2010年12月17日)固原市人民政府关于固原市2010年第十六批次城市建设项目用地的请示

162号(2010年12月17日)固原市人民政府关于固原市2010年第十七批次城市建设项目用地的请示

163号(2010年12月17日)固原市人民政府关于固原市2010年第十八批次城市建设项目用地的请示

164号(2010年12月9日)固原市人民政府关于银川第一市政房地产开发有限公司开发建设“优山美地”小区变更设计条件改变土地用途和补缴土地出让金的通知

165号(2010年12月9日)固原市人民政府关于宁夏天豹固原汽车运输有限责任公司建设固原长途汽车站改变土地用途和补缴土地出让金的通知

166号(2010年12月16日)固原市人民政府关于上报固原市“十一五”主要污染物总量减排工作完成情况的报告

167号(2010年12月16日)固原市人民政府关于自治区党委第二巡视组转办邓树海信访件调查情况的报告

168号(2010年12月20日)固原市人民政府关于固原市2010年度防震减灾工作自查情况的报告

169号(2010年12月20日)固原市人民政府关于对市区部分街路巷命(更、正)名的通知

170号(2010年12月23日)固原市人民政府关于申请解决固原一中搬迁后教育教学装备资金的请示

171号(2010年12月22日)固原市人民政府关于固原市2010年度耕地保护责任目标履行自查情况的报告

172号(2010年12月24日)固原市人民政府关于固原市开展土地卫片执法检查预警行动自查情况的报告

173号(2010年12月22日)固原市人民政府关于印发《固原市农村公路养护管理办法》的通知

174号(2010年12月27日)固原市人民政府

关于固原市2010年第十九批次城市建设项目用地的请示

175号(2010年12月27日)固原市人民政府关于固原市2010年第二十批次城市建设项目用地的请示

176号(2010年12月29日)固原市人民政府关于固原市第十六小学立项建设的请示

177号(2010年12月29日)固原市人民政府关于固原市第六幼儿园立项建设的请示

178号(2010年12月29日)固原市人民政府关于第三步规范公务员津贴补贴的请示

179号(2010年12月30日)固原市人民政府关于上报2010年市本级财政超收收入安排和上级补助增加支出情况的报告

180号(2010年12月6日)固原市人民政府关于开展土地卫片执法检查预警行动工作清理出违法违规问题整改情况的报告

181号(2010年12月14日)固原市人民政府关于上报《固原市开展土地卫片执法检查预警行动工作总结》的报告

[固政办发(2010)]

1号(2010年1月5日)固原市人民政府办公室关于认真做好2010年发展劳务产业工作的通知

2号(2010年1月14日)固原市人民政府办公室关于印发《固原市整治道路运输市场秩序工作方案》的通知

3号(2010年1月19日)固原市人民政府办公室关于切实做好寒潮天气道路交通应急管理工作的通知

4号(2010年1月22日)固原市人民政府办公室关于认真做好2010年春节运输工作的通知

5号(2010年1月21日)固原市人民政府办公室关于召开市人民政府第四次全体会议的通知

6号(2010年1月26日)原市人民政府办公室关于组织开展“春风行动暨万人有组织转移就业”活动的通知

7号(2010年2月2日)固原市人民政府办公室关于印发《固原市彻查三聚氰胺问题乳制品专项整治工作方案》的通知

8号(2010年2月8日)固原市人民政府办公室关于印发《固原市职业病防治规划(2010—2015)》的通知

9号(2010年2月9日)固原市人民政府办公室关于报送《固原市2009年突发公共事件应对工作总结评估报告》的报告

10号(2010年2月23日)固原市人民政府办公室关于启用固原一中迁建项目办公室印章的通知

11号(2010年3月1日)固原市人民政府办公室关于印发《全区春风行动暨固原市万人转移就业工作方案》的通知

12号(2010年3月1日)固原市人民政府办公室关于印发《固原市2010年国民体质监测工作实施方案》的通知

13号(2010年3月5日)固原市人民政府办公室关于进一步做好农民工工资清欠工作的通知

14号(2010年3月8日)固原市人民政府办公室关于印发《固原市组团参加第七届全区少数民族传统体育运动会方案》的通知

15号(2010年3月11日)固原市人民政府办公室关于印发《固原市创新财政扶持企业发展资金投入方式实施方案》的通知

16号(2010年3月10日)关于报送《市政府办公室贯彻落实〈中国共产党党员领导干部廉洁从政若干准则〉情况》的报告

17号(2010年3月15日)固原市人民政府办公室关于调整全市消防安全重点单位的通知

18号(2010年3月15日)固原市人民政府办公室关于认真做好2010年招商引资工作的通知

19号(2010年3月16日)固原市人民政府办公室关于认真做好人大代表议案建议办理工作的通知

20号(2010年3月16日)固原市人民政府办

公室关于认真做好政协提案建议办理工作的通知

21号(2010年3月16日)固原市人民政府办公室关于认真做好自治区政协九届三次会议提案办理工作的通知

22号(2010年3月22日)固原市人民政府办公室关于印发《固原市参加"第十四届中国东西部合作与投资贸易洽谈会"工作方案》的通知

23号(2010年3月5日)固原市人民政府办公室关于印发《固原市开展2009年度土地卫片执法检查工作实施方案》的通知

24号(2010年3月23日)固原市人民政府办公室关于对"十二五"规划编制工作和2010年全市固定资产投资项目进展情况进行督查的通知

25号(2010年3月20日)固原市人民政府办公室关于成立固原市矿产资源开发整合工作领导小组的通知

26号(2010年4月28日)固原市人民政府办公室关于印发《固原市突发地质灾害应急预案》的通知

27号(2010年2月23日)固原市人民政府办公室关于印发《全市爱国卫生清洁行动方案》的通知

28号(2010年3月29日)固原市人民政府办公室关于印发《固原市组团参加全区第十三届运动会方案》的通知

29号(2010年3月21日)固原市人民政府办公室关于印发《固原盐化工循环经济扶贫示范区建设征地拆迁补偿安置方案》的通知

30号(2010年4月2日)固原市人民政府办公室关于报送突发公共事件应急管理有关资料信息的通知

31号(2010年4月7日)固原市人民政府办公室关于做好基本养老保险费清欠工作的通知

32号(2010年4月8日)固原市人民政府办公室关于印发《固原市政务网站群管理办法》的通知

33号(2010年4月13日)固原市人民政府办公室关于开展行政执法人员资格及证件管理专项检查的通知

34号(2010年4月13日)固原市人民政府办公室关于开展"5.12"地震应急演练活动的通知

35号(2010年4月15日)固原市人民政府办公室关于开展土地管理模范县(区)考评活动的通知

36号(2010年4月15日)固原市人民政府办公室关于印发《固原市区违法建设监管责任区域》的通知

37号(2010年4月2日)固原市人民政府办公室关于成立固原市实施商标品牌战略工作领导小组的通知

38号(2010年4月20日)固原市人民政府办公室关于调整固原市墙体材料改革与建筑节能领导小组成员的通知

39号(2010年4月21日)固原市人民政府办公室关于印发《固原市城市规划区低层房屋及附属建筑物普查实施方案》的通知

40号(2010年4月21日)固原市人民政府办公室关于印发《全市构筑社会消防安全"防火墙"工程三年规划实施方案》的通知

41号(2010年4月26日)固原市人民政府办公室关于开展全市归侨侨眷分布情况调查工作的通知

42号(2010年4月26日)固原市人民政府办公室转发《自治区政府外事办公室关于对侨捐项目开展调研的通知》的通知

43号(2010年4月26日)固原市人民政府办公室关于印发《固原市参加"第一届宁蒙陕甘毗邻地区经济技术合作洽谈会"筹备及参会工作方案》的通知

44号(2010年4月22日)固原市人民政府办公室关于开展农用地产能核算工作的通知

45号(2010年4月26日)固原市人民政府办公室关于成立固原市突发公共事件应急管理委员会(固原市应急救援委员会)的通知

46号(2010年4月26日)固原市人民政府办

公室关于印发《固原市综合性应急救援队伍建设方案》的通知

47号(2010年5月5日)固原市人民政府办公室关于印发《固原市2010年"防灾减灾日"活动实施方案》的通知

48号(2010年5月6日)固原市人民政府办公室关于印发《固原市基层应急队伍建设方案》的通知

50号(2010年5月14日)固原市人民政府办公室关于解决我市退休人员职工医疗保险历史遗留问题的通知

51号(2010年5月14日)固原市人民政府办公室关于成立固原市原州区至王洼铁路建设项目协调领导小组的通知

52号(2010年5月18日)固原市人民政府办公室关于调整固原市"十二五"规划编制工作领导小组的通知

53号(2010年5月18日)固原市人民政府办公室关于印发《固原市"十二五"规划编制工作方案》的通知

54号(2010年5月19日)固原市人民政府办公室关于基本养老保险费清欠情况的通报

55号(2010年6月2日)固原市人民政府办公室关于启用固原市人民政府金融服务办公室印章的通知

56号(2010年5月25日)固原市人民政府办公室关于对2009年度土地卫片执法检查工作进行督查的通知

57号(2010年5月24日)固原市人民政府办公室关于印发《固原市2010年度耕地保护目标责任任务分解指标解释及考核办法》的通知

58号(2010年5月25日)固原市人民政府办公室关于加强汛期地质灾害防治工作的通知

59号(2010年6月2日)固原市人民政府办公室关于做好城市社区信息化设备资产调拨的通知

60号(2010年6月2日)固原市人民政府办公室关于成立推进固原水务一体化工作领导小组的通知

61号(2010年6月2日)固原市人民政府办公室关于印发《固原市2010年地质灾害防治方案》的通知

62号(2010年6月7日)固原市人民政府办公室关于认真开展2010年节能宣传周活动的通知

63号(2010年6月3日)固原市人民政府办公室关于印发《固原市反传销领导小组工作职责和联席会议工作制度》的通知

64号(2010年6月3日)固原市人民政府办公室关于印发《固原市反传销工作安排》的通知

65号(2010年6月22日)固原市人民政府办公室关于举办全市公共机构能源资源消耗统计培训班的通知

66号(2010年6月27日)固原市人民政府办公室关于印发《固原市消防安全监管局际联席会议制度》的通知

67号(2010年6月23日)固原市人民政府办公室关于调整固原市综治委铁路护路联防工作领导小组的通知

68号(2010年6月28日)固原市人民政府办公室关于启用固原市第六次全国人口普查工作领导小组等印章的通知

69号(2010年6月24日)固原市人民政府办公室关于成立全区财政系统第十届职工体育运动会筹办工作领导小组的通知

70号(2010年6月29日)固原市人民政府办公室关于编制《固原市"十二五"规划》专项规划的补充通知

71号(2010年7月1日)固原市人民政府办公室关于做好全市秋季万人转移就业工作的通知

72号(2010年7月1日)固原市人民政府办公室关于切实加强我市外出务工人员教育管理工作的通知

73号(2010年7月1日)固原市人民政府办公室关于认真做好夏收粮场防火安全工作的通知

74号(2010年7月6日)关于报送《固原市政

府办公室2010年上半年工作总结》的报告

75号(2010年7月6日)固原市人民政府办公室关于调整固原市防汛抗旱指挥部组成人员的通知

76号(2010年7月6日)固原市人民政府办公室关于成立固原市第一次水利普查工作领导小组的通知

77号(2010年7月5日)固原市人民政府办公室关于成立固原市中小学教师能力水平考试工作领导小组的通知

78号(2010年7月9日)固原市人民政府办公室关于印发《固原市开展违法建设专项整治行动实施方案》的通知

79号(2010年7月13日)固原市人民政府办公室关于对2008-2009年度金融生态环境建设考核情况的通报

80号(2010年7月16日)固原市人民政府办公室关于切实抓好与银川房地产开发等企业及驻宁商会项目推介会签约项目对接落实工作的通知

81号(2010年7月6日)固原市人民政府办公室关于印发《固原市强农惠农资金专项清理和检查工作实施方案》的通知

82号(2010年7月29日)固原市人民政府办公室关于印发《固原市县(区)信用农户、信用村和信用乡(镇)评定暂行办法》的通知

83号(2010年7月23日)固原市人民政府办公室关于印发《固原市直属(含原州区)公共卫生与基层医疗卫生事业单位绩效工资实施办法》的通知

84号(2010年7月23日)固原市人民政府办公室关于印发《固原市城镇基本医疗保险基金检查方案》的通知

85号(2010年7月26日)固原市人民政府办公室关于开展城市环境卫生大扫除活动的通知

86号(2010年7月26日)固原市人民政府办公室关于印发《固原市中小学教师能力水平考试工作方案》的通知

87号(2010年7月23日)固原市人民政府办公室关于认真组织实施义务教育阶段公办学校学生营养早餐工程的通知

88号(2010年7月23日)固原市人民政府办公室关于印发《固原市直学校义务教育阶段寄宿学生营养早餐工程实施方案》的通知

89号(2010年8月3日)固原市人民政府办公室关于转发《固原市金融生态环境建设考核评价办法》的通知

90号(2010年8月3日)固原市人民政府办公室关于在全市开展农村抽样调查样本轮换和城镇住户基本情况调查的通知

91号(2010年8月5日)固原市人民政府办公室关于加快全市社会单位消防安全“四个能力”建设工作的通知

92号(2010年8月10日)固原市人民政府办公室关于举办“黄河银行杯”宁夏首届勇当创业先锋电视大赛固原市分赛区选拔赛的通知

93号(2010年8月12日)固原市人民政府办公室关于调整固原市食品安全委员会组成人员的通知

94号(2010年8月13日)固原市人民政府办公室关于成立固原市市区供热供气管网建设领导小组的通知

95号(2010年8月19日)固原市人民政府办公室关于印发《固原市庆祝第26个教师节活动方案》的通知

96号(2010年8月17日)固原市人民政府办公室关于全市防灾减灾工作督查情况的通报

97号(2010年8月18日)固原市人民政府办公室关于印发《固原市参加“2010中国(宁夏)国际投资贸易洽谈会暨首届中国·阿拉伯国家经贸论坛”筹备及参会工作方案》的通知

98号(2010年8月20日)固原市人民政府办公室关于调整市人民政府秘书长副秘书长办公室主任副主任工作分工的通知

99号(2010年9月19日)固原市人民政府办公室关于李宏武等同志职务任免的请示

100号(2010年8月26日)固原市人民政府办公室关于印发《固原市医药卫生体制五项重点改革2010年度主要工作任务安排》的通知

101号(2010年8月25日)固原市人民政府办公室关于做好2010年固原市政府各部门职责履行情况评估检查工作的通知

102号(2010年8月2日)固原市人民政府办公室关于建立规范市场中介组织联席会议制度的通知

103号(2010年8月27日)固原市人民政府办公室关于转发市工业和信息化局《2010年度全市政府信息系统安全检查实施方案》的通知

104号(2010年8月27日)固原市人民政府办公室关于调整固原市中小企业信用担保有限责任公司董事会监事会成员的通知

105号(2010年9月2日)固原市人民政府办公室关于固原市人民政府办公室职能履行自查情况的报告

106号(2010年9月6日)固原市人民政府办公室关于印发《固原市2010年秋季万人转移就业工作方案》的通知

107号(2010年9月14日)固原市人民政府办公室关于做好我市农民自流入疆人员有关工作的通知

108号(2010年9月14日)固原市人民政府办公室关于做好初高中毕业生转移就业工作的通知

109号(2010年9月17日)固原市人民政府办公室关于成立固原市妇女儿童发展纲要(2011—2020年)编制工作领导小组的通知

110号(2010年9月26日)固原市人民政府办公室关于做好规范性文件清理工作的通知

111号(2010年9月29日)固原市人民政府办公室关于印发《固原市2010宁夏(银川)创业博览会暨首届创业合作交流洽谈会实施方案》的通知

112号(2010年10月8日)固原市人民政府办公室关于调整市政协二届三次会议第27号重点提案办理单位的通知

113号(2010年10月13日)固原市人民政府办公室关于组织开展2010年构筑社会消防安全"防火墙"工程检查验收工作的通知

114号(2010年10月13日)固原市人民政府办公室关于印发《2010年度全市农田水利基本建设实施方案》的通知

115号(2010年10月19日)固原市人民政府办公室关于做好气象灾害防御规划编制工作的通知

116号(2010年10月18日)固原市人民政府办公室关于组团参加2010年宁夏(银川)创业博览会暨首届创业合作交流洽谈会的通知

117号(2010年10月19日)固原市人民政府办公室关于成立固原市政府投资项目代建制管理办公室的通知

118号(2010年10月22日)固原市人民政府办公室关于全力推进新型农村社会养老保险试点工作的通知

119号(2010年10月22日)固原市人民政府办公室关于做好宁夏2010年新型农村社会养老保险国家试点县(区)启动大会筹备工作的紧急通知

120号(2010年10月23日)固原市人民政府办公室关于印发《固原市加强秋粮收购和当前粮食市场监督检查工作方案》的通知

121号(2010年10月26日)固原市人民政府办公室关于进一步加强应急值守和突发事件信息报告工作的通知

122号(2010年10月5日)固原市人民政府办公室关于调整固原市反假货币工作联席会议领导小组组成人员的通知

123号(2010年10月28日)固原市人民政府办公室关于印发《固原市2010年秋季万人转移就业工作考核方案》的通知

124号(2010年10月13日)固原市人民政府办公室关于启用固原市测绘局印章的通知

125号(2010年10月29日)固原市人民政府办公室关于控制能耗过快增长确保"十一五"节能

降耗目标任务全面完成的紧急通知

126号(2010年11月3日)固原市人民政府办公室关于印发《固原市气象灾害应急预案》的通知

127号(2010年11月4日)固原市人民政府办公室关于调整固原市医疗机构药品统一招标采购领导小组的通知

128号(2010年10月26日)固原市人民政府办公室关于启用固原市基础教育地方课程教材编辑工作指导委员会等印章的通知

129号(2010年11月5日)固原市人民政府办公室关于全市城镇职工医疗保险生育保险市级统筹网络建设资金分级承担有关事项的通知

130号(2010年11月8日)固原市人民政府办公室关于印发《固原市开展土地卫片执法检查预警行动方案》的通知

131号(2010年11月12日)固原市人民政府办公室关于成立固原市统筹城乡居民基本医疗保险工作领导小组的通知

132号(2010年11月12日)固原市人民政府办公室关于全市社会消防安全"防火墙"工程检查考核情况的通报

133号(2010年11月21日)固原市人民政府办公室关于认真做好今冬明春防火工作的通知

134号(2010年11月23日)固原市人民政府办公室关于成立固原市原州区"9·12"较大道路交通事故调查组的通知

135号(2010年11月23日)固原市人民政府办公室关于成立农村环境连片整治项目办公室的通知

136号(2010年11月26日)固原市人民政府办公室关于对2010年全市促进就业全民创业发展劳务产业和完善社会保障体系工作进行年终考核验收的通知

137号(2010年11月30日)固原市人民政府办公室关于印发《坚决遏制重特大火灾事故全面开展"山城平安"系列行动实施方案》的通知

138号(2010年11月10日)固原市人民政府办公室关于调整固原市征兵工作领导小组的通知

139号(2010年11月27日)固原市人民政府办公室关于成立固原市稳定市场物价工作联席会议制度的通知

140号(2010年11月30日)固原市人民政府办公室关于成立固原市处置非法集资工作协调领导小组的通知

141号(2010年12月3日)固原市人民政府办公室关于固原市火石寨和老龙潭景区旅游基础设施建设项目领导小组的通知

142号(2010年12月10日)固原市人民政府办公室关于加快推进统筹城乡居民基本医疗保险试点工作的通知

143号(2010年12月22日)关于申请对亮点工作进行目标考核加分的报告

144号(2010年12月21日)固原市人民政府办公室关于调整固原市政务公开工作领导小组的通知

145号(2010年12月23日)固原市人民政府办公室关于做好全市医疗工伤生育保险市级统筹后基金拨付管理工作的通知

146号(2010年12月28日)固原市人民政府办公室关于切实做好冬季冰面安全管理的紧急通知

147号(2010年12月31日)固原市人民政府办公室关于印发《固原市2010—2012年农村环境连片整治示范工作方案》的通知

148号(2010年12月31日)固原市人民政府办公室关于印发《固原市农村环境综合整治目标责任制考核办法(试行)》和《2010年固原市农村环境综合整治目标责任制考核工作实施方案》的通知

149号(2010年12月31日)固原市人民政府办公室关于做好行政复议行政应诉案件统计报送工作的通知

150号(2010年12月30日)固原市人民政府办公室关于印发《固原市打击侵犯知识产权和制售假冒伪劣商品专项行动方案》的通知

文件选载

自治区党委 人民政府关于促进固原经济社会加快发展的若干意见

（2010 年 9 月 4 日）

实施西部大开发战略以来，经过自治区四次固原工作会议的推动和固原各族干部群众的艰苦努力，固原经济社会发展取得很大成就，已进入加快发展的重要时期。但由于自然、地理、历史等原因，固原经济社会发展还相对落后，发展中面临许多困难和问题。为切实加大扶持力度，促进固原经济社会加快发展，现提出以下意见：

一、促进固原经济社会加快发展的总体要求

（一）进一步增强促进固原经济社会加快发展的责任感和紧迫感。固原是贫困地区、民族地区、革命老区，是全区跨越式发展和建设小康社会的重点和难点。促进固原经济社会加快发展，是统筹山川发展、缩小发展差距、维护民族团结的战略举措，是实现全区跨越式发展和全面建设小康社会的迫切要求。我们必须站在全局和战略的高度，进一步明确固原的战略定位、发展重点和重大政策措施，努力促进固原又好又快发展。

（二）指导思想。以邓小平理论和“三个代表”重要思想为指导，深入贯彻落实科学发展观，坚定不移地深入实施西部大开发战略，进一步解放思想，深化改革，开拓创新，加快推进经济结构转型和发展方式转变，着力增强自我发展能力；加快推进工业化、城镇化和现代农业进程，奋力缩小发展差距；加快推进基础设施和生态建设，大力改善发展环境；加快推进扶贫开发和各项社会事业发展，不断消除贫困，改善民生，努力走出一条由解决温饱向全面小康迈进的跨越发展之路。

（三）基本原则。坚持立足当前，着眼长远。既要抓紧解决当前经济社会发展的突出矛盾，又要谋划事关全局和长远发展的重大战略问题，以新思路、大举措推动加快发展。坚持统筹兼顾，科学发展。以生态建设和环境保护为前提，统筹推进经济、政治、文化、社会和生态文明建设，促进经济社会与人口、资源、环境协调发展。坚持以人为本，注重民生。把解决贫困问题和提高人民生活水平作为工作的出发点和落脚点，着力解决群众最关心、最直接、最切身的民生问题，让人民群众共享改革发展成果。坚持自力更生，艰苦奋斗。既要切实加大对固原各方面的投入和支持力度，又要发挥地方的积极性、主动性。

（四）发展目标。到 2015 年，特色优势产业较快发展，工业主导、多业并举的经济格局初步形成，基础设施条件明显改善，生态环境恶化趋势有效遏制，自我发展能力明显增强，贫困人口大幅减少，人均地区生产总值、城乡居民收入水平明显提升，人均基本公共服务接近或达到全区水平。到 2020 年，工业化、城镇化和现代农业发展水平显著提高，综合经济实力和自我发展能力显著增强，生态环境明显改善，人均地区生产总值、城乡居民收入达到全区平均水平，基本公共服务能力显著提升，基本消除绝对贫困现象，基本实现全面建设小康社会的目标。

二、加快提升工业化发展水平

（五）加快资源详查与合理配置。加快固原岩盐、煤炭、石油、石灰石等资源详查，全面掌握资源分布、储量及可开采程度。支持固原按照自治区矿产资源预配置有关政策，对其境内矿产资源优先向重点项目、重点企业预配置。

（六）高水平规划建设固原盐化工循环经济扶贫示范区。按照产品项目、公用辅助、物流传输、环境保护和管理服务“五个一体化”的模式，抓紧完善《固原盐化工循环经济扶贫示范区总体规划》，统筹列入自治区“十二五”规划及工业专项规划。先期以一区多园的方式，将盐化工循环经济扶贫示范区纳入固原经济开发区，加大招商引资力度，抓好重点项目建设，建成布局合理、配套完善、功能齐全的一流园区，争取国家将其设立为自治区级循环经济示

范区。从2010年起，自治区连续三年每年安排4000万元，专项用于示范区基础设施建设，并根据建设进度逐步加大支持力度。示范区基础设施和公益事业建设用地全部以划拨方式供给，免收土地出让金；进入园区的工业项目用地，按照自治区规定享受出让最低价格标准。全力做好示范区供水工作，用水价格实行两部制水价，供水初期根据供水成本和用水户承受能力采取财政补贴等优惠政策。将六盘山热电厂及盐化工循环经济示范区列入我区大工业直供电范围。争取国家核准在固原盐化工示范区建设自备电厂。

（七）积极开发煤炭、石油、天然气、风能等资源。利用固原较为丰富的煤炭资源，支持发展煤电、煤化工产业。协调中石油长庆油田在当地注册石油钻采加工企业，加快石油勘探、开采、开发进度。争取西气东输二线天然气指标，发展天然气深加工项目。利用风能资源，加快风电项目及电网建设步伐。完善中小企业配套服务体系，加快中小企业发展。

三、大力推进现代生态农业建设和扶贫开发

（八）加快南部山区现代生态农业示范区建设。不断壮大草畜、马铃薯、设施农业、旱作节水农业等生态接续产业和高效农业。支持固原设施农业建设及高效配套技术推广、现代农业科技示范园、覆膜保墒集雨补灌旱作节水农业、肉牛标准化规模化养殖、草地建设、马铃薯三级良种繁育体系和农产品贮藏保鲜冷链体系建设。扶持彭阳辣椒、西吉西芹、隆德花卉和中药材、泾源苗木、原州蔬菜和枸杞等区域特色产业做大做强。加强农业技术推广和农产品安全检测，建立健全农村科技服务体系、信息服务网络和农产品质量安全检测体系。加大农机购置补贴政策倾斜力度，提高牧草收获、马铃薯生产大中型拖拉机及种收农机具补贴比例。

（九）着力提升产业化水平。支持固原发挥特色农产品资源优势，发展农副产品加工业。相关部门制定专项规划和措施，鼓励和支持区内外各类企业和中介组织参与固原农业资源开发和特色农产品精深加工、良种繁育、产品销售等产业化经营环节，扶持培育一批技术装备先进、带动辐射力强的大型龙头企业，并不断形成产业集群。支持农业标准化建设，鼓励农产品加工企业开展优质安全农产品基地建设。争取将马铃薯加工企业纳入国家民族商品定点企业范围，享受相关优惠政策。

（十）进一步做好扶贫开发工作。抓住国家推进“六盘山区”扶贫开发的新机遇，继续坚持开发式扶贫方针，加大整村推进、产业扶贫、劳务移民、互助资金等扶持力度，提高贫困群众自我发展能力。国家和自治区各类扶贫开发项目重点支持固原。加大创业培训力度，支持固原开展示范性师资培训、创业能力培训和农民工创业培训，力争到2015年使固原拥有的创业培训师数量占人口和劳动力的比例达到全区平均水平。加强创业基地建设，引导固原在制造业、服务业等方面开拓创业新领域，自治区劳务移民试点继续以吸纳山区农村劳动力为重点，区内重点工业园区和重大工程项目用工继续向南部山区倾斜。全面推行农村最低保障制度和扶贫开发政策的有效衔接，使贫困人口应保尽保、应扶尽扶。继续大力实施生态移民工程，用5年时间把南部山区和中部干旱带不适宜人类居住地方的贫困群众基本搬迁出来，并得以妥善安置，为同步进入小康社会奠定基础。探索和创新对口支援方式，进一步加大定点扶贫、闽宁协作扶贫力度。

四、加快发展综合交通运输体系和现代服务业

（十一）加大交通基础设施建设力度。按照建设国家级公路运输枢纽的要求，打通出口，连接断头，提高等级，扩展路网，扩大对外运输通道能力，完善综合交通运输体系建设。加快境内同沿高速什字至沿川子等在建高速公路建设，加大东山坡至毛家沟、东山坡至华亭公路和东线高速公路等项目前期工作力度，争取尽早开工建设。重点支持宝中铁路复线、王洼至原州区专用铁路等重大项目建设。加大境内国省道改造和农村公路建设投资力度，三年内基本实现行政村通油（水泥）路。支持六盘山机场运营，对六盘山机场航线按照自治区有关规定进行补贴。

（十二）加快建设西兰银交汇中心物流集散基地。将西兰银交汇中心物流集散基地建设纳入自治区"十二五"现代物流业发展规划。支持固原公路运输枢纽站场建设，实施固原火车站客货运输扩建工程。通过配套专项资金、以奖代补、贴息贷款等方式，支持固原建设马铃薯、清真牛羊肉、蔬菜等自治区级批发市场和优势特色农产品交易市场。依托"万村千乡市场工程"农家店，发展农村连锁经营、物流配送等现代流通方式，构建农村市场流通服务网络。物流园区税收享受盐化工循环经济扶贫示范区同等优惠政策，进入园区的大型仓储项目，享受工业用地地价优惠政策。

（十三）大力发展旅游和金融等服务业。加快开发旅游资源。"十二五"期间，重点支持六盘山、须弥山、火石寨、泾河源等旅游景区建设，使固原成为全国知名的红色旅游、生态旅游和文化休闲避暑度假基地。进一步加大对固原旅游宣传促销和市场推介的支持力度。大力发展农村金融和中小企业金融服务，不断完善小额信贷和个人消费信贷体系。积极引导区内外金融机构在固原设立分支机构。加快培育村镇银行、贷款公司、农村资金互助社，有序发展小额贷款公司。加快农村担保体系建设，支持建立农业贷款风险基金，组建扶持"三农"的信用担保机构，探索解决农村抵押担保难问题。加快农村保险体系建设，鼓励和支持开展设施农业、特色农业、养殖业等农业保险，不断扩大农业和农村保险覆盖面。

五、加快推进城镇化进程

（十四）突出宁南区域中心城市地位。将固原城市建设纳入自治区"十二五"规划，精心打造"生态文化山城"，加快建设集工业、商贸、物流、旅游为一体的宁南现代化区域中心城市。加快新区开发、老城改造，实施城市集中供热、清水河治理三期、城市防洪、园林景观等工程，优化城市产业功能区布局，增强中心城市的产业集聚和辐射带动能力。

（十五）加快城镇建设。"十二五"期间，重点支持西吉、隆德、彭阳、泾源县城和三营、兴隆、沙塘、泾河源、王洼等16个集镇建设，着力提高城镇综合承载能力。支持固原化解城市建设债务，对固原市区及各县区基础设施和公用设施建设在资金和项目上给予倾斜。在国家政策范围内，采取各种优惠政策加大对城镇道路、垃圾处理、供排水管网、供热系统等公共设施建设的支持力度，改善基础设施条件，逐步形成特色鲜明、功能互补、发展互动的城镇发展格局。

（十六）支持保障性住房建设。在实施好已有普惠政策的基础上，争取国家加大对贫困地区的扶持力度。自治区在保障性住房和农民工安置房建设规划、计划、资金及公积金收益使用上给予倾斜，支持固原解决城中村农民搬迁、地震带及地质灾害区移民安置等问题。

六、切实加强水资源开发利用和生态环境保护

（十七）合理配置利用水资源。加快推进"北扬黄河水、南引泾河水、就地利用库井水"配制工程体系建设，尽快形成"南北配置、丰枯补给"的水资源格局。抓紧编制固原水资源开发保护利用方案，以流域为单元，加强水源涵养。推进马铃薯淀粉加工废水污染综合治理，强化清水河、葫芦河、泾河、渝河、茹河等主要河流综合治理和重点污染源监管，保护好城乡饮用水源地。

（十八）加强重点水利工程建设。加快实施中南部城乡饮水安全水源工程、农村饮水安全工程、病险水库除险加固、中小型水库新建、库井灌区节水改造等重点项目，建立大中型工程并举、库坝窖池联用的供水体系，到2013年基本解决农村饮水安全问题。加快原州彭堡地下水库截潜工程建设。进一步研究论证利用截潜等工程措施，科学合理调控利用地表水、地下水。

（十九）扎实推进生态建设。大力实施大六盘生态圈水土保持、三河源生态保护与开发等重大项目，推进国家水土保持生态建设工程，强化人为水土流失监督管理。加强退耕还林补植补造和现有林木管护抚育，加快培育以山杏、枸杞等经果林和中药材为主的退耕还林后续产业。进一步加大对固原

生态建设的财政转移支付力度，适当提高水源涵养林、水土保持林补助标准。积极争取将固原15度以上坡耕地逐步纳入国家退耕还林工程建设范围。

七、努力促进社会事业全面发展

（二十）进一步加强人口和计划生育工作。严格控制人口过快增长，完善计划生育利益导向机制，继续深化“少生快富”工程和奖励扶助制度。全面落实计划生育家庭新型农村养老保险，将计划生育手术并发症纳入大病统筹范围。加大投入力度，加强计划生育服务体系建设，强化人员培训，立项建设固原市人口计划生育服务中心。开展优生促进工程，实施免费孕前优生健康检查，促进出生缺陷一级预防工作的开展，努力提高出生人口素质。加强全员人口宏观管理信息化建设，提高人口计生科学管理水平。

（二十一）优先发展教育事业。深入实施“基础教育学校综合管理质量工程”和“中小学教师和校长能力建设计划”。优化教育资源配置，改善中小学办学条件，解决“大班额、大通铺”问题。每年有计划地公开考录补充年轻教师，通过特岗、三支一扶、应届毕业生锻炼等解决教师不足问题。开展川区名校与固原学校对口支教活动，加强教师队伍及学校校长的培训。加大教育扶贫力度，出台鼓励扶持政策，扩大沿黄城市带职业学校招收南部山区中职学生的比例，逐步免除中职院校农村家庭困难学生和涉农专业学生学费，提高困难学生生活补助。

（二十二）大力发展文化产业。加大文化基础设施建设力度，重点抓好固原体育场改造、市图书馆和广电中心等项目建设。深入实施广播电视村村通、文化信息资源共享和农民文化家园等惠民工程。加大宣传文化经费投入，加强文化干部队伍建设。引进大型文化企业集团和著名文艺团队，打造“红色六盘、萧关古道、丝路古城、花儿家乡”文化品牌，不断提升固原文化产业水平。支持丝绸之路申遗及沿线重要遗址保护，进一步改善固原博物馆基础设施条件，加大重点文物保护和少数民族文化遗产抢救工作力度。

（二十三）建设人人享有基本医疗卫生服务示范市。加强重点疫病防治，做好地方病、慢性病、职业病及重大传染病防治工作，提高突发公共卫生事件应急处理能力。加强基层医疗卫生机构队伍建设，解决专业人员短缺问题，对长期在基层医疗卫生机构服务的卫生技术人员在职称晋升、聘任、生活待遇等方面给予倾斜。积极化解乡镇卫生院债务，逐步解决乡村医生养老保险。

（二十四）完善社会保障体系。统筹城乡养老保险，争取2年～3年内把固原市五县区全部纳入新农保试点范围。积极推行统筹城乡居民基本医疗保险工作，实现政策、信息、经办统一的城乡居民基本医疗保险制度体系，并在公益性岗位分配上给予倾斜支持。

（二十五）健全人才培养培训机制。统筹安排部署固原各类人才的培训、培养工作。以自治区党校、社会主义学院为主，依托区内外培训机构，加强对固原各级各类干部的培训教育。加大专业技术、企业经营管理、职业技能、农村实用和社会工作人才的培训支持力度，举办专业技术人员高级研修班及少数民族专业技术人员骨干、乡村医疗卫生（计生）人员、县乡村师资等培训、轮训班，提升固原专业技术人员学历教育水平。组织专家针对固原的特色产业、薄弱学科开展服务活动。对固原申报的专业研修项目予以重点支持。对援助固原经济社会发展和科学进步贡献突出的我区专业技术人才，同等条件下职称评审给予优先。支持固原强化对宗教教职人员、少数民族技能人才、统战和民族宗教工作干部的培训。

八、形成加快固原发展的合力

（二十六）统筹协调，形成合力。自治区有关部门（单位）要把促进固原经济社会加快发展列上重要议事日程，明确任务，落实责任，配套政策，倾斜项目，全力支持。要强化督查，实行重点项目建设和重要工作限时办结制、责任追究制，确保落实到位。川区各市县要认真落实自治区确定的对口帮扶项目，为全区协调发展做出贡献。有关方面和社会各界都要关心支持固原的发展,形成强大的合力。

(二十七)自力更生,艰苦奋斗。固原市要切实加强组织领导,完善工作机制,明确工作责任,制订实施方案,建立联席会议制度,加强与自治区有关部门的沟通衔接。大力弘扬“不到长城非好汉”的六盘山精神,自力更生,艰苦奋斗,坚定信心,开拓创新,求真务实,扎实工作,努力开创固原经济社会发展新局面。

自治区党委人民政府关于进一步扶持生态移民新村发展的若干意见

(2010年9月4日)

为认真贯彻落实胡锦涛总书记视察宁夏时的重要讲话精神,切实解决中部干旱带县内生态移民工作中存在的困难和问题,确保实现“搬得出、稳得住、能致富”的目标,现提出如下意见:

一、切实提高思想认识。实施县内生态移民工程,是自治区党委、政府按照科学发展观的要求,站在统筹区域协调发展的高度,对扶贫开发工作思路、开发方式的一次重大调整和创新,对于推进我区科学发展、跨越式发展意义重大。目前,县内生态移民工程建设总体进展良好,但由于移民自身经济基础薄弱,自我发展能力相对较低,生产生活中仍存在一些困难和问题。各地、各部门(单位)必须进一步提高认识,把生态移民工程作为当前和今后一个时期内重要的政治和经济任务,切实解决好生态移民发展过程中的各种新情况、新问题,不断改善移民的生产生活条件。引领移民尽快实现安居乐业和脱贫致富,促进全区经济社会全面、协调、可持续发展。

二、全面落实惠农政策。生态移民继续享受在原籍的退耕还林、退牧还草政策。调整直补政策,将种粮、良种、农资、农机等直接补贴覆盖生态移民新村,按扬黄灌区现行补贴标准执行。金融机构创新贷款模式,适当降低贷款利率,放宽贷款期限。扩大贷款面,发行“惠农卡”。村级扶贫互助资金优先覆盖生态移民新村,对于入股困难户可实行赠股。500户以下的新村投放50万元,500户以上的新村投放100万元,1000户以上的新村投放200万元的扶贫互助资金。在生态移民安置过渡期,优先把移民特困户纳入当地救助等社会保障体系,对符合低保条件的移民做到应保尽保。

三、支持移民搬迁安置。生态移民迁入区通过置换用于安置生态移民的土地。自治区财政按县(区)实际补助标准的70%给予补助,相关部门依法及时办理土地所有权证、使用权和土地承包经营权证的变更、登记手续。对特困户、救助户、残疾人家庭等,以县为单位,按移民总户数的10%控制,由民政部门按程序逐户严格审核认定,登记造册,由县(区)分配小户型住房,其自筹资金不足部分由县(区)政府垫付。所在县(区)政府与特困户签订借款协议,移民定居后,分期归还。资金确有困难的县(区)可向自治区财政厅申请借款。移民户的供电入户费由宁夏电力公司负责解决。自来水入户费由自治区财政厅在“农村自来水百村千户入户工程”资金中解决。

四、加快发展后续产业。进一步扶持和培育生态移民新村后续产业,农牧林业部门要组织和引导调整农业结构。大力发展特色农业和设施农业。支持发展大中拱棚和庭院经济,有条件的农户可发展日光温室,保证每户有1亩以上的设施农业。大中拱棚每亩补助5000元,日光温室每亩补助8000元。自治区发改委和财政厅各承担50%,发改委承担部分从巩固退耕还林成果生态移民专项资金中列支,财政厅承担部分从设施农业专项资金中列支。对覆膜种植马铃薯、西甜瓜的每亩补助地膜费60元。对种植枣树、枸杞等特色优势经济林的,每亩补助种苗费120元。对发展养殖业,创建肉牛科技示范村或新建肉牛(肉羊)规模养殖场(园区)的,自治区财政给予补贴。对发展小型农副产品加工和流通的,自治区农牧厅给予补助。自治区农业综合投资公司扶持的农业产业化项目,优先向生态移民新村安排。鼓励、引导和支持移民劳务输出和自主创业。 生态移民新区劳务输出每年稳定在2万人次左右。

五、切实促进节约用水。生态移民新村要大力发展旱作节水高效农业。提高用水效率。水利部门要优化人畜饮水和产业用水的配置。改革种植模式,大力发展覆膜种植,推广适合当地条件的耐旱作物。

运用价格机制促进节水,鼓励节约用水,超定额用水加价收费。生态移民新村生产用水核定成本水价不足1元/立方米的,按核定成本水价收取,超过1元/立方米的,暂按1元/立方米收取;生活用水核定成本水价不足4元/立方米的,按核定成本水价收取,超过4元/立方米的,暂按4元/立方米收取。生产用水超过1元/立方米、生活用水超过4元/立方米的差额部分,由自治区财政补贴给工程运行管理单位。对于超定额用水的,具体收费标准由相关部门另行规定。

六、强化移民技能培训。建立健全生态移民新区乡、村农技推广服务体系,做到乡(镇)有服务站、村有服务点。在生态移民新村建立设施农业、肉牛、庭院经济科技示范基地,鼓励组织一批科技特派员定向定点开展技术服务,重点推广普及节水灌溉、覆膜种植、品种改良、温棚养殖、疾病防治等技术。实施生态移民专项培训援助工程,整合用好各类培训资金,定期举办农民科技培训班和农村劳动力转移就业技能培训班,使每户移民都能掌握一至两门实用技术。农业科技培训由农牧和科技部门牵头,务工技能培训由人力资源社会保障部门牵头,相关部门积极配合,5年内实现100%的职业技能培训。

七、大力发展公共事业。加快新建、改扩建学校建设力度,完善学校设施配置,加强教材专业能力培训和队伍建设。加强生态移民新村医疗卫生设施和村医队伍建设,切实推进移民新村广播电视村村通、农家书屋、农村数字电影放映、篮球场等文化体育惠民工程。高标准、高起点建设日用百货和农资超市,切实为移民营造安全、便利、良好的消费环境。加快乡村道路建设建好招呼站,及时开通客运班线。以村为单位,支持发展沼气和太阳灶,试点建设大型沼气池,成立村民沼气协会,实行统一供气。安排农村环保专项资金,开展饮用水水源地保护和农村生活垃圾、生活污水、畜禽粪便处理等。提高卫生厕所普及率,加强环村防护林建设。生态移民新村公共设施建设要按规划、按进度及时完成,确保移民生活质量的提高。

八、加强移民社会管理。尽快建立健全生态移民新村管理组织机构,切实加强社会管理。自治区民政厅指导有关县(区)合理设置建制村,已批准设立的建制村要按规定,选举产生村民委员会,切实履行好相应职责;按照新农村建设的要求,探索社区管理服务的新模式。加强社会治安综合治理、按照属地管理的原则,及时办理移民户口迁移手续,做好户籍管理。依法加强生态移民新村宗教事务管理,提倡不同教派合坊,原则上一村建一处清真寺,最多建两处,以信教群众人数定宗教活动场所规模。新建、扩建宗教活动场所。由所在县(区)政府制定规划,报自治区宗教部门依法审定,逐步实施。生态移民迁出区的土地收归国有,由属地县(区)加强管理,采取禁牧和封育措施,恢复林草植被,改善生态环境。

九、抓好村级组织建设。规范党组织设置,按党员数量,成立党总支或党支部。积极探索适应移民特点的党建工作新路子,建立健全党领导的村级民主自治机制,为移民工作的有序开展提供坚强的组织保证。合理确定村干部职数,600户以下的村,可配3名村干部;600~1000户的村,可配3~5名村干部;100户以上的村,可配5~7名村干部。配齐配强村"两委"班子,注重从农村致富能人、复转军人、大中专毕业生中选拔"两委"负责人。对一时选择不出合适村党组织书记的,可从党政机关和事业、企业单位的优秀年轻干部中选派。选派的党政机关优秀干部,工作表现突出者,可优先提拔使用。建立健全村级共青团、妇联等群团组织。市、县(区)党委要加强对移民新村村级组织建设的领导,民政部门要加强督促检查和指导,及时研究解决工作中存在的问题，坚决防止因村级组织不健全、干部作风不扎实、党员作用不突出和移民政策贯彻不到位而影响移民新村的建设和发展。

十、建立工作推进机制。有关市、县(区)和自治区农垦局是生态移民建设的主体，要统一思想，高度重视，合力扶持，扎实工作，切实抓好移民新村的产业发展、村镇建设和公共服务等工作，确保生态移民工程目标的实现。自治区生态移民工作领导小组要加强领导，及时协调研究解决好移民工作中出现的新情况、新问题。自治区发改委(移民办)要负责抓好生态移民项目区的规划编制、方案制定、项目衔接、资金整合以及建设中的协调督促检查和验收。凡属农牧林业、科技、水利、国土、交通、电力、沼气、危房改造、环保、商贸以及组织建设、教育、文化、卫生、体育、通讯、广播电视、涉农信息平台等方面的项目，各部门都要优先向生态移民新村安排。自治区扶贫办要组织自治区有关部门(单位)加大对口定点帮扶、动员企事业单位和社会力量开展结对共建扶持。自治区政府督查室要强化督查，狠抓落实，确保移民工作各项目标任务有着落、见成效。对于在移民扶持工作中成绩突出的要给予表彰奖励，工作不力的要予以通报批评，并责令限期改进。要坚持正确的舆论导向，引导移民发扬自力更生、艰苦奋斗、自强不息、积极进取的创业精神，在政府和社会各界的帮助和扶持下，积极建设美好家园，尽快脱贫致富。

中共固原市委员会关于制定国民经济和社会发展第十二个五年规划的建议

（2010年12月21日中国共产党固原市第二届委员会第九次全体会议通过）

“十二五”时期(2011年—2015年)，是我市抢抓新一轮西部大开发机遇、推进发展战略转型、实现经济社会发展新跨越、为全面建设小康社会奠定基础的关键时期。全面贯彻党的十七届五中全会和自治区党委十届十一次全体会议精神，科学编制《固原市国民经济和社会发展第十二个五年规划》，对于深入实施西部大开发战略，开创我市科学发展、跨越发展新局面，具有十分重要的意义。

一、抢抓重大战略机遇，增强加快发展的信心和决心

1.“十一五”经济社会发展取得显著成就。

“十一五”期间，我市在党中央、国务院的亲切关怀和自治区党委、政府的坚强领导下，市委、政府团结带领全市各族干部群众，大力弘扬“不到长城非好汉”的六盘山精神，解放思想、攻坚克难、创新创业，一心一意谋发展、聚精会神搞建设，千方百计保民生，谱写了科学发展、社会和谐的壮丽篇章，全面完成了“十一五”规划确定的奋斗目标。全市经济建设、政治建设、文化建设、社会建设以及生态文明建设和党的建设取得重大进展。过去的五年，是我市综合实力提升最快、城乡面貌变化最大、人民群众得实惠最多的五年，呈现出民族团结、社会稳定、人民安居乐业的大好局面。

2.“十二五”经济社会发展面临的形势。

“十二五”时期，我市经济社会发展面临重大机遇。《中共中央国务院关于深入实施西部大开发战略的若干意见》《中国农村扶贫开发纲要(2011—2020年)》《国务院关于进一步促进宁夏经济社会发展的若干意见》和《陕甘宁革命老区振兴规划》，为我市发展提供了强有力的支持；自治区党委、政府统筹两个大局、推动山川协调发展，专门出台了《关于促进固原经济社会加快发展的若干意见》，为我市今后的发展指明了方向，提供了政策措施保障；经过多年努力，我市经济实力明显增强，社会事业快速发展，发展条件和投资环境有效改善，为实现“十二五”发展新跨越奠定了坚实基础。市委二届八次全体(扩大)会议确定的以农业为主导向以工业为主导、多产业发展并举的战略和“一五五”工程，为今后发展明确了战略思路和重点。在攻坚克难、团结奋斗、创新发展中，培育锻炼了一支艰苦奋斗、求真务实、干事创业的干部队伍，为实现我市经

济社会发展新跨越提供了有力的组织保证。

同时要清醒地看到，我市经济欠发达、贫困落后的基本市情没有改变，主要表现为：自然条件差，生态环境脆弱，水资源短缺，人口与自然承受能力矛盾突出；经济总量小，自我发展能力弱，经济结构不合理，经济发展方式粗放，市场化程度低，与全区其他市的发展差距拉大；对外开放水平不高，招商引资难度大，发展环境有待进一步优化；基础设施建设滞后，基本公共服务能力不强，保障和改善民生任务艰巨；贫困面广量大，扶贫攻坚的任务仍然十分繁重。

面对新形势、新任务，我们必须科学判断和准确把握全国全区发展趋势，继续深化市情认识，树立强烈的机遇意识、忧患意识、责任意识和追赶意识，凝聚全市各族人民力量，奋力缩小发展差距，推动经济社会各项事业科学发展、跨越式发展。

二、坚定不移推动发展战略转型，实现经济社会发展新跨越

3.制定“十二五”规划的指导思想：

高举中国特色社会主义伟大旗帜，以邓小平理论和“三个代表”重要思想为指导，深入贯彻落实科学发展观，顺应全市人民过上更好生活新期待，深入实施西部大开发战略，认真落实自治区党委、政府《关于促进固原经济社会加快发展的若干意见》，大力弘扬和实践“不到长城非好汉”的六盘山精神，以科学发展为主题，以经济发展战略转型为主线，全力实施“一五五”工程，奋力推进新型工业化、城镇化、农业产业化，奋力推进以生态移民为重点的扶贫开发，奋力推进基础设施和生态环境建设，更加注重改革开放，更加注重优化发展环境，更加注重项目建设，更加注重保障和改善民生，更加注重民族团结和社会稳定，努力走科学发展、跨越发展之路，为与全国、全区同步迈入小康社会奠定坚实基础。

发展是当前和今后一个时期解决我市一切问题的关键所在，必须始终坚持科学发展这一主题，发展战略转型这一主线，全力实施“一五五”工程（把原州区建成全市产业聚集的“核心区”，培育盐化工及煤电一体化、以草畜和马铃薯为主的特色农业及农副产品深加工、物流及服务业、旅游业、劳务产业“五大产业”，建设盐化工循环经济扶贫示范基地、六盘山生态农业示范基地、西兰银交会中心物流集散基地、六盘山红色旅游和生态旅游及文化休闲避暑度假基地、劳务输出基地“五大基地”），促进全市经济社会跨越发展。基本要求是：

——必须坚持统筹兼顾，推动科学发展。突出发展第一要务，坚持以人为本原则，统筹推进经济、政治、文化、社会和生态文明建设，促进经济社会与人口、资源、环境协调发展。

——必须坚持调优结构，提升产业层次。围绕以工业为主导、多产业发展并举的战略转型路子，坚持走新型工业化道路。做强做大农业特色优势产业。大力发展以现代物流业和旅游业为重点的现代服务业，促进三次产业协调发展。

——必须坚持科技进步，提高科技贡献率。

创新科技研发推广应用工作体制，加强科技队伍建设，充分调动科技人员的积极性，加强优势特色产业发展关键技术攻关，加快普及推广科学技术，提高群众的科学素质。

——必须坚持基础先行，增强发展后劲。谋划一批打基础、利长远的基础设施项目，完善综合交通运输体系，推进城镇基础设施建设，加强生态建设和环境保护，综合开发利用水资源，为经济社会发展提供有力保障。

——必须坚持保障和改善民生，促进社会和谐。打好“六盘山集中连片特殊困难地区”扶贫攻坚战，大力实施生态移民和教育移民、劳务移民工程；推进全民创业，积极扩大就业；加快发展社会事业，推进基本公共服务均等化；完善社会保障体系，让人民群众共享改革发展成果。

——必须坚持改革开放，增强发展活力。深化行政体制、经济体制、社会事业等重点领域和关键环节的改革。主动融入宁夏构筑内陆开放型经济新格局中，提高对外开放水平。坚持不懈地创新优化经济发展环境。大力发展非公有制经济。

——必须坚持增进民族团结，维护社会稳定。全面贯彻党的民族政策，坚持“两个共同”的主题，牢固树立“三个离不开”的思想，巩固和发展平等团结互助和谐的社会主义民族关系，依法加强宗教事务管理，引导宗教与社会主义社会相适应。创新社会管理，加快建设平安固原，全力维护社会稳定。

4.“十二五”时期经济社会发展预期目标。

根据党的十七大确定的全面建设小康社会目标和十七届五中全会精神的总体要求，自治区党委十届十一次全体会议的部署，今后五年我市经济社会发展的预期目标是：经济平稳快速发展。地区生产总值力争比2010年翻一番，年均增长13.5%以上；地方财政一般预算收入年均增长20%以上；全社会固定资产投资年均增长25%以上，基础设施不断完善，经济增长的质量和效益进一步提高。

经济结构调整步伐明显加快。三次产业结构进一步优化，以工业为主导、多产业发展并举的经济格局初步形成，工业增加值力争翻两番，占GDP比重上升到25%以上；现代生态农业建设取得突破；服务业层次提升，城镇化率达到40%以上。

城乡居民收入大幅增加。城镇居民人均可支配收入年均增长11%以上；农民人均纯收入年均增长12%以上，力争翻一番；低收入群众生活得到有效保障，人民生活水平不断提高。

扶贫攻坚取得新突破。加大产业扶贫和社会帮扶力度，扶贫开发取得明显成效，全面完成22万贫困人口移民搬迁任务，贫困人口大幅减少，贫困群众自我发展能力不断增强。

生态环境明显改善。森林覆盖率达到25%左右，水土保持和水源涵养能力提高，污染防治能力进一步增强。完成自治区下达的节能减排指标。

社会事业全面进步。人均基本公共服务接近或达到全区平均水平，社会保障体系进一步完善，教育和医疗卫生发展水平提高，文化固原品牌提升。民主法制建设加强，民族团结进步，社会和谐稳定。改革不断深化，对外开放迈出新步伐。

约束性指标：人口出生率控制在16.5‰以内，自然增长率控制在11‰以内。单位GDP能耗控制在4.15吨标准煤，二氧化硫和化学需氧量排放量分别控制在1.6万吨和1.8万吨以内。

全市亿元生产总值死亡率比2010年降低20%以上，道路交通万车死亡率比2010年降低20%、煤矿百万吨事故死亡率降低20%，重大事故结案率达到100%。

5.“十二五”时期重大项目。

22万生态移民搬迁工程，大六盘生态经济圈建设项目，宁夏中南部城乡饮水安全工程，百万亩库井灌区优势特色产业节水示范工程；盐化工基地建设项目，风电项目；清水河综合物流、固原火车站农产品货运物流、三营火车站工业品物流、开发区物流园区建设等项目；福银高速六盘山至沿川子段和兰青高速毛家沟至东山坡段，固原至宝鸡高速公路东山坡至华亭段、309国道固原市境内高速公路，国省道改造项目和农村油路工程，固原火车站改扩建和固原机场二期扩建工程，宝鸡至中卫铁路复线等铁路项目，通市区及县城天然气利用工程项目；城市保障性住房及农村危窑危房改造项目，城市污水处理和城乡垃圾处理工程项目；农村三级卫生服务网络、城市社区卫生服务体系建设工程项目。

三、以盐化工和煤电一体化为龙头，加快推进工业化坚持走新型工业化道路，深入实施工业强市战略，加速资源优势向经济优势转化。培育产值过100亿元的盐化工及建材业、过50亿元的煤电油产业和过30亿元的马铃薯、草畜、中药材、粮油等特色农产品加工业等三大产业集群；新培育产值过5亿元的企业3家、过亿元的企业10家。

6.高水平规划建设固原盐化工循环经济扶贫示范区。

按照产品项目、公用辅助、物流传输、环境保护和管理服务“五个一体化”模式，规划建设布局合理、配套齐全、功能完善的自治区级循环经济示范区。2012年前完成10平方公里“七通一平”基础设施建设任务。加大招商引资力度，深度开发岩盐等资源，完成年产2100万方采输卤、300万吨真空制盐、70万吨烧碱、6万吨ADC、3万吨漂精粉、80万吨PVC、30万吨MDI、15万吨TDI、2万吨金属钠、2万吨三骈咪唑、100万吨水泥等产品项目和2×350MW热电联产项目建设任务。到2015年，盐化工示范区对我市工业经济的贡献率达到50%以上。

7.积极开发利用煤炭、石油、天然气、风能、石灰岩等资源。大力发展煤电一体化产业，建成年产1000万吨原煤的王洼大型矿区和600万吨的煤炭深加工项目、600万吨的煤炭储运站项目。

争取扩大火电机组规模，将六盘山热电厂2×670MW扩建项目纳入自治区电力发展规划。加快煤炭、石油勘探、开采、开发进度。争取西气东输二线天然气指标，发展天然气深加工项目。加快风能、光伏等清洁能源开发利用，加快建设和引进风力发电项目，积极引进光伏产业项目。依托石灰岩资源和粉煤灰等工业废料，发展水泥、煤矸石粉煤灰空心烧结砖等新型建材业。

8.促进传统产业优化升级。

通过项目建设、技术改造、合资合作等方式，用新技术、新工艺、新材料、新设备，对农副产品加工、酿造、中药材、建材等传统产业进行技术改造，促进传统产业优化升级，扶持壮大10家"龙头"企业。瞄准全国有实力的大企业集团，引进一批技术含量高、聚集效应大、经济效益好、带动能力强的资源开发项目、产业化项目、劳动密集型项目、高新技术项目。加快建设宁夏(西吉)闽宁合作产业园区等县(区)工业园区，积极承接东部产业转移。围绕固原机场，大力发展航空产业。

9.大力发展非公有制经济。

积极鼓励、支持和引导非公有制经济发展，扶持培育一批有实力、上规模的非公有制企业。加快中小企业公共服务平台、信息服务网络和创业基地建设，加大财税金融支持力度，促进中小企业快速发展。支持非公有制企业推进技术创新，推动产品向品牌化、特色化方向发展。充分发挥非公有制经济在促进经济发展、调整产业结构、繁荣城乡市场、扩大就业创业中的重要作用。

四、加快发展现代生态农业，推进社会主义新农村建设围绕建设南部山区现代生态农业示范区，加快传统农业向现代生态农业转变，建设宁夏乃至西部地区重要的绿色农产品生产加工基地，做强县域经济，促进农业稳步发展、农民持续增收、农村和谐繁荣。

10.高水平建设六盘山现代生态农业示范基地。

规划建设清水河、葫芦河、渝河、红河、茹河流域库井灌区优势特色产业节水高效示范工程，精心打造23个自治区级、27个市级现代农业示范基地，辐射带动农业特色优势产业扩量提质增效。草畜产业在建设肉牛养殖示范村和标准化养殖园区上求突破，肉牛饲养量达到100万头以上；马铃薯产业在建成全国重要的育种和种植加工基地上求突破，面积稳定在200万亩以上，原原种生产能力达到2亿粒，良种化率达到80%以上；设施农业稳定在27万亩以上，日光温棚比重达到20%以上，并在优化品种结构、提高经济效益上取得突破；中药材产业以"自治区优质中药材基地县"隆德县为主，在建设国家级道地中药材生产基地上求突破。扶持彭阳辣椒及林果、西吉西芹及胡萝卜、隆德花卉、泾源苗木、原州蔬菜和枸杞等区域特色产业做优做强。

11.打造"六盘山"绿色农产品品牌。

充分利用六盘山地名效应，集中打造"六盘山"系列农产品品牌。鼓励龙头企业和合作组织建设农产品标准化生产基地，配套完善质量安全监测体系，创新营销机制，做好品牌宣传推介，争取国家品牌认证，争创全区和全国知名品牌。到2015年年底，全市农产品注册商标总数达到100个，培育国内知名农产品品牌20个，培育自治区级知名农产品品牌30个。

12.提升农业产业化水平。

坚持做大基地、做强龙头、做活市场，提高农业综合效益和市场竞争力。按照一个产业培育一个龙头企业的要求，充分发挥特色农产品资源优势，发展农产品精深加工业,争取将马铃薯加工企业纳入国家民族商品定点企业范围,享受相关优惠政策。扶持培育10个产值上亿元的大型龙头企业,形成集群优势。加快建设农产品流通体系和信息化服务体系,推进优势特色农产品产、加、销一体化经营。

13.实施农民收入倍增计划。

着眼于全面建设小康社会的奋斗目标,坚持减少农民与富裕农民并重,减人与增收并举,千方百计拓宽农民增收渠道,认真落实各项强农惠农政策,积极争取国家深入实施西部大开发战略关于提高农民生活水平的项目资金,大力发展特色、优质、高效、生态农业,全力实施生态移民、草畜产业、马铃薯产业、设施农业、劳动力转移就业、林果产业、龙头企业带动、非农产业等“八大增收工程”,推动农民人均纯收入翻一番。

14.大力发展劳务产业。

坚持劳动力资源开发与转移相结合,坚持技能化、品牌化、产业化路子。

继续开展大规模技能培训和全市技能“大练兵、大比武”活动,提高务工人员技能素质。培育壮大五县(区)专业化劳务集团公司,大力发展劳务中介服务组织、劳务经纪人队伍。重点打造电焊电工、清真餐饮、电子装配、缝纫制鞋、家政保安、建筑装潢“六大品牌”,加快形成福建、新疆和内蒙古、京津唐、长三角和珠三角、宁东及沿黄城市带、中东涉外“六大板块劳务输出基地”。到2015年,新建劳务基地250个以上,年输出劳务30万人以上,创收25亿元以上,劳务人员年均创劳务收入8000元以上。

15.进一步深化农村改革。

坚持和完善农村基本经营制度,在依法自愿有偿和加强服务的基础上有序推进土地流转,大力发展多种形式的适度规模经营。鼓励发展农民合作组织,加快健全农业社会化服务体系,提高农业经营组织化程度。加快农村金融制度创新、产品创新和服务创新,引导金融机构向农村延伸,加快培育村镇银行、小额贷款公司、农村资金互助社,消除农村金融“空白点”。

积极发展农业保险。推进集体林权制度改革。扶持发展村级集体经济。

16.加快发展农村公共事业。

搞好社会主义新农村建设规划,实施好水、电、路、气、房和环境“六到农家”工程,基本解决农村饮水安全问题,完善提高农村电网运营水平,加快农村道路建设,普及农村沼气,加大危窑危房改造力度,积极推进农民新居建设,全面推进农村环境综合整治,抓好农村信息化工程,加快发展农村社会事业,逐步缩小城乡基本公共服务差距。

五、大力发展现代服务业,提升第三产业发展水平把服务业作为产业结构优化升级的战略重点和增强经济发展协调性的重大举措,大力发展生产性服务业,积极发展生活性服务业,培育发展新兴服务业,着力提高服务业发展的层次和水平。

17.加快建设西兰银交汇中心物流集散基地。

规划建设西兰银交汇中心物流园,建设固原火车站农产品货运物流、三营火车站工业品物流、清水河工业物流和开发区综合物流等园区。加快物流基础设施建设,实施固原火车站和三营火车站客货运扩建工程。引进大型物流企业,培育年销售收入上亿元的物流企业10家,建设马铃薯、清真牛羊肉、蔬菜等自治区级批发市场和优势特色农产品交易市场,加快农产品冷链体系和配送中心建设。依托“万村千乡市场工程”,发展农村连锁经营、物流配送、农超对接等现代流通方式,构建农村商贸物流网络。

18.加快建设六盘山红色旅游、生态旅游及文化休闲避暑度假基地。

用足用好国家级“六盘山旅游扶贫发展试验区”牌子的市场效应,加大“大六盘”旅游圈开发力度,提升六盘山、须弥山、火石寨、泾河源等旅游景区建设水平,改造提高旅游景区之间道路等级。创新旅游管理体制机制,整合旅游资源,组建六盘山旅游集团公司,加强同周边旅游资源的合作共享,推出一批具有较强吸引力的精品旅游线路和旅游产品。加大宣传促销力度,不断提高固原旅游的知名度和影响力。

19.积极发展现代服务业。

培育完善金融银行业、证券业、期货业和保险业,构建多元化的金融服务体系,提高金融支持地方经济发展能力。培育壮大电子商务、社会中介服务业,提高社会化综合服务水平。发展商务会展业,促进内外交流、贸易往来。大力发展家政、养老、社区服务业。

六、建设宁南区域中心城市,加快城镇化进程坚持统筹规划、科学定位、完善功能、产业支撑、梯次推进,加快建设三级城镇体系。

20.加快建设宁南区域中心城市。

围绕打造"生态文化山城",修编固原城市总体规划,市区建成区面积达到37平方公里,优化城市功能区布局,加快建设集工业、商贸、物流、文化旅游为一体的宁南现代化区域中心城市。加快新区开发,建设集行政办公、文化教育、商务居住等功能为一体的现代化城市;加快老城区基础设施配套改造,建设功能完善、管理有序、环境优美、生活便利的商贸居住休闲区。力争完成市区城中村改造。规划建设生态移民和农村劳动力转移集中安置区。完成101省道固原市区段改线建设,打通出口,连接断头,建设四通八达的城市公路网。实施"三山两带两园一河"园林景观建设工程。完善城市管理体制,加强城市管理,积极争创自治区级文明城市、卫生城市、生态园林城市和可再生能源示范城市。加快发展城镇二三产业,增强区域中心城市的集聚和辐射带动能力。

21、加快县城和集镇建设。

编制完善城镇建设控制性详细规划,加快建设西吉回乡风情县城、隆德文化县城、泾源旅游县城、彭阳生态县城,使之成为承接区域中心城市产业转移、辐射和带动小城镇发展的重要引擎。以三营、兴隆、沙塘、泾河源、王洼等16个中心集镇为重点,加快红色文化、绿色环境、回乡风情、新型矿区、商贸流通小城镇建设,提高城镇综合承载能力,逐步形成特色鲜明、功能互补的城镇发展格局。

七、以生态移民为突破口,举全市之力打好扶贫攻坚战抢抓国家推进"六盘山"集中连片扶贫开发新机遇,认真贯彻《中国农村扶贫开发纲要(2011—2020年)》精神,以生态移民、整村推进、劳动力转移培训、产业扶贫为重点,争创全国扶贫开发攻坚示范区。

22.构建"大扶贫、大开发"新格局。

坚持开发式扶贫方针,规划实施"六盘山集中连片特殊困难地区扶贫开发攻坚计划",扎实做好新一轮整村推进扶贫开发工作,加大产业扶贫力度,扩大互助资金扶持面,增强贫困农民的自我发展能力。全面推行农村最低保障制度和扶贫开发政策的有效衔接,使贫困人口应保尽保、应扶尽扶。进一步提升对口帮扶协作层次,拓宽定点帮扶工作领域,实现中央国家机关或大型企业、闽宁对口帮扶及自治区直属单位、川区市(县、区)对我市五县区定点帮扶的全覆盖。鼓励和支持社会团体、民间组织参与扶贫工作。

23.实施生态移民工程。

按照自治区的统一规划部署,拓宽渠道,内外结合,分类安置,政策配套,用5年时间,将居住在干旱片带、环境恶劣、生态脆弱、不宜人居地方的贫困人口搬迁出来。配套完善移民新区公共服务设施,改善生产生活条件,加强移民实用技术和创业能力培训,大力发展致富产业,增强移民自我发展能力,确保"搬得出,稳得住,能致富"。加大迁出区生态修复力度。

八、强化基础设施建设,提升发展保障力坚持把实施项目带动战略作为推动经济社会较快发展、提升发展保障能力的重要抓手,坚持功能配套、适度超前、保障有力的原则,规划、引进、实施一批事关全局和长远的重大项目,以大项目带动大投资,以大投资推动大发展。

24.加强农田水利工程建设。

坚持兴修旱作基本农田,改造中低产田,实现农业人口人均3亩高标准基本农田目标。加快实施固原城乡饮水安全水源工程、农村饮水安全工程、病险水库除险加固、中小型水库新建、库井灌区节水改造等重点项目，建立大中小型工程并举、蓄引集提结合、库坝井窖池联用的供水体系，到2013年基本解决农村饮水安全问题。加快彭堡地下水库截潜工程建设。

进一步研究论证利用截潜等工程措施，提升人工增雨作业能力和技术水平，科学合理调控利用天上水、地表水和地下水。

25.加快综合交通运输体系建设。

按照建设国家级公路运输枢纽要求，规划建设一批基础性、功能性、公共性重大项目。建设宝中铁路复线、王洼至原州区专用铁路、固原至定西铁路，六盘山镇至沿川子、毛家沟至东山坡、鸳鸯湖至彭阳、东山坡至华亭、309国道固原市境内高速公路和固原至西吉高速公路等重大项目，加快境内国省道改造，提高通县公路等级，实现村村通沥青(水泥)路目标，扩展路网，扩大对外运输通道能力。争取开工建设固原机场二期扩建工程。

26.加快信息基础设施、天然气管道和电网建设。

大力推进“三网融合”，提升电子商务、远程教育等服务能力，加快全市政务网络建设、实现“五级联网”，完善农村信息服务体系，促进企业信息化改造，推进经济社会各领域信息化。加快铺设通达各县城的天然气管道。推进智能电网建设，实施新一轮农村电网改造升级，提升供电能力和质量。

九、加快生态环境建设，争创西部地区生态建设样板区坚持生态立市战略，在发展中保护，在保护中发展，加快推进资源节约型、环境友好型社会建设，争做宁夏构建祖国西部生态屏障的先行区。

27.构建“大六盘生态屏障”。

以大六盘生态经济圈建设为核心，以“三河源”(泾河、葫芦河、清水河)生态保护与开发为重点，实施退耕还林、生态移民搬迁区绿化、天然林保护、城乡环境绿化、绿色通道、林业产业“六大绿化工程”，力争用5年时间对我市186万亩15度以上坡耕地实行退耕还林。加强退耕还林补植补造和抚育管护，培育后续产业，加强封山禁牧，巩固扩大退耕还林成果。争取自治区将固原列入生态补偿机制试点市。加强小流域综合治理，开展新一轮“四荒”绿化治理攻坚战。进一步扩大六盘山及其外围森林资源的建设与管护。开展突出地方特色的绿色家园、生态文明社区、生态示范乡镇和示范村创建活动，争创全国生态文明示范县。全面实施境内铁路、公路、旅游景区沿线绿色通道工程和农田防护林网工程。

28.合理配置利用水资源。

按照节约优先、优化配置、有效保护、综合治理原则，加快推进“北扬黄河水、南引泾河水、就近利用库井水”配制工程体系建设，尽快形成“南北配置、丰枯补给”的水资源格局。编制固原水资源开发保护利用规划，实施六盘山“三河源”水源涵养保护工程，加强水源地保护。实行严格的水资源管理，全面建设节水型社会，为经济社会发展提供水资源保障。

29.加强环境保护工作。

坚持预防为主、综合治理原则，强化源头防治污染和生态保护，大力推进循环经济和低碳技术的研发运用，强化主要河流和重点污染源监管，加强水污染防治工作，加大马铃薯淀粉加工废水治理技术的研发和实用技术运用，加强农村环境保护，提高城乡环境质量。

十、大力发展社会事业，切实保障和改善民生坚持实施民生计划，推进基本公共服务均等化，加强社会建设，构建广大人民群众在共建中共享、共享中共建的和谐社会。

30.优先发展教育事业。

全面贯彻党的教育方针，努力办好人民满意教育。按照“优先发展、育人为本、改革创新、促进公平、提高质量”的要求，深化教育教学改革，全面推进素质教育，推动教育事业科学发展。优化教育资源配置，扩大优质教育覆盖面。积极发展学前教育，普及高中阶段教育，大力发展职业教育，加快发展民族教育，关心重视特殊教育，巩固提高义务教育质量和水平，实现教育强市目标。大力实施教育移民工程，实现大中专和中职毕业生每年在外就业1.5万人以上。

31.提高医疗卫生服务能力。

深化医药卫生体制改革,缩小城乡之间、不同收入群体之间的基本医疗卫生服务差距,创建人人享有基本医疗卫生服务示范市。进一步完善农村三级卫生服务网络和城市社区卫生服务体系,提高乡镇卫生院、村卫生室管理水平和配套标准,提升服务能力。完善重大疾病防控体系和突发公共卫生事件应急机制。

积极稳妥推进公立医院改革。加强妇幼保健机构建设。加快建立基本药物供应保障体系,完善药招"三统一"政策,全面实施国家基本药物制度,保障人民群众基本用药安全。支持推进回族医药发展。

32.提高科技支撑力。

鼓励支持科研单位、科技推广机构、企业、社会组织和个人创办各种所有制形式的科技企业,建立"政府引导、企业主导、市场为导向、产学研相结合"的技术创新机制,围绕优势特色产业加强科技攻关,在主要产品、关键技术方面取得重大突破。建立科技人员贡献与报酬挂钩的分配机制,进一步调动广大科技人员的积极性。加大公共财政投入,建设科技公共服务平台,完善科技成果转化政策支撑体系,推广应用先进科学技术。科技进步在国民经济增长中的贡献率达到45%以上。

33.实施人才强市战略。

实施固原市中长期人才发展规划纲要(2010—2020年),以专业技术人才和农村实用人才为重点,统筹抓好各类人才队伍建设。建立健全人才培养开发、评价发现、选拔任用、流动配置和激励保障机制,促进人才开发与产业、工程、项目对接,构建人才发展的比较优势,形成人才引领产业、产业聚集人才的良性循环;加快现有各类人才的培养使用,加大急需紧缺人才引进力度,造就一支与发展战略转型、促进科学发展相适应的高素质人才队伍;着力优化人才发展环境,大力营造有利于各类人才脱颖而出的政策、制度、创业、社会环境。培养一批合格的党政人才、经营管理人才、高技能人才、农村实用人才和社会工作人才。

34.扎实做好人口工作。

坚持计划生育基本国策,坚持计划生育工作党政"一把手"负责制,落实计划生育目标管理责任制,严格控制人口过快增长。完善利益导向机制和奖励扶助政策,深入实施"少生快富"工程。实施优生促进工程和出生缺陷干预工程,提高人口素质。突破够孩次纯女户绝育和流动人口计划生育等难点工作。加强宣传教育,转变群众生育观念。加强计划生育基础设施和服务网络建设。加强和改进老龄服务工作和养老服务基础设施建设,着力构建多层次、社会化养老服务体系。切实保障妇女儿童合法权益,加强未成年人保护,大力支持发展妇女儿童事业。

35.建立覆盖城乡的社会保障体系。

大力推进创业带动就业,完善创业就业服务体系,多渠道开发就业岗位,构建和谐劳动关系。扩大养老、失业、医疗、工伤保险、生育保险和住房公积金制度覆盖面,全面推进新型农村社会养老保险和医疗保险制度。加快基本社会保障制度整合,推进城乡基本社会保障一体化。建设覆盖城乡、衔接配套、管理规范的社会救助体系,加强福利机构设施建设。大力发展残疾人事业和慈善事业。加大经济适用房、廉租房、周转房、公共租赁房等社会保障性安居工程建设,保障居民基本住房权益。

36.做好防灾减灾工作。

积极宣传普及防灾减灾知识,提高全民灾害防范意识。加强地质勘探、灾害排查、监测预报、预警预防等基础性工作。加快救灾物资储备体系建设,积极完善防灾减灾规划,强化应急基础能力建设。加快构建抗旱减灾、防洪抢险、地质灾害和森林火灾等防灾体系,做好地质灾害重险点群众搬迁避让工作,提高抗御自然灾害能力。

37.加强社会管理。

按照"党委领导、政府负责、社会协同、公众参与"原则,健全党和政府主导的维护群众利益机制,创新完善基层管理和服务体系,发挥群众组织和社会组织作用，以综合治理和平安创建为载体，全力维护社会和谐稳定。建立调处化解矛盾纠纷长效机制，加强和改进信访工作，完善正确处理人民内部矛盾机制，妥善协调各种利益关系。健全社会治安防控体系，加强基层基础建设，严厉打击各种违法犯罪活动，加大整治治安突出问题力度，提高人民群众的安全感和满意度。严格落实安全生产责任制，加强行业安全监管。加强食品药品监管。深入开展双拥共建活动。

十一、深入挖掘文化资源，推进文化大发展大繁荣围绕“红色六盘、萧关古道、丝路古城、花儿家乡”文化元素，大力实施文化强市战略，以建设社会主义核心价值体系为根本，以打造六盘山生态文化产业带为重点，加快构建覆盖城乡的公共文化服务体系，培育壮大文化产业和文化市场，兴起社会主义文化建设新高潮，提高全市文明素质和全市文化软实力，大力推进文化固原、文明固原、书香固原建设。充分发挥文化引导社会、教育人民、推动发展的功能，为加快固原发展提供强大的思想保障、精神动力和智力支持。

38.开展精神文明创建、提高公民文明素质。

着力于社会主义核心价值体系建设，以“六盘山精神”的实践为抓手，打造铸魂励志的固原精神家园。深入推进社会公德、职业道德、家庭美德、个人品德建设，努力形成以群众性公民道德实践活动为载体，以创建文明城市、文明村镇、文明行业为重点，以创建文明单位为基础，各种形式创建活动共同发展的格局。深入实施“争做文明市民，建设文明城市；优化投资环境，建设诚信固原”文明洗礼工程，提高文明指数，建设文明固原，不断提高市民文明素质和全市文明水平。培育健康的社会心态和社会风气，净化社会文化环境。

39.繁荣文化事业、发展文化产业。

突出抓好市县级各类文化馆、图书馆、博物馆、影剧院、广播电视和卫星接收等公共文化服务设施建设，深入实施广播电视“村村通”、文化信息资源共享、农村电影放映、农村文化大院、农家书屋等文化惠民工程，大力扶持村文化室、社区文化中心建设，拓展延伸城乡公共文化服务。加强基层文化队伍建设，不断创新文化活动内容与形式，坚持办好六盘山山花节、六盘山登山节等重大品牌活动。深入开展群众性文化体育活动和全民健身活动。加强文化遗产和非物质文化遗产的保护开发力度，扩建固原博物馆、规划建设开城安西王府遗址，做好须弥山申报世界文化遗产工作，着力建设一批体现文化固原地域特色的标志性文化设施，推动以六盘山为中心，集生态观光、红色旅游、文化博览、艺术创作功能于一体的六盘山生态文化产业带建设，培育文化产业，打造西海固文学品牌，推出一批文化精品工程，拍摄《六盘山》影视剧，建设文化固原、书香固原。

40.深化文化体制改革，推进文化创新。

适应群众文化需求新变化新要求，弘扬主旋律，提倡多样化，使精神文化产品和社会文化生活更加丰富多彩。引导支持群众自发性文化活动，大力扶持非公中小文化企业，培育健全文化市场，深化市县文化市场综合执法，加强文化市场管理，加强文化艺术创作生产的引导，加强现代传播体系建设，扩大对外文化交流与合作。创新文化生产和传播方式，增强文化发展活力。

十二、深化改革开放，增强发展动力和内生活力主动融入宁夏内陆开放型经济新格局，不断深化改革，全方位扩大对外开放，提升固原开放水平。

41.实施全方位开放战略。

抓住宁夏实施面向阿拉伯国家及穆斯林地区开放战略机遇，加强与阿拉伯国家及穆斯林地区的经贸合作和人才培养，大力开发具有固原特色的清真食品和穆斯林用品，打造具有国际影响力和市场竞争力的清真、穆斯林品牌。依托闽宁对口帮扶平台，加强与福建及沿海地区经济技术协作，加强与中央、自治区企业的战略合作，引进一批资源开发型和基础设施、现代服务业等领域的大企业大项目，构建民族地区对外开放新格局。

42.推进体制机制改革。

加快行政管理体制改革，进一步转变政府职能，健全科学民主决策机制，加强行政效能建设，推进政务公开，加快建设法治政府和服务型政府，提高政府公信力。努力营造良好的法制环境、政务环境、市场环境和人文环境，制定和完善吸引企业投资的新政策，不断增强固原的吸引力和亲和力。推进财税体制改革，建立事权统一型的政府财税关系，提高基层公共服务保障水平。深化投资体制改革，积极争取和全面落实中央、自治区深入实施西部大开发的投资、金融政策，加强和改进政府投资项目管理，提高资金使用效益。

十三、全市各族人民团结起来，为实现“十二五”规划目标而奋斗。“十二五”期间，经济社会发展任务艰巨，使命光荣。全市各级党政组织和各族人民一定要坚定信心，齐心协力，完成好“十二五”规划的各项目标任务。

43.加强和改进党的领导。

各级党委要切实加强党的执政能力建设和先进性建设，充分发挥总揽全局、协调各方的领导核心作用。进一步健全完善促进科学发展的干部考核评价体系，把各级领导班子建设成为推动科学发展、促进社会和谐的坚强领导集体，着力提高各级领导干部推动科学发展的能力、维护社会稳定的能力和解决民生突出问题的能力。深化干部教育改革，构建理论教育、知识教育、党性教育、实践锻炼“四位一体”的干部教育培训体系，加大培养少数民族干部、女干部、年轻干部和党外干部力度。深入开展创先争优活动，扎实推进学习型党组织建设，大力推进基层党组织工作创新，推进党务公开，拓宽党员意见表达渠道，充分发挥基层党组织的先锋模范作用和战斗堡垒作用。

44.加强民主政治建设。

坚持党的领导、人民当家做主、依法治国的有机统一。坚持和完善人民代表大会制度、中国共产党领导的多党合作与政治协商制度、民族区域自治制度以及基层群众自治制度。巩固和壮大最广泛的爱国统一战线。充分调动工会、共青团、妇联等群团组织的积极性。全面贯彻党的民族政策，牢牢把握各民族团结奋斗、共同繁荣发展的主题，巩固和发展平等团结互助和谐的社会主义新型民族关系。全面贯彻党的宗教工作基本方针，依法加强对宗教事务的管理。加快依法治市进程，加强普法教育。

45.以思想大解放和作风大转变推动“十二五”规划落实。

全市党员干部要以解放思想为先导，坚决克服按部就班、等靠依赖的思想，树立拼抢争先、大干快上、自力更生、艰苦奋斗的意识；坚决克服畏难不进、不敢碰硬、因循守旧的思想，树立敢想敢干、攻坚克难、创新突破的意识；坚决克服小打小闹、小进即满的思想，树立大手笔谋事、大气魄干事的意识；坚决克服狭隘封闭、急功近利的思想，树立开放包容、合作共赢、打基础、谋长远的意识，切实在思想大解放、观念大转变中激发干事创业的生机和活力。要进一步转变作风，大力弘扬“不到长城非好汉”的六盘山精神，形成激情干事、拼抢干事、高标准干事、高效率干事、齐心协力干事的强大合力。

全市党员干部和各族人民群众要高举中国特色社会主义伟大旗帜，紧密团结在以胡锦涛同志为总书记的党中央周围，大力弘扬和实践“不到长城非好汉”的六盘山精神，解放思想，振奋精神，奋发有为，攻坚克难，为实现我市国民经济和社会发展第十二个五年规划，争取与全区同步实现全面建设小康社会的宏伟目标而努力奋斗!

固原市国民经济和社会发展第十二个五年规划纲要

（2011 年 1 月 10 日）

“十二五”时期（2011—2015 年），是我市抢抓新一轮西部大开发机遇、推进发展战略转型、实现经济社会快速发展的重要时期，也是落实《自治区党委、政府关于促进固原经济社会加快发展的若干意见》，为全面建设小康社会奠定基础的关键阶段。

认真贯彻落实党的十七届五中全会和《自治区党委关于制定国民经济和社会发展第十二个五年规划的建议》精神，科学编制和有效实施“十二五”规划，对我市奋力推进跨越式发展具有十分重要的意义。为了部署好这一时期的发展，根据《中共固原市委关于制定国民经济和社会发展第十二个五年规划的建议》，编制本规划纲要。

第一章 坚定信心 牢牢把握发展战略机遇期

第一节 “十一五”时期经济社会发展回顾与总结

“十一五”以来，在党中央、国务院的亲切关怀和自治区党委、政府的坚强领导下，市委、政府团结带领全市各族干部群众，深入贯彻落实科学发展观，大力弘扬“不到长城非好汉”的六盘山精神，经过艰苦努力，经济社会发展取得了显著成就，各项主要经济指标达到或者超过了预期目标。这一时期，是我市经济发展最快、城乡面貌变化最大、人民群众得到实惠最多的时期。

——经济实力显著增强。预计到2010年，全市地区生产总值突破百亿大关，达到104亿元，提前两年完成了规划确定的70亿元目标，是2005年的2.32倍，年均增长12.6%，比预期目标提高1个百分点；人均GDP达到6846元，是2005年的2.3倍，年均增长18%，比预期目标提高8.1个百分点；地方财政一般预算收入达到5.2亿元，是2005年的3.7倍，年均增长30%，比预期目标提高了18个百分点。

——民生进一步得到改善。城乡居民生活水平不断提高，预计到2010年，城乡居民人均收入分别达到12973元和3420元，比2005年分别增长98.7%和99.4%，年均分别增长14.7%和14.8%，比预期目标分别提高了7.3和8个百分点。劳动就业和社会保障体系逐步健全。五年来，新增城镇就业人数5.4万人，农村劳动力转移就业138万人次。全市参加基本养老保险人数达到4.3万人，享受最低生活保障的城乡居民分别达到4.7万人和13.9万人。妇女儿童、老年人和残疾人权益得到基本保护。扶贫工作力度进一步加大，农村贫困人口减少到45万人。改造危窑危房5.7万户，建设廉租住房等保障性住房53.26万平方米，城乡群众居住环境得到明显改善。

——固定资产投资快速增长。坚持项目带动战略，抓住西部大开发的历史机遇，积极争取国家、自治区的大力支持，在项目争取和引进上取得了突破性的进展。“十一五”期间，五年累计完成全社会固定资产投资338亿元，比规划目标250亿元增加了88亿元，是“十五”时期投资总和的3倍，年均增长26%，比规划目标提高13.9个百分点。五年招商引进实际到位资金76.4亿元，年均增长40%。

——工业经济迈出了实质性步伐。“十一五”期间，完成了六盘山2×330MW热电联产项目，实施了王洼一矿技改和王洼二矿新建项目，煤矿产能达到270万吨，是2005年的4.7倍。开工建设银洞沟煤矿年产300万吨技改扩建和华电西吉月亮山风电场一期49.5MW工程。资源勘探开发有了重大进展，相继探明彭阳油气田和硝口岩盐资源，盐化工园区也已启动建设，为我市发展煤电、盐化工和油气产业提供了资源保障。这些重大项目的建设，标志着固原市能源重化工业迈出了具有里程碑意义的一步。实施了六盘山水泥厂技改项目，福宁公司淀粉加工、荣发草业苜蓿草颗粒加工、宁夏隆昊清真牛羊肉加工等一批农副产品加工重点项目相继建成投产。工业园区发展步伐加快，入园企业达到411家。预计2010年全市工业增加值达到13.9亿元，是2005年的2.9倍，年均增长17.3%，占地区生产总值的比重提高到13.3%，提高2.7个百分点。

——农业生产能力进一步提高。不断壮大草畜、马铃薯、设施及旱作节水农业，加快区域特色优势产业结构调整步伐，促进传统农业向现代农业转变，着力打造宁南生态农业示范区，粮食总产量稳定在60万吨以上。高起点、高标准建设了23个自治区级现代农业示范基地，建设百村肉牛养殖示范村105个，全市肉牛饲养量达到78万头，比2005年的45.2万头增加了32.8万头，增长72%；马铃薯种植面积达到218.6万亩，比2005年的123.1万亩增加95.5万亩，增长77.6%，生产原原种6249万粒；设施农业由2005年不到3000亩的试验种植发展到现在22万亩的规模种植。农业结构进一步优化，农业综合生产能力得到显著提高。

——服务业有了长足发展。制定优惠政策，鼓励和支持服务业发展。加大六盘山、须弥山等重点旅游景区建设，举办“六盘山山花旅游节”和“六盘山登山节”，六盘山旅游知名度进一步提高，2010年共接待游客158万人次，实现旅游社会总收入4.1亿元，分别是2005年的4.3倍和21倍，年均分别增长34%和84%。商贸流通、住宿餐饮、交通运输等传统服务业进一步发展壮大，三个行业的增加值分别是“十五”末的1.8倍、3.4倍和1.7倍；房地产、旅游休闲、金融保险、信息传媒及通讯网络等现代服务业呈现出强劲的发展势头，成为带动服务业发展的新兴产业。现代物流、文化娱乐、金融担保等产业也有了较快的发展。培育形成了家道物流、红宝酒店、福苑饭庄、天豹固原客运分公司等一批服务业发展的龙头企业。第三产业增加值达到49.2亿元，比“十五”末增加82%，年均增长12.8%。

——产业结构逐步优化。预计三次产业的比重由2005年的29:19:52调整到2010年的27.8:24.9:47.3。农业优势特色产业基地初步形成，草畜、马铃薯、设施农业、药材、苗木等区域优势特色产业规模不断扩大，效益持续提升；福宁广业、佳立等一批富有潜力的龙头企业成长迅速；第三产业中的交通运输和邮电通讯等快速发展，现代服务业增势强劲。全社会从业人员在一、二、三产业就业的比重由2005年66:15.5:18.5调整为56:23:21，产业经济结构形成新的格局。

——城镇化进程明显加快。围绕建设宁南区域中心城市的目标，完善城市规划，坚持优先发展新区与改造提升老城相结合，完成了行政中心、回中、师范学院新校区、体育馆等重点项目。实施了城市道路、污水处理、垃圾处理、集中供热、城市供排水管网建设等一批城市基础设施建设工程。固原市城市服务功能进一步增强，宁南区域中心城市框架基本形成。同时，加快了县城和中心乡镇基础设施建设步伐，各县城建成了垃圾处理和污水处理设施，城市生活垃圾处理率和污水处理率分别提高到99%和80%；彭阳县城创建成为“国家园林城市”。张易、三营、兴隆、沙塘、泾河源、六盘山、王洼、白阳等特色小城镇聚集辐射能力逐步增强。预计到2010年，市区总人口达到20.88万人，建成区面积达到34.62平方公里；城镇化率达到30.85%，比2005年提高13.8个百分点，比预期目标提高了2.85个百分点。

——基础设施建设加快。六盘山支线机场建成正式通航；福银高速固原市境内82公里建成通车，什字至沿川子段27公里开工建设；启动了东山坡至毛家沟段高速公路和原州区至王洼铁路运煤专线建设。相继建成了平峰至王民、三营至寨科等294条农村公路，100%的乡镇通了沥青水泥路，72.7%的行政村道路完成了硬化。“十一五”期间，全市新增通车里程1218公里，公路通车里程达到6439公里。相继实施了东山坡引水一、二期工程、固西引水工程、固原东部人畜安全饮水工程、隆德县渝河南部农村引水等一批重大水利设施项目，启动建设彭堡水源地地下水库截潜工程、秦家沟水库，对62座病险水库进行了除险加固，新建9座水库水源工程，建设50处农村安全饮水工程，对重点库井灌区实施了节水改造，五年新增节水灌溉面积12.6万亩。建成清水河330千伏和将台等110千伏输变电工程，新增330千伏输电线路55公里，110千伏输电线路323公里。全市所有行政村建成了农村信息服务站，每百人拥有固定电话15部、移动电话45部，城乡信息网络体系逐步形成。西气东输二线输气管道正在建设之中，固原市区、西吉、彭阳县城居民可望在2011年用上洁净能源。

——社会事业全面发展。教育、卫生、科技和文化等各项社会事业取得全面发展。全市适龄儿童入学率、初中阶段毛升学率和高中阶段毛升学率分别达到99.7%、106.4 %和85.1%。高等教育快速发展，固原师专升格为宁夏师范学院并完成新校区建设工程，已面向全国招生。建成了固原市及四县职教中心，全市中等职业学校的学生占高中阶段在校学生的比重比2005年提高了28.2个百分点。相继完成了泾源三中、西吉四中等一批中学建设，迁建了固原一中、回中，实施了中小学校舍安全工程，改造四中、五小、彭阳三小等400多所中小学校，校舍面积达到162万平方米，比2005年提高44万平方米，教育基础设施得到显著改观。医疗卫生服务体系不断完善。完成了市人民医院、原州区医院、西吉中医院、隆德中医院、泾源县医院、彭阳县医院、市妇幼保健院等9所医疗卫生基础设施的改扩建工程。对全市82个乡镇卫生院实施了改造，建成合格村卫生室932所，实现了村村都有合格卫生室目标。新农合、城镇居民参合率分别达到93.3%和95.2%。完成五所县级计划生育服务中心和53所乡镇计划生育服务站标准化建设，实施“少生快富”29551例，人口出生率和人口自然增长率分别为17.24‰和11.81‰，分别比2005年降低2.18和1.73个千分点。组织开展了全国第六次人口普查工作。取得科技成果39项，培育和引进推广农作物、牧草新品种30个、畜禽新品种5个，农作物良种覆盖率达到90%，畜禽改良率达到90%以上，新技术覆盖率达到67%以上，科技综合实力明显提升，科技进步对于国民经济增长的贡献率达到39%以上。改造建设了闽宁群艺中心、市图书馆、报业新闻中心、六盘山文化城、皇甫谧文化广场，新建、改建了36个乡镇文化站；建成447座“村村通”转发站，广播电视覆盖率达到98%，农村8套以上广播电视节目入户率达到93.3%。西吉县、隆德县被评为“全国文化先进县”，原州区、彭阳县被评为“全国文物保护先进县”。

——生态环境和节能减排取得了重大进展。生态环境建设成果显著。实施了退耕还林、三北防护林、天然林保护、水源涵养林、绿色通道等工程，完成人工造林面积105.2万亩，封山育林32.7万亩，森林覆盖率达到17.6%；治理水土流失面积1000多平方公里，建设高标准基本农田65.3万亩。预计到2010年，万元GDP能耗降到1.859吨标准煤；关停了1700多家小型淀粉加工企业，建成市及四县城市污水处理厂，化学需氧量和二氧化硫排放量分别为1万吨和0.98万吨，控制在“十一五”目标1.07万吨和1.32万吨以内。节能降耗和污染减排工作取得了阶段性成果。

总之，过去的五年，是不平凡的五年。面对全球金融危机和我国发生的严重冰冻、洪涝、旱灾、地震、泥石流等自然灾害的重大影响，面对我市连续持续大旱和霜冻等自然灾害带来的重重困难，我们依然取得了令人注目的成绩。这一时期，是改革开放以来我市经济增速最快的时期，是民生得到显著改善时期，是社会事业全面发展的时期，是基础设施建设快速推进的时期，是城镇建设和城镇化水平发展加速时期，是社会保障制度加快建设的时期，是民族团结社会稳定的最好时期。可以说，这一时期全市综合实力显著提升，迈出了跨越式发展的关键一步，发展的后劲不断增强，为“十二五”快速发展奠定了坚实的基础。

回顾“十一五”走过的里程，我们深感欣慰和骄傲。但必须清醒地看到，全市经济社会发展还存在不少突出的矛盾和问题：一是经济总量小，国土面积和人口占全区的15.8%和24%，但GDP仅占全区总量的6.6%，仅相当于发达地区一个乡镇总量。人均GDP为6846元，相当于全区人均GDP的27.8%。二是工业经济发展落后，还处于资源低端开发和农副产品初级加工的较低层次，发展方式粗放，产业链短，附加值低。没有大型工业企业，缺乏带动经济强劲发展的产业，这是地区经济发展缓慢的主要原因。三是水资源短缺依然是制约经济社会发展的瓶颈，多年平均人均可耗用水资源量仅为169立方米，约为全国平均水平的1/12，为资源型缺水和工程型缺水并存的地区，且在时空上分布不

均,制约着经济社会的快速发展。四是改善民生的任务十分艰巨。市穷民贫是基本的区情,贫困面广、程度深,按照自治区人均纯收入低于1350元标准,全市还有贫困人口45万人。农民增收难度大,就业和社会保障体系不健全。偏僻地区群众吃水、行路等基本生存条件未得到有效解决。五是人口与资源、环境的矛盾依然突出。植被覆盖率低,水土流失还比较严重,人口高增长态势没有有效扭转,生态环境脆弱的局面尚没有根本改变,协调发展任重道远。六是教育、科技、文化、卫生等社会事业发展整体水平较低,人才资源缺乏,尤其是管理人才和科技人员不足,创新能力弱。这些都是制约经济社会快速发展不可忽视的因素,是未来发展中要下大力气加以克服和解决的主要问题。

“十一五”计划发展目标完成情况

专栏1

指 标	2005年	“十一五”增长目标	2010年实际	“十一五”平均增长
地区生产总值(亿元)	44.88	11.6	104	12.6
第一产业	12.86	5.5	28.9	8.4
第二产业	8.6	15.8	25.9	18.8
其中:工业	4.75	21.2	13.9	17.3
第三产业	23.42	12.24	49.2	12.8
人均地区生产总值(元)	2992	9.9	6846	18
全社会固定资产投资(亿元)	35.25	12.11	112	26
地方财政一般预算收入(亿元)	1.4	14.11	5.2	30
五年城镇新增就业(万人)		(2.3)	(5.4)	
城镇登记失业率(%)		4.5	4.2	
转移农村劳动力(万人次)		(125)	138	
新型农村合作医疗覆盖率(%)	60		93.29	
价格总水平			104.2	
城镇居民人均可支配收入(元)	6528.17	7.4	12973	14.7
农村居民人均纯收入(元)	1715	6.8	3420	14.8
万元GDP能耗下降(%)			10	
二氧化硫排放总量(万吨)	0.725	1.32	0.98	
化学需氧量排放总量(万吨)	0.843	1.07	1	
研究与实验发展经费占地区生产总值比重(%)	0.36	1.5		
国民平均受教育年限(年)			8	
全市总人口(万人)	148.68	159.7	151.9	
人口自然增长率(‰)	13.98	11.54	11.81	
城镇化率(%)	22.81	28	30.85	
森林覆盖率(%)			17.6	
耕地保有量(万亩)			502	
注:带()为五年累计数。				

第二节　“十二五”经济社会发展面临的形势

“十二五”及今后一个时期，是加快发展，奋力追赶，推进以农业为主导向以工业为主导、多产业发展并举转变，为全面实现小康社会奠定基础的关键时期，即面临难得机遇，也存在严峻挑战。对此，我们必须要有清醒的认识。

面临的机遇：一是国家推进新一轮西部大开发，继续实施扩大内需、对外开放等政策，自治区党委、政府出台了《关于促进固原经济社会加快发展的若干意见》，为我市今后发展提供了强有力的政策保障。特别是自治区《意见》中把解决西海固地区的生存与发展问题作为促进宁夏发展的重点和难点上升到了新的高度，有利于我市争取更多的项目和资金，加快经济社会发展。二是随着《陕甘宁革命老区振兴规划》重大区域规划启动实施和自治区党委、政府打造黄河金岸、加快发展沿黄城市带、建设宁南区域中心城市等区域发展战略的深入实施，区域间的交流协作将更加密切，有利于我市发挥比较优势，在重点产业发展上实现资源的优化配置，做大做强特色优势产业。三是国家高度重视民生问题特别是西北贫困地区农村发展，《深入实施西部大开发战略的若干意见》明确提出要支持老少边穷地区发展，大力支持六盘山区等集中连片特殊困难地区开发攻坚工程，自治区《意见》也确定“十二五”期间对中南部35万贫困人口实施移民搬迁，这些政策都有利于我市全面消除贫困，加快城乡一体化进程。四是国家加大经济结构调整力度，加快转变经济发展方式，这对于我市加快结构调整，推动产业升级，提升优势产业发展水平，必将起到有力的推动作用。五是经过“十一五”期间的发展，我市发展环境逐步优化，城乡基础设施大为改善，优势产业布局趋于合理，土地、劳动力资源丰富，具备了承接东部地区产业转移和加快发展的条件。六是经过多年的实践探索，对市情认识更准确，发展思路更明晰，措施更有力。尤其是广大干部群众谋发展、奔小康积极性更高涨，为加快发展注入了强大动力。

面临的挑战：一是国际金融危机的阴影尚未彻底消除，经济环境复杂多变，世界经济波动、国际贸易摩擦等不稳定、不确定因素增多，国内宏观经济形势面临着许多不确定因素，会对我市经济快速发展产生一定的影响。二是我市总体发展依然滞后，经济总量小，结构不合理，发展方式粗放，市场化程度低，自我发展能力弱。人口与资源、环境的矛盾依然突出，贫困面广、程度深，人民群众生活水平仍然很低，扶贫开发的任务还非常艰巨。三是固原市处于呼包银、天水宝鸡关中经济带和鄂尔多斯能源化工基地的腹地，基础设施建设滞后，对外开放水平不高，招商引资难度大，产品严重趋同，商品率低，市场竞争能力弱，被边缘化倾向严重，将会成为经济发展中孤岛。四是基本公共服务能力不强，保障和改善民生任务艰巨，统筹城乡发展、促进公共服务均等化、扩大就业、建立健全社会保障体系、妥善处理人民内部矛盾的压力不断加大。

总之，“十二五”时期是固原市经济社会加速发展关键阶段。既存在不少困难和挑战，又面临着难得的机遇和希望；既要对未来充满希望和信心，又要有强烈的忧患意识和紧迫感。必须珍惜和利用好这一重要的战略机遇期，切实增强历史责任感，坚持科学发展观和实事求是的精神，理清发展思路，明确发展重点，转变发展观念，创新发展模式。团结带领全市广大干部群众，不畏艰难，扎实苦干，奋力推进经济社会的跨越式发展。

第二章　站在新的起点 展望宏伟蓝图

第一节　指导思想

“十二五”时期经济社会发展的指导思想是：高举中国特色社会主义伟大旗帜，以邓小平理论和“三个代表”重要思想为指导，深入贯彻落实科学发展观，顺应全市人民过上更好生活新期待，深入实施西部大开发战略，认真落实自治区党委、政府《关于促进固原经济社会加快发展的若干意见》，大力弘扬和实践“不到长城非好汉”的六盘山精神，以科学发展为主题，以经济发展战略转型为主线，全力实施“一五五”工程，奋力推进新型工业化、城镇化、农业产业化，奋力推进以生态移民为重点的扶贫开发，奋力推进基础设施和生态环境建设，更加注重改革开放，更加注重优化发展环境，更加注重项目建设，更加注重保障和改善民生，更加注重民族团结和社会稳定，努力走出科学发展、跨越发展之路，为与全国、全区同步迈入小康社会奠定坚实基础。

第二节 基本要求

发展是当前和今后一个时期解决我市一切问题的关键所在，必须始终坚持科学发展这一主题，发展战略转型这一主线，全力实施“一五五”工程，促进全市经济社会跨越发展。基本要求是：

——必须坚持统筹兼顾，推动科学发展。突出发展第一要务，坚持以人为本原则，统筹推进经济、政治、文化、社会和生态文明建设，促进经济社会与人口、资源、环境协调发展。坚持立足当前与谋划长远相结合的原则。

——必须坚持调优结构，提升产业层次。围绕以工业为主导、多产业发展并举的战略转型路子，坚持走新型工业化道路。做强做大农业特色优势产业。大力发展以现代物流业和旅游业为重点的现代服务业，促进三次产业协调发展。

——必须坚持科技进步，提高科技贡献率。创新科技研发推广应用工作体制，加强科技队伍建设，充分调动科技人员的积极性，加强优势特色产业发展关键技术攻关，加快普及推广科学技术，提高群众的科学素质。

——必须坚持基础先行，增强发展后劲。谋划一批打基础、利长远的基础设施项目，完善综合交通运输体系，推进城镇基础设施建设，加强生态建设和环境保护，综合开发利用水资源，为经济社会发展提供有力保障。

——必须坚持保障和改善民生，促进社会和谐。打好“六盘山集中连片特殊困难地区”扶贫攻坚战，大力实施生态移民和教育移民、劳务移民工程；推进全民创业，积极扩大就业；加快发展社会事业，推进基本公共服务均等化；完善社会保障体系，让人民群众共享改革发展成果。

——必须坚持改革开放，增强发展活力。深化行政体制、经济体制、社会事业等重点领域和关键环节的改革。主动融入宁夏构筑内陆开放型经济新格局中，提高对外开放水平。坚持不懈地创新优化经济发展环境。大力发展非公有制经济。

——必须坚持增进民族团结，维护社会稳定。全面贯彻党的民族政策，坚持“两个共同”的主题，牢固树立“三个离不开”的思想，巩固和发展平等团结互助和谐的社会主义民族关系，依法加强宗教事务管理，引导宗教与社会主义社会相适应。创新社会管理，加快建设平安固原，全力维护社会稳定。

第三节 发展目标

1.“十二五”时期主要目标

按照党的十七届五中全会的总体要求，“十二五”规划突出战略性、前瞻性和指导性，与全面建设小康社会奋斗目标紧密衔接，综合考虑我市发展现状和未来趋势，今后五年经济社会发展的主要目标是：

——综合经济实力显著增强。到2015年，全市地区生产总值（GDP）达到196亿元以上（不变价），年均增长13.5%以上，力争比2010年翻一番，人均生产总值达到12158元（约合1831美元），是宁夏同期水平的30%。地方财政一般预算收入达到13亿元，年均增长20%以上。

——产业结构调整转变加快。到2015年，特色优势产业较快发展，工业主导、多业并举的经济格局初步形成。农业特色优势产业产值占农业总产值的比重提高到80%。工业增加值占GDP的比重提高到25%以上，力争翻两番，三次产业结构调整为 19 :38 :43 。

——人民生活明显提高。城镇居民人均可支配收入达到 21860 元,年均增长 11%以上;农民人均纯收入达到 6030 元,年均增长 12%以上,力争翻一番。完成 23.25 万人口生态移民搬迁,减少贫困人口 26 万人。

——基础设施条件明显改善。到 2015 年,累计完成固定资产投资 1150 亿元,年均增长 25%以上。建成一批重大工程,交通、水利、电力、市政、信息等基础设施得到较大改善,综合交通运输网络功能完善,水资源优化配置和合理利用水平明显提高。

——城镇化水平有较大提高。宁南区域中心城市基本形成,城乡统筹取得突破,加速由城乡二元结构向城乡经济社会一体化转变,到 2015 年城镇化率达到 40%以上。

——人均基本公共服务达到新水平。人口过快增长势头得到有效遏制,到 2015 年人口自然增长率控制在 11‰以内,总人口控制在 161.2 万人以内。基本普及高中阶段教育,主要劳动年龄人口平均受教育年限达到 10 年。建立覆盖城乡居民的基本医疗卫生体系、公共卫生服务体系和社会保障体系,基本实现公共服务均等化。

——生态环境得到进一步改善。到 2015 年,森林资源面积达到 395 万亩,森林覆盖率达到 25%以上;城镇污水、生活垃圾、工业固体废料基本实现无害化处理。单位 GDP 能耗控制在 4.15 吨标准煤,二氧化硫排放量和化学需氧量排放量分别控制在 1.6 万吨和 1.8 万吨以内。

2.到 2020 年的远景目标

到 2020 年,地区生产总值达到 380 亿元(不变价),年均增长 14%左右,人均 GDP 达到 22420 元(约合 3376 美元);地方财政一般预算收入达到 30 亿元,年均增长 18%;固定资产投资五年累计完成 3507 亿元,年均增长 25%;城镇居民人均可支配收入达到 38520 元,年均增长 12%;农民人均纯收入达到 10630 元,年均增长 12%;节能减排指标控制在自治区下达任务以内。森林覆盖率达到 28%以上;城镇化率达到 50%以上;社会保障体系比较健全;普及高中阶段教育,全民享受基本医疗保险;人口自然增长率控制在 9.97‰以内,全市总人口控制在 169.7 万人以内。

专栏 2

“十二五”期间经济社会发展指标体系及指标值

类别	序号	指标名称	2010 年	2015 年	年均增长(%)	指标属性
经济增长	1	地区生产总值(亿元)(2010 价)	104	196	13.5	预期性
		第一产业	28.9	38	6	预期性
		第二产业	25.9	74	23	预期性
		其中:工业	13.9	49	29	预期性
		第三产业	49.2	84	11.3	预期性
	2	人均地区生产总值(元)	6846	12158	12.2	预期性
	3	地方财政一般预算收入(亿元)	5.2	13	20	预期性
	4	全社会固定资产投资(亿元)	112(338)	342(1150)	25	预期性
	5	社会消费品零售总额(亿元)	35	70	15	预期性
经济结构	6	三次产业比例	27.8:24.9:47.3	19:38:43		预期性
	7	城镇化率(%)	30	40	2	预期性

类别	序号	指标名称	2010 年	2015 年	年均增长(%)	指标属性
科技教育	8	研发投入(R&D)占 GDP 比重(‰)	0.2	1		预期
	9	农村学前一年毛入园率(%)		80		预期
	10	城市幼儿入园率(%)		85		预期
	11	九年义务教育巩固率(%)		95		约束
	12	高中阶段毛入学率(%)	85.1	85.5		预期
	13	主要劳动年龄人口平均受教育年限(年)		10		预期
人民生活	14	城镇居民人均可支配收入(元)	12973	21860	11	预期
	15	农民人均纯收入(元)	3420	6030	12	预期
	16	居民消费价格指数(%)	104.2	104		预期
	17	城镇登记失业率(%)	4.2	4.4		预期
	18	五年城镇新增就业（万人）	(5.4)	(3)		预期
	19	五年转移农业劳动力(万人次)	(138)	(150)年稳定转移30 万人次		预期性
	20	城乡基本养老保险参保人数(万人)		80		预期
	21	城乡居民医疗保险参保率(%)		95		约束
	22	城镇保障性安居住房建设(万套)	(0.88)	(4.7)		预期
	23	人口(万人)	151.9	161.2		预期
	24	人口自然增长率(‰)	11.8	11		约束
资源环境	25	森林覆盖率(%)	17.6	25		预期
	26	耕地保有量(万亩)	502	502		约束
	27	万元 GDP 综合能耗(吨标准煤 / 万元)	1.859	4.15		约束
	28	二氧化硫排放总量(万吨)	0.98	控制在 1.60 万吨之内		约束
	29	化学需氧量排放总量(万吨)	1	控制在 1.80 万吨之内		约束

注:1.2010 年数字为预计,待 2010 年统计数字公布后,以统计公告数字为准。2.带( )的为五年累计数。

第三章　调整发展思路 全力推进工业化

调整固原市发展思路，改变长期以来形成的被动扶贫和发展农牧业为主的思路，坚定不移地实施兴工强市战略，把发展工业摆在实现跨越、振兴固原的首要位置。培育和建立工业体系，改变工业发展严重滞后的局面。依托煤炭、岩盐和特色农副产品等资源优势，采取得力措施，促进“五大产业”发展，改造提升传统产业。到2015年，力争工业增加值达到49亿元以上，年均增长29%，占全市生产总值比重上升到25%以上，将煤电、盐化工产业打造成固原市的支柱产业，现代新型工业体系框架初步形成。

第一节　加快建设盐化工循环经济扶贫示范基地

岩盐是目前我市探明储量最大矿产资源，已探明储量23亿吨以上，远景预测储量达到100亿吨，具有巨大的开发潜力。“十二五”期间，按照产品项目、公用辅助、物流传输、环境保护、管理服务“五个一体化”的模式，以一区多园的方式，高起点、高标准、高质量规划建设布局合理、配套齐全、功能完善的自治区级循环经济扶贫示范区。2012年前完成10平方公里“七通一平”基础设施建设任务。加大招商引资力度，引进国内外大企业大集团公司，深度开发岩盐资源。积极支持国电英力特公司先期开工建设采输卤、真空制盐、ADC、烧碱、PVC等项目，“十二五“期间力争完成2100万方/年采输卤、300万吨/年真空制盐、70万吨/年烧碱、6万吨/年ADC、3万吨/年漂精粉、80万吨/年PVC、30万吨/年MDI、15万吨/年TDI、2万吨/年金属钠、2万吨/年三骈咪唑、100万吨/年水泥等产品项目，配套建设2×350MW机组。加快煤化工项目前期工作步伐，实现煤炭深度加工。做好草庙地下煤气开发和煤气化前期工作，开发培育具有竞争力的煤焦化－焦油深加工、甲醇－烯烃等化工产业链，有效提高产品的附加值，培育煤化工产业基地。积极探索市、县（区）共建园区新机制，力争再引进1-2家大企业。到2015年，把固原盐化工循环经济扶贫示范园区建设成具有影响力和竞争力的自治区综合性能源化工生产基地和循环经济示范区，盐化工产值突破80亿元，示范区对全市工业经济的贡献率达到50%以上。

专栏3：

宁南（固原）盐化工循环经济示范基地

规划区位于原州区头营镇，规划总面积30平方公里，起步区规划面积10平方公里。初步确定总体产品链：以岩盐资源开发、煤炭资源开发、石灰岩资源开发为先导；以煤炭初级加工、热电联产为基础；构筑形成以“氯碱化工”为主体产品框架；以烧碱、乙炔、聚氯乙烯树脂、煤初级加工系列产品链。一期规划11个产品，投资76亿元。二期投资120亿元。

“十二五”期间盐化工园区主要产品项目：2100万方/年采输卤、300万吨/年真空制盐、70万吨/年烧碱、6万吨/年ADC、3万吨/年漂精粉、80万吨/年PVC、30万吨/年MDI、15万吨/年TDI、2万吨/年金属钠、2万吨/年三骈咪唑、100万吨/年水泥等产品项目，配套建设2×350MW机组。

第二节 培育煤电产业基地

强力推进彭阳王洼、原州区炭山等煤炭资源开发和深度加工，加快煤电产业发展，打造煤电一体化产业基地。加快煤矿改造建设的步伐，优先建设宁南山区千万吨级矿区。完成银洞沟煤矿年产300万吨生产线新建和年产60万吨扩能、王洼一矿东部矿区年产600万吨、二矿年产300万吨原煤生产线扩能、炭山煤矿年产100万吨生产线改建；开工建设600万吨/年煤炭储运站及600万吨/年煤炭深加工项目，加强对彭阳县草庙区域煤炭资源的保护性勘探开采。争取扩大火电机组规模，开发煤炭的转化能力。稳定六盘山热电厂2×330MW机组正常运行，积极推进宁夏发电集团 2×667MW 电厂和国电英力特 2×350MW 电厂项目前期工作，争取列入自治区电力发展规划开工建设。推进原州区至王洼铁路运煤专线建设和 309 国道改造步伐，确保电煤运输通道畅通，保证电厂对煤炭的需求。力争到 2015 年，煤炭生产能力突破 1000 万吨，煤炭产值达到 35 亿元以上，增加值达到 14 亿元；煤电装机容量达到 252 万千瓦以上，电力产业增加值达到 13 亿元。

第三节 提升特色农副产品加工业水平

大力推进农产品精深加工业发展。高标准建设牛羊肉、苜蓿草、马铃薯、食用油、菊芋等特色农产品加工园区，加快建设宁夏（西吉）闽宁合作产业园区等县（区）工业园区，积极承接东部产业转移。改造提升一批农副产品深加工的龙头企业，培育发展壮大农副产品加工产业集群，打响六盘山绿色冷凉品牌和清真品牌，将固原市建成为宁夏乃至西部地区最重要的绿色环保、生态有机农产品加工基地。

切实提高马铃薯产业精深加工能力。争取将马铃薯加工企业纳入国家民族食品定点企业范围，享受相关优惠政策。全面实行资源优势整合，对规模在 5000 吨/年以下的淀粉加工企业实行关停并转，对 5000 吨/年以上的重点加工企业实行优势组合，组建企业集团，全面提升马铃薯淀粉加工能力和水平。鼓励宁夏佳立、富宁公司固原分公司、长城淀粉、佳利源等马铃薯淀粉加工龙头企业进行技术改造，实现优势集中和规模化生产；支持企业研究与开发全粉、薯条、薯片等新产品，进一步延长产业链，实现马铃薯淀粉精深加工的新突破。积极推进草畜产品的深度加工，支持荣发草业继续扩大种植规模和现有苜蓿草颗粒及柠条饲料加工规模，新建苜蓿蛋白提取和宠物饲料精细加工项目，实现饲料精深加工。支持雨润集团彭阳帝元公司、隆昊肉类公司、泾河食品公司以及单家集牛羊产业公司建设牛羊肉精细分割加工和熟制品加工项目，根据牛羊肉行业发展趋势和人们饮食结构调整需要，建设高档肥牛羊系列肉产品精深加工生产线。利用气候适宜规模种植菊芋，支持宁夏德邦生物科技有限公司建设生产菊粉、低聚果糖生产线。支持固原雪洋、润泽等粮油加工企业进行技术改造。大力实施质量兴企和名牌战略，鼓励企业提高产品质量，积极争创宁夏名牌和中国名牌产品，增强开拓市场能力。到 2015 年，扶持培育 10 个产值上亿元的大型龙头企业，形成集群优势，将马铃薯精细加工和草畜深加工打造成为“两个十亿元”产业集群，形成 5～8 个年产值过千万元的区域行业龙头加工企业。

加大六盘山地区中药材资源的开发加工力度，完成以隆德为核心的宁南地区特色中药材加工及生物化工基地建设任务。集中扶持培育有发展潜力的中药加工企业，加快六盘山药业、明德中药公司中药饮片项目建设步伐。积极寻求与科研机构和知名制药企业的合作，引进制药骨干企业，推进高附加值医药制剂的研发和生产，大力发展特色天然药物和新型化学药制剂，加快以枸杞、甘草、沙棘、苦豆子等为重点的临床新药、功能性保健系列产品的研发，加速孵化现代中药和生物制药产业，发展民族医药。争取有 1～2 个回药产品取得批准文号并形成生产能力。

第四节 改造提升建材产业

依托石灰岩资源和粉煤灰等工业废料，重点发展新型干法水泥、电石、PVC、煤矸石粉煤灰空心烧结砖等新兴建材业，提高产业集中度和竞争力。加快瑜丰混凝土公司等建材龙头企业技术改造的步伐，完成六盘山水泥有限公司日产 2500 吨水泥新型干法水泥旋窑生产线和长征水泥年产 60 万吨粉磨站生产线等重点技改项目，依法淘汰立窑小水泥生产。全面推广计算机控制技术，重点建材骨干企业生产装备自动化水平达到 70%以上。按照“环保、节水、节能”的要求，加快发展石膏建材、化学建材和新型墙体材料三大特色产业，积极发展陶瓷、PVC 型材、铝型材、新型墙体材料、防水材料、装修和装饰材料、自发光材料等新型建材产品，做强新型建材产业。加快原州区北部冶镁白云岩勘探步伐，在盐化工示范园区规划金属镁建设项目，争取“十二五”期间开工建设。到2015年，全市水泥产能达到300万吨以上，其中新型干法水泥比例达到90%以上；力争新型墙体节能材料应用比例达到50%以上，建材加工业实现产值20亿元以上。

第五节 加快风能、太阳能、天然气和石油资源的开发

有效开发可再生能源。充分利用丰富的光热资源，积极促进以原州区为重点的太阳能发电项目，加快光伏电产业发展。加快中国华电集团西吉月亮山风电场建设步伐，争取早日投产运营；尽快启动实施泾源青龙山、原州区黄峁山、大白山风力发电项目。到2015年，风电装机容量达到50万千瓦。

积极发展天然气化工产业。抓住天然气进入固原市的契机，引进国际国内大公司和战略投资者，适时启动天然气能源化工，积极发展甲醇及下游醋酸系列产品和甲醇制烯烃(MTO)项目、氢氰酸及下游蛋氨酸等产品。开工建设日处理60万立方米天然气液化项目(LNG)，建设天然气冷却压缩装置以及配套设施。积极推进宁夏发电集团王洼矿区煤炭地下液化、气化项目前期工作。

加大推进石油产业发展力度。彭阳县境内已探明含油面积59.9平方公里、地质储量4.92亿吨，已打成井142口，装机运行106口，年生产规模达到13.5万吨以上。力促长庆油田公司在彭阳县加快勘探开采进度，争取在我市注册成立石油开采加工公司，推进石油就地转化增值。

促进资源详查与合理配置。加快固原岩盐、煤炭、石油、石灰石、冶镁白云岩等资源详查，全面掌握资源分布、储量及可开采程度。为引进大企业，加快资源优势向经济优势转化的步伐，对矿产资源优先向重点项目、重点企业预配置。

第四章 夯实农业基础 加快优势特色产业发展

大力推进现代生态农业建设，进一步增加对农业和农村的投入，努力增加农民收入，提高农村公共服务水平，加快建立以工促农、以城带乡的长效机制，初步形成全市现代农业产业体系基本框架，使农业和农村经济在更高层次上稳步、协调、健康发展，扎实推进社会主义新农村建设。到2015年，全市农业增加值达到38亿元，年均增长6%。

第一节 提高农业综合生产能力

加快生态农业示范区建设步伐，遵循自然和经济规律，实现由被动抗旱向主动调整的转变，由传统雨养旱作农业向现代高效节水农业转变。以水资源节约高效利用为着力点，规划建设清水河、葫芦河、渝河、红河、茹河流域库井灌区优势特色产业节水高效示范工程，对全市136处库井灌区节水改造，发展灌溉面积56万亩。高度重视粮食安全，抓好粮食生产，到2015年，粮食播种面积稳定在400万亩，粮食综合生产能力稳定在60万吨左右。加快粮食储备及保供体系建设，“十二五”末各种性质的储备粮规模达到16万吨以上。坚持最严格的耕地保护制度，全市耕地保有量保持在502万亩，确保基本农田总量不减少、质量不下降。抓住国家实施整理土地项目的有利时机，争取更多项目和资金，加大土地整理和农业综合开发力度，加强中低产田改造，兴修旱作基本农田50万亩，巩固人均3亩高标准基本农田的目标。坚决落实国家“五补一免”政策，充分保护和调动农民种粮积极性。普及推广先进适用的旱作农业耕作技术，积极引进、培育和推广优良品种。积极争取国家和自治区加大农机购置补贴政策倾斜力度，提高牧草收获、马铃薯生产大中型拖拉机及种收农机具补贴比例，稳步推进农业机械化。

第二节 着力打造六盘山现代生态业示范基地

围绕建设南部山区现代生态农业示范区，精心

打造23个自治区级现代农业示范基地和27个市级现代农业示范基地，推进传统农业向现代生态农业转变。加快建设以原州区为中心的生态型冷凉蔬菜和枸杞生产基地、以西吉县为中心的马铃薯和西芹生产基地、以隆德为中心的六盘山中药材和瘦肉型猪生产基地、以泾源为中心的肉牛和苗木生产基地、以彭阳为中心的辣椒和经果林生产基地，形成"一县一品"产业带。集中打造"六盘山"绿色农产品品牌，到2015年，全市农产品注册商标总数达到100个，培养国内知名农产品品牌20个，培养自治区级知名农产品品牌30个。"十二五"期间将我市建设成为生态功能良好、生产不断发展、经济效益显著、农民持续增收的现代生态农业示范基地，实现农水、农林、农牧、农畜有机结合，产业经营相互依托，彼此相互促进的目标。

根据地形地貌及资源特点相对一致性原则，我市生态农业按产业重点不同可分三类。

一是河谷川道生态农业区。充分利用这些地区水肥光热时空上良好组合、污染源少、区位相对便捷等优势，建立以原州区、彭阳县为主、辐射西吉县、隆德县等县河谷川道区生态设施农业产业带，成为生态农业示范区和特色、高效农牧业商品生产带。到2015年，设施农业总面积达到27万亩，有效推动彭阳辣椒、西吉西芹、隆德花卉和中药材、原州蔬菜和枸杞等特色产业快速发展。

二是黄土丘陵生态农业区。充分发挥这些地区黄土层深厚、化肥使用量少等优势，坚持旱作基本农田建设和以蓄水节水为主的水利建设相结合，建立以西吉县、隆德县为主的马铃薯、小杂粮、油料种植和猪、鸡养殖为主的绿色有机农业生产带。到2015年，马铃薯种植面积稳定在200万亩以上，脱毒化率和良种化率提高到80%以上，原原种生产能力达到2亿粒，总产达到300万吨以上。全市小杂粮总面积稳定在60万亩，羊、猪、鸡饲养量分别稳定在160万只、80万头、400万只左右，把隆德县和彭阳县分别打造成为优质瘦肉型猪和生态鸡主产区。

三是土石山区生态农业区。充分发挥泾源县、隆德县造林条件好、草场资源丰富的优势，打造以生态建设为核心，外围区以肉牛养殖为主的产业带和中药材产业带。将该区建成整个宁南山区和西北地区具有生态保障功能的重要水资源涵养林基地和肉牛养殖基地。到2015年，力争新发展存栏500头以上的肉牛养殖示范村200个、1000头以上的养殖示范园区40个、200头以上的养殖大户500户，肉牛饲养量达到100万头。优质种苗面积稳定在14万亩，把泾源县和隆德县分别建成宁夏最大的种苗生产和中药材基地。

专栏4：

四大农业工程

▲畜牧业倍增工程。加大退耕还林后续产业开发，建设一批以肉牛等为主的标准化养殖小区，主打清真绿色品牌，培育一批畜产品加工企业，把隆德县和彭阳县分别打造成为优质瘦肉型猪和生态鸡主产区，打造10亿元草畜产业集群。

▲特色优势农业单产提升工程。积极推广优良品种繁育、旱作农业等实用技术，主打六盘山绿色冷凉农产品品牌，重点发展马铃薯产业，以西吉县为重点区域，努力建设西北最大的种薯生产和优质淀粉、优质菜用薯基地和我国北方主要的马铃薯生产区和集散地。

▲设施蔬菜建设工程。到2015年，设施农业总面积稳定在27万亩，实现总产值21亿元，农民人均设施农业纯收入700元以上；到2020年，设施农业总面积稳定在30万亩，实现总产值30亿元，农民人均设施农业纯收入1300元以上。

▲中药材产业壮大工程。充分发挥六盘山"天然药库"优势，主打六盘山道地中药材和回药两大品牌，建立六盘山野生中药材自然资源修复示范区和种群资源保护区40万亩和规范化种植20万亩（含枸杞5万亩），把六盘山区建成国家级道地中药材生产基地和西北重要的中药材集散地。

第三节 培育壮大中药材产业

围绕打造六盘山道地中药材和回药两大品牌，建设中药材及生物制药基地，加快中药材资源开发，培育壮大中药材产业。建设六盘山道地中药材标准化种植基地。以“自治区优质中药材基地县”隆德为主，重点抓好六盘山外围中药材资源修复保护区和人工种植基地建设，建立六盘山野生中药材自然资源修复示范区和种群资源保护区40万亩、林药间作12万亩、规范化种植13万亩（含枸杞5万亩）、道地中药材种质资源圃0.1万亩，力争把六盘山区建成国家级道地中药材生产基地。规划建设与全国联网的六盘山道地中药材产地批发市场，加强流通组织和营销队伍建设，扶持有一定经济实力和市场营销网络的中药材批发企业，将六盘山地区发展成为西北重要的中药材集散地。到2015年，完成以挖掘六盘山特色中药材种植优势资源、提升中药材种植及加工水平为主的宁南地区中药材及生物化工基地建设任务。

第四节 加快农村劳动力转移就业

把劳务输出作为改变固原市生态环境、增加农民收入、推进人口转移、促进城乡一体化的重要举措来抓。继续开展大规模技能培训和全市技能“大练兵、大比武”活动，提升务工人员技能素质。重点打造电焊电工、清真餐饮、电子装配、缝纫制鞋、家政保安、建筑装潢“六大品牌”，加快阿语商贸人才的培养。根据市场需求和农民工的文化程度，实施分类培训，以实现稳定转移为目标，对初、高中毕业的青年农民工进行电焊电工、机械操作、电子装配、缝纫制鞋、房屋装潢等技能型人才实行一定时间的培训，使他们真正掌握一门以上技能，在城镇或工矿企业就业，加速季节型向常年型、分散型向集中型、体力型向技能型、打工型向创业型的“四个转变”；以实现增长收入为目标，对年龄较大的农民工实施建筑、保洁、搬运、家政服务、保安等以体力劳动为主的短期培训，促进他们在农闲时外出务工。强化部门联动配合，及时解决劳务输出中信息中介、市场对接、组织管理等环节的实际问题，开辟劳务输出的绿色通道；强化跟踪服务和监督机制，建立劳务主要输入地工作服务站，帮助农民工解决劳动合同签订、子女入学、社会保障、维权等方面的问题。进一步加强与我市劳务输出重点区域的联系和沟通，加快形成福建、新疆、内蒙古、京津塘、长三角和珠三角、宁东及沿黄城市带、中东涉外等“六大板块劳务输出基地”；抓住自治区构建沿黄城市带有利时机，加大向沿黄城市带的“城市移民”力度。依托我市盐化工园区，大力发展为主导产业配套的劳动密集型服务产业。加快小城镇建设的步伐，建立大学生和回乡农民工创业园区，鼓励支持非公有制经济快速发展，促进我市马铃薯、草畜、中药材、食用油、杏脯等特色农产品精深加工业的发展，增强产业吸纳劳动力就业的能力。“十二五”期间，农村外出转移就业人员职业技能培训累计达到4万人以上，参加技能培训后转移就业率达到90%以上。新建劳务基地250个以上，年均转移劳动力30万人次以上，年均劳务收入达到25亿元以上，劳务人员年均劳务创收8000元以上。

第五节 加快新农村建设步伐

把加快新农村建设作为“十二五”时期的重要任务，加大对农村基础设施的投入。根据自治区《关于促进农村民居适度集中意见》要求，结合生态移民、农村危窑危房改造工程，逐步撤并自然条件差、居住人口少、基础设施落后的自然村，推动人口向规划的中心村集中。按照不同村庄不同风格、同一村庄统一规划、基础设施配套、社会事业设施完善、村容整洁、环境优美的要求，加大规划内行政村或中心村基础设施投入力度，以实施农村饮水安全、农村公路、农村危房改造、农村清洁能源、农民初级卫生保健、农村公共服务体系、农村环境整治等工程为重点，推进住房、道路、供电、供水、沼气、信息、技术培训、垃圾处理、社会保障、就医、教育等公共服务均等化进程，使农民逐步享受与城镇居民相同的社会服务，有效改善集中居住区农民生产生活条件，推动农民居住向社区化转变，为农村二、三产业发展创造条件。力争到2015年，全市100%行政村通网络，100%行政村村级道路实现硬化；80%行政村建有标准化的幼儿园、小学、卫生室、文化活动室等，农村集中式供水覆盖人口达到80%，基本实现基本公共服务均等化的目标。

专栏5

新农村建设重点工程

▲农村饮水安全：到2013年，基本解决全市农村人口的饮水安全问题，建设集中供水工程49处，分散式供水工程(集雨)29987处。

▲农村沼气：建设以沼气池、改圈、改厕、改厨为重点的农村沼气，新增户用沼气池1.775万户、联户沼气池2000户、小型沼气池250座、中型沼气池50座。

▲农村公路：新建和改造农村油路4000公里。

▲农村危房改造工程：对因洪水、暴雨、滑坡、泥石流等自然灾害造成的倒塌房屋进行重建，对危旧房屋进行改造。每年改造8000户，五年累计改造4万户。

第五章 加快产业结构升级 促进现代服务业发展

加快服务业发展，是转变发展方式的主要内容，也是固原突破资源制约、摆脱贫困、实现跨越发展的主攻方向之一。充分发挥固原市远离大中城市、具备发展区域中心城市优势条件，加快推进服务业尤其是现代服务业发展，将固原市打造成为宁南区域中心城市商贸物流集散基地。到2015年，服务业增加值达到84亿元，年均增长11.3%。

第一节 打造西兰银交汇中心物流集散基地

固原市地处西安、兰州、银川三个省会城市几何中心，是宁夏南部地区的交通枢纽。境内有六盘山机场，中宝铁路、福银高速公路和国道省道穿境而过，构成了四通八达的立体交通运输网络，具备发展现代物流业，建设西兰银交汇中心物流集散地的优势条件。按照“立足宁南、辐射周边、对接三省”的思路，以原州区为核心区，规划建设集公路港物流、铁路集装箱中心站、空港物流为一体，以输送煤炭、盐化工、新材料等工业产品及其特色农产品为主，具有货物运输中转、货运配载配送、仓储与流通加工、商品展示交易、金融信息服务、商务生活配套等功能的现代综合物流基地，力争把固原建成宁南重要的区域物流中心。“十二五”期间，重点加快运输通道建设，形成通达的对外运输网络；加快建设和完善物流节点，最大限度发挥枢纽作用，启动建设清水河综合物流、西兰银交汇中心综合物流、固原火车站农副产品物流、三营火车站工业品物流园区；实施西吉闽宁综合物流、隆德综合物流、泾源综合物流、彭阳综合物流、西吉马铃薯商贸物流、西吉清真食品冷链物流、隆德苗木花卉物流配送、泾源清真食品冷链物流、彭阳能源化工物流、六盘山建材物流等10个物流中心建设。引进大型物流企业，培育扶持年销售收入上亿元的物流企业10家，壮大物流市场主体；加快构筑物流公共信息平台，提升物流服务水平；在税收、规费、土地等方面出台优惠政策，营造物流业发展的良好环境。

专栏6

固原物流基地

确定固原物流基地布局方案：即“4+10”格局，包含2个综合性物流园区、2个专业化物流园区、10个物流中心。

▲物流园区：

1.清水河综合物流园区(国家公路运输枢纽规划项目)。位置:位于清水河工业园内(原州区三里铺)。功能:依托清水河工业园的综合性物流基地,具备仓储、运输、装卸、分拨、配送、展示、交易、信息服务等。规模:500 亩。

2.固原西兰银交汇中心综合物流园区(国家公路运输枢纽规划项目)。位置:位于城西高速公路以北,国道 309 以南。功能:①服务于城市西南部试验区,为固原市工业企业提供产品及原材料的运输组织、仓储、装卸等基本物流服务;②为全市各类大中型企业提供综合性的量体裁衣式的服务,除提供基本服务外,还包括增值服务,如产品分类、流通加工、包装、存货管理、订单处理、网络设计等个性化服务;③为西安、兰州两个国家级物流节点向宁夏各地市及内蒙古部分地区输送物资提供服务。规模:300 亩。

3.固原火车站农副产品物流园区(国家公路运输枢纽规划项目)。位置:位于固原火车站西南侧。功能:依托铁路货场资源,大力发展公铁联运,形成集农副产品交易、储存、加工、换装、信息交换等为一体的商贸物流园区。规模:300 亩。

4.固原盐化工物流园区。位置:位于盐化工循环经济扶贫示范区内。功能:主要服务于固原盐化工循环经济扶贫示范区生产和各种盐化工业品的物流。规模:1000 亩。

▲物流中心

1.西吉闽宁综合物流中心:位于西吉县吉强镇水泉、袁河村。功能:依托大型商贸市场,提供运输、仓储、包装、流通加工、信息咨询等物流服务,满足西吉县城内居民的日常生活;为马铃薯等其他农产品提供专业物流服务。规模:3000 亩。

2.隆德综合物流中心:位于隆德县城内。功能:依托大型商贸市场,提供运输、仓储、包装、流通加工、信息咨询等物流服务,满足隆德县城内居民的日常生活;为中药材、花卉苗木等生产制造企业提供专业物流服务。规模:200 亩。

3.泾源综合物流中心:位于泾源县城内。功能:依托大型商贸市场,提供运输、仓储、包装、流通加工、信息咨询等物流服务,满足泾源县城内居民的日常生活;为清真牛羊肉提供冷链物流服务;为花卉苗木等生产制造企业提供专业物流服务。规模:200 亩。

4.彭阳综合物流中心:位于彭阳县城内。功能:依托大型商贸市场,提供运输、仓储、包装、流通加工、信息咨询等物流服务,满足彭阳县城内居民的日常生活;为煤炭、煤化工制品、石化产品等提供专业物流服务。规模:300 亩。

5.西吉马铃薯商贸物流中心:位于西吉将台马铃薯交易市场。功能:依托周边马铃薯生产基地和批发交易市场,大力发展马铃薯等特色农产品物流服务,提供仓储、包装、流通加工、配送、产品展示和交易、信息服务等,形成集物流、产品展示和交易为一体的专业化物流中心。规模:300 亩。

6.西吉清真食品冷链物流中心:位于西吉兴隆镇。功能:依托兴隆牛羊肉批发交易市场,大力发展清真食品冷链物流,提供肉类食品冷藏、恒温运输、信息交易、包装、食品安全检测和质量认证等综合性物流服务,形成固原肉类食品冷链物流基地。规模:200 亩。

7.隆德苗木花卉物流配送中心:位于隆德县花卉交易市场附近,占地 200 亩。主要依托隆德、泾源的苗木花卉产业基地、交易中心等,提供包括包装、预处理、恒温保鲜、专业运输、信息往来、金融结算等在内的一体化物流服务,加快全市苗木花卉产业做专做强。

8.泾源清真食品冷链物流中心:位于泾源县中心城区,占地 200 亩。主要依托泾源、隆德及周边畜牧产业,大力发展牛羊肉等清真食品冷链物流,加快周边优势资源整合,推进泾河清真牛羊肉品牌建设,不断扩大市场规模,提高冷链物流服务效率,降低交易成本。

9.彭阳能源化工物流中心:位于彭阳王洼煤炭化工基地,占地面积 500 亩,主要依托彭阳煤炭化工产业,大力发展包括多式联运、煤炭洗选、煤炭交易、配送服务、危化品运输和过程监控等为一体的生产性物流服务,加强基地与炭山、循环盐化工经济园区、平凉、庆阳等关联产业基地的合作,不断提高物流效率,扩大市场规模。

10.六盘山建材物流中心:位于六盘山水泥厂附近,占地面积 500 亩,主要依托六盘山水泥和新型建材产业、石灰岩矿产资源开发等,大力发展散装运输、仓储、建材交易和产品配送、信息交互等物流服务,形成面向新型建材行业的专业化物流中心,提高生产性物流效率,提升产品的市场竞争力。

第二节 改造提升商贸流通业

以固原市区为重点，加快宁南商贸流通核心区建设步伐。推进新时代购物中心、尚都国际、固原商贸城、民族商业街以及县城等重点商贸中心硬件的改造，用现代商业理念指导管理，开发商业服务产品，提升档次和综合竞争力。积极引进大型商贸集团或公司，将固原市区发展成为辐射宁南及周边地区的商贸核心区。加大星级饭店建设力度，支持老字号清真餐饮名店做大做强。同时，大力推进各县城商贸中心区发展，尤其要建立完善农村市场体系，继续实施国家"双百市场"、"万村千乡市场"和自治区"三新工程"，重点扶持培育原州区马铃薯市场、西吉县闽宁园区、单家集肉牛、泾源县肉牛、彭阳县小杂粮和蔬菜等6个年交易额过亿元的大型专业批发市场。从而形成以市区为中心、县乡村为节点的商贸流通网络体系。

第三节 加速发展旅游业

固原市旅游资源富集且独具特色，冷凉的气候条件和旅游资源完美结合，人文景观与自然风光融为一体。要充分认识这一优势，准确定位，创新开发理念，从景区开发、景观设计、文化内涵挖掘等方面有新突破，加大"大六盘"旅游圈开发力度，将固原打造成为西北乃至全国著名的集避暑度假、休闲观景、陶冶性情、红色教育于一体的旅游胜地。加强精品旅游景区和精品旅游线路建设，加快六盘山森林公园、须弥山、火石寨等景区基础设施建设，完善旅游通道与交通设施建设；用文化包装旅游产品，提升旅游文化内涵。根据旅游市场多元化的需要，打造精品旅游线路，形成以六盘山、将台、单家集等长征纪念馆亭为主的红色旅游线路，以战国秦长城、须弥山石窟、开城安西王府遗址以及魏征梦斩泾河龙、柳毅传书等为主的人文景观线路，以六盘山、月亮山、云雾山以及二龙河、荷花池、震湖、火石寨为主体的生态观光旅游路线，以西吉单家集清真大寺等为代表的回族风情旅游景点。在五年内，把固原打造成为宁南地区富有魅力的旅游目的地。完善酒店、餐饮、娱乐等配套设施和服务功能，提升旅游资源产业化经营水平。配合主体旅游资源的开发，积极发展"农家乐"乡村游。加大旅游资源开发力度，聘请区内外知名专家，研究设计开发具有地区特色、民族特色、内涵丰富、做工精湛、造型优美的旅游纪念品。协同国家相关部门，积极争取将须弥山石窟、开城安西王府等4处遗址列入世界文化遗产。加大对以六盘山为核心旅游资源的宣传和推介，运用电视、网络、报纸、广播等多种媒体和举办博览会、招商会、洽谈会、山花节、登山节、运动会等活动，大力推介，广泛宣传，提升六盘山旅游知名度和美誉度，形成在国内外有一定影响的六盘山旅游品牌形象。力争"十二五"末，把六盘山打造成国家重点风景名胜区、国家级森林公园，须弥山为5A级旅游景区，使六盘山旅游区成为国家旅游扶贫开发的示范典型。

专栏7

固原市旅游景区及旅游线路

▲精品旅游景区

1.六盘山国家森林公园：以六盘山国家自然保护区为中心，包括泾河源、老龙潭、凉殿峡、野荷谷、胭脂峡、白云寺等景区，建设六盘山国家森林公园，展示六盘山丰富的动植物资源和优良的生态环境。

2.古丝绸之路旅游区：以固原博物馆、固原古城为中心，包括战国秦长城、安西王府、萧关遗址文化园，建设古丝绸之路文化旅游区，挖掘悠久的历史和深厚的文化资源。

3.红色长征旅游区：以六盘山长征纪念馆为中心，包括西吉将台堡、单家集、彭阳任山河，建设红色旅游区。

4.须弥山景区：建设须弥山精品旅游区。

5. 地质景观旅游区：以火石寨国家地质

(森林)公园、党家岔地震堰塞湖建设地质景观旅游区。

▲精品旅游线路

1.以六盘山、将台、单家集等长征纪念馆亭为主的红色旅游线路。

2.以战国秦长城、须弥山石窟、开城安西王府遗址以及魏征梦斩泾河龙、柳毅传书等为主的人文景观线路。

3.以六盘山、月亮山、云雾山以及二龙河、荷花池、震湖、火石寨为主体的生态观光旅游路线。

4.以西吉单家集清真大寺等为代表的回族风情旅游景点。

第四节 大力发展其他服务业

积极发展金融业。努力争取更多国有商业银行、村镇银行、小额贷款公司等多种机构在固原市、县(区)布局设点。大力发展证券、期货、担保、信托等非经营性金融机构,发展创业基金、金融租赁、信托投资、质押典当等金融服务业,建立产权交易市场。鼓励发展创业投资公司,积极吸引民间投资。加强社会信用体系建设,强化金融监管,防范金融风险。深化农村信用社经营机制改革,增强自身实力和服务于地方经济的能力。稳健发展房地产业。按照“统一规划、合理布局、综合开发、配套建设”原则,稳步推进房地产开发建设,鼓励支持区内外有实力的房地产开发商在新区进行房地产开发,建设品位高、配套全、有一定规模的住宅小区。进一步扩大中低价位、中小套型商品住房的供应,构建多层次的商品住房供应格局。加大房地产监管力度,规范房地产中介服务,全面促进房地产健康发展。推动社区服务业发展。加大扶持力度,逐步形成家政、餐饮、托幼、养老、医疗、保健、文娱、维修等配套完善的社区便民利民服务体系;积极引入心理咨询、法律咨询、纠纷调解、保险理财、商业服务等新型服务项目,基本建立起与市场运行相适应的社区服务管理体制,逐步提高社区服务业的组织化程度。积极发展商务会展业,争取承办节会、会展、接待等大型商贸活动。

第六章 统筹城乡发展 推进城镇化进程

顺应以城带乡、以工促农的新形势,加速城镇化发展,形成以固原区域中心城市为主,以县城、中心镇协调发展的城镇化体系,城镇化率达到40%。加快农村民居适度集中,加大农村公共基础设施和公共服务的投入力度,逐步实现城乡公共服务均等化,构建城乡统筹和谐发展的新格局。

第一节 着力打造宁南区域中心城市

紧紧围绕建设宁南区域中心城市的战略目标,以固原市城区(开城镇、清河镇)为中心,按照“开发新城、改造老城、保护古城”思路,加快市区建设步伐。通过政府引导、政策扶持、项目带动等措施,完善配套设施建设,促进商业开发,尽快把新区建设成为行政中心、教育基地、商务中心、居住新区和电力、化工、民航等大型企业后勤基地。有计划、有步骤地对老城区实施连片开发、成片改造,重点抓好道路和公共交通、供排水与污水处理、垃圾处理、供热燃气、防洪、抗震避灾等基础设施建设,完成第二污水处理厂、第二净化水厂、城市生活废弃物无害化综合处理扩建工程等重大公共设施建设项目。实施保障性安居工程建设,抓好老城棚户区改造。改善市容市貌,提升城市品位,将老城区建成功能完善、管理有序、环境优美、生活便利的商贸休闲区。启动实施省道101线固原过境段改造、电厂至头营、西入口大转盘至西吉岔路口、三里铺至电厂等绕城公路建设;实施“三山两带两园一河”园林景观建设工程(东岳山、黄峁山、九龙山,古雁岭、长城梁,叠叠沟森林公园、北海湿地公园,清水河市区段综合治理),把固原市城区打造成为生态文化山城,历史文化古城,建设成为集工业、商贸、物流、文化旅游为一体的宁南及陕甘宁地区现代化区域中心城市。力争到2015年,市区建成区面积达到37平方公里,人口达到25万人以上,人均拥有道路面积20平方米,人均居住面积30平方米,人均绿化面积18平方米。

第二节 加快县级城市建设步伐

按照“立足实际,特色突出,基础完善,功能齐全、吸纳人口,聚集产业”的要求,加大四县城区基础设施改造提升的步伐,进一步完善基本服务功能。根据各县产业发展方向和民俗文化特征,重点打造一批特色精品街区,建成具有浓郁回乡风情的西吉县城,浓郁文化气息的书法之乡隆德县城,旅游特色鲜明的泾源县城,生态环境优美的彭阳县城,培育壮大城镇经济实力,有效提升产业聚集功能作用,增强人口吸纳能力。到2015年,把四个县城建设成为承接区域中心城市产业转移、辐射和带动小城镇发展的重要引擎。四县城区建成区总面积达到25平方公里,人口达到27万人以上;城市基础设施水平显著提高,服务功能基本完善,教育、文化、卫生、体育等公共服务设施基本完善;人均拥有道路面积和居住面积分别达到13平方米和26平方米左右,人均绿化面积达到18平方米以上。

第三节 大力推进中心镇的建设

坚持依托交通干线和产业布局推进城镇发展,优先发展区位条件较好、产业优势突出、交通便利、有发展潜力和带动作用强重点中心镇。“十二五”时期,重点建设原州区三营镇、头营镇、彭堡镇、张易镇、寨科乡,西吉县新营乡、兴隆镇、将台乡、震湖乡、平峰镇,隆德县沙塘镇、联财镇,泾源县泾河源镇、六盘山镇,彭阳县古城镇、王洼镇等16个中心镇(乡)。按照“一县(区)一年一镇”建设目标,各县(区)每年实施1个重点中心镇建设。根据资源优势、产业基础等客观条件,科学编织发展规划,优化公共服务设施、民居住宅、产业园区、村庄分布、农田保护、生态环境等空间结构布局。把教育、卫生、新农村建设、危房改造、扶贫开发、生态建设、城乡环境整治、小城镇建设等各种项目捆绑使用,整合资源,集中力量、整体推进。使规划建设的每一个镇有一座垃圾处理站、一座文化广场、一所标准化中小学和幼儿园、标准化卫生院、标准化文化站,镇区的主要道路全部硬化。推进农村人口向城镇、特色产业园区集中。到2015年,按照“注重特色,一镇一品”的思路,建设一批红色文化、绿色环境、回乡风情、新型矿区、商贸流通等各具特色中心镇,逐步形成特色鲜明、功能互补的城镇发展格局。

第七章 实施生态移民 大力推进扶贫攻坚工程

抢抓国家推进“六盘山”集中连片扶贫开发新机遇,认真贯彻《中国扶贫开发纲要(2011—2020年)》和《宁夏“十二五”中南部地区生态移民规划》精神,以生态移民、整村推进、劳动力转移培训、产业扶贫为重点,争创全国扶贫开发攻坚示范区。

第一节 全力实施生态移民工程

生态移民是有效缓解固原市人口压力、改善生态环境、加快扶贫开发、实现全面建设小康社会的重大战略举措。“十二五”时期,要举全市之力打好生态移民攻坚战,“十二五”期间,全市共搬迁安置生态移民5.35万户近23.25万人,涉及62个乡镇645个行政村1031个自然村。其中:县外移民3.4万户14.93万人,占64.2%,县内移民1.9万户8.32万人,占35.8%。按照“因地制宜、整村搬迁、生态优先、突出重点、统筹安排”的要求,采取县外移民与县内移民相结合,生态移民与劳务移民相结合,通过建设移民安置点、小城镇、工业园区、大中企业安置等方式,多渠道、分年度完成搬迁安置任务。

积极主动配合做好县外移民。根据自治区统一安排,固原市县外生态移民重点安置在引黄灌区、沿黄城市带、农垦农场、宁东基地、工业园区等适宜开发地区，积极主动配合接收市、县(区)共同做好调查摸底、建卡立档、宣传发动、组织搬迁和跟踪管理工作，确保“移得出、稳得住、能致富”。

科学合理规划县内移民安置。综合考虑全市土地、水等资源匮乏的现实和移民搬迁后的发展潜力，按照“有土安置”和“无土安置”相结合的原则，结合新农村建设、危房危窑改造、整村推进扶贫开发、小城镇建设和工业园区建设等途径，在全市土地、水源条件好的河谷川道区、盐化工工业园区、中心城镇等区域，科学合理地规划好县内移民安置点，加快移民安置点基本农田、水利、供电、道路、教育、医疗等基础配套设施建设，加大农业科技实用技术和劳务技能培训投入力度，努力改善移民的生产生活条件。

扎实做好移民搬迁各项后续保障工作。落实好各项惠农和社会保障政策，确保县内和县外生态移民继续享受在原籍的退耕还林(草)政策，并在过渡期纳入当地城乡低保、社会救助等社会保障体系，保证生态移民子女能入学、有病能就医、基本生活有保障。主动做好县外移民管理工作，在搬迁安置过渡期内，配合接收安置区政府做好移民搬迁后的各项后续服务工作，帮助协调解决移民工作中存在的问题。扎实做好移民搬迁后的生态恢复和建设工作，将迁出区全部划为无人居住区，对移民原有宅基地按照“迁出一户、平整一户、绿化一户”要求，全面实行自然封育，恢复生态。

第二节 加大扶贫开发力度

继续坚持开发式扶贫方针，以提高农村贫困人口自我发展能力作为工作重点，以解决特困人口的温饱与提升低收入人口的生活质量为首要任务，以基本消除绝对贫困现象和缩小发展差距为奋斗目标。认真贯彻落实国家深入实施西部大开发战略意见和《中国农村扶贫开发纲要(2011—2020年)》，全力实施六盘山集中连片特殊困难地区开发攻坚工程，争取国家更多的政策和项目支持，大力实施移民扶贫、产业扶贫、科技扶贫、项目扶贫、整村推进等扶贫工程。全面开展农村低保与扶贫开发有效衔接，做到应保尽保，应扶尽扶。进一步加强与对口帮扶和定点帮扶单位的联系，不断深化协作层次，拓宽定点扶贫工作领域。鼓励和支持社会团体、民间组织参与扶贫工作，促进与国内外慈善机构的交流与合作。不断创新扶贫开发新思路，探索新机制，努力实现扶贫开发新突破。争取到2015年，按照自治区扶贫标准，减少贫困人口26万人；到2020年，使贫困人口下降到6万人，实现基本消除绝对贫困现象目标。

第三节 实施农民倍增计划

紧紧围绕增加农民收入这个核心，大力实施劳动力资源转移增收工程，到2015年，劳务产业提供农民人均纯收入力争突破3000元；实施龙头企业带动增收工程，到2015年，龙头企业带动农民人均增收200元左右；实施马铃薯产业增收工程，到2015年，马铃薯产业提供农民人均纯收入达到960元左右；实施草畜产业增收工程，到2015年，草畜产业提供农民人均纯收入920元左右；实施设施农业增收工程，到2015年，设施农业提供农民人均纯收入700元左右；实施林果产业增收工程，到2015年，林果产业提供农民人均纯收入400元左右；实施非农产业增收工程，到2015年，非农产业提供农民人均纯收入400元左右；实施生态移民增收工程，力争“十二五”期间发展劳务移民2.5万户10万人，教育移民7万人。到2015年，力争全市农业人口降到100万人以下，农民人均纯收入比2010年翻一番。

第八章 加快基础设施建设 增强经济发展后劲

基础设施建设是固原市实现跨越式发展的基础性工程，也是深入推进西部大开发战略实施的重要内容。要牢牢抓住国家加大支持西部地区基础设施建设投资力度有利时机，积极争取更多项目，加快基础设施建设的步伐。到2015年，力争全市基础设施建设再上新台阶，服务功能再上新水平。

第一节 建立畅达的交通网络

加快交通道路建设步伐，进一步完善交通网络，充分发挥各种运输方式的优势，扩大规模、优化结构，建设现代化综合交通运输体系，提高综合运输能力，为经济社会快速发展提供强有力的交通运输支撑。

公路建设："十二五"期间，建成福银高速公路六盘山镇—沿川子段和兰青高速公路毛家沟—东山坡段。开工建设东线高速公路鸳鸯湖—彭阳段、固原至宝鸡高速公路东山坡—华亭段、原州区至西吉、泾源至李家庄聂桥、青石嘴至麻子沟圈高速。新建省道101线固原市区过境段、盐化工园区主干道、绕城公路、国道309线改造、国道309线至固原物流中心等道路。实施行政村联通工程，完成2000公里通行政村公路硬化任务，改建"油"返"砂"路段800公里；硬化1000公里通达设施农业区和旅游区公路，三年内基本实现行政村通油(水泥)路。继续实施危桥改造项目和农村公路安保工程。铁路建设：建成原州区至王洼运煤铁路通道。加快宝鸡至中卫铁路新增第二线建设，完成固原火车站、三营火车站改扩建以及三营盐化工铁路专用线建设。积极争取修建固原至定西铁路，并向北延伸至太中银铁路，进一步完善固原铁路网络，满足固原经济社会快速发展的需求。航空通道建设：争取开工固原机场二期扩建工程，进一步完善机场设施，开辟北京、成都等新航线。积极争取开办民用航空培训学校，培育航空产业。管道建设：配合建设西气东输二线工程，完成原州、西吉、彭阳、隆德和泾源县城区天然气利用工程；配合建设中卫—贵阳四线天然气工程。综合枢纽：规划建设"三客三货"公路运输枢纽，即建成固原汽车客运总站、固原汽车客运南站、固原汽车客运北站和综合货运枢纽站、固原货运东站、试验区物流中心，将固原市建成国家级公路运输枢纽。

第二节 增强水利基础设施支撑能力

按照节约优先、优化配置、有效保护、综合治理原则，加快推进"北引黄河水、南引泾河水、就近利用库井水"配置工程体系建设，尽快形成"南北配置、丰枯补给"的水资源格局，切实保障人民群众的饮水安全，满足区域经济社会发展的用水需求。

推进重大水利工程建设。抓住机遇，建设一批对全市有重大影响的水利工程。完成宁夏中南部城乡饮水安全水源工程、彭阳县孟塬扬水工程、固原盐化工示范区供水工程、三河源水源保护等重点水利工程建设。积极开展固海扩灌向固原市区延伸扬水工程、隆德县黄草沟引水工程和泾源县沙南峡水库工程的前期各项工作，争取"十二五"开工建设，为加快固原工业化、城镇化快速发展创造条件。加快农村安全饮水工程建设。规划建设集中式供水工程49处，分散式供水工程(集雨)29987处，铺设供水管道5313公里，提高农村自来水入户率。到2013年，全面解决40.27万人饮水安全问题。积极开展城镇化建设重点乡镇及农村饮水改扩建工程项目的前期工作，保障乡镇及农村132万人饮水安全。加强农田水利工程建设。开工建设石家坪、高台、吕坪、黄草沟、暖水河等9座骨干水源工程，新增库容3000万立方米，拦蓄洪水资源0.45亿立方米，提高雨洪水资源利用率50%以上。大力推进百万亩库井灌区节水改造工程实施，对全市136处库井灌区进行节水改造，新建机井281眼，建设小扬水泵站338座，发展灌溉面积56.42万亩，实现节水30%、扩灌30%、增产30%的目标。加大防洪工程建设力度。进一步加强固原市区和4个县城、重点乡镇、村庄及中小河流、清水河流域防洪体系建设；启动实施全市37座小型病险水库除险加固工程建设；建立全市147座中小型水库防洪管理体系，年利用洪水资源4000万立方米，实现洪水资源利用最大化。

全面推进节水型社会建设。通过实施库井挖潜、压粮扩经扩草、夏粮改秋粮等非工程措施，降低农业用水量；结合设施农业和高效农业，大力推广喷灌、低压管灌和微灌、推广坐水种等特色节水技术。加大骨干渠系和末级渠系改造力度。到2015年，灌溉水综合利用系数达到0.52以上。制定合理的水价调节机制，推进工业用水、居民用水及公共用水的节约。大力开发空中云水资源，提升人工影响天气作业能力和技术水平。加强对三河源水系和城乡饮用水水源地保护，严格实施水资源统一调度管理，合理调配生活、生产和生态用水。对全市5县（区）城市供水水源、55处乡镇供水水源、208处农村供水水源上游进行综合治理和围栏保护，建立水情、水质检测系统；积极推进城乡水务一体化管理，强化水权转换，为我市工业用水提供水源保障。实施好城市中水回用项目，综合运用工程措施、技术措施、生物措施，搞好水资源节约和利用。

专栏8

重点水利工程项目

▲中南部城乡饮水安全水源工程：年引水量3980万立方米，解决固原市及中卫市44个乡镇609个行政村、112万城乡居民的生活用水水源问题。

▲骨干水源水库工程：建设骨干水源水库9座，新增库容3000万立方米。

▲沙南峡水库工程：库容6580万立方米，年发电1100万度。

▲固原盐化工园区供水工程：包括黄河扬水固海扩灌供水工程、寺口子水库（管道）供水工程、东至河水库供水（泵站）工程，年供水总量4000万立方米。

▲引水工程：彭阳县孟塬引水工程、隆德县黄草沟引水工程。

▲农村饮水安全工程：建设集中式供水工程49处，分散式供水工程（集雨）29987处。

▲百万亩库井灌区节水改造工程：配套发展灌溉面积56.42万亩。

▲设施农业机旱作节水农业水利配套工程：配套解决27万亩设施农业、90万亩旱作节水农业灌溉。

▲重点流域治理工程：规划治理小流域面积3519平方公里，“十二五”期间完成治理面积1000平方公里。

▲三河源水源保护工程：包括水土保持工程、灌区节水改造工程、流域防洪工程。

▲城市雨水集蓄工程：建设各类蓄水池，年收集城市雨水260万立方米。

第三节 建设坚强的智能供电网络

充分考虑固原国民经济发展和电力工业可持续发展的要求，坚持“因地制宜开展电网建设与改造，将固原电网建设成为整体供电能力强、可靠性高、供电半径合理、运行方式灵活、有一定抗事故能力并能满足各类能源接入和负荷发展需要，具有信息化、自动化、互动化特征的坚强智能电网”的总体目标。继续加大供电基础工程建设步伐，为居民生活和全市经济社会发展提供稳定电力保障。规划建设黄河~清水河~固原Ⅱ回330千伏输电线路工程，以加强宁夏南部330千伏电网网架，提高固原地区电网供电可靠性，满足固原盐化工循环经济扶贫示范区项目用电的需求；建设王洼110千伏输变电工程，满足王洼煤矿产能提高的用电需求；建设月亮山风电场华电一期~西吉110千伏输变电工程，满足西吉月亮山华电一期风电场并网需求；建设申庄110千伏输变电工程，为固原盐化工扶贫循环经济示范区的建设及生活提供用电支持；建设高平（小川子）110千伏输变电工程，满足固原市新区生产、生活用电需求；建设硝口110千伏输变电工程，满足中河乡硝口村至上店子村岩盐矿开采区及周边乡镇的用电需求；建设小马庄110千伏输变电工程，满足清河工业园区和试验区创业园区的用电需求；建设蒿店110千伏输变电工程，满足蒿店水泥制造、石料加工等工业用电需求；建设炭山110千伏输变电工程，以加强固原东北部电网构架，满足炭山煤矿煤炭产业带及周边乡镇的负荷需求。固原电网"十二五"期间重点工程的建设将全面优化固原电网网架结构和供电能力，提高供电可靠性，基本实现"网架坚强、设备完善、技术先进、智能化"的基本要求。

专栏9

电网重点建设工程项目

▲黄河～清水河～固原Ⅱ回330千伏输电线路工程：新建线路总长度约180公里，固原市原州区境内线路长度49.3公里。

▲王洼110千伏输变电工程：新建王洼110千伏变电站1座，主变容量2×50兆伏安；新建110千伏双回架空输电线路2×45.5公里。

▲月亮山风电场华电一期～西吉110千伏输变电工程：新建110千伏架空输电线路33公里。

▲申庄110千伏输变电工程：新建申庄110千伏变电站1座，主变容量2×40兆伏安，初期40兆伏安；新建110千伏双回架空输电线路2×2.35公里。

▲高平（小川子）110千伏输变电工程：新建高平110千伏变电站1座，主变容量2×40兆伏安，初期40兆伏安；新建110千伏架空输电线路27公里。

▲硝口110千伏输变电工程：新建硝口110千伏变电站1座，主变容量2×40兆伏安，初期40兆伏安；新建110千伏架空输电线路27公里。

▲小马庄110千伏输变电工程：新建小马庄110千伏变电站1座，主变容量2×40兆伏安，初期40兆伏安；新建110千伏架空输电线路10公里。

▲蒿店110千伏输变电工程：新建蒿店110千伏变电站1座，主变容量2×31.5兆伏安，初期31.5兆伏安；新建110千伏架空输电线路15公里。

▲炭山110千伏输变电工程：新建炭山110千伏变电站1座，主变容量2×31.5兆伏安，初期31.5兆伏安；新建110千伏架空输电线路45公里。

▲35千伏输变电工程：分别为西滩、红河、红耀、田堡、冯庄、石岔、什字、罗洼、河川等9项输变电工程。

▲对全市10千伏及以下农网进行升级改造。

▲对全市35万电力用户进行用电信息采集建设改造，实现"全覆盖、全采集、全费控"。

第四节 大力提升信息化建设水平

加快宽带通讯网、互联网、数字电视网等基础设施建设，促进信息技术、信息产品和信息内容的推广和应用。积极发展第三代移动通信，推动电信基础设施共建共享和业务应用。加大固原互联网出口带宽的建设，加大IPTV接入能力及IPTV平台互动功能的改造，积极推进三网融合，推动无线TD-SCDMA、CDMA2000、WCDMA新一代3G网络在全市城乡的覆盖。发展多种形式的宽带接入，推动互联网的应用普及。全面推进电子商务、电子办公。加大农村信息化平台建设，乡(镇)初步建成光缆传输系统和接入网设备，满足村、镇上网和远程教育的需求。完善互联网电视(IPTV)、农村综合信息网和三农呼叫中心的功能，推动信息网络向农村延伸。推进数字化区域建设，建成有线、地面和卫星三位一体的广播电视传输网络。实施"信息惠民"工程，促进医疗保险、养老保险、失业保险、生育保险、优抚安置、社会救助、劳动就业和基层保障等各项业务的信息化应用。到2015年，固原市出口带宽提高到100G，全市中小企业接入10M互联网达到80%，宽带用户带宽达到5M。IPTV的接入能力达到5万线，初步满足三网融合的阶段性要求。实现农村广播电视户户通，农户免费接收8套和40套广播电视节目。农村互联网用户达到60%以上。

第五节 加强应急抗灾能力建设

加强综合气象观测系统建设，完善县、乡气象信息网络系统，提高灾害性天气的监测能力。完成县(区)救灾物资储备库建设，进一步健全救灾减灾工作机制，构建重大灾害预警应急体系，完善县、乡、村救灾应急预案体系、灾害应急响应机制、灾害信息管理机制和救灾款物保障机制，合理配置基层灾害信息员队伍，切实提高全民避灾应急能力。加大消防工作检查和监督力度，提高城乡综合消防能力。高度重视防震减灾工作，强化地震监测及预警，加强防震减灾知识宣传，加快农村危房危窑改造步伐。到2015年，全面完成农村危房危窑改造任务，确保城乡居民生命财产安全。

第九章 加强生态环境建设 提升可持续发展能力

结合全国和自治区主体功能区规划，坚持"生态立市"战略，在大六盘核心区和外围区建立以森林植被为主体、林灌草结合的区域生态安全体系，为建立稳固的西部生态屏障夯实基础。加强污染的治理，有效降低能耗，积极发展低碳经济。力争到2015年，全市森林面积达到395万亩，森林覆盖率达到25%。

第一节 加快构筑西部生态屏障步伐

根据我市半阴湿土石质山区、干旱半干旱黄土丘陵沟壑区、河谷川道区及城镇绿化区四个不同的区域进行统一规划，合理布局，以六盘山生态经济圈建设为核心，以"三河源"(泾河、清水河、葫芦河)生态保护与开发为重点，实施天然林保护二期、退耕还林、城乡环境绿化、绿色通道、林业产业、移民迁出区绿化"六大绿化工程"。

加大大六盘生态经济圈(三河源)水源涵养林建设步伐。紧紧抓住国家深入实施西部大开发战略中继续加强对重点生态地区投入的有利时机，大力实施以六盘山为核心的三河源水源涵养林建设，切实提高森林植被覆盖率。在年降雨量400毫米以下的荒山荒坡，采取围栏禁牧与草地改良相结合，扩大草场面积，恢复和提高牧草数量和质量，增加植被覆盖度，有效减轻水土流失强度，降低泥沙入黄数量，增强水源涵养能力，保持生物多样性。到2015年，新造水源涵养林60万亩，六盘山区的水源涵养能力明显提高。

继续实施退耕还林工程。加强退耕还林补植补造，做到应补尽补，不留死角，确保退耕还林地的林木保存率和造林密度达到国家阶段性验收的标准；积极争取国家支持，对固原市适宜退耕还林的15度以上186万亩坡耕地实施退耕还林。积极争取国家退耕还林份额和生态补偿政策，巩固退耕还林成果，大力开展林地鼢鼠防治工作，有效降低鼢鼠的危害程度。加快培育以两杏、枸杞、种苗、花卉、经果林等为主的后续产业，加大封山禁牧力度。走出一条经济与生态、民富与山绿"双赢"的可持续发展道路。

加强天然林保护和建设。以建设林业生态安全体系为重点，以恢复和扩大六盘山森林生态体系为目的，到2015年，完成天然林保护工程封育面积40万亩。充分发挥六盘山地区的气候和地域优势，做大做强六盘山区种苗产业，形成具有区域特色的林业产业优势。到2015年，新增以针叶树为重点的育苗基地面积20万亩。

实施城乡环境绿化工程。完成城市大环境绿化10万亩，全面提升我市城市绿化整体水平。以固原市区为中心，以各县(区)城镇为重点，建立结构合理、功能完善、景观优美、特点鲜明的城市森林体系和城镇绿化体系。到2015年，争创达到自治区级园林城市。围绕新农村建设，以及生态示范乡镇、生态示范村建设，大力开展四旁植树，完成乡村四旁植树2000万株，从根本上改善农村人居环境。加快绿色通道建设，在县城、中心镇的国道、省道过境段、旅游景区路段建成高标准高质量的绿色通道景观，同时实施县乡村道路绿化工程，五年累计完成道路绿化1000公里。构筑起以福银高速、312国道、109省道、黑海路为骨架，以通乡通村主干道、农田防护林等为辅助防护林网。

加快移民迁出区生态恢复步伐。彻底拆除移民搬出区房屋，原有的宅基地和耕地全部转化为生态建设用地，加大搬出区生态建设和管护力度，对宜林区加快人工造林步伐，对不宜造林区实行全面封禁，逐步实现植被的自然恢复。

专栏10

生态环境建设

▲生态移民。利用五年时间(2011—2015年)，对居住在固原自然条件恶劣区(水资源匮乏、基础设施落后、生态环境恶劣)、地质灾害重险区(易发生山体滑坡、泥石流、和地震断裂带)、大六盘生态圈核心区(生态环境脆弱和大六盘生态圈核心区及外围区)涉及62个乡(镇)6458个行政村3.4万户23.25万人实施生态移民，其中县外移民安置3.4万户14.93万人，县内移民1.9万户8.32万人。

▲争取国家把固原市西吉、隆德、泾源、彭阳四县整体列为国家限制开发区生态建设示范区，先行试点，建立生态补偿机制，争取国家加大财政转移支付力度。

▲争取国家提高水源涵养林、水土保持林补助标准，由现在的每亩200元提高到每亩1000元，"十二五"期间，完成水源涵养林60万亩。

▲争取国家把固原市15度以上186万亩(其中大六盘核心区25度以上22万亩)坡耕地整体纳入国家退耕还林范围，逐步给予安排。

第二节 全面推进水土流失综合治理

加快水土流失治理，已经成为社会主义新农村建设和构建和谐社会面临的一项重大而紧迫的战略任务。围绕“三河源”水源保护和大六盘生态经济圈构建，加强水土流失综合治理力度。坚持以县为单位，以小流域为单元，山、水、林、田、路、草统一规划，实行塬、梁、峁、坡、沟、综合治理；坚持预防为主、防治结合，对未开发利用的9.35万公顷荒山荒坡进行封育保护，禁垦、禁牧，使生态系统获得休养生息的机会；增加植被覆盖度，提高固土防蚀能力；加快清水河、泾河、葫芦河等重点流域综合治理，实施清水河中上游水土保持综合防治工程和渭河宁夏段流域防洪整治等工程；坚持蓄水与拦泥相结合，积极推进淤地坝工程建设，开展沟道干、支、毛沟的综合治理，在流域面积较大的干支沟建设控制性的骨干坝、面积较小的支毛沟建设中、小型淤地坝工程，形成以支流为骨架、以沟道坝系建设为主体的小流域综合治理工程体系，蓄积雨水、拦截泥沙、增加耕地。到2015年，治理水土流失面积1000平方公里，累计达到3280平方公里，治理程度达到85%以上。

第三节 加强城乡环境污染的防治

围绕“清洁、安全”的环保目标，着力解决关系人民群众切身利益的环境安全问题，为城乡居民生存发展创造一个良好的人居环境和生态环境。坚持预防为主、综合治理，远近结合、标本兼治，着力解决流域水污染、矿区环境污染、大气污染和农村水源污染等突出环境问题。加强饮用水水源地的保护，控制入河污染物排放。加强城市污水处理及配套管网、城市垃圾处理等环保基础设施建设，加大城镇生活污水和垃圾收运处理和再生水利用设施建设，提高污水处理率和垃圾无害化处理率。抓住国家环保部支持固原加快马铃薯淀粉加工污染治理的机遇，组织实施好清水河流域固原市区段和葫芦河流域西吉县城段环境污染综合治理项目，坚决关停小淀粉加工企业，积极探索马铃薯淀粉废水治理和利用的新技术、新途径。严格执行国家大气污染物排放标准，进一步加强二氧化硫排放控制，努力改善区域空气环境质量。支持能源化工企业节能、降耗、减排，发展循环经济。开展农村小康环保行动，在16个中心乡镇建设垃圾处理设施。从农村环境污染的点源治理与面源治理相结合入手,全面开展农村环境综合整治工作。尽快建设和配套农村污染收集处理设施,重点抓好农村畜禽粪便污染、农用化学用品和生活污染治理。坚持开发和节约并举、节约优先的原则,以提高能源资源利用效率为核心,着力推进节能、节水、节地、节材,建设集约、清洁、绿色的资源节约型社会。大力推广使用散装水泥、新型墙体材料、可降解材料和替代材料,增强全民资源节约意识,减少使用一次性用品,抵制过度包装,倡导绿色消费。到2015年,单位GDP能耗控制在4.15吨标准煤以内,化学需氧量排放量控制在1.8万吨以内,二氧化硫排放量控制在1.6万吨以内。

第十章　推进社会事业发展
实现基本公共服务均等化

完善基本公共服务均等化的体制保障和配套措施,建成覆盖城乡、功能完善、布局合理、管理有效的基本公共服务体系,让发展的成果惠及城乡居民。

第一节　推进教育事业均衡发展

大力推动学前教育发展,提高城镇学前三年、农村学前一年教育普及程度。新建、迁建、改建第二、第六幼儿园等14所市区幼儿园,改造四个县城幼儿园,扶持民办幼儿园健康有序发展,有效解决城市入幼难的问题;加快农村幼儿教育步伐,在每个乡(镇)建设1所标准化幼儿园,充分利用撤并后教学点校舍资源,在中心村启动实施幼儿教育。稳定特殊教育,提高残疾儿童入学率。实施义务教育均衡发展计划,实施"扩容促优"工程,整合教育资源,通过新建、扩建、改建、迁建等形式,促进城乡教育资源均衡发展,扩大优质学校办学规模,确保适龄少年入学率达到95%以上,小学、初中毕业合格率分别达到98%和95%以上。大力实施农村寄宿制学校改扩建工程,对89所寄宿制学校进行改扩建。加快普及高中阶段教育步伐,推进高中学校向县城布局,在5个城区建设一批设施完善的高级中学,有效解决上高中难的问题,力争高中阶段毛入学率达到85.5%以上。根据人口流动变化和城市化加快的趋势,加快固原市区和4个县城中小学校校舍建设步伐,完成固原一中、彭阳二中、泾源一中等迁建项目,新建固原市第七、第八中学、隆德高级中学、彭阳四中、西吉五中等中学和固原市第十三、十四、西吉五小、隆德三小、彭阳六小等小学,切实解决"大班额、大通铺"问题。实施"中小学校舍安全改造工程",完成全市所有中小学校舍改造任务,拆除重建校舍39.4万平方米,加固维修C级危房71.5万平方米,彻底消除校舍安全隐患。实施"教师周转宿舍"、"寄宿制学校淋浴房"建设,配套完善中小学教育教学装备,不断提升教育教学条件。深化教育改革,实施"基础教育质量综合提升"工程,不断提升教育教学质量。大力发展职业教育,抓好固原职业技术学院申报高职(专科)学校工作和各县职业教育培训中心建设,扩大东西联合办学规模,提高职业教育就业率。促进民族教育发展,力争回族学龄儿童入学率达到"两基"标准。进一步促进高等教育发展,继续改善宁夏师范学院办学条件,努力提高办学质量。推动信息技术在教学和管理中的应用,实施农村中小学现代远程教育二期工程,为基础教育课程改革和个性化学习提供丰富教育资源。认真实施义务教育经费保障新机制,加大资助力度,确保贫困学生、农村留守儿童、进城务工人员子女等弱势群体享受教育权。

第二节　推进医疗卫生事业协调发展

加强医疗卫生基础设施建设,建立和完善基本医疗卫生制度,合理配置医疗资源,缩小城乡、不同收入群体之间的基本医疗卫生服务差距,将我市建设成为"人人享有基本医疗卫生服务"示范市,实现人人公平享有公共卫生服务目标。健全和巩固县、乡、村三级农村医疗卫生服务体系和网络,加强未达标的县级医院、中心乡镇卫生院、边远地区村卫生室以及城市社区卫生服务中心建设。新建市第二人民医院、市精神卫生中心、原州区疾病预防控制中心、泾源中医院,改扩建市医院内科大楼、四县综合医院及市县妇幼保健院等一批城区医疗卫生基础设施,继续实施乡镇卫生院基础设施改造工程,完成面积5.74万平方米乡镇卫生院辅助用房建设。加强社区卫生服务机构建设,新建19所社区卫生服务机构。完善公共卫生、医疗服务和社区卫生服务体系。实现群众就医“小病不出村、常见病不出乡、大病不出县、康复回社区”的目标。加强公共卫生和医疗卫生监管,提高对突发公共卫生事件和疫情的快速反应和处理能力。提高公共卫生经费投入,继续加强卫生医疗人才队伍建设,重点加强公共卫生、农村卫生和社区卫生专业技术人员和护理人员的培养培训,解决医护人员断层问题。到2015年末,婴儿死亡率控制在13.6‰以内,产妇死亡率降至32.7/10万以下,儿童免疫规划疫苗接种率达到95%以上,人口期望寿命达到73岁。

第三节 实施人才强市战略

实施固原市中长期人才发展规划纲要(2010—2020),以专业技术人才和农村实用人才为重点,统筹抓好各类人才队伍建设。建立健全人才培养开发、评价发现、选拔任用、流动配置和激励保障机制,促进人才开发与产业、工程、项目对接,构建人才发展的比较优势,形成人才引领产业、产业聚集人才的良性循环;加快现有各类人才的培养使用,加大急需紧缺人才引进力度,培养和造就数量充足、结构合理、素质优良的人才队伍。实施发展战略转型人才支撑、重点领域急需紧缺人才培养、“六盘英才”培养基地、党政人才能力素质提升、“科技六盘”专业技术人才培养、“人文六盘”文化艺术人才培养、“绿色六盘”农村实用人才培养、“和谐六盘”社会工作人才培养、“企业之星”人才培养、“技能名人”培养带动、人才创新团队建设、未来人才储备等12大人才发展重点工程,到2015年,培养一批合格的党政人才、经营管理人才、高技能人才、农村实用人才和社会工作人才,人才资源总量达到6.89万人,每万劳动力中研发人员达到13人年/万人,高技能人才占技能人才比例达到12%,主要劳动年龄人口受过高等教育比例达到8%,人力资本投资占全市生产总值比例达到21%,人才贡献率达到11%。

第四节 全面做好人口和计划生育工作

坚持贯彻计划生育基本国策,严格目标责任管理,进一步完善利益导向机制,落实奖励扶助制度和奖励优惠政策,深化“少生快富”工程。加强全员人口宏观管理信息化和计划生育服务网络建设,实施市计划生育指导中心和村级计划生育服务室建设工程,加强市、县、乡、村四级计划生育服务体系建设。全面实施“优质服务先进单位”和计划生育“星级乡镇”创建活动,倡导文明婚育。积极应对人口老龄化,控制人口数量,提高人口素质,优化人口结构,到2015年末,总人口控制在161.2万人以内,人口出生率控制在16.5‰以内,人口自然增长率控制在11‰以内,出生政策符合率达到85%以上。

第五节 加快科技推广和应用

大力实施“科教兴市”和“创新强市”战略,围绕实施“155”工程,推进科技创新步伐。增加对科技创新的投入,促使科技基础条件和科技创新的环境进一步改善。鼓励企业加大科技投入力度,采用现代工艺流程和信息技术,开展能源、盐化工、马铃薯为主的农副产品精深加工等方面的技术攻关,推动重大技术创新,切实提高产品质量和竞争力。努力发展高新技术及其产业,对已有的产品研发成果和具备申报高新技术企业条件的企业,积极帮助他们申报和组织实施自治区或国家级的科技项目。充分利用我市能源、土地、劳动力等资源丰富的优势，引进一批中药材、马铃薯、食用油、牛羊肉等农副产品精深加工高技术企业。进一步推广和普及高效节水补水、抗旱新品种、水肥一体化等抗旱保墒增产增收技术。建立农村科技信息化服务平台，推广应用智能农业专家系统和农产品供求信息智能分析系统；加强和完善科技信息服务站，加强对农民的科技指导和培训。到2015年，全社会科技创新投入占地区生产总值的比例达到1.0%，地方财政科技经费投入占地方财政一般预算收入达到2.0%，企业科技创新投入占全市科技创新投入的比重达到40%。科技对支柱产业和特色优势产业的支撑能力显著增强，农业新技术推广覆盖率达到75%，科技进步在国民经济增长中的贡献率达到45%。

第十一章　保障和改善民生　努力构建和谐社会

把改善民生作为发展的根本落脚点，加快分配领域的改革，进一步拓宽城乡居民增收的渠道，建立居民收入稳步增长的长效机制，不断提高城乡居民生活水平。加快民生基础工程建设，努力推进公共服务均等化，妥善解决困难群众的生产生活问题，着力构建社会主义和谐社会。

第一节 不断提高城乡居民收入

坚持按劳分配为主体、多种分配方式并存的分配制度，调整分配关系，规范分配秩序。在各类企业中全面推行工资集体协商制度，落实政府制定的最低工资制度，促进职工工资水平随企业效益的提高而正常增长。加快推进事业单位改革，全面落实事业单位绩效工资。建立工资正常增长的机制，建立离退养老保险金正常的增长机制，确保干部职工、退休人员工资和养老金增长幅度高于物价增长幅度。积极争取国家和自治区财政加大对固原转移支付力度。认真落实政府在税收、信贷等方面的优惠政策，鼓励城乡居民创业，发展二、三产业。进一步拓宽投资渠道，不断提高居民财产性收入。全面贯彻落实国家各项惠农支农政策，实施农民收入倍增计划，确保“三农”的各项补贴发放到户，努力拓宽农民增收渠道，把特色种植、草畜产业、劳务输出作为农民增收的支柱产业来抓，推进农副产品加工、转化、升值，发展增值型、效益型农业。积极争取国家尽快建立生态补偿机制，增加农民生态建设收益。坚决杜绝搭便车乱收费现象。到2015年，城乡居民生活质量明显改善，城镇居民人均可支配收入和农民人均纯收入分别达到21860元和6030元，年均分别增长11%和12%以上。

第二节 千方百计扩大就业规模

强化政府促进就业的公共服务职能，实行就业和再就业工作管理责任制，把就业工作纳入政府绩效考核，有力地促进就业工作的扎实开展。从我市工矿企业少，劳动力资源过剩这一实际出发，大力发展劳动密集型产业，重点支持农副产品加工、商贸流通、建筑建材、交通运输、清真餐饮业和民族用品等产业发展，加快盐化工园区建设步伐，努力开拓新的岗位，扩大就业规模。建立创业园区，制定优惠政策，放宽市场准入条件，支持大学生、返乡农民工等群体自主创业，带动更多的劳动者就业。加速推进城镇化进程，鼓励发展清洁、绿化、保安、家政服务、公共设施养护等社区服务业。加快民营经济与个体经济发展，倡导和鼓励自谋职业。规范劳动力市场秩序，保护弱势就业群体，维护就业公平。积极发展求职咨询、职业介绍等中介服务，增强就业服务功能，最大限度地实现劳动力的充分就业。

第三节 进一步完善社会保障体系

建立健全城乡社会保障体系，推进城乡社会保障一体化进程，探索制定符合城乡统筹、一卡通的新型社会保障制度。以扩大社会保险覆盖面和提高保障能力为重点，加快健全城镇社会保障体系，使养老、医疗、失业、工伤和生育保险覆盖城镇各类企业职工、个体工商户和灵活就业人员等广大劳动者，积极推进农民工、非公有制企业从业人员参加社会保险。加强新农保政策的宣传，动员和鼓励农民积极参加个人账户和社会统筹账户相结合的新型农村养老保险。进一步完善新农合制度，加强基金管理，严格报销程序，逐步增加大病报销比重。积极推行统筹城乡居民基本医疗保险工作，建立完善政策、信息、经办统一的城乡居民基本医疗保险制度体系。加强社会保障基金监管，实现保值增值。加快社会保障信息化网络建设，推进居民“五险一卡通”。扎实做好社会保障城乡统一的各项前期工作。到2015年，参加养老、失业、职工医疗、居民医疗、工伤、生育保险参保人数分别达到5.1万人、3.8万人、7.6万人、4.5万人和3.78万人，城乡居民医疗保险参保率达到95%。基本实现农村养老保险、医疗保险、最低生活保障与城镇养老保险、医疗保险、最低生活保障制度的统一。

不断完善社会救助体系。整合社会救助资源，建立统一的社会救助管理体系。完善优抚安置办法，及时足额发放各类优待抚恤金，切实保障涉军群体的优抚安置，着力解决好优抚对象“医疗、生活、住房”三难问题。争取国家社会福利基础设施建设资金，加大投入力度，改善社会福利机构基础设施建设。每个县建一所儿童福利院，每个乡镇建设一所设施齐全的综合福利院。鼓励、吸引社会力量和民间资金投入福利服务领域，大力发展民办社会福利机构，建立临时救助制度，稳步推进慈善事业。逐步提高孤儿养育标准和农村困难学生的低保标准。大力发展残疾人事业。切实维护妇女儿童合法权益，发展妇女儿童事业。提高征地补偿安置水平，确保被征地农民长远生计得到保障。

第四节 改善城乡居民住房条件

加大保障性安居工程实施力度。加快推进城镇保障性住房建设步伐，提高廉租房、经济适用房、公共租赁房等社会保障房供应比例，改善城市低收入家庭居住条件。进一步加大限价商品房建设力度，扩大城镇中低价位、中小套型普通商品房供应，为中等收入家庭解决住房问题创造条件。加强房地产市场监管，严厉打击房地产市场不法行为，促进房地产市场平稳健康发展。加快实施集中居住区农村危房危窑改造，加大村庄整治力度，着力解决农村脏、乱、差的问题。“十二五”期间，在固原市区和四县城区建设廉租住房、经济适用房、公共租赁房、限价商品房、棚户区改造等城镇保障性安居工程4.7万套，改造农村危窑危房改造4万户，切实改善城乡困难群众的居住条件。

第五节 加强公共安全建设

提高安全生产水平。大力宣传和普及安全知识，落实安全生产责任制，加强安全生产管理部门的机构、队伍建设和经费投入，建立健全应急救援体系和安全生产信息网络，配套和完善安全隐患监控、安全事故应急救援等基础设施。严格安全生产许可、监管、执法和责任追究，做好道路交通、矿山、危险化学品、公众聚集场所和建筑等行业的安全生产工作，坚决防止重大安全事故发生。到2015年，全市亿元生产总值死亡率比2010年降低20%以上，道路交通万车死亡率比2010年降低20%、煤矿百万吨事故死亡率降低20%，重大事故结案率达到100%。

增强防灾减灾能力。加强防洪减灾薄弱环节建设，重点加强河道综合治理、病险水库除险加固、蓄滞洪区、山洪灾害防治和城市防洪建设。加强对重点地区地质灾害和森林火灾的防治。高度重视地震安全基础工作，提高地震综合防御能力。编制气象灾害防御规划，推进农村气象灾害防御体系建设，加强气象防灾减灾能力建设，提高监测、预警和服务水平。建立健全应急体系建设，提高处置突发公共事件能力。

切实保障饮食和用药安全。加强食品、药品监管基础设施建设,创新监管机制,规范监管行为,提升监管能力和水平。依法强化对食品、药品、餐饮卫生等的监督,保障人民群众健康安全。

第十二章 深入挖掘文化资源 推进文化大发展大繁荣

围绕"红色六盘、萧关古道、丝路古城、花儿家乡"文化元素,大力实施文化强市战略,以建设社会主义核心价值体系为根本,以打造六盘山生态文化产业带为重点,加快构建覆盖城乡的公共文化体系,培育壮大文化产业和文化市场,提高全市文明素质和文化软实力,大力推进文化固原、文明固原、书香固原建设。

第一节 深入推进精神文明创建活动

着力于社会主义核心价值体系建设,以"六盘山精神"的实践为抓手,打造铸魂励志的固原精神家园。实施诚信固原、我为文明固原建设做贡献、低碳生活全民行动、未成年人思想道德教育联动、精神文明创建联动、优化投资环境大讨论、社会主义核心价值"八进"、文明行动大宣传工程等"八大工程"。深入推进社会公德、职业道德、家庭美德、个人品德建设,努力形成以群众性公民道德实践活动为载体,以创建文明城市、文明村镇、文明行为为重点,以创建文明单位为基础,各种形式创建活动共同发展的格局,不断提高市民文明素质和全市文明水平。

第二节 繁荣文化体育事业

按照"整合资源、形成合力、发挥优势、注重实效"的思路,进一步优化结构,着力构建覆盖城乡的公共文化服务体系。加快文化体育基础设施建设,不断完善公共文化服务体系。新建固原市广电中心、市文化馆和四个县级公共图书馆、文化馆、体育馆和影剧院建设,继续实施剩余乡镇的综合文化站和村级文化活动室建设。加强文化遗产和非物质文化遗产的保护开发力度,扩建固原博物馆、修缮城隍庙,规划建设开城安西王府遗址,做好须弥山、开城安西王府申报世界文化遗产工作。推进"三网融合"进程,做好广播电视网络整合工作,力争启动覆盖全市的 CMMB 移动电视业务和车载电视业务。实施广播电视"户户通"、文化信息资源共享、基层文化阵地建设、农村电影放映、农家书屋工程,建设流动文化服务、文化广场等文化惠民工程。大力发展互联网用户,加快传统文化产品的数字化建设。建好"固原政府网"和"固原新闻网",加快农村信息服务体系建设,鼓励农民通过多种途径获取农村实用信息和技术。到 2015 年,城区有线电视入户率达到 80%,宽带入户率达到 20%,农村广播电视入户率达到 98%,80%的村建有农家书屋。加大城乡体育基础设施建设力度,实施市、县"四个一"工程(一个体育公园、一个体育场、一个体育馆、一个健身广场)。大力开展群众体育"三边工程"和"百乡千村农民体育活动月"活动,推进城乡公共体育服务一体化建设;努力提升竞技体育水平,组织参加第十四届全区运动会;培育发展体育产业,打造"六盘山登山节"等体育旅游品牌。

第三节 积极推进文化产业发展

深入挖掘固原市悠久的历史文化、光荣的红色文化、独特的民俗文化和浓郁的回乡文化等资源,打造六盘山生态文化产业带建设。坚持外引内联,引进大型文化企业集团、著名文艺团体参与产业开发,精心开发和包装书画、泥塑、剪纸、刺绣等文化艺术产品。建设以王洛宾文化园和五朵梅客栈为主的回乡花儿创作基地。吸引影视企业把固原作为红色经典、军事古镇等题材的拍摄基地。扩大"西海固文学"在全国的影响。推进电影、电视、广播产业发展。打造名牌栏目，开办固原晚间新闻。加强广播电视广告经营管理，创新营销手段和营销策略，提高策划水平。鼓励文化娱乐服务业发展。深化体制改革，推动市秦剧团、市群艺馆及书协、音协、美协等协会加快发展，鼓励社会演艺人才自主组织演艺团体。组织举办好秦腔汇演、春节晚会等群众性文化活动。大力发展互联网用户，加快传统文化产品的数字化建设和农村信息服务体系建设。加强互联网监督和管理，净化文化市场。推进图书音像、印刷业和美术工艺产业发展，重点支持剪纸、书画、根雕以及现代艺术品的生产经营。建设固原文化一条街，促进旅游纪念品、艺术品、音像制品、图书等的销售，激活生产和流通。

第十三章　优化发展环境
增强跨越发展动力

改革开放是加快发展的强大动力。对于经济社会发展落后的固原市尤其要以更大的决心、更硬的措施，推进重点领域和关键环节改革，消除束缚生产力发展体制和机制障碍。进一步扩大开放，加强与国内外大企业、大集团的合作与交流，为经济社会发展注入巨大的活力。

第一节　深化重点领域和关键环节改革

深化农村改革。坚持和完善农村基本经营制度，在依法自愿有偿和加强服务的基础上有序推进土地流转，积极探索适宜于我市的土地流转途径和方法，大力发展多种形式的适度规模经营。鼓励发展农民合作组织，加快健全农业社会化服务体系，提高农业经营组织化程度。加快农村金融制度创新、产品创新和服务创新，引导金融机构向农村延伸，加快培育村镇银行、小额贷款公司、农村资金互助社，消除农村金融“空白点”。积极发展农业保险。推进集体林权制度改革。积极推进户籍制度改革，打破城乡分割的二元结构，实行平等的户籍制度，使农民在就业、子女入学等方面享有与城市居民同等的待遇；改革社会保障制度，实现城乡居民社会保障一体化，推进社保“一卡通”全面实施。把政府公共财政投入重点转向农村，加快农村公共服务体系建设，推进城乡基本公共服务均等化，形成城乡空间形态融合、产业结构匹配、经济社会与生态协调发展城乡一体化发展格局。

加快行政管理体制改革。进一步推进政企分开、政资分开、政事分开、政府与市场中介组织分开。深化行政审批制度改革，减少行政审批环节。积极稳妥地推进事业单位综合配套改革。加快规划体系改革，建立国民经济和社会发展规划体系和实施体系。建立和完善政府重大问题决策机制，提高公民参与度，增强决策的公开透明度，促进科学决策、民主决策、依法决策，提升政府公信力。

推进财税体制改革。建立事权统一的政府财税关系，提高基层公共服务保障水平。调整和优化财政支出结构，转变支出方式，深化部门预算、国库集中收付、政府采购、收支两条线和乡村财政财务管理方式改革，提高财政管理水平。落实资源税等税收改革政策，促进经济加快发展。

深化投融资体制改革。全面实施政府投资项目管理办法，完善投资项目决策机制，建立项目公示制、评价制和责任追究制度，全面推行政府投资项目代建制。牢固确立企业投资主体地位，全面实施企业投资项目管理办法，落实企业投资项目核准、备案制。支持融资性担保机构从事中小企业担保业务。进一步完善社会信用体系，强化金融监管，防范金融风险。

加快价格综合改革。完善医疗、教育、住房等事关民生的价格监管政策。规范各级各类学校的学费和住宿费标准，加强中小学服务性收费和代收费管理。完善经济适用住房和廉租房政策，研究制定普通商品房价格监管办法。

第二节 不断扩大对外开放

加快实施全方位开放战略。抓住宁夏实施面向阿拉伯国家及穆斯林地区开放战略机遇，主动融入宁夏内陆开放型经济格局中，加强与阿拉伯国家及穆斯林地区的经贸合作和人才培养，发挥回族聚集、文化深厚、高原绿岛、冷凉农业等优势，大力发展面向阿拉伯国家和穆斯林地区的生态避暑和文化旅游，大力开发具有固原特色的清真食品和穆斯林用品，打造具有国际影响力和市场竞争力的清真、穆斯林品牌。依托闽宁对口帮扶平台，加强与福建及沿海地区经济技术协作；加强与陕甘宁革命老区经济区的区域合作；加强与中央、自治区企业的战略合作，引进一批资源开发型和基础设施、现代服务业等领域的大企业大项目，构建民族地区对外开放新格局。将固原建成特色鲜明、回族文化浓郁的内陆开放型经济区。

加大推进招商引资力度。优化投资环境，加强效能监察，不断增强招商合力，着力营造重商、亲商、安商、扶商的良好氛围。以吸收直接投资为主，充分发挥土地、能源和劳动力资源的优势，围绕“一五五”工程，紧盯全国500强企业，积极承接东中部地区产业转移项目，力争引进投资10亿元以上的项目10个，招商引资实际到位资金年均增幅保持在30%以上。

第三节 推进社会主义民主法治建设

按照依法治国方略，推进法治政府建设，加快依法治市进程。按照深入推进“社会矛盾化解、社会管理创新、公正廉洁执法”三项重点工作的要求，坚持依法行政、严格执法、公正执法、文明执法，建立完善行政执法责任制和评议考核机制。加强执法和司法队伍建设，不断提高依法行政能力和司法水平。深入实施“六五”普法，增强全社会的法律意识，形成法律面前人人平等、人人自觉守法的社会氛围。广泛开展法治宣传教育，实施群众性普法计划，提高全民法律素质，形成依法办事风气。坚持和完善人民代表大会制度，自觉接受人民代表大会及其常务委员会的法律监督和工作监督。切实加强民族团结，维护宗教领域稳定。深入开展民族团结教育活动，认真贯彻《宗教事务条例》，扎实深入开展民族团结进步创建活动、和谐宗教活动场所创建活动。加大对宗教教职人员、统战宗教干部、少数民族技能人才的培训力度，培养阿语商贸人才。坚决抵御境外宗教势力渗透，坚决维护现有宗教格局。充分发挥新闻媒体舆论监督和人民群众社会监督作用，保障人民群众对重大经济社会发展事项的知情权、参与权和监督权。进一步扩大基层民主、大力推行政务、厂务、村务公开，完善城乡基层政权、基层自治组织和企事业单位的民主管理制度，加大城乡社区基础设施建设。团结和凝聚各方面的力量，巩固和发展民主团结、生动活泼、安定和谐的政治局面。

第四节 坚决维护社会稳定

正确处理社会矛盾是构建社会主义和谐社会的重大课题。化解社会矛盾的关键，在于搞好社会利益调节，维护社会公平与正义。要把工作重点放在积极预防上，建立健全重大项目建设风险评估机制，社会矛盾纠纷排查预警机制，畅通民主渠道，建立和完善民意表达机制，研究和把握新形势下群众工作的特点和规律，提高做好群众工作的能力。要进一步增强群众观念，善于引导群众、宣传群众、说服群众，坚持依法办事和严格按政策办事，认真解决好农村征地、城市改造拆迁、企业改制等工作中关系群众切身利益的问题，切实维护好群众的合法权益；要高度重视和加强信访工作，认真贯彻实施新《信访条例》，带着深厚的感情和强烈的责任意识抓信访工作，维护群众的正当利益；要善于见微知著，掌握化解矛盾的主动权，切实把问题和矛盾解决在基层、解决在萌芽状态。深入推进“平安固原”建设，健全和完善社会治安综合治理联动防范体系，依法妥善调处不稳定隐患，通过重点整治解决群众关心的突出治安问题，坚持“严打”有效遏制各类犯罪活动，维护政治稳定，促进社会和谐。

第十四章 采取得力措施 确保规划目标的实现

“十二五”规划是今后五年全市经济社会发展的总纲领，有效实施本规划是推进经济社会跨越式发展的关键。

第一节 加强规划组织实施

党委、政府要加强对规划编制、实施的领导工作。坚持党委领导核心地位，各级党委要充分发挥统揽全局、协调各方的作用，按照党的十七大和十七届五中全会精神，切实加强党的执政能力建设和先进性建设，把各级领导班子建设成为推动科学发展、促进社会和谐的坚强领导集体。进一步完善党领导经济工作的体制、机制和方式，提高贯彻科学发展观的能力、驾驭全局的能力、统筹协调的能力，着力做好把握方向、谋划全局、提出战略、制定政策等关乎全局的重大工作。充分发挥党委教育宣传优势，调动一切力量积极主动地参与规划的贯彻实施。建立科学的绩效考核制度，明确任务，落实责任，定期考核通报，加大奖惩力度，协调各方力量，形成发展合力。

第二节 明确规划实施职责

切实强化总体规划的纲要意识，增强规划的宏观指导性。按照专项规划服从总体规划、专项规划相互协调的原则，强化规划之间的衔接和协调。总体规划纲要确定的约束性目标，具有法律效力，要纳入各部门经济社会发展综合评价和绩效考核，并将约束性指标分解落实到有关部门。建立规划实施的中期评估和后期评估制度。发改、统计部门要对规划实施情况进行跟踪分析，对经济社会发展指标、尤其是对约束性指标进行适时监测，对经济社会发展政策和重大项目进行效应评估。针对规划执行中的问题，研究提出对策措施和解决方案。并根据宏观政策的变化，对规划执行情况进行动态评估，通过法定程序，对规划内容进行局部调整和必要补充。

第三节 大力实施项目带动战略

投资拉动仍然是固原市经济增长的主动力。必须保持较高的投资水平，确保投资对经济发展的支撑作用。要认真研究和准确把握国家产业政策、投资方向，主动与国家、自治区发改委等部门衔接，敏锐地捕捉投资信息，进一步加强项目策划和项目前期工作，做好项目筛选、论证、申报等工作；要积极储备一批事关全市经济和社会发展的重大项目，为项目的争取和实施创造一切可能和便捷条件。推进规划与投资的有机结合，政府在决策建设项目和安排投资时应坚持“规划带项目”的原则，按照规划确定的发展战略和任务安排建设项目，积极引导民间资本投向规划鼓励和支持的领域。

第四节 发扬“不到长城非好汉”的精神

站在新的历史起点上，抢抓西部大开发历史机遇，全面实施“十二五”规划，对加快发展战略转型，推进全面小康社会建设具有十分重大的意义。全市党员干部和各族人民群众要高举中国特色社会主义伟大旗帜，全面贯彻落实科学发展观，在市委、政府的正确领导下，大力弘扬和实践“不到长城非好汉”的六盘山精神，进一步转变工作作风，团结奋进、自强不息、百折不挠、勇攀高峰，为实现我市“十二五”规划，争取与全国、全区同步实现全面建设小康社会的宏伟目标而努力奋斗！

附件：

“十二五”规划纲要名词解释

1.地区生产总值(GDP)：指一个国家(地区)所

有常住单位在一定时期内(通常为一年)生产活动的最终成果。它由第一、二、三产业(三次产业)增加值构成。

2.人均GDP:即一个国家或地区一个时期内的GDP总值除以当期内的人口总数,用来衡量经济发展水平和人民生活水平。

3.地方财政一般预算收入:指通过一定的形式和程序,由各级财政部门依法组织并纳入本级财政预算管理的各项收入,也就是会计制度改革以前所称的"预算收入"。税收收入是其构成的主要组成部分。

4.全社会固定资产投资:是以货币表现的建造和购置固定资产活动的工作量。包括国有经济投资、城乡集体经济投资、其他各种经济类型投资和城乡居民个人投资。

5.社会消费品零售总额:指各种经济类型的批发零售贸易业、餐饮业和其他行业对城乡居民和社会集团的消费品零售额总和。反映通过各种商品流通渠道向居民和社会集团供应的生活和公共消费品来满足他们生活和公共消费的需要。

6.居民消费价格指数(CPI):是反映一定时期内城乡居民所购买的生活消费品价格和服务项目价格变动趋势和程度的相对数,是对城市居民消费价格指数和农村居民消费价格指数进行综合汇总计算的结果。利用居民消费价格指数,可以观察和分析消费品的零售价格和服务价格变动对城乡居民实际生活费支出的影响程度。

7.城镇居民人均可支配收入:指城镇居民家庭可用于最终消费支出和其他非义务性支出以及储蓄的总和,即城镇居民家庭可以用来自由支配的收入。它是家庭总收入扣除交纳的所得税、个人交纳的社会保障费以及调查户的记账补贴后的收入。

8.农民人均纯收入:指农村居民当年从各种来源得到的总收入相应地扣除所发生的费用后的收入总和。主要由工资性纯收入、家庭经营纯收入、转移性收入和财产性收入四部分组成。

9."六盘山精神":"不到长城非好汉"的六盘山精神其精神内涵是"团结奋进、自强不息、百折不挠、勇攀高峰"。

10."一五五"工程:指把原州区建成全市产业集聚的"核心区",培育盐化工及煤电一体化、以草畜和马铃薯为主的特色农业及农副产品深加工、物流及服务业、旅游业、劳务产业"五大产业",建设盐化工循环经济扶贫示范基地、六盘山生态农业示范基地、西兰银交汇中心物流集散基地、六盘山红色旅游和生态旅游及文化休闲避暑度假基地、劳务输出基地"五大基地"。

11.预期性指标:是政府期望的发展目标,主要依靠市场主体的自主行为实现。政府要创造良好的宏观环境、制度环境和市场环境,并适时调整宏观调控方向和力度,综合运用各种政策引导社会资源配置,努力争取实现。

12.约束性指标:是在预期性基础上进一步明确并强化了政府责任的指标,是中央政府在公共服务和涉及公众利益领域对地方政府和中央政府有关部门提出的工作要求。政府要通过合理配置公共资源和有效运用行政力量,确保实现。

13.热电联产:指既产电又产热的先进能源利用形式。热电厂是在发电过程中将一部分热能通过热力管道输送到千家万户,燃烧同样数量、同样品质的煤炭,热电厂不仅可以提供电能,还能提供工业生产用的蒸汽和住宅暖气用的热水。

14.盐化工:指利用盐或盐卤资源,加工成氯酸钠、纯碱、氯化铵、烧碱、盐酸、氯气、氢气、金属纳,以及这些产品的进一步深加工和综合利用的过程。

15.循环经济:即物质闭环流动型经济,是指在人、自然资源和科学技术的大系统内,在资源投入、企业生产、产品消费及其废弃的全过程中,把传统的依赖资源消耗的线形增长的经济,转变为依靠生态型资源循环来发展的经济。

16.煤电化工:指以煤为原料,经化学加工使煤转化为气体、液体和固体燃料以及化学品的过程。主要包括煤的气化、液化、干馏,以及焦油加工和电石乙炔化工等。

17.西兰银交汇中心物流集散基地:固原市地

处西安、兰州、银川三个省会城市几何中心，是宁夏南部地区的交通枢纽，按照“立足宁南、辐射周边、对接三省”思路，以原州区为核心区，建设集公路港物流、铁路集装箱中心站、空港物流为一体，以输送煤炭、盐化工、新材料等工业产品及其特色农产品为主，具有货物运输中转、货运配载配送、仓储与流通加工、商品展示交易、金融信息服务、商务生活配套等功能的现代综合物流基地。

18.公路运输枢纽：是指位于重要节点城市的国家级公路运输中心，与国家高速公路网共同构成国家最高层次的公路运输基础设施网络，由客运枢纽站场和货运枢纽站场组成，提供公共交通运输服务。

19.支柱产业：也称主导产业。是指对国民经济发展起着引导和推动作用的产业。其特点是市场需求潜力大，具有大规模的产出可能性，发展速度快，有利于提高宏观经济效益和社会效益。

20.设施农业：就是通过采用现代化农业工程和机械技术，改变自然环境，为动、植物生产提供相对可控制甚至最适宜的温度、湿度、光照、水肥和气等环境条件，而在一定程度上摆脱对自然环境的依赖进行有效生产的农业。

21.旱作节水农业：是综合运用农艺、生物和工程等技术措施，以优化水资源配置为核心，合理安排农业布局和种植业结构，应用节水保墒技术，采取防旱抗旱措施，最大限度地提高农业资源利用效率，保障农业高产、优质、高效和可持续发展。

22.“三河源”水源保护：是指对黄河上游的主要支流清水河、泾河、葫芦河流域为保护水源防止污染而采取的各种工程与非工程措施。

23.宁南生态农业示范区：指宁南地区因地制宜利用现代科学技术与传统农业技术相结合，充分发挥地区资源优势，顺应自然和经济规律，以生态恢复和农业基础建设为主要内容，以集水蓄水节水提高水资源利用效率为切入点，以种草养畜、马铃薯种植和劳务产业为重点，通过农牧业技术集成和推广普及、建设具有良好生态功能、生产不断增长、农民持续增收的生态农业示范区。

24.整村推进：国家2005年开始实施以整村推进为主的扶贫开发模式。是指采取集中资金、集中扶持的办法，在扶贫开发工作重点县和贫困村中，每年选定一批贫困村，实行以贫困村为单位，统一规划，综合建设，整体推进开发式扶贫。

25.“一池三改”：指建沼气池、改厕、改厨、改圈。

26.土地整理：是指在一定区域内，根据土地利用总体规划与土地整理专项规划，对田、水、路、林、村等实行综合整治，调整土地关系，改善土地利用结构和生产生活条件，增加可利用土地面积和有效耕地面积，提高土地利用率和产出率的活动。

27.百村肉牛养殖示范工程：指借助自治区产业化项目，整合资金，在每个县选择有代表性的基础设施条件好的村进行肉牛养殖示范，其中核心村30个，示范村94个，共124个，统称为百村肉牛养殖示范工程。

28.马铃薯原原种、原种、良种：原原种：即微型薯，是用脱毒苗在网室、温室，采用无土栽培繁殖的小块茎。原种：是用原原种在网室生产条件下生产的种薯。一级种：是在高海拔，具备隔离条件的环境下，用原种生产的种薯。良种：是指利用原种繁殖出来，或用其他方法生产出来的符合国家规定质量标准的供生产上使用的种子。

29.百万亩马铃薯抗旱增产示范工程：指采取地膜覆盖、测土配方施肥等标准化、机械化种植技术，推广种植马铃薯100万亩，达到抗旱增产的效果。

30.六盘山品牌：固原市地处六盘山下，发展具有地方特色的马铃薯、冷凉蔬菜等农产品有着良好的地理优势和区位优势。针对农产品国内外市场竞争日趋激烈的严峻形势，实现固原农业产业化，提出全市统一打造“六盘山”品牌系列农产品。

31.“体育下乡、篮球进村”工程：农民朋友享受体育锻炼的快乐。让体育场地、设施、活动进入到乡村，进入到千村万户，让广大农民朋友享受体育锻炼的快乐。

32.“5183”农业科技工程：自治区科技厅提出

在今后5年，重点组织实施18个农业重大科技专项,通过市场机制,建立完善由企业参与的30个高标准农业科技示范园区(基地)。

33.农村劳动力转移就业:俗称劳务输出,指劳动力从农业活动中转移出来,进入二、三产业。农村劳动力的转移也是促使城镇化发展的重要手段之一。

34.生态移民:是指为了保护某个地区特殊的生态或让某个地区的生态得到修复而进行的移民,也指因自然环境恶劣,不具备就地扶贫的条件而将当地人民整体迁出的移民。

35.等级公路:指按其在公路路网中的地位分为国道、省道、县道、乡道。按技术等级分为高速公路、一级公路、二级公路、三级公路、四级公路。

36.5A级旅游景区:5A是一套规范性标准化的质量等级评定体系,是目前全国旅游景区(点)最高评定标准。有以下要求:交通:海陆空要求直达;导游:5A级旅游区的导游员或讲解员均应具大专以上文化程度,其中本科以上不少于30%。要求持证上岗,人数及语种能满足游客需要。普通话达标率100%。卫生设施:美观兼具文化内涵,5A级旅游区内的公厕要求标志醒目美观，建筑造型景观化。垃圾箱应造型美观独特，与环境相协调并分类设置。接待量:5A级旅游区年接待海内外旅游者达到60万人(次)以上,其中海外旅游者5万人(次)以上。同时,游客抽样调查满意率很高。

37.世界文化遗产:世界文化遗产全称为“世界文化和自然遗产”,属于世界遗产范畴。世界遗产分为:自然遗产、文化遗产、自然遗产与文化遗产混合体(即双重遗产)和文化景观及近年设立的非物质文化遗产等五类。

38.非物质文化遗产:指来自某一文化社区的全部创作,这些创作以传统为依据,由某一群体或一些个体所表达并被认为是符合社区期望的作为其文化和社会特性的表达方式;准则和价值通过模仿或其他方式口头相传。形式包括:语言、文学、音乐、舞蹈、游戏、神话、礼仪、习惯、手工艺、建筑及其他艺术。

39.“万村千乡”市场工程:由商务部组织实施，在试点区域培育出约25万家农家店，形成以城区店为龙头、乡镇店为骨干、村级店为基础的农村消费经营网络,逐步缩小城乡消费差距。

40. 控制性详规:以城市总体规划或分区规划为依据,确定建设地区的土地使用性质和使用强度的控制指标、道路和工程管线控制性位置以及空间环境控制的规划要求。

41.区域中心城市:是在一定的地域范围内,以城市体系为依托,经济发达、功能完善,具有较强的聚集力、辐射力和综合服务能力,以市场对资源的合理配置为基础,通过支撑、示范、关联和磁场作用,能够主导和带动区域经济快速发展的城市,也是区域经济的增长中心、控制中心和文明辐射中心。

42.城镇化率:指一个国家或地区城镇人口占其总人口的百分比。

43.城市绿化覆盖率:指城市绿化覆盖面积占城市面积的百分比。

44.广播电视村村通工程:是为了解决广播电视信号覆盖“盲区”农民群众收听广播、收看电视问题而由国家组织实施的一项民心工程，从1998年开始实施。通过建设“2+0”、“4+0”发射站,MMDS电视发射主站,MMDS转发站等,解决20户以上已通电自然村“盲村”收看收听包括中央和省级的4套以上的广播节目、8套以上的电视节目。

45.科技推广应用覆盖率:指一个地区已推广运用科技适用技术人口数之和占本地区总人口数的百分比。

46.科技在国民经济增长中的贡献率:指地区生产总值(GDP)增长额中由于科技进步影响而增长的份额。

47.三网融合:是指电信网、广播电视网和计算机通信网的相互渗透、互相兼容、并逐步整合成为统一的信息通信网络。“三网融合”实现网络资源的共享,避免低水平的重复建设。

48.CMMB移动电视:CMMB是中国移动多媒体广播英文名称的简称,移动电视一般主要是指在公共汽车等可移动物体内通过电视终端以接受无线信号的形式收看电视节目的一种技术或应用。

49.互联网电视(IPTV):也叫网络电视,是指基于IP协议的电视广播服务。该业务将电视机或个人计算机作为显示终端,通过宽带网络向用户提供数字广播电视、视频服务、信息服务、互动社区、互动休闲娱乐、电子商务等宽带业务。

50.农村综合信息网:是可以全方位地提供技术培训、市场预测、产品信息发布、供销对接等服务的电子商务系统。推进信息技术在农产品运输、销售环节的应用,实现供需对接,积极推动农产品网上交易,利用电子商务改变传统经济下的农产品流通过程,形成有信息流、资金流、物流组成的一个全新流通过程。

51.三农呼叫中心:指面向农业、农村、农民的由视频、语音和网络三大子系统组成的服务系统。

52."两基"迎"国检":指迎接国家对宁夏"两基"工作的评估验收。

53.适龄儿童入学率:也叫小学入学率,是指适龄人口中的小学在校学生占适龄总人口的比率。

54.初中阶段毛升学率:也叫初中毛入学率,是指户籍在服务范围的初中在校学生(普通初中和职业初中)占适龄人口的比率。

55.高中阶段毛升学率:是指户籍在服务范围的高中阶段在校生占适龄总人口的百分比。

56.计划生育率:指某一地区一定时期(通常为一年),符合计划生育要求的出生人数与该地区同期出生总人数之比,一般用百分数表示。

57.人口出生率:指某一地区一定时期(通常为一年),出生人数与该地区同期人口总数之比。反映人口的出生强度或出生水平,一般以千分数表示。

58.人口自然增长率:指某一地区一定时期(通常为一年),自然增长人数(出生与死亡人数之差)与该地区同期人口总数之比。反映人口增长程度或增长速度,一般用千分数表示。

59.少生快富工程:指对按照计划生育政策可以生育两个或者三个孩子,而自愿少生一个或者两个孩子并采取永久性节育措施的农村育龄夫妇,或者对自愿采取永久性节育措施的农村计划生育纯女户给予一次性奖励资金及其他政策优惠,帮助其发展经济,促使其尽快致富的计划生育奖励措施。

60.新型农村合作医疗制度:是在政府组织、引导、支持下,以家庭为单位,农民自愿参加,政府、集体和个人多方筹资,以大病统筹为主的农民互助供给制度。

61.农民参合率:指参加新型农村合作医疗制度的群众占农村群众总数的百分比。

62.药品"三统一":是由自治区人民政府出台的一项医疗卫生惠民政策,即对医疗机构药品实行统一招标、统一价格、统一配送。

63.城乡居民基本医疗卫生体系:建设覆盖城乡居民的公共卫生服务体系、医疗服务体系、医疗保障体系、药品供应保障体系,形成四位一体的基本医疗卫生制度。四大体系相辅相成,配套建设,协调发展。

64."五险一卡通":指将养老、失业、医疗、工伤、生育五种保险结算实行一卡通服务。

65.城镇登记失业率:指在一定时期内,城镇登记失业人员占全体从业人员和城镇登记失业人员总和的百分比。

66.经济适用住房:指由政府出资扶持的具有经济性和适用性两方面特点的社会保障住房。是国家为低收入人群解决住房问题所做出的政策性安排。

67.廉租住房:是以满足基本居住条件为前提,以租赁形式供应、政府控制租金标准的住房,承租实行申请审批制度。

68.公共租赁房:是解决新就业职工等夹心层群体住房困难的一个产品。公共租赁住房不是归个人所有,而是由政府或公共机构所有,用低于市场价或者承租者承受起的价格,向新就业职工出租,包括大学毕业生和从外地迁移到城市工作的群体。

69.限价商品房:指"限套型"、"限房价"的普通商品住房。

70.棚户区改造:棚户区改造是政府为改造城

镇危旧住房、改善困难家庭住房条件而推出的一项民心工程。

71.劳务移民扶贫安居房:指为解决进城务工人员中低收入人群住房困难而推行的一项安居工程,住房不归个人所有,而是由政府或公共机构所有,用低于市场价或者承租者承受起的价格,向低收入务工人员出租。

72.万元 GDP 能耗:即每生产一万元 GDP(地区生产总值)所消耗的能源。

73.二氧化硫排放量:指年度报告期内企业在燃料燃烧和生产工艺过程中排入大气的二氧化硫总量。是衡量大气是否遭到污染的重要指标。

74.化学需氧量:指年度报告期内企业排放的废水中所含化学需氧量本身的纯质量。又称化学耗氧量(简称 COD),是表示水质污染度的重要指标。化学需氧量越大,说明水体受有机物的污染越严重。

75.森林覆盖率:一个国家或地区森林面积占土地总面积的百分比。

76.水土流失治理程度:指通过生物措施、工程措施,使区域内水土流失量控制到一定程度。

77.大六盘生态经济圈:大六盘生态经济圈建设规划区包括固原市和中卫市海原县,分为生态工程和生态经济建设两部分,六盘山区主要为生态工程建设区;黄土丘陵区主要为生态经济产业区,以生态建设为主要内容。我市生态建设目标:2005 年到 2015 年新营造水源涵养林 91 万亩,封山育林 48 万亩,退耕还林(草)22 万亩,治理水土流失面积 9630 平方公里,生态工程建设区森林覆盖率由现在的 36.5%提高到 73.8%。

78.内陆开放型经济区:指具有内陆地区发展特点的开放型经济,相对传统的外向型经济而言,特别强调经济发展方式由大进大出的低附加值的外向型经济向全面协调可持续发展的开放型经济转变,更加注重节约资源和保护资源,更加注重培育经济增长的内生机制,开拓国际市场,推进国际经济技术合作,不断提高贸易质量和科技含量,提升区域对外开放的整体功能,从而更好地结合外部力量促进经济社会持续健康发展。宁夏 2010 年正式提出面向伊斯兰世界发展内陆开放型经济。

79.沿黄城市带:以黄河中上游引黄灌区为依托,地缘相近、交通便利、经济关联度较高的首府银川市为中心,石嘴山、吴忠、中卫 3 个地级市为主干,青铜峡、灵武、中宁、永宁、贺兰、惠农、平罗和若干个建制镇以及宁东基地(含太阳山开发区)集群协调分布,城镇间保留一定农田、林地、水面等绿色空间,通过高效便捷的交通走廊连接为一体城市带。

80.六盘山区等集中连片特殊困难地区:是指主要分布在宁夏固原市全境,是典型的贫困地区、民族地区、革命老区。六盘山区涉及西吉县、彭阳县、隆德县、泾源县和原州区(原固原县),均为国家重点贫困县,是“三西”地区之一“西海固”的主要地区。

81.陕甘宁革命老区:前身是西北革命根据地,由陕甘宁和陕北两块革命根据地发展合并而成。规划确定范围地跨三个省,涉及十一个市,具体包括甘肃省庆阳市、平凉市和白银市的会宁县;宁夏回族自治区固原市、吴忠市、中卫市和银川市的灵武市;陕西省延安市、榆林市、铜川市和渭南市的富平县。面积为 18.6 万平方公里,2009 年末总人口 1707 万。

82.生态补偿机制:是以保护生态环境,促进人与自然和谐发展为目的,根据生态系统服务价值、生态保护成本、发展机会成本,运用政府和市场手段,调节生态保护利益相关者之间利益关系的公共制度。

83.中小学校舍安全改造工程:从 2009 年开始,用三年时间,对全国地震重点监视防御区、七度以上地震高烈度区、洪涝灾害易发地区、山体滑坡和泥石流等地质灾害易发地区的各级各类城乡中小学存在安全隐患的校舍进行抗震加固、迁移避险,提高综合防灾能力。其他地区,按抗震加固、综合防灾的要求,集中重建整体出现险情的 D 级危房、改造加固局部出现险情的 C 级校舍,消除安全隐患。

84.C 级危房:指建筑物部分承重结构承载力不能满足正常使用要求,局部出现险情,构成局部危房。

85.土地流转:指的是土地使用权流转,是指拥有土地承包经营权的农户将土地经营权 (使用权)

转让给其他农户或经济组织，即保留承包权，转让使用权。

86.集约化经营：就是以提高质量、降低消耗、提高效率和效益为目标，通过对现有生产技术进行改造，采用新的先进技术，对生产要素进行合理的、适度的集中和优化组合，并加以精细管理，以求从纵深进行扩大再生产的经营过程。

87.国库集中支付：指建立以国库单一账户体系为基础、资金缴拨以国库集中收付为主要形式的财政国库管理制度。通俗讲，使所有财政性资金都纳入国库单一账户体系管理，收入直接缴入国库或财政专户，支出通过国库单一账户体系支付到商品和劳务供应者或用款单位。

88.代建制：是指政府通过招标等方式，选择专业化的项目管理单位(代建单位)，负责项目的投资管理和建设实施的组织工作，严格控制项目投资、质量和工期，项目建成后交付使用单位的制度。代建期间，代建单位按照合同约定代行项目建设的投资主体职责。

89.农民收入倍增计划：为全面建设小康社会，坚持减少农民与富裕农民并重，减人与增收并举，大力发展特色、优质、高效、生态农业，全力实施生态移民、草畜产业、马铃薯产业、设施农业、劳动力转移就业、林果产业、龙头企业带动、非农产业等“八大增收工程”，推动农民人均纯收入翻一番。

90.R&D：英文 research and development 的缩写，中文含义为(产品、工艺等的)研究和开发。指在科学技术领域，为增加知识总量(包括人类文化和社会知识的总量)，以及运用这些知识去创造新的应用进行的系统的创造性的活动，包括基础研究、应用研究、试验发展三类活动。

固原市中长期人才发展规划纲要

（2010 年 12 月 27 日）

为全面贯彻落实科学发展观，加快推进人才强市战略步伐，提高我市人才工作科学化水平，根据《宁夏回族自治区中长期人才发展规划纲要(2010—2020 年)》，结合我市实际，制定本纲要。

序言

人才是指具有一定的专业知识或专门技能，进行创造性劳动并对社会作出贡献的人，是人力资源中能力和素质较高的劳动者。人才是经济社会发展的第一资源。在人类社会发展进程中，人才是社会文明进步、人民富裕幸福、国家繁荣昌盛的重要推动力量。

新世纪新阶段特别是固原撤地设市以来，市委、政府坚持党管人才原则，做出“一体两翼、五个五”人才工作部署，整合人才工作资源，改善人才发展环境，加强人才队伍建设，使全市人才总量、素质、结构等有了明显变化，人才资源促进经济社会又好又快发展的作用日益凸显。同时也应该看到，当前我市人才发展的总体水平与川区市县及发达地区相比仍存在较大差距，与我市经济社会发展需要相比还存在许多不适应，主要表现在人才总量不足、整体素质不高、结构不够合理，产业发展急需的领军型人才严重匮乏，人才工作体制机制改革滞后，人才公共服务体系还很薄弱，人才资源开发投入不足，等等。

未来十年，是我市深入实施西部大开发战略、加快推进发展战略转型的关键时期，也是我市实施人才强市战略、促进人才科学发展的重要机遇期。我们必须增强责任感、使命感和危机感，坚定不移地走人才强市之路，主动适应经济社会发展需要，科学规划、深化改革、重点突破、整体推进。

一、指导思想、主要目标和总体部署

（一）指导思想

高举中国特色社会主义伟大旗帜，以邓小平理论和“三个代表”重要思想为指导，深入贯彻落实科学发展观，牢固树立人才资源是第一资源的理念，坚持党管人才原则，坚持服务发展、人才优先、以用为本、创新机制、重点突破、整体开发的方针，大力实施人才强市战略，以用好用活人才为目的，以人才能力建设为核心，以人才结构调整为主线，着力创新人才工作机制，着力实施人才工程项目，着力优化人才发展环境，着力加强人才队伍建设，为推进我市发展战略转型、实现跨越式发展提供坚强的人才保证和广泛的智力支持。

（二）主要目标

到2020年，我市人才发展的主要目标是：培养造就数量比较充足、结构渐趋合理、素质明显提升的人才队伍。全市重点领域的人才特别是高层次人才、急需紧缺人才有较大幅度增加，人才总量与经济社会发展相匹配，人才结构与经济结构调整相协调，人才素质与发展战略转型相适应，人才发展环境得到明显改善，人才使用效能得到明显提高。

——数量比较充足。人才资源总量从现在的5.35万人增加到9.39万人，增长76%；人才资源占人力资源总量的比重提高到12%。能源化工、高效农业、城市规划、生态环境、防灾减灾、现代物流及服务业、特色旅游、交通运输、宣传文化、教育卫生、民族宗教、政法综治等领域的高层次人才基本满足经济社会发展需求。

——结构渐趋合理。党政领导中复合型人才数量明显增加；企业经营管理人才的专业知识不断更新；专业技术人才能够覆盖经济社会发展的主要领域；高技能人才、农村实用人才、社会工作人才的知识结构和专业结构得到优化。人才在地域、行业、产业和不同所有制经济组织中的分布渐趋合理；人才的年龄、知识、能力等结构形成梯次；少数民族人才和妇女人才比例明显提高。

——素质明显提升。主要劳动年龄人口受过高等教育的比例提高到12%左右，人才中接受过高等教育的比例提高到60%左右，每万劳动力中研发人员达到16人/年，高技能人才占技能劳动者的比例提高到17%左右。人才贡献率提高到17%左右。

——环境不断优化。引导全社会尊重劳动、尊重知识、尊重人才、尊重创造，建立健全符合各类人才特点、有利于各类人才发展的培养、引进、使用、评价、激励、保障机制。加强人才发展环境建设，加大资金投入，加强宣传引导，努力营造支持创业、激励创新、褒奖成功、宽容失败的良好氛围。

全市人才发展主要指标

指标	单位	2008年	2015年	2020年
人才资源总量	万人	3.35	6.89	9.39
每万劳动力中研发人员	人年/万人	6.9	13	16
高技能人才占技能人才比例	%	7.5	12	17
主要劳动年龄人口受过高等教育比例	%	3.78	8	12
人口资本投资占全市生产总值比例	%	19	21	22
人才贡献率	%	7.1	11	17

注：2015和2020年为预测性指标。

（三）总体部署

一是加强和改进党对人才工作的领导，完善党管人才工作格局，创新党管人才方式方法，为人才发展提供坚强的组织保证。二是实行人才投资优先，健全政府、社会、用人单位和个人多元化人才投入机制，加大人才发展投入，提高人才投资效益。三是加强人才资源能力建设，着眼于现有人才，着眼于产业发展，创新人才培养模式，注重思想道德建设，突出创新精神和创新能力培养，提升各类人才的整体素质。四是推动人才结构调整，有效发挥市场配置人才资源的基础性作用，促进人才结构与经济社会发展相协调。五是造就高素质人才队伍，突出培养创新型人才，重视培养应用型人才，积极引进领军型、复合型人才和重点领域急需紧缺人才，统筹抓好各类人才队伍建设。六是创新人才工作机制,完善人才发展政策。

推进人才发展，要统筹兼顾、分步实施。到2015年,制度建设和机制创新有较大突破,阶段性任务基本完成;到2020年,各项任务得到落实,各项目标全面实现。

二、统筹推进各类人才队伍建设

1.党政人才目标要求:按照加强党的执政能力建设和先进性建设要求,以提高领导水平和执政能力为核心,以各级领导干部为重点,培养一支政治坚定、勇于创新、勤政廉洁、求真务实、奋发有为、善于推动科学发展的高素质党政人才队伍。到2020年,党政人才队伍中具有一次性大学本科及以上学历的达到50%以上,专业化水平明显提高,结构更加合理,总量从严控制。

主要措施:(1)深化干部教育培训改革。认真贯彻落实中央和自治区《2010—2020年干部教育培训改革纲要》，把干部教育培训工作纳入全市经济社会发展总体规划,构建理论教育、知识教育、党性教育和实践锻炼“四位一体”的干部教育培训体系。协助办好宁夏党校固原市处(科)级干部专题培训班。继续推行专题研究、短期培训和小班额教学,积极开展异地培训、挂职培训和分段式培训。建立健全组织调训、在职自学、自主选学和在线学习制度。全面实行干部教育培训学分制管理,探索建立干部教育培训考核评价、激励约束和质量评估机制,加大不良学风整治力度。(2)深化干部人事制度改革。坚持德才兼备、以德为先用人标准,坚持正确的用人导向,深化党政干部选拔任用制度改革,提高干部工作科学化水平,促进优秀人才脱颖而出。完善“三推两考”制度，规范干部选拔任用初始提名程序,提高选人用人公信度。重视培养选拔优秀年轻干部、少数民族干部、女干部和非中共党员干部。加大竞争性选拔干部力度,每年拿出一定数量的职位公开选拔。全面实行市直部门(单位)科级干部竞争上岗,积极推行部门(单位)之间中层干部特别是重要岗位干部交流轮岗。(3)加强干部日常监督管理。认真贯彻中央“一个意见、三个办法、四项监督制度”和自治区“四项配套制度”,严格执行市委关于从严管理干部、谈心谈话、函询问责、外出请假报告等制度规定，探索研究退居二线干部管理办法,加大治庸治懒力度。切实做好“一报告两评议”、经济责任审计、个人有关事项报告、信访举报查办等工作,完善干部监督联席会议、情况定期通报、组织工作督查员等制度,形成覆盖全面、渠道畅通、反馈及时的干部监督网络。

2.企业经营管理人才目标要求:按照提高企业现代经营管理水平和市场竞争力要求,以企业经营管理人才职业化、市场化、专业化建设为核心,以优秀企业家和职业经理人为重点,培养一支具有战略眼光、市场开拓精神、管理创新能力和社会责任感的优秀企业家及高素质经营管理人才队伍。企业经营管理人才总量到2015年达到6600人；到2020年达到8500人以上,努力培养一批优秀企业家。

主要措施:(1)建立健全适应产业结构优化升级和经济发展战略转型需要的企业人才工作制度,促进企业人才工作向制度化、市场化、专业化迈进。(2)制定企业经营管理人才分类培训计划,依托区内外知名企业、高等院校和其他培训机构,有针对性地分类培养企业经营管理人才。建立中小企业信息服务平台,开设网上培训课堂。重视少数民族企业家队伍建设。(3)落实自治区关于大学生到中小企业见习就业补贴政策,积极引导企业吸纳培养人才,督促企业制定落实用人留人的优惠措施。(4)继续实施中国青年创业国际计划(YBC)项目,面向社会征集创业成功、有社会责任感的企业家建立“YBC创业导师库”,开展创业能力培训。

3.专业技术人才目标要求:按照突出培养创新型人才、注重培养应用型人才要求,以提高专业水平和创新能力为核心,以高层次人才和急需紧缺人才为重点,打造一支服务基层、服务群众、服务发展的高素质专业技术人才队伍。专业技术人才总量到2015年达到3.1万人;到2020年达到3.3万人,高级、中级、初级专业技术人才比例更趋合理。少数民族专业技术人才数量不断增长、素质不断提高。

主要措施:(1)深入贯彻落实《宁夏回族自治区专业技术人员继续教育条例》,以需求为导向,建立和完善分类别、多渠道、重实效、充满生机活力的专业技术人才继续教育体系,加快实施专业技术人才知识更新工程,使专业技术人才接受继续教育的覆盖面达到100%。重点加大对工业设计、现代农业、城市规划、现代物流、特色旅游、电子商务、法律咨询、金融会计、食品安全等领域专业技术人才的培养开发力度。积极争取实施自治区"阿语人才"培养工程。(2)探索改进专业技术人才收入分配办法,努力改善专业技术人才特别是基层一线专业技术人才的工作生活条件。注重发挥退居二线或离退休专业技术人才作用。(3)做好国务院特殊津贴、自治区政府特殊津贴、新世纪"313"人才工程以及青年学科带头人的推荐、选拔、培养、服务工作。完善固原市科技专家库,每三年评选一批学术和技术带头人,对聘任的专家实行定期考核、动态管理,在职称评聘、教育培训和科研经费等方面予以倾斜扶持。(4)加大非公有制企业专业技术人才继续教育培训力度,鼓励其参加专业技术职称评审。建立非公有制企业专业技术人才库,做好入库人才跟踪服务工作。

4.高技能人才目标要求:按照推进工业化城镇化和产业结构优化升级要求,以技师和高级技师为重点,培养一支门类齐全、技艺精湛的高技能人才队伍。高技能人才总量到2015年达到5100人;到2020年达到6800人,其中技师和高级技师达到1000人以上。

主要措施:(1)深入开展"农村劳动力转移职业技能培训工程""特别职业培训计划"、职业技能竞赛和岗位练兵活动。(2)针对重点行业、特色产业、现代服务业等组织实施技能人才培训项目,改进职业教育办学模式,推行校企合作、工学结合、顶岗实习和订单式培养。免除中等职业学校农村家庭经济困难学生和涉农专业学生学费。(3)加强职业教育"双师型"教师队伍建设,推行职业教育学历证书和职业资格证书"双证书"制度。

5.农村实用人才目标要求:按照建设社会主义新农村要求,以农村科技致富带头人和生产经营型人才为重点,建设一支推动农村经济社会发展、带领农民致富增收、数量充足稳定的农村实用人才队伍。

农村实用人才总量到2015年达到1.9万人;到2020年达到3.7万人,每个村要有多名示范带动能力强的致富能手。

主要措施:(1)充分发挥农村现代远程教育网络、文化信息资源共享工程网络、各类农民教育培训项目、农业技术推广服务体系、各类职业学校等主渠道作用,构建和完善开放型、功能全、多元化的农村教育培训体系,开展大规模农村实用人才培训。(2)鼓励支持农村实用人才带头人牵头建立专业合作组织和专业技术协会,加快培养农业产业化急需的经营管理人员、农民专业合作组织带头人和农村经纪人。积极吸纳社会力量,不断拓宽培训渠道,重点培养一批县级种植养殖骨干型实用人才,乡级农村科技推广带头人,村级土专家、田秀才、致富能手和民间艺人等。(3)积极扶持农村实用人才创业兴业,在创业培训、项目审批、信贷发放、土地使用等方面给予扶助。推进农村实用人才评价和等级认定制度建设。加大对农村实用人才的表彰奖励和宣传力度,提高农村实用人才社会地位。

6.社会工作人才目标要求:按照构建社会主义和谐社会要求,以中高级社会工作人才为重点,培养造就一支职业化、专业化的社会工作人才队伍。社会工作人才总量到2015年达到1700人;到2020年达到2800人,争取有300名以上的社会工作人才取得国家初、中、高级职业水平资格证书。

主要措施:(1)研究制定加强社会工作人才队伍建设的实施意见及考核评价办法,加大对社会工作的宣传力度,营造有利于社会工作人才成长的良好环境。(2)加大对专(兼)职社会工作者职业道德和专业知识培训,提升社会工作人才综合服务能力。加强社会工作人才职业化管理,加大社会工作岗位开发设置。(3)继续实施"大学生进社区"计划,招录大学生充实到社区工作。突出特色,分类指导,加大社区义务工作者组织建设,招募自愿从事社会福利、社会救助、社会慈善、残障康复、优抚安置、医疗卫生、青少年服务、司法服务等方面的专业技术人才开展服务。建立社会工作者与志愿者队伍联动机制。

三、实施人才发展重点工程项目

1.发展战略转型人才支撑工程。紧贴以工业为主导、多产业发展并举战略转型,着力培养和引进"一个产业核心区、五大产业、五大基地"建设所需要的创新型科技人才,尤其注重培养一线创新人才和青年科技人才,力争每一个特色优势产业都能拥有一个创新型人才团队、一支专门经营管理技术人才和一大批高素质劳动者,形成人才引领产业、产业聚集人才的良性循环。到2020年,我市科技研发人员达到2700人,高层次创新型科技人才达到50人以上,建成5个高层次人才创新创业基地。

2.重点领域急需紧缺人才培养工程。抢抓新一轮西部大开发战略机遇,积极争取国家和自治区重大人才工程项目,设计实施一批符合发展需求、体现地方特色的人才工程项目,拓展我市急需紧缺人才培养载体。坚持培养与引进相结合、市内与市外相结合,多形式地开展重点领域急需紧缺人才知识更新培训。到2020年,在能源化工、现代农业、商贸物流、城市规划、旅游开发、金融财会、生态环境等经济领域培养开发急需紧缺人才3000人;在防灾减灾、宣传文化、教育卫生、民族宗教、政法综治等社会领域培养开发急需紧缺人才5000人。

3."六盘英才"培养基地建设工程。突出人才发展服务于经济社会科学发展这个主体,着力抓好以各级党校、高等院校等为主的党政人才培养基地,以农业科研、教育教学、医疗卫生等专业机构为主的专业技术人才培养基地,以经济开发区、工业园区等为主的企业经营管理人才培养基地,以职业院校、实训基地等为主的技能人才培养基地,以原州区冷凉蔬菜、西吉县马铃薯产业、隆德县书画艺术、泾源县苗木产业和彭阳县菌草技术为主的农村实用人才培养基地,以街道社区为主的社会工作人才培养基地,努力把"六大基地"打造成人才成长发展的孵化区、创新创业的试验区和产业发展的带动区。依托基地支撑,创新培养模式,每年培训各类人才2万人次,到2020年培养造就拔尖青年英才2000名以上。

4.党政人才能力素质提升工程。探索项目化、专业化、外向化的干部教育培训新途径,采取培训研修、外出学习、挂职锻炼、学历教育等多种形式,大力提高党政人才能力素质。每年轮训公务员5000人,外派培训干部400人。

5."科技六盘"专业技术人才培养工程。通过工程项目带动、产学研用结合、开展内引外联等形式,每年培养500名应用型专业技术人才,其中选派50名左右的中级以上职称青年专业技术人才参加"基层之光"计划,着力培养素质优良、业务过硬、扎根基层的青年骨干人才。到2020年,全市应用型专业技术人才达到5000名以上,培养一批生态农业专家、知名校长、"双师型"教师、医疗专家和学科带头人。

6."人文六盘"文化艺术人才培养工程。有重点地培养扶持和引进聚集一批在人文和社科领域具有一定影响的作家、艺术家、名编辑、名记者等。到2020年,培养业内和社会公认的名家名人100名以上。

7."绿色六盘"农村实用人才培养工程。在高质量完成西吉"金豆英才"、隆德"书画人才"两个自治区人才创新项目的同时,争取更多的农村实用人才创新项目得到自治区的认定和扶持。

通过项目带动和产业支撑,每年培训500名优秀农村实用人才,到2020年全市优秀农村实用人才达到5000名以上。

8."和谐六盘"社会工作人才培养工程。通过研修、实习、短训、函授、自学考试等多种形式,每年重点培养100名以上社会工作人才。

9."企业之星"人才培养工程。继续实施"国家中小企业银河培训工程",争取自治区"215"企业之星人才培养项目,每年培训100名以上中小企业管理者。

10."技能名人"培养带动工程。加大对企事业单位技术工人、返乡农民工、城镇失业人员和新成长劳动力的培训力度，每年重点培养200名高级工、技师和高级技师。到2020年，培养50名高级技师、1000名技师、4000名高级工。

11.人才创新团队建设工程。认真做好“西部之光”访问学者的名额争取、推荐选派和协调服务工作。加大“专家服务团”计划实施力度，争取更多的区内外专家来我市开展学术讲座、技术指导、科技攻关、项目论证、人才培养等活动。深入推进科技特派员创业行动计划，提升科技特派员创新创业能力。争取把市人民医院风湿免疫科、市中医院心脑血管科和针灸理疗康复科打造成具有全区水平的优势科室和特色专科。充分发挥农村合作组织、专业协会、农村经纪人等基层团队在培养农村实用人才中的“传帮带”作用。

12.未来人才储备工程。立足当前、着眼长远，以党政人才、企业经营管理人才、专业技术人才、农村实用人才为主体，每年选派100名左右的后备人才进行重点培养，其中少数民族和妇女后备人才要有一定比例。积极探索后备人才队伍建设的新途径新方法，确保后备人才队伍既有一定规模和数量，又具备相应的思想道德素质和实际工作能力。

四、创新完善人才发展体制机制

1.党管人才领导体制。坚持党管人才原则，完善党委统一领导、组织部门牵头抓总、有关部门密切配合、社会力量广泛参与的人才工作格局。建立党委、政府人才工作目标责任制和各级党委常委会听取人才工作专项报告制度、党政领导班子成员联系专家制度、人才工作领导小组成员单位联系点制度，健全科学有效的决策机制、协调机制和落实机制，切实履行好管宏观、管政策、管协调、管服务的职责。围绕用好用活人才，完善政府宏观管理、市场有效配置、单位自主用人、人才自主择业的人才管理体制，取消不利于人才发展的体制性障碍。克服人才管理中的行政化、“官本位”倾向，逐步探索取消科研院所、学校、医院等事业单位的行政级别和行政化管理模式。

2.人才培养开发机制。以经济发展战略转型和构建和谐社会需求为导向，注重在实践中发现、培养、造就人才，构建人人能够成才、人人得到发展的人才培养开发机制。坚持把社会主义核心价值体系教育贯穿于人才培养开发的全过程，不断提高各类人才的思想道德水平。优先发展教育事业，加强农村义务教育，巩固提高“两基”成果，努力推进县（区）域内义务教育均衡发展；加快普及高中阶段教育，加强优质高中教育；大力发展职业教育，把固原职业技术学院建设成为高水平技能人才培养基地；结合实施“百所回民中小学标准化建设工程”和少数民族高层次人才培养计划，大力发展民族教育事业；继续组织实施特岗教师计划和教师公开招聘工作。构建网格化、开放式、自主性的终身教育体系，有计划地组织各类人才通过进修研修、脱产学习、考察培训、挂职锻炼、出国深造等多种方式提高能力素质。

3.人才评价发现机制。建立以岗位职责要求为基础，以品德、知识、能力和业绩为导向，科学化、社会化的人才评价发现机制，注重靠实践和贡献评价人才，坚持在基层和群众中发现人才。建立和完善县（区）、市直部门（单位）领导班子和领导干部考核评价办法，强化考核结果运用，发挥考核导向作用。探索建立在重大工程项目、关键时刻表现、急难险重任务中识别和发现人才的机制。建立事业单位人员考核评价制度，完善专业技术人才职业准入、职业水平、职务任聘评价办法。逐步完善社会化职业技能鉴定、企业技能人才评价、院校职业资格认证和专项职业能力考核办法，建立多元化的技能人才评价机制。建立市场和出资人认可的企业经营管理人才评价制度。修订完善《固原市农村实用人才评价管理暂行办法》，建立适应农村实用人才特点的技术资格和技术等级认定办法，积极开展农村实用人才职称评定工作。

4.人才选拔任用机制。探索各类人才选拔使用的新形式新方法，促进人岗相适、人尽其才，形成有利于各类人才脱颖而出、充分施展才华的选人用人机制。创新党政人才选拔任用机制，提高干部选拔任用工作的满意度和整治选人用人不正之风的满意度；完善干部到基层工作制度，建立来自基层一线党政干部培养选拔链；落实党政领导干部职务任期制，加快建立干部正常退出机制。创新专业技术人才选拔任用机制，深化事业单位人事制度改革，完善事业单位管理人员委任、聘任、选任等任用方式，推行事业单位公开招聘、竞聘上岗和合同管理制度。创新企业经营管理人才选拔任用机制，建立公开招聘、竞争上岗、市场配置和依法管理相结合的企业经营管理人员选拔任用制度。

5.人才流动配置机制。建立政府宏观调控、市场主体公平竞争、中介组织提供服务、各类人才自主择业的人才流动配置机制。认真贯彻《宁夏回族自治区人才市场条例》，推进人才市场体系建设，完善市场服务功能，畅通人才流动渠道。加强对重点发展领域、重点开发地区、科研生产一线所需人才的宏观调控，促进人才结构调整，提高人才使用效能。加快人才公共服务体系和信息网络建设，建立社会化的人才档案公共管理服务系统和人才资源开发分析发布系统，努力打造公共服务、市场服务、社会服务相结合的人才服务平台。

6.人才激励保障机制。建立健全与工作业绩紧密结合、充分体现人才价值、有利于激发人才活力和维护人才合法权益的激励保障机制。推行事业单位岗位绩效工资制度，改革完善有利于调动专业技术人才积极性创造性的职称评聘制度。健全以政府奖励为导向、用人单位和社会力量奖励为主体的人才奖励体系，建立优秀人才奖励基金，设立“六盘山功勋奖”“六盘山创新人才奖”“六盘山青年英才奖”。完善以养老保险和医疗保险为重点的社会保障制度，支持用人单位为各类人才建立补充保险，扩大对农村、非公有制组织人才的社会保障覆盖面。完善劳动合同、人事争议仲裁等制度。

五、建立健全人才发展政策措施

1.人才发展投入政策。建立健全人才发展优先投入政策，把人才工作纳入经济社会发展总体规划，完善市本级财政人才专项投入制度，各县（区）也要设立人才发展专项资金，保障重点人才工程项目的实施。探索建立人才开发与工程项目对接政策，在重大项目、重点工程、产业发展的建设资金中，专列人才培养开发经费项目。探索建立各方力量投资人才资源开发政策，重视依托工程项目吸引区内外力量参与我市人才发展，鼓励企业和社会组织设立不同的人才资助或发展基金，引导用人单位、社会和个人多渠道进行人才投入。到2020年，人力资本投入占全市生产总值的比例提高到22%左右。

2.柔性引才激励政策。探索建立“不求所有、但求所用”的柔性引才政策，坚持招商引资与招才引智相结合，在住房、奖励、补助等方面制定优惠办法，通过挂职锻炼、兼职兼薪、项目合作、技术入股、委托经营等灵活多样的方式引进高层次人才和急需紧缺人才。探索建立促进人才交流合作政策，加强与高等院校、科研院所和自治区博士生流动站的联系对接，开展与区内外人才的交流合作，鼓励支持优秀人才带项目带技术来我市创业服务。探索建立用好固原籍在外高层次人才资源政策，完善固原籍在外高层次人才信息库，加强与他们的联系与协作，发挥好他们的优势和作用。认真实施自治区高级专家优待证制度。定期选送优秀人才外出休假或疗养。

3.人才流动引导政策。探索建立双向挂职、短期工作、项目合作等人才柔性流动政策，实施具有普遍约束力的公职人员到重点领域、基层一线、艰苦环境中锻炼的派遣和轮调制度。争取自治区在机关事业单位人员招考（聘）中对固原给予倾斜，严格执行公开招考（聘）人员最低服务年限政策，鼓励各类人才扎根固原、服务基层。争取自治区增加固原市选拔高校毕业生到农村基层锻炼、“三支一扶”、青年志愿者、特岗教师、特岗医生、大学生村官等名额，扩大选派培养规模。对在农村基层和艰苦地区工作的优秀人才，在生活补助和职称评聘等方面实行倾斜政策。

4. 人才创业扶助政策。探索建立留住优秀人才、稳定现有人才政策,加快建立"事业留人、感情留人、待遇留人、环境留人"的激励机制,创建多元化创业服务网络,创造宽松的创业环境,最大限度地减少人才流失。探索建立创业扶助政策,提升创业园区和孵化基地的规模和档次,加强"大学生实习创业基地"建设,对有自主创业意愿和基础的人才提供政策、资金等扶持,吸引更多的大中专毕业生和返乡农民工创业兴业。探索建立创业分配激励政策,对引领产业发展、引进重要项目、创办园区企业的优秀人才,研究制定按岗位定酬、按任务定酬、按业绩定酬的分配激励办法,以此鼓励机关事业单位有专长的人才招商引资、领办园区、创办企业。

六、狠抓人才规划的组织实施市人才工作领导小组要加强对实施人才规划的组织领导、统筹协调和宏观指导

市委组织部、市人才办要牵头制定落实人才规划任务的年度分工方案，建立健全监督、检查、指导、考核机制。市人才工作领导小组成员单位和各县(区)要编制衔接配套的专项规划和实施方案,做到目标明确、任务明确、措施明确,做到可操作、可监测、可评估。加强调查研究,及时协调解决人才规划实施中出现的新情况新问题。加大宣传力度,突出宣传中央和区、市党委、政府关于人才发展的重大战略部署,宣传实施人才规划的重大意义、目标任务、政策措施和先进典型。健全工作机构,强化培训措施,不断提高人才工作者队伍的整体素质和业务水平,确保人才规划各项目标任务的实现。

名词解释:1.人才资源总量:指党政人才资源、企业经营管理人才资源、专业技术人才资源、高技能人才资源、农村实用人才资源和社会工作人才资源数量之和。

2.党政人才:指公务员、参照公务员法管理的群团机关工作人员。

3.企业经营管理人才:指在企业经营管理岗位上工作的人员,包括出资人代表、经营管理人员、党群工作者。

4.专业技术人才:指具有专业技术职称和没有专业技术职称但在专业技术岗位上工作的人员。

5.高技能人才:指在生产或服务等领域岗位一线的从业者中,具有精湛专业技能,关键环节发挥作用,能够解决生产操作难题的人员。包括取得高级技师、技师和高级技工职业资格及相应职级的人员。

6.农村实用人才:指具有一定的知识或技能,能够起到示范和带头作用,为当地农业和农村经济发展作出积极贡献，并得到群众认可的农村劳动者,包括生产型人员、经营型人员、技能带动型人员、科技服务型人员、社会服务型人员。

7.社会工作人才:是指经过社会工作或相关专业教育、取得社会工作职业资格、在特定机构登记注册的社会工作从业人员和暂未取得职业资格、暂未登记注册、但实际从事社会工作的人员,包括正式工作人员、聘用人员和志愿者(义工)。

8.高技能人才占技能劳动者比例:指技能劳动者中高级技师、技师和高级工数量之和所占比例。技能人才指在生产或服务一线从事技能操作的人员,也称为技能劳动者。

9.主要劳动人口受过高等教育的比例:指 20 ~ 59 岁人口中接受过大专及以上学历教育的人数所占比例。

10.每万劳动力中研发人员:指每万劳动力中 R&D(研究与试验发展)人员全时当量数。

11.人力资本投资:人力资本是指以劳动者的质量或其拥有的技术、知识、工作能力所表现出来的资本。人力资本与物质资本两者共同构成国民财富。人力资本投资是指全社会教育支出、卫生支出和 R&D(研究与试验发展)支出之和。

12.人才贡献率:即人才资本贡献率。人才资本就是体现在人才本身和社会经济效益上以人才的数量、质量和知识水平、创新能力特别是创造性劳动成果及对人类较大贡献所表现出来的价值。人才资本对经济增长贡献率,是指人才资本作为经济运行中的核心投入要素,通过其自身形成的递增收益和产生的外部溢出效应,对经济总产出所作出的贡献份额,通俗地讲就是人才贡献率。

13.人力资源总量:人力资源即劳动力资源,指劳动年龄人口。人力资源总量在我国统计实践中是指16岁及以上人口总数。

14.人才资源占人力资源总量比例:指党政人才资源、企业经营管理人才资源、专业技术人才资源、高技能人才资源、农村实用人才资源和社会工作人才资源数量之和占人力资源总量的比例。

法规选载

固原市领导干部外出请假报告制度

为深入贯彻中央和自治区党委关于进一步从严管理干部的部署,进一步加强县处级以上领导干部外出管理,制订领导干部外出请假报告制度。

第一条 领导干部外出(离开固原市)要按规定的组织程序报批。

第二条 领导干部外出请假报告实行分级管理,采取口头和书面两种形式。

第三条 市委、人大、政府、政协副厅级领导干部在工作日期间外出2天以内的,向所在单位主要负责人口头请假。外出3天及以上的,经所在单位主要负责人批准后,向市委书面请假。其他副厅级干部直接向市委书记或市长请假。

第四条 各县(区)党委书记、县(区)长在工作日期间外出2天以内的,分别向市委书记、市长口头请假。外出3天及以上的,县(区)委书记向市委书记书面请假;县(区)长向市长书面请假,同时报告市委书记。

第五条 市委各部委及各人民团体主要负责人、市政府组成部门及直属事业单位主要负责人、市人大常委会各工作委员会主任、市政协各专委会主任在工作日期间外出2天以内的,向分管市领导口头请假。外出3天及以上的,市委各部委、各人民团体的主要负责人在征得市委分管领导同意后,向市委书记书面请假;市政府组成部门、直属事业单位的主要负责人在征得市政府分管领导同意后,向市长书面请假,同时报告市委书记;市人大常委会各工作委员会主任向市人大常委会主持日常工作的副主任书面请假;市政协各专委会主任向市政协主席书面请假。

第六条 各县(区)、市直各部门(单位)的其他处级干部在工作日期间外出的,须向所在单位主要负责人请假。部门管理的处级干部在工作日期间外出要向主管部门的主要负责人请假。

第七条 法定节假日期间外出宁夏的,正处级以上领导干部按照管理权限向市委、政府报告;其他处级干部向所在单位主要负责人报告;部门管理的处级干部向主管部门的主要负责人报告。

第八条 领导干部外出期间,因故需逾期返回的,必须按管理权限请假并经批准同意。

第九条 领导干部获准外出期间,必须保持通讯畅通。

第十条 外出活动结束后,应及时销假。对外出不请假的,给予通报批评;影响正常工作开展造成不良影响的,要严肃追究其责任。

第十一条 市委办公室、市政府办公室负责相关党政正职领导干部请假登记备案工作。领导干部外出学习培训超过5天,报市委组织部备案。

第十二条 本制度自印发之日起执行。

中共固原市委员会

2010年7月6日

固原市领导干部函询制度

第一条 为加强对领导干部的日常管理和监督,根据《中华人民共和国公务员法》《中国共产党党内监督条例(试行)》和《中纪委、中央组织部关于对党员领导干部进行诫勉谈话和函询的暂行办法》等法规,制订本制度。

第二条 函询是纪检机关、组织部门针对领导干部政治思想、工作作风、道德品质、廉政勤政、选人用人等方面反映的问题,向领导干部了解情况,需领导干部本人作出书面答复的一种方式。

第三条 领导干部函询坚持分级管理原则。市委管理的干部由市纪委、市委组织部函询。市委组织部管理的干部由市纪委派出(驻)纪检组或市委组织部干部监督科函询。县(区)科级干部的函询由县(区)党委负责。

第四条 对领导干部的函询应当经过下列程序:

(一)函询机关根据群众反映的问题及组织掌握的情况,并经市委、政府领导同意后,作出对领导干部进行函询的决定。

(二)向领导干部发出函询通知,通知内容包括需要领导干部本人向函询机关回答的问题及要求。

(三)函询对象在接到函询通知后十五个工作日内,应当实事求是地作出书面回复报送函询机关。如不能如期回复的,应当在规定期限内说明理由。对函询问题未讲清楚的,可再次对其进行函询或采取其他方式进行了解。

(四)函询回复由函询机关负责人审阅后交相关科室保存,不存入本人档案。

第五条 对函询通知中反映的重要情况,必要时可以向函询对象所在单位的党委(党组)主要负责人通报。

第六条 领导干部接受组织函询,应当实事求是地作出说明,不得隐瞒、编造事实。函询机关在以后如发现领导干部对函询答复存在隐瞒、编造、歪曲事实和回避问题等事实,将严肃追究被函询领导干部的责任。

第七条 接受函询的领导干部,不得追查反映问题的人,更不得打击报复。对追查或打击报复的,视情节严肃处理。

第八条 函询机关的工作人员对反映人、函询对象、函询内容必须严格保密。对泄密者,按照有关规定严肃查处。

第九条 本制度由市纪委、市委组织部负责解释。

第十条 本制度自发布之日起施行。

中共固原市委员会

2010年7月6日

固原市环境噪声污染防治管理暂行办法

(2010年3月2日)

第一章 总 则

第一条 为防治环境噪声污染,保护和改善生活环境,保护公众健康,根据《中华人民共和国环境保护法》、《中华人民共和国环境噪声污染防治法》、《宁夏回族自治区环境保护条例》等有关法律法规,结合本市实际,制定本办法。

第二条 本办法适用于本市城市规划区环境噪声污染的防治。

第三条 市环境保护行政主管部门对环境噪声污染防治实施统一监督管理。

建设项目及工业生产噪声由环境保护行政主管部门监督管理。交通运输噪声由公安(交警)管理部门管理。社会生活噪声由公安、文化、工商行政管理等部门监督管理。

第四条 任何单位和个人都有保护环境的义务,并有权对造成环境噪声污染的单位和个人进行检举和控告。

第五条 环境保护行政主管部门应当将环境噪声污染防治工作纳入环境保护规划,并制定环境噪声污染防治措施。

第六条 环境保护行政主管部门和其他环境噪声监督管理部门,有权依据各自的职责对管辖范围内排放环境噪声的单位进行现场检查,被检查者必须如实反映情况,并提供必要的资料。检查部门有义务为被检查者保守技术秘密和业务秘密。

检查人员进行现场检查,应当出示有效证件。

第二章 建设项目及工业生产噪声污染防治

第七条 新建、改建、扩建工程,必须遵守国家有关建设项目环境保护管理的规定。

建设项目可能产生环境噪声污染的,建设单位必须进行环境影响报告,制定环境噪声污染的防治措施,并按照国家规定的程序报环境保护行政主管部门审批。

第八条 建设项目需要配套建设的环境噪声污染防治设施必须与主体工程同时设计、同时施工、同时投产使用。

建设项目在投入生产或者使用之前,其环境噪声污染防治设施必须经环境保护行政主管部门验收;达不到国家规定要求的,该建设项目不得投入生产或者使用。

第九条 建筑施工过程中使用机械设备，可能产生环境噪声污染的,施工单位必须在工程开工前15日内向工程所在地环境保护行政主管部门申报该工程的项目名称、施工场所和期限、可能产生的噪声值和所采取的防治措施等情况。

第十条 在城市市区噪声敏感建筑物集中区域内，禁止在每日22时至次日6时进行产生环境噪声污染的建筑施工作业。

因工艺要求或者特殊需要必须连续作业的,应当提前报所在地环境保护行政主管部门批准并公告附近单位、居民。

确因抢修、抢险连续作业的,应当在事故发生后24小时内报告所在地环境保护行政主管部门。

第十一条 在学生高、中考期间和考前15日内,禁止在学校、居民住宅楼100米范围内进行产生噪声超标和扰民的建筑施工作业。

第十二条 在工业生产或商业经营活动中,因使用固定设备、设施,造成环境噪声污染的单位或个人,必须依照国家有关规定,向所在地环境保护行政主管部门办理排污申报登记,并接受环境保护部门的现场检查。

工业生产中造成环境噪声污染设备的种类、数量、噪声值和防治设施有重大改变的,应当提前10日申报,并采取应有的防治措施。

第十三条 产生环境噪声污染的单位或个人,应当保持环境噪声污染防治设施正常使用;拆除或闲置环境噪声污染防治设施的,应当采取相应的防治措施,并提前5日报所在地环境保护行政主管部门批准。

第十四条 在噪声敏感建筑物集中区域内造成严重环境噪声污染的单位,应当限期治理。

第三章 交通运输噪声污染防治

第十五条 机动车辆在城市市区范围内行驶、铁路机车驶经城市市区,必须按规定使用声响装置。

在城市禁鸣区和其他禁止使用声响装置的路段,禁止机动车辆使用声响装置。

第十六条 公安(交警)管理部门应当把控制交通运输噪声污染作为对机动车驾驶人员的教育培训内容之一。审验机动车辆时,应当审验机动车辆的行车噪声是否符合国家规定的机动车噪声标准;对于超过国家标准的,不予办理审验手续。

第四章 社会生活噪声污染防治

第十七条 在城市范围内使用礼炮或需进行爆破作业等排放偶发性强烈噪声的,须提前向社会公告并经当地公安机关批准后进行。

第十八条 建设或者开办可能产生噪声污染的服务业业主,应当向当地环境保护行政主管部门报批环境影响报告表或者登记表,并配套建设环境保护设施,工程竣工后应当申请环境保护行政主管部门验收。

新建营业性文化娱乐场所边界噪声必须符合国家规定的环境噪声排放标准,不符合国家规定的环境噪声排放标准或未报批环境影响报告表或者登记表的，工商行政管理部门不予核发《营业执照》；经营娱乐场所的文化行政主管部门不予办理《文化经营许可证》;经营餐饮服务业的食品药品监督管理部门不予办理《餐饮服务许可证》。

第十九条 居民住宅区和学校、医院、机关周围以及居民住宅楼和商住楼内,不得开办产生噪声污染的娱乐业经营场所。

第二十条 在商业经营活动中不得使用高音广播、喇叭或者采用其他发出高噪声的方法招揽顾客。

在商业经营活动中使用空调器、冷却塔等可能产生环境噪声污染的设备、设施，其经营管理者应当采取措施，使其边界噪声不超过国家规定的环境噪声排放标准。

第二十一条 禁止任何单位、个人在城市市区噪声敏感建筑物集中区域内使用高音喇叭。

在城市市区街道、广场、公园等公共场所组织庆典、娱乐、集会等活动，使用礼炮、音响器材等产生过大音量干扰周围生活环境的，必须遵守公安机关的有关规定。

第二十二条 使用家用电器、乐器或者进行其他家庭室内娱乐活动时，应当控制音量或者采取其他有效措施，避免对周围居民造成环境噪声污染。

第二十三条 在已竣工交付使用的居民住宅楼和居民住宅楼100米范围内的营业场所进行室内装修活动，应当采取有效措施，以减轻、避免对周围居民造成环境噪声污染。在每日12时至14时、22时至次日6时，不得从事产生环境噪声污染的室内装修、家具加工等活动。

第五章 法律责任

第二十四条 违反本法规定，有下列行为之一的，由环境保护行政主管部门给予警告，可以并处罚款：

（一）拒报或者谎报环境噪声排放申报事项的；

（二）未经环境保护行政主管部门批准，擅自拆除或者闲置环境噪声污染防治设施，环境噪声排放超过规定标准的；

（三）未经环境保护行政主管部门批准，在城市市区噪声敏感建筑物集中区域内，建筑施工单位在每日22时到次日6时进行产生环境噪声污染施工作业的；

（四）违反本办法第二十条第二款，造成环境噪声污染的。

第二十五条 违反本办法第十一条规定，于高、中考期间和考前15日内在学校、居民住宅楼100米范围内进行产生噪声超标和扰民的建筑施工作业的，由环境保护行政主管部门责令改正，可处以罚款。

第二十六条 对经限期治理逾期未完成治理任务的企业事业单位，环境保护行政主管部门除依照国家规定加收超标准排污费外，可处以罚款。

第二十七条 违反本法规定，有下列行为之一的，由公安机关给予警告，可以并处500元以下罚款：

（一）未经公安机关批准，在城市范围内使用礼炮、进行爆破作业等产生偶发性强烈噪声的；

（二）在商业经营活动中使用高音广播喇叭或者采用其他发出高噪声的方法招揽顾客，造成环境噪声污染的；

（三）违反公安机关的规定，在城市市区街道、广场、公园等公共场所组织庆典、娱乐、集会等活动，使用礼炮、音响器材等产生过大音量干扰周围生活环境的；

（四）违反本办法第二十二条、第二十三条规定，从家庭室内发出严重干扰周围居民生活的环境噪声的。

第二十八条 排放环境噪声的单位拒绝环境保护行政主管部门或其他依法行使环境噪声监督管理权的部门现场检查或在被检查时弄虚作假的，环境保护行政主管部门或者其他依法行使环境噪声监督管理权的部门可以根据不同情节，给予警告或处罚款。

第二十九条 当事人对行政处罚决定不服的，可以依法申请行政复议或提起行政诉讼；当事人逾期不申请行政复议、也不提起行政诉讼、又不履行行政处罚决定的，由作出处罚决定的机关申请人民法院强制执行。

第三十条 环境噪声污染防治监督管理人员滥用职权、玩忽职守、徇私舞弊的，由其所在单位或者上级主管机关给予行政处分；构成犯罪的，由有关机关依法追究刑事责任。

第六章 附 则

第三十一条 本办法下列用语的含义是:

(一)"噪声排放"是指噪声源向周围生活环境辐射噪声。

(二)"环境噪声污染"是指所产生的环境噪声超过国家规定的环境噪声排放标准,并干扰他人正常生活、工作和学习的现象。

(三)"噪声敏感建筑物"是指医院、学校、机关、科研单位、住宅等需要保持安静的建筑物。

(四)"噪声敏感建筑物集中区域"是指医疗区、文教科研区和以机关或者居民住宅为主的区域。

第三十二条 本办法由固原市环境保护局负责解释。

第三十三条 本办法自发布之日起施行。

固原市区违法建设行政责任追究暂行办法

第一章 总则

第一条 为加强城市规划与建设管理,明确职责,保证行政机关和工作人员依法履行职责,有效遏制和及时查处违法用地、违法建设和违法审批行为,加大对违法建设行为的查处力度和行政管理责任的追究力度,根据《中华人民共和国城乡规划法》《中华人民共和国土地管理法》《中华人民共和国行政监察法》《中华人民共和国公务员法》和《行政机关公务员处分条例》等有关法律、法规的规定,结合本市实际,制定本办法。

第二条 本办法适用于固原市区城市规划区域内(以下简称城市规划区)违法建设活动查处的行政责任追究。

第三条 本办法所称违法建设,是指违反有关法律、法规和规章及有关项目建设、城市规划建设和国土资源管理的规定,进行新建、改建、扩建(构)筑物等行为:(一)违反基本建设程序,对应当报批立项而未经报批立项和应当报请备案而未经报请备案,擅自进行建设的;(二)无建设工程立项审批权的行政主管部门或其他单位擅自批准建设项目立项,或者建设工程立项审批部门超越规定的权限批准建设项目立项的;(三)未取得《建设用地规划许可证》进行建设的;(四)未经批准,擅自占用国有土地或擅自使用集体土地进行建设的;(五)未取得《建设规划工程许可证》、《建设工程施工许可证》进行建设的;(六)擅自改变《建设用地规划许可证》规定的内容的;(七)未按《建设工程规划许可证》或《临时建设规划许可证》规定的内容进行工程建设,擅自改变建筑物结构)筑物位置、面积、层数、立面、结构的;(八)城市规划区内的农村居民未经批准擅自在集体土地、承包地、自留地、宅基地及其他土地上进行违法建设的。

第四条 有下列行为之一的,由有关行政主管部门按照干部管理权限和本办法规定,追究有关责任人的行政责任;行为人属于监察对象的,由监察机关直接追究其行政责任,或者由发现该违法行为的行政主管部门提请同级监察机关追究其行政责任;行为人的违法行为情节严重构成犯罪的,由有关部门或单位移交司法机关依法追究刑事责任:(一)违法审批或者越权审批建设项目的;(二)未按规定程序进行集体讨论,个人随意改变建设项目审批内容的;(三)因管理人员失职失察、管理不当,造成违法建设后果的。

第五条 本办法规定的行政责任追究对象,包括下列机关及其工作人员:(一)市人民政府的住房和城乡规划建设、国土资源、城市管理等行政主管部门;(二)原州区人民政府及其有关镇人民政府和街道办事处;(三)固原经济开发区管委会;(四)市、原州区具有城乡规划建设管理行政职能的法律、法规授权组织和行政机关依法委托的其他组织。

第六条 下列人员属于查处违法用地、违法建筑和违法审批并承担相应责任的责任人:(一)原州区政府、市直有关行政主管部门和具有城市规划建设管理职能的法律、法规授权组织及行政机关依法委托的其他组织的主要领导为本级政府、本部门和本单位的第一责任人，分管领导为主要责任人，具体负责审查、承办相关业务的科、室负责人和直接经办人员为直接责任人；（二）原州区属有关行政主管部门、镇政府、街道办事处和法律、法规授权组织及行政机关依法委托的其他组织的主要领导为本级政府、本办事处、本部门和本单位的主要责任人，分管领导和直接经办人员为直接责任人；（三）固原经济开发区管委会的主要领导为本开发区管委会的第一责任人，分管领导为主要责任人，具体负责审查、承办相关业务的部门（局）、室负责人和直接经办人员为直接责任人。

第七条 对违法建设活动负有监督、检查和查处职责的原州区政府，市城市管理、国土资源、住房和城乡规划建设、固原经济开发区管委会等部门和单位，应当建立联席会议制度和有关事项相互告知制度，通报和研究解决有关重大问题，及时防范和制止违法用地、违法建设和违法审批行为的发生。联席会议应当定期召开，但遇紧急事项时，经请示市政府分管领导同意后，也可以临时召开。联席会议由市城市管理部门负责组织，由分管市长或分管副秘书长主持召开。

第八条 市、原州区的监察、财政、人才和劳动保障等有关行政主管部门，应当在各自的职权范围内，协助做好查处违法用地、违法建设和违法审批行为的相关工作及行政责任追究工作。

第九条 行政机关或有关单位的工作人员不得暗示、怂恿、教唆他人从事违法建设活动；禁止行政机关或有关单位的工作人员参与、出资或与他人相互勾结从事违法建设活动。

第十条 任何单位和个人，均有权向相关行政主管部门举报和投诉违法用地、违法建设和违法审批的行为。

第二章 监督管理职责

第十一条 城市规划区违法建设查处和监管，实行市直有关部门和原州区政府两级监督、分工负责的管理制度。

第十二条 市国土资源部门要按照职责，严格执行建设用地批准书、国有土地出让合同的“一书一合同”土地管理制度，具体负责非法占地、滥用土地、非法交易等用地行为的监督检查及查处工作。

第十三条 市住房和城乡规划建设部门要严格执行建设项目选址意见书、建设用地规划许可证、建设工程规划许可证的“一书两证”规划建设制度。

第十四条 公安部门在依法拆除违法建筑时，要做好对出现的暴力抗法等违法犯罪行为防范和处置工作，并制订相应的群体性事件处置工作预案。

第十五条 信访部门要按照《信访条例》有关规定，做好依法拆除违法建筑工作中群众来信来访的接待工作，积极排查化解各类矛盾。

第十六条 监察部门要严肃查处国家机关工作人员参与违法建设和违法建设监管工作中失职、渎职、玩忽职守等违纪违法行为。

第十七条 固原经济开发区管委会负责本辖区内违法建设行为的监管工作，对辖区内的建设活动实施巡查，制止违法建设行为，拆除违法建筑。

第十八条 在城市规划区内，国有土地上违法建设活动的监管职责由市城市管理局负责，履行第一责任人职责，并具体负责城市规划区违法建设行为监管、制止、取证、拆除、督察和考核等工作。

第十九条 城市规划区国有土地责任片区的划分、片区责任人的确定，由市城市管理部门负责划定，同时明确具体责任人和责任领导。

第二十条 原州区政府依法对本辖区集体土地内的违法建设活动实施监督管理，并制止和拆除违法建筑。在城市规划区内集体土地上农村村民修建住宅的，应当先经原州区有关镇政府初审，再经原州区政府审核后报经市住房和城乡规划建设部门批准后方可建设；不符合城市规划要求的，不得审批。

第二十一条 原州区政府所辖区域内的职责范

围划分，按照有关镇与镇的行政区划确定责任片区，落实责任人员和监管措施。

第二十二条 原州区和市直有关部门要建立违法建设巡查监管的日监察报告制度。责任人对违法建设发现一起，制止一起，报告一起。

第二十三条 市人民政府将加强对违法建设监管责任单位履行职责情况的督察，督促整改和追究责任单位的领导责任。

第三章 违法建筑处置

第二十四条 违法建筑按照下列规定予以处置:（一）严重影响城市规划又不能采取补救措施的，限期拆除或者没收违法建筑物、构筑物和其他设施，并依法予以处罚；限期拆除而逾期不拆除的，由市城市管理、住房和城乡规划建设行政主管部门会同有关部门或单位依法拆除或者依照法律规定申请人民法院强制执行。拆除费用由违法行为人承担。（二）未办理土地、城乡规划建设等相关审批手续开工建设的，责令停工并依法拆除，可处以罚款。

第二十五条 当事人对违法建筑认定或拆除不服的，可依据有关法律法规规定提请行政复议或行政诉讼。

第四章 奖励与行政责任追究

第二十六条 鼓励单位和公民个人举报违法建设活动，对举报违法建设情况属实的单位和个人，举报一次给予100元奖励。有关责任部门或单位的工作人员举报的除外。

第二十七条 市、原州区的监察、市国土资源、住房和城乡规划建设、城市管理等行政主管部门应当建立健全举报投诉制度，公布举报投诉电话，受理举报和投诉，及时查处举报和投诉的问题，并向举报和投诉人反馈有关情况。举报投诉的受理工作按照职责由有关部门、单位分别负责。各有关部门、单位将核实后的数据交由市城市管理部门统一备案，作为奖励兑现依据。

第二十八条 将查处、纠正、制止违法建设行为的工作纳入年终考核，结合目标考核一并予以评比，对先进部门、单位和个人予以奖励。市人民政府从本级财政预算中安排专项奖励经费，用于奖励查处违法建设的先进单位和个人。具体奖励办法和奖励标准，由市人民政府确定。

第二十九条 违法审批、越权审批或随意改变建设项目审批内容的，其审批无效，并对直接责任人给予行政记大过处分，对主要责任人给予行政记过处分，对第一责任人给予行政警告处分；因无效审批给当事人造成损失的，由审批者承担赔偿责任，并依法追究相关责任人的法律责任。

第三十条 原州区有关镇政府、街道办事处发现违法建设行为不进行劝阻又不按规定及时报告，以及负有行政管理责任的有关行政主管部门未采取有效措施及时予以查处、纠正和制止或者未向有关部门移交，造成下列违法建设后果且不能限期拆除的，按照下列规定进行处理:（一）一个月内出现违法建设面积达300平方米以下的，对负有责任的镇政府和街道办事处的直接责任人及负有责任的有关行政主管部门的直接责任人进行通报批评；（二）一个月内出现违法建设面积达300平方米以上1000平方米以下的，对负有责任的镇政府和街道办事处的直接责任人给予行政记过处分，对主要责任人给予行政警告处分；对负有责任的有关行政主管部门的主要责任人给予行政警告处分；（三）一个月内出现违法建设面积达1000平方米以上3000平方米以下的，对负有责任的镇政府和街道办事处的直接责任人给予行政记大过处分，对主要责任人给予行政记过处分；对负有责任的有关行政主管部门的直接责任人给予行政记大过处分，对主要责任人给予行政记过处分；（四）一个月内出现违法建设面积达3000平方米以上的，个案研究，从重处理。

第三十一条 原州区人民政府对城市规划区内集体土地的违法建设行为，未及时查处、纠正和制止，或者应当报告市人民政府或告知市级有关行政主管部门而未报告或告知，造成违法建设的，对第一责任人、主要责任人和直接责任人，根据情节轻重分别给予相应的行政处分。

第三十二条 市人民政府的有关行政主管部门和原州区人民政府，在巡察发现或者接到单位和个人举报的违法建设案件后，未在规定的时间内立案、取证和查处结案或者查处不力、不能结案，造成下列违法建设后果且不能限期拆除的，按照下列规定进行处理：（一）一个月内出现违法建设面积达100平方米以下的，对直接责任人通报批评；（二）一个月内出现违法建设面积达100平方米以上300平方米以下的，对直接责任人给予行政记过处分，对主要责任人给予行政警告处分，对第一责任人通报批评；（三）一个月内出现违法建设面积达300平方米以上1000平方米以下的，对直接责任人给予行政记大过处分，对主要责任人给予行政记过处分，对第一责任人给予行政警告处分；（四）一个月内出现违法建设面积达1000平方米以上的，个案研究，从重处理。原州区、市直各有关部门或单位的招聘人员，因不坚持原则，不认真履行职责或工作失职，造成下列违法建设后果且不能限期拆除的，在一个月内出现一次、或违法建筑面积达100平方米以下的，给予片区直接责任人通报批评；在一个月内发生二次、或违法建筑面积达100平方米以上300平方米以下的，予以诫勉，扣发二个月工资；在一个月内发生三次、或违法建筑面积达300平方米以上1000平方米以下的，待岗五个月，扣发三个月工资；违法建筑面积达1000平方米以上的或情节严重的，依照有关规定解除聘用关系，对主要责任人的行政处分分别参照本条第一款的各项规定办理。

第三十三条 市国土资源、住房和城乡规划建设等行政主管部门及其所属管理单位，违反规定为未结案的违法建设当事人办理有关证照的，责令收回有关证照，并按照下列规定进行处理：（一）一个月内出现1例或者面积在50平方米以内的，对直接责任人进行通报批评；（二）一个月内出现2例或者面积在50～100平方米以内的，对直接责任人给予行政警告处分，对主要责任人进行通报批评；（三）一个月内出现3例或者面积在100～200平方米以内的，责成直接责任人停职检查，对主要责任人给予行政记过处分，对第一责任人给予行政警告处分；（四）一个月内出现3例以上或者面积超过200平方米的，个案研究，从重处理。

第三十四条 行政机关或有关单位工作人员暗示、怂恿、教唆他人从事违法建设活动的，给予警告、记过处分；行政机关或有关单位工作人员出资、参与或与他人相互勾结从事违法建设活动，视其情节或结果，可给予记大过、降级或撤职处分。行政机关或有关单位招聘的工作人员暗示、怂恿、教唆他人从事违法建设活动的，可给予训诫或严重警告；出资、参与或与他人相互勾结从事违法建设活动的，视其情节或结果，给予扣发工资、停薪留职或解除聘用合同的处理。

第三十五条 有关部门和单位在查处、纠正、制止违法建设行为的行政执法活动中，应当提供协作配合而不协助配合，造成违法建设后果的，对第一责任人、主要责任人和直接责任人，根据情节轻重分别给予相应的行政处分。

第三十六条 因违法审批造成行政赔偿的，由赔偿机关依法向违法审批的直接责任人进行追偿，并根据情节轻重，分别对第一责任人和主要责任人给予相应的行政处分。

第三十七条 在查处、纠正、制止违法建设的行政执法活动中，因违法行政造成严重后果，需要对第一责任人、主要责任人和直接责任人在给予行政处分的同时给予经济处罚的，依照有关法律、法规的规定执行。

第五章 附 则

第三十八条 本办法由市城市管理局负责解释。

第三十九条 本办法自2010年2月1日起施行。

调研报告

固原市城市社区建设情况视察报告

一、基本情况：2010年，全市有3个街道办事处，40个城镇社区。其中，有固定办公地点15个，占总数的37.5%，其他25个城镇社区居委会依靠租赁办公。基本达到自治区五星级社区标准的有4个(原州区2个，隆德县1个，彭阳县1个)。根据自治区党委组织部、民政厅统一安排，今年拟建城市社区服务中心2个、城镇社区服务站26个。

二、基本做法和成效

1.健全组织，完善自治，社区组织体系初步形成紧紧抓住社区体制和制度创新等关键环节，积极构筑以社区党组织为核心的社区组织体系。一是探索社区党建新的组织形式，不断扩大党组织在社区的覆盖面。各县区在社区整合及培育过程中，同步调整设置社区党组织，使社区党组织达到全覆盖，加快了在新社会组织中建立党组织的步伐；加强了对社区离退休党员、流动人口党员、下岗失业党员的管理和服务，把党建工作延伸到社区的每个角落。二是积极推进社区居民自治组织建设，完善居民自治制度。

同年，全市社区居委会和居民代表会议、协商议事会议制度已全部建立，社区民主选举的制度化、规范化程度进一步提高。三是培育和发展了一批社区民间组织。支持和鼓励社区居民成立形式多样的慈善组织、群众性文体组织和为老年人、残疾人、困难生活群众提供生活服务的组织，所有社区都有一个以上的社区民间组织，使社区居民在参与各种活动中，实现自我服务、自我完善和自我提高。以党组织为核心的社区各类组织的不断健全，为服务居民、管理社区、增强社区凝聚力提供了组织保障。

2.转变职能，理顺关系，社区建设体制基本确立建立了“党政领导、民政牵头、部门配合、社会参与”的工作机制，以转变政府职能为重点，努力理顺社区各种关系，为社区建设营造良好的环境。一是在理顺基层政府与社区组织关系方面进行了积极的探索。按照重心下移，权随责走，费随事转的原则，增强了指导意识、服务意识和责任意识，不断改进工作方式和方法，积极推动政府行政功能和社区自治功能的协调互动，取得了一定的成效。二是初步理顺了社区内部各类组织的关系。社区自治组织与其他社区民间组织、物业管理服务机构、业主委员会和驻社区单位，基本建立了指导、协商、互补、监督机制，一个按照条块结合、资源共享、优势互补、共驻共建，组织动员社区内各方面力量共同推进社区建设的格局初步形成。

3.加大投入，拓展功能，社区服务体系渐趋完善始终坚持以人为本、服务居民的宗旨，把社区服务作为社区工作的基础和核心，较好地满足了居民的需求。一是加大了对社区设施的投入力度。各县区按照“加强公共服务设施建设，改善生活环境，发展社区服务，方便群众生活”的要求，在新社区设置了社区综合办公室、文化图书室、警务室、医疗卫生服务室、老年活动中心、室外健身广场、配备健身器材等，社区的居民公益活动设施状况得到了一定改善。二是加大了社区服务的统筹规划力度，拓展了服务领域。社区卫生、社区文化、社区环境、社区治安、社区就业和社区保障等服务项目普遍开展，社区居民看病、文化娱乐、环境美化和治安、就业等需求得到不同程度的满足。三是改进了社区服务的方式和方法。如原州区在靖朔门、西塬两个社区建立了一站式办事大厅，开展“一站式”服务，为居民提供便捷优质的服务。

4.提高素质，优化结构，社区队伍逐渐壮大紧紧围绕社区工作队伍素质的提高，注重选人、用人、育人、留人机制建设，一支以社区党组织、居委会干部为骨干，社区专职工作者和社区志愿者为补充的社区工作队伍初步建立。一是社区居委会干部队伍建设得到加强。当年，大多数社区党组织书记和居委会主任实行“一肩挑”，通过社区“两委”换届选举工作，将责任心强、文化层次高的大学生充实到社区班子中，一批思想好、作风正、能力强、愿意为群众服务的居民走上了居委会工作岗位，社区“两委”班子的文化结构、年龄结构更趋合理，战斗力和凝聚力明显增强。二是积极推动社区志愿者队伍建设，培育社区志愿服务意识，弘扬志愿服务精神。

总之，经过几年的努力，城乡社区建设取得了可喜的进步和成绩，但仍然存在一些困难和问题：一是社区基础设施尚不完善，部分社区缺乏办公场所，许多社区办公活动经费严重短缺，影响着社区功能的发挥。二是社区建设工作合力不够，有的部门下派任务多，提供支持少，公共资源整合程度不高，影响着社区整体功能的发挥。三是社区工作者队伍整体素质偏低，文化程度不高、专业能力不强、志愿活动不稳定等制约因素仍然存在，影响着社区服务质量的提升。

三、几点建议

1.注重社区规划，完善基础设施建设一是将社区基础设施建设纳入“十二五”国民经济和社会发展规划，成为社会发展的重要内容，满足居民日益增长的物质、文化、生活需求。二是城市建设中，要把社区基础设施建设纳入城市规划，提出社区基础设施建设的具体项目、建设标准和落实措施，形成政府投入、社会集资、开发商无偿提供、有关方面共驻共建机制，使社区的基础设施不断完善，适应社区工作发展的需要。三是原州区宋家巷、东海园区、金城花园、山城名邸、荣华园等社区服务中心（站）已建成，虽经市政府及相关部门多次协调，但至今仍未交付使用，建议市委、政府加大督办力度，使之能快交付社区使用。四是新建社区一定要高标准，严格按照自治区党委组织部和民政厅的社区建设标准建设，扎实做好城乡社区服务中心（站）的建设，使之能够更好地服务居民。

2.加强体制机制建设，形成工作合力一是各级政府要高度重视，将社区建设纳入议事日程，进一步健全和完善领导体制和工作机制。建议市委、政府在年度工作目标管理考核中将社区建设从综治系列中调出，列入城乡建设中，并加大考核分值。各县区党委政府要通过健全组织、出台政策、资金保障等有力措施，不断加大对社区建设工作的领导和指导。二是部门要密切配合。按照《自治区社区建设工作领导小组关于印发自治区社区建设工作领导小组办公室及各成员单位职责的通知》（宁社建发[2006]2号）文件精神，社区建设涉及的组织部、文明办、教育局、公安局、司法局、人力资源与社会保障局、民政局、住房与城乡建设规划局、商务局、卫生局、人口与计划生育局、环保局、文化体育广播电视局、发改委、财政局、税务局、工商局、工会、共青团、妇联、残联、老龄办、红十字会等部门，所涉及部门要明确责任，积极配合，各司其职，切实加强对社区居委会的支持和帮助。不断改善社区居委会办公条件和管理手段，注重推行现代信息技术在社区管理中的运用，逐步实现社区办公、服务管理的自动化，提高社区管理水平。

3.加强队伍建设，壮大工作力量一是加强社区党组织和居委会干部队伍的教育培训，努力提高工作能力。

民政部门要积极配合有关部门，参与社区党组织干部的培训，组织好对社区居委会干部的培训，不断提高协调关系、化解矛盾和为居民办好事、办实事的能力。二是解决好社区干部的工资待遇，以及养老、医疗、工伤保险待遇。尤其是2008年至2009年考试聘用社工166人，目前工资待遇较低，每月仅735元，影响着工作的积极性。建议市委、政府统筹协调，适当提高工资标准，调动他们工作的积极性。（市政协社会与法制委员会）

如何提升固原市马铃薯产业发展水平

一、现状

生产现状。近三年来，截至2010年，全市马铃薯种植面积在200万亩～230万亩，总产量在200～230万吨。据世界粮食组织统计，2000年马铃薯的平均亩产量为：荷兰2.99吨，美国2.8吨，欧盟15国平均2.34吨，中国1.09吨。可见固原市马铃薯平均单产与发达国家相比存在着巨大的差距，同时孕育着极大的发展潜力。

加工现状。全市有马铃薯全粉加工企业273家，其中50～5000吨的加工企业221家，5000吨以上的加工企业52家，其中1万吨的6家，2万吨以上的2家，273家加工企业年加工淀粉能力在30万吨以上，满负荷生产需要马铃薯210万吨以上，2008年，全市加工淀粉13.8万吨，消耗商品薯96.6吨，占全市马铃薯总产量的40%左右，60%的鲜薯用于农民自食、留种、饲料及外销，单产低，总量不足，既影响了马铃薯加工企业的发展，也影响了农民增收。

脱毒种薯三级繁育体系建设现状。目前全市有马铃薯脱毒繁育中心四个，2009年生产原原种4100万粒，每亩原种田种植按5000粒原原种计，全市可建成原种繁育基地8200亩，实际2009年全市建成原种基地2860亩。2009年全市建设一级种脱毒种薯田5.56万亩，可供60万亩大田生产用种，2009年是我市脱毒种薯繁育基地建设规模最大的一年，生产的脱毒种薯也只能满足全市25%的大田生产用种。

马铃薯种植内部结构现状。马铃薯种植内部结构不合理，品种混乱，种薯和商品薯种植区域难以界定，致使脱毒种薯质量难以保证，商品薯中加工型的品种不能以淀粉含量高低论价，只是以个头大小论价，早中晚品种不能合理搭配，上市时间集中，淡旺季销售空间不均匀，价格波动大，影响了农民增收。

二、制约因素

耕作粗放，栽培管理水平不高，单产低，总产量上不去，既影响了农民的增收，又因原料短缺，加工企业“吃不饱”，影响了企业的持续发展；我市脱毒种薯三级良种繁育体系还没有完全建立，优质高产的脱毒种薯就品种的选择和种薯供应量远不能满足全市大田生产用种的需求，造成全市马铃薯生产脱毒化率低，脱毒种薯在马铃薯大田生产中没有发挥出应有的增产效应；没有把脱毒种薯生产作为一项产业去经营，大多数农民都是种植商品薯，以销售原料为主；种植内部结构不尽合理，市场价格波动大，影响了农民增收。

三、几点建议

第一、稳定面积，提高产量。提高单产是增加总产量的主攻方向。普及推广种植高产、优质的马铃薯脱毒品种，大幅度提高脱毒化率。大力推广“秋施肥、秋覆膜、双行靠、机耕、机播、机收”、测土配方施肥、“一锄二壅三追肥”等马铃薯抗旱增产综合配套技术，大幅度提高全市栽培管理水平，提高单产。

第二、科学规划，合理调整马铃薯内部种植结构。在全市形成以泾源、隆德和原州区南部、西吉南部高寒阴湿区生产优质脱毒种薯和优质菜用型品种为主，以西吉中北部、原州区中北部和彭阳县生产高淀粉型和外销商品薯为主，以全市河谷川道区川水地生产优质早熟菜用薯和加工型专用薯为主。各县区要选定适宜本县区种植的主栽品种和搭配品种，并划定种植区域到乡和村，形成“一乡一品”或“一村一品”的规模种植。各县区要规划好淀粉加工型、菜用型、薯条、薯片加工型品种的种植面积比例和种植区域。各县区要规划好早、中、晚熟品种的搭配比例，保证均匀上市，延长销售时间和销售空间，提升价格，增加农民收入。

第三、建立健全马铃薯脱毒种薯三级繁育体系。用3年至4年时间使我市马铃薯种植脱毒化率达到95%以上。抓好品种选择，立足本区，面向全国；抓好脱毒中心基础苗生产，依托国家马铃薯改良中心固原分中心，建设脱毒种苗供应及质量检测中心，提供检测合格的优质基础种苗，为脱毒快繁提供技术支撑；利用全市现有四个原原种繁育中心，使原原种生产能力在两年内达到1亿粒；抓好原种、一级种扩繁基地建设，以隆德、泾源和原州区南部，西吉县南部区域为主，按照"一村一品""一乡一代"的要求集中进行原种、一级种专业化生产繁育；抓好脱毒种薯的推广营销工作，建立政府引导扶持，企业大户参与的市场化运作机制，对原原种、原种、一级种的繁育推广加大行政推动力度，提倡农户进行串换，扩大推广应用面积，在此基础上，扩大向外省供种，鼓励企业，合作组织参与脱毒种薯生产，营销。

第四、把马铃薯脱毒种薯三级繁育作为一项产业来抓。根据近几年的情况，1公斤商品薯农民交到淀粉厂价格为0.3元至0.4元，而且1公斤一级脱毒种薯价格为1元至1.2元，全市200多万亩马铃薯，拿出四分之一面积50万亩地用于脱毒种薯扩繁，每亩按1吨产量计算，可生产马铃薯种薯50万吨，产值就是6亿元，全市按100万农业人口计，脱毒种薯一项人均可收入600元。各县区应把马铃薯脱毒种薯繁育作为一项产业来抓，形成一批种薯繁育专业乡镇、专业村和专业大户，大幅度提高农民收入，以马铃薯脱毒种薯产业发展促进全市马铃薯产业水平的整体提升。（九三学社固原市委员会）

加快自发移民发展调研报告

伴随着经济社会制度变革的历史进程，南部山区人民在党和政府有组织、有计划、有步骤地实施"吊庄移民"、"生态移民"、"扶贫移民"、"教育移民"的同时，经历了上世纪七十年代"上新疆"、八十年代"搞副业"、九十年代"输劳务"、21世纪"农民工"自发移民发展阶段。进入新世纪以来，面对人地矛盾突出、干旱缺水、发展基础脆弱、贫富差距拉大的现实，不断艰辛实践，积极探索脱贫困、奔富裕、求发展之路，谱写了一首感天动地的自发移民史歌。在长期实践中，各级党委、政府和广大干部群众形成一个共识：移民是有效解决贫困山区人的生存问题、拔掉"穷根"、走向富裕的战略选择和根本途径。

认真总结数十年自发移民的经验和做法，对于进一步推进山区移民工作，全面实现小康社会目标、统筹城乡一体化发展具有十分重要的现实意义。为此，固原市委、政府成立了移民专题调研组，先后深入红寺堡、镇北堡、芦草洼、西马银、渠口农场等地，走访移民40多户200多人，并深入本市各县（区）、乡（镇）、村（组）和部分农户，召开座谈会25场次，在充分听取基层干部群众意见建议，了解掌握自发移民基本情况、移民户实际需求和存在问题的基础上，形成调研报告，以期为各级领导决策提供第一手参考依据。

一、固原市基本市情及移民概况

（一）基本市情

固原市地处宁夏南部六盘山区，辖原州区、西吉县、隆德县、泾源县、彭阳县一区四县62个乡（镇）891行政村（重点贫困村661个）；土地总面积1.05万平方公里，其中：耕地502万亩，总人口150.1万人，其中农业人口128.6万人，占总人口的85.7%，回族67.9万人，占总人口的45.3%；境内海拔1248～2942米之间，地形以黄土丘陵沟壑区和土石山区为主；属干旱半干旱大陆性气候，年平均降雨量300～619毫米，蒸发量1250～2000毫米。生态脆弱、环境承载能力弱、自然灾害频繁，被联合国粮农组织认为是"不适宜人类居住的地区"。

长期以来，历届党委、政府投入了大量的人力、物力和财力，不断推进经济社会发展，加快脱贫致富步伐，在很大程度上改善了贫困状况。特别是在21世纪的头十年里，在党中央、国务院和自治区党委、政府的亲切关怀下，固原经历了撤地设市的重大转折，自治区先后召开三次固原工作会议，对固原市经济发展、社会进步、脱贫致富等各个方面都给予了政策、项目和资金上的倾斜与支持，市、县（区）党委、政府带领广大干部群众大力弘扬“不到长城非好汉”的六盘山精神，全力推进固原经济社会跨越式发展，使国民经济和社会各项事业保持了良好的发展态势。2009 年，全市地区生产总值达到 87.93 亿元，社会固定资产投资 85.99 亿元，地方财政一般预算收入 3.53 亿元，城镇居民人均可支配收入 11794 元，农民人均纯收入达到 2962 元。分别是撤地设市时的 2.8 倍、5 倍、2.8 倍、2.2 倍和 2.3 倍。经济社会得到长足发展，人民生活水平得到显著提高，城乡面貌发生了巨大变化。

（二）移民概况

随着改革开放的深入发展，在经济发展、社会进步和思想解放的巨大引领下，人们的观念悄然发生着变化。特别是随着吊庄移民、生态移民项目的成功实施、教育事业的大力发展，以及劳务产业的快速崛起，经过反复探索反复实践的山区群众意识到，困守大山绝无出路，原来“故土难离、穷家难舍”的传统观念正逐渐被“与其愚公移山，不如走出大山”的现代理念所代替，人们纷纷走出大山寻找新的出路，一股自发移民搬迁的热潮悄然在宁夏南部山区掀起，并逐渐发展成为一种不可阻挡、不可逆转的大潮。据调查统计，2000 年—2009 年十年间，全市累计各类移民总量达到 11.7 万户 46.9 万人。其形式主要有以下四种：

——吊庄移民：约占移民总量的 12%。指由政府统一组织，对生态封育区、地质灾害区、水库淹没区以及中部干旱带等不适宜人类居住和生存的群众实行易地搬迁，重建家园。包括扶贫移民和生态移民。集中安置在新开发建设的红寺堡、国营长山头农场、渠口农场、南梁农场、简泉农场、隆湖、芦草洼、平吉堡、华西村等移民聚居区。吊庄移民的迁出、迁入均由政府专门机构负责协调办理。移民享受搬迁补贴、划拨耕地和宅基地、户籍转移、住房等各项优惠政策，生产生活相对稳定，在度过前三年比较艰难的创业期后，一般都能在迁入地实现安居乐业，生活较原住地有较大改善。

——教育移民：约占移民总量的 10%。是指通过高考、中考、高等职业院校招生以及两地联合办学等形式，离开原户籍所在地，在易地实现就业安居的人。主要分布在发达地区的大中城市。这部分人文化程度普遍较高，带动性强，外出一人，带走一户。移民后生活状况较好。

——劳务移民：约占移民总量的 38%，其中：政府有组织输出人数约占 10%。是指通过劳务输出实现易地稳定就业的进城务工人员，这部分移民一般具有初、高中文化程度和一定劳动技能。主要分布在东部沿海及宁夏周边省区的大中城市。

——自发移民：约占移民总人数的 40%。也称自流移民，指在政府有组织移民计划之外，为了寻求更好的生存、生活和发展机会，以血缘、亲缘、地缘为纽带，通过亲戚朋友或相邻介绍，自主地、理性地依靠自己的力量和资源离开原住地，搬迁到条件相对更好的地方安居、就业、生活的人。这部分移民占移民总量的比例最高、困难最大、分布最广、潜在人数最多，是最需要宣传、鼓励、扶持、引导发展的群体。

（三）急迁移民

作为民族地区、三西地区、革命老区、贫困地区“四区兼备、苦甲天下”的固原，“十年九旱、靠天吃饭”，“一方水土养活不了一方人”，按自治区新调整的扶贫标准年人均纯收入 1350 元测算，截至 2009 年年底，全市仍有 50.1 万人生活在贫困线以下，占到全自治区农村贫困人口的二分之一。据调查，目前全市不具备生存条件、生活极端困难的自然村 659 个 18530 户 96339 人（不含五保户人员）。

这部分群众所处环境生存艰难、生活困苦、发展无望，待到何时都需要政府和社会帮助安置，才能解决温饱，进而为脱贫致富创造条件。与其政府投入巨额资金修路、通电、改水、修田、建房，不如出台一些移民政策，鼓励和引导更多的农民外迁，符合南部山区实际，代表移民群众的长远利益。根据当前自治区沿黄城市经济带战略的实施、小城镇建设、农村剩余劳动力转移以及各类惠民工程规划和财力可能，客观上具备从根本上解决这部分人在易地更好的生存和发展的条件。这部分人力争在2015年前全部迁出，另有六盘山水源涵养核心区11万人，力争在2020年前全部迁出，十年内共需移民约21万人。

二、固原市自发移民的调查分析

作为经济欠发达的贫困少数民族地区，固原市的经济实力和公共资源十分有限，仅仅依靠政府的力量很难从根本上解决贫困群众的脱贫致富问题。于是，怀着摆脱贫困、追求美好生活的强烈愿望，更多的山区群众不等、不靠、不要，毅然决然地选择了“走出去”的自发移民之路。

（一）自发移民的规模及结构分析

据调查，2000年以来，固原市自发移民累计18.7万人，年均移民近2万人，占当年农业总人口的1.57%。分年度数据如下所示。

年龄结构：18岁以下5.32万人，18岁~60岁的12.36万人，60岁以上的1.05万人，分别占自发移民28%、66%和6%。自发移民以青壮年劳动力为主。

知识结构：文化程度普遍不高，初中和小学的占到75%，高中以上的占14%，文盲占11%。

行业分布：主要集中在建筑业、采掘业、加工制造业、商贸流通运输业等行业。

地域分布：市内移民占17%，主要集中在市区、县城、乡镇及河谷川道区。区内移民占58.4%，主要依托吊庄移民聚居区，散居其中，或在外围延伸。区外移民占24.6%，主要集中在新疆、内蒙古以及东部沿海等二十多个省市。

（二）自发移民的动因分析

1.贫困落后迫使“穷则思变”。固原市自发移民迁出地主要集中在山大沟深、生态脆弱、偏僻分散、交通不便的山区，群众生产生活十分艰难，生存面临威胁，发展成为奢谈。至今行路难、上学难、吃水难、就医难、成家难等问题难以根本解决。如：泾源县六盘山镇幸和村，在册人口111户498人，村道崎岖陡峭，吃水靠肩挑驴驮，小孩子上学要走10里路才到中心小学，农业靠天吃饭，打工交通不便，经济收入微薄。村子里的“光棍汉”就有十二三个。2005以来，该村已自发移民55户221人，剩下的56户277人搬迁的愿望也非常强烈。

2.环境恶劣迫使“另谋栖地”。一是干旱缺水突出。水资源严重短缺，遇到大旱年份，部分群众吃水往往要到几十公里的山外去拉，拉水成本每吨高达50~80元。近年来，通过实施农村人畜饮水解困工程有所改善，但仍有64.6万农村人口饮水安全问题亟待解决。二是农业效益低下。自发移民迁出地多数土地贫瘠，“靠天吃饭”，种植结构单一，生产效益低下，农民增收困难。三是交通信息闭塞。一些自然村深居大山，点多、人少、分散，离中心村距离达20多公里，由于道路建设投资高、难度大，“村村通”道路工程难以惠及。四是地质灾害频发。很多地方水土流失严重，属于山体滑坡、山洪、泥石流等灾害的多发区。全自治区300个地质灾害监控点中，仅彭阳县就达100多个。五是人口严重超载。按照联合国标准，干旱、半干旱地区人口承载力为7~20人/平方公里，而固原的人口密度高达141人/平方公里，严重超出了自然环境的承载能力，人口压力巨大。

3.劳务输出促进“转变观念”。随着固原市劳务产业的崛起，外出务工成为山区群众收入的主要来源。2009年，全市输出劳务达到26万人次。通过劳务输出，山区的农民不仅增加了收入，更是开了眼界、长了见识、活了脑筋，思想观念加速转变，“走出家门创业打天下”和“移民搬迁从根本上改变自身生产生活条件”的新观念已经深入人心，涌现出一大批移居外地创业的劳务“能人”。如：西吉县兴隆镇冶占林、冶占军两兄弟在新疆创业，企业资产达6亿元，职工1600多人，冶占林现已成为新疆南湖集团董事长、全国乡镇企业协会副会长。他带动家乡152户597人迁入新疆，变农民为产业工人。

4.退耕还林助推“走出大山”。近年来，国家退耕还林政策不仅加快了山区生态建设步伐，而且有效解决了贫困农户的“吃饭”问题，使大量农村剩余劳动力从贫瘠的土地上解放出来，为“走出大山”发展劳务产业和大规模移民准备了前提条件。据统计，截至2009年年底，全市退耕还林面积254.4万亩，享受退耕还林补贴的农户达到23万户。以退耕山区一个五口之家为例，原有耕地4亩/人，以前广种薄收，辛苦一年收入不过几百元，外出打工又怕耽误耕作。退耕后，按照国家160元/亩·年的补偿标准，仅退耕补助一项每年收入3200元，外出务工一年又能平均收入4000元左右，有力助推了自发移民的发展。

5.收入差异坚定“移民信念”。除了自然条件恶劣、经济上贫困落后等推动因素外，迁入地经济活跃、交通便利、居住环境优越、教育资源优质等都对山区群众产生强烈吸引力，使他们消除了依恋故土、惧怕风险的心理，坚定了移民搬迁、改变命运的信心和决心。如：红寺堡甜水河村张良，原居住于隆德县联财乡金台村，自然条件差，生活水平低，以耕种薄田和打短工为生，年人均纯收入不到1000元，2000年移民红寺堡，搞电焊、种葡萄为业。2009年家庭人均纯收入已达4000多元，远高出原住地同村村民。现在，他将兄弟及父母都搬迁到了红寺堡。

（三）自发移民的特点分析

1.自主性。自发移民是“理性人”的群体，是否搬迁、全家搬或是年轻人先搬、什么时候搬、搬到什么地方、搬入到新地如何赚钱等等，都是由移民自己拿主意。到迁入地后，一般都能“安下心，埋头干，不怨天尤人”。

2.示范性。自发移民很多都是在先期移民的带动“示范”作用下搬迁的。例如，在西夏区镇北堡，先期由政府组织移民仅200多户不足1000人，这里毗邻镇北堡影视城，既有林草试验场的土地资源，也有影视城周边的商业资源，经济活跃，交通便利，先期迁入定居的移民不论是耕种土地，还是经商、打工，都过上了比原居住地好的生活。先期搬迁移民的“成功范例”，引动了后来的大批自发移民。到2009年底，华西社区人口已达到1370户4480人，其中80%都是自发移民。

3.连带性。亲朋好友的介绍或“现身说法”，血缘、亲缘、地缘关系及能人带动在自发移民中发挥着重要作用。调查中发现，在吊庄移民聚居区，同时存在大量自发移民，这部分人一般都是通过移民区亲戚朋友的联系，才陆续搬迁过来的。例如，红寺堡太阳山镇柳泉村俞培财，原居住于海原县官桥乡八斗村，2000年吊庄移民到红寺堡后，先后联系、介绍了50多户亲戚朋友自发移民到红寺堡定居。

4.互助性。自发移民之间普遍相互帮助，在搬迁过程中，尤其是在迁入地生产生活的安置上，起到了重要作用。如，自发移民在自建住房时，邻近的亲戚朋友一般都会来帮忙，这样节约了资金和时间，可以让自发移民户以较低的成本在较短时间内安定下来。

5.流动性。受户籍管理限制，自发移民往往处于输出地和输入地的管理真空地带，具有非常强的流动性，在迁入地往往处于弱势地位，如果管理不善或陷入新的贫困，很可能构成社会稳定的潜在风险。

（四）自发移民的效益分析

按照现行投资模式，政府扶贫成本高、效益低。扶贫部门资料显示，2009年，全市投入各类扶贫资金3.65亿元，到年底减少贫困人口约5万人，人均投资高达7300元，仅仅只是解决了这部分人的基本生活条件和当年脱贫问题，根本的生存条件和致富问题依然无法解决，由于自然灾害、疾病等不可预见因素，很多人仍有返贫的可能。以寨科乡李岔自然村为例，距离最近的行政村20公里，现有居民53户，80%人口生活在贫困线以下，要解决“电、路、田、房”等基本问题，需要政府投资约800万元（电：成本28万元/公里，需560万元；路：成本8～10万元，需160～200万元；田：建设成本240元/亩，需20万元；房：补贴8000元～10000元/户，需50万元），平均每户投资约15万元。如果将这部分资金用于自发移民搬迁，每户按补助2万元计算，可搬迁400户，而且从根本上解决了问题。

自发移民不用政府组织、不花财政资金，不费行政资源，政府管理成本低、效益高。以西吉县为例，2000年以来全县自发移民累计达12388户55012人，参照吊庄移民补贴标准10500元/户，相当于节约财政资金1.3亿元，移民后生产生活条件普遍有了很大改善，实现了易地脱贫致富，移民的经济收入较本县原住村民人均增加500元以上。而且自发移民减轻了山区人口和环境的压力，确保了生态恢复。

三、自发移民的生存现状及困难问题

自发移民因其迁入地域不同、从事行业不同以及所掌握的生活技能不同而造成在移民成本、经济收入、户籍管理、社会保障等各个方面的差距很大。

（一）自发移民的生存现状

1.在区内吊庄移民聚居区从事农业生产。

典型代表——红寺堡。

作为新开发的移民区，红寺堡的各项移民政策相对宽松。只要有原住居民户籍迁出，即可接受自发移民户籍迁入。以四口之家为例，自发移民投资8~10万元安家落户，女人务农，前三年进行土壤改良、育苗（种植葡萄）等，基本无收入，三年后农业收入可达到6000~7000元；因交通便利，男人就近打工，年收入10000~20000元；孩子就近接收义务教育。

在搬迁成本上，需要的前期投资较大。在经济收入上，短期内收入与原住地差距不大，三年后有大的提升，与原住地拉开差距，实现脱贫致富的移民目标。在社会管理上，因户籍转移一步到位，可以享受政府提供的比较完善的基础设施以及教育、医疗、社保等基本公共服务同等待遇。这类自发移民只要能搬得出，就能住得下、过得好，稳定性高，返迁率低。

2.在自治区农垦集团下属农场从事农业生产。

典型代表——渠口农场。

渠口农场作为自治区确定的易地扶贫安置试点项目区，自2001年以来接收安置了南部山区吊庄移民2125户9143人，其中：230户1000人分散安置在农场各生产队，参照农场职工统一管理，生产生活条件相对较好；1895户8143人集中安置在太阳梁生态移民项目区，由移民管理委员会统一管理。户口迁入农场，耕地统一分配，住房及水、电、路、泵站、干渠和教育卫生等基础设施统一规划建设。但农场属于企业性质，新农合、粮食直补、互助资金、最低生活保障、救灾救济等各项惠农政策无法落实。由于新开发土地盐碱化、沙化严重，移民在前三年基本上都是“只投入无产出”，以务工为生，收入微薄，生活艰难。

自发移民境况更是困难。截至2009年底，共有自发移民674户3195人散居于渠口农场各生产队，基本上都没有当地户口，宅基地自己买，住房自己建，生活靠种植经济作物、务工以及退耕还林补贴维持，不但享受不到任何惠农政策，而且还要负担高于吊庄移民的水、电等各项费用。除少数人经济条件较好外，大多数生活水平远低于农场农户。这类移民稳定性较差，流动性较大。

3. 在区内城镇化水平较高的移民聚居区从事二、三产业。

典型代表——华西村。

华西村是自治区政府借助江苏华西村的扶持，于1996年在地处贺兰山东麓生态保护中心的镇北堡林草试验场兴建的移民综合开发试验区，当年安置吊庄移民200多户，2000年时该村人均纯收入已突破2000元大关。华西村利用位于沙湖、影视城、苏峪口森林公园、西夏王陵旅游长廊的中心地带优势，大力发展第三产业，吸引了大量的自发移民来此定居，形成了规模较大的自发移民聚居区。2009年底，华西村常住人口1320户4721人，除吊庄移民200多户外，其余1000余户是自发移民，90%来自于宁南八县（区）。常住人口中，只有420户有当地户口，80%没有当地户口，有的人甚至已经在华西村定居10年以上，户口仍在原籍。

华西村自发移民50%以上从事商贸、运输、旅游服务业，经济收入普遍较高。作为城镇化程度较高的自发移民聚居区，华西村将移民全部纳入当地居民进行管理，不论是否取得当地户口，对具有独立房产权属的移民，全部按照常住人口计算，子女入学享受九年义务教育，但证照办理、银行贷款以及医疗、养老、低保等各项惠民政策都与户口挂钩，一定程度上制约了移民经济的扩大再生产。

4.由“能人”带动在农垦集团下属农场承包开发土地进行农业生产，形成自发移民聚居区。

典型代表——西马银移民开发区。

西吉县将台乡饴糖厂（乡办集体企业）法人代表马兴国，自1994年开始在自治区农垦局贺兰山农场租赁土地600亩，作为糖厂的玉米生产基地，并带动亲朋好友进行开发耕种。经过十余年的发展，到2009年，已开发土地8000多亩，吸引以西吉籍农民为主的自发移民1177户5120人在农场定居，形成了“西马银自发移民开发区”。该聚居区得不到当地政府的认同，现由马兴国自主管理，成为游离于政府组织之外的“独立王国”，移民无法享受各项惠农政策，发展面临诸多困难。

5.在区外从事农业生产或务工。

典型代表——新疆伊犁州巩留县。

据调查，自固原籍人马玉彪上世纪90年代在伊犁承包开发土地以来，先后带领和吸引固原籍自发移民281户2221人到巩流县定居。这些移民以承包当地牧民的草原、牧场以及务工等方式维持生活，居所由当初的土坯房改建成现在的砖木房，聚居区已形成一定规模的自然村落。受户籍限制，移民享受不到义务教育、新农合、低保等当地农民享受的一切优惠政策，上学难、就医难、机动车辆入户难等问题突出，移民带头人马玉彪个人出资建了一所学校，才解决了聚居区200多名适龄儿童上学问题。除了以上五种比较具有代表型的情况外，还有非常多的自发移民分散在区内外的乡村、工矿、城镇等各个角落，分布于农牧业、采掘业、建筑业、加工制造业、商贸服务业等各个行业，工作或轻松或艰苦，收入或高或低，但都有一个美好的愿望，希望自己在远离故乡、生活、工作、奋斗的地方安居乐业，过上美好幸福的生活。

（二）自发移民工作面临的困难和问题

1.户籍问题是最大障碍。由于移民户籍管理政策不明确，造成大量已在迁入地置家立业、生活多年的自发移民无法入户。据测算，仅有5%的自发移民通过购买宅基地、土地取得了迁入地户口。导致移民户籍管理上的三种特殊情况：一是空挂户，人已离开，户籍未迁，有户无人；二是口袋户，户口只迁未入，只能自己保管，造成有人无户；三是两头户，极少一部分人户口未迁已入，两地有户，一人两户。由于长期不能取得迁入地户口，自发移民常常被当地政府和居民视为“黑户”，极大地影响了贫困地区群众走出大山脱贫致富的信心和进程。

2.搬迁成本高，移民负担重。以移民到政策相对宽松的红寺堡为例，各项费用如下：

自发移民要全额承担所有搬迁费用，这对于贫困群众而言，是一笔巨额资金，许多人根本没有能力承受。在南部山区，人们走出大山的愿望都很强烈，但面对高额的搬迁费用，只能望而却步。

3.政府管理真空，公共服务缺位。由于人户分离，造成政府管理上的真空，户籍地管不上、居住地管不了，自发移民不仅很难享受到政府提供的义务教育、医疗卫生、社会福利、民政救济等各项公共服务和惠民政策，甚至得不到主流社会的认同。自发移民经济收入上、社会地位上的边缘化，往往不仅自身合法权益得不到有效保障，也给政府管理带来了极大的不方便，新农合基金收缴难，超生问题突出，社会治安混乱，构成社会稳定的潜在风险。

4.移民初期发展困难。前期安家、购置基本生活用品、启动基本生产，耗尽了移民的所有积蓄，形成了新的债务。在迁入地的前三年，自发移民要面对陌生的外部环境、与原住地迥异的生产方式以及发展资金不足等诸多困难，又因为收入微薄、要件不全、自身信用度低、无人担保等原因，根本无法获得金融机构小额信贷的支持。这是最艰难的时期，移民非常渴望政府能够给予适当的帮助与支持，否则，极有可能再度陷入贫困，或返迁。

四、鼓励自发移民的对策及政策建议

自治区党委、政府应进一步加大对自发移民的政策扶持力度，尽快出台加快宁夏自发移民发展的相关优惠政策，以鼓励和扶持自发移民快速发展，从而加快全区生态建设步伐和城市化进程，从根本上解决南部山区人的生存和群众脱贫致富问题，确保全区全面实现小康社会目标任务的如期完成。

（一）确立自发移民地位

自发移民是市场经济下受经济利益驱使的自愿行为，但绝不是纯经济行为，它带有明显的政府决策引导性、政府行为干预性以及政府经济政策倾向性，是一系列政治、经济配套政策的产物，是一项庞大、复杂的系统工程，需要从法律法规层面予以规范。建议自治区将自发移民作为扶贫开发的一项重要举措纳入议事日程，制定出台《宁夏移民开发暂行条例》，加强移民开发的整体规划和政策引导，明确各级政府及相关部门移民开发工作的职责、权利、义务和财政保障机制，确保移民开发工作依法有效开展。

（二）加强组织引导

把城市化发展作为自发移民发展的主攻方向，结合打造黄河金岸城市经济带、宁东能源基地等重大建设项目和发展战略的实施，用5—10年时间，组织向沿黄城市经济带搬迁转移山区生态恢复区、地质灾害区和水库淹没区贫困群众50万人，使这部分人真正成为城市居民和产业工人。

1.建议成立“宁夏自发移民联络管理办公室”，作为自治区政府负责自发移民发展规划、移民组织搬迁、监督政策落实的常设机构，并赋予其综合协调、统一规划、政策落实、监督检查等职能，以有效整合各部门的资金和资源共同做好移民开发工作。

2.建议自治区拿出专项编制，批准固原市成立驻沿黄城市经济带移民联络处，负责向沿黄河城市经济带移民的规划、组织、安置等协调落实工作。

（三）改革户籍制度

建议自治区研究制定出台《自发移民户籍管理暂行规定》，取消移民户籍转移限制，放宽移民落户准入条件，对整户搬迁到沿黄城市经济带和中心城市、县城经商务工的移民全部转入非农户口；对整户搬迁到区内沿黄河城市经济带农业开发区和农垦集团从事农业生产的移民，迁入地政府无条件办理入户手续。

（四）完善投资机制

探索建立以“政府为主、社会参与”的多元化、多渠道投资机制，有效整合扶贫、危房危窑改造、农业综合开发、农村能源、乡村道路、人畜饮水、农田水利、土地整理等各类项目资金，发挥资金的最大效益，集中用于区内自发移民聚居区的基础设施建设，切实改善生产生活条件，以提高移民聚居区吸纳和安置的移民能力。

（五）建立补偿机制

建议自治区结合生态补偿机制，加大财政转移支付力度，按自治区安排70%、迁出地政府配套30%的比例，建立自发移民补偿基金，通过财政转移支付的方式给予自发移民补贴。

1.发放移民搬迁补贴。对自发迁出的南部山区移民，由迁出地政府凭迁入地政府开具的入户证明，一次性给予每人3000～5000元的搬迁补助金，用于在迁入地建房、购置生产生活用具等费用。

2.发放后期生活补贴。从移民办理入户手续当月起，由迁入地政府每人每月给予100元生活补贴，全区统一标准，单列财政预算，发放2～3年，帮助移民解决过渡期因土地改良、失业等问题带来的生活困难。

（六）建立激励机制

1.加大自发移民“能人”培育力度，对带动南部山区自发移民10户或50人以上的带头人或经纪人，由迁出地政府一次性给予3～5万元的奖励和表彰。

2.对集中接收安置移民规模较大的迁入地优先安排农业综合开发项目、扶贫开发项目，改善接收地的生产生活条件，并对移民迁入地政府以“以奖代补”的形式给予经费补助。

（七）落实惠民政策

1.落实社会保障政策。迁入地政府要积极落实教育、医疗、养老、就业、低保、救济、廉租住房等各项惠民政策，消除自发移民的后顾之忧，确保移民享受与当地居民同等的政策待遇；对确有经济困难的自发移民，由迁入地政府统一纳入低保对象予以保障；对无法搬迁的符合“五保”条件的孤寡老人及傻、痴、呆等残疾人群，由原住在地民政部门就近安排到当地乡镇福利院，其供养渠道不变。

2.落实惠农政策。迁入地政府对从事农业的自发移民，要积极落实粮食直补、良种、农机具、化肥、家电下乡等补贴政策。迁入农垦集团的移民，纳入农垦职工管理，享受同等政策待遇。

3.落实税收金融优惠政策。对于在迁入地从事二、三产业的自发移民，三年内实行免税或减税政策。加大金融部门小额担保贷款对自发移民的支持力度，通过农户联保、财政贴息等形式解决移民创业发展资金不足的问题。

（八）明确土地政策

对于已搬迁移民户的承包耕地、退耕还林地和宅基地，建立合理的土地流转机制，按照“自愿有偿”原则，由迁出地政府依据当地土地租赁市场价格和退耕还林补贴标准，扣除相应的管护费用后，给予移民户一次性有偿转让费，并签订土地流转合同，统一收归集体所有。

1.对于移民原有宅基地按照“迁出一户、平整一户、绿化一户”的原则，统一进行拆除平整和绿化。

2.对生态保护区的土地，按照“宜林则林、宜草则草”的原则全部实行封育，自然恢复生态。

3.对于具有开发利用价值的耕地，由原移民原驻在地乡镇统一管理，村委会负责进行统一开发经营，所得收入优先用于移民土地流转补偿，其余用于发展村集体经济。

4.对于搬迁后已无人居住的村落，全部列入生态自然保护区，实行封山育林。

（九）加强移民就业技能培训

加大培训力度，切实提高自发移民的生存能力和致富能力。充分整合各类培训项目资金，针对具有移民意愿的农民，由政府补贴定期开展实用技术、就业技能和法律法规培训，使广大农民掌握一技之长，在移民的过程中能够更快、更好地适应新环境、开始新生活。（固原市自发移民专题调研组）

深入实施西部大开发战略调研报告之一

深入实施西部大开发战略，努力建设经济繁荣、社会进步、生活安定、民族团结、山川秀美的西部地区，是党中央、国务院为实现全面建设小康社会奋斗目标，实现中华民族伟大复兴做出的战略决策。如何牢牢抓住这一伟大的战略机遇，推进固原经济发展战略转型，实现科学发展、跨越发展，促进全市综合经济实力迈上一个大台阶，人民生活水平迈上一个大台阶，进而与全区、全国人民同步进入全面小康社会，是市委、政府高度关注并着力解决的问题。为此，市委政研室就我市深入实施西部大开发战略作了广泛调研。

一、固原实施西部大开发战略10年的主要经验及启示

自2000年国家实施西部大开发以来，固原回汉人民在党中央、国务院的亲切关怀下，在自治区党委、政府的坚强领导下，全市上下，大力弘扬“不到长城非好汉”的“六盘山精神”，团结奋进、自强不息、百折不挠、勇攀高峰，一心一意谋发展、聚精会神搞建设，谱写了推动经济科学发展、社会全面进步的新篇章。在实践中探索积累了许多宝贵经验和启示。

（一）实施西部大开发战略必须依靠党中央、国务院和自治区党委、政府的坚强领导和大力支持。固原作为国家重点扶贫地区、革命老区、回族聚居区，曾以“苦甲天下”闻名于世。实施西部大开发战略的10年间，党中央、国务院和自治区党委、政府对固原的开发、发展问题高度关注，十分重视。胡锦涛、温家宝等党和国家领导人多次来固原视察指导工作。自治区党委、政府先后四次召开“固原工作会议”，专题研究解决固原的发展问题，从而使固原办成了一些多年来想办而办不成的大事，解决了一些多年来想解决而没有解决的问题。10 年以来，全市地区生产总值、全社会固定资产投资、城乡居民人均纯收入都保持了两位数以上增长速度，是固原有史以来经济发展速度最快、发展质量最高、人民得到实惠最多的 10 年，从根本上解决了固原人民的温饱问题。也为固原今后发展注入了新的活力，夯实了发展的基础，探明了更加适合固原市情、更具科学发展、跨越发展的方向。

（二）实施西部大开发战略必须优化“思路”创新“出路”。固原实施西部大开发 10 年来，特别是近几年来，全市在市委的坚强领导下，按照“解放思想、攻坚克难、创新创业、跨越发展”的总体要求，在解放思想中统一认识，在统一认识中创新创业，推动经济发展方式大转变，突出表现在四个方面：一是市委二届八次全体（扩大）会议提出的加快实现以农业为主导向以工业为主导、多产业发展并举转变的发展战略，启动实施的“155”工程（即把原州区建成全市产业集聚的核心区，培育盐化工及煤电一体化、以草畜和马铃薯为主的特色农业及农副产品深加工、物流及服务业、旅游业、劳务产业“五大产业；建设盐化工循环经济扶贫示范基地、六盘山生态农业示范基地、西兰银交汇中心物流集散基地、六盘山红色旅游和生态旅游及文化休闲避暑度假基地、劳务输出基地“五大基地”），成为全市在新的历史起点上转变经济发展方式、优化经济结构、缩小发展差距，改变固原经济欠发达状况的新的里程碑。二是现代农业的发展不断拓展。马铃薯、草畜、设施农业等优势特色产业步入“园区化、规模化、专业化、标准化、市场化”的发展之路，初步构建起“龙头企业 + 基地 + 农户”的农产品生产加工体系、“公司（专业合作社）+ 基地 + 农户”的农副产品营销体系、“农业科技人员 + 农户”的农业科技推广服务体系和优势特色农产品标准化生产监测体系，农业生产实现由产品农业向产、加、销、贸、工、农一体化经营的快速转变，农业经济实现由数量型向质量型、效益型快速转变。三是通过大力实施城镇化带动战略，推动劳务输出由“由体力型向智能型、打工型向创业型”转变，农民人均纯收入实现由主要依靠农业增收向更多依靠非农产业转变。四是通过“园区带动、优惠政策促动、招商引资拉动、技术改造和机制创新推动”，工业经济发展取得重大突破，特别是以华林公司为代表的农业龙头企业快速发展，成为引领发展现代农业的主要推动力。

（三）实施西部大开发战略必须以项目为抓手提升自我发展能力。固原实施西部大开发的 10 年，是固原有史以来，实施项目规模最大、资金最多的 10 年。每年用于基础设施建设的项目投资近百亿元，年均增长 48%以上，有力提升了固原的自我发展力。目前，固原境内宝中铁路、银平公路、银武高速公路纵贯南北，309 国道和 312 国道横穿东西。四通八达纵横交汇的公路网，构成了内连县城、乡镇、村，外连甘肃、陕西、新疆、内蒙古等地的交通枢纽。形成了以市区为中心的“1 小时经济圈”，以县城为中心“2 小时经济圈”。2010 年 7 月 26 日固原六盘山机场正式通航。10 年间我市建设高速公路 82 公里，新、改建国道 120 公里，省道 180 公里，县道 320 公里，公路总路程达到 6199 公里，接近 10 年前的 3 倍。已投入运营的扶贫电厂和正在规划建设的盐化工基地，必将结束固原没有大企业带动的历史。通过大力实施基本农田建设工程、小畦节水灌溉工程、东山坡引水一、二期工程、原州区东部引水、西吉西部引水工程、农村安全饮水工程等系列惠民工程，极大改善了农村的生产生活条件。

（四）实施西部大开发战略必须以生态环境建设与保护为重点促进人与自然的和谐发展。固原实施西部大开发 10 年来，通过大力实施退耕还林草工程、三北防护林、水源涵养林工程、绿色通道工程和小流域综合治理工程，狠抓封山禁牧等生态建设措施，全市的生态环境明显改善。截至 2009 年年底，全市森林覆盖率由退耕前的 12.8% 提高到 17.6%，比宁夏全区的平均水平高出 9.3 个百分点；每年可减少流向黄河泥沙 268 万立方米，水土流失治理程度由 2000 年的不足 20% 提高到 2009 年的 65%以上，年减少土壤侵蚀量约 2000 万吨，初步实现了“水不下山、泥不出沟”的目标。重点流域的植被明显恢复，年降水量明显增加，步入了人与自然和谐的可持续发展之路。

（五）实施西部大开发必须以培育壮大优势特色产业为核心提高农民的收入水平。固原实施西部大开发10年来，始终把转变农村经济发展方式、调整优化农业农村经济结构，提高农民的收入作为一切工作出发点和落脚点。培育了马铃薯、草畜、设施农业、小秋杂粮等优势特色产业，农业生产由主要种植粮食作物转向主要种植经济作物，由广种薄收的粗放生产向园区化、专业化、标准化、市场化的精细生产转变，建设了一批现代农业示范园区、示范基地和示范点，农业经济实现由数量型向质量型、效益型快速转变，农业生产实现由产品农业向产加销一体化经营的快速转变。预计2010年，全市农业总产值可达到53.47亿元，是2000年的5.2倍。农民人均纯收入可达到3300多元，是2000年的3.6倍。

（六）实施西部大开发必须以切实维护群众的根本利益和改善民生为根本。固原实施西部大升发10年间，坚持从实际出发，贯彻以人为本的发展理念，坚持发展为了人民，发展依靠人民，发展成果由人民共享，加快推进重点民生工程建设，着力解决就业、医疗、住房、养老、环保，尤其是农村基础设施、基础教育和医疗卫生等关系群众切身利益的实际问题。目前，全市“两基”人口覆盖率达到100%，农村教育质量和水平有效提升；村级文化活动场所覆盖率达到100%，农村文化设施建设和公共文化服务体系不断完善。全市村卫生室覆盖率达到100%，85%以上的卫生室达到标准化要求；乡卫生院改造扩建率达到95%以上；农村新型合作医疗参合率达到93.2%；初步形成县（区）、乡、村三级医疗卫生服务体系。农村社会保障体系进一步完善，最低生活保障覆盖范围不断扩大，基本做到应保尽保。民生问题的大改善，开创了民族团结、社会和谐、人民安居乐业的新局面。

二、制约新一轮西部大开发的突出问题

（一）自我发展能力低。突出表现在：一是经济总量低。预计2010年底，全市地区生产总值可突破100亿元大关，人均达到6570元（约合963美元），人均约为全区平均水平（2.36万元）的27.8%，是全国平均水平（2.8万元）的23.5%。二是城乡居民收入低。预计2010年，城镇居民人均可支配收入1.3万元，约为全区平均水平（1.5万元左右）的86.7%，约为全国平均水平（1.8万元左右）的72.2%；农民人均纯收入可达到3300元以上，约为全区平均水平（4450元左右）的74.2%，约为全国平均水平（5590左右）的59.0%。由于经济总量低、地方财政收入低，城乡居民收入低，加之投融资环境不佳，非公有制企业融资难，发展面窄、规模小、科技含量低，对地方经济发展的带动能力低，致使全市整体自我发展能力低。

（二）农业主导型的产业结构特征突出。由于全市的工业化、城镇化水平低，新兴现代服务业发展迟缓，致使工业经济总量在地区生产总值中所占比重很难提高，三产中公共行政性支出费用比重偏高，而服务业的比重较低，凸现工业主导型的产业结构调整任务繁重。预计2010年，三次产业占地区生产总值的比重约为25.6:25.9:48.5，仍然体现出第一产业比重偏高，第二产业比重偏低。以我区工业主导型的石嘴山市为例，2009年，三次产业比例为6.2:69.9:23.9，以工业为主的第二产业在地区生产总值中所占比重高达69.9，对经济增长的贡献率达到71.5%。由此可见，我市要实现工业主导型的经济发展战略大转型，以工业为主的第二产业在地区生产总值中所占比重，至少要在2010年的基础上提高34个百分点，达到60%以上，任务十分艰巨。

（三）水资源严重短缺。水资源总量小，地表径流不到黄河流域平均值的一半，是全国平均水平的1/7，人均拥有水资源量是全国平均水平的14.8%，属典型的资源型缺水地区，地下水位不断下降，可利用水资源不断减少。一些河流干涸断流，给人畜带来极大困难。水资源相对丰富的泾河流域，没有控制性工程，不具备一定的调蓄控制能力。清水河、葫芦河、渝河、泾河、茹河等流域是固原的中低产田

区。目前,因部分水利设施年久失修,无法灌溉,绝大多数水浇地,基本依靠土渠输水,水资源浪费严重,利用率低。

(四)人口与自然承受能力的矛盾突出。人口自增长率相对较高,地区生产总值的增长值,相当一部分被人口增长数抵消,有的县GDP的总量虽然增长,可人均基本不增长。全市人均地区生产总值的绝对增加值很难提高。按照联合国人口与资源研究组织规定标准,干旱、半干旱地区人口承载力7~22人/平方公里,而固原目前人口密度竟高达142人/平方公里,隆德等县人口密度达到181人/平方公里,自然承受能力过大,一方水土难以养活一方人。

(五)生态环境仍很脆弱。多年来,通过各种生态工程建设,减缓了生态环境恶化的速度,起到了总体遏制,局部好转的效果。但是由于固原是生态系统最脆弱的地区之一,森林覆盖率低,涵养水分、防止水土流失的功能较弱。截至2010年,还有3519平方公里的水土流失面积没有得到治理,生态环境整体自我修复能力不高。

三、深入实施新一轮西部大开发的对策建议

新一轮西部大开发相对于前10年的大开发,思路更新、领域更广、质量更高、力度更大、实效性更强。全市一定要抓住这一重要战略机遇,围绕“六个更加注重”的核心内容和“三个上大台阶”的总体目标,按照突出打好“四张牌”(六盘山集中连片特殊困难地区解决贫困问题的扶贫牌,退耕还林、封山禁牧、生态补偿等方面解决生态问题的生态牌,统筹宁夏山川、民族聚集地区协调发展、解决发展差距的区域协调发展牌和抢抓国家编制实施陕甘宁革命老区振兴规划的机遇,大力争取国家对老区的特殊政策、项目和资金,打好“老区牌”)的总体要,以着力实施“155”工程为抓手,抢机遇、抓项目,确保“三个快速增长”、突出“三大发展特征”、提升“五大水平”、做好“六大重点工作”,实现固原经济发展的跨越。

(一)确保三个快速增长。

——地区生产总值年均保持15%以上的增长速度。统计公报显示,近两年,我市的地区生产总值增长幅度保持在14%以上,而全区的增长速度在10%以上的情况下,我市人均地区生产总值的绝对值与全区人均水平的差距不是在缩小,而是在拉大。2008年,我市人均地区生产总值比全区平均水平(17892元)低12736元;2009年,我市人均地区生产总值比全区平均水平低15584元,一年差距拉大2848元。因此要缩小与全区的发展差距,实现与全区人民同步进入小康社会的奋斗目标,我市必须抓住国家深入实施西部大开发的历史机遇,通过实施项目带动战略,确保地区生产总值年均保持在15%以上的增长速度,到2015年,地区生产总值突破200亿元,人均达到1.3万元左右,相对缩小与全区的发展差距。

——农民人均纯收入年均保持16%以上的增长速度。近几年,我市农民人均纯收入增长幅度平均每年比全区平均增长幅度高4个百分点的情况下,农民人均纯收入绝对值不是缩小而是在继续拉大。2008年,我市农民人均纯收入比全区平均水平(3681元)低1068元;2009年我市农民人均纯收入比全区平均(4048元)水平低1087元。因此要缩小农民收入差距,必须保持16%以上的增长速度,到2015年农民人均纯收入方可突破7000元大关,接近全区的平均水平。

——地方财政收入必须保持在25%以上的增长速度。2009年,我市的地方财政收入6.43亿元,而地方财政总支出64.46亿元。充分表明地方财政支撑地方发展的能力十分弱小,固原的发展资金几乎全靠国家和区财政的财政资金或项目资金。因此,地方财政收入年均只有保持25%以上增长速度,到2015年地方财政收入达到23亿元以上,逐步增强推动地方经济发展支撑力。

(二)突出三大发展特征。

——农业增加值保持较快的增长速度,但在地区生产总值中所占的比重逐年下降。力争到2015年,农业增加值在地区生产总值中所占比重由目前的24%左右，下降到15%左右。

——工业增加值在地区生产总值中所占比例大幅度提高。到2015年，工业增加值在地区生产总值中所占比重由目前的12%左右，提高到25%左右。

——以现代服务业为主的第三产业增加值在地区生产总值中所占比重大幅度提高。到2015年，以新型服务业为主的第三产业产值在地区生产总值中所占比重由目前的49.7%提高到55%以上。

（四）着力提升五大水平。

——着力提升农业产业化经营水平。到2015年，建立较为完善的优势特色农产品加工体系、标准化生产体系、市场流通体系、科技支撑体系、农业机械推广服务体系等现代农业生产体系。马铃薯、草畜、中药材、设施果菜等特色产业全部实现产、加、销、供一条龙服务、一体化经营，经济效益大幅度提升。

——着力提升工业化水平。到2011年全市的工业增加值在地区生产总值中所占的比例达到25%以上，工业对发展地方经济的带动作用明显增强。

——着力提升城镇化水平。到2015年全市的城镇水平由2010年的30%左右提高到45%以上，让更多农民转换身份，进城从事非农产业。

——着力提升科技贡献率。到2011年，全市科技对经济社会发展的贡献率由2010年的30%左右提高到45%以上，使科技对经济社会发展的支撑作用明显增强

——着力提高森林覆盖率。到2011年全市的森林覆盖率由2010年的17%提高到27%以上，区域内的生态环境进一步改善，年降雨量增加，减小旱灾损失。

三、抓好六大重点工作

（一）以实施“155”工程为抓手，突出振兴工业经济。

——做好能源基地建设大文章。抢抓国家深入实施西部大开发战略关于在西部地区建设国家能源基地、实施以市场为导向的优势资源转化战略的政策、项目，切实做好能源基地建设大文章。一要邀请区内外知名专家、学者会诊把脉策划，以大手笔、大气魄、大眼光，制订完善煤炭、石油、岩盐、天然气风力发电、太阳能光伏发电等矿产资源和能源综合开发规划，增强资源和新兴能源开发的科学性和对地方经济发展的带动力。二要加快建设宁南煤电业基地。加大固原市东部山区煤炭资源开发力度，对现有煤矿进行技改提升，增加年产煤量的同时，规划新建一批矿区，力争“十二五”末实现年产煤量达到1500万吨。同时，在六盘山热电厂一期投产后，积极争取二期建设，加快煤电一体化综合开发建设，尽力将固原市打造成宁南煤电业基地。三要以盐化工基地建设为依托，大力发展新能源、新材料、生物制药、水泥石膏等建材工业，建设高技术循环经济示范区。四要加快可再生资源开发利用，抓紧抓好月亮山风电厂建设，争取青龙山、黄峁山风电项目，力争在“十二五”建成10万千伏风电，并争取实施一批太阳能光伏发电项目。五要加快石油的勘察、综合开发步伐。六要争取国家对煤炭、原油、天然气等资源税由从量征收改为从价征收等相关优惠政策，突出固原市矿产资源开发的扶贫性质，使资源税更多用于地方经济发展。

——改造提升一批现有龙头企业。积极争取国家深入实施西部大开发关于“建设西部地区农业深加工基地”的优惠政策和项目资金，大力推广“龙头企业主导＋土地租赁流转＋吸纳农民务工”的宁夏“华林模式”，加快龙头企业发展步伐。一要突出扶持重点。以市委、政府2007年—2008年命名确认的1家国家级重点龙头企业、18家自治区重点龙头企业和53家市级重点龙头企业为重点，根据企业发展中存在的突出困难和问题，制定相应的具体政策措施，采取财政补贴、项目支持等予以大力扶持，增强企业的辐射带动力。二要按照“联强靠大”的思路，推进本地“龙头”企业集团化、集约化，对全市的马铃薯加工龙头企业和草畜产品营销、加工企业，实行资金整合、品牌整合、技术联合，努力建设同行业内加工龙头“航空母舰”，搞好分工协作、协调配合、上下衔接和产品粗、精、深加工梯度对接，

形成系列产品，着力打造草畜、马铃薯“两个10亿元”产业集群。

——招商引资一批重点企业。通过优化发展环境，制定更加优惠的扶持政策等，千方百计引进一批国家级重点龙头企业到我市落户。一要紧紧围绕发展战略转型和实施“一五五”工程，围绕承接东部地区产业转移，围绕煤炭、盐岩、特色农产品等资源转化招商引资，千方百计打好资源牌和区位牌，瞄准全国500强企业，引进一批技术含量高、聚集效应大、经济效益好的资源型项目、产业化项目、劳动密集型项目、高新技术项目。二要鼓励支持全市有一定规模的农业龙头企业，与国内甚至国外实力强大的企业集团“联姻”，共同研发新技术、开发新产品。

（二）以建设现代农业示范基地为抓手，加快完善现代农业生产服务体系。牢牢抓住自治区建设“三大示范区”、100个现代农业示范基地的有利机遇，以高质量、高标准建设23个自治区级现代农业示范基地和27个市级现代农业示范基地为抓手，加快完善现代农业生产服务体系。

——加快完善农副产品加工体系。着力构建以固原市经济开发区为中心，辐射带动四县一区的一批初具规模、特色鲜明、优势突出的农产品加工产业集群，完善“市场＋龙头企业＋科研机构＋农户＋基地”的加工体系，将农户真正变为企业的“第一车间”，企业需要什么原料，农户生产什么原料，使企业与农民建立长期合作、互利互惠的利益共同体，实现企业与农民的“互动共赢”。

——加快完善农产品市场营销体系。一要加强农村市场建设。继续推进“双百”、“三新”、“万村千乡”市场工程，重点改造提升原州区和西吉县马铃薯、单家集肉牛，泾源县肉牛，彭阳县小杂粮和蔬菜等年交易额过亿元的大型专业批发市场6个。新建农产品专业批发市场10个，全部配套建设冷藏、贮藏和互联网信息平台等设施。到2015年，农家店覆盖全市所有行政村，“超市＋基地”、农村连锁经营、物流配送等现代流通方式覆盖所有行政村。二要大力发展农民专业合作经济组织。到2015年，引进培育大型农产品流通企业10家，在巩固提升现有500家农民专业合作组织的基础上，按每年10%的递增速度，新发展农村合作经济组织250家，累计达到750家，其中产业优势明显、带动能力强、内部运作规范，知名度较高、竞争力较强的示范合作组织125家，形成县县有大型农产品流通企业，乡乡有规范化的农民专业合作经济组织，村村有专业生产协会和产销大户的农民专业合作经济组织发展新格局。三要开辟广阔的农产品销售市场。充分发挥农产品加工企业、流通企业、合作组织（经纪人）等实体的资金、信息、人才等现代营销要素的聚集作用，着力打造“中国薯都”、“西北药市”、“全国特色农产品集散地”，积极开辟国内、国际两个市场，大力发展农产品终端销售市场。到2015年，在全国所有大中城市建立特色农产品终端销售市场，马铃薯、草畜产品等农产品占领一定的国际市场。

——加快完善标准化、品牌化生产体系。一要集中造“六盘山”系列农产品品牌，争创全区乃至全国著名商标。到2015年年底，农产品商标注册总数达到100个，培育国内知名农产品品牌20个，培育区级知名农产品30个。二要完善标准化生产体系。坚持实行一个产业，一套技术规程，一系列检测标准，推进特色优势产业标准化生产，提高产品质量。到2015年，马铃薯、草畜、特色种植、特色养殖等农产品标准化生产比重达到85%以上。三要强化产品宣传推介。建立统一品牌、统一标准、统一包装、统一价格、统一信息的市场营销机制，积极组团参加国内一些农产品展销会、贸易会等节会，在全国重点农产品批发市场举办推介会、展销会，推介并打响六盘山绿色冷凉农产品品牌，努力提高农产品的市场知名度和竞争力。

——加快完善农业科技支撑体系。一要强化农民培训。年均培训农村“能人”1万人，带动培训农民10万人。二要狠抓科技入户工程。每个行政村每年发展科技示范户10户，到2015年，新发展科技示范户5万户，农业新技术推广应用覆盖所有行政村。三要做好农业新技术研发。以发展现代农业科技示范园区为载体，培育一批优良新品种，研发一批先进适用技术，制定一批生产技术标准和规程，实现先进技术成熟化、单项技术集成化、技术应用规范化。到2015年，全市发展具有较高科技水平和一定辐射带动能力的现代农业科技示范园区10个以上。四要深入开展科技特派员创业行动。不断完善科技特派员创业行动运行机制，有效提高科技特派员服务园区建设、参与科技企业发展、推广农业农村先进技术和培育新型农民的能力。

——加快完善农村信息服务体系。一要加快农村信息化平台建设。推进数字化区域建设，建成有线、地面和卫星三位一体的广播电视传输网络，到2015年，基本实现所有行政村接入光纤，保障农村高速互联网的需求。二要加快推进农村广播电视户户通。到2015年，所有农户都免费接收8套和40套以上广播电视节目。三要提高农村信息化"三网融合"利用水平。到2015年，全市100%乡镇和80%以上的行政村实现电信网、广播电视网、互联网"三网融合"。四要实施农村综合信息服务站普及工程。到2015年，建成五个一标准（一处固定场所、一套信息设备、一名信息员、一套管理制度、一个长效机制）的行政村综合信息服务站比例达到40%以上。

（三）强化基地设施建设，进一步增强发展保障力。

——强化农田水利基础建设。一要加大中低产田改造力度。积极争取国家在新一轮西部大开发中关于"加快中低产田改造和基本口粮田建设，提高农业综合生产能力"政策和项目资金，把清水河、葫芦河、渝河、泾河、茹河等流域的川水地全部列入农业综合开发项目范围，加大土地整理和综合开发力度，兴修基本农田5万公顷，并配套实施库井灌区节水改造5万公顷，库井灌区农民人均拥有高标准基本农田3亩以上。二要加大水平梯田建设力度。争取国家深入实施西部大开发关于"实施坡耕地水土流失综合治理工程"的项目资金。每年机修15度以上山坡地30万亩，力争"十二五"期间机修水平梯田150万亩，耕地梯田化率达到65%以上。

——加强水利基础设施建设。争取国家深入实施西部大开发中关于"针对西北地区资源型缺水问题，合理建设一批骨干水利工程，加快中型水库及城市水资源工程建设"和"推进新建水库配套灌区建设，启动大中型灌区续建和节水改造"等水利基础设施建设的政策和项目资金，坚持节约优先、合理开发、优化配置的原则，加快重点水利工程建设。重点实施一批骨干水源工程、城镇供水工程、大型灌区续建配套节水改造工程、农村饮水安全工程、防洪保安工程和病险水库除险加固工程，配套改造库井灌区，建立大中型工程并举、库坝窖池联用的供水体系。积极开展黄河引水工程和引洮济固工程等跨流域调水工程；抓紧推进大中型水库、水源工程前期工作。

——加强具有现代特征的农村公共设施建设。一要争取国家深入实施西部大开发关于"加快通乡通村道路建设，同步推进村庄内外道路硬化"的政策和项目资金，大力实施乡村道路质量提升工程。新建通行政村沥青、水泥公路3000公里，改造提升县乡公路800公里中，新建设施农业、旅游区等硬化公路1000公里，新建砂砾路1000公里，同时对已建成的农村公路增加安保工程和危桥改造。二要争取国家深入实施西部大开发中关于"做好村庄规划，优化居民点布局，扩大农村危房改造规模"的政策和项目，着力改善村容村貌。"十二五"期间，争取科学规划建设新农村示范村或居民点500个，配套实施农村危房危窑改造5万户、"一池三改"5万户、自来水入户5万户。认真贯彻落实国家深入实施西部大开发中关于"加强农村污水、垃圾处理、改善村容村貌"的政策措施，积极争取项目资金，建设村庄综合整治示范点100个。

——加快完善农村供电网络体系。认真落实国家深入实施西部大开发关于"做好农村电网改造升级，提升农网供电可靠性和供电能力"相关政策，积极争取中央资金补助，加快实施农村电网改造升级工程。至"十二五"末，全市35千伏农网变电容量达到168兆伏安，35千伏线路达到839千米，10千伏配变容量达到552兆伏安，10千伏线路达到6157千米，有效提高农村用电保障力。

（五）坚持打造西部绿色屏障与集中打好六盘山地区扶贫牌相结合，促进生态建设与农民脱贫致富同步共赢。

——着力把固原市打造成西部地区的后花园和绿色屏障。一要积极争取国家在新一轮西部大开发中，“推进重点生态区建设，巩固退耕还林、退牧还草成果”政策和项目，结合全国主体功能区规划，构建以六盘山水源涵养、水土流失防治为主的西部生态屏障。加大大六盘生态经济圈建设力度，继续实施三北防护林、天然林保护、黄土丘陵沟壑区水土保持林、湿地保护与恢复等重点工程，加大对国家级自然保护区投入和管理能力建设。坚持自然修复与工程措施相结合，重点实施六盘山“三河源”（泾河、渭河、清水河）水源保护工程，加快大六盘水源涵养林建设步伐，加强以小流域为单元的山水田林路综合治理。积极争取国家退耕还林份额和生态补偿政策，巩固退耕还林成果，加快培育以两杏、枸杞、种苗花卉、经果林等为主的后续产业，加大封山禁牧力度，实施生态移民工程，走出一条经济与生态、民富与山绿“双赢”的可持续发展道路。二要在半阴湿土石质山区建设好以大六盘生态经济圈为核心的水源涵养林生态功能区；在干旱半干旱黄土丘陵沟壑区重点建设好以治理水土流失为主，乔灌草结合的生态林牧复合功能区；在河谷川道区以建设好高标准农田防护林网和发展特色经济林为重点，结合小流域综合治理，建立生态与经济协调发展的林业产业示范区；在城镇重点构建城市森林生态体系，村镇绿化网络体系，实现城乡绿化一体化。

——构建“大扶贫、大开发”新格局。一要积极争取国家深入实施西部大开发中关于“实施集中连片特殊困难地区秦巴——六盘山区开发攻坚工程，基本消除绝对贫困现象”优惠政策和专项资金，以尽快解决特困人口的温饱与提升低收入人口的生活质量为切入点，以提高农村贫困人口自我发展能力作为工作重点，积极争取立项并组织开展六盘山区集中连片特殊困难地区开发攻坚工程计划，同时，进一步深化东西部对口协作层次，拓宽定点扶贫工作领域，鼓励和支持社会团体、民间组织参与扶贫工作，促进与国内外慈善机构的交流与合作，实现中央国家机关或大型企业、中东部对口协作及自治区直属单位、川区市（县、区）定点帮扶对我市五县（区）的全覆盖。“十二五”期间，按照自治区扶贫标准，减少贫困人口25万人，全市贫困人口下降到20万人。二要强化移民扶贫。生态移民：用足用活新一轮西部大开发关于完善生态环境保护与补偿机制的相关优惠政策，争取项目和政策支持，按照“整村生态移民搬迁，集中连片进行生态修复”的总体思路，认真开展调查摸底、科学制定规划，力争对我市地处严重缺水的干旱片带约300个行政村9万户40万人，逐步整村进行移民搬迁，相对集中连片进行生态修复，把生态环境建设和从根本上解决我市干旱片带农民的贫困问题有机结合起来，实现生态环境建设与贫困农民致富同步共赢。劳务移民：在巩固提升劳务基地、打造劳务品牌、强化技能培训的基地上，以劳务“能人”为重点，积极鼓励文化程度高、思想观念新的农村青壮年，举家进城务工为业，长期定居。力争“十二五”期间发展劳务移民2.5万户10万人。教育移民：调整优化学校布局，推进部分农村小学向中心集镇转移，部分中学向县城转移，同时制定并落实好农民向当地城镇转移的系列优惠政策，鼓励有条件的农民进城一边务工，一边带孩子上学。教育部门要加强对高考、中考落榜学生的统计管理，并加强与当地政府联系，对无法升高中和上大学的农村孩子，通过政府补贴、扶贫项目支持等措施，全部纳入职业教育，支持鼓励其进入职业学校培训学习、就业。力争“十二五”期间发展教育移民5万户15万人（包括我市考入各类大学的在校生和毕业生）。自发移民：建立自发移民补偿机制，鼓励家庭人口少的年轻夫妇、独生子女户的农民进城经商务工，并长期定居。力争“十二五”期间发展自发移民3万户10万人。

（六）大力发展新型服务业，坚定不移地实施城镇化带动战略。

作为工业基础相对薄弱的固原，培育城市主导产业的首要任务在于发展现代服务业。因此要在加强城市道路、水电气暖、信息服务、社会事业等公共设施建设，绿化美化城市环境，提升城市集聚、辐射、带动能力的基础上，加快发展现代服务业。一要以集中力量建设西兰银交汇中心物流集散基地为抓手，将固原打造成真正意义上的"三省通衢"。首先要争取自治区党委、政府把发展固原的物流服务业放在全区经济社会发展的战略高度来谋划，同打造"宁东能源化工基地"一样，在项目、资金、政策、技术、人才等方方面面给予大力支持，着力将固原打造成全西北乃至全国知名的物流基地。其次，要按照构建"大物流体系"的规划要求，把整个固原市区做为一个具有现代化特征的物流园区，分片区建设贮藏、运输、信息服务、餐饮娱乐等现代物流功能区。第三建议成立固原市物流产业发展局，内设固原市物流产业发展领导小组办公室、固原市人民政府口岸办公室、固原市铁路运输协调办公室等。其工作人员可采取"调整、调动、聘用、招考"等多种方式配备，力求做到"专业化"。真正建立责任主体明确、上下齐抓共管，协调一致的领导机制，切实加强对发展物流产业的组织领导，把物流产业打造成提升固原经济总量、增强综合经济实力的"黄金海岸"。二要采取更加积极的扶持政策，优先发展交通运输、金融保险、信息咨询、中介服务等主要面向生产的服务业。大力发展商品零售、物业管理、社区服务、文化娱乐、教育培训、健身医疗等主要面向生活的服务业。加快发展法律咨询、论证认可、信用评估、广告会展等新型服务业。同时，创新发展环境，吸收更多的农村劳动力和各类投资者进城就业、置业、创业，增加城市的人流量和物流量，初步把"固原建成具有较强辐射带动作用的宁南区域中心城市"，带动全市的城镇化水平不断提高。

（市委政策研究室）

固原市实施西部大开发战略10年的主要经验及启示

自2000年，国家实施西部大开发以来，固原回汉人民在党中央、国务院的亲切关怀下，在自治区党委、政府的倾力支持下，在市委、政府的坚强领导下，大力弘扬"不到长城非好汉"的"六盘山精神"，团结奋进、自强不息、百折不挠、勇攀高峰，一心一意谋发展、聚精会神搞建设，谱写了推动经济科学发展，促进社会和谐的新篇章。在实践中探索积累了许多宝贵经验，也有着深刻的体会。

一、实施西部大开发战略必须依靠党中央、国务院和自治区党委、政府的坚强领导、大力支持。固原作为国家重点扶贫地区、革命老区、回族聚居区，曾以"苦甲天下"闻名于世，固原人民穿不暖、吃不饱的贫困问题，牵动着党中央、国务院和区、市党委、政府等各级领导的心。实施西部大开发战略的10年间，党中央、国务院和自治区党委、政府对固原的开发、发展问题高度关注，十分重视。胡锦涛、温家宝等党和国家领导人亲自来固原视察指导工作。自治区党委、政府先后四次召开"固原工作会议"，专题研究解决固原的发展问题，并给予优惠政策、项目资金等方面的大力支持，使固原办成了一些多年来想办而办不成的大事，解决了一些多年来想解决而没有解决的问题，地区生产总值和城乡居民人均纯收入始终保持了10%以上增长速度。固原实施西部大开发战略10年，是固原有史以来经济发展速度最快、发展质量最高、人民得到实惠最多的10年，从根本上解决了固原人民的温饱问题，部分农民已稳定解决温饱，向全面小康生活迈进。也为固今后的发展注入新活力、夯实坚实的基础、探明了更加适合固原市情、更具科学发展、跨越发展的方向。实践充分证明，对于一个自我发展能力严重不足的欠发达地区来说，要科学发展、跨越发展，既要依靠各族干部群众的自力更生、艰苦奋斗和长期努力，更要依靠中央和自治区党委、政府的大力支持。

二、实施西部大开发必须优化“思路”创新“出路”。固原实施西部大开发10年来，特别是近几年来，在解放思想中统一认识，在统一认识中创新创业，推动经济发展方式大转变，突出表现在四个方面：一是市委二届八次全体（扩大）会议提出的加快实现以农业为主导向以工业为主导、多产业发展并举转变的发展战略和自治区第四次固原工作会议后，启动实施的“155”工程（即把原州区建成全市产业集聚的核心区，培育盐化工及煤电一体化、以草畜和马铃薯为主的特色农业及农副产品深加工、物流及服务业、旅游业、劳务产业“五大产业”；建设盐化工循环经济扶贫示范基地、六盘山生态农业示范基地、西兰银交汇中心物流集散基地、六盘山红色旅游和生态旅游及文化休闲避暑度假基地、劳务输出基地“五大基地”），成为全市在新的历史起点上转变经济发展方式、优化经济结构、缩小发展差距，改变固原经济欠发达状况的新的里程碑。二是发展现代农业的科学内涵得到充分体现，马铃薯、草畜、设施农业等优势特色产业步入“园区化、规模化、专业化、标准化、市场化”的发展之路，初步构建起“龙头企业＋基地＋农户”的农产品生产加工体系、“公司（专业合作社）＋基地＋农户”的农副产品营销体系、“农业科技人员＋农户”的农业科技推广服务体系和优势特色农产品标准化生产监测体系，农业生产实现由产品农业向产、加、销、贸、工、农一体化经营的快速转变，农业经济实现由数量型向质量型、效益型快速转变。三是通过大力实施城镇化带动战略，推动劳务输出由“由体力型向智能型、打工型向创业型”的根本转变，农民人均纯收入实现由主要依靠农业增收向更多依靠非农产业转变。四是通过“园区带动、优惠政策促动、招商引资拉动、技术改造和机制创新推动”，工业经济发展取得重大突破，特别是以华林公司为代表的农业龙头企业快速发展，成为引领发展现代农业的主要推动力。实践充分表明，思想解放的程度，决定着西部大开发的力度和经济社会发展的速度。

三、实施西部大开发战略必须以项目为抓手提升自我发展力。固原实施西部大开发的10年，是固原有史以来，实施项目规模最大、资金最多的10年。每年用于基础设施建设的项目投资近百亿元，年均增长48%以上，有力提升了固原的自我发展力。至2010年，固原境内宝中铁路、银平公路、银武高速公路纵贯南北，309国道和312国道横穿东西。四通八达纵横交汇的公路网，构成了内连县城、乡镇、村，外连甘肃、陕西、新疆、内蒙古等地的交通枢纽。形成了以市区为中心的“1小时经济圈”，以县城为中心“2小时经济圈”。2010年7月26日固原六盘山机场正式通航。10年间全市建设高速公路82公里，新、改建国道120公里，省道180公里，县道320公里，公路总路程达到6199公里，接近10年前的3倍。已投入运营的扶贫电厂和正在规划建设的盐化工基地，必将结束固原没有大企业带动的历史。通过大力实施基本农田建设工程、小畦节水灌溉工程、东山坡引水一、二期工程、原州区东部引水、西吉西部引水工程、固西引水工程、病险水库除险加固工程、农村安全饮水工程等系列惠民工程，极大改善了农村的生产生活条件。全市硬化公路通村比重达到60.3%；村庄规划建设整治率达到40.8%；农村安全饮水人口比重达到69.03%；农户砖（混）住房比重10%以上；农电入户率100%，实现城乡同网同价；农村通信、广播电视覆盖率分别达到85%和100%。实践充分证明，对于一个自我发展能力严重不足的欠发达固原来说，要科学发展、跨越发展，必须坚定不移地实施项目带动战略。

四、实施西部大开发必须以生态环境建设与保护为重点促进人与自然的和谐发展。固原实施西部大开发10年来，通过大力实施退耕还林草工程、三北防护林、水源涵养林工程、绿色通道工程和小流域综合治理工程，狠抓封山禁牧等生态建设措施，全市的生态环境明显改善。截至2010年底，全市共完成退耕还林工程446万亩，其中退耕地造林254万亩，荒山造林212万亩。全市森林覆盖率由退耕前的12.8%提高到17.6%，比宁夏全区的平均水平高出9.3个百分点；每年可减少流向黄河泥沙268万立方米，水土流失治理程度由2000年的不足20%提高到2009年的65%以上，年减少土壤侵蚀量约2000万吨，初步实现了“水不下山、泥不出沟”的目标。实践证明，作为地处西部的固原，只有始终坚持生态环境建设和保护与经济社会协调发展，把生态环境建设和保护置于全市经济社会发展的大局去谋划和思考，主动把生态环境建设和保护的各项工作与宁夏经济社会发展的总体目标、任务相衔接，积极推进生态文化建设，才能根据资源和环境承载能力来规划经济社会发展，实现人与自然和谐、共生的可持续发展。

五、实施西部大开发必须以培育壮大优势特色产业为核心提高农民的收入水平。固原实施西部大开发10年来，始终把转变农村经济发展方式、调整优化农业农村经济结构，提高农民的收入水平作为一切工作出发点和落脚点。培育了马铃薯、草畜、设施农业、小秋杂粮等优势特色产业，农业生产由主要种植粮食作物转向主要种植经济作物，由广种薄收的粗放生产向园区化、专业化、标准化、市场化的精细生产转变，建设了一批现代农业示范园区、示范基地和示范点，农业经济实现由数量型向质量型、效益型快速转变，农业生产实现由产品农业向产加销一体化经营的快速转变。预计2010年，全市农业总产值可达到53.47亿元，是2000年的26倍；农民人均纯收入可达到3300多元，是2000年的3.6倍。实践证明，在西部大开发的实践中，只有围绕发展特色经济，不断调整优化经济结构，大力发展有竞争优势的特色产业，才能不断拓宽农民增收渠道，提高农民的生活水平。

六、实施西部大开发必须以切实维护群众的根本利益和改善民生为根本。固原实施西部大开发10年间，坚持从实际出发，贯彻以人为本的发展理念，坚持发展为了人民，发展依靠人民，发展成果由人民共享，加快推进重点民生工程建设，着力解决就业、医疗、住房、养老、环保，尤其是农村基础设施、基础教育和医疗卫生等关系群众切身利益的实际问题。目前，全市“两基”人口覆盖率达到100%，农村教育质量和水平有效提升；村级文化活动场所覆盖率达到100%，农村文化设施建设和公共文化服务体系不断完善。全市村卫生室覆盖率达到100%，85%以上的卫生室达到标准化要求；乡卫生院改造扩建率达到95%以上；农村新型合作医疗参合率达到93.2%；初步形成县(区)、乡、村三级医疗卫生服务体系。农村社会保障体系进一步完善，最低生活保障覆盖范围不断扩大，基本做到应保尽保。民生问题的大改善，开创了民族团结、社会和谐、人民安居乐业的新局面。（市委信息科）

热点论坛

把思想认识统一到新一轮西部大开发战略决策上来

固原是深入实施西部大开发战略重点扶持的“六大集中连片特殊困难地区”之一，充分体现了党中央、国务院对西部地区经济社会发展的高度重视和对西部地区各族人民的巨大关怀。深入实施西部大开发战略给西部地区的发展带来了千载难逢的重大机遇，“西部大开发，固原怎么办”是摆在各级党政组织和各级领导干部面前重大而严肃的问题。

面对竞相发展的逼人态势，能不能抓住新一轮西部大开发的战略机遇，用足用活政策措施，搭乘上西部大开发战略的“头班车”，与全区、全国同步实现全面建设小康社会的宏伟目标，这是全市干部群众面对的重大课题和历史任务。全体党员干部一定要从全局和战略的高度，充分认识中央深入实施西部大开发战略的极端重要性，充分认识自治区开展大学习活动的重要性和必要性，进一步增强紧迫感和责任感，切实把思想和行动统一到党中央、国务院和自治区党委、政府的重大决策部署上来，深入扎实地开展大学习活动。

固原基本上是一个依靠投资拉动发展的内陆地区，消费带动发展的能力十分有限，经济发展缺乏内生动力。固原与发达地区和周边地区相比存在一定的差距，这些差距归根到底还是思想观念上的差距，因此，要缩小差距，就需要解放思想，突破发展的瓶颈。要立足资源优势，立足于发展特色优势产业，加快固原自身发展。2010 年，市委提出了加快实施“以农业为主导向以工业为主导、多产业发展并举转变”的发展战略转型思路，并围绕这一转型思路，确定“十二五”期间重点实施“一五五”工程，即把原州区建成全市产业聚集的“核心区”，培育盐化工及煤电一体化、以草畜和马铃薯为主的特色农业及农副产品深加工、物流及服务业、旅游业、劳务产业“五大产业”，建设盐化工循环经济扶贫示范基地、六盘山生态农业示范基地、西兰银交汇中心物流集散基地、六盘山红色旅游和生态旅游及文化休闲避暑度假基地、劳务输出基地“五大基地”。通过“五大基地”建设推进工业化进程。

发展战略转型思路的确定，不仅不是意味着放弃固原多年形成的农业特色产业发展的良好局面，而且是要进一步在如何做大产业，做强农副产品加工方面大做文章。首先要依靠有实力的龙头企业，通过他们的示范带动，做大产业。其次是依靠科技支撑，做优品质。还要依靠市场，做活产业，把六盘山这个品牌打出去。

贯彻落实西部大开发战略最终还是要看上了多少大项目、好项目。当前要认真分析旅游、生态移民、产业发展及工业、城市建设等工作中存在的问题，要有打基础、谋长远的思路，树立“抓项目就是抓发展”的理念。要充分利用两个月深入实施西部大开发战略大学习活动，结合各自工作实际作深入思考，深刻领会，吃透中央政策，找准政策措施与固原发展实际的结合点。积极邀请国家部委和区直部门领导、专家来固原市调研，帮助固原市做好工作。另外要邀请区内外知名专家、学者把脉全市产业发展规划，立足当前，着眼长远，争取将一批重大项目、标志性项目列入国家和自治区"十二五"规划，为固原下一步发展打下坚实的基础。

深入实施新一轮西部大开发，如何带动各级干部群众，靠什么?一是要靠思路，二靠全市干部群众的精神面貌，三靠全市干部群众的敬业精神。全市各级领导干部要保持奋发有为的精神状态、只争朝夕的工作劲头和勇于攻坚克难的勇气，带头学，学在前，从而激励起全市各级领导干部和群众干事创业的斗志。同时，新闻媒体要组织好宣传理论讲座和"西部大开发、固原怎么办"建言献策等活动，使广大党员干部进一步解放思想、开阔思路，增强忧患意识、机遇意识、责任意识和实干意识，加快固原市发展战略转型。

（市委书记、市人大主任 刘小河）

打好"生态牌" 做大"绿文章"

中共中央、国务院《关于深入实施西部大开发战略的若干意见》提出要"更加注重生态建设和环境保护，着力建设美好家园和国家生态安全屏障。"胡锦涛总书记来宁夏视察时强调，宁夏要为构筑祖国生态屏障贡献更大力量。宁夏生态建设的重点和难点在固原，只要固原的生态建设搞好了，才能保证宁夏在构筑祖国西部生态安全屏障中作出更大贡献。

一、西部大开发10年来固原市生态建设取得的主要成效、存在问题和基本经验西部大开发的10年，是固原市生态环境变化最大、广大农民从生态建设中得实惠最多的10年。在党中央、国务院的亲切关怀和自治区党委、政府的正确领导下，固原市抢抓机遇，抓重点求突破，生态建设取得了明显成效。

一是水土流失得到有效治理。西部大开发以来，累计治理小流域69条，治理水土流失1516.7平方公里，年均治理水土流失面积近151.7平方公里，年均减少土壤侵蚀量约176万吨，初步实现了由整体恶化、局部治理向整体遏制、局部好转的转变。

二是生态林业得到长足发展。通过实施退耕还林、植树造林、封山育林等措施，基本建成以水源涵养林、农田防护林、城乡绿化林等为主的林业支撑体系，累计完成各类营造林624万亩，完成退耕还林466万亩，林业用地面积达到668万亩，其中森林面积由2000年的201万亩增加到306.8万亩，森林覆盖率由2000年的12.8%提高到17.6%，增加了4.8个百分点。

三是有效增加了农民收入。国家累计兑现退耕还林粮款补助折合现金31.36亿元，受益群众17.8万户98万多人，农业人口人均每年受益退耕粮款补助近300元。同时，通过实施退耕还林工程，改变了农业粗放单一的经营模式，以草畜、马铃薯、劳务等为主的特色优势产业快速发展，特别是大量农村劳动力从土地上解放出来，成为劳务输出的生力军，每年输送的务工人员稳定在20万人以上，劳务收入占农民人均纯收入的比重持续增加，2009年达到了43.2%。

四是经济林产业初步开发。在坚持生态优先的基础上，大力培育"两杏"、枸杞、中药材、苗木等退耕还林后续产业，经济林面积达到100多万亩，建立起以彭阳县为主的"两杏"80万亩、原州区无公害枸杞基地4.5万亩、隆德县林药间作10万亩、泾源县苗木16.8万亩。2009年，经济林产业产值达到2.9亿元。

五是人居环境持续改善。以城乡环境绿化工程为抓手，重点实施了固原市区"五山两河"绿化和各县城区绿化工程，福银高速、银平公路及通往重点景区的宽幅绿化带建设整体推进，固原市新增城市绿化面积8.6万亩，城市面貌焕然一新，提高了人居环境质量。

在肯定成绩的同时，更应清醒地看到，固原市的生态建设仍面临着一些困难和问题，主要有：一是生态建设任务更为繁重。固原市生态建设整体还处在修复时期，生态环境承载力仍然比较脆弱，目前尚未治理的地方，生态环境更为脆弱、更为恶劣，治理难度越来越大，成本越来越高。二是投入严重不足。固原市是欠发达地区，用于生态建设的投入十分有限，多元化的投入机制尚未形成，生态建设主要依靠国家和自治区的项目支持，国家和自治区的投资强度对生态建设有着很大的影响。三是水资源"瓶颈"制约。固原市年均降水量为400毫米左右，大多集中在7至9月份，蒸发量1336毫米至1550毫米，综合水资源总量为5.66亿立方米，可利用水资源量1.55亿立方米，随着工业化和城镇化进程加速推进，用水量也在逐年增加，水资源对生态建设的制约与日俱增。四是自然灾害频繁。固原市地处西北内陆地区，大陆性半阴湿半干旱气候造成干旱、大风、降温、霜冻、冰雹等灾害多发，尤以干旱突出，十年九旱甚至十年十旱，对生态建设极为不利。五是巩固退耕还林成果任务重。由于严重干旱、病虫鼠害、管理粗放、偷牧溜牧等，导致了退耕地造林保存率不高，特别是退耕还林后续产业缺少项目支持，集约化经营水平低，产业化程度低，资源规模小，对农民增收的作用还比较小。

回顾总结西部大开发10年来固原市生态建设的实践，积累了重要经验教训，概括起来主要有以下五条：第一，必须坚持一张蓝图绘到底。固原市各级各届党委、政府始终把生态建设作为重要任务来抓，一届接着一届干，一张蓝图绘到底，保证了生态建设的稳定性和连续性。坚持把生态建设纳入目标管理考核体系，确保了生态建设各项目标任务的顺利完成。

第二，必须坚持生态优先与产业开发兼顾。通过实施退耕还林工程和各类林业工程，有效治理生态环境的同时，注重发展中药材、苗木、"两杏"、枸杞等经济林产业，大大提高了广大农民参与生态建设的积极性，加快了农村经济发展和农民脱贫致富步伐，初步步入可持续发展轨道。

第三，必须坚持山水田林草路综合治理。坚持把小流域作为一个生态开发治理的单元，山、水、田、林、草、路统一规划，梁、峁、沟、坡、塬综合治理，工程、生物、耕作措施统筹兼顾，整架山、整条沟、整条流域集中连片治理，形成了山顶草灌戴帽、山坡梯田缠腰、田埂路旁植树、山下发展林草的格局。彭阳县生态治理经验、西吉县聂家河生态治理模式等在全区甚至全国同类型地区得到推广。

第四，必须坚持把科技创新作为重要支撑。在生态治理中，坚持科学配置林草，根据不同的土地类型，实行封造结合、林草间作，宜林则林，宜草则草，宜田则田，乔灌草镶嵌配套。在苗木栽植上，采用截杆深栽、树盘覆膜、树干套袋、涂保水剂等旱作林业技术，积极配套机修农田、集雨节灌、品种改良等实用技术，有效提高了流域治理和生态建设的科技含量。

第五，必须抢抓机遇积极争取国家支持。从固原市财力弱、投资渠道单一的实际出发，积极争取国家和自治区的政策、项目和资金支持，实施了一批生态建设重点工程，使生态脆弱的局面有了初步改观。新一轮西部大开发对生态建设的投资更大、政策更优惠，在多元投资机制尚未形成的前提下，争取国家的生态项目支持仍然是我们推进生态建设的有力保证。

二、新一轮西部大开发中加快推进固原市生态建设的思路、目标和重点固原市生态建设的总体思路是：抢抓新一轮西部大开发战略机遇，以科学发展观为统领，坚持生态优先，项目带动，因地制宜，整体推进，从分散治理向集中治理、从单一措施向综合措施、从偏重数量向提升质量转变，以大六盘生态经济圈为核心，实施"六大绿化工程"，强化"四项措施"，建好"四个机制"，实现"人下山、树上山，山绿人富"的目标，争做宁夏生态文明建设先行区，为建设国家西部生态安全屏障做出新贡献。

总体目标是：到2015年，全市森林面积达到420万亩，每年新种森林面积22.6万亩，森林覆盖率达到25%，比新一轮西部大开发目标要求高6个百分点；治理水土流失面积700平方公里，治理程度达到71%；林产业总值达到6亿元，农民人均林产业纯收入400元。"十二五"期间，彭阳争创国家森林县城，泾源、隆德争创国家园林县城，市区、西吉争创国家、自治区园林城市（县城）。到2020年，全市森林面积达到500万亩，每年新种森林面积15万亩，森林覆盖率达到30%；治理水土流失面积1400平方公里，治理程度达到80%，林产业总值达到12亿元,农民人均林产业纯收入800元。

(一)以大六盘生态经济圈建设为核心,深入推进生态环境建设。大六盘生态经济圈规划建设期为11年(2005年—2015年),计划总投资90156万元。目前累计投入各类资金5400万元,取得了初步成效,但与规划总投资的差距仍然很大。自治区党委、政府《关于促进固原经济社会加快发展的若干意见》提出要"大力实施大六盘生态圈水土保持、三河源生态保护与开发等重大项目。"要以此为契机,把大六盘生态经济圈建设作为抢抓新一轮西部大开发历史机遇、加快生态建设的重中之重,积极争取国家和自治区的政策和项目支持,加快以大六盘为核心的水涵养生态功能区建设,加快"三河源"水源保护,加快水土流失治理,尽快恢复森林生态系统。同时,采取综合措施,推进经济产业开发,形成经济发展促生态建设、生态建设保障经济发展的具有地域特色的生态经济产业新格局。

(二)实施"六大绿化工程",构筑绿色生态屏障。一是退耕还林工程。抢抓国家"适当增加退耕还林任务"的政策机遇,争取国家支持并力争用5年时间对我市186万亩15度以上坡耕地实行退耕还林。同时,严格政策措施,加强退耕还林补植补造和抚育管护,巩固扩大退耕还林成果。二是生态移民搬迁后的绿化工程。争取国家和自治区支持加快生态移民,对整村搬迁后的区域,实行自然封育,恢复生态,做到迁出一户、平整一户、绿化一户。"四荒"治理是我市生态建设的薄弱环节,要结合编制生态建设"十二五"规划,由林业部门牵头对全市"四荒"进行调查摸底,制订具体可行的绿化治理规划,严格责任考核,开展新一轮"四荒"绿化治理攻坚战,加速全市生态建设步伐。三是天然林保护工程。坚持封造结合、管育并举,进一步扩大六盘山及其外围森林资源的建设与管护,增加和恢复森林植被。四是城乡环境绿化工程。结合城乡环境综合整治、新农村建设和林业重点工程建设,以固原市区为中心,以各县(区)县城、乡镇、村庄为重点,开展突出地方特色的绿色家园、生态文明城市、生态示范乡镇和示范村创建活动,加快城乡环境绿化工程建设,从根本上改善城乡人居环境。五是绿色通道工程。以国道、省道为骨架,以县、乡、村道路为重点,全面建设境内铁路、公路、重点旅游景区沿线的绿色通道工程,形成绿色通道景观体系。六是林业产业工程。充分发挥冷凉气候的优势,在做大做强草畜产业和生态旅游产业的同时,突出抓好彭阳县、原州区东部的"两杏"、早酥梨等经果林产业,原州区的枸杞、葵花产业,隆德县六盘山区道地中药材和花卉产业,泾源县的苗木产业,培育蘑菇、木耳、人参等林下产业,集中打好"六盘山"品牌,实现生态、社会、经济效益的统一。

(三)强化"四项措施",确保生态建设取得实效。一要加快生态移民。中央和自治区对固原市的生态移民十分关注。要坚持因地制宜、生态优先、整村搬迁、突出重点、统筹结合原则,采取县外移民与县内移民相结合,力争用3年至5年时间将固原市自然条件恶劣区、地质灾害重险区、大六盘生态核心林区及外围区的20多万人搬迁安置到生产生活条件相对较好的地方,从根本上解决贫困山区脱贫致富问题,加快全市生态建设步伐。二要实行小流域综合治理。固原市水土流失面积为8008.5平方公里,占国土总面积的76%,是全区水土流失最为严重地区之一。要大力推广彭阳县生态建设经验,以小流域为单元,山、水、田、林、草、路综合治理,按照"山顶戴帽子、山腰系带子、山脚穿靴子"的治理模式,在加快植树造林的同时,加强农田、水利、道路等基础设施建设,不断提高水土资源的综合利用效益。要坚持统一规划、典型带动、规模治理,每个县(区)都要集中打造像贺家湾、长城梁治理的千亩甚至万亩综合治理示范点,一个山头接一个山头,一个流域连一个流域,推进生态建设上规模、上水平。三要坚持分区域治理。根据不同地形地貌特征,因地制宜、分类推进、各有侧重。黄土丘陵沟壑区地形破碎,水土流失严重,要以小流域综合治理为重点,加快水土保持林建设,营造良好生态环境。六盘山外围土石山区作为生态功能区,要着力营造水源涵养林，扩大封育区范围，增强调蓄功能，努力建成功能完备的“绿色水库”。河谷川道区地势较低、相对平整，要重点实施农田防护林和绿色通道工程，大力发展经济林产业。四要强化封育管护。坚持不懈抓好封山禁牧工作，严格实行目标管理考核，加大责任追究力度，巩固好生态建设成果。要建点设卡、落实责任，加强林木管护抚育、病虫害防治、森林防火等工作，在重点林区设立护林点，聘用护林员。坚持用现代科技打造现代林业，加强林业技术人才队伍建设，探索推广适宜当地气候土壤条件的抗旱造林新技术和整地模式，提高林木成活率。

（四）建好“四个机制”，切实增强生态建设活力。一要争取开展“乡转场”“村转场”试点。千方百计争取国家和自治区支持，在大六盘生态经济圈核心区选择1～2个乡镇或若干村，整建制进行“乡转场”“村转场”试点，把农民转为林业工人，由财政供给一定报酬，承包林地收益归承包户所有，专门从事森林保护和种植。二要推进林权改革试点。按照全国集体林权制度改革百县经验交流会议精神，进一步明晰产权，坚持承包到户，强化政策扶持，健全服务体系，确保林权改革工作顺利推进。坚持在不改变林地所有权、不改变林地用途、不损害农民权益的前提下，逐步建立起林地合理租赁、出让、拍卖等要素市场，鼓励农民通过自主经营和各种流转形式，盘活现有林木资源，增强林地利用率。加快培育新型林业合作经济组织和林业经营实体，扶持农民组建各类专业合作社、行业协会等中介服务和自治组织，增强其互助合作、自律管理、依法维权的能力。三要建立多元化投资体制。坚持政府主导、项目带动、社会参与，对封山育林的纯生态效益项目，要争取由国家来投资；对既能改善环境，又能增加农民收入的项目，由国家投入引导，农民投资建设；对开发治理投资大、开发前景好的项目，按照“谁造林谁所有、谁投资谁受益、谁经营谁得利”的原则，积极鼓励引导工商企业、社会团体等各种有实力的投资主体，以多种投资方式参与开发和治理。四要创新荒山造林机制。荒山造林是固原市生态建设的一个薄弱环节，截至2010年，仍有181万亩荒山没有造林，要针对投入少、群众积极性不高的实际，在加大干部群众义务植树造林力度的同时，整合项目资金，设立专项基金，组建专业造林队，长年整地造林。尤其要论证、编制一批大项目，加大招商引资力度，从政策、税收、价格等方面给予优惠，鼓励个体、私营、外资等非公有制经济主体，以独资、合资、合作、租赁、承包等多种经营形式，参与林业产业开发。

（五）积极争取政策项目扶持，为生态建设提供有力支撑。固原市的生态建设主要依靠国家和自治区的政策和项目扶持。在政策方面，(1)积极争取国家的生态补偿政策，争取把西吉、隆德、泾源、彭阳4县列为国家主体功能限制开发区生态建设示范区，加大财政转移支付，进行生态补偿；争取提高水源涵养林、水土保持林补助标准，将荒山荒沟造林也纳入公益林补助范围，逐步建立起生态建设与保护并举的长效机制。(2)积极争取国家将固原市列入林业碳汇造林项目试点和碳汇基金补偿，逐步探索林业碳汇交易平台和机制。(3)积极争取国家每年安排固原市新增造林50万亩，并将15度以上的坡耕地整体纳入国家退耕还林工程建设范围。(4)争取国家加大财政转移支付，提高固原市公益林、水源涵养林、水土保持林补助标准，并将苗木、花卉、中药材等列入农业特色产业直补等政策。在项目方面，国家和自治区将加大对生态建设的项目和资金支持力度，要立足固原实际，精心储备和论证一批大项目、好项目，全力争取支持。大力实施大六盘生态圈水土保持、三河源生态保护与开发等重大项目，积极推进国家三北防护林、天然林保护和水土保持生态建设工程，下大力气争取实施退耕还林、生态移民、生态旅游、林业产业开发等项目。

（固原市委副书记　董玲）

为建设宁南区域中心城市而奋斗

固原2002年撤地设市，经过近十年的实践与探索，城市建设有了长足的发展和进步，市区建成区面积由18.6平方公里扩大到现在的30.8平方公里，城镇化率由13.05%提高到现在的28.02%，城市框架逐步拉开，宁南区域中心城市已初现雏形。但是，必须看到，我市城镇化率水平、城市的发展水平、城市的建设与管理水平与区内其他城市和区外周边城市相比差距很大，而且这种差距越拉越大，区域性中心城市的地位正在受到严峻的挑战。固原市区现有常住户籍人口12万人，加上流动人口就是15万~16万人，只能算是小城市，固原市长期发展不起来，原因是多方面的，究其主要原因是受自然环境和资源禀赋的限制，经济发展方式长期走的是以农业为主的道路，二、三产业发展缓慢，城市经济缺乏活力，城市的聚集效应没能发挥，辐射功能十分有限，加上财政能力十分弱小，城市建设长期投入不足。这一现状与宁南区域中心城市的地位极不相称。如何加快经济社会发展，加快推进城镇化，如何在城市产业的发展方向、产业布局，城市建设的速度、规模上实现又好又快发展，是一个历史性的命题。今年年初，市委、市政府又做出了经济结构从以农业为主导向以工业为主导、多产业并举的战略调整，这是在深化市情认识，总结历史经验的基础上做出的科学决策。区域经济的竞争，说到底就是城市与城市之间的竞争，是城市经济的竞争。面对差距，我们既要迎难而上，大胆创新，更要理性思考，科学谋划，站在全局和长远的高度去统筹。就固原的城市建设而言，我认为必须牢牢把握"四个坚持"：

一、坚持高起点定位

城市定位非常重要，决定了城市的发展方向，而城市定位一定要结合城市的历史文化、资源优势、地理位置和发展潜力等来确定，要放到区域、甚至全国的大环境中去思考，辨析优劣，科学定位。固原地处西安、兰州、银川3个省(区)会城市所构成三角地带的中心位置，北邻中卫和吴忠市，东、南、西分别与甘肃庆阳、平凉、白银市接壤，称为宁夏的"南大门"，有着十分优越的地理区位，但相对来说，固原的资源禀赋总体较少，是制约发展的重要因素。经过多年的改革、实践与探索，固原的发展优势不断凸显，已经具有一定的优势特色轻型农产品加工业，具备良好开发潜质的文化旅游资源与市场，拥有储量可观的煤炭、岩盐、石灰岩等矿产资源，交通与区位条件在不断优化。特别是国家和自治区在政策、资金、技术与产业等方面的扶持力度在不断加大。自治区确定将固原建设为宁南区域中心城市，把固原城市定位为"历史文化古城，宁夏南部及周边地区的区域性中心城市，以发展农副产品加工、旅游和商贸为主的具有民族特色和山城风貌的生态型城市"。近期，市委、政府组织讨论的《固原市产业发展规划》把固原的城市战略功能定位为：宁南与宁甘陕毗邻地区以重化工业与现代服务业为主体的区域中心城市、特色农业与农产品(系列)加工业基地、低碳化、生态化城市。这无疑对市区建设的定位提出了新的更高的要求，同时也带来了新的发展机遇。因此，固原要顺应新的形势，站在新的更高的起点上定位我市的城市建设。

城市的发展要靠产业来支撑，以产业带动就业，带动城市扩张，促进城市繁荣。随着岩盐资源的探明和六盘山热电厂、固原机场等项目的建成投产，大力发展工业和现代服务业经济的曙光展现在了固原的面前，固原必须着眼21世纪经济发展的方向，着眼于固原市经济转型的战略调整，抓住历史机遇，充分发挥市区的核心作用，要大力发展现代化工业产业，盐化工产业、煤电新能源产业、建材业、农副产品加工业，大力发展物流和现代服务业，依托交通、区位优势，培育市场，发展以建材、煤炭、岩盐、清真食品等为主的物流业，做大做强文化旅游业，走出一条"开放与多产业并举"的产业发展道路，要通过产业的发展，聚集资本、人才、技术、市场资源，发挥区域中心城市的辐射带动作用。

二、坚持高水平规划

如果说城市定位决定了城市的产业布局，那么城市规划则是管控城市空间合理利用，固原市最近一轮的城市总体规划是2005年12月由自治区人民政府批准实施的，根据规划，到2020年市区人口将达到40万人，市区规划总面积43平方公里。总体规划批准实施以来，对于指导固原的城市建设起到了积极的宏观管控作用，规划把市区分为三个区，老城区、新区和经济开发区，老城区占地约 27 平方公里，是市区人口居住生活的主要区域，规划滞后，发展缓慢，改造难度大；新区是撤地设市以后扩展的，占地约 10 平方公里，规划为市区政治、文化中心，自 2005 年以来，相继有一批公共建筑投入使用，特别是随着行政中心、师范学院、回中和一中迁入新区，新区发展呈现了欣欣向荣，蓄势待发的气象；经济开发区占地约 6.2 平方公里，经过十多年发展，已成为以商贸、物流、加工业为主的工业企业相对集中的区域。

但是，由于城市规划滞后于城市建设的发展，深度不够，没有及时编制控制性详规和修建性详规，缺乏专业规划体系，城市建设很大程度上处于盲目、无序状态。

2010 年，在市委市政府的高度重视下，固原市编制完成了老城区和新区的控制性详细规划，使得城市建设初步迈入了有法可依的轨道，但还远远不够，今后的城市规划工作，还要在精度、细度和深度上下工夫，要以城市总体规划统领各个产业发展的规划，统领各个专业性规划，以控制性详细规划约束各个项目的建设，形成总规、控规、各专业性规划相互衔接、相互补充、相互配套的规划体系。主要抓好三个方面：一要加强规划研究。要以科学发展观为指导，促进城市规划编制工作，从注重城市一般性定位、规模，向注重产业布局，改善人居创业环境和实现可持续发展转变，从以单纯拓展地域空间、做大城市规模，向根据资源环境承载能力合理确定城市发展规划转变；从局限于固原地区的空间布局，向注重相关区域协调发展转变。二要完善规划体系。按照城市总体规划与经济社会发展规划、土地利用总体规划相衔接的要求，在城市建设总体规划、产业发展规划的基础上，编制完善城市交通、供气、供热、供电、供排水、绿化、教育、卫生、环保等各个专项规划，特别注重产业布局规划、物流园区规划、商贸发展规划，特别注重生态、环保、水资源的节约再生利用规划，进一步增强城市规划对城市建设的宏观管控作用。三要注重城市设计。根据固原的实际情况，从塑造固原的城市形象和特色魅力的要求出发，把规划与固原市的地理特征、历史文化、民族特色、时代精神有机结合起来，不断丰富“文化固原”的内涵，搞好城市重点区域和主要窗口的景观设计，做好具有发展带动性开发项目规划设计和城市标志性建筑物设计。注重通过立面、色彩、内涵、广场、绿地、灯光等要素来展现个性与特点，创造有层次、有变化的城市建筑轮廓线，形成优美的城市风景线。

三、坚持高质量建设

城市建筑是凝固的艺术，一旦形成很难改变。高质量建设就是要坚持以人为本和全面、协调、可持续发展的建设理念，坚持百年大计、质量第一的方针。要按照建设宁南区域中心城市的要求，从带动产业发展、改善住房条件、完善基础设施、推进园林绿化、保护生态环境、弘扬历史文化入手，以争创国家园林城市、卫生城市、节水、节能型城市为载体，以促进经济发展方式转变为目标，加快发展城市经济，全面提高宜居指数。主要抓好七个方面的工作：

（一）加快新区建设。从新区与老城并重，向千方百计加快新区发展的方向转变，实施新区建设大会战工程，以新区发展带动老城的改造，加快新区、老城连接道路、完善新区路网、基础设施配套建设。对新区土地进行全面统筹，通过政府引导，政策支持，引进一批具有投资开发实力的诚信企业，落地实施新区规划商业贸易区、住宅区、宾馆、饭店等项目，使新区具备较好的生活居住条件，增加新区人气，促进新区发展，尽快把新区建设成为行政中心，科技、教育、服务中心，宜居新区和龙头企业总部基地。

（二）整治提升经济开发区。按照规划功能布局，固原经济开发区应该是市区工业企业集中布局、集约高效发展的城市功能区域，但是，建区以来开发区的发展却并不十分理想，缺乏科学合理的产业布局规划，内部功能定位不清晰，工业、居住、商贸混杂，经济总量增长缓慢，存在土地闲置浪费现象。作为城市的一个重要功能区，开发区的发展不仅事关本区，而且影响到整个城市的发展，因此要将开发区整治为综合工业区是今后工作的重点，在全市产业规划的指导下，编制开发区产业布局规划，从现在起逐步明确产业分布和功能分区，实现相对集中、高效发展，对现有企业要进行全面梳理，用地要归整，效益要提升，要通过整治使得开发区真正成为固原工业企业快速发展的平台之一。

（三）加快基础设施建设。一是加快城市路网建设，加快综合交通体系建设，加强新区与老城的交通联系，集中财力实现重点突破，实施打通断头路、连接新老城等重点道路建设计划，今年先行实施古雁路和中山南北街打通工程。二是实施城市供水和集污管网改造工程，逐步实现供排水管网全覆盖，彻底解决基础设施老化造成的城市供水不畅、排污困难和防洪隐患等问题。2010年续建中水回用管道工程，兴建、改建长城路东段、西城路南段、清河北路等5条街城市集污管网工程，同时，要推行资源共享和设施共用，城市给排水系统、交通系统、电力系统、通信系统工程等尽量统筹安排，与道路施工一同进行，减少道路开挖，降低工程费用，方便群众出行。三是全面实施热电联产项目城市供热管网建设，热电联产项目今年8月份全面投产后，将成为城市供热的主要热源，要采用市场方式加快供热管网建设，让市民尽早享受到优质稳定的供暖服务。四是加快城市燃气管网的建设，结合西气东输二线工程即将向固原通气，要争取合理配置气量指标，科学优化建设方案，慎重选择准入企业，争取年底完成市区供气主管网建设，实现部分小区居民用上清洁能源。

（四）完善城市公用事业，加强生态环境治理。按照建设生态型城市的要求，实施清水河西岸景观完善工程，长城梁绿化工程，进一步加大城市绿化力度，以街区行道树绿化和高平路、西环路等街头广场为重点，不断提高城市绿化覆盖率，突出生态型城市的特色和魅力。进一步完善城市公共服务设施，按规划兴建一批学校、医院、社区活动中心，建设一批垃圾中转站等环卫设施，不断完善城市服务功能。

（五）努力保障民生工程。一是完善住房保障制度，加快廉租房和经济适用住房建设，解决城市困难居民的住房问题，年内建成廉租住房1750套、7.5万平方米。二是农村危窑危房改造工程，指导县区搞好规划，狠抓质量，重点加强工程抗震设防的监督管理，严格执行抗震设防标准，确保工程抗震安全。三是以宋家巷改造工程为引领，继续推动老城区危旧住房改造。把宋家巷改造成为旧城改造的示范工程，年内完成建筑面积25万平方米，规划商业区、安置住宅区和古迹维修改造工程实现全面竣工。

（六）狠抓建筑行业秩序整顿。一是建筑市场管理。抓好建筑市场整顿的阶段性重点工作，坚持既要整顿，又要发展的原则，找准问题，对症下药，规范参建各方主体的市场行为。二是建设工程安全管理，坚决杜绝重、特大事故发生。三是建设工程质量管理，加强建设工程抗震设防、建筑节能等监督管理，确保我市建设工程质量水平稳步提升。四是房地产市场管理，严格审查开发企业资质，严把市场准入关。

（七）创新建设环境。坚持城市建设“一盘棋”。凡是城市规划区内的建设活动，都要服从城市总体规划、产业发展规划，各行各业的建设都要与总体规划和各专项规划相互衔接。经过严格的审查审批程序，杜绝无序建设的现象。加强城市土地经营，坚持集约节约使用土地，坚持走可持续发展的道路。注重关注民生、构建和谐发展环境，完善征地安置制度，探索拆建结合、就地安居的模式，实施失地农民最低生活保障、医疗和养老保险全覆盖，使他们住有所居、病有所医、老有所养，共享城市发展的文明成果。

四、坚持高效能管理

城市管理不仅是一门科学，而且是一种文化。城市管理包含对城市基础功能的维护、对城市公共空间的管理和对城市应急状态的管理三个方面。

回眸固原城市的发展过程，在历届市委、政府的领导下，在政府各职能部门的不懈努力下，城市建设有了长足的进步，基础设施不断完善，城市管理也从无到有，基础设施维护、运转基本正常，但是，城市管理一直处在较低水平，工作中还存在不少突出问题，主要表现在五个方面：一是城市基础功能的维护水平差。给排水保障率、覆盖率低，环境卫生差，交通秩序混乱，绿化管理层次低，供热供气质量不稳定，公共设施缺乏且维护不到位；二是城市空间的管理不到位。违法建设蔓延，街区秩序混乱，占道经营，执法管理不严；三是管理体制陈旧。管理权相对分散，多头管理，责权不明，法规制度不完善；四是缺乏有效的监督考评机制；五是社会支撑和公众参与制度缺失，执法环境差。时代发展到今天，在国家大力推进城镇化这样一个大背景下，固原的城市管理现状显然不能满足大发展快发展的要求。因此，正视存在问题，强化城市管理，攻坚克难、迎头赶上是摆在固原市面前的紧迫任务。

面对城市管理工作的诸多突出问题，要坚持以加强队伍建设为根本，以解决人民群众热切关心的民生问题为工作重点，以建立科学有序的城市管理机制为基础，以城市绿化、净化、亮化、公用设施完善和街区秩序管理为主要内容，持续开展城市环境综合整治活动，推动城市管理工作步入法制化、规范化，实现城市环境面貌的彻底改观。现阶段固原城市管理的重点要从五个方面做好工作，一要采取有力的措施，坚决遏制违法建设行为。违法建设屡禁不止，损害了公众的利益，破坏了城市的整体规划。目前，市政府已经出台了《市区违法建设行政责任追究暂行办法》，建立了市、区、镇、村联管机制，要认真加以落实；二要认真“治乱”，大力整治城市秩序。固原城市管理的“乱”，突出表现在街头随意摆摊设点、占道经营、乱停乱放、乱搭乱建、乱扔乱倒、乱贴乱画上，体现了管理责任的不落实和社会公德的缺失。为此，要加大宣传教育的力度，建立严格的街区巡查监管制度，以市容市貌的“严管街”和门前三包“样板街”为突破口，循序渐进，集中清理整治，净化城市空间。要加大对街区废品收购点、洗车点、售煤点、非法夜市、露天烧烤等清理整顿和规范管理，要整疏结合，积极疏导，探索集中规范的管理模式。三要坚决“治脏”，争创自治区卫生城市。固原的城市卫生时好时坏，市区内还有很多环卫工作覆盖不到位的地方。对于“治脏”的问题重点是要落实责任，要建立常态的环卫管理机制，实现环卫责任全覆盖，要引入市场机制，坚持奖优罚劣，效益优先。四是努力“治差”，提高城市的绿化亮化美化水平。要实行精细化管理，以创建自治区园林城市为目标，努力做好城市园林绿化工作。要逐步实施街道亮化工程，要加强日常的公共照明设施的管理。要集中整治沿街建筑物、门头牌匾和户外广告，逐步实施“三线”入地工程。五要提高保障水平，维护好城市的支撑系统。全力做好城市道路交通、给排水及污水处理、垃圾收运处置、能源热力供应、城市邮电通信、城市园林绿化系统的维护，确保这些系统的正常运转。（市委常委、副市长 黄雅杭）

坚决贯彻区、市决策部署 全力以赴抓好工作落实

自治区党委十届十次全会要求，要在解放思想中抓落实，在攻坚克难中抓落实，在务实苦干中抓落实，切实做好各项工作。市委二届八次全会强调，全市各级党政组织和党员干部要大力弘扬“不到长城非好汉”的六盘山精神，靠实干加快发展，靠苦干赢得民心，靠大干树立形象，全力以赴抓好工作落实。市二届人大三次会议要求，要始终保持进取之心，开拓创新，锐意进取，把全部心思凝聚到工作上来，一心一意谋发展，聚精会神干事业。

近年来，在自治区纪委监察厅和市委、政府的有力领导下，固原市推进反腐倡廉建设的思路进一步清晰，任务进一步明确。市委二届八次全会要求，要把反腐倡廉建设放在更加突出的位置，坚持标本兼治、综合治理、惩防并举、注重预防的方针，加大

教育、监督、改革、制度和创新力度,更加有效地预防和惩治腐败。市二届人大三次会议强调,要认真落实党风廉政建设责任制,扎实推进教育、制度、监督并重的惩防体系建设。市纪委二届七次全会对2010年全市党风廉政建设任务进行了部署。完成既定目标任务,关键是要抓好落实。为此,经市纪委监察局研究,请示市委同意,把2010年确定为“全市纪检监察工作落实年”,以此作为“推进器”,力推区、市党委、政府决策部署的贯彻落实。

第一、要明确方向抓落实

市委书记刘小河强调,各级纪检监察机关要把确保党和政府政令畅通作为履行职能的首要任务来抓。市长白尚成要求,抓落实要从推进改革、发展和稳定的大事抓起,从人民群众最关心、最直接、最现实的利益问题抓起,坚决贯彻执行中央和区、市党委、政府的决策部署。作为纪检监察机关,要切实履行监督检查职能,坚持以“市委、政府重大决策部署到哪里,纪检监察机关就监督检查到哪里;人民群众的根本利益在哪里,纪检监察机关就坚决维护到哪里”为履职方向,整合执法监察、效能监察、纠风和派驻纪检组等监督力量,强势开展监督检查,以实实在在的工作成效赢得党委、政府支持,赢得干部群众信任。

一是强化监督检查。制订《固原市纪委监察局2010年监督检查工作计划》,明确监督检查的内容、重点、程序和时限要求、目标任务以及责任领导等,加强对区、市党委、政府推进科学发展决策部署落实情况以及市委二届八次全会、市二届人大三次会议、第四次固原工作会议确定的重点任务、重大项目和促进发展战略转型政策措施的监督检查,强化执行落实,确保政令畅通。

二是强化纠风整治。扎实开展工程建设领域突出问题专项治理、“小金库”专项治理、义务教育经费专项治理,加强对扶贫救灾救济资金、“少生快富”工程资金、退耕还林草等专项资金的监管,认真解决群众反映强烈的突出问题,维护群众利益。

三是强化督促考核。建立定期检查和专项督察制度以及纪律保障机制,对贯彻落实不力、敷衍塞责、被动应付等行为,严格督察考核,严肃追究责任。

第二、要突出重点抓落实

随着形势的发展,纪检监察工作点多、面广、线长的特点愈加凸显,把所有的工作放在同等位置一起抓,一方面容易出现精力投入不足,另一方面会造成工作平平、一般化。为此,市委、市纪委确定了六项重点工作予以强化,力求以重点工作的成效带动全局工作的开展,以关键环节的突破带动整体工作的推进。

一是以贯彻《考核办法》为重点,强化惩防体系建设和责任制落实。认真贯彻落实《固原市落实党风廉政建设责任制和惩防体系建设考核办法》,进一步强化责任分解、考核和追究,制订《党风廉政建设责任制牵头部门任务落实督促检查办法》,加强定期检查和专项督察,力促惩防体系建设各项任务和党风廉政建设责任制全面有效落实。

二是以推行廉政风险防范管理和党员干部勤政廉政承诺制为重点,强化对权力运行的监督和制约。市委二届八次全会提出要扎实推进廉政风险防范管理工作。市二届人大三次会议要求把推进廉政风险防范管理作为加强效能建设,建设高效廉洁政府的重要措施。2011年,要把推行廉政风险防范管理作为有效监控权力运行的重要手段,重点予以强化,着力在落实廉政风险的查找分析、预防控制、监督检查、考核评估和责任追究机制上下工夫、见实效。同时,把党员干部勤政廉政承诺制作为落实廉政风险防范管理的有效配套机制,力促“承诺”到位、“践诺”有效。

三是以实施“勤廉为民”工程为重点,强化农村党风廉政建设。市委书记刘小河在市纪委二届五次、七次全会上明确提出,要立足我市农村实际,坚持不懈地抓好农村党风廉政建设。2010年以来,我们认真组织开展“勤廉为民”工程,推动了农村党风廉政建设创新提升。2010年我们继续以深入推进“勤廉为民”工程为抓手,加强农村党风廉政建设。强化村务财务政务党务公开,加强集体资金资产资源管理,扎实推进基层民主建设,加强对强农惠农政策措施落实情况的监督检查。制订《关于乡镇便民服务中心规范化建设的意见》，召开全市基层便民服务工作观摩交流会，深入推进农村党风廉政建设创新提升。

四是以加强源头预防为重点，强化对党员干部的勤廉教育力度。制订《关于进一步加强党员领导干部经常性廉政勤政教育的意见》，增强教育的系统性、针对性和实效性。在认真开展示范教育、岗位廉政教育的同时，编印《固原市党员干部违纪案例选编》，切实抓好警示教育。继续深入实施我市“五个一勤廉教育工程”，扎实开展“党风廉政宣传教育月”活动，提升廉政文化“六进”水平。加强党风廉政教育服务信息平台建设，办好党风廉政手机报，开办“六盘山廉政勤政论坛”，培育树立我市党员干部勤廉教育品牌。

五是以提高执行力为重点，强化反腐倡廉制度建设。一方面要抓好中央和自治区各项反腐倡廉制度的学习、宣传，使广大党员干部领会制度的精神实质，熟悉制度规定的内容，增强法律和纪律观念；另一方面要抓紧制订和完善固原市落实相关制度的配套措施，形成管用有效、符合市情的制度体系，真正实现用制度管人、管事、管权。同时，建立健全保障制度执行的体制机制，严肃查处违反制度的行为，提高制度执行力。

六是以加大惩治腐败工作力度为重点，强化查办案件工作。市委二届八次全会要求，要始终保持惩治腐败的高压态势，严肃查办各类腐败案件。要进一步加强组织领导，整合办案力量，加大办案力度，增强惩治的威慑力，以良好的办案效果取信于民。研究制订加强案件管理工作的意见，落实好《固原市审判、检察、公安机关向纪检监察机关移送案件实施办法》，加强协作配合，建立“大案管”工作格局。

第三、要开拓创新抓落实

解放思想、开拓创新是奋力抓落实的动力源泉。2010 年，我们提请市委研究下发了《关于开展纪检监察工作创新的意见》，在全市纪检监察系统大力开展工作创新活动，并设立工作创新奖，每年评审表彰一次。《意见》下发以来，全市各级纪检监察机关积极探索，敢于突破，大胆实践，形成了浓厚的工作创新氛围，年底申报创新成果 98 项，我们对 25 项进行了表彰奖励。今后，我们要按照市委二届八次全会提出“更加注重思想解放”的要求，进一步创新思路理念、方式方法和体制机制，大力推进工作落实，提升整体工作水平。

一是创新思维抓落实。研究制订《全市纪检监察工作落实年实施意见》，对推进工作落实进行周密计划，明确抓落实的主要措施和工作要求，以科学的理念推进落实。

二是创新机制抓落实。建立责任落实机制，把每一项任务、每一项工作细化量化，分解落实到具体部门、具体岗位、具体人头，明确责任主体、工作职责、完成时限，做到事有专管之人，人有专管之责，时有限定之期。继续坚持纪检监察工作互观互评互检互促制度，组织县区纪检监察机关、市直部门（单位）纪委和市纪委派驻机构、各室负责人，对重点特色工作进行互观互评互检，促使各地、各部门互相交流，互相促进，推动落实。

三是创新方法抓落实。整合委局机关和派驻机构力量，前移督察重心，运用定期督察、实名通报等方式，加强动态考核，建立督察工作台账，强化督察督办，增强督察实效。抓住不落实的事，盯住不落实的人，查找不落实的因，追究不落实的责，形成一级抓给一级看、一级带着一级干、一级督着一级办的工作落实机制。

第四、要强化执行抓落实

“三分战略七分执行”，抓落实就要强化执行力。2011 年我们要针对一些单位说的到位、做不到位，部署到位、执行不到位，表面到位、实际不到位，权利到位、责任不到位等执行力不强的问题，强化执行力，奋力抓落实。

一是完善执行反馈制度。加强工作督察，建立重点工作一月一自查、两月一督察一通报制度，及时了解掌握工作进展，分析执行过程中存在的问题和原因，对症下药，有针对性地采取措施，强化执行落实。春节前，我们组成6个督察组，深入各县区、各部门对廉政风险防范管理和党员干部勤政廉政承诺制、工程建设领域突出问题专项治理等重点工作完成情况进行了全面督察，发现个别部门(单位)对这些重点工作重视不够、敷衍塞责，对此，我们将采取对存在问题多、工作不力的单位下发督促抓好工作落实建议书等形式，督促有关部门(单位)抓好落实。

二是建立执行问责制度。制订《固原市关于实行党政领导干部问责制的暂行规定》和《固原市机关工作人员不当行为处理办法》，加大对在重点工作推进中执行不力和不作为、乱作为的问责力度和效能告诫力度，严肃处理作风不实、落实不力、效能低下、政令不畅、履职缺位、弄虚作假、失职渎职等问题，做到令行禁止、落实到位。

三是整合充实工作力量。进一步完善派驻机构统一管理的有关制度，整合力量，强化派驻机构在推进重点工作和开展监督检查中的职责，保证执行顺畅、落实有力。同时，强化纪检监察机关和各部门(单位)的协作配合，合力推进工作落实。

(市委常委、纪委书记 高贵武)

在新一轮大开发中要着力办好三件事

现在是宁夏发展最快最好的时期，也是固原发展最快最好的时期。这几年，固原市各个方面的变化都比较大。农业生产、工业生产、第三产业，包括城乡人民生活水平，都有很大的变化。社会稳定，民族团结，人民安居乐业。可以说，西部大开发10年来，固原深受其益。完全有理由相信，新一轮西部大开发，固原一定会发生更加巨大的变化。

中央深入实施西部大开发战略，同时兼有拓展国家的发展空间，维护我国西部地区稳定和民族团结，加快实现东西部地区共同富裕，维护国家周边安全的重大历史意义。在新的10年开发里，固原怎么办?要做好以下三件事。一是生态移民，这是解决固原问题的一个突破口。前10年陆续移出20多万人，现在这20多万人的生活与发展问题已经得到了很好解决，同时为剩余人口腾出了生存和发展空间。后10年，要再移出21万人。要通过大学习活动，着力解决全市干部和群众的思想问题，不能固守穷困的土地，要走出去。要坚定信念，做好这件事情；二是生态建设是固原的重中之重。前些年，固原市搞牛羊进圈、退耕还林，收效很大。固原完全可以在生态建设上实现跨越式发展。城市造林不能放松、公路造林不能放松、农田防护林不能放松，要结合新农村建设，村庄院落造林也不能放松。要鼓励农民种植一些上档次的树苗；三是要坚定不移贯彻市委以工业为主、多产业并举的发展思路。要借西部大开发这个大好时机，争取些项目和资金，推进工业上水平。人大常委会提出建议，应加快盐化工园区进展，同时也要多上几个项目。比如彭阳煤资源、物流产业等项目上都可以大做文章。

(市人大副主任 姜文奎)

立足科学发展 打造文化固原

牢固树立和认真落实科学发展观，是党中央在新的历史时期提出的重大战略思想。对于文化来讲，科学发展观一方面凸显文化在发展中的重要地位和作用，另一方面明确未来文化的发展方向。全市各级干部必须高度重视文化，努力实现文化的全面、协调和可持续发展。

一、对固原文化的基本认识

文化是人们的一种价值取向、生活态度和生活方式，是与人们的世界观和价值观相统一的有序整体。我们所讲的文化活动如文学艺术、广播电视、新闻出版、电子动漫、文化遗产等都是这个有序统一体的具体体现。

(一)文化是引领发展的精神动因。文化的价值取向决定了经济发展的方向和群众生活的好坏。历史上，固原人民能够在这块土地上生存和发展，正是源于当地传统文化的精神动力和新注入的具有时代特性的新鲜血液。当前固原市正大力培育和弘扬的“不到长城非好汉”的六盘山精神，这是固原最具深层次、最具永久价值的文化符号，体现了固原人民的核心价值观，能够最大限度凝聚各方智慧和力量、放大群众创造力、释放群众活力和潜能，引领固原经济社会实现又好又快发展。

（二）文化是未来发展的重要构件。未来社会的竞争更是文化的竞争。固原要占据发展浪头，必须占领文化制高点，掌握文化发展主动权。丰富多彩的历史遗存和繁花似锦的现代文化是固原最重要的资源禀赋和后发优势，这里是中原文化、草原文化和西域文化的交汇地，曾经画角连营、百官云集、农商发达，许多重大事件彪炳史册，许多出色人物辉煌千古，为固原留下了宝贵而丰厚，并具有垄断性和独有性的文化沉积；产生于这里的“西海固文学”在国内文学界引起了广泛关注和强烈反响；“中国书法之乡”以及以回族文化为主体的多元民俗文化，为固原文化发展焕发勃勃生机。改革开放30年固原经济建设成就为文化发展奠定了基础，全国各地的实践为固原文化发展提供了可借鉴的路子，为文化乘势而上、迅速崛起并实现跨越发展提供了机遇。

（三）文化是实现人全面发展的内在要求。新中国成立以来，固原人民的物质生活水平得到了空前提高，但文化生活水准还很低。这不符合科学发展观的要求，不利于实现人的全面发展。随着经济的深化和社会的发展，人们的精神需求会日趋旺盛，求知求美求乐的愿望会更加强烈。我们要充分认识和把握这一发展规律，认真做好各项应对措施，用健康向上的文化产品引导生活、陶冶情操、温润心灵、舒缓压力，让丰富多彩的文化活动使人感到幸福、感到快乐，提高生活质量、提高幸福感指数，在全社会唱响共产党好、社会主义好、改革开放好、伟大祖国好、各族人民好、民族区域自治好的时代主旋律，促进人的全面发展。

二、对文化固原的基本定位

固原文化资源十分丰富，对待这些庞杂而繁多的文化遗产，要抓重点，取精华，挖掘出主题明确、内涵丰富，培育出振奋人心、催人奋进的先进文化。固原文化应侧重于“红色六盘、萧关古道、丝路古城、花儿家乡”。

（一）红色六盘。六盘山是一座久经历史风云、积淀历史文化的山脉。千百年来，六盘山见证了从秦皇汉武到唐宗宋祖，从一代天骄成吉思汗到一代伟人毛泽东，各个年代所发生的重大事件和相关人物。1935年，红军西征北上和长征途中翻越六盘山，特别是毛泽东饱览六盘雄姿赋作的《清平乐·六盘山》，不仅播下了革命火种，而且还衍生出了特有的红色资源，使其成为中国革命史上的一座丰碑。我们要深入挖掘这些宝贵资源，出重拳打造“红色六盘”品牌，使六盘山成为固原的象征，能够为固原的经济发展更好地服务，这既是对先古的一种缅怀，又是对后人的一种交代。

（二）萧关古道。萧关是中国历史上著名的关隘。这里遗存的古关隘如瓦亭关、六盘关、木峡关等，古城廓如秦长城、固原古城、瓦亭古城等，古战场如牛营子、三川寨等都雄辩地证明了这里是中国历史上重要的一扇门，开门可以迎客，闭门可以拒敌。秦始皇修驰道北出萧关，汉武帝六次北巡取道萧关，汉文帝御击匈奴，张骞、班超从这里带去华夏文明、带回域外文艺，李世民在这里会见少数民族，李亨在这里运筹帷幄；更有王昭君远嫁匈奴经过，蔡文姬从胡地归来满目凄凉萧关一叹等。这里也是诗旅文化的温床，班彪睹物怀古写下《北征赋》，以及王昌龄、卢伦、杜甫等一批著名诗人，他们在这里留下了足迹，酿造了千古绝唱。要将与萧关相关的这些历史事件、边塞生活诗词统一起来，深挖和打造萧关古道文化，让外界重新认识固原、领悟固原；也让固原人民打破心理藩篱，从“贫瘠甲天下”的阴影中走出，走向自信，走向成功。

（三）丝路古城。固原是古丝绸之路东段北道的必经之道，以长城为主线的古城文化、以须弥山为代表的石窟文化、以鎏金银壶为代表的出土文物，都标志着固原作为丝路古城的重要地位。须弥山石窟被誉为“宁夏敦煌”，其中弥勒大座佛堪称唐代石窟艺术杰作;鎏金银壶和凸钉玻璃碗是世界现存古波斯萨珊王朝文物中的珍品,而众多具有中西亚风格的金银器更闻名遐迩。这些文物古迹记载了东西文化交流融合的千古沧桑,凝聚了中华民族的心血,印证了古丝路途经固原的辉煌,其所体现出的意义,已远远超越了地域文化范畴。要认真研究和精心解读古丝路文化,使其成为人们追思丝绸之路、了解石窟文化、认识固原历史的最佳途径,成为激励固原儿女不畏艰难、开拓进取、敢于成功的动力源泉;要积极做好丝绸之路作为世界文化遗产的申报工作,使“丝路古城”成为固原走出宁夏、迈出国门、走向世界的通行证。

(四)花儿家乡。花儿是流传于甘宁青新四省区汉、回、东乡、保安、撒拉、裕固、土、藏八民族中的一种山歌,是国家非物质文化遗产,是中华民族的艺术瑰宝。六盘山花儿来自民间,源于生活,历经千年岁月的洗礼、衍变和沉淀,已深深地烙在回族大众的心灵,融于他们的血肉之躯,成为体现民族文化心理和情感追求不可替换的、最直接的表达手段,具有很高的民族学和民俗学研究价值。

建设社会主义先进文化,就是要挖掘优秀的民族文化遗产,保护、传承和利用好这些资源,为构建和谐社会,促进民族团结、社会稳定和经济发展凝心聚力,发挥作用。要全力打造“花儿家乡”品牌,让六盘山花儿唱遍固原、唱遍宁夏、唱遍中国,使固原这块天予祖赐、不可多得的“软黄金”切实发挥硬作用,更好地服务于全市的经济建设。

三、推动文化固原建设的基本途径

(一)要坚持以人为本。把实现好、维护好、发展好最广大人民群众的根本利益作为文化建设的出发点和落脚点,广泛开展文化艺术月、广场文化、送电影、送戏下乡等大众文体活动,重点扶持社火、秦腔演唱团、社区自乐班发展;举办花儿电视大奖赛、秦腔、书法、体育等民间文体竞赛活动,发动广大干部群众参与,实现村村有节目、户户有欢歌;最大限度地发展农家书屋和农村公共信息化网络建设,多渠道增加农业科技、法制教育、红色革命等方面书籍和信息,把农家书屋建为提高群众文明程度、教化群众和谐发展、解决群众烦恼之地;把学习作为实现人的全面发展的重要途径,在全社会倡导爱读书读好书善读书,真正使学习成为工作、生活的重要组成部分,成为一种生活常态、一种精神追求,在学习中修身,在学习中立德,在学习中实现人的全面发展。

(二)要坚持统筹兼顾。坚持用抓经济工作的思路谋划文化建设,用抓项目工程的办法抓文化发展,全面提高文化所占比重;强化文化基础设施建设,市县级争取建设一批具地方标志、又能为群众提供服务场所的标志性建筑,力争在最短时间完成文化的原始积累;乡镇、村组级重点加强文化活动中心、文化大院、文化中心户建设,把乡镇文化站建成集图书阅读、文艺演出、广播电影、宣传教育、科技培训为一体的综合性文化站,把村文化室建成集图书阅读、娱乐休闲、交流谈心等为一体的多功能文化室;更加关注未成年人、弱势群体和低收入者的文化需求,每年安排一定场次的无偿演出和放映电影等,以满足他们最基本的文化生活需要。

(三)要丰富文化载体。以固原重大的历史现实题材和浓厚的文化底蕴为资源,建设一批有效、有影响力的文化载体,打造又好又快发展的文化平台。深入开展精神文明创建活动,将中华传统文化的弘扬与精神文明的创建结合起来,使各乡各村有学习标杆、各家各户有先进榜样,使社会上正气长存、乡邻间和谐和睦,提高群众生活的幸福感指数和文明程度。大手笔高质量实施文化精品工程,拍摄一批全国有影响的电视电影剧本,出版一套能震撼人心的文学艺术丛书,创排一台能反映固原最高水准的文艺节目,编排一些具有地方特色和大众色彩的民间艺术、商贸旅游节目,播放反映固原民族文化和群众英雄的“每周一歌”、“每周一星”,为群众奉献丰富的文化盛宴。深入挖掘、整理、创作和演绎“六盘山花儿”,让专业演员与群众演员同台献艺,精品剧目与群众文艺相映生辉,让原生态花儿既能叩响艺术殿堂之门,又能成为大众寻求愉悦、快慰心灵的常用方式,切实将固原打造成“花儿家乡”。

（四）要整合文化资源。将涉及红色六盘、萧关古道、丝路古城、花儿家乡的本土文化旅游资源重新盘点与评估，提炼精华，研究注入具有说服力和震撼力的人文要素，统一包装，系统开发，打造“旧景观”的“新亮点”。整合人文资源，探索开展文化移民试点工作，合理设计文化结构，精心培育文明风尚，全力构建生产发展、生活宽裕、乡风文明、村容整洁、管理民主、邻里关系和谐的新农村面貌；按照集约化发展思路，整合市县级歌舞团或演出团体力量，形成具有市场竞争力的文化产业集团，带动产业群发展；加快文化体制改革，打破政府包办文化模式，鼓励、撬动民间资本向文化领域流动，激发活力，解决产业链条短、资金匮乏等问题。通过资源整合，建立和优化固原积极、健康、向上的文化生态环境，使固原文化呈现出与经济、政治和社会又好又快和谐发展的新趋势。

（五）要增强文化自觉。文化自觉是文化发展的较高层次，是文化的自我觉醒、自我反省和自我创建。西海固作家群的出现、诗歌的崛起、书画艺术家、民俗文化艺人的出现，都是文化在固原的自觉现象。失地农民唐永祥为“弘扬道德文明、发掘历史文化”，用15年时间完成了固原古城样本模型；一批退休职工为“弘扬中华文化、建设中华民族的共有家园”，筹建固原孔子馆，开设经典颂读班，展示固原历史文化名人，弘扬时代主旋律；乡镇干部王怀凌利用8小时之外激情创作，被评为“全国十佳诗人”等等。诞生于固原本土的这种文化自觉行为其精神难能可贵，值得我们深思、深挖。我们要通过宣传、制订有关政策来切实引导、大力推介和积极鼓励这种文化自觉行为，使社会上更多的人都能自觉地投入到文化事业发展中来，共同推进全市文化大发展大繁荣。

（固原市委常委、宣传部长 周庆华）

弘扬儒家思想 重视家庭教育

儒家思想，不仅是中华民族智慧的结晶，也是中华民族一般价值观念形成的理论依据。我们加强德育工作，要充分利用中国传统文化，特别是儒家思想的精髓，采取多种形式，利用各种机会对青少年进行教育，努力提高其道德水准。

儒家思想倡导的家庭教育既有明晰的道德理想，又有以家庭为单位的健全的组织制度，是在学校教育和社会教育之外最早的和长效的教育资源。

一、在家庭伦理方面，儒家思想倡导的家庭教育首先推重“孝悌”观，这不仅有利于促进家庭内部的和谐、有序，而且具有尊老抚幼的社会保障功能。这就是中国传统典型的“家国同构”的教化模式，它成功实现了把家庭伦理同人际伦理、政治伦理的对接和统一。

二、在职业道德方面，儒家思想倡导家庭教育首先推重的是读书。但是，中国古代知识分子的读书归趋问题总是遭到近代、现代某些人的深度曲解，以为古代读书人只能拼挤于一条“应试做官”的独木桥。对此，南宋哲学家陆九韶在《居家正本制用篇》中早已做出了明确的回答：“试观一县之间，应举者几人，而与荐者有几？至于及第，尤其稀罕。”他认为读书应以“通经知古今”为目的，这样至少能成为“孝悌忠信之人”，既有利于科举应试，也有利于“事君临民”。明代大儒高攀龙在《家训》中说得很直率：“吾人立天地间，只思量做得一个人，是第一义，余事都没要紧。做人的道理，不必多言，只看‘小学’便是，依此作去，岂有差失。”足见中华传统文化对于提高人的从业素质有着至关重要的滋养之功。传统家教强调读书的目的在于提高人的素质和敬业精神，力图使读书的子弟践行一种学以致用的人生哲学。

三、中国儒家思想倡导创立的“家国同构”的教化模式，把教化天下的任务分摊到每个家庭来承担，直接把家庭这个社会最基层的单位及人所依赖的生活环境变成了道德教化的组织机构。《三字经》中提出的“子不教，父之过”，就是社会向家庭分摊教化任务的明证。中华传统家教的实质其实就是在全社会推行道德教化的家庭责任制。现在中国已有“小皇帝”这样一说，孩子们到了学校后也希望得到这样的待遇，甚至有的孩子在学校受到体罚，爸爸就会去打老师。加之近百人的超大班额,老师是无法和每个幼小心灵进行沟通的。因此,孩子的德育教育的主要任务应该放到家庭教育上。

只要社会上还存在家庭,那么家庭中的道德关系永远是重要的。现代市场经济条件下,一部分人在经济利益的驱动下已淡薄了人类原有和应有的血缘亲情及家庭道德关系,忘记了他们在家庭中的道德义务。"空巢家庭"的出现,固然需要发挥社会保障的作用,但同时也应发扬儒家思想家庭互助,敬重、照顾老人的优良传统。在此种意义上,德育工作借鉴儒家文化中的家庭伦理教育不失为提高德育有效性的一种办法,它有利于人们认识的回归,帮助人们重新重视家庭伦理关系,重建家庭道德秩序,进而整个社会网络便能形成和谐安定的秩序。

儒家思想倡导家庭教育为促进社会和谐、传承美德和弘扬民族精神立下了不可磨灭的历史功勋。虽然这种教育模式在现代人看来带有"封建家长制"的色彩,但古人设计这种家教模式的高明之处在于:把适应各种社会秩序及社会角色所需要的素质教育转移和分解到每个家庭来进行,并在全社会建立起一个家家有责、人人践行且代代相传的广泛而长效的社会教化机制。这是一种处在自我组织状态下的低成本、高效益的培训模式和教育资源,是中华民族对人类文明的杰出奉献。

十年树木,百年树人,要呼吁全社会都能弘扬儒家思想,重视家庭教育,让中华传统美德和民族精神的形成和传承在家庭教育中发挥应有的作用。因此,需要增强民族文化的认同感和归属感,让儒家思想的当代价值更加凸显。一个民族只有保持特性,才能在文化大同中保持独立的自我,才能在现代化进程中找到精神支柱。

(民盟固原市委员会)

制约固原全民创业的障碍因素和破解之策

全民创业,是富民强市的战略之举,是构建和谐、激发活力的关键之措,是一项民生工程。近年来,固原市紧紧围绕"抓创业、促就业、保民生"的目标,在完善政策体系、搭建创业平台、开拓创业空间和培训创业主体等方面取得了一定的成绩,但这与周边地区相比,还存有很大差距。究其原因,笔者认为既有客观现实的局限性,也有主观能动的制约性,现分析如下:

一、制约全民创业的障碍因素当前,固原市全民创业仍受城市经济总量小、创业资金短缺等诸多因素的制约和影响。

(一)经济总量小是制约固原市全民创业的捆绑绳。固原市是典型的贫困地区,地域条件差,资源匮乏,工业发展还处于起步阶段,缺少龙头企业的带动和大项目的支撑,经济总量难以扩张。

2008年,全市生产总值仅占全区的6.89%,银川市是我市的6.8倍,平凉市是我市的2.24倍,经济总量远远低于周边地区。创业形式仍局限于体力型、粗放型、小商小店、小摊小点等传统落后的服务业,创业手段单一,产品附加值低、市场竞争力弱,缺乏广阔的发展领域和长久的发展动力。

(二)资金短缺是制约固原市全民创业的绊脚石。近年来,广大农民虽已吃饱肚子,但还没有足够的资金用于投资和创业,且担保投资机构不健全,银行贷款难度大,创业之路严重受阻;一些企业老板和中小工商业者缺少流动资金,再创业、创大业很难如愿。据了解,由于部分经营者和企业主诚信意识较差,导致银行有款不敢贷,个人有钱不敢借,民间资金不敢投,没有形成良好的投融资环境,全民创业因资金短缺严重制约着创业者前进的步伐。

(三)政策执行不力是制约固原市全民创业的拦路虎。创业扶持政策落实不到位问题突出。2009年初,市委、政府出台了《关于大力推进全民创业的意见》,有关部门也陆续制定了一系列配套文件,有的乡镇还建设了创业指导服务机构,但从实际效果来看,这些优惠政策仍未使广大创业者真正受惠。

(四)意识不浓是制约固原市全民创业的中梗阻。思想保守,观念落后,缺乏机遇意识、竞争意识和风险意识仍然是制约全民创业的首要问题。

二、推进全民创业的破解之策

（一）解放思想是强化创业意识的大法宝。推动全民创业，最根本的是要引导广大群众进一步解放思想，打破思维定势，突破观念瓶颈，冲破心理障碍，彻底从"等、靠、要"的懒散自卑状态中解脱出来，消除创业壁垒，清除创业障碍，让千家万户动起来，使创业能人多起来。各级干部要牢固树立"支持你创业，服务你投资，保护你赚钱"的责任意识，要采取多形式宣传政策，强化信息交流；要大张旗鼓地宣传表彰一批创业模范，激发创业斗志，坚定创业信心，让懒人不自在、穷人不甘心，富人更上一层楼，让全民创业成为一种追求、一种时尚，加快形成"人人在创业，个个在弄潮"的生动局面。

（二）强化培训是激活创业主体的强心剂。培育一大批有胆识、有作为的创业主体是实施全民创业的关键所在。要以固原民族职业技术学院为主阵地，有针对性地开展各类创业主体的创业培训，坚持"因人而异、因业而异"的培训原则，以创业意识、创业技能、项目策划和经营管理等为内容，切实提高培训的针对性和实效性。抢抓自治区"百万农民培训工程"的大好机遇，使我市农村劳动力整体素质得到明显提高，创业激情得到充分发挥。

（三）优化环境是保证创业质量的顺风帆。要把营造环境作为最直接的抓手，千方百计保护好群众的创业热情，尽心竭力为创业者营造一个良好的发展环境。一要转变作风，提高服务满意度。各级党委、政府要始终以服务创业为天职，多服务、不干预，多帮忙、不添乱，大力推行"阳光政务"，坚决杜绝吃、拿、卡、要的不良行为，切实提高服务满意度。二要完善体系，提高政策执行力。有关部门要完善创业主体的医疗保险、养老保险、创业奖励等制度，解除他们的后顾之忧，激发他们的敬业之情。要全面落实各项优惠政策，加大督察力度，切实提高政策执行力。三要发挥职能，构建融资新机制。

（四）搭建平台是拓展创业领域的开山斧。推进全民创业，要借助固原实现发展战略转型的战略机遇，积极搭建平台，丰富载体，不断拓展全民创业空间。

（固原市委党校 苏明珠 苏平）

加强民风建设 改善发展环境

民风是构建和谐社会的重要基础，是人类社会共同关注的话题。我们与外界打交道，首先要考虑民风。民风与我们每个人息息相关，声声共鸣。由于民风差异，不同地方的人有不同的声誉，是由民风所向而成。民风成了一个地方或一个人的重要标志或无形资产。

一、关于民风的断想

民风与"水土"有关。"水土"决定了人的行为习惯，甚至口音和方言。民风的最直观理解是民间风俗。

首先，由自然条件造成的行为规范，称之为"风"；由社会文化造成的行为规则，称之为"俗"。风与俗，合称为风俗或风俗习惯。所谓"十里不同风，百里不同俗"正反映了风俗因地而异的特点。所以，人们要"入境而问禁，入乡而问俗，入门而问讳"。

其次，民风有好坏之分。人们把好的民风称之为"民风淳朴"，把不好的民风叫做"风气不正"。淳朴的民风是善良人的朴素感情，它能引导人们行动和工作，使人在同别人交际时通情达理，在命运打击下有钢铁般的意志，使各种感情趋于适中，使人们对自己的种种想法能心安理得。不良的民风是一个荒芜不治的花园，长满了恶毒的莠草。其中的恶毒性是一种狭隘意识的龌龊行为；一种感情用事的自我陶醉；一种堕落的逆反心理的头脑发热；一种藐视社会的狂妄自大。它扮演着不大光彩的不幸的角色，表现着一种不肯安于道德的意志，一个经不起艰难痛苦的心，一种缺少忍耐的头脑和一个简单愚昧的理性。在理智上，被那种浅薄又狡诈、愚蠢又野蛮的冲动、盲目与狂热所驱动；像一辆性能不太稳定的让人担惊受怕的马路上的蹦蹦车，是人性的变异、扭曲和颓废，是人类自身文明的瑕疵，是社会恶习风气的延续。

第三，民风中端庄的行为、优雅的举止是一笔财富。习惯具有惯性，稍加注意，略加调控，可避免不良行为；任着性子不加收敛，无法摆脱不良习惯的恶性循环。因别人说话粗鲁，蛮横无理，三棱趵翘，横冲直撞，阴阳怪气，惹是生非，闹剧小恶，卑鄙下流，花而不实，投机取巧，玩小聪明等行为而感到不是滋味，能及时从别人身上吸取经验教训，对自己的行为加以检点是向善行为的聪明之举。在个人方面，常常是这样：由于品性上有某些丑恶的瘢痣，或者是天性的土生土长的习气，或者是某种脾气达到了反常的地步，冲破了理智的约束和防卫，或者是某种习惯玷污了原来令人喜爱的举止，这些人只要带着上述一种缺陷的烙印，天生的标记或者偶尔的机缘，不管在其余方面如何圣洁，如何具备一个人所能有的无限的美德，由于这种特殊的毛病，足以勾销全部的美德，会害得人声名狼藉。

第四，良好的民风反对着狡诈。狡诈并非智慧，恰如调侃不等于幽默。狡诈是一种过度冒险的短期投机行为。谁要是被公认为是一个狡诈的人，也就等于被公认为是卑劣的人，谁要是被公认为是一个卑劣的人，几乎一辈子都难以修复和扭转人们的普遍看法。这一代价不仅在理论上得到反复证明，在人生经验中也得到验证。狡诈的人，就不能称其为一个可爱可敬之人。狡诈的人，无论多么有才能、无论多么有学识、受过多么高的教育，身上总难免留有让人大不放心的痕迹。狡诈是人类性格的退化。

第五，民风的尺度是美德。逆境验证着民风。逆境中的压力可以成就一些人，却也可能摧毁一些人。逆境中产生的过度的自卑会瓦解一个人的活力，蒙蔽一个人的眼睛，冻结一个人的热情。逆境令我们采取局促的姿态，身处逆境中的人并不像其他的人那样走路，他跳着、匍匐着、蠕动着、爬行着；他一生都在表演着各种姿态。逆境如果缺少了坚韧和节制的支撑，会形成民风中的自卑自贱、自甘屈辱、自我陶醉的心理，或心理失衡，无钱看不起有钱，会仇恨富人，憎恨、破坏富有，或见钱眼开、盗窃、抢劫、据为己有等现象；一旦富有起来，又会不加节制，挥霍无度，造成浪费。

第六，良好的民风是一种宽广的胸怀。良好民风中流露着恢弘博大的气质，不斤斤计较一时一际的得失，不好的民风往往流行着玩弄小聪明、小智慧、哗众取宠的俏皮，尖酸刻薄的挖苦，对小名小利的追逐，生活中看来微不足道的小毛病往往是内在气质的表象。落落大方的恢弘气质，不热衷于飞短流长的闲言碎语，不沾染自私自利的烦躁和愁闷，我们的心灵就会像洞开的窗扉，惠风和畅。心灵的负荷减轻，那它就能容纳、储存人世间和宇宙间真善美的事物，而一个真正为真善美而痴迷、动情的人，那他就会对假恶丑有天性的反感，天生的排斥。

第七，民风的时代性叫风尚。民风不同于风尚。民风要深厚，民风较定型，对风尚有制约作用。风尚是时尚，是流行，是潮流。历代风尚的再现叫遗风，遗风的积淀形成了民风。民风的现实表现叫社会风气。社会风气受民风影响、制约；受舆论引导、变化；受政党和政府引领、示范、带动。

第八，民风一经形成，便必然要陶冶它的每一个成员，使他们的思想、观念、心理与生活实践自然地符合它的要求与准则，民风广泛直接地表现在人们的日常生活与日常思维之中，表现在人们日常未经深思熟虑的、没有理论化、系统化的、不自觉的驱使人们对所遇事物立即做出反应的欲望、追求、情绪、习惯、意向、气质、风度之中，是理性与非理性、个体与群体的矛盾统一体，体现着一地的“时代精神”和社会风貌。

二、民风的主流与劣根性

良好的民风是人性的光辉。其最基本的要素是：品德善良，助人为乐，帮助别人，诚实守信，公平正义，不怕困难，厚道好客，尊重知识，热爱科学和艺术等等。良好的民风基本相似，有着人性化的共同基础。不良的民风却千差万别，千奇百怪。同在一片蓝天下，固原的民风也是好坏分明，近年来有了很大好转。

固原民风的主流是好的，具有人类良好民风的基本风范。一是支援革命和建设，支援灾区，热爱祖国，大局意识；二是团结奋进、自强不息、百折不扰、永攀高峰；三是助人为乐，扶贫济困，助残助学，尊老爱幼，同情弱势，不怕困难等。其主流有五个特点及表现形式：

一是淳朴和顽强。固原环境恶劣，条件艰苦。但这里的人民并没有被困难所压倒，他们在与严酷的生存条件的斗争中，磨炼出了坚韧、豁达、乐观、朴实、真诚的性格；在与命运的顽强斗争中，坚守着自己"厚道自信"、"勤劳质朴"的精神世界；在丰富的历史文化积淀与现代文明的撞击中，涌现出了王振举、吴志胜、海正生、王天旭、路小固等令人起敬的先进人物，他们为这里的民风注入了坚强悲壮的色彩。

二是追求宽容和文明。"丝绸之路"开通后，来往的使节，"相望于道"，从事贸易的"胡商贩客，日款于塞下"，使东、西物质得以在这里交流，推进了人类文明的进程，也产生了不同于别处的道教、佛教为载体的文化艺术的广泛渗透和传播。明清以后，又是伊斯兰教主要聚居地区，其精神与文化影响着西北的音乐、舞蹈、美术、文学、饮食、服饰等各个方面；中原王朝在派重兵驻守固原，参与当地政治、军事以及屯垦、畜牧的同时，也参与了开凿石窟、修建园林、创办书院等文化建设。新中国成立以来，固原在发展经济、改变贫困面貌的同时，修建了任山河烈士陵园、固原博物馆、六盘山红军长征纪念馆等。近年来，又修建了固原体育馆、闽宁群艺馆、六盘山生态博物馆、须弥山博物馆、皇甫谧文化园、萧关文化园、王洛宾文化园、茹河文化园、六盘山隆德博物馆和许多休闲广场等，促进了固原的文明发展。远古民风的价值观，在这里得到引领、示范、带动、传承、穿越，脱胎换骨，现代文化与传统文化的渗透与交融，产生了独具魅力的固原文化，使这里的民风熠熠生辉。

三是充满着对美好生活的信念与期盼。祖传的谋生手段在与大自然的搏斗中，人们的心灵不断编织出一些新的期盼，并随着时代的变迁不断变现、提升、在生产生活中刷新，火红的年代营造着火红的民风，固原民风中的思想观念在与时俱进。特别是近年来，人们普遍重视子女上学，"再穷不能穷教育"、"治穷治愚、治山治水"等思想深入人心；支持封山禁牧、支持"少生快富"工程；生态文明、环境卫生、公园、小区等方面的主人翁意识明显增强；这几年，打架斗殴的现象少了，讲道理、遵守市场规则和法律法规的情况多了等等。

四是回汉民族相互理解、相互尊重。固原历史上主要有西戎、匈奴、羌、鲜卑、氐、羯、吐蕃、党项、女真、蒙古、回、汉等民族，这些民族的形成与古代固原的"四通交驰"、"北连朔方，南襟陇蜀"、"丝绸之路"的繁荣离不开。开发建设、讨伐征战需要公路，而公路又打开了商业往来、社会交往的动脉。从宋、金，到清代对公路的修建，便捷了固原与外地的交往，也招揽了不同民族来到这里。从有史可证的周人早期开发算起，数千年的风风雨雨浇铸成现在这种民族间相互交融、相互依存的关系，理解与沟通代替了矛盾。民国以来固原以回、汉民族为主，新中国成立后，各民族生死与共，彼此潜移默化，团结互助，已成为一个和谐向上的整体。近年来，固原大力倡导回汉民族团结互助新风，在共同生活中相互关心、相互照顾，加深了民族感情，结下了深厚友谊；在生产经营中相互支持、相互帮助、相互学习，共同提高发展能力；在文化活动中相互交流、相互融合，增进了了解，深化了友情。这种独特的民族情结为这里的民风增添了新意。

五是文学艺术底蕴深厚、人才辈出。固原是一个人文荟萃的集散地。历代文人墨客、戍边将士和政治家都曾光顾此地，面对"鬼方"作诗吟赋，抒发情怀，展示苦难，剖解人生，留下了大量脍炙人口的诗文，犹如朵朵浪花，让人们走进一个个熟悉而又陌生的世界。从《诗经》"薄伐猃狁，至于大原"，《春秋公羊传》"上平曰原"的"西部情怀"，到隋炀帝、皇甫规、李白、林则徐对西海固的鼓与呼，从班彪的《北征赋》、岑参的《八月萧关道》、王维的《使至塞上》、王昌龄的《塞上曲》、李东东的《固原词》，到"西海固作家群"和"西海固文学"，这些地域特点鲜明，雄厚又柔美，豪放又婉约，绚丽斑斓、多彩多姿的诗文,为这里的民风增添了古朴浑厚、清越苍茫的乐章。特别是《六盘山》文学期刊、《固原日报》、《固原师专学报》等刊物创办以来,培养了一代又一代文化人才,他们依托这些文化园地,不断磨炼、成长,展示了"西海固"人的清秀、顽强、多才多艺的风采和内心丰富的精神世界。

但还应看到,固原民风在某些方面还很滞后,与固原的发展形势很不适应。一是在纵向上,人的现代化素质低,不太文明的行为多多:街道公共设施上漂亮的瓷砖不几日就遭破损,华美的街灯几天后就"瞎了眼",绿茵广场不久就成了垃圾点,橱窗、路牌人为破坏,下水道旁残存着街头饭馆的残羹剩饭,车辆霸占了人行道,井盖总会不翼而飞等。二是在横向上,一些行业的"霸王气"、"地头蛇"、"门难进、脸难看"以及"吃、拿、卡、要"的现象严重;一些"家族势力"、"黑恶势力"、"村霸"、"市霸"、"陈规陋习"仍然存在。三是个性化的恶习传染,主要是品行不端,心胸狭隘,缺少同情心,欺压弱小、欺骗群众,为难外地人。还有奢侈浪费,得理不饶人,不按规矩办事,不诚实守信,不公平正派,违法乱纪,小偷小摸等等,这些虽然不是主流,但影响着社会和谐与投资环境。

三、民风建设时不我待

民风建设是人类自身建设的重要方面,历来受到思想家和政治家的重视。《礼记·王制》曰:"命大师陈诗,以观民风。"《汉书·董仲舒传》曰:"变民风化民俗也。"长期以来,党和国家十分重视民风建设。中央"十一五"规划建议提出了"乡风文明"建设,党的十七大报告第一次将民风问题写入党的报告。这些思想,都提出了民风建设的重要性和迫切性。为此,民风建设应从以下几个途径抓起:

一是鉴别过滤。要对民风、习俗加以鉴别,进行过滤,哪些是好的,是主流,是亮点,要发扬光大;哪些是"劣根性",是畸形,要大刀阔斧进行割除,在"扬弃"中,要弘扬新风正气,抵制不良风气,厌恶陈规陋习。

二是文化推动。优秀文化对民风具有引领和推动作用。固原要大力挖掘、搜集、整理"红色六盘、萧关古道、丝路古城、花儿家乡"等文化元素,建立各类文化园,打造固原文化品牌,而且要按照繁荣文化产业的要求,多出文化精品,扩大宣传效应,推动民风向更高层次发展。

三是价值导向。民风受着价值观的支配。在新形势下,要通过"团结奋进、自强不息、百折不挠、勇攀高峰"的六盘山精神的规范引导,提升人们的精神境界,培育人们勇于克服困难,求真务实的工作态度以及对理想、对事业的孜孜追求,真正体现精神价值在人的进步和完善中实现,从而促使民风在价值观规范的范围内发展。

四是典型引导。固原优秀的人文精神,造就了一代又一代英才,使生活在这片土地上的人民备受鼓舞。近年来的先进人物,更是人们身边学习的楷模。因此,要大力宣传先进典型的事迹,使之家喻户晓,人人皆知,达到以先进典型引导、熏陶、默化民风的目的。

五是效应带动。效应带动就是党风与政风的引领作用、示范作用、带动作用。党员觉悟和公务人员职业道德对民风具有很大的引领作用、示范作用、带动作用。

六是专向治理。要把民风建设作为创新发展环境的系统工程、基础工程、灵魂工程,不断进行专向治理。使那些不审慎的人面临道德和法律的惩罚。

七是从自身做起。要尽可能地避免和防止潜在的利益冲突使自己成为影响发展环境的不健康、不文明因素,要树立人人争当良好民风的典范,人人都能自觉检查自己的行为,修复自身形象,树立诚实无欺、遵守公德,真诚待人、包容大度,团结协作、互利共赢的人文氛围。

(固原市方志办主任 马平恩)

关于固原城市公共交通有关问题的调查与思考

随着固原经济社会快速发展,人民群众生活水平不断提高,致使机动车辆急剧增加,由于经营机制、财政体制、管理水平以及道路通行条件等诸多因素，城市公共交通道路负荷过重、部分路段凹凸不平、交通拥堵，秩序混乱等问题日趋严重影响和制约了固原的形象和城镇化发展进程。如何深化城市畅通工程、有效缓解城市交通拥堵现状是当前有关部门亟待解决的问题。

一、当前固原城市交通现状

(一)公共交通管理状况。我市公共交通运营主体是固原腾达汽车客运有限公司公交公司的公共汽车和私人运营的出租汽车两类，归属固原市交通运输管理处管理，属于私营、个体性质，城市公共交通管理的基本依据为相关的政府文件和公交公司内部管理制度。除营运权和运输许可规范外，基本属自主经营、自负盈亏，没有其他特殊的优惠和政府补贴政策。

(二)公共交通发展状况。市公交公司现有公交车120辆，市区开通线路6条。出租车2800余辆。属于私营和个体经营。

(三)现行价格水平及执行情况。我市公交车运输价格现在执行标准按一票制1.00元/人次计收，部分线路较长的实行加价。出租车运价按固物价发[2007]20号文件规定执行。

(四)混行加剧交通拥挤。市区的道路交通拥挤程度大大高于同等机动车拥有水平的国内其他城市。驾车人强行并线、频繁变线、随意按喇叭、酒后驾车、超速行驶、超载行驶、转弯不让直行、闯红灯、随意超越双实线；行人和非机动车不遵守交通规则的现象屡见不鲜；大量非机动车与机动车及行人混行，不仅造成了道路交通复杂化，增加了管理难度，而且增大了车辆运行的成本。

(五)发展缺少法律、法规的保障。撤地设市以来未能有相应规范的政府管理城市公共交通的文件和地方法规；在法规不完善的情况下，公共交通的发展依赖于政府的行政手段，在某些问题的处理上依赖政府机关的协调和行政干预，无法可依的现象影响了城市公共交通事业的健康发展。

(六)公交线路及站点设置不够合理，市区公交线网布局不均衡。

二、固原城区公共交通存在的主要问题分析

(一)城区交通设施与城区交通需求严重失衡。机动车急剧增加与道路状况不相适应；目前固原市城区规划面积45平方公里，小型机动车辆(指小型客车、小型货车等各种蓝牌车)保有量已经达到4万辆，且递增速度很快，交通流量持续攀升，固原市道路建设速度相对滞后，道路流量相对饱和，通行能力较低，导致车路矛盾日益加剧。虽然政府一直在致力于城市交通设施的建设，但其建设速度远远滞后于机动车辆和交通流量的增长。一是市中心区有规模的停车场较少甚至没有，造成随意停车，引发拥挤；绝大部分商场超市没有设置停车位。购物的群众只能将车停放在路边划设的临时停车位，更有甚者乱停乱放，造成拥堵。二是建筑群区域布局不合理。例如城关五小、市医院、城关六小、一中等几个人流集中的单位在不到一、二平方公里的区域，人流车流相对集中，加之红绿灯设置距离较近，车辆通行无法畅通。三是车辆分流途径少、交通堵点多，降低了道路的通行能力。

(二)公交服务水平低。主要表现为：趟速慢，乘车换乘不方便，路线不合理，密度低，甚至有些地方存在公交盲区。

(三)公交服务质量差。公共交通低水准的服务质量经常成为乘客投诉与社会舆论的对象，直接影响其承担的客运比例。主要表现为乘坐公交车耗时太长、超速猛刹没有安全感、舒适性差、公交乘务人员服务质量差。

(四)公交基础设施缺乏统一规划。长期以来，市区公共交通基础设施薄弱，缺乏统一规划，特别是在旧城区改造和新城区开发时没有把公交设施配套纳入统一规划，给交通营运、管理和居民出行带来不便。

(五)车辆状况及驾驶员技能有待于进一步改善和提高。部分车辆的车况较差，易发生故障，引发拥堵；部分套用假牌的车辆对监控录像肆无忌惮，随意违反交通规则。部分交通参与者交通意识差，由此产生的交通违章造成了拥堵。驾驶员作为道路交通安全管理的基础和源头,其素质的高低直接决定了道路通行的质量,随着驾驶人员队伍的日益壮大,驾驶人员文化素质低下,法律意识淡薄,自我保护意识差,思想素质不过硬,安全观念不强,也是造成拥堵的原因之一。

(六)其他影响交通秩序的问题。一是非交通占道及占用道路堆物或施工作业。二是违章棚、亭、摊点占用人行道。三是门店和小商小贩占道经营占用机动车道,直接影响着道路交通的通行秩序,易发生严重交通堵塞和交通事故。四是城市公路倒牙偏高,不利于交通疏导;五是学校学生放学时间集中,且学校集中在交通要道,造成交通拥堵。

三、关于优化城市交通环境的思考

像我市这种由私营、个体承担城市的公共交通运输的现象在全国乃至全区是罕见的,车主都是以自身利益为出发点,缺乏为社会公共事业服务的意识,加之运输市场的激烈竞争,公共交通的运营收益很不稳定,公交企业没有能力对公交基础设施进行改造和投入。针对以上在公共交通行业中存在的问题,我们有如下建议:

(一)建立和完善固原市道路交通综合协调机制。在城市建设中应将道路规划与交通管理同步实施,特别是在城市道路规划设计,城市道路维修改造,停车场地规划设计等方面,应进行交通影响评价分析。要把交通规划和建设摆上城市建设的议事日程。完善城市交通综合协调机制,成立由政府主管领导牵头,公安交警、建设、规划、城管、市政、客运等相关职能部门单位负责人为成员的道路交通综合协调委员会,并建立相关的工作机制,完善相关的工作制度,如定期召开情况通报协调会,研究解决交通管理过程中的实际问题,确保城区道路交通有序畅通运行,文明健康发展。

(二)建立城市道路交通

管理联合执法机制。道路交通管理包括动态交通管理、静态交通管理、公共客运交通秩序管理等诸多方面,涉及公安交警、城市监察、城市客运等相关职能部门,而路面动态交通秩序管理是以交警部门为执法主体;非交通占道、占用人行道从事妨碍交通行为的清理整顿是以城管监察部门为执法主体,客运市场秩序的管理是以客运管理部门为执法主体。要理顺交叉管理关系,应成立临时性城市管理综合执法队伍,实行统一领导、统一行动、综合执法,对提高城市交通管理水平将有深远的意义和较大作用。

(三)重视交通安全宣传和教育,增强广大市民法制观念和安全意识。"人、车、路"是交通管理中的三大要素,其中"人"是最根本性的要素。加强交通安全宣传教育,提高市民的法制观念和安全意识,是城市交通安全管理工作的根本举措。市人民政府应把道路交通安全宣传教育工作摆上政府工作的议事日程,形成"政府主管、交警主导、部门齐抓、社会共管、全民参与"的交通安全宣传氛围。

(四)严格依法对交通秩序进行专项整治。根据交通秩序管理方面存在的突出问题,公安交警部门要集中警力、集中时间进行专项整治。一是对违反禁停标志及乱停乱靠的车辆采取抄牌、强制拖车等执法手段,彻底解决机动车乱停靠的问题。二是对非机动车走机动车道、行人横穿马路等行为依法实施处罚,形成严管态势,规范非机动车和行人交通行为。三是强化路面行车秩序管理,对违反标志标线规定,压越双实线行驶,行经交叉路口和人行横道不减速让行,占道会车、逆向行驶、超速行驶等行为从严查处。四是对占用道路堆物和施工作业、占用人行道摆摊设点、从事商业营销活动等突出问题进行专项整顿。五是对客运交通秩序进行专项整治,规范各类客运车辆的营运秩序,公交车只准在规定的停靠站点上下乘客;出租车、三轮摩托车不准在距公交车站点50米远的地方上下乘客,除明令禁止停车的地方除外,实行即停即走;违反上述规定的一律按乱停乱放处罚。

(五)坚持处罚和教育相结合的原则,强化日常管理。交通管理不是一朝一夕的事,而是一项长期而艰巨的任务,对行人、非机动车、驾驶人员交通违法行为进行处罚，不应是目的而是手段，最终目的要让广大市民自觉遵守交通规则，切实树立文明交通的观念，而要做到这一点，需要我们有关部门长期不懈的努力，要坚持发现一起，纠正一起，宣传一起，教育一起，促使广大交通参与者自觉遵守交通法规。

（六）构建和谐警民关系，争取群众对交通管理工作的支持。目前城市交通秩序管理的主力军是公安交警，公安交警要大力开展便民活动，一是实行警务公开。开辟便民告知栏、公布服务举报电话，对交通违法行为的处理要公开、公正，对投诉、咨询接待要热情、解决问题要及时。二是采取各种形式，开展便民利民服务。认真贯彻落实公安部交通管理各项便民利民措施，大力推行一系列力所能及、群众欢迎、体现人性化的执法服务措施。通过努力，塑造公安交通民警的良好形象，使社会各界和广大人民群众对民警的执法行为给予信任和支持，营造交通安全人人参与的氛围，确保道路交通管理工作顺利进行。（民进固原市委员会）

关于发展农村公共卫生事业的几点建议

之所以对这一问题进行发言，是因为去年9月我被自治区选派为第六批“西部之光”访问学者，有幸到中国社会科学院农村经济发展研究所进行为期一年的学习。期间参与了朱刚老师的一项调研课题——中国社会科学院国情调研重点项目《农村公共事业发展、农村社会全面进步》。这一课题，旨在调查目前我国农村公共事业方面的现状、问题和意见建议，研究成果对政府政策的制定与执行有着重要影响。本项目在全国范围内选了六个省区开展，因为我的参与，固原市有2个乡（镇）、10所中小学、6个村、100户农户被列为调查对象。目前，该项目已成功结项，调查报告已提交温家宝总理办公室。

此次调查结果显示，在问卷涉及的农村社会事业共七个部分中，固原市农村医疗卫生事业处于薄弱环节，尤其是村卫生室。因此，就如何加强固原市发展农村公共卫生事业谈几点建议，不对之处，请各位领导和委员指正。

农村公共卫生工作关系到保护农民健康、发展农村经济、维护农村社会稳定的大局。近年来，固原市农村公共卫生工作在市委、政府的正确领导下，以“立足农村、服务农民、惠及百姓”为基点，以实现人人享有基本医疗卫生服务和促进基本公共卫生服务均等化为目标，以直接面向农民的9大类33项公共卫生服务项目为重点，全面推进市、县（区）、乡（镇）、村四级农村公共卫生服务网络建设，农民健康意识和健康水平得到了很大改变，全市农村公共卫生工作取得了显著成效。

一、基本情况

截至2010年，全市共有医疗卫生机构114所，其中，综合医院15所，中医医院4所，妇幼保健院（所）6所，乡镇卫生院62所，城镇社区卫生服务中心（站）15所，疾病预防控制中心6所，中心血站1所，卫生监督所6所。全市有民营医院9家，私营诊所121家，零售药店316家，涉药单位1710家。全市卫生机构共有事业编制3469个，在岗工作人员3278人，其中：专业技术人员3183人，注册医师1735人，平均每千人拥有卫生工作人员2.35人，拥有卫生专业技术人员2.18人，拥有注册医师1.19人，共开设病床2062张。全市国有医院无编暂聘医护人员1106名，争取到“三支一扶、特岗见习医生和实习大学生”531名。在全市928个行政村设置村卫生室932个，共聘用乡村医生1243名。

二、存在的问题

固原市农村公共卫生工作虽然取得了一定成绩，但是长期以来，农村医疗卫生投入不足，城乡占有卫生资源特别是公共卫生资源的差距较大，农村公共卫生工作还存在诸多问题。

一是农村公共卫生服务基础条件依然薄弱，尤其是村卫生室建设令人担忧。条件简陋，村医医术水平较低难以满足群众看病需求。另外，对村医来说收入太低政策不够宽大，只取药不挂针，收取“一元钱"药事费老百姓不满意。

二是药品统一配送还难以满足农村群众用药需求。药品疗效差,老百姓认为只有30%的药品能达到治疗效果。药品种类少,尤其受老百姓喜欢的常用药很少甚至没有,如土霉素片、安乃近片、四环素片等。消炎药品更少,质量不好,用药效果不明显。没有中草药,不能满足老百姓看中医的需要。

三是各级医疗机构人员短缺矛盾十分突出。

四是食品药品安全监管能力亟待加强。

五是应对突发公共卫生事件的设施装备差、能力弱。

六是四级医疗卫生信息网络尚未建立。

七是村级防保队伍不稳、素质不高。

这些都表明了固原市要实现农村公共卫生服务均等化的目标任重而道远。

三、几点建议

(一)拓宽渠道,继续加大农村公共卫生投入力度。一是各级财政在经费安排上要向公共卫生倾斜。按照与财政支出同步增长的原则,不断增加对农村公共卫生的投入,保障卫生监督、疾病控制、妇幼保健等公共卫生服务工作正常开展。二是抢抓机遇,积极筹资各级卫生医疗机构建设。抓住国家新一轮西部大开发这一重要战略机遇期,多方争取建设资金,解决在建卫生项目工程资金缺口问题,清欠历年各种卫生建设欠账。把各县(区)妇幼保健院改扩建、紧急救援中心和卫生监督所建设争取立项,投入专项经费为各级医疗机构配置更新更好的医疗设备。加大村卫生室建设,把村级卫生室逐步建成标准化卫生室。三是建立多元办医格局。引导城镇民办医院向乡村延伸,鼓励社会资本投入公共卫生建设。形成投资主体多元化、投资方式多样化的竞争激励机制,提高农民就医条件。

(二)加强管理,努力提高公共卫生服务水平。一是实行绩效工资,以激励机制调动工作积极性。二是将食品药品监督工作列入政府年度目标考核管理,其经费列入财政预算。三是引进多家药厂药品、名厂名药和配送企业,以竞争机制改变药品配送品种少、药效差、不到位的现象。增加常用中草药,以方便群众就诊。四是进一步提高新型合作医疗报销比例,尽可能减少资金沉积,使合作医疗资金应用尽用。五是进一步完善应急工作机制,解决设备不足、通讯落后问题,提高应急工作能力和水平。

(三)多管齐下,逐步缓解卫生人才短缺矛盾。一是向自治区争取山川有别的编制政策,增加编制解决人员紧缺和年龄结构不合理的问题。二是补充技术、护理及管理人员,建立合理承接新老更替的进人机制。

(四)稳定队伍,促进村级防保工作健康发展。要加强村级医疗队伍建设和医务能力建设,从根本上解决农民看病难、看病贵问题,实现"小病不出村"的目标。一是加强对乡、村医生的培训,不断提高他们的业务水平。二是将村医纳入养老保险,解除他们的后顾之忧,稳定村级防保队伍。三是解决现有村医老龄化严重的问题。建议将特岗医生放至村级,补充村级医务力量。四是允许村医为非参合农民和超过6次服务的农民提供医疗服务时可适当收取一定费用,并放宽村卫生室的输液治疗服务,可收取手续费,既方便了群众治疗,也增加了村医收入。

没有健康,就没有小康;没有医疗卫生事业的发展,全面建设小康社会的目标也就不可能实现。因此,必须加快发展农村公共卫生事业,努力为农村居民提供低成本、广覆盖、高效益的农村公共卫生服务,为农民健康保驾护航,为推进小康事业建设是我们义不容辞的责任。

(固原市政协委员 任艾青)

对建设大六盘文化圈的认识

一、"大六盘文化圈"提出的背景

1.2002年,党的十六大作出了深化文化体制改革、发展文化事业文化产业的战略部署。2010年7月,胡锦涛总书记在中央政治局第二十二次集体学习时指出“要顺应时代要求深化文化体制改革，推动社会主义文化大发展大繁荣”。就此拉开了新一轮西部大开发文化大发展的序幕。

2.2010年8月5日固原市举办六盘山全国登山节。之前的筹备阶段，市文广局派专人以“历史悠久、民风淳朴、山川秀美、清凉世界”和西部大开发10年来固原发生翻天覆地的变化为主旨赴周边的阿蒙、乌海、榆林、延安、庆阳、天水、定西、白银、平凉等地邀请相关单位人员参加固原六盘山登山节。在登山节成功举办之后，由此考虑建设“固原大六盘文化圈”十分必要。

3.由一本中学高中《艺术欣赏》教科书所想到的。此教科书在介绍中国著名的石窟一章中提到了云冈石窟、龙门石窟，还有离固原仅300公里外天水境内的麦积山石窟。被誉为中国十大石窟、“宁夏敦煌”的固原须弥山石窟却被遗忘了？当一个地名出现在教科书中后他的影响应该有多大?就此产生了建设“固原大六盘文化圈”的构想。

二、概念的提出

大家都知道，文化固原的提出是固原市委、政府在为“十二五”固原文化发展提出的具有战略意义的决策。“文化固原”的提出，为现今“固原大六盘文化圈”的建设做了应有的铺垫。“文化固原”与“固原大六盘文化圈”是相辅相成的两个概念，它们必将对固原未来的文化走向产生重大的影响。

“文化固原”是一个时间性概念，它重在“化”，以文化人，以文化市。固原文化，它既是一个具有创新性的理论命题，又是一个具有现实性的建设理念。

“固原大六盘文化圈”相对而言则是一个空间性概念，它重在“圈”，重在地域范畴，圈有多大和圈住什么，是这一概念倡导者所关心的。它应当是指以固原为中心辐射周边地区的有着共同本质属性的文化区域。既是一个具有传承性的形象设计，又是一个具有前瞻性的战略规划。

值得注意的是这两个概念都不是学术界率先提出的，而是政府决策者根据社会发展趋势提出来的，那么相对于学术界的理论探讨，它们更侧重于实践操作及其实际效果。从“文化固原”到“固原六盘山文化圈”，显示出经营城市理念的巨大变化，这种深远的文化眼光和适时经济策略当然是值得实践的。

三、“固原大六盘文化圈”有多大

固原是宁夏回族自治区回族聚居地区之一，历史悠久。曾是经济重地，交通枢纽，军事要地；伊斯兰文明与中原文化交汇，生活中充溢浓郁的伊斯兰风俗和中原文化风情。固原地处西安、兰州、银川三省会（首府）城市所构成的三角地带中心，是中国西部前景极佳的待开发地区。

作为文化圈其圈内的文化特性应当有一致性，固原的文化特点是“杂合”，是多元有机的融合。从历史流脉的角度来看，固原是一座历史文化名城，在历史上曾“据八郡之肩背，绾三镇之要膂”、“回中道路险，萧关烽堠多”，是名副其实的军事重镇和交通枢纽，故而为历代兵家必争之地。自西汉以来，固原一带的边塞风景，总是频繁地出现在文人们的辞赋之中。粗犷的西北景色不仅点缀了华丽的诗篇，同时也使得大江南北对边塞风光的向往与倾慕。斗转星移，时过境迁，古丝绸之路上的声声驼铃早已不闻，瓦亭古城也早已隐没，唯留下斑驳的古迹供人凭吊：秦长城壮迹蜿蜒百里，雄风犹在；始建于北朝，兴盛于唐代的须弥山石窟规模宏大，造像精美，是我国著名的十大石窟之一，也是著名的佛教圣地，被誉为“宁夏敦煌”。目前保存完整的是雕凿于唐代（公元849年）的巨大坐佛像了。仰望大佛，无论刮风下雨，他千年来一直以慈祥的微笑感化众生；此外，固原的六盘山也十分著名。它既是战略要地，又是避暑胜地。1935年10月，毛泽东率中央红军长征经过六盘山时，写下了气壮山河的《清平乐·六盘山》，1961年9月又亲笔书写了这首词，“今日长缨在手，何时缚住苍龙”，不仅诗句气贯古今，而且书法也是龙飞凤舞，苍劲有力，堪称一绝。同时，六盘山上自然风光也是饶有特色，“六盘鸟道”、“盘山晓翠”、“美高苍松”也早已名声在外，美不胜收。

固原古城，民风淳朴，历史底蕴深厚，多姿的伊斯兰建筑与多彩的民族风情让这座古城在西北边塞闪烁出耀眼的光辉。

从现实状况的角度来看，又是农牧文明和工业文明交杂的地区。可见固原地区文化是一种联结黄土高原农耕文明和北方游牧文明的文化，中原汉族文化与西北民族文化双向交流的结果使这里成为文化的交汇地带，也是古代文化与现代文化纷呈交杂的区域，多元文化的交流融合是其最大的特征。

文化的一致性延伸到哪里，“文化圈”的边缘就到哪里。所以现在的“固原大六盘文化圈”是古代行政区划与现代市场辐射的结合体，其大体区域应当包括今天暂且可圈为贺兰山一线的阿蒙、乌海；银川、吴忠；陕西榆林、延安；甘肃庆阳、天水、平凉、定西、兰州、白银。其间按自然地理形态的划分方法来区分地域文化的话，有贺兰山、六盘山、火石寨；按石窟文化、宗教文化分有须弥山、崆峒山；按红色文化来分有宝塔山、六盘山；按民族文化分主要有蒙古族、回族文化特色明显。

其内容涵盖了历史上留下来的各种遗迹、典籍，各民族长期独立发展中形成的独特的和民族间长期交融形成的优秀精神文化遗产，在独特的社会环境中生成和流传下来的艺术样式以及当代人们所创造的新的文化元素和文化产品等。作为宁夏南部中心城市，这一文化圈拥有强大的辐射功能，可以对这一地区产生重大的影响力。

四、文化能“圈”住什么

文化圈是在历史进程中已然形成的文化区域，今天我们提出文化圈，是对已有的文化区域的重新发现与开掘，并不是要建设文化圈，而是怎么样更好地发挥原有的文化圈的功能，整合文化资源，发展文化事业和文化产业。倡导“固原六盘山文化圈”就是要打造一个文化与旅游结合、文化与现代传播手段结合、文化事业与文化产业结合的强势文化区域。这是“固原六盘山文化圈”与“文化固原”一脉相承的地方，但前者更侧重于对一个有着共同特点的文化区域内原有资源的整体性观照和开发，整合固原及周边地区的文化资源，形成新的资源优势和市场竞争力，使文化的发展充满活力，区域文化成为一种促进地方社会经济进步的生产力。在这样一个文化区域内，文化既以其独立存在的形态和特有的作用丰富着人们的精神生活，完善着人们的综合素质，提升着人们的生活质量；又作为一种产业形态，表现为一种经济的发展力量，成为社会经济的重要组成部分。

经济与文化的融合已经成为当今社会发展的一种趋势。这种融合，当然不是二者之间机械的堆砌，而是互涉、互渗、互动，是经济文化化与文化经济化构成的一种新的形态。在市场经济条件下，无论有价文化还是公益文化都必须讲效益。有价文化其产品要在市场中实现自己的价值，而公益文化其产品制造的劳动力、原始作品、艺术加工和生产等各要素均是在市场中获得，要等价交换，也要讲成本、讲效益，这样才能实现少投入多产出，实现社会效益和经济效益的最大化。因此单独提文化圈或者经济圈，都是不利于社会经济文化全面发展的。

有社会学专家指出：现代化不只是经济的发展，也是文化的发展，他强调发展的最终要求是在人的素质方面的改变。由此可见，文化越来越成为一个地区综合实力的重要组成部分。区域发展既取决于经济的实力，同时也取决于文化的实力。就一个地区来说，缺乏文化背景的经济发展是畸形的，而缺乏经济支撑的文化建设则是无力的。经济是一个区域的形，文化是一个区域的神，经济与文化相辅相成，相得益彰，这个区域才能形神兼备。

（固原市政协委员　周建设）

培育弘扬六盘山精神
奋力推进固原新跨越

（“宁夏精神”研讨会征文特别奖）

固原是闻名全国的贫困地区，但固原人民并没有被困难压倒，而是通过艰苦努力，始终如一地改变着贫困落后面貌，靠什么？靠的就是在固原这片热土上孕育和形成的“不到长城非好汉”的六盘山精神。这种精神，过去虽没形成系统概念，但在固原干部群众心中却无形地起着引领和支撑作用；今天更是教育广大党员干部、凝聚激励广大干部群众全面推进经济社会又好又快发展的强大精神动力，是固原发展的无形品牌和信誉资本，是固原群众赖以生存和发展的精神支柱。

2008 年 10 月，自治区成立 50 周年庆典，中央代表团团长、中央政治局常委、中纪委书记贺国强率中央代表团在视察固原时激励我们要“继续发扬‘不到长城非好汉’的精神”；自治区党委书记陈建国在自治区十届人大二次会议上提出：“要发扬‘不到长城非好汉’的英雄气概”；面对党中央和自治区党委的亲切关怀与殷切期望，市委认真研究，在市委二届五次全体（扩大）会议上提出培育和弘扬“不到长城非好汉”的六盘山精神，并从 2009 年 1 月份开始，面向全国、全区公开征集六盘山精神论文，后经专家和学者们反反复复、上上下下多次讨论和市委常委会议慎重研究，初步归纳为：六盘山精神的精髓和实质就是“不到长城非好汉”，内涵就是“团结奋进、自强不息、百折不挠、勇攀高峰”。

团结奋进。就是勇于正视艰难险阻，团结一心、迎难而上，顽强拼搏、开拓进取。团结包含着党和人民团结、军队和人民团结、干部群众团结、各族人民团结、民族内部团结之意。固原是少数民族地区，团结是我们的生命所在、力量所在。从东周固原建置到明清疆土固定，特别是丝绸之路的开辟，使固原各民族间以及固原人民与外来人口友好交往、和睦相处、融合发展。当年红军在固原的五天四夜里，十分珍视民族团结，尊重回族的宗教信仰和风俗习惯，得到了回族群众的衷心拥护和支持。红军将这种精神播在了六盘山区，植在了六盘儿女的骨子里，成为固原人民改天换地、重置山河的巨大力量源泉。新中国成立以来，全市回汉各族人民以民族团结为纽带，互相尊重、和睦相处、共建家园，使固原成为全国长期以来经济发展、政治稳定、民族团结、社会和谐的民族聚居区之一。多年的实践证明，团结奋进既是固原促进经济社会各项事业发展的一条最基本经验，也是固原在新的长征中再创辉煌所必须坚持的一条基本原则，符合全体固原人民的根本利益。

自强不息。这包含两层意思：一是自立自强，顽强不屈，不妄自菲薄，不怨天尤人，坚决摒弃“等”、“靠”思想，自力更生，艰苦奋斗。早在魏晋时期的皇甫谧就潜心研究医学理论，成就了《针灸甲乙经》；明代固原的砖石包砌城墙，造就了城郭文化的辉煌。建国 60 年来，特别是改革开放 30 多年来，全市人民没有丧失斗志、没有颓废沉沦，与天争、与地斗，打井窖、修梯田，治流域、抓生态，铺地膜、建温棚，输劳务、挣票子，不断探索扶贫开发路子，创造和积累了如彭阳生态建设和党建经验、隆德全国梯田化县建设和“中国书法之乡”、西吉县“中国马铃薯之乡”和“全国劳务输出示范县”等一个又一个奇迹，为全市人民竖起了一座又一座值得骄傲与自豪的精神丰碑。二是不小富即安，不小进即满，不断朝着更高的目标攀登，追求更高的生活和精神境界，把生产发展、生活富裕、生态文明作为发展的基本价值取向和检验标准。固原人民在加快发展、创造物质财富的同时，积淀的这种自强不息的精神，是最可宝贵的财富和内在的动力，是六盘山精神中最令人荡气回肠的音符。

百折不挠。就是在困难面前不低头，咬定目标不放松，始终以乐观向上、积极进取的姿态看待前进道路上所遇到的各种困难和挫折，以坚定的信心和执著的精神勇敢战胜各种风险和挑战，永不言败、信心百倍，矢志不渝、奋勇前进，披荆斩棘、攻坚克难，全力以赴推进科学发展、跨越发展、和谐发展。固原是一个地理环境差、自然条件恶劣、资源匮乏的贫穷落后地区。严酷的环境威胁着人的生存也砥砺着人的意志，影响着人的福祉也铸造着人的品德。纵观历史，从远古的游牧狩猎到丝绸之路的巅峰，从改革开放到撤地设市，固原的每一次前进、每一项成就，固原人民都要付出更多的努力和艰辛。

撤地设市后，面对国内千相竞发的发展态势，各级领导和广大人民群众始终不言小、始终不怕苦，尽管双手磨起了老茧，尽管累弯了腰，但固原人民始终像挺拔的青松，始终坚持不懈，始终坚忍不拔，始终高昂向上，始终开拓进取。这既是一种工作作风，也是一种思想作风，既是我党的优良传统，也是凝心聚力、激励斗志的强大精神动力，既是弥足珍贵的历史经验，也是六盘山精神鲜明的时代主旋律。

勇攀高峰。就是不满足于以往的成绩，不陶醉于今天的进步，不畏惧于他人的优势，不断挑战自我、超越自我，不断展现新风采、实现新跨越。陶醉于已往的成绩只能使自己裹足不前，封闭在狭隘的天地里只能被时代淘汰。翻越六盘山的红军是这样，千百年来生活在固原这块热土上的人民也是这样，英勇的六盘儿女不断追求美好的生活，永不满足，永不懈怠，朝着一个又一个更高的目标、更高的层次不断前进。毛泽东同志的“六盘山上高峰，红旗漫卷西风；今日长缨在手，何时缚住苍龙”，表达了老一辈无产阶级革命家志存高远，从而发出的“不到长城非好汉”的千古浩叹，这“长城”就是中国革命的高峰，而且要非到不可，不达目标誓不罢休。建国60年来，特别是改革开放30多年来，固原人民虽面对重重高峰，但敢于打破惯性思维和传统模式，遵循自然规律、社会规律和经济规律，勇于探索，奋勇争先，敢于攀登，用勤劳的智慧和辛勤的汗水坚持不懈地攀登着一座又一座高峰，使“贫瘠甲天下”的固原于上世纪末实现了整体基本解决温饱的历史跨越，在向稳定解决温饱进而向小康迈进的新征程中，创造出了许多全国全区的亮点，步入了固原历史上经济社会发展最好最快、城乡面貌变化最大、群众得实惠最多的时期，集中体现了固原人民不向贫困低头、勇立时代潮头、善开风气之先、敢于争创一流的胆识和魄力。这种长期积淀下来的精神，是六盘山精神中最具气势恢弘的乐章。

六盘山精神核心和实质是“不到长城非好汉”，这种精神，彰显了固原人民不畏艰险、充满必胜的坚定信念和不达目的决不罢休的壮志豪情，影响着一代又一代的固原人民，像一条红线，贯穿于固原发展的全过程；像一根柱石，挺起了固原人民的脊梁；更像一泓清泉，滋润着固原人民的精神家园。

培育和弘扬六盘山精神，就是要用这种精神来统一思想、凝聚力量、焕发激情、推动发展。要紧紧抓住发展这个第一要务，树立“贫困地区也能办大事”的坚定决心和顽强斗志，在力促草畜、马铃薯、劳务、旅游等优势特色产业提质扩量增效的基础上，发展壮大工业、现代物流业、加速工业化、城镇化；要集中建设“文化固原”品牌，就像抓经济工作一样抓文化发展，用抓工程项目的办法抓文化产业；要依靠人民群众这个最坚强的堡垒，把最广大人民群众的根本利益作为一切工作的出发点和落脚点，努力实现好、维护好、发展好，使固原人民深切地感受到弘扬六盘山精神所带来的惠民实效，自觉地践行和弘扬六盘山精神，夯实共同团结奋斗的思想基础和精神保证；要进一步解放思想、转变作风，彻底解决干部中不同程度存在的信心不足、安于现状、不思进取和创新意识不浓、效率意识不强、服务意识不高等问题，牢固树立负重争先、激情创业的斗志，树立真抓实干、务求实效的作风，“瞪起眼”干事，“下狠茬”落实，形成风风火火干事业、雷厉风行抓落实的良好局面；要全面加强党的执政能力建设，充分发挥各级党组织的领导核心和战斗堡垒作用，在团结带领全市人民加快脱贫致富步伐、建设美好家园中发挥先进性，在为群众办好事、做实事中保持先进性，在激活内力、推动全民干事创业中凸现先进性，在转变政府职能、营造发展环境中体现先进性，在维护稳定、创建和谐社会中阐释先进性，在创新体制机制、加强制度建设中保障先进性。

我们坚信，在“不到长城非好汉”的六盘山精神的鼓舞下，固原人民会站在新的历史起点上，团结奋进、自强不息、百折不挠、勇攀高峰，奋力推进全市经济社会又好又快发展，创造更加灿烂辉煌的明天。

（中共固原市委书记 刘小河）

关于六盘山精神几个问题的再认识

（"宁夏精神"研讨会征文一等奖）

"不到长城非好汉"的六盘山精神是中华民族精神和中国革命精神的组成部分，也是当前推动科学发展、实现宁夏特别是六盘山区跨越式发展的强大精神动力。继承、培育和弘扬六盘山精神，有着重要的理论价值和深远的现实意蕴。本文试就六盘山精神的内涵界定、时代价值、现代传承等理论和现实问题进行探讨，以见教于学界。

一、关于六盘山精神内涵的界定问题

六盘山精神的内涵是有共性和特性的。六盘山精神是中华民族精神和中国革命精神的重要组成部分，体现了民族精神和革命精神的内在共同特质；同时，它又是形成于宁夏六盘山区这一特定地域和相应历史时空的一种精神力量，具有一定的特殊性。所以，其内涵应该兼顾这两方面的内容。六盘山精神又是一个历史发展的产物，它既包括革命战争年代党和红军征战六盘山地区所展现的革命精神，也涵盖社会主义建设时期六盘山区人民战天斗地、努力改变家乡贫穷、落后面貌的精神风貌。从现有的一些研究成果来看，对六盘山精神内涵的表述或者与延安精神、长征精神、井冈山精神雷同或相近，或者套用这些已经成型的精神财富的内容，或者在表述的时间段上将历史时期与现实阶段隔开。这些都不足以充分揭示六盘山精神的真正涵义及最本质的东西。因此，必须明确六盘山精神内涵的界定，深入探讨并挖掘出六盘山精神的真正内涵。

如何深入挖掘六盘山精神的内涵？笔者认为，一个重要的视角是对六盘山精神进行纵向分析。人们习惯于对六盘山精神作横向展开，列出若干个主要方面。这种分析是必要的，对六盘山精神的解释也是很有效的。但同时应当看到，六盘山精神的若干个方面不能等量齐观，因为不同方面的内容在六盘山精神的整体框架中的位次不同，分量也不同。因此，有必要对六盘山精神进行纵向的分析和结构上的考量。要看到六盘山精神是一个整体，有一个内在本质和外在表现形式的划分问题。笔者认为，伟大而丰厚的六盘山精神实际上由两个层面的内容所构成，第一层面是六盘山精神的内在本质，第二层面是六盘山精神的外在表现形式。

（一）六盘山精神的内在本质

六盘山精神的内在本质主要由核心点和精髓构成。

六盘山精神的核心点就是坚定的理想信念，这是六盘山精神最关键的、最本质的东西。坚定的理想信念是六盘山精神最基本的思想内核。崇高理想和坚定信念，是党和红军在征战六盘山区期间屡克强敌、战胜艰险的力量源泉和精神支柱。在社会主义建设和改革开放时期，广大人民群众面对六盘山区严酷的自然环境和脆弱的生态环境，不言小，不怕穷，万众一心，脱贫致富，初步改变了山川面貌，逐步缩小了与发达地区的差距，这是理想信念无比坚定的必然结果。

六盘山精神的精髓是一切从实际出发、实事求是。这既是六盘山精神核心点的展现，也是六盘山精神进一步外化的中介点。党和红军转战六盘山区期间，无论是翻越六盘山，还是实施西征，抑或进行宁夏战役，面临的情况千变万化，这就决定了必须从实际出发，而不能照抄照搬。在新的历史时期，宁夏各级领导和广大人民群众紧紧抓住六盘山区的实际情况，始终坚持以加快发展为主题，大力推进工业化、城市化和农业产业化，大力发展县域经济，培育适宜当地发展的特色优势产业，有力地推动了当地经济社会的发展。

（二）六盘山精神的外在表现形式

在六盘山精神的有机构成中，最外层的是丰富多彩的外在表现形式，主要包括不畏艰难、团结和谐、乐观向上、求实创新等。

不畏艰难。历磨难而不衰，遭挫折而不馁，临逆境更坚强。党和红军征战宁夏和六盘山区期间，其处境之艰险、战斗之残酷是难以用言语形容的。即便如此，广大指战员并没有悲观失望，他们始终百折不挠，保持着高昂的斗志，面对困难和敌人无所畏惧。在社会主义建设时期，由于各种条件的制约，固原每前进一步，每取得一点成绩，都要付出比其他地区更多的努力，发展任务繁重，困难挑战很多，但当地人民群众勇敢地面对困难，不气馁，不退缩，坚定信心，在“三苦”精神、“三硬”作风、“一张蓝图绘到底”的彭阳精神等新时期六盘山精神的鼓舞下，取得了一个又一个令人瞩目的辉煌成绩。

团结和谐。在革命战争年代，红军将士政治上同心同德，生活上互相帮助，在困难和危急关头总是把方便和生的希望让给别人，把危险留给自己。这种舍生忘死的战友情义，使红军指战员忘记了饥饿，忘记了病痛，忘记了危险。在六盘山的回族聚居区，红军重视民族团结，尊重回族的宗教信仰和风俗习惯，尊重群众、帮助群众，得到了回族群众的支持和拥护，确保了胜利。新中国成立以来，宁夏特别是六盘山区的回汉各族人民以民族区域自治和民族团结为纽带，互相尊重、互相促进、团结奋进，和睦相处，共同建设着美好的家园。

乐观向上。革命乐观主义是建立在对正义事业的执著追求和坚定信念上。正因为红军认定自己所追求的是正义的事业，是崇高的理想，才能把革命的浪漫主义赋予残酷艰苦的斗争生活，继而从中得到营养和鼓舞，形成乐观向上的崇高境界。社会主义建设时期，由于历史和自然原因，固原与其他地区的发展存在一定差距，前进的道路上面临着许多严峻挑战。但人们相信，只要大家心往一处想，劲往一处使，全力以赴、抢抓机遇，就没有跨不过的坎，一定能到达理想的彼岸。这种乐观向上的精神状态是战胜一切困难的有力武器。

求实创新。红军长征途经六盘山和西征宁夏期间，面对数倍于己的敌人和瞬息万变的形势，贯彻“以发展求巩固”的战略方针，发扬英勇作战的精神，以灵活机动的战略战术，审时度势，紧密配合，各个击破，取得了一系列胜利。但当敌情发生变化，战局突变于我不利时，即放弃原定的作战计划，不打无把握之仗。在新的历史时期，当地党和政府及带领人民群众改革创新，务实苦干，用现代理念谋划发展，推进农业产业区域化布局、集约化经营、规模化发展，从而增强了发展后劲，改变了山区面貌。

六盘山精神的内在本质和外在表现形式是对立统一的关系，这两个层面既相互对应，又相互依存，构成了一个完整的结构。没有具体的表现形式，核心点和精髓也就无从谈起；只讲表现形式，甚至把精髓和核心点埋没在一般外在表现中，则突出不了重点，也不可能深入把握六盘山精神的内在本质。对六盘山精神进行纵向展开和结构分析，可以使我们分开层次，既抓住实质与关键，又做到全面和完整，对于传承这一伟大精神遗产有着重要的价值和意义。

二、关于六盘山精神的时代价值问题

六盘山精神是宁夏人民特别是六盘山区人民在一定历史阶段表现出来的，包括思维方式、价值取向、行为模式等要素在内的主导性精神风貌，它是一个博大精深的精神体系，涵盖着极其丰富的内容。伟大的时代需要伟大的精神，在改革开放和建设中国特色社会主义伟大事业的进程中，六盘山精神对于宁夏特别是六盘山区而言，具有不可磨灭的生命力和时代价值。

（一）凝聚向心价值。六盘山精神的凝聚向心价值是指六盘山精神在社会凝聚中作用的意义表现。这一价值具有生成的科学性和存在的广泛性的特点。六盘山精神的凝聚向心价值的产生，从一开始就带有鲜明的科学性的特点。这一价值本身的产生过程，就是科学理论和革命信条不断地武装、教育、塑造、规范、统一的过程，同时也是一种人们心理上归属感、亲和感不断得到满足、不断得到强化的过程。六盘山精神凝聚向心价值存在的广泛指的是它在社会群体中的长期的普遍渗透。六盘山精神说到底是理想和信念所激发的精神。革命时期，红军武器低劣，衣食匮乏；建设时期，当地环境恶劣，贫困落后，但靠的就是对理想的执著追求，对前途必胜的坚定信念，才取得了一个又一个胜利。六盘山精神表现出的理想、信念、情操、气概、风格、作风等等,不仅集中体现了一种高尚的品德,而且也是民族优秀文化的积淀。可见,六盘山精神的凝聚向心价值是一种让人"亲和团结"的价值。

(二)感召激励价值。六盘山精神的感召激励价值是指六盘山精神对人们感动召唤、激发鼓励作用的意义表现,主要体现在以下几个方面:第一,召唤人、鼓舞人,给人以百折不挠、勇往直前的必胜信念;第二,激励人、鞭策人,给人以火热旺盛、必夺胜利的豪迈热情;第三,感染人、鼓动人,给人以蓬勃向上、永不倦怠的精神状态;第四,感动人、激发人,给人以藐视困难、勇于克服困难、乐观豁达的精神。正是有了这样全面丰富的感召激励价值,才使得六盘山精神具有能够把人的活力、人的激情、人的信念、人的力量鼓动燃烧起来的精神特质。可见,六盘山精神的感召激励价值是让人"振奋燃烧"的价值。

(三)规范导向价值。六盘山精神的规范导向价值是指六盘山精神对人的信仰的确立、人格的形成和价值取向的确定等方面发生规范引导作用的意义表现。这一价值有一个最鲜明的特点,就是精神价值的实现与精神价值创造的统一。精神价值实现的一个主要方面是通过精神的哺育,提升人的精神境界,完善人格。精神价值创造是指能够促进社会和人类文明发展、进步的精神内容的创造。六盘山精神通过规范引导,提升人的精神境界,培养人们勇于克服困难,求真务实的工作态度及对理想、对事业的不懈追求,从而真正体现精神价值在人的进步和完善中的实现,同时也正是这些实现了精神价值的人,在具体实践中又时时在更新精神价值,创造出新的精神价值。可见,六盘山精神的规范导向价值是让人"优秀纯洁"的价值。

(四)教育塑造价值。六盘山精神的教育塑造价值是指六盘山精神在人的价值观念、思想方法等方面发生教育塑造作用的意义表现。六盘山精神对人的教育塑造是根本性的教育塑造。通过六盘山精神的熏陶,可以从本质上促进一个人整体精神的内在生长,尤其是在对青少年进行革命传统教育方面,可帮助其实现自我完善。可见,六盘山精神的教育塑造价值是让人"目标一致"的价值。

三、关于六盘山精神的现代传承问题

六盘山精神是宁夏和全国人民共同拥有的精神财富,在宁夏特别是六盘山区人民中具有广泛的认同感和归属感。对这种精神进行传承,是推动当地进一步解放思想、艰苦创业、加快发展的迫切需要。

(一)在传承的内容上,既要继承六盘山精神的既有内容,又要与时俱进,不断丰富、补充富有时代特色的新内容,做到继承与超越相统一。一方面,我们要看到,六盘山精神作为六盘山区这一特定区域和时空概念意义上的精神动力,内涵是十分丰富的。坚定的理想信念,一切从实际出发、实事求是,不畏艰难,团结和谐,乐观向上,求实创新等构成了六盘山精神的内在本质和外在表现形式。"领导苦抓、干部苦帮、群众苦干"的"三苦"精神,"增加农民收入是硬道理,工作要有硬措施,落实要有硬干部"的"三硬作风","勇于探索、团结务实、锲而不舍、艰苦创业"的彭阳精神等是六盘山精神的进一步展开和延伸。对于这些内容,必须要理解、把握、弄清吃透。另一方面,我们还要看到,在学习实践科学发展观,奋力推进宁夏跨越式发展的今天,六盘山精神应体现出与时俱进的时代特色,不断丰富、补充新内容,使之成为当前推动科学发展、跨越式发展的强大精神动力。比如,可把"注重发展"、"自强自立"、"务实苦干"等作为六盘山精神的新内容。同时,把"三苦"精神、"三硬作风"、彭阳精神等六盘山精神中有典型意义和独特魅力的内容进行整合、提炼,创制出富有时代特色和地域特点的新六盘山精神,使之具有更强大的吸引力、更广泛的凝聚力、更深刻的感召力。

(二)在传承的方式上,实施"两个纳入",使六盘山精神成为每一个人都接受和拥有的精神财富在六盘山精神的传承过程中,应把这一精神作为当地文化建设的一项重要任务,纳入国民教育全过程,纳入精神文明建设的全过程。

纳入国民教育的全过程。就纵向而言,要从娃娃抓起,贯穿于学前教育、初等教育、中等教育、高等教育和终身教育的全过程；就横向而言，从个体抓起，贯穿于普通教育、职业教育、成人教育、信息网络教育等各种类型教育的全过程；就内容而言；从基础抓起，贯穿于德育、智育、体育、美育的教育内容体系的全过程。要通过持久不懈的正面教育，保证弘扬和培育六盘山精神获得有效的落实措施、实施形式和运作载体，使人们在六盘山精神的熏陶中确立正确的世界观、人生观、价值观，取得丰硕的教育成果，使六盘山精神的弘扬与培育体现在每个人的一事一物、一言一行之中。

纳入精神文明建设的全过程。精神文明建设是一个系统工程，既要重视显性的正式制度化的精神文明建设方式，明确指导人的努力方向，公开规范人的行为举止，更要重视隐性的非制度化的精神文明建设途径。要广泛利用新闻舆论、教育文化、体育娱乐等多领域、多形式，使人们在潜移默化中接受新风格、新道德、新价值、新习惯。六盘山精神的弘扬和培育，也必须着力于潜移默化和习惯养成。通过群众选择、群众认可、群众实践、群众内化等阶段，成为整合社会力量、完善社会功能、推动地区经济社会发展的内在精神力量。

（三）在传承的机制上，通过宣传研究、社会动员、发祥地发展等机制的良性互动，推动六盘山精神文化底蕴的充分彰显。一是宣传研究机制。宣传部门要利用各种媒体，积极宣传六盘山精神。一个重要举措就是让六盘山精神进机关、进学校、进军营、进社区、进企业、进农村，深入到社会的方方面面。让广大干部群众全面、系统地了解六盘山精神的基本内涵、时代价值以及新的历史条件下继承和发扬六盘山精神的重要意义，营造浓厚健康的舆论环境和社会氛围。理论研究部门要对六盘山精神进行全面深入的考证及研究，在现有基础上不断地探究、充实并完善六盘山精神的内涵，形成科学、准确、完整的理论体系。对六盘山精神的研究要紧贴时代脉搏，找准切入点，进一步挖掘和升华六盘山精神的社会文化价值，进行深层次的探讨，提出咨政建议，供党政部门决策参考。二是社会动员机制。六盘山精神的有效传承，不是依靠个人或某个部门的力量就能实现的。需要通过人们的自觉行为来显示和实现；而人们的自觉行为又常常受到从众心理的影响和制约。因此，必须通过社会动员机制的调控，动员全社会力量广泛参与。而在这其中，领导垂范和群众自律是最为重要的。领导垂范和群众自律的有效实施，使上下互动、干群互促，形成合力和整体优势，这是用精神力量提高调控效力的最佳途径。如果领导垂范成为风气、成为习惯、成为时尚、成为每个干部的自觉行为，它对群众产生的感召力、吸引力、凝聚力、说服力将是巨大的，将使六盘山精神成为鼓舞和带动宁夏广大干部群众不竭奋斗的进取动力和拼搏精神，融化和渗透到各级领导干部和广大人民群众中去。三是发祥地发展机制。六盘山精神发祥于宁夏南部的六盘山区。由于受区位、地理、经济基础等因素的影响，这里目前仍然比较贫困。这与六盘山精神所蕴含的文化的先进性是不协调的。从这一视角来审视，发展六盘山区这一六盘山精神发祥地的经济，不仅是一项经济任务，也是推进先进文化建设的一项重要内容。应在大力发展具有地方特色的优势产业上，形成一大批以六盘山为形象标志的产业、企业或产品品牌。在“大六盘”生态圈建设、草畜产业、马铃薯产业、旅游产业等方面，以“六盘山”的形象及品牌，参与全国的品牌竞争，形成自身的品牌优势，使六盘山地域的各类品牌占有一席之地。如旅游业，可结合六盘山及周边地区特定的生态条件、历史底蕴、人文环境，重点开发红色旅游资源，发掘并提升六盘山精神的文化内涵，使之成为人文与自然景观并存的旅游景区，带动宁夏旅游产业的全面发展，开创固原和宁夏经济社会跨越式发展的新局面。

（宁夏党校党史党建教研部 李 喆）

对六盘山精神内涵的断想

（“宁夏精神”研讨会征文三等奖）

一

“不到长城非好汉”，内涵了长城、长征、好汉。

对它的直观理解是：长城、长征、好汉，三种力量的象征，在六盘山巧合、碰撞，渗透、交融，激情和灵感形成合力，产生了一次精神力量的总爆发："不到长城非好汉"。时间和空间虽能把事实的棱角磨碎，使其化为闪烁的元素，成为神话和传说。但精神玩弄着时间和空间，能够把永恒挤进一小时，或者把一小时延展为永恒。它是机器的发动力，能用一句诗、一个深沉的语句，拨动我们的心弦，其精神与文化的穿透力使我们振奋、共鸣、满足、舒服、激情焕发和气宇轩昂。

长城、长征、好汉、六盘山，是四种完美的精神力量。六盘山精神必须紧紧依托这"四个支柱"，她才会树立起来，其形象才会高大，有了高大的形象，才能产生出压倒一切的现实意义，实现效益价值的最大化。也因此，她才能气贯长虹，与天不老。但其中的六盘山，虽然山也美、能聚集精神，但它不是因山美而出名，主要是因精神美而出名。其精神是长城、长征、好汉和固原人民等外力赋予的。因此，六盘山精神涉及的关键词，首先是"三长"：长城、长征和长期孕育、积淀、凝聚、发展起来的六盘山好汉精神。

（一）长城是六盘山精神的第一个支柱。

"万里长城永不倒"是一句歌词，其正面效应是长城精神，她发挥了联结、凝聚统一多民族国家的纽带作用。中国古代并非只是汉族中原王朝修建长城，北魏、东魏、北齐、北周、辽、金等少数民族政权进入农耕地区后，也都相继构筑长城。长城是中华各族共同建造的历史丰碑。历史上匈奴、乌氏、鲜卑、氐、羌、突厥、柔然、契丹、党项、女真、蒙古等少数民族中，有相当一部分沿着这条既是军事防线又是经济、文化汇聚线的长城地带融入汉族之中。长城蕴涵的巨大向心凝聚力，是使中华民族能够屹立于世界民族之林、中华文明得以持续发展的重要因素，是构成中华民族爱国主义精神的重要内容。"长城黄河在我心中重千斤"，表达的就是这种情感。但黄河是自然景观，不能体现人的主观力量。

（二）长征是六盘山精神的第二个支柱。

长征中就有好汉。"长征精神永放光芒"是一条题词，是对长征意义的充分肯定、高度概括、最高敬意和赞美，是激励中国人的宝贵精神财富和强大精神动力。长征是人类战争史上的奇迹，特有的魅力使它就像一部最完美的神话，突破时代和国界，在世界上广为传扬。中国工农红军的长征是一部史无前例、雄伟壮丽的史诗。"长征是历史记录上的第一次，长征是宣言书，长征是宣传队，长征是播种机。"

百度网页对长征精神的主要内涵的解释是：乐于吃苦，不惧艰难的革命乐观主义；勇于战斗，无坚不摧的革命英雄主义；重于求实，独立自主的创新胆略；善于团结，顾全大局的集体主义。其主题是"一不怕苦，二不怕死"；其最显著的特点就是革命英雄主义精神。长征精神，是中华民族百折不挠、自强不息的民族精神的最高表现，是保证革命和建设事业从弱小走向强大的精神力量。

（三）好汉是六盘山精神的第三个支柱。

好汉具有普遍意义。一首《好汉歌》充满激情，让人振奋。好汉与长城、长征联系在一起非常符合长城和长征精神，两样都有坚毅、强壮的特性，是力量的象征。好汉有共性的和个性的，共性为个性注入了活力，个性丰富着共性的内涵，共性具有国家性、世界性；个性具有地域性、群体性和个体性。

三个支柱有着内在的必然的联系，构成了一个更大的精神。其内在的、必然的和最科学的联系是"不到长城非好汉"，它承前启后，把长城精神、长征精神和好汉精神结合了起来，蕴含着更加深刻的现实意义和深远的历史意义。

长城和长征闻名世界，是世界人文精神的丰碑和奇迹。有时，长城和长征也代表着中国。"不到长城非好汉"代表着长城、代表着长征，是长城精神和长征精神的有效的和巧妙的结合，是中国传统文化与现代红色文化的渗透与交融。提到"不到长城非好汉"人们自然就会想起长城和长征，提到长城和长征，外国人自然就会想到中国。因此，"不到长城非好汉"实际上是一种中国精神，她在长城精神、长征精神、延安精神、抗震救灾精神、奥运精神中穿梭,给其中的好汉注入了信念和坚强的力量,也盲目地、被动地、不自觉地和名不经传地在固原的“三苦”精神、彭阳精神中闪烁,给这里当地的好汉撑起了一盏若即若离的灯塔,蕴含着更加广泛的意义。长城是中国的一种文明和文化的象征,代表着一种不争霸、求生存的中国人坚韧、律己、“勤劳质朴”的精神世界和特征;长征是播种机,是普遍意义上的好汉精神。长征精神是一种追求文明进步、让中国人摆脱贫穷落后、备受屈辱、重新站立起来的好汉精神。“六盘”意味着一种高度和长度,体现着一种坚韧和拔力,与“不到长城非好汉”中的好汉结合起来,是坚强和永攀高峰的象征。这是好汉的共性美。

“不到长城非好汉”把三者结合起来,由毛泽东同志提出,更具有中国精神的普遍意义。六盘山下有长城,好汉红军经过六盘山,“不到长城非好汉”发端于六盘山,从而使好汉与长城、长征在六盘山结合,六盘山孕育和形成了好汉的共性,带有中国精神的味道,这是六盘山对中国的贡献,也是六盘山这座文化名山的伟大和历史首创精神。

六盘山是座文化名山,现代文化与传统文化在这里渗透、传承、交融,产生了独具魅力的六盘山文化,孕育了这里好汉的个性,具有独特的地域特色,由“不到长城非好汉”这个名句点亮,使她在驰名中外的同时,人们也逐步意识到了她从深层次所代表、蕴含和外力赋予的精神美,这就是六盘山精神,其中最主要的是好汉的共性和个性。

“不到长城非好汉”的固原化是六盘山精神,是追求好汉的个性美。而六盘山精神的实质、核心、灵魂和基本内涵,离不开“不到长城非好汉”,是联系共性。我们既要塑造共性,使其成为中华民族的共同精神支流,又要追求个性美,使其成为推动当地发展的精神动力、价值取向和行动指南。在个性方面,有关论述六盘山精神内涵方面的词语较多,它们就像六盘山深处的树林一样,灌木丛生、互相交结,纠缠着使人难理头绪,在要分开时不得不折断树枝。最好的梳理方法是对它们进行分类、概括。

现在用分组的方法来看六盘山精神内涵方面的词语,主要有以下几个方面:

第一组,与客观存在相联系的条件性的相近词有:艰苦奋斗、艰苦创业、不畏艰难、攻坚克难、永攀高峰等。

第二组,与主观努力相联系的思变性的相近词有:穷则思变、奋发图强、务实求变、勇于探索、改革创新等。

第三组,主观能动性与毅力相结合的相近词有:不甘落后、自强不息、不懈努力、不懈奋斗等。

第四组,无条件的革命乐观主义相近词有:激情干事、百折不挠、不达目的不罢休等。

第五组,其他:追求文明、吉祥和谐、乐观主义等。

现在我们用归谬法来审视:

第一组:所有相关联的词,都在突出客观条件的艰苦性,客观条件如同自然景观,能衬托和直接展示人的主观精神,但不是主观精神的灯塔、源泉和主体,可以不要,因为主观努力不是孤立的,在论述主观精神时,可以以主观系客观,势必要讲到客观条件。

第二组:与主观努力相联系的求变化的这些相近词,也可以不要,因为人们在改造客观世界的实践活动中,没有思想、不求变化、没有目标是不可能的。

第三组:主观能动性与毅力相结合的这些相近词,是“不到长城非好汉”的六盘山精神内涵中有分量的词,但在提升到一个精神层面上、一种精神境界的高度时,只能择选其一句,但就这有可能的一句,也已包含在第四组之中。因此,第三组也可舍去。

第四组:无条件的革命乐观主义相关词:激情干事、百折不挠、不达目的不罢休,这才是“不到长城非好汉”的六盘山精神的真正内涵。但其中的“百折不挠”与“不达目的不罢休”相近,“不达目的不罢休”中包含着“百折不挠”,也可舍去。

第五组,其他(非普遍意义):追求文明、吉祥和谐、乐观主义,其含义已包含在第四组之中,要激情干事、百折不挠、不达目的不罢休，就得有乐观主义精神，就得追求文明，文明中就有和谐。而吉祥是个特殊情况，不是主流。

六盘山精神在讨论时既要把握“放”，又要把握“收”。“放”是穷尽六盘山精神的旮旮旯旯；“收”是提炼和概括。概括就要把握一般的、正常的、主流的，而要把非一般的、特殊的和非主流的因素暂时搁置起来。为什么要提炼和概括，因为好的口号、好的标语、好的精神，都是朗朗上口，便于人们记忆的，就像“旧三苦(艰苦、辛苦、清苦)”、“新三苦(领导苦抓、干部苦帮、群众苦干)”精神一样，要好记，才便于传播，发挥武装人、动员人的作用。好记就要精炼，精炼就要进行高度概括。

因此，六盘山精神的内涵可概括为：激情干事、不达目的不罢休。还可进一步概括为：不达目的不罢休(不罢休中包含着激情)。

综上所述，六盘山精神的内涵是：“三长两不”。“三长”是：长城、长征和长期孕育、积淀、凝聚、发展起来的六盘山好汉精神，其中长征中的好汉精神为六盘山好汉精神注入了活力；“两不”是：不达目的不罢休，或直接为“一不”：不罢休。最终提炼为：三长不罢休。

提炼成对联为：

三长不达不罢休，不到长城非好汉。或者：不达目的不罢休，不到长城非好汉。

今后表述时可以用：“不达目的不罢休，不到长城非好汉”的六盘山精神。

“不达目的不罢休”是对“不到长城非好汉”的一种补充和铺张。这样在逻辑层次上有一种递进，在精神层面上有一种延伸。“不达目的不罢休”在力度、气势、层次和长度上，比起“不到长城非好汉”更显得短、平、快，如同近期目标与长远目标一样。两句话结合，巧妙完美。在结构上，显得对称，在节奏上，有起伏，在语感上，有音乐美。

要讨论的精神是信念与激情的结合，所谓人要有点精神，主要是指人要有点信念与激情。“不达目的不罢休，不到长城非好汉”，其中的信念是：目的、长城，激情是：不罢休、非好汉。

结论：六盘山精神，实质就是“不到长城非好汉”，可以补充一句：“不达目的不罢休”。用“不达目的不罢休，不到长城非好汉”作六盘山精神之母，其他任何一个内涵词作六盘山精神之子，可以组合出无数个不同的精神。如不甘落后、自强不息、“不达目的不罢休，不到长城非好汉”的六盘山精神；或“不达目的不罢休，不到长城非好汉”的六盘山作家群精神、“不达目的不罢休，不到长城非好汉”的彭阳精神等。

二

“今日”，是各时代文化的总和。“今日”六盘山精神蕴藏着过去各时代价值取向的精华。“今日”六盘山精神与六盘山地区的地理、历史、文化息息相关，是在历史的长河，特别是在几十年革命、建设、改革实践中孕育、发展起来的。

上世纪50-60年代，固原地区兴起过“不到长城非好汉”的长征精神；80年代固原地区倡导过“旧三苦”精神(艰苦，辛苦、清苦)；90年代固原地区提出彭阳精神；世纪之交固原市唱响过“新三苦”精神(领导苦抓，干部苦帮、群众苦干)；2006年宁夏师范学院校庆时前提出用“不到长城非好汉”为校训内容，报告自治区党委审定，2007年8月在校园正南方以陕西蓝田玉为料，落成高1.6米，长14米的校训碑。但以上行为都是盲目的、被动的和不自觉的，带有一定的自发性、单方面性和不彻底性，真正有意识、有目的、以组织名义提出，是2008年12月20日固原市委第二届全体(扩大)会议，这个会上的工作报告中正式以市委名义提出了“不到长城非好汉”的“六盘山精神”，并从2008年12月开始，不断深化对六盘山精神的探讨。

精神是一种理性和非理性的东西。其中的理性，是一种信念，其中的非理性，是一种激情。但这种信念和激情都需要一种形式和氛围来创造。革命战争年代，军队中的文工团，就是一种形式和氛围。在行军疲劳或战士郁闷的时候，文艺工作者就会有意识、有目的出现，使战士们精神振奋起来。用列宁引用拿破仑的话来说:战场上连续作战的精神紧张和疲劳,最勇敢的士兵也感到有逃跑的愿望和厌战的情绪,这是由于对自己的英勇精神和信念丧失信心而产生的。但是,某种无关紧要的情况,某种托词和气氛却足以使他们恢复这种英勇精神和信念:高超的艺术就在于创造这样的情景、托词和气氛。中国共产党正是以高超的艺术创造了许多有针对性的不同的情景、托词和气氛,产生了奇妙的力量,取得了长征等一系列胜利。许多小溪都是由小变大,最终能冲走庞大的骆驼。当前,六盘山下条件艰苦,同样需要一些能鼓舞人心的情景、托词和气氛,需要一种精神力量来激发人们干事创业的热情,一点一滴和多途径建设家园。

三

六盘山精神研究的价值评价标准。一是"放"得开,其中有两点:首先是穷尽了六盘山精神的旮旮旯旯,对六盘山精神内涵项的方方面面的条目能一网打尽;其次是对六盘山精神内涵的某一些条目,解释得好,解释得新颖、独特,挖掘得深厚,论述得精辟;二是"收"得全,就是概括提炼得好,其中有三点:首先,对六盘山精神内涵的条目,能归纳出最基本的,找得准,定位好,不多也不少;其次,对六盘山精神内涵的基本条目,解释得准确、精炼;再次,对六盘山精神内涵,在总体上、全局上,提炼得好,用语精炼,最好是概括成了一句话、一首诗、一副对联或一个公式等,让人好理解、好记、好在文件中引用、好在群众中传播。当然,还有论述深刻、逻辑严密、文风优美等方面的规定性。

六盘山精神内涵讨论的必要性在于:我们对哪些一时摸不准、说不清、道不明、隐隐约约事实的意识就是我们对六盘山精神内涵零零碎碎的感性。讨论假设的模拟效果是:在讨论前,大家的认识是感性的、肤浅的,在讨论后,就比较理性了、深刻了。所谓理性,就是得出了系统的、全面的,理论化的轮廓。

(固原市方志办主任 马平恩)